Der Inhalt

Teil 1
Kommentierung der ICC-SchO

Teil 2
Kommentierung der DIS-SchO

Teil 3
Kommentierung der DIS-ERBV

Teil 4
Kommentierung DIS-ERGeS

Nedden/Herzberg
ICC-SchO/DIS-SchO
Praxiskommentar zu den Schiedsgerichtsordnungen

ICC-SchO
DIS-SchO

Praxiskommentar
zu den Schiedsgerichtsordnungen

herausgegeben von

Rechtsanwalt
Jan Heiner Nedden, M.M.
Hanefeld Rechtsanwälte,
Hamburg

und

Rechtsanwalt
Axel Benjamin Herzberg
adesse anwälte,
Berlin

2014

oUs
Verlag
Dr. Otto Schmidt
Köln

Bearbeiter

Dr. Marcel Barth, LL.M.
Rechtsanwalt,
Attorney-at-Law (New York),
PwC Legal,
Hannover

Niuscha Bassiri
Rechtsanwältin,
Hanotiau & van den Berg,
Brüssel

Dr. Heiko Alexander Haller
Rechtsanwalt,
Baker & McKenzie,
Frankfurt a.M.

Axel Benjamin Herzberg
Rechtsanwalt,
adesse anwälte,
Berlin

Thomas Klich
Rechtsanwalt,
DIS e.V.,
Köln

Meike von Levetzow
Rechtsanwältin,
Noerr,
Berlin

Dr. Simon Manner
Rechtsanwalt,
Nordex SE,
Hamburg

Jan Heiner Nedden, M.M.
Rechtsanwalt,
Hanefeld Rechtsanwälte,
Hamburg

Dr. David Quinke, LL.M.
Rechtsanwalt,
Gleiss Lutz,
Düsseldorf

Dr. Alexander Schilling, LL.M.
Rechtsanwalt,
Attorney-at-Law (New York),
Siemens AG,
Nürnberg

Dr. Nils Schmidt-Ahrendts
Rechtsanwalt,
Hanefeld Rechtsanwälte,
Hamburg

Friederike Stumpe, LL.M.
Rechtsanwältin,
Mannheimer Swartling,
Frankfurt a.M.

Dr. Philipp K. Wagner, LL.M.
Rechtsanwalt,
Attorney-at-Law (New York),
WAGNER Arbitration,
Berlin

Die ICC-SchO, © International Chamber of Commerce (ICC), ist abgedruckt mit freundlicher Genehmigung der ICC. Der in diesem Kommentar veröffentlichte Text entspricht der Version vom 1.1.2012. Für etwaige Abänderungen des Texts der ICC-SchO sowie die rechtlich verbindlichen Versionen in englischer und französischer Sprache siehe www.iccarbitration.org. Die offiziellen Texte der ICC-SchO sind abrufbar unter www.iccdrl.com. Die ICC-SchO ist in verschiedene Sprachen übersetzt worden. Sollten sich im Vergleich mit der deutschen Version Unterschiede ergeben, gelten die englische und die französische Originalfassung als allein verbindlich.

Die DIS-SchO ist abgedruckt mit freundlicher Genehmigung der Deutschen Institution für Schiedsgerichtsbarkeit e.V. (DIS).

Bibliografische Information der Deutschen Nationalbibliothek

Die Deutsche Nationalbibliothek verzeichnet diese Publikation in der Deutschen Nationalbibliografie; detaillierte bibliografische Daten sind im Internet über http://dnb.d-nb.de abrufbar.

Verlag Dr. Otto Schmidt KG
Gustav-Heinemann-Ufer 58, 50968 Köln
Tel. 02 21/9 37 38-01, Fax 02 21/9 37 38-943
info@otto-schmidt.de
www.otto-schmidt.de

ISBN 978-3-504-47106-4

©2014 by Verlag Dr. Otto Schmidt KG, Köln

Das Werk einschließlich aller seiner Teile ist urheberrechtlich geschützt. Jede Verwertung, die nicht ausdrücklich vom Urheberrechtsgesetz zugelassen ist, bedarf der vorherigen Zustimmung des Verlages. Das gilt insbesondere für Vervielfältigungen, Bearbeitungen, Übersetzungen, Mikroverfilmungen und die Einspeicherung und Verarbeitung in elektronischen Systemen.

Das verwendete Papier ist aus chlorfrei gebleichten Rohstoffen hergestellt, holz- und säurefrei, alterungsbeständig und umweltfreundlich.

Einbandgestaltung: Jan P. Lichtenford, Mettmann
Satz: WMTP, Birkenau
Druck und Verarbeitung: Kösel, Krugzell
Printed in Germany

Vorwort

Der vorliegende Praxiskommentar zu den Schiedsordnungen der Internationalen Handelskammer (ICC) und der Deutschen Institution für Schiedsgerichtsbarkeit (DIS) wurde von schiedserfahrenen Rechtsanwälten und Unternehmensjuristen verfasst; die Herausgeber sind als vormalige Angehörige des Sekretariats des ICC-Schiedsgerichtshofs zudem mit der institutionellen Perspektive auf die internationale Schiedsverfahrenspraxis besonders vertraut. Der Kommentar ist den Bedürfnissen der Praxis verpflichtet. Fundstellennachweise wurden daher auf ein Mindestmaß reduziert und die Darstellung von Streitständen stark konzentriert. Andererseits hält die Kommentierung einer jeden Norm neben einer Darstellung des Verhältnisses zu den schiedsverfahrensrechtlichen Vorschriften des X. Buchs der deutschen ZPO und einem Vergleich mit den in Verfahren vor staatlichen Gerichten geltenden Bestimmungen Empfehlungen und Hinweise – auch zu etwaigen Kostenfolgen – bereit, und Handlungsalternativen und -szenarien werden aufgezeigt. Zudem sind Schriftsatzmuster zu verschiedenen Themenbereichen zu finden. Speziell für die ICC-SchO wird auf die Änderungen eingegangen, die die Reform 2012 mit sich gebracht hat.

Herrn Rechtsanwalt Peter Kraft, vormals DIS, Köln, sowie Herrn Rechtsanwalt Thomas Klich, DIS, Berlin/Köln, sind wir für die Durchsicht der Kommentierungen zur DIS-SchO zu Dank verpflichtet. Trotz der vorgenannten Durchsicht geben die Kommentierungen zur DIS-SchO allein die persönliche Meinung der Autoren wieder und sind für die DIS unverbindlich.

Kritik und Anregungen nehmen wir gern per E-Mail entgegen.

Hamburg/Berlin, im November 2013

Jan Heiner Nedden (nedden@hanefeld-legal.com)
Axel Benjamin Herzberg (herzberg@adesse-anwaelte.de)

Im Einzelnen haben bearbeitet:

Barth	Art. 18, 20 ICC-SchO, §§ 21–22 DIS-SchO
Bassiri	Art. 6, 28 ICC-SchO, § 30 DIS-SchO
Bassiri/Haller	Art. 29, Anhang V ICC-SchO
Haller	Art. 19, 22, 40 ICC-SchO, §§ 24, 26, 44 DIS-SchO
Haller/Stumpe	Art. 16, 25–27 ICC-SchO
Herzberg	Vor Art. 11, 23–24, Anhang IV, 35, 39, 41, Standardklauseln ICC-SchO, § 41 DIS-SchO
Herzberg/Nedden	Art. 36, 37, Anhang III ICC-SchO
Klich	Vorbemerkungen DIS-SchO, §§ 1, 18–19, Musterschiedsvereinbarung DIS-SchO
von Levetzow	§§ 39, 42–43 DIS-SchO, §§ 1–7 DIS-ERBV
Manner	Art. 38 ICC-SchO, §§ 7, 11, 25, 33–38, 40 DIS-SchO
Manner/Nedden	Art. 30–34 ICC-SchO
Nedden	Art. 14, 15 ICC-SchO
Nedden/Herzberg	Einleitung, Vorbemerkungen ICC-SchO, Art. 1, 2, Anhänge I-II ICC-SchO
Quinke	§ 20 DIS-SchO
Schilling	Art. 3–5, 17 ICC-SchO, §§ 4–6, 8–10 DIS-SchO
Schmidt-Ahrendts	Art. 21 ICC-SchO, §§ 13, 23 DIS-SchO
Schmidt-Ahrendts/ Nedden	Vor Art. 7, Art. 7–10 ICC-SchO
Stumpe/Haller	§§ 27–29, 31–32 DIS-SchO
Wagner	Art. 11 ICC-SchO, § 15 DIS-SchO, Vorwort und Schiedsvereinbarung DIS-ERGeS, §§ 1–12 DIS-ERGeS
Wagner/Herzberg	Art. 12, 13 ICC-SchO
Wagner/Klich	§§ 2–3, 12, 14, 16–17 DIS-SchO

Über die Herausgeber:

Jan Heiner Nedden war sieben Jahre lang im Sekretariat des Internationalen Schiedsgerichtshofs der ICC in Paris tätig und dort für die Betreuung und das Verfahrensmanagement von über 1000 Schiedsverfahren zuständig. Er ist heute als Parteivertreter und Schiedsrichter in Verfahren nach verschiedenen institutionellen Schiedsordnungen sowie in Ad-Hoc-Verfahren aktiv und tritt als parteibenannter Experte zum deutschen Recht in Verfahren vor ausländischen Gerichten auf. Als berufenes Mitglied der ICC Commission on Arbitration and ADR sowie des International Dispute Resolution Committees des Danish Arbitration Institutes wirkt er an der Überarbeitung von Regelwerken mit.

Axel Benjamin Herzberg begann seine juristische Laufbahn im Sekretariat des Internationalen Schiedsgerichtshofs der ICC in Paris, gefolgt von einer Tätigkeit als Prozessanwalt in einer internationalen Großkanzlei. Heute betreut er nationale und internationale Streitverfahren vor staatlichen Gerichten und vor Schiedsgerichten, wobei Parteivertreter- und schiedsgerichtliche Mandate einander ergänzen. Zudem berät er Unternehmen und Institutionen zu grenzüberschreitenden Sachverhalten und Fragestellungen auf dem Gebiet des Wirtschaftsrechts. Herr Herzberg ist ebenfalls berufenes Mitglied der ICC Commission on Arbitration and ADR.

Wegweiser

Kommentierte/abgedruckte Regelwerke   Seite

ICC-SchO 7
ICC-SchO Anhang I: Satzung des Internationalen
  Schiedsgerichtshofs 11
ICC-SchO Anhang II: Geschäftsordnung des Internationalen Schiedsgerichtshofs 13
ICC-SchO Anhang III: Kosten und Honorare für
  Schiedsverfahren 551, 572
ICC-SchO Anhang IV: Verfahrensmanagementtechniken 335
ICC-SchO Anhang V: Eilschiedsrichterverfahrensordnung 461
ICC Standardklauseln/Formulierungsvorschläge 627
DIS-SchO 633
DIE-ERGeS 1033
DIS-ERBV 997
DIS-Musterschiedsvereinbarung 991
DIS-Richtlinien für die Erstattung von Auslagen der
  Schiedsrichter 968

Praxishilfen

Muster: Klageantwort und Widerklage (Art. 5 ICC-SchO)
  kombiniert mit einem Antrag auf Einbeziehung
  einer zusätzlichen Partei (Art. 7 ICC-SchO)
  (deutsch/englisch) 160
Muster: Antrag auf Verfahrensverbindung (Art. 10
  ICC-SchO) (deutsch/englisch) 194
Muster: Gemeinsamer Vorschlag für einen Zeitplan und
  Verfahrensregeln (Art. 25 ICC-SchO) (deutsch/englisch) ... 385
Muster: Schriftliche Zeugenaussage (Art. 25 ICC-SchO)
  (deutsch/englisch) 398
Muster: Redfern Schedule (Art. 25 ICC-SchO)
  (deutsch/englisch) 400
Muster: Berichtigungsantrag (Art. 35 ICC-SchO)
  (deutsch/englisch) 546

	Seite
Muster: Stellungnahme zu einem Berichtigungsantrag (Art. 35 ICC-SchO) (deutsch/englisch)	548
Musterschiedsklausel DIS	991
Muster: Schiedsrichterbenennung (§ 12 DIS-SchO)	706
Muster: Antrag auf Ersatzbenennung (§ 12 DIS-SchO)	707
Muster: Vorschlag Entscheidung durch einen Einzelschiedsrichter (§ 14 DIS-SchO)	730
Muster: Widerspruch gegen Schiedsrichterbestellung (§ 16 DIS-SchO)	740
Muster: Antrag auf Erlass einer einstweiligen schiedsgerichtlichen Maßnahme (§ 20 DIS-SchO) (deutsch/ englisch)	780
Muster: Klagerücknahmeschriftsatz (nach Bestellung des Einzelschiedsrichters) (§ 39 DIS-SchO)	960
Musterschiedsklausel DIS-ERGeS.	1033
Checkliste: Inhalt der Klageschrift (Art. 4 ICC-SchO)	73
Checkliste: Inhalt der Klageerwiderung (Art. 5 ICC-SchO) . . .	92
Checkliste: Inhalt der Klage (§ 6 DIS-SchO)	673
Checkliste: Inhalt der Klageerwiderung (§ 9 DIS-SchO).	685
Schaubild: Fristberechnung (Art. 3 ICC-SchO)	52
Schaubild: Zeitliche Abfolge der Stellungnahmen (Art. 5 ICC-SchO).	94
Schaubild: Mehrparteien- und Mehrvertragsfälle (Art. 6 ICC-SchO).	143
Schaubild: Ablauf des Berichtigungs-/Auslegungsverfahrens (Art. 35 ICC-SchO).	545
Schaubild: Zeitliche Abfolge der Stellungnahmen (§ 9 DIS-SchO)	686
Schaubild: Idealer zeitlicher Ablauf eines beschleunigten Verfahrens (§ 4 DIS-ERBV).	1020

Inhaltsübersicht

	Seite
Vorwort	VII
Wegweiser	XI
Abkürzungsverzeichnis	XVII
Allgemeines Schrifttumsverzeichnis	XXI
Einleitung	1

Teil 1: Kommentierung der ICC-SchO ... 7

Artikel 1: Internationaler Schiedsgerichtshof	11
Artikel 2: Definitionen	32
Artikel 3: Schriftliche Zustellungen und Mitteilungen; Fristen	38
Artikel 4: Schiedsklage	54
Artikel 5: Klageantwort; Widerklage	75
Artikel 6: Wirkung der Schiedsvereinbarung	94
Artikel 7: Einbeziehung zusätzlicher Parteien	146
Artikel 8: Ansprüche zwischen mehreren Parteien	165
Artikel 9: Mehrere Verträge	172
Artikel 10: Verbindung von Schiedsverfahren	180
Artikel 11: Allgemeine Bestimmungen	203
Artikel 12: Bildung des Schiedsgerichts	222
Artikel 13: Ernennung und Bestätigung von Schiedsrichtern	235
Artikel 14: Ablehnung von Schiedsrichtern	247
Artikel 15: Ersetzung von Schiedsrichtern	257
Artikel 16: Übergabe der Schiedsverfahrensakten an das Schiedsgericht	270
Artikel 17: Nachweis der Vollmacht	274
Artikel 18: Ort des Schiedsverfahrens	276
Artikel 19: Verfahrensbestimmungen	282
Artikel 20: Verfahrenssprache	288
Artikel 21: Bei der Sachentscheidung anwendbare Rechtsregeln	293
Artikel 22: Ablauf des Schiedsverfahrens	310

	Seite
Artikel 23: Schiedsauftrag.	318
Artikel 24: Verfahrensmanagementkonferenz und Verfahrenskalender	334
Artikel 25: Ermittlung des Sachverhalts	347
Artikel 26: Mündliche Verhandlungen.	415
Artikel 27: Schließung des Verfahrens, Zeitpunkt der Vorlage des Entwurfs von Schiedssprüchen.	433
Artikel 28: Sicherungsmaßnahmen und vorläufige Maßnahmen	437
Artikel 29: Eilschiedsrichter.	460
Artikel 30: Frist zum Erlass des Endschiedsspruchs	488
Artikel 31: Schiedsspruch.	494
Artikel 32: Schiedsspruch aufgrund Einvernehmens der Parteien.	499
Artikel 33: Prüfung des Schiedsspruchs durch den Schiedsgerichtshof	506
Artikel 34: Zustellung, Hinterlegung und Vollstreckbarkeit des Schiedsspruchs.	515
Artikel 35: Berichtigung und Auslegung des Schiedsspruchs; Zurückverweisung des Schiedsspruchs	528
Artikel 36: Vorschuss für die Kosten des Verfahrens	550
Artikel 37: Entscheidung über die Kosten des Verfahrens	571
Artikel 38: Abgeänderte Fristen	608
Artikel 39: Verlust des Rügerechts	612
Artikel 40: Haftungsbeschränkung	617
Artikel 41: Allgemeine Bestimmung.	623
Teil 2: Kommentierung der DIS-SchO	633
§ 1: Anwendungsbereich.	639
§ 2: Schiedsrichterauswahl	644
§ 3: Anzahl der Schiedsrichter.	650
§ 4: Anzahl von Schriftsätzen und Anlagen	652
§ 5: Übersendungen	655
§ 6: Einleitung des schiedsrichterlichen Verfahrens.	661
§ 7: Kosten bei Einleitung des Verfahrens.	674

	Seite
§ 8: Übersendung der Klage an Beklagten	678
§ 9: Klageerwiderung	680
§ 10: Widerklage	687
§ 11: Kosten bei Erhebung einer Widerklage	693
§ 12: Schiedsgericht mit 3 Schiedsrichtern	697
§ 13: Mehrheit von Parteien auf Kläger- oder Beklagtenseite	707
§ 14: Einzelschiedsrichter	725
§ 15: Unparteilichkeit und Unabhängigkeit	731
§ 16: Annahme des Schiedsrichteramtes	734
§ 17: Bestellung der Schiedsrichter	740
§ 18: Ablehnung eines Schiedsrichters	746
§ 19: Verhinderung eines Schiedsrichters	754
§ 20: Einstweiliger Rechtsschutz	757
§ 21: Ort des schiedsrichterlichen Verfahrens	781
§ 22: Verfahrenssprache	786
§ 23: Anwendbares Recht	791
§ 24: Verfahren	806
§ 25: Vorschuss für das Schiedsgericht	813
§ 26: Rechtliches Gehör	818
§ 27: Sachverhaltsermittlung	827
§ 28: Mündliche Verhandlung	855
§ 29: Verhandlungsprotokoll	874
§ 30: Säumnis einer Partei	877
§ 31: Beendigung des Erkenntnisverfahrens	885
§ 32: Vergleich	889
§ 33: Erlass des Schiedsspruchs	899
§ 34: Der Schiedsspruch	908
§ 35: Kostenentscheidung	912
§ 36: Übersendung des Schiedsspruchs	921
§ 37: Auslegung und Berichtigung eines Schiedsspruchs	925
§ 38: Wirkung des Schiedsspruchs	934

	Seite
§ 39: Beendigung des schiedsrichterlichen Verfahrens	939
§ 40: Kosten des schiedsrichterlichen Verfahrens	960
§ 41: Verlust des Rügerechts	969
§ 42: Veröffentlichung des Schiedsspruchs	973
§ 43: Vertraulichkeit	977
§ 44: Haftungsausschluss	985

Teil 3: Kommentierung der DIS-ERBV 997

§ 1:	Anwendungsbereich, Verfahrensdauer	998
§ 2:	Kosten bei Einleitung des Verfahrens	1005
§ 3:	Anzahl der Schiedsrichter, Benennung der Schiedsrichter	1007
§ 4:	Klage, Klageerwiderung und mündliche Verhandlung	1013
§ 5:	Zeitplan, Verfahren	1021
§ 6:	Modifikationen, Nichteinhaltung des Zeitrahmens	1026
§ 7:	Schiedsspruch	1031

Teil 4: Kommentierung der DIS-ERGeS 1033

§ 1:	Anwendungsbereich	1039
§ 2:	Einbeziehung Betroffener	1043
§ 3:	Übersendung der Klage und Aufforderung zum Beitritt	1048
§ 4:	Beitritt	1053
§ 5:	Fortlaufende Unterrichtung Betroffener	1060
§ 6:	Erweiterung oder Änderung des Streitgegenstandes, Klagerücknahme	1063
§ 7:	Einzelschiedsrichter	1066
§ 8:	Schiedsgericht mit drei Schiedsrichtern	1069
§ 9:	Zuständigkeitskonzentration bei Parallelverfahren	1073
§ 10:	Fristen	1078
§ 11:	Wirkungserstreckung des Schiedsspruchs	1079
§ 12:	Kosten	1082

Stichwortverzeichnis 1085

Abkürzungsverzeichnis

AAA	American Arbitration Association
a.a.O.	am angegebenen Ort
AnwBl	Anwaltsblatt
Art.	Artikel
ASA	Association Suisse de l'Arbitrage
ASA Bulletin	Bulletin der Association Suisse de l'Arbitrage
Aufl.	Auflage
BDSG	Bundesdatenschutzgesetz
BGBl.	Bundesgesetzblatt
BGH	Bundesgerichtshof
BIT	Bilateral Investment Treaties
BORA	Berufsordnung für Rechtsanwälte
BRAO	Bundesrechtsanwaltsordnung
Brüssel I-VO	Verordnung (EG) Nr. 44/2001 des Rates über die gerichtliche Zuständigkeit und die Anerkennung und Vollstreckung von Entscheidungen in Zivil- und Handelssachen vom 22.12.2000 (ABl. EG L 12/01, S. 1)
bspw.	beispielsweise
Buchst.	Buchstabe
bzw.	beziehungsweise
CAFTA	Central America Free Trade Agreement
CISG	Wiener Übereinkommen der Vereinten Nationen über Verträge über den Internationalen Warenkauf vom 11.4.1980 (BGBl. 1989 II, S. 588)
d.h.	das heißt
DIS	Deutsche Institution für Schiedsgerichtsbarkeit e.V.
DRI	Dispute Resolution International
EGBGB	Einführungsgesetz zum Bürgerlichen Gesetzbuch
ERBV	Ergänzende Regeln für beschleunigte Verfahren
ERGeS	Ergänzende Regeln für gesellschaftsrechtliche Streitigkeiten
EuGH	Europäischer Gerichtshof

EuRAG	Gesetz über die Tätigkeit europäischer Rechtsanwälte in Deutschland
EuÜ	Genfer Europäisches Übereinkommen über die internationale Handelsschiedsgerichtsbarkeit vom 21.4.1961 (BGBl. 1964 II, S. 426)
EuVTVO	Verordnung (EG) Nr. 805/2004 des Europäischen Parlaments und des Rates vom 21.4.2004 zur Einführung eines europäischen Vollstreckungstitels für unbestrittene Forderungen (ABl. EG L 143 vom 30.4.2004, ber. ABl. L 50 vom 23.2.2008)
FIDIC	Fédération Internationale des Ingénieurs Conseils
FS	Festschrift
GG	Grundgesetz
ggf.	gegebenenfalls
Halbs.	Halbsatz
h.L.	herrschende Lehre
h.M.	herrschende Meinung
IBA	International Bar Association
IBA-Guidelines	IBA Guidelines on Conflicts of Interest in International Arbitration (2004)
IBA-Rules	IBA Rules on the Taking of Evidence in International Arbitration (2010)
ICC	International Chamber of Commerce
ICCA	International Council for Commercial Arbitration
ICC Court Bulletin	ICC International Court of Arbitration Bulletin
i.H.v.	in Höhe von
InvStreitÜbkG	Gesetz zu dem Übereinkommen vom 18. März 1965 zur Beilegung von Investitionsstreitigkeiten zwischen Staaten und Angehörigen anderer Staaten
i.S.d., i.S.v.	im Sinne der/des, im Sinne von
ISO	International Organization for Standardization
i.V.m.	in Verbindung mit
KG	Kammergericht
LCIA	London Court of International Arbitration

LG	Landgericht
Lit.	Literatur
MDR	Monatsschrift für Deutsches Recht
ModG	Modellgesetz
MüKo	Münchener Kommentar
m.w.N.	mit weiteren Nachweisen
NJOZ	Neue Juristische Online-Zeitschrift
NJW	Neue juristische Wochenschrift
NJW-RR	Neue juristische Wochenschrift – Rechtsprechungsreport
o.Ä.	oder Ähnliches
o.g.	oben genannt
OLG	Oberlandesgericht
Rom-I-VO	Verordnung (EG) Nr. 593/2008 des Europäischen Parlaments und des Rates vom 17.6.2008 über das auf vertragliche Schuldverhältnisse anzuwendende Recht
Rom II-VO	Verordnung (EG) Nr. 864/2007 des Europäischen Parlaments und des Rates vom 11.6.2007 über das auf außervertragliche Schuldverhältnisse anwendbare Recht
Rz.	Randziffer
s.	siehe
S.	Seite
SCC	Stockholm Chamber of Commerce
SchiedsVZ	Zeitschrift für Schiedsverfahren
SchO	Schiedsgerichtsordnung
sog.	sogenannte, sogenannter, sogenanntes
st. Rspr.	ständige Rechtsprechung
u.a.	unter anderem, und andere
u.g.	unten genannt
UNCITRAL	United Nations Commission on International Trade Law
UNCITRAL-ModG	UNCITRAL-Modellgesetz für die internationale Handelsschiedsgerichtsbarkeit 1985/2006
Unterabs.	Unterabsatz

UNÜ	New Yorker UN-Übereinkommen über die Anerkennung und Vollstreckung ausländischer Schiedssprüche vom 10.6.1958 (BGBl. 1961 II, S. 121)
USD	US-Dollar
Var.	Variante
vgl.	vergleiche
VO	Verordnung
WpHG	Wertpapierhandelsgesetz
z.B.	zum Beispiel
ZPO	Zivilprozessordnung

Allgemeines Schrifttumsverzeichnis

Baumbach/Lauterbach/Albers/Hartmann, Zivilprozessordnung, Kommentar, 72. Aufl. 2014

Böckstiegel/Kröll/Nacimiento, Arbitration in Germany, The Model Law in Practice, 2007

Born, International Commercial Arbitration, 2009

Derains/Schwartz, A Guide to the ICC Rules of Arbitration, 2. Aufl. 2005

Fry/Greenberg/Mazza, The Secretariat's Guide to ICC Arbitration, A Practical Commentary on the 2012 ICC Rules of Arbitration from the Secretariat of the ICC International Court of Arbitration, ICC Publication No. 729 (2012)

Geimer/Schütze, Internationaler Rechtsverkehr in Zivil- und Handelssachen, Loseblattsammlung

Glossner/Bredow/Bühler, Das Schiedsgericht in der Praxis, 1990

Grierson/van Hooft, Arbitrating under the 2012 ICC Rules, 2012

International Bar Association (Hrsg.), Commentary on the Revised Text of the 2010 IBA Rules on the Taking of Evidence in International Arbitration (DRI Mai 2011)

Lachmann, Handbuch für die Schiedsgerichtspraxis, 3. Aufl. 2008

Münchener Kommentar zum BGB, Band 5: §§ 705–853 BGB, 6. Aufl. 2013 (zit.: MüKo/*Bearbeiter*)

Münchener Kommentar zur ZPO, Band 3: §§ 1025–1109 ZPO, 4. Aufl. 2013 (zit.: MüKo/*Bearbeiter*)

Musielak/*Bearbeiter*, Kommentar zur Zivilprozessordnung, 10. Aufl. 2013

Newman/Hill, The Leading Arbitrators' Guide to International Arbitration, 2. Aufl. 2008

Prütting/Gehrlein, ZPO, Kommentar, 4. Aufl. 2012

Raeschke-Kessler/Berger, Recht und Praxis des Schiedsverfahrens, 3. Aufl. 1999

Redfern/Hunter, International Arbitration, 2009

Rosenberg/Schwab/Gottwald, Zivilprozessrecht, 17. Aufl. 2010

Schlosser, Deutsche und französische Rechtsprechung zur Schiedsgerichtsbarkeit, in: Jahrbuch für die Praxis der Schiedsgerichtsbarkeit, Bd. 2 (1988), S. 241 ff.

Schütze, Schiedsgericht und Schiedsverfahren, 5. Aufl. 2012

Schütze/*Bearbeiter*, Institutionelle Schiedsgerichtsbarkeit, 2. Aufl. 2011

Schwab/Walter, Schiedsgerichtsbarkeit, 7. Aufl. 2005

Stein/Jonas/*Bearbeiter*, Kommentar zur Zivilprozessordnung, Band 9, 22. Aufl. 2002

Wolff/*Bearbeiter*, New York Convention on the Recognition and Enforcement of Foreign Arbitral Awards of 10 June 1958. Commentary, 2012

Zöller/*Bearbeiter*, ZPO, Kommentar, 30. Aufl. 2014

Einleitung

A. Rahmenbedingungen und Charakteristika der Schiedsgerichtsbarkeit

Ein Schiedsverfahren ist – ebenso wie ein Zivilprozess vor einem staatlichen Gericht – ein 1
- (verhältnismäßig) formalisierter Mechanismus zur
- verbindlichen Beilegung von Streitigkeiten
- durch einen oder mehrere neutrale Dritte, der oder die
- auf der Grundlage abstrakt-genereller Regeln zu einer
- Entscheidung gelangt bzw. gelangen, die zur Zwangsvollstreckung geeignet ist.

Wie diese Aufzählung charakteristischer Merkmale der Schiedsgerichtsbarkeit zeigt, haben Schiedsverfahren mit Verfahren vor staatlichen (Zivil-)Gerichten vieles gemein. Im Unterschied zur staatlichen Zivilgerichtsbarkeit beruht die Legitimation von Schiedsgerichten allerdings – jedenfalls in der nationalen und internationalen Handelsschiedsgerichtsbarkeit – regelmäßig nicht auf einem hoheitlichen Akt des staatlichen Gewaltmonopolisten, sondern auf einer privatautonomen Vereinbarung der Parteien, der **Schiedsvereinbarung**. Die spezifisch (schieds-)verfahrensrechtliche Ausprägung der Privatautonomie, die **Parteiautonomie**, deren Ausfluss neben der Schiedsvereinbarung auch weitere verfahrensrechtliche Vereinbarungen der Parteien sein können, ist daher nach allgemeiner Auffassung wesentliche Säule des nationalen wie des internationalen Schiedsverfahrensrechts. Sie ist in Deutschland verfassungsrechtlich durch Art. 2 Abs. 1 GG (allgemeine Handlungsfreiheit) geschützt (*Steiner*, SchiedsVZ 2013, 15 [16] m.w.N.). Einfachgesetzlich wird sie durch das **X. Buch der ZPO** (§§ 1025 ff. ZPO), völkervertragsrechtlich insbesondere durch Art. II des **New Yorker UN-Übereinkommens über die Anerkennung und Vollstreckung ausländischer Schiedssprüche vom 10.6.1958 (UNÜ)** sowie durch Art. IV Abs. 1 des Genfer Europäischen Übereinkommens über die internationale Handelsschiedsgerichtsbarkeit vom 21.4.1961 (EuÜ) gewährleistet. Daneben existieren bilaterale Verträge zur Schiedsgerichtsbarkeit mit verschiedenen Staaten (s. *Geimer/Schütze*, Internationaler Rechtsverkehr in Zivil- und Handelssachen, Bd. IV Buchst. C).

Aufgrund der Parteiautonomie können die Parteien nicht etwa nur die 2
staatliche Gerichtsbarkeit abwählen und an ihrer Stelle die Streitentscheidung durch ein Schiedsgericht vereinbaren. Sie können zugleich so

gut wie alle wesentlichen **Modalitäten des Schiedsverfahrens** vereinbaren – vom Ort des Schiedsverfahrens über die Verfahrenssprache bis hin zum Auswahlmechanismus und den Qualifikationsmerkmalen für die Schiedsrichter. Die entsprechenden Vereinbarungen können die Parteien entweder vor oder aber auch erst nach Entstehen der Streitigkeit treffen.

3   Kommt es zum Schiedsverfahren und werden – nach welchem Mechanismus auch immer – Schiedsrichter bestellt, so werden diese auf der Grundlage eines mit den Parteien – ggf. auch konkludent – geschlossenen Vertrags, des **Schiedsrichtervertrags**, tätig. Zwar tritt der Schiedsrichter an die Stelle der staatlichen Justiz, und seine Entscheidungen können die Grundlage von Zwangsvollstreckungsmaßnahmen bilden. Gleichwohl ist seine Tätigkeit – jedenfalls in der Handelsschiedsgerichtsbarkeit – ausschließlich privatrechtlich zu qualifizieren. Insbesondere sind Schiedsrichter **keine Beliehenen**. Sie üben auch kein „privates Amt" aus, wie dies etwa nach deutschem Recht Insolvenzverwalter, Testamentsvollstrecker, Vormünder usw. tun. Die rechtlichen Beziehungen zwischen den Parteien und dem Schiedsrichter bewegen sich daher ausschließlich in den Bahnen des Privatrechts. In Fällen mit Auslandsbezug wird regelmäßig das Recht des Schiedsorts auf den Schiedsrichtervertrag Anwendung finden. Nach deutschem Recht wird der Schiedsrichtervertrag von der h.M. als Vertrag sui generis qualifiziert (nicht etwa als Dienstvertrag). Streit mit dem Schiedsrichter ist vor den staatlichen Gerichten auszutragen.

4   In verfahrensrechtlicher Hinsicht hat der Schiedsrichter das **zwingende Verfahrensrecht am Schiedsort** sowie etwaige Parteivereinbarungen anzuwenden. Rechtsordnungsübergreifend kommt dabei dem Anspruch auf **rechtliches Gehör** („due process", „principe du contradictoire") – ebenso wie in der staatlichen Justiz – herausragende Bedeutung zu. So sind dem Schiedsrichter Überraschungsentscheidungen ebenso verwehrt wie ein Abschneiden von Vortrag oder Beweisführung („auditur et altera pars"). Das Verfahren muss fair sein. Es muss ferner effektiv sein, was dem in Deutschland verfassungsrechtlich garantierten Anspruch auf effektive Justizgewährleistung (Art. 20 Abs. 3 GG) entspricht. Hierher gehört insbesondere, dass die Schiedsrichter alle zumutbaren Anstrengungen unternehmen, um in angemessener Zeit zu einer vollstreckungssicheren Entscheidung zu gelangen.

5   Wegen des **in der Sache anwendbaren Rechts** s. die Kommentierungen zu Art. 21 ICC-SchO, § 23 DIS-SchO.

Einleitung

Die Schiedsgerichtsbarkeit tritt an die Stelle der staatlichen Gerichtsbarkeit. Wird daher entgegen einer Schiedsvereinbarung ein staatliches Gericht angerufen, kann die Gegenpartei die **Schiedseinrede** erheben (§ 1032 Abs. 1 ZPO; vgl. auch Art. II Abs. 3 UNÜ, Art. V EuÜ). Gleichwohl sehen die staatlichen Schiedsverfahrensrechte – auch das X. Buch der ZPO – vor, dass die staatlichen Gerichte in bestimmten Situationen trotz Bestehens einer Schiedsvereinbarung tätig werden können. So kann **Eilrechtsschutz** jederzeit auch beim staatlichen Gericht beansprucht werden; auch die Schiedsverfahrensordnungen von ICC und DIS betonen dies (Art. 28 Abs. 2 ICC-SchO, § 20 Abs. 2 DIS-SchO), weil andernfalls u.U. nicht immer ein *effektiver* Rechtsschutz gewährleistet wäre. Ferner können staatliche Gerichte in manchen Fällen unterstützende Funktionen übernehmen, etwa bei der **Erhebung bestimmter Beweise** (§ 1050 ZPO). In den meisten anderen Fällen, in denen die ZPO den staatlichen Gerichten Unterstützungsfunktionen einräumt, enthalten die Schiedsverfahrensordnungen von ICC und DIS indes speziellere Regelungen zugunsten der Institutionen. Der Rückgriff auf die staatliche Justiz ist daher in diesen Fällen in ICC- und DIS-Schiedsverfahren meist entbehrlich. Eine zentrale Rolle spielt die staatliche Justiz indes, wenn die unterlegene Partei sich weigert, den ergangenen **Schiedsspruch** zu befolgen und entweder dessen **Aufhebung** beantragt oder einem **Vollstreckbarerklärungsantrag** entgegentritt. Für beide Verfahren sind ausschließlich staatliche Gerichte zuständig; wegen der Einzelheiten vgl. §§ 1059 ff. ZPO, Art. V UNÜ, Art. IX EuÜ. 6

Die Schiedsgerichtsbarkeit ist abzugrenzen von anderen, alternativen Streitbeilegungsmechanismen wie der Mediation, der Adjudikation, dem Schiedsgutachtenverfahren usw., die keine vollstreckbare Streitentscheidung zum Ziel haben, sondern die Parteien auf verschiedenen Wegen in die Lage versetzen wollen, den Streit einvernehmlich beizulegen. Dies ist nicht Aufgabe des Schiedsverfahrens. Es gibt – anders als im staatlichen Verfahren – keine ungeschriebene Pflicht des Schiedsgerichts, auf eine gütliche Einigung hinzuwirken; eine entsprechende Pflicht müssen die Parteien also rechtsgeschäftlich begründen. Eine solche Vereinbarung treffen die Parteien mit der Wahl der DIS-SchO (§ 32 Abs. 1 DIS-SchO), nicht aber mit der Wahl der ICC-SchO (aber s. jetzt Anhang IV Buchst. b, h ICC-SchO; näher Art. 24 Rz. 27). 7

Anders als staatliche Zivilverfahren sind Schiedsverfahren nicht **öffentlich**. Das bedeutet aber nicht, dass sie stets vertraulich wären. Wünschen die Parteien die **Vertraulichkeit** des Verfahrens, müssen sie dies besonders vereinbaren. Die Vereinbarung der DIS-SchO beinhaltet eine 8 solche Abrede (§ 43 DIS-SchO), nicht dagegen die der ICC-SchO (s. aber Art. 22 Abs. 3 ICC-SchO). In der Praxis werden Schiedsverfahren – und deren Inhalt – aber naturgemäß weniger öffentlich bekannt als staatliche Zivilverfahren.

B. Rahmenbedingungen und Charakteristika institutioneller Schiedsverfahren

9   Schiedsverfahren können auf zweierlei Weise geführt werden: Mit der Unterstützung einer Schiedsinstitution („**institutionelle**" oder „**institutionell administrierte**" Verfahren) oder ohne die Unterstützung einer solchen Institution („**Ad-Hoc**"-**Verfahren**). Verfahren nach der ICC-SchO und nach der DIS-SchO sind stets administrierte Verfahren; Schiedsinstitution ist die ICC bzw. die DIS. Institutionelle Verfahren bieten gegenüber Ad-Hoc-Verfahren eine Vielzahl von signifikanten Vorteilen, denen nur wenige, in den meisten Fällen wohl nicht entscheidend ins Gewicht fallende Nachteile gegenüber stehen.

10 **Für institutionelle Verfahren** spricht, dass eine Vielzahl administrativer Schritte im Zusammenhang mit dem Schiedsverfahren – etwa, je nach gewählter Schiedsordnung die Zustellung der Klage, das Nachhalten von Fristen im Anfangsstadium des Verfahrens, die Konstituierung des Schiedsgerichts, die Festsetzung, Anforderung und Vereinnahmung von Kostenvorschüssen sowie die Überwachung der Arbeit der Schiedsrichter – ohne die Mitwirkung einer neutralen und routinierten Institution kaum gleich schnell und effizient von den Beteiligten allein geleistet werden kann. Insbesondere wenn sich eine der Parteien nicht oder nicht konstruktiv an dem Verfahren beteiligt, ist in Ad-Hoc-Verfahren mit monatelangem Stillstand zu rechnen; bisweilen müssen staatliche Gerichte intervenieren, um überhaupt ein funktionierendes Schiedsgericht zu konstituieren. Neben klassisch-administrativen Leistungen übernehmen Schiedsinstitutionen in unterschiedlichem Umfang auch Aufgaben im Bereich Qualitätsmanagement; dies gilt besonders für die ICC (vgl. u.a. Art. 3 Abs. 1 letzter Satz, Art. 33, Art. 41 ICC-SchO sowie Art. 1 Abs. 1 Anhang I, Art. 6 Anhang II zur ICC-SchO).

11 **Gegen institutionelle Verfahren** kann sprechen, dass somit zusätzlich zu den Honoraren und Auslagen der Schiedsrichter ein weiterer Kostenblock entsteht (Verwaltungsgebühr der Institution). In aller Regel werden diese Mehrkosten aber durch das mit ihnen erkaufte Mehr an Verfahrenseffizienz und Kostenkontrolle, das die Institution bietet, wieder aufgefangen.

Manche Schiedsinstitutionen bieten solchen Parteien, die eigentlich ein 12
Ad-Hoc-Verfahren erstreben, zugleich aber punktuelle Interventionen
der Schiedsinstitutionen – z.b. bei der Bestellung der Schiedsrichter –
wünschen, besondere Regelwerke an (z.b. „Rules of ICC as Appointing
Authority in UNCITRAL or other Ad Hoc Arbitration Proceedings"
vom 1.1.2004, http://www.iccwbo.org). Die DIS hat die – eigentlich für
internationale Ad-Hoc-Verfahren entwickelten – UNCITRAL Arbitration Rules für die Administrierung solcher Verfahren durch die DIS
adaptiert („UNCITRAL Arbitration Rules Administered by the DIS"
vom 1.5.2012). Beide Regelwerke spielen in der Praxis bisher nur eine
untergeordnete Rolle und werden in diesem Werk daher nicht behandelt.

Zwischen den Parteien und der Schiedsinstitution kommen vertragli- 13
che Beziehungen zustande, die nach allgemeinen kollisionsrechtlichen
Grundsätzen regelmäßig dem Recht am Tätigkeitsort der Institution
unterfallen. Auch bei einem institutionell administrierten Verfahren
kommt der Schiedsrichtervertrag zwischen Parteien und Schiedsgericht
zustande.

Die Verfahrensordnungen der Schiedsinstitutionen sind private Regel- 14
werke, die nur durch Parteivereinbarung rechtsgeschäftliche Geltung erlangen können. Ihnen gehen die zwingenden Vorschriften am Ort des
Schiedsverfahrens vor.

C. Schiedsgerichtliche Beilegung von Investitionsstreitigkeiten

Für Streitigkeiten zwischen Investoren und Staaten kann durch völker- 15
rechtlichen Vertrag die Zuständigkeit eines Investitionsschiedsgerichts
vereinbart sein. Entsprechende Regelungen finden sich in einer Vielzahl
sog. bilateraler Investitionsschutzverträge („bilateral investment treaties", BIT; eine Übersicht über solche von Deutschland abgeschlossene
Verträge findet sich auf der Webseite der DIS, http://www.dis-arb.de,
Rubrik „Materialien"). Neben BITs können Investitionsschiedsvereinbarungen auch in regionalen oder sektoriellen Freihandelsabkommen
(z.B. CAFTA, Energy Charter Treaty) enthalten sein.

Investitionsschiedsverfahren weisen gegenüber regulären Handels- 16
schiedsverfahren etliche Besonderheiten auf, da in der Regel nicht auf
der Grundlage eines nationalen Rechts, sondern aufgrund völkervertraglicher bzw. völkergewohnheitsrechtlicher Rechtssätze Fragen zu
entscheiden sind, die sich nach deutschem Verständnis eher dem öffent-

lichen Recht als dem Privatrecht zuordnen lassen. Die Rechtsentwicklung der vergangenen Jahrzehnte hat gezeigt, dass Schiedsinstitutionen wie die ICC, die im Bereich der internationalen Handelsschiedsgerichtsbarkeit eine überragende Rolle spielt, im Investitionsschiedsbereich nur in seltenen Fällen als zuständig vereinbart werden; das der Weltbank-Gruppe angehörende, durch Übereinkommen vom 18.3.1965 begründete Internationale Zentrum für die Beilegung von Investitionsstreitigkeiten (ICSID) in Washington, D.C., wird wegen seiner intergouvernementalen Aufhängung vielfach bevorzugt. Für die Vollstreckbarerklärung von ICSID-Schiedssprüchen in Deutschland gelten Erleichterungen gemäß Art. 2 InvStreitÜbkG. Mit der am 1.1.2012 in Kraft getretenen Reform ihres Regelwerks strebt die ICC eine noch stärkere Öffnung zur Investitionsschiedsgerichtsbarkeit an und verzeichnet auch steigende Fallzahlen aus dem Bereich der Investitionsstreitigkeiten.

Teil 1
Kommentierung der ICC-SchO[1, 2]

Vorbemerkungen zur ICC-SchO

A. Entwicklung

Literatur: *Dezalay/Garth*, Dealing in Virtue. International Commercial Arbitration and the Construction of a Transnational Legal Order (1996).

Die 1919 von Kaufleuten aus verschiedenen Staaten im Zuge des Wiederaufbaus nach dem Ersten Weltkrieg („merchants for peace") gegründete Internationale Handelskammer (International Chamber of Commerce – ICC) unterhält seit 1923 einen „Internationalen Schiedsgerichtshof", der sich seither der Adminstrierung von (vornehmlich internationalen) Wirtschaftsschiedsverfahren annimmt. Damit ist die ICC eine der ältesten Schiedsinstitutionen der Welt. Zum 1.1.2012 wurde die – zuvor zuletzt im Jahr 1998 novellierte – Schiedsgerichtsordnung der ICC neugefasst. Die Reform brachte aber keinen Paradigmenwechsel, sondern lediglich behutsame – wenn auch teils sehr bedeutende – Änderungen einzelner Aspekte. Diese werden in den Artikelkommentierungen jeweils im Abschnitt „Reform" vorgestellt. 1

B. Charakteristische Merkmale

Die ICC zeichnet sich im Verhältnis zu anderen Schiedsinstitutionen durch eine hohe Interventions- und Kontrolldichte und damit durch ein **hochprofessionelles Qualitätsmanagement** aus. So kann die ICC offensichtlich unzulässige Schiedsklagen abweisen, bevor ein Schiedsgericht konstituiert wird (Art. 6 Abs. 3–7). Bei Fehlen einer abweichenden Parteivereinbarung wählt die ICC die Vorsitzenden von Dreierschieds- 2

---

[1] © International Chamber of Commerce (ICC). Die ICC-SchO ist abgedruckt mit freundlicher Genehmigung der ICC, deren folgenden Hinweis wir nachfolgend gern abdrucken: Der in diesem Kommentar veröffentlichte Text entspricht der Version vom 1.1.2012. Für etwaige zwischenzeitliche Abänderungen des Texts der ICC-SchO sowie die rechtlich verbindlichen Versionen in englischer und französischer Sprache s. auch www.iccarbitration.org. Die offiziellen Texte der ICC-SchO sind darüber hinaus abrufbar unter www.iccdrl.com.

[2] Die ICC-SchO ist in viele verschiedene Sprachen übersetzt worden. Sollten sich im Vergleich mit der deutschen Version Unterschiede ergeben, gelten die englische und die französische Originalfassung als allein verbindlich.

gerichten aus (Art. 12 Abs. 5; andere Institutionen wie die DIS überlassen dies den parteibenannten Schiedsrichtern). Generell stellt die ICC-SchO hohe Anforderungen nicht nur an die Unabhängigkeit und an die Unparteilichkeit von ICC-Schiedsrichtern. Sie überwacht auch die tatsächliche Einhaltung dieser Vorgaben verhältnismäßig streng. Die zügige, effiziente und sachgerechte Erledigung der Streitsachen durch die Schiedsrichter wird durch eine **Vielzahl ICC-typischer „Verfahrensfiguren"** wie den Schiedsauftrag (Art. 23), die seit 2012 verbindliche Verfahrensmanagementkonferenz und den Verfahrenskalender (Art. 24), aber auch durch entsprechende Feinsteuerungsmöglichkeiten der ICC bei der Festsetzung der Schiedsrichterhonorare (Art. 2 Abs. 2 Anhang III zur ICC-SchO) forciert. Besonders hervorzuheben ist schließlich das einzigartige Genehmigungsverfahren (Art. 33), das Schiedsspruchentwürfe von ICC-Schiedsgerichten ICC-intern durchlaufen müssen, bevor sie finalisiert werden. Hier profitieren ICC-Schiedsrichter – und nicht zuletzt die Parteien – von dem gewaltigen Fundus an Wissen und Praxiserfahrungen der im Sekretariat des Gerichtshof tätigen Juristen sowie der mehr als 120 aus allen denkbaren Jurisdiktionen und Sprachregionen stammenden Mitgliedern des Gerichtshofs.

C. Persönlicher und räumlicher Anwendungsbereich der ICC-SchO

3 Der persönliche Anwendungsbereich von ICC-Schiedsverfahren ist auf Rechtssubjekte beschränkt, die – als Unterzeichner, Rechtsnachfolger oder auf andere Weise (s. im Einzelnen Art. 6 Rz. 10 ff.) – an eine ICC-Schiedsvereinbarung gebunden sind. Räumliche Beschränkungen kennt die ICC-SchO dagegen nicht; sie kann weltweit Anwendung finden und insbesondere auch ohne Einschränkungen auf Verfahren, die keinen grenzüberschreitenden Bezug aufweisen (s. Art. 1 Rz. 2).

D. Sachlicher Anwendungsbereich der ICC-SchO

4 Sachlich ist der Anwendungsbereich der ICC-SchO nicht mehr wie früher auf „business disputes" beschränkt (s. Art. 1 Rz. 2). Damit können also auch Investitions- und sonstige nicht „klassische" Handelsschiedsverfahren von der ICC administriert werden. In jedem Einzelfall ist indes erforderlich, dass die Ansprüche von einer ICC-Schiedsvereinbarung erfasst sind (ausführlich Art. 6 Rz. 5 ff.).

5 Die ICC ist ein privatrechtlicher Verein nach französischem Recht (s. Art. 1 Rz. 8), der grundsätzlich keinem Kontrahierungszwang unterliegt.

In Einzelfällen – etwa, wenn der Verdacht besteht, dass mit dem Schiedsverfahren deliktische Zwecke (z.B. Geldwäsche) verfolgt werden –, kann die ICC daher die Durchführung des Schiedsverfahrens ablehnen.

E. Zeitlicher Anwendungsbereich der ICC-SchO

Art. 6 Abs. 1 bestimmt, dass die ICC-SchO in der seit 2012 geltenden Fassung anzuwenden ist, und zwar auch dann, wenn die Parteien die Schiedsabrede zu einem früheren Zeitpunkt abgeschlossen haben. Entsprechende Regelungen waren auch schon in den früheren Fassungen der ICC-SchO enthalten. Eine Ausnahme von dieser Regel enthält Art. 29 Abs. 6 Buchst. a, wonach die Bestimmungen zum Eilschiedsrichterverfahren (Art. 29 i.V.m. Anhang V zur ICC-SchO) nur dann Anwendung finden, wenn die Schiedsvereinbarung nach dem Inkrafttreten der neuen ICC-SchO, d.h. also am 1.1.2012 oder danach, geschlossen wurde. Haben die Parteien – was nicht ratsam ist – ausdrücklich eine bestimmte zeitliche Fassung der ICC-SchO gewählt, gilt hinsichtlich der Kostentabellen gleichwohl stets die jeweils aktuelle Fassung (Art. 4 Abs. 1 Anhang III zur ICC-SchO).

6

F. Gegenstand der ICC-SchO

Gegenstand der ICC-SchO ist das Schiedsverfahren. Die ICC-SchO enthält somit verfahrensrechtliche, teils aber auch materiell-rechtliche Pflichten der Verfahrensbeteiligten. Die Regelungen sind, was das Schiedsverfahren vor dem Schiedsgericht angeht, überwiegend weder abschließend noch zwingend; so stand die Wahrung der Maximen Parteiautonomie und Flexibilität durch möglichst geringe Regelungsdichte in Bezug auf die eigentliche Verfahrensdurchführung auch im Fokus der Überarbeitung der ICC-SchO 1998, die in der ICC-SchO 2012 resultierte. Die Ergänzung der ICC-SchO durch dispositives nationales Verfahrensrecht kommt daher ebenso in Betracht wie ihre Komplementierung oder Abbedingung durch Parteivereinbarung und/oder verfahrensleitende Verfügungen des Schiedsgerichts. In den Kommentierungen zu den einzelnen Artikeln wird auf diese Fragen in den jeweiligen Abschnitten **"Verhältnis zum X. Buch der ZPO"** und **"Abweichende Parteivereinbarungen"** eingegangen.

7

Sanktionen für Verletzungen der ICC-SchO sind in dieser nur rudimentär geregelt (z.B. Art. 37 Abs. 5). Das gilt auch für **Rechtsbehelfsmöglich-**

8

keiten (z.B. Art. 6 Abs. 6, Art. 28 Abs. 2). Auch insoweit bleibt in vielen Fällen das jeweils anwendbare Recht maßgeblich.

9   Von den **typischen Verfahrensstadien und -konstellationen** behandelt die ICC-SchO alle wesentlichen mit Ausnahme der nur fragmentarisch hinsichtlich der Kostenfolge in Art. 37 Abs. 6 geregelten Klagerücknahme.

G. Anwendung und Auslegung der ICC-SchO

10   Bei Anwendung und Auslegung der ICC-SchO muss – ebenso wie bei völkerrechtlichen Verträgen und zwischen- bzw. überstaatlichen rechtsgestaltenden Akten – berücksichtigt werden, dass es sich um eine rechtsordnungsübergreifende Regelung handelt, so dass der Inhalt von unbestimmten Rechtsbegriffen nicht aus der Perspektive einer (nationalen) Rechtsordnung bzw. einer Rechtsfamilie zu ermitteln, sondern vielmehr autonom zu bestimmen ist (vgl. Art. 2 Rz. 12). Dabei ist auch zu bedenken, dass nur die englische und die französische Sprachfassung der ICC-SchO von der ICC als maßgeblich anerkannt werden. Die anderen Sprachfassungen – insbesondere auch die deutsche Fassung – sind lediglich „inoffizieller" Natur.

Einführende Bestimmungen

Artikel 1: Internationaler Schiedsgerichtshof

(1) Der Internationale Schiedsgerichtshof der ICC (der „Gerichtshof") ist die von der Internationalen Handelskammer (die „ICC") eingerichtete selbständige Institution der Schiedsgerichtsbarkeit. Die Satzung des Gerichtshofs ist im Anhang I abgedruckt.

(2) Der Gerichtshof entscheidet die Streitfälle nicht selbst. Er verwaltet die Entscheidung von Streitfällen durch Schiedsgerichte im Einklang mit der Schiedsgerichtsordnung der ICC (die „Schiedsgerichtsordnung"). Der Gerichtshof ist die einzige Institution, die zur Verwaltung von Schiedsverfahren nach der Schiedsgerichtsordnung, einschließlich der Prüfung und Genehmigung von danach ergangenen Schiedssprüchen, befugt ist. Er gibt sich eine Geschäftsordnung, die im Anhang II abgedruckt ist (die „Geschäftsordnung").

(3) Der Präsident des Gerichtshofs (der „Präsident") oder, in seiner Abwesenheit oder sonst auf dessen Ermächtigung hin, einer der Vizepräsidenten, kann für den Gerichtshof dringende Entscheidungen treffen, muss jedoch den Gerichtshof in der nächsten Sitzung von den getroffenen Entscheidungen unterrichten.

(4) Der Gerichtshof kann gemäß seiner Geschäftsordnung einem oder mehreren Ausschüssen, die aus seinen Mitgliedern gebildet werden, die Befugnis übertragen, bestimmte Entscheidungen zu treffen; er muss jedoch über die getroffenen Entscheidungen in seiner nächsten Sitzung unterrichtet werden.

(5) Der Gerichtshof wird in seiner Arbeit vom Sekretariat des Gerichtshofs (das „Sekretariat") unterstützt, welches unter der Leitung seines Generalsekretärs (der „Generalsekretär") steht.

Anhang I zur ICC-SchO – Satzung des Internationalen Schiedsgerichtshofs

Artikel 1: Aufgabe

1 Der Internationale Schiedsgerichtshof der Internationalen Handelskammer (der „Gerichtshof") hat die Aufgabe, für die Anwendung der Schiedsgerichtsordnung der Internationalen Handelskammer (ICC) zu sorgen. Er verfügt über alle zu diesem Zweck erforderlichen Kompetenzen.

2 Als eigenständige Institution erfüllt er diese Aufgabe in vollständiger Unabhängigkeit von der ICC und ihren Organen.

3 Seine Mitglieder sind von den ICC-Nationalkomitees und ICC-Gruppen unabhängig.

Artikel 2: Zusammensetzung des Gerichtshofs

Der Gerichtshof besteht aus einem Präsidenten, mehreren Vizepräsidenten sowie Mitgliedern und deren Vertretern (diese gemeinsam bezeichnet als „Mitglieder"). Er wird in seiner Arbeit durch sein Sekretariat (das „Sekretariat des Gerichtshofs") unterstützt.

Artikel 3: Ernennung

1 Der Präsident wird durch den *World Council* der ICC auf Empfehlung des *Executive Board* der ICC gewählt.

2 Der *World Council* der ICC ernennt die Vizepräsidenten des Gerichtshofs aus dem Kreis der Mitglieder des Gerichtshofs oder anderweitig.

3 Die Mitglieder werden vom *World Council* der ICC auf Vorschlag der ICC-Nationalkomitees oder ICC-Gruppen ernannt, und zwar jeweils ein Mitglied je Nationalkomitee bzw. Gruppe.

4 Auf Vorschlag des Präsidenten des Gerichtshofs kann der *World Council* der ICC Vertreter ernennen.

5 Die Amtszeit aller Mitglieder – womit für die Zwecke dieses Absatzes auch der Präsident und die Vizepräsidenten gemeint sind – beträgt drei Jahre. Wenn ein Mitglied seine Funktion nicht länger ausüben kann, ernennt der *World Council* für die verbleibende Dauer der Amtszeit einen Nachfolger. Auf Empfehlung des *Executive Board* kann die Dauer der Amtszeit eines jeden Mitglieds durch Entscheidung des *World Council* über den Zeitraum von drei Jahren hinaus verlängert werden.

Artikel 4: Vollversammlung des Gerichtshofs

Der Präsident, oder in seiner Abwesenheit ein von ihm bestimmter Vizepräsident, leitet die Vollversammlungen des Gerichtshofs. Der Gerichtshof kann beraten, wenn mindestens sechs Mitglieder anwesend sind. Beschlüsse werden mit Stimmenmehrheit gefasst; bei Stimmengleichheit gibt die Stimme des Präsidenten den Ausschlag.

Artikel 5: Ausschüsse

Der Gerichtshof kann einen oder mehrere Ausschüsse bilden und deren Aufgaben und Zusammensetzung festlegen.

Artikel 6: Vertraulichkeit

Die Arbeit des Gerichtshofs ist vertraulich; die Vertraulichkeit ist von allen Personen zu wahren, die in irgendeiner Eigenschaft daran beteiligt sind. Der Gerichtshof bestimmt die Regeln für die Teilnahme an den Sitzungen des Gerichtshofs und seiner Ausschüsse und für die Berechtigung zum Zugang zu den Unterlagen, die mit der Arbeit des Gerichtshofs und seines Sekretariats in Zusammenhang stehen.

Artikel 7: Änderung der Schiedsgerichtsordnung

Jeder Vorschlag des Gerichtshofs zur Änderung der Schiedsgerichtsordnung wird der Kommission für Schiedsgerichtsbarkeit vorgelegt, bevor er dem *Executive Board* zur Genehmigung unterbreitet wird; der Gerichtshof kann jedoch den Entwicklungen der Informationstechnologie Rechnung tragen, indem er Vorschläge zur Änderung oder Ergänzung der Bestimmungen des Artikels 3 der Schiedsgerichtsordnung oder jedweder hiermit in Zusammenhang stehenden Bestimmungen macht, ohne diese zuvor der Kommission vorzulegen.

Anhang II zur ICC-SchO – Geschäftsordnung des Internationalen Schiedsgerichtshofs

Artikel 1: Vertraulicher Charakter der Arbeit des Gerichtshofs

1 Mitglieder des Gerichtshofs im Sinne dieses Anhangs sind auch der Präsident und die Vizepräsidenten des Gerichtshofs.

2 An den Sitzungen des Gerichtshofs, sei es an Vollversammlungen oder an Sitzungen seiner Ausschüsse, können nur seine Mitglieder oder die seines Sekretariats teilnehmen.

3 In Ausnahmefällen kann der Präsident des Gerichtshofs andere Personen einladen, an den Sitzungen teilzunehmen. Diese müssen die Vertraulichkeit der Tätigkeit des Gerichtshofs wahren.

4 Die Unterlagen, die dem Gerichtshof vorgelegt oder von ihm oder dem Sekretariat im Laufe des Verfahrens erstellt werden, dürfen nur den Mitgliedern des Gerichtshofs und seines Sekretariats sowie den-

jenigen Personen zur Verfügung gestellt werden, denen der Präsident die Teilnahme an den Sitzungen gestattet hat.

5 Der Präsident oder der Generalsekretär des Gerichtshofs kann Personen, die wissenschaftlich arbeiten, gestatten, Schiedssprüche und andere Unterlagen allgemeinen Interesses einzusehen, mit Ausnahme von Schriftsätzen, Aufzeichnungen, Erklärungen und sonstigen Unterlagen, die von den Parteien während des Schiedsverfahrens eingereicht worden sind.

6 Diese Genehmigung ist davon abhängig, dass sich der Begünstigte verpflichtet, den vertraulichen Charakter der zur Einsicht vorgelegten Unterlagen zu wahren und darauf basierende Texte nicht zu veröffentlichen, ohne sie dem Generalsekretär des Gerichtshofs zuvor zur Genehmigung vorzulegen.

7 In jedem Schiedsverfahren nach dieser Schiedsgerichtsordnung bewahrt das Sekretariat in den Archiven des Gerichtshofs alle Schiedssprüche, Schiedsaufträge und Entscheidungen des Gerichtshofs sowie Kopien des wesentlichen Schriftverkehrs des Sekretariats auf.

8 Alle von den Parteien oder den Schiedsrichtern eingereichten Unterlagen, Mitteilungen und Schreiben können vernichtet werden, wenn nicht eine Partei oder ein Schiedsrichter schriftlich innerhalb einer vom Sekretariat gesetzten Frist die Rückgabe dieser Unterlagen verlangt. Alle durch die Rückgabe verursachten Kosten sind von der jeweiligen Partei oder dem jeweiligen Schiedsrichter zu tragen.

Artikel 2: Teilnahme der Mitglieder des Gerichtshofs an ICC-Schiedsverfahren

1 Der Präsident und die Mitglieder des Sekretariats des Gerichtshofs dürfen weder als Schiedsrichter noch als Parteivertreter in ICC-Schiedsverfahren tätig werden.

2 Der Gerichtshof ernennt weder Vizepräsidenten noch Mitglieder des Gerichtshofs als Schiedsrichter. Sie können jedoch vorbehaltlich ihrer Bestätigung von einer oder mehreren Parteien oder aufgrund eines anderen seitens der Parteien vereinbarten Verfahrens als Schiedsrichter benannt werden.

3 Wenn der Präsident, ein Vizepräsident oder ein Mitglied des Gerichtshofs oder seines Sekretariats in irgendeiner Weise ein persönliches Interesse an einem vor dem Gerichtshof anhängigen Verfahren hat, muss er den Generalsekretär sofort darüber unterrichten, sobald er Kenntnis davon erlangt hat.

4 Die betroffene Person darf bei der Sitzung des Gerichtshofs, bei der die Angelegenheit erörtert wird, nicht anwesend sein und darf bei Erörterungen oder Entscheidungen des Gerichtshofs nicht mitwirken.

5 Die betroffene Person erhält keine Informationen oder Unterlagen, die dieses Verfahren betreffen.

Artikel 3: Beziehungen zwischen den Mitgliedern des Gerichtshofs und den ICC-Nationalkomitees oder Gruppen

1 Die Mitglieder des Gerichtshofs sind unabhängig von den ICC-Nationalkomitees oder Gruppen, die sie zur Ernennung durch den *World Council* der ICC vorgeschlagen haben.

2 Sie müssen außerdem gegenüber ihren Nationalkomitees und Gruppen Vertraulichkeit über alle Informationen wahren, die einzelne Schiedsverfahren betreffen und die sie aufgrund ihrer Stellung als Mitglied des Gerichtshofs erhalten haben, sofern sie nicht vom Präsidenten, von einem von diesem ermächtigten Vizepräsidenten oder von dem Generalsekretär des Gerichtshofs gebeten werden, bestimmte Informationen an ihr Nationalkomitee oder ihre Gruppe weiterzuleiten.

Artikel 4: Ausschuss

1 Gemäß Artikel 1(4) der Schiedsgerichtsordnung und Artikel 5 seiner Satzung (Anhang I) errichtet der Gerichtshof hiermit einen Ausschuss.

2 Mitglieder des Ausschusses sind ein Vorsitzender und mindestens zwei weitere Mitglieder. Der Präsident des Gerichtshofs führt den Vorsitz im Ausschuss. In Abwesenheit des Präsidenten oder sonst auf dessen Ermächtigung hin kann einer der Vizepräsidenten des Gerichtshofs oder in Ausnahmefällen ein anderes Mitglied des Gerichtshofs den Vorsitz im Ausschuss führen.

3 Die beiden anderen Mitglieder des Ausschusses werden vom Gerichtshof aus dem Kreis der Vizepräsidenten oder seiner anderen Mitglieder ernannt. Auf jeder Vollversammlung des Gerichtshofs ernennt er die Mitglieder, die an den Sitzungen des Ausschusses vor der nächsten Vollversammlung teilnehmen.

4 Der Ausschuss tritt auf Einberufung des Präsidenten zusammen. Er ist beschlussfähig, wenn mindestens zwei Mitglieder anwesend sind.

5 (a) Der Gerichtshof bestimmt, worüber der Ausschuss entscheiden kann.

(b) Die Entscheidungen des Ausschusses ergehen einstimmig.

(c) Wenn der Ausschuss zu keiner Entscheidung kommt oder es vorzieht, eine Entscheidung nicht zu treffen, legt er die Angelegenheit der nächsten Vollversammlung vor und macht gegebenenfalls die ihm geeignet erscheinenden Vorschläge.

(d) Die Entscheidungen des Ausschusses werden dem Gerichtshof in der nächsten Vollversammlung zur Kenntnis gebracht.

Artikel 5: Sekretariat des Gerichtshofs

1 In Abwesenheit des Generalsekretärs oder sonst auf dessen Ermächtigung hin ist der Stellvertretende Generalsekretär und/oder der *General Counsel* ermächtigt, gemäß den Bestimmungen in den Artikeln 6(3), 13(2), 34(2) und 36(1) der Schiedsgerichtsordnung Fälle an den Gerichtshof zu verweisen, Schiedsrichter zu bestätigen, Kopien von Schiedssprüchen zu beglaubigen und einen vorläufigen Kostenvorschuss anzufordern.

2 Mit Zustimmung des Gerichtshofs kann das Sekretariat Merkblätter und andere zur Information der Parteien oder Schiedsrichter bestimmte oder für den ordnungsgemäßen Ablauf der Schiedsverfahren notwendige Materialien herausgeben.

3 Büros des Sekretariats können außerhalb der Verwaltungszentrale der ICC eröffnet werden. Das Sekretariat hält eine Liste aller vom Generalsekretär benannten Büros vor. Schiedsklagen können beim Sekretariat an seinem Sitz oder bei einem seiner Büros eingereicht werden, und die Aufgaben des Sekretariats gemäß der Schiedsgerichtsordnung können von seinem Sitz oder einem seiner Büros aus entsprechend den Anweisungen des Generalsekretärs, des Stellvertretenden Generalsekretärs oder des *General Counsel* ausgeübt werden.

Artikel 6: Prüfung von Schiedssprüchen

Bei der Prüfung der Entwürfe von Schiedssprüchen gemäß Artikel 33 der Schiedsgerichtsordnung berücksichtigt der Gerichtshof, soweit möglich, die am Schiedsort bestehenden zwingenden rechtlichen Anforderungen.

Introductory Provisions

Article 1: International Court of Arbitration

(1) The International Court of Arbitration (the "Court") of the International Chamber of Commerce (the "ICC") is the independent arbitration body of the ICC. The statutes of the Court are set forth in Appendix I.

(2) The Court does not itself resolve disputes. It administers the resolution of disputes by arbitral tribunals, in accordance with the Rules of Arbitration of the ICC (the "Rules"). The Court is the only body authorized to administer arbitrations under the Rules, including the scrutiny and approval of awards rendered in accordance with the Rules. It draws up its own internal rules, which are set forth in Appendix II (the "Internal Rules").

(3) The President of the Court (the "President") or, in the President's absence or otherwise at the President's request, one of its Vice-Presidents shall have the power to take urgent decisions on behalf of the Court, provided that any such decision is reported to the Court at its next session.

(4) As provided for in the Internal Rules, the Court may delegate to one or more committees composed of its members the power to take certain decisions, provided that any such decision is reported to the Court at its next session.

(5) The Court is assisted in its work by the Secretariat of the Court (the "Secretariat") under the direction of its Secretary General (the "Secretary General").

Appendix I: Statutes of the International Court of Arbitration

Article 1: Function

1 The function of the International Court of Arbitration of the International Chamber of Commerce (the "Court") is to ensure the application of the Rules of Arbitration of the International Chamber of Commerce, and it has all the necessary powers for that purpose.

2 As an autonomous body, it carries out these functions in complete independence from the ICC and its organs.

3 Its members are independent from the ICC National Committees and Groups.

Article 2: Composition of the Court

The Court shall consist of a President,[1] Vice-Presidents,[2] and members and alternate members (collectively designated as members). In its work it is assisted by its Secretariat (Secretariat of the Court).

Article 3: Appointment

1 The President is elected by the ICC World Council upon the recommendation of the Executive Board of the ICC.
2 The ICC World Council appoints the Vice-Presidents of the Court from among the members of the Court or otherwise.
3 Its members are appointed by the ICC World Council on the proposal of National Committees or Groups, one member for each National Committee or Group.
4 On the proposal of the President of the Court, the World Council may appoint alternate members.
5 The term of office of all members, including, for the purposes of this paragraph, the President and Vice-Presidents, is three years. If a member is no longer in a position to exercise the member's functions, a successor is appointed by the World Council for the remainder of the term. Upon the recommendation of the Executive Board, the duration of the term of office of any member may be extended beyond three years if the World Council so decides.

Article 4: Plenary Session of the Court

The Plenary Sessions of the Court are presided over by the President or, in the President's absence, by one of the Vice-Presidents designated by the President. The deliberations shall be valid when at least six members are present. Decisions are taken by a majority vote, the President or Vice-President, as the case may be, having a casting vote in the event of a tie.

---

1 Referred to as "Chairman of the International Court of Arbitration" in the Constitution of the International Chamber of Commerce.
2 Referred to as "Vice-Chairmen of the International Court of Arbitration" in the Constitution of the International Chamber of Commerce.

Article 5: Committees

The Court may set up one or more Committees and establish the functions and organization of such Committees.

Article 6: Confidentiality

The work of the Court is of a confidential nature which must be respected by everyone who participates in that work in whatever capacity. The Court lays down the rules regarding the persons who can attend the meetings of the Court and its Committees and who are entitled to have access to materials related to the work of the Court and its Secretariat.

Article 7: Modification of the Rules of Arbitration

Any proposal of the Court for a modification of the Rules is laid before the Commission on Arbitration before submission to the Executive Board of the ICC for approval, provided, however, that the Court, in order to take account of developments in information technology, may propose to modify or supplement the provisions of Article 3 of the Rules or any related provisions in the Rules without laying any such proposal before the Commission.

Appendix II: Internal rules of the International Court of Arbitration

Article 1: Confidential Character of the Work of the International Court of Arbitration

1 For the purposes of this Appendix, members of the Court include the President and Vice-Presidents of the Court.

2 The sessions of the Court, whether plenary or those of a Committee of the Court, are open only to its members and to the Secretariat.

3 However, in exceptional circumstances, the President of the Court may invite other persons to attend. Such persons must respect the confidential nature of the work of the Court.

4 The documents submitted to the Court, or drawn up by it or the Secretariat in the course of the Court's proceedings, are communicated only to the members of the Court and to the Secretariat and to persons authorized by the President to attend Court sessions.

5 The President or the Secretary General of the Court may authorize researchers undertaking work of an academic nature to acquaint themselves with awards and other documents of general interest, with the

exception of memoranda, notes, statements and documents remitted by the parties within the framework of arbitration proceedings.

6 Such authorization shall not be given unless the beneficiary has undertaken to respect the confidential character of the documents made available and to refrain from publishing anything based upon information contained therein without having previously submitted the text for approval to the Secretary General of the Court.

7 The Secretariat will in each case submitted to arbitration under the Rules retain in the archives of the Court all awards, Terms of Reference and decisions of the Court, as well as copies of the pertinent correspondence of the Secretariat.

8 Any documents, communications or correspondence submitted by the parties or the arbitrators may be destroyed unless a party or an arbitrator requests in writing within a period fixed by the Secretariat the return of such documents, communications or correspondence. All related costs and expenses for the return of those documents shall be paid by such party or arbitrator.

Article 2: Participation of Members of the International Court of Arbitration in ICC Arbitration

1 The President and the members of the Secretariat of the Court may not act as arbitrators or as counsel in cases submitted to ICC arbitration.

2 The Court shall not appoint Vice-Presidents or members of the Court as arbitrators. They may, however, be proposed for such duties by one or more of the parties, or pursuant to any other procedure agreed upon by the parties, subject to confirmation.

3 When the President, a Vice-President or a member of the Court or of the Secretariat is involved in any capacity whatsoever in proceedings pending before the Court, such person must inform the Secretary General of the Court upon becoming aware of such involvement.

4 Such person must be absent from the Court session whenever the matter is considered by the Court and shall not participate in the discussions or in the decisions of the Court.

5 Such person will not receive any material documentation or information pertaining to such proceedings.

Article 3: Relations between the Members of the Court and the ICC National Committees and Groups

1 By virtue of their capacity, the members of the Court are independent of the ICC National Committees and Groups which proposed them for appointment by the ICC World Council.
2 Furthermore, they must regard as confidential, vis-à-vis the said National Committees and Groups, any information concerning individual cases with which they have become acquainted in their capacity as members of the Court, except when they have been requested by the President of the Court, by a Vice-President of the Court authorized by the President of the Court, or by the Court's Secretary General to communicate specific information to their respective National Committees or Groups.

Article 4: Committee of the Court

1 In accordance with the provisions of Article 1(4) of the Rules and Article 5 of its statutes (Appendix I), the Court hereby establishes a Committee of the Court.
2 The members of the Committee consist of a president and at least two other members. The President of the Court acts as the president of the Committee. In the President's absence or otherwise at the President's request, a Vice-President of the Court or, in exceptional circumstances, another member of the Court may act as president of the Committee.
3 The other two members of the Committee are appointed by the Court from among the Vice-Presidents or the other members of the Court. At each Plenary Session the Court appoints the members who are to attend the meetings of the Committee to be held before the next Plenary Session.
4 The Committee meets when convened by its president. Two members constitute a quorum.
5 (a) The Court shall determine the decisions that may be taken by the Committee.
   (b) The decisions of the Committee are taken unanimously.
   (c) When the Committee cannot reach a decision or deems it preferable to abstain, it transfers the case to the next Plenary Session, making any suggestions it deems appropriate.
   (d) The Committee's decisions are brought to the notice of the Court at its next Plenary Session.

Article 5: Court Secretariat

1 In the Secretary General's absence or otherwise at the Secretary General's request, the Deputy Secretary General and/or the General Counsel shall have the authority to refer matters to the Court, confirm arbitrators, certify true copies of awards and request the payment of a provisional advance, respectively provided for in Articles 6(3), 13(2), 34(2) and 36(1) of the Rules.

2 The Secretariat may, with the approval of the Court, issue notes and other documents for the information of the parties and the arbitrators, or as necessary for the proper conduct of the arbitral proceedings.

3 Offices of the Secretariat may be established outside the headquarters of the ICC. The Secretariat shall keep a list of offices designated by the Secretary General. Requests for Arbitration may be submitted to the Secretariat at any of its offices, and the Secretariat's functions under the Rules may be carried out from any of its offices, as instructed by the Secretary General, Deputy Secretary General or General Counsel.

Article 6: Scrutiny of Arbitral Awards

When the Court scrutinizes draft awards in accordance with Article 33 of the Rules, it considers, to the extent practicable, the requirements of mandatory law at the place of the arbitration.

Regelungsschwerpunkte: Abs. 1, 2, 4, 5; Anh. I, II Allgemeiner institutioneller Rahmen für ICC-Schiedsverfahren. → Rz. 1–15, 19–20; **Abs. 3** Eilkompetenz des Präsidenten des Gerichtshofs. → Rz. 18

Inhalt

A. Normzweck	1	I. „Von der Internationalen Handelskammer eingerichtet" (Art. 1 Abs. 1 Satz 1 ICC-SchO); Verweis auf die Satzung (Art. 1 Abs. 1 Satz 2 ICC-SchO i.V.m. Anhang I)	8
B. Reform	2		
C. Verhältnis zum X. Buch der ZPO	6		
D. Vergleich mit den in staatlichen Verfahren geltenden Vorschriften	7	II. Selbständigkeit des Gerichtshofs (Art. 1 Abs. 1 Satz 1 ICC-SchO); Geschäftsordnungsautonomie (Art. 1 Abs. 2 Satz 4 ICC-SchO i.V.m. Anhang II)	9
E. Wesentliche Eigenschaften des Gerichtshofs (Abs. 1, 2 ICC-SchO, Art. 1 Abs. 1 Anhang I zur ICC-SchO)	8	III. „Institution der Schiedsgerichtsbarkeit" (Art. 1 Abs. 1 Satz 1 ICC-SchO)	10

IV. Keine Entscheidung der Streitfälle durch den Gerichtshof (Art. 1 Abs. 2 Satz 1 ICC-SchO) 11
V. „Verwaltung" der Entscheidung von Streitfällen im Einklang mit der ICC-SchO (Art. 1 Abs. 2 Satz 2 ICC-SchO, Art. 1 Abs. 2 Anhang I zur ICC-SchO) 12
VI. Ausschließliche Befugnis des Gerichtshofs zur Administrierung von Schiedsverfahren nach der ICC-SchO (Art. 1 Abs. 2 Satz 3 ICC-SchO) 16
F. Regelungen zur Arbeitsweise des Gerichtshofs (Art. 1 Abs. 3, 4 ICC-SchO, Art. 4–6 Anhang I zur ICC-SchO, Art. 1, 4, 6 Anhang II zur ICC-SchO) 17

I. Eilkompetenz des Präsidenten (Art. 1 Abs. 3 ICC-SchO) . 18
II. Vollversammlung des Gerichtshofs (Art. 4 Anhang I zur ICC-SchO); Befugnis zur Delegation an Ausschüsse (Art. 1 Abs. 4 ICC-SchO, Art. 5 Anhang I zur ICC-SchO, Art. 4 Anhang II zur ICC-SchO) 19
III. Vertraulichkeit (Art. 6 Anhang I zur ICC-SchO; Art. 1 Abs. 1–6 Anhang II zur ICC-SchO) 20
IV. Rücksichtnahme auf zwingendes Recht am Schiedsort (Art. 6 Anhang II zur ICC-SchO) 21
G. Sekretariat, Generalsekretär (Art. 1 Abs. 5 ICC-SchO) 22

Veröffentlichungen des Sekretariats: Merkblatt über verwaltungstechnische Angelegenheiten vom 30.11.2012.
Literatur: *Kirby*, Insigma Technology Co. Ltd v. Alstom Technology Ltd: SIAC Can Administer Cases under the ICC Rules?!?, Arbitration International, Vol. 25 Issue 3 (2009), S. 319 ff.; *Kirby*, The ICC Court: A Behind-the-Scenes Look, ICC Court Bulletin, Vol. 16 No. 2 (2005), S. 427 ff.; *Smit*, An Inside View of the ICC Court, Arbitration International, Vol. 10 Issue 1 (1994), S. 53 ff.

A. Normzweck

Art. 1 enthält einige elementare Regelungen über den Internationalen Schiedsgerichtshof der Internationalen Handelskammer (hier, dem deutschen Sprachgebrauch des Sekretariats folgend, kurz „Gerichtshof") und damit über den institutionellen Rahmen für ICC-Schiedsverfahren. Die Bestimmungen werden inhaltlich durch die detaillierten Anhänge I und II ergänzt.

B. Reform

In **Art. 1 Abs. 1** wird neu die Selbständigkeit des Gerichtshofs hervorgehoben. Dagegen wurde die bisher in der Vorschrift enthaltene Regelung zur Zusammensetzung des Gerichtshofs in Anhang I zur ICC-SchO ausgelagert. Auch die frühere Bestimmung, wonach der Gerichtshof grundsätzlich ausschließlich internationale Schiedsverfahren betreute, nationale Verfahren dagegen nur dann, wenn die Schiedsvereinbarung dies vorsah (Art. 1 Abs. 1 Sätze 3 und 4 a.F.), wurde ersatzlos gestrichen. In gleicher Weise entfiel die bisherige Beschränkung der beizulegenden Streitigkeiten auf „business disputes" (mit Blick auf die längst vollzogene Öffnung der ICC für Investitionsschiedsverfahren).

3 In **Art. 1 Abs. 2** wird nunmehr aus Anlass sog. „hybrider Schiedsklauseln" (s. Rz. 16) klargestellt, dass ausschließlich der Gerichtshof befugt ist, Schiedsverfahren nach der ICC-SchO zu administrieren.

4 Während **Art. 1 Abs. 3 und 4** nur redaktionelle Änderungen erfahren haben, enthält **Art. 1 Abs. 5** nunmehr eine (knappe) Aufgabenbeschreibung des Sekretariats, wobei die bisherige Regelung, wonach das Sekretariat an der Verwaltungszentrale der ICC (d.h. in Paris) einzurichten ist, gestrichen und durch eine differenziertere Bestimmung in Art. 5 Abs. 3 Anhang II zur ICC-SchO ersetzt wurde.

5 In **Art. 7 Anhang I zur ICC-SchO** wurde ein vereinfachtes Verfahren zur Anpassung insbesondere von Art. 3 ICC-SchO an etwaige Weiterentwicklungen der Informations- und Kommunikationstechnologien eingeführt. **Anhang II zur ICC-SchO** hat keine inhaltlichen Änderungen erfahren.

C. Verhältnis zum X. Buch der ZPO

6 Da das X. Buch der ZPO zwischen institutionellen und Ad-Hoc-Schiedsverfahren nicht unterscheidet und insbesondere keine besonderen Regelungen für institutionelle Schiedsverfahren bereithält, bestehen keine Überschneidungen des X. Buchs der ZPO mit Art. 1 ICC-SchO/Anhang I und II zur ICC-SchO. Die Regelungen existieren selbständig nebeneinander.

D. Vergleich mit den in staatlichen Verfahren geltenden Vorschriften

7 Der in Art. 1 ICC-SchO, Anhang I und II zur ICC-SchO festgelegte Rahmen für die Tätigkeit von Gerichtshof und Sekretariat ist ganz auf die institutionelle Administrierung von Schiedsverfahren durch eine ständige Institution zugeschnitten, wobei in der Sache selbst stets dezentrale, jeweils fallweise konstituierte Schiedsgerichte entscheiden. In der staatlichen Justiz sind dagegen die zur Rechtsprechung berufenen Organe ständig und fallunabhängig bestellt (vgl. nur Art. 92, 101 Abs. 1 Satz 1 GG). Soweit in Zusammenhang mit ihrer rechtsprechenden Tätigkeit

auch Verwaltungsaufgaben zu erledigen sind („Rechtsprechungsverwaltung"), regeln §§ 21a ff., 153 GVG, 23 ff. EGGVG einzelne generelle Aspekte; die Prozessordnungen (z.b. § 168 Abs. 1 Satz 1 ZPO) enthalten Näheres zu den einzelnen Aufgaben und Befugnissen insbesondere der Geschäftsstelle. Ein Vergleich des Art. 1 ICC-SchO mit diesen Vorschriften wäre wegen der Verschiedenheit der Erkenntnisgegenstände allenfalls sehr eingeschränkt möglich und jedenfalls ohne unmittelbaren praktischen Erkenntnisgewinn.

E. **Wesentliche Eigenschaften des Gerichtshofs (Art. 1 Abs. 1, 2 ICC-SchO, Art. 1 Abs. 1 Anhang I zur ICC-SchO)**

I. **„Von der Internationalen Handelskammer eingerichtet" (Art. 1 Abs. 1 Satz 1 ICC-SchO); Verweis auf die Satzung (Art. 1 Abs. 1 Satz 2 ICC-SchO i.V.m. Anhang I)**

Art. 1 Abs. 1 Satz 1 stellt klar, dass der Gerichtshof eine **Einrichtung der Internationalen Handelskammer (ICC)** ist, die ihrerseits als Idealverein französischen Rechts („*association sous la loi de 1901*") organisiert ist. Ihr amtlicher Name lautet „Chambre de Commerce Internationale (ICC)". Der Gerichtshof selbst ist nicht- (auch nicht teil-)rechtsfähiges (Kollegial-)Organ der ICC. Seine **Zusammensetzung und Arbeitsweise** regelt die von Art. 1 Abs. 1 Satz 2 in Bezug genommene, in Anhang I zur ICC-SchO abgedruckte **Satzung**. Von einer näheren Erläuterung der Vorschriften zur Zusammensetzung des Gerichtshofs (Art. 2, 3 Anhang I zur ICC-SchO) wird nachfolgend mangels praktischer Relevanz der Bestimmungen in ICC-Schiedsverfahren abgesehen. 8

II. **Selbständigkeit des Gerichtshofs (Art. 1 Abs. 1 Satz 1 ICC-SchO); Geschäftsordnungsautonomie (Art. 1 Abs. 2 Satz 4 ICC-SchO i.V.m. Anhang II)**

Der Gerichtshof ist **selbständig**, Art. 1 Abs. 1 Satz 1 ICC-SchO. Art. 1 Abs. 2 Anhang I zur ICC-SchO konkretisiert die Selbständigkeit des Gerichtshofs dahingehend, dass dieser „*als eigenständige Institution [...] in vollständiger Unabhängigkeit von der ICC und ihren Organen*" tätig wird. Der so zutreffend umschriebene Gehalt der Selbständigkeitsgarantie beschränkt sich gegenständlich auf die Administrierung von Schiedsverfahren im konkret-individuellen Einzelfall sowie auf die **Geschäftsordnungsautonomie** (Art. 1 Abs. 2 Satz 4 ICC-SchO), von der der Gerichtshof mit Anhang II zur ICC-SchO, der die Geschäftsordnung des Gerichtshofs beinhaltet, Gebrauch macht. Gebunden ist der Gerichtshof 9 insoweit einzig an die ICC-SchO; Aufträge oder Weisungen anderer Organe oder Funktionsträger der ICC nehmen seine Mitglieder nicht entgegen (auch nicht von Nationalkomitees oder Gruppen, Art. 1 Abs. 3 Anhang I zur ICC-SchO). Zur Vermeidung von Interessenkonflikten dürfen weder der Präsident des Gerichtshofs noch Angehörige des Sekretariats als Schiedsrichter oder als Parteivertreter in ICC-Schiedsverfahren tätig werden (Art. 2 Abs. 1 Anhang II zur ICC-SchO); Vizepräsidenten des Gerichtshofs und sonstige Mitglieder des Gerichtshof können als Parteivertreter oder als benannte, nicht aber als vom Gerichtshof ernannte Schiedsrichter tätig werden (Art. 2 Abs. 2 Anhang II zur ICC-SchO; s. auch Art. 11 Rz. 6 ff. sowie Art. 2 Abs. 3–5 Anhang II zur ICC-SchO zur Verfahrensweise bei potenziellen Interessenkonflikten im Gerichtshof und im Sekretariat). – Der Gerichtshof genießt keine weiter gehende (z.B. Budget- oder Personal-)Autonomie innerhalb der ICC. Er ist auch nicht rechtsfähig (s. Rz. 8).

III. „Institution der Schiedsgerichtsbarkeit" (Art. 1 Abs. 1 Satz 1 ICC-SchO)

10 Der Gerichtshof ist **Institution der Schiedsgerichtsbarkeit**, Art. 1 Abs. 1 Satz 1. Diese funktionale Charakterisierung des Gerichtshofs greift den international verbreiteten klassifikatorischen Begriff der „Schiedsinstitution" auf und grenzt den Gerichtshof damit für die Zwecke der ICC-SchO doppelt ab: Einerseits von Streitfälle in der Sache entscheidenden Schiedsgerichten (zu dieser Abgrenzung auch Art. 1 Abs. 2), andererseits von Stellen, die nur punktuell in Ad-Hoc-Schiedsverfahren eingreifen, bspw. als ernennende oder benennende Stelle („appointing authority", „designating authority") gemäß Art. 6 der UNCITRAL-Schiedsgerichtsordnung. Soweit der Gerichtshof im Einzelfall in einem Ad-Hoc-Verfahren als ernennende Stelle („appointing authority") tätig wird, richtet sich das Verfahren vor dem Gerichtshof nicht nach der ICC-SchO, sondern nach den (nicht ins Deutsche übersetzten und hier nicht kommentierten) „Rules of ICC as Appointing Authority in UNCITRAL or Other Ad Hoc Arbitration Proceedings" vom 1.1.2004 (englischer Text auf http://www.iccwbo.org).

IV. Keine Entscheidung der Streitfälle durch den Gerichtshof (Art. 1 Abs. 2 Satz 1 ICC-SchO)

11 Der Gerichtshof **entscheidet die Streitfälle nicht selbst**, Art. 1 Abs. 2 Satz 1. Hierzu sind die Schiedsgerichte berufen, Art. 1 Abs. 2 Satz 2.

V. „Verwaltung" der Entscheidung von Streitfällen im Einklang mit der ICC-SchO (Art. 1 Abs. 2 Satz 2 ICC-SchO, Art. 1 Abs. 2 Anhang I zur ICC-SchO)

Der Gerichtshof „**verwaltet**" die Entscheidung von Streitfällen (treffender die englische Fassung: „*administers the resolution of disputes*"). Der Gerichtshof ist also **kein Schiedsgericht**. 12

Einzelbefugnisse des Gerichtshofs betreffen die Auswahl der Schiedsrichter (insbesondere Art. 12 Abs. 2 Sätze 1 und 4, Abs. 3 Satz 2, Abs. 4 Satz 3, Abs. 5, 8, Art. 13 Abs. 4), die Entscheidung über Ablehnungsanträge (Art. 14 Abs. 3), die Ersetzung von Schiedsrichtern (Art. 15 Abs. 1, 2), die Festlegung des Schiedsorts (Art. 18), die Überwachung der zeitgerechten Erstellung des Schiedsauftrags (Art. 23 Abs. 2 Satz 3), von Schiedssprüchen (Art. 30 Abs. 1 Satz 3, Abs. 2) und Entscheidungen nach Art. 35 (Art. 35 Abs. 2 Satz 3), die Genehmigung nicht von allen Parteien unterzeichneter Schiedsaufträge (Art. 23 Abs. 3), die Prüfung von Schiedsspruchentwürfen (Art. 33) sowie von Entwürfen von Entscheidungen gemäß Art. 35 (Art. 35 Abs. 3 Satz 2 i.V.m. Art. 33), eine Vielzahl von Entscheidungen im Zusammenhang mit den Verfahrenskosten (Art. 36, 37 Abs. 2, 6) sowie die Flexibilisierung bestimmter Fristen (Art. 38 Abs. 2). Der Gerichtshof hat darüber hinaus gemäß dem **generalklauselartigen Art. 1 Abs. 2 Anhang I zur ICC-SchO** auch alle (weiteren) zum Zweck der sachgerechten Anwendung der ICC-SchO erforderlichen Befugnisse (ähnlich weit für den besonderen Fall der Zurückverweisung einer Sache durch ein staatliches Gericht Art. 35 Abs. 4 Satz 2). 13

Entscheidungen des Gerichtshofs. Sie werden ausnahmslos vom Sekretariat (Art. 1 Abs. 5) vorbereitet und vom Gerichtshof in seltenen Fällen im Plenum, zumeist in Ausschusssitzungen („*comité restreint*") gemäß Art. 1 Abs. 4 ICC-SchO i.V.m. Art. 5 Anhang I zur ICC-SchO, Art. 4 Anhang II zur ICC-SchO und in dringenden Fällen im Verfahren nach Art. 1 Abs. 3 getroffen. Das Sekretariat unterrichtet die Verfahrensbeteiligten von den Entscheidungen des Gerichtshofs. Da der Gerichtshof kein Schiedsgericht ist, sind die Entscheidungen des Gerichtshofs **keine Schiedssprüche**. Sie bedürfen daher keiner Begründung und werden in der Praxis auch nicht begründet; ein Begründungsverbot ergibt sich aus der ICC-SchO allerdings lediglich aus Art. 11 Abs. 4 hinsichtlich der Entscheidungen zur personellen Zusammensetzung des Schiedsgerichts. Da die Entscheidungen des Gerichtshofs rein administrativer Natur sind, sind sie der Rechtskraft nicht fähig. 14

15 Im Einklang mit der ICC-SchO verwaltet der Gerichtshof die Schiedsverfahren, Art. 1 Abs. 2 Satz 2. Das bedeutet, dass die Anwendung der Vorschriften der ICC-SchO nicht zur Disposition des Gerichtshofs steht, er vielmehr selbst an die ICC-SchO gebunden ist.

VI. Ausschließliche Befugnis des Gerichtshofs zur Administrierung von Schiedsverfahren nach der ICC-SchO (Art. 1 Abs. 2 Satz 3 ICC-SchO)

16 Art. 1 Abs. 2 Satz 3 bestimmt, dass **einzig der Gerichtshof zur Verwaltung von Schiedsverfahren nach der ICC-SchO** – ausdrücklich einschließlich der Prüfung und Genehmigung von danach ergangenen Schiedssprüchen – **befugt ist**. Die Regelung geht darauf zurück, dass in der Vergangenheit so genannte „**hybride Schiedsklauseln**" aufgetaucht sind, so in Insigma Technology Co Ltd v Alstom Technology Ltd [2009] SGCA 24: „*arbitration before the Singapore International Arbitration Centre in accordance with the Rules of Arbitration of the International Chamber of Commerce*" (näher *Kirby*, Arbitration International, Vol. 25 Issue 3 (2009), 319). Zudem haben andere Schiedsinstitutionen teilweise Verfahren, deren Grundlage eine ICC-Schiedsvereinbarung bildete, administriert oder damit geworben, dass sie ebenfalls Verfahren nach der ICC-SchO administrieren. Dies geschah ohne die Zustimmung der ICC und teils gegen den Protest der ICC. Die Neuregelung zielt darauf ab, hier Klarheit zu schaffen.

F. Regelungen zur Arbeitsweise des Gerichtshofs (Art. 1 Abs. 3, 4 ICC-SchO, Art. 4–6 Anhang I zur ICC-SchO, Art. 1, 4, 6 Anhang II zur ICC-SchO)

17 Art. 1 Abs. 3 und 4 beinhalten einige besonders bedeutsame Regelungen zur **Arbeitsweise des Gerichtshofs**. Detailliertere Bestimmungen enthalten die Anhänge I und II zur ICC-SchO, und zwar insbesondere Art. 4–6 Anhang I zur ICC-SchO und Art. 1, 4, 6 Anhang II zur ICC-SchO.

I. Eilkompetenz des Präsidenten (Art. 1 Abs. 3 ICC-SchO)

18 **Dringende Entscheidungen**, die dem Gerichtshof obliegen, kann für ihn sein **Präsident** (zu diesem Art. 2, 3 Abs. 1 Anhang I zur ICC-SchO) bzw. bei dessen Abwesenheit oder im Falle einer besonderen Ermächtigung **jeder der Vizepräsidenten** (Art. 2 Anhang I zur ICC-SchO) des Gerichtshofs treffen. Die Eilkompetenz erfasst grundsätzlich alle möglichen Arten von Entscheidungen des Gerichtshofs. Ob eine Entscheidung drin-

gend ist, entscheidet der Präsident bzw. der Vizepräsident; die Entscheidung wird durch das Sekretariat vorbereitet. Da die Entscheidung „für den Gerichtshof" getroffen wird, gilt sie als Entscheidung des Gerichtshofs; dass nach Art. 1 Abs. 3 verfahren wurde, wird weder den Parteien noch den Schiedsrichtern oder Nationalkomitees mitgeteilt. Vom Inhalt der im Wege der Eilkompetenz getroffenen Entscheidungen ist „der Gerichtshof" (gemeint ist die Vollversammlung i.S.d. Art. 4 Anhang I zur ICC-SchO) zu unterrichten, Art. 1 Abs. 3 Halbs. 2.

II. Vollversammlung des Gerichtshofs (Art. 4 Anhang I zur ICC-SchO); Befugnis zur Delegation an Ausschüsse (Art. 1 Abs. 4 ICC-SchO, Art. 5 Anhang I zur ICC-SchO, Art. 4 Anhang II zur ICC-SchO)

Grundsätzlich entscheidet der Gerichtshof durch **Vollversammlung** seiner Mitglieder (Art. 4 Anhang I zur ICC-SchO). Art. 1 Abs. 4 ICC-SchO sowie Art. 1 Abs. 5 Anhang I zur ICC-SchO ermächtigen den Gerichtshof indes dazu, im **Geschäftsordnungsweg** (Art. 1 Abs. 2 Satz 4 i.V.m. Anhang II zur ICC-SchO) Ausschüsse einzurichten (die allerdings nach dem ausdrücklichen Wortlaut nur aus Mitgliedern des Gerichtshofs bestehen dürfen) und diesen Ausschüssen die Befugnis zu übertragen, (hinreichend) „bestimmte" Entscheidungen zu treffen (Art. 5 Anhang I zur ICC-SchO). Der Gerichtshof hat von dieser ihm zur Entlastung der Vollversammlung und damit zur Verfahrensbeschleunigung eingeräumten Befugnis Gebrauch gemacht: Art. 4 Anhang II zur ICC-SchO. Der nach dieser Vorschrift gebildete Dreierausschuss („*committee*", „*comité restreint*") tagt wöchentlich und erledigt den größten Anteil des Geschäftsanfalls beim Gerichtshof. Lediglich wenn die besondere Schwierigkeit oder Bedeutung einer anstehenden Entscheidung es erfordert, wird die Angelegenheit in der Vollversammlung entschieden. Die Vollversammlung muss in ihrer nächsten Sitzung über die im Ausschuss getroffenen Entscheidungen unterrichtet werden, Art. 1 Abs. 4 Halbs. 2.

III. Vertraulichkeit (Art. 6 Anhang I zur ICC-SchO; Art. 1 Abs. 1–6 Anhang II zur ICC-SchO)

Die Tätigkeit des Gerichtshofs ist **vertraulicher Natur**, Art. 6 Anhang I zur ICC-SchO. Art. 1 Anhang II zur ICC-SchO konkretisiert diesen Grundsatz. So bestimmt Art. 1 Abs. 2, 4 Anhang II zur ICC-SchO, dass lediglich die Mitglieder des Gerichtshofs und des Sekretariats an den Sitzungen des Gerichtshofs teilnehmen können, und dass auch der Zugang zu den „Unterlagen", die dem Gerichtshof vorgelegt oder von ihm oder im Laufe des Verfahrens erstellt werden, nur den Mitgliedern des Gerichtshofs sowie des Sekretariats gewährt wird. Ausnahmen hiervon enthalten Art. 1 Abs. 3, 5, 6 Anhang II zur ICC-SchO (z.B. für Forscher, die ihrerseits eine Verschwiegenheitserklärung unterzeichnen müssen). Art. 6 Anhang I zur ICC-SchO, Art. 1 Anhang II zur ICC-SchO regeln nicht, ob und ggf. welche Verpflichtungen die Parteien haben, das Verfahren oder darin ausgetauschte Informationen geheim zu halten (dazu Art. 22 Rz. 13 ff.).

IV. Rücksichtnahme auf zwingendes Recht am Schiedsort (Art. 6 Anhang II zur ICC-SchO)

21 Art. 6 Anhang II zur ICC-SchO verpflichtet den Gerichtshof, im Rahmen der Genehmigungsprüfung (Art. 33) soweit möglich die zwingenden Vorschriften am Schiedsort zu beachten. Dieses Erfordernis folgt bereits aus Art. 41; Art. 6 Anhang II zur ICC-SchO stellt lediglich eine Konkretisierung jener, allgemeiner gehaltenen Verpflichtung dar, auf einen vollstreckbaren Schiedsspruch hinzuwirken.

G. Sekretariat, Generalsekretär (Art. 1 Abs. 5 ICC-SchO)

22 Art. 1 Abs. 5 Satz 1 beinhaltet eine Aufgabenbeschreibung für das **Sekretariat**: Es „unterstützt" den Gerichtshof „in seiner Arbeit". An seiner Spitze steht gemäß Art. 1 Abs. 5 Satz 2 der **Generalsekretär**. Art. 5 Anhang II zur ICC-SchO enthält weitere Regelungen einzelner Aspekte der Tätigkeit des Sekretariats sowie des Generalsekretärs.

23 Das Sekretariat ist das **ständige Verwaltungsorgan** des Gerichtshofs. Es unterhält derzeit Büros in Paris, Hong Kong und New York (vgl. Art. 5 Abs. 3 Anhang II zur ICC-SchO). Innerhalb des Sekretariats ist **jede Schiedssache einem der mehreren Referate** („*case management teams*") des Sekretariats zugewiesen. Die Referate haben verschiedene sprachlich-geografische Schwerpunkte; derzeit (Stand 2013) sind folgende Referate eingerichtet: Spanien, Portugal, Lateinamerika; Frankreich, Mittlerer Osten (ohne Türkei), frankophones Afrika; deutscher Sprachraum, Benelux, Skandinavien; Großbritannien und Commonwealth; Nordamerika (Sitz: New York); östliches Mittelmeer (einschl. Türkei); Italien, Schweiz; Osteuropa, Nachfolgestaaten der UdSSR; Ostasien (Sitz: Hong Kong). Während der Gerichtshof – mit Ausnahme seines Präsidenten – ausschließlich aus nebenamtlich tätigen Schiedsrechtlern besteht, ist das Sekretariat mit hauptamtlichen Juristen besetzt. Geführt werden die Referate von einem Referenten („*counsel*"),

dem mehrere Stellvertretende Referenten (*„deputy counsel"*) sowie Schreibkräfte nachgeordnet sind. Die Zuordnung einer Schiedssache zu einem der Referate ist Sache des Generalsekretariats, die Parteien haben hierauf keinen Einfluss.

Aufgaben und Befugnisse des Sekretariats. Das Sekretariat stellt die institutionelle Begleitung des Schiedsverfahrens in jeder Verfahrensphase sicher. Vor der Konstituierung des Schiedsgerichts hat das Sekretariat die alleinige Verfahrensmanagementfunktion. Es ist in dieser Phase der zentrale Knotenpunkt, an dem Informationen und Kommunikation der Parteien, der (potenziellen) Schiedsrichter, der Nationalkomitees, des Gerichtshofs und des Generalsekretärs zusammenlaufen, verarbeitet und weitergeleitet werden. Über Fristsetzungen und -verlängerungen in der Anfangsphase des Schiedsverfahrens entscheidet das Sekretariat in eigener Zuständigkeit (Art. 4 Abs. 4, 5 Abs. 2). Auch nach der Konstituierung des Schiedsgerichts bleibt das Sekretariat in sämtliche Kommunikationsvorgänge eingebunden. Zwar werden die meisten Managementfunktionen dann vom Schiedsgericht wahrgenommen. Doch beobachtet das Sekretariat insbesondere die Einhaltung des durch die ICC-SchO vorgegebenen zeitlichen Rahmens **für die Durchführung des Schiedsverfahrens** sowie die Entwicklung der Verfahrenskosten. Es steht zudem Parteien und Schiedsrichtern als Ansprechpartner bei Fragen zum Schiedsverfahren zur Verfügung. Unabhängig vom Verfahrensstadium bereitet das Sekretariat sämtliche Entscheidungen des Gerichtshofs – also insbesondere auch zur Genehmigung von Schiedssprüchen (Art. 33) – sowie des Generalsekretärs inhaltlich vor. Die Referenten bzw. Stellvertretenden Referenten des Sekretariats nehmen an allen Sitzungen des Gerichtshofs (Vollversammlung und Ausschuss) teil und haben dort Rederecht. 24

Generalsekretär. Er leitet das Sekretariat. Bestimmte Befugnisse sind ihm zur grundsätzlich höchstpersönlichen (s. aber Art. 5 Abs. 1 Anhang II zur ICC-SchO) Wahrnehmung zugewiesen: Zuständigkeitsprüfung *prima facie* (Art. 6 Abs. 3), Bestätigung von Schiedsrichtern unter bestimmten Voraussetzungen (Art. 13 Abs. 2), Setzung einer letzten Frist zur Zahlung überfälliger Kostenvorschüsse (Art. 36 Abs. 6). Auch diese Entscheidungen werden aber durch das zuständige Fallbearbeitungsreferat des Sekretariats vorbereitet. 25

Aktenführung nach Verfahrensbeendigung. Art. 1 Abs. 7, 8 Anhang II zur ICC-SchO behandeln die Aufbewahrung (Archivierung) von verfahrensbezogenem Schriftgut nach Abschluss des Schiedsverfahrens. Gemäß Art. 1 Abs. 7 Anhang II zur ICC-SchO muss das Sekretariat lediglich 26

Schiedssprüche, Schiedsaufträge und die Korrespondenz des Sekretariats archivieren. Dokumente, deren Urheber die Parteien oder das Schiedsgericht sind, kann das Sekretariat zerstören, wenn es den Parteien zuvor Gelegenheit zur Rücknahme gegen Kostenerstattung gegeben hat.

Artikel 2: Definitionen

In dieser Schiedsgerichtsordnung bezieht sich

(i) „Schiedsgericht" auf einen oder mehrere Schiedsrichter/innen;

(ii) „Kläger" auf eine(n) oder mehrere Kläger/innen; „Beklagter" auf eine(n) oder mehrere Beklagte(n); und „zusätzliche Partei" auf eine oder mehrere zusätzliche Partei(en);

(iii) „Partei" oder „Parteien" auf Kläger, Beklagte oder zusätzliche Parteien;

(iv) „Anspruch" oder „Ansprüche" auf jedweden Anspruch einer Partei gegen irgendeine andere Partei;

(v) „Schiedsspruch" unter anderem auf Zwischen-, Teil- oder Endschiedssprüche.

Article 2: Definitions

In the Rules:

(i) "arbitral tribunal" includes one or more arbitrators;

(ii) "claimant" includes one or more claimants, "respondent" includes one or more respondents, and "additional party" includes one or more additional parties;

(iii) "party" or "parties" include claimants, respondents or additional parties;

(iv) "claim" or "claims" include any claim by any party against any other party;

(v) "award" includes, inter alia, an interim, partial or final award.

Regelungsschwerpunkte: Art. 2 definiert einige zentrale Begriffe der ICC-SchO. Um Missverständnissen vorzubeugen, sollten die hier genannten Definitionen bei Eingaben an das Sekretariat und in Schriftsätzen verwendet werden.

Inhalt

A. Normzweck	1
B. Reform	2
C. Die Begriffsbestimmungen im Einzelnen	3
I. Schiedsgericht (Art. 2 (i))	3
1. Verhältnis zum X. Buch der ZPO	3
2. Vergleich mit den in staatlichen Verfahren geltenden Vorschriften	4
3. Inhalt der Begriffsbestimmung	5
II. Kläger, Beklagter, zusätzliche Partei; Partei, Parteien (Art. 2 (ii), (iii))	7
1. Verhältnis zum X. Buch der ZPO	7
2. Vergleich mit den im staatlichen Verfahren geltenden Vorschriften	8
3. Inhalt der Begriffsbestimmungen	9
III. „Anspruch" oder „Ansprüche" (Art. 2 (iii))	12
1. Verhältnis zum X. Buch der ZPO	12
2. Vergleich mit den im staatlichen Verfahren geltenden Vorschriften	14
3. Inhalt der Begriffsbestimmung	15
IV. „Schiedsspruch" (Art. 2 (v))	16
1. Verhältnis zum X. Buch der ZPO	16
2. Vergleich mit den im staatlichen Verfahren geltenden Vorschriften	17
3. Inhalt der Begriffsbestimmung	18

A. Normzweck

Die Vorschrift enthält Legaldefinitionen einiger zentraler Begriffe der ICC-SchO und trägt so zur Kohärenz des Regelwerks bei.   **1**

B. Reform

Bereits Art. 2 ICC-SchO 1998 enthielt Definitionen der Begriffe Schiedsgericht, Kläger und Schiedsspruch. Neu sind die Definitionen der Begriffe Partei und Anspruch.   **2**

C. Die Begriffsbestimmungen im Einzelnen

I. Schiedsgericht (Art. 2 (i))

1. Verhältnis zum X. Buch der ZPO

Die ZPO enthält keine Definition des Begriffs Schiedsgericht, verwendet diesen aber bedeutungsgleich mit Art. 2 (i).   **3**

2. Vergleich mit den in staatlichen Verfahren geltenden Vorschriften

4   Im staatlichen Verfahren kommt einer exakten Bestimmung des Inhalts des Begriffs „Gericht" Relevanz insbesondere bei der wechselseitigen Abgrenzung der Staatsfunktionen Judikative und Exekutive zu, mit Konsequenzen insbesondere für Fragen der Weisungsgebundenheit sowie der Rechtswegeröffnung. Abgrenzungsschwierigkeiten ergeben sich insbesondere im Bereich der freiwilligen Gerichtsbarkeit, bei Justizverwaltungsakten und soweit innerhalb der Verwaltung besondere, gerichtsähnliche Spruchgremien (z.B. Vergabekammern, Widerspruchsausschüsse) eingerichtet sind. Für die Bestimmung des Begriffs „Schiedsgericht" lässt sich ein Erkenntnisgewinn folglich nicht erzielen.

3. Inhalt der Begriffsbestimmung

5   Art. 2 (i) definiert „Schiedsgericht" als „eine oder mehrere Schiedsrichter/innen". Hintergrund der Vorschrift ist, dass in der ICC-SchO der Ausdruck „Schiedsgericht" im Allgemeinen ohne Differenzierung nach der Zahl der Schiedsrichter anzuwenden ist, so dass „Schiedsgericht" i.S.d. ICC-SchO auch der Einzelschiedsrichter ist. Die Vorschrift ist allerdings unglücklich formuliert, weil sie ihrem Wortlaut nach auch die Subsumtion eines oder zweier Schiedsrichter eines Dreierschiedsgerichts unter den Begriff Schiedsgericht erlaubt. Weder ein einzelnes Mitglied noch zwei Mitglieder eines Dreierschiedsgerichts sind aber Schiedsgericht i.S.d. ICC-SchO, es sei denn, es handelt sich ausnahmsweise um ein Rumpfschiedsgericht gemäß Art. 15 Abs. 5.

6   Art. 2 (i) bezieht sich ausschließlich auf Schiedsgerichte, die nach der ICC-SchO konstituiert werden sollen bzw. konstituiert wurden. Bei einer mehrdeutig formulierten Streitbeilegungsvereinbarung kann die Frage auftreten, ob die Parteien ein Schiedsgericht einsetzen oder einen anderen Streitbeilegungsmechanismus (z.B. Mediation, verbindliches Schiedsgutachten o.Ä.) vereinbaren wollten. Für die Beantwortung dieser Frage gibt Art. 2 (i) nichts her.

II. Kläger, Beklagter, zusätzliche Partei; Partei, Parteien (Art. 2 (ii), (iii))

1. Verhältnis zum X. Buch der ZPO

7   Die ZPO enthält keine Definition der hier definierten Begriffe, verwendet diese aber – soweit sie ihr bekannt sind – bedeutungsgleich mit Art. 2 (ii), (iii) ICC-SchO.

2. Vergleich mit den im staatlichen Verfahren geltenden Vorschriften

Das staatliche Verfahren enthält keine entsprechenden Begriffsbestimmungen. Für die Begriffe „Kläger" und „Beklagter" bestehen in der Sache keine Bedeutungsunterschiede zum staatlichen Verfahren. Der Begriff der „zusätzlichen Partei" ist dem staatlichen Verfahren nicht bekannt, so dass sich insoweit ein Vergleich erübrigt.

8

3. Inhalt der Begriffsbestimmungen

Kläger, Beklagter. Aus Gründen der besseren Lesbarkeit verwendet die ICC-SchO die Begriffe meist im Singular. Art. 2 (ii) stellt klar, dass bei mehreren Klägern bzw. mehreren Beklagten stets auch die jeweils anderen Kläger bzw. Beklagten gemeint sind. Damit ist aber nicht gemeint, dass die gemäß der ICC-SchO „dem Kläger" bzw. „dem Beklagten" zustehenden Rechte im Falle einer subjektiven Klagehäufung auf Aktiv- oder Passivseite stets nur jeweils von allen Klägern oder von allen Beklagten in ihrer Gesamtheit geltend gemacht werden könnten. Selbstverständlich kann bspw. von mehreren Beklagten auch nur einer eine Widerklage (Art. 5 Abs. 5) erheben; von mehreren Klägern (oder Beklagten) können beliebig viele einen Antrag auf Einbeziehung zusätzlicher Parteien (Art. 7) oder auf Ablehnung eines Schiedsrichters (Art. 14) stellen. Lediglich für den Bereich der Schiedsrichterbenennung enthalten Art. 12 Abs. 6–8 Sondervorschriften, die eine gemeinschaftliche Rechtewahrnehmung vorschreiben. Auch in ICC-Schiedsverfahren bestimmt sich die Eigenschaft als Kläger bzw. Beklagter nach der formalen Parteirolle. Einwendungen, etwa gegen die Rechts- oder subjektive Schiedsfähigkeit einer Partei, hindern nicht die Stellung als Kläger oder Beklagter. Dem steht nicht entgegen, dass in Einzelfällen während des Verfahrens eine Umkehrung der Parteirollen eintreten kann, bspw. wenn der Kläger seine Klage insgesamt (d.h. auch hinsichtlich der Kosten) zurücknimmt, der Beklagte seine Widerklage aber aufrechterhält.

9

Zusätzliche Partei. Auch hinsichtlich der „zusätzlichen Parteien" bringt Art. 2 (ii) keine eigenständige Definition (diese muss vielmehr aus Art. 7 Abs. 1 herausgelesen werden, s. daher die dortige Kommentierung). Die Vorschrift beschränkt sich vielmehr darauf festzustellen, dass „zusätzliche Partei" i.S.d. ICC-SchO jede „zusätzliche Partei" i.S.d. Art. 7 Abs. 1 ist. Ein Zwang zur stets gemeinschaftlichen Rechtsausübung ist damit aber ebenso wenig verbunden wie bei Klägern und Beklagten, oben Rz. 9.

10

11 **Partei, Parteien.** Art. 2 (iii) stellt klar, dass „Partei" i.S.d. ICC-SchO jeder Kläger, jeder Beklagter und auch jede „zusätzliche Partei" i.S.d. Art. 7 Abs. 1 ist.

III. „Anspruch" oder „Ansprüche" (Art. 2 (iii))

1. Verhältnis zum X. Buch der ZPO

12 Mit dem X. Buch der ZPO besteht weitgehende Konvergenz. Die ZPO rekurriert insbesondere im Kontext der Schiedsfähigkeit (§ 1030 Abs. 1 ZPO) auf den Begriff des „Anspruchs". Ihm liegt, auch wenn in der Sache ausländisches Recht anwendbar ist, der materiell-rechtliche Anspruchsbegriff des § 194 Abs. 1 BGB zugrunde. Der Begriff des Anspruchs gemäß der ICC-SchO ist dagegen autonom auszulegen (zum Erfordernis einer autonomen Auslegung der ICC-SchO s. Vor Art. 1 Rz. 10). Nach Maßgabe von Schiedsvereinbarung, Hauptvertrag und anwendbarem Sachrecht können auch solche subjektiven Rechte (z.B. auf schiedsrichterliche Feststellung oder Gestaltung eines Rechtsverhältnisses) „Anspruch" i.S.d. ICC-SchO sein, die aus deutscher Sicht lediglich als prozessuale Rechtsbehelfe ausgestaltet sind oder deren Einordnung – wie etwa bei den „Rechtsbehelfen" des CISG – jedenfalls im Einzelfall zweifelhaft sein kann. Der Begriff „Anspruch" i.S.d. ICC-SchO ist im Zweifel weit auszulegen; Voraussetzung ist insbesondere nicht, dass der behauptete Anspruch tatsächlich besteht.

13 Art. 2 (iii) lässt sich zudem entnehmen, dass über Ansprüche auch zwischen „im selben Lager stehenden" Parteien untereinander ohne Verfahrensabtrennung verhandelt und entschieden werden kann (sog. *„cross claims"*; noch deutlicher Art. 8 Abs. 1). Die ZPO sieht eine derartige Verfahrensweise zwar nicht ausdrücklich vor, steht ihr aber auch keineswegs entgegen.

2. Vergleich mit den im staatlichen Verfahren geltenden Vorschriften

14 Das staatliche Verfahren kennt keine *„cross claims"*. Es hält stattdessen das – jedenfalls im ICC-Schiedsverfahren nicht zu Gebote stehende – Institut der Streitverkündung bereit, um die Verjährung zu unterbrechen und um die „Früchte" des Hauptprozesses über die Nebeninterventionswirkung der §§ 74, 68 ZPO für einen Zweitprozess zu sichern.

3. Inhalt der Begriffsbestimmung

Die ICC-SchO benutzt den Ausdruck „Anspruch" in verschiedenen Zusammenhängen, so insbesondere in Art. 6 Abs. 3, 4, 7 und 9, Art. 10 Satz 1 Buchst. a, b, Art. 23 Abs. 1 Buchst. c, Abs. 4, Art. 29 Abs. 4, Art. 36 Abs. 6. Gemeint ist jedes zum Gegenstand des Schiedsverfahrens gemachte subjektive Recht, das Gegenstand eines bestimmten Antrags sein kann. Nicht stets erforderlich ist, dass es sich um einen Anspruch i.S.d. § 194 Abs. 1 BGB handelt (s. Rz. 12). Klargestellt wird auch, dass „im selben Lager" stehende Parteien (z.b. mehrere Kläger oder mehrere Beklagte) untereinander Ansprüche in ein- und demselben Verfahren anhängig machen können, in dem die „Hauptansprüche" verhandelt und entschieden werden (s. Rz. 13 sowie ausführlich Art. 8).

15

IV. „Schiedsspruch" (Art. 2 (v))

1. Verhältnis zum X. Buch der ZPO

Die ZPO bezeichnet lediglich verfahrensbeendende Entscheidungen als Schiedsspruch (Endschiedssprüche, §§ 1054, 1056 Abs. 1 ZPO, und Schiedssprüche mit vereinbartem Wortlaut, § 1053 ZPO). Für Entscheidungen zur Zuständigkeit sieht der dispositive § 1040 Abs. 3 Satz 1 ZPO dagegen einen „Zwischenentscheid" vor; für einstweilige Maßnahmen einen Beschluss (§ 1041 Abs. 1, 3 ZPO). Zwischenentscheidungen des Schiedsgerichts zur Zuständigkeit können in der ICC-Schiedsgerichtsbarkeit ausschließlich im Wege eines Schiedsspruchs ergehen. Dieser Schiedsspruch tritt an die Stelle des „Zwischenentscheides" i.S.d. § 1040 Abs. 3 ZPO. Andernfalls würde das Genehmigungsverfahren (Art. 33) umgangen, das bezweckt, sämtliche schiedsgerichtliche Entscheidungen, die den Streitgegenstand ganz oder teilweise abschließend erledigen, einer Vorab-Kontrolle durch den Gerichtshof zu unterwerfen. Auch würde sonst ein Weniger an internationaler Vollstreckungssicherheit erreicht, da EuÜ und UNÜ lediglich auf Schiedssprüche, nicht aber auf sonstige Entscheidungen von Schiedsgerichten anwendbar sind. Dagegen steht die Form, in der über einen Antrag auf Erlass einer einstweiligen Maßnahme entschieden wird, im Ermessen des Schiedsgerichts (Art. 28 Abs. 1 Satz 3).

16

2. Vergleich mit den im staatlichen Verfahren geltenden Vorschriften

Das staatliche Verfahren kennt eine Vielzahl von Urteilsformen (vgl. §§ 300–307 ZPO). **Anerkenntnis-** und **Versäumnis**entscheidungen sind

17

in Schiedsverfahren rechtlich nicht möglich, **Vorbehalts**schiedssprüche kommen in der Praxis kaum vor. Für **Grund-**, **Zwischen-** und **Teil**urteile gibt es dagegen im (ICC-)Schiedsverfahren passende Entsprechungen (meist unterschiedslos als „Zwischenschiedsspruch", im Englischen teils als *„interim award"*, teils als *„partial award"* bezeichnet – häufig insbesondere, wenn abgetrennt über Zuständigkeit, Haftung dem Grunde nach und Haftung der Höhe nach entschieden werden soll – *„jurisdiction"*, *„liability"*, *„quantum"*). Im **einstweiligen Rechtsschutz** ergeht vor staatlichen Gerichten ein (Verfügungs-, Arrest-)Urteil nur, wenn mündlich verhandelt wurde; ob im ICC-Schiedsverfahren die Form des Schiedsspruchs oder jene der verfahrensleitenden Verfügung gewählt wird, steht im Ermessen des Schiedsgerichts (Art. 28 Abs. 1 Satz 3). Während im Schiedsverfahren ein **Vergleich** in einen Schiedsspruch aufgrund Einvernehmens der Parteien (Art. 34, s. auch § 1053 ZPO) münden kann, stellt das staatliche Gericht das Zustandekommen eines Prozessvergleichs lediglich im Protokoll (§ 160 Abs. 3 Nr. 1 ZPO) oder durch Beschluss (§ 278 Abs. 6 ZPO) fest.

3. Inhalt der Begriffsbestimmung

18 Die Vorschrift regelt ihrem Wortlaut nach lediglich, dass Schiedsspruch i.S.d. ICC-SchO neben dem Endschiedsspruch „unter anderem" auch jeder etwaige Zwischenschiedsspruch (z.B. zur Zuständigkeit oder zur Haftung dem Grunde nach) sowie jeder etwaige Teilschiedsspruch (z.B. über einen von mehreren schiedshängig gemachten Ansprüchen) ist. Diese Beispiele sind nicht erschöpfend; auch der Interimsschiedsspruch (Art. 28 Abs. 1 Satz 3) oder der Schiedsspruch aufgrund Einvernehmens der Parteien (Art. 33) ist Schiedsspruch i.S.d. ICC-SchO. Zweck der Vorschrift ist einerseits die Sicherung der hohen Qualität aller den Streit zwischen den Parteien auch nur teilweise erledigenden Entscheidungen des Schiedsgerichts durch die zwingende Anwendung des Genehmigungsverfahrens (Art. 34). Zudem wird durch die Wahl der Handlungsform Schiedsspruch die Anwendung von UNÜ und EuÜ im Falle einer Auslandsanerkennung bzw. -vollstreckung sichergestellt. Das erhöht die Vollstreckungssicherheit für die Parteien.

Artikel 3: Schriftliche Zustellungen und Mitteilungen; Fristen

(1) Alle Schriftsätze und schriftlichen Mitteilungen, die eine Partei einreicht, sowie alle beigefügten Dokumente müssen in so vielen Exemplaren eingereicht werden, dass jede Partei, jeder Schiedsrichter und das Se-

kretariat je ein Exemplar erhalten. Das Sekretariat erhält Kopien aller schriftlichen Zustellungen und Mitteilungen des Schiedsgerichts an die Parteien.

(2) Alle Zustellungen und Mitteilungen des Sekretariats und des Schiedsgerichts sind an die letzte bekannte Adresse der Partei oder ihres Vertreters, für die sie bestimmt sind, zu richten, so wie diese von dem Empfänger oder gegebenenfalls der anderen Partei mitgeteilt worden ist. Zustellungen und Mitteilungen können erfolgen gegen Empfangsbescheinigung, durch eingeschriebenen Brief, Kurierdienst, E-Mail oder jede andere Form der Telekommunikation, bei der ein Sendebericht erstellt wird.

(3) Zustellungen und Mitteilungen gelten als an dem Tag erfolgt, an dem sie durch die Partei oder ihren Vertreter empfangen wurden oder an dem bei Übersendung in Übereinstimmung mit Artikel 3(2) von ihrem Empfang auszugehen ist.

(4) Fristen in dieser Schiedsgerichtsordnung beginnen an dem Tag zu laufen, der dem Tag folgt, an dem eine Zustellung oder Mitteilung gemäß Artikel 3(3) als erfolgt gilt. Handelt es sich bei diesem Tag in dem Land der Zustellung um einen offiziellen Feiertag oder Ruhetag, so beginnt die Frist erst am darauf folgenden Arbeitstag zu laufen. Im Übrigen werden offizielle Feiertage und Ruhetage in die Berechnung der Fristen einbezogen. Ist der letzte Tag der betreffenden Frist im Land der Zustellung ein offizieller Feiertag oder Ruhetag, dann läuft die Frist erst am Ende des darauf folgenden Arbeitstags ab.

Article 3: Written Notifications or Communications; Time Limits

(1) All pleadings and other written communications submitted by any party, as well as all documents annexed thereto, shall be supplied in a number of copies sufficient to provide one copy for each party, plus one for each arbitrator, and one for the Secretariat. A copy of any notification or communication from the arbitral tribunal to the parties shall be sent to the Secretariat.

(2) All notifications or communications from the Secretariat and the arbitral tribunal shall be made to the last address of the party or its representative for whom the same are intended, as notified either by the party in question or by the other party. Such notification or communication may be made by delivery against receipt, registered post, courier, email, or any other means of telecommunication that provides a record of the sending thereof.

(3) A notification or communication shall be deemed to have been made on the day it was received by the party itself or by its representative, or would have been received if made in accordance with Article 3(2).

(4) Periods of time specified in or fixed under the Rules shall start to run on the day following the date a notification or communication is deemed to have been made in accordance with Article 3(3). When the day next following such date is an official holiday, or a non-business day in the country where the notification or communication is deemed to have been made, the period of time shall commence on the first following business day. Official holidays and non-business days are included in the calculation of the period of time. If the last day of the relevant period of time granted is an official holiday or a non-business day in the country where the notification or communication is deemed to have been made, the period of time shall expire at the end of the first following business day.

Regelungsschwerpunkte: Abs. 1 Jede Kommunikation muss in mehrfacher Ausfertigung (ein Exemplar für jede Partei, jeden Schiedsrichter und das Sekretariat) übermittelt werden. → Rz. 12–17; **Abs. 2** Mitteilungen sind an die letzte bekannte Adresse mit einem Sendebericht zu senden. → Rz. 19–30; **Abs. 3** bestimmt den Zugangszeitpunkt für Mitteilungen und enthält eine Zugangsfiktion für korrekt adressierte Schriftstücke. → Rz. 31–38; **Abs. 4** regelt die Fristberechnung. → Rz. 39–46

Kostenaspekte: Abs. 2 Die Parteien sollten auf eine möglichst zeit- und kosteneffiziente Regelung im Schiedsauftrag hinwirken. Es ist nicht notwendig, jede Kommunikation per Kurier zu versenden oder sich deren Empfang immer bestätigen zu lassen. → Rz. 26–27

Inhalt

A. Normzweck	1	III. Anwendungsbereich	10
B. Reform	5	IV. Anzahl einzureichender Ausfertigungen (Abs. 1)	15
C. Modalitäten der Kommunikation (Abs. 1–2)	6	1. Mitteilungen der Parteien (Abs. 1 Satz 1)	15
I. Verhältnis zum X. Buch der ZPO	6	2. Mitteilungen des Schiedsgerichts (Abs. 1 Satz 2)	19
II. Vergleich mit den im staatlichen Verfahren geltenden Vorschriften	7	V. Adressen (Abs. 2 Satz 1)	21
		VI. Kommunikationsmittel (Abs. 2 Satz 2)	26

D. Datum des Zugangs und Zugangsfiktion (Abs. 3)	31	IV. Zugangsfiktion (Abs. 3 Var. 2)	35
I. Verhältnis zu § 1028 Abs. 1 ZPO	31	E. **Fristberechnung (Abs. 4)**	39
II. Vergleich mit den im staatlichen Verfahren geltenden Vorschriften	32	I. Vergleich mit den im staatlichen Verfahren geltenden Vorschriften	39
		II. Fristberechnung	40
III. Erklärungsdatum bei Zugang (Abs. 3 Var. 1)	33	**Anhang 1: Schaubild zur beispielhaften Fristberechnung**	47

A. Normzweck

Art. 3 regelt die Grundzüge der Verfahrenskommunikation, um ICC-Schiedsverfahren ein **einheitliches Prozedere** zu verleihen. Hierbei findet eine Beschränkung auf die wichtigsten Regeln statt, da die Verfahrensgrundzüge unabhängig vom Schiedsort und dem jeweiligen Schiedsverfahrensrecht Bestand haben müssen. 1

In der Phase **vor Fertigstellung des Schiedsauftrags** (Art. 23 Abs. 1) kommt den Grundsätzen der Verfahrenskommunikation besondere Bedeutung zu. In dieser Phase hat das Schiedsgericht noch keine eigenen Regeln zur Verfahrenskommunikation aufgestellt. Später steht es im Ermessen des Schiedsgerichts, die Regeln des Art. 3 zu konkretisieren oder zu ergänzen. 2

Art. 3 Abs. 1 und 2 regeln, wie die Kommunikation zwischen den Schiedsparteien, dem Sekretariat und dem Schiedsgericht zu erfolgen hat, d.h., mit wie vielen Exemplaren, an welche Adresse und mit welchem Kommunikationsmedium Mitteilungen zu versenden sind. Ziel der Vorschrift ist es sicherzustellen, dass alle Beteiligten zur gleichen Zeit von wesentlichen Verfahrensereignissen Kenntnis erhalten. Auch ist das **Sekretariat stets in die Verfahrenskommunikation einzubeziehen**. Letzteres ist vor der Konstituierung des Schiedsgerichts offensichtlich erforderlich, muss aber auch danach erfolgen, da das Sekretariat zur Erfüllung seiner Aufgaben – insbesondere zur sachgerechten Vorbereitung der Entscheidungen des Gerichtshofs etwa im Rahmen der Schiedsspruchgenehmigung und der Kostenfestsetzung – auf eine vollständige Kenntnis aller Schriftsätze, Mitteilungen und Verfügungen der Parteien und des Schiedsgerichts angewiesen ist. 3

Die Regelung der Abs. 3 und 4 zum Zeitpunkt, zu dem eine Mitteilung als abgegeben gilt, sowie zur Berechnung von Fristen ist notwendig, da sich die verschiedenen Rechtsordnungen in diesen Punkten mitunter er- 4 heblich unterscheiden. Art. 3 Abs. 3 und 4 geben hierbei den Schiedsparteien von Anfang an eine **einheitliche Regelung** vor.

B. Reform

5   Art. 3 ist **kaum von der Überarbeitung der ICC-SchO betroffen**. Neben wenigen rein redaktionellen Änderungen sieht die überarbeitete Fassung nur zwei inhaltliche Neuerungen vor: Erstens wurde in Abs. 1 Satz 2 die Alternative der „schriftliche Zustellungen" hinzugefügt. Damit ist jedoch keine Änderung der Praxis verbunden, da schon bisher alle Benachrichtigungen des Schiedsgerichts in Kopie an das Sekretariat geschickt werden mussten. Zweitens wurde in Abs. 2 die ausdrückliche Erwähnung der „Übermittlung durch Telekopie, Telex, Telegramm" gestrichen und durch „E-Mail" ersetzt. Auch hierdurch wird keine inhaltliche Änderung herbeigeführt, da sowohl die alte als auch die neue Formulierung unter die generische Auffangbestimmung „jede andere Form der Telekommunikation" am Ende des zweiten Satzes des Abs. 2 fallen.

C. Modalitäten der Kommunikation (Abs. 1–2)

Veröffentlichungen des Sekretariats: Merkblatt über verwaltungstechnische Angelegenheiten vom 1.1.2012.
Literatur: *Haller*, The Without Prejudice Privilege, SchiedsVZ 2011, S. 313 ff.

I. Verhältnis zum X. Buch der ZPO

6   Das X. Buch der ZPO enthält keine Bestimmungen darüber, wie die Kommunikation zwischen den Parteien erfolgen muss oder wie Schriftstücke versandt werden müssen.

II. Vergleich mit den im staatlichen Verfahren geltenden Vorschriften

7   **Anzahl der Abschriften.** Nach §§ 253 Abs. 5 Satz 1, 133 Abs. 1 ZPO sollen die Parteien Schriftsätze inklusive ihrer Anlagen in der Anzahl von Abschriften einreichen, die für die Zustellung erforderlich ist. Eine ausdrückliche Pflicht des Gerichts, alle Parteien von der Kommunikation mit einer Partei zu informieren, gibt es nicht. Lediglich das Gebot rechtlichen Gehörs kann eine entsprechende Pflicht begründen.

8   **Adressen.** Das Gericht stellt die Klage dem Beklagten grundsätzlich an der vom Kläger genannten Adresse zu. Diese muss der Kläger zwingend

in der Klageschrift angeben (die Bezeichnung der Parteien im Rahmen von § 253 Abs. 2 Nr. 1 ZPO verlangt eine Angabe der Anschrift).

Kommunikationsmittel. Im Anwaltsprozess besteht **Schriftzwang** (vgl. § 129 Abs. 1 ZPO); das heißt, Erklärungen können nur in Form eines Schriftsatzes gemacht werden. Das gilt grundsätzlich auch für Parteiprozesse vor anderen Gerichten als Amtsgerichten (für Ausnahmen s. § 129 Abs. 2 ZPO). Vor Amtsgerichten können Anträge und Erklärungen einer Partei, die zugestellt werden sollen, nicht nur schriftlich bei Gericht eingereicht, sondern auch mündlich zu Protokoll der Geschäftsstelle angebracht werden (§ 496 ZPO). Diese Regeln betreffen sämtliche Schriftsätze, die Sachanträge enthalten (§ 270 ZPO). Dabei ist neben der physischen Übermittlung auch eine Versendung per E-Mail möglich, sofern die Voraussetzungen des § 130a ZPO (elektronische Signatur) gegeben sind. Damit ist die gesetzliche Regelung einerseits enger als die der ICC-Schiedsordnung, da sie die einfache E-Mail-Korrespondenz (ohne elektronische Signatur) nicht erlaubt; andererseits ist sie weiter, da sie Kommunikationsmittel zulässt, die keinen Sendebericht vorsehen. 9

III. Anwendungsbereich

Art. 3 Abs. 1 gilt nur für die **schriftliche Verfahrenskommunikation**, also für schriftliche Kommunikation, die formell in das Verfahren eingeführt werden soll, z.B. Schriftsätze, Anträge, Anlagen, Zeugenaussagen, Gutachten etc. Bei einer Versendung via E-Mail reicht die Hinzufügung der jeweiligen Partei(en) und Schiedsrichter als Empfänger aus. In der Praxis ist die Bedeutung von Art. 3 Abs. 1 stark eingeschränkt, da das Sekretariat von den Parteien und dem Schiedsgericht erwartet, dass diese sämtliche Schriftsätze und schriftlichen Mitteilungen – mit Ausnahme der Schiedsklage – direkt an alle Verfahrensbeteiligten sendet. 10

Art. 3 Abs. 1 regelt nicht die **Kommunikation des Sekretariats**, gleichgültig, ob mit dem Schiedsgericht oder mit den Parteien. 11

Ebenfalls von der ICC-SchO nicht geregelt wird die Kommunikation **außerhalb des Schiedsverfahrens**. In diesem Rahmen können Parteien in beliebiger Form kommunizieren, ohne das Schiedsgericht, das Sekretariat oder ggf. weitere Parteien einzubeziehen. Das gilt insbesondere für die Abstimmung zur Schiedsrichterbenennung oder Vergleichsverhandlungen. Ferner müssen auch Dokumente, die im Rahmen einer schiedsgerichtlich angeordneten *Discovery*-Entscheidung (*document production*) ausgetauscht werden, nach allgemeinem Verständnis nicht dem Schiedsgericht oder dem Sekretariat übermittelt werden. 12

13 **Vorsicht:** Dass die direkte Kommunikation zwischen den Parteien nicht dem Schiedsgericht zugeleitet werden muss, bedeutet nicht, dass sie dem Schiedsgericht verborgen bleibt. Grundsätzlich steht es einer Schiedspartei frei, das Schiedsgericht ohne Vorankündigung in eine laufende Kommunikation einzubeziehen oder die Kommunikation in einem späteren Stadium in das Verfahren einzuführen. Aus diesem Grund sollte die Vertraulichkeit stets ausdrücklich vereinbart und in dem betreffenden Dokument festgehalten werden. Üblicherweise wird hierbei die Formulierung „without prejudice" verwendet (s. dazu *Haller*, SchiedsVZ 2011, 313). Selbst dann ist von Formulierungen abzuraten, die bei Kenntnisnahme durch das Schiedsgericht zu Problemen führen könnten.

14 **Abs. 2 und 3** gelten nach allgemeiner Ansicht nur für die Kommunikation des Schiedsgerichts und des Sekretariats. Für die Kommunikation der Parteien ist eine entsprechende Regelung üblicherweise im Schiedsauftrag oder der ersten prozessleitenden Verfügung enthalten. Allerdings sind die Parteien und das Schiedsgericht angehalten, bereits davor eine Regelung zur Kommunikation der Parteien zu treffen.

IV. Anzahl einzureichender Ausfertigungen (Abs. 1)

1. Mitteilungen der Parteien (Abs. 1 Satz 1)

15 Die **Anzahl der einzureichenden Ausfertigungen** bestimmt sich nach der Anzahl der weiteren Parteien bzw. Verfahrensbevollmächtigten plus Anzahl der Schiedsrichter plus Sekretariat. Wenn die Anzahl der Schiedsrichter nicht durch die Schiedsklausel festgelegt ist und die Schiedsparteien (noch) keine Einigung darüber erzielt haben, wird das Sekretariat in der Regel zunächst den Angaben des Klägers zu der von ihm gewünschten Zahl der Schiedsrichter folgen.

16 Als Partei im Sinne dieser Vorschrift gilt jeder, den der spätere Schiedsspruch binden soll; darunter fallen z.B. auch alle Parteien, die auf Grundlage der Art. 7, 8 und 10 an dem Schiedsverfahren beteiligt wurden. Erfolgt diese Beteiligung erst zu einem späteren Zeitpunkt, müssen diese Parteien die bis dahin ausgetauschte Verfahrenskommunikation nachträglich erhalten. Falls eine Partei von zwei Kanzleien vertreten wird, fordert das Sekretariat üblicherweise für jede der Kanzleien eine Ausfertigung.

17 **Empfehlung:** Auch wenn das Sekretariat stets eine Abschrift sämtlicher Verfahrenskommunikation erhält, sollten die Parteien nicht erwarten, dass dem Sekretariat jedes Detail der Schriftsätze präsent ist. Das Sekretariat konzentriert sich in der Regel darauf, die Einhaltung von verfahrensrechtlichen Anforderungen zu überwachen und einen Überblick über das Verfahren zu behalten. Auf etwaige Besonderheiten sollte das Sekretariat deshalb ausdrücklich aufmerksam gemacht werden.

Reicht eine Partei nicht die erforderliche Anzahl an Kopien ein, muss 18
sie noch keinen unmittelbaren Nachteil befürchten. In der Regel wird
das Sekretariat auf das Versäumnis hinweisen und zur Nachsendung
weiterer Kopien auffordern. Im Fall der Klageschrift wird das Sekretariat
mit der Weiterleitung an den Beklagten warten, bis ihm alle erforderlichen Ausfertigungen vorliegen (s. Art. 4 Rz. 67).

2. Mitteilungen des Schiedsgerichts (Abs. 1 Satz 2)

Art. 3 Abs. 1 Satz 2 richtet sich an das Schiedsgericht. Anders als bei 19
Satz 1 sind Mitteilungen des Schiedsgerichts an die Parteien immer Verfahrenskommunikation und müssen daher in jedem Fall auch dem Sekretariat zugeleitet werden. Dass die schiedsgerichtlichen Mitteilungen
auch immer an jede Schiedspartei ergehen müssen, ist zwar nicht ausdrücklich erwähnt, folgt aber aus dem Gebot auf Gewährung rechtlichen Gehörs. Letzteres ist auch im Hinblick auf § 1047 Abs. 3 ZPO
notwendig.

Art. 3 Abs. 1 Satz 2 verpflichtet das Schiedsgericht nur, das Sekretariat 20
in die Kommunikation mit der/den Partei(en) einzubinden. Er ist **nicht
anwendbar auf die interne Korrespondenz** des Schiedsgerichts.

V. Adressen (Abs. 2 Satz 1)

Art. 3 Abs. 2 Satz 1 bestimmt, dass sämtliche Zustellungen und Mit- 21
teilungen an die Adresse geschickt werden, die der Empfänger selbst
oder die Gegenpartei zuletzt angegeben hat. Dabei handelt es sich nicht
um eine hoheitliche, sondern um eine private Zustellung, so dass die
§§ 166 ff. ZPO, die EuZVO oder das HZÜ keine Anwendung finden. Aus
demselben Grund kann die ICC Schriftstücke in allen Ländern zustellen, ohne die dortigen staatlichen Stellen einzuschalten.

Obwohl der Wortlaut für den Fall gleichzeitiger divergierender Angaben 22
keine Priorisierung vornimmt, werden die Angaben, die eine Partei zu
ihrer **eigenen Adresse** macht, in der Regel **Vorrang** haben. Bei aufeinanderfolgenden divergierenden Angaben gilt die zuletzt von einer Partei
genannte Adresse, es sei denn, die andere Partei hat (etwa durch wiederholtes Vorbringen) ausreichend klar zum Ausdruck gebracht, dass sie
unter einer anderen Adresse kontaktiert werden möchte. Wieder anders
können die Dinge indes liegen, wenn eine Partei eine Zustellungsadresse angibt, die sich für eine tatsächliche Zustellung nicht eignet oder an
die aus rechtlichen Gründen nicht zugestellt werden kann.

23 **Empfehlung:** Bei **Parteien aus der Europäischen Union** wird die Adresse relativ leicht über das Handelsregister oder ein entsprechendes Register zu ermitteln sein (derartige Register sind nach der Richtlinie 68/151/EWG vom 9.3.1968, ABl. L 65 vom 14.3.1968, S. 8, in allen Mitgliedstaaten zu führen).

24 Die **Verantwortung** für die Ermittlung der richtigen Adresse liegt allein bei den Parteien; das Sekretariat oder das Schiedsgericht ermitteln diese nicht eigenständig, auch nicht, falls Unstimmigkeiten auftreten sollten. Praktische Auswirkungen hat diese Verantwortung meist nur für eine Klagepartei (d.h. den eigentlichen Kläger oder jede andere Partei, die gegenüber einer anderen Partei im Verfahren Ansprüche geltend macht), da nur sie die Adresse einer Partei angeben muss, die sich noch nicht in dem Verfahren geäußert hat. Selbst dann ist die Benennung einer Adresse der anderen Partei(en) nur problematisch, wenn sich die betreffende Partei nicht auf das Schiedsverfahren einlässt. Erhält das Sekretariat die Klageschrift zurück, weil diese an der vom Kläger angegebenen Adresse nicht zugestellt werden konnte, fordert das Sekretariat den Kläger auf, eine weitere Adresse anzugeben. Der Kläger kann dann entsprechende Nachforschungen anstellen und die korrekte Adresse nachreichen oder, falls der Beklagte unauffindbar ist, die Schiedsklage bzw. die gegen diese Partei gerichteten Ansprüche zurückzunehmen.

25 **Vorsicht:** Bei Angabe einer falschen Adresse riskiert der Kläger die **Aufhebbarkeit bzw. Undurchsetzbarkeit** des späteren Schiedsspruches. Wenn der Beklagte nicht ordnungsgemäß über die Einleitung und den Verlauf des Schiedsverfahren informiert wurde, kann ein Schiedsspruch, der in einem Verfahren ohne Beteiligung des Beklagten ergangen ist, nach Art. V Abs. 1 Buchst. b UNÜ aufgehoben werden.

VI. Kommunikationsmittel (Abs. 2 Satz 2)

26 Art. 3 Abs. 2 Satz 2 lässt grundsätzlich alle Kommunikationsmittel zu, die die Versendung nachweisbar bestätigen. Neben den aufgezählten Medien (Kommunikation gegen Empfangsbekenntnis, durch eingeschriebenen Brief, per Kurierdienst und E-Mail) gehören dazu weiterhin das Telefax und das Telex, die in der überarbeiteten Version nur deshalb nicht mehr erwähnt werden, weil der Geschäftsverkehr mittlerweile weit überwiegend auf andere Kommunikationsmittel zurückgreift.

27 Art. 3 Abs. 2 Satz 2 regelt nur die grundsätzliche Zulässigkeit eines Kommunikationsmittels. Das bedeutet jedoch nicht, dass den Parteien in einem konkreten Verfahren stets die freie Wahl überlassen ist. Üblicherweise **konkretisieren Parteien und Schiedsgericht** im Schiedsauftrag (Art. 23 Abs. 1 Buchst. b) oder nur das Schiedsgericht in einer späteren verfahrensleitenden Verfügung, wie die Verfahrenskommunikation ab-

laufen soll, insbesondere, wie Schriftsätze eingereicht werden müssen. Dabei ist häufig die Regelung anzutreffen, dass ein Dokument am letzten Tag der betreffenden Frist per E-Mail und am nächsten Werktag per Post versandt werden muss.

Empfehlung: Obwohl die ICC-SchO nur die Nachweisbarkeit der Versendung verlangt, sollte sich insbesondere der Kläger grundsätzlich auch den **Empfang** von verfahrensrelevanten Schriftsätzen **bestätigen lassen** und den entsprechenden Nachweis aufbewahren. Denn Art. V Abs. 1 Buchst. b UNÜ verlangt, dass eine Partei von dem Schiedsverfahren gehörig in Kenntnis gesetzt worden ist, wozu auch der Zugang von allen verfahrensrelevanten Schriftstücken gehört. Aus Gründen der Praktikabilität sollte man von Empfangsbestätigungen für rein organisatorische Kommunikation absehen. Eine entsprechende Ausnahme sollte auch im Schiedsauftrag berücksichtigt werden. 28

Empfehlung: Es sollte in jedem Fall auch überprüft werden, ob die Rechtsordnung am Ort des Schiedsverfahrens und die Rechtsordnungen, in denen der spätere Schiedsspruch vollstreckt werden soll, besondere Benachrichtigungs- oder Zugangserfordernisse aufstellen. 29

Die Parteien können – in der Schiedsvereinbarung oder durch eine spätere Übereinkunft, etwa im Schiedsauftrag (Art. 23) – eine bestimmte **Form für die Kommunikation vereinbaren.** 30

D. Datum des Zugangs und Zugangsfiktion (Abs. 3)

I. Verhältnis zu § 1028 Abs. 1 ZPO

Das X. Buch der ZPO sieht in § 1028 Abs. 1 ZPO ebenfalls eine Zugangsfiktion vor. Diese Vorschrift verlangt allerdings, dass die aktuelle Adresse des Adressaten bzw. der Aufenthalt einer für ihn empfangsberechtigten Person unbekannt ist. Dies setzt nach der Gesetzesbegründung die Ergebnislosigkeit zumutbarer Recherchen voraus (auch wenn § 1028 Abs. 1 ZPO auf Art. 3 des UNCITRAL-ModG zurückgeht, bestehen gewisse Parallelen zur Nachforschungspflicht bei der öffentlichen Zustellung, § 185 ZPO). Demgegenüber kann der Kläger nach Art. 3 Abs. 3 ICC-SchO ohne weiteres von der letzten bekannten Adresse ausgehen. Darüber hinaus verlangt § 1028 Abs. 1 ZPO eine Übersendungsart, die nicht nur die Absendung, sondern auch den Zugang belegt. Allerdings ist § 1028 ZPO bereits nach dem Gesetzeswortlaut abdingbar und tritt daher hinter die Regelung der ICC-SchO. 31

II. Vergleich mit den im staatlichen Verfahren geltenden Vorschriften

32 Nach § 270 Satz 2 ZPO sind alle Schriftsätze mit Sachanträgen zuzustellen. Die Zustellung verlangt definitionsgemäß die Bekanntgabe eines Dokuments an ihren Adressaten, § 166 Abs. 1 ZPO. Diese Bekanntgabe kann durch tatsächliche Kenntnisnahme des Adressaten bzw. dessen Vertreter (§ 170 ff. ZPO), durch Hinterlassen im Briefkasten oder bei der Geschäftsstelle des Amtsgerichts (§ 180 f. ZPO) oder durch öffentliche Zustellung (§ 185 ff. ZPO) erfolgen. In der Praxis erfolgt die Zustellung vielfach von Anwalt zu Anwalt (§ 195 ZPO), sofern beide Parteien von Anwälten vertreten werden.

III. Erklärungsdatum bei Zugang (Abs. 3 Var. 1)

33 Art. 3 Abs. 3 Var. 1 kommt zur Anwendung, wenn der Empfang **unstrittig** ist oder **nachgewiesen** werden kann. Die Regelung stellt klar, dass eine Benachrichtigung oder Kommunikation zu dem Zeitpunkt als erfolgt gilt, zu dem sie dem Empfänger tatsächlich zugeht. Damit kann es bei mehreren Parteien zu unterschiedlichen Erklärungszeitpunkten kommen.

34 Obwohl der Wortlaut des Art. 3 Abs. 3 eine Zustellung an den **Prozessvertreter oder die Schiedspartei** zulässt, wird letzteres nur vorkommen, wenn die Schiedspartei keinen Prozessvertreter hat, insbesondere wenn der Beklagte erstmals über das Schiedsverfahren informiert wird (etwa durch Übersendung der Schiedsklage, die grundsätzlich an die Partei selbst zugestellt wird, weil zu diesem Zeitpunkt eine Legitimation des Parteivertreters für das betreffende Verfahren noch nicht vorliegt). Anderenfalls wird eine Mitteilung nach ständiger Praxis des Sekretariats grundsätzlich dem Prozessvertreter zugestellt. Spätestens im Schiedsauftrag (Art. 23 Abs. 1 Buchst. b) wird die Zustellungsadresse in der Regel festgeschrieben.

IV. Zugangsfiktion (Abs. 3 Var. 2)

35 Art. 3 Abs. 3 Var. 2, die Fiktion des Zugangsdatums, kommt zur Anwendung, (i) wenn das **Zugangsdatum** der Sendung an die letzte bekannte Adresse **umstritten** ist oder (ii) wenn der tatsächliche Zugang nicht möglich war, etwa weil der Empfänger unbekannt verzogen ist oder die Annahme verweigert hat. Die Fiktion setzt stets voraus, dass das betreffende Schreiben in Übereinstimmung mit Art. 3 Abs. 2 versandt wurde, dass also das Schreiben an die letzte bekannte Adresse des Empfän-

gers mit einem Kommunikationsmittel, das die Versendung bestätigt, geschickt wurde.

Art. 3 Abs. 3 erfasst auch die Fälle, in denen die Schiedsklage dem Beklagten **überhaupt nicht zugegangen ist**. Von vornherein werden hier allerdings solche Fälle auszunehmen sein, bei denen die erklärende Partei von einer fehlgeschlagenen Übersendung weiß und den tatsächlichen Zugang leicht herbeiführen kann. In diesem Fall wäre die Berufung auf die Zugangsfiktion missbräuchlich. Des Weiteren ist bei der Zugangsfiktion im Falle eines überhaupt nicht zugegangenen Dokuments problematisch, dass der Zugang jedes Schriftsatzes eine Voraussetzung für die Anerkennung und Vollstreckbarerklärung nach dem UNÜ ist. Nach Art. V Abs. 1 Buchst. b UNÜ muss der Beklagte ordnungsgemäß von dem Schiedsverfahren in Kenntnis gesetzt worden sein und in der Lage sein, sich ausreichend zu verteidigen, was die Kenntnis von Schriftsätzen voraussetzt. Werden diese Rechte nicht gewahrt, kann sich der Kläger bei der Anerkennung oder Vollstreckbarerklärung nicht auf das UNÜ berufen. Anders liegen die Fälle, in denen der Beklagte den Zugang aktiv verhindert oder die Annahme verweigert hat. 36

Empfehlung: Hier tut der Kläger gut daran, etwaige Zustellungsversuche zu dokumentieren und sich vom Kurierdienst die Gründe der Nichtannahme bzw. des erfolglosen Zustellungsversuchs schriftlich mitteilen zu lassen.

Vorsicht: Der Kläger kann sich nicht in jedem Fall auf die Zugangsfiktion verlassen. Manche Rechtsordnungen lassen eine entsprechende Regelung nicht zu. Wenn die aktuelle Adresse des Beklagten nicht ermittelt werden kann oder sich der Beklagte nicht am Schiedsverfahren beteiligt, sollte folglich die Zulässigkeit der Zugangsfiktion nach dem **Recht am Ort des Schiedsverfahrens** und nach dem **Recht des Vollstreckungsstaates** geprüft werden. Im deutschen Recht kann der Verweis auf die ICC-SchO und damit die ICC-SchO selbst AGB darstellen. Damit kann die Zugangsfiktion dem § 307 Abs. 1 und 2 BGB (insbesondere unter Berücksichtigung des unmittelbar für Verbraucher geltenden § 308 Nr. 6 BGB) widersprechen. Eine Regelungsidentität mit § 1028 ZPO ist gerade nicht gegeben (s. Rz. 31), so dass sich der Kläger nicht auf § 307 Abs. 3 BGB verlassen kann. Wird das deutsche Recht jedoch abgewählt, kommen die AGB-rechtlichen Regeln nicht zur Anwendung, da § 308 Nr. 6 BGB nicht vom deutschen *ordre public* erfasst wird. 37

Empfehlung: Zur Vermeidung der Unsicherheit, an wen unter welcher Adresse die Schiedsklage gesendet werden soll, können die Parteien in der Schiedsvereinbarung einen permanenten Zustellungsbevollmächtigten ernennen. In internationalen Verträgen mit einer US-Partei sind derartige Bevollmächtigungen für Zustellungseinrichtungen durchaus üblich. 38

E. Fristberechnung (Abs. 4)

I. Vergleich mit den im staatlichen Verfahren geltenden Vorschriften

39 Richterliche Fristen beginnen mit der Zustellung des Dokuments, in dem sie festgesetzt sind, zu laufen (§ 221 ZPO). Im Übrigen sind die entsprechenden Vorschriften des BGB für die Fristberechnung anzuwenden (§ 222 Abs. 1 ZPO, §§ 186 ff. BGB). Dabei verlängert sich eine Frist kraft Gesetzes nur, wenn das Fristende anderenfalls auf einen Sonn- oder Feiertag fallen würde (§ 222 Abs. 2 ZPO).

II. Fristberechnung

40 Die Berechnung von Fristen ist für das Schiedsgericht genauso wie für die Schiedsparteien und das Sekretariat relevant. Das Schiedsgericht hat die Fristen für die Erstellung des Schiedsauftrages (Art. 23 Abs. 2) und für den Schiedsspruch (Art. 30 Abs. 1) zu beachten. Die Parteien haben zunächst die 30-tägige Frist zur Einreichung der Klageerwiderung (Art. 5 Abs. 1) und zur Erwiderung auf eine eventuelle Widerklage (Art. 5 Abs. 6) zu beachten. Weitere Fristen können vom Sekretariat gesetzt werden und sich aus verfahrensleitenden Verfügungen und/oder dem Verfahrenskalender (Art. 24) ergeben. Die Berechnungsmethodik nach Art. 3 Abs. 4 ist also auf alle Fristen im Schiedsverfahren anzuwenden (auch wenn die deutsche Übersetzung der ICC-SchO nur Fristen „in dieser Schiedsordnung" erwähnt; die bindende englische Fassung spricht eindeutig von „periods of time specified in or fixed under the Rules").

41 Nach Art. 3 Abs. 3 Satz 1 **beginnen Fristen** am Tag nach dem Tag, an dem die entsprechende Mitteilung erfolgt ist, zu laufen. Insoweit gleicht die ICC-SchO der ZPO bzw. dem BGB, die den Tag der Zustellung bei der Fristberechnung nicht berücksichtigen. Anders als die ZPO und das BGB bestimmt die ICC-SchO allerdings, dass sich der Fristbeginn auf den nächsten Werktag verschiebt, falls er anderenfalls auf einen Feier- oder Ruhetag fallen würde (Art. 3 Abs. 3 Satz 2).

42 Auch das **Fristende** verschiebt sich auf den nächsten Werktag – insoweit wieder in Übereinstimmung mit der ZPO und dem BGB –, wenn es anderenfalls auf einen Feier- oder Ruhetag fallen würde (Art. 3 Abs. 3 Satz 4).

43 Für die **Ermittlung der Feier- oder Ruhetage** ist auf das Land des Empfängers abzustellen. Das folgt jedoch nicht aus der Formulierung der deutschen Übersetzung der ICC-SchO – diese ist zwar insoweit eindeutig,

aber nicht bindend. Die englische Fassung stellt auf das Land ab, „where the notification or communication is deemed to have been made". In der Zusammenschau mit Abs. 3, der für den Erklärungszeitpunkt auf den Zugang beim Empfänger abstellt, ergibt sich für Art. 3 Abs. 4, dass auch hier die Umstände im Land des Verfahrensbeteiligten, für den die Frist gesetzt ist, entscheidend sind. Hierdurch ist es möglich, dass dieselbe Frist für mehrere Parteien in verschiedenen Ländern zu unterschiedlichen Zeitpunkten beginnt bzw. abläuft. Im Falle divergierender **Zeitzonen** bietet es sich aber an, einheitlich auf die Zeitzone des Schiedsorts abzustellen, soweit dieser bereits feststeht (s. Art. 18 Rz. 9).

Die Bestimmung der Feier- und Ruhetage muss sich grundsätzlich aus einer bindenden **staatlichen Rechtsordnung** oder aus einer von dieser besonders gebilligten, allgemeinen gesellschaftlichen (etwa religiösen) Observanz ergeben; dass an einem bestimmten Tag faktisch vielfach nicht gearbeitet wird (etwa im Rheinland zu Karneval), genügt nicht. 44

Empfehlung: Als grobe **Faustregel** gilt: In den meisten Ländern der Europäischen Union, den USA und manchen Ländern Asiens sind Samstag und Sonntag Ruhetage. In Saudi-Arabien und den Golfstaaten gilt der Freitag als Ruhetag. In manchen muslimischen Staaten ist dagegen der Donnerstag Ruhetag. 45

In Deutschland gelten – anders als nach der ZPO – der Samstag und der Sonntag als Ruhetage. Als Feiertag sind in allen Bundesländern übereinstimmend der Neujahrstag (1. Januar), der Karfreitag, der Ostermontag, Christi Himmelfahrt, Tag der Arbeit (1. Mai), der Pfingstmontag sowie der erste und zweite Weihnachtstag (25., 26. Dezember) anerkannt. Zusätzlich gibt es in den jeweiligen Bundesländern folgende Feiertage: **Baden-Württemberg**: Heilige Drei Könige (6. Januar), Fronleichnam, Allerheiligen (1. November); **Bayern**: Heilige Drei Könige (6. Januar), Fronleichnam, Allerheiligen, teilweise Mariä Himmelfahrt (15. August); **Brandenburg**: Reformationstag (31. Oktober); **Hessen**: Fronleichnam; **Mecklenburg-Vorpommern**: Reformationstag (31. Oktober); **Nordrhein-Westfalen** und **Rheinland-Pfalz**: Fronleichnam, Allerheiligen; **Saarland**: Fronleichnam, Mariä Himmelfahrt, Allerheiligen; **Sachsen**: Buß- und Bettag, Reformationstag (31. Oktober), teilweise Fronleichnam; **Sachsen-Anhalt**: Heilige Drei Könige (6. Januar), Reformationstag (31. Oktober); **Thüringen**: Reformationstag (31. Oktober), teilweise Fronleichnam. 46

Anhang 1:
Schaubild zur beispielhaften Fristberechnung

47 Beispiel 1:
Empfänger in Deutschland
Erhalt der Klageschrift: 8.3.2013
Frist zur Klagebeantwortung nach Art. 5 Abs. 1 Satz 1: 30 Tage

Beginn der Frist nach der Verschiebung

Erhalt der Klageschrift

Fristbeginn grundsätzlich am Folgetag, jedoch verschiebt sich hier der Fristbeginn auf den nächsten Werktag nach Art. 3 Abs. 3 Satz 2

	Mo	Di	Mi	Do	Fr	Sa	So
März 2013	4.	5.	6.	7.	8.	9.	10.
	11.	12.	13.	14.	15.	16.	17.
	18.	19.	20.	21.	22.	23.	24.
	25.	26.	27.	28.	29.	30.	31.
April 2013	1.	2.	3.	4.	5.	6.	7.
	8.	9.	10.	11.	12.	13.	14.
	15.	16.	17.	18.	19.	20.	21.

Ende der Frist

Beispiel 2: 48
Empfänger in Deutschland
Erhalt der Klageschrift: 28.2.2013
Frist zur Klagebeantwortung nach Art. 5 Abs. 1 Satz 1: 30 Tage

Erhalt der Klageschrift — Fristbeginn am Folgetag, keine Verschiebung, da der Freitag ein Werktag ist.

	Mo	Di	Mi	Do	Fr	Sa	So
				28.	1.	2.	3.
März 2013	4.	5.	6.	7.	8.	9.	10.
	11.	12.	13.	14.	15.	16.	17.
	18.	19.	20.	21.	22.	23.	24.
	25.	26.	27.	28.	29.	30.	31.
April 2013	1.	2.	3.	4.	5.	6.	7.

Das Fristende verschiebt sich um einen weiteren Tag nach Art. 3 Abs. 4 Satz 4, da Ostermontag in Deutschland ein gesetzlicher Feiertag ist.

Fristende

30. Tag nach Fristbeginn, jedoch verschiebt sich das Fristende nach Art. 3 Abs. 4 Satz 4, da der 30. März ein Samstag ist.

Einleitung des Schiedsverfahrens

Artikel 4: Schiedsklage

(1) Wenn eine Partei das Schiedsverfahren nach dieser Schiedsgerichtsordnung einleiten will, so hat sie ihre Schiedsklage (die „Klage") beim Sekretariat, in einem beliebigen der in der Geschäftsordnung angegebenen Büros, einzureichen. Das Sekretariat unterrichtet den Kläger und den Beklagten über den Eingang und den Tag des Eingangs der Klage.

(2) Der Tag, an dem die Klage beim Sekretariat eingeht, gilt in jeder Hinsicht als Zeitpunkt des Beginns des Schiedsverfahrens.

(3) Die Klage muss folgende Angaben enthalten:

a) vollständigen Namen, Rechtsform, Adresse und sonstige Kontaktdaten jeder Partei;

b) vollständigen Namen, Adresse und sonstige Kontaktdaten der Vertreter des Klägers im Schiedsverfahren;

c) Darstellung der anspruchsbegründenden Tatsachen und Umstände sowie der Anspruchsgrundlage, auf die die Ansprüche gestützt werden;

d) die Anträge, unter Angabe der Höhe der bezifferten Ansprüche, und, soweit möglich, eine Schätzung des Geldwerts sonstiger Ansprüche;

e) einschlägige Vereinbarungen zwischen den Parteien, insbesondere die Schiedsvereinbarung(en);

f) bei Ansprüchen aus mehr als einer Schiedsvereinbarung: Angabe der Schiedsvereinbarung, auf deren Grundlage der jeweilige Anspruch geltend gemacht wird;

g) alle sachdienlichen Angaben und Anmerkungen oder Vorschläge zur Anzahl der Schiedsrichter und ihrer Wahl gemäß den Bestimmungen der Artikel 12 und 13 sowie die gemäß diesen Bestimmungen gegebenenfalls erforderliche Benennung eines Schiedsrichters;

h) alle sachdienlichen Angaben und Anmerkungen oder Vorschläge zum Schiedsort, zu den anwendbaren Rechtsregeln und zur Verfahrenssprache.

Der Kläger kann mit der Klage weitere Dokumente oder Informationen einreichen, soweit er es für geboten hält oder soweit diese zu einer effizienten Streitbeilegung beitragen können.

(4) Der Kläger hat die Klage

a) in der nach Artikel 3(1) erforderlichen Anzahl von Exemplaren einzureichen und

b) gleichzeitig die Registrierungsgebühr zu zahlen, die sich aus dem am Eingangstag der Klage gültigen Anhang III („Kosten und Honorare für Schiedsverfahren") ergibt.

Sollte der Kläger einer dieser Verpflichtungen nicht nachkommen, kann das Sekretariat ihm eine Frist setzen, nach deren fruchtlosem Ablauf das Verfahren endet, unbeschadet des Rechts des Klägers, dieselben Ansprüche in einer neuen Klage zu einem späteren Zeitpunkt geltend zu machen.

(5) Sobald das Sekretariat eine ausreichende Anzahl von Exemplaren und die Registrierungsgebühr erhalten hat, übersendet es dem Beklagten ein Exemplar der Klage und der ihr beigefügten Dokumente zur Beantwortung.

Commencing the arbitration

Article 4: Request for Arbitration

(1) A party wishing to have recourse to arbitration under the Rules shall submit its Request for Arbitration (the "Request") to the Secretariat at any of the offices specified in the Internal Rules. The Secretariat shall notify the claimant and respondent of the receipt of the Request and the date of such receipt.

(2) The date on which the Request is received by the Secretariat shall, for all purposes, be deemed to be the date of the commencement of the arbitration.

(3) The Request shall contain the following information:
a) the name in full, description, address and other contact details of each of the parties;
b) the name in full, address and other contact details of any person(s) representing the claimant in the arbitration;
c) a description of the nature and circumstances of the dispute giving rise to the claims and of the basis upon which the claims are made;
d) a statement of the relief sought, together with the amounts of any quantified claims and, to the extent possible, an estimate of the monetary value of any other claims;
e) any relevant agreements and, in particular, the arbitration agreement(s);

f) where claims are made under more than one arbitration agreement, an indication of the arbitration agreement under which each claim is made;

g) all relevant particulars and any observations or proposals concerning the number of arbitrators and their choice in accordance with the provisions of Articles 12 and 13, and any nomination of an arbitrator required thereby; and

h) all relevant particulars and any observations or proposals as to the place of the arbitration, the applicable rules of law and the language of the arbitration.

The claimant may submit such other documents or information with the Request as it considers appropriate or as may contribute to the efficient resolution of the dispute.

(4) Together with the Request, the claimant shall:

a) submit the number of copies thereof required by Article 3(1); and

b) make payment of the filing fee required by Appendix III ("Arbitration Costs and Fees") in force on the date the Request is submitted.

In the event that the claimant fails to comply with either of these requirements, the Secretariat may fix a time limit within which the claimant must comply, failing which the file shall be closed without prejudice to the claimant's right to submit the same claims at a later date in another Request.

(5) The Secretariat shall transmit a copy of the Request and the documents annexed thereto to the respondent for its Answer to the Request once the Secretariat has sufficient copies of the Request and the required filing fee.

Regelungsschwerpunkte: Abs. 1 regelt die Einreichung der Schiedsklage. → Rz. 48–52; **Abs. 2** Das Schiedsverfahren beginnt mit der Einreichung der Schiedsklage. → Rz. 51–53; **Abs. 3–4** regelt den notwendigen und den zweckmäßigen Inhalt der Schiedsklage. → Rz. 11–42; **Abs. 5** regelt die Übermittlung an den Beklagten. → Rz. 61–69

Kostenaspekte: Abs. 3 Der Kläger kann die Klage auf die Mindestangaben beschränken und dadurch das Schiedsverfahren kostengünstig in Gang setzen. → Rz. 19–20; **Abs. 3** Gibt der Kläger glaubhaft den Geldwert seiner Anträge an, wird der vorläufige Vorschuss danach ermittelt. Fehlt eine entsprechende Angabe oder ist sie nicht glaubhaft, schätzt der Generalsekretär den Geldwert selbst. → Rz. 25; **Abs. 3** Der Kläger sollte Punkte, die in der Schiedsklausel nicht geregelt sind, von sich aus in der Schiedsklage proaktiv adressieren, um Nachfragen durch die ICC oder andere Verzögerungen zu vermeiden. → Rz. 38; **Abs. 4** Die Registrierungsgebühr wird in keinem Fall erstattet. → Rz. 40

Inhalt

A. Die Schiedsklage (Abs. 3, 4) .. 1	**VII. Zusätzliche Anforderungen**
I. Normzweck 1	**(Abs. 4)** 40
II. Reform 4	**B. Schiedshängigkeit (Abs. 1, 2)** . 43
III. Verhältnis zu den §§ 1044, 1046 ZPO 6	I. Normzweck 43
	II. Reform 44
IV. Vergleich mit den im staatlichen Verfahren geltenden Vorschriften 8	III. Verhältnis zu § 1044 ZPO 45
	IV. Vergleich mit den im staatlichen Verfahren geltenden Vorschriften 46
V. Vor der Einreichung der Schiedsklage 9	V. Einreichung der Klageschrift . 48
VI. Notwendiger Inhalt der Klageschrift (Abs. 3) 11	VI. Zeitpunkt der Schiedshängigkeit 53
1. Vollständige Bezeichnung der Parteien und des eigenen Prozessvertreters (Abs. 3 Buchst. a und b) ... 15	VII. Wirkung der Schiedshängigkeit 54
	C. Zusendung der Klageschrift (Abs. 1, 5) 61
2. Sachverhalt und Rechtsgrund (Abs. 3 Buchst. c) ... 19	I. Normzweck 61
3. Antrag (Abs. 3 Buchst. d) .. 23	II. Reform 64
4. Schiedsvereinbarung und sonstige Vereinbarungen (Abs. 3 Buchst. e und f) 28	III. Vergleich mit den im staatlichen Verfahren geltenden Vorschriften 65
5. Angaben zum Schiedsverfahren (Abs. 3 Buchst. g und h) 32	IV. Mitteilung an die Schiedsparteien 67
6. Keine weiteren Vorgaben durch die ICC-SchO 38	**Anhang 1: Checkliste für den Inhalt der Klageschrift** 70

A. Die Schiedsklage (Abs. 3, 4)

Literatur: *Bühler/von Schlabrendorff*, 10 Jahre ICC-SchiedsO 1998, SchiedsVZ 2009, S. 26 ff.; *Marenkow*, Die neue ICC-SchiedsO, SchiedsVZ 2012, S. 33 ff.; *Oppermann*, Internationale Schiedsgerichtsbarkeit und Verjährung (2009); *Schroeter*, Der Antrag auf Feststellung der Zulässigkeit eines schiedsrichterlichen Verfahrens gemäß § 1032 Absatz 2 ZPO, SchiedsVZ 2004, S. 288 ff.; *Schütze/Tscherning/Wais*, Handbuch des Schiedsverfahrens (1990) *Sessler/Voser*, Die revidierte ICC-SchiedsO, SchiedsVZ 2012, S. 120 ff.; *Wilke*, Verfahrenseinleitung und Verjährungshemmung in AAA-, DIS- und ICC-Schiedsverfahren, RIW 2007, S. 189 ff.

I. Normzweck

1 Mit der Schiedsklage wird das Schiedsverfahren eingeleitet. Dabei ist der Begriff „Schiedsklage" für den deutschen Juristen möglicherweise irreführend. Entsprechend dem in der englischen Fassung verwendeten Begriff „Request for Arbitration" handelt es sich bei dem betreffenden Schriftsatz eher um einen **Antrag auf Einleitung des Schiedsverfahrens**, als um eine durchgehend substantiierte Klageschrift nach deutschem Verständnis. Vom Kläger wird nur verlangt, Angaben zu machen, die eine Bezeichnung des Verfahrensgegenstandes ermöglichen; das ist z.B. im Hinblick auf die Verjährung einer bestimmten Forderung oder die Einrede entgegenstehender Schiedshängigkeit relevant. Die Schiedsklage nach Art. 4 muss jedoch (anders als im deutschen Zivilverfahren) dem Beklagten noch nicht die Möglichkeit einräumen, zu dem Schiedsklagevorwurf ausführlich Stellung zu nehmen – gleichwohl kann der Kläger die Schiedsklage auch umfangreicher ausgestalten. Tendenziell reichen immer mehr Kläger eine ausführliche Schiedsklage ein, die der Klageschrift im deutschen Zivilverfahren vergleichbar ist. In jedem Fall hat der Kläger nach der Einleitung des Schiedsverfahrens und der Konstituierung des Schiedsgerichts Gelegenheit, seine Position in einem weiteren, ausführlicheren Schriftsatz darzulegen.

2 Die Kombination aus einer Schiedsklageschrift und einem darauf folgenden Klägerschriftsatz führt zwingend zu **Redundanzen**, insbesondere wenn sich der Kläger für eine ausführliche Schiedsklage entscheidet. Dennoch hat sie sich in der Praxis als gangbarer Kompromiss erwiesen: Einerseits sollte ein Schiedsverfahren möglichst einfach einzuleiten sein, so dass es möglichst bald auf das streitauslösende Ereignis folgen kann; zudem muss die Einleitung des Schiedsverfahrens auch binnen kürzester Zeit möglich sein, um eine eventuell drohende Verjährung zu verhindern. Andererseits erhält der Beklagte die Möglichkeit, sich frühzeitig auf das Schiedsverfahren vorzubereiten.

3 Die Anforderungen an die Klageschrift in Art. 4 Abs. 3 Buchst. c bis f und Abs. 4 gelten nicht nur für die das Schiedsverfahren in Gang setzende Schiedsklage. Eine Schiedspartei muss diese Voraussetzungen auch dann erfüllen, wenn sie eine zusätzliche Partei in das Schiedsverfahren einbeziehen möchte (s. Art. 7 Abs. 2 Buchst. c). Gleiches gilt mit Ausnahme der Zahlung der Registrierungsgebühr (Art. 4 Abs. 4 lit. b) auch, wenn neben dem Kläger eine weitere Schiedspartei Ansprüche gegen eine andere Schiedspartei (in einem Verfahren mit mehreren Parteien) geltend macht (s. Art. 8 Abs. 2, 3).

II. Reform

Die Vorschriften zum Inhalt der Schiedsklage in Art. 4 Abs. 3 wurden umfangreich überarbeitet. Zwei Buchstaben wurden neu eingefügt, die übrigen wurden redaktionell sowie inhaltlich überarbeitet. Besonders hervorzuheben ist, dass die überarbeitete Vorschrift nunmehr auch rechtliche Ausführungen verlangt. So ist neben der Darstellung der Umstände, auf die die Klage gestützt wird, auch eine Beschreibung der Anspruchsgrundlage erforderlich. 4

Demgegenüber sind die Änderungen in Art. 4 Abs. 4 rein redaktioneller Natur und ohne inhaltliche Bedeutung. 5

III. Verhältnis zu den §§ 1044, 1046 ZPO

Nach § 1044 Satz 2 ZPO muss eine Schiedsklage lediglich die Parteien bezeichnen, den Streitgegenstand angeben und einen Hinweis auf die Schiedsvereinbarung enthalten. Diese gesetzlichen Minimalanforderungen werden von Art. 4 übertroffen. 6

Genauere Angaben verlangt dagegen § 1046 ZPO. Allerdings betrifft diese Vorschrift nicht die verfahrenseinleitende Schiedsklage nach Art. 4, sondern den ersten Klägerschriftsatz. § 1046 ZPO knüpft nämlich an § 1044 ZPO an und geht davon aus, dass das Schiedsgericht bereits konstituiert ist und dem Kläger eine Frist zur Substantiierung seines Anspruchs setzen kann. Beides ist zum Zeitpunkt der Klageeinreichung nach Art. 4 noch nicht der Fall. 7

IV. Vergleich mit den im staatlichen Verfahren geltenden Vorschriften

Die ZPO verlangt für die Rechtshängigkeit die Zustellung einer relativ ausführlichen Klageschrift (§§ 253, 261 ZPO). 8

V. Vor der Einreichung der Schiedsklage

Im ICC-Schiedsverfahren werden die **Parteirollen** nach dem Eingang der Schiedsklage vergeben. Die Partei, deren Schiedsklage zuerst dem Sekretariat zugeht, ist Kläger, die andere Partei Beklagter, unabhängig davon, wer etwa auf Leistung und wer nur auf Feststellung des Nichtbestehens einer Leistungspflicht klagt. Vor diesem Hintergrund bevorzugen es manche Parteien, der anderen Partei zuvorzukommen, um die Rolle des Klägers einzunehmen. Das hatte früher den Vorteil, dass eine Partei als Kläger noch weitere Parteien als Beklagte dem Schiedsverfahren hin- 9 zufügen konnte, während der Beklagte diese Möglichkeit nur sehr eingeschränkt hatte. Unter der neuen ICC-SchO sind die Rechte beider Parteien jedoch gleich, so dass sich kein objektiver Grund für eine Bevorzugung der Klägerstellung mehr findet.

10 Vor der Einreichung der Schiedsklage sollte sich der Kläger vergewissern, dass die Schiedsklausel keine vorgeschalteten Handlungen verlangt. So sehen Schiedsklauseln teilweise vor, dass die Parteien zunächst auf **alternative Methoden der Streitbeilegung** zurückgreifen, etwa ein Schlichtungs- oder Mediationsverfahren. In diesem Fall sollte der Kläger nicht nur darauf achten, dass ein entsprechendes Verfahren durchgeführt wurde, sondern dass er den ordnungsgemäßen Abschluss dieses Verfahrens auch belegen kann. Der entsprechende Nachweis sollte bereits mit der Schiedsklage eingereicht werden.

VI. Notwendiger Inhalt der Klageschrift (Abs. 3)

11 Die erste Frage, die sich dem Kläger bei der Formulierung der Klage stellt, ist, **welche Sprache** er verwenden soll (vgl. dazu auch Art. 20 Rz. 8 ff.). Die Verfahrenssprache wird erst in einem späteren Stadium durch das Schiedsgericht bestimmt, falls die Parteien nicht zu einer Einigung finden (Art. 20). Allerdings kann sich eine bestimmte Verfahrenssprache bereits aus der Schiedsklausel ergeben. In diesem Fall muss sich der Kläger an diese Festlegung halten. Ist die Schiedsklage in einer anderen Sprache eingereicht, wird das Sekretariat auf die vertragliche Sprachregelung hinweisen und den Beklagten zur Stellungnahme auffordern. Beruft sich dieser dann auf eine Verletzung der Schiedsvereinbarung, wird das Schiedsgericht nach seiner Konstituierung die Sprachregelung der Schiedsklausel durchsetzen.

12 Wenn die Schiedsvereinbarung die Verfahrenssprache nicht bestimmt und die Schiedsparteien sich nicht auf eine Sprache einigen können, bleibt die Verfahrenssprache bis zu einer Entscheidung des Schiedsgerichts unbestimmt. In diesem Fall ist dem Kläger zu empfehlen, die Schiedsklage in der Sprache zu fassen, die er für sachgerecht hält. In der Regel wird dies die Sprache sein, in der die Vertragsverhandlungen oder nachvertragliche Korrespondenz stattfanden.

13 Der Kläger kann die Schiedsklage im weiteren Verlauf des Schiedsverfahrens **ergänzen**. Dabei kann er nicht nur dem bereits gemachten Vortrag weitere Details hinzufügen, sondern er kann ohne weiteres auch völlig neuen Sachvortrag einführen und seine Anträge ändern; bei wesentlichen Änderungen der Klage wird die Frist des Beklagten zur Kla-

geerwiderung (s. Art. 5 Abs. 1) allerdings erneut in Gang gesetzt. Für Änderungen der Klage ist stets Voraussetzung, dass sich der Kläger in den Grenzen einer Schiedsvereinbarung mit dem Beklagten bewegt; insbesondere neu geltend gemachte Ansprüche müssen unter eine solche Schiedsvereinbarung fallen. Dem Kläger stehen diese Änderungsmöglichkeiten bis zur Unterschrift bzw. Genehmigung des Schiedsauftrags zu. Danach bedarf er für neues Vorbringen und/oder Anträge, die zwar unter eine Schiedsvereinbarung, aber nicht unter den Schiedsauftrag fallen, der Zustimmung des Schiedsgerichts (s. Art. 23 Abs. 4).

Für den Fall, dass die Angaben, die zur Benachrichtigung des Beklagten notwendig sind, **nicht oder fehlerhaft gegeben** werden, kann das Sekretariat eine Frist zur Korrektur oder Berichtigung setzen. Für alle anderen Informationen wird das Sekretariat zur Ergänzung bzw. Berichtigung auffordern, wenn es den Kläger über die Benachrichtigung des Beklagten informiert. 14

1. Vollständige Bezeichnung der Parteien und des eigenen Prozessvertreters (Abs. 3 Buchst. a und b)

Der Kläger muss für alle Parteien den vollständigen Namen, die Rechtsform, die Adresse und andere Kontaktdaten angeben. Bei juristischen Personen sollten die Organmitglieder benannt werden. Diese Angaben sollten mit größtmöglicher Sorgfalt gemacht werden. Die korrekte Bezeichnung der Parteien ist wichtig, da die Einbeziehung neuer Parteien (zumindest nach der Unterzeichnung des Schiedsauftrags) die Zustimmung aller Schiedsparteien erfordert. Die korrekte Bezeichnung und die richtigen Kontaktdaten des Beklagten sind für den zügigen Fortgang des Schiedsverfahrens und möglicherweise sogar die Durchsetzbarkeit des Schiedsspruchs relevant, falls Schriftsätze wegen falscher Parteibezeichnung bzw. falscher Kontaktdaten nicht zugestellt werden (nach Art. V Buchst. b UNÜ kann die Anerkennung und Vollstreckung eines Schiedsspruchs nämlich versagt werden, wenn eine Partei ihre Angriffs- und Verteidigungsmittel nicht hat geltend machen können, etwa weil sie nicht ordnungsgemäß über das schiedsrichterliche Verfahren in Kenntnis gesetzt wurde). Zu Einzelaspekten der korrekten Parteibezeichnung s. auch Art. 23 Rz. 10. 15

Gemäß der Überarbeitung der ICC-SchO muss der Kläger auch (Adress-)Angaben zu seinem Prozessvertreter machen (Abs. 3 Buchst. b), dem ab diesem Zeitpunkt der Schriftverkehr zugesandt wird. 16

17 **Empfehlung:** Bei Parteien, deren Name/Firma ursprünglich nicht mit lateinischen Buchstaben geschrieben wird, empfiehlt es sich, neben der Transkription des Namens ins lateinische Alphabet nach ISO 646 auch die **Originalform des Namens** anzugeben. Auf diese Weise werden eventuelle Schwierigkeiten bei der Anerkennung und/oder Vollstreckbarerklärung des Anspruchs in dem Herkunftsland der betreffenden Partei vermieden. Empfehlenswert kann es sein, bei juristischen Personen etwaige Registrierungsnummern mit anzugeben.

18 Der Umfang der **Beschreibung** der Parteien steht im Ermessen des Klägers. Üblicherweise werden das Geschäftsfeld und die Bedeutung der Parteien in den betreffenden Märkten beschrieben. Ferner sollten Angaben zu Anteilseignern und kontrollausübenden Unternehmen sowie zu Unternehmen, die mit der betreffenden Partei verbunden sind, gemacht werden. Dadurch wird Kandidaten für Schiedsrichterämter die Konfliktprüfung erleichter.

2. Sachverhalt und Rechtsgrund (Abs. 3 Buchst. c)

19 Der Kläger (damit ist in diesem Unterabschnitt auch jede Schiedspartei gemeint, die Ansprüche gegen eine andere Schiedspartei oder eine zusätzliche Partei geltend macht, s. Art. 7 Abs. 2 Buchst. c und Art. 8 Abs. 2, 3) muss alle **tatsächlichen Umstände** vortragen, auf die er seine Klage stützt. Dazu muss er den Sachverhalt darlegen, der die Voraussetzungen der Anspruchsgrundlage erfüllt und zu dem geltend gemachten Anspruch berechtigt. Allerdings reicht ein kursorischer Vortrag; eine Substantiierung wie im deutschen Verfahren ist nicht erforderlich, wenn auch wünschenswert. Der Vortrag muss es dem Schiedsgericht lediglich ermöglichen, den Streitgegenstand präzise zu bestimmen. Das ist nicht nur für die rechtlichen Wirkungen der Schiedsklageeinreichung relevant, sondern auch für die spätere Abfassung des Schiedsauftrages.

20 Ob ein Kläger sich für eine sehr summarische oder eine ausführliche Schiedsklage entscheidet, hängt von verschiedenen strategischen Erwägungen ab. Häufig wird eine **weniger detaillierte Schiedsklage** gewählt, wenn es hauptsächlich darum geht, die Schiedsklage möglichst schnell zu erheben (etwa wegen drohender Verjährung oder um Vergleichsverhandlungen zu forcieren). Gleiches gilt, wenn der Kläger (noch) an der Substantiierung der Schadenssumme arbeiten muss. Zudem hat eine schlanke Schiedsklage den Vorteil, dass sich der Kläger noch nicht auf eine Argumentationsstrategie festlegt und abwarten kann, wie sich der Beklagte verteidigt.

21 Für eine **ausführliche Schiedsklage** spricht vor allem der psychologische Vorteil, den Schiedsrichtern als erster den Sachverhalt im Lichte des

eigenen Anspruchs näher bringen zu können. Der Kläger macht so deutlich, dass er bereit ist, das Schiedsverfahren zügig voranzutreiben. Zudem kann er durch eine entsprechende Darstellung Einfluss auf verfahrensleitende Entscheidungen des Gerichtshofs, wie etwa die Festlegung der Anzahl der Schiedsrichter, nehmen. Des Weiteren wird der Beklagte unter Druck gesetzt, eine ähnlich ausführliche Klageantwort einzureichen, was für diesen schon aus Zeitgründen schwierig sein wird.

Neben den tatsächlichen Angaben verlangt die neue ICC-SchO nunmehr auch **rechtliche Ausführungen** vom Kläger. Das wird durch die Einfügung des Begriffs „Anspruchsgrundlage" bzw. „basis upon which the claims are made" zum Ausdruck gebracht. Auf diese Weise soll möglichst frühzeitig Klarheit über die wesentlichen Streitpunkte des Verfahrens geschaffen werden. So ist es dem Gerichtshof möglich, die streitentscheidenden Fragestellungen insbesondere bei der Schiedsrichterauswahl zu berücksichtigen. Freilich kann für den rechtlichen Teil der Schiedsklage nicht grundsätzlich anderes gelten als für die Sachverhaltsdarstellung, nämlich dass summarische Ausführungen den Mindestanforderungen genügen. Wichtig ist auch hier, eine Anspruchsgrundlage zu definieren und darzulegen, dass sämtliche Tatbestandsvoraussetzungen erfüllt sind und dadurch die mit dem Anspruch begehrte Rechtsfolge ausgelöst wurde. 22

3. Antrag (Abs. 3 Buchst. d)

Der Schiedsantrag sollte **wie der vollstreckbare Tenor** eines Schiedsspruchs formuliert werden, so dass er gegebenenfalls in diesen übernommen werden kann. 23

Die **präzise Fassung** der Anträge ist wichtig, weil sie regelmäßig die Grundlage für die Ausgestaltung des Schiedsauftrags sind. Ist dieser unterzeichnet, kann der Kläger (damit ist in diesem Unterabschnitt auch jede Schiedspartei gemeint, die Ansprüche gegen eine andere Schiedspartei oder eine zusätzliche Partei geltend macht, s. Art. 7 Abs. 2 Buchst. c und Art. 8 Abs. 2, 3) nur noch Ansprüche geltend machen, die vom Schiedsauftrag abgedeckt werden. Darüber hinausgehende Ansprüche darf der Kläger nur noch mit der ausdrücklichen Zustimmung des Schiedsgerichts geltend machen, auch wenn die neuen Ansprüche unter die Schiedsvereinbarung fallen. 24

Zusätzlich müssen die Parteien auch den **Geldwert** der einzelnen Sachanträge angeben; sonstige Anträge, etwa hinsichtlich der Zuständigkeit, der Zinsen oder der Kosten bedürfen keiner Streitwertangabe. Im Gegensatz zur ICC-SchO 1998 verpflichtet die überarbeitete Fassung den Klä- 25 ger grundsätzlich zu einer Streitwertangabe bei bezifferten Ansprüchen. Für alle anderen Ansprüche ist der Kläger verpflichtet, den Streitwert soweit und so genau wie möglich zu schätzen. Tut er das nicht bereits in der Schiedsklage, wird ihn das Sekretariat auffordern, den Streitwert binnen einer kurzen Frist zu beziffern. Die Benennung des Streitwerts liegt aber meist ohnehin im Interesse des Klägers, da der Generalsekretär für die Ermittlung des vorläufigen Vorschusses auf die Verfahrensgebühren den Streitwert schätzt, falls entsprechende Angaben fehlen. Auch kann das Sekretariat davon absehen, die Schiedsklage zuzustellen, solange nicht alle von ihm als erforderlich angesehenen Angaben gemacht worden sind.

26 Bei der **Bestimmung des Streitwerts** kann im Einzelfall eine Orientierung an den am Schiedsort geltenden verfahrensrechtlichen Besonderheiten in Betracht kommen. So kann es unter Umständen gerechtfertigt sein, bei einer positiven Feststellungsklage den Nennwert der Forderung mit einem 20 %igen Abschlag zugrunde zu legen.

27 **Empfehlung:** Wegen der streitwertabhängigen Bearbeitungs- und Schiedsrichtergebühren kann der Kläger, ähnlich wie im deutschen Zivilverfahren, eine **Teilklage** erwägen. Dabei sollte der Kläger in der Schiedsklage hervorheben, dass er nur einen Teil seiner Forderung einklagt. Zudem sollte er sich in der Schiedsklage vorbehalten, den Rest seines Anspruchs in demselben Schiedsverfahren geltend zu machen. Gleichwohl ist es dem Gerichtshof bei einer Teilklage unbenommen, sich an einem höheren Wert als dem Teilklagewert zu orientieren, wenn er den Kostenvorschuss festlegt.

4. Schiedsvereinbarung und sonstige Vereinbarungen (Abs. 3 Buchst. e und f)

28 Der Kläger (damit ist in diesem Unterabschnitt auch jede Schiedspartei gemeint, die Ansprüche gegen eine andere Schiedspartei oder eine zusätzliche Partei geltend macht, s. Art. 7 Abs. 2 Buchst. c und Art. 8 Abs. 2, 3) muss **alle Verträge**, die für das Schiedsverfahren relevant sind, bereits mit der Schiedsklage vorlegen. Das gilt insbesondere für alle Verträge, die Modalitäten des Schiedsverfahrens regeln, also die Schiedsvereinbarung selbst und, falls dies außerhalb der Schiedsvereinbarung geregelt ist, Bestimmungen zum Schiedsort, zur Sprache des Schiedsverfahrens, zum anwendbaren Recht usw.

29 Allerdings ist diese Regelung **nicht wörtlich** zu verstehen. Der Kläger muss nicht alle Verträge in voller Länge vorlegen. Insbesondere muss der Kläger nicht – zumindest nicht in diesem Verfahrensstadium – Beweismittel vorlegen, die für ihn ungünstig sind. Eine derartige Ver-

pflichtung kennt die ICC-SchO nicht. Im Ergebnis verpflichtet Art. 4 Abs. 3 Buchst. e den Kläger nur dazu, den eigenen Vortrag bereits in der Schiedsklage zu belegen, wenn er sich auf einen bestimmten Vertrag bezieht.

Der neu eingefügte Art. 4 Abs. 3 Buchst. f berücksichtigt den Fall, dass der Kläger **verschiedene Ansprüche** aus jeweils unterschiedlichen Verträgen mit jeweils unterschiedlicher Schiedsklausel geltend macht. Diese Möglichkeit hat der Kläger nach dem neu eingeführten Art. 9. Vom Wortlaut ebenso erfasst wird der Fall, dass die Schiedsparteien bezüglich eines Anspruchs mehrere Verträge mit jeweils einer Schiedsklausel eingegangen sind. In jedweder Konstellation muss der Kläger für jeden Anspruch erklären, auf welche Schiedsklausel er sich stützt. 30

Empfehlung: Der Kläger sollte das Bestehen einer wirksamen Schiedsvereinbarung substantiiert darlegen. Sofern Zweifel an der Wirksamkeit der Schiedsvereinbarung bestehen oder die Schiedsvereinbarung verschiedene Auslegungen zulässt, ist der Kläger gut beraten, sowohl zu den tatsächlichen als auch zu den rechtlichen Umständen ausführlich vorzutragen. Falls sich nämlich der Beklagte nicht einlässt oder Einwände gegen die Schiedsvereinbarung erhebt, trifft der Gerichtshof unter Umständen nach Art. 6 Abs. 4 eine *Prima-Facie*-Entscheidung über den Fortgang des Verfahrens, wofür der Vortrag des Klägers in der Schiedsklage als Grundlage dient. 31

5. Angaben zum Schiedsverfahren (Abs. 3 Buchst. g und h)

Der Kläger muss ferner Angaben zur Ausgestaltung des Verfahrens machen. Im Hinblick auf das Schiedsgericht bedeutet das zunächst eine Stellungnahme zur **Anzahl der Schiedsrichter**, d.h., ob ein Einzelschiedsrichter oder ein Dreierschiedsgericht zum Einsatz kommen soll (Art. 12 Abs. 1). Dies hängt in erster Linie von der Schiedsvereinbarung ab. Enthält diese keine Angaben zur Anzahl der Schiedsrichter, muss der Kläger erklären, ob er mit der Standardoption eines Einzelschiedsrichters einverstanden ist oder ob er ein Dreierschiedsgericht präferiert. In letzterem Fall sollte der Kläger besondere Gründe anführen, die ein Dreierschiedsgericht rechtfertigen (s. Art. 12 Rz. 6). 32

Wird das Verfahren vor einem **Dreierschiedsgericht** geführt oder dies vom Kläger gewünscht, muss der Kläger bereits in der Schiedsklage einen **Schiedsrichter benennen**. Nimmt der Kläger diese Möglichkeit nicht wahr – etwa, weil der Kläger dem Beklagten angesichts des niedrigen Streitwerts oder aus anderen Gründen vorschlagen möchte, die Anzahl der Schiedsrichter auf eins zu reduzieren (näher Art. 12 Rz. 6–9) –, riskiert er eine Benennung durch den Gerichtshof (Art. 14 Abs. 4). Übli- 33 cherweise wird er davor allerdings noch einmal kontaktiert und zur Stellungnahme aufgefordert. Ist ein **Einzelschiedsrichter** vereinbart oder strebt der Kläger eine entsprechende Vereinbarung an, empfiehlt es sich nicht, bereits in der Schiedsklage einen personellen Vorschlag zu machen; besser ist es, zunächst die abstrakte Einigung auf die Entscheidung der Streitsache durch einen Einzelschiedsrichter herbeizuführen, um kein unnötiges Misstrauen zu erregen.

34 Ferner ist der Kläger aufgefordert, zum **anwendbaren Recht** Stellung zu nehmen. In erster Linie ist er verpflichtet, Rechtswahlvereinbarungen vorzulegen oder andere Umstände zu schildern, aus denen sich das anwendbare Recht ergibt. Freilich kann sich der Kläger hier auf ein Minimum beschränken, da die Frage des anwendbaren Rechts, sofern nicht vertraglich geregelt, in einem späteren Verfahrensstadium vom Schiedsgericht im Rahmen der Entscheidung nach Art. 17 Abs. 1 ohnehin genauer beleuchtet wird. Dennoch ist dem Kläger hier eine ausführliche Darstellung zu empfehlen. Erstens hat der Kläger, ähnlich wie bei der Sachverhaltsdarstellung, die Möglichkeit, als erster auf das Sekretariat bzw. den Gerichtshof und später das Schiedsgericht Einfluss zu nehmen. Zweitens hat das anwendbare Recht Einfluss auf die Schiedsrichterauswahl durch den Gerichtshof (etwa wenn ein Parteischiedsrichter für eine nicht am Verfahren teilnehmende Partei bestimmt werden muss).

35 Die ICC-SchO verlangt vom Kläger ferner, zur Frage der **Verfahrenssprache** Stellung zu nehmen. Diese Frage stellt sich dem Kläger bereits in einem früheren Zeitpunkt, nämlich bei der Formulierung der Schiedsklage. Es gelten daher die obigen Ausführungen (s. Rz. 11 f.).

36 Ferner muss der Kläger auch zum **Schiedsort** Stellung nehmen. Die Wahl des Schiedsorts hat unter Umständen einen weitreichenden Einfluss auf das Verfahren. Zum einen wird sich das Schiedsgericht bei der Verfahrensführung an dem dort geltenden Prozessrecht orientieren. Zum anderen bestimmt das Recht des Staates des Schiedsorts die Befugnisse der staatlichen Gerichte, in das Schiedsverfahren einzugreifen und letztlich den Schiedsspruch aufzuheben. Schließlich erhöht sich mit der Wahl eines bestimmten Schiedsortes auch die Wahrscheinlichkeit, dass dort ansässige Schiedsrichter bestellt werden. Wenn weder die Schiedsklausel einen Schiedsort festschreibt noch sich die Parteien auf einen Schiedsort einigen können, wird er vom Gerichtshof bestimmt (Art. 18).

37 **Empfehlung:** Falls die Schiedsvereinbarung nicht den Schiedsort festlegt, sollten die Parteien ihren Vortrag aus **prozesstaktischen Gründen** gut überlegen. Wenn eine Schiedspartei frühzeitig einen Schiedsort vorschlägt, werden dadurch mög-

licherweise Einwände der anderen Schiedspartei provoziert. Können sich die Schiedsparteien dann nicht auf einen Schiedsort einigen, obliegt es dem Gerichtshof, den Schiedsort zu bestimmen, vgl. Art. 18 Rz. 13.

6. Keine weiteren Vorgaben durch die ICC-SchO

Über die genannten Angaben hinaus sind keine weiteren Informationen erforderlich. Es **steht dem Kläger jedoch frei**, umfassend zur Sach- und Rechtslage vorzutragen und seine Ausführungen mit Rechtsprechungsverweisen und Beweisangeboten zu untermauern. Diese Möglichkeit, die auch unter der alten ICC-SchO bestand, erwähnt die überarbeitete Fassung ausdrücklich in Art. 4 Abs. 3 a.E. 38

Empfehlung: Tatsächlich sollte der Kläger aus Effizienz- und Zweckmäßigkeitserwägungen zumindest solche Dokumente mit der Schiedsklage einreichen, die dem Schiedsgericht das Verständnis erleichtern. Generell dürfte es im Interesse des Klägers liegen, in der Schiedsklausel nicht geregelte Punkte von sich aus in der Schiedsklage anzusprechen und entsprechende Vorschläge zu machen. Auch im Übrigen ist es der Zeit- und Kostenersparnis dienlich, möglichst proaktiv und umfassend vorzutragen, um Unklarheiten und daraus resultierenden Nachfragen seitens der ICC oder des Schiedsgerichts vorzubeugen.

Die ICC-SchO gibt **keine Vorgaben zum Aufbau**, zur Form oder zum Stil der Schiedsklage. Diese Freiheit sollte der Kläger jedoch nicht dazu nutzen, die ihm aus dem nationalen Recht bekannten Schemata heranzuziehen, sondern dazu, die Schiedsklage zweckmäßig auf die klare Darstellung des Falls und die rechtlichen Besonderheiten auszurichten. 39

VII. Zusätzliche Anforderungen (Abs. 4)

Der Kläger muss die **Registrierungsgebühr** („filing fee") in voller Höhe an die ICC zahlen. Die Höhe der Gebühr (bei Drucklegung 3000 USD) ergibt sich aus Anhang III zur ICC-SchO in der bei Einreichung aktuellen Fassung (Anhang III wird in regelmäßigen Abständen und häufiger als die ICC-SchO aktualisiert). Falls der Kläger die Registrierungsgebühr nicht bei Klageeinreichung zahlt, fordert ihn das Sekretariat unter Fristsetzung dazu auf. In diesem Zusammenhang gilt die Zahlung als vorgenommen, wenn der entsprechende Betrag auf dem Konto der ICC gutgeschrieben wird oder wenn das Sekretariat den Scheck erhält. Folglich muss der Kläger die jeweiligen Übermittlungszeiten berücksichtigen. Wenn er der Aufforderung des Sekretariats sowie einer etwaigen erneuten Fristsetzung nicht fristgemäß nachkommt, wird das Verfahren administrativ geschlossen. Allerdings wird die Schiedshängigkeit nicht rück- 40 wirkend beseitigt; vielmehr gilt das Schiedsverfahren als beendet. Der Kläger kann danach ohne weiteres erneut Schiedsklage einreichen.

41 Auch wenn der Kläger nur einen **Teil der Registrierungsgebühr** zahlt und den Rest trotz Aufforderung durch das Sekretariat nicht nachreicht, wird das Schiedsverfahren administrativ beendet. Der bereits eingezahlte Betrag wird dann nicht mehr zurückerstattet; bei einer neuen Klage muss der Kläger die Registrierungsgebühr erneut in voller Höhe leisten.

42 Der Kläger bzw. jede Schiedspartei, die Ansprüche gegen eine andere Schiedspartei oder eine zusätzliche Partei geltend macht (s. Art. 7 Abs. 2 Buchst. c und Art. 8 Abs. 2, 3), hat ferner die Schiedsklage in der nach Art. 3 Abs. 1 erforderlichen **Anzahl von Exemplaren** einzureichen. Kommt er dieser Anforderung nicht nach, wird ihn das Sekretariat zunächst auf dieses Versäumnis hinweisen und, falls er die nötigen Exemplare auch nach mehrfacher Aufforderung nicht nachreicht, das Verfahren schließen.

B. Schiedshängigkeit (Abs. 1, 2)

I. Normzweck

43 Art. 4 Abs. 1 und 2 regeln, wie der Kläger das Schiedsverfahren einzuleiten hat und legen den Zeitpunkt fest, ab dem das Verfahren als schiedshängig gilt. Diese Regelungen sind im Hinblick auf die materiell-rechtlichen, insbesondere verjährungshemmenden Wirkungen der Schiedsklage erforderlich. Ferner knüpfen auch verschiedene verfahrensinterne Fristen an den Beginn des Verfahrens an.

II. Reform

44 Die einzige inhaltliche Änderung betrifft Abs. 1: Nach der ICC-SchO 2012 steht es dem Kläger frei, die Schiedsklage bei jedem Büro einzureichen, das vom Generalsekretär für diesen Zweck nach Art. 5 Abs. 3 Anhang II zur ICC-SchO benannt ist (s. dazu Rz. 48 f.).

III. Verhältnis zu § 1044 ZPO

45 Nach § 1044 Satz 1 ZPO beginnt das schiedsgerichtliche Verfahren, wenn der Beklagte den Antrag auf Einleitung des Schiedsverfahrens empfängt. Diese Vorschrift ist jedoch wie das gesamte X. Buch der ZPO auf ein Ad-Hoc-Verfahren ausgelegt. Zudem kommt sie nur zur Anwendung, falls die Parteien nichts anderes vereinbart haben. Die Wahl der

ICC-SchO ist eine abweichende Vereinbarung in diesem Sinne, so dass sie der gesetzlichen Regelung vorgeht.

IV. Vergleich mit den im staatlichen Verfahren geltenden Vorschriften

Das Pendant der Schiedshängigkeit im staatlichen Verfahren ist die **Rechtshängigkeit**. Beide Zustände zeichnen sich insbesondere dadurch aus, dass die Verjährung eines Anspruchs gehemmt wird und eine weitere Klage/Schiedsklage mit demselben Streitgegenstand unzulässig ist. Im staatlichen Verfahren setzt die Rechtshängigkeit die Zustellung der Klageschrift voraus (§§ 261 Abs. 1, 253 Abs. 1 ZPO). 46

In ihren Voraussetzungen ähnelt die Schiedshängigkeit der **Anhängigkeit** im Zivilprozess. Allerdings ist der ICC-SchO die Anhängigkeit fremd. Da die materiell-rechtlichen und prozessualen Folgen bereits mit Eingang der Schiedsklage beim Sekretariat eintreten, bleibt für ein Pendant zur Anhängigkeit kein Raum. 47

V. Einreichung der Klageschrift

Für die Schiedshängigkeit muss der Kläger die Schiedsklage **bei einem Büro des Sekretariats einreichen**. Der Schiedskläger kann die Schiedsklage nicht nur beim Hauptbüro des Sekretariats in Paris, Frankreich einreichen, sondern auch bei weiteren Büros der ICC, sofern diese vom Generalsekretär auf Grundlage des Art. 5 Abs. 3 Anhang II zur ICC-SchO eingerichtet werden. Derzeit ist neben dem Hauptbüro in Paris nur das Büro in Honkong benannt; die Einrichtung eines Büros in New York steht kurz bevor. Nach dem Beginn eines Schiedsverfahrens können Schriftsätze allerdings fristwahrend nur noch in dem Büro eingereicht werden, das das Verfahren administriert. 48

Vorsicht: Die Liste der vom Generalsekretär benannten Büros kann beim Sekretariat erfragt werden. Sie darf jedoch nicht mit der Auflistung der Büros auf der Webseite der ICC (www.iccwbo.org) verwechselt werden. Dort werden auch Büros aufgelistet, die lediglich Repräsentanzen der ICC sind, jedoch keine Aufgaben der Verfahrensadministration übernehmen. Die Versendung einer Klageschrift an diese Büros setzt also kein Schiedsverfahren in Gang. 49

Die **Art der Übersendung** steht dem Kläger grundsätzlich frei. Allerdings gelten die Restriktionen von Art. 3 Abs. 1 und 2. Aus praktischen Gründen empfiehlt sich, eine nachverfolgbare Sendungsart zu wählen. Jedoch bestätigt der Generalsekretär ohnehin den Empfang binnen eines Werktages. Falls der Kläger innerhalb mehrerer Werktage keine derartige Bestätigung erhalten hat, sollte er das Sekretariat kontaktieren. 50

51 Die Schiedsklage wird im Regelfall von einem anwaltlichen Verfahrensbevollmächtigten des Klägers eingereicht. Genauso kann sie aber auch vom Kläger selbst oder einem Prozessvertreter eingereicht werden. In keinem dieser Fälle ist es erforderlich, die Vertretungsmacht durch eine Urkunde zu belegen. Erst im späteren Verlauf kann der Verfahrensbevollmächtigte oder Prozessvertreter dazu aufgefordert werden (Art. 17).

52 Dem Kläger steht es frei, gleichzeitig mit der Einreichung beim Sekretariat auch dem Beklagten ein Exemplar der Schiedsklage zuzusenden. Das hat jedoch keine rechtliche Relevanz. Der Kläger kann dadurch insbesondere nicht den Zeitpunkt der Schiedshängigkeit beeinflussen.

VI. Zeitpunkt der Schiedshängigkeit

53 Die Schiedsklage wird in dem Moment schiedshängig, in dem sie dem Sekretariat zugeht, und sei es zunächst nur per E-Mail und ohne dass die Registrierungsgebühr bezahlt ist. Das gilt unabhängig von dem Zeitpunkt, zu dem die Schiedsklage dem Beklagten zugestellt wird. Auch wenn der Kläger die Registrierungsgebühr erst später zahlt oder die erforderliche Anzahl an Abschriften nachreichen muss, hat das keinen Einfluss auf den Zeitpunkt der Schiedshängigkeit.

VII. Wirkung der Schiedshängigkeit

54 Die Schiedshängigkeit hat dieselben materiell-rechtlichen Wirkungen wie die Rechtshängigkeit. Die Schiedshängigkeit der Schiedsklage **hemmt die Verjährung** im deutschen Recht nach § 204 Nr. 11 BGB, vorausgesetzt der Kläger reicht eine ausreichende Klage ein und zahlt die Registrierungsgebühr bzw. bessert eventuelle Mängel innerhalb der vom Sekretariat gesetzten Frist nach. Auch besondere Ausschlussfristen wie in §§ 561 Abs. 2, 864 BGB werden durch die Einreichung der Schiedsklage gehemmt.

55 Wenn die Schiedsklage nicht ordnungsgemäß ist, muss bezüglich der Verjährungshemmung zwischen einer unwirksamen und einer mangelhaften Schiedsklage differenziert werden: Sind die Parteien oder der Klagegegenstand nicht identifizierbar, ist die Schiedsklage unwirksam; liegt der Schiedsort in Deutschland, ergibt sich dies aus § 1044 Satz 2 ZPO, der die Bezeichnung der Parteien, die Angabe des Streitgegenstandes sowie einen Hinweis auf die Schiedsvereinbarung verlangt. Sind diese Anforderungen nicht erfüllt, ist die Schiedsklage unwirksam und hemmt

nicht die Verjährung. Wenn der Kläger seine Schiedsklage nachbessert, tritt die Hemmungswirkung in der Regel *ex nunc* ein. Wenn dagegen eine Schiedsklage nur mangelhaft ist (z.b. weil die Registrierungsgebühr nicht gezahlt wird oder die Klage unsubstantiiert ist) oder das Schiedsgericht unzuständig ist, wird die Verjährung nach h.M. gehemmt, bis das Sekretariat das Verfahren administrativ schließt.

Vorsicht: In internationalen Verfahren ist vor einer vorschnellen Anwendung der deutschen Verjährungsregeln zu warnen, selbst wenn deutsches materielles Recht Anwendung findet. In *Common-Law*-Jurisdiktionen kann die Verjährung als eine Frage des Prozessrechts zu qualifizieren sein. 56

Wie im staatlichen Verfahren entsteht auch ein Anspruch auf **Prozesszinsen** nach § 291 BGB. Somit ist eine Forderung ab dem Zeitpunkt der Klageeinreichung zu verzinsen, obwohl der Beklagte dann noch gar keine Kenntnis von der Schiedsklage hat. Freilich kommen die Prozesszinsen in der Regel nicht zum Tragen, da Zinsen oftmals ab einem früheren Zeitpunkt, nämlich ab dem Zeitpunkt der Fälligkeit (vgl. § 353 HGB) oder ab dem den Verzug begründenden Umstand eingeklagt werden. 57

Im Übrigen verändert sich durch die Einreichung der Schiedsklage der **Haftungsmaßstab bei Herausgabeansprüchen** (§§ 292, 818 Abs. 4, 987, 989, 991, 994 Abs. 2, 996 BGB). 58

Dagegen treten nicht alle **prozessualen Wirkungen** der Rechtshängigkeit automatisch bei Schiedshängigkeit ein. Insbesondere begründet die Schiedshängigkeit nicht den *Ne-bis-in-idem*-Einwand, der für staatliche Verfahren in § 261 Abs. 3 Nr. 1 ZPO normiert ist. Falls die staatlichen Gerichte in der Hauptsache nach der Erhebung der Schiedsklage angerufen wurden, kann sich eine Partei grundsätzlich nur auf das vom Schiedsverfahren unabhängige Vorhandensein einer Schiedsklausel berufen (vgl. § 1032 Abs. 1 ZPO). 59

Im Rahmen eines vor einem deutschen Gericht bewirkten Arrests oder einer einstweiligen Verfügung wird durch die Einreichung der Schiedsklage die Frist des § 926 Abs. 1 ZPO gewahrt. 60

C. Zusendung der Klageschrift (Abs. 1, 5)

I. Normzweck

Die Benachrichtigung des Beklagten ist notwendig, um ihn über das Schiedsverfahren und die damit verbundenen Konsequenzen (Verjährungshemmung etc., s. Rz. 54) in Kenntnis zu setzen. Erfolgt die Benach- 61 richtigung nicht oder nicht ordnungsgemäß, kann das Gebot rechtlichen Gehörs verletzt sein.

62 Zudem soll der Beklagte möglichst frühzeitig über die Einleitung des Schiedsverfahrens informiert werden, um die prozessuale Waffengleichheit im Hinblick auf die Vorbereitungszeit zu gewährleisten. Der Kläger hatte vor der Einreichung der Schiedsklage unter Umständen einen sehr langen Zeitraum für die Vorbereitung der Schiedsklage. Durch die Zusendung der Schiedsklage direkt nach der Klageerhebung und die Benachrichtigung nach Art. 4 Abs. 1 soll der Beklagte in die Lage versetzt werden, sich während der Auswahl der Schiedsrichter und der Frist zur Einreichung des ausführlichen Schiedsklagebegründung auf das Schiedsverfahren vorzubereiten.

63 Die Vorschriften zur Benachrichtigung des Beklagten gelten entsprechend, falls eine Schiedspartei eine zusätzliche Partei in das Schiedsverfahren einbeziehen möchte (s. Art. 7 Abs. 2 Buchst. c) oder Ansprüche gegen eine andere Schiedspartei (in einem Verfahren mit mehreren Parteien) geltend macht (s. Art. 8 Abs. 2, 3).

II. Reform

64 Art. 4 Abs. 1, Satz 2 und Abs. 5 wurden nur redaktionell überarbeitet. Die ICC-SchO 1998 wurde inhaltlich nicht verändert.

III. Vergleich mit den im staatlichen Verfahren geltenden Vorschriften

65 Im gerichtlichen Verfahren ist es erforderlich, dass der Kläger die Anschrift des Beklagten nennt (die Bezeichnung der Parteien im Rahmen von § 253 Abs. 2 Nr. 1 ZPO erfordert eine Angabe der Anschrift), damit die Klageschrift und sonstige Schriftsätze mit Sachanträgen dem Beklagten zugestellt werden können (§§ 270, 271 ZPO).

66 Die Klageschrift ist nach § 271 Abs. 1 ZPO unverzüglich zuzustellen. Allerdings wird das Gericht die Klage – von den gesetzlich geregelten Ausnahmefällen abgesehen – nur zustellen, nachdem der Kläger den Gebührenvorschuss eingezahlt (§ 12 Abs. 1 GKG) und die erforderliche Anzahl an Abschriften (§ 253 Abs. 5 ZPO) eingereicht hat. Das Gericht verbindet mit der Zustellung der Klageschrift die Aufforderung an den Beklagten, einen Rechtsanwalt zu bestellen, wenn er sich zu verteidigen beabsichtigt (§ 271 Abs. 2 ZPO). Zudem wird das Gericht im Falle eines frühen ersten Termins eine Terminsladung verbunden mit den Hinwei-

sen nach § 274 Abs. 2 ZPO oder im Falle eines schriftlichen Vorverfahrens eine Aufforderung zur Klageerwiderung aussprechen.

IV. Mitteilung an die Schiedsparteien

Gemäß Art. 4 Abs. 4 sendet das Sekretariat die **Klageschrift** an den Beklagten. Allerdings muss der Kläger zuvor die Registrierungsgebühr des Sekretariats voll gezahlt und die erforderliche Anzahl von Exemplaren der Schiedsklage eingereicht sowie unter Umständen etwaige weitere vom Sekretariat i.S.v. Art. 4 Abs. 3 nachgeforderten Angaben gemacht haben. Liegen diese Voraussetzungen nicht vor, weist das Sekretariat den Kläger darauf hin. Wenn der Kläger dem entsprechenden Mangel nicht in der dafür gesetzten Frist abhilft, kann das Sekretariat das Verfahren administrativ beenden. 67

Wenn die Voraussetzungen des Art. 4 Abs. 4 erfüllt sind, sendet das Sekretariat die Schiedsklage per Kurierdienst an den Beklagten. Hierdurch wird der Beklagte regelmäßig erstmals über die Einleitung des Schiedsverfahrens informiert (zu Einzelheiten der Versendung s. Art. 3 Rz. 21 ff.). 68

Neben der Weiterleitung der Klageschrift unterrichtet das Sekretariat die Schiedsparteien nach Art. 4 Abs. 1 Satz 2 über den Tag des **Eingangs der Schiedsklage**. Zudem **informiert das Sekretariat den Beklagten** über das weitere Vorgehen, insbesondere darüber, welche Handlungen von dem Beklagten erwartet werden. Zunächst teilt das Sekretariat dem Beklagten mit, dass er Gelegenheit zur Einreichung einer Klageantwort binnen 30 Tagen ab Empfang hat (Art. 5 Abs. 1). Ferner wird der Beklagte aufgefordert, verfahrensrelevante Angaben zu machen (z.B. zur Anzahl der Schiedsrichter, vgl. Art. 5 Abs. 1 Satz 1 Buchst. e). 69

Anhang 1:

| **Checkliste für den Inhalt der Klageschrift** | 70 |

Rubrum
☐ Bezeichnung aller Parteien: Name, Rechtsform, ggf. Registrierungsnummer, Kontaktdaten, Vertretungsverhältnisse
☐ Bezeichnung des eigenen Prozessvertreters: Name, Kontaktdaten

Art. 4 ICC-SchO — Einleitung des Schiedsverfahrens

Anträge
- ☐ Sachantrag
- ☐ Ggf. Zinsantrag
- ☐ Kostenantrag

Sachverhalt
- ☐ Beschreibung der Parteien: Geschäftsfeld, Historie, Bedeutung
- ☐ Anspruchsbegründende Tatsachen
- ☐ Darstellung und Vorlage der Schiedsvereinbarung sowie des gesamten Vertrages, der sie beinhaltet
- ☐ Darstellung der Vereinbarung zum anwendbaren Recht
- ☐ Vorlage sonstiger Vereinbarungen zwischen den Parteien, auf die sich der Kläger beruft
- ☐ Darstellung und ggf. Vorlage weiterer Dokumente oder Informationen, die für das Verständnis der Streitigkeit sachdienlich und hilfreich sind

Rechtliche Ausführungen
- ☐ Darstellung der Anspruchsgrundlage
- ☐ Ausführungen zum anwendbaren Recht, falls andere Meinung des Beklagten erwartet
- ☐ Bei mehreren Schiedsvereinbarungen: Bezeichnung und Vorlage der Vereinbarungen, auf die sich der Kläger beruft, sowie Darstellung, welche Ansprüche sich auf welche Schiedsvereinbarung beziehen

Angaben zum Schiedsverfahren
- ☐ Angabe des Streitwerts
- ☐ Angaben und Stellungnahme zur Anzahl der Schiedsrichter
- ☐ Falls Dreierschiedsgericht: Benennung des eigenen parteibenannten Schiedsrichters
- ☐ Ggf. Vorschlag zum Benennungsprozedere des Vorsitzenden
- ☐ Stellungnahme zum Schiedsort
- ☐ Stellungnahme zum anwendbaren Recht
- ☐ Stellungnahme zur Verfahrenssprache

Sonstiges
- ☐ Einreichung beim Sekretariat
- ☐ Einreichung in der erforderlichen Anzahl von Exemplaren
- ☐ Zahlung der Registrierungsgebühr

Artikel 5: Klageantwort; Widerklage

(1) Binnen einer Frist von 30 Tagen ab Empfang der vom Sekretariat übersandten Klage hat der Beklagte eine Klageantwort (die „Antwort") einzureichen, welche folgende Angaben enthalten muss:
a) seinen vollständigen Namen, seine Rechtsform, Adresse und sonstige Kontaktdaten;
b) vollständigen Namen, Adressen und sonstige Kontaktdaten der Vertreter des Beklagten im Schiedsverfahren;
c) seine Stellungnahme zur Darstellung der anspruchsbegründenden Tatsachen und Umstände sowie zur Anspruchsgrundlage, auf die die Klageansprüche gestützt werden;
d) seine Stellungnahme zu den Klageanträgen;
e) Anmerkungen oder Vorschläge zur Anzahl der Schiedsrichter und ihrer Wahl im Hinblick auf die Vorschläge des Klägers und gemäß den Bestimmungen der Artikel 12 und 13 sowie die gemäß diesen Bestimmungen gegebenenfalls erforderliche Benennung eines Schiedsrichters;
f) Anmerkungen oder Vorschläge zum Schiedsort, zu den anwendbaren Rechtsregeln und zur Verfahrenssprache.

Der Beklagte kann mit der Antwort weitere Dokumente oder Informationen einreichen, soweit er es für geboten hält oder soweit diese zu einer effizienten Streitbeilegung beitragen können.

(2) Das Sekretariat kann die Frist des Beklagten zur Einreichung seiner Antwort verlängern, wenn der Antrag auf Fristverlängerung alle Anmerkungen oder Vorschläge des Beklagten zur Anzahl und Wahl der Schiedsrichter und gegebenenfalls die gemäß den Artikeln 12 und 13 erforderliche Benennung eines Schiedsrichters enthält. Unterlässt der Beklagte dies, führt der Gerichtshof das Schiedsverfahren gemäß der Schiedsgerichtsordnung fort.

(3) Die Antwort ist beim Sekretariat in der gemäß Artikel 3(1) erforderlichen Anzahl von Exemplaren einzureichen.

(4) Das Sekretariat übermittelt allen anderen Parteien jeweils ein Exemplar der Antwort und der ihr beigefügten Dokumente.

(5) Will der Beklagte Widerklage erheben, so hat er diese zusammen mit der Antwort einzureichen. Sie enthält:
a) Darstellung der anspruchsbegründenden Tatsachen und Umstände sowie der Anspruchsgrundlage, auf die die Widerklageansprüche gestützt werden;

b) die Widerklageanträge, unter Angabe der Höhe der bezifferten Ansprüche, und, soweit möglich, eine Schätzung des Geldwerts sonstiger Ansprüche;

c) einschlägige Vereinbarungen zwischen den Parteien, insbesondere die Schiedsvereinbarung(en);

d) bei Widerklagen aus mehr als einer Schiedsvereinbarung: Angabe der Schiedsvereinbarung, auf deren Grundlage der jeweilige Widerklageanspruch geltend gemacht wird;

Der Beklagte kann mit der Widerklage weitere Dokumente oder Informationen einreichen, soweit er dies für geboten hält oder soweit diese zu einer effizienten Streitbeilegung beitragen können.

(6) Der Kläger hat binnen einer Frist von 30 Tagen ab Empfang der vom Sekretariat übersandten Widerklage diese zu beantworten. Vor Übergabe der Schiedsverfahrensakten an das Schiedsgericht kann das Sekretariat dem Kläger die Frist für die Beantwortung der Widerklage verlängern.

Article 5: Answer to the Request; Counterclaims

(1) Within 30 days from the receipt of the Request from the Secretariat, the respondent shall submit an Answer (the "Answer") which shall contain the following information:

a) its name in full, description, address and other contact details;

b) the name in full, address and other contact details of any person(s) representing the respondent in the arbitration;

c) its comments as to the nature and circumstances of the dispute giving rise to the claims and the basis upon which the claims are made;

d) its response to the relief sought;

e) any observations or proposals concerning the number of arbitrators and their choice in light of the claimant's proposals and in accordance with the provisions of Articles 12 and 13, and any nomination of an arbitrator required thereby; and

f) any observations or proposals as to the place of the arbitration, the applicable rules of law and the language of the arbitration.

The respondent may submit such other documents or information with the Answer as it considers appropriate or as may contribute to the efficient resolution of the dispute.

(2) The Secretariat may grant the respondent an extension of the time for submitting the Answer, provided the application for such an ex-

tension contains the respondent's observations or proposals concerning the number of arbitrators and their choice and, where required by Articles 12 and 13, the nomination of an arbitrator. If the respondent fails to do so, the Court shall proceed in accordance with the Rules.

(3) The Answer shall be submitted to the Secretariat in the number of copies specified by Article 3(1).

(4) The Secretariat shall communicate the Answer and the documents annexed thereto to all other parties.

(5) Any counterclaims made by the respondent shall be submitted with the Answer and shall provide:

a) a description of the nature and circumstances of the dispute giving rise to the counterclaims and of the basis upon which the counterclaims are made;

b) a statement of the relief sought together with the amounts of any quantified counterclaims and, to the extent possible, an estimate of the monetary value of any other counterclaims;

c) any relevant agreements and, in particular, the arbitration agreement(s); and

d) where counterclaims are made under more than one arbitration agreement, an indication of the arbitration agreement under which each counterclaim is made.

The respondent may submit such other documents or information with the counterclaims as it considers appropriate or as may contribute to the efficient resolution of the dispute.

(6) The claimant shall submit a reply to any counterclaim within 30 days from the date of receipt of the counterclaims communicated by the Secretariat. Prior to the transmission of the file to the arbitral tribunal, the Secretariat may grant the claimant an extension of time for submitting the reply.

Regelungsschwerpunkte: Abs. 1 regelt die Frist und den notwendigen Inhalt der Klageantwort. → Rz. 14–28; **Abs. 2** regelt die Voraussetzungen für eine Verlängerung der Frist zur Klagebeantwortung. → Rz. 31–33; **Abs. 3–4** bestimmt die Anzahl der Exemplare und der Adressaten der Klageantwort. → Rz. 29–30; **Abs. 5** regelt den Zeitpunkt und den notwendigen Inhalt einer Widerklage. → Rz. 39–43; **Abs. 6** regelt die Antwort auf die Widerklage. → Rz. 47–48

Kostenaspekte: Abs. 5 Sofern taktische Erwägungen nicht dagegen sprechen, sollte der Beklagte so frühzeitig wie möglich ankündigen (u.U. noch vor seiner ersten Stellungnahme zur Sache), dass er eine Widerklage zu erheben beabsichtigt, damit dies im Verfahrenskalender berücksichtigt werden kann. So können unnötiger Aufwand und Kosten erspart werden. → Rz. 36; **Abs. 5** Der Widerkläger sollte Unklarheiten bezüglich der Anwendbarkeit der Schiedsvereinbarung auf Widerklageforderung proaktiv ansprechen. → Rz. 42

Inhalt

A. Reform 1	C. Widerklage (Abs. 5, 6) 36
B. Klageantwort (Abs. 1 bis 4)... 2	I. Normzweck 36
I. Normzweck.............. 2	II. Verhältnis zu § 1046 Abs. 3 ZPO 38
II. Verhältnis zu §§ 1046 Abs. 1, 1040 Abs. 2 ZPO 4	III. Vergleich mit dem staatlichen Verfahren........... 38
III. Vergleich mit den im staatlichen Verfahren geltenden Vorschriften.............. 6	IV. Inhalt und Einreichung der Widerklage 39
IV. Vorbringen bei Unzuständigkeit des Schiedsgerichts 7	V. Zulässigkeit der Widerklage.. 41
1. Zeitpunkt der Geltendmachung der Unzuständigkeit................... 10	VI. Drittwiderklage 44
	VII. Antwort auf die Widerklage .. 47
2. Vortrag bei Zuständigkeitsrügen 14	VIII. Mögliche Einwendungen gegen die Zulässigkeit der Widerklage 49
V. Notwendiger Inhalt der Klageantwort 18	IX. Kosten 50
1. Vollständige Bezeichnung der Partei und des eigenen Prozessbevollmächtigten (Abs. 1 Buchst. a und b) ... 19	D. Aufrechnung............... 51
	I. Verhältnis zu § 1046 Abs. 3 ZPO 51
2. Stellungnahme zur Schiedsklage (Abs. 1 Buchst. c und d).......... 20	II. Vergleich mit dem staatlichen Verfahren........... 52
	III. Anwendbares Recht........ 54
3. Angaben zum Schiedsverfahren (Abs. 1 Buchst. e und f) 22	IV. Notwendigkeit einer Schiedsvereinbarung für die Gegenforderung................. 56
	V. Prozessuale Behandlung 60
VI. Einreichung der Klageantwort (Abs. 1, 2)............ 29	VI. Kosten 61
	Anhang 1: Checkliste für den Inhalt der Klageerwiderung 62
VII. Übermittlung der Klageantwort (Abs. 4)............. 35	**Anhang 2: Schaubild zur zeitlichen Abfolge der Stellungnahmen** 63

A. Reform

Art. 5 hat sich gegenüber der Fassung von 1998 redaktionell und inhaltlich verändert. Art. 5 Abs. 1 wurde vor allem an die geänderten Bestimmungen zum Inhalt der Schiedsklage angepasst. So wurde insbesondere Art. 5 Abs. 1 Buchst. b neu eingefügt. Eine spürbare Veränderung des Verfahrens geht mit dieser Einfügung jedoch nicht einher, da der Beklagte auch zuvor praktisch immer die Kontaktdaten seiner Verfahrensbevollmächtigten angab. Art. 5 Abs. 2 bis 4 wurden dagegen nur redaktionell überarbeitet. Auch die Bestimmungen zur Widerklage haben keine wesentliche inhaltliche Änderung erfahren. Neben redaktionellen Änderungen wurde vor allem Art. 5 Abs. 5 an die geänderten Bestimmungen zum Inhalt der Schiedsklage angepasst. 1

B. Klageantwort (Abs. 1 bis 4)

I. Normzweck

Durch die Klageantwort nimmt der Beklagte in der Regel zu prozessualen Punkten und zur Sache Stellung. Dabei geben Art. 5 Abs. 1 bis 3 den zwingenden Inhalt dieser Antwort vor. Die Stellungnahme des Beklagten muss allerdings nicht in einem Schriftsatz geschehen. Häufig macht der Beklagte nur die notwendigen Angaben zum Schiedsverfahren, damit das Sekretariat, der Gerichtshof und das Schiedsgericht den weiteren Ablauf planen können. Zur Sache nimmt er dann in einem gesonderten Schriftsatz Stellung, für den üblicherweise eine Fristverlängerung beantragt wird. 2

Die Vorschriften zur Klageantwort finden entsprechende Anwendung, wenn eine Schiedspartei eine zusätzliche Partei in das Schiedsverfahren einbeziehen möchte (s. Art. 7 Abs. 2 Buchst. c) oder wenn sie Ansprüche gegen eine andere Schiedspartei (in einem Verfahren mit mehreren Parteien) geltend macht (s. Art. 8 Abs. 2, 3). 3

II. Verhältnis zu §§ 1046 Abs. 1, 1040 Abs. 2 ZPO

Abgesehen von dem selbstverständlichen Recht, zur Schiedsklage Stellung zu nehmen, enthält die ZPO **keine besonderen Bestimmungen zur Klageantwort**. Insbesondere stellt sie keine Mindestanforderungen für deren Inhalt auf. 4

Allerdings hat der Beklagte nach § 1040 Abs. 2 ZPO die Obliegenheit, die **Unzuständigkeit des Schiedsgerichts** spätestens mit der Klageant- 5 wort vorzubringen. Nimmt er diese Obliegenheit nicht wahr, riskiert er eine Präklusion seiner Einwände. Durch § 1040 Abs. 2 ZPO werden entsprechende Ausführungen praktisch zu einem zwingenden Inhalt der Klageantwort, wenn der Schiedsort in Deutschland liegt, obwohl sie nicht von der ICC-SchO ausdrücklich gefordert werden.

III. Vergleich mit den im staatlichen Verfahren geltenden Vorschriften

6 Nach § 277 Abs. 1 ZPO hat der Beklagte alle Verteidigungsmittel vorzubringen, die er bei sorgfältiger Prozessführung vorbringen kann. Anderenfalls riskiert er eine Präklusion nach § 296 ZPO. Die Frist für die schriftsätzliche Stellungnahme beträgt im Falle eines schriftlichen Vorverfahrens vier Wochen ab Klagezustellung (§ 276 Abs. 1 Satz 1 und 2 ZPO), im Falle eines frühen ersten Termins mindestens zwei Wochen, falls das Gericht überhaupt eine Frist setzt (§§ 277 Abs. 3, 275 Abs. 1 ZPO).

IV. Vorbringen bei Unzuständigkeit des Schiedsgerichts

7 Wenn das Schiedsgericht unzuständig oder die Schiedsklage aus anderen Gründen unzulässig ist (zu den Voraussetzungen insb. für die Zuständigkeit s. Art. 6 Rz. 4–40), stellt sich dem Beklagten zunächst die Frage, ob er auf die Schiedsklage **überhaupt antworten** soll (im Folgenden steht die Unzuständigkeit des Schiedsgerichts stellvertretend für sämtliche Unzulässigkeitsgründe). Denn auch wenn er gänzlich passiv bleibt, verwirkt er nicht das Recht nach Art. V Abs. 1 UNÜ, den ohne seine Beteiligung erlassenen Schiedsspruch vor staatlichen Gerichten anzufechten, sofern ein entsprechender Anfechtungsgrund vorliegt. Allerdings könnten einzelne Rechtsordnungen verlangen, dass der Beklagte sich bereits während des Schiedsverfahrens auf die Unzuständigkeit des Schiedsgerichts beruft (nach deutschem Recht droht dem völlig passiven Beklagten keine Präklusion, da § 1040 Abs. 2 ZPO nicht den Fall völliger Passivität betrifft).

8 Wenn der Beklagte sich überhaupt nicht auf das Schiedsverfahren einlässt, vergibt er zudem die Möglichkeit, dass das Sekretariat bzw. der Gerichtshof (Art. 6 Abs. 3 f.) und später das Schiedsgericht seine Argumente gegen die Zulässigkeit des Schiedsverfahrens berücksichtigen.

9 **Empfehlung:** Wenn der Beklagte von der Unzuständigkeit des Schiedsgerichts oder anderen Unzulässigkeitsgründen ausgeht, kann er – unabhängig von der Frage ob er sich an dem Schiedsverfahren beteiligt – erwägen, eine **Klage vor den**

staatlichen Gerichten einzureichen (etwa auf Feststellung des Nichtbestehens einer Schiedsvereinbarung, auf Nichtbestehen des Klageanspruchs oder, wie es insbesondere im angloamerikanischen Rechtskreis möglich ist, auf Unterlassung der Einleitung eines Schiedsverfahrens).

1. Zeitpunkt der Geltendmachung der Unzuständigkeit

Die ICC-SchO bestimmt nicht ausdrücklich, dass der Beklagte zur Zuständigkeit eines nach der ICC-SchO zu bildenden Schiedsgerichts oder zur Schiedsfähigkeit des geltend gemachten Anspruchs Stellung nehmen muss. Falls sich der Beklagte am Verfahren beteiligt, sollte er seine Einwände dennoch so früh wie möglich geltend machen, spätestens mit der Klageerwiderung. Anderenfalls droht ihm nämlich eine **Präklusion** solcher Rügen, deren Geltendmachung ihm nach dem gewählten Recht überlassen ist; dazu gehören etwa das Fehlen bzw. die mangelnde Reichweite einer Schiedsvereinbarung (s. Art. V des EuÜ). Demgegenüber können Rügen der Zuständigkeit, über die der Beklagte nicht disponieren kann, nicht präkludiert werden (z.B. die mangelnde Schiedsfähigkeit einer Rechtsmaterie). Eine Rüge, deren Geltendmachung disponibel ist und die bereits in der Klageantwort hätte vorgebracht werden können, ist nur bei einer ausreichenden Entschuldigung beachtlich; anderenfalls ist der Beklagte präkludiert. Diese Präklusion gilt nicht nur für das Schiedsverfahren, sondern auch für das Aufhebungs- und Vollstreckungsverfahren. 10

Wenn der Schiedsort in Deutschland liegt, droht dem Beklagten, der sich auf das Schiedsverfahren einlässt, eine Präklusion in dem oben beschriebenen Rahmen nach § 1040 Abs. 2 ZPO. Um eine Präklusion zu vermeiden, muss er nicht nur die entsprechende Rüge erheben, sondern auch nach § 1040 Abs. 3 ZPO einen Zwischenentscheid herbeiführen und diesen innerhalb eines Monats vor den ordentlichen Gerichten anfechten. Für Rügen eines Formmangels droht dem Beklagten zudem eine Präklusion nach § 1031 Abs. 6 ZPO. Teilweise wird diesbezüglich vertreten, dass im Umkehrschluss zu § 1031 Abs. 6 ZPO die Rüge aller übrigen prozessualen Mängel nicht präkludiert werden kann. 11

Die Einwände gegen die Zuständigkeit des Schiedsgerichts sollten auch deswegen so früh wie möglich geltend gemacht werden, damit das Schiedsgericht oder ggf. der Gerichtshof das betreffende Vorbringen bei der **Entscheidung** über die Fortsetzung des Schiedsverfahrens nach Art. 6 Abs. 4 berücksichtigen kann. Werden insoweit bestehende bzw. gesetzte Fristen eingehalten, droht keine Präklusion; insofern besteht Spezialität ggü. § 1040 Abs. 2 ZPO (s. Art. 6 Rz. 67). 12

13 Im Übrigen ist auch § 1032 Abs. 2 ZPO zu beachten. Eine Schiedspartei kann danach bis zur Konstituierung des Schiedsgerichts vor einem **staatlichen Gericht** auf Feststellung der Zulässigkeit oder Unzulässigkeit eines Schiedsverfahrens klagen. Wartet eine Partei bis zu einem späteren Zeitpunkt mit ihren Einwänden gegen die Zuständigkeit des Schiedsgerichts, kann sie diese nur noch vor dem Schiedsgericht geltend machen.

2. Vortrag bei Zuständigkeitsrügen

14 Sofern der Beklagte die Rüge der Unzuständigkeit rechtzeitig erhebt, dürfte er sich in Deutschland **hilfsweise auch zur Sache einlassen** können, ohne im späteren Verfahren oder in einem eventuellen Aufhebungsverfahren präkludiert zu sein; in anderen Rechtsordnungen kann allerdings bereits die hilfsweise Einlassung zur Sache zu einer Präklusion der Zuständigkeitsrüge führen, so z.B. in der Schweiz. In jedem Fall ist jedoch darauf zu achten, dass die Rüge spezifisch die Unzuständigkeit des Schiedsgerichts betrifft. Rügen, die sich auf andere Mängel beziehen, wie etwa die mangelnde Passivlegitimation, können die Präklusion der Rüge der Unzuständigkeit nicht verhindern (OLG Koblenz v. 17.3.2011 – 2 Sch 11/10, NJOZ 2011, 1241).

15 **Vorsicht:** Wenn das Sekretariat einem Antrag auf Fristverlängerung stattgibt, geschieht das in der Regel nur für den Sachvortrag, jedoch nicht für Zuständigkeitsrügen. Für Letztere gibt es häufig eine separate, kürzere Frist.

16 Dem Beklagten kann die Rüge der Unzuständigkeit allerdings von vornherein nach dem Grundsatz von **Treu und Glauben** verwehrt sein, nämlich dann, wenn er sich vorprozessual auf die Schiedsvereinbarung berufen und dadurch die Schiedsklage veranlasst hat (BGH v. 2.4.1987 – III ZR 76/86, NJW-RR 87, 1194). Gleiches gilt, wenn der Beklagte in einem Verfahren vor einem staatlichen Gericht selbst die Schiedseinrede geltend gemacht hat (BGH v. 30.4.2009 – III ZB 91/07, NJW-RR 09, 1582).

17 **Vorsicht:** Wenn der Beklagte die Verlängerung der Stellungnahmefrist beantragen will, verlangt Art. 5 Abs. 2 zwingend Angaben zur Konstituierung des Schiedsgerichts (Vortrag zur Anzahl der Schiedsrichter, zu dem vom Kläger benannten Schiedsrichter und [bei einem Dreierschiedsgericht] Benennung des eigenen Parteischiedsrichters). In manchen Rechtsordnungen stellen diese Angaben jedoch bereits eine rügelose Einlassung dar (nicht in Deutschland, § 1040 Abs. 2 Satz 2 ZPO). In einer derartigen Rechtsordnung sollte der Beklagte, wenn eine Fristverlängerung unumgänglich ist, die nach Art. 5 Abs. 2 geforderten Angaben nur hilfsweise für den Fall machen, dass seine Zuständigkeitsrüge nicht erfolgreich ist.

V. Notwendiger Inhalt der Klageantwort

Im Wesentlichen sind die Bestimmungen für die Klageantwort identisch mit denen für die Schiedsklage (Art. 4 Abs. 3, s. Art. 4 Rz. 11 ff.). Ebenso wie dem Kläger wird dem Beklagten die Ausgestaltung seiner Stellungnahme größtenteils überlassen; es gibt keine Vorschriften zur Form oder zum Aufbau. Auch steht es dem Beklagten frei, die Klageantwort über das erforderliche Maß hinaus zu substantiieren und mit Beweismitteln zu versehen. Letzteres wird allerdings üblicherweise erst in späteren Schriftsätzen getan. 18

1. Vollständige Bezeichnung der Partei und des eigenen Prozessbevollmächtigten (Abs. 1 Buchst. a und b)

Der Beklagte muss Angaben (Name, Rechtsform, Kontaktdaten) zu sich selbst und seinem Prozessbevollmächtigten machen. Dabei sollte klargestellt werden, an welche Adresse zukünftige Zustellungen erfolgen sollen; wenn der Beklagte keine natürliche Person ist, sollten eine Kontaktperson und deren Daten genannt werden. Durch die Verpflichtung zur Nennung der eigenen Kontaktdaten kann sich der Beklagte später nur schwerlich darauf berufen, dass ihm wegen der Zustellung an eine falsche Adresse das rechtliche Gehör versagt wurde. Für den Beklagten ist es daher ratsam, die Angaben des Klägers sorgfältig zu prüfen und ggf. zu korrigieren. 19

2. Stellungnahme zur Schiedsklage (Abs. 1 Buchst. c und d)

Die Klagebeantwortung muss in jedem Fall einen Gegenantrag beinhalten (zu Anträgen im Rahmen einer Widerklage s. Rz. 40). Zudem ist zu empfehlen, einen Antrag auf Kostenerstattung zu stellen. Zwar soll nach Art. 37 Abs. 4 jede endgültige Entscheidung auch eine Entscheidung über die Kosten beinhalten, allerdings kann es in internationalen Verfahren vorkommen, dass das Schiedsgericht ohne einen entsprechenden Antrag keine Kostenerstattung zuspricht. 20

Im Hinblick auf den Detaillierungsgrad unterliegt der Beklagte keinem strengeren Maßstab als der Kläger im Rahmen der Schiedsklage. Folglich muss der Beklagte nicht Einzelheiten vortragen oder Beweis für sein Verteidigungsvorbringen anbieten. Er sollte jedoch auf die Behauptungen des Klägers eingehen, d.h. diese bestätigen oder bestreiten, und die Rechtsausführungen in der Klage kommentieren. 21

3. Angaben zum Schiedsverfahren (Abs. 1 Buchst. e und f)

22 Der Beklagte muss sich zunächst zur **Anzahl der Schiedsrichter** äußern. In der Schiedsklage sollte sich der Kläger bereits für einen Einzelschiedsrichter oder ein Dreierschiedsgericht entschieden haben. Dieser Ansicht kann der Beklagte nun beipflichten oder entgegentreten. Wenn die Schiedsklausel die Anzahl der Schiedsrichter nicht vorgibt und die Parteien keine Einigkeit darüber erzielen, trifft der Gerichtshof diese Entscheidung nach Art. 12.

23 Nach dem Wortlaut der ICC-SchO bestimmt sich die Anzahl der Schiedsrichter vorrangig nach der Schiedsklausel. Nur wenn die Schiedsklausel dazu schweigt, sind die Parteien berufen, zu dieser Frage Stellung zu nehmen. Tatsächlich ist das Verhältnis jedoch umgekehrt: die Parteien können sich stets auf eine Änderung der Schiedsklausel oder des Verfahrens **einigen**. In diesem Fall können sie auch die Vorgaben der Schiedsklausel zur Schiedsrichteranzahl nachträglich modifizieren. Nur wenn sie nicht zu einer Einigung im Schiedsverfahren finden, ist auf die Schiedsklausel zurückzugreifen oder, falls diese schweigt, die Entscheidung des Gerichtshofs herbeizuführen.

24 Haben die Parteien die Entscheidung durch einen **Einzelschiedsrichter** vereinbart und hat der Kläger bereits in seiner Schiedsklage einen personellen Vorschlag gemacht (obwohl Letzteres nicht üblich ist; s. Art. 4 Rz. 33), muss der Beklagte hierzu Stellung nehmen. Falls er den Vorschlag ablehnt, kann er einen Gegenvorschlag unterbreiten oder direkt die Ernennung durch den Gerichtshof beantragen. Wenn sich die Parteien nicht binnen 30 Tagen auf einen Schiedsrichter einigen können, übernimmt der Gerichtshof die Auswahl (Art. 12 Abs. 3, s. Art. 12 Rz. 17).

25 **Empfehlung:** Es empfiehlt sich, Verhandlungen über die konkrete personelle Besetzung des Schiedsgerichts in informellen Konsultationen der Parteivertreter zu führen.

26 Haben sich die Schiedsparteien dagegen für ein **Dreierschiedsgericht** entschieden, muss der Beklagte einen Parteischiedsrichter benennen. Eine ungeschriebene Ausnahme besteht lediglich für den Fall, dass es der Kläger versäumt hat, einen Parteischiedsrichter zu benennen. Dann kann der Beklagte abwarten, bis der Kläger seine Obliegenheit zur Schiedsrichterbenennung erfüllt hat. In allen anderen Fällen muss der Beklagte innerhalb der 30-tägigen Frist einen Schiedsrichter benennen. Anderenfalls wird der Parteischiedsrichter vom Gerichtshof bestimmt (Art. 12 Abs. 4).

Die Benennung eines Schiedsrichters ist für den Beklagten problematisch, wenn nicht klar ist, ob das Schiedsgericht aus **einem Einzelschiedsrichter oder einem Dreierschiedsgericht** besteht. Diese Situation kann eintreten, wenn – in Abwesenheit einer Regelung in der Schiedsvereinbarung – der Kläger ein Dreierschiedsgericht verlangt und der Beklagte einen Einzelschiedsrichter wünscht. 27

Empfehlung: In diesen Fällen ist dem Beklagten zu empfehlen, das Sekretariat auf die Situation hinzuweisen und zunächst um eine Festlegung der Schiedsrichteranzahl zu bitten.

Ferner muss der Beklagte zum **Schiedsort**, zum **anwendbaren Recht** und zur **Verfahrenssprache** Stellung nehmen. Hierfür unterliegt er denselben Regelungen wie der Kläger (Art. 4 Abs. 3 Buchst. h, s. Art. 4 Rz. 34 ff.). 28

VI. Einreichung der Klageantwort (Abs. 1, 2)

Der Beklagte muss die Klageantwort innerhalb von 30 Tagen dem Sekretariat zustellen; vorzugsweise sollte er die Klageantwort an das zuständige Referat (Art. 1 Rz. 23) adressieren, welches das Sekretariat in einem Begleitschreiben zur Schiedsklage genannt hat. Gleiches gilt für die hinzugezogene Partei nach Art. 7 Abs. 4 und den Gegner eines Anspruchs, der von einer anderen Schiedspartei als dem Kläger geltend gemacht wird, nach Art. 8 Abs. 3. Die Frist berechnet sich nach Art. 3 Abs. 3. Fristauslösendes Ereignis ist der Zugang der vom Sekretariat übermittelten Schiedsklage. Das Sekretariat legt hierbei üblicherweise das Datum der Zugangsbestätigung des Post- oder Kurierdienstes zugrunde. Falls der Beklagte Zweifel hinsichtlich des genauen Zugangsdatums hat, sollte er das Sekretariat kontaktieren. 29

Der Beklagte muss die Klageantwort in der in Art. 3 Abs. 1 genannten **Anzahl von Exemplaren** einreichen. Das bedeutet, dass er jeweils ein Exemplar für jede Partei des Schiedsverfahrens, für das Sekretariat und für jeden Schiedsrichter zur Verfügung stellen muss. Üblicherweise sendet der Beklagte an die Klägerseite die Antwort direkt. Sind schon Schiedsrichter bestätigt oder ernannt, sendet der Beklagte diesen die Antwort ebenfalls direkt ohne Umweg über das Sekretariat zu. In beiden Fällen ist aber – wie überhaupt für alle Verfahrenskommunikationen – eine Kopie an das Sekretariat zu senden (Art. 3 Abs. 1 Satz 2). 30

Der Beklagte kann eine **Fristverlängerung** beantragen. Hierfür sollte er angeben, welche weitere Frist er benötigt und warum diese Fristverlängerung notwendig ist. Übliche Gründe für eine Fristverlängerung sind 31 beispielsweise, dass der Umfang oder die Komplexität der Klage zusätzliche Zeit erfordern.

32 In der Regel gewährt das Sekretariat ohne weiteres Fristverlängerungen von 30 Tagen. Bei einer entsprechenden Begründung sind auch darüber hinausgehende Fristverlängerungen möglich, wobei hier regelmäßig die Gegenseite vom Sekretariat zur Stellungnahme eingeladen wird. Nach Art. 5 Abs. 2 ist **für jede Fristverlängerung erforderlich**, dass (i) der Fristverlängerungsantrag innerhalb der ursprünglichen 30-Tages-Frist gestellt wird und (ii) dass der Beklagte in dieser ersten 30-Tages-Frist alle Angaben zur Konstituierung des Schiedsgerichts gemacht hat. Letzteres bedeutet eine Stellungnahme zur Anzahl der Schiedsrichter sowie zu deren Auswahl (im Falle eines Einzelschiedsrichters bedeutet dies ggf. eine Stellungnahme zum Vorschlag des Klägers, im Falle eines Dreierschiedsgerichts bedeutet dies die Benennung eines Parteischiedsrichters). Auf diese Weise wird das Schiedsverfahren trotz der Fristverlängerung nicht aufgehalten, da die entsprechende Zeit zur Konstituierung des Schiedsgerichts genutzt wird.

33 Versäumt der Beklagte die 30-tägige Frist, droht ihm grundsätzlich **keine Präklusion**; er kann auch später ohne Einschränkungen Sachverhalt und Beweisangebote vortragen. Das gilt allerdings nicht zwingend für Zuständigkeitsrügen: Wenn der Beklagte sich dazu entschließt, am Schiedsverfahren teilzunehmen, kann er die Zuständigkeitsrüge in manchen Rechtsordnungen nur am Anfang des Schiedsverfahrens erheben (für das deutsche Recht s. § 1040 Abs. 2 ZPO, s. auch Rz. 5, 7). Zudem kann das Vorbringen des Beklagten zur Konstituierung des Schiedsgerichts, zum Schiedsort und zur Verfahrenssprache durch den Fortgang des Schiedsverfahrens überholt werden. Bei Nichteinreichung der Antwort kann Art. 6 Abs. 3 zum Tragen kommen.

34 Sobald das Sekretariat die Klageantwort in der richtigen Anzahl von Exemplaren erhält, wird es jeder Partei des Schiedsverfahrens jeweils ein Exemplar zuleiten (Art. 5 Abs. 4), sofern dies noch nicht direkt durch den Beklagten geschehen ist. Diese Weiterleitung hängt von keinen Voraussetzungen ab.

VII. Übermittlung der Klageantwort (Abs. 4)

35 Wenn der Beklagte die Klageantwort in der entsprechenden Anzahl an Exemplaren an das Sekretariat sendet, bestätigt dieses den Empfang und leitet die Klageantwort an alle anderen Parteien des Verfahrens weiter. Üblicherweise sendet der Beklagte die Klageantwort jedoch direkt an

den Kläger und ggf. den/die Schiedsrichter. In diesem Fall ist die Übermittlung durch das Sekretariat obsolet.

C. Widerklage (Abs. 5, 6)

I. Normzweck

Die Vorschriften zur Widerklage beabsichtigen in erster Linie eine **Verfahrenskonzentration**. Die Schiedsparteien sollen möglichst früh im Schiedsverfahren Angaben zur Art und zum Umfang des Verfahrensinhalts machen. Die klärungsbedürftigen Fragen sollen aus Gründen der Zweckmäßigkeit frühzeitig bekannt sein, damit sie bei der Schiedsrichterauswahl berücksichtigt werden können. Sie müssen spätestens bei Fertigstellung des Schiedsauftrags vorliegen. 36

II. Verhältnis zu § 1046 Abs. 3 ZPO

§ 1046 Abs. 3 ZPO verweist auf die allgemeinen Vorschriften für die Klage und Klagebeantwortung in § 1046 Abs. 1 und 2 ZPO. Die dort beschriebenen Anforderungen werden von den weitergehenden Anforderungen des ICC-SchO zur Klage und Klageerwiderung überlagert (s. Rz. 4) Gleiches gilt für die Widerklage. 37

III. Vergleich mit dem staatlichen Verfahren

Nach § 33 Abs. 1 ZPO kann eine Widerklage erhoben werden, wenn der damit geltend gemachte Anspruch mit dem Klageanspruch oder einem gegen ihn vorgebrachten Verteidigungsmittel in Zusammenhang steht. Dabei ist ein rechtlicher Zusammenhang erforderlich; ein bloß tatsächlicher oder wirtschaftlicher genügt nicht. Ist diese Voraussetzung nicht erfüllt und ergibt sich auch sonst keine Zuständigkeit des Gerichts für die Widerklage, erlässt das Gericht einen Hinweisbeschluss und gibt den Parteien die Gelegenheit, eine Verweisung zu beantragen. Macht keine Partei davon Gebrauch, wird die Widerklage nach § 281 ZPO als unzulässig abgewiesen. 38

IV. Inhalt und Einreichung der Widerklage

Die Vorschriften zum Inhalt der Widerklage sind identisch mit denen zur **Schiedsklage** (Art. 4 Abs. 3), selbstverständlich bis auf die schiedsverfahrensbezogenen Angaben, die der Kläger ohnehin schon machen musste. Im Allgemeinen gilt auch hier, dass der Widerkläger nur eine 39 summarische Zusammenfassung der anspruchsbegründenden Umstände mit einem Antrag geben muss. Dazu muss er Verträge, auf die er sich beruft, vorlegen und zur Schiedsvereinbarung Stellung nehmen. Im Übrigen gelten die obigen Ausführungen (s. Art. 4 Rz. 11 ff.). Aus Art. 23 Abs. 4 folgt im Umkehrschluss, dass – entgegen dem nicht ganz eindeutigen Wortlaut von Art. 5 Abs. 5 – eine Widerklage nicht zwingend binnen der Frist zur Klagebeantwortung erhoben werden muss, sondern bis zur Unterzeichnung bzw. Genehmigung des Schiedsauftrags möglich bleibt.

40 Auch der Widerkläger sollte grundsätzlich Unklarheiten oder Probleme im Zusammenhang mit der Schiedsvereinbarung zur Widerklageforderung proaktiv ansprechen, um Nachfragen seitens der ICC oder des Schiedsgerichts zu vermeiden.

V. Zulässigkeit der Widerklage

41 Das Schiedsgericht entscheidet über die Zulässigkeit der Widerklage. Bei einer Widerklageerhebung vor der Konstituierung des Schiedsgerichts ist bei entsprechenden Einwendungen auch eine vorläufige Prima-Facie-Entscheidung des Gerichtshofs nach Art. 6 Abs. 4 über die Zuständigkeit hinsichtlich der Widerklage möglich. Dabei überprüft das Schiedsgericht bzw. der Gerichtshof in der Regel nur die allgemeinen **Zulässigkeitsvoraussetzungen** einer Schiedsklage. Darüber hinaus stellt die ICC-SchO keine besonderen Zulässigkeitsvoraussetzungen für Widerklagen auf. Ein rechtlicher Zusammenhang wie nach § 33 Abs. 1 ZPO wird nicht gefordert.

42 Als wesentliche Zulässigkeitsvoraussetzung muss das Schiedsgericht die Kompetenz haben, über die Widerklageforderung zu entscheiden. Dazu ist in erster Linie erforderlich, dass auch die Widerklageforderung unter eine **Schiedsvereinbarung** fällt; dabei muss es sich nicht um dieselbe Schiedsvereinbarung, nicht einmal um denselben Vertrag handeln, auf die bzw. den sich die Schiedsklage stützt. Ist das nicht der Fall, muss das Schiedsgericht die Widerklage als unzulässig zurückweisen.

43 Ferner muss die Schiedsvereinbarung, der die Widerklageforderung unterfällt, mit der **Schiedsvereinbarung** der Hauptklageforderung **vereinbar** sein (s. hierzu Art. 6 Rz. 126).

VI. Drittwiderklage

Die Drittwiderklage bietet den **Vorteil**, dass widersprüchliche Entscheidungen vermieden werden. Zudem profitiert der Beklagte bei einem einheitlichen Verfahren von den degressiven Kosten- bzw. Honorartabellen für die Institution bzw. die Schiedsrichter. 44

Die ICC-SchO behandelt die Voraussetzungen der Drittwiderklage in **Art. 7** (s. hierzu Art. 7 Rz. 1 ff.). 45

Einen besonderen Fall der Drittwiderklage stellen sogenannte **Cross-Claims** dar. Diese Verfahrenskonstellation liegt vor, wenn ein Beklagter eine Klage gegen einen Mitbeklagten erhebt. Die ICC-SchO behandelt derartige Fälle unter Art. 8 (s. hierzu Art. 8 Rz. 9 ff.). 46

VII. Antwort auf die Widerklage

Der Kläger hat **30 Tage** Zeit, um auf die Widerklage zu antworten. Der Begriff „counterclaim" der englischen Fassung der ICC-SchO umfasst das Verteidigungsmittel der Aufrechnung (s. dazu Rz. 52). Folglich muss der Kläger auch auf entsprechenden Vortrag des Beklagten eingehen. 47

Die Berechnung der 30-tägigen **Frist** richtet sich nach Art. 3 Abs. 4. Das Sekretariat kann die Frist für die Antwort auf die Widerklage verlängern, vorausgesetzt, die Akten sind noch nicht an das Schiedsgericht übermittelt worden. Anderenfalls ist das Schiedsgericht um eine Fristverlängerung zu ersuchen. Die Nichtbeachtung der Frist hat in der Regel keine Konsequenzen. Eine Präklusion kommt vor der Konstituierung des Schiedsgerichts üblicherweise nicht in Betracht (s. Art. 23 Abs. 4). 48

VIII. Mögliche Einwendungen gegen die Zulässigkeit der Widerklage

Die ICC-SchO stellt **keine besonderen Zulässigkeitsvoraussetzungen** für die Widerklage auf. Ein rechtlicher Zusammenhang wie nach § 33 Abs. 1 ZPO wird nicht gefordert. Begriffsnotwendig muss nur die Hauptschiedsklage noch anhängig sein. Deshalb können sich Einwendungen gegen die Zulässigkeit der Widerklage in der Regel nur auf die allgemeinen Zulässigkeitsvoraussetzungen einer Schiedsklage beziehen, d.h. insbesondere auf die wirksame ICC-Schiedsklausel. 49

IX. Kosten

50 Eine Registrierungsgebühr fällt nicht an. S. im Übrigen Art. 36 Rz. 23 f., Art. 37 Rz. 17, 24.

D. Aufrechnung

I. Verhältnis zu § 1046 Abs. 3 ZPO

51 Die ICC-SchO sieht keine besondere Regelung für die Aufrechnung vor. Daher gilt § 1046 Abs. 3 ZPO. Diese Norm regelt nach ihrem Wortlaut die Widerklage, erfasst allerdings auch die Aufrechnung. Denn das UNCITRAL-Modellgesetz, das § 1046 Abs. 3 ZPO zugrunde liegt, verwendet an dieser Stelle den Begriff „counterclaim", der sowohl die Widerklage als auch die Aufrechnung erfasst. Auch wenn der ZPO-Gesetzestext diesen Umstand nicht berücksichtigt, ist allgemein anerkannt, dass § 1046 Abs. 3 ZPO auch auf die Aufrechnung Anwendung findet.

II. Vergleich mit dem staatlichen Verfahren

52 Die Aufrechnung besitzt eine **Doppelnatur**, sie ist materiellrechtliche Erklärung und Prozesshandlung zugleich. Als Prozesshandlung gilt sie als Verteidigungsmittel i.S.d. §§ 146, 277, 296 und 530 ZPO. Will der Beklagte die Aufrechnung mit der Klageforderung im Prozess erklären, muss er die Anforderungen des § 253 Abs. 2 ZPO entsprechend erfüllen.

53 Da es sich nicht um eine (Wider-)Klage, sondern nur ein **Verteidigungsmittel** handelt, kann das für die Klage zuständige Gericht über die Aufrechnung rechtskräftig entscheiden, auch wenn es nicht sachlich oder örtlich zuständig ist. Gleiches gilt wohl auch für die internationale Zuständigkeit (str.). Wenn für die Gegenforderung allerdings eine Schiedsvereinbarung besteht, dürfen staatliche Gerichte nach allgemeiner Auffassung nicht über die Aufrechnung entscheiden (BGH v. 29.7.2009 – III ZB 48/09, NJOZ 2010, 2383, st. Rspr. seit BGH v. 22.11.1962 – VII ZR 264/61, NJW 1963, 243). Als Verteidigungsmittel kann die Aufrechnung auch wegen Verspätung zurückgewiesen werden.

III. Anwendbares Recht

54 Die Aufrechnung beurteilt sich unter Umständen nach **verschiedenen Rechtsordnungen**. Für die Frage, ob die betreffende Forderung besteht, ist auf das Recht abzustellen, das nach den Regeln des internationalen Privatrechts Anwendung findet (meist das Recht des Entstehungsortes).

Für die materiellrechtliche Wirksamkeit der Aufrechnung ist dagegen auf das Recht abzustellen, dem die Hauptforderung unterliegt (Art. 17 Rom-I-VO). Ist deutsches Recht insofern anwendbar, müssen also die Voraussetzungen der §§ 387 ff. BGB erfüllt sein. Zum jeweils anwendbaren Recht s. Art. 21 Rz. 13 ff.

Ob die Aufrechnung verfahrensrechtlich zulässig ist, bestimmt sich dagegen nach dem anzuwendenden **Verfahrensrecht**, meist also nach dem Recht des Schiedsortes. 55

IV. Notwendigkeit einer Schiedsvereinbarung für die Gegenforderung

Unabhängig von den eventuellen weiteren Voraussetzungen der prozessualen Zulässigkeit der Aufrechnung muss auf jeden Fall für die Gegenforderung, mit der aufgerechnet wird, eine **mit der für die Hauptforderung geltenden Schiedsvereinbarung** kompatible Schiedsvereinbarung gelten (s. Rz. 44). Anderenfalls ist die Aufrechnung ausgeschlossen. 56

Verschiedentlich wird auch ohne entsprechende Schiedsvereinbarung von der Zulässigkeit der Aufrechnung ausgegangen, solange die andere Partei der Aufrechnung nicht widerspricht. Der Mangel an Widerspruch wird in diesem Fall als **stillschweigender Abschluss** einer Schiedsvereinbarung oder als eine rügelose Einlassung gewertet. Spätestens mit der Rüge des Klägers hat das Schiedsgericht jedoch keine Befugnis mehr, über die Gegenforderung oder die Aufrechnung zu entscheiden, wenn eine entsprechende Schiedsabrede fehlt. 57

Zudem steht das Fehlen einer Schiedsabrede der Aufrechnung nur entgegen, solange die Gegenforderung noch streitig ist. Ist sie dagegen entweder **unstreitig** oder schon **rechtskräftig** festgestellt, kann das Schiedsgericht über die Aufrechnung entscheiden (BGH v. 29.7.2010 – III ZB 48/09, SchiedsVZ 2010, 275; s. auch KG v. 1.11.2006 – 26 U 28/06, SchiedsVZ 2008, 94. 58

Empfehlung: Wenn der Beklagte die Aufrechnung mangels entsprechender Schiedsabrede nicht in dem Schiedsverfahren geltend machen kann, bleibt ihm in Anlehnung an § 767 Abs. 2 ZPO immer noch die Möglichkeit, die Aufrechnung **im staatlichen Verfahren der Vollstreckbarerklärung** zu erklären. Das ist dem Beklagten allerdings verwehrt, wenn die zur Aufrechnung gestellte Gegenforderung ihrerseits einer Schiedsvereinbarung unterfällt. Ausnahmsweise ist die Aufrechnung im staatlichen Verfahren der Vollstreckbarerklärung trotz Schiedsvereinbarung für die Gegenforderung möglich, wenn diese unstreitig oder dazu ein Schiedsspruch bereits ergangen ist (einer Vollstreckbarerklärung dieses Schiedsspruches über die Gegenforderung bedarf es zur Aufrechnung nicht). Allerdings kann mit einer Forderung trotz eines dazu ergangenen Schiedsspruchs nicht im 59 staatlichen Verfahren aufgerechnet werden, wenn diese Forderung nach dem Schiedsspruch abgetreten wurde und die Wirksamkeit der Abtretung im Streit steht; in diesem Fall obliegt es dem Schiedsgericht, zunächst über die Wirksamkeit der Abtretung zu entscheiden.

V. Prozessuale Behandlung

60 Eine Aufrechnung muss grundsätzlich mit der Klageantwort eingereicht werden, da es sich um einen „Counterclaim" i.S.d. autoritativen englischen Sprachfassung von Art. 5 Abs. 5 handelt (der deutsche Wortlaut – „Widerklage" – ist zu eng). Aus Art. 23 Abs. 4 folgt aber, dass die Einreichung auch in einem gesonderten Schriftsatz bis zur Unterzeichnung bzw. Genehmigung des Schiedsauftrags möglich bleibt.

VI. Kosten

61 zu den Kosten s. Rz. 51 sowie Art. 36 Rz. 37.

Anhang 1:

62 **Checkliste für den Inhalt der Klageerwiderung**

Rubrum
☐ Kontrolle der Bezeichnung und Adressen
☐ Bezeichnung des eigenen Prozessvertreters: Name, Kontaktdaten

Anträge
☐ Sachantrag (regelmäßig Klageabweisung)
☐ Kostenantrag

Ggf. Rüge der mangelnden Kompetenz des Schiedsgerichts
☐ Stellungnahme zur klägerischen Darstellung der Schiedsvereinbarung inklusive rechtlicher Ausführungen
☐ Ausdrückliche Rüge bzw. Hinweis, dass weiterer Vortrag nur hilfsweise gemacht wird

Vortrag zum Sachverhalt
☐ Beschreibung der Parteien: Geschäftsfeld, Historie, Bedeutung
☐ Korrektur/Schilderung des Sachverhalts
☐ Vorlage noch nicht ins Verfahren eingeführter Vereinbarungen zwischen den Parteien

Rechtliche Ausführungen
☐ Stellungnahme zum anwendbaren Recht
☐ Stellungnahme zur Anspruchsgrundlage

Angaben zum Schiedsverfahren
☐ Stellungnahme zum Streitwert
☐ Stellungnahme zum Schiedsort und zur Verfahrenssprache
☐ Stellungnahme zur Anzahl der Schiedsrichter
☐ Falls Dreierschiedsgericht: Benennung des eigenen Parteischiedsrichters
☐ Ggf. und wenn noch nicht geschehen, Stellungnahme zum Benennungsprocedere des Vorsitzenden

Widerklage
☐ Sachantrag
☐ Ggf. Zinsantrag
☐ Anspruchsbegründende Tatsachen
☐ Darstellung der Schiedsvereinbarung, unter die die Widerklage fällt

Sonstiges
☐ Einreichung beim Sekretariat sowie direkte Zustellung an Kläger und schon bestätigte Schiedsrichter
☐ Einreichung in der erforderlichen Anzahl von Exemplaren

Anhang 2:
Schaubild zur zeitlichen Abfolge der Stellungnahmen

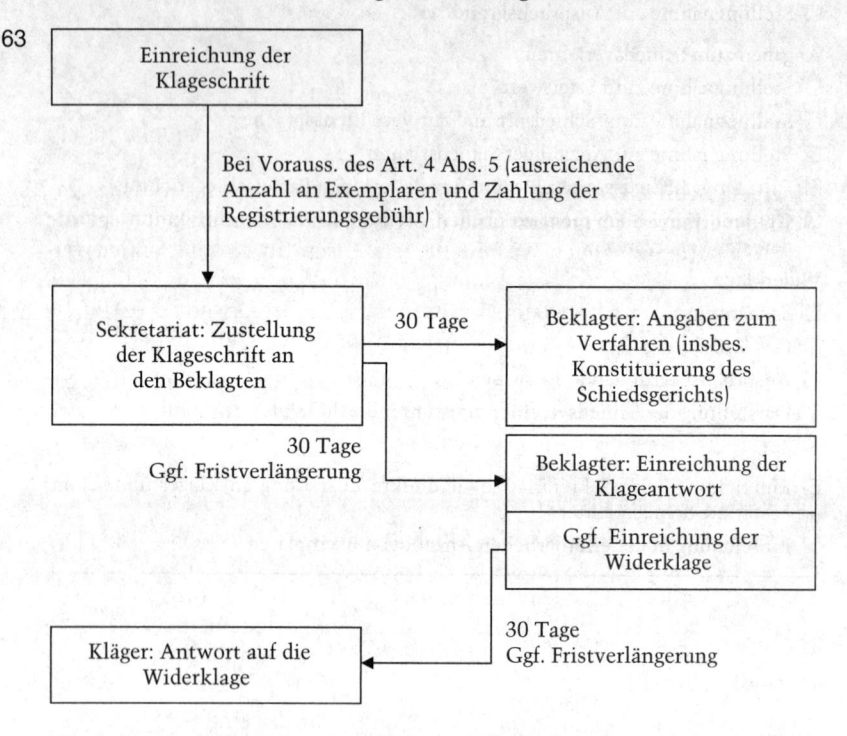

63

```
┌─────────────────────┐
│   Einreichung der   │
│     Klageschrift    │
└─────────────────────┘
           │
           │ Bei Vorauss. des Art. 4 Abs. 5 (ausreichende
           │ Anzahl an Exemplaren und Zahlung der
           │ Registrierungsgebühr)
           ▼
┌─────────────────────┐   30 Tage   ┌─────────────────────┐
│ Sekretariat: Zustellung │─────────▶│ Beklagter: Angaben zum │
│   der Klageschrift an   │          │   Verfahren (insbes.   │
│     den Beklagten       │          │  Konstituierung des    │
└─────────────────────┘              │    Schiedsgerichts)    │
                                     └─────────────────────┘
         30 Tage
     Ggf. Fristverlängerung          ┌─────────────────────┐
                                     │ Beklagter: Einreichung der │
                                     │      Klageantwort          │
                                     ├─────────────────────┤
                                     │  Ggf. Einreichung der      │
                                     │       Widerklage           │
                                     └─────────────────────┘

┌─────────────────────┐              30 Tage
│ Kläger: Antwort auf die │◀─────   Ggf. Fristverlängerung
│      Widerklage         │
└─────────────────────┘
```

Hinweis: Ein Mustertext (deutsch/englisch) für eine Klageantwort mit Widerklage und Einbeziehungsantrag ist bei Art. 7 Rz. 54 ff. abgedruckt.

Artikel 6: Wirkung der Schiedsvereinbarung

(1) Mit der Vereinbarung, das Schiedsverfahren gemäß der Schiedsgerichtsordnung durchzuführen, vereinbaren die Parteien ihre Unterwerfung unter die bei Beginn des Schiedsverfahrens gültige Schiedsgerichtsordnung, es sei denn, sie haben die Anwendbarkeit der zum Zeitpunkt des Abschlusses der Schiedsvereinbarung gültigen Schiedsgerichtsordnung vereinbart.

(2) Mit der Vereinbarung eines Schiedsverfahrens gemäß der Schiedsgerichtsordnung haben die Parteien anerkannt, dass das Schiedsverfahren vom Gerichtshof verwaltet wird.

(3) Wenn eine Partei, gegen die Ansprüche geltend gemacht wurden, keine Antwort einreicht, oder wenn sie eine oder mehrere Einwendungen in Bezug auf Bestehen, Gültigkeit oder Anwendungsbereich der Schiedsvereinbarung oder in Bezug auf die Frage geltend macht, ob alle in dem Schiedsverfahren geltend gemachten Ansprüche gemeinsam in einem einzigen Schiedsverfahren entschieden werden können, so wird das Schiedsverfahren fortgesetzt und die Frage der Zuständigkeit oder die Frage, ob alle erhobenen Ansprüche gemeinsam in diesem Schiedsverfahren entschieden werden können, unmittelbar von dem Schiedsgericht entschieden, es sei denn, der Generalsekretär verweist die Angelegenheit zur Entscheidung gemäß Artikel 6(4) an den Gerichtshof.

(4) In allen nach Artikel 6(3) an den Gerichtshof verwiesenen Fällen hat der Gerichtshof zu entscheiden, ob und in welchem Ausmaß das Schiedsverfahren fortgesetzt wird. Das Schiedsverfahren wird fortgesetzt, sofern und soweit der Gerichtshof aufgrund des ersten Anscheins überzeugt ist, dass eine ICC-Schiedsvereinbarung bestehen könnte. Insbesondere:

(i) wenn mehr als zwei Parteien an dem Schiedsverfahren beteiligt sind, so wird das Schiedsverfahren zwischen denjenigen Parteien und gemäß Artikel 7 einbezogenen zusätzlichen Parteien fortgeführt, von denen der Gerichtshof aufgrund des ersten Anscheins überzeugt ist, dass eine für sie verbindliche ICC-Schiedsvereinbarung bestehen könnte; und

(ii) wenn Ansprüche gemäß Artikel 9 auf mehr als eine Schiedsvereinbarung gestützt werden, so wird das Schiedsverfahren hinsichtlich der Ansprüche fortgesetzt, bezüglich derer der Gerichtshof aufgrund des ersten Anscheins überzeugt ist, (a) dass die Schiedsvereinbarungen, auf die die Ansprüche gestützt werden, miteinander vereinbar sein könnten und, (b) dass alle Parteien des Schiedsverfahrens vereinbart haben könnten, dass die Ansprüche gemeinsam im Rahmen eines einzigen Schiedsverfahrens entschieden werden können.

Die Entscheidung des Gerichtshofs gemäß Artikel 6(4) lässt die Entscheidung über die Zulässigkeit und Begründetheit der Anträge der Parteien unberührt.

(5) In allen vom Gerichtshof nach Artikel 6(4) entschiedenen Angelegenheiten entscheidet das Schiedsgericht anschließend selbst über seine Zuständigkeit, mit Ausnahme der Fälle, in denen der Gerichtshof hin-

sichtlich einzelner Parteien oder Ansprüche entschieden hat, dass das Schiedsverfahren nicht fortgesetzt werden kann.

(6) Wenn die Parteien von der Entscheidung des Gerichtshofs gemäß Artikel 6(4) unterrichtet werden, dass das Schiedsverfahren bezüglich einiger oder aller Parteien nicht stattfinden kann, behält jede Partei das Recht, ein zuständiges Gericht hinsichtlich der Frage anzurufen, ob und bezüglich welcher Parteien eine verbindliche Schiedsvereinbarung besteht.

(7) Wenn der Gerichtshof gemäß Artikel 6(4) entschieden hat, dass das Schiedsverfahren hinsichtlich bestimmter Ansprüche nicht stattfinden kann, hindert eine solche Entscheidung die Parteien nicht daran, dieselben Ansprüche zu einem späteren Zeitpunkt in anderen Verfahren geltend zu machen.

(8) Weigert sich oder unterlässt es eine Partei, am Schiedsverfahren oder einem Teil desselben teilzunehmen, ist dieses trotz ihrer Weigerung oder Unterlassung fortzusetzen.

(9) Vorbehaltlich anderweitiger Vereinbarung hat die Behauptung, der Vertrag sei nichtig oder bestehe nicht, nicht die Unzuständigkeit des Schiedsgerichts zur Folge, sofern dieses die Gültigkeit der Schiedsvereinbarung feststellt. Das Schiedsgericht bleibt auch dann befugt, über die Rechtsbeziehungen der Parteien und ihre Anträge und Ansprüche zu entscheiden, wenn der Vertrag im Übrigen nicht bestehen oder unwirksam sein sollte.

Article 6: Effect of the Arbitration Agreement

(1) Where the parties have agreed to submit to arbitration under the Rules, they shall be deemed to have submitted ipso facto to the Rules in effect on the date of commencement of the arbitration, unless they have agreed to submit to the Rules in effect on the date of their arbitration agreement.

(2) By agreeing to arbitration under the Rules, the parties have accepted that the arbitration shall be administered by the Court.

(3) If any party against which a claim has been made does not submit an answer, or raises one or more pleas concerning the existence, validity or scope of the arbitration agreement or concerning whether all of the claims made in the arbitration may be determined together in a single arbitration, the arbitration shall proceed and any question of jurisdiction or of whether the claims may be determined together in that arbitration

shall be decided directly by the arbitral tribunal, unless the Secretary General refers the matter to the Court for its decision pursuant to Article 6(4).

(4) In all cases referred to the Court under Article 6(3), the Court shall decide whether and to what extend the arbitration shall proceed. The arbitration shall proceed if and to the extent that the Court is prima facie satisfied that the arbitration agreement under the Rules may exist. In particular:

(i) where there are more than two parties to the arbitration, the arbitration shall proceed between those of the parties, including any additional parties joined pursuant to Article 7, with respect to which the Court is prima facie satisfied that an arbitration agreement under the Rules that binds them all may exist; and

(ii) where claims pursuant to Article 9 are made under more than one arbitration agreement, the arbitration shall proceed as to those claims with respect to which the Court is prima facie satisfied (a) that the arbitration agreements under which those claims are made may be compatible, and (b) that all parties to the arbitration may have agreed that those claims can be determined together in a single arbitration.

The Court's decision pursuant to Article 6(4) is without prejudice to the admissibility or merits of any party's plea or pleas.

(5) In all matters decided by the Court under Article 6(4), any decision as to the jurisdiction of the arbitral tribunal, except as to the parties or claims with respect to which the Court decides that the arbitration cannot proceed, shall then be taken by the arbitral tribunal itself.

(6) Where the parties are notified of the Court's decision pursuant to Article 6(4) that the arbitration cannot proceed in respect of some or all of them, any party retains the right to ask any court having jurisdiction whether or not, and in respect of which of them, there is a binding arbitration agreement.

(7) Where the Court has decided pursuant to Article 6(4) that the arbitration cannot proceed in respect of any of the claims, such decision shall not prevent a party from reintroducing the same claim at a later date in other proceedings.

(8) If any of the parties refuses or fails to take part in the arbitration or any stage thereof, the arbitration shall proceed notwithstanding such refusal or failure.

(9) Unless otherwise agreed, the arbitral tribunal shall not cease to have jurisdiction by reason of any allegation that the contract is non-existent or null and void, provided that the arbitral tribunal upholds the validity of the arbitration agreement. The arbitral tribunal shall continue to have jurisdiction to determine the parties' respective rights and to decide their claims and pleas even though the contract itself may be non-existent or null and void.

Regelungsschwerpunkte: Abs. 1 Unterwerfung unter die ICC-SchO. Maßgeblicher Zeitpunkt ist Beginn des Schiedsverfahrens. Ausnahme: Zeitpunkt des Abschlusses vereinbart. → Rz. 42–44; **Abs. 2** Anerkennung der Verwaltung des Verfahrens durch den Gerichtshof. → Rz. 53–57; **Abs. 3** Keine Antwort oder Einwendungen gegen die Zuständigkeit des Schiedsgerichts. Grundsatz: Schiedsgericht entscheidet selbst (Kompetenz-Kompetenz). Einschränkung: Generalsekretär verweist zunächst an Gerichtshof. → Rz. 93–100, 198; **Abs. 4–7** Rechtsfolgen der Verweisung nach Abs. 3: Entscheidung des Gerichtshofs aufgrund des ersten Anscheins. → Rz. 101–162, 198; **Abs. 5** Bei Fortsetzung des Schiedsverfahrens anschließende Entscheidung durch das Schiedsgericht. → Rz. 152–156, 198; **Abs. 6–7** Vorbehalt des Rechts, zuständiges Gericht anzurufen oder anderes Schiedsverfahren einzuleiten. → Rz. 156–160; **Abs. 8** Fortsetzung des Schiedsverfahrens trotz Säumnis. → Rz. 163–181; **Abs. 9** Eigen- und Selbständigkeit der Schiedsvereinbarung (Grundsatz der „separability"). → Rz. 182–192

Kostenaspekte: Zuständigkeitseinwendungen können zu Mehrkosten und Verzögerungen führen. → Rz. 152 f.

Inhalt

A. Unterwerfung unter die ICC-SchO 2012 (Abs. 1) 1	b) Parteien der Schiedsvereinbarung 10
I. Normzweck 1	c) Zustandekommen der Schiedsvereinbarung ... 17
II. Reform 2	d) Objektive Reichweite der Schiedsvereinbarung/Schiedsfähigkeit .. 24
III. Vergleich mit den im staatlichen Verfahren geltenden Vorschriften 3	
IV. Tatbestandsvoraussetzungen . 4	2. Schiedsverfahren gemäß der ICC-SchO 37
1. Schiedsvereinbarung 5	V. Rechtsfolgen 41
a) Form der Schiedsvereinbarung 7	

- B. Anerkennung der Verwaltung des Schiedsverfahrens durch den Gerichtshof (Abs. 2) 47
  - I. Normzweck 47
  - II. Reform 49
  - III. Vergleich mit den im staatlichen Verfahren geltenden Vorschriften 50
  - IV. Vereinbarung eines Schiedsverfahrens gemäß der Schiedsgerichtsordnung 51
  - V. Rechtsfolgen 52
    1. Anerkennung des Gerichtshofs als Verwaltungsorgan 53
    2. Verwaltung durch den Gerichtshof 56
- C. Nichteinreichung der Antwort oder Geltendmachung von Einwendungen (Abs. 3) .. 58
  - I. Normzweck 58
  - II. Reform 62
  - III. Verhältnis zu §§ 1040 und 1048 ZPO 66
  - IV. Vergleich mit den im staatlichen Verfahren geltenden Vorschriften 71
  - V. Tatbestandsvoraussetzungen . 73
    1. Anspruchserhebung 73
    2. Nichteinreichung der Antwort (Var. 1) 74
    3. Einwendungen in Bezug auf Bestehen, Gültigkeit oder Anwendungsbereich der Schiedsvereinbarung (Var. 2) 81
    4. Einwendungen in Bezug auf die Frage, ob alle geltend gemachten Ansprüche zusammen in einem Schiedsverfahren entschieden werden können (Var. 3) 88
  - VI. Rechtsfolgen 90
    1. Grundsatz: Fortsetzung des Schiedsverfahrens und unmittelbare Entscheidung durch das Schiedsgericht 93
    2. Ausnahme: Verweisung durch den Generalsekretär an den Gerichtshof 98
- D. Entscheidung des Gerichtshofs aufgrund des ersten Anscheins (Abs. 4–7) 101
  - I. Normzweck 101
  - II. Reform 104
  - III. Verhältnis zu § 1040 ZPO.... 106
  - IV. Vergleich mit den im staatlichen Verfahren geltenden Vorschriften 107
  - V. Entscheidung des Gerichtshofs (Abs. 4 Satz 1) 108
    1. Allgemeine Tatbestandsvoraussetzung: *Prima-Facie*-Prüfung (Abs. 4 Satz 2) 110
    2. Besondere Tatbestandsvoraussetzungen bei Mehrparteienverfahren (Abs. 4 Satz 3 (i)) 116
    3. Besondere Tatbestandsvoraussetzungen bei mehreren Schiedsvereinbarungen (Abs. 4 Satz 3 (ii)) 122
        a) Stützen von Ansprüchen auf mehr als eine Schiedsvereinbarung ... 122
        b) Schiedsvereinbarungen, auf die die Ansprüche gestützt werden, können miteinander vereinbar sein (Abs. 4 Satz 3 (ii) Buchst. a) 126
        c) Mögliche Vereinbarung, dass die Ansprüche gemeinsam im Rahmen eines einzigen Schiedsverfahrens entschieden werden können (Abs. 4 Satz 3 (ii) Buchst. b) 135
    4. Besondere Tatbestandsmerkmale bei Mehrparteienfällen und mehreren Schiedsvereinbarungen (Abs. 4 Satz 3 (i) und (ii)) ... 146

5. Rechtsfolgen bei positiver Prima-Facie-Entscheidung des Gerichtshofs (Art. 6 Abs. 4, 5) 147
   a) Fortsetzung des Schiedsverfahrens gemäß Art. 6 Abs. 4 147
   b) Entscheidung über Zulässigkeit und Begründetheit bleibt unberührt (Abs. 4 Satz 4).... 150
   c) Anschließende Entscheidung des Schiedsgerichts bei positiver Entscheidung des Gerichtshofs (Abs. 5) 151
6. Rechtsfolgen bei negativer Prima-Facie-Entscheidung des Gerichtshofs (Abs. 6, 7)...................... 156
   a) Vorbehalt des Rechts der Parteien, das zuständige Gericht anzurufen (Abs. 6) 156
   b) Geltendmachung von Ansprüchen zu einem späteren Zeitpunkt in anderen Verfahren (Abs. 7) 158
7. Kosten 161

E. Weigerung oder Unterlassung, am Schiedsverfahren teilzunehmen (Abs. 8)....... 163
   I. Normzweck 163
   II. Reform 164
   III. Verhältnis zu § 1048 ZPO.... 165
   IV. Vergleich mit den im staatlichen Verfahren geltenden Vorschriften 167
   V. Tatbestandsvoraussetzungen . 168
      1. Parteien 168
      2. Weigerung oder Unterlassung, am Schiedsverfahren oder einem Teil davon teilzunehmen 171
   VI. Rechtsfolgen.............. 177

F. Gültigkeit der Schiedsvereinbarung trotz Behauptung der Nichtigkeit und des Nichtbestehens des Vertrages (Abs. 9).................... 182
   I. Normzweck 182
   II. Reform 185
   III. Verhältnis zu § 1040 Abs. 1 und 2 ZPO................ 186
   IV. Vergleich mit den im staatlichen Verfahren geltenden Vorschriften 187
   V. Tatbestand 188
   VI. Rechtsfolgen.............. 191

G. Abweichende Parteivereinbarungen.................. 193

Anhang 1: Schaubild für Mehrparteien- und Mehrvertragsfälle 198

Literatur: *Benglia*, Inaccurate Reference to the ICC, ICC Court Bulletin, Vol. 7 No. 2 (1996), S. 11 ff.; *Böckstiegel/Kröll/Nacimiento*, Arbitration in Germany, The Model Law in Practice (2007); *Born*, International Commercial Arbitration (2009); *Bühler/von Schlabrendorff*, 10 Jahre ICC-Schiedsordnung 1998. Ein Blick zurück, zwei Blicke nach vorne ..., SchiedsVZ 2009, S. 26 ff.; *Derains/Schwartz*, A Guide to the ICC Rules of Arbitration (2. Aufl. 2005); *Dimolitsa*, Issues Concerning the Existence, Validity and Effectiveness of the Arbitration Agreement, ICC, Vol. 7 No. 2 (1996), S. 14 ff.; *Greenberg/Feris/Albanesi*, Consolidation, Joinder, Cross-Claims, Multiparty and Multicontract Arbitrations: Recent ICC-Experience, Dossier of the ICC Institute of World Business Law: Multiparty Arbitration (2010), S. 161 ff.; *Greenberg/Mange*, Institutional and *Ad Hoc* Perspectives on the Temporal Conflict of Arbitral Rules, Journal of International Arbitration, Vol. 27 Issue 2 (2010), S. 199 ff.; *Grierson/van Hooft*, Arbitrating under the 2012 ICC

Rules (2012); *Kreindler/Schäfer/Wolff*, Schiedsgerichtsbarkeit Kompendium für die Praxis (2006); *Mourre*, Chapter 1: Arbitrability of Antitrust Law from the European and US Perspectives, in: Blanke/Landolt, EU and US Antitrust Arbitration: A Handbook for Practitioners (2011); *Quinke*, Säumnis in Schiedsverfahren, SchiedsVZ 2013, S. 129 ff.; *Schütze*, Schiedsgericht und Schiedsverfahren (2012); *Sessler/Voser*, Die revidierte ICC-Schiedsgerichtsordnung – Schwerpunkte, SchiedsVZ 2012, S. 120 ff.; *Voser*, Overview of the Most Important Changes in the Revised ICC Arbitration Rules, ASA Bulletin, Vol. 29 No. 4 (2011), S. 783 ff.

A. Unterwerfung unter die ICC-SchO 2012 (Abs. 1)

I. Normzweck

Art. 6 Abs. 1 dient der Festlegung des zeitlichen Anwendungsbereichs der ICC-SchO 2012. Auf alle Schiedsverfahren, die ab dem 1.1.2012 begonnen wurden, findet die ICC-SchO 2012 Anwendung, es sei denn, die Parteien haben die Anwendung der zum Zeitpunkt des Abschlusses der Schiedsvereinbarung gültigen Fassung der ICC-SchO ausdrücklich vereinbart. Daraus folgt, dass der Gerichtshof in der Lage ist, Schiedsverfahren auch unter den vorherigen Fassungen der ICC-SchO zu verwalten. 1

II. Reform

Der früher in Art. 6 Abs. 1 ICC-SchO 1998 geregelte Grundsatz der Anwendbarkeit der ICC-SchO hat durch die Reform keine inhaltliche Änderung erfahren. Der Wortlaut des Art. 6 Abs. 1 ICC-SchO 1998 ist nur minimal modifiziert worden. 2

III. Vergleich mit den im staatlichen Verfahren geltenden Vorschriften

Die Vorschrift des Art. 6 Abs. 1 kann mit dem allgemeingültigen Rechtsgrundsatz verglichen werden, dass Änderungen des Prozessgesetzes *ex nunc* wirken (BVerfG v. 7.7.1992 – 2 BvR 1631/90, NJW 1993, 1123 [1124]; BVerwG v. 25.2.2005 – 6 PB 9.04, NJW 2005, 1449). Ferner liegt ein Vergleich mit § 33 Abs. 1 EGZPO nah, der vorsieht, dass die Wirksamkeit von Schiedsvereinbarungen, die vor dem Inkrafttreten des neuen Schiedsverfahrensrechts vom 22.12.1997 am 1.1.1999 geschlossen worden sind, sich nach dem bis zu diesem Zeitpunkt geltenden Recht beurteilen. 3

IV. Tatbestandsvoraussetzungen

4 Zur Festlegung des zeitlichen Anwendungsbereichs der ICC-SchO ist eine Schiedsvereinbarung erforderlich, ein Schiedsverfahren nach der ICC-SchO durchzuführen.

1. Schiedsvereinbarung

5 Die Schiedsvereinbarung kann die Form einer **Schiedsabrede** oder einer **Schiedsklausel** annehmen. Die von der ICC formulierte Standardklausel hat den häufigeren Fall der Schiedsvereinbarung als Teil eines Vertrages vor Augen.

6 Beim auf die Schiedsvereinbarung **anwendbaren Recht** ist zwischen drei Statuten zu unterscheiden: (1) das auf die Form der Schiedsvereinbarung anwendbare Recht, (2) das auf das Zustandekommen und auf die Wirksamkeit der Schiedsvereinbarung anwendbare Recht und (3) das Recht, nach dem sich die prozessualen Wirkungen der Schiedsvereinbarung richten.

a) Form der Schiedsvereinbarung

7 Art. 6 Abs. 1 enthält kein Schriftformerfordernis für die Schiedsvereinbarung. Gleichwohl ist auch in ICC-Verfahren davon auszugehen, dass von den Parteien ein schriftlicher Nachweis der Schiedsvereinbarung gefordert wird (vgl. Art. 4 Abs. 3 Buchst. e). In jedem Fall gilt nach Art. II Abs. 1 und 2 UNÜ das Schriftformerfordernis für die Schiedsvereinbarung (beachte aber die Günstiger-Klausel in Art. VII Abs. 1 UNÜ). Dementsprechend sehen auch die meisten nationalen Schiedsrechte vor, dass die Schiedsvereinbarung der schriftlichen Form bedarf. In Deutschland ist dies in § 1031 ZPO festgelegt. Wegen der im Zusammenhang mit Schiedsklauseln in gesellschaftsrechtlichen Vereinbarungen zu beachtenden Besonderheiten s. Vor §§ 1 ff. DIS-ERGES Rz. 8.

8 **Heilung.** Das Nichteinhalten des Schriftformerfordernisses nach den nationalen Rechten sowie Art. II Abs. 1 und 2 UNÜ kann in ICC-Verfahren mit der Unterzeichnung des Schiedsauftrags gemäß Art. 23 Abs. 2 ICC-SchO nachgeholt werden. In Deutschland wird gemäß § 1031 Abs. 6 ZPO der Mangel der Form durch die Einlassung auf die schiedsgerichtliche Verhandlung zur Hauptsache geheilt. Die rügelose Einlassung zur Hauptsache bewirkt, dass bloße Formmängel rückwirkend geheilt werden. Bei einer Vereinbarung per E-Mail ist das Schriftformerfordernis gemäß Art. II Abs. 1 und 2 UNÜ eingehalten.

Auch genügt für ICC-Schiedsverfahren grundsätzlich die in AGB enthaltene Schiedsvereinbarung dem Art. 6 Abs. 1. In Deutschland sind die besonderen Vorschriften zu AGB, insbesondere die Inhaltskontrolle gemäß §§ 305 ff. BGB, zu beachten. Dabei gilt grundsätzlich, dass Schiedsvereinbarungen, die in AGB enthalten sind, nicht *per se* als Überraschungsklauseln und daher als unwirksam beurteilt werden können. Dies gilt insbesondere dann, wenn es sich bei den Parteien um Kaufleute i.S.d. §§ 1 ff. HGB handelt (BGH v. 26.6.1986 – III ZR 200/85, Juris; OLG Hamburg v. 24.1.2003 – 11 Sch 6/01, SchiedsVZ 2003, 284 [288]). 9

b) Parteien der Schiedsvereinbarung

Subjektive Schiedsfähigkeit. Die Parteien einer Schiedsvereinbarung müssen subjektiv schiedsfähig sein. Die subjektive Schiedsfähigkeit bestimmt sich nach dem Personalstatut der jeweiligen Parteien der Schiedsvereinbarung. 10

Bindung von Nichtsignataren. Grundsätzlich bindet die Schiedsvereinbarung nach Art. 6 Abs. 1 lediglich die Parteien, die die Schiedsvereinbarung unterzeichnet haben, auch wenn dies in Art. 6 Abs. 1 nicht ausdrücklich vorgeschrieben ist (s. Rz. 7). 11

Unter Umständen kann die Schiedsvereinbarung auch auf Parteien ausgedehnt werden, die dem ersten Anschein nach nicht an die Schiedsvereinbarung gebunden sind. Beispiele für die Ausdehnung von Schiedsvereinbarungen auf Nicht-Unterzeichner finden sich im Bereich der **Handelsvertretung**, des **Vertrags zugunsten Dritter** (§ 328 BGB), der **Abtretung** (§ 398 BGB, BGH v. 2.10.1997 – III ZR 2/96, NJW 1998, 371), der **Übertragung**, der **Schuldübernahme** (§§ 414 ff. BG), der **Erbfolge** (§ 1922 BGB) und der **Insolvenzverwaltung** (BGH v. 3.5.2000 – XII ZR 42/98, NJW 2000, 2346), wobei der Insolvenzverwalter im Rahmen der Ausübung seines Widerspruchsrechts nicht an die Schiedsvereinbarung gebunden ist (BGH v. 20.11.2003 – III ZB 24/03, ZinsO 2004, 88). 12

Die Schiedsvereinbarung kann ferner auf Parteien Anwendung finden, die durch eine **Unternehmensübernahme** alle vertraglichen Verpflichtungen, die das Unternehmen vor der Übernahme eingegangen ist, übertragen bekommen haben. Schiedsvereinbarungen, die im Zuge solcher Verpflichtungen getroffen worden sind, entfalten unter Umständen somit ihre Wirkung auch gegenüber dem neuen Unternehmen. Ob gleichzeitig die Bindungswirkung der Schiedsvereinbarung an das alte Unternehmen bestehen bleibt, wird dann zu bejahen sein, wenn die von den Parteien beabsichtigte Wirkung, zumindest in Bezug auf Ansprüche, die 13 der Übernahme vorausgehen, als tendenziell weit aufzufassen ist (BGH v. 1.8.2002 – III ZB 66/01, NJW-RR 2002, 1462).

14 Außerdem gibt es Rechtskreise, in denen eine **Schiedsvereinbarung** unter Umständen durch die Erfüllung von vertraglichen Verpflichtungen **auf eine dritte Partei ausgedehnt** wird, die den Vertrag zwar nicht eingegangen ist, diesen aber erfüllt. Um eine solche Ausdehnung der Schiedsvereinbarung bejahen zu können, sind durch die Rechtsprechung entwickelte strenge Voraussetzungen zu erfüllen, die von dem jeweiligem Einzelfall abhängen (Cour d'appel de Paris v. 7.5.2009, *La Sociéte Suba France c/La Sociéte Pujol et autres*; Cour de cassation Civ. 1ère v. 25.6.1991, *Compagnie tunisienne de Navigation Cotunav c/Société Comptoir Commercial André*).

15 Auch sind Rechtsverhältnisse denkbar, in denen mehrere Unternehmen sich zu einem **Konsortium** verbinden und ein Unternehmen die Konsortialführung vis-à-vis eines anderen Unternehmens übernimmt. Dementsprechend kann unter Umständen der Vertrag zwischen der Konsortialführung und dem dritten Unternehmen alle Konsorten verpflichten. Falls der Vertrag mit dem dritten Unternehmen eine Schiedsvereinbarung enthält, kann durch Auslegung die Bindung aller Konsorten an die Schiedsvereinbarung bejaht werden.

16 Zur Frage, inwieweit mehrere Parteien durch mehrere Schiedsvereinbarungen in verschiedenen Verträgen in ein ICC-Schiedsverfahren eingebunden werden können, s. Rz. 122–146.

c) Zustandekommen der Schiedsvereinbarung

17 Insoweit sind grundsätzlich die allgemeinen Vorschriften zum Zustandekommen von Verträgen maßgeblich; in Deutschland die §§ 145 ff. BGB.

18 **Inhalt der Schiedsvereinbarung.** Es ist den Parteien überlassen, die Schiedsvereinbarung inhaltlich frei zu gestalten. Jedenfalls muss sich – evtl. durch Auslegung – ergeben, dass es bei Abschluss der Schiedsvereinbarung Parteiwille war, bestimmte Streitigkeiten der Zuständigkeit des Schiedsgerichts zu unterwerfen.

19 Zu den Standardklauseln und Formulierungsvorschlägen s. Nach Art. 41 Rz. 1 ff.

20 Die Schiedsvereinbarung kann einen Verweis auf bestimmte **Verfahrensregeln** zum Inhalt haben, wie z.B. den Verweis auf die (teilweise)

Anwendung der IBA Rules on the Taking of Evidence in International Arbitration.

Je nach Schiedsort können die Parteien den Ausschluss von bestimmten Vorschriften vereinbaren, die im anwendbaren nationalen Schiedsverfahrensrecht enthalten und nicht unabdingbar sind. 21

Die Parteien können vereinbaren, dass ihre Streitigkeit von einem **Kollegialschiedsgericht** oder einem **Einzelschiedsrichter** entschieden wird. In finanzieller Sicht fallen damit die Honorarkosten des Schiedsgerichts höher (Kollegialschiedsgericht) oder niedriger (Einzelschiedsrichter) aus. 22

Weitere mögliche Regelungsinhalte der Schiedsvereinbarung betreffen den Schiedsort, die Verfahrenssprache, das anwendbare Recht, die Zusammensetzung des Schiedsgerichts und die Frage, ob Anhang II zur ICC-SchO gelten soll. 23

d) Objektive Reichweite der Schiedsvereinbarung/Schiedsfähigkeit

Der Gegenstand der Schiedsvereinbarung muss schiedsfähig sein. In diesem Zusammenhang wird auch von der objektiven Reichweite der Schiedsvereinbarung gesprochen. 24

Herleitung. Das Erfordernis der Schiedsfähigkeit ergibt sich aus Art. II Abs. 1 und Art. V Abs. 2 Buchst. a UNÜ, sowie in Deutschland aus § 1061 ZPO in Verbindung mit § 1059 Abs. 2 Nr. 1 Buchst. a ZPO. Danach kann die Anerkennung und Vollstreckung von Schiedssprüchen versagt werden, wenn der Gegenstand des Rechtsstreits nach dem Recht des Staates, in dem die Anerkennung und Vollstreckung beantragt wird, nicht schiedsfähig ist. Da die nationalen Rechte eher uneinheitlich sind, kann kein universeller Grundsatz zur Schiedsfähigkeit bzw. der objektiven Reichweite der Schiedsvereinbarung festgelegt werden. 25

§§ 1030, 1032 ZPO. In Deutschland ist die Schiedsfähigkeit in §§ 1030, 1032 ZPO geregelt. Wird gemäß § 1032 Abs. 2 ZPO eine positive oder negative Feststellungsklage erhoben mit dem Ziel, das schiedsrichterliche Verfahren für zulässig oder unzulässig erklären zu lassen, so beurteilt das Gericht die Schiedsfähigkeit nach § 1030 ZPO. 26

Vermögensrechtliche Ansprüche. § 1030 Abs. 1 ZPO sieht vor, dass jeder vermögensrechtliche Anspruch Gegenstand einer Schiedsvereinbarung sein kann. § 1030 Abs. 1 ZPO ist weit auszulegen. Er umfasst Feststellungs-, Gestaltungs- und Unterlassungsklagen, soweit sie mit vermögensrechtlichen Ansprüchen in Verbindung stehen. Neben ver- 27 traglichen Ansprüchen werden auch quasivertragliche, dingliche, deliktische und bereicherungsrechtliche Ansprüche erfasst.

28 **Nicht-vermögensrechtliche Ansprüche** können Gegenstand der Schiedsvereinbarung sein, soweit die Parteien berechtigt sind, über den Gegenstand des Streits einen Vergleich zu schließen.

29 **Eingeschränkte Schiedsfähigkeit.** In Deutschland findet die Schiedsfähigkeit ihre Grenzen in § 1030 Abs. 2 ZPO. Danach sind bestimmte **Wohnraummietsachen** nicht schiedsfähig. Gemäß § 1030 Abs. 3 ZPO bleiben gesetzliche Vorschriften außerhalb des X. Buchs der ZPO unberührt, nach denen die Schiedsfähigkeit von Streitigkeiten ganz oder teilweise eingeschränkt ist. So gibt es Einschränkungen bzgl. Streitigkeiten hinsichtlich **Wertpapierdienstleistungen**, Wertpapiernebendienstleistungen und Finanztermingeschäften in § 37h WpHG.

30 **Geistiges Eigentum.** Die Schiedsfähigkeit von Streitigkeiten, die geistiges Eigentum zum Gegenstand haben, wird kontrovers behandelt. Nach Unionsrecht werden Streitigkeiten bzgl. der Eintragung und Gültigkeit von Patenten, Mustern, Modellen, Marken und ähnlichen Rechten traditionell als nicht schiedsfähig erachtet. Hierfür haben, soweit nicht Gerichte der Europäischen Union zuständig sind, die nationalen Gerichte der EU-Mitgliedstaaten die ausschließliche Zuständigkeit, in deren Hoheitsgebiet die Hinterlegung oder Registrierung beantragt oder vorgenommen ist (Art. 22 Abs. 4 Brüssel I-VO; BGH v. 25.1.1983 – X ZR 47/82, BB 1984, 561). Im Rahmen eines Schiedsverfahrens bzgl. der Nichtigerklärung eines Patents kann jedoch beantragt werden, dass der Schiedsspruch festhält, dass er lediglich die Parteien des Schiedsverfahrens bindet und keine *Erga-Omnes*-Wirkung hat. Abgesehen von diesen Kerngebieten des geistigen Eigentums werden diesbezügliche Streitigkeiten in der EU und der Schweiz als grundsätzlich schiedsfähig erachtet (Cour d'appel de Paris, *Deko v. Dingler et Meva*, 1994 Revue de l'arbitrage, S. 515; Interim Award in ICC Case No. 6097, ICC Court Bulletin, Vol. 4 No. 2 (1993), 76 ff.).

31 **Streitigkeiten zu Beschlussmängeln in Gesellschaften** werden grundsätzlich als schiedsfähig behandelt (s. im Einzelnen Vor §§ 1 ff. DIS-ERGeS).

32 **Wettbewerbsrecht.** Streitigkeiten, die deutsches, europäisches oder US-amerikanisches Wettbewerbsrecht zum Inhalt haben, sind schiedsfähig (*Eco Swiss China Time Ltd. v. Benetton Int'l NV*, C-126/97 [1999] E.C.R. I-3055 [EuGH]; *Mitsubishi Motors Corp. v. Soler Chrysler-Plymouth*,

Inc., 723 F.2d 155, 162 [1st Cir. 1983]). In Deutschland sind wettbewerbsrechtliche Streitigkeiten nach der Streichung des § 91 GWB a.F. schiedsfähig; ebenso z.B. in Australien (*Comandate Marine Corp v. Pan Australia Shipping Pty Ltd* [2006], 157 FCR 45) und Neuseeland (*Attorney General of New Zealand v. Mobil Oil* [1989] 2 NZLR 64d).

Insolvente Unternehmen. Zu den Besonderheiten bei Forderungen gegen insolvente Unternehmen s. Art. 37 Rz. 50 zum ausländischen Recht; § 39 DIS-SchO Rz. 67–77 zum deutschen Recht. — 33

Arbeitsrechtliche Streitigkeiten sind in ihrer Schiedsfähigkeit grundsätzlich auf solche beschränkt, auf die §§ 101 ff. ArbGG Bezug nehmen. Darüber hinaus ist z.B. für Bühnenschauspieler (BAG v. 31.5.2000 – 7 AZR 909/98), Geistliche (BVerfG v. 18.9.1998 – 2 BvR 1476/94, NJW 1999, 349; BGH v. 11.2.2000 – V ZR 271/99, NJW 2000, 1555 [1556]) und intergouvernementale Organisationen und Einrichtungen (BVerwG v. 29.10.1992 – 2 C 2.90, NJW 1993, 1409 f.) anerkannt, dass arbeitsrechtliche Streitigkeiten schiedsgerichtlich beigelegt werden können. — 34

Teilunwirksamkeit. Beinhaltet die Schiedsvereinbarung Merkmale, die im Hinblick auf die Schiedsfähigkeit unterschiedliche Wirkungen haben, so kann in Betracht gezogen werden, den nicht schiedsfähigen Teil der Schiedsvereinbarung als unwirksam zu behandeln, während der schiedsfähige Teil aufrechterhalten bleibt. — 35

Von der Schiedsvereinbarung abzugrenzen sind Schiedsgutachtervereinbarungen, Vereinbarungen über *Dispute Adjudication Boards*, Vereinbarungen über Schiedskommissionen und Vereinbarungen über vorgeschaltete Schlichtungsverfahren. — 36

2. Schiedsverfahren gemäß der ICC-SchO

Art. 6 Abs. 1 erfordert zudem, dass die Parteien ein Schiedsverfahren gemäß der ICC-SchO, d.h. deren Anwendung, vereinbart haben. Ein **expliziter Verweis** auf die Anwendung der ICC-SchO ist höchst empfehlenswert. Es kann aber auch durch **Auslegung** ermittelt werden, ob eine ICC-Schiedsvereinbarung getroffen wurde. — 37

So sind in der Vergangenheit Schiedsverfahren nach der ICC-SchO geführt worden, die nicht eindeutig auf die ICC-SchO verwiesen haben (z.B. „Chamber of Commerce in Paris", „Arbitration Commission of the Chamber of Commerce and Industry of Paris", „Arbitration Court of the French Chamber of Commerce, Paris", „arbitration in Paris in the chamber of arbitration", „Geneva Court of International Arbitration", — 38

Derains/Schwartz, S. 89–90; *Benglia*, ICC Court Bulletin, Vol. 7 No. 2 [1996], 11).

39 Für die Frage, ob ein Schiedsverfahren gemäß der ICC-SchO vereinbart wurde, sind im Falle mehrdeutiger Klauseln zwei Erwägungen maßgeblich. Erstens, ob eine andere Schiedsgerichtsinstitution existiert, auf die die Parteien möglicherweise verweisen wollten. Zweitens ist anzunehmen, dass internationale Parteien ihre Streitigkeiten einer internationalen Schiedsgerichtsinstitution unterwerfen wollen, die sich an einem neutralen Ort befindet. Die Ortsangabe ist in solchen Fällen als der von den Parteien vereinbarte Schiedsort anzusehen (ICC Award in Case No. 5983 [1989], ASA Bulletin, Vol. 11 No. 4 [1993], 507; ICC Award in Case No. 5294 [1988], ICC Arbitral Awards 1986–1990, S. 180; OLG Dresden v. 5.12.1994 – 2 U 1010/94, ASA Bulletin, Vol. 13 No. 2 [1995], 247). Grundsätzlich ist eine **Tendenz zugunsten** der Annahme einer Vereinbarung der **ICC-SchO** zu beobachten.

40 Eine solche Annahme ist auch gerechtfertigt, wenn die Parteien sowohl eine Schiedsvereinbarung mit Bezug auf die ICC-SchO schließen als auch auf die Streitbeilegung durch die staatlichen Gerichte verweisen. Ist in einem solchen Falle nicht eindeutig festzustellen, dass der Parteiwille auf die ausschließliche Zuständigkeit der staatlichen Gerichte gerichtet war, kann in der Regel ein ICC-Schiedsverfahren erfolgreich eingeleitet werden.

V. Rechtsfolgen

41 **Vereinbarung der Unterwerfung.** Die Schiedsvereinbarung, ein Schiedsverfahren gemäß der ICC-SchO durchzuführen, enthält die Vereinbarung der Parteien, sich der ICC-SchO zu unterwerfen. Damit unterwerfen sich die Parteien auch der **Zuständigkeit des Schiedsgerichts** sowie des **Gerichtshofs**. Welche Fassung der ICC-SchO auf das von den Parteien vereinbarte Schiedsverfahren Anwendung finden soll, wird in Art. 6 Abs. 1 durch eine Grundsatz-/Ausnahmeregelung vorgenommen.

42 **Grundsatz: Anwendung der bei Beginn des Schiedsverfahrens gültigen ICC-SchO.** Art. 6 Abs. 1 enthält den Grundsatz, dass die bei Beginn des Schiedsverfahrens gültige ICC-SchO Anwendung findet. Der Beginn des Schiedsverfahrens ist in Art. 4 Abs. 2 als der Tag definiert, an dem die Klage beim Sekretariat eingeht. Enthält die Schiedsvereinbarung keine Bezugnahme auf eine bestimmte Fassung der ICC-SchO, findet damit die bei Beginn des Schiedsverfahrens gültige ICC-SchO Anwendung. Gleiches gilt wenn die Schiedsvereinbarung die geläufige Formulierung ent-

hält, dass alle Streitigkeiten „nach der jeweils gültigen Schiedsgerichtsordnung der Internationalen Handelskammer (ICC)" endgültig zu entscheiden sind.

Empfehlung: Ratsam ist, von der dynamischen Verweisung des Art. 6 Abs. 1 nicht abzuweichen. Ist unklar, welche Version der ICC-SchO gilt, werden Streitigkeiten bzgl. der anzuwendenden Fassung der ICC-SchO in der Regel vom Schiedsgericht gelöst (*Mobil Oil Indonesia v. Asamera Oil*, 329 N.Y.S. 2nd 614 [616] [1977] bzgl. ICC Case No. 2671 im Hinblick auf die Anwendung der ICC-SchO 1955 und 1975). Dabei steht es den Parteien frei, sich auch nachträglich auf die Anwendung der neuesten Fassung der ICC-SchO zu einigen (*Greenberg/Mange*, Journal of International Arbitration, Vol. 27 Issue 2 [2010], 204). Grundsätzlich ist die Anwendung der jeweils aktuellen Fassung vorzuziehen, da diese unter Bezugnahme der „best practice" im internationalen Schiedsverfahrensrecht entwickelt worden ist (*Greenberg/Mange*, Journal of International Arbitration, Vol. 27 Issue 2 [2010], 209). 43

Ausnahme: Anwendung der zum Zeitpunkt des Abschlusses der Schiedsvereinbarung gültigen ICC-SchO. Gemäß Art. 6 Abs. 1 a.E. findet auf Schiedsverfahren, die nach dem 1.1.2012 begonnen wurden, ausnahmsweise nicht die ICC-SchO 2012, sondern eine frühere Fassung der ICC-SchO Anwendung, wenn die Parteien vereinbart haben, dass die zum **Zeitpunkt des Abschlusses der Schiedsvereinbarung** (d.h. zu einem Zeitpunkt vor dem 1.1.2012) gültige ICC-SchO Anwendung finden soll. Liegt der Zeitpunkt des Abschlusses der Schiedsvereinbarung zwischen dem 1.1.1998 und dem 31.12.2011 (zwischen dem 1.1.1988 und dem 31.12.1997) und haben die Parteien ausdrücklich die Anwendung der zum Zeitpunkt des Abschlusses der Schiedsvereinbarung gültigen ICC-SchO vereinbart, so findet die ICC-SchO 1998 (die ICC-SchO 1988) gemäß Art. 6 Abs. 1 a.E. Anwendung. 44

Nicht explizit geregelt ist, ob die Parteien die Anwendung der ICC-SchO vereinbaren können, die *vor* dem Zeitpunkt des Abschlusses der Schiedsvereinbarung gültig war. In der Praxis wird auch hier der Parteiwille berücksichtigt. Bei Streitigkeiten ist vom Schiedsgericht zu entscheiden, ob die Parteien wirksam die Anwendung der vor dem Zeitpunkt des Abschlusses der Schiedsvereinbarung gültigen ICC-SchO vereinbart haben, obwohl dies in der Grundsatz-Ausnahme-Konstellation des Art. 6 Abs. 1 nicht vorgesehen ist. 45

Gültige Kostentabelle anwendbar. Unabhängig davon, welche ICC-SchO Anwendung findet, gilt hinsichtlich der anzuwendenden Kostentabelle nach Art. 4 Abs. 1 Anhang III zur ICC-SchO jeweils die bei Klageeingang gültige Kostentabelle. 46

B. Anerkennung der Verwaltung des Schiedsverfahrens durch den Gerichtshof (Abs. 2)

I. Normzweck

47 Art. 6 Abs. 2 stellt klar, dass die Wahl der ICC-SchO die Verwaltung des ICC-Schiedsverfahrens durch Institutionen und Organe außerhalb der ICC ausschließt (vgl. auch Art. 1 Abs. 2 Satz 2).

48 Gleichzeitig beinhaltet der Abschluss einer ICC-Schiedsvereinbarung die ausschließliche Anerkennung des Gerichtshofs als Verwaltungsorgan. Art. 6 Abs. 2 sichert daher die Anerkennung und Vollstreckbarkeit von Schiedssprüchen durch Gewährleistung der Funktionsfähigkeit des Gerichtshofs.

II. Reform

49 Art. 6 Abs. 2 ist neu eingeführt worden, um die bisherige Praxis des Gerichtshofs zu kodifizieren.

III. Vergleich mit den im staatlichen Verfahren geltenden Vorschriften

50 Eine vergleichbare Vorschrift ist in staatlichen Verfahren nicht gegeben.

IV. Vereinbarung eines Schiedsverfahrens gemäß der Schiedsgerichtsordnung

51 Die Anerkennung des Gerichtshofs als Verwaltungsorgan des Schiedsverfahrens setzt gemäß Art. 6 Abs. 2 voraus, dass sich die Parteien auf eine ICC-Schiedsvereinbarung geeinigt haben (s. Rz. 37).

V. Rechtsfolgen

52 Haben die Parteien eine wirksame ICC-Schiedsvereinbarung geschlossen, bewirkt dies gemäß Art. 6 Abs. 2 automatisch, dass sie anerkennen, dass das Schiedsverfahren der Verwaltung des Gerichtshofs untersteht.

1. Anerkennung des Gerichtshofs als Verwaltungsorgan

53 Die Anerkennung des Gerichtshofs als Verwaltungsorgan des Schiedsverfahrens bedarf **weder einer gesonderten Vereinbarung noch einer besonderen Handlung** der Parteien. Vielmehr ist sie als Rechtsfolge des

Abschlusses einer wirksamen ICC-Schiedsvereinbarung dieser inhärent. Sie kann nicht abgedungen werden.

Ist in der Schiedsvereinbarung die Anerkennung des Gerichtshofs als Verwaltungsorgan des Schiedsverfahrens **ausdrücklich ausgeschlossen**, so ist der Parteiwille unter Umständen dahingehend auszulegen, dass die Parteien keine wirksame ICC-Schiedsvereinbarung getroffen haben. Dies gilt im Übrigen auch, wenn fundamentale Elemente des ICC-Schiedsverfahrens oder Kompetenzen des Gerichtshofs ausgeschlossen oder modifiziert werden (Tribunal de Grande Instance de Paris, 22.1.2010, *Samsung Electronics Co Ltd v. Mr. Jaffee* – administrateur/liquidateur de la société Qimonda AG, Revue de l'arbitrage, Vol. 2010 Issue 3, 573–574). 54

Bei Streitigkeiten der Parteien hinsichtlich der Anerkennung des Gerichtshofs als Verwaltungsorgan des ICC-Schiedsverfahrens ist auf den Parteiwillen zum Zeitpunkt des Abschlusses der ICC-Schiedsvereinbarung abzustellen. Können Irrtum und/oder Täuschung ausgeschlossen werden, entfaltet Art. 6 Abs. 2 seine Wirkung: mit dem Abschluss der ICC-Schiedsvereinbarung „haben die Parteien anerkannt, dass das Schiedsverfahren vom Gerichtshof verwaltet wird". 55

2. Verwaltung durch den Gerichtshof

Die Verwaltung von ICC-Schiedsverfahren durch den Gerichtshof ist ausschließlich. Soweit die Parteien die Anwendung der ICC-SchO vereinbart haben, beinhaltet dies zwingend die Verwaltung des Schiedsverfahrens durch den Gerichtshof (vgl. auch Art. 1 Abs. 2). 56

Zu den Verwaltungsaufgaben und dem Aufbau des Gerichtshofs s. Art. 1 Rz. 8–10, Anhänge I und II zur ICC-SchO. Zur Funktion der ICC als ernennende Stelle in UNCITRAL und anderen *Ad-Hoc*-Schiedsverfahren s. oben Art. 1 Rz. 10. 57

C. Nichteinreichung der Antwort oder Geltendmachung von Einwendungen (Abs. 3)

I. Normzweck

Während Art. 6 Abs. 1 und 2 die Wirkungen einer wirksamen Schiedsvereinbarung unter der ICC-SchO beinhalten, regeln Art. 6 Abs. 3 bis 7 die Folgen der Nichteinreichung der Klageantwort sowie die Behandlung von Einwendungen gegen die Zuständigkeit des Schiedsgerichts bzw. 58

bzgl. des Vorliegens einer ICC-Schiedsvereinbarung. Dabei steht die **Verfahrenseffizienz** im Vordergrund.

59 Art. 6 Abs. 3 regelt die Rechtsfolgen für drei Situationen, die die Zuständigkeit des Schiedsgerichts in Frage stellen: (1) Nichteinreichung der Antwort (dazu Rz. 74 ff.), (2) Geltendmachung einer oder mehrerer Einwendungen in Bezug auf Bestehen, Gültigkeit oder Anwendungsbereich der Schiedsvereinbarung (dazu Rz. 81 ff.) und (3) Geltendmachung einer oder mehrerer Einwendungen in Bezug auf die Frage, ob alle in dem Schiedsverfahren geltend gemachten Ansprüche zusammen in einem einzigen Schiedsverfahren entschieden werden können (dazu Rz. 88 ff.). Für alle drei Fälle sieht Art. 6 Abs. 3 vor, dass der Ablauf des Schiedsverfahrens nicht durch die Anrufung staatlicher Gerichte verzögert und/oder unterbrochen wird. Vielmehr werden solche Zuständigkeitsfragen zeit- und kostensparend grundsätzlich vom Schiedsgericht – und ausnahmsweise vom Gerichtshof vorab im Rahmen einer *Prima-Facie*-Prüfung – entschieden.

60 Dass das Schiedsgericht über seine eigene Zuständigkeit selbst entscheidet, entspricht dem allgemein anerkannten Grundsatz der **Kompetenz-Kompetenz**. Dieser Grundsatz ist nicht nur in allen gängigen internationalen Konventionen verankert, sondern ist auch Bestandteil von allen modernen nationalen Schiedsrechten (*Born* S. 851, Fn. 1 m.w.N.). In Deutschland findet sich dieser Grundsatz in § 1040 Abs. 1 ZPO.

61 Der in Art. 6 Abs. 3 enthaltene Grundsatz der **Kompetenz-Kompetenz** des Schiedsgerichts erkennt gleichzeitig die begrenzte Verwaltungsfunktion des Gerichtshofs an.

II. Reform

62 Art. 6 Abs. 3 ICC-SchO 2012 basiert zum Teil auf Art. 6 Abs. 2 ICC-SchO 1998. Art. 6 Abs. 2 ICC-SchO 1998 ist bzgl. der Rechtsfolge allerdings komplett revidiert worden. Während er zum Teil um die Kodifizierung der gängigen Praxis des Gerichtshofs ergänzt wurde, ist er zum anderen in mehrere neue Absätze aufgeteilt worden.

63 Eine der weitreichendsten Änderungen der ICC-SchO findet sich in Art. 6 Abs. 3. Dieser sieht nunmehr vor, Zuständigkeitsrügen generell vom Schiedsgericht und nur in Ausnahmefällen vom Gerichtshof entscheiden zu lassen. Letzterer befasst sich mit solchen Rügen, soweit der Generalsekretär diese zur Entscheidungsfindung an den Gerichtshof verweist. Damit ist dem Generalsekretär die Aufgabe der ersten Würdigung

zugewiesen worden. Nicht geändert hat sich dabei, dass die Entscheidung des Gerichtshofs auf dessen Überzeugung beruhen muss, dass lediglich dem ersten Anschein nach (*prima facie*) eine ICC-Schiedsvereinbarung vorliegen könnte, die endgültige Entscheidung mithin beim Schiedsgericht liegt.

Wegen der Neueinführung der Art. 7–10 ICC-SchO 2012 ist Art. 6 Abs. 2 ICC-SchO 1998 im neuen Art. 6 Abs. 3 ICC-SchO 2012 dahingehend ergänzt worden, dass auch die Frage entschieden werden soll, ob alle geltend gemachten Ansprüche gemeinsam in einem einzigen Schiedsverfahren entschieden werden können (unten Art. 9). 64

Ferner trägt Art. 6 Abs. 3 ICC-SchO 2012 dem Umstand Rechnung, dass es in einem Schiedsverfahren nicht nur einen Kläger und einen Beklagten, sondern mehrere Parteien geben kann. Zudem ist Abs. 3 mit der Einführung von „Ansprüchen" weiter gefasst als die alte Fassung, in der lediglich von „Klage" die Rede war („eine Partei, gegen die Ansprüche geltend gemacht wurden" anstatt in Art. 6 Abs. 2 ICC-SchO 1998 „gegen die Klage erhoben wurde"). 65

III. Verhältnis zu §§ 1040 und 1048 ZPO

§ 1040 ZPO Abs. 1 Satz 1 ZPO stimmt mit dem im Art. 6 Abs. 3 verankerten Grundsatz der **Kompetenz-Kompetenz** des Schiedsgerichts überein (s. Rz. 60). 66

Hinsichtlich der Geltendmachung von Einwendungen gegen die Zuständigkeit des Schiedsgerichts engt § 1040 Abs. 2 ZPO Art. 6 Abs. 3 mit einer Fristsetzung dahingehend ein, dass Unzuständigkeitsrügen spätestens mit der Klagebeantwortung vorzubringen sind. Dies wird in der Regel zwar ohnehin der Fall sein. Fraglich ist jedoch, welche Auswirkungen die verspätete Unzulässigkeitsrüge gemäß § 1040 Abs. 2 ZPO auf nach Art. 6 Abs. 3 geltend gemachte Einwendungen hat. Dieser sieht keinen bestimmten Zeitpunkt für die Erhebung der Einwendungen gegen die Zuständigkeit des Schiedsgericht vor. Dabei ist zu beachten, dass bei *Prima-Facie*-Prüfungen des Gerichtshofs das Sekretariat die Fristen zur Schriftsatzeinreichung setzt, während bei der Fortsetzung des Schiedsverfahrens durch das Schiedsgericht, dieses die Fristen setzt. Insofern kann von einem Entschuldigungsgrund ausgegangen werden, soweit die Einwendungen nach Art. 6 Abs. 3 nicht gemäß § 1040 Abs. 2 ZPO mit der Klagebeantwortung, sondern später gemäß der Fristsetzung des Gerichtshofs bzw. des Schiedsgerichts vorgebracht wurden. Andernfalls hat die verspätete Zuständigkeitsrüge zur Folge, dass die Partei im 67

Schiedsgerichtsverfahren sowie im Aufhebungs- und Vollstreckungsverfahren damit ausgeschlossen ist (BGH v. 27.3.2003 – III ZB 83/02, WM 2003, 2433).

Empfehlung: Bei Schiedsverfahren mit Sitz in Deutschland ist es jedenfalls empfehlenswert, die Einwendungen gemäß Art. 6 Abs. 3 mit der Klageantwort vorzubringen, um eine etwaige Präklusion zu vermeiden.

68 Auch im Hinblick auf die Rüge, das Schiedsgericht überschreite seine Befugnisse gemäß § 1040 Abs. 2 ZPO, findet sich in Art. 6 Abs. 3 keine zeitliche Einschränkung. Die o.a. Anmerkungen zur verspäteten Rüge sind auch hier zu berücksichtigen (s. Rz. 67).

69 Eine weitere Diskrepanz zwischen Art. 6 Abs. 3 und § 1040 ZPO findet sich in der Vorgabe des § 1040 Abs. 3 Satz 1 ZPO, wonach das Schiedsgericht in der Regel in der Form eines nicht-vollstreckbaren Zwischenentscheids entscheidet, wenn es sich für zuständig erklärt. Nach der ICC-SchO ergeht eine Zuständigkeitsentscheidung in der Regel in Form eines Schiedsspruchs. § 1040 Abs. 3 Satz 1 ZPO ist jedoch nicht zwingend und kann abgedungen werden.

Empfehlung: In internationalen Schiedsverfahren ist es wegen der Folgen für die Anerkennung und Vollstreckung empfehlenswert, eine Entscheidung zur Zuständigkeit in der Form eines Schiedsspruchs zu beantragen (vgl. hierzu Art. 31).

70 Hinsichtlich der Nichteinreichung der Antwort durch den Beklagten deckt sich § 1048 Abs. 2 ZPO mit den Rechtsfolgen des Art. 6 Abs. 3 dahingehend, dass das Schiedsverfahren fortgesetzt wird (vgl. hierzu Rz. 164 ff.).

IV. Vergleich mit den im staatlichen Verfahren geltenden Vorschriften

71 Zulässigkeitsrügen im ordentlichen Verfahren sind in § 282 Abs. 3 ZPO geregelt. § 282 Abs. 3 ZPO gilt jedoch nicht für Einreden der Schiedsvereinbarung (BGH v. 10.5.2001 – III ZR 262/00, NJW 2001, 2176). Hierfür gilt als Sonderregelung § 1032 Abs. 1 ZPO.

72 Die Nichteinreichung der Klageantwort ist vor ordentlichen Gerichten in § 331 ZPO geregelt.

V. Tatbestandsvoraussetzungen

1. Anspruchserhebung

Grundvoraussetzung für jegliche Variante in Art. 6 Abs. 3 ist, dass „Ansprüche" gegen eine Partei geltend gemacht werden. Zum Begriff des Anspruchs s. Art. 2 Rz. 12.

73

2. Nichteinreichung der Antwort (Var. 1)

Art. 6 Abs. 3 behandelt als erste Variante der Infragestellung der Zuständigkeit des Schiedsgerichts den Fall, dass eine oder mehrere Parteien, gegen die Ansprüche erhoben wurden, keine Antwort einreicht bzw. einreichen.

74

Hinsichtlich der **Klageantwort** ist zunächst zu bemerken, dass der Beklagte ein Original der Schiedsklage erhält (Art. 4 Abs. 5 bzw. Art. 5 Abs. 5 sowie Art. 3 Abs. 2). Daher kann in der Regel ausgeschlossen werden, dass der Grund für das Nichteinreichen der Klageantwort darin liegt, dass der Beklagte die Schiedsklage nicht erhalten hat oder von dieser sonst keine Kenntnis erlangt hat. Vielmehr beruht die Nichteinreichung einer Klageantwort in der bewussten Entscheidung, keine Klageantwort einzureichen. Diese Entscheidung liegt häufig in der Auffassung begründet, dass **keine wirksame ICC-Schiedsvereinbarung existiert**. Statt ausdrücklich gegen die Zuständigkeit zu protestieren, stellt sich der Beklagte sozusagen stumm. Gleiches gilt für den Fall, dass der Kläger in anderen Schriftsätzen als in der Klageschrift Ansprüche geltend macht, die Antwort aber ausbleibt.

75

Auch kann Art. 6 Abs. 3 den Fall erfassen, dass der Beklagte in einem Schriftsatz Ansprüche als **Widerklage** gegen den Kläger erhebt, sog. „counter-claims", und der Kläger keine Antwort einreicht. Ferner ist der Wortlaut des Art. 6 Abs. 3 bewusst weit gefasst, um die Geltendmachung von Ansprüchen von mehreren Klägern bzw. mehreren Beklagten untereinander in einem multipolaren Verfahren aufzufangen, sog. „**cross-claims**" (s. Art. 8 Rz. 9).

76

Art. 6 Abs. 3 ist auch anwendbar, wenn bei Nichteinreichung der Antwort die Partei, gegen die Ansprüche geltend gemacht wurden, zum Ausdruck bringt, dass sie am Schiedsverfahren teilnehmen wird. Maßgeblich ist die Nichteinreichung der Antwort. Anders jedoch, wenn die Partei ausdrücklich erwähnt, dass sie von der Geltendmachung von Zuständigkeitsrügen absehen wird.

77

78 Wird in **Mehrparteienfällen** (sog. „Multi-Party"-Fälle) die Klageantwort von einem Beklagten eingereicht, jedoch nicht von einem anderen Beklagten, hat dies keine materiellen oder prozessualen Auswirkungen auf die sich am Verfahren beteiligenden Parteien.

79 Wann eine Antwort als nicht eingereicht gilt, bemisst sich für den Fall der Nichteinreichung der Klageantwort nach der in Art. 5 Abs. 1 erwähnten **Frist** von 30 Tagen ab dem Empfang der vom Sekretariat übersandten Klage an den Beklagten. Das Sekretariat kann die Frist für die Einreichung der Klage unter den in Art. 5 Abs. 2 aufgeführten Vorgaben verlängern (s. Art. 5). Für Ansprüche, die im Rahmen einer Widerklage geltend gemacht werden, bemisst sich die ebenfalls 30-tägige Frist zur Antwort nach Art. 5 Abs. 6.

80 Wird die Klageantwort fristgemäß eingereicht, enthält sie aber nicht eine oder mehrere in Art. 5 Abs. 1 aufgeführten Merkmale, greift Art. 6 Abs. 3 Var. 1 nicht ein. Art. 6 Abs. 3 Var. 1 ist dahingehend streng auszulegen, dass er nur Situationen behandelt, in denen eine Antwort gar nicht eingereicht wurde.

3. Einwendungen in Bezug auf Bestehen, Gültigkeit oder Anwendungsbereich der Schiedsvereinbarung (Var. 2)

81 Art. 6 Abs. 3 behandelt als zweite Variante der Infragestellung der Zuständigkeit des Schiedsgerichts den Fall, dass eine Partei Einwendungen in Bezug auf Bestehen, Gültigkeit oder Anwendungsbereich der Schiedsvereinbarung geltend macht. In der Regel werden solche Einwendungen vom Beklagten erhoben.

82 **Inhalt.** Einwendungen in Bezug auf Bestehen, Gültigkeit oder Anwendungsbereich der Schiedsvereinbarung gemäß Art. 6 Abs. 3 sind vielfältig. Sie beinhalten z.B. Einwendungen bzgl. des Zustandekommens der Schiedsvereinbarung, des Fehlens von Merkmalen einer ICC-Schiedsvereinbarung, der Nichteinhaltung von Streitschlichtungsmechanismen im Rahmen einer sog. „Multi-Tier"-Schiedsvereinbarung, der mangelnden Schiedsfähigkeit der Streitigkeit, der falschen Partei der Schiedsvereinbarung, des eingeschränkten Anwendungsbereichs der Schiedsvereinbarung oder *Lis-Alibi-Pendens-* und *Res-Judicata*-Wirkung.

83 **In Mehrparteienfällen** kann es vorkommen, dass eine Zuständigkeitsrüge lediglich von einem Beklagten erhoben wird. Dies hat keine Spaltung des Verfahrens zur Folge. Vielmehr werden alle Parteien in das Verfahren nach Art. 6 Abs. 3 eingebunden. Nicht nur der Kläger, auch der

Beklagte bzw. ggf. eine „zusätzliche Partei" (Art. 7 Abs. 1), der bzw. die keine Rüge erhoben hat, erhält Gelegenheit, zur erhobenen Zuständigkeitsrüge Stellung zu nehmen.

Anders als bei der Nichteinreichung der Klageantwort kann der Beklagte im Rahmen seiner Zuständigkeitsrüge Behauptungen explizit vorbringen, statt durch Schweigen implizit die Zuständigkeit des Schiedsgerichts zu bestreiten. Der Beklagte muss seine Zuständigkeitsrüge mit Belegen untermauern, will er sicher gehen, dass sie erfolgversprechend ist. Ist über die Zuständigkeitsrüge vom Schiedsgericht zu entscheiden, können die Parteien die Anberaumung einer mündlichen Verhandlung beantragen. 84

Einwendungen gegen die Zuständigkeit des Schiedsgerichts oder des Gerichtshofs, die vor der Einreichung der Schiedsklage gemäß Art. 4 geltend gemacht wurden, sind für das Schiedsverfahren irrelevant. 85

Form und Adressat. Die Einwendungen sollten schriftlich eingereicht werden. 86

Werden die Einwendungen vor der Bildung des Schiedsgerichts erhoben, sind diese an das Sekretariat sowie an die anderen Parteien zu richten. 87

4. Einwendungen in Bezug auf die Frage, ob alle geltend gemachten Ansprüche zusammen in einem Schiedsverfahren entschieden werden können (Var. 3)

Inhalt. Art. 6 Abs. 3 Var. 3 behandelt Einwendungen einer Partei in Bezug auf die Frage, ob alle in dem Schiedsverfahren geltend gemachten Ansprüche zusammen in einem einzigen Schiedsverfahren entschieden werden können. Art. 6 Abs. 3 Var. 3 steht im Zusammenhang mit Art. 9. Art. 9 sieht vor, dass vorbehaltlich der Bestimmungen der Art. 6 Abs. 3–7 und Art. 23 Abs. 4 Ansprüche, die sich aus oder im Zusammenhang mit mehr als einem Vertrag ergeben, in einem einzigen Schiedsverfahren geltend gemacht werden können. Dies gilt unabhängig davon, ob diese Ansprüche aufgrund einer oder mehrerer der ICC-SchO unterliegenden Schiedsvereinbarungen geltend gemacht werden (s. Art. 6 Abs. 4 und Art. 9). Einwendungen nach Art. 6 Abs. 3 Var. 3 beinhalten die Geltendmachung von Ansprüchen unter mehreren Schiedsvereinbarungen, wenn eine Partei behauptet, dass diese Ansprüche nicht in einem einzigen Schiedsverfahren erhoben werden können. **Oft betrifft dies Mehrparteienfälle**, in denen der Kläger z.B. Ansprüche gegen einen Mutterkonzern unter einem Rahmenvertrag als auch Ansprüche gegen 88

Tochtergesellschaften unter individuellen Dienst- oder Zuliefererverträgen geltend macht.

89 Zum Vergleich zwischen der Nichteinreichung der Klageantwort und der Zuständigkeitsrüge sowie zur Form und Adressat der Einwendung s. Rz. 83–87.

VI. Rechtsfolgen

90 Liegt eine der Varianten des Art. 6 Abs. 3 vor, ist Rechtsfolge, dass grundsätzlich das Schiedsverfahren fortgesetzt wird und das Schiedsgericht unmittelbar entscheidet. Ausnahmsweise verweist der Generalsekretär die Angelegenheit zur Entscheidung an den Gerichtshof.

91 Praktisch bedeutet dies, dass das Sekretariat den Generalsekretär über die Nichteinreichung der Antwort bzw. der erhobenen Einwendungen unterrichtet. Es steht damit im Ermessen des Generalsekretärs, zu entscheiden, welche Fälle dem Schiedsgericht direkt zur Entscheidung weitergeleitet und welche Fälle vorab an den Gerichtshof verwiesen werden sollen. Eine mögliche Bitte seitens der Parteien, der Gerichtshof möge vorab mit der Sache befasst werden bzw. gerade nicht befasst werden, bindet den Generalsekretär nicht.

92 **Zeitkomponente.** Nach Eingang der Zuständigkeitsrüge werden die anderen Parteien vom Sekretariat um Stellungnahmen zur Rüge gebeten. Gewöhnlich wird den Parteien eine 7- bis 10-tägige Frist gesetzt. Bei Verweisung an den Gerichtshof entscheidet dieser zügig über die Angelegenheit. Wird das Schiedsgericht tätig, hängt es von den Umständen des Einzelfalles ab, wie schnell eine Entscheidung über die Rüge getroffen wird (einfacher oder zweifacher Schriftsatzaustausch, Anberaumung einer mündlichen Verhandlung, Entscheidung in Form eines Schiedsspruchs zur Zuständigkeit und/oder Zulässigkeit oder eines Schiedsspruchs zur Hauptsache).

1. Grundsatz: Fortsetzung des Schiedsverfahrens und unmittelbare Entscheidung durch das Schiedsgericht

93 Der Grundsatz, dass das Schiedsverfahren fortgesetzt wird und das Schiedsgericht unmittelbar über die in Art. 6 Abs. 3 Var. 1–3 behandelten Angelegenheiten entscheidet, entspricht dem Grundsatz der **Kompetenz-Kompetenz**.

Durch die unmittelbare Entscheidung durch das Schiedsgericht wird die Effizienz des Schiedsverfahrens in zeitlicher und finanzieller Hinsicht gefördert. 94

Die **Fortsetzung des Schiedsverfahrens** hat zur Folge, dass es in jeglicher prozessualer und verwaltungstechnischer Hinsicht seinen Lauf nimmt. Ist das Schiedsgericht noch nicht gebildet, wird dieses gemäß der ICC-SchO ohne Zögern konstituiert. Ist der entsprechende Kostenvorschuss noch nicht gezahlt, setzt das Sekretariat eine entsprechende Frist. 95

Auch bei Nichteinreichung der Antwort wird gemäß Art. 6 Abs. 3 das Verfahren fortgesetzt. Dies geht direkt aus Abs. 3 hervor und ist explizit in Art. 6 Abs. 8 festgehalten. 96

Die **Entscheidung des Schiedsgerichts** gemäß Art. 6 Abs. 3 kann sowohl in einem Schiedsspruch zur Zuständigkeit oder Zulässigkeit ergehen als auch in dem Schiedsspruch zur Hauptsache. Hierbei sind prozessökonomische Gesichtspunkte abzuwägen. In jedem Fall sind alle Parteien sowohl zur Sache als auch zur Form anzuhören, bevor das Schiedsgericht über die geltend gemachten Einwendungen entscheidet. 97

2. Ausnahme: Verweisung durch den Generalsekretär an den Gerichtshof

Ausnahmsweise verweist der Generalsekretär die in Art. 6 Abs. 3 geregelten Angelegenheiten an den Gerichtshof. Die **Rechtsfolgen** einer solchen Verweisung sind in Art. 6 Abs. 4–7 festgehalten (vgl. auch das Schaubild zu Art. 6 Abs. 3–7 in Rz. 198). 98

Bei Verweisung an den Gerichtshof bleiben alle weiteren Verfahrensschritte solange aus, bis der Gerichtshof über die Rüge gemäß Art. 6 Abs. 3 im Rahmen der *Prima-Facie*-Prüfung (positiv oder negativ) entschieden hat. 99

Aus Art. 6 Abs. 3 geht nicht hervor, unter welchen **Voraussetzungen und Umständen** der Generalsekretär die Angelegenheit zur Entscheidung durch den Gerichtshof **verweist**. In der Praxis wird eine Verweisung dann stattfinden, wenn z.B. die Schiedsvereinbarung nicht auf die ICC-SchO verweist, oder sonst nicht im Rahmen der ICC-SchO umgesetzt werden kann. Es ist davon auszugehen, dass Angelegenheiten bzgl. des persönlichen Anwendungsbereichs in Mehrparteienfällen sowie der fehlenden Kompatibilität von Schiedsvereinbarungen in Mehrvertragsfällen (sog. „Multi-Contract"-Fälle) aufgrund der Prozessökonomie an den Gerichtshof verwiesen werden. Auch wird der Generalsekretär in 100

Betracht ziehen, dass das Schiedsgericht – anders als der Gerichtshof – in der Lage ist, Beweise zu erheben und zu würdigen. Dies ist in den Fällen bedeutsam, in denen eine weitreichende rechtliche und tatsächliche Würdigung erforderlich ist. Ferner wird in die Ermessensentscheidung des Generalsekretärs einfließen, dass im Falle einer negativen Entscheidung des Gerichtshofs das Verfahren beendigt wird (Art. 6 Abs. 5).

D. Entscheidung des Gerichtshofs aufgrund des ersten Anscheins (Abs. 4–7)

I. Normzweck

101 Art. 6 Abs. 4–7 dienen der Verfahrenseffizienz und bezwecken, Transparenz bzgl. der Vorgehensweise und Prüfungsmaßstäbe des Gerichtshofs im Hinblick auf die an ihn gemäß Art. 6 Abs. 3 verwiesenen Angelegenheiten zu vermitteln (vgl. auch das Schaubild zu Art. 6 Abs. 3–7 in Rz. 198). Durch die *Prima-Facie*-Prüfung und -Entscheidung des Gerichtshofs werden in einem frühen Stadium Verfahren ausgesondert, die nach Ansicht des Gerichtshofs objektiv nicht vor ein ICC-Schiedsgericht gehören. Die *Prima-Facie*-Entscheidung des Gerichtshofs ist eine rein verwaltungstechnische Entscheidung und lässt die Zuständigkeitsprüfung des Schiedsgerichts unberührt, es sei denn, der Gerichtshof entscheidet negativ über die ihm zugewiesene Angelegenheit.

102 Art. 6 Abs. 4–7 behandeln sowohl die Fälle eines Schiedsverfahrens zwischen zwei Parteien als auch solche im Mehrparteienverhältnis sowie Fälle, in denen Ansprüche auf mehrere Schiedsvereinbarungen gestützt werden. Dabei werden unterschiedliche Anforderungen an die Entscheidungsfindung des Gerichtshofs gestellt. Die allgemeinen Tatbestandsvoraussetzungen sind in Art. 6 Abs. 4 Satz 2 festgehalten: der Gerichtshof muss aufgrund des ersten Anscheins – *prima facie* – überzeugt sein, dass eine ICC-Schiedsvereinbarung vorliegen könnte. Darüber hinaus sind die für Art. 7 und Art. 9 relevanten besonderen Tatbestandsvoraussetzungen in Art. 6 Abs. 4 Satz 3 (i) und (ii) niedergelegt.

103 Die **Rechtsfolgen** (s. Rz. 147–161) beschränken sich nicht auf die Entscheidung der Frage, ob das Schiedsverfahren fortgesetzt wird oder nicht und bzgl. welcher Ansprüche oder welcher Parteien (Art. 6 Abs. 4 Satz 2: „ob und in welchem Ausmaß das Schiedsverfahren fortgesetzt wird"). Die Abs. 5–7 des Art. 6 beinhalten weitere Rechtsfolgen, die auf die Entscheidung des Gerichtshofs aufbauen: im Falle einer Entscheidung des

Gerichtshofs, das Schiedsverfahren fortzusetzen, die anschließende Befugnis des Schiedsgerichts, selbst über seine Zuständigkeit zu entscheiden (Art. 6 Abs. 5); bei Einbeziehung einer Partei i.S.v. Art. 7, wenn der Gerichtshof entschieden hat, dass das Schiedsverfahren bezüglich einiger oder aller Parteien nicht stattfinden kann, das Recht der Parteien, ein zuständiges Gericht hinsichtlich der Frage anzurufen, ob und bezüglich welcher Partei eine verbindliche Schiedsvereinbarung besteht (Art. 6 Abs. 6); hinsichtlich eines Mehrvertragsfalles nach Art. 9, falls der Gerichtshof entschieden hat, dass bzgl. bestimmter Ansprüche das Schiedsverfahren nicht stattfinden kann, die Geltendmachung derselben Ansprüche zu einem späteren Zeitpunkt in anderen Verfahren durch die Parteien (Art. 6 Abs. 7).

II. Reform

Art. 6 Abs. 4–7 ICC-SchO 2012 hat eine umfangreiche Reform erfahren. Während Art. 6 ICC-SchO 1998 lediglich vier Absätze hatte, ist Art. 6 ICC-SchO 2012 nunmehr um weitere fünf Absätze erweitert worden. Die Reform war insbesondere notwendig, damit den neu eingeführten Art. 7–9 ICC-SchO 2012 Rechnung getragen wird. Während Art. 6 ICC-SchO 1998 keine Bestimmungen zum Prüfungsmaßstab des ersten Anscheins beinhaltete, sind diese in Art. 6 Abs. 4 ICC-SchO 2012 nunmehr festgehalten. Dabei wurde in der Fassung des Wortlauts offensichtlich darauf Wert gelegt klarzustellen, dass, obwohl die in Art. 7–9 ICC-SchO 2012 beschriebenen Situationen als Grundmodelle komplexer Schiedsverfahren formell anerkannt sind, die Prämisse der Parteiautonomie überwiegt. 104

Eine weitere maßgebliche Änderung ist in Art. 6 Abs. 4 ICC-SchO 2012 gegenüber Art. 6 Abs. 2 ICC-SchO 1998 dahingehend vorgenommen worden, dass der Gerichtshof nunmehr entscheidet, „in welchem Ausmaß das Schiedsverfahren fortgesetzt wird", nicht nur „ob" das Schiedsverfahren fortgesetzt wird oder nicht. Ferner steht dem Gerichtshof in Art. 6 Abs. 4 kein Ermessen bzgl. der Fortsetzung des Verfahrens zu, sofern und soweit er aufgrund des ersten Anscheins überzeugt ist, dass eine ICC-Schiedsvereinbarung bestehen könnte („Das Schiedsverfahren wird fortgesetzt"); anders in Art. 6 Abs. 2 ICC-SchO 1998, der vorsah, dass der Gerichtshof den Fortgang des Verfahren anordnen „kann". 105

III. Verhältnis zu § 1040 ZPO

106 Während Art. 6 Abs. 3 mit dem in § 1040 Abs. 1 ZPO verankerten Grundgedanken, dass das Schiedsgericht die Befugnis hat, über die eigene Zuständigkeit zu entscheiden, vergleichbar ist, fehlt es im X. Buch an einer Vorschrift, die diese Befugnis (vorläufig und aufgrund des ersten Anscheins) auf eine Schiedsgerichtsinstitution ausdehnt. Im Rahmen der Parteiautonomie und der Schiedsvereinbarung gemäß § 1029 ZPO steht es den Parteien natürlich frei, sich zur Durchführung ihres Schiedsverfahrens einer institutionellen Schiedsgerichtsordnung zu unterwerfen. Damit steht die Entscheidungsbefugnis des Gerichtshofs auch nicht im Widerspruch zur ZPO.

IV. Vergleich mit den im staatlichen Verfahren geltenden Vorschriften

107 Eine mit dem staatlichen Verfahren vergleichbare geltende Vorschrift ist nicht vorhanden.

V. Entscheidung des Gerichtshofs (Abs. 4 Satz 1)

108 Art. 6 Abs. 4 Satz 1 **verpflichtet** den Gerichtshof, in allen an ihn nach Art. 6 Abs. 3 verwiesenen Fällen zu entscheiden, ob das Schiedsverfahren fortzusetzen ist oder nicht und, wenn ja, in welchem Ausmaß.

109 Für die Entscheidung des „ob und in welchem Ausmaß das Schiedsverfahren fortgesetzt wird" muss der Gerichtshof hinsichtlich jeder individuellen Partei und jeden individuellen Anspruchs, die und der Inhalt der Zuständigkeitsrüge ist, *prima facie* entscheiden. Die Entscheidung des Gerichtshofs kann beinhalten, das Schiedsverfahren nicht mit allen – ursprünglichen oder einbezogenen – Parteien fortzusetzen. Auch kann der Gerichtshof *prima facie* überzeugt sein, dass bestimmte Ansprüche, die etwa auf mehrere Schiedsvereinbarungen gestützt sind, von der Fortsetzung des Schiedsverfahrens ausgeschlossen sind.

1. Allgemeine Tatbestandsvoraussetzung: *Prima-Facie*-Prüfung (Abs. 4 Satz 2)

110 Die Entscheidung des Gerichtshofs, das Schiedsverfahren fortzusetzen, setzt in jedem Fall die Überzeugung des Gerichtshofs aufgrund des ersten Anscheins voraus, dass eine ICC-Schiedsvereinbarung (vgl. dazu Rz. 5–45) vorliegen könnte. Zu den besonderen Tatbestandsvoraussetzungen s. Rz. 115–144.

Aufgrund des ersten Anscheins. Die Anforderungen, die an eine Überzeugung aufgrund des ersten Anscheins (*Prima-Facie*-Prüfung) zu stellen sind, sind in Art. 6 Abs. 4 nicht beschrieben. In der Vergangenheit hat sich jedoch eine Praxis des Gerichtshofs dahingehend entwickelt, dass der Prüfungsmaßstab des ersten Anscheins großzügig angewandt wird. Dementsprechend hat der Gerichtshof entschieden, ein Schiedsverfahren fortzusetzen, wenn es **hinreichend möglich erscheint**, dass eine ICC-Schiedsvereinbarung zwischen den Parteien existieren könnte. Dabei werden alle Anhaltspunkte in Betracht gezogen, die in irgendeiner Weise darauf hindeuten könnten, dass aufgrund des ersten Anscheins eine ICC-Schiedsvereinbarung vorliegen könnte. Die Praxis des Gerichtshofs zeigt, dass bei der hinreichenden Möglichkeit der Annahme einer ICC-Schiedsvereinbarung der Gerichtshof dem Schiedsgericht die Entscheidung übertragen hat, ob die Zuständigkeit gegeben ist. Insbesondere die Würdigung von komplizierteren Tatsachenbehauptungen und rechtlichen Vorträgen hinsichtlich des Vorhandenseins einer ICC-Schiedsvereinbarung hat der Gerichtshof dem Schiedsgericht überlassen. Gleichwohl tun sowohl die die Zuständigkeit rügende Partei als auch die Partei, die vom Sekretariat eingeladen wird, auf die Rüge zu antworten, gut daran, ihre jeweilige Position stichhaltig vor- und die relevanten Belege beizubringen.

111

Praxis des Gerichtshofs. Unter Art. 6 Abs. 2 der ICC-SchO 1998 war der Gerichtshof in über 90 % der Fälle davon überzeugt, dass *prima facie* eine ICC-Schiedsvereinbarung vorliegen könnte. Aus der Praxis kann Folgendes exemplarisch abgeleitet werden: der Gerichtshof ist nicht vom Vorliegen einer ICC-Schiedsvereinbarung aufgrund des ersten Anscheins überzeugt, wenn die Parteien vereinbaren, dass ihre Streitigkeit nicht im Rahmen eines Schiedsverfahrens, sondern im Rahmen einer anderen Streitbeilegungsmethode gelöst werden soll; wenn sich die Parteien in ihrer Schiedsvereinbarung einigen, dass sie sich nicht der ICC-SchO, sondern einer anderen Schiedsordnung unterwerfen; wenn die Parteien kein Schiedsverfahren unter der ICC-SchO vereinbart haben, sondern sich ausdrücklich geeinigt haben, dass der Gerichtshof nur für die Ernennung der Schiedsrichter zuständig sein soll; wenn die Parteien den Gerichtshof als Verwaltungsorgan vereinbaren, das Schiedsverfahren aber unter einer anderen Schiedsordnung führen wollen; wenn eine Partei den die Schiedsvereinbarung beinhaltenden Vertrag unterzeichnet, es aus den Umständen aber deutlich hervorgeht, dass diese Partei keine Vertragsverpflichtungen eingehen wollte, sondern den Vertrag lediglich kenntnisnehmend gegengezeichnet hat.

112

113 **Nicht-Signatare.** Im Hinblick auf die Stellung von Parteien, die die Schiedsvereinbarung nicht unterschrieben haben, haben sich Fallgruppen entwickelt, mit denen sich der Gerichtshof regelmäßig befasst. Eine Überzeugung des ersten Anscheins, dass eine Schiedsvereinbarung vorliegen könnte, wird im Zweifel vom Gerichtshof bejaht, wenn zusätzlich zur Behauptung Belege vorgebracht werden, weshalb die Nicht-Vertragspartei an die Schiedsvereinbarung gebunden sein soll. Dies betrifft Fälle, in denen belegt werden kann, dass die Nicht-Vertragspartei sich an den Verhandlungen, der Durchführung und evtl. der Beendigung des Vertrages, in dem sich die Schiedsvereinbarung befindet oder auf den sie sich bezieht, beteiligt hat. Auch kann durch Belege aufgezeigt werden, dass eine Rechtsnachfolge stattgefunden hat, weshalb eine Schiedsvereinbarung einen Nichtsignatar bindet. Ferner kann der Bürge als Nicht-Vertragspartei an die in dem Hauptvertrag mit dem Schuldner enthaltene Schiedsvereinbarung gebunden sein. Bei solchen rechtlich komplexen Fällen überlässt der Gerichtshof die endgültige Entscheidung zur Zuständigkeit des Schiedsgerichts regelmäßig Letzterem.

114 **Rügen vor staatlichen Gerichten.** Auch ist davon auszugehen, dass in Anlehnung an die bisherige Praxis des Gerichtshofs dieser in der gleichzeitigen Erhebung einer Unzulässigkeitsrüge vor den staatlichen Gerichten keinen Grund erblicken wird, das Schiedsverfahren zu beenden, wenn er sonst davon überzeugt ist, dass aufgrund des ersten Anscheins eine ICC-Schiedsvereinbarung vorliegen könnte.

115 **Grundsatz der „separability".** Ferner wird die Beendigung oder Kündigung eines Vertrages, in dem sich die Schiedsvereinbarung befindet, keine Auswirkungen auf das Vorliegen der ICC-Schiedsvereinbarung haben, wenn der Gerichtshof überzeugt ist, dass aufgrund des ersten Anscheins eine ICC-Schiedsvereinbarung vorliegen könnte. Dies beruht auf dem allgemeingültigen Grundsatz der *„Separability"*, der ausdrücklich in Art. 6 Abs. 9 festgehalten ist (s. Rz. 182 ff.).

2. Besondere Tatbestandsvoraussetzungen bei Mehrparteienverfahren (Abs. 4 Satz 3 (i))

116 **Beteiligung von mehr als zwei Parteien.** Art. 6 Abs. 4 Satz 3 (i) regelt die *Prima-Facie*-Entscheidung des Gerichtshofs bzgl. des Bestehens einer ICC-Schiedsvereinbarung in Fällen der Beteiligung mehrerer Parteien an einem Schiedsverfahren. Der Wortlaut des Art. 6 Abs. 4 Satz 3 (i) ist weit und neutral gefasst. Damit sollen alle Konstellationen von Mehrparteienfällen aufgefangen werden, in denen mehrere Kläger und Beklagte An-

sprüche untereinander geltend machen. Bei Einbeziehung einer Partei ist Art. 6 Abs. 4 Satz 3 (i) in Verbindung mit Art. 7 zu lesen (s. Art. 7).

Zeitpunkt. Die Frage, auf welchen Zeitpunkt des Verfahrens hinsichtlich des Vorliegens eines Mehrparteienverfahrens abgestellt wird, ist in Art. 6 Abs. 4 Satz 3 (i) nicht ausdrücklich geregelt. Aus dem Verweis auf Art. 7 kann abgeleitet werden, dass das Mehrparteienverfahren von Beginn an bestehen oder aufgrund nach Art. 7 einbezogenen zusätzlichen Parteien später entstehen kann (s. Art. 7 Rz. 13–16). 117

Überzeugung aufgrund des ersten Anscheins, dass eine verbindliche ICC-Schiedsvereinbarung bestehen könnte. Sind mehr als zwei Parteien an dem Schiedsverfahren beteiligt, ist für die Entscheidung des Gerichtshofs, das Schiedsverfahren fortzuführen, ferner erforderlich, dass er aufgrund des ersten Anscheins davon überzeugt ist, dass eine gerade für die beteiligten Parteien „verbindliche ICC-Schiedsvereinbarung" bestehen könnte. 118

Die Anforderung an die *Prima-Facie*-Überzeugung des Gerichtshofs ist mit der für Zweiparteienverfahren erforderlichen Überzeugung des Gerichtshofs identisch (s. Rz. 110–115). 119

Geprüft wird, ob die am Verfahren beteiligten Parteien **ein und dieselbe Schiedsvereinbarung** vereinbart haben könnten. Die *Prima-Facie*-Überprüfung des Gerichtshofs bezieht sich auf jede Partei individuell und separat. 120

Da es gemäß Art. 6 Abs. 1 nicht erforderlich ist, dass die Schiedsvereinbarung unterzeichnet werden muss, wird der Gerichtshof auch im Rahmen der *Prima-Facie*-Entscheidung nach Art. 6 Abs. 4 Satz 3 (i) alle vorgetragenen Behauptungen zur Drittbeteiligung, auch bzgl. Nicht-Signatare, in Betracht ziehen (s. Rz. 10–16). 121

3. Besondere Tatbestandsvoraussetzungen bei mehreren Schiedsvereinbarungen (Abs. 4 Satz 3 (ii))

a) Stützen von Ansprüchen auf mehr als eine Schiedsvereinbarung

Liegt ein Fall gemäß Art. 9 vor, wonach Ansprüche in einem Schiedsverfahren auf mehr als eine Schiedsvereinbarung gestützt werden, muss gemäß Art. 6 Abs. 4 Satz 3 (ii) der Gerichtshof eine **doppelte Entscheidung aufgrund des ersten Anscheins** fällen. Zum einen sieht Art. 6 Abs. 4 Satz 3 (ii) Buchst. a vor, dass der Gerichtshof aufgrund des ersten Anscheins überzeugt ist, dass die Schiedsvereinbarungen, auf die die An- 122 sprüche gestützt werden, miteinander vereinbar sein könnten. Zum anderen erfordert Art. 6 Abs. 4 Satz 3 (ii) Buchst. b, dass der Gerichtshof aufgrund des ersten Anscheins davon überzeugt ist, dass alle Parteien des Schiedsverfahrens vereinbart haben könnten, dass die Ansprüche gemeinsam im Rahmen eines einzigen Schiedsverfahrens entschieden werden könnten. Buchst. a und b müssen kumulativ vorliegen.

123 Art. 9 erfasst lediglich Verträge, die materiell-rechtliche Pflichten und Rechte der Parteien begründen (s. Art. 9 Rz. 6). Demnach gilt Art. 6 Abs. 4 Satz 3 (ii) nicht für alle Mehrvertragsfälle des Art. 9, sondern lediglich hinsichtlich der Fälle, in denen verschiedene Schiedsvereinbarungen in mehreren Verträgen enthalten sind (s. Art. 9 Rz. 6).

124 Art. 6 Abs. 4 Satz 3 (ii) ist auch bei Zweiparteienfällen heranzuziehen, soweit Ansprüche auf mehr als eine Schiedsvereinbarung gestützt werden.

125 Nicht anwendbar ist Art. 6 Abs. 4 Satz 3 (ii) in Fällen, in denen eine Partei mehrere Ansprüche unter verschiedenen Verträgen geltend macht, sich jedoch nur auf eine Schiedsvereinbarung beruft. Das Schiedsgericht – grds. nicht der Gerichtshof – befasst sich mit der Frage, ob die Schiedsvereinbarung so auszulegen ist, dass alle Ansprüche erfasst werden. Gleiches gilt für Fälle, in denen eine Partei ein Schiedsverfahren beruhend auf einem Vertrag beginnt und später Ansprüche unter einem weiteren Vertrag geltend macht.

b) Schiedsvereinbarungen, auf die die Ansprüche gestützt werden, könnten miteinander vereinbar sein (Abs. 4 Satz 3 (ii) Buchst. a)

126 Der erste Gesichtspunkt der *Prima-Facie*-Prüfung des Gerichtshofs richtet sich darauf, ob die Schiedsvereinbarungen miteinander vereinbar sein könnten. Von einer Vereinbarkeit der Schiedsvereinbarungen ist auszugehen, wenn die Schiedsvereinbarungen **identischen Wortlauts** sind. Ist der Wortlaut nicht identisch, so wird der Gerichtshof die einzelnen Elemente der Schiedsvereinbarungen auf ihre Vereinbarkeit hin untersuchen.

127 **Grundvoraussetzung** ist, dass die Schiedsvereinbarungen die Anwendung derselben **ICC-SchO** vorsehen. Nicht kompatibel sind daher Schiedsvereinbarungen, die z.B. auf verschiedene ICC-SchO (1998 *und* 2012) oder andere institutionelle Schiedsordnungen oder *Ad-Hoc*-Verfahren verweisen.

Die folgenden Aspekte der Schiedsvereinbarungen sind vom Gerichtshof 128
als maßgeblich zu erachten, um feststellen zu können, ob *prima facie*
die Schiedsvereinbarungen miteinander vereinbar sein könnten: (1) die
Schiedsorte (s. Rz. 129), (2) die Eskalationsstufen von *Multi-Tier*-
Schiedsvereinbarungen, (3) die Anzahl der Schiedsrichter (s. Rz. 130), (4)
die Regelungen der Schiedsrichterernennung (s. Rz. 131), (5) die Verfahrenssprache (s. Rz. 132), (6) die Fristen, (7) die Regelungen zur Kostenverteilung, (8) die besonderen Befugnisse des Schiedsgerichts und (9) das anwendbare materielle Recht (vgl. Art. 9 Rz. 19; s. Rz. 133).

Hinsichtlich des **Schiedsorts** zeigt die Praxis des Gerichtshofs, dass 129
Schiedsvereinbarungen, die verschiedene Schiedsorte vorsehen, als nicht
kompatibel gelten; ein Schiedsverfahren kann nicht parallel zwei Schiedsorte haben. Anders verhält es sich, wenn eine Schiedsvereinbarung den
Schiedsort angibt, während eine andere Schiedsvereinbarung diesbezüglich schweigt. Dann könnte der Gerichtshof gemäß Art. 18 Abs. 1 den
Schiedsort bestimmen und damit die Vereinbarkeit der Schiedsvereinbarungen bewirken.

In Bezug auf die **Anzahl der Schiedsrichter** gilt Entsprechendes wie zum 130
Schiedsort (s. Rz. 130). Der Gerichtshof kann gemäß Art. 12 Abs. 2 die
Anzahl der Schiedsrichter ernennen, falls eine Schiedsvereinbarung die
Anzahl der Schiedsrichter vorgibt und die andere Schiedsvereinbarung
dazu schweigt.

Unterschiede hinsichtlich der **Regelungen der Schiedsrichterernennung** 131
führen grundsätzlich zur Nichtvereinbarkeit der Schiedsvereinbarungen.

In der Regel führen verschiedene **Verfahrenssprachen** nicht zur Inkom- 132
patibilität der Schiedsvereinbarungen, da ein Verfahren bspw. parallel in
Deutsch und Englisch geführt werden kann.

Ebenso wenig werden Diskrepanzen im Hinblick auf das **anwendbare materielle Recht** den Gerichtshof dazu bewegen, die Schiedsvereinbarungen 133
als unvereinbar anzusehen. Hier kann, ohne eine der entsprechenden Vereinbarungen in der Schiedsklausel zu umgehen, das Verfahren unter Anwendung z.B. deutschen und belgischen Rechts beurteilt werden.

Anfängliche oder ursprüngliche Unvereinbarkeiten zwischen den 134
Schiedsvereinbarungen können später durch die Parteien geheilt werden. Dies kann sowohl explizit durch Stellungnahmen oder implizit
durch das Verhalten der Parteien geschehen.

c) **Mögliche Vereinbarung, dass die Ansprüche gemeinsam im Rahmen eines einzigen Schiedsverfahrens entschieden werden können (Abs. 4 Satz 3 (ii) Buchst. b)**

135 Im Rahmen der *Prima-Facie*-Prüfung nach Art. 6 Abs. 4 Satz 3 (ii) Buchst. b beurteilt der Gerichtshof alle objektiv relevanten Umstände im Hinblick darauf, ob die Parteien vereinbart haben könnten, dass die geltend gemachten Ansprüche in einem Schiedsverfahren entschieden werden können. Zum Begriff des Anspruchs vgl. Art. 2 Rz. 12.

136 Das *Prima-Facie*-Vorliegen einer solchen Vereinbarung setzt die Ermittlung des gemeinsamen – explizit zum Ausdruck gebrachten oder aus den Umständen abzuleitenden – Parteiwillens voraus. Dabei sind die Ausführungen zu der Frage, ob die Schiedsvereinbarungen, auf die die Ansprüche gestützt werden, miteinander vereinbart werden könnten (s. Rz. 126–134), auch hier ausschlaggebend. Insbesondere spielt die Vereinbarkeit des Wortlauts der Schiedsvereinbarungen eine gewichtige Rolle.

137 Bei seiner *Prima-Facie*-Prüfung des Vorliegens der Vereinbarung nach Art. 6 Abs. 4 Satz 3 (ii) Buchst. b stellt der Gerichtshof auf den **Zeitpunkt des Abschlusses der ICC-Schiedsvereinbarungen** ab. Die Vereinbarung ist hinsichtlich einer jeden Partei auszulegen („alle Parteien des Schiedsverfahrens"). Dies bedeutet, dass zu überprüfen ist, ob jede einzelne Partei des Schiedsverfahrens bei Abschluss ihrer jeweiligen ICC-Schiedsvereinbarung vereinbart haben könnte, dass etwaige Ansprüche zusammen mit Ansprüchen, für die andere ICC-Schiedsvereinbarungen gelten, im Rahmen eines einzigen Schiedsverfahrens geltend gemacht und entschieden werden können.

138 Für die Feststellung, dass eine Vereinbarung bestehen könnte, wonach alle Ansprüche gemeinsam in einem einzigen Schiedsverfahren entschieden werden sollen, ist ein **besonderer Zusammenhang** zwischen den Ansprüchen erforderlich, den die Parteien bei Abschluss der Schiedsvereinbarungen **vorhersehen** konnten. Die Auswirkungen eines solchen besonderen Zusammenhangs müssen in der Regel dazu führen, dass aufgrund der engen Verbindung zwischen den Ansprüchen und der Abhängigkeit voneinander ein Schiedsgericht große Schwierigkeiten haben würde, diese unabhängig voneinander und individuell in separaten Schiedsverfahren zu entscheiden. Verschiedene Elemente können kumulativ dazu führen, dass der Gerichtshof *prima facie* einen besonderen Zusammenhang bejaht.

Die **Identität der Parteien der Schiedsvereinbarungen** kann für die Bejahung des besonderen Zusammenhangs ausschlaggebend sein. Haben alle Parteien alle Schiedsvereinbarungen unterzeichnet, kann der Gerichtshof *prima facie* davon ausgehen, dass alle Parteien vereinbart haben könnten, dass die Ansprüche gemeinsam in einem Schiedsverfahren entschieden werden können. 139

Ist zumindest eine von mehreren Schiedsvereinbarungen von allen Parteien unterschrieben worden, wird der Gerichtshof in Anlehnung an die bisherige Praxis das Vorliegen einer Vereinbarung i.S.v. Art. 6 Abs. 4 Satz 3 (ii) Buchst. b *prima facie* ausnahmsweise bejahen können. Dies ist ggf. dann gegeben, wenn zwar nicht alle Parteien die Schiedsvereinbarungen unterzeichnet haben, sie jedoch auf Kläger- oder Beklagtenseite zu derselben **Unternehmensgruppe** gehören. Ein typischer Fall liegt vor, wenn der Rahmenvertrag mit einer Muttergesellschaft geschlossen wurde und die speziellen Verträge mit Tochtergesellschaften. Oftmals ist dabei das Anteilseigentum der Muttergesellschaft an den Tochtergesellschaften entscheidend. Die Ausnahme kann ggf. auch greifen, wenn ein Beklagter nicht alle Schiedsvereinbarungen unterzeichnet hat, dieser aber (1) den Kläger dazu verleitet hatte, in das streitige Projekt zu investieren, (2) an den Verhandlungen und der Finanzierung des Projekts teilgenommen hat, (3) weitreichende Entscheidungen bzgl. des streitigen Projekts getroffen hat und (4) die Entscheidung traf, ein joint venture aufzulösen und zu liquidieren, welches speziell zur Ausführung des Projekts gebildet worden war (*Greenberg/Feris/Albanesi*, S. 168). 140

Dieselbe wirtschaftliche Transaktion. Hinzu kommt die Voraussetzung, dass es sich bei den streitgegenständlichen Geschäften um ein- und dieselbe wirtschaftliche Transaktion handeln sollte. Diese ist z.B. dann gegeben, wenn die gleichen Parteien in mehreren Vertriebsverträgen für das gleiche Produkt ICC-Schiedsvereinbarungen geschlossen haben. Hinweise auf das Vorliegen der gleichen wirtschaftlichen Transaktion finden sich in der Zweckbestimmung der Verträge, der Identität der Vertragsparteien und dem Zeitpunkt der Vertragsschlüsse. 141

„Back-to-Back"-Verträge. Die gleiche wirtschaftliche Transaktion fehlt grds. dann, wenn sog. „Back-to-Back"-Verträge zwischen verschiedenen Parteien geschlossen worden sind, auch wenn sie das gleiche Produkt zum Inhalt haben, z.B. ein Zuliefervertrag zwischen A und B und ein Vertriebsvertrag zwischen B und C bzgl. des gleichen Produkts. Liegt keine vertragliche Vereinbarung dahingehend vor, dass Ansprüche des C bzgl. des Vertriebes eines Produktes durch B direkt auf A durchgreifen, 142 wird C im Zweifel nur gegen B vorgehen können; anders jedoch, wenn A das gleiche Produkt sowohl an B, als auch an C liefert, B und C der gleichen Unternehmensgruppe angehören und in beiden Verträgen identische AGB einbezogen sind, inklusive identischer ICC-Schiedsvereinbarungen. Liegen keine weiteren Umstände vor, die der Gerichtshof berücksichtigen müsste, wird er *prima facie* entscheiden, dass die Parteien vereinbart haben könnten, dass die Ansprüche gemeinsam in einem Schiedsverfahren entschieden werden können.

143 **Mutter-/Tochtergesellschaft.** Bei Verträgen zwischen Muttergesellschaft und Tochtergesellschaft kann es vorkommen, dass die Tochtergesellschaft z.B. einen Zuliefererertrag schließt und die Muttergesellschaft in einem separaten Vertrag als Bürge einsteht. Die gleiche wirtschaftliche Transkation wird zu bejahen sein, wenn die Bürgschaft im Zuliefererertrag vorgesehen ist. Liegen identische ICC-Schiedsvereinbarungen vor und sind beide Verträge zeitnah geschlossen worden, wird der Gerichtshof *prima facie* zugunsten einer Vereinbarung i.S.v. Art. 6 Abs. 4 Satz 3 (ii) entscheiden.

144 **Dienst- und Werkverträge.** Anders sind Dienst- und Werkverträge z.B. im **Anlagenbau** zu behandeln, in denen der Auftraggeber sowohl gegen den General- als auch gegen den Subunternehmer vorgehen will. In einem solchen Fall mag zwar die gleiche wirtschaftliche Transaktion vorliegen, es fehlt jedoch an einer Schiedsvereinbarung im Verhältnis zwischen dem Auftraggeber und dem Subunternehmer.

145 Davon ist der Fall zu differenzieren, in dem z.B. zwischen dem Auftraggeber und dem Bauunternehmen zwei verschiede Verträge geschlossen wurden, die verschiedene Teile einer Anlage zum Gegenstand haben und identische ICC-Schiedsvereinbarungen beinhalten. In einem solchen Fall wird der Gerichtshof in aller Wahrscheinlichkeit *prima facie* entscheiden, dass die Parteien vereinbart haben könnten, dass die Ansprüche gemeinsam in einem Schiedsverfahren entschieden werden können. Der Gerichtshof wird dagegen das Vorliegen einer solchen Vereinbarung *prima facie* verneinen, wenn die Ansprüche zwar auf Verträge zwischen den gleichen Parteien gestützt sind, die dem ähnlichen Zweck dienen und ähnliche Vorschriften inkl. der ICC-Schiedsvereinbarung haben, sich aber nicht auf das gleiche Bauprojekt beziehen (z.B. Bau von stahlproduzierenden Anlagen in verschiedenen Städten in Nordafrika) (*Greenberg/Feris/Albanesi*, S. 170).

4. Besondere Tatbestandsmerkmale bei Mehrparteienfällen und mehreren Schiedsvereinbarungen (Abs. 4 Satz 3 (i) und (ii))

In den Fällen, in denen Ansprüche auf mehrere Schiedsvereinbarungen gestützt werden, sind oftmals mehrere Parteien involviert (Parteien gehören zu einer Unternehmensgruppe, General- und Subunternehmer, Muttergesellschaft und Tochtergesellschaften; s. Rz. 140–144). Der Gerichtshof hat dann die Aufgabe, die *Prima-Facie*-Prüfung gemäß Art. 6 Abs. 4 Satz 3 (i) *und* (ii) durchzuführen. In solchen Fällen wird der Gerichtshof zwar beide Vorschriften in Betracht ziehen, jedoch nur eine *Prima-Facie*-Gesamtentscheidung fällen. 146

5. Rechtsfolgen bei positiver Prima-Facie-Entscheidung des Gerichtshofs (Art. 6 Abs. 4, 5)

a) Fortsetzung des Schiedsverfahrens gemäß Art. 6 Abs. 4

Liegen die allgemeinen und unter Umständen auch die besonderen Tatbestandsvoraussetzungen des Art. 6 Abs. 4 Satz 2 und Satz 3 (i) und (ii) vor, so werden eine Reihe von Rechtsfolgen gemäß Art. 6 Abs. 4–7 ausgelöst. Die erste Rechtsfolge ist die Fortsetzung des Schiedsverfahrens. Bei Zweiparteienverfahren ergeben sich dabei keine Besonderheiten. 147

Fortsetzung bzgl. Parteien. Bei der Fortsetzung des Schiedsverfahrens nach Art. 6 Abs. 4 Satz 3 (i) und (ii) sind zwei Unterscheidungen zu beachten. Nach **Art. 6 Abs. 4 Satz 3 (i)** entscheidet der Gerichtshof *prima facie*, zwischen welchen Parteien das Schiedsverfahren fortgesetzt werden soll. Das ergibt sich aus dem Wortlaut des Art. 6 Abs. 4 Satz 3 (i), der ausdrücklich erwähnt, dass „das Schiedsverfahren zwischen denjenigen Parteien und gemäß Artikel 7 beigezogenen zusätzlichen Parteien fortgeführt" wird, „von denen der Gerichtshof aufgrund des ersten Anscheins überzeugt ist, dass eine für sie verbindliche Schiedsvereinbarung bestehen könnte." Demnach kann der Gerichtshof *prima facie* entscheiden, dass einer oder mehreren Parteien die Fortführung des Schiedsverfahrens versagt ist, wenn die Voraussetzungen des Art. 6 Abs. 4 Satz 3 (i) nicht erfüllt sind, während das Schiedsverfahren im Übrigen fortgesetzt werden kann. Kommt der Gerichtshof in seiner *Prima-Facie*-Entscheidung zu dem Ergebnis, dass das Verfahren gegen eine Partei nicht fortzuführen ist, so ist diese Entscheidung grundsätzlich endgültig (beachte aber Art. 6 Abs. 6). 148

Fortsetzung bzgl. Ansprüchen. Im Hinblick auf **Art. 6 Abs. 4 Satz 3 (ii)** entscheidet der Gerichtshof *prima facie* über die Fortsetzung des Schiedsverfahrens bezüglich einiger konkreter, aber nicht notwendiger- 149 weise aller Ansprüche. Daher kann der Gerichtshof *prima facie* entscheiden, dass unter Berücksichtigung der Tatbestandsvoraussetzungen des Art. 6 Abs. 4 Satz 3 (ii) bestimmte Ansprüche von der Fortsetzung des Schiedsverfahrens ausgenommen werden sollen. Über diese Ansprüche kann im weiteren Verlauf das Schiedsgericht auch nicht mehr entscheiden; sie sind mit der Entscheidung des Gerichtshofs nicht länger Teil des Verfahrens.

b) Entscheidung über Zulässigkeit und Begründetheit bleibt unberührt (Abs. 4 Satz 4)

150 Zur Entscheidung über Zulässigkeit und Begründetheit bleibt das Schiedsgericht berufen. Dies gilt naturgemäß nicht für Ansprüche gegenüber Parteien, die aufgrund der Entscheidung des Gerichtshofs gemäß Art. 6 Abs. 4 nicht länger zum Verfahren gehören.

c) Anschließende Entscheidung des Schiedsgerichts bei positiver Entscheidung des Gerichtshofs (Abs. 5)

151 Das Schiedsgericht hat die **Kompetenz-Kompetenz**. Entscheidet der Gerichtshof gemäß Art. 6 Abs. 4, dass das Schiedsverfahren fortgesetzt werden kann, so entscheidet anschließend das Schiedsgericht selbst abschließend über seine Zuständigkeit. Jedoch beschneidet Art. 6 Abs. 5 die **Kompetenz-Kompetenz** des Schiedsgerichts dahingehend, dass dieses insoweit nicht befugt ist, über seine Zuständigkeit zu entscheiden, als der Gerichtshof gemäß Art. 6 Abs. 4 entschieden hat, dass das Schiedsverfahren nicht fortgesetzt wird. In dieser Hinsicht ist die Entscheidung des Gerichtshofs endgültig.

152 Die Erwähnung des Wortes „**anschließend**" in Art. 6 Abs. 5 gibt keinen Hinweis darauf, zu welchem Zeitpunkt genau die Zuständigkeitsprüfung stattfinden soll. Jedenfalls bedeutet es, dass das Schiedsgericht im Anschluss an die *Prima-Facie*-Entscheidung des Gerichtshofs über seine Zuständigkeit entscheidet – entweder vorgeschaltet oder zusammen mit der Entscheidung zur Begründetheit der Ansprüche. Die Beurteilung des Zeitpunkts der Entscheidung über die Zuständigkeit bemisst sich nach den prozessualen Verfahrensbestimmungen und dem Verfahrensablauf gemäß Art. 19 und Art. 22. Werden Zuständigkeitsrügen erhoben, kann es unter Umständen kosten- und zeiteffektiver sein, die Entscheidung zur Zuständigkeit des Schiedsgerichts im Wege eines Zwischenschiedsspruchs vorzuziehen. Anders jedoch, wenn die Fragen der Zuständigkeit zu sehr mit Fragen der Begründetheit verwoben sind, so dass sie nicht separat behandelt und entschieden werden können.

Empfehlung: Je nach Fallkonstellation kann es sich aus Zeit- und Kostengründen daher empfehlen, um eine Vorabentscheidung über die Zuständigkeit durch das Schiedsgericht zu ersuchen.

Form. Die Form der Entscheidung des Schiedsgerichts ist nicht in Art. 6 Abs. 5 vorgegeben. In der Regel wird ein Endschiedsspruch erlassen, wenn das Schiedsgericht entscheidet, dass es nicht zuständig ist. Kommt das Schiedsgericht zu der Entscheidung, dass es gegenüber allen oder einigen Parteien und bzgl. bestimmter Ansprüche zuständig ist, so wird es regelmäßig einen Teilschiedsspruch über seine Zuständigkeit erlassen. 153

Inhalt. Hinsichtlich des Inhalts der Entscheidung des Schiedsgerichts ist zu berücksichtigen, dass bei Wegfall der anfänglichen Zuständigkeitsrüge der Schiedsspruch ausdrücklich erwähnen sollte, dass trotz einer *Prima-Facie*-Entscheidung des Gerichtshofs nach Art. 6 Abs. 4 die Zuständigkeit des Schiedsgerichts nicht länger bestritten wird. 154

Reconsideration. Falls eine Partei mit der Entscheidung des Gerichtshofs nicht einverstanden ist, kann sie zwar grundsätzlich beantragen, dass der Gerichtshof das *Prima-Facie*-Verfahren wiederaufgreift und seine Entscheidung in Wiedererwägung zieht (sog. „reconsideration"). Eine solche **Wiedererwägung der Entscheidung** des Gerichtshofs ist allerdings in der ICC-SchO nicht vorgesehen, so dass die Zulässigkeit einer solchen Wiedererwägung fraglich ist. In der Praxis der ICC sind Wiedererwägungen der Entscheidungen des Gerichtshofs vereinzelt vorgekommen. Im Bereich der *Prima-Facie*-Entscheidungen sind Wiedererwägungen jedoch selten, da die Parteien die Entscheidung eines staatlichen Gerichts verlangen können. Eine erneute Vorlage würde nur in Betracht kommen, wenn neue, zuvor nicht bekannte und berücksichtigte Tatsachen vorgetragen werden können. 155

6. Rechtsfolgen bei negativer Prima-Facie-Entscheidung des Gerichtshofs (Abs. 6, 7)

a) Vorbehalt des Rechts der Parteien, das zuständige Gericht anzurufen (Abs. 6)

Im Falle einer negativen *Prima-Facie*-Entscheidung des Gerichtshofs nach Art. 6 Abs. 4 Satz 3 (i) wird das Verfahren – ggf. hinsichtlich der betreffenden Parteien oder Ansprüche – administrativ beendet. Den Parteien steht es gemäß Art. 6 Abs. 6 frei, sich an das zuständige staatliche Gericht zu wenden und dieses damit zu beauftragen zu entscheiden, ob und zwischen welchen Parteien eine wirksame Schiedsvereinbarung besteht. 156

157 In Deutschland ist in diesem Zusammenhang **§ 1032 Abs. 2 ZPO** in Betracht zu ziehen, wonach jede Partei die positive Feststellung beantragen kann, dass das ICC-Schiedsverfahren zulässig ist und eine wirksame ICC-Schiedsvereinbarung besteht. Der zeitliche Rahmen ist auf die Zeit vor der Konstituierung des Schiedsgerichts beschränkt. Da die Fälle des Art. 6 Abs. 4 in die Zeit vor der Konstituierung des Schiedsgerichts fallen, wird die zeitliche Begrenzung in § 1032 Abs. 2 ZPO grundsätzlich keine Schwierigkeiten bereiten.

Empfehlung: Wird gemäß der Entscheidung des Gerichtshofs nach Art. 6 Abs. 4 Satz 3 (i) das Schiedsverfahren bezüglich einiger Parteien fortgesetzt, empfiehlt sich, hinsichtlich der Parteien, in Bezug auf die der Gerichtshof dem Verfahren keinen Fortgang gegeben hat, einen Antrag nach § 1032 Abs. 2 ZPO alsbald nach der Unterrichtung der Entscheidung des Gerichtshofs einzureichen. Damit wird der Konstituierung des Schiedsgerichts, die sonst alsbald erfolgen würde, zuvorgekommen. Nur so kann sichergestellt werden, dass im Falle einer die Schiedsbindung bejahenden Entscheidung nach § 1032 Abs. 2 ZPO alle Parteien an der Konstituierung des Schiedsgerichts beteiligt werden, so dass nicht am Ende doch mehrere Schiedsverfahren geführt werden müssen.

b) Geltendmachung von Ansprüchen zu einem späteren Zeitpunkt in anderen Verfahren (Abs. 7)

158 Gemäß Art. 6 Abs. 7 bleibt es den Parteien unbenommen, dieselben Ansprüche, die der Gerichtshof aufgrund seiner Entscheidung nach Art. 6 Abs. 4 in einem anhängigen Schiedsverfahren nicht hat gelten lassen, zu einem späteren Zeitpunkt in anderen Verfahren vorzubringen.

159 Art. 6 Abs. 7 beschränkt sich im Wortlaut nicht auf „Schiedsverfahren", sondern gebraucht den weiter gefassten „andere Verfahren". Demnach kann in Betracht gezogen werden, dass Art. 6 Abs. 7 auch auf staatliche Verfahren verweist.

160 Da in einem anderen (Schieds-)Verfahren Ansprüche geltend gemacht werden, die nicht Inhalt des (ggf. noch anhängigen) ersten Schiedsverfahrens geworden sind, wird es grds. keine Bedenken hinsichtlich der *Lis-Alibi-Pendens*-Wirkung des anhängigen Schiedsverfahrens oder der *Res-Judicata*-Wirkung des Schiedsspruchs geben.

7. Kosten

161 Im Falle einer zur Beendigung des Verfahrens führenden negativen Prima-Facie-Entscheidung setzt der Gerichtshof die **Verwaltungskosten** fest, s. Art. 37 Rz. 53. Bei einer Beendigung des Verfahrens lediglich hin-

sichtlich einzelner Ansprüche oder Parteien kann wegen eines nun reduzierten Streitwerts eine **Reduzierung des vorläufigen Kostenvorschusses** jedenfalls mit Blick auf die Schiedsrichterhonorare in Betracht kommen.

Eine Partei, die mit Erfolg ihre vollständige „Entfernung" aus dem Schiedsverfahren mangels Prima-Facie-Zuständigkeit betreibt, hat keinen prozessualen Kostenerstattungsanspruch und muss einen etwaigen materiell-rechtlichen Kostenerstattungsanspruch vor den staatlichen Gerichten einklagen. 162

E. Weigerung oder Unterlassung, am Schiedsverfahren teilzunehmen (Abs. 8)

I. Normzweck

Art. 6 Abs. 8 stellt klar, dass das Unterlassen einer Partei, am Schiedsverfahren teilzunehmen, keine Verzögerung der Durchführung des Schiedsverfahrens zur Folge hat. Das Schiedsverfahren ist dennoch fortzusetzen. 163

II. Reform

Art. 6 Abs. 8 ICC-SchO 2012 ist identisch mit Art. 6 Abs. 3 ICC-SchO 1998. Die Reform der ICC-SchO hat lediglich zu einer anderen Nummerierung geführt. 164

III. Verhältnis zu § 1048 ZPO

In Schiedsverfahren mit Sitz in Deutschland behandelt § 1048 ZPO ausführlich die Säumnis der Parteien. Da Art. 6 Abs. 8 weit gefasst ist, umfasst er alle in § 1048 ZPO geregelten Fälle. 165

Auch auf der Rechtsfolgenseite sind Art. 6 Abs. 8 und § 1048 ZPO ähnlich gestaltet. Das Schiedsverfahren wird auch bei Säumnis der Parteien fortgesetzt. Insbesondere wird der Schiedsspruch „nach den vorliegenden Erkenntnissen erlassen" (§ 1048 Abs. 3 ZPO). 166

IV. Vergleich mit den im staatlichen Verfahren geltenden Vorschriften

Anders als in staatlichen Verfahren, wonach bei Säumnis der Parteien gemäß §§ 330, 331 ZPO Versäumnisurteile gegen den Kläger und den Beklagten ergehen können, muss das Schiedsgericht über die geltend ge- 167 machten Ansprüche nach Beweislage entscheiden. Das Schiedsgericht kann daher nicht die Behauptungen der teilnehmenden Partei als zugestanden ansehen. Die Entscheidungsgrundlage ist damit ähnlich der Entscheidung nach Lage der Akten gemäß § 251a ZPO, wobei diese aber nur zulässig ist, wenn der Beklagte wenigstens einmal zur Sache verhandelt hat.

V. Tatbestandsvoraussetzungen

1. Parteien

168 Art. 6 Abs. 8 schließt die Unterlassung und Weigerung beider Parteien ein. In der Praxis ist der Fall der Weigerung oder Unterlassung, an einem Schiedsverfahren teilzunehmen, am häufigsten auf der Beklagtenseite festzustellen.

169 Hinsichtlich der Unterlassung und **Weigerung des Beklagten**, an dem Schiedsverfahren teilzunehmen, sind die besonderen Fälle einer nicht (mehr) existierenden oder insolventen Partei zu beachten. Bei einer nicht (mehr) existierenden Partei kann nach Parteivortrag und unter Würdigung aller Umstände das Verfahren zur Beendigung führen, wenn das Schiedsgericht davon überzeugt ist, dass kein Schiedsverfahren gegen eine nicht (mehr) existierende Partei geführt werden kann. Die formale Parteirolle kann aber – wie im staatlichen Verfahren – hiervon unberührt bleiben. Im Falle einer insolventen Partei ist nach dem anwendbaren Recht zu beurteilen, ob Ansprüche gegen eine insolvente Partei im Schiedsverfahren geltend gemacht werden können. S. zum Ganzen Art. 37 Rz. 50 f.

170 Der Wortlaut des Art. 6 Abs. 8 ist weit gefasst, um alle Konstellationen der Säumnis behandeln zu können. **Weigert sich der Kläger**, am Schiedsverfahren teilzunehmen, muss davon ausgegangen werden, dass der Kläger die in der Schiedsklage geltend gemachten Ansprüche gegen den Beklagten in diesem Schiedsverfahren nicht mehr verfolgen will. In der Regel wird der Beklagte eine Verfahrensbeendigung beantragen, es sei denn, er hat eine Widerklage oder eine Kostenklage erhoben. Verlangt der Beklagte eine Entscheidung dieser Klagen vom Schiedsgericht und ist bis dato der Kläger seiner Zahlungsverpflichtung zum Kostenvorschuss nicht nachgekommen, wird der Beklagte den Kostenvorschuss tragen müssen (Art. 36 Abs. 5 Satz 2); ein etwaiger materiell-rechtlicher Ersatzanspruch bleibt unberührt. Werden fällige Kostenvorschüsse nicht geleistet, gilt Art. 36 Abs. 6.

2. Weigerung oder Unterlassung, am Schiedsverfahren oder einem Teil davon teilzunehmen

Die Weigerung oder Unterlassung, an dem Schiedsverfahren oder einem Teil davon teilzunehmen, kann verschiedene Formen annehmen. Weigerung ist eine aktive Handlung. Unterlassung ist eine Inaktivität, wenn nach der ICC-SchO oder den sonst anwendbaren Verfahrensvorschriften, wie z.B. dem Schiedsauftrag, dem Verfahrenskalender, einer Anordnung des Schiedsgerichts oder der *lex loci arbitri* ein Tätigwerden erforderlich oder geboten wäre. In der Praxis verschwimmen die Unterschiede. Sie sind letztendlich nicht maßgeblich, da es auf der Rechtsfolgenseite keine Differenzierung gibt. 171

Schweigen ist die gängigste Art einer Weigerung oder Unterlassung. Darüber hinaus ist die **Nichtzahlung des Kostenvorschusses** durch die säumige Partei als Weigerung oder Unterlassung zu verstehen. Auch kann eine Partei **explizit** ihre **Weigerung**, sich am Schiedsverfahren zu beteiligen, in einem Schreiben ausdrücken. 172

Die Weigerung oder Unterlassung kann sowohl das gesamte Schiedsverfahren als auch **Teile des Schiedsverfahrens** betreffen. Im Bereich der Beweismittel kann sich eine Partei z.B. weigern, Dokumente nach Anordnung des Schiedsgerichts an die gegnerische Partei auszuhändigen. Auch kann die Weigerung, an dem Schiedsverfahren teilzunehmen, darin liegen, keine benannten Zeugen zur mündlichen Zeugenvernehmung bereitzustellen. Die Nichteinreichung eines Schriftsatzes stellt ebenfalls eine Weigerung oder Unterlassung dar. 173

Fristversäumnis. Die Weigerung oder Unterlassung, am Schiedsverfahren teilzunehmen, kann nur dann festgestellt werden, wenn ein bestimmtes Verhalten der säumigen Partei erwartet oder angeordnet wird, jedoch ausfällt. Demnach ist ein Fristversäumnis erforderlich. Die Frist kann vom Sekretariat gesetzt worden sein (etwa für die Zahlung des Kostenvorschusses oder der Einreichung der Klageantwort), durch die Parteien selbst vereinbart oder durch das Schiedsgericht angeordnet sein. Dabei ist eine Fristverlängerung in Betracht zu ziehen. Wegen des Grundsatzes der **Gewährung des rechtlichen Gehörs** und den damit zusammenhängenden Auswirkungen auf die Anerkennung und Vollstreckung von Schiedssprüchen ist insbesondere das Schiedsgericht gehalten, Fristen angemessen zu setzen. 174

Gleichbehandlung aller Parteien. Alle Parteien sind in dem Schiedsverfahren gleich zu behandeln, auch die säumige Partei. Das Schiedsgericht 175 (und zu Beginn des Verfahrens das Sekretariat) muss alle Parteien gleichzeitig über jegliche Anordnungen, Entscheidungen und andere Verfahrensschritte, gleich ob administrativer, prozessualer oder substantieller Art, benachrichtigen.

Empfehlung: Dabei bietet es sich an, Mitteilungen in einer Art und Weise zu versenden, die die Annahme beweisen (Kurierservice, Einschreiben, read und delivery receipts bei E-Mails).

176 **Nachholen der verweigerten oder unterlassenen Handlung.** Die Partei, die sich vormals geweigert hat oder es unterlassen hat, sich am Schiedsverfahren oder an Teilen desselben zu beteiligen, kann jederzeit am Schiedsverfahren teilnehmen. Sie hat jedoch weder ein Recht darauf, etwaige ihr vorher bekannt gegebene Fristen, die abgelaufen sind, im Nachhinein verlängert zu erhalten, noch darauf, dass prozessuale Schritte wiederholt werden.

VI. Rechtsfolgen

177 Auf der Rechtsfolgenseite stellt Art. 6 Abs. 8 klar, dass das Schiedsverfahren fortzusetzen ist. Art. 6 Abs. 8 räumt dem Schiedsgericht (sowie dem Sekretariat) in dieser Hinsicht kein Ermessen ein.

178 Die Fortsetzung des Schiedsverfahrens ist in der ICC-SchO in speziellen Normen bzgl. einzelner Verfahrensschritte gesondert geregelt. Im Hinblick auf die **Bildung des Schiedsgerichts** sehen Art. 12 Abs. 2 und 4 vor, dass der Gerichtshof die Befugnis hat, einen Schiedsrichter zu benennen, wenn eine Partei dies unterlässt. Weigert sich eine Partei, den **Schiedsauftrag** zu unterzeichnen, so wird gemäß Art. 23 Abs. 3 der Schiedsauftrag dem Gerichtshof zur Genehmigung vorgelegt. Unterlässt es eine Partei trotz ordnungsgemäßer Ladung, ohne ausreichende Entschuldigung an der anberaumten **mündlichen Verhandlung** teilzunehmen, ist das Schiedsgericht gemäß Art. 26 Abs. 2 befugt, die mündliche Verhandlung durchzuführen.

179 Bei **Nichtzahlung des Kostenvorschusses** kann der Generalsekretär gemäß Art. 36 Abs. 6 das Schiedsgericht (nach Rücksprache mit diesem) anweisen, seine Arbeit auszusetzen und eine Frist von mindestens 15 Tagen zu setzen. Läuft diese Frist fruchtlos ab, gelten die betroffenen Ansprüche als zurückgenommen. Dieselben Ansprüche können jedoch zu einem späteren Zeitpunkt in einem anderen Verfahren geltend gemacht werden. Anders jedoch, wenn die betroffene Partei fristgerecht einen Antrag auf Entscheidung durch den Gerichtshof erhebt.

Die Fortsetzung des Schiedsverfahrens hat zur Folge, dass alle Verfahrensschritte einzuhalten sind: Schriftsätze sind einzureichen, Beweismittel sind vorzulegen, eine mündliche Verhandlung mit Zeugenvernehmung – falls angeordnet – ist durchzuführen. Darüber hinaus hat das Schiedsgericht einen Schiedsspruch zu erlassen. In der Regel klärt das Schiedsgericht die Parteien über die prozessualen Rechtsfolgen der Säumnis auf. Es ist dem Schiedsgericht allerdings wegen des Beratungsgeheimnisses nicht gestattet, sich zum Inhalt des zu erlassenden Schiedsspruchs zu äußern (s. auch Art. 33 Rz. 16; a.A. *Quinke*, SchiedsVZ 2013, 129 [133]). 180

Der **Schiedsspruch** ergeht auf Grundlage der Akten, die dem Schiedsgericht vorgelegt worden sind. Behauptungen sind nicht als zugestanden anzusehen; es gilt keine Geständnisfiktion. Die Beweislast verbleibt bei der Partei, die Ansprüche geltend macht. Nur wenn das Schiedsgericht von der Richtigkeit einer Behauptung aufgrund der Beweislage überzeugt ist, kann es der Klage stattgeben. 181

F. Gültigkeit der Schiedsvereinbarung trotz Behauptung der Nichtigkeit und des Nichtbestehens des Vertrages (Abs. 9)

Literatur: S. vor Rz. 1; *Dimolitsa*, Separability and Kompetenz-Kompetenz, in: A.J. van den Berg, Improving the Efficiency of Arbitration Agreements and Awards: 40 Years of Application of the New York Convention (ICCA Congress Series No. 9, 1999); *Lew/Mistelis/Kröll*, Comparative International Commercial Arbitration, S. 101–108 (2003); *Mayer*, The Limits of Severability of the Arbitration Clause, in: A.J. van den Berg, Improving the Efficiency of Arbitration Agreements and Awards: 40 Years of Application of the New York Convention (ICCA Congress Series No. 9, 1999).

I. Normzweck

Art. 6 Abs. 9 hat den im internationalen Schiedsverfahrensrecht allgemeingültigen Grundsatz der *„Separability"* zum Inhalt. Demnach ist die Schiedsvereinbarung eine vom Hauptvertrag unabhängige Vereinbarung, die eigenständig besteht. Die Anerkennung des Grundsatzes der *„Separability"* hat zur Folge, dass die Annahme, der Vertrag sei nichtig oder bestehe nicht, nicht *ipso iure* dazu führt, dass die Schiedsvereinbarung unwirksam und – demzufolge – das Schiedsgericht unzuständig ist. Vielmehr sind die Wirksamkeit der Schiedsvereinbarung und die Zuständigkeit des Schiedsgerichts unabhängig vom Bestehen des Vertrages zu beurteilen. Damit steht Art. 6 Abs. 9 im Zusammenhang mit dem in Art. 6 Abs. 5 geregelten Grundsatz der *Kompetenz-Kompetenz*. 182

183 Das bedeutet, dass grundsätzlich auch bei Nichtigkeit, Kündigung oder Auflösung des Vertrages die in einem solchen Vertrag enthaltene Schiedsklausel bzw. auf einen Vertrag anwendbare Schiedsvereinbarung bestehen bleibt. Das Prinzip der *„Separability"* hat mehrere Konsequenzen zur Folge: (1) Die etwaige Wirksamkeit einer Schiedsvereinbarung trotz des Nichtbestehens, der Unwirksamkeit oder der Rechtswidrigkeit des Hauptvertrages, (2) die etwaige Wirksamkeit des Hauptvertrages trotz des Nichtbestehens, der Unwirksamkeit, der Rechtswidrigkeit oder der Kündigung einer mit diesem verknüpften Schiedsvereinbarung, (3) eine vom Hauptvertrag etwaige abweichende Anwendung eines anderen Rechts auf die Schiedsvereinbarung und (4) der Anwendungsbereich der Schiedsvereinbarung kann weiter sein als der des Hauptvertrages; er kann insbesondere auch auf andere Verträge und/oder außervertragliche Anspruchsgrundlagen ausgedehnt werden.

184 Dabei ist zu beachten, dass der Grundsatz der *„Separability"* die Folgen einer Fehleridentität zwischen der Schiedsvereinbarung und dem Hauptvertrag nicht ausschließt. Unter Umständen kann die Schiedsvereinbarung unter den gleichen Mängeln leiden wie der Hauptvertrag, so etwa bei einem Mangel der Willenserklärung, den Hauptvertrag und die Schiedsvereinbarung zu schließen.

II. Reform

185 Art. 6 Abs. 9 ICC-SchO 2012 ist mit Art. 6 Abs. 4 ICC-SchO 1998 inhaltlich identisch. Es wurden lediglich zwei minimale sprachliche Änderungen vorgenommen.

III. Verhältnis zu § 1040 Abs. 1 und 2 ZPO

186 Der in Art. 6 Abs. 9 enthaltene Grundsatz der *„separability"* ist in § 1041 Abs. 1 Satz 2 ZPO geregelt. Damit ist in Abweichung von § 139 BGB nach § 1041 Abs. 1 Satz 2 ZPO die Wirksamkeit der Schiedsvereinbarung nicht von der Wirksamkeit des Hauptvertrages abhängig. Dies gilt auch dann, wenn gemäß § 1029 Abs. 2 ZPO die Schiedsvereinbarung in Form einer selbständigen Vereinbarung als Schiedsabrede oder in Form einer Schiedsklausel in einem Vertrag geschlossen wird.

IV. Vergleich mit den im staatlichen Verfahren geltenden Vorschriften

187 Im staatlichen Verfahren kann Art. 6 Abs. 9 mit der Unabhängigkeit des Hauptvertrages von der darin enthaltenen Gerichtsstandsvereinbarung

gemäß § 38 ZPO verglichen werden. Vorausgesetzt, dass über die Wirksamkeit der Gerichtsstandsvereinbarung gemäß § 38 ZPO nicht gestritten wird, ist sie unabhängig von der Wirksamkeit des Rechtsgeschäfts. Haben die Parteien eine Gerichtsstandsvereinbarung zur internationalen Zuständigkeit eines Gerichts getroffen, geht Art. 23 Brüssel I-VO dem § 38 ZPO vor. Hierbei gilt ebenfalls der Grundsatz, dass eine Behauptung, der gesamte die Gerichtsstandsvereinbarung enthaltende Vertrag sei unwirksam, die ausschließliche Zuständigkeit des prorogierten Gerichts unberührt lässt (EuGH v. 3.7.1997 – Rs. C-269/95, *Francesco Benincasa v. Dentalkit Srl.*, EWS 1997, 20).

V. Tatbestand

Behauptung, der Vertrag sei nichtig oder bestehe nicht (Art. 6 Abs. 9 Satz 1). Eine Behauptung i.S.d. Art. 6 Abs. 9 Satz 1 ist eine Behauptung, der Vertrag sei nichtig oder bestehe nicht. Dabei können sämtliche Nichtigkeitsgründe behauptet werden. In Betracht kommen Täuschung, Irrtum, mangelnde Schiedsfähigkeit oder die mangelnde Legitimation einer Partei, den Vertrag einzugehen. Die Behauptung des Nichtbestehens des Vertrages kann auf verschiedenen Umständen basieren, wie etwa mangelnder Vertragsschluss, Kündigung, Anfechtung, Aufhebung oder Auflösung durch Zeitablauf. 188

Empfehlung: Wird die Nichtigkeit oder das Nichtbestehen des Vertrages in Form einer Zuständigkeitsrüge behauptet (in Deutschland § 1040 Abs. 2 ZPO), ist es empfehlenswert, über die Zuständigkeit des Schiedsgerichts gegebenenfalls vorgeschaltet zu entscheiden. 189

Nichtbestehen oder Unwirksamkeit des Vertrages im Übrigen (Art. 6 Abs. 9 Satz 2). Spiegelbildlich kann aufgrund sämtlicher Gründe der Vertrag nicht bestehen oder unwirksam sein. Die Entscheidung über das Nichtbestehen oder die Unwirksamkeit des Vertrages liegt beim Schiedsgericht. 190

VI. Rechtsfolgen

Zuständigkeit des Schiedsgerichts, sofern dieses die Gültigkeit der Schiedsvereinbarung feststellt (Satz 1). Erhebt eine Partei die Behauptung, der Vertrag sei nichtig oder bestehe nicht, bleibt das Schiedsgericht aufgrund der Eigen- und Selbständigkeit der Schiedsvereinbarung zuständig, sofern es die Gültigkeit der Schiedsvereinbarung festgestellt hat. Das Schiedsgericht hat dabei das auf die Schiedsvereinbarung anwendbare Recht in Betracht zu ziehen (s. Rz. 6). 191

192 **Befugnis des Schiedsgerichts, bei Nichtbestehen oder Unwirksamkeit des Vertrages über Rechtsbeziehungen und Anträge der Parteien zu entscheiden (Satz 2).** Die Befugnis des Schiedsgerichts, über die Rechtsbeziehungen der Parteien und ihre Anträge zu entscheiden, auch wenn der Vertrag im Übrigen nicht bestehen oder unwirksam sein sollte, ist die logische Folge aus Art. 6 Abs. 9 Satz 1. Das Schiedsgericht entscheidet über alle Streitigkeiten, die sich aus oder im Zusammenhang des zwischen den Parteien geschlossenen Vertrages ergeben. Solche Streitigkeiten können unter Umständen über das Bestehen oder die Wirksamkeit des Vertrages hinausgehen.

G. Abweichende Parteivereinbarungen

193 Abweichende Parteivereinbarungen von Art. 6 Abs. 1–9 sind nur bedingt möglich.

194 Art. 6 Abs. 1–5 stehen nicht zur Parteidisposition. Sie bilden das Fundament für die Zuständigkeit des Schiedsgerichts und des Gerichtshof. Die Unterwerfung unter die ICC-SchO (Abs. 1) und die Anerkennung, dass das Schiedsverfahren der Verwaltung des Gerichtshofs untersteht (Abs. 2), sind Gewähr dafür, dass das Schiedsverfahren seinen geordneten Gang geht. Die Funktion des Generalsekretärs, die Befugnis des Schiedsgerichts unmittelbar über Zuständigkeitsrügen zu entscheiden sowie die *Prima-Facie*-Prüfung des Gerichtshofs, ob ein Schiedsverfahren fortgesetzt werden kann, dienen der Effizienz der Durchführung des Schiedsverfahrens und der kontinulierlich ausgerichteten hohen Qualität in der ICC-Schiedsgerichtsbarkeit.

195 Art. 6 Abs. 6 und 7 geben dagegen Raum für abweichende Parteivereinbarungen, die jedoch die Rechte der Parteien einschränken würden. Daher ist davon auszugehen, dass es selten zu abweichenden Parteivereinbarungen diesbezüglich kommen wird.

196 Hinsichtlich des Art. 6 Abs. 8 sind abweichende Parteivereinbarungen im Rahmen der Rechtsfolgen der Weigerung und Unterlassung einer Partei, an dem Schiedsverfahren teilzunehmen, denkbar. Dies ist auch in § 1048 Abs. 4 Satz 2 ZPO vorgesehen, wird in der Praxis aber selten vorkommen.

197 Die Möglichkeit, abweichende Parteivereinbarungen zu schließen, ist ausdrücklich in Art. 6 Abs. 9 Satz 1 vorgesehen („vorbehaltlich anderweitiger Vereinbarung"). Die Parteien können etwa vereinbaren, die Zuständigkeit des Schiedsgerichts auszuschließen, soweit eine Partei Behauptungen über die Nichtigkeit oder des Nichtbestehens des Vertrages erhoben hat.

Anhang 1:
Schaubild für Mehrparteien- und Mehrvertragsfälle

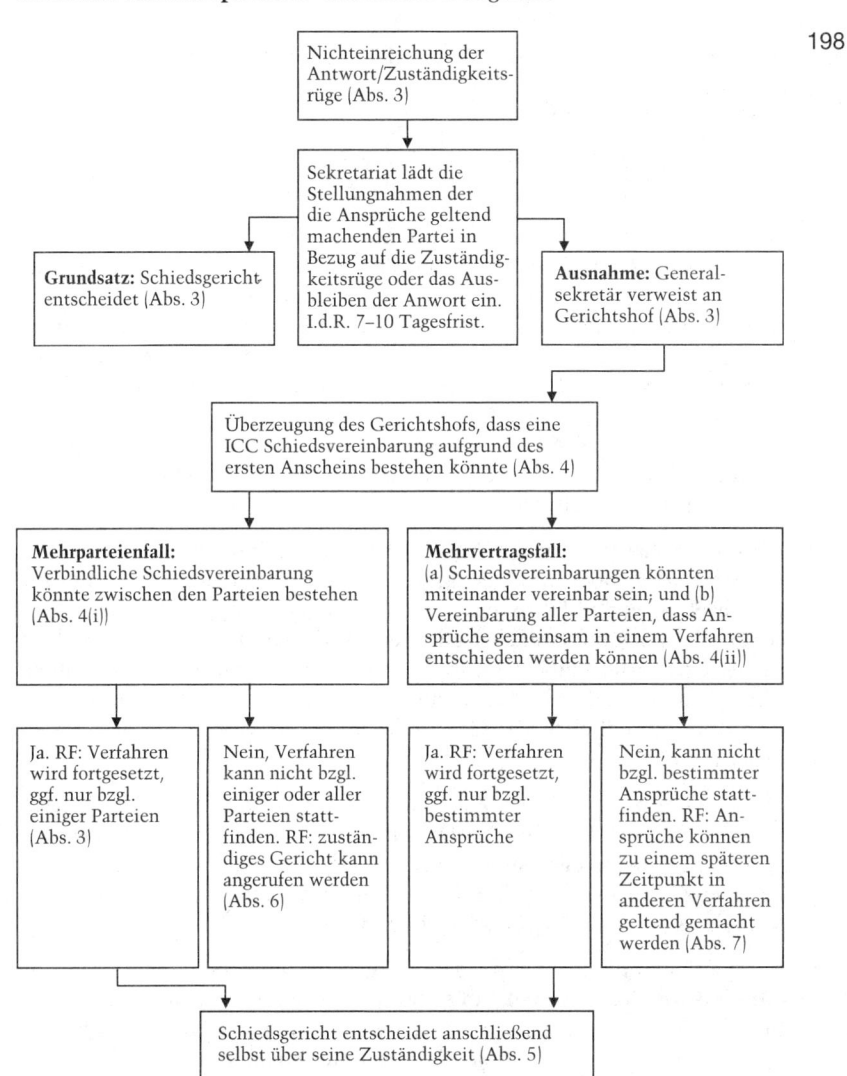

198

```
                          ┌─────────────────────────┐
                          │ Nichteinreichung der    │
                          │ Antwort/Zuständigkeits- │
                          │ rüge (Abs. 3)           │
                          └─────────────────────────┘
                                     │
                                     ▼
┌──────────────────────┐  ┌─────────────────────────┐  ┌──────────────────────┐
│ Grundsatz: Schieds-  │  │ Sekretariat lädt die    │  │ Ausnahme: General-   │
│ gericht entscheidet  │◄─│ Stellungnahmen der die  │─►│ sekretär verweist an │
│ (Abs. 3)             │  │ Ansprüche geltend       │  │ Gerichtshof (Abs. 3) │
└──────────────────────┘  │ machenden Partei in     │  └──────────────────────┘
                          │ Bezug auf die Zustän-   │
                          │ digkeitsrüge oder das   │
                          │ Ausbleiben der Antwort  │
                          │ ein. I.d.R. 7–10        │
                          │ Tagesfrist.             │
                          └─────────────────────────┘
                                     │
                                     ▼
                          ┌─────────────────────────┐
                          │ Überzeugung des Gerichts-│
                          │ hofs, dass eine ICC     │
                          │ Schiedsvereinbarung     │
                          │ aufgrund des ersten     │
                          │ Anscheins bestehen      │
                          │ könnte (Abs. 4)         │
                          └─────────────────────────┘
```

Mehrparteienfall:
Verbindliche Schiedsvereinbarung könnte zwischen den Parteien bestehen (Abs. 4(i))

Mehrvertragsfall:
(a) Schiedsvereinbarungen könnten miteinander vereinbar sein; und (b) Vereinbarung aller Parteien, dass Ansprüche gemeinsam in einem Verfahren entschieden werden können (Abs. 4(ii))

Ja. RF: Verfahren wird fortgesetzt, ggf. nur bzgl. einiger Parteien (Abs. 3)

Nein, Verfahren kann nicht bzgl. einiger oder aller Parteien stattfinden. RF: zuständiges Gericht kann angerufen werden (Abs. 6)

Ja. RF: Verfahren wird fortgesetzt, ggf. nur bzgl. bestimmter Ansprüche

Nein, kann nicht bzgl. bestimmter Ansprüche stattfinden. RF: Ansprüche können zu einem späteren Zeitpunkt in anderen Verfahren geltend gemacht werden (Abs. 7)

Schiedsgericht entscheidet anschließend selbst über seine Zuständigkeit (Abs. 5)

Mehrere Parteien, mehrere Verträge, Verbindung von Schiedsverfahren

Multiple Parties, Multiple Contracts and Consolidation

Vorbemerkungen zu den §§ 7 ff.

1 Kaum ein Regelungskomplex der ICC-SchO 2012 enthält so einschneidende Neuerungen wie die Regelungen in den Art. 7–10.

2 Anders als in der ICC-SchO 2012 fand sich in der ICC-SchO 1998 kein eigenes Kapitel zum Thema „Mehrere Parteien, Mehrere Verträge und Verbindung von Schiedsverfahren". So enthielt die ICC-SchO 1998 keine Regelung zur *„Einbeziehung zusätzlicher Parteien"* (Art. 7 ICC-SchO 2012), zum Umgang mit *„Ansprüchen zwischen mehreren Parteien"* (Art. 8 ICC-SchO 2012) oder zur Gestaltung von Verfahren auf Basis *„mehrerer Verträge"* (Art. 9 ICC-SchO 2012). Zwar enthielt die ICC-SchO 1998 in Art. 4 Abs. 6 eine Regelung zur *„Verbindung von Schiedsverfahren"*. Jedoch geht die nunmehr in Art. 10 ICC-SchO enthaltene Regelung weit hierüber hinaus.

3 Für die Neufassung der ICC-SchO 1998 hatte sich die ICC Commission on Arbitration noch bewusst gegen eine ausführlichere Ausgestaltung der Regelungen zu Mehrparteienverfahren entschieden. Folge dieser Entscheidung war eine zunächst eher restriktive Haltung des Gerichtshofs mit Blick auf die Einbeziehung weiterer Parteien, die Verbindung mehrerer Verfahren oder die Geltendmachung von Ansprüchen auf Grundlage unterschiedlicher Verträge und/oder Schiedsabreden innerhalb eines Verfahrens.

4 Diese ursprüngliche Position des Gerichtshofs wurde in den Jahren nach Inkrafttreten der ICC-SchO 1998 zunehmend kritisiert. Ihr wurde u.a. entgegengehalten, dass sie zu einer Benachteiligung von Beklagten gegenüber Klägern, einer Häufung von Verfahren und somit zu einem Anstieg der Kosten der an diesen Verfahren beteiligten Parteien führe.

5 Der Gerichtshof überdachte daraufhin seine Entscheidungspraxis und entwickelte diese fort. So gab er beispielsweise Anträgen auf Einbeziehung zusätzlicher Parteien regelmäßig auch ohne das Einverständnis aller Parteien statt, sofern (i) der Antragsteller einen konkreten Anspruch gegen die zusätzliche Partei erhob, (ii) letztere die maßgebliche Schiedsvereinbarung unterschrieben hatte und (iii) der Antrag vor Bestellung des Schiedsgerichts erfolgte. Ferner gewährte der Gerichtshof einem Be-

klagten das Recht, neben einer Widerklage gegen den Kläger auch Ansprüche gegen andere Beklagte zu erheben.

Diese „Öffnung" durch den Gerichtshof ging jedoch bis zum Inkrafttreten der ICC-SchO 2012 nicht mit einer Änderung der Regelungen der ICC-SchO 1998 einher. Vielmehr änderte der Gerichtshof lediglich seine Praxis bei der Auslegung der ICC-SchO 1998. 6

Hieraus resultierten jedoch mindestens zwei Probleme: Zum einen gewährten der Wortlaut und die bipolare Struktur der ICC-SchO 1998 nicht genügend Spielraum, um alle denkbaren multipolaren Konstellationen eines Mehrparteienverfahrens angemessen zu lösen. Zum anderen sah der Schiedsgerichtshof davon ab, die von ihm in ständiger Praxis angewandten Kriterien und Regeln im Umgang mit Mehrparteienverfahren offiziell bekannt zu geben. Einen genauen Überblick über den jeweiligen Stand der Praxis des Gerichtshofs hatten nur dessen Mitglieder und die Mitarbeiter des Sekretariats. 7

Den besten öffentlich verfügbaren Überblick über die damalige Praxis des Gerichtshofs vermitteln daher zwei von damaligen Mitarbeitern des Sekretariats verfasste Aufsätze (vgl. die Beiträge aus dem Jahr 2003 von *Whitesell/Silva-Romero*, Multiparty and Multicontract Arbitration: Recent ICC Experience, ICC Court Bulletin, Special Supplement 2003, Complex Arbitrations, S. 7 ff. sowie aus dem Jahr 2010 von *Greenberg/Feris/Albanesi*, Consolidation, Joinder, Cross-Claims, Multiparty and Multicontract Arbitrations: Recent ICC Experience, Dossier of the ICC Institute of World Business Law: Multiparty Arbitration [2010], S. 161 ff.), wobei auch hier die Autoren darauf hinweisen, dass etwaige in den Beiträgen enthaltene Stellungnahmen und Meinungen allein den Autoren und nicht dem Gerichtshof zuzurechnen seien. 8

Die stetig wachsende Anzahl sowie die ebenso steigende Komplexität von Mehrparteienverfahren haben die ICC Commission on Arbitration nunmehr dazu veranlasst, einen weiteren Schritt zu tun und als erste Institution in Art. 7–10 der ICC-SchO 2012 den Versuch einer umfassenden Regelung der Mehrparteien- und Mehrvertragsproblematik zu unternehmen. Die Voraussetzungen und Rechtsfolgen dieser Regelungen sollen im Folgenden dargestellt und erläutert werden. Ob und inwieweit die neuen Regelungen sich in der Praxis bewähren, werden die folgenden Jahre zeigen. 9

Art. 7 ICC-SchO Einbeziehung zusätzlicher Parteien

Artikel 7: Einbeziehung zusätzlicher Parteien

(1) Eine Partei, die die Einbeziehung einer zusätzlichen Partei zum Schiedsverfahren bewirken möchte, hat ihre Schiedsklage gegen die zusätzliche Partei (den „Antrag auf Einbeziehung") beim Sekretariat einzureichen. Der Tag, an dem der Antrag auf Einbeziehung beim Sekretariat eingeht, gilt in jeder Hinsicht als Zeitpunkt des Beginns des Schiedsverfahrens gegen die zusätzliche Partei. Für eine solche Einbeziehung gelten die Bestimmungen der Artikel 6(3)–6(7) und 9. Nach Bestätigung oder Ernennung eines Schiedsrichters kann die Einbeziehung zusätzlicher Parteien nur mit dem Einvernehmen sämtlicher Parteien, einschließlich der zusätzlichen Partei, erfolgen. Das Sekretariat kann eine Frist für die Einreichung des Antrags auf Einbeziehung setzen.

(2) Der Antrag auf Einbeziehung soll folgende Angaben enthalten:

a) das Aktenzeichen des laufenden Schiedsverfahrens;

b) vollständige Namen, Rechtsform, Adressen und sonstige Kontaktdaten der Parteien, einschließlich der zusätzlichen Partei; und

c) die gemäß Artikel 4(3) c), d), e) und f) erforderlichen Angaben.

Die Partei, die den Antrag auf Einbeziehung stellt, kann in Verbindung damit weitere Dokumente oder Informationen einreichen, soweit sie es für geboten hält oder soweit diese zu einer effizienten Streitbeilegung beitragen können.

(3) Die Bestimmungen der Artikel 4(4) und 4(5) gelten für den Antrag auf Einbeziehung entsprechend.

(4) Für die Einreichung der Antwort der zusätzlichen Partei gelten die Bestimmungen der Artikel 5(1)–5(4) entsprechend. Die zusätzliche Partei kann ihrerseits Ansprüche gegen jedwede andere Partei des Schiedsverfahrens gemäß den Bestimmungen von Artikel 8 geltend machen.

Multiple Parties, Multiple Contracts and Consolidations

Article 7: Joinder of Additional Parties

(1) A party wishing to join an additional party to the arbitration shall submit its request for arbitration against the additional party (the "Request for Joinder") to the Secretariat. The date on which the Request for Joinder is received by the Secretariat shall, for all purposes, be deemed to be the date of the commencement of arbitration against the addi-

tional party. Any such joinder shall be subject to the provisions of Articles 6(3)–6(7) and 9. No additional party may be joined after the confirmation or appointment of any arbitrator, unless all parties, including the additional party, otherwise agree. The Secretariat may fix a time limit for the submission of a Request for Joinder.

(2) The Request for Joinder shall contain the following information:
a) the case reference of the existing arbitration;
b) the name in full, description, address and other contact details of each of the parties, including the additional party; and
c) the information specified in Article 4(3) subparagraphs c), d), e) and f). The party filing the Request for Joinder may submit therewith such other documents or information as it considers appropriate or as may contribute to the efficient resolution of the dispute.

(3) The provisions of Articles 4(4) and 4(5) shall apply, *mutatis mutandis*, to the Request for Joinder.

(4) The additional party shall submit an Answer in accordance, *mutatis mutandis*, with the provisions of Articles 5(1)–5(4). The additional party may make claims against any other party in accordance with the provisions of Article 8.

Regelungsschwerpunkte: Abs. 1–3 regeln die formellen und materiellen Voraussetzungen. → Rz. 7–28 **Abs. 4** regelt die Rechtsfolgen einer Einbeziehung einer zusätzlichen Partei. → Rz. 29–39

Kostenaspekte: Abs. 1–4 Die Einbeziehung einer zusätzlichen Partei setzt die Zahlung der Registrierungsgebühr voraus und führt zur Erhöhung der Verfahrenskosten und somit auch zur Anpassung des Kostenvorschusses gemäß Art. 36 Abs. 4. Gleichwohl wird die Einbeziehung in der Regel finanziell günstiger sein, als die Einleitung eines separaten Schiedsverfahrens. → Rz. 48–51

Inhalt

A. Normzweck 1	D. Vergleich mit den in staatlichen Gerichtsverfahren geltenden Vorschriften 4
B. Reform 2	
C. Verhältnis zu §§ 1025 ff. ZPO 3	

E. Verfahrensablauf (Abs. 1) 7	4. Geltendmachung eigener Ansprüche 36
I. Antrag auf Einbeziehung (Abs. 2) 7	IV. Einwendungen der übrigen Parteien (Abs. 1)............ 37
1. Antragsteller 8	
2. Antragsgegner 10	F. Kein „Einbeziehungsbeschluss" des Gerichtshofs.... 40
3. Zustimmungsbedürftigkeit/Frist für Antragstellung 12	G. Entscheidung des Schiedsgerichts 42
4. Verfahrensbeginn 17	
5. Antragsinhalt 18	H. Vollstreckbarkeit und gerichtliche Kontrolle 45
II. Zustellung durch das Sekretariat (Abs. 3) 25	
III. Antwort der zusätzlichen Partei (Abs. 4).............. 29	J. Kosten 48
1. 30-Tage-Frist/Mitwirkung bei Besetzung des Schiedsgerichts 29	K. Abweichende Parteivereinbarungen 52
2. Form und Inhalt der Antwort 34	Anhang 1: Muster Klageantwort/Widerklage/Antrag auf Einbeziehung (deutsch) 53
3. Ausbleiben einer Antwort/Einwendungen der zusätzlichen Partei/Mehrere Verträge 35	Anhang 2: Muster Klageantwort/Widerklage/Antrag auf Einbeziehung (englisch) 55

Literatur: *Greenberg/Feris/Albanesi,* Consolidation, Joinder, Cross-Claims, Multiparty and Multicontract Arbitrations: Recent ICC Experience, Dossier of the ICC Institute of World Business Law: Multiparty Arbitration (2010), S. 161 ff.; *Whitesell/Silva-Romero,* Multiparty and Multicontract Arbitration: Recent ICC Experience, ICC Court Bulletin, Special Supplement 2003, Complex Arbitrations, S. 7 ff.

A. Normzweck

1 Art. 7 dient primär der **Verfahrenseffizienz**. Die Einbeziehung einer zusätzlichen Partei in ein laufendes Schiedsverfahren führt, verglichen mit der Anstrengung eines separaten Verfahrens, in der Regel zu Zeit- und Kostenersparnissen. Auch fördert Art. 7 eine einheitliche Rechtsfindung. Die Einbeziehung der zusätzlichen Partei vermeidet die Gefahr, dass mehrere Schiedsgerichte über dieselben bzw. ähnlich gelagerte oder miteinander verbundene Sach- und Rechtsfragen unterschiedlich befinden. Schließlich dient Art. 7 der Chancengleichheit. Er gewährleistet, dass nicht nur der Kläger, sondern auch der Beklagte oder die Beklagten bestimmen, welche Parteien und welche Ansprüche den Gegenstand des Schiedsverfahrens bilden sollen.

B. Reform

Die ICC-SchO 1998 enthielt keine Art. 7 entsprechenden Regelungen. Zwar war es den Parteien eines Schiedsverfahrens auch unter der Geltung der ICC-SchO 1998 möglich, eine bis dato nicht am Verfahren beteiligte Partei in ein laufendes Verfahren miteinzubeziehen. Dem Wortlaut der ICC-SchO 1998 war dies jedoch nicht zu entnehmen. Insbesondere regelte die ICC-SchO 1998 nicht die Voraussetzungen einer solchen Einbeziehung. Vielmehr war es der Gerichtshof selbst, der im Laufe der Jahre eine diesbezügliche Praxis entwickelte. Art. 7 kodifiziert in weiten Teilen diese bisherige Praxis des Gerichtshofs und führt somit auch zu einem Gewinn an Transparenz und Rechtsklarheit. In gewissen Umfang erweitert Art. 7 auch die bisherige Praxis des Gerichtshofs. Eine Streitverkündung oder eine Intervention durch eine bis dato nicht am Verfahren beteiligte Drittpartei sieht aber auch die ICC-SchO 2012 weiterhin nicht vor. Eine maßgebliche Änderung gegenüber der bisherigen Praxis des Gerichtshofs besteht darin, dass Art. 7 an die Einbeziehung einer neuen Partei im Laufe des Schiedsverfahrens die gleichen Anforderungen stellt, wie an die Einbeziehung einer Partei zu Beginn des Schiedsverfahrens; hier wie dort prüft der Gerichtshof auf die Einwendung einer Partei, ob *prima facie* eine wirksame Schiedsvereinbarung vorliegt. Nach der bisherigen Praxis erforderte die Einbeziehung darüber hinaus die „Unterzeichnung" der Schiedsvereinbarung durch die einzubeziehende Partei. 2

C. Verhältnis zu §§ 1025 ff. ZPO

Die Vorschriften der §§ 1025 ff. ZPO haben für die Anwendung von Art. 7 keine praktische Bedeutung. 3

D. Vergleich mit den in staatlichen Gerichtsverfahren geltenden Vorschriften

Art. 7 entspricht keinem prozessualen Gestaltungsmittel, das in Verfahren vor deutschen staatlichen Gerichten Anwendung findet. 4

Unterschied zu §§ 64 ff. ZPO. Art. 7 entspricht nicht den in §§ 64 ff. ZPO geregelten Gestaltungsmitteln der Hauptintervention, der Nebenintervention oder der Streitverkündung. Der Hauptunterschied besteht darin, dass die zusätzliche Partei i.S.v. Art. 7 selbst Partei des Schiedsverfahrens wird; gegen sie wird ein Anspruch erhoben und ihr steht es frei, selbst Ansprüche gegen jede andere Partei geltend zu machen. 5

Hauptintervenient, Nebenintervenient und Streitverkündeter sind hingegen gerade nicht Partei des staatlichen Verfahrens. Sie können weder verurteilt werden noch können sie – mit Ausnahme des prozessualen Kostenerstattungsanspruchs (§ 101 ZPO) – eigene Ansprüche erheben.

6 **Unterschied zu §§ 59 ff. ZPO.** Art. 7 entspricht auch nicht den Regelungen in §§ 59 ff. ZPO zur Streitgenossenschaft bzw. den Prozessfiguren des Parteiwechsels oder der Parteierweiterung. Von der anfänglichen Streitgenossenschaft unterscheidet sich Art. 7 bereits dadurch, dass die zusätzliche Partei nicht von vornherein am Rechtsstreit teilnimmt. Art. 7 sieht auch keinen Parteiwechsel vor; die bisherigen Parteien bleiben Parteien des Schiedsverfahrens. Am ehesten ähnelt Art. 7 noch der Figur der gewillkürten Parteierweiterung. Jedoch tritt die zusätzliche Partei nicht zwingend auf Seiten des Klägers oder des Beklagten in das Schiedsverfahren ein. Vielmehr eröffnet Art. 7 Abs. 4 Satz 2 i.V.m. Art. 8 die Möglichkeit zu einem echten „multipolaren" Verfahren. Ein solches Verfahren kennt die ZPO nicht.

E. Verfahrensablauf (Abs. 1)

I. Antrag auf Einbeziehung (Abs. 2)

7 Grundvoraussetzung für die Einbeziehung einer zusätzlichen Partei ist gemäß Art. 7 Abs. 1 Satz 1 der *„Antrag auf Einbeziehung".*

1. Antragsteller

8 **Antragsberechtigte.** Einen Antrag auf Einbeziehung einer zusätzlichen Partei kann jede am Verfahren beteiligte Partei stellen. Bei mehreren Klägern oder mehreren Beklagten ist jeder Kläger bzw. jeder Beklagte für sich berechtigt, einen Antrag zu stellen. Der Antrag kann jedoch natürlich auch durch die Parteien gemeinsam erfolgen. Auch eine Partei, die zuvor selbst in das Verfahren einbezogen wurde, ist berechtigt, einen Antrag auf Einbeziehung gemäß Art. 7 zu stellen.

9 **Keine Antragsberechtigung.** Nicht antragsberechtigt ist die zusätzliche Partei selbst (kein Interventionsrecht). Auch der Gerichtshof und das Schiedsgericht können nicht von sich aus (*sua sponte*) eine zusätzliche Partei in ein laufendes ICC-Schiedsverfahren miteinbeziehen.

2. Antragsgegner

Der Antrag auf Einbeziehung richtet sich gegen die zusätzliche Partei (nicht etwa gegen die übrigen Parteien). 10

Adressat. Gleichwohl ist der Antrag auf Einbeziehung (ebenso wie die Schiedsklage) beim Sekretariat einzureichen. Dieses leitet den Antrag an die zusätzliche Partei sowie an alle anderen Parteien weiter. Der Antrag darf weder unmittelbar bei der zusätzlichen Partei noch beim Schiedsgericht eingereicht werden, auch wenn letzteres ausnahmsweise bereits konstituiert sein sollte. Ein nicht beim Sekretariat, sondern bei einem Dritten eingereichter Antrag ist auch dann wirkungslos, wenn das Sekretariat hiervon Kenntnis erlangt. 11

3. Zustimmungsbedürftigkeit/Frist für Antragstellung

Keine Zustimmungsbedürftigkeit. Vor der Bestätigung eines Schiedsrichters durch den Generalsekretär (Art. 13 Abs. 2) bzw. seiner Bestätigung oder Ernennung durch den Gerichtshof (Art. 12, 13, 15) kann eine zusätzliche Partei auf den bloßen Antrag einer Partei hin in ein Verfahren einbezogen werden, es sei denn, eine vom Sekretariat hierfür gesetzte Frist ist verstrichen (Rz. 14). Der Zustimmung der übrigen Parteien und der zusätzliche(n) Partei(en) bedarf es in diesem frühen Stadium des Verfahrens nicht; daran ändert insbesondere auch der Umstand nichts, dass bereits ein oder mehrere Schiedsrichter durch die Partei(en) benannt oder ggf. von einem Nationalkomitee vorgeschlagen worden sind. Dies folgt (im Umkehrschluss) aus Art. 7 Abs. 1 Satz 4. 12

Zustimmungsbedürftigkeit. Nach der Bestätigung bzw. Ernennung eines Schiedsrichters erfordert die Einbeziehung einer zusätzlichen Partei gemäß Art. 7 Abs. 1 Satz 4 die Zustimmung aller übrigen Parteien einschließlich der zusätzlichen Partei. In der Praxis wird dies dazu führen, dass das Sekretariat Schiedsrichter in der Regel erst dann bestätigt oder ernennt, wenn feststeht, dass keine der Parteien einen Antrag auf Einbeziehung einer zusätzlichen Partei stellen wird. So wird sichergestellt, dass auch die zusätzliche Partei an der Auswahl und Bestellung des Schiedsgerichts mitwirken kann (Art. 12 Abs. 7). 13

Fristsetzung durch Sekretariat. Diesem Umstand trägt auch Abs. 1 Satz 5 Rechnung, der das Sekretariat berechtigt, den Parteien eine Frist für die Einreichung eines Antrags auf Einbeziehung zu setzen. Diese Regelung ermöglicht es dem Sekretariat, einer Verzögerung durch die Parteien vorzubeugen. Das Sekretariat macht hiervon regelmäßig Gebrauch 14 und warnt die Parteien einerseits, dass eine Einbeziehung weiterer Parteien nach Ernennung bzw. Bestellung von Schiedsrichtern nicht mehr möglich ist. Andererseits werden auch regelmäßig Fristen gesetzt, innerhalb derer eine Einbeziehung noch möglich ist. Typischerweise wird das Sekretariat darauf hinwirken, dass die Parteien einen Antrag auf Einbeziehung spätestens mit Einreichung ihres ersten Schriftsatzes (im Fall des Beklagten die „Antwort") stellen.

15 Der bloße Ablauf einer Frist gemäß Art. 7 Abs. 1 Satz 5 wirkt sich nicht auf die Zulässigkeit des Antrags auf Einbeziehung aus. So bedarf es erst nach der Bestätigung bzw. Ernennung eines Schiedsrichters und nicht bereits mit Fristablauf des Einvernehmens aller Parteien.

16 **Zustimmung des Schiedsrichters?** Art. 7 regelt nicht, ob die Zulässigkeit eines Antrags auf Einbeziehung nach Bestätigung oder Ernennung eines Schiedsrichters neben dem Einverständnis aller Parteien auch das Einverständnis des Schiedsrichters erfordert. Diese Frage ist zu verneinen. Gleichwohl wird das Sekretariat den oder die bereits bestellten Schiedsrichter auffordern, ihre zuvor abgegebenen Unparteilichkeits- und Unabhängigkeitserklärungen (Art. 11 Abs. 2) anzupassen. Sollte es einem Schiedsrichter aufgrund eines Interessenkonflikts nicht möglich sein oder sollte er aus anderen Gründen nicht gewillt sein, das Verfahren mit der einzubeziehenden Partei fortzusetzen, wird er von seinem Amt zurücktreten müssen. Sollte er hierzu nicht bereit sein, sind die Parteien berechtigt, beim Gerichtshof die Ersetzung des Schiedsrichters zu beantragen (Art. 15 Abs. 1). Denkbar wäre auch eine Ersetzung des Schiedsrichters durch den Gerichtshof gemäß Art. 15 Abs. 2 (vgl. hierzu Art. 15 Rz. 19).

4. Verfahrensbeginn

17 Das Verfahren gegen die zusätzliche Partei beginnt gemäß Art. 7 Abs. 1 Satz 2 mit Eingang des *„Antrags auf Einbeziehung"* beim Sekretariat. Es beginnt somit (wie auch im Fall der Schiedsklage) nicht erst mit der Zustellung des Antrags an die zusätzliche Partei. Dies gilt auch dann, wenn zwischen dem Antragseingang und seiner Weiterleitung an die zusätzliche Partei längere Zeit vergeht (die Regelung geht insofern weit über die Zustellungsfiktion des § 167 ZPO hinaus). Der Beginn des Verfahrens ist insbesondere für die Frage einer etwaigen Verjährung von Ansprüchen gegen die zusätzliche Partei (für den Fall der Anwendbarkeit deutschen Sachrechts vgl. § 204 Nr. 11 BGB) sowie für die Frage der Zinsen (vgl. u.a. § 291 BGB) von Bedeutung.

5. Antragsinhalt

Die Angaben, die ein Antrag auf Einbeziehung gemäß Art. 7 Abs. 2 und 3 enthalten muss, entsprechen im Wesentlichen den Angaben, die eine Schiedsklage gemäß Art. 4 Abs. 3 und 4 enthalten muss. 18

Form. Art. 7 überlässt es den Parteien, in welcher Form sie einen Antrag auf Einbeziehung einreichen wollen. Der Antrag kann sowohl mit anderen materiellen oder prozessualen Anträgen verbunden werden als auch in einem separaten Schriftsatz eingereicht werden. 19

Aktenzeichen. Gemäß Art. 7 Abs. 2 Buchst. a muss der Antrag für die Zuordnung durch das Sekretariat das Aktenzeichen des Schiedsverfahrens angeben, in das die zusätzliche Partei einbezogen werden soll. 20

Kontaktdaten. Gemäß Art. 7 Abs. 2 Buchst. b muss der Antrag den vollständigen Namen, die Adressen und die sonstigen Kontaktdaten der zusätzlichen Partei(en) angeben. Diese Angaben gewährleisten eine reibungslose Kommunikation der Verfahrensbeteiligten und die ordnungsgemäße Zustellung von Schriftstücken im Laufe des Verfahrens (vgl. Art. 4 Rz. 15 und Art. 23 Rz. 10 zu Einzelaspekten der korrekten Parteibezeichnung). 21

Erhebung eines Anspruchs. Die wohl wichtigste Vorgabe für einen Antrag auf Einbeziehung einer zusätzlichen Partei ist Art. 7 Abs. 2 Buchst. c i.V.m. Art. 4 Abs. 3 Buchst. c–f zu entnehmen. Hiernach muss der Antragsteller einen konkreten Anspruch (zum Anspruchsbegriff s. Art. 2 Rz. 15) gegen die zusätzliche Partei erheben, und der Antrag auf Einbeziehung muss (wie die Schiedsklage) den diesbezüglichen Sach- und Rechtsvortrag, konkrete Sachanträge, Angaben zum Streitwert sowie die Bezeichnung der maßgeblichen Schiedsvereinbarung enthalten (vgl. Art. 4 Rz. 19 ff.). 22

Vorbehaltene Ansprüche. Für die Einbeziehung einer zusätzlichen Partei reicht es nicht aus, dass sich der Antragsteller in seinem Antrag die Geltendmachung eines Anspruchs gegen die zusätzliche Partei lediglich vorbehält, z.B. für den Fall, dass er zuvor selbst durch das Schiedsgericht verurteilt werden sollte. Vielmehr müssen konkrete Ansprüche, und seien es Feststellungs- bzw. Freistellungsansprüche, gegen die zusätzliche Partei geltend gemacht werden. Offen erscheint, ob es möglich ist, den Anspruch gegen die zusätzliche Partei hilfsweise geltend zu machen, d.h. unter eine (prozessuale) Bedingung zu stellen, z.B. unter die Bedingung, dass der Antragsteller selbst gegenüber einer anderen Partei haftet. Die Grenze zum (unzulässigen) Vorbehalt eines Anspruchs ist 23 nicht einfach zu ziehen, und teilweise wird vertreten, dass ein „bedingter" Anspruch nicht für eine Einbeziehung ausreiche (*Greenberg/Feris/Albanesi*, S. 161). Überzeugend ist dies nicht. Der Wortlaut von Art. 7 steht der hilfsweisen Geltendmachung eines Anspruchs nicht entgegen, und es besteht ein massives praktisches Bedürfnis, auch diese Vorgehensweise zuzulassen. So hat beispielsweise ein durch den Besteller in Anspruch genommener Generalunternehmer ein Interesse daran, den zuständigen Subunternehmer möglichst früh in das Verfahren miteinzubeziehen und nicht erst dann, wenn feststeht, dass er gegenüber dem Besteller haftet (nicht zuletzt, da es nach der Bestellung des Schiedsgerichts des Einverständnisses der Beteiligten bedarf, der Subunternehmer hier den Generalunternehmer nicht mehr in seiner Argumentation unterstützen kann und die Eröffnung eines neuen Verfahrens durch den Generalunternehmer gegen den Subunternehmer die Gefahr birgt, dass dort das Schiedsgericht die Frage der Mangelhaftigkeit anders beurteilt als das Schiedsgericht im vorherigen Verfahren).

24 **Exemplare und Einreichungsgebühr.** Gemäß Art. 7 Abs. 3 i.V.m. Art. 4 Abs. 4 Satz 1 Buchst. a und b muss der Antragsteller den Antrag in der gemäß Art. 3 Abs. 1 vorgeschriebenen Anzahl von Exemplaren einreichen sowie zeitgleich bzw. unmittelbar danach die Registrierungsgebühr i.H.v. 3000 USD gemäß Anhang III zur ICC-SchO begleichen. Erst danach wird das Sekretariat den Antrag an die zusätzliche Partei zustellen.

II. Zustellung durch das Sekretariat (Abs. 3)

25 **Vollständiger Antrag.** Sind die Voraussetzungen des Art. 7 erfüllt, stellt das Sekretariat den Antrag der zusätzlichen Partei umgehend zu. Im Unterschied zur bisherigen Rechtslage bei Geltung der ICC-SchO 1998 bedarf es hierfür keiner Vorabentscheidung des Gerichtshofs. Obwohl die ICC-SchO dies nicht ausdrücklich vorsieht, wird das Sekretariat den Antrag auch allen übrigen bis dato am Verfahren beteiligten Parteien und Personen zustellen und diese einladen, hierzu Stellung zu nehmen.

26 **Unvollständiger Antrag.** Entspricht der Antrag auf Einbeziehung hingegen nicht den Voraussetzungen, fehlt es z.B. an der Geltendmachung eines bestimmten Anspruchs oder hat der Antragsteller die erforderliche Gebühr nicht bezahlt, so kann das Sekretariat dem Antragsteller gemäß Abs. 3 i.V.m. Art. 4 Abs. 4 Satz 2 eine Nachfrist setzen, um diese Versäumnisse nachzuholen.

27 Bei fruchtlosem Ablauf dieser Frist endet gemäß Art. 7 Abs. 3 i.V.m. Art. 4 Abs. 4 Satz 2 das Verfahren in Bezug auf die mit dem Antrag auf

Einbeziehung gestellten Ansprüche. Dem Antragsteller steht es jedoch frei, seinen Antrag zu einem späteren Zeitpunkt erneut zu stellen. Der Antrag wird somit so behandelt, als sei er nie gestellt worden (vgl. Art. 36 Abs. 6).

Nach Bestätigung oder Ernennung eines Schiedsrichters. Wird der Antrag nach Bestätigung oder Ernennung eines Schiedsrichters eingereicht, fordert das Sekretariat die übrigen Parteien auf zu erklären, ob sie mit der Einbeziehung der zusätzlichen Partei einverstanden sind. Ist dies der Fall, stellt das Sekretariat den Antrag gemäß Art. 7 Abs. 3 i.V.m. Art. 4 Abs. 5 der zusätzlichen Partei zu und fordert diese auf, sich mit ihrer Einbeziehung einverstanden zu erklären. Fehlt es am Einverständnis einer der bisherigen Parteien oder der zusätzlichen Partei, findet keine Einbeziehung statt. 28

III. Antwort der zusätzlichen Partei (Abs. 4)

1. 30-Tage-Frist/Mitwirkung bei Besetzung des Schiedsgerichts

30-Tage-Frist. Mit Zustellung des Antrags an die zusätzliche Partei fordert das Sekretariat diese auf, gemäß Art. 7 Abs. 4 i.V.m. Art. 5 Abs. 1 innerhalb von 30 Tagen zu den Ansprüchen des Antragstellers Stellung zu nehmen. Diese Frist kann auf Antrag der zusätzlichen Partei durch das Sekretariat gemäß Art. 5 Abs. 2 verlängert werden. Das Sekretariat entscheidet über die Gewährung und die etwaige Länge einer Fristverlängerung nach freiem Ermessen. In der Regel gewährt es der zusätzlichen Partei eine Frist von nochmals 30 Tagen. 29

Angaben zum Schiedsgericht. Mindestvoraussetzung für eine Fristverlängerung ist jedoch gemäß Art. 7 i.V.m. Art. 5 Abs. 2, dass der Antrag der zusätzlichen Partei auf Fristverlängerung die vollständigen Anmerkungen und Vorschläge des Antragsgegners zur Anzahl und Wahl der Schiedsrichter enthält. 30

Mitwirkung bei der Besetzung des Schiedsgerichts. Sollte die zusätzliche Partei beabsichtigen, gemäß Art. 12 Abs. 7 zusammen mit dem (oder den) Kläger(n) bzw. mit dem (oder den) Beklagte(n) gemeinsam einen Schiedsrichter zu benennen, muss diese Benennung innerhalb der 30-Tage-Frist des Art. 5 Abs. 1 erfolgen. 31

Dies dürfte in der Praxis die schwierigste Hürde für den Antragsgegner darstellen. So wird es in vielen Fällen für den Antragsgegner nicht einfach sein, sich für eine Seite, d.h. Kläger oder Beklagten, zu entscheiden. Dies gilt beispielsweise für den Fall einer tripolaren Vertrags- bzw. Ver- 32 fahrenskonstellation, in der jede Partei Ansprüche gegen jede andere Partei erhebt, z.B. aus einem Konsortialvertrag.

33 **Empfehlung:** In diesem Fall mag es aus Sicht der zusätzlichen Partei unter Umständen die beste Lösung sein, sich nicht an der Bestellung des Schiedsgerichts zu beteiligen und somit die Ernennung aller Schiedsrichter durch den Gerichtshof gemäß Art. 12 Abs. 8 zu „provozieren". Ist dies nicht gewünscht, sollte die zusätzliche Partei versuchen, sich sehr zeitnah mit den bisherigen Klägern oder Beklagten auf einen Schiedsrichter zu einigen. Andernfalls bleibt es zwingend bei der 30-tägigen Antwortfrist gemäß Art. 7 Abs. 4 i.V.m. Art. 5 Abs. 1.

2. Form und Inhalt der Antwort

34 Form und Inhalt der Antwort der zusätzlichen Partei müssen gemäß Art. 7 Abs. 4 Satz 1 i.V.m. Art. 5 Abs. 1 und 3 den gleichen Vorgaben entsprechen, wie die Antwort eines Beklagten in einem Zwei-Parteien-Verfahren. Insbesondere ist die Antwort – vorbehaltlich einer anderweitigen Parteivereinbarung – nicht nur an den Antragsteller, sondern an jede am Verfahren beteiligte Partei inklusive etwaiger Mitglieder des Schiedsgerichts sowie in Kopie an das Sekretariat zu richten. Im Übrigen steht es auch hier den Parteien frei, ihre Antwort separat oder in Verbindung mit etwaigen anderen prozessualen oder materiellen Anträgen zu verfassen.

3. Ausbleiben einer Antwort/Einwendungen der zusätzlichen Partei/Mehrere Verträge

35 Reicht die zusätzliche Partei keine Antwort ein, erhebt sie Einwendungen in Bezug auf Bestehen, Gültigkeit oder Anwendungsbereich der Schiedsvereinbarung, macht sie geltend, dass über die gegen sie erhobenen Ansprüche in einem gesonderten Verfahren entschieden werden sollte, oder würden im Fall der Einbeziehung der zusätzlichen Partei mehrere Ansprüche auf Basis mehrerer materieller Verträge oder Schiedsvereinbarungen geltend gemacht werden, finden gemäß Art. 7 Abs. 1 Satz 3 die Vorschriften der Art. 6 Abs. 3–7 und Art. 9 Anwendung (vgl. hierzu Art. 6 und 9).

4. Geltendmachung eigener Ansprüche

36 Der zusätzlichen Partei steht es gemäß Art. 7 Abs. 4 Satz 2 frei, selbst Ansprüche gegen jede der bisher am Verfahren beteiligten Parteien zu erheben. Die Geltendmachung dieser Ansprüche richtet sich dann nach Art. 8 bzw., sollte die Geltendmachung dazu führen, dass mehrere An-

sprüche auf Basis mehrerer materieller Verträge oder Schiedsvereinbarungen Gegenstand des Verfahrens werden würden, nach Art. 9 (vgl. hierzu Art. 6 und 9). Ferner steht es der zusätzlichen Partei frei, ihrerseits Ansprüche gegen eine bis dato noch nicht am Verfahren beteiligte Partei geltend zu machen, indem sie einen Antrag auf Einbeziehung gemäß Art. 7 stellt.

IV. Einwendungen der übrigen Parteien (Abs. 1)

Einwendungen aufgrund des Antrags auf Einbeziehung. Mit Zustellung des Antrags auf Einbeziehung an die zusätzliche Partei wird das Sekretariat auch die anderen bis dato am Verfahren beteiligten Parteien vom Antrag in Kenntnis setzen. Diesen steht es im Anschluss frei, etwaige sich aus der Einbeziehung der zusätzlichen Partei ergebende Einwendungen i.S.v. Art. 6 Abs. 3 geltend zu machen. So ist es denkbar, dass die zusätzliche Partei mit der gemeinsamen Abhandlung aller Ansprüche in einem Verfahren einverstanden ist, eine andere am Verfahren beteiligte Partei jedoch nicht. 37

Einwendungen im Anschluss an Einbeziehung. Zusätzlich können die Antwort der zusätzlichen Partei und etwaige hierin erhobene Ansprüche gegen den Antragsteller oder andere Parteien (Art. 8) (weitere) Einwendungen der bereits von Anfang an am Verfahren beteiligten Parteien provozieren. Der umfassende Verweis in Abs. 1 Satz 3 stellt klar, dass Art. 6 Abs. 3 bis Abs. 7 in vollem Umfang zur Geltung kommen, d.h. dass jede Partei berechtigt ist, beim Hinzutreten weiterer Parteien bzw. neuer Ansprüche Einwendungen i.S.v. Art. 6 Abs. 3 zu erheben. 38

Frist. Die ICC-SchO enthält keine Regelung, die ausdrücklich bestimmt, innerhalb welchen Zeitraums die jeweils „übrigen" Verfahrensparteien Einwendungen i.S.v. Art. 6 Abs. 3 geltend zu machen haben. 39

Empfehlung: Mangels einer ausdrücklichen Regelung sollten Parteien etwaige Einwendungen daher möglichst zeitnah erheben.

F. Kein „Einbeziehungsbeschluss" des Gerichtshofs

Die Einbeziehung einer zusätzlichen Partei erfolgt durch die Zustellung des Antrags durch das Sekretariat und nicht aufgrund eines besonderen Beschlusses des Gerichtshofs. 40

Dies gilt auch dort, wo die zusätzliche Partei keine Antwort einreicht bzw. die zusätzliche Partei oder eine der übrigen Parteien Einwendun- 41 gen i.S.v. Art. 6 Abs. 3 erhebt. Auch hier wird das Verfahren in der Regel fortgesetzt, und nur ausnahmsweise verweist der Generalsekretär die Angelegenheit zur Entscheidung gemäß Art. 6 Abs. 4 an den Gerichtshof. Doch auch dort, wo der Gerichtshof eine Entscheidung gemäß Art. 6 Abs. 4 trifft, befindet er nicht über die „Zulässigkeit" der Einbeziehung der zusätzlichen Partei, wie z.B. die Beachtung der formellen Voraussetzungen des Art. 7, sondern darüber, ob *prima facie* alle geltend gemachten Ansprüche von einer oder von mehreren miteinander kompatiblen ICC-Schiedsvereinbarungen erfasst sind (vgl. Art. 6 Abs. 4).

G. Entscheidung des Schiedsgerichts

42 **Keine Entscheidung über Einbeziehung.** Ebenso wie der Gerichtshof prüft auch das Schiedsgericht nicht die Wirksamkeit der Einbeziehung einer zusätzlichen Partei per se. Vielmehr prüft es nur, ob es zur Entscheidung über die durch die Parteien geltend gemachten Ansprüche zuständig ist. Hierbei ist es an eine etwaige vorherige (bejahende) *Prima-Facie*-Entscheidung des Gerichtshofs nicht gebunden.

43 **Kriterien für Zuständigkeitsentscheidung.** Der ICC-SchO 2012 ist nicht zu entnehmen, anhand welcher Kriterien ein ICC-Schiedsgericht über seine Zuständigkeit zur Entscheidung über die durch bzw. gegen eine zusätzliche Partei geltend gemachten Ansprüche entscheidet. Die in Art. 6 Abs. 4 genannten Kriterien für die *Prima-Facie*-Entscheidung des Gerichtshofs richten sich nicht unmittelbar an das Schiedsgericht. Es ist jedoch davon auszugehen, dass auch das Schiedsgericht sich – unter Beachtung der Vorgaben des am Schiedsort geltenden Rechts – bei seiner Entscheidung an diesen Kriterien orientieren wird. Auch das Schiedsgericht wird prüfen, ob die gegen oder durch die zusätzliche Partei geltend gemachten Ansprüche durch dieselbe Schiedsvereinbarung gedeckt sind, auf deren Basis das Schiedsverfahren eingeleitet wurde (vgl. Art. 6 Abs. 4 (i)) bzw., sollte die Einbeziehung dazu führen, dass mehrere Ansprüche auf Basis mehrerer Schiedsvereinbarungen erhoben werden, ob diese Schiedsvereinbarungen miteinander vereinbar sind (vgl. Art. 6 Abs. 4 (ii) (a)) und die am Verfahren beteiligten Parteien vereinbart haben, dass über alle Ansprüche im Rahmen eines einzigen Verfahrens entschieden werden soll (vgl. Art. 6 Abs. 4 (ii) (b)). Dies sollten die Parteien bei ihrem etwaigen Vortrag zur Zu- bzw. Unzuständigkeit des Schiedsgerichts berücksichtigen.

44 **Form und Zeitpunkt der Zuständigkeitsentscheidung.** Die Entscheidung, ob das Schiedsgericht über seine Zuständigkeit vorab im Wege ei-

nes Teilschiedsspruchs oder erst im Rahmen eines etwaigen Endschiedsspruchs entscheidet, steht – sollten die Parteien keine diesbezügliche Einigung getroffen haben – im Ermessen des Schiedsgerichts.

H. Vollstreckbarkeit und gerichtliche Kontrolle

Die Beachtung der Vorgaben des Art. 7 durch die Parteien, den Gerichtshof oder das Schiedsgericht unterliegt insofern der Kontrolle staatlicher Gerichte, als diese in einem potenziellen Aufhebungs- oder Vollstreckungsverfahren auf Rüge einer Partei hin überprüfen werden, ob der Ablauf des Schiedsverfahrens dem Willen der Parteien entsprach (vgl. für Verfahren mit Schieds- bzw. Vollstreckungsort in Deutschland § 1059 Abs. 2 Nr. 1 Buchst. d ZPO bzw. Art. V Abs. 1 Buchst. d UNÜ). 45

Durch die Vereinbarung der Geltung der ICC-SchO 2012 wird diese inklusive der Regelung in Art. 7 sowie der hierin in Bezug genommenen Regelungen in Art. 4–6, 8 und 9 zum Inhalt des gemeinsamen Parteiwillens. Jeder Verstoß gegen diese Regelungen führt somit potenziell zur Aufhebbarkeit oder Nichtvollstreckbarkeit des Schiedsspruchs. 46

Ferner können staatliche Gerichte auf Rüge hin überprüfen, ob alle Ansprüche – und somit auch die gegen oder durch die zusätzliche Partei geltend gemachten Ansprüche, über die das Schiedsgericht entschieden hat – durch eine das Schiedsgericht berechtigende Schiedsvereinbarung gedeckt waren (vgl. für Verfahren mit Schieds- bzw. Vollstreckungsort in Deutschland § 1059 Abs. 2 Nr. 1 Buchst. c ZPO) bzw. Art. V Abs. 1 Buchst. d UNÜ). 47

J. Kosten

Streitwerterhöhung. Die Einbeziehung einer zusätzlichen Partei gemäß Art. 7 beinhaltet notwendigerweise die Erweiterung des Verfahrensgegenstandes um zusätzliche Ansprüche und führt somit in aller Regel zu einer Erhöhung des Streitwerts. 48

ICC-Verwaltungskosten und Schiedsrichterhonorare. Die Erhöhung des Streitwerts durch die Einbeziehung einer zusätzlichen Partei führt sowohl zu einer Erhöhung der ICC-Verwaltungskosten (bis hin zum Maximalbetrag von 113.500 USD) als auch der Honorare des Schiedsgerichts (vgl. Anhang III zur ICC-SchO). 49

Kostenvorschuss. Die Einbeziehung einer zusätzlichen Partei führt folgerichtig auch zu einer Anpassung des Kostenvorschusses durch den 50

Gerichtshof, wobei dieser wählen kann, ob er für die gegen oder durch die zusätzliche Partei geltend gemachten Ansprüche einen selbständigen Kostenvorschuss festsetzt oder einen erhöhten globalen Kostenvorschuss für alle Ansprüche bestimmt, Art. 36 Abs. 4 (s. Art. 36 Rz. 25–27).

51 **Parteikosten.** Die Einbeziehung einer zusätzlichen Partei führt ferner auch zu einer Erhöhung der Parteikosten. Die Erhöhung beruht neben den Kosten der zusätzlichen Partei regelmäßig auch auf den erhöhten Kosten der bis dato am Verfahren beteiligten Parteien. Zwar orientieren letztere sich oftmals nicht unmittelbar am Streitwert, sondern am zeitlichen Aufwand, jedoch ist die Einbeziehung einer zusätzlichen Partei fast immer auch mit einem erheblichen Zuwachs an Komplexität und Zeitintensivität des Schiedsverfahrens verbunden.

K. Abweichende Parteivereinbarungen

52 Die Regelungen in Art. 7 Abs. 1–4 sind zwingend. So steht es den Parteien beispielsweise nicht frei, von den Vorgaben in Art. 7 Abs. 2 und 3 bzgl. der Form und des Mindestinhalts des Antrags auf Einbeziehung abzuweichen. Gleiches gilt für die Vorgaben in Art. 7 Abs. 4 i.V.m. Art. 5 Abs. 1–4 bezüglich Form und Inhalt einer etwaigen Antwort der zusätzlichen Partei.

Anhang 1: Muster (deutsch)[1] für eine Klageantwort und Widerklage (Art. 5) kombiniert mit einem Antrag auf Einbeziehung einer zusätzlichen Partei (Art. 7)

53 Das nachfolgende Muster basiert auf folgender Konstellation: die A-GmbH schließt mit der B-GmbH und der C-GmbH einen Konsortialvertrag. Dieser enthält u.a. eine ICC-Schiedsklausel. Die A-GmbH leitet ein Verfahren gegen die B-GmbH ein und nimmt diese auf Schadensersatz wegen Nichterfüllung ihrer Konsortialpflichten in Anspruch. Die B-GmbH ist der Ansicht, dass die Klage der A-GmbH unbegründet ist und vielmehr ihr sowohl gegen die A-GmbH als auch gegen die C-GmbH Zahlungsansprüche zustehen. Eine Klageantwort und Widerklage der B-GmbH gegen die A-GmbH kombiniert mit einem Antrag auf Einbeziehung der C-GmbH könnte wie folgt aussehen:

---

1 Englische Fassung unter Rz. 55.

Per Kurier: 54

An das Sekretariat des
Internationalen Schiedsgerichtshofs der ICC
33–43 avenue du Président Wilson
75116 Paris

*ICC-Schiedsverfahren Nr. 23456/YZ A-GmbH ./. B-Ltd: Klageantwort,
Widerklage und Antrag auf Einbeziehung*

Im ICC-Schiedsverfahren Nr. 23456/YZ
zwischen
der A-GmbH, [Vollständige Kontaktdaten]
– „A"
vertreten durch [Name + Kontaktdaten der Rechtsvertretung von A]
und
der B-GmbH, [Vollständige Kontaktdaten]
– „B".
vertreten durch [Name + Kontaktdaten der Rechtsvertretung von B]

beantragen wir namens und in Vollmacht der B-GmbH:
1. **die C-GmbH [Vollständige Kontaktdaten und Vertretungsverhältnisse] als zusätzliche Partei gemäß Art. 7 der SchO in das Schiedsverfahren einzubeziehen;**
2. **die Klage der A-GmbH gegen die B-GmbH abzuweisen;**
3. **die B-GmbH und die C-GmbH als Gesamtschuldner zu verurteilen, an die B-GmbH EUR [...] zu zahlen;**
4. **die A-GmbH und C-GmbH als Gesamtschuldner zu verpflichten, der B-GmbH sämtliche dieser im Zuge des Verfahrens entstandenen Kosten zu ersetzen.**

A. Antrag auf Einbeziehung der C

Die C-GmbH („C") ist als zusätzliche Partei in das Schiedsverfahren zwischen A und B einzubeziehen. Der vorliegende Schriftsatz erfüllt die Voraussetzungen des Art. 7 SchO. Ein Scheck über die Einreichungsgebühr i.H.v. 3000 USD ist diesem Schreiben beigefügt.

B. Schiedsvereinbarung

Die unter Ziffer D näher beschriebenen Ansprüche von B gegen C unterliegen in vollem Umfang der in § [...] des am 1.1.2012 zwischen A, B und C geschlossenen Konsortialvertrages niedergelegten Schiedsvereinbarung, die wie folgt lautet:

„[Vollständiger Wortlaut der Schiedsvereinbarung]".

C. Kein Anspruch von A gegen B

Der mit der Schiedsklage geltend gemachte Schadensersatzanspruch von A gegen B besteht nicht.

I. Sachverhalt

[...].

II. Recht

[...].

D. Anspruch von B gegen A und C

A und C haften gegenüber der B als Gesamtschuldner auf Zahlung i.H.v. EUR [...].

I. Sachverhalt

[...].

II. Recht

[...].

E. Besetzung des Schiedsgerichts

Die Schiedsvereinbarung in § [...] des Konsortialvertrages sieht die Entscheidung durch ein Dreierschiedsgericht vor. A hat in ihrer Schiedsklage Prof. X als Mitschiedsrichter gemäß Art. 12 Abs. 4 der SchO benannt. Das Sekretariat hat B mit Schreiben vom [...] aufgefordert, mit Einreichung ihrer Antwort [...] ebenfalls einen Mitschiedsrichter gemäß Art. 12 Abs. 4 der SchO zu benennen.

Unter Berücksichtigung von Art. 12 Abs. 7 der SchO werden wir versuchen, im Anschluss an die Zustellung des vorliegenden Schriftsatzes an A und C mit A und C eine Einigung über die Besetzung des Schiedsgerichts einschließlich des Vorsitzenden zu erzielen und den Gerichtshof bis zum [...] über die Ergebnisse dieser Bemühungen informieren. Bis dahin bitten wir den Gerichtshof, von einer Bestellung von Prof. X als Mitschiedsrichter bzw. einer Ersatzbestellung eines Mitschiedsrichters für B (vgl. Art. 12 Abs. 4 der SchO) Abstand zu nehmen.

(Unterschrift)

Rechtsanwalt

Kopie

A-GmbH

Anhang 2: Muster (englisch)[1] für eine Klageantwort und Widerklage (Art. 5) kombiniert mit einem Antrag auf Einbeziehung einer zusätzlichen Partei (Art. 7)

Muster Englische Fassung 55

By courier:
Secretariat of the
ICC International Court of Arbitration
33–43 avenue du Président Wilson
75116 Paris

ICC Arbitration No. 23456/YZ A-Ltd ./. B-Ltd Answer, Counterclaim and Request for Joinder

In the ICC arbitration No. 23456/YZ
between
A-Ltd, [contact details]

— "*A*"

represented by [name and contact details of A's counsel]
and
B-Ltd., [contact details]

— "*B*".

represented by [name and contact details of B's counsel],

we request for and on behalf of B-Ltd:

1. **To join C-Ltd [contact details and statutory agents] as an additional party to this arbitration in accordance with Art. 7 of the Rules.**
2. **To dismiss A-Ltd.'s requests in their entirety.**
3. **To order C-Ltd and A-Ltd as joint and several debtors to pay to B Ltd the amount of [...].**
4. **To order C-Ltd and the A-Ltd as joint and several debtors to reimburse B-Ltd for all of its costs incurred in connection with these proceedings.**

A. Request for Joinder of C

C-Ltd ("C") shall be joined as an additional party to these proceedings. This request is submitted in accordance with the formal and substantive requirements set forth by Art. 7 of the Rules. A cheque covering the registration fee of 3,000 USD is enclosed with this brief.

---

1 Deutsche Fassung unter Rz. 54.

B. Arbitration Clause

B's claims against C, which are further specified in section D, are covered by the arbitration clause stipulated in § [...] of the consortium agreement concluded by A, B and C.

"[Insert wording of the arbitration clause]".

C. A does not have a claim against B

The claims for damages asserted by A in its request for arbitration are without merits.

I. Facts

[...].

II. Law

[...].

D. B's claim against A and C

A and C are jointly and severally liable to B for the sum of EUR [...].

I. Facts

[...].

II. Law

[...].

E. Constitution of the Arbitral Tribunal

The arbitration clause in § [...] of the consortium agreement provides that the dispute shall be resolved by three arbitrators. In its Request for Arbitration, A has nominated Prof. X as co-arbitrator in accordance with Art. 12(4) of the Rules. In its letter of [...], the Secretariat has requested B to also nominate an arbitrator in accordance with Art. 12(4) of the Rules when submitting its Answer to A's Request for Arbitration.

Taking into account Art. 12(7) of the Rules, we will attempt to reach an agreement with A and C as to the constitution of the Arbitral Tribunal, including its president, as soon as possible once this request will have been received by A and C. We will inform the Court of the results of our efforts at the latest by [...]. For the time being, we ask the Court to kindly refrain from confirming or appointing Prof. X as co-arbitrator and/or from appointing any co-arbitrator on behalf of B (see Art. 12(4) ICC-Rules).

Yours sincerely,

(Signature)

Attorney at Law

cc
A-Ltd

Artikel 8: Ansprüche zwischen mehreren Parteien

(1) In einem Schiedsverfahren mit mehreren Parteien kann jede Partei gegen jede andere Partei Ansprüche geltend machen, vorbehaltlich der Artikel 6(3)–6(7) und 9 und mit der Maßgabe, dass, gemäß Artikel 23(4), nachdem der Schiedsauftrag unterschrieben oder vom Gerichtshof genehmigt worden ist, keine neuen Ansprüche ohne Zulassung durch das Schiedsgericht erhoben werden dürfen.

(2) Jede Partei, die gemäß Artikel 8(1) Ansprüche geltend macht, hat die nach Artikel 4(3) c), d), e) und f) erforderlichen Angaben zu machen.

(3) Bevor das Sekretariat die Schiedsverfahrensakten gemäß Artikel 16 an das Schiedsgericht übergibt, sind die Bestimmungen der Artikel 4(4) a), Artikel 4(5), Artikel 5(1) – ausgenommen a), b), e) und f) –, Artikel 5(2), Artikel 5(3) und Artikel 5(4) auf jeden geltend gemachten Anspruch entsprechend anzuwenden. Danach entscheidet das Schiedsgericht über das Verfahren für die Geltendmachung von Ansprüchen.

Article 8: Claims Between Multiple Parties

(1) In an arbitration with multiple parties, claims may be made by any party against any other party, subject to the provisions of Articles 6(3)–6(7) and 9 and provided that no new claims may be made after the Terms of Reference are signed or approved by the Court without the authorization of the arbitral tribunal pursuant to Article 23(4).

(2) Any party making a claim pursuant to Article 8(1) shall provide the information specified in Article 4(3) subparagraphs c), d), e) and f).

(3) Before the Secretariat transmits the file to the arbitral tribunal in accordance with Article 16, the following provisions shall apply, *mutatis mutandis*, to any claim made: Article 4(4) subparagraph a); Article 4(5); Article 5(1) except for subparagraphs a), b), e) and f); Article 5(2); Article 5(3) and Article 5(4). Thereafter, the arbitral tribunal shall determine the procedure for making a claim.

Regelungsschwerpunkte: Art. 8 regelt die Geltendmachung von Ansprüchen in Verfahren zwischen drei oder mehreren Parteien. → Rz. 5–21

Kostenaspekte: Die Geltendmachung zusätzlicher Ansprüche gemäß Art. 8 führt naturgemäß zu einer Erhöhung der Verfahrenskosten. Die Gesamtkosten werden in der Regel jedoch unter jenen Kosten liegen, die entstanden wären, wenn die betroffenen Ansprüche in separaten Verfahren erhoben worden wären. → Rz. 25–28

Inhalt

A. Normzweck 1	III. Verfahrenseinleitung (Abs. 2) 12
B. Reform 2	IV. Verfahrensgang (Abs. 3) 15
C. Verhältnis zu §§ 1025 ff. ZPO 3	1. Vor Übergabe der Verfahrensakte 16
D. Vergleich mit den in staatlichen Gerichtsverfahren geltenden Vorschriften 4	2. Nach Übergabe der Verfahrensakte 20
E. Tatbestand und Rechtsfolgen 5	F. Vollstreckbarkeit und gerichtliche Kontrolle 22
I. Anwendungsbereich 5	G. Kosten 25
II. Vorbehalt zugunsten von Art. 6 Abs. 3–7, 9 und 23 Abs. 4 (Abs. 1) 10	H. Abweichende Parteivereinbarungen 29

Literatur: *Greenberg/Feris/Albanesi*, Consolidation, Joinder, Cross-Claims, Multiparty and Multicontract Arbitrations: Recent ICC Experience, Dossier of the ICC Institute of World Business Law: Multiparty Arbitration, 2010, S. 161 ff.; *Whitesell/Silva-Romero*, Multiparty and Multicontract Arbitration: Recent ICC Experience, ICC Court of Arbitration Bulletin, Special Supplement 2003, Complex Arbitrations, S. 7 ff.

A. Normzweck

1 Art. 8 ergänzt die Regelungen in Art. 7 und Art. 10 und dient primär der **Verfahrenseffizienz**. Die Regelung ermöglicht es den Parteien eines ICC-Schiedsverfahrens, sämtliche zwischen ihnen etwaig bestehenden Ansprüche in einem einzigen Verfahren geltend zu machen. Dies führt zu Zeit- und Kostenersparnissen. Ferner beugt Art. 8 der Gefahr widersprüchlicher Entscheidungen vor. Schließlich dient Art. 8 der Chancengleichheit. Die Regelung gewährleistet, dass nicht nur der Kläger, sondern alle Parteien, auch etwaige später in ein Verfahren einbezogene Parteien (Art. 7) bzw. Parteien aus einem verbundenen Verfahren (Art. 10), frei wählen können, welche Ansprüche sie gegen welche Partei im Zuge des Schiedsverfahrens erheben möchten.

B. Reform

Die **ICC-SchO 1998** enthielt keine Art. 8 entsprechende Regelung. Während die ICC-SchO 1998 einen bipolaren Ansatz verfolgte, basiert die ICC-SchO 2012 auf einem multipolaren Ansatz, der sich unter anderem auch in Art. 36 widerspiegelt. Zwar konnte eine Partei auch unter der Geltung der ICC-SchO 1998 gegen jede andere Partei Ansprüche erheben. Dem Wortlaut der ICC-SchO 1998 war dies jedoch nicht zu entnehmen. Art. 8 führt somit insbesondere zu einem Gewinn an Transparenz und Rechtsklarheit.   2

C. Verhältnis zu §§ 1025 ff. ZPO

Die Vorschriften der §§ 1025 ff. ZPO haben für die Anwendung von Art. 8 keine praktische Bedeutung.   3

D. Vergleich mit den in staatlichen Gerichtsverfahren geltenden Vorschriften

Eine mit Art. 8 vergleichbare Regelung enthalten die für staatliche Gerichtsverfahren geltenden Vorschriften der ZPO nicht. Insbesondere ist es nach der ZPO nicht möglich, dass mehrere Kläger bzw. mehrere Beklagte untereinander Ansprüche (im Folgenden: „Cross-Claims") geltend machen. Auch die durch Art. 8 i.V.m. Art. 7 eröffnete Möglichkeit zu einem multipolaren Verfahren sieht die ZPO nicht vor.   4

E. Tatbestand und Rechtsfolgen

I. Anwendungsbereich

Schiedsverfahren mit mehreren Parteien. Art. 8 betrifft nur Schiedsverfahren, an denen mehr als zwei Parteien beteiligt sind. Die Geltendmachung von Ansprüchen in Zwei-Parteien-Verfahren ist in Art. 4 und 5 abschließend geregelt.   5

Jede Partei gegen jede andere Partei. Jede Partei kann frei entscheiden, welchen Anspruch sie gegen welche andere am Verfahren beteiligte Partei erheben möchte. Dieses Recht besteht unabhängig davon, ob die betroffene Partei im Zeitpunkt der Geltendmachung Kläger oder Beklagter ist. Es besteht ferner unabhängig davon, ob die betroffene Partei von Anfang an Partei des Schiedsverfahrens war oder erst später in das Schieds-   6 verfahren als zusätzliche Partei (Art. 7) oder durch Verfahrensverbindung (Art. 10) einbezogen wurde.

7 **Ergänzungsfunktion.** Art. 8 ist jedoch nicht auf sämtliche im Rahmen eines Mehrparteienverfahrens erhobene Ansprüche anwendbar. Vielmehr ergänzt Art. 8 nur die Regelungen in Art. 4, 5 und 7.

8 **Nicht erfasste Ansprüche.** Erheben eine oder mehrere Parteien zusammen Klage gegen eine oder mehrere Beklagte, unterliegt die Klage Art. 4 und die Antwort hierauf Art. 5. Erheben eine oder mehrere Beklagte Widerklage gegen einen oder mehrere Kläger, findet allein Art. 5 Abs. 5 und 6 Anwendung. Erheben eine oder mehrere Parteien (Kläger oder Beklagte) Ansprüche gegen eine bis dato nicht am Verfahren beteiligte, zusätzliche Partei, ist primär Art. 7 anwendbar.

9 **Erfasste Ansprüche.** Art. 8 erfasst daher insbesondere Cross-Claims zwischen Klägern und/oder Beklagten. Ferner erfasst Art. 8 die Ansprüche einer gemäß Art. 7 in ein laufendes Verfahren einbezogenen Partei gegen eine oder mehrere der zuvor am Verfahren beteiligten Parteien, Art. 7 Abs. 4. Ebenso erfasst Art. 8 die Ansprüche gegen eine gemäß Art. 7 in ein laufendes Verfahren einbezogenen Partei (mit Ausnahme der Ansprüche, die Art. 7 selbst unterfallen).

II. Vorbehalt zugunsten von Art. 6 Abs. 3–7, 9 und 23 Abs. 4 (Abs. 1)

10 Art. 8 Abs. 1 stellt klar, dass auch die unter diese Norm fallenden Ansprüche den Regelungen in Art. 6 Abs. 3–7 und 9 unterliegen. Über Einwendungen des jeweiligen Anspruchsgegners in Bezug auf die Existenz, Gültigkeit oder Reichweite der Schiedsvereinbarung oder in Bezug auf die Geltendmachung mehrerer Ansprüche auf Basis mehrerer materieller Verträge und/oder Schiedsvereinbarungen entscheidet in der Regel allein das Schiedsgericht. Nur ausnahmsweise kommt es auf Verweis durch den Generalsekretär vorab zu einer *Prima-Facie*-Prüfung des Gerichtshofs (vgl. hierzu Art. 6 Rz. 98 ff.).

11 Der Verweis in Art. 8 Abs. 1 auf Art. 23 Abs. 4 stellt klar, dass es den Parteien nur bis zur Unterzeichnung des Schiedsauftrags durch die Parteien und das Schiedsgericht bzw. bis zu seiner Genehmigung durch den Gerichtshof freisteht, Ansprüche gegen andere Parteien zu erheben. Nach diesem Zeitpunkt können Ansprüche nur noch mit Zustimmung des Schiedsgerichts gemäß Art. 23 Abs. 4 in das Verfahren eingeführt werden (vgl. hierzu Art. 23 Rz. 33 ff.).

III. Verfahrenseinleitung (Abs. 2)

Die Erhebung von Ansprüchen zwischen mehreren Parteien folgt gemäß Art. 8 Abs. 2 im Wesentlichen den Regeln für die Erhebung von Ansprüchen im Rahmen einer Klage bzw. einer Widerklage. 12

Vollständiger erster Schriftsatz. Auch im Fall der Erhebung von Ansprüchen gemäß Art. 8 sind die Parteien gehalten, bereits im ersten Schriftsatz vollständig zu den aus ihrer Sicht anspruchsbegründenden Tatsachen und Rechtsgrundlagen vorzutragen (Art. 4 Abs. 3 Buchst. c), konkrete Anträge zu stellen und, soweit möglich, den Streitwert zu beziffern (Art. 4 Abs. 3 Buchst. d) sowie die maßgeblichen Schiedsvereinbarungen zu bezeichnen (Art. 4 Abs. 3 Buchst. e und f). 13

Antrag ans Sekretariat. Der Schriftsatz, mit dem eine Partei Ansprüche i.S.v. Art. 8 Abs. 1 erhebt, ist bis zur Übergabe der Verfahrensakte an das Schiedsgericht (Art. 16) gemäß Art. 4 Abs. 1, Art. 5 Abs. 3 und Art. 7 Abs. 1 analog beim Sekretariat einzureichen. Nach Übergabe der Verfahrensakte ist der Antrag an das Schiedsgericht zu richten. 14

IV. Verfahrensgang (Abs. 3)

Art. 8 Abs. 3 differenziert im Hinblick auf die Ausgestaltung des Verfahrens für Ansprüche gemäß Art. 8 Abs. 1 zwischen solchen Ansprüchen, die vor Übergabe der Schiedsverfahrensakte an das Schiedsgericht (Art. 16) erhoben wurden einerseits und andererseits solchen Ansprüchen, die hiernach geltend gemacht wurden. 15

1. Vor Übergabe der Verfahrensakte

Vor Übergabe der Verfahrensakte (Art. 16) finden Art. 4 Abs. 4 Buchst. a und Abs. 5 sowie Art. 5 Abs. 1 Buchst. c und d und Abs. 2–4 entsprechende Anwendung. Das Verfahren ähnelt dem Verfahren bei Erhebung einer Klage. 16

Der Anspruchsteller muss seinen einleitenden Schriftsatz samt Anlagen in einer ausreichender Anzahl von Exemplaren beim Sekretariat einreichen (vgl. Art. 4 Abs. 4 i.V.m. Art. 3 Abs. 1). Art. 8 Abs. 3 verweist jedoch nicht auf Art. 4 Abs. 4, so dass – anders als im Falle der Erhebung einer Klage (Art. 4), Widerklage (Art. 5) oder der Einbeziehung einer neuen Partei (Art. 7) – keine weitere Einreichungsgebühr anfällt. Das Sekretariat stellt den Schriftsatz nebst Anlagen dann an alle Verfahrensparteien (und nicht etwa nur dem jeweiligen Anspruchsgegner) zu und fordert 17 diese auf, hierzu Stellung zu nehmen (Art. 4 Abs. 5). Die Frist zur Stellungnahme beträgt 30 Tage und kann unter bestimmten Umständen verlängert werden (Art. 5 Abs. 1 und 2).

18 Der Anspruchsgegner ist gehalten, zum Sach- und Rechtsvortrag des Anspruchsstellers sowie zu dessen Anträgen Stellung zu nehmen (Art. 5 Abs. 1 Buchst. c und d). Hingegen muss er nicht erneut Angaben zu Namen und Anschrift etc. von Partei- oder Parteivertretern, der Besetzung des Schiedsgericht, dem Schiedsort, dem anwendbaren Recht oder der Verfahrenssprache machen (Art. 5 Abs. 1 Buchst. a, b, e und f). Auch diese Stellungnahme ist in ausreichender Anzahl von Exemplaren (in Papierform) beim Sekretariat einzureichen (Art. 5 Abs. 3). Das Sekretariat stellt die Stellungnahme dann erneut an alle Verfahrensparteien zu (Art. 5 Abs. 4). Obwohl die ICC-SchO dies nicht explizit vorsieht, wird das Sekretariat aus Gründen der Chancengleichheit und zur Sicherung rechtlichen Gehörs in der Regel auch den anderen Verfahrensparteien die Möglichkeit einräumen, zu den nach Art. 8 erhobenen Ansprüchen Stellung zu nehmen.

19 Sollte der Anspruchsgegner sich durch die Geltendmachung weiterer Ansprüche gegen ihn veranlasst sehen, seinerseits weitere Ansprüche geltend zu machen, richten sich diese bei Erhebung gegen den Anspruchsteller oder eine andere bereits am Verfahren beteiligte Partei ebenfalls nach Art. 8, bei Geltendmachung gegen eine bis dato am Verfahren nicht beteiligte Partei nach Art. 7.

2. Nach Übergabe der Verfahrensakte

20 **Entscheidungskompetenz des Schiedsgerichts.** Nach Übergabe der Verfahrensakte an das Schiedsgericht entscheidet dieses gemäß Art. 8 Abs. 3 Satz 2 allein über das Verfahren für die Geltendmachung von Ansprüchen im Sinne von Art. 8 Abs. 1.

21 **Ermessen.** Art. 8 verzichtet bewusst darauf, dem Schiedsgericht nähere Vorgaben zur Ausgestaltung des Verfahrens zu machen. Es ist jedoch davon auszugehen, dass sich das Schiedsgericht bei seiner Entscheidung über die Zulässigkeit weiterer Ansprüche bezüglich Form und Inhalt ebenfalls an Art. 8 Abs. 2 und 3 orientieren wird. Hierbei wird es regelmäßig den Stand des Verfahrens und die mit der Zulassung weiterer Ansprüche verbundenen Implikationen berücksichtigen. Sofern das Schiedsgericht den Parteien noch nicht mitgeteilt hat, welche materiellen und formalen Anforderungen es an die Einbringung zusätzlicher Ansprüche nach Art. 8 stellt, sollten die Parteien das Schiedsgericht

rechtzeitig um einen diesbezüglichen Hinweis bitten. Für den Zeitraum nach Unterzeichnung bzw. Genehmigung des Schiedsauftrags ist Art. 23 Abs. 4 zu berücksichtigen.

F. Vollstreckbarkeit und gerichtliche Kontrolle

Die Beachtung der Vorgaben des Art. 8 durch die Parteien, den Gerichtshof und das Schiedsgericht unterliegt insofern der Kontrolle staatlicher Gerichte, als diese in einem potentiellen Aufhebungs- oder Vollstreckungsverfahren auf Rüge einer Partei hin überprüfen werden, ob der Ablauf des Schiedsverfahrens dem Willen der Parteien entsprach (vgl. für Verfahren mit Schieds- bzw. Vollstreckungsort in Deutschland § 1059 Abs. 2 Nr. 1 Buchst. d ZPO bzw. Art. V Abs. 1 Buchst. d UNÜ). 22

Durch die Vereinbarung der Geltung der ICC-SchO 2012 wird diese inklusive der Regelung in Art. 8 sowie der hierin in Bezug genommenen Regelungen in Art. 6, 7, 9 und 23 zum Inhalt des gemeinsamen Parteiwillens. Jeder Verstoß gegen diese Regelungen führt somit potentiell zur Aufhebbarkeit bzw. Nichtvollstreckbarkeit des Schiedsspruchs. 23

Ferner können staatliche Gerichte auf Rüge hin überprüfen, ob alle Ansprüche, über die das Schiedsgericht entschieden hat, durch eine das Schiedsgericht berechtigende Schiedsvereinbarung gedeckt waren (vgl. für Verfahren mit Schieds- bzw. Vollstreckungsort in Deutschland § 1059 Abs. 2 Nr. 1 Buchst. c ZPO) bzw. Art. V Abs. 1 Buchst. d UNÜ). 24

G. Kosten

Streitwerterhöhung. Die erfolgreiche, ggf. durch den Gerichtshof bzw. das Schiedsgericht zugelassene Geltendmachung zusätzlicher Ansprüche gemäß Art. 8 führt regelmäßig zu einer Erhöhung des Streitwerts. 25

ICC-Verwaltungskosten und Schiedsrichterhonorare. Die Erhöhung des Streitwerts wiederum führt zum einen zu einer Erhöhung der ICC-Verwaltungskosten (bis zur Kappungsgrenze) und der Honorare des Schiedsgerichts, da diese sich am Streitwert orientieren (vgl. Anhang III zur ICC-SchO). 26

Kostenvorschuss. Folge ist, dass der Gerichtshof den Kostenvorschuss gemäß Art. 36 anpassen wird. Hierbei kann er wählen, ob er für die im Rahmen von Art. 8 geltend gemachten Ansprüche jeweils einen selbständigen Kostenvorschuss festsetzt oder einen erhöhten globalen Kos- 27 tenvorschuss für alle Ansprüche bestimmt, Art. 36 Abs. 4 (s. Art. 36 Rz. 27 m.w.N.).

28 **Parteikosten.** Die Geltendmachung weiterer Ansprüche gemäß Art. 8 führt ferner regelmäßig auch zu einer Erhöhung der Parteikosten. Zwar orientieren diese sich oftmals nicht unmittelbar am Streitwert, sondern eher am zeitlichen Aufwand von Parteien und Parteivertretern, jedoch erhöht sich auch dieser typischerweise mit jedem neuen Anspruch.

H. Abweichende Parteivereinbarungen

29 Art. 8 ist insofern dispositiv, als die Parteien vereinbaren können, dass sie nicht gegen jede andere Partei Ansprüche erheben können. Eine solche Vereinbarung ist in der Praxis jedoch äußerst selten. Fraglich erscheint hingegen, ob die Parteien Art. 8 dahin modifizieren könnten, dass sie von den formalen Vorgaben in Art. 4, 5, 6 und 23, auf die Art. 8 verweist, abweichen. Auch eine solche Vereinbarung erscheint nicht empfehlenswert.

Artikel 9: Mehrere Verträge

Vorbehaltlich der Bestimmungen der Artikel 6(3)–6(7) und 23(4) können Ansprüche, die sich aus oder im Zusammenhang mit mehr als einem Vertrag ergeben, in einem einzigen Schiedsverfahren geltend gemacht werden; dies gilt unabhängig davon, ob diese Ansprüche aufgrund einer oder mehrerer der Schiedsgerichtsordnung unterliegenden Schiedsvereinbarungen geltend gemacht werden.

Article 9: Multiple Contracts

Subject to the provisions of Articles 6(3)–6(7) and 23(4), claims arising out of or in connection with more than one contract may be made in a single arbitration, irrespective of whether such claims are made under one or more than one arbitration agreement under the Rules.

Regelungsschwerpunkte: Art. 9 regelt die Voraussetzungen der Geltendmachung von Ansprüchen, die auf mehreren materiellen Verträgen und/oder mehreren Schiedsvereinbarungen basieren, in einem einzigen Verfahren. → Rz. 5–29

Kostenaspekte: Die Geltendmachung von Ansprüchen, die auf mehreren materiellen Verträgen und/oder Schiedsvereinbarungen basieren, ist per se nicht mit zusätzlichen Kosten verbunden. → Rz. 30

Inhalt

- A. Normzweck 1
- B. Reform 2
- C. Verhältnis zu §§ 1025 ff. ZPO 3
- D. Vergleich mit den in staatlichen Gerichtsverfahren geltenden Vorschriften 4
- E. Tatbestand und Rechtsfolgen. 5
  - I. Mehrere Verträge........... 6
  - II. Ansprüche 7
  - III. Weitere Voraussetzungen.... 8
    - 1. Keine Einwendungen bzw. eine Schiedsvereinbarung . 11
    - 2. Einwendungen und mehrere Schiedsvereinbarungen . 16
      - a) Vereinbarkeit der Schiedsvereinbarungen. 17
      - b) Identität der Parteien und Zusammenhang der Verträge.......... 20
      - c) Kriterien für die Entscheidung des Schiedsgerichts 21
    - 3. Vorbehalt zugunsten von Art. 23 Abs. 4 25
- F. Form der Entscheidung des Gerichtshofs............... 26
- G. Vollstreckbarkeit und gerichtliche Kontrolle......... 27
- H. Kosten 30
- J. Abweichende Parteivereinbarungen 31

Literatur: *Greenberg/Feris/Albanesi*, Consolidation, Joinder, Cross-Claims, Multiparty and Multicontract Arbitrations: Recent ICC Experience, Dossier of the ICC Institute of World Business Law: Multiparty Arbitration, 2010, S. 161 ff.; *Whitesell/Silva-Romero*, Multiparty and Multicontract Arbitration: Recent ICC Experience, ICC Court Bulletin, Special Supplement 2003, Complex Arbitrations, S. 7 ff.

A. Normzweck

Art. 9 dient primär der **Verfahrenseffizienz**. Die Vorschrift ermöglicht es den Parteien, ihren Rechtsstreit auch dann in einem einzigen Verfahren zu konzentrieren und beizulegen, wenn die Streitigkeit nicht auf einem, sondern auf mehreren materiellen Verträgen und/oder Schiedsvereinbarungen beruht. Art. 9 eröffnet somit die Möglichkeit von Zeit- und Kostenersparnissen. Art. 9 findet zwar auch in Verfahren mit zwei Parteien Anwendung. Typischerweise wird die Vorschrift jedoch in Verfahren mit drei und mehr Parteien zur Anwendung kommen, insbesondere im Fall der Einbeziehung zusätzlicher Parteien gemäß Art. 7 bzw. der Verbindung mehrerer Verfahren gemäß Art. 10.

B. Reform

2   Die **ICC-SchO 1998** enthielt keine mit Art. 9 vergleichbare Regelung. Gleichwohl konnten Parteien auch im Rahmen der ICC-SchO 1998 Ansprüche, die sich aus oder im Zusammenhang mit mehreren Verträgen ergaben, in einem einzigen Verfahren geltend machen, wenn bestimmte Voraussetzungen erfüllt waren. Art. 9 kodifiziert im Wesentlichen die bisherige Praxis des Gerichtshofs im Umgang mit „mehreren Verträgen" und dient somit u.a. auch der Rechtsklarheit.

C. Verhältnis zu §§ 1025 ff. ZPO

3   Die Vorschriften der §§ 1025 ff. ZPO haben für die Anwendung von Art. 9 keine praktische Bedeutung.

D. Vergleich mit den in staatlichen Gerichtsverfahren geltenden Vorschriften

4   Die Geltendmachung von Ansprüchen auf Grundlage mehrerer Verträge vor deutschen staatlichen Gerichten ist in § 260 ZPO geregelt. Die Vorschrift findet im Rahmen eines ICC-Schiedsverfahrens weder unmittelbare noch analoge Anwendung. Beide Regelungen sind offen formuliert und dürften in vielen Fällen zu gleichen Ergebnissen führen.

E. Tatbestand und Rechtsfolgen

5   Art. 9 eröffnet den Parteien die Möglichkeit, Ansprüche, die sich aus oder im Zusammenhang mit mehreren Verträgen ergeben, in einem einzigen Schiedsverfahren geltend zu machen, und zwar auch dann, wenn diese Ansprüche mehreren Schiedsvereinbarungen unterliegen. Die Vorschrift findet sowohl in Verfahren mit zwei Parteien als auch in Verfahren mit drei und mehr Parteien Anwendung, und zwar unabhängig davon, ob die Ansprüche auf Basis mehrerer Verträge im Wege der Klage (Art. 4), der Widerklage (Art. 5), des Antrags auf Einbeziehung einer weiteren Partei (Art. 7) oder gemäß Art. 8 in das Verfahren eingeführt werden. Voraussetzung ist jedoch, dass die Parteien spezifizieren, welcher Anspruch auf Basis welchen Vertrags bzw. welcher Schiedsvereinbarung erhoben wird.

I. Mehrere Verträge

Art. 9 setzt das Vorliegen von zumindest zwei Verträgen voraus. Verträge im Sinne von Art. 9 sind nur Vereinbarungen, die materielle Pflichten und Rechte der Parteien begründen. Schieds- bzw. Rechtswahlvereinbarungen sind hingegen keine Verträge i.S.d. Vorschrift. So findet Art. 9 nicht etwa bereits dann Anwendung, wenn der dem Verfahren zugrunde liegende materielle Vertrag und die Schiedsvereinbarung in unterschiedlichen Dokumenten niedergelegt sind. 6

II. Ansprüche

Art. 9 erfasst sowohl den (seltenen) Fall, dass derselbe Anspruch auf mehrere Verträge gestützt wird, als auch den Fall, dass eine Partei mehrere Ansprüche geltend macht, die sich aus oder im Zusammenhang mit mehreren Verträgen ergeben. Die Formulierung *„aus oder im Zusammenhang"* trägt dem Umstand Rechnung, dass es sich bei den Ansprüchen nicht zwingend um vertragliche Ansprüche handeln muss, sondern auch außervertragliche – etwa quasivertragliche, deliktische, dingliche oder bereicherungsrechtliche – Ansprüche von Art. 9 erfasst sind, sofern diese in Zusammenhang mit mehreren Verträgen stehen. 7

III. Weitere Voraussetzungen

Wortlaut des Art. 9. Ausweislich des Wortlauts von Art. 9 selbst ist die Geltendmachung von Ansprüchen auf Basis mehrerer Verträge an keine weiteren besonderen Voraussetzungen gebunden. Insbesondere setzt Art. 9 selbst nicht voraus, dass die jeweiligen Vertragsparteien identisch, die Verträge in einem besonderen inneren Zusammenhang stehen oder, sollten die Ansprüche auf mehreren Schiedsvereinbarungen basieren, diese miteinander vereinbar sein müssten. 8

Vorbehalt zugunsten von Art. 6 Abs. 3–7. Art. 9 stellt die Möglichkeit zur Geltendmachung von Ansprüchen auf Basis mehrerer Verträge jedoch ausdrücklich unter den Vorbehalt von Art. 6 Abs. 3–7. Diese Normen beinhalten die eigentlichen Klippen, welche die ICC-SchO für die Geltendmachung von Ansprüchen auf Basis mehrerer Verträge, insbesondere auf Basis mehrerer Schiedsvereinbarungen, bereithält. 9

Daher ist für die Frage, an welche weiteren Voraussetzungen die Geltendmachung von mehreren Ansprüchen gemäß Art. 9 geknüpft ist, zwischen zwei Grundkonstellationen zu unterscheiden, nämlich zwischen der Konstellation, in der keine der am Verfahren beteiligten Parteien Ein- 10 wendungen gegen die gemeinsame Behandlung der auf mehreren Verträgen beruhenden Ansprüche erhebt bzw. diese ein und derselben Schiedsvereinbarung unterliegen (hierzu Rz. 11 ff.), und der Konstellation, in der die geltend gemachten Ansprüche mehreren Schiedsvereinbarungen unterliegen *und* eine Partei Einwendungen gegen die Abhandlungen aller Ansprüche in einem Verfahren erhebt (hierzu Rz. 16 ff.).

1. Keine Einwendungen bzw. eine Schiedsvereinbarung

11 **Keine Einwendungen.** Erhebt keine der am Verfahren beteiligten Parteien Einwendungen gegen die gemeinsame Behandlung der auf mehreren Verträgen beruhenden Ansprüche, kann grundsätzlich offenbleiben, ob die an den Verträgen beteiligten Parteien identisch sind und die Verträge in einem inneren Zusammenhang zueinander stehen. Eine Ausnahme besteht allerdings, wenn die Klägerin sich auf verschiedene Verträge stützt, die unterschiedliche fora vorsehen wie eine ICC-Schiedsklausel einerseits und eine ausschließliche Gerichtsstandsvereinbarung andererseits. Dies gilt auch, wenn die Klägerin sich auf mehrere Schiedsvereinbarungen stützt, die nicht miteinander vereinbar sind, beispielsweise weil sie unterschiedliche Schiedsorte vorsehen. In diesem Fall wird das Sekretariat die Parteien von sich aus zu einer Einigung – im Beispielsfall auf einen Schiedsort – auffordern und bei Nichteinigung die Angelegenheit gemäß Art. 6 Abs. 3 durch den Generalsekretär an den Gerichtshof zur Entscheidung gemäß Art. 6 Abs. 4 verweisen.

12 **Parteiautonomie.** Art. 9 selbst knüpft die Zulässigkeit der Geltendmachung von Ansprüchen auf Basis mehrerer Verträge wie gezeigt grundsätzlich nicht an weitere Voraussetzungen, und der Vorbehalt zugunsten von Art. 6 Abs. 3–7 greift – mit Ausnahme von nicht miteinander vereinbarer Schiedsabreden – nur dort, wo zumindest eine der Parteien Einwendungen gegen die gemeinsame Behandlung der Ansprüche in einem Verfahren erhebt. Hier zeigt sich erneut die besondere Bedeutung, welche die ICC-SchO 2012 dem Parteiwillen beimisst. Mangels Einwendung einer Partei besteht weder für den Gerichtshof noch für das Schiedsgericht ein Anlass, die Zulässigkeit der Geltendmachung von Ansprüchen auf Basis mehrerer Verträge zu bezweifeln.

13 **Eine Schiedsvereinbarung.** Auf die Identität der jeweiligen Vertragsparteien bzw. den inneren Zusammenhang der jeweiligen Verträge kommt es auch dort nicht an, wo die geltend gemachten Ansprüche einer einzigen Schiedsvereinbarung unterliegen.

Erhebt eine Partei in diesem Fall Einwendungen gemäß Art. 6 Abs. 3 in Bezug auf die Frage „*ob alle in dem Schiedsverfahren geltend gemachten Ansprüche in einem einzigen Schiedsverfahren entschieden werden können*" und verweist der Generalsekretär die Angelegenheit ausnahmsweise „*zur Entscheidung gemäß Artikel 6(4) an den Gerichtshof*", so ist das Verfahren gemäß Art. 6 Abs. 4 bereits dann fortzusetzen, wenn der Gerichtshof „*aufgrund des ersten Anscheins davon überzeugt ist, dass eine ICC-Schiedsvereinbarung bestehen könnte*". 14

Zwar ist das Schiedsgericht nicht an diese Entscheidung des Gerichtshofs gebunden (vgl. Art. 6 Abs. 4 und 5), jedoch besteht auch aus Sicht des Schiedsgerichts kein Anlass, die Zulässigkeit der Geltendmachung von Ansprüchen auf Basis mehrerer Verträge in einem Verfahren an weitere Voraussetzungen zu knüpfen, wenn aufgrund der Erfassung der Ansprüche durch ein und dieselbe Schiedsvereinbarung keine Zweifel an der Zuständigkeit des Schiedsgerichts bestehen. 15

2. Einwendungen und mehrere Schiedsvereinbarungen

Unterliegen die geltend gemachten Ansprüche hingegen nicht nur mehreren materiellen Verträgen, sondern auch mehreren Schiedsvereinbarungen, *und* erhebt eine Partei Einwendungen gegen die Abhandlungen aller Ansprüche in einem Verfahren, ist aufgrund des Vorbehalts in Art. 9 neben Art. 9 auch Art. 6 Abs. 3–7 zu berücksichtigen. 16

a) Vereinbarkeit der Schiedsvereinbarungen

Art. 6 Abs. 4 (ii) (a). Verweist der Generalsekretär die Angelegenheit an den Gerichtshof, so wird dieser gemäß Art. 6 Abs. 4 (ii) (a) zunächst prüfen, ob er prima facie davon überzeugt ist, dass „*die Schiedsvereinbarungen, auf die die Ansprüche gestützt werden, miteinander vereinbar sein könnten*". 17

Vereinbarung der ICC-SchO 2012. Grundvoraussetzung hierfür ist, dass alle Schiedsvereinbarungen die Geltung der ICC-SchO 2012 vorsehen. Unvereinbar sind demnach Schiedsvereinbarungen zugunsten der ICC-SchO 2012 und der ICC-SchO 1998 oder anderer institutioneller Regeln bzw. Ad-Hoc-Vereinbarungen. 18

Bisherige Praxis des Gerichtshofs. Nach der bisherigen Praxis des Gerichtshofs sind ICC-Schiedsvereinbarungen zudem auch dann nicht „vereinbar", wenn diese unterschiedliche (i) Schiedsorte, (ii) Eskalationsstufen, (iii) Anzahl von Schiedsrichtern bzw. (iv) Regelungen zur Be- 19 stellung des Schiedsgerichts vorsehen. Es ist derzeit nicht davon auszugehen, dass der Gerichtshof diese Praxis ändern wird. Im Einzelnen s. Art. 6 Rz. 126 ff.

b) Identität der Parteien und Zusammenhang der Verträge

20 **Art. 6 Abs. 4 (ii) (b).** Sollte der Gerichtshof zum Schluss kommen, dass *prima facie* die maßgeblichen Schiedsvereinbarungen miteinander vereinbar sind (**hierzu Rz. 17 ff.**), wird er gemäß Art. 6 Abs. 4 (ii) (b) weiter prüfen, ob „alle Parteien des Schiedsverfahrens vereinbart haben könnten, dass die Ansprüche gemeinsam im Rahmen eines einzigen Schiedsverfahrens entschieden werden können". Zu dieser Voraussetzung s. im Einzelnen Art. 6 Rz. 135 ff.

c) Kriterien für die Entscheidung des Schiedsgerichts

21 Ist der Gerichtshof *prima facie* überzeugt, dass die Schiedsvereinbarungen miteinander kompatibel sind, die jeweiligen Vertragsparteien identisch und die Verträge eine wirtschaftliche Einheit bilden, so wird er beschließen, dass das Verfahren fortgesetzt wird. Dieser Beschluss bindet jedoch nicht das Schiedsgericht in seiner Entscheidung über die Zulässigkeit und Begründetheit der betroffenen Ansprüche (vgl. Art. 6 Abs. 4 Satz 4 und Abs. 5).

22 Sollte eine der Parteien gleichwohl ihre Einwendung gegen die Zulässigkeit der Geltendmachung von Ansprüchen auf Basis mehrerer Verträge nach Art. 9 aufrechterhalten, wird das Schiedsgericht selbst über die Zulässigkeit der geltend gemachten Ansprüche entscheiden.

23 Der ICC-SchO 2012 ist nicht zu entnehmen, welche Kriterien ein ICC-Schiedsgericht seiner diesbezüglichen Entscheidung zugrunde legen wird. Die in Art. 6 Abs. 4 (ii) genannten Kriterien für die Prima-Facie-Entscheidung des Gerichtshofs gelten nämlich keineswegs auch zwangsläufig für die Entscheidung des Schiedsgerichts. Es ist jedoch davon auszugehen, dass das Schiedsgericht sich unter Beachtung etwaiger Vorgaben des am Schiedsort geltenden Rechts an diesen Kriterien zumindest orientieren wird. Auch das Schiedsgericht wird prüfen, ob die jeweiligen Schiedsvereinbarungen miteinander vereinbar sind und die am Verfahren beteiligten Parteien vereinbart haben, dass über alle Ansprüche im Rahmen eines einzigen Verfahrens entschieden werden soll. Offen erscheint allerdings, ob es hierbei ein ebenso enges Verständnis von

der Identität der Vertragsparteien bzw. Vertragsunterzeichner zugrunde legen wird, wie der Gerichtshof.

Empfehlung: Parteien, die gehalten sind, im Rahmen eines Verfahrens hierzu vorzutragen, sollten sich in jedem Fall an den vom Gerichtshof in seiner bisherigen Praxis festgelegten Kriterien orientieren. 24

3. Vorbehalt zugunsten von Art. 23 Abs. 4

Die Parteien können auch die unter Art. 9 fallenden Ansprüche auf Basis mehrerer Verträge nur bis zur Unterzeichnung des Schiedsauftrags durch die Parteien und des Schiedsgerichts bzw. bis zu seiner Genehmigung durch den Schiedsgerichtshof frei geltend machen. Nach diesem Zeitpunkt können Ansprüche nur noch mit Zustimmung des Schiedsgerichts in das Verfahren eingeführt werden, Art. 23 Abs. 4. 25

F. Form der Entscheidung des Gerichtshofs

Der Gerichtshof entscheidet über die Zulässigkeit der Geltendmachung mehrerer Ansprüche nur im Fall der Einwendung durch eine Partei und der Verweisung durch den Generalsekretär, und dann im Wege eines *Prima-Facie*-Beschlusses gemäß Art. 6 Abs. 4. Eine negative Entscheidung des Gerichtshofs unterliegt nicht der Überprüfung durch das Schiedsgericht, sondern des staatlichen Gerichts, Art. 6 Abs. 6. Eine positive Entscheidung des Gerichtshofs steht hingegen zur Disposition des Schiedsgerichts, Art. 6 Abs. 5. 26

G. Vollstreckbarkeit und gerichtliche Kontrolle

Die Beachtung der Vorgaben des Art. 9 durch die Parteien, den Gerichtshof und/oder das Schiedsgericht unterliegt insofern der Kontrolle staatlicher Gerichte, als diese in einem potentiellen Aufhebungs- oder Vollstreckungsverfahren auf Rüge einer Partei hin überprüfen werden, ob der Ablauf des Schiedsverfahrens dem Willen der Parteien entsprach (vgl. für Verfahren mit Schieds- bzw. Vollstreckungsort in Deutschland § 1059 Abs. 2 Nr. 1 Buchst. d ZPO bzw. Art. V Abs. 1 Buchst. d UNÜ). 27

Durch die Vereinbarung der Geltung der ICC-SchO 2012 wird diese inklusive der Regelung in Art. 9 sowie der hierin in Bezug genommenen Regelungen der Art. 6 und 23 zum Gegenstand des gemeinsamen Parteiwillens. Jeder Verstoß gegen diese Regelungen führt somit potentiell zur Aufhebbarkeit bzw. Nichtvollstreckbarkeit des Schiedsspruchs. 28

29 Ferner können staatliche Gerichte auf Rüge hin überprüfen, ob alle Ansprüche, über die das Schiedsgericht entschieden hat, durch eine das Schiedsgericht berechtigende Schiedsvereinbarung gedeckt waren (vgl. für Verfahren mit Schieds- bzw. Vollstreckungsort in Deutschland § 1059 Abs. 2 Nr. 1 Buchst. c ZPO bzw. Art. V Abs. 1 Buchst. d UNÜ).

H. Kosten

30 Die Geltendmachung von Ansprüchen, die auf mehreren materiellen Verträgen und/oder Schiedsvereinbarungen basieren, in einem einzigen Verfahren ist in der Regel mit geringeren Kosten verbunden, als die Geltendmachung in mehreren parallelen Verfahren zu betreiben.

J. Abweichende Parteivereinbarungen

31 Art. 9 ist dispositiv. Insbesondere steht es den Parteien frei zu vereinbaren, dass Ansprüche, die sich aus oder im Zusammenhang mit mehreren Verträgen ergeben, *nicht* oder nur unter bestimmten Voraussetzungen in einem einzigen Verfahren geltend gemacht werden können. Eine solche Vereinbarung kann vor oder im Zuge des Verfahrens getroffen werden. Zur Frage, ob die Parteien von Art. 6 Abs. 3 bis 6 und Art. 23 Abs. 4 abweichen können, vgl. Art. 6 Rz. 193 ff.; Art. 23 Rz. 41 f.

Artikel 10: Verbindung von Schiedsverfahren

Auf Antrag einer Partei kann der Gerichtshof zwei oder mehrere der Schiedsgerichtsordnung unterliegende Schiedsverfahren in einem einzigen Schiedsverfahren verbinden, sofern

a) die Parteien die Verbindung vereinbart haben; oder

b) alle Ansprüche in den Schiedsverfahren aufgrund derselben Schiedsvereinbarung geltend gemacht werden; oder

c) sofern die Ansprüche in den Schiedsverfahren aufgrund mehr als einer Schiedsvereinbarung geltend gemacht werden, die Schiedsverfahren zwischen denselben Parteien anhängig sind, die Streitigkeiten in den Schiedsverfahren sich im Zusammenhang mit derselben Rechtsbeziehung ergeben und der Gerichtshof die Schiedsvereinbarungen für miteinander vereinbar hält.

Der Gerichtshof kann bei der Entscheidung über die Verbindung alle Umstände berücksichtigen, die er für bedeutsam hält, so auch, ob ein oder mehrere Schiedsrichter in mehr als einem der Schiedsverfahren be-

stätigt oder ernannt worden sind und, wenn dies so ist, ob dieselben oder verschiedene Personen bestätigt oder ernannt worden sind.

Wenn Schiedsverfahren verbunden werden, werden sie in dem zuerst eingeleiteten Schiedsverfahren verbunden, es sei denn, alle Parteien vereinbaren etwas anderes.

Article 10: Consolidation of Arbitrations

The Court may, at the request of a party, consolidate two or more arbitrations pending under the Rules into a single arbitration, where:

a) the parties have agreed to consolidation; or

b) all of the claims in the arbitrations are made under the same arbitration agreement; or

c) where the claims in the arbitrations are made under more than one arbitration agreement, the arbitrations are between the same parties, the disputes in the arbitrations arise in connection with the same legal relationship, and the Court finds the arbitration agreements to be compatible.

In deciding whether to consolidate, the Court may take into account any circumstances it considers to be relevant, including whether one or more arbitrators have been confirmed or appointed in more than one of the arbitrations and, if so, whether the same or different persons have been confirmed or appointed.

When arbitrations are consolidated, they shall be consolidated into the arbitration that commenced first, unless otherwise agreed by all parties.

Regelungsschwerpunkte: Art. 10 ermöglicht es dem Gerichtshof, auch bei diesbezüglicher Uneinigkeit der Parteien, mehrere Verfahren zu einem einzigen zu verbinden. Die Vorschrift sieht hierfür bestimmte Voraussetzungen vor, die zu einer besseren Vorhersehbarkeit der Entscheidung des Gerichtshofs für die Parteien beitragen und somit der Rechtssicherheit dienen. Die endgültige Entscheidung über die Verfahrensverbindung liegt im Ermessen des Gerichtshofs; dieses Ermessen wird weder durch das jeweils zuständige Schiedsgericht noch durch staatliche Gerichte überprüft. → Rz. 5–38

Kostenaspekte: Die Verbindung von mehreren Verfahren führt in der Regel zu einer Senkung der für die Durchführung aller Verfahren anfallenden Gesamtkosten. Die 3000 USD Einleitungsgebühr für das nicht fort-

geführte Verfahren werden jedoch weder erstattet noch auf die Kostenpflichten der Parteien im fortgeführten Verfahren angerechnet.
→ Rz. 43–46

Inhalt

A. Normzweck 1	2. Sonstige Ermessenserwägungen 29
B. Reform 2	3. Grundgebot der restriktiven Anwendung 32
C. Verhältnis zu §§ 1025 ff. ZPO..................... 3	IV. Verbindung auf die zuerst anhängige Sache............. 33
D. Vergleich mit den in staatlichen Gerichtsverfahren geltenden Vorschriften 4	V. Auswirkung auf die Parteistellung................. 37
E. Tatbestand und Rechtsfolgen. 5	F. Form und Bindungswirkung der Entscheidung 38
I. Grundvoraussetzungen (Abs. 1) 6	G. Vollstreckbarkeit und gerichtliche Kontrolle 39
1. Antrag einer Partei 6	
2. Gerichtshof 7	H. Kosten 43
3. ICC-Schiedsverfahren ... 8	
II. Fallkonstellationen (Abs. 1 Buchst. a–c) 9	J. Abweichende Parteivereinbarungen 47
1. Einverständnis aller Parteien 9	Anhang 1: Muster (deutsch) für Antrag auf Verfahrensverbindung . 48
2. Identität der Schiedsvereinbarung.............. 11	Anhang 2: Muster (englisch) für Antrag auf Verfahrensverbindung . 49
3. Sonstige Fälle 14	
III. Ermessen des Gerichtshofs .. 24	
1. Besetzung der Schiedsgerichte 26	

Literatur: *Bond*, Dépeçage or Consolidation of the disputes resulting from connected agreements: The role of the arbitrator, Dossier of the ICC Institute of World Business Law: Multiparty Arbitration (2010), S. 35 ff.; *Derains*, The Limits of the Arbitration Agreement in Contracts Involving More Than Two Parties, ICC Court Bulletin, Special Supplement 2003, Complex Arbitrations, S. 25 ff.; *Gaillard*, The Consolidation of Arbitral Proceedings and Court Proceedings, ICC Court Bulletin, Special Supplement 2003, Complex Arbitrations, S. 35 ff.; *Greenberg/Feris/Albanesi*, Consolidation, Joinder, Cross-Claims, Multiparty and Multicontract Arbitrations: Recent ICC Experience, Dossier of the ICC Institute of World Business Law: Multiparty Arbitration, 2010, S. 161 ff.; *Whitesell/Silva-Romero*, Multiparty and Multicontract Arbitration: Recent ICC Experience, ICC Court Bulletin, Special Supplement 2003, Complex Arbitrations, S. 7 ff.

A. Normzweck

Art. 10 dient primär der **Verfahrenseffizienz**. Die Verbindung mehrerer 1
Verfahren zu einem einzelnen führt in der Regel zu Zeit- und Kostenersparnissen. Zudem fördert Art. 10 eine einheitliche Rechtsfindung. Die Verbindung mehrerer Verfahren vermeidet die Gefahr, dass mehrere Schiedsgerichte über dieselben bzw. ähnlich gelagerte oder miteinander verbundene Sach- und Rechtsfragen unterschiedlich befinden. Ferner dient Art. 10 dem Rechtsfrieden. So kann eine Verfahrensverbindung dazu führen, dass eine einvernehmliche Gesamtlösung anstatt mehrerer streitiger Einzellösungen erzielt wird. Schließlich führt Art. 10 durch die Normierung detaillierter Voraussetzungen zu einem Gewinn an Rechtssicherheit und fördert hierdurch zumindest mittelbar auch die spätere Vollstreckbarkeit des Schiedsspruchs.

B. Reform

Seinem Wortlaut nach erweitert Art. 10 ICC-SchO 2012 den Anwen- 2
dungsbereich der Verfahrensverbindung gegenüber der Vorgängerregelung in **Art. 4 Abs. 6 ICC-SchO 1998** ganz erheblich. So ist nunmehr eine Verfahrensverbindung auch nach Unterzeichnung des Schiedsauftrags möglich. Zudem erwähnt Art. 10 in Buchst. a–c ICC-SchO 2012 nunmehr drei Konstellationen, in denen eine Verbindung in Betracht kommt; Art. 4 Abs. 6 ICC-SchO 1998 beschrieb hingegen nur die nunmehr in Art. 10 Abs. 1 Buchst. c ICC-SchO 2012 geregelte Konstellation. Neu ist beispielsweise die Möglichkeit zur Verbindung mehrerer Verfahren mit unterschiedlichen Parteien oder unterschiedlichen Schiedsvereinbarungen. Ferner erwähnt Art. 10 ICC-SchO 2012 nunmehr explizit einige Kriterien, die der Gerichtshof im Rahmen seiner Ermessensentscheidung berücksichtigen kann, so unter anderem die Besetzung der jeweiligen Schiedsgerichte. Schließlich hält Art. 10 ICC-SchO 2012 explizit fest, dass in der Regel das älteste Verfahren fortgesetzt wird. Art. 4 Abs. 6 ICC-SchO 1998 nahm zu diesen Einzelfragen nicht ausdrücklich Stellung. Im Übrigen kodifiziert Art. 10 ICC-SchO 2012 jedoch im Wesentlichen die bisher unveröffentlichte Entscheidungspraxis des Gerichtshofs zur Verfahrensverbindung gemäß Art. 4 Abs. 6 ICC-SchO 1998. Ein zentraler Unterschied besteht jedoch darin, dass der Gerichtshof gemäß Art. 4 Abs. 6 ICC-SchO 1998 nur eine Prima-Facie-Entscheidung traf, während seine Entscheidung gemäß Art. 10 ICC-SchO 2012 endgültig ist und das Schiedsgericht bindet. Inwieweit die Regelung im

Übrigen zu einer Änderung der bisherigen Entscheidungspraxis des Gerichtshofs führen wird, bleibt abzuwarten.

C. Verhältnis zu §§ 1025 ff. ZPO

3　Das deutsche nationale Schiedsverfahrensrecht regelt die Verfahrensverbindung nicht. Die Vorschriften der §§ 1025 ff. ZPO haben bei Verfahren mit Schiedsort in Deutschland nur insofern Bedeutung, als die Anwendung von Art. 10 weder zu einer Ungleichbehandlung der Parteien noch zu einer Verletzung des Rechts auf rechtliches Gehör führen darf (vgl. § 1042 Abs. 1 ZPO).

D. Vergleich mit den in staatlichen Gerichtsverfahren geltenden Vorschriften

4　Die Verbindung mehrerer Verfahren vor deutschen staatlichen Gerichten ist in § 147 ZPO geregelt. § 147 ZPO findet in Schiedsverfahren weder unmittelbare noch analoge Anwendung. Obwohl beide Normen unterschiedlich formuliert sind, enthalten sie doch ähnliche Wertungen und dürften in vielen Fällen zu gleichen Ergebnissen führen. Freilich ist es im Rahmen von § 147 ZPO das Gericht selbst, das von sich aus – wenn auch häufig auf Anregung der Parteien – Verfahren verbindet, während im Rahmen von Art. 10 der Gerichtshof nur auf Antrag mindestens einer Partei tätig werden kann.

E. Tatbestand und Rechtsfolgen

5　Art. 10 unterscheidet zwischen drei Konstellationen, in denen eine Verfahrensverbindung in Betracht kommt (Abs. 1 Buchst. a–c). Darüber hinaus sieht die Norm jedoch bestimmte Grundvoraussetzungen (Abs. 1) bzw. Entscheidungskriterien (vgl. Abs. 2) vor, die der Gerichtshof stets, d.h. in jeder der in Buchst. a–c geregelten Konstellation, beachten bzw. heranziehen kann.

I. Grundvoraussetzungen (Abs. 1)

1. Antrag einer Partei

6　Eine Verfahrensverbindung gemäß Art. 10 setzt stets den *„Antrag einer Partei"* voraus. Der Gerichtshof wird weder aus eigener Initiative noch auf eine bloße Anregung des Schiedsgerichts hin tätig.

2. Gerichtshof

Die Verfahrensverbindung erfolgt durch den Gerichtshof. Weder die Parteien noch das Schiedsgericht haben die Möglichkeit, ohne Mitwirkung des Gerichtshofs Verfahren zu verbinden.

7

3. ICC-Schiedsverfahren

Verbunden werden können „*mehrere der Schiedsgerichtsordnung unterliegende Schiedsverfahren*". Art. 10 begrenzt somit nicht die Anzahl der potenziell zu verbindenden Verfahren. Verbunden werden können jedoch nur ICC-Schiedsverfahren. Art. 10 ermöglicht nicht die Verbindung eines oder mehrerer ICC-Schiedsverfahren mit einem *Ad-Hoc-* oder einem anderen institutionellen Schiedsverfahren bzw. mit einem staatlichen Gerichtsverfahren (hierzu *Gaillard*, ICC Court Bulletin, Special Supplement 2003, Complex Arbitrations, 35 ff.). Auch die Verbindung eines Verfahrens nach der ICC-SchO 1998 mit einem Verfahren nach der ICC-SchO 2012 kommt nicht in Betracht.

8

II. Fallkonstellationen (Abs. 1 Buchst. a–c)

1. Einverständnis aller Parteien

Eine Verfahrensverbindung kommt gemäß Art. 10 Abs. 1 Buchst. a zum einen dann in Betracht, wenn alle am Verfahren beteiligten Parteien die „*Verbindung vereinbart haben*".

9

Zwar setzt Art. 10 Abs. 1 Buchst. a seinem Wortlaut nach keine ausdrückliche schriftliche Vereinbarung der Parteien voraus, jedoch wird der Gerichtshof nur im Falle einer solchen Vereinbarung vom Vorliegen des Einverständnisses aller Parteien überzeugt sein. Das bloße Schweigen einer Partei, z.B. das Unterlassen eines Widerspruchs gegen den Antrag auf Verfahrensverbindung durch eine andere Partei, reicht nicht aus.

10

2. Identität der Schiedsvereinbarung

Eine Verfahrensverbindung kommt gemäß Art. 10 Abs. 1 Buchst. b ferner dann in Betracht, wenn alle Ansprüche, die in den zu verbindenden Verfahren erhoben wurden, „*derselben Schiedsvereinbarung*" unterliegen. Dies ist nicht der Fall, wenn die Ansprüche mehreren, wenn auch wortgleichen Schiedsvereinbarungen unterliegen. Dies zeigt der Vergleich mit Art. 10 Abs. 1 Buchst. c, der unter bestimmten Voraussetzun-

11

12 gen eine Verbindung von für *„vereinbar"* erachteten Schiedsvereinbarungen eröffnet.

12 Art. 10 Abs. 1 Buchst. b setzt weder das Einverständnis aller Parteien noch die Identität der Parteien voraus (vgl. im Gegensatz hierzu Buchst. a und c). Anknüpfungspunkt ist vielmehr die Bindung der Parteien an dieselbe ICC-Schiedsvereinbarung und der hierdurch zum Ausdruck kommende Wille der Parteien, ihre Streitigkeiten zumindest potenziell miteinander und in demselben ICC-Verfahren beizulegen. Hierbei unterscheidet Buchst. b nicht danach, ob die Parteien die Schiedsvereinbarung unterzeichnet haben oder aus anderen Gründen an diese gebunden sind.

13 Insbesondere der Verzicht auf die (ungeschriebene) Voraussetzung, dass an allen zur Verbindung stehenden Verfahren dieselben Parteien beteiligt sein müssen, stellt eine erhebliche Erweiterung des Anwendungsbereichs der Verfahrensverbindung gemäß Art. 10 gegenüber der Praxis des Gerichtshofs bezüglich Art. 4 Abs. 6 ICC-SchO 1998 dar. Gleichwohl bleibt abzuwarten, ob der Gerichtshof sich im Rahmen seines Ermessens nicht doch auch im Rahmen von Buchst. b davon wird leiten lassen, ob und inwieweit die Parteien der zur Verbindung stehenden Verfahren miteinander in Verbindung stehen.

3. Sonstige Fälle

14 Eine Verfahrensverbindung kommt gemäß Art. 10 Abs. 1 Buchst. c auch dort in Betracht, wo es sowohl am Einverständnis aller Parteien als auch an der Identität der Schiedsvereinbarung fehlt. Folgende drei Voraussetzungen müssen dann gegeben sein: Identität der Parteien, Identität der Rechtsbeziehungen und Vereinbarkeit der Schiedsvereinbarungen.

15 **Identität der Parteien.** Art. 10 Abs. 1 Buchst. c setzt voraus, dass die zu verbindenden Verfahren zwischen *„denselben Parteien"* anhängig sind.

16 Nach der bisherigen Praxis des Gerichtshofs zu Art. 4 Abs. 6 ICC-SchO 1998 musste es sich hierbei tatsächlich um *„identischen"* Parteien handeln. Nicht ausreichend war, dass eine wie eng auch immer geartete Verbindung zwischen den Parteien bestand, sei es durch die Zugehörigkeit zum selben Konzern, durch eine Personenidentität auf der Führungsebene oder einen bloßen *„Gleichlauf"* unternehmerischer Interessen. Insbesondere lehnte der Gerichtshof es ab, die Grundsätze zur Bindung von Dritten an nicht durch diese unterzeichnete Schiedsvereinbarungen aus seiner *prima facie*-Zuständigkeitsprüfung nach Art. 6

Abs. 2 ICC-SchO 1998 auf diese Frage zu übertragen (*Greenberg/Feris/Albanesi*, S. 161 ff.).

Ob der Gerichtshof angesichts des Ermessens, das Art. 10 auf Rechtsfolgenebene vorsieht (hierzu Rz. 24 ff.), in Zukunft eine etwas weniger restriktive Position bei der Auslegung des Tatbestandsmerkmals der Parteiidentität einnehmen wird, bleibt abzuwarten. In bestimmten Konstellationen scheint es zumindest erwägenswert, aus Effizienzgründen eine Teilidentität der Parteien ausreichen zu lassen. 17

Art. 10 Abs. 1 Buchst. c setzt nicht voraus, dass die Parteien in den zu verbindenden Verfahren die gleiche Rolle einnehmen. So ist unschädlich, dass eine Partei in einem Verfahren Kläger, im anderen Verfahren jedoch Beklagter ist; gerade in diesen Fällen bietet die Verfahrensverbindung ein effektives Mittel zur Straffung des Rechtsstreits. 18

Identität der Rechtsbeziehung. Zweitens setzt Art. 10 Abs. 1 Buchst c voraus, dass die Streitigkeiten in den zu verbindenden Verfahren sich *„aus oder im Zusammenhang mit denselben Rechtsbeziehungen"* ergeben. 19

Nach bisheriger Praxis des Gerichtshofs war dies immer dann der Fall, wenn die Streitigkeiten demselben Vertrag entstammten. In diesen Fällen wird jedoch künftig eine Verbindung in aller Regel bereits nach Art. 10 Abs. 1 Buchst. b möglich sein, da Streitigkeiten aus demselben materiellen Vertrag fast immer auch derselben Schiedsvereinbarung unterliegen. Wichtiger erscheint daher die bisherige Praxis des Gerichtshofs, der zufolge eine Identität der Rechtsbeziehung auch dort vorliegen konnte, wo die geltend gemachten Ansprüche mehreren materiellen Verträge entstammen, die auf die eine oder andere Art miteinander verbunden sind. Diese Verbindung konnte sich sowohl aus dem Wortlaut der Verträge als auch aus ihrem Gegenstand und Zweck ergeben. Ausreichend war, dass die betroffenen Verträge eine wirtschaftliche Einheit bildeten, wobei dieses Kriterium flexibel und großzügig gehandhabt wurde (vgl. *Whitesell/Silva-Romero*, ICC Court Bulletin, Special Supplement 2003, Complex Arbitrations, S. 7 ff.). 20

Vereinbarkeit der Schiedsvereinbarung. Drittens setzt Art. 10 Abs. 1 Buchst. c voraus, dass die *„Schiedsvereinbarungen"*, welche den zu verbindenden Verfahren zugrunde liegen, *„miteinander vereinbar"* sind. 21

Welche Schiedsvereinbarungen miteinander vereinbar sind und welche nicht, ist dem Wortlaut von Art. 10 nicht zu entnehmen. Auch hier bie- 22 tet es sich an, auf die bisherige Praxis des Gerichtshofs zur Vorgängerregelung in Art. 4 Abs. 6 ICC-SchO 1998 zurückzugreifen.

23 Hiernach lehnte es der Gerichtshof u.a. ab, Verfahren zu verbinden, wenn die Schiedsvereinbarungen unterschiedliche (i) Schiedsorte, (ii) Eskalationsstufen, (iii) Anzahl von Schiedsrichtern, (iv) Verfahrenssprachen bzw. (v) Regelungen zur Bestellung des Schiedsgerichts vorsahen (vgl. Art. 6 Rz. 126 ff.). Kein (zwingender) Fall der fehlenden Vereinbarkeit ist die Konstellation, dass eine der maßgeblichen Schiedsvereinbarungen gar keine Angaben zum Schiedsort bzw. Anzahl und Bestellung der Schiedsrichter enthält, da hier der Gerichtshof die Möglichkeit hat, selbst die Vereinbarkeit der Schiedsvereinbarungen herzustellen. Weniger eindeutig ist auch die Konstellation, dass die Schiedsvereinbarung unterschiedliche Fristvorgaben, z.B. zum Erlass des Schiedsspruchs, vorsieht.

III. Ermessen des Gerichtshofs

24 In jeder der vorstehend beschriebenen drei Konstellationen gemäß Art. 10 Abs. 1 Buchst. a–c steht die Verfahrensverbindung im Ermessen des Gerichtshofs. In Ausübung seines Ermessens ist der Gerichtshof berechtigt, *„alle Umstände"* zu berücksichtigen, die er *„für relevant hält"*. Maßgeblich ist somit die subjektive Beurteilung des Gerichtshofs.

25 Im Fall des **allseitigen Einverständnisses** der Parteien (Art. 10 Abs. 1 Buchst. a) dürften jedoch nur außergewöhnliche Umstände den Gerichtshof davon abhalten, die betroffenen Verfahren zu verbinden. Ein denkbarer Fall wäre, dass die Parteien sich zwar prinzipiell auf eine Verfahrensverbindung einigen können, es ihnen jedoch nicht gelingt, etwaige Unstimmigkeiten der maßgeblichen Schiedsvereinbarungen zu beseitigen.

1. Besetzung der Schiedsgerichte

26 Art. 10 selbst erwähnt exemplarisch nur einen für die Ermessensentscheidung *„relevanten Umstand"*, nämlich die Besetzung der Schiedsgerichte. So kann der Gerichtshof u.a. berücksichtigen, *„ob ein oder mehrere Schiedsrichter in mehr als einem der Schiedsverfahren bestätigt oder ernannt worden sind und, wenn dies so ist, ob dieselben oder verschiedene Personen bestätigt oder ernannt worden sind"*.

Nicht durchgesetzt hat sich somit die Ansicht, dass Parteien die Verbindung mehrerer Verfahren durch die Benennung unterschiedlicher Schiedsrichter verhindern könnten. Es bleibt jedoch abzuwarten, ob sich der Gerichtshof nicht gleichwohl schwertun wird, Verfahren zu verbinden, in denen mehrere nicht identische Schiedsrichter bestätigt oder ernannt worden sind: 27

So regelt Art. 10 nämlich nicht, welche Folge die Verfahrensverbindung in diesem Fall für die bereits bestellten Schiedsrichter hat. In der Regel wird der Schiedsrichter des Verfahrens, das nicht fortgeführt wird, wohl freiwillig sein Mandat niederlegen. Dort, wo dies ausnahmsweise nicht der Fall sein sollte, ist die Rechtslage jedoch weniger klar. Denkbar erscheint, den Parteien ein Recht einzuräumen, gemeinsam die Ersetzung des oder der Schiedsrichter durch den Gerichtshof zu beantragen (vgl. Art. 15 Abs. 1). Dort, wo sich die Parteien jedoch nicht hierauf einigen können, erscheint es sachgerecht, dem Gerichtshof eine Ersetzungsbefugnis gemäß Art. 15 Abs. 2 (direkt oder analog) einzuräumen. Festzuhalten bleibt jedoch, dass eine Verbindung von Verfahren, in denen ein oder mehrere Schiedsrichter ernannt oder bestätigt worden sind, nicht zuletzt aufgrund der vorstehend erörterten Rechtsunsicherheit vermutlich die Ausnahme bleiben wird. 28

2. Sonstige Ermessenserwägungen

Anwendbares Sachrecht. Neben dem Inhalt der Schiedsvereinbarungen berücksichtigte der Gerichtshof in seiner Praxis bis dato auch das anwendbare Sachrecht und lehnte es teilweise ab, Verfahren zu verbinden, die unterschiedlichen Sachrechten unterlagen. Zwingend ist diese Praxis nicht, da die Anwendung unterschiedlicher Sachrechte auch im Rahmen eines Zwei-Parteien-Verfahrens durchaus vorkommt und dem Schiedsgericht meist keine besonderen Schwierigkeiten bereitet. 29

Verfahrensstadium. Der Wortlaut des Art. 10 eröffnet eine Verfahrensverbindung in jedem Verfahrensstadium und geht damit über die bisherige Praxis des Gerichtshofs hinaus, nach der eine Verbindung nur bis zur Unterzeichnung des Schiedsauftrags möglich war. Insofern ist die Regelung scheinbar offener als z.B. jene zur Einbeziehung von Dritten in Art. 7. Auch im Rahmen von Art. 10 gilt jedoch der Grundsatz, dass, je länger ein Verfahren bereits andauert, der Gerichtshof umso sorgfältiger prüfen wird, ob die Voraussetzungen einer Verfahrensverbindung vorliegen und diese in Ansehung der Einzelumstände sinnvoll ist. 30

31 Die Verbindung von Verfahren nach vollständiger Konstituierung des oder der Schiedsgerichte und/oder der Unterzeichnung des Schiedsauftrags wird daher die Ausnahme bleiben. Die Verbindung von Verfahren, in denen bereits maßgebliche prozessuale Entscheidungen getroffen wurden, mehrere Schriftsatzrunden erfolgten oder gar eine mündliche Verhandlung stattfand, wird auch aus Effizienz- und Kostengründen oftmals nicht sinnvoll sein. Hier ist davon auszugehen, dass der Gerichtshof auch bei Vorliegen der in Art. 10 Abs. 1 und 2 niedergelegten übrigen Voraussetzungen sein Ermessen nach Art. 10 Abs. 3 dahin ausüben wird, dass er von der Verbindung der Verfahren absieht. Eine feste Regel, wann Verfahren nicht mehr verbunden werden können bzw. sollten, gibt es aber nicht.

3. Grundgebot der restriktiven Anwendung

32 Auch in Zukunft wird der Gerichtshof stets sehr genau prüfen, ob die Voraussetzungen des Art. 10 vorliegen und die jeweiligen Umstände des Einzelfalls eine Verfahrensverbindung rechtfertigen. Bei verbleibenden Zweifeln wird der Gerichtshof tendenziell von einer Verbindung absehen, da die Verbindung mehrerer Verfahren einen nicht unerheblichen Eingriff in die Verfahrensgestaltung durch die Parteien darstellt, auch wenn sie auf Antrag einer Partei erfolgt. Ferner wird im Zeitpunkt der Verbindung durch den Gerichtshof oft nicht feststehen, wie sich die Verfahrensverbindung auf das Verfahren auswirkt.

IV. Verbindung auf die zuerst anhängige Sache

33 Gemäß Art. 10 Abs. 3 ist der Schiedsgerichtshof gehalten, in den Fällen, in denen er sich für eine Verbindung von zwei oder mehreren Verfahren entscheidet, diese „*in* [richtig wohl: ‚auf'] *das zuerst eingeleitete Verfahren zu verbinden*". Eine Verbindung auf ein anderes Verfahren kommt nur dann in Betracht, wenn „*alle Parteien*" dieses „*vereinbaren*".

34 Die Frage, welches Verfahren im Fall einer Verfahrensverbindung fortgesetzt wird („führendes Verfahren") und welche Verfahren beendet („verbundene Verfahren") werden, ist nicht unwichtig. Sie ist insbesondere dann von Bedeutung, wenn in einem oder mehreren Verfahren das Schiedsgericht bereits ganz oder zum Teil konstituiert ist, ohne dass in allen Fällen die gleichen Personen als Schiedsrichter ausgewählt worden sind. Die Entscheidung für die Fortsetzung eines bestimmten Verfahrens beinhaltet dann zugleich die Entscheidung für bzw. gegen ein bestimmtes Schiedsgericht. Ferner spielt die Frage, welches Verfahren fortgesetzt

wird, dort eine Rolle, wo die zu verbindenden Verfahren sich in unterschiedlichen Verfahrensstadien befinden (vgl. hierzu Rz. 30).

Insofern überrascht die Beschränkung des Ermessens des Gerichtshofs auf die Wahl des Verfahrens, das als erstes begonnen wurde. 35

Empfehlung: Sollte es aus der Sicht einer Partei sinnvoller erscheinen, ein anderes Verfahren fortzusetzen, als dasjenige, das zuerst begonnen wurde, ist der Partei daher dringend zu raten, sich zeitnah zumindest hierüber mit der bzw. den anderen Partei(en) abzustimmen. Dies gilt insbesondere auch für die Partei, die sich zunächst gegen eine Verfahrensverbindung ausgesprochen hat.

Die administrative Umsetzung der Verfahrensverbindung erfolgt dadurch, dass das Sekretariat das Aktenzeichen der führenden Sache modifiziert, indem es dieses um einen Klammerzusatz ergänzt, der die beendete (verbundene) Sache ihrem seinerzeitigen Aktenzeichen nach kennzeichnet. 36

V. Auswirkung auf die Parteistellung

Art. 10 regelt nicht ausdrücklich, ob es bei einer Verbindung mehrerer Verfahren auf das erste Verfahren bei der ursprünglichen Parteistellung und Bezeichnung der Parteien bleibt. Der Gerichtshof hat diese Frage in seiner bisherigen Praxis stets dem Schiedsgericht überlassen. Aus Sicht der Parteien erscheint es sinnvoll, auf eine ihren Interessen entsprechende Bezeichnung hinzuwirken. 37

F. Form und Bindungswirkung der Entscheidung

Der Gerichtshof entscheidet durch Beschluss, den das Sekretariat im Anschluss den Parteien mitteilt. Hierbei handelt es sich anders als in den Fällen der Art. 7–9 und im Unterschied zur Rechtslage unter der ICC-SchO 1998 nicht um eine (bloße) *Prima-Facie*-Entscheidung des Gerichtshofs gemäß Art. 6 Abs. 4, sondern um eine die Parteien und die betroffenen Schiedsgerichte bindende und endgültige Entscheidung. Die Parteien haben keine Möglichkeit, die Entscheidung des Gerichtshofs per se anzugreifen. Insbesondere ist keines der betroffenen Schiedsgerichte berechtigt, die Entscheidung des Gerichtshofs zu überprüfen, sie zu korrigieren bzw. sich ihr zu widersetzen. 38

G. Vollstreckbarkeit und gerichtliche Kontrolle

39 Ein Beschluss, mit dem der Gerichtshof mehrere Verfahren verbindet bzw. einen Antrag auf Verbindung ablehnt, ist per se nicht angreifbar.

40 Er kann jedoch insofern mittelbar im Rahmen eines etwaigen Aufhebungs- oder Vollstreckungsverfahrens angegriffen werden, als die zuständigen staatlichen Gerichte auf Rüge einer Partei hin prüfen werden, ob der Ablauf des Schiedsverfahrens dem Willen der Parteien entsprach (vgl. für Verfahren mit Schieds- bzw. Vollstreckungsort in Deutschland § 1059 Abs. 2 Nr. 1 Buchst. d ZPO bzw. Art. V Abs. 1 Buchst. d UNÜ).

41 Durch die Vereinbarung der Geltung der ICC-SchO 2012 wird diese inklusive der Regelung in Art. 10 zum Inhalt des gemeinsamen Parteiwillens. Jeder Verstoß gegen diese Regelungen führt somit potenziell zur Aufhebbarkeit bzw. Nichtvollstreckbarkeit des Schiedsspruchs.

42 Ferner können staatliche Gerichte auf Rüge hin überprüfen, ob alle Ansprüche, über die das Schiedsgericht entschieden hat, durch eine das Schiedsgericht berechtigende Schiedsvereinbarung gedeckt waren (vgl. für Verfahren mit Schieds- bzw. Vollstreckungsort in Deutschland § 1059 Abs. 2 Nr. 1 Buchst. c ZPO bzw. Art. V Abs. 1 Buchst. d UNÜ).

H. Kosten

43 Art. 36 und 37 enthalten keine gesonderte Regelung für die Festsetzung der Kosten bzw. des Kostenvorschusses im Fall der Verfahrensverbindung. Art. 36 Abs. 4 regelt explizit nur den Fall der Einbeziehung zusätzlicher Parteien (Art. 7) bzw. der Geltendmachung von Ansprüchen zwischen mehreren Parteien. Die Ablehnung einer Verfahrensverbindung hat keinen direkten Einfluss auf die Kosten, die Verbindung mehrerer Verfahren hingegen sehr wohl.

44 Für das fortgeführte, führende Verfahren wird der Gerichtshof einen neuen Kostenvorschuss festsetzen, der alle nunmehr in diesem Verfahren erhobenen Ansprüche berücksichtigt. Wird das Verfahren unter Beteiligung mehrerer Parteien fortgesetzt und erheben diese untereinander Ansprüche, findet Art. 36 Abs. 4 Anwendung, d.h. der Gerichtshof kann bestimmen, ob er einen globalen oder mehrere separate Kostenvorschüsse festsetzt (näher Art. 36 Rz. 25 ff.). In beiden Fällen gilt es dann unter Umständen, die Anteile der Parteien an diesen Vorschüssen festzulegen.

45 Bereits festgesetzte Kostenvorschüsse in den nicht fortgeführten Verfahren werden durch die Schließung des Verfahrens aufgehoben, etwaig ge-

leistete Kostenvorschüsse werden – unter Verrechnung mit den durch das fortgesetzte Verfahren entstandenen und ggf. festgesetzten Kosten – an die Parteien ausgekehrt. Die Registrierungsgebühr i.H.v. 3000 USD ist nicht erstattungsfähig und verbleibt im verbundenen Verfahren.

Die Verbindung mehrerer Verfahren wird tendenziell dazu führen, dass die Gesamtkosten für jede einzelne der beteiligten Parteien sinken. Zum einen verursacht ein Verfahren mit mehreren Beteiligten in aller Regel weniger Kosten als mehrere Verfahren mit jeweils diversen Parteien. Zudem verlaufen in ICC-Verfahren wie auch in staatlichen Verfahren die Kosten degressiv mit steigendem Streitwert. Eine Kappung des Streitwerts bei 30 Mio. EUR gibt es anders als in staatlichen Verfahren zwar nicht, jedoch sind die Verwaltungsgebühren, die einen Teil des Kostenvorschusses ausmachen, bei 113.500 USD gedeckelt. 46

J. Abweichende Parteivereinbarungen

Eine von Art. 10 abweichende Parteivereinbarung ist zwar grundsätzlich denkbar, kommt jedoch in der Praxis nicht vor. Dort, wo die Parteien sich über von Art. 10 abweichende Voraussetzungen und Rechtsfolgen der Verfahrensverbindung einigen werden, bieten ihnen Abs. 1 Buchst. a bzw. Abs. 3 genügend Spielraum, diese Einigung im Rahmen von Art. 10 umzusetzen. Für eine von Art. 10 abweichende Regelung besteht daher kein Bedürfnis, und es erscheint auch fraglich, ob der Gerichtshof die Administrierung eines Verfahrens übernehmen würde, das auf Grundlage einer von Art. 10 abweichenden Schiedsvereinbarung der Parteien angestrengt wird. 47

Art. 10 ICC-SchO — Einbeziehung zusätzlicher Parteien

Anhang 1: Muster (deutsch)[1] für Antrag auf Verfahrensverbindung

48 *Per Kurier:*

An das Sekretariat des
Internationalen Schiedsgerichtshofs der ICC
33–43 avenue du Président Wilson
75116 Paris

ICC-Schiedsverfahren Nr. 23451/ABC A-GmbH ./. B-GmbH und
ICC-Schiedsverfahren Nr. 23456/ABC C-GmbH ./. B-GmbH

Antrag auf Verfahrensverbindung

Im ICC-Schiedsverfahren Nr. 23451/ABC
zwischen
der A-GmbH, [Vollständige Kontaktdaten]

– „A"

vertreten durch [Name + Kontaktdaten der Rechtsvertretung von A]
und
der B-GmbH, [Vollständige Kontaktdaten]

– „B"

vertreten durch [Name + Kontaktdaten der Rechtsvertretung von B]
sowie
im ICC-Schiedsverfahren Nr. 23451/ABC
zwischen
der B-GmbH, [Vollständige Kontaktdaten]

– „C"

vertreten durch [Name + Kontaktdaten der Rechtsvertretung von C]
und
der A-GmbH, [Vollständige Kontaktdaten]

– „B"

vertreten durch [Name + Kontaktdaten der Rechtsvertretung von B]
beantragen wir namens und in Vollmacht der A-GmbH:
die ICC-Schiedsverfahren Nr. 23451/ABC und Nr. 23451/ABC gemäß Art. 10 Abs. 1 Buchst. c SchO miteinander zu verbinden.
Die Voraussetzungen des Art. 10 Abs. 1 Buchst. c der SchO liegen vor (hierzu A).
Die bis dato erfolgten Schiedsrichterbestellungen im Schiedsverfahren Nr. 23451

---

[1] Englische Fassung unter Rz. 49.

stehen einer Verbindung nicht entgegen (hierzu **B**). Schließlich ist eine Verfahrensverbindung auch aus Gründen der Verfahrenseffizienz und zur Vermeidung widersprüchlicher Entscheidungen geboten (hierzu **C**).

A. Die Voraussetzungen des Art. 10 Abs. 1 Buchst. c der SchO

Zwar unterliegen die in den Schiedsverfahren Nr. 23451 und Nr. 23456 geltend gemachten Ansprüche streng genommen nicht ein- und derselben Schiedsvereinbarung im Sinne von Art. 10 Abs. 1 Buchst. b der SchO, jedoch sind dieselben Parteien an beiden Verfahren beteiligt (hierzu **I**), die Ansprüche entspringen derselben rechtlichen Beziehung (hierzu **II**), und die Schiedsvereinbarungen sind miteinander vergleichbar (hierzu **III**).

I. Identität der Parteien

A und B sind an beiden Schiedsverfahren beteiligt. Weitere Parteien sind nicht an diesen Verfahren beteiligt. Dass A im Schiedsverfahren Nr. 23451 und B im Schiedsverfahren Nr. 23456 Kläger ist, steht der Anwendung von Art. 10 Abs. 1 Buchst. a der SchO nicht entgegen.

II. Identität der Rechtsbeziehung

Die von A bzw. B im Rahmen der Schiedsverfahren Nr. 23451 und Nr. 23456 geltend gemachten Ansprüche ergeben sich aus folgenden Verträgen [...]. Diese Verträge bilden aus folgenden Gründen eine „wirtschaftliche Einheit" und somit ein und dieselbe Rechtsbeziehung im Sinne der SchO.

III. Schiedsvereinbarung

Sowohl die im Rahmen des Schiedsverfahrens Nr. 23451 als auch die im Rahmen des Schiedsverfahrens Nr. 23456 geltend gemachten Ansprüche unterliegen folgenden wortgleichen Schiedsvereinbarungen:

„[Vollständiger Wortlaut der 1. Schiedsvereinbarung]".

„[Vollständiger Wortlaut der 2. Schiedsvereinbarung]".

B. Besetzung des Schiedsgerichts

Im Schiedsverfahren Nr. 23451 hat der Gerichtshof am [...] Prof. X auf Benennung von A und Dr. Y als Mitschiedsrichter auf Benennung von B gemäß Art. 12 Abs. 4 der SchO bestätigt.

Im Schiedsverfahren Nr. 23456 hat B Herrn Z als Mitschiedsrichter gemäß Art. 12 Abs. 4 der SchO benannt. Mit Schreiben vom [...] hat das Sekretariat A aufgefordert, mit Einreichung ihrer Antwort einen Mitschiedsrichter gem. Art. 12 Abs. 4 der SchO zu benennen.

Die Benennung eines anderen Schiedsrichters durch B dient, ebenso wie die Einleitung des Schiedsverfahrens Nr. 23456 insgesamt, allein dazu, sich der absehbaren Entscheidung des Schiedsgerichts im Schiedsverfahren Nr. 23451 zu entziehen. Sie steht einer Integration des Schiedsverfahrens Nr. 23456 in das Schiedsverfahrens Nr. 23451 nicht entgegen.

Art. 10 ICC-SchO — Einbeziehung zusätzlicher Parteien

C. Effizienz und Vermeidung widersprechender Entscheidungen

[Ausführungen dazu, warum eine Verfahrensverbindung im vorliegenden Verfahren zeit- und kosteneffizienter wäre und der Vermeidung widersprechender Entscheidungen dienen würde].

(Unterschrift)
Rechtsanwalt

Kopie
A-GmbH und C-GmbH

Anhang 2: Muster (englisch)[1] für Antrag auf Verfahrensverbindung

49 *By Courier:*
To the Secretariat of the
International Court of Arbitration of the ICC
33–43 avenue du Président Wilson
75116 Paris

ICC-Case No. 23451/ABC A-Ltd ./. B-Ltd and
ICC-Case No. 23456/ABC C-Ltd ./. B-Ltd

Request for Consolidation

In the ICC-Case No. 23451/ABC

between

A-Ltd, [Contact Detail]

– *"A"*

represented by [Name + Contact Details of A's legal representatives]
and
B-Ltd, [Contact Detail]

– *"B"*

represented by [Name + Contact Details of B's legal representatives]
as well as
In the ICC-Case No. 23456/ABC

between

B-Ltd, [Contact Detail]

– *"B"*

---

[1] Deutsche Fassung unter Rz. 48.

represented by [Name + Contact Details of B's legal representatives]
and
A-Ltd, [Contact Detail]

– *"A"*

represented by [Name + Contact Details of A's legal representatives]

we request for and on behalf of A-Ltd:

the consolidation of ICC-Case No. 23451/ABC and No. 23451/ABC in accordance with Art. 10 subpara. 1 lit. c of the ICC Rules of Arbitration ("ICC Rules").

The request meets with the requirements set forth by Art. 10 subpara. 1 lit. c of the ICC Rules **(A)**. The two cases can be consolidated despite the confirmation of the party-nominated arbitrators in case No. 23451 **(B)**. A consolidation of the above-identified cases is warranted to promote procedural efficiency and to avoid the risk of conflicting decisions **(C)**.

A. The requirements of Art. 10 subpara. 1 lit. c of the ICC Rules

While the claims submitted in the proceedings No. 23451 and No. 23456 are, strictly speaking, not covered by the same arbitration agreement in terms of Art. 10 subpara. 1 lit. b of the ICC Rules, the arbitrations are between the same parties **(I)**, the dispute in the arbitration arises in connection with the same legal relationship **(II)**, and the arbitration agreements are compatible **(III)**.

I. Identity of the Parties

A and B are party to both arbitrations. No other entity is party to these arbitrations. The fact that A acts as Claimant in case No. 23451 and B acts as Claimant in case No. 23456, does not exclude the applicability of Art. 10 subpara. 1 lit. c of the ICC Rules.

II. Identity of the Legal Relationship

The claims raised by A and B in the arbitrations No. 23451 and No. 23456 are arising out of the following agreements concluded between A and B [...]. For the following reasons such agreements are part of the "same economic transaction" and thus, one and the same legal relationship.

III. Arbitration Agreement

The claims submitted in case No. 23451 as well as the claims submitted in case No. 23456 are covered by the following two arbitration agreement of the same wording:

"[Insert the Arbitration Agreement No. 1]".

"[Insert the Arbitration Agreement No. 2]".

B. Constitution of the Arbitral Tribunal

In Case No. 23451 the Court, on [...], has confirmed Prof. X as arbitrator nominated by A and Dr. Y as arbitrator nominated by B in accordance with Art. 12 subpara. 4 of the ICC Rules.

In Case No. 23456 B has nominated Mr. Z as arbitrator in accordance with Art. 12 subpara. 4 of the ICC Rules. By letter of [...], the Secretariat has invited A to nominate an arbitrator when submitting its Answer in accordance with Art. 12 subpara. 4 of the ICC Rules.

The nomination of two different arbitrators by B solely aims at avoiding the consequences of the decision likely to be taken by the arbitral tribunal in case No. 23451. Such act should not prevent the Court from consolidating Case No. 23456 into Case No. 23451.

C. Efficiency and Avoidance of conflicting decisions

[Insert an argument as to why a consolidation of the arbitrations in question would, under the given circumstances, be more time- and cost-efficient and avoid the risk of conflicting decisions].

(Signature)

cc
A-Ltd und C-Ltd

Das Schiedsgericht

The Arbitral Tribunal

Vorbemerkungen zu Art. 11–15

A. Regelungsgegenstand und Systematik der Art. 11–15

Die Art. 11–15 regeln die **personelle Besetzung des Schiedsgerichts**. Diese ist insbesondere für die Vollstreckbarkeit aller zu ergehenden Schiedssprüche von zentraler Bedeutung, da ein von einem nicht ordnungsgemäß besetzten Schiedsgericht erlassener Schiedsspruch aufgehoben werden kann bzw. einer Vollstreckbarerklärung nicht zugänglich ist (§ 1059 Abs. 2 Nr. 1 Buchst. d ZPO, Art. V Abs. 1 Buchst. d UNÜ). 1

Art. 11 Abs. 1 bis 3 enthalten allgemeine Anforderungen an Schiedsrichter und Schiedsrichterkandidaten, insbesondere mit Blick auf die Schlüsselkriterien **Unabhängigkeit, Unparteilichkeit** und **Verfügbarkeit**. Art. 11 Abs. 4 und 5 bringen einige fragmentarische Regelungen des rechtlichen Rahmens der Ausübung des Schiedsrichteramtes und der hierauf bezogenen Entscheidungen des Gerichtshofs. Art. 12 beinhaltet Regelungen über die **Anzahl der Schiedsrichter** und über deren Auswahl durch die Parteien und den Gerichtshof bzw. über die Mitwirkung von Gerichtshof, Generalsekretär und Nationalkomitees an der Bestellung des Schiedsgerichts. Soweit die letztgenannten Organe der ICC an der Bildung des Schiedsgerichts mitwirken, konkretisiert Art. 13 die Anforderungen an **Ablauforganisation** und **Entscheidungsinhalt**. Die Art. 14 und 15 enthalten Regelungen zum Umgang mit außergewöhnlichen, die Schiedsrichter betreffenden Verfahrenssituationen (Ablehnung und Ersetzung von bereits amtierenden Schiedsrichtern sowie Behandlung hierauf gerichteter Anträge). 2

B. Grundgedanken der Regelungen

Die Art. 11–15 basieren auf dem Grundgedanken, dass die **Parteien Herren des Verfahrens** sind (**Parteiautonomie**) und daher auf die personelle Besetzung des Schiedsgerichts, d.h. auf die Auswahl der Schiedsrichter nach Anzahl und Personen, größtmöglichen Einfluss haben sollen (Art. 11 Abs. 6, 12 Abs. 2 Satz 1 Halbs. 1, Abs. 3, Abs. 4, Abs. 6, 7). Gleichzeitig müssen Vorkehrungen für den Fall getroffen werden, dass die Parteien von den ihnen insoweit eingeräumten Befugnissen nicht, nicht umfassend oder nicht – wo erforderlich – gemeinsam Gebrauch 3 machen. In jedem Fall ist es zur Gewährleistung eines fairen und effizienten Verfahrens notwendig, dass die Institution ICC in das Auswahlverfahren eingebunden ist. Selbst wenn in weitestmöglichem Umfang parteiautonome Entscheidungen getroffen werden, **bedarf es zur Amtseinführung** eines jeden Schiedsrichters und damit zur Konstituierung des Schiedsgerichts als Ganzen ausnahmslos **institutioneller Akte** (Bestätigung oder Ernennung).

C. Terminologie

4 **Benennung** („nomination") ist die Nominierung einer Person für ein Schiedsrichteramt durch eine oder mehrere Parteien oder – sofern sie hierzu von den Parteien besonders ermächtigt wurden – durch bereits benannte Mitschiedsrichter oder dritte Personen oder Institutionen. Der oder die Benannte bedarf der **Bestätigung** („confirmation") durch den Generalsekretär oder den Gerichtshof der ICC. Erst mit erfolgter Bestätigung hat der Benannte das Schiedsrichteramt inne.

5 Als **Vorschlag** („proposal") wird die Empfehlung eines Schiedsrichterkandidaten durch ein Nationalkomitee der ICC bezeichnet. Adressat des Vorschlags ist der Gerichtshof (nicht die Parteien oder etwa bereits benannte, ernannte oder bestätigte Mitschiedsrichter). Vorschläge werden nur für zu ernennende Schiedsrichter eingeholt; benannte Schiedsrichter werden bestätigt, nicht ernannt.

6 **Ernennung** („appointment") ist die Bestimmung eines Schiedsrichters durch den Gerichtshof, wenn der Kandidat nicht von einer Partei oder von hierzu ermächtigten Mitschiedsrichtern oder dritten Personen oder Institutionen benannt wurde, sondern von einem Nationalkomitee der ICC vorgeschlagen oder vom Gerichtshof ausnahmsweise gemäß Art. 12 Abs. 8, Art. 13 Abs. 3 Satz 2, Abs. 4 oder Art. 15 Abs. 4 direkt ernannt wurde.

D. Zuständigkeiten

7 **Sekretariat.** Das Sekretariat holt von benannten, vorgeschlagenen sowie von für eine direkte Ernennung in Betracht gezogenen Kandidaten Erklärungen gemäß Art. 11 Abs. 2 ein. Es bereitet sämtliche Entscheidungen von Gerichtshof und Generalsekretär vor und teilt sie Parteien, Schiedsrichter(-kandidaten) und – wo erforderlich – Nationalkomitees mit. Das Sekretariat entscheidet auch, ob mit einer Bestätigungsentscheidung der Gerichtshof oder der Generalsekretär befasst wird.

Gerichtshof. Der Gerichtshof ist – teilweise konkurrierend mit dem Generalsekretär – zuständig für sämtliche Bestätigungs- und Ernennungsentscheidungen. Soweit der Generalsekretär bestätigt, nimmt der Gerichtshof diese Entscheidungen zur Kenntnis. Er entscheidet auch über die Anzahl der Schiedsrichter, soweit diese nicht durch die Parteien festgelegt wurde. Der Gerichtshof entscheidet ferner, ob, und wenn ja welches Nationalkomitee um einen Vorschlag für einen Schiedsrichterkandidaten gebeten wird. Er trifft auch alle Entscheidungen im Zusammenhang mit Ablehnungsanträgen (Art. 14) sowie im Ersetzungsverfahren (Art. 15). 8

Generalsekretär. Der Generalsekretär kann gemäß Art. 13 Abs. 2 in konkurrierender Zuständigkeit zum Gerichtshof solche Personen als Schiedsrichter bestätigen, die von den Parteien oder „gemäß deren besonderer Vereinbarung" (d.h. bspw. durch die Mitschiedsrichter, wenn diese hierzu von den Parteien, etwa in der Schiedsvereinbarung, ermächtigt wurden) benannt wurden. Voraussetzung ist, dass der Kandidat eine uneingeschränkte Unparteilichkeits- und Unabhängigkeitserklärung abgegeben hat oder dass auf eine eingeschränkte Erklärung hin keine Partei Einwendungen erhoben hat. Ist der Generalsekretär der Auffassung, dass die Bestätigung zu versagen wäre, hat er die Angelegenheit dem Gerichtshof vorzulegen, Art. 13 Abs. 2 Satz 2; er kann so auch bei bloßen Zweifeln verfahren. Sämtliche Befugnisse des Generalsekretärs können auch vom Stellvertretenden Generalsekretär sowie vom *General Counsel* wahrgenommen werden, Art. 5 Abs. 1 Anhang II zur ICC-SchO. Für Ernennungen von Kandidaten, die ein Nationalkomitee (unten Rz. 10) vorgeschlagen hat oder die für eine direkte Ernennung (Art. 13 Abs. 3 Satz 2, Abs. 4 ICC-SchO) in Betracht kommen, fehlt dem Generalsekretär die Zuständigkeit; insoweit ist der Gerichtshof alleinzuständig. 9

Nationalkomitee/Gruppe. Das Nationalkomitee bzw. die Gruppe (zu den Begrifflichkeiten Art. 13 Rz. 31 ff.) macht dem Gerichtshof auf dessen Anfrage Vorschläge für zu ernennende Schiedsrichter, Art. 13 Abs. 3. 10

E. Verwaltungssekretäre

Veröffentlichungen des Sekretariats: Note on the Appointment, Duties and Remuneration of Administrative Secretaries vom 1.8.2012.

In der Praxis der (ICC-)Schiedsgerichtsbarkeit spielt der Einsatz von **Verwaltungssekretären** („administrative secretaries"; z.T. auch als „Sekretär des Schiedsgerichts" bezeichnet) eine bedeutende Rolle. Gleichwohl 11 enthält die ICC-SchO keine Regelungen über das Amt des Verwaltungssekretärs, die Voraussetzungen für seine Ausübung und die damit verbundenen Befugnisse und Pflichten. **Rechtliche Grundlage** für den Einsatz von Verwaltungssekretären in ICC-Schiedsverfahren ist somit ausschließlich die **Parteiautonomie** bzw. – hinsichtlich der Schiedsrichter und des Schiedsgerichts – die **Privatautonomie** der Verfahrensbeteiligten.

12 **Aufgabenkreis.** Typische Aufgaben von Verwaltungssekretären betreffen die Organisation von Telefonkonferenzen oder mündlichen Schiedsverhandlungen, die Einforderung und Abrechnung von Honorar-, Auslagen- und Umsatzsteuervorschüssen gegenüber der ICC und den Parteien sowie die Assistenz im Zusammenhang mit der Führung verfahrensbezogener Korrespondenz. Darüber hinaus kann der Verwaltungssekretär vom Schiedsgericht auch für vorbereitende rechtliche Recherchen eingesetzt werden. **Nicht** vom Aufgabenkreis des Verwaltungssekretärs erfasst sind Tätigkeiten, die zum Kernbereich der schiedsrichterlichen Streitentscheidungstätigkeit gehören. Es ist daher grundsätzlich Sache des Schiedsgerichts, nicht des Verwaltungssekretärs, einen Schiedsspruchentwurf zu fertigen und diesen im Rahmen des Genehmigungsverfahrens (Art. 33) mit der ICC abzustimmen. Auch ist es dem Schiedsgericht verwehrt, die Parteien oder gar die ICC bei unmittelbar an das Schiedsgericht gerichteten Anfragen, z.B. zum Sachstand, auf einen etwa eingesetzten Verwaltungssekretär zu verweisen. Die **Höchstpersönlichkeit** des Schiedsrichteramts wird durch die Einsetzung eines Verwaltungssekretärs bei Beachtung der vorstehenden Maßgaben nicht in Frage gestellt.

13 **Rechtsstellung, Bestellung.** Der Verwaltungssekretär ist **kein Mitglied des Schiedsgerichts**. Er ist vielmehr – ähnlich einem vom Schiedsgericht eingesetzten Sachverständigen – Gehilfe des Schiedsgerichts. Es versteht sich von selbst, dass an die Unabhängigkeit und Unparteilichkeit von Verwaltungssekretären dieselben Anforderungen zu stellen sind, wie an die der Schiedsrichter. Da die ICC-SchO den Einsatz von Verwaltungssekretären nicht vorsieht, bedarf die Einsetzung eines Verwaltungssekretärs – jedenfalls, wenn dieser nach außen hin in Erscheinung treten soll – grundsätzlich der (ggf. auch stillschweigenden) **Zustimmung der Parteien.** Diese einzuholen, empfiehlt sich in jedem Fall, da so etwaige **Konfliktlagen** – etwa im Zusammenhang mit einer früheren Tätigkeit des Kandidaten – offengelegt werden können bzw. im Falle ausbleibenden Widerspruchs der Konflikt später nicht mehr ohne weiteres gerügt werden kann. Ein formelles Bestellungsverfahren existiert indes nicht.

Je nach der Gestaltung des Einzelfalls und dem anwendbaren Recht ergeben sich vertragliche Beziehungen des Verwaltungssekretärs mit den anderen Verfahrensbeteiligten. Da der Verwaltungssekretär allerdings meist ein Mitarbeiter des Vorsitzenden ist oder dessen Sozietät angehört, wird die Tätigkeit als Verwaltungssekretär in vielen Fällen in Erfüllung des der Beschäftigung des Verwaltungssekretärs im Übrigen zugrunde liegenden Rechtsverhältnisses erfolgen. In diesem Falle entstehen regelmäßig jedenfalls unter der Geltung deutschen Rechts keine weiteren vertraglichen Beziehungen. Unabhängig von der Vertragslage wird der Verwaltungssekretär vom **Haftungsausschluss** des Art. 40 erfasst. 14

Vergütung. Die ICC akzeptiert mit Blick auf Art. 2 Abs. 4 Satz 2 Anhang III zur ICC-SchO seit dem 1.8.2012 keine Abreden mehr zwischen dem Schiedsgericht und den Parteien, wonach die Parteien für einen Verwaltungssekretär eine separate Vergütung schulden. Sofern der Verwaltungssekretär für seine Tätigkeit eine Vergütung beanspruchen kann, müssen die Schiedsrichter diese aus ihren Honoraren tragen. Dagegen können bei vorheriger Zustimmung der Parteien **Auslagen des Verwaltungssekretärs** als solche des Schiedsgerichts abgerechnet werden. 15

Artikel 11: Allgemeine Bestimmungen

(1) Jeder Schiedsrichter muss unparteiisch und von den Parteien des Schiedsverfahrens unabhängig sein und bleiben.

(2) Jede Person, die als Schiedsrichter vorgeschlagen wird, muss vor ihrer Ernennung oder Bestätigung eine Erklärung über die Annahme des Amtes, Verfügbarkeit, Unparteilichkeit und Unabhängigkeit unterzeichnen. Der künftige Schiedsrichter muss dem Sekretariat schriftlich alle Tatsachen und Umstände offenlegen, die geeignet sein könnten, bei den Parteien Zweifel an seiner Unabhängigkeit entstehen zu lassen, sowie sämtliche Umstände, die nicht unerhebliche Zweifel an der Unparteilichkeit des Schiedsrichters aufwerfen könnten. Das Sekretariat leitet diese Information schriftlich an die Parteien weiter und setzt ihnen eine Frist zur Stellungnahme.

(3) Ein Schiedsrichter muss dem Sekretariat und den Parteien unverzüglich alle derartigen in Artikel 11(2) genannten und die Unabhängigkeit und Unparteilichkeit des Schiedsrichters betreffenden Tatsachen und Umstände offenlegen, sobald diese im Laufe des Schiedsverfahrens auftreten.

(4) Die Entscheidungen des Gerichtshofs betreffend Ernennung, Bestätigung, Ablehnung oder Ersetzung eines Schiedsrichters sind endgültig. Die Gründe für diese Entscheidungen werden nicht bekanntgegeben.

(5) Mit der Annahme der Tätigkeit als Schiedsrichter verpflichten sich diese, ihre Aufgaben gemäß der Schiedsgerichtsordnung zu erfüllen.

(6) Soweit die Parteien nichts anderes bestimmt haben, wird das Schiedsgericht gemäß den Bestimmungen der Artikel 12 und 13 gebildet.

Article 11: General Provisions

(1) Every arbitrator must be and remain impartial and independent of the parties involved in the arbitration.

(2) Before appointment or confirmation, a prospective arbitrator shall sign a statement of acceptance, availability, impartiality and independence. The prospective arbitrator shall disclose in writing to the Secretariat any facts or circumstances which might be of such a nature as to call into question the arbitrator's independence in the eyes of the parties, as well as any circumstances that could give rise to reasonable doubts as to the arbitrator's impartiality. The Secretariat shall provide such information to the parties in writing and fix a time limit for any comments from them.

(3) An arbitrator shall immediately disclose in writing to the Secretariat and to the parties any facts or circumstances of a similar nature to those referred to in Article 11(2) concerning the arbitrator's impartiality or independence which may arise during the arbitration.

(4) The decisions of the Court as to the appointment, confirmation, challenge or replacement of an arbitrator shall be final, and the reasons for such decisions shall not be communicated.

(5) By accepting to serve, arbitrators undertake to carry out their responsibilities in accordance with the Rules.

(6) Insofar as the parties have not provided otherwise, the arbitral tribunal shall be constituted in accordance with the provisions of Articles 12 and 13.

Regelungsschwerpunkte: Abs. 1–3 Unparteilichkeit, Unabhängigkeit und Verfügbarkeit des Schiedsrichters, Informationspflichten. → Rz. 1–31; **Abs. 4** Endgültigkeit von Ernennung, Bestätigung, Ablehnung oder Ersetzung. → Rz. 32–39; **Abs. 5** Pflichten des Schiedsrichters. → Rz. 41–47; **Abs. 6** Bildung des Schiedsgerichts, Vorrang der Parteivereinbarung. → Rz. 49–54

Kostenaspekte: Abs. 5–6 Keine Kostenabsprachen mit den Parteien. → Rz. 47

Inhalt

- **A. Unparteilichkeit und Unabhängigkeit, Grundregel (Abs. 1)** 1
  - I. Normzweck 1
  - II. Reform 3
  - III. Verhältnis zu § 1036 Abs. 1 ZPO 4
  - IV. Vergleich mit den im staatlichen Verfahren geltenden Vorschriften 5
  - V. Einzelerläuterungen 6
    1. Unparteilichkeit 6
    2. Unabhängigkeit 10
  - VI. Keine Dispositionsbefugnis der Parteien; Präklusion 13
- **B. Von Schiedsrichterkandidaten und Schiedsrichtern abzugebende Erklärungen (Abs. 2–3)** 15
  - I. Normzweck 15
  - II. Reform 17
  - III. Verhältnis zu § 1036 Abs. 1 ZPO 19
  - IV. Vergleich mit den im staatlichen Verfahren geltenden Vorschriften 20
  - V. Erklärungen vor Ernennung oder Bestätigung (Abs. 2) 21
  - VI. Erklärungen nach Ernennung oder Bestätigung (Abs. 3) 31
- **C. Endgültigkeit der Entscheidungen des Gerichtshofs (Abs. 4)** 32
  - I. Normzweck 32
  - II. Reform 34
  - III. Verhältnis zum X. Buch der ZPO 35
  - IV. Vergleich mit den im staatlichen Verfahren geltenden Vorschriften 38
  - V. Tatbestand und Rechtsfolgen . 39
- **D. Pflichten des Schiedsrichters (Abs. 5)** 41
  - I. Normzweck 41
  - II. Reform 43
  - III. Verhältnis zu § 1038 ZPO 44
  - IV. Vergleich mit den im staatlichen Verfahren geltenden Vorschriften 45
  - V. Tatbestandsvoraussetzungen . 46
  - VI. Rechtsfolgen: Ausstrahlung auf Schiedsrichtervertrag 47
- **E. Bildung des Schiedsgerichts: Allgemeine Bestimmungen (Abs. 6)** 49
  - I. Normzweck 49
  - II. Reform 51
  - III. Verhältnis zu § 1035 Abs. 1 ZPO 52
  - IV. Vergleich mit den im staatlichen Verfahren geltenden Vorschriften 53
  - V. Vorrang der Parteivereinbarung 54
- **F. Abweichende Parteivereinbarungen** 56

A. Unparteilichkeit und Unabhängigkeit, Grundregel (Abs. 1)

Veröffentlichungen des Sekretariats: *Commission Report*: Final Report on the Status of the Arbitrator, ICC Court Bulletin, Vol. 7 No. 1 (1996), S. 27 ff.

Literatur: *Bühler/von Schlabrendorff*, 10 Jahre ICC-Schiedsordnung 1998. Ein Blick zurück, zwei Blicke nach vorne, SchiedsVZ 2009, S. 26 ff.; *Cárdenas/Rivkin*, A Growing Challenge for Ethics in International Arbitration, in: Liber Amicorum Robert Briner (2005), S. 191 ff.; *de Witt Wijnen*, Two Anecdotes about Robert Briner; and Some Thoughts on Conflicts of Interest in the Light of Transparency and Predictability, in: Liber Amicorum Robert Briner, (2005), S. 933 ff.; *de Witt Wijnen*, The IBA Guidelines on Conflicts of Interest in International Arbitration Three Years On, ICC Court Bulletin, Special Supplement 2007, Independence of Arbitrators, (2008), S. 107 ff.; *Dimolitsa*, The Arbitrator and The Litigants (Some Exceptional Clashes), Dossier of the ICC Institute of World Business Law: Is Arbitration Only As Good as the Arbitrator? Status, Powers and Role of the Arbitrator (2011), S. 69 ff.; *El-Kosheri/Youssef*, The Independence of International Arbitrators: An Arbitrator's Perspective, ICC Court Bulletin, Special Supplement 2007, Independence of Arbitrators (2008), S. 43 ff.; *Epstein*, Arbitrator Independence and Bias: The View of a Corporate In-House Counsel, ICC Court Bulletin, Special Supplement 2007, Independence of Arbitrators (2008), S. 55 ff.; *Fry/Greenberg*, The Arbitral Tribunal: Applications of Articles 7–12 of the ICC Rules in Recent Cases, ICC Court Bulletin, Vol. 20 No. 2 (2009), S. 12 ff.; *Greenberg/Feris*, Appendix: References to the IBA Guidelines on Conflicts of Interest in International Arbitration when Deciding on Arbitrator Independence in ICC Cases, ICC Court Bulletin, Vol. 20 No. 2 (2009), S. 33 ff.; *Greenberg/Osswald*, The Arbitrator Selection Process in International Commercial Arbitration, in: Huerta-Goldmann/Romanetti/Stiraimann, WTO Litigation, Investment Arbitration and Commercial Arbitration (2013), S. 115 ff.; *Grigera Naón*, The Powers of the ICC International Court of Arbitration vis-à-vis Parties and Arbitrators, ICC Court Bulletin, Special Supplement 1999, Arbitration in the Next Decade: Proceedings of the International Court of Arbitration's 75th Anniversary Conference (1999), S. 55 ff.; *Hascher*, A Comparison between the Independence of State Justice and the Independence of Arbitration, ICC Court Bulletin, Special Supplement 2007, Independence of Arbitrators (2008), S. 77 ff.; *Herzberg*, Selecting ICC Arbitrators: What's New Under the Revised Rules, Mealey's International Arbitration Report (2012), S. 1 ff.; *Raeschke-Kessler*, The Contribution of International Arbitration to Transnational Procedural Law, in: Liber Amicorum Robert Briner (2005), S. 647 ff.; *Terré*, Independence and Arbitrators, ICC Court Bulletin, Special Supplement 2007, Independence of Arbitrators (2008), S. 101 ff.; *van den Berg*, New York Convention of 1958: Refusals of Enforcement, ICC Court Bulletin, Vol. 18 No. 2 (2008), S. 15 ff.; *Whitesell*, Independence in ICC Arbitration: ICC Court Practice concerning the Appointment, Confirmation, Challenge and Replacement of Arbitrators, ICC Court Bulletin, Special Supplement 2007, Independence of Arbitrators (2008), S. 7 ff.

I. Normzweck

Art. 11 Abs. 1 enthält das **Neutralitätsgebot** mit dem Erfordernis der Unparteilichkeit und Unabhängigkeit jedes Schiedsrichters. Die ICC-SchO legt nicht selbst die Kriterien für die Unabhängigkeit und Unparteilichkeit fest, so dass hier neben etwaig als „soft law" in Betracht zu ziehenden Richtlinien, wie beispielsweise den „IBA Guidelines on Conflicts of Interest in International Arbitration", die am Schiedsort geltenden Maßstäbe Anwendung finden können. 1

Verstöße gegen das Erfordernis der Unparteilichkeit und Unabhängigkeit können dazu führen, dass ein Schiedsspruch unter Umständen nicht vollstreckbar ist, sofern anzunehmen ist, dass sich das Fehlen der Unabhängigkeit und Unparteilichkeit auf den Schiedsspruch ausgewirkt hat (Art. V Abs. 1 Buchst. d UNÜ). 2

II. Reform

Im Rahmen der Reform ist Art. 11 Abs. 1 ICC-SchO 2012 mit Ausnahme von einigen redaktionellen Änderungen an die bisherige Praxis in der Anwendung des früheren Art. 7 Abs. 1 ICC-SchO 1998 angepasst worden. So ist nunmehr das Kriterium der Unparteilichkeit neben dem der Unabhängigkeit ausdrücklich normiert. Dies hat jedoch lediglich klarstellende Bedeutung, da bereits zuvor die Unabhängigkeit des Schiedsrichters nicht nur von den Parteien, sondern auch vom Streitgegenstand vom Sinn und Zweck der alten Regelung erfasst war. 3

III. Verhältnis zu § 1036 Abs. 1 ZPO

Neben Art. 11 Abs. 1 hat § 1036 Abs. 1 ZPO, wonach eine Person, der ein Schiedsrichteramt angetragen wird, alle Umstände offen zu legen hat, die Zweifel an ihrer Unparteilichkeit oder Unabhängigkeit wecken können, keine eigenständige Bedeutung. 4

IV. Vergleich mit den im staatlichen Verfahren geltenden Vorschriften

Der für das staatliche Verfahren maßgebliche Maßstab für die Unabhängigkeit und Unparteilichkeit ergibt sich aus Art. 97 Abs. 1 GG, nachrangig aus dem einfachen Prozessrecht (insbesondere §§ 41, 42 ZPO). Diese Regelungen gelten für Schiedsrichter nicht unmittelbar, da diese nicht Richter i.S.d. Art. 97 Abs. 1 GG sind. Ihre wesentlichen Inhalte sind jedoch Ausfluss des materiell auch in der Schiedsgerichtsbarkeit zu gewährleistenden Rechtsstaatsprinzips (Art. 20 Abs. 3 Satz 1 GG). 5

V. Einzelerläuterungen

1. Unparteilichkeit

6 **Begriffsbestimmung und Abgrenzung.** Die Begriffe Unparteilichkeit und Unabhängigkeit werden häufig und auch in der ICC-SchO verwendet, ohne sie definitorisch voneinander abzugrenzen. Obwohl das allgemeine Sprachverständnis in Deutschland freilich dahin geht, mit „Unparteilichkeit" die Unabhängigkeit von den Parteien zu beschreiben und mit „Unabhängigkeit" die Unabhängigkeit vom Streitgegenstand zum Ausdruck zu bringen, verwendet Art. 11 Abs. 1 in deren deutschen Fassung die Begriffe mit der gegenteiligen Bedeutung. Unparteilichkeit i.S.d. ICC-SchO steht daher für die Unabhängigkeit vom Streitgegenstand, während Unabhängigkeit die Unabhängigkeit des Schiedsrichters von den Parteien bedeutet.

7 **Kriterien zur Bestimmung der Unparteilichkeit.** Die ICC-SchO enthält keine Auflistung von Umständen, die die Unparteilichkeit eines Schiedsrichters ausschließen oder diesbezüglich Zweifel wecken. Aus Art. 11 Abs. 2 i.V.m. Art. 13 Abs. 2 ergibt sich lediglich, dass **nur erhebliche Zweifel** maßgeblich sind, ohne die Schwelle hierfür näher festzulegen. Sie überlässt es insoweit der Schiedspraxis des Gerichtshofs, die Kriterien hierfür selbst zu bestimmen.

8 Einen Anhaltspunkt können die IBA Guidelines on Conflicts of Interest in International Arbitration bieten, die zwar keinen verbindlichen Charakter haben (*Whitesell*, S. 35), in der Praxis aber vom Gerichtshof, der grundsätzlich eine Einzelfallbetrachtung vornimmt, in seiner Beurteilung mit herangezogen werden. Die IBA Guidelines enthalten eine nichtabschließende Auflistung von möglichen Interessenkonflikten des Schiedsrichters, von denen einige so schwer wiegen, dass sie auch bei Offenlegung durch den Schiedsrichter der Dispositionsfreiheit der Parteien entzogen sind (sog. „Non-waivable Red List"). Andere wiegen schwer (sog. „Waivable Red List") oder werfen ernsthafte Zweifel an der Unparteilichkeit und Unabhängigkeit des Schiedsrichters auf (sog. „Orange List") und sind daher offenzulegen, können aber durch entsprechende Verzichtserklärung der Parteien (im Falle der Waivable Red List) bzw. durch das Nichterheben von Einwänden nach Offenlegung (im Falle der Orange List) überwunden werden. Schließlich sind beispielhaft Situationen aufgelistet, die als unproblematisch betrachtet werden und daher vom Schiedsrichter auch nicht offengelegt werden müssen (sog. „Green List"). Am Schieds- oder Vollstreckungsort Deutschland sind die in der Rechtsprechung entwickelten Maßstäbe zu beachten, die sich

häufig an den für staatliche Richter geltenden Grundsätzen orientieren. Aus dem Einzelfall können sich jedoch weitere Umstände ergeben, die zu berücksichtigen sind.

Regelmäßig keinen Fall fehlender Unparteilichkeit stellt es dar, wenn 9 ein Schiedsrichter sich zu Rechtsfragen, die auch im Schiedsverfahren eine (ggf. entscheidende) Rolle spielen, bereits – etwa durch Veröffentlichungen – abstrakt positioniert hat. Anders liegen die Dinge möglicherweise, wenn die Rechtsfragen nur in ganz wenigen Fällen oder gar nur in einem einzigen Fall überhaupt relevant werden können (bspw. „Einzelfall"-Gesetzgebung, etwa aus Anlass der Privatisierung oder Rückverstaatlichung eines Unternehmens).

2. Unabhängigkeit

Hinsichtlich der **Kriterien zur Bestimmung der Unabhängigkeit** gelten 10 die Ausführungen zur Unparteilichkeit entsprechend mit der wesentlichen Ausnahme, dass nach Art. 11 Abs. 2 i.V.m. Art. 13 Abs. 2 jeder, also **auch ein unerheblicher Zweifel**, maßgeblich sein kann (*Whitesell*, S. 35). Insoweit kann bereits der **Anschein der fehlenden Unabhängigkeit** ausreichen. Gerade darin zeigt sich, dass die Frage nach der bestehenden oder fehlenden Unabhängigkeit eines Schiedsrichters regelmäßig eine Einzelfallentscheidung ist, da es auf die Perspektive der konkret beteiligten Parteien ankommt.

Einzelbeispiele, in denen Unabhängigkeit verneint wird: Enge persönli- 11 che Beziehungen zwischen Schiedsrichtern und Parteivertretern (vgl. *El-Kosheri/Youssef*, S. 51); Schiedsrichter ist gleichzeitig Schiedsrichter in einem anderen Verfahren mit Beteiligung einer der Parteien (vgl. *van den Berg*, S. 25 ff.); **durch den Gerichtshof:** anwaltliche Tätigkeit eines Schiedsrichters vor Einleitung des Schiedsverfahrens für eine der Parteien in derselben Angelegenheit (*Whitesell*, S. 27, Case 1, 3); Mandatierung der Kanzlei eines Schiedsrichters durch eine Partei in einer Transaktionsangelegenheit trotz Abschirmung des Schiedsrichters durch eine „chinesische Mauer" (*Whitesell*, S. 27, Case 2); Mandatierung der Kanzlei eines Schiedsrichters durch einen Dritten zum Zwecke der Beratung bei der Übernahme einer Partei des Schiedsverfahrens, einschließlich dort durchzuführender Due Diligence nach Einleitung des Schiedsverfahrens unter Berücksichtigung der Tatsache, dass ein Tochterunternehmen des Dritten direkter Wettbewerber der zu übernehmenden Partei ist (*Whitesell*, S. 28, Case 4); nicht offengelegtes Kooperationsverhältnis zwischen der Kanzlei eines Schiedsrichters und der Wirtschaftsprüfungsgesellschaft einer Partei (*Whitesell*, S. 28, Case 5); Mandatierung des ausländischen Büros der Kanzlei eines Schiedsrichters durch einen Dritten in einem nicht mit dem Schiedsverfahren zusammenhängenden Rechtsstreit mit der Muttergesellschaft einer der Parteien des Schiedsverfahrens (*Whitesell*, S. 28, Case 6); nicht offengelegte regelmäßige Zusammenarbeit eines Schiedsrichters mit einem Parteivertreter, der erst zu einem späteren Zeitpunkt in das Verfahren einsteigt (*Whitesell*, S. 28, Case 7; *Dimolitsas*, S. 69); nicht offengelegte regelmäßige gutachterliche Tätigkeit eines Schiedsrichters (Hochschulprofessor) für die Kanzlei eines Parteivertreters im Schiedsverfahren bei gleichzeitiger Nennung dieses Schiedsrichters auf der Homepage der Kanzlei dieses Parteivertreters (*Whitesell*, S. 28, Case 8); anwaltliche Tätigkeit eines Schiedsrichters in mehreren anderen gegen die Schiedsbeklagte gerichteten Verfahren für die dort jeweils klägerische Partei, die im selben Geschäftsfeld wie die Schiedsklägerin tätig ist (*Whitesell*, S. 29, Case 10); nicht offengelegte Zugehörigkeit eines Schiedsrichters zum Rechtsausschuss einer Schiedspartei (Staat) (*Whitesell*, S. 29, Case 11); nicht offengelegte vorherige und bereits abgeschlossene Tätigkeit eines Schiedsrichters als Vorsitzender des Schiedsgerichts in einem anderen Nicht-ICC-Schiedsverfahren denselben Streitgegenstand betreffend bei gleichzeitiger Verbindung dieses Schiedsrichters mit einer Schiedsinstitution, die bereits erklärt hatte, die ICC sei als Institution im in Frage stehenden ICC-Schiedsverfahren nicht zuständig (*Whitesell*, S. 29, Case 12); enge persönliche oder berufliche Beziehung zwischen einem Schiedsrichter und einer Partei (*Fry/Greenberg*, S. 20).

12 **Einzelbeispiele, in denen die Unabhängigkeit durch den Gerichtshof bejaht wurde:** Kontakt zwischen Mitschiedsrichter und Beklagtenvertreter im Rahmen eines Seminars ohne inhaltlichen Austausch und ohne Beteiligung des Schiedsrichters an der Organisation oder Bewerbung des Seminars (*Whitesell*, S. 29, Case 1); Vorsitzender hat im selben Land wie der Kläger (eingetragen/ansässig) gelebt und gearbeitet, wurde zwei Jahre dort ausgebildet und hat dann neun bis zehn Jahre in verschiedenen internationalen Anwaltskanzleien in der gleichen Region gearbeitet, aber nicht dieselbe Nationalität wie Kläger (*Whitesell*, S. 30, Case 2); Austausch eines Mitschiedsrichters mit Parteivertreter über mögliche Benennung des Vorsitzenden ohne inhaltlichen Austausch zur Sache (*Whitesell*, S. 30, Case 3); Mitschiedsrichter ist Doktorvater eines am Verfahren nicht beteiligten Anwaltes aus der Kanzlei, die den Beklagten vertritt (*Whitesell*, S. 30, Case 4); Offenlegung des Vorsitzenden nach Annahme seines Amtes, dass ein Partner aus seiner Kanzlei eine Partei in einem Nicht-ICC-Verfahren vertreten hat, in welchem der jetzige

Klägervertreter Vorsitzender war, ohne dass die Verfahren in einem Zusammenhang stehen (*Whitesell*, S. 30, Case 5); fünf Jahre zurückliegende Vertretung einer Partei durch die Kanzlei eines Mitschiedsrichters in einem Nicht-ICC-Verfahren gegen ein Subunternehmen des Klägers über einen Zeitraum von zwei Jahren, in welches dieser Schiedsrichter nach eigenen Angaben nicht einbezogen und von dem er keine Kenntnis gehabt hat (*Whitesell*, S. 30, Case 6); öffentlich bekannte Position eines Mitschiedsrichters als Stadtrat und Fraktionschef einer politischen, an der Regierung beteiligten Partei in einer Stadt, in welcher der Beklagte Büros unterhält und den Ruf eines wichtigen Arbeitgebers hat, ohne dass eine Beziehung zwischen der politischen Partei des Schiedsrichters und dem Beklagten besteht (*Whitesell*, S. 30, Case 7); Veröffentlichungen des Vorsitzenden, in denen er einerseits seine politische Meinung zu einem Land äußert, aus dem der Gesellschafter der Klägerin kommt, sich andererseits positiv über das Land des Beklagten (Staat) äußert, ohne dass die Veröffentlichungen im Zusammenhang mit dem Streitgegenstand stehen (*Whitesell*, S. 30, Case 9); Benennung desselben Schiedsrichters durch den Beklagten in zwei unterschiedlichen, aber inhaltlich zusammenhängenden Fällen mit unterschiedlichen Klägern, jedoch keine Bestätigung dieses Schiedsrichters in dem anderen Verfahren (*Whitesell*, S. 30, Case 10); nicht offengelegte Tätigkeit des Vorsitzenden als Vorsitzender in einem anderen Verfahren, in dem einer der jetzigen Mitschiedsrichter Parteivertreter ist (*Whitesell*, S. 30, Case 11); nicht offengelegte Zusammenarbeit des Vorsitzenden in einer Kanzlei mit einem Mitglied des Gerichtshofs, das jedoch insoweit von den internen, die Streitigkeit betreffenden Beratungen des Gerichtshofs ferngehalten wurde (*Whitesell*, S. 30, Case 11).

VI. Keine Dispositionsbefugnis der Parteien; Präklusion

Keine Abdingbarkeit, Möglichkeit des Verzichts. Unparteilichkeit und Unabhängigkeit der Schiedsrichter stehen nicht zur Disposition der Parteien. Allerdings kann eine Partei jederzeit darauf verzichten, sich auf Umstände zu berufen, die Zweifel an der Unparteilichkeit und Unabhängigkeit eines Schiedsrichters wecken (*Hascher*, S. 84). 13

Präklusion. Versäumt es eine Partei, sich zum maßgeblichen Zeitpunkt (dazu Art. 14 Abs. 2) auf die fehlende Unparteilichkeit oder Unabhängigkeit eines Schiedsrichters zu berufen, ist es ihr nach dem Grundgedanken der Präklusion verwehrt, sich später darauf zu berufen, insbesondere im Rahmen eines Aufhebungs- oder Vollstreckbarerklärungsverfahrens. 14

B. Von Schiedsrichterkandidaten und Schiedsrichtern abzugebende Erklärungen (Abs. 2–3)

Literatur: *Bühler/von Schlabrendorff,* 10 Jahre ICC-Schiedsordnung 1998. Ein Blick zurück, zwei Blicke nach vorne, SchiedsVZ 2009, S. 26 ff.; *Cárdenas/Rivkin,* A Growing Challenge for Ethics in International Arbitration, in: Liber Amicorum Robert Briner (2005), S. 191 ff.; *Dimolitsa,* The Arbitrator and The Litigants (Some Exceptional Clashes), Dossier of the ICC Institute of World Business Law: Is Arbitration Only As Good as the Arbitrator? Status, Powers and Role of the Arbitrator (2011), S. 69 ff.; *El-Kosheri/Youssef,* The Independence of International Arbitrators: An Arbitrator's Perspective, ICC Court Bulletin, Special Supplement 2007, Independence of Arbitrators (2008), S. 43 ff.; *Fry/Greenberg,* The Arbitral Tribunal: Applications of Articles 7–12 of the ICC Rules in Recent Cases, ICC Court Bullentin, Vol. 20 No. 2 (2009), S. 12 ff.; *Greenberg/Feris,* Appendix: References to the IBA Guidelines on Conflicts of Interest in International Arbitration when Deciding on Arbitrator Independence in ICC Cases, ICC Court Bulletin, Vol. 20 No. 2 (2009), S. 33 ff.; *Hascher,* A Comparison between the Independence of State Justice and the Independence of Arbitration, ICC Court Bulletin, Special Supplement 2007, Independence of Arbitrators (2008), S. 77 ff.; *Hauser,* The New International Chamber of Commerce Statement of Acceptance, Availability and Independence for Arbitrators, 2 Arbitration e-Review (2010), S. 24 ff.; *Herzberg,* Selecting ICC Arbitrators: What's New Under the Revised Rules?, Mealey's International Arbitration Report (2012), S. 1 ff.; *Whitesell,* Independence in ICC Arbitration: ICC Court Practice concerning the Appointment, Confirmation, Challenge and Replacement of Arbitrators, ICC Court Bulletin, Special Supplement 2007, Independence of Arbitrators (2008), S. 7 ff.

I. Normzweck

15 **Erklärung über Unparteilichkeit und Unabhängigkeit.** Jeder (vorgeschlagene/benannte) Schiedsrichter ist verpflichtet, sowohl als Kandidat vor der Ernennung oder Bestätigung (Art. 11 Abs. 2) als auch zu jedem Zeitpunkt des Verfahrens (Art. 11 Abs. 3) sämtliche Umstände offenzulegen, die Zweifel an seiner Unabhängigkeit oder Unparteilichkeit wecken können. Hinsichtlich der Erklärung betreffend die Unparteilichkeit gilt dies mit der Einschränkung, dass nur erhebliche Zweifel weckende Umstände offengelegt werden müssen. In jedem Fall sollte der Schiedsrichter auch Umstände offenlegen, die ggf. nicht objektiv zu seiner Unparteilichkeit oder Unabhängigkeit führen, aber geeignet sein können, eine derartige Besorgnis zu begründen. Durch die Erfüllung dieser Informationspflichten werden Parteien und ICC in die Lage versetzt, die ihnen gemäß Art. 11–15 zukommenden Befugnisse im Zusammenhang mit der personellen Besetzung des Schiedsgerichts sachgerecht auszuüben.

16 Darüber hinaus muss die Erklärung nach Art. 11 Abs. 2 auch die **Annahme des Schiedsrichteramts und Angaben zur Verfügbarkeit des Schieds-**

richters enthalten. Damit wird sichergestellt, dass das Verfahren jedenfalls seitens des Schiedsrichters zügig und innerhalb des durch die ICC-SchO vorgesehenen Zeitplans durchgeführt werden kann.

II. Reform

Im Rahmen der Reform ist hinsichtlich der Erklärung, die ein vorgeschlagener Schiedsrichter nach Art. 11 Abs. 2 abzugeben hat, ergänzt worden, dass er neben der Erklärung über seine Unparteilichkeit und Unabhängigkeit auch die Annahme des Amtes und seine Verfügbarkeit erklären muss, um praktisch sicherzustellen, dass die für die Durchführung des Verfahrens in der ICC-SchO vorgesehenen Fristen auch eingehalten werden können. Dies war bereits seit Mitte 2009 gängige Praxis des Gerichtshofs. 17

Neu in Art. 11 Abs. 2 ist auch die Unterscheidung hinsichtlich des Grades der Offenlegungspflicht betreffend die Unabhängigkeit des Schiedsrichters einerseits (jeder Zweifel aus Sicht der Parteien) und dessen Unparteilichkeit andererseits (nicht nur unerhebliche Zweifel). 18

III. Verhältnis zu § 1036 Abs. 1 ZPO

Neben Art. 11 Abs. 2 und 3 ICC-SchO hat § 1036 Abs. 1 ZPO keine eigenständige Bedeutung. 19

IV. Vergleich mit den im staatlichen Verfahren geltenden Vorschriften

Ein Vergleich mit den im staatlichen Verfahren geltenden Vorschriften ist hier nicht sinnvoll. Der staatliche Richter ist entweder gesetzlicher Richter oder etwa wegen gesetzlich normierter Ausschlussgründe (etwa §§ 41 ff. ZPO) an der Amtsausübung verhindert. 20

V. Erklärungen vor Ernennung oder Bestätigung (Abs. 2)

Allgemeines. Die Erklärung über die Annahme, Verfügbarkeit, Unparteilichkeit und Unabhängigkeit vor Ernennung oder Bestätigung (zu den Begriffen s. Vor Art. 11 Rz. 4) des Schiedsrichters müssen alle Personen abgeben, die als Schiedsrichter in ICC-Schiedsverfahren tätig werden sollen (d.h. vom Generalsekretär oder vom Gerichtshof bestätigt oder von letzterem ernannt werden sollen). Die Erklärung muss vor der Entscheidung über die Bestätigung bzw. Ernennung vorliegen, da sie die Grundlage dieser Entscheidung bildet. 21

22 **Form der Erklärung.** Die Erklärung erfolgt mittels eines Formulars, das das Sekretariat dem Schiedsrichterkandidaten eigens zu diesem Zweck übersendet.

23 **Inhalt der Annahmeerklärung.** Mit der Annahmeerklärung, die rechtsgeschäftlichen Charakter hat (Art. 11 Abs. 5), erklärt der Schiedsrichter, das Schiedsrichteramt – so es ihm übertragen wird – anzunehmen und auszuüben.

24 **Inhalt der Erklärung über Unparteilichkeit und Unabhängigkeit.** Hinsichtlich der Erklärung über die Unparteilichkeit und Unabhängigkeit hat der Kandidat in dem Formular etwaige Verbindungen mit den Parteien (oder mit diesen verbundene Unternehmen oder Personen) oder deren Vertretern unabhängig davon offenzulegen, ob diese in der Vergangenheit liegen oder noch andauern.

25 Ein Schiedsrichter, der in einer **Großkanzlei** tätig ist, wird häufig angeben, dass andere Berufsträger derselben Kanzlei – ob im In- oder Ausland – in einer mit der Streitsache nicht zusammenhängenden Angelegenheit für oder gegen eine der Streitparteien tätig sind. In vielen Fällen wird hier kein Anlass bestehen, die Unabhängigkeit des Kandidaten in Frage zu stellen. Gleichwohl sind sog. „*De-Minimis*"-Offenlegungen ratsam, weil so von Anfang an dem Eindruck entgegengewirkt werden kann, es bestünde ein Grund, etwas zu verheimlichen.

26 **Inhalt der Erklärung über die Verfügbarkeit.** Der Kandidat hat auch zu seiner Verfügbarkeit konkrete Angaben zu machen, insbesondere dazu, wie viele weitere Verfahren er parallel als Schiedsrichter oder Parteivertreter führt. Einige Schiedsrichter sind so überlastet, dass die Verfahren darunter leiden (*Herzberg*, S. 2). Der Gerichtshof ist nicht verpflichtet, Schiedsrichter zu bestätigen oder zu ernennen, deren Verfügbarkeit stark eingeschränkt ist (*Hauser*, S. 27).

27 **Weitere Angaben.** Darüber hinaus werden u.a. die bisherige schiedsverfahrensrechtliche Expertise des Kandidaten sowie seine rechtlichen Tätigkeitsschwerpunkte abgefragt.

28 **Verfahren nach Eingang der Erklärungen beim Sekretariat.** Bei zu bestätigenden Schiedsrichtern wird die Erklärung – bis auf einen vertraulichen Teil mit detaillierteren Angaben insbesondere zu den Tätigkeitsschwerpunkten und Vorerfahrungen des Kandidaten – den Parteien durch das Sekretariat mit kurzer Gelegenheit zur Stellungnahme weitergeleitet, bevor Generalsekretär oder Gerichtshof (s. Art. 13 Abs. 1, 2) entscheiden. Erhebt eine Partei Einwendungen gegen die Bestätigung,

gibt das Sekretariat der bzw. den Gegenpartei(en) Gelegenheit, zu den Einwendungen Stellung zu nehmen. Auch kann das Sekretariat den Kandidaten zu einer Stellungnahme oder zur Ergänzung seiner Erklärungen auffordern. Anschließend entscheidet der Gerichtshof (Art. 13 Abs. 1, 2). Werden keine Einwendungen erhoben, kann die Bestätigung entweder durch den Generalsekretär (Art. 13 Abs. 2) oder durch den Gerichtshof (Art. 13 Abs. 1) erfolgen.

Empfehlung. Einwendungen gegen die Unabhängigkeit, Unparteilichkeit und Verfügbarkeit sollten nicht vorschnell erhoben werden. Wird der benannte Schiedsrichter trotz erhobener Einwendungen der Gegenpartei bestätigt, kann dies zu einer Belastung des Klimas zwischen dieser Partei und dem Schiedsrichter während des gesamten Verfahrens führen. Daher sollten die Erfolgsaussichten etwaiger Einwendungen gründlich geprüft werden. Das gilt insbesondere für Einwendungen auf der Grundlage sog. „De-Minimis"-Offenlegungen (s. Rz. 25). Bei Erklärungen dieser Art sind Einwendungen grundsätzlich kontraproduktiv und sollten unterbleiben. Dagegen kann dieselbe Tatsache, wenn sie nicht offenbart wurde und erstmals von der Einwendung erhebenden Parteien vorgebracht wird, je nach den Umständen des Einzelfalls durchaus zu Bedenken hinsichtlich der Unabhängigkeit und Unparteilichkeit führen, weil von jedem Kandidaten zu erwarten ist, dass er nicht lediglich „technische" Konflikte, sondern im Zweifel alle – auch „entfernte" – Implikationen in irgendeiner Hinsicht offenlegt. 29

Tatsachen, die bereits vor der Bestätigung bekannt waren, können nicht mehr zum Gegenstand eines Befangenheitsantrags gemacht werden. Das gilt also insbesondere für solche Tatsachen, die der Kandidat selbst im Vorfeld seiner Bestätigung offengelegt hat. 30

VI. Erklärungen nach Ernennung oder Bestätigung (Abs. 3)

Art. 11 Abs. 3 betrifft die Offenlegung von Tatsachen oder Umständen i.S.v. Abs. 2, die erst im Laufe des Schiedsverfahrens auftreten, d.h. nach Antritt des Schiedsrichteramtes, etwa im Falle der einseitigen Kommunikation zwischen einem Schiedsrichter und einer Partei zu bestimmten Verfahrensfragen ohne das Einverständnis der anderen Partei, bei Mandatierung der Kanzlei eines Schiedsrichters durch eine Partei in einer Transaktionsangelegenheit trotz Abschirmung des Schiedsrichters durch eine „chinesische Mauer" (*Whitesell*, S. 27, Case 2) oder bei regelmäßiger Zusammenarbeit eines Schiedsrichters mit einem Parteivertreter, der erst zu einem späteren Zeitpunkt in das Verfahren einsteigt 31

(*Whitesell*, S. 27, Case 7). Es ist dann im Hinblick auf den entsprechenden Zeitpunkt und die sich daran anknüpfenden Zeit- und Kostenfragen für jede Partei zu entscheiden, ob sie sich auf die fehlende Unabhängigkeit und Unparteilichkeit eines Schiedsrichters noch beruft oder aus Gründen der Effizienz der Verfahrensgestaltung das Verfahren fortsetzt.

C. Endgültigkeit der Entscheidungen des Gerichtshofs (Abs. 4)

Literatur: *Fry/Greenberg*, The Arbitral Tribunal: Applications of Articles 7–12 of the ICC Rules in Recent Cases, ICC Court Bulletin, Vol. 2 No. 2 (2009), S. 12 ff.; *Whitesell*, Independence in ICC Arbitration: ICC Court Practice concerning the Appointment, Confirmation, Challenge and Replacement of Arbitrators, ICC Court Bulletin, Special Supplement 2007, Independence of Arbitrators (2008), S. 7 ff.

I. Normzweck

32 Über die Frage, inwieweit ein Schiedsrichter aus Gründen der Unabhängigkeit oder der Unparteilichkeit nicht ernannt oder bestätigt werden kann bzw. abgelehnt oder ersetzt werden muss, entscheidet allein der Gerichtshof, wogegen jedenfalls innerhalb des ICC-Schiedsverfahrens kein ordentliches Rechtsmittel zugelassen ist. Dies heißt aber nicht, dass die Parteien nicht nach den am Schiedsort geltenden Vorschriften ein staatliches Gericht anrufen könnten.

33 Der Gerichtshof gibt für keine seiner Entscheidungen Gründe an, in diesem speziellen Fall insbesondere deshalb nicht, weil weitere, das Verfahren verzögernde Streitigkeiten zwischen den Parteien unterbunden werden sollen (vgl. *Whitesell*, S. 37).

II. Reform

34 Art. 11 Abs. 4 ICC-SchO 2012 ersetzt den früheren Art. 7 Abs. 4 ICC-SchO 1998 und außer einer geringfügigen redaktionellen Änderung inhaltlich nicht verändert worden.

III. Verhältnis zum X. Buch der ZPO

35 Die Endgültigkeit der **Ernennungs- und Bestätigungsentscheidungen** des Gerichtshofs – im Sinne eines Ausschlusses der Anfechtung vor den staatlichen Gerichten – steht insoweit im Einklang mit den Regelungen des X. Buchs der ZPO, als § 1035 Abs. 4 ZPO für ein Eingreifen des staatlichen Gerichts in den Fällen, in denen die Parteien *„ein Verfahren*

für die Bestellung vereinbart" haben. Eine solche Einigung stellt die Vereinbarung der ICC-SchO dar. Dies setzt voraus, dass „ein Dritter" – hier die ICC – eine *„ihm nach diesem Verfahren übertragene Aufgabe nicht erfüllt".* Wegen der Regelungen der ICC-SchO kann diese Voraussetzung – solange die ICC und ihre Organe funktionsfähig sind – nicht eintreten, so dass Art. 11 Abs. 4 für den deutschen Rechtsraum nicht durch Regelungen der ZPO eingeschränkt oder ergänzt wird.

Für **Entscheidungen nach Art. 14, 15** gilt Art. 11 Abs. 4 im Falle eines deutschen Schiedsorts allerdings nur eingeschränkt. Denn die §§ 1037 Abs. 3, 1038 Abs. 1 ZPO sehen für die der Sache nach in Art. 14, 15 geregelten Tatbestände vor, dass Rechtsschutz vor den staatlichen Gerichten eröffnet wird, wenn eine Partei mit dem Ergebnis eines Ablehnungs- bzw. Ersetzungsverfahrens nicht einverstanden ist. Aus dem Fehlen der ausdrücklichen Anordnung der Dispositivität dieser Rechtsschutzeröffnungen (vgl. dagegen §§ 1035 Abs. 1, 1037 Abs. 1, 1039 Abs. 2 ZPO) folgt, dass die Entscheidungen des Gerichtshofs im Bereich der Art. 14, 15 bei einem deutschen Schiedsort zur Überprüfung des OLG gestellt werden können (§ 1062 Abs. 1 Nr. 1 ZPO). 36

Art. 11 Abs. 4 hindert ferner nicht per se die Berufung auf „Besetzungsrügen" in Aufhebungs- und Vollstreckbarerklärungsverfahren. 37

IV. Vergleich mit den im staatlichen Verfahren geltenden Vorschriften

Im staatlichen Verfahren finden die Vorschriften über Ablehnungsgesuche von Richtern Anwendung (§§ 44 ff. ZPO). Im Gegensatz zu Art. 11 Abs. 4 im ICC-Schiedsverfahren und § 1065 Abs. 1 ZPO ist im staatlichen Verfahren das Rechtsmittel der sofortigen Beschwerde gegen Beschlüsse, die ein Ablehnungsgesuch für unbegründet erklären, eröffnet (§ 46 Abs. 2 ZPO). 38

V. Tatbestand und Rechtsfolgen

Die Entscheidung muss vom Gerichtshof getroffen worden sein. Des Weiteren muss sie die Ernennung (Art. 12 Abs. 2 bis 5 und 8 sowie Art. 13 Abs. 1, 3 und 5), Bestätigung (Art. 12 Abs. 5 und 6, Art. 13 Abs. 1 und 2), Ablehnung (Art. 14) oder Ersetzung eines Schiedsrichters (Art. 15) betreffen. 39

Die o.g. Entscheidungen des Gerichtshofs sind endgültig, d.h. nicht weiter anfechtbar, und sie werden nicht begründet. 40

D. Pflichten des Schiedsrichters (Abs. 5)

Literatur: *Böckstiegel*, Case Management by Arbitrators: Experiences and Suggestions, in: Liber Amicorum Robert Briner (2005), S. 115 ff.; *Bühler, von Schlabrendorff*, 10 Jahre ICC-Schiedsordnung 1998. Ein Blick zurück, zwei Blicke nach vorne, SchiedsVZ 2009, S. 26 ff.; *Cárdenas/Rivkin*, A Growing Challenge for Ethics in International Arbitration, in: Liber Amicorum Robert Briner (2005), S. 191 ff.; *Derains/Schwartz*, A Guide to the ICC Rules of Arbitration (2005); *de Witt Wijnen*, Two Anecdotes about Robert Briner; and Some Thoughts on Conflicts of Interest in the Light of Transparency and Predictability, in: Liber Amicorum Robert Briner (2005), S. 933 ff.; *Dimolitsa*, The Arbitrator and The Litigants (Some Exceptional Clashes), Dossier of the ICC Institute of World Business Law: Is Arbitration Only As Good as the Arbitrator? Status, Powers and Role of the Arbitrator (2011), S. 69 ff.; *Fry/Greenberg*, The Arbitral Tribunal: Applications of Articles 7–12 of the ICC Rules in Recent Cases, ICC Court Bullentin, Vol. 20 No. 2 (2009), S. 12 ff.; *Greenberg/Feris*, Appendix: References to the IBA Guidelines on Conflicts of Interest in International Arbitration when Deciding on Arbitrator Independence in ICC Cases, ICC Court Bullentin, Vol. 20 No. 2 (2009), S. 33 ff.; *van den Berg*, New York Convention of 1958: Refusals of Enforcement, ICC Court Bullentin, Vol. 18 No. 2 (2008), S. 15 ff.; *Whitesell*, Independence in ICC Arbitration: ICC Court Practice concerning the Appointment, Confirmation, Challenge and Replacement of Arbitrators, ICC Court Bullentin, Special Supplement 2007, Independence of Arbitrators (2008), S. 7 ff.

I. Normzweck

41 Mit Art. 11 Abs. 5 wird ein fragmentarischer rechtlicher Rahmen für die Schiedsrichtertätigkeit gesetzt und festgelegt, dass die ICC-SchO auch für den Schiedsrichter mit der Annahme seiner Tätigkeit bindend wird und er seine Tätigkeit an den Erfordernissen der ICC-SchO auszurichten hat.

42 Mit der Annahme der Tätigkeit kommt zudem zwischen jeder Partei und jedem Schiedsrichter ein Schiedsrichtervertrag zustande (vgl. *Derains/Schwartz*, S. 141), der in Deutschland einem Dienstvertrag mit Geschäftsbesorgungscharakter gleichkommt, dessen wesentliche Konditionen jedoch die ICC-SchO vorgibt.

II. Reform

43 Art. 11 Abs. 5 ICC-SchO 2012 ersetzt den früheren Art. 7 Abs. 5 ICC-SchO 1998. Außer redaktionellen Änderungen enthält die Vorschrift keine Neuerungen.

III. Verhältnis zu § 1038 ZPO

Eine Art. 11 Abs. 5 gleichlautende Vorschrift enthält das X. Buch der ZPO nicht. Einzig § 1038 ZPO regelt, dass im Falle der Untätigkeit oder Unmöglichkeit der Aufgabenerfüllung das Amt des Schiedsrichters enden kann. Die Regelung hat jedoch keine eigenständige Bedeutung neben der ICC-SchO. 44

IV. Vergleich mit den im staatlichen Verfahren geltenden Vorschriften

Während im staatlichen Verfahren der Richter in einem öffentlich-rechtlichen Dienstverhältnis steht, ist das Amt des Schiedsrichters insbesondere im Verhältnis zu den Parteien rein privatrechtlicher Natur. 45

V. Tatbestandsvoraussetzungen

Die Verpflichtung des Schiedsrichters, seine Aufgaben gemäß der ICC-SchO zu erfüllen, beginnt tatbestandlich mit der Annahme der Tätigkeit. Damit ist die Erklärung über die Annahme des Amtes i.S.v. Art. 11 Abs. 2 gemeint, wobei die schiedsrichterliche Tätigkeit des Schiedsrichters erst nach der Ernennung bzw. Bestätigung durch den Gerichtshof oder Generalsekretär beginnt. 46

VI. Rechtsfolgen: Ausstrahlung auf Schiedsrichtervertrag

Die Pflicht des Schiedsrichters, seine Aufgaben gemäß der ICC-SchO zu erfüllen, erstreckt sich auf die Beachtung der Grundsätze und Verfahrensmaximen der ICC-SchO sowie insbesondere darauf, den von der ICC-SchO vorgegebenen Zeitplan einzuhalten, d.h. auf die rechtzeitige Abfassung des Schiedsauftrags (Art. 23) zu achten und den Verfahrensablauf anschließend so zu steuern, dass er innerhalb der nach Art. 30 gesetzten Frist einen Schiedsspruch erlassen kann. Darüber hinaus unterwirft sich der Schiedsrichter der Kostenregelung in der ICC-SchO und kann mit den Parteien keine davon abweichende Vereinbarung treffen. Dies ergibt sich aus Art. 2 Abs. 4 Anhang III zur ICC-SchO, wonach die Honorare und Auslagen des Schiedsrichters ausschließlich durch den Gerichtshof gemäß der ICC-SchO festgelegt werden und davon abweichende Honorarabsprachen zwischen den Parteien und dem Schiedsrichter ausdrücklich als Verstoß gegen die ICC-SchO gewertet werden. Zur Unzulässigkeit besonderer Honorarvereinbarungen im Zusammenhang mit der Einbindung von Verwaltungssekretären s. Vor Art. 11 Rz. 15. Situationen und Rechts- 47 folgen der Nichtbeachtung der schiedsrichterlichen Pflichten werden von Art. 14 und 15 erfasst; s. Art. 14 Rz. 13 ff. und Art. 15 Rz. 17 ff.

48 Auch wenn die Möglichkeit besteht, vorbehaltlich der Regelungen der ICC-SchO weitere Pflichten des Schiedsrichters in einem gesonderten schriftlichen Vertrag vertraglich festzulegen, wird davon regelmäßig nicht Gebrauch gemacht, zumal dafür keine Notwendigkeit besteht. So können und werden alle weiteren Einzelheiten, die den Ablauf des Schiedsverfahrens und damit die schiedsrichterliche Tätigkeit betreffen, in der Praxis regelmäßig nahezu abschließend im Schiedsauftrag (Art. 23) festgelegt, der insoweit den Schiedsrichtervertrag konkretisiert. Schriftliche, als solche ausdrücklich bezeichnete Schiedsrichterverträge kommen daher regelmäßig nur in Ad-Hoc-Verfahren vor, in denen nicht bereits eine institutionelle Schiedsordnung die wesentlichen Grundlagen der Zusammenarbeit, insbesondere Hauptleistungspflichten des Schiedsrichters und Vergütung, abschließend vorgibt.

E. Bildung des Schiedsgerichts: Allgemeine Bestimmungen (Abs. 6)

Literatur: *Blessing*, The Arbitral Process. Part III: The Procedure Before the Arbitral Tribunal, ICC Court Bulletin, Vol. 3 No. 2 (1992), S. 18 ff.; *Fry/Greenberg*, The Arbitral Tribunal: Applications of Articles 7–12 of the ICC Rules in Recent Cases, ICC Court Bulletin, Vol. 20 No. 2 (2009), S. 12 ff.; *Imhoos*, The ICC Arbitral Process – Part I: Constituting the Arbitral Tribunal, ICC Court Bulletin, Vol. 2 No. 2 (1991), S. 3 ff.

I. Normzweck

49 Art. 11 Abs. 6 eröffnet den Parteien die ausdrückliche Möglichkeit, die Modalitäten der Bildung des Schiedsgerichts rechtsgeschäftlich zu vereinbaren und insoweit von den Regelungen der ICC-SchO abzuweichen. Insbesondere kann vorgesehen werden, dass der Vorsitzende des Schiedsgerichts etwa von den Parteien direkt oder, wie häufig, von den beiden partei- oder ersatzbenannten Mitschiedsrichtern benannt wird. Auch die diesbezüglichen in der ICC-SchO genannten Fristen können von den Parteien abgeändert werden.

50 Dies heißt jedoch nicht, dass die Parteien sich von sämtlichen, die Bildung des Schiedsgerichts betreffenden Regelungen der ICC-SchO freimachen können. Insbesondere die Bestätigung durch den Gerichtshof oder den Generalsekretär ist unabdingbar, weil die damit verbundene Überprüfung eines Mindeststandards hinsichtlich der Unabhängigkeit, Unparteilichkeit und Verfügbarkeit von Schiedsrichtern als Qualitäts-

merkmal von ICC-Schiedsverfahren nicht zur Disposition der Parteien steht. Auch die Kriterien der Unabhängigkeit und Unparteilichkeit sind wesentliche Grundsätze nicht nur der ICC-SchO, sondern regelmäßig auch der im Übrigen beteiligten Rechtsordnungen, etwa derjenigen am Schiedsort, so dass auf deren Einhaltung nicht verzichtet werden kann. Dies ergibt sich bereits aus dem Wortlaut und der Systematik von Abs. 6, der ausdrücklich auf die Bestimmungen in Art. 12 und 13 Bezug nimmt, nicht jedoch auf Art. 11 Abs. 1 bis 5.

II. Reform

Art. 11 Abs. 6 ICC-Scho 2012 ersetzt den früheren Art. 7 Abs. 6 ICC-SchO 1998. Außer redaktionellen Änderungen enthält die Vorschrift keine Neuerungen. 51

III. Verhältnis zu § 1035 Abs. 1 ZPO

Auch im nationalen Schiedsverfahrensrecht wird durch § 1035 Abs. 1 ZPO zum Ausdruck gebracht, dass es den Parteien freisteht, das Verfahren zur Bestellung des Schiedsrichters oder der Schiedsrichter zu vereinbaren. Eine derartige Vereinbarung liegt insoweit bereits in der Wahl der ICC-SchO durch die Parteien, da diese ein besonderes Verfahren zur Bestellung von Schiedsrichtern vorsieht. 52

IV. Vergleich mit den im staatlichen Verfahren geltenden Vorschriften

Ein Vergleich ist hier nicht möglich, da es an entsprechenden Regelungen im staatlichen Verfahren fehlt. Die Möglichkeit der Bildung des Schiedsgerichts durch die Parteien ist gerade eines der entscheidendsten Argumente für die Schiedsgerichtsbarkeit im Gegensatz zum staatlichen Verfahren. Einfluss auf die Qualifikation oder Zusammensetzung des Gerichts lässt sich dort lediglich insoweit nehmen, als eine Streitigkeit vor eine Spezialkammer gebracht werden kann oder aber beim Landgericht durch die Zivilkammer anstelle eines Einzelrichters entschieden wird, weil etwa die Parteien dies übereinstimmend beantragen (§ 348 Abs. 3 Satz 1 Nr. 3 ZPO). 53

V. Vorrang der Parteienvereinbarung

Art. 11 Abs. 6 stellt klar, dass die Bestimmungen zur Konstituierung des Schiedsgerichts in Art. 12 und 13 nur insoweit Anwendung finden, als die Parteien nichts anderes bestimmt haben. 54

55 Darüber hinaus können die Parteien die **Anzahl der Schiedsrichter** festlegen (vgl. Art. 12 Abs. 2), dass also eine Streitigkeit etwa durch ein Dreierschiedsgericht oder einen Einzelschiedsrichter entschieden werden soll. Weiter können sie **abweichende Fristen und Benennungskompetenzen** vorsehen, so etwa die gemeinsame Benennung des Vorsitzenden durch die partei- bzw. ersatzbenannten Mitschiedsrichter (vgl. Art. 12 Abs. 5). Hierbei ist jedoch zu beachten, dass die grundsätzliche Kompetenz zur Verwaltung des Schiedsverfahrens bei der ICC verbleibt (Art. 6 Abs. 2). Daher trägt die Letztverantwortung für die Ernennung oder Bestätigung von Schiedsrichtern stets die ICC.

F. Abweichende Parteivereinbarungen

56 Mit Ausnahme von Art. 11 Abs. 6 eröffnet Art. 11 keine Möglichkeit für abweichende Parteivereinbarungen, soweit dies zum Ausschluss der Abs. 1 bis 5 führt. Freilich dürfen über Art. 11 Abs. 5 hinausgehende Verpflichtungen vereinbart werden. Dies ist auch regelmäßig der Fall und wird etwa im Rahmen des Schiedsauftrags festgehalten.

Artikel 12: Bildung des Schiedsgerichts

Anzahl der Schiedsrichter

(1) Alle Streitigkeiten werden durch einen Einzelschiedsrichter oder durch drei Schiedsrichter entschieden.

(2) Haben die Parteien die Anzahl der Schiedsrichter nicht vereinbart, ernennt der Gerichtshof einen Einzelschiedsrichter, sofern er nicht angesichts der Bedeutung der Streitigkeit die Ernennung von drei Schiedsrichtern für gerechtfertigt hält. In diesem Falle benennt der Kläger einen Schiedsrichter binnen 15 Tagen ab Zustellung der Entscheidung des Gerichtshofs. Der Beklagte benennt einen Schiedsrichter binnen 15 Tagen ab Zustellung der vom Kläger vorgenommenen Benennung. Unterlässt es eine Partei, einen Schiedsrichter zu benennen, so wird dieser vom Gerichtshof ernannt.

Einzelschiedsrichter

(3) Sind die Parteien übereingekommen, dass die Streitigkeit durch einen Einzelschiedsrichter entschieden werden soll, können sie den Einzelschiedsrichter gemeinsam zur Bestätigung benennen. Einigen sich die Parteien nicht binnen 30 Tagen ab Zustellung der Klage an den Beklagten oder innerhalb einer dafür vom Sekretariat gewährten Fristver-

längerung, so wird der Einzelschiedsrichter durch den Gerichtshof ernannt.

Drei Schiedsrichter

(4) Sind die Parteien übereingekommen, dass die Streitigkeit durch drei Schiedsrichter entschieden werden soll, benennt jede Partei – der Kläger in der Klage und der Beklagte in der Antwort – einen Schiedsrichter zur Bestätigung. Unterlässt es eine Partei, einen Schiedsrichter zu benennen, so wird er vom Gerichtshof ernannt.

(5) Ist ein Schiedsgericht mit drei Schiedsrichtern zu bilden, wird der dritte Schiedsrichter, der den Vorsitz im Schiedsgericht führt, durch den Gerichtshof ernannt, es sei denn, die Parteien haben ein anderes Benennungsverfahren vorgesehen; in letzterem Falle bedarf seine Benennung der Bestätigung gemäß Artikel 13. Führt dieses Verfahren nicht innerhalb von 30 Tagen nach Bestätigung oder Ernennung der Mitschiedsrichter oder innerhalb einer anderen von den Parteien vereinbarten oder dem Gerichtshof gesetzten Frist zu einer Benennung, wird der dritte Schiedsrichter durch den Gerichtshof ernannt.

(6) Mehrere Kläger oder mehrere Beklagte haben im Falle der Bildung eines Schiedsgerichts mit drei Schiedsrichtern jeweils gemeinsam einen Schiedsrichter zur Bestätigung nach Artikel 13 zu benennen.

(7) Soweit eine zusätzliche Partei einbezogen wurde und ein Schiedsgericht mit drei Schiedsrichtern zu bilden ist, kann diese zusätzliche Partei gemeinsam mit dem (oder den) Kläger(n) oder gemeinsam mit dem (oder den) Beklagte(n) einen Schiedsrichter zur Bestätigung nach Artikel 13 benennen.

(8) Erfolgt keine gemeinsame Benennung gemäß Artikel 12(6) oder 12(7), und können sich die Parteien nicht auf ein Verfahren zur Benennung von Schiedsrichtern einigen, so kann der Gerichtshof alle Schiedsrichter ernennen und soll einen von ihnen als Vorsitzenden bestimmen. Bei der Ernennung zum Schiedsrichter kann der Gerichtshof jede ihm geeignet erscheinende Person auswählen, wobei er gemäß Artikel 13 vorgehen kann, wenn er dies für sachdienlich hält.

Article 12: Constitution of the Arbitral Tribunal

Number of Arbitrators

(1) The disputes shall be decided by a sole arbitrator or by three arbitrators.

(2) Where the parties have not agreed upon the number of arbitrators, the Court shall appoint a sole arbitrator, save where it appears to the Court that the dispute is such as to warrant the appointment of three arbitrators. In such case, the claimant shall nominate an arbitrator within a period of 15 days from the receipt of the notification of the decision of the Court, and the respondent shall nominate an arbitrator within a period of 15 days from the receipt of the notification of the nomination made by the claimant. If a party fails to nominate an arbitrator, the appointment shall be made by the Court.

Sole Arbitrator

(3) Where the parties have agreed that the dispute shall be resolved by a sole arbitrator, they may, by agreement, nominate the sole arbitrator for confirmation. If the parties fail to nominate a sole arbitrator within 30 days from the date when the claimant's Request for Arbitration has been received by the other party, or within such additional time as may be allowed by the Secretariat, the sole arbitrator shall be appointed by the Court.

Three Arbitrators

(4) Where the parties have agreed that the dispute shall be resolved by three arbitrators, each party shall nominate in the Request and the Answer, respectively, one arbitrator for confirmation. If a party fails to nominate an arbitrator, the appointment shall be made by the Court.

(5) Where the dispute is to be referred to three arbitrators, the third arbitrator, who will act as president of the arbitral tribunal, shall be appointed by the Court, unless the parties have agreed upon another procedure for such appointment, in which case the nomination will be subject to confirmation pursuant to Article 13. Should such procedure not result in a nomination within 30 days from the confirmation or appointment of the co-arbitrators or any other time limit agreed by the parties or fixed by the Court, the third arbitrator shall be appointed by the Court.

(6) Where there are multiple claimants or multiple respondents, and where the dispute is to be referred to three arbitrators, the multiple claimants, jointly, and the multiple respondents, jointly, shall nominate an arbitrator for confirmation pursuant to Article 13.

(7) Where an additional party has been joined, and where the dispute is to be referred to three arbitrators, the additional party may, jointly with

the claimant(s) or with the respondent(s), nominate an arbitrator for confirmation pursuant to Article 13.

(8) In the absence of a joint nomination pursuant to Articles 12(6) or 12(7) and where all parties are unable to agree to a method for the constitution of the arbitral tribunal, the Court may appoint each member of the arbitral tribunal and shall designate one of them to act as president. In such case, the Court shall be at liberty to choose any person it regards as suitable to act as arbitrator, applying Article 13 when it considers this appropriate.

Regelungsschwerpunkte: Abs. 1–2 Entscheidungskompetenz des Gerichtshofs hinsichtlich Anzahl der Schiedsrichter bei fehlender Parteivereinbarung. → Rz. 1–9; **Abs. 3** regelt die Bildung des Schiedsgerichts mit einem Einzelschiedsrichter. → Rz. 10–19; **Abs. 4–6** regeln die Bildung eines Dreierschiedsgerichts im Zweiparteienverfahren. → Rz. 26–33; **Abs. 6–8** regeln die Bildung eines Dreierschiedsgerichts im Mehrparteienverfahren. → Rz. 34–38

Kostenaspekte: Kosten des Schiedsverfahrens von Anzahl der Schiedsrichter abhängig. → Rz. 9

Inhalt

A. Anzahl der Schiedsrichter (Abs. 1 und 2 Satz 1) 1	III. Verhältnis zu § 1035 Abs. 3 Satz 1 ZPO 12
I. Normzweck 1	IV. Vergleich mit den im staatlichen Verfahren geltenden Vorschriften 13
II. Reform 2	
III. Verhältnis zu § 1034 Abs. 1 ZPO..................... 3	V. Benennung durch die Parteien...................... 14
IV. Vergleich mit den im staatlichen Verfahren geltenden Vorschriften 4	VI. Ernennung durch den Gerichtshof 17
V. Grundregel (Abs. 1) 5	**C. Drei Schiedsrichter (Abs. 2, Satz 2–4, Abs. 4–8)** 20
VI. Bildung des Schiedsgerichts mangels Parteienvereinbarung (Abs. 2 Satz 1) 6	I. Normzweck 20
	II. Reform 23
VII. Kosten.................. 9	III. Verhältnis zu § 1035 Abs. 3 Satz 2 ZPO 24
B. Einzelschiedsrichter bei entsprechender Parteivereinbarung (Abs. 3)............. 10	IV. Vergleich mit den im staatlichen Verfahren geltenden Vorschriften 25
I. Normzweck 10	
II. Reform 11	

V. Bildung des Schiedsgerichts in Zweiparteienschiedsverfahren (Abs. 2 Satz 2–4, Abs. 4 und 5) 26
   1. Die parteibenannten Schiedsrichter (Abs. 2 Satz 2–4, Abs. 4) 26
   2. Der Vorsitzende (Abs. 5) .. 31

VI. Bildung des Schiedsgerichts in Mehrparteienschiedsverfahren (Abs. 6 bis 8) 34
   1. Mehrheit von Klägern oder Beklagten (Abs. 6 und 8) ... 34
   2. Einbeziehung einer weiteren Partei (Abs. 7 und 8) . 37

D. Abweichende Parteivereinbarungen 39

A. Anzahl der Schiedsrichter (Abs. 1 und 2 Satz 1)

Literatur: *Fry/Greenberg*, The Arbitral Tribunal: Applications of Articles 7–12 of the ICC Rules in Recent Cases, ICC Court Bulletin, Vol. 20 No. 2 (2009), S. 12 ff.; *Greenberg/Osswald*, The Arbitrator Selection Process in International Commercial Arbitration, in: WTO Litigation, Investment Arbitration and Commercial Arbitration (2013), S. 115 ff.; *Herzberg*, Selecting ICC Arbitrators: What's New Under the Revised Rules?, Mealey's International Arbitration Report (2012), S. 1 ff.; *Imhoos*, The ICC Arbitral Process – Part I: Constituting the Arbitral Tribunal, ICC Court Bulletin, Vol. 2 No. 2 (1991), S. 3 ff.; *Mourre*, Are Unilateral Appointments Defensible? On Jan Paulsson's Moral Hazard in International Arbitration, in: Liber Amicorum Eric Bergsten (2011), S. 380 ff.; *Paulsson*, Moral Hazard in International Dispute Resolution, abrufbar unter www.arbitration-icca.org/articles.html.

I. Normzweck

1 Art. 12 Abs. 1 und 2 enthalten Regelungen betreffend die Anzahl der Schiedsrichter in einem ICC-Schiedsverfahren. So legt Art. 12 Abs. 1 fest, dass alle Streitigkeiten durch einen Einzelschiedsrichter oder durch drei Schiedsrichter entschieden werden. Eine andere Anzahl von Schiedsrichtern kennt die ICC-SchO nicht. Sie lässt sich zwar vereinbaren (Art. 11 Abs. 6), ist aber aus Kosten- und Praktikabilitätsgründen nicht empfehlenswert. Sofern die Parteien die Anzahl der Schiedsrichter nicht vereinbart haben, ernennt der Gerichtshof in der Regel nach Art. 12 Abs. 2 einen Einzelschiedsrichter. Nur wenn die Bedeutung der Streitigkeit es rechtfertigt, wird die Angelegenheit einem Dreierschiedsgericht übertragen. Die Regelung in Art. 12 Abs. 2 ist insoweit eine flexible Regelung. Sie überlässt es der ICC insbesondere mit Blick auf die Höhe des Streitwerts, einen Einzelschiedsrichter zu benennen, so dass die Kosten erheblich reduziert und im Übrigen auch das Verfahren zur Schiedsrichterbenennung vereinfacht werden. Deshalb empfiehlt die ICC in ihrer Standardschiedsklausel auch regelmäßig nicht, die Anzahl der Schiedsrichter im Vorfeld festzulegen.

II. Reform

Art. 12 Abs. 1 ICC-SchO 2012 enthält außer einer redaktionellen Änderung keine Neuerungen und ersetzt insoweit den früheren Art. 8 Abs. 1 ICC-SchO 1998. In Art. 12 Abs. 2 ICC-SchO 2012, der Art. 8 Abs. 2 ICC-SchO 1998 ersetzt, ist lediglich zur Klarstellung der letzte Satz hinzugenommen worden, wonach der Gerichtshof einen Schiedsrichter benennt, sofern es eine Partei unterlässt, dies zu tun (vormals Art. 9 Abs. 6 ICC-SchO 1998).

III. Verhältnis zu § 1034 Abs. 1 ZPO

§ 1034 Abs. 1 ZPO bestimmt, dass die Anzahl der Schiedsrichter drei ist, sofern keine anderweitige Vereinbarung zwischen den Parteien getroffen wurde. Diese Regelung wird durch Art. 12 Abs. 1 und 2 abbedungen.

IV. Vergleich mit den im staatlichen Verfahren geltenden Vorschriften

Im staatlichen Verfahren ist die Anzahl der Richter von Instanz zu Instanz und in Abhängigkeit von Spruchkörper und Art der Angelegenheit unterschiedlich. Insoweit wird auf die entsprechenden Bestimmungen im Gerichtsverfassungsgesetz sowie §§ 348 ff. ZPO verwiesen.

V. Grundregel (Abs. 1)

Als Grundregel werden ICC-Schiedsverfahren durch Einzelschiedsrichter oder Dreierschiedsgerichte entschieden, sofern die Parteien nichts anderes vereinbart haben (Art. 11 Abs. 6). Dies gilt unabhängig davon, wie viele Kläger oder Beklagte an dem Schiedsverfahren teilnehmen.

VI. Bildung des Schiedsgerichts mangels Parteienvereinbarung (Abs. 2 Satz 1)

Art. 12 Abs. 2 Satz 1 gibt vor, dass mangels anderweitiger Parteienvereinbarung Streitsachen **grundsätzlich einem Einzelschiedsrichter** zu übertragen sind, **es sei denn**, der Gerichtshof hält ein **Dreierschiedsgericht** für gerechtfertigt. Grund für die Regelung ist, dass Dreierschiedsgerichte die Kosten des Schiedsverfahrens nahezu verdreifachen. Die Einsetzung eines Dreierschiedsgerichts kann dennoch geboten sein, insbesondere im Hinblick auf die wirtschaftliche Bedeutung des Falles oder aber wenn der Sachverhalt ungewöhnlich komplex ist, z.B. wenn verschiedene Rechtsordnungen berührt sind oder eine besonders umfangreiche Beweisaufnahme zu erwarten ist. Ohne dass fixe Wertgrenzen existieren, darf jedenfalls bei Streitwerten von unter 5 Mio. USD der Gerichtshof im Allgemeinen davon ausgehen, dass die Einsetzung eines Dreierschiedsgerichts als ungerechtfertigt angesehen wird. Ggf. gebieten es aber auch überdurchschnittlich komplexe Verfahren, so solche mit Staatenbeteiligung und/oder Verfahren, in denen verschiedene Rechtsordnungen oder kulturelle Hintergründe eine Rolle spielen, die Angelegenheit unabhängig vom Streitwert einem Dreierschiedsgericht zu übertragen. Ein Dreierschiedsgericht kann ferner dann angezeigt sein, wenn ein enger Zusammenhang zu einer bereits anhängigen Schiedssache besteht, in der älteren Sache bereits ein Dreierschiedsgericht konstituiert ist und es denkbar erscheint, dass in der neuen Sache dieselben Schiedsrichter bestätigt bzw. ernannt werden sollen wie in der bereits anhängigen Sache oder dass die beiden Sachen gemäß Art. 10 verbunden werden könnten (zum Ganzen *Herzberg*, S. 2).

7 **Zustellung** i.S.v. Art. 12 Abs. 2 bedeutet die schriftliche Zustellung in der in Art. 3 Abs. 2 genannten Weise.

8 Eine Parteivereinbarung kann auch noch **nach Beginn des Schiedsverfahrens** getroffen werden. Wird zugleich Zuständigkeitsrüge erhoben, begibt sich die Beklagtenpartei mit einer Einigung auf die Zahl der Schiedsrichter keiner verfahrensrechtlichen Rechtsposition.

VII. Kosten

9 Die Kosten für einen Einzelschiedsrichter oder ein Dreierschiedsgericht weichen erheblich voneinander ab. Näheres ergibt sich aus der Kostentabelle in Anhang III zur ICC-SchO, die in Abhängigkeit vom Streitwert nicht verbindliche Unter- und Obergrenzen für die Schiedsrichterhonorare festlegt. Ein praktisches Hilfsmittel ist der Gebührenrechner auf der Internetseite des Gerichtshofs (http://www.iccwbo.org/products-and-services/arbitration-and-adr/arbitration/cost-and-payment/cost-calculator/), der zwar keine verbindliche Aussage über die zu erwartenden Kosten trifft, aber zumindest Anhaltspunkte dafür bietet, welche Kosten auf die Parteien zukommen können. Über die tatsächliche Höhe der Kosten entscheidet jedoch der Gerichtshof nach Abschluss des Verfahrens (ausführlich dazu Art. 37 Rz. 1 ff.).

B. Einzelschiedsrichter bei entsprechender Parteivereinbarung (Abs. 3)

Literatur: *Fry/Greenberg*, The Arbitral Tribunal: Applications of Articles 7–12 of the ICC Rules in Recent Cases, ICC Court Bulletin, Vol. 20 No. 2 (2009), S. 12 ff.; *Imhoos*, The ICC Arbitral Process – Part I: Constituting the Arbitral Tribunal, ICC Court Bulletin, Vol. 2 No. 2 (1991), S. 3 ff.

I. Normzweck

Art. 12 Abs. 3 räumt den Parteien im Falle der grundsätzlichen Einigung, dass das Schiedsgericht aus einem Einzelschiedsrichter bestehen soll, die Möglichkeit ein, den Einzelschiedsrichter gemeinsam zu benennen, der im Anschluss durch den Generalsekretär nach Art. 13 Abs. 2 oder auch durch den Gerichtshof bestätigt wird. Sofern die Parteien sich jedoch nicht auf die Person des Einzelschiedsrichters verständigen können, was häufig der Fall ist, wird der Einzelschiedsrichter durch den Gerichtshof ernannt. 10

II. Reform

Durch die Reform hat sich bis auf eine redaktionelle Änderung nichts geändert. Art. 12 Abs. 3 ICC-SchO 2012 löst insoweit den früheren Art. 8 Abs. 3 ICC-SchO 1998 ab. 11

III. Verhältnis zu § 1035 Abs. 3 Satz 1 ZPO

§ 1035 Abs. 3 Satz 1 ZPO bestimmt, dass auf Antrag einer Partei das nach § 1062 Abs. 1 Nr. 1 zuständige Oberlandesgericht den Einzelschiedsrichter bestellt, falls sich die Parteien auf die Person des Einzelschiedsrichters nicht verständigen können. Die Regelung wird freilich durch Art. 12 Abs. 3 abbedungen. 12

IV. Vergleich mit den im staatlichen Verfahren geltenden Vorschriften

Im staatlichen Verfahren ist die Anzahl der Richter von Instanz zu Instanz und in Abhängigkeit von Spruchkörper und Art der Angelegenheit unterschiedlich. Insoweit wird auf die entsprechenden Bestimmungen im Gerichtsverfassungsgesetz sowie §§ 348 ff. ZPO verwiesen. 13

V. Benennung durch die Parteien

Die Parteien können sich auf einen Einzelschiedsrichter verständigen und diesen gemeinsam benennen; der Benannte bedarf nach Einholung 14 der Erklärungen gemäß Art. 11 Abs. 2 durch das Sekretariat (dazu Art. 11 Rz. 15–30) der Bestätigung durch den Generalsekretär bzw. durch den Gerichtshof. Können die Parteien sich nicht auf eine Person einigen, ernennt der Gerichtshof den Einzelschiedsrichter nach Maßgabe des Art. 13 Abs. 1, 3–5.

15 Es kann insbesondere dann, wenn eine Schiedspartei unerfahren ist, von Vorteil sein und sich aus taktischen Gründen anbieten, die Ernennung dem Gerichtshof zu überlassen, um nicht im Vorfeld im gemeinsamen Bemühen um eine einvernehmliche Benennung geeignete Kandidaten zu „verbrennen", die der Gerichtshof dann nicht mehr ernennen kann, sofern er von ihrer Identität unterrichtet wurde. Insbesondere bei geringem Streitwert ist regelmäßig davon auszugehen, dass der Gerichtshof eine junge Kandidatin oder einen jungen Kandidaten am Schiedsort ernennt, nicht zuletzt, um keine zusätzlichen Kosten entstehen zu lassen.

16 Ungeachtet der Tatsache, dass die Parteien sich unter Umständen in der Schiedsvereinbarung auf ein Dreierschiedsgericht verständigt haben, kann es sich auch bei Streitwerten unterhalb einer Grenze von 5 Mio. USD oder bei Streitigkeiten von überschaubarer Komplexität anbieten, eine Einigung dahingehend zu suchen, dass man sich nachträglich auf einen Einzelschiedsrichter verständigt, insbesondere um Kosten zu sparen. Dies geschieht häufig und wird den Parteien gelegentlich auch vom Sekretariat selbst vorgeschlagen.

VI. Ernennung durch den Gerichtshof

17 Die **Auswahl** eines geeigneten Einzelschiedsrichterkandidaten im Falle der Ernennung durch den Gerichtshof erfolgt nach Maßgabe von Art. 13 (im Einzelnen s. Art. 13 Rz. 1 ff.), d.h. zunächst unter Berücksichtigung der Staatsangehörigkeit, des Wohnsitzes und der sonstigen Beziehungen des Schiedsrichterkandidaten zu den Ländern, deren Staatsangehörigkeit die Parteien haben (Art. 13 Abs. 1), weil der Einzelschiedsrichter grundsätzlich eine andere Staatsangehörigkeit als die Parteien besitzen muss (Art. 13 Abs. 5). Des Weiteren ist die Verfügbarkeit des Kandidaten und seine Kenntnis der ICC-SchO maßgeblich (Art. 13 Abs. 1). Zu berücksichtigen ist darüber hinaus das Vorschlagsrecht des vom Gerichtshof für geeignet gehaltenen ICC-Nationalkomitees oder der für geeignet gehaltenen ICC-Gruppe (Art. 13 Abs. 3)

18 **Ablauf des Ernennungsverfahrens.** Nach Auswahl eines geeigneten Kandidaten (Art. 13 Rz. 1 ff.) erfolgt dessen Ernennung nach Maßgabe von Art. 11 Abs. 2 (s. Art. 11 Rz. 15–30).

Für die Ernennung des Eilschiedsrichters im **Eilschiedsrichterverfahren** 19
nach Art. 29 gilt für die Ernennung als *lex specialis* Art. 2 der Eilschiedsrichterverfahrensordnung (Anhang V zur ICC-SchO).

C. Drei Schiedsrichter (Abs. 2, Satz 2–4, Abs. 4–8)

Literatur: *Fry/Greenberg*, The Arbitral Tribunal: Applications of Articles 7–12 of the ICC Rules in Recent Cases, ICC Court Bulletin, Vol. 20 No. 2 (2009), S. 12 ff.; *Herzberg*, Selecting ICC Arbitrators: What's New Under the Revised Rules?, Mealey's International Arbitration Report (2012), S. 1 ff.; *Imhoos*, The ICC Arbitral Process – Part I: Constituting the Arbitral Tribunal, ICC Court Bulletin, Vol. 2 No. 2 (1991), S. 3 ff.

I. Normzweck

Art. 12 Abs. 4 bis 8 regeln den Fall, in dem die Streitigkeit entweder aufgrund Parteivereinbarung (Art. 12 Abs. 4) oder aufgrund der Entscheidung des Gerichtshofs (Art. 12 Abs. 2) durch drei Schiedsrichter entschieden werden soll. 20

Während jede Partei nach Art. 12 Abs. 2 bzw. Abs. 4 einen Schiedsrichter zur Bestätigung durch den Gerichtshof benennen kann, der bei Untätigkeit der Partei durch den Gerichtshof ernannt wird, wird der Vorsitzende des Dreischiedsgerichts grundsätzlich nach Art. 12 Abs. 5 durch den Gerichtshof ernannt, sofern nicht die Parteien ein anderes Benennungsverfahren, etwa durch die parteibenannten Mitschiedsrichter, vorsehen. 21

Die Art. 12 Abs. 6 bis 8 gelten in Fällen von Mehrparteienschiedsverfahren. Art. 12 Abs. 6 regelt den Fall, dass mehrere Kläger oder mehrere Beklagte Parteien eines Schiedsverfahrens sind. Art. 12 Abs. 7 betrifft den Fall, dass eine zusätzliche Partei in die Streitigkeit einbezogen wird (Art. 7). Von besonderer Bedeutung ist Art. 12 Abs. 8, wonach in dem Fall, dass entweder die klägerische Seite und/oder die beklagte Seite sich nicht – ggf. unter Einbeziehung einer zusätzlichen Partei i.S.d. Art. 7 – jeweils auf einen Schiedsrichter zur Benennung verständigen können, der Gerichtshof das gesamte Schiedsgericht ernennt. Das bedeutet, dass bereits erfolgte Benennungen durch eine oder mehrere Parteien wieder hinfällig werden. 22

II. Reform

23 Mit Ausnahme von gewissen redaktionellen Änderungen in Art. 12 Abs. 4 bis 6 ICC-SchO 2012 sei hervorgehoben, dass Art. 12 Abs. 7 ICC-SchO 2012 gänzlich neu hinzugekommen ist. Art. 12 Abs. 6 und 8 ICC-SchO 2012 waren zuvor als Abs. 1 und 2 im früheren Art. 10 ICC-SchO 1998 enthalten.

III. Verhältnis zu § 1035 Abs. 3 Satz 2 ZPO

24 Im nationalen Schiedsverfahrensrecht gilt im Zweiparteienschiedsverfahren nichts anderes als nach Art. 12 Abs. 4 und 5 mit Ausnahme der Tatsache, dass hier – sofern der Schiedsort in Deutschland liegt – anstelle des Gerichtshofs das jeweils zuständige Oberlandesgericht handelt. Für Mehrparteienschiedsverfahren hält das X. Buch der ZPO indes keine Art. 12 Abs. 6 bis 8 vergleichbare Regelung bereit. Hier scheint es jedoch inzwischen allgemeine Meinung jedenfalls in Deutschland zu sein, sinngemäß zu verfahren und ein Dreierschiedsgericht vollständig durch das Gericht besetzen zu lassen, wenn sich mehrere Kläger und/oder mehrere Beklagte nicht auf „ihren" Schiedsrichter verständigen. Indes hat § 1035 Abs. 3 Satz 2 ZPO neben Art. 12 Abs. 4 bis 8 keine eigenständige Bedeutung.

IV. Vergleich mit den im staatlichen Verfahren geltenden Vorschriften

25 Im staatlichen Verfahren ist die Anzahl der Richter von Instanz zu Instanz und in Abhängigkeit von Spruchkörper und Art der Angelegenheit unterschiedlich. Insoweit wird auf die entsprechenden Bestimmungen im Gerichtsverfassungsgesetz sowie §§ 348 ff. ZPO verwiesen.

V. Bildung des Schiedsgerichts in Zweiparteienschiedsverfahren (Abs. 2 Satz 2–4, Abs. 4 und 5)

1. Die parteibenannten Schiedsrichter (Abs. 2 Satz 2–4, Abs. 4)

26 **Benennung durch die Parteien.** Im Falle eines vom Gerichtshof mangels Parteivereinbarung bestimmten oder von den Parteien vereinbarten Dreierschiedsgerichts benennt jede Partei „ihren" Schiedsrichter. Damit hat jede Partei Gelegenheit, Einfluss auf die Bildung des Schiedsgerichts zu nehmen und darauf hinzuwirken, dass sie im Verfahren gehört wird. Freilich ist der parteibenannte Mitschiedsrichter kein Interessenvertreter der ihn benennenden Partei, da er, wie die übrigen Schiedsrichter auch, dem Gebot der Unparteilichkeit und Unabhängigkeit nach Art. 11 Abs. 1 fol-

gen muss. Daher ist es auch zu vermeiden, dass eine Partei den von ihr benannten Schiedsrichter bereits ausführlich über den Fall instruiert oder in sonstiger nicht nur unerheblicher Weise Kontakt mit ihm aufnimmt, was der erfahrene Schiedsrichter ohnehin nicht zulassen wird.

Benennung durch den Schiedskläger. Die schiedsklägerische Partei benennt ihren Schiedsrichter regelmäßig bereits mit der Schiedsklage, zumal Art. 4 Abs. 3 Buchst. g vorsieht, dass die Schiedsklage die Benennung des Schiedsrichters enthalten muss; zu Ausnahmen s. Art. 4 Rz. 33. 27

Benennung durch den Schiedsbeklagten. Die schiedsbeklagte Partei wird ihre Benennung regelmäßig in der Klageantwort bzw. Widerklage vorbringen, zumal auch dies nach Art. 5 Abs. 1 Buchst. e vorgesehen ist; zu Ausnahmen s. Art. 5 Rz. 26 f. 28

Verfahren nach erfolgter Benennung. Das Sekretariat holt von den Benannten die Erklärungen gemäß Art. 11 Abs. 2 ein (s. Art. 11 Rz. 15–30). Anschließend bedarf es noch der – regelmäßig simultan erfolgenden – Bestätigung der Benannten durch den Gerichtshof oder durch den Generalsekretär (Art. 12 Abs. 5 Satz 1 Halbs. 2, Art. 13 Abs. 2 Satz 1). 29

Ernennung durch den Gerichtshof. Benennen die Parteien innerhalb der ihnen hierfür gesetzten Frist keinen Schiedsrichter, ernennt der Gerichtshof diesen (Art. 12 Abs. 2 Satz 4 und Abs. 4 Satz 2, Art. 13 Abs. 1, 3–5). 30

2. Der Vorsitzende (Abs. 5)

Von den Parteien vereinbartes Benennungsverfahren. Der Vorsitzende wird vom Gerichtshof ernannt, sofern die Parteien nichts anderes vereinbart haben. Häufig enthalten Schiedsklauseln aber Regelungen dahingehend, dass die beiden parteibenannten Mitschiedsrichter, gelegentlich auch die Parteien selbst, den Vorsitzenden benennen. Im Falle eines vereinbarten Benennungsverfahrens bedarf es der Bestätigung des Benannten durch den Gerichtshof oder durch den Generalsekretär (Art. 12 Abs. 5 Satz 1 Halbs. 2, Art. 13 Abs. 2 Satz 1) nach vorheriger Einholung der Erklärungen gemäß Art. 11 Abs. 2 (s. Art. 11 Rz. 15–30). 31

Ernennung durch den Gerichtshof. Die Ernennung des Vorsitzenden durch den Gerichtshof findet nicht nur dann statt, wenn die Parteien kein Benennungsverfahren vereinbart haben, sondern auch, wenn dieses Verfahren nicht der in Art. 12 Abs. 5 Satz 2 vorgesehenen Fristen zur einvernehmlichen Benennung des Vorsitzenden führt. 32

Zu den **Kriterien für die Auswahl des Vorsitzenden** s. Art. 13 Rz. 16–19. 33

VI. Bildung des Schiedsgerichts in Mehrparteienschiedsverfahren (Abs. 6 bis 8)

1. Mehrheit von Klägern oder Beklagten (Abs. 6 und 8)

34 Nach Art. 12 Abs. 6 müssen sich mehrere Kläger und mehrere Beklagte grundsätzlich jeweils auf einen, für ihre Seite zu benennenden Schiedsrichter verständigen. Die ICC-SchO sieht nicht vor, dass jede klagende und/oder beklagte Partei einen Schiedsrichter benennen kann. Die Anzahl der Schiedsrichter ist eins oder drei (Art. 12 Abs. 1).

35 Sofern eine gemeinsame Benennung auf Klägerseite und/oder Beklagtenseite scheitert und sich die Parteien auch nicht auf ein sonstiges Verfahren zur Benennung von Schiedsrichtern einigen können, so kann der Gerichtshof alle Schiedsrichter ernennen und soll einen von ihnen als Vorsitzenden bestimmen (Art. 12 Abs. 8 Satz 1).

36 Der Gerichtshof kann bei der Ernennung zum Schiedsrichter jede ihm geeignet erscheinende Person auswählen und kann insoweit, muss aber nicht auf das in Art. 13 Abs. 3 vorgesehene Vorschlagsverfahren zurückgreifen.

2. Einbeziehung einer weiteren Partei (Abs. 7 und 8)

37 Die Möglichkeit der Einbeziehung einer weiteren Partei ist in Art. 7 erstmals ausdrücklich geregelt worden (s. Art. 7 Rz. 2). Diese Konstellation erfasst nicht nur weitere Kläger oder Beklagte, sondern auch Dritte, soweit die Schiedsvereinbarung dies zulässt. Die zusätzlich einbezogene Partei kann nach Art. 12 Abs. 7 gemeinsam mit der Kläger- oder der Beklagtenseite einen Schiedsrichter benennen. Gelingt eine gemeinsame Benennung nicht, gilt das unter Rz. 35 Gesagte aus denselben Gründen.

38 Auslöser der Regelung war die sog. *Dutco*-Entscheidung der französischen Cour de Cassation (*BKMI* und *Siemens* v. *Dutco*, Rev. arb. 1992, 470), in der die beiden Schiedsbeklagten sich nur gezwungenermaßen auf einen Schiedsrichter einigten, während die Schiedsklägerin ihr freies Wahlrecht zur Benennung „ihres" Schiedsrichters ausüben konnte. Die Cour de Cassation hob den Schiedsspruch des auf dieser Basis konstituierten Schiedsgerichts mit der Begründung auf, diese Zusammensetzung des Schiedsgerichts verletze den Grundsatz der Gleichheit der Parteien im Verfahren, weshalb sie nicht ordnungsgemäß gewesen sei. Von Bedeutung in diesem Zusammenhang ist ferner, dass der Gerichtshof nach Art. 12 Abs. 8 Satz 2 bei der Ernennung zum Schiedsrichter jede dem Gerichtshof geeignet erscheinende Person auswählen kann, wobei er ge-

mäß Art. 13 vorgehen kann, wenn er dies für sachdienlich hält. Das bedeutet, dass der Gerichtshof insoweit nicht an die Vorgaben in Art. 13, auf die noch einzugehen sein wird, gebunden ist.

D. Abweichende Parteivereinbarungen

Abweichende Parteivereinbarungen über die Bildung des Schiedsgerichts sind zulässig, jedoch nur soweit dabei „Waffengleichheit" zwischen den Parteien hergestellt ist (vgl. Art. 11 Rz. 49–56). Dies betrifft insbesondere die Festlegung der Anzahl der Schiedsrichter, die Benennung des Einzelschiedsrichters bzw. der jeweiligen parteibenannten Schiedsrichter sowie die Benennung des Vorsitzenden des Schiedsgerichts. Bisweilen binden die Parteien auch externe Institutionen in das Auswahlverfahren für den Vorsitzenden ein. Dadurch wird das Verfahren erheblich verzögert. Nur in Ausnahmefällen – etwa in Investitionsschiedsverfahren – kann die Einbindung einer im Übrigen gänzlich verfahrenstrennenden Institution (bspw. des Generalsekretärs des Ständigen Internationalen Schiedshofs in Den Haag) zu erwägen sein (*Herzberg*, 5). 39

Unter keinen Umständen zur Disposition der Parteien steht die Entscheidungsbefugnis des Gerichtshofs, benannte Kandidaten zum Zwecke der förmlichen Konstituierung des Schiedsgerichts zu bestätigen. 40

Artikel 13: Ernennung und Bestätigung von Schiedsrichtern

(1) Bei der Ernennung oder Bestätigung der Schiedsrichter berücksichtigt der Gerichtshof die Staatsangehörigkeit, den Wohnsitz und sonstige Beziehungen der betreffenden Person zu den Ländern, deren Staatsangehörigkeit die Parteien oder die anderen Schiedsrichter haben, sowie die Verfügbarkeit und Fähigkeit der betreffenden Person, das Schiedsverfahren in Übereinstimmung mit der Schiedsgerichtsordnung durchzuführen. Das gilt auch, wenn Schiedsrichter vom Generalsekretär gemäß Artikel 13(2) bestätigt werden.

(2) Der Generalsekretär kann Personen als Mitschiedsrichter, Einzelschiedsrichter und Vorsitzende von Schiedsgerichten bestätigen, die von den Parteien oder gemäß deren besonderer Vereinbarung benannt wurden, wenn diese eine uneingeschränkte Erklärung ihrer Unparteilichkeit und Unabhängigkeit abgegeben haben oder eine eingeschränkte Erklärung über ihre Unparteilichkeit und Unabhängigkeit keinen Anlass zu Einwendungen gegeben hat. Der Gerichtshof ist in seiner nächsten Sit-

zung von der Bestätigung zu unterrichten. Die Angelegenheit ist dem Gerichtshof vorzulegen, wenn der Generalsekretär der Ansicht ist, dass ein Mitschiedsrichter, Einzelschiedsrichter oder Vorsitzender nicht bestätigt werden sollte.

(3) Hat der Gerichtshof einen Schiedsrichter zu ernennen, erfolgt dies auf Vorschlag eines von diesem für geeignet gehaltenen ICC-Nationalkomitees oder einer für geeignet gehaltenen ICC-Gruppe. Nimmt der Gerichtshof den Vorschlag nicht an, oder macht das Nationalkomitee oder die Gruppe binnen der vom Gerichtshof gesetzten Frist keinen Vorschlag, so kann er sein an dieses Nationalkomitee oder diese Gruppe gerichtetes Gesuch wiederholen oder ein anderes geeignetes Nationalkomitee oder eine andere geeignete Gruppe um einen Vorschlag ersuchen, oder direkt eine von ihm für geeignet gehaltene Person ernennen.

(4) Der Gerichtshof kann ferner direkt eine von ihm für geeignet gehaltene Person als Schiedsrichter ernennen, wenn

a) eine oder mehrere der Parteien ein Staat ist oder geltend macht, eine staatliche Institution zu sein; oder

b) der Gerichtshof es für sinnvoll hält, einen Schiedsrichter aus einem Land oder Gebiet zu ernennen, in dem kein Nationalkomitee oder keine Gruppe besteht; oder

c) der Präsident dem Gerichtshof bescheinigt, dass Umstände vorliegen, die nach seiner Meinung eine Direkternennung notwendig und sachdienlich machen.

(5) Der Einzelschiedsrichter oder der Vorsitzende des Schiedsgerichts muss eine andere Staatsangehörigkeit besitzen als die Parteien. Wenn die Umstände dies als sinnvoll erscheinen lassen und keine der Parteien innerhalb einer vom Gerichtshof gesetzten Frist Einwendungen erhebt, kann jedoch ein Einzelschiedsrichter oder Vorsitzender des Schiedsgerichts mit einer Staatsangehörigkeit ausgewählt werden, die dieselbe ist wie die einer der Parteien.

Article 13: Appointment and Confirmation of the Arbitrators

(1) In confirming or appointing arbitrators, the Court shall consider the prospective arbitrator's nationality, residence and other relationships with the countries of which the parties or the other arbitrators are nationals and the prospective arbitrator's availability and ability to conduct the arbitration in accordance with the Rules. The same shall apply where the Secretary General confirms arbitrators pursuant to Article 13(2).

(2) The Secretary General may confirm as co-arbitrators, sole arbitrators and presidents of arbitral tribunals persons nominated by the parties or pursuant to their particular agreements, provided that the statement they have submitted contains no qualification regarding impartiality or independence or that a qualified statement regarding impartiality or independence has not given rise to objections. Such confirmation shall be reported to the Court at its next session. If the Secretary General considers that a co-arbitrator, sole arbitrator or president of an arbitral tribunal should not be confirmed, the matter shall be submitted to the Court.

(3) Where the Court is to appoint an arbitrator, it shall make the appointment upon proposal of a National Committee or Group of the ICC that it considers to be appropriate. If the Court does not accept the proposal made, or if the National Committee or Group fails to make the proposal requested within the time limit fixed by the Court, the Court may repeat its request, request a proposal from another National Committee or Group that it considers to be appropriate, or appoint directly any person whom it regards as suitable.

(4) The Court may also appoint directly to act as arbitrator any person whom it regards as suitable where:

a) one or more of the parties is a state or claims to be a state entity; or

b) the Court considers that it would be appropriate to appoint an arbitrator from a country or territory where there is no National Committee or Group; or

c) the President certifies to the Court that circumstances exist which, in the President's opinion, make a direct appointment necessary and appropriate.

(5) The sole arbitrator or the president of the arbitral tribunal shall be of a nationality other than those of the parties. However, in suitable circumstances and provided that none of the parties objects within the time limit fixed by the Court, the sole arbitrator or the president of the arbitral tribunal may be chosen from a country of which any of the parties is a national.

Regelungsschwerpunkte: Abs. 1 und 5 Berücksichtigung individueller Merkmale von Schiedsrichterkandidaten bei Auswahlentscheidungen durch Gerichtshof und Generalsekretär. → Rz. 1–19; **Abs. 2** regelt die Bestätigung von Schiedsrichtern durch den Generalsekretär. → Rz. 20–25; **Abs. 3** reguläres Ernennungsverfahren unter Einbeziehung von Nationalkomitee bzw. Gruppe. → Rz. 31–37; **Abs. 4** direkte Ernennungen. → Rz. 38

Inhalt

A. Anforderungen an Schiedsrichter (Abs. 1 und 5) 1	V. Tatbestandsvoraussetzungen . 24
I. Normzweck 1	VI. Rechtsfolge; Ablauforganisation 25
II. Reform 2	
III. Verhältnis zu § 1035 Abs. 5 ZPO..................... 3	C. Ernennung von Schiedsrichtern durch den Gerichtshof (Abs. 3 und 4) 26
IV. Vergleich mit den im staatlichen Verfahren geltenden Vorschriften 4	I. Normzweck 26
	II. Reform 27
	III. Verhältnis zu § 1035 ZPO.... 28
V. Allgemeine Anforderungen (Abs. 1) 5	IV. Vergleich mit den im staatlichen Verfahren geltenden Vorschriften 29
VI. Besondere Anforderungen an Einzelschiedsrichter und Vorsitzende (Abs. 5)............ 16	V. Anwendungsbereich 30
	VI. Ernennung auf Vorschlag eines ICC-Nationalkomitees oder einer ICC-Gruppe (Abs. 3 Satz 1)............. 31
B. Bestätigung von Schiedsrichtern durch den Generalsekretär (Abs. 2) 20	
I. Normzweck 20	VII. Direkte Ernennung durch den Gerichtshof (Abs. 3 Satz 2 Var. 2, Abs. 4) 38
II. Reform 21	
III. Verhältnis zu § 1035 ZPO ... 22	
IV. Vergleich mit den im staatlichen Verfahren geltenden Vorschriften 23	D. Abweichende Parteivereinbarungen 39

A. Anforderungen an Schiedsrichter (Abs. 1 und 5)

Literatur: *Fry/Greenberg*, The Arbitral Tribunal: Applications of Articles 7–12 of the ICC Rules in Recent Cases, ICC Court Bulletin, Vol. 20 No. 2 (2009), S. 12 ff.; *Herzberg*, Selecting ICC Arbitrators: What's New Under the Revised Rules?, Mealey's International Arbitration Report (2012), S. 1 ff.; *Imhoos*, The ICC Arbitral Process – Part I: Constituting the Arbitral Tribunal, ICC Court Bulletin, Vol. 2 No. 2 (1991), S. 3 ff.; *Wittinghofer*, Verbietet das AGG die Auswahl von Schiedsrichtern aufgrund ihrer Nationalität?, RIW 2011, S. 527 ff.

I. Normzweck

1   Soweit Schiedsrichter bestimmte Anforderungen erfüllen müssen, sind diese – vorbehaltlich möglicher Parteivereinbarungen – in Art. 13 Abs. 1 und 5 geregelt. Danach sind Kriterien, welche die ICC bei der Ernennung oder Bestätigung von Schiedsrichtern regelmäßig berücksichtigt,

die Staatsangehörigkeit und der Wohnsitz der Schiedsrichter, insbesondere soweit es sich um den Einzelschiedsrichter oder den Vorsitzenden des Schiedsgerichts handelt. Denn für letztere ist nach Art. 13 Abs. 5 vorgesehen, dass diese eine andere Staatsangehörigkeit als die Parteien haben müssen. Ausnahmen sind unter besonderen Umständen möglich. Darüber hinaus spielen die Verfügbarkeit und die Kenntnis und Erfahrung des Kandidaten im Umgang mit der ICC-SchO eine Rolle.

II. Reform

Die Reform hat in Art. 13 Abs. 1 keine wesentlichen Änderungen herbeigeführt. Auch Art. 13 Abs. 5 enthält außer einer redaktionellen Änderung keine Neuerungen. 2

III. Verhältnis zu § 1035 Abs. 5 ZPO

§ 1035 Abs. 5 ZPO enthält keine wesentliche Abweichung von der Regelung in der ICC-SchO. Die dispositive Regelung in § 1035 Abs. 5 ZPO stellt jedoch zusätzlich auf besondere weitere Voraussetzungen ab, die von den Parteien vereinbart worden sein können. Dies ist freilich auch im Rahmen eines ICC-Verfahrens möglich (Art. 11 Abs. 6), muss sich jedoch aus der Schiedsvereinbarung oder etwaigen nachträglichen Vereinbarungen der Parteien ergeben. Insbesondere ist es – wenn die Parteien dies nicht anders vereinbaren – keine Voraussetzung für das Schiedsrichteramt, dass der Schiedsrichter einen juristischen Abschluss oder überhaupt eine juristische Ausbildung hat. 3

IV. Vergleich mit den im staatlichen Verfahren geltenden Vorschriften

Das Richteramt i.S.d. DRiG setzt voraus, dass die Person Volljurist i.S.v. § 5 Abs. 1 DRiG ist. Nur in besonderen Fällen sind Laienrichter vorgesehen, etwa in der Arbeitsgerichtsbarkeit oder in den Kammern für Handelssachen der Landgerichte. 4

V. Allgemeine Anforderungen (Abs. 1)

Der Gerichtshof (Art. 13 Abs. 1 Satz 1) und der Generalsekretär (Art. 13 Abs. 1 Satz 2) werden durch Abs. 1 dazu angehalten, bei der Schiedsrichterauswahl die **Staatsangehörigkeit**, den **Wohnsitz** und **sonstige Beziehungen** des Kandidaten im Lichte derjenigen Länder zu berücksichtigen, deren Staatsangehörigkeit die Parteien oder die anderen Schiedsrichter haben. Zudem soll die Verfügbarkeit und Fähigkeit der betreffenden Per- 5 son, das Schiedsverfahren in Übereinstimmung mit der ICC-SchO zu führen, Berücksichtigung finden. Art. 13 Abs. 1 differenziert seinem Wortlaut nach nicht zwischen Ernennungs- oder Bestätigungsverfahren, ist jedoch **in der Praxis vor allem bei Ernennungen relevant**.

6 Die **Staatsangehörigkeit einer natürlichen Person** bereitet keine Schwierigkeiten. Besitzt eine natürliche Person mehrere Staatsangehörigkeiten, sind alle zu berücksichtigen; frühere, inzwischen nicht mehr bestehende Staatsangehörigkeiten können als „sonstige Beziehungen" von Bedeutung sein.

7 Bei **Gesellschaften** bestimmt sich die Staatsangehörigkeit in der Praxis des Gerichtshofs regelmäßig nach dem Sitzstaat. Ist dieser nicht mit dem Gründungsstaat identisch, kann der Gründungsstaat als „sonstige Beziehung" zu berücksichtigen sein. Hinzu kommen ggf. weitere, einzelfallbezogene Erwägungen. So würde der Gerichtshof etwa in einem Verfahren der Niederlassung eines deutschen Unternehmens in Frankreich gegen eine englische Schiedsbeklagte keinen deutschen Schiedsrichter ernennen.

8 Dem **Staatenbegriff** können auch völkerrechtlich nicht nur von wenigen anderen Staaten anerkannte, stabilisierte de facto-Regimes unterfallen (z.B. Türkische Republik Nordzypern, Chinesisch-Taipei).

9 Der **Wohnsitz** ist nur für natürliche Personen relevant. Er bezeichnet den Staat des gewöhnlichen Aufenthalts.

10 **Sonstige Beziehungen** können neben einer früheren, inzwischen nicht mehr bestehenden Staatsangehörigkeit (s. Rz. 6) auch in langjährigen Aufenthalten oder sonstigen besonderen Bindungen eines Kandidaten an einen Staat liegen.

11 Auch die **Fähigkeit des Kandidaten**, das Schiedsverfahren in Übereinstimmung mit der ICC-SchO zu führen, ist zu berücksichtigen. Maßgeblich sind insoweit die Kenntnisse und Erfahrungen des Kandidaten insbesondere (i) in Schiedsverfahren, v.a. ICC-Schiedsverfahren im Allgemeinen, (ii) in der oder den als in der Sache anwendbar behauptete(n) Rechtsordnung(en), (iii) auf dem oder den einschlägige(n) Rechtsgebiet(en) ggf. auch in Verbindung mit einer besonderen Branchenexpertise sowie (iv) seine Kenntnisse der vereinbarten oder – sofern die Schiedsvereinbarung diesbezüglich nichts vorsieht – noch zu bestimmenden Verfahrenssprache.

12 Zur **Verfügbarkeit** s. Art. 11 Rz. 16, 17.

Die maßgeblichen Tatsachen **ermittelt das Sekretariat** im Wege der Ein- 13
holung der **Erklärungen gemäß Art. 11 Abs. 2**.

Über die genannten Gesichtspunkte hinaus spielen auch **andere Aspekte** 14
eine Rolle, insbesondere der Schiedsort. Eine enge Beziehung des Kandidaten zu letzterem ist regelmäßig insbesondere bei der Ernennung von Vorsitzenden, aber auch von Einzelschiedsrichtern wünschenswert, weil das dort geltende Verfahrensrecht auf das Schiedsverfahren Anwendung findet und auch für die Vollstreckbarkeit des Schiedsspruchs von erheblicher Bedeutung ist. Auch können die Reisekosten des Schiedsgerichts insoweit minimiert werden.

Auf **Rechtsfolgenseite** ordnet die Vorschrift lediglich an, dass die ge- 15
nannten Aspekte zu „berücksichtigen" sind. Damit verbleiben Gerichtshof und Generalsekretär hinreichende **Flexibilität**, um Besonderheiten des Einzelfalls angemessen Rechnung zu tragen.

VI. Besondere Anforderungen an Einzelschiedsrichter und Vorsitzende (Abs. 5)

Art. 13 Abs. 5 Satz 1 sieht vor, dass der Einzelschiedsrichter oder – bei 16
einem Dreierschiedsgericht – der Vorsitzende eine **andere Staatsangehörigkeit** (zum Begriff oben Rz. 6–8) **besitzen muss als die Parteien**.

Das Erfordernis der von der Staatsangehörigkeit der Parteien abweichen- 17
den Staatsangehörigkeit des Einzelschiedsrichters und des Vorsitzenden ist mit dem Argument in die Diskussion geraten, dies stelle eine **verbotene Diskriminierung** im Sinne anwendbarer Antidiskriminierungsgesetze dar (hierzu Näheres bei *Koepp*, SchiedsVZ 2011, 306 ff.; *Wittinghofer*, RIW 2011, 527). Dies ist jedoch schon deshalb nicht der Fall, weil der Schiedsrichter zu den Parteien nicht in einem Beschäftigungsverhältnis steht. Ein solches ist aber regelmäßig Anwendungsvoraussetzung der einschlägigen Regelung der die Richtlinie (EG) 2000/78 umsetzenden nationalen Antidiskriminierungsgesetze der Mitgliedstaaten der Europäischen Union (etwa § 6 AGG; in diesem Sinne auch der UK Supreme Court, *Jivraj* v. *Hashwani* [2011] UKSC 40).

Über Art. 13 Abs. 5 Satz 1 hinaus wird in der Praxis in internationalen 18
Schiedsverfahren, in denen die Parteien Mitschiedsrichter unterschiedlicher Nationalität benannt haben, regelmäßig ein Vorsitzender aus einem Drittstaat ernannt.

Art. 13 Abs. 5 Satz 2 erlaubt dem Gerichtshof eine **Abweichung**, wenn 19
die Umstände dies sinnvoll erscheinen lassen und keine Partei inner-

halb einer vom Gerichtshof gesetzten Frist Einwendungen erhebt. Von dieser Regelung wird auch auf Anregung der Parteien insbesondere dann Gebrauch gemacht, wenn die Parteien ihren Sitz in demselben Staat haben, das Recht dieses Staates Anwendung finden soll, der Schiedsort dort belegen ist und das Schiedsverfahren in der dort gebräuchlichen Sprache durchgeführt werden soll, so dass es keinen Grund gibt, einen Schiedsrichter anderer Staatsangehörigkeit zu ernennen.

B. Bestätigung von Schiedsrichtern durch den Generalsekretär (Abs. 2)

Literatur: *Fry/Greenberg*, The Arbitral Tribunal: Applications of Articles 7–12 of the ICC Rules in Recent Cases, ICC Court Bulletin, Vol. 20 No. 2 (2009), S. 12 ff.; *Herzberg*, Selecting ICC Arbitrators: What's New Under the Revised Rules?, Mealey's International Arbitration Report (2012), S. 1 ff.; *Imhoos*, The ICC Arbitral Process – Part I: Constituting the Arbitral Tribunal, ICC Court Bulletin, Vol. 2 No. 2 (1991), S. 3 ff.

I. Normzweck

20 Art. 13 Abs. 2 eröffnet dem Generalsekretär – insoweit konkurrierend zum Gerichtshof (Vor Art. 11 Rz. 8 f.) – die Befugnis, unter bestimmten Voraussetzungen parteibenannte oder gemäß besonderer Parteivereinbarung von Dritten – etwa Mitschiedsrichtern oder sonstigen Institutionen – benannte Kandidaten zu bestätigen (zur Bestätigung s. Vor Art. 11 Rz. 4). Die Vorschrift dient der Verfahrensbeschleunigung und zugleich der Entlastung des Gerichtshofs. Sie ermöglicht dem Generalsekretär allerdings nur positive Bestätigungsentscheidungen.

II. Reform

21 Die Reform hat nur insoweit eine Neuerung in Art. 13 Abs. 2 gebracht, als die Unparteilichkeit, wie auch in den anderen entsprechenden Artikeln, hinzugefügt und am Ende lediglich klargestellt worden ist, dass die Vorlagepflicht des Generalsekretärs beim Gerichtshof für jeden Schiedsrichter gilt, den der Generalsekretär nicht bestätigen will.

III. Verhältnis zu § 1035 ZPO

22 Art. 13 Abs. 2 ist eine Spezialregelung der ICC-SchO, die keine Parallele im nationalen Schiedsverfahrensrecht findet. Wenn dort die Parteien einen Schiedsrichter bestellt haben, gilt dies als verbindlich, eine Bestätigung ist nicht vorgesehen. Dies ist im ICC-Schiedsverfahren anders. Art. 13 Abs. 2 geht insoweit vor.

IV. Vergleich mit den im staatlichen Verfahren geltenden Vorschriften

Im staatlichen Verfahren wird der Richter i.S.d. DRiG unter den dort genannten Voraussetzungen ernannt. Die Zuordnung eines konkreten Verfahrens zu einem Richter erfolgt durch Anwendung eines (notwendig abstrakt-generell ausgestalteten) Geschäftsverteilungsplans. 23

V. Tatbestandsvoraussetzungen

Das Tätigwerden des Generalsekretärs setzt voraus, dass der Kandidat eine **nicht qualifizierte (d.h. eingeschränkte) Erklärung** gemäß Art. 11 Abs. 2 (dazu Art. 11 Rz. 15 ff.) abgegeben hat oder dass eine qualifizierte Erklärung **keinen Anlass zu Einwendungen** gegeben hat. Gemeint sind Einwendungen einer der Parteien; ob diese inhaltlich stichhaltig sind oder nicht, ist unerheblich. Darüber hinaus wird der Kandidat im Rahmen seiner Annahmeerklärung aufgefordert, seine Verfügbarkeit anzuzeigen, um zu gewährleisten, dass das Verfahren in dem grundsätzlich durch die ICC-SchO vorgegebenen Zeitrahmen durchgeführt werden kann. 24

VI. Rechtsfolge; Ablauforganisation

Liegen die Tatbestandsvoraussetzungen vor, liegt es im Ermessen des Sekretariats, ob die Angelegenheit dem Generalsekretär oder dem Gerichtshof vorgelegt wird. Anstelle des Generalsekretärs können gemäß Art. 5 Abs. 1 des Anhangs II zur ICC-SchO auch dessen Stellvertreter sowie der *General Counsel* tätig werden (vgl. bereits vor Art. 11 Rz. 9). Der Generalsekretär kann nur positiv bestätigen; hält er eine ablehnende Entscheidung für geboten, legt er die Angelegenheit dem Gerichtshof vor, Art. 13 Abs. 2 Satz 2. 25

C. Ernennung von Schiedsrichtern durch den Gerichtshof (Abs. 3 und 4)

Literatur: *Fry/Greenberg*, The Arbitral Tribunal: Applications of Articles 7–12 of the ICC Rules in Recent Cases, ICC Court Bulletin, Vol. 20 No. 2 (2009), S. 12 ff.; *Herzberg*, Selecting ICC Arbitrators: What's New Under the Revised Rules?, Mealey's International Arbitration Report (2012), S. 1 ff.; *Imhoos*, The ICC Arbitral Process – Part I: Constituting the Arbitral Tribunal, ICC Court Bulletin, Vol. 2 No. 2 (1991), S. 3 ff.

Art. 13 ICC-SchO

I. Normzweck

26 Art. 13 Abs. 3 und 4 regeln das Verfahren der **Ernennung** von Schiedsrichtern durch den Gerichtshof (vgl. auch Vor Art. 11 Rz. 6). Das Ernennungsverfahren gilt für Einzelschiedsrichter und Vorsitzende, die nicht von den Parteien oder von hierzu von den Parteien Ermächtigten ausgewählt wurden und die daher nicht dem Bestätigungsverfahren unterfallen. Für das Ernennungsverfahren, das ausschließlich der Gerichtshof betreibt (keine konkurrierende Zuständigkeit des Generalsekretärs wie im Bestätigungsverfahren), wird nach Maßgabe des Art. 13 Abs. 3 i.d.R. auf das **Nationalkomiteesystem** der ICC zurückgegriffen (Ausnahmen regelt Art. 13 Abs. 4). So wird sichergestellt, dass lokale institutionelle Sach- und Milieukenntnis in die Schiedsrichterauswahl einfließt.

II. Reform

27 In die Vorschrift neu aufgenommen worden sind die ICC-Gruppen (Art. 13 Abs. 3). Die Befugnis des Gerichtshofs, ausnahmsweise Schiedsrichter ohne Umweg über die ICC-Nationalkomitees oder die ICC-Gruppen direkt zu ernennen („direct appointments") wurden behutsam erweitert (Art. 13 Abs. 4).

III. Verhältnis zu § 1035 ZPO

28 Art. 13 Abs. 3 und 4 ersetzen die insoweit dispositiven Regelungen in § 1035 Abs. 3 bis 5 ZPO, wonach das zuständige Gericht über die Bildung des Schiedsgerichts entscheidet, wenn die Parteien ihrer Vereinbarung über die Bestellung der Schiedsrichter nicht nachkommen.

IV. Vergleich mit den im staatlichen Verfahren geltenden Vorschriften

29 Entsprechende Vorschriften im staatlichen Verfahren existieren nicht.

V. Anwendungsbereich

30 Die Vorschrift gilt nur für **Ernennungsverfahren**, d.h. insbesondere für (i) die Auswahl eines Einzelschiedsrichters, wenn die Parteien sich nicht auf eine Person einigen konnten; (ii) die Auswahl des Vorsitzenden eines Dreierschiedsgerichts, wenn die Parteien keinen anderen Auswahlmechanismus (bspw. gemeinsame Benennung durch die parteibenannten Mitschiedsrichter) vereinbart haben; (iii) die Auswahl eines Parteischiedsrichters an Stelle einer Partei, die keinen oder keinen be-

stätigungsfähigen Vorschlag gemacht hat (Fall des Art. 12 Abs. 4 Satz 2). Haben die Parteien oder von ihnen hierzu ermächtigte Dritte eine Auswahl getroffen, findet nicht das Ernennungs-, sondern das Bestätigungsverfahren Anwendung (Vor Art. 11 Rz. 6, 4).

VI. Ernennung auf Vorschlag eines ICC-Nationalkomitees oder einer ICC-Gruppe (Abs. 3 Satz 1)

Der Gerichtshof lädt regelmäßig durch das Sekretariat zunächst ein von ihm für geeignet gehaltenes ICC-Nationalkomitee (in Ausnahmefällen auch mehrere Nationalkomitees) ein, einen die Staatsangehörigkeit des jeweiligen Nationalkomitees besitzenden Kandidaten für das Schiedsrichteramt vorzuschlagen. Hierzu übermittelt das Sekretariat dem Nationalkomitee einen Kriterien- und Qualifikationskatalog, den der Kandidat idealerweise erfüllen sollte. 31

Ein **ICC-Nationalkomitee** ist eine ständige nationale Dachorganisation, in der typischerweise lokale Industrie- und Handelskammern, Unternehmen und sonstige Wirtschaftsakteure wie bspw. Verbände vertreten sind. In abhängigen und bestimmten anderen Territorien (z.B. Hong Kong) unterhält die ICC „Gruppen", die gemäß Art. 13 Abs. 3 für die Zwecke der Schiedsrichterauswahl den Nationalkomitees gleichgestellt sind; nachfolgend wird aus Gründen der besseren Lesbarkeit nur der Ausdruck Nationalkomitee gebraucht; er schließt auch Gruppen ein. In einigen Staaten werden die schiedsverfahrensbezogenen Befugnisse der ICC-Nationalkomitees durch nationale Schiedsinstitutionen wahrgenommen (so in Deutschland bis 31.12.2011: Deutsche Institution für Schiedsgerichtsbarkeit e.V., nunmehr aber: ICC Deutschland e.V., Postfach 80 432, 10004 Berlin). Ein entsprechendes Arrangement besteht noch in Belgien, wo die nationale Schiedsinstitution CEPANI – und nicht ICC Belgien – die Befugnisse des Nationalkomitees wahrnimmt. 32

Welches Nationalkomitee der Gerichtshof einlädt, bestimmt er unter Berücksichtigung der Maßgaben des Art. 13 Abs. 1 und 5. Haben die Parteien eine bestimmte Staatsangehörigkeit des zu ernennenden Schiedsrichters vereinbart, wird hierdurch das Auswahlermessen des Gerichtshofs auf das entsprechende Nationalkomitee reduziert. 33

Zusammen mit der Einladung, einen Kandidaten vorzuschlagen, erhält das jeweilige Nationalkomitee vom Sekretariat einige Basisinformationen über den Fall sowie über wünschenswerte Eigenschaften des vorzuschlagenden Schiedsrichters. Die Kommunikation zwischen dem Sekretariat und dem Nationalkomitee hat ICC-internen Charakter. Weder 34 die Parteien noch etwaige bereits amtierende Schiedsrichter noch die Kandidaten erhalten Abschriften dieser Korrespondenz.

35 Aufgabe des Nationalkomitees ist es, einen geeigneten Kandidaten zu identifizieren und – i.d.R. nach vorheriger informeller Abstimmung mit dem Sekretariat – diesen dem Gerichtshof formell vorzuschlagen. Im Vorfeld holt das Sekretariat über das Nationalkomitee die Erklärungen gemäß Art. 11 Abs. 2 ein, wobei die Erklärungen grundsätzlich unqualfiziert sein müssen (Art. 11 Rz. 15 ff.).

36 **Weder Nationalkomitees noch das Sekretariat oder der Gerichtshof führen – offiziell oder inoffiziell – "Schiedsrichterlisten".** Aufgabe der Nationalkomitees ist es, den Markt für schiedsrichterliche Dienstleistungen in ihrem geographischen Gebiet permanent zu beobachten, um so jeden Kandidaten vorschlagen zu können, der die für die Durchführung eines Schiedsverfahrens erforderliche Eignung und Befähigung aufweist (*Herzberg*, S. 4). Die insoweit bestehende Arbeitsweise des deutschen Nationalkomitees kann im Einzelnen den „Statuten für den Ausschuss des deutschen ICC Nationalkomitees für Schiedsrichtervorschläge" vom 16.10.2012 entnommen werden (abrufbar unter www.icc-deutschland.de).

37 Der Gerichtshof ist an Vorschläge der Nationalkomitees nicht gebunden, so dass er entweder nach nicht passendem oder unterlassenem Vorschlag ein anderes Nationalkomitee oder eine andere Gruppe um einen Vorschlag ersuchen oder direkt eine von ihm für geeignet gehaltene Person ernennen kann, Art. 13 Abs. 3 Satz 2.

VII. Direkte Ernennung durch den Gerichtshof (Abs. 3 Satz 2 Var. 2, Abs. 4)

38 Die Möglichkeiten der direkten Ernennung durch den Gerichtshof, die neben Art. 12 Abs. 8, Art. 13 Abs. 3 Satz 2 und Art. 15 Abs. 4 vor allem der neue Art. 13 Abs. 4 eröffnet, tragen dem Umstand Rechnung, dass in bestimmten Fällen der Weg über die Nationalkomitees oder Gruppen nicht sachgerecht oder zu langwierig ist. So kann (nicht justitiables Entscheidungsermessen) der Gerichtshof direkte Ernennungen insbesondere vornehmen bei Beteiligung eines Staates oder einer staatlichen Institution am Schiedsverfahren (Buchst. a; der Begriff der „staatlichen Institution" ist weit auszulegen und schließt auch erwerbswirtschaftliche Unternehmungen mit staatlicher Beteiligung ein). Auch bei Fehlen eines Nationalkomitees bzw. einer Gruppe in dem vom Gerichtshof ins Auge gefassten geographischen Gebiet (Buchst. b) oder in besonderen

Fällen, in denen der Präsident des Gerichtshofs die Notwendigkeit und Sachdienlichkeit einer Direkternennung bescheinigt (Buchst c), kommt eine direkte Ernennung in Betracht. Die Auffangregelung in Buchst. c wird restriktiv gehandhabt. Sie kommt insbesondere in Eilschiedsrichterverfahren (Art. 29 i.V.m. Anhang V zur ICC-SchO) und in Fällen zum Tragen, in denen ein Nationalkomitee zwar *de jure* besteht, *de facto* aber nicht oder nur stark eingeschränkt arbeitsfähig ist, bspw. als Folge bewaffneter Konflikte oder von Naturkatastrophen (*Herzberg*, S. 4).

D. Abweichende Parteivereinbarungen

Abweichende Parteivereinbarungen sind zulässig, vgl. Art. 11 Abs. 6. Von der Ernennungs- und Bestätigungskompetenz des Gerichtshofs kann jedoch nicht abgewichen werden. 39

Artikel 14: Ablehnung von Schiedsrichtern

(1) Der Antrag auf Ablehnung eines Schiedsrichters, sei er auf die Behauptung fehlender Unparteilichkeit oder Unabhängigkeit oder auf andere Gründe gestützt, ist schriftlich beim Sekretariat einzureichen. Darin sind die Tatsachen und Umstände darzulegen, auf die sich der Antrag stützt.

(2) Ein Antrag auf Ablehnung ist nur zulässig, wenn die Partei ihn binnen 30 Tagen ab Mitteilung über die Ernennung oder Bestätigung des Schiedsrichters durch den Gerichtshof stellt, oder binnen 30 Tagen nach dem Zeitpunkt, zu dem die beantragende Partei von den Tatsachen und Umständen Kenntnis erhalten hat, auf die sich der Antrag stützt, sofern dieser Zeitpunkt später als diese Mitteilung liegt.

(3) Der Gerichtshof entscheidet über die Zulässigkeit und, wenn diese gegeben ist, gleichzeitig über die Begründetheit eines Ablehnungsantrags, nachdem das Sekretariat dem betreffenden Schiedsrichter, der oder den anderen Partei(en) und den anderen Mitgliedern des Schiedsgerichts Gelegenheit zur schriftlichen Stellungnahme binnen angemessener Frist gegeben hat. Diese Stellungnahmen sind den Parteien und den Schiedsrichtern zu übermitteln.

Article 14: Challenge of Arbitrators

(1) A challenge of an arbitrator, whether for an alleged lack of impartiality or independence, or otherwise, shall be made by the submission to

the Secretariat of a written statement specifying the facts and circumstances on which the challenge is based.

(2) For a challenge to be admissible, it must be submitted by a party either within 30 days from receipt by that party of the notification of the appointment or confirmation of the arbitrator, or within 30 days from the date when the party making the challenge was informed of the facts and circumstances on which the challenge is based if such date is subsequent to the receipt of such notification.

(3) The Court shall decide on the admissibility and, at the same time, if necessary, on the merits of a challenge after the Secretariat has afforded an opportunity for the arbitrator concerned, the other party or parties and any other members of the arbitral tribunal to comment in writing within a suitable period of time. Such comments shall be communicated to the parties and to the arbitrators.

Regelungsschwerpunkte: Ein Ablehnungsantrag kommt nur nach Bestätigung oder Ernennung eines Schiedsrichters in Betracht, nicht aber, wenn dieser lediglich benannt oder vorgeschlagen, also noch nicht in seiner Funktion durch den Gerichtshof oder Generalsekretär bestätigt bzw. ernannt worden ist.

Die Zahl der vom Gerichtshof stattgegebenen Ablehnungsanträge ist äußerst gering. Ein entsprechender Schritt sollte daher gut überlegt, begründet und die aufgestellten Behauptungen sollten belegbar sein.

Kostenaspekte: Ablehnungsanträge, die offensichtlich aus taktischen Motiven gestellt werden und keine Aussicht auf Erfolg haben, sind für den Antragsteller meist mit vermeidbaren zusätzlichen Kosten verbunden, da sowohl der Gerichtshof den Kostenvorschuss in diesem Zusammenhang anpassen, als auch das Schiedsgericht ein diesbezügliches Verhalten bei seiner Kostenentscheidung berücksichtigen können.

Inhalt

A. Normzweck 1	D. Vergleich mit den im staatlichen Verfahren geltenden Vorschriften 9
B. Reform 6	
C. Verhältnis zu §§ 1036, 1037 ZPO.................. 7	E. Tatbestand und Rechtsfolgen . 13
	I. Ablehnungsgründe (Art. 14 Abs. 1 Satz 1) 13

II. Antrag (Art. 14 Abs. 1 Satz 1 und 2) 19
III. Antragsfrist (Art. 14 Abs. 2) .. 21
IV. Stellungnahme der Parteien und des Schiedsgerichts (Art. 14 Abs. 3) 25
V. Entscheidung durch den Gerichtshof (Art. 14 Abs. 3 Satz 1) 28
VI. Dauer und Kosten 32
F. **Abweichende Parteivereinbarungen** 34

Literatur: *Fry/Greenberg*, The Arbitral Tribunal: Applications of Articles 7–12 of the ICC Rules in Recent Cases, ICC Court Bulletin, Vol. 20 No. 2 (2009), S. 12 ff.; *Greenberg/Feris*, Appendix: References to the IBA Guidelines on Conflicts of Interest in International Arbitration when Deciding on Arbitrator Independence in ICC Cases, ICC Court Bulletin, Vol. 20 No. 2 (2009), S. 33 ff.; *Whitesell*, Independence in ICC Arbitration: ICC Court Practice concerning the Appointment, Confirmation, Challenge and Replacement of Arbitrators, ICC Court Bulletin, Special Supplement 2007, Independence of Arbitrators, S. 7 ff.; International Bar Association, Guidelines on Conflict of Interest in International Arbitration (2004) („IBA-Guidelines").

A. Normzweck

Bei der Ablehnung eines Schiedsrichters handelt es sich um ein förmliches Verfahren, um Mängel in der Besetzung des Schiedsgerichts geltend zu machen. Art. 14 bietet Parteien die Möglichkeit, Schiedsrichter ihres Amtes entheben zu lassen, wenn der Gerichtshof bei Prüfung eines entsprechenden Antrags zu der Überzeugung gelangt, dass der betreffende Schiedsrichter die **nötige Unabhängigkeit oder Unparteilichkeit vermissen** lässt. Auch *„andere Gründe"* kommen für eine Ablehnung in Betracht. Nicht anwendbar ist Art. 14 auf etwaige Ablehnungsanträge gegen Sachverständige, Verwaltungssekretäre des Schiedsgerichts, Mitglieder des Gerichtshofs bzw. Angehörige seines Sekretariats oder gar Parteivertreter. 1

Das Verfahren nach Art. 14 ist **zu unterscheiden von Einwendungen** gegen Schiedsrichter, die von einer Partei lediglich benannt bzw. dem Gerichtshof durch ein Nationalkomitee vorgeschlagen, aber noch nicht durch den Gerichtshof oder den Generalsekretär bestätigt bzw. ernannt worden sind. Einwendungen können somit *vor* Ernennung bzw. Bestätigung geltend gemacht werden (vgl. Art. 11 Abs. 2 Satz 3, 13 Abs. 2 Satz 1 a.E.), ein Ablehnungsantrag nach Art. 14 ist dagegen zu stellen, sobald ein Schiedsrichter *tatsächlich bestellt* ist. Ein Ablehnungsantrag, der auf dieselben Gründe rekurriert wie etwaige Einwendungen, die dieselbe Partei bereits gegen die Bestätigung oder Ernennung erhoben hat, werden in der Praxis selten erfolgreich sein, da der Gerichtshof diese Grün- 2 de bereits bei der Entscheidung, den betreffenden Schiedsrichter zu bestätigen oder zu ernennen, berücksichtigt haben dürfte. Erst später bekannt werdende und über die ursprünglichen Ablehnungsgründe hinausgehende Umstände, die eine Ablehnung nach Art. 14 begründen könnten, sind dagegen innerhalb der in Art. 14 Abs. 2 genannten Frist in einem Ablehnungsantrag geltend zu machen (vgl. Rz. 21 ff.).

3 Die Möglichkeit der Ablehnung von Schiedsrichtern dient dazu, ein faires Schiedsverfahren sicherzustellen und bereits während des laufenden Verfahrens den **Bestand und die Vollstreckbarkeit von Schiedssprüchen zu sichern**. Denn bei fehlerhafter Besetzung eines Schiedsgerichts können Schiedssprüche im Einzelfall gemäß § 1059 Abs. 2 Nr. 1 Buchst. d, Nr. 2 Buchst. b ZPO aufzuheben bzw. kann ihnen gemäß Art. V Abs. 1 Buchst. d. und/oder Abs. 2 Buchst. b UNÜ die Vollstreckung zu versagen sein.

4 Bleibt das Ablehnungsverfahren gemäß Art. 14 erfolglos, kann die ablehnende Partei bei Verfahren mit Schiedsort in Deutschland die **Entscheidung eines staatlichen Gerichtes** über die Ablehnung beantragen. Den Fortgang des Schiedsverfahrens hindert dies indes nicht.

5 Dem in der Praxis gelegentlich vorkommenden **Missbrauch des Ablehnungsverfahrens** begegnet die ICC dadurch, dass sie offenkundig missbräuchliche Anträge besonders schnell bescheidet, diese also nicht notwendigerweise der monatlichen Vollversammlung des Gerichtshofs (der Ablehnungsanträge üblicherweise vorgelegt werden; unten Rz. 28), sondern einer der wöchentlichen Komiteesitzungen vorlegt. Schiedsgerichte sehen bei offensichtlich missbräuchlichen bzw. voraussichtlich erfolglosen Ablehnungsanträgen meist davon ab, das Verfahren zu unterbrechen. Der Gerichtshof kann bei offensichtlich missbräuchlichen Ablehnungsanträgen, zumal bei wiederholten, den Kostenvorschuss erhöhen. Das Schiedsgericht wiederum kann das entsprechende Verhalten einer Partei bei seiner Kostenentscheidung berücksichtigen (vgl. Art. 37 Abs. 5).

B. Reform

6 Das früher in Art. 11 ICC-SchO 1998 geregelte Ablehnungsverfahren hat durch die Reform faktisch keine inhaltlichen Änderungen erfahren. Zwar war die fehlende Unparteilichkeit in Art. 11 ICC-SchO 1998 nicht ausdrücklich als Ablehnungsgrund genannt. Gleichwohl waren Schiedsrichter auch schon bei Verfahren nach der ICC-SchO 1998 gehalten, vor

Annahme des Schiedsrichteramtes sowohl zu ihrer Unabhängigkeit als auch zu ihrer Unparteilichkeit Auskunft zu geben bzw. diese zu versichern. So wandte der Gerichtshof die Vorschrift auch schon bisher auf Fälle fehlender Unparteilichkeit an. Die diesbezügliche Klarstellung in der ICC-SchO 2012 steht somit in Einklang mit der Neuregelung von Art. 7 Abs. 1 ICC-SchO 1998 (vgl. Art. 11 Rz. 3).

C. Verhältnis zu §§ 1036, 1037 ZPO

Das nicht zwingende Ablehnungsverfahren gemäß § 1037 Abs. 2 ZPO wird durch die Wahl der ICC-SchO zulässigerweise abbedungen.

7

Parallel zu Art. 14 gilt hingegen § 1037 Abs. 3 ZPO. Hiernach kann bei erfolglosem Ablehnungsgesuch die Entscheidung eines staatlichen Gerichts herbeigeführt werden. Zu beachten ist, dass vor einem staatlichen Gericht ausschließlich die Ablehnungsgründe gemäß § 1036 Abs. 2 ZPO zu berücksichtigen sind. Diese decken sich nur teilweise mit den in Art. 14 genannten Ablehnungsgründen. So kann gemäß § 1036 Abs. 2 Satz 1 ZPO ein Schiedsrichter lediglich abgelehnt werden, wenn Umstände vorliegen, die berechtigte Zweifel an seiner Unparteilichkeit oder Unabhängigkeit aufkommen lassen oder wenn er die zwischen den Parteien vereinbarten Voraussetzungen oder Qualifikationen nicht erfüllt. Diese Ablehnungsgründe sind zwingend.

8

D. Vergleich mit den im staatlichen Verfahren geltenden Vorschriften

Die Ablehnungsgründe gemäß Art. 14 Abs. 1 Satz 1 decken sich teilweise mit den Ablehnungsgründen gemäß §§ 41, 42 ZPO. Art. 14 Abs. 1 geht jedoch über die Ablehnungsgründe in §§ 41, 42 ZPO hinaus.

9

Die Anforderungen an den Ablehnungsantrag gemäß Art. 14 Abs. 1 Satz 1 und 2 decken sich ebenfalls nur teilweise mit denen gemäß § 44 ZPO.

10

Eine Art. 14 Abs. 2 vergleichbare Frist für die Geltendmachung von Ablehnungsgründen ist in der ZPO nicht geregelt. Verzögerungen wird dort vielmehr durch die Präklusionsvorschrift des § 43 ZPO entgegengewirkt.

11

Art. 14 Abs. 3 findet ebenfalls nur teilweise ein Pendant in der ZPO. So ist die Entscheidung über das Ablehnungsgesuch in §§ 45 und 46 ZPO geregelt. Hier ist nicht ausdrücklich vorgesehen, dass den Parteien Gelegenheit zur Stellungnahme geboten wird. Zur Gewährung rechtlichen Gehörs wird dies jedoch in der Regel geboten sein.

12

E. Tatbestand und Rechtsfolgen

I. Ablehnungsgründe (Art. 14 Abs. 1 Satz 1)

13 **Fehlende Unparteilichkeit.** Das Vorliegen dieses Ablehnungsgrundes bemisst sich nach Art. 11 Abs. 1 Var. 1 (Art. 11 Rz. 6 ff.) und kann in der Praxis vielfältiger Natur sein. Eine fehlende Unparteilichkeit kann bereits zu Verfahrensbeginn vorliegen oder auch erst im Laufe des Verfahrens eintreten. In diesem Zusammenhang ist die Pflicht des Schiedsrichters zur Offenlegung nachträglich auftretender Umstände zu berücksichtigen, Art. 11 Abs. 3 (Art. 11 Rz. 31), wobei diese in der Praxis vor allem in Bezug auf die schiedsrichterliche Unabhängigkeit Relevanz entfaltet. Das bloße Unterlassen der nachträglichen Offenlegungspflicht begründet für sich genommen nach regelmäßiger Praxis des Gerichtshofs keinen Ablehnungsgrund.

14 Als Zeichen mangelnder Unparteilichkeit kommen u.a. in Betracht ein deutlich einseitiges (Frage-)Verhalten des Schiedsrichters in der mündlichen Verhandlung mit dem Ziel, den Vortrag nur einer Partei zu erschüttern, das unausgewogene Eintreten für die (Rechts-)Argumentation einer Partei, das unerbetene Äußern einer Ansicht über den voraussichtlichen Verfahrensausgang, zumal ohne bzw. vor internen Beratungen des Schiedsgerichts, wie auch abstrakte nachteilige Bewertungen durch den Schiedsrichter, die nur auf eine Partei gerichtet sind oder so verstanden werden können (vgl. für weitere Praxisbeispiele die Literatur vor Rz. 1).

15 **Fehlende Unabhängigkeit.** Das Vorliegen dieses Ablehnungsgrundes bemisst sich nach Art. 11 Abs. 1 Var. 2 (Art. 11 Rz. 10 ff.). Eine fehlende Unabhängigkeit kann bereits zu Verfahrensbeginn vorliegen oder auch erst im Laufe des Verfahrens eintreten. Zur Offenlegungspflicht nachträglich auftretender Umstände gilt das unter Rz. 13 Gesagte entsprechend.

16 Eine fehlende Unabhängigkeit kann u.a. dadurch begründet sein, dass eine direkte oder indirekte Verbindung oder Abhängigkeit des Schiedsrichters von einer Partei (oder bspw. auch ihrer Mutter- oder Tochtergesellschaft) oder einem Parteivertreter in finanzieller, beruflicher, familiärer oder sonstiger Weise besteht. Auch das (vormalige) Eingebundensein eines Schiedsrichters in ein mit dem gegenwärtigen Fall in Zusammenhang stehendes Verfahren oder ein sonstiger relevanter Bezug zum Streitfall kann die schiedsrichterliche Unabhängigkeit zweifelhaft erscheinen lassen. Gleiches gilt für sog. wiederholte Benennungen eines Schiedsrichters durch dieselbe Partei oder denselben Parteivertreter (vgl. für weitere Praxisbeispiele die Lit. vor Rz. 1).

Andere Gründe. Hierbei handelt es sich um eine Auffangbestimmung. 17
Der Ablehnungsgrund kann u.a. durch schwerwiegend prozessinadäquates Verhalten eines Schiedsrichters gegeben sein oder wenn sich herausstellt, dass ein Schiedsrichter etwaige von den Parteien vereinbarte Voraussetzungen (bspw. nachgewiesene Expertise und dokumentierte Erfahrung in einem bestimmten Rechtsgebiet) nicht erfüllt oder Qualifikationen vermissen lässt (bspw. Englisch fließend in Wort und Schrift zu beherrschen) (vgl. für Praxisbeispiele die Lit. vor Rz. 1). Eine zu starke (Arbeits-)Belastung des Schiedsrichters aufgrund anderer Verfahren oder eine in Bezug auf seine Verfügbarkeit zu Beginn des Verfahrens gemachte falsche Angabe sind dagegen nicht als Ablehnungsgrund unter diesen Tatbestand zu subsumieren, sondern fallen unter Art. 15.

Das Vorliegen der in Rz. 13–17 genannten Ablehnungsgründe bemisst 18
sich nach **objektiven Maßstäben** und damit nicht nach der subjektiven Wahrnehmung der Parteien, auf die Art. 11 Abs. 2 rekurriert. In der **Praxis** sind Ablehnungen vorwiegend auf das Fehlen von Unparteilichkeit und Unabhängigkeit gestützt worden. Andere Gründe, wie z.B. behauptetes prozessinadäquates Verhalten, werden zwar häufig von Parteien als Ablehnungsgrund vorgetragen, so u.a. das Nichtgewähren einer weiteren Schriftsatzrunde oder einer Zeugeneinvernahme oder auch die Ablehnung einer Protokollberichtigung. Der Gerichtshof übt insoweit jedoch große Zurückhaltung. Dies gilt umso mehr, wenn sich das Verfahren bereits in einem fortgeschrittenen Stadium befindet oder sich der Verdacht eines rein taktischen Manövers einer Partei, die das Verfahren zu verlieren glaubt, aufdrängt. Beschränkt sich der Ablehnungsantrag darauf, Ausführungen einer vor Benennung bzw. Bestellung eines Schiedsrichters geäußerten Einwendung zu wiederholen, hat dies in der Regel wenig Aussicht auf Erfolg.

II. Antrag (Art. 14 Abs. 1 Satz 1 und 2)

Der Antrag ist **schriftlich** beim **Sekretariat** einzureichen. Vor Antrags- 19
stellung kann es für die eine Ablehnung in Betracht ziehende Partei unter Umständen ratsam sein, zur Vervollständigung ihres Vortrags sowie zur Bewertung der Erfolgsaussichten des Ablehnungsantrags weitere Informationen zu den Umständen des behaupteten Ablehnungsgrundes direkt beim betreffenden Schiedsrichter (mit Kopie an alle Verfahrensbeteiligten) zu erbitten oder das Sekretariat zu ersuchen, den Schiedsrichter zu einer entsprechenden Stellungnahme aufzufordern.

Empfehlung: Ein Ablehnungsantrag sollte aufgrund seiner möglichen Auswirkungen auf das Verfahren insgesamt sowie die professionelle Integrität des betreffenden Schiedsrichters in keinem Fall leichtfertig oder voreilig gestellt werden.

20 Die **Tatsachen** und Umstände, auf die sich der Antrag stützt, sind **darzulegen**. Eine weitergehende **Begründung** ist nicht vorgeschrieben. In der Praxis ist eine solche jedoch sehr zu empfehlen. Denn der Gerichtshof trifft seine Entscheidung allein auf der Grundlage des schriftlichen Parteivortrags und wird von sich aus nicht um ergänzenden oder erläuternden Parteivortrag bitten. Es liegt somit im Interesse der antragstellenden Partei, ihren Ablehnungsantrag umfassend, nachvollziehbar und mit belegten Behauptungen, die im Idealfall durch Anlagen zum Schriftsatz dokumentiert werden, zu formulieren. Die beantragende Partei muss auch bedenken, dass sie regelmäßig keine Möglichkeit hat, auf Stellungnahmen der anderen Verfahrensbeteiligten zum Ablehnungsantrag zu replizieren.

III. Antragsfrist (Art. 14 Abs. 2)

21 Die Antragsfrist beträgt **30 Tage**.

22 **Fristbeginn** ist die Mitteilung über die Ernennung oder Bestätigung des Schiedsrichters durch den Gerichtshof oder den Generalsekretär. Hat die beantragende Partei zum Zeitpunkt dieser Mitteilung noch keine Kenntnis von den Tatsachen und Umständen erhalten, auf die sich der Antrag stützt, so ist stattdessen auf den Zeitpunkt der Kenntniserlangung im laufenden Verfahren abzustellen. Informationen, die öffentlich zugänglich sind, werden vom Gerichtshof zum Teil als den Parteien bekannt angesehen.

23 **In der Praxis** kann es im Einzelfall schwierig sein, den Zeitpunkt nachzuweisen, zu dem eine Partei Kenntnis von den Tatsachen und Umständen erhalten hat, auf die sich ihr Ablehnungsantrag stützt. In der Regel folgt der Gerichtshof insoweit dem Vortrag der ablehnenden Partei, wobei diese bewusst vage Formulierungen zum Kenntniszeitpunkt vermeiden sollte. Es liegt also im Interesse der beantragenden Partei, in ihrem Ablehnungsantrag deutlich zu machen, dass die 30-Tage-Frist von ihr gewahrt worden ist.

24 Die Möglichkeit, einen Ablehnungsantrag zu stellen, endet, wenn der Schiedsrichter *functus officio* ist. Dies dürfte nach Erlass des Endschiedsspruchs regelmäßig spätestens mit Ablauf der in Art. 35 genannten Frist bzw. dem darin beschriebenen Verfahren der Fall sein, also

dann, wenn auch die Pflicht eines Schiedsrichters, sich mit einem Berichtigungs- bzw. Auslegungsantrag auseinanderzusetzten, endet.

IV. Stellungnahme der Parteien und des Schiedsgerichts (Art. 14 Abs. 3)

Schriftliche Stellungnahme. Das Sekretariat gewährt dem betreffenden Schiedsrichter, der oder den anderen Partei(en) und den anderen Mitgliedern des Schiedsgerichts Gelegenheit zur schriftlichen Stellungnahme. 25

Angemessene Frist. Die Stellungnahme hat binnen angemessener Frist zu erfolgen. In der Regel wird insoweit eine Frist von **10 Tagen** gewährt. 26

Übermittlung an die Parteien und die Schiedsrichter. Die schriftlichen Stellungnahmen sind den Parteien und den Schiedsrichtern zu übermitteln. Dies dient der Transparenz. Eine Gelegenheit zur Erwiderung der beantragenden Partei auf die schriftlichen Stellungnahmen ist nicht ausdrücklich vorgesehen und entspricht auch nicht der regelmäßigen Praxis. Im Einzelfall kann dies jedoch zur Gewährung rechtlichen Gehörs geboten sein. Im Regelfall wird das Sekretariat jedoch von dem Gewähren mehrfacher Möglichkeit zur Stellungnahme absehen, um die Bescheidung des Ablehnungsantrags nicht unnötig zu verzögern. 27

V. Entscheidung durch den Gerichtshof (Art. 14 Abs. 3 Satz 1)

Die Entscheidung wird in der Regel im Rahmen der monatlich stattfindenden **Plenarsitzungen** gefällt. Bei evident missbräuchlichen Ablehnungsanträgen wird die Entscheidung zur Verfahrensbeschleunigung teilweise auch in den wöchentlich stattfindenden **Komiteesitzungen** gefällt, in denen allerdings, synchron zur Plenarsitzung, ein Mitglied des Gerichtshofs einen zusätzlichen Bericht zur Sache samt Entscheidungsvorschlag erstellt. Die Entscheidung wird den Verfahrensbeteiligten schriftlich, allerdings ohne Nennung der Entscheidungsgründe (s. Rz. 30), mitgeteilt. 28

Grundlage der Entscheidung sind die schriftlichen Ausführungen der Parteien und Schiedsrichter, die dem Gerichtshof vom Sekretariat vorgelegt werden. Einen einheitlichen Entscheidungsstandard gibt es nicht, vielmehr wird jeder Ablehnungsantrag einer objektiven Einzelfallprüfung unter Würdigung sämtlicher Umstände unterzogen. Die IBA-Guidelines werden vom Gerichtshof zur Bewertung des Sachverhalts unter Umständen als Orientierung konsultiert. Sie sind für den Gerichtshof aber weder bindend noch ist es zwingend oder in allen Fällen geboten, dass ein Ablehnungsantrag hierauf rekurriert. Gleichwohl zeigt die Praxis, 29 dass die IBA-Guidelines zur Bewertung des Einzelfalls hilfreich sein können, und eine Bezugnahme im Ablehnungsantrag auf die IBA-Guidelines und die darin enthaltenen Fallkonstellationen ist meist ratsam.

30 Zwar findet in der Praxis eine intensive Diskussion, Begutachtung sowie Einzelfallbetrachtung der Ablehnungsanträge durch die Mitglieder des Gerichts und des Sekretariats, allesamt erfahrene Schiedsrechtspraktiker, statt. Auch sind die Hürden für eine Stattgabe des Ablehnungsantrags keinesfalls niedrig, zumal schon im Rahmen der Ernennung und Bestätigung von Schiedsrichtern durch den Gerichtshof bzw. den Generalsekretär bei Einwendungen oder Zweifeln an den Unparteilichkeit oder Unabhängigkeit des Kandidaten eine intensive Prüfung vorgenommen wird (vgl. Art. 13 Rz. 24). Dies spiegelt sich auch in der geringen Zahl von erfolgreichen Ablehnungsanträgen wider (*Fry/Greenberg/Mazza*, The Secretariat's Guide to ICC Arbitration, S. 175, Rz. 3-573). Die **Gründe** für die Entscheidung des Gerichtshofes werden indes **nicht bekanntgegeben**, Art. 11 Abs. 4 Satz. Auch wird nicht mitgeteilt, ob der Ablehnungsantrag als unzulässig (z.B. wegen Verfristung) oder als unbegründet abgewiesen wird. Es werden lediglich für interne Zwecke ein Beschlussentwurf des Sekretariats, dem sämtliche von den Parteien bzw. den Schiedsrichtern in diesem Zusammenhang eingereichten Dokumente beiliegen, samt Begründung sowie der oben erwähnte Bericht von einem Mitglied des Gerichtshofs angefertigt. Die Entscheidung des Gerichtshofs ist endgültig, Art. 11 Abs. 4 Satz 1. Der Gerichtshof kann somit nicht um Überprüfung seiner Entscheidung angerufen werden.

31 Ist ein Ablehnungsantrag erfolgreich, so kommt es zu einer **Ersetzung** des betreffenden Schiedsrichters durch den Gerichtshof, Art. 15 Abs. 1 (vgl. Rz. 33 ff.). Die Ersetzung muss nicht gesondert beantragt werden.

VI. Dauer und Kosten

32 **Dauer.** Ablehnungsverfahren dauern in der Regel zwischen **drei und sieben Wochen**. Es liegt im Ermessen des Schiedsgerichts, das Verfahren während dieses Zeitraums zu unterbrechen.

33 **Kosten.** Kommt es infolge eines Ablehnungsantrages zu einer Ersetzung, können zusätzliche Kosten in Form von Verwaltungsgebühren sowie Schiedsrichterhonoraren entstehen. Auch können durch die mit einem Ablehnungsantrag verbundenen Schriftsätze höhere Parteivertretungskosten anfallen. Ist ein Ablehnungsantrag erfolglos, muss die beantragende Partei damit rechnen, dass ihr die im Zusammenhang mit dem

Ablehnungsantrag entstandenen zusätzlichen Kosten im Endschiedsspruch auferlegt werden.

F. Abweichende Parteivereinbarungen

Von den Vorgaben des Art. 14 kann grundsätzlich nicht aufgrund von Parteivereinbarungen abgewichen werden. 34

Artikel 15: Ersetzung von Schiedsrichtern

(1) Im Falle seines Ablebens, nach Annahme seines Rücktritts durch den Gerichtshof, bei Stattgabe eines Ablehnungsantrags durch den Gerichtshof oder nach Annahme eines Antrags aller Parteien durch den Gerichtshof wird ein Schiedsrichter ersetzt.

(2) Der Gerichtshof kann außerdem von sich aus einen Schiedsrichter ersetzen, wenn er feststellt, dass dieser Schiedsrichter *de iure* oder *de facto* gehindert ist, seinen Pflichten nachzukommen oder seine Pflichten nicht gemäß der Schiedsgerichtsordnung oder binnen der gesetzten Fristen erfüllt.

(3) Wenn der Gerichtshof aufgrund einer ihm bekannt gewordenen Information erwägt, nach Artikel 15(2) vorzugehen, entscheidet er, nachdem dem betreffenden Schiedsrichter, den Parteien und den anderen Mitgliedern des Schiedsgerichts Gelegenheit zur schriftlichen Stellungnahme binnen angemessener Frist gegeben worden ist. Diese Stellungnahmen sind den Parteien und den Schiedsrichtern zu übermitteln.

(4) Wenn ein Schiedsrichter zu ersetzen ist, steht es im Ermessen des Gerichtshofs, ob dem ursprünglichen Ernennungsverfahren zu folgen ist. Das neu besetzte Schiedsgericht bestimmt, ob und in welchem Umfang vorausgegangene Verfahrensabschnitte vor ihm wiederholt werden sollen, nachdem es zuvor die Parteien um Stellungnahme hierzu gebeten hat.

(5) Nachdem das Schiedsgericht das Verfahren geschlossen hat, kann der Gerichtshof, wenn er dies für angemessen hält, anstatt einen verstorbenen oder gemäß Artikel 15(1) oder 15(2) entfernten Schiedsrichter zu ersetzen, entscheiden, dass die verbleibenden Schiedsrichter das Schiedsverfahren fortsetzen. Bei dieser Entscheidung berücksichtigt der Gerichtshof die Meinungen der verbleibenden Schiedsrichter und der Parteien hierzu sowie etwaige anderen Aspekte, die er unter den gegebenen Umständen für relevant erachtet.

Article 15: Replacement of Arbitrators

(1) An arbitrator shall be replaced upon death, upon acceptance by the Court of the arbitrator's resignation, upon acceptance by the Court of a challenge, or upon acceptance by the Court of a request of all the parties.

(2) An arbitrator shall also be replaced on the Court's own initiative when it decides that the arbitrator is prevented *de jure* or *de facto* from fulfilling the arbitrator's functions, or that the arbitrator is not fulfilling those functions in accordance with the Rules or within the prescribed time limits.

(3) When, on the basis of information that has come to its attention, the Court considers applying Article 15(2), it shall decide on the matter after the arbitrator concerned, the parties and any other members of the arbitral tribunal have had an opportunity to comment in writing within a suitable period of time. Such comments shall be communicated to the parties and to the arbitrators.

(4) When an arbitrator is to be replaced, the Court has discretion to decide whether or not to follow the original nominating process. Once reconstituted, and after having invited the parties to comment, the arbitral tribunal shall determine if and to what extent prior proceedings shall be repeated before the reconstituted arbitral tribunal.

(5) Subsequent to the closing of the proceedings, instead of replacing an arbitrator who has died or been removed by the Court pursuant to Articles 15(1) or 15(2), the Court may decide, when it considers it appropriate, that the remaining arbitrators shall continue the arbitration. In making such determination, the Court shall take into account the views of the remaining arbitrators and of the parties and such other matters that it considers appropriate in the circumstances.

Regelungsschwerpunkte: Ein Schiedsrichter kann – insbesondere aufgrund entsprechenden übereinstimmenden Parteiwunsches, als Konsequenz der Stattgabe eines Ablehnungsantrags, auf Initiative des Gerichtshofs sowie auf eigenen Wunsch – zu ersetzen sein. In jedem Fall bedarf die Ersetzung einer Entscheidung durch den Gerichtshof.

Das Ersetzungsverfahren auf Initiative des Gerichtshofs ist zweistufig. Es besteht in einem ersten Schritt aus der förmlichen Einleitung des Ersetzungsverfahrens mit entsprechender Möglichkeit der Verfahrensbeteiligten, sich zu einer möglichen Ersetzung zu äußern. In einem zweiten Schritt entscheidet der Gerichtshof dann über die tatsächliche Ersetzung des Schiedsrichters.

Kostenaspekte: Die Ersetzung eines Schiedsrichters ist meist mit zusätzlichen Kosten verbunden. Sie kann das Verfahren sowohl verlangsamen als auch eine Möglichkeit sein, dieses zu beschleunigen.

Inhalt

A. Normzweck (Abs. 1–3; Ersetzungsgründe) 1	F. Neubestellung und Rumpfschiedsgericht (Abs. 4, 5)..... 25
B. Reform 4	I. Normzweck 25
	II. Reform 26
C. Verhältnis zu § 1038 ZPO ... 5	III. Verhältnis zu § 1039 ZPO.... 27
D. Vergleich mit den im staatlichen Verfahren geltenden Vorschriften.............. 7	IV. Vergleich mit den im staatlichen Verfahren geltenden Vorschriften 30
	V. Tatbestand und Rechtsfolgen (Abs. 4–5)................. 33
E. Tatbestand und Rechtsfolgen (Abs. 1–3) 12	1. Modalitäten der Ersetzung (Abs. 4 Satz 1)......... 33
I. Ersetzung bei Ableben, bei Stattgabe eines Ablehnungsgesuchs und nach Annahme durch den Gerichtshof (Abs. 1) 12	2. Wiederholung vorausgegangener Verfahrensschritte (Abs. 4 Satz 2) 35
II. Ersetzung auf Initiative des Gerichtshofes (Abs. 2–3)..... 16	3. Rumpfschiedsgericht (Abs. 5) 39
III. Honorar des zu ersetzenden Schiedsrichters 23	G. Abweichende Parteivereinbarungen 44

Literatur: *Fry/Greenberg*, The Arbitral Tribunal: Applications of Articles 7–12 of the ICC Rules in Recent Cases, ICC Court Bulletin, Vol. 20 No. 2 (2009), S. 12 ff.; *Whitesell*, Independence in ICC Arbitration: ICC Court Practice concerning the Appointment, Confirmation, Challenge and Replacement of Arbitrators, ICC Court Bulletin, Special Supplement 2007, Independence of Arbitrators, S. 7 ff.; International Bar Association, Guidelines on Conflict of Interest in International Arbitration (2004) („IBA Guidelines").

A. Normzweck (Abs. 1–3; Ersetzungsgründe)

Die Notwendigkeit, einen Schiedsrichter aus seinem Amt zu entfernen, kann verschiedener Natur sein. Zudem können Umstände im Verlaufe des Verfahrens eintreten, in denen ein Schiedsrichter von sich aus um Rücktritt ersucht. Gründe, die eine Ersetzung möglich machen, regelt Art. 15 ebenso wie das Procedere, dem eine freiwillige wie unfreiwillige

1

Ersetzung zu folgen hat. Darüber hinaus befasst sich die Norm mit den aus einem erfolgreichen Ablehnungsantrag nach Art. 14 resultierenden Konsequenzen. Nicht zuletzt ist Sinn und Zweck der in Art. 15 enthaltenen Regelungen wiederum, die **Zeit- und Effizienzverluste in besonderen Prozesssituationen zu minimieren**. Zudem trägt die Norm zum **Bestand und zur Vollstreckbarkeit von Schiedssprüchen bei**.

2   Art. 15 Abs. 1 regelt die Ersetzungstatbestände, die nicht auf eine Initiative des Gerichtshofes zurückgehen. Die hier geregelten Ersetzungsgründe bedürfen – soweit sie nicht im Ableben des Schiedsrichters oder in einem erfolgreichen Ablehnungsantrag nach Art. 14 liegen – gleichwohl einer ihr Vorliegen feststellenden Entscheidung durch den Gerichtshof.

3   Art. 15 Abs. 2–3 regeln die Ersetzung von Schiedsrichtern, die auf die Initiative des Gerichtshofes zurückgeht, wobei Abs. 2 die Ersetzungsgründe regelt und Abs. 3 das anzuwendende zweistufige Verfahren beschreibt. Der Gerichtshof trifft seine Ersetzungsentscheidung danach erst, wenn sowohl dem betreffenden als auch den beteiligten Schiedsrichtern sowie den Parteien Gelegenheit zur Stellungnahme gegeben worden ist.

B. Reform

4   Die früher in Art. 12 Abs. 1–3 ICC-SchO 1998 geregelten Gründe für die Beendigung des Schiedsrichteramtes haben durch die Reform kaum inhaltliche Änderungen erfahren. Neu ist allein, dass ein Antrag aller Parteien auf Ersetzung eines Schiedsrichters nunmehr der Annahme durch den Gerichtshof bedarf.

C. Verhältnis zu § 1038 ZPO

5   Art. 15 Abs. 1 und Abs. 2 entsprechen teilweise den in § 1038 Abs. 1 Satz 1 ZPO geregelten Gründen für die Beendigung des Schiedsrichteramtes. Gemäß § 1038 Abs. 1 Satz 1 ZPO endet das Schiedsrichteramt, wenn der Schiedsrichter zurücktritt oder wenn die Parteien die Beendigung des Amtes vereinbaren. Voraussetzung ist dabei stets, dass der Schiedsrichter rechtlich oder tatsächlich außerstande ist, seine Aufgaben zu erfüllen oder er aus anderen Gründen seinen Aufgaben nicht in angemessener Frist nachkommt. Art. 15 Abs. 1 und 2 sind zulässigerweise strenger als § 1038 Abs. 1 Satz 1 ZPO.

Gemäß § 1038 Abs. 1 Satz 2 ZPO kann jede Partei bei Gericht eine Entscheidung über die Beendigung des Schiedsrichteramtes beantragen, wenn der Schiedsrichter nicht von seinem Amt zurücktritt oder sich die Parteien über dessen Beendigung nicht einigen können. Die Möglichkeit der Inanspruchnahme von Rechtsschutz vor staatlichen Gerichten ist zwingend und besteht bei Verfahren mit Schiedsort in Deutschland parallel zu Art. 15. 6

D. Vergleich mit den im staatlichen Verfahren geltenden Vorschriften

Anders als in Art. 15 Abs. 1 Var. 1 ist in der ZPO das Ableben eines Richters nicht ausdrücklich als Ersetzungsgrund geregelt. Aus dem gemäß § 21e GVG erlassenen Geschäftsverteilungsplan ergibt sich jedoch, welcher Richter an Stelle eines verstorbenen Richters tritt. 7

Die in Art. 15 Abs. 1 Var. 2 geregelte Ersetzung eines Richters nach Annahme eines Rücktritts deckt sich teilweise mit der in § 48 Var. 1 ZPO geregelten Selbstablehnung. 8

Der in Art. 15 Abs. 1 Var. 3 geregelten Ersetzung eines Schiedsrichters bei Stattgabe eines Ablehnungsantrags entspricht im staatlichen Verfahren der Ausschluss eines abgelehnten Richters gemäß §§ 45, 46 ZPO. 9

Der in Art. 15 Abs. 2–3 geregelten Ersetzung auf Initiative des Gerichtshofes entspricht im staatlichen Verfahren die in § 48 Var. 2 ZPO geregelte Prüfung von Amts wegen, ob ein gesetzlicher Ausschließungsgrund vorliegt. 10

Die Vorschriften sind im Einzelnen unterschiedlich ausgestaltet. 11

E. Tatbestand und Rechtsfolgen (Abs. 1–3)

I. Ersetzung bei Ableben, bei Stattgabe eines Ablehnungsgesuchs und nach Annahme durch den Gerichtshof (Abs. 1)

Ableben. Das Schiedsrichteramt endet mit dem Tod des Schiedsrichters. Grund hierfür ist der Umstand, dass es sich bei dem Schiedsrichteramt um ein höchstpersönliches Amt handelt. 12

Annahme eines Rücktrittsgesuchs. Schiedsrichtern steht es nicht frei, über die Beendigung ihres Amtes autonom zu entscheiden. Eine Rücktrittserklärung bedarf vielmehr, synchron zur Einbindung des Gerichtshofs oder Generalsekretärs im Rahmen der Bestätigung bzw. Ernennung, der Annahme durch den Gerichtshof. Dies dient der **Verhinderung pro-** 13 zessinadäquater Rücktritte sowie **der Sicherung der Kontrollfunktion des Gerichtshofs**. So sind vom Gerichtshof etwa Rücktrittsgesuche abgelehnt worden, die offensichtlich allein durch den Druck oder die Zermürbungstaktiken einer Partei bzw. der Parteien motiviert waren. Zu den legitimen Rücktrittsgründen zählen gesundheitliche und persönliche Gründe, die Ernennung zum Richter oder Minister oder in sonstige hohe Staatsämter, mit denen eine weitere Schiedsrichtertätigkeit nicht vereinbar wäre. Rücktrittsgesuche, die erfolgen, um möglichen Interessenskonflikten zuvorzukommen, weil die Kanzlei, der der betreffende Schiedsrichter angehört, ein entsprechendes (neues) Mandat erhält, dürften regelmäßig vom Gerichtshof angenommen werden; allerdings wird der Gerichtshof diese Motivation des Rücktrittsgesuchs bei der Festlegung des Honorars regelmäßig berücksichtigen. Gleiches gilt für Situationen, in denen ein Schiedsrichter einem mit hoher Wahrscheinlichkeit erfolgreichen Ablehnungsantrag durch seinen Rücktritt zuvorkommt.

14 **Stattgabe eines Ablehnungsantrages.** Die Ablehnung von Schiedsrichtern ist in Art. 14 geregelt. Wird einem Ablehnungsantrag stattgegeben, so führt dies zur Ersetzung des Schiedsrichters. Hier ist Art. 15 also unmittelbare (Rechts-)Folge der Stattgabe eines Ablehnungsantrags, und die Ersetzung muss nicht gesondert beantragt werden.

15 **Annahme eines Antrags aller Parteien.** Ein Antrag aller Parteien auf Ersetzung eines Schiedsrichters bedarf nunmehr ebenfalls der Annahme durch den Gerichtshof. Der Gerichtshof wird sich jedoch nur in Ausnahmefällen über den gemeinsam geäußerten Parteiwillen hinwegsetzen. In der Praxis kommen Anträge aller Parteien ohnehin nur selten vor, und der administrative Akt der Annahme durch den Gerichtshof beugt u.a. der Situation vor, dass ein Schiedsrichter den diesbezüglichen gemeinsamen Antrag der Parteien schlichtweg ignoriert.

II. Ersetzung auf Initiative des Gerichtshofes (Abs. 2–3)

16 **Von sich aus** kann der Gerichtshof unter den Voraussetzungen von Art. 15 Abs. 2 und 3 einen Schiedsrichter ersetzen. Dem Tätigwerden des Gerichtshofes kann eine Anregung seitens der Parteien vorausgehen oder auch ein entsprechender Hinweis aus dem Schiedsgericht. Das Fristerfordernis gemäß Art. 14 Abs. 2 soll auf diese Weise indes nicht umgangen werden. Sofern der betreffende Umstand auch Gegenstand eines Ablehnungsantrages sein könnte, übt der Gerichtshof daher besondere Zurückhaltung. Er wird grundsätzlich nur tätig, wenn übergeord-

nete Gesichtspunkte, wie z.B. das Interesse an der Wahrung der Integrität des Schiedsverfahrens, eine Intervention des Gerichtshofes nötig erscheinen lassen. So wird eine Partei einen Schiedsrichter regelmäßig nicht erfolgreich unter Bezugnahme auf Art. 14 Abs. 1 mit der Begründung ablehnen, dieser habe hinsichtlich seiner Verfügbarkeit falsche Angaben gemacht oder stünde nicht im nötigen zeitlichen Maße für das fragliche Verfahren zur Verfügung. Allerdings sind Konstellationen denkbar, in denen eine oder mehrere Parteien das Sekretariat bzw. den Gerichtshof auf stark eingeschränkte tatsächliche Verfügbarkeiten eines Schiedsrichters aufmerksam machen und der Gerichtshof dadurch veranlasst wird, von sich aus im Rahmen des Art. 15 Abs. 2 tätig zu werden.

De-Facto-Hinderung, den Pflichten als Schiedsrichter nachzukommen. 17
Ein Schiedsrichter ist *de facto* daran gehindert, seinen Pflichten nachzukommen, wenn er aus tatsächlichen Gründen außerstande oder willens ist, seine Aufgaben zu erfüllen. Exemplarisch hierfür sind eine langandauernde Krankheit, u.U. aber auch eine Sabbatical-Abwesenheit, und die Unmöglichkeit, physisch an einer Verhandlung teilzunehmen, weil Reisefähigkeit nicht gegeben ist. Ebenso in Betracht kommt eine Situation, in der sich die Parteien nachträglich auf eine Verfahrenssprache einigen (oder ein Schiedsgericht dies mehrheitlich entscheidet), derer der betreffende Schiedsrichter nicht mächtig ist.

De-Jure-Hinderung, den Pflichten als Schiedsrichter nachzukommen. 18
Ein Schiedsrichter ist *de jure* daran gehindert, seinen Pflichten nachzukommen, wenn er aus rechtlichen Gründen außerstande ist, seine Aufgaben zu erfüllen. Entscheidend sind insoweit die anwendbaren rechtlichen Rahmenbedingungen im betreffenden Land. So kann bei Verfahren mit Schiedsort in Deutschland das Fehlen einer Nebentätigkeitsgenehmigung für einen Richter (§ 40 DRiG) ein rechtliches Hindernis für die Ausübung des Schiedsrichteramtes darstellen. Auch das Nichterhalten eines Visums zur Teilnahme an einer mündlichen Verhandlung am Schiedsort kann eine solche Hinderung darstellen.

Keine Erfüllung der Pflichten gemäß der Schiedsgerichtsordnung oder 19
binnen der gesetzten Fristen. Die mangelnde Erfüllung von Pflichten gemäß der Schiedsgerichtsordnung stellt einen breiten Tatbestand dar. Er ist damit spiegelbildlich zu den vielfältigen Pflichten, zu deren Beachtung sich ein Schiedsrichter, der sich zur Ausübung des Amtes gemäß der ICC-SchO bereit erklärt hat, verpflichtet. Zwar überschneidet sich diese Tatbestandsvariante mit den oben erwähnten Varianten. Insbe-

sondere sind hierunter jedoch mangelnde Reaktivität innerhalb angemessener Zeiträume, eine kontinuierlich nicht gegebene zeitliche Verfügbarkeit, z.B. für eine mündliche Verhandlung, oder das Ignorieren der Vorgabe, einen Schiedsauftrag zu erstellen oder eine Verfahrensmanagementkonferenz abzuhalten, zu subsumieren. Nicht zuletzt gibt die breite Formulierung dem Gerichtshof die Möglichkeit, Druck auf Schiedsrichter auszuüben, die aus den unterschiedlichsten, nicht mit den Vorgaben oder dem Geiste der ICC-SchO zu vereinbarenden Motiven oder Verhaltensweisen den effizienten und sicheren, d.h. aufhebungsfesten, Verfahrensverlauf behindern oder unmöglich machen. Schließlich dürfte unter diese Tatbestandsvariante auch der seltene Fall zu subsumieren sein, in dem eine Verfahrensverbindung gemäß Art. 10 stattfindet und ein Schiedsrichter nicht von sich aus ein Rücktrittsgesuch einreicht, obgleich das ihn betreffende Verfahren in ein anderes Verfahren, dessen Schiedsgericht er nicht angehört, verbunden wird (vgl. auch Art. 7 Rz. 16).

20 **Gelegenheit zur schriftlichen Stellungnahme.** Das Verfahren nach Art. 15 Abs. 2 ist ein **zweistufiges Verfahren**. In einem **ersten Schritt** beschließt der Gerichtshof lediglich, ein Ersetzungsverfahren einzuleiten und gibt dem betreffenden Schiedsrichter, den Parteien und den anderen Mitgliedern des Schiedsgerichts sodann die Gelegenheit, schriftlich zur Einleitung des Ersetzungsverfahrens **Stellung zu nehmen**. In einem zweiten Schritt, nach Erhalt der Stellungnahmen oder fruchtlosem Ablauf der gesetzten Frist, entscheidet der Gerichtshof dann in einem **zweiten Schritt** unter Berücksichtigung der Stellungnahmen, ob der betreffende Schiedsrichter **tatsächlich zu ersetzen** ist. Da beide Entscheidungen von nicht unerheblicher Tragweite für den betreffenden Schiedsrichter, die Parteien – zumal die ihn benennende Partei(en) – sowie den Verfahrensverlauf sind, wird gewöhnlich mindestens eine der Entscheidungen des zweistufigen Verfahrens in der Vollversammlung des Gerichtshofs gefällt.

21 **Angemessene Frist.** Die Stellungnahme hat binnen angemessener Frist zu erfolgen. In der Regel wird insoweit vom Sekretariat eine Frist von **7 bis 10 Tagen** gewährt.

22 **Übermittlung an die Parteien und die Schiedsrichter.** Die schriftlichen Stellungnahmen sind den Parteien und den Schiedsrichtern zu übermitteln. Dies dient der Transparenz. Eine Gelegenheit zur Erwiderung auf die schriftlichen Stellungnahmen ist nicht ausdrücklich vorgesehen und wird vom Sekretariat auch nicht angestrebt.

III. Honorar des zu ersetzenden Schiedsrichters

Art. 15 regelt nicht, welche Auswirkungen die Ersetzung eines Schiedsrichters auf dessen Honoraranspruch hat. Damit kommt die allgemeine Bestimmung in Art. 37 Abs. 2 ICC-SchO i.V.m. Art. 2 Anhang III zur ICC-SchO (Kosten und Honorare für Schiedsverfahren) zur Anwendung. Hiernach setzt der Gerichtshof das Honorar nach seinem **Ermessen** fest (im Einzelnen Art. 37 Rz. 15).

23

Bei der Ausübung seines Ermessens berücksichtigt der Gerichtshof, ob die Ersetzung ihre Ursache in beeinflussbaren Umständen (wie z.b. der Stattgabe eines Ablehnungsantrags aufgrund einer fehlenden Offenlegung seitens des Schiedsrichters oder dessen Nichtbeachtung der in der ICC-SchO vorgesehenen Fristen) hatte oder ob sie durch äußere Umstände (wie z.B. Krankheit) bedingt war. Ein weiterer Anhaltspunkt für die Bestimmung des Honorars sind das Verfahrensstadium und der vom betreffenden Schiedsrichter geleistete Aufwand. Der Gerichtshof berücksichtigt bei der Festlegung des Honorars regelmäßig auch die Parteiinteressen, zu deren finanziellem Nachteil sich eine Ersetzung möglichst nicht auswirken soll. Dementsprechend führt die Ersetzung eines Schiedsrichters nicht notwendigerweise zu einer Erhöhung des Kostenvorschusses, um das Honorar des ausscheidenden sowie das des neuen Schiedsrichters zu decken. Im Einzelfall kann eine Erhöhung jedoch nötig sein, um angemessene Honorare gewähren zu können. Dies gilt insbesondere dann, wenn sich der neue Schiedsrichter umfangreich einarbeiten muss und wichtige Verfahrensschritte ausstehend sind.

24

F. Neubestellung und Rumpfschiedsgericht (Abs. 4, 5)

I. Normzweck

Art. 15 Abs. 4–5 regeln die Folgen der Ersetzung und räumen dem Gerichtshof Ermessen und Flexibilität dahingehend ein, wie die Neubesetzung gestaltet wird. So kann das ursprüngliche Ernennungsverfahren ebenso wieder zum Zuge kommen, wie ein gänzlich anderes Verfahren. Der Gerichtshof kann unter bestimmten Voraussetzungen sogar beschließen, dass ein Schiedsrichter gar nicht durch einen neuen Kollegen ersetzt wird.

25

II. Reform

26 Die früher in Art. 12 Abs. 4–5 ICC-SchO 1998 geregelte Neubesetzung und Vorschriften zum Rumpfschiedsgericht haben durch die Reform keine Änderungen erfahren.

III. Verhältnis zu § 1039 ZPO

27 Gemäß § 1039 Abs. 1 Satz 2 ZPO erfolgt die Bestellung eines Ersatzschiedsrichters stets nach den Regeln, die auf die Bestellung des zu ersetzenden Schiedsrichters anzuwenden waren. Art. 15 Abs. 4 stellt die Modalitäten der Bestellung des neuen Schiedsrichters demgegenüber in das Ermessen des Gerichtshofs. Hierbei handelt es sich um eine gemäß § 1039 Abs. 2 ZPO zulässige Abweichung.

28 Art. 15 Abs. 5 weist gewisse Ähnlichkeit mit § 1052 Abs. 2 ZPO auf. Hiernach kann ein Schiedsgericht, wenn sich ein Schiedsrichter unberechtigt weigert, an der Abstimmung teilzunehmen, ohne diesen Schiedsrichter entscheiden. § 1052 Abs. 2 ZPO wird entsprechend angewendet, wenn ein Schiedsrichter nicht nur die Teilnahme an einer Abstimmung, sondern die Teilnahme an den abschließenden Beratungen verweigert.

29 Ungeachtet dieser Parallelen bestehen im Einzelnen Unterschiede zwischen der Ausgestaltung von Art. 15 Abs. 5 ICC-SchO und § 1052 Abs. 2 ZPO.

IV. Vergleich mit den im staatlichen Verfahren geltenden Vorschriften

30 Im staatlichen Verfahren gibt es kein Äquivalent zu Art. 15 Abs. 4 Satz 1. Vielmehr gilt dort der Grundsatz des gesetzlichen Richters gemäß Art. 101 Abs. 1 Satz 2 GG. In Konkretisierung dieses Grundsatzes wird vom Präsidium des jeweiligen Gerichtes ein Geschäftsverteilungsplan erlassen, dem die Verteilung der richterlichen Aufgaben zu entnehmen ist, § 21e GVG. Hiernach lässt sich auch der jeweilige Ersatzrichter bestimmen.

31 Art. 15 Abs. 4 Satz 2 findet eine gewisse Parallele in § 47 Abs. 2 Satz 2 ZPO, wobei sich die Vorschriften jedoch in vielerlei Hinsicht unterscheiden.

32 Zu Art. 15 Abs. 5 existiert in staatlichen Verfahren kein Pendant.

V. Tatbestand und Rechtsfolgen (Abs. 4–5)

1. Modalitäten der Ersetzung (Abs. 4 Satz 1)

Ermessen des Gerichtshofes. Es liegt im Ermessen des Gerichtshofs, ob dem ursprünglichen Benennungsverfahren zu folgen ist. In der Praxis ist dies häufig der Fall, da auf diese Weise die Parteiautonomie gewahrt wird. Hat etwa ursprünglich der Kläger einen Schiedsrichter benannt, der dann ersetzt wird, so darf er auch den Ersatzschiedsrichter benennen. In der Praxis erbittet das Sekretariat bei den Parteien zudem regelmäßig eine Stellungnahme, ob dem ursprünglichen Ernennungsverfahren gefolgt werden soll. 33

In einigen Fällen ist es indes nicht angemessen, dem ursprünglichen Ernennungsverfahren zu folgen. Hier gibt die Norm dem Gerichtshof Handlungsspielraum, direkt einen ihm geeignet erscheinenden neuen Schiedsrichter zu installieren. 34

2. Wiederholung vorausgegangener Verfahrensschritte (Abs. 4 Satz 2)

Das neu besetzte Schiedsgericht hat nach Neukonstituierung des Schiedsgerichts und der Einholung von Stellungnahmen der Parteien zu entscheiden, ob und in welchem Umfang vorausgegangene Verfahrensschritte wiederholt werden sollen. Der Begriff „Verfahrensschritte" wird weit ausgelegt und umfasst nicht etwa lediglich mündliche Verhandlungen. 35

Für die Parteien **bindende Verfahrensschritte** wie der Schiedsauftrag oder rechtskräftige Teilschiedssprüche werden nicht wiederholt. Ob ein Verfahrensschritt bindend ist, bemisst sich dabei nach dem Recht des Schiedsortes. 36

Im Übrigen liegt die Entscheidung über die Wiederholung von Verfahrensschritten im **Ermessen** des Schiedsgerichts. Dabei berücksichtigt es Umstände wie die Zustimmung der Parteien und des neuen Schiedsrichters, das Verfahren ohne Wiederholung bestimmter Verfahrensschritte fortzusetzen, den Verfahrensstand sowie die Kosten und Dauer, die mit der Wiederholung von Verfahrensschritten einhergehen. In Einklang mit diesen Grundsätzen ist die schiedsgerichtliche Beratung eines Schiedsspruches meist zu wiederholen. Die Wiederholung einer mündlichen Verhandlung kann demgegenüber entbehrlich sein, wenn ein ausführliches Protokoll der bereits stattgefundenen Verhandlung vorliegt und der neue Schiedsrichter keine Wiederholung verlangt. Andererseits kann ist nötig sein, eine Beweisaufnahme zu wiederholen, so dass sich der neu hinzugekommene Schiedsrichter – zumal wenn es sich um den Vor- 37 sitzenden des Schiedsgerichts handelt – ein eigenes Bild von der Zeugeneinvernahme machen kann.

38 In Abhängigkeit des Verfahrensstadiums und des verbleibenden Aufwands wird der Gerichtshof sodann den Kostenvorschuss überprüfen und ggf. anheben.

3. Rumpfschiedsgericht (Abs. 5)

39 Art. 15 Abs. 5 regelt die Fortsetzung des Verfahrens durch ein Rumpfschiedsgericht („*truncated tribunal*"). Es handelt sich um eine Ausnahme von der in Art. 15 Abs. 4 vorgesehenen Bestellung eines Ersatzschiedsrichters. Sie kommt allein im Stadium nach Schließen des Verfahrens (vgl. Art. 27) zum Tragen, also im Beratungszeitraum, und beruht auf **verfahrensökonomischen Erwägungen**. In der Praxis wird von der Vorschrift nur **selten** Gebrauch gemacht.

40 **Das Schließen des Verfahrens** ist Voraussetzung für die Anwendung von Abs. 5. Dieser Zeitpunkt bemisst sich nach Art. 27 Buchst. a.

41 **Das Ableben oder die Entfernung eines Schiedsrichters gemäß Art. 15 Abs. 1 oder Abs. 2** ist weitere Voraussetzung für die Bildung eines Rumpfschiedsgerichts. Es genügt nicht, dass ein Schiedsrichter lediglich untätig ist oder sich weigert, am Schiedsverfahren teilzunehmen.

42 **Die Meinung der verbleibenden Schiedsrichter und Parteien** sowie etwaig **andere relevante Aspekte** sind vom Gerichtshof abzufragen und bei seiner Entscheidung zu **berücksichtigen**. Anders als im Rahmen von Art. 14 Abs. 3 und Art. 15 Abs. 3 ist insoweit nicht vorgesehen, dass die Parteien ausdrücklich zur schriftlichen Stellungnahme aufgefordert werden und diese Stellungnahmen anschließend zirkuliert werden. In der Praxis wird dies jedoch regelmäßig so gehandhabt.

43 **Ermessen.** Die Entscheidung über die Fortsetzung des Schiedsverfahrens durch die verbleibenden Schiedsrichter liegt im Ermessen des Gerichtshofs. Ein wesentliches Kriterium für die Entscheidung des Gerichtshofs sind dabei neben dem Inhalt der eingeholten Stellungnahmen die Komplexität des Verfahrens und die Art und Weise, in der die verbliebenen Schiedsrichter zusammenarbeiten. Auch die Wahrscheinlichkeit, dass sich die verbliebenen Schiedsrichter auf den Inhalt des Schiedsspruchs einigen können, dürfte in die Wertung einfließen. Schließlich ist das am Schiedsort geltende Recht zu beachten; dies kann beispielsweise ein aus nur zwei Schiedsrichtern bestehendes Schiedsgericht als nicht ausreichend ansehen oder es als ungenügend erachten, wenn ein

Schiedsgericht, nachdem der Vorsitzende verstorben ist, dieser aber nicht durch einen neuen Kollegen ersetzt wurde, nur aus zwei Mitschiedsrichtern besteht, ohne Vorsitzenden sein Urteil fällt.

G. Abweichende Parteivereinbarungen

Von den Vorgaben des Art. 15 kann grundsätzlich nicht aufgrund von Parteivereinbarungen abgewichen werden. 44

Das Verfahren vor dem Schiedsgericht

Artikel 16: Übergabe der Schiedsverfahrensakten an das Schiedsgericht

Das Sekretariat übergibt die Schiedsverfahrensakten dem Schiedsgericht, sobald dieses gebildet ist und der vom Sekretariat zu diesem Zeitpunkt angeforderte Kostenvorschuss bezahlt worden ist.

The Arbitral Proceedings

Article 16: Transmission of the File to the Arbitral Tribunal

The Secretariat shall transmit the file to the arbitral tribunal as soon as it has been constituted, provided the advance on costs requested by the Secretariat at this stage has been paid.

Regelungsschwerpunkte: Art. 16 legt die Voraussetzungen fest, die erfüllt sein müssen, bevor das Schiedsgericht die Schiedsverfahrensakten erhält: Die Bildung des Schiedsgerichts muss abgeschlossen sein, und die Parteien müssen den Kostenvorschuss gezahlt haben. → Rz. 7 ff.

Kostenaspekte: Besondere Kosten entstehen den Parteien hier nicht. → Rz. 18

Inhalt

A. Übergabe der Verfahrensakten 1	2. Voraussetzung 2: Zahlung des Kostenvorschusses 10
I. Normzweck 1	VI. Übergabe der Akten durch das Sekretariat 13
II. Reform 2	1. Übergabe der Akte an das Schiedsgericht 13
III. Verhältnis zu §§ 1035, 1044 ZPO................... 3	2. Übergabe der Akte als Ausgangspunkt für die Arbeit des Schiedsgerichts 17
IV. Vergleich mit den im staatlichen Verfahren geltenden Vorschriften 4	B. Kosten 18
V. Voraussetzungen 5	C. Abweichende Parteivereinbarung 19
1. Voraussetzung 1: Bildung des Schiedsgerichts....... 7	

A. Übergabe der Verfahrensakten

I. Normzweck

Die Norm stellt klar, ab welchem Zeitpunkt das Schiedsgericht beginnt, sich inhaltlich mit dem Fall auseinanderzusetzen. Damit wird nicht nur ein eindeutiger Zeitpunkt bestimmt, sondern auch eine Verfahrensbeschleunigung bewirkt. 1

II. Reform

Die Reform der ICC-SchO führt hier zu keinen inhaltlichen Neuerungen. Art. 16 ICC-SchO 2012 übernimmt Art. 13 ICC-SchO 1998 wörtlich. 2

III. Verhältnis zu §§ 1035, 1044 ZPO

Die Zivilprozessordnung hält keine detaillierte Regelung wie Art. 16 für den Beginn des Schiedsverfahrens bereit. § 1035 ZPO stellt es zur Disposition der Parteien, ein Verfahren zur Bestellung des Schiedsgerichts zu vereinbaren. 3

IV. Vergleich mit den im staatlichen Verfahren geltenden Vorschriften

Beim staatlichen Verfahren existiert eine mit dem Sekretariat vergleichbare Institution nicht. Vielmehr reicht der Kläger seine Klageschrift beim bereits bestehenden zuständigen staatlichen Gericht ein. 4

V. Voraussetzungen

In der Sache beginnt das Schiedsverfahren, nachdem alle Schiedsrichter ernannt bzw. bestätigt sind und das Schiedsgericht damit konstituiert ist. Das Schiedsgericht kann und muss die Arbeit aufnehmen, sobald es von der ICC die Akte erhalten hat. 5

Art. 16 legt zwei Voraussetzungen fest, die erfüllt sein müssen, bevor die ICC die Akte dem Schiedsgericht übermittelt. Damit legt Art. 16 zugleich den Zeitpunkt fest, ab welchem das Schiedsgericht beginnt, sich inhaltlich mit dem Fall auseinanderzusetzen: 6

(i) Das Schiedsgericht muss gebildet worden sein.

(ii) Die klagende Partei muss den vom Sekretariat angeforderten Kostenvorschuss – in der Regel den vorläufigen Kostenvorschuss i.S.v. Art. 36 Abs. 1 – bezahlt haben.

1. Voraussetzung 1: Bildung des Schiedsgerichts

7   Nach Art. 16 erhalten *alle* Schiedsrichter die Akten *gleichzeitig*, nämlich dann, wenn das Schiedsgericht insgesamt konstituiert ist. Die bereits benannten Mitschiedsrichter eines Dreierschiedsgerichts erhalten also grundsätzlich zunächst keine Kopie der Akte von der ICC, sondern müssen warten, bis das gesamte Schiedsgericht konstituiert ist (s. aber Rz. 9).

8   **Empfehlung:** Die Parteien sollten in dieser Zeit ihre Korrespondenz ausschließlich mit der ICC (und der anderen Partei) führen und den bereits benannten (aber vom Gerichtshof/Generalsekretär noch nicht bestätigten) Schiedsrichtern keine Schriftsätze oder sonstige Unterlagen schicken. Ein Verstoß hiergegen hat aber keine Konsequenzen, da es sich bei Art. 16 um eine Organisationsvorschrift handelt und ein Recht der anderen Partei nicht allein dadurch verletzt wird, dass ein Schiedsrichter einen Schriftsatz zu früh und unmittelbar von einer Partei erhält. Unter besonderen Umständen kann ein solches Verhalten freilich zur Besorgnis der Befangenheit des Schiedsrichters führen (z.B. wenn eine *Ex-Parte*-Kommunikation stattfand).

9   In der Praxis vereinbaren die Parteien häufig, dass in einem Dreierschiedsgericht die Mitschiedsrichter den Vorsitzenden des Schiedsgerichts benennen sollen. In einem solchen Fall kann es für die bereits bestätigten bzw. ernannten beisitzenden Schiedsrichter hilfreich sein, wenn sie die Schiedsklage und die Antwort zur Schiedsklage sowie weitere Korrespondenz kennen, um einen geeigneten Vorsitzenden zu bestimmen. Das Sekretariat stellt dann den Mitschiedsrichtern diese Schriftsätze (nicht die „Akte") zur Verfügung.

2. Voraussetzung 2: Zahlung des Kostenvorschusses

10 Die Akte wird dem Schiedsgericht erst dann übermittelt, wenn der vom Sekretariat angeforderte Kostenvorschuss gezahlt wurde.

11 In der Regel fordert das Sekretariat den Kläger auf, einen vorläufigen Kostenvorschuss zu zahlen. Dieser soll die erwarteten Verfahrenskosten bis zum Abschluss des Schiedsauftrages abdecken (Art. 36 Abs. 1).

12 Art. 16 stellt jedoch nicht auf den vorläufigen Kostenvorschuss i.S.v. Art. 36 Abs. 1 ab, sondern auf den *„vom Sekretariat zu diesem Zeitpunkt angeforderten Kostenvorschuss"*. Der vom Sekretariat tatsächlich angeforderte Kostenvorschuss ist nämlich nicht notwendigerweise identisch mit dem in Art. 36 Abs. 1 genannten Vorschuss für die voraussichtlichen Kosten des Schiedsverfahrens. Es kann in besonderen Ausnahmefällen vorkommen, dass das Sekretariat gar keinen vorläufigen

Kostenvorschuss anfordert oder dass der Gerichtshof bereits den gesamten Vorschuss nicht nur festlegt, sondern auch anfordert, noch bevor die Akte dem Schiedsgericht übergeben wurde (insbesondere in sog. *„Fast-Track"*-Fällen, wenn also die Schiedsklausel besonders kurze, von der ICC-SchO abweichende Fristen vorsieht). Art. 16 berücksichtigt diese Fälle und stellt daher auf den *„angeforderten Kostenvorschuss"* ab. In den meisten Fällen wird es sich dabei um den vorläufigen Kostenvorschuss i.S.v. Art. 36 Abs. 1 handeln.

VI. Übergabe der Akten durch das Sekretariat

1. Übergabe der Akte an das Schiedsgericht

Sobald die beiden genannten Erfordernisse erfüllt sind, muss das Sekretariat die Verfahrensakten an das Schiedsgericht übergeben. Jedem Schiedsrichter wird eine physische Akte übersandt. 13

Die Akte enthält zu diesem Zeitpunkt vor allem die bereits ausgetauschten Schriftsätze der Parteien (insbesondere die Schiedsklage und die Antwort zur Schiedsklage) sowie die Korrespondenz der Parteien und der Schiedsrichter mit dem Sekretariat (nicht aber etwaige Korrespondenz mit den Nationalkomitees). Zudem fügt das Sekretariat noch weitere Unterlagen für das Schiedsgericht bei: eine Übersicht über die angeforderten und eingegangenen Zahlungen, eine Erinnerung, dass das Schiedsgericht zunächst den Schiedsauftrag erstellen muss, eine Erinnerung, die Fristen der ICC-SchO einzuhalten, und Informationen zur Erstattung von Aufwendungen, effizienten Verfahrensführung etc. Wenn die Parteien der Auffassung sind, dass gewisse Korrespondenz zwischen dem Gerichtshof und ihnen nicht an das Schiedsgericht übermittelt werden sollten, können sie das Sekretariat kontaktieren. Dies kann etwa Korrespondenz zur Konstituierung des Schiedsgerichts betreffen (*Fry/Greenberg/Mazza*, The Secretariat's Guide to ICC Arbitration, Rz. 3-660). Interne Dokumente des Gerichtshofs, insbesondere Durchschriften der Protokolle von Entscheidungen des Gerichtshofs sowie diese vorbereitenden Dokumente des Sekretariats, sind in der Verfahrensakte des Schiedsgerichts nicht enthalten. 14

Die Parteien erhalten lediglich ein Informationsblatt mit Informationen über das Verfahren, wie Kontaktinformationen der Beteiligten, Angaben zur Sprache des Verfahrens, zum Schiedsorts, zu etwaigen Schieds- und Rechtswahlklauseln sowie eine Liste der Dokumente, die in der Verfahrensakte enthalten sind. Möchten die Parteien diese Dokumente erhalten, muss dies beim Sekretariat beantragt werden. 15

16 Das Sekretariat weist die Parteien darauf hin, dass es die Akten dem Schiedsgericht übergeben hat und dass nach Übergabe der Akten an das Schiedsgericht jegliche Kommunikation direkt mit dem Schiedsgericht und der anderen Partei/den anderen Parteien stattfinden soll. Das Sekretariat erhält gleichwohl weiterhin eine Kopie sämtlicher Korrespondenz, beobachtet das Verfahren und greift ein, sofern dies erforderlich und angemessen erscheint.

2. Übergabe der Akte als Ausgangspunkt für die Arbeit des Schiedsgerichts

17 Sobald das Schiedsgericht die Akte erhalten hat, muss das Schiedsgericht nach der ICC-SchO die inhaltliche Arbeit aufnehmen. Die ICC-SchO sieht die folgenden Schritte vor: (i) Das Schiedsgericht muss den Schiedsauftrag formulieren und mit den Parteien abstimmen (Art. 23); (ii) das Schiedsgericht soll zugleich eine „Verfahrensmanagementkonferenz" abhalten, die dazu dient, mit den Parteien das weitere Verfahren abzustimmen und das Verfahren möglichst effizient zu gestalten (hierzu Art. 24 Rz. 9 ff.); (iii) das Schiedsgericht muss den „Verfahrenskalender" aufstellen (Art. 24 Abs. 2).

B. Kosten

18 Besondere Kosten entstehen den Parteien hier nicht.

C. Abweichende Parteivereinbarung

19 Die Parteien können von dieser Vorschrift nicht abweichen. Die Vorschrift regelt nicht die Verfahrensführung selbst, sondern vor allem das administrative Vorgehen des Sekretariats. Da die Parteien mit einer abweichenden Vereinbarung zugleich in die internen organisatorischen Abläufe der ICC eingreifen würden, ist Art. 16 der Parteidisposition entzogen.

Artikel 17: Nachweis der Vollmacht

Das Schiedsgericht oder das Sekretariat kann zu jedem beliebigen Zeitpunkt nach Beginn des Schiedsverfahrens einen Nachweis der Vollmacht von jedem Parteivertreter verlangen.

Article 17: Proof of Authority

At any time after the commencement of the arbitration, the arbitral tribunal or the Secretariat may require proof of the authority of any party representatives.

Regelungsschwerpunkte: Art. 17 gibt dem Schiedsgericht und dem Sekretariat die Befugnis, von einem Prozessvertreter einen Nachweis seiner Vollmacht zu verlangen. → Rz. 5–6

Inhalt

A. Normzweck 1	D. Nachweis der Vollmacht 6
B. Reform 2	
C. Vergleich mit den im staatlichen Verfahren geltenden Vorschriften 3	

A. Normzweck

Das Sekretariat und das Schiedsgericht vertrauen grundsätzlich darauf, dass derjenige, der als Prozessvertreter auftritt, auch tatsächlich von der betreffenden Partei bevollmächtigt wurde. Wenn sich jedoch später herausstellt, dass die Prozessvollmacht fehlte oder unwirksam war, sind grundsätzlich alle darauf aufbauenden Prozesshandlungen unwirksam. Deshalb entspricht es dem **Interesse an einem reibungslosen Verfahrensablauf** und letztlich auch dem Interesse des Prozessgegners an der Verfahrenssicherheit, dass das Schiedsgericht einen Nachweis der Prozessvollmacht fordern kann. 1

B. Reform

Die ICC-SchO 1998 enthielt keine entsprechende Vorschrift; Art. 17 wurde im Rahmen der Überarbeitung neu hinzugefügt. Allerdings war das Schiedsgericht bereits unter den vorherigen Fassungen der ICC-SchO befugt, einen Nachweis der Vollmacht zu verlangen, so dass mit der Einfügung des Art. 17 keine inhaltliche Neuerung verbunden ist. 2

C. Vergleich mit den im staatlichen Verfahren geltenden Vorschriften

3   Grundsätzlich hat der nichtanwaltliche Prozessvertreter seine Vollmacht nach § 80 ZPO schriftlich zu den Gerichtsakten zu geben. Nur ausnahmsweise, etwa im Mahnverfahren, bedarf es keines Nachweises der Vollmacht; es genügt, wenn der Parteivertreter seine ordnungsgemäße Bevollmächtigung versichert, § 703 ZPO.

4   Der Nachweis muss durch Vorlage der schriftlichen Originalurkunde, ggf. in beglaubigter Form, erbracht werden. Alternativ genügt auch die Erklärung der Bevollmächtigung durch die vertretene Partei zu Protokoll des Gerichts oder der Geschäftsstelle.

5   Falls ein Rechtsanwalt als Bevollmächtigter auftritt, wird die Vollmacht in der Regel nur bei einer Rüge durch den Prozessgegner geprüft, § 88 Abs. 1 ZPO. Ohne eine derartige Rüge wird das Gericht nur in besonderen Fällen, etwa wenn eine Partei die Vollmacht ihres eigenen Vertreters bemängelt, von Amts wegen tätig. Im Parteiprozess erfolgt die Prüfung dagegen immer von Amts wegen, § 88 Abs. 1 ZPO.

D. Nachweis der Vollmacht

6   Das Schiedsgericht bzw. das Sekretariat bestimmen nach pflichtgemäßem Ermessen, ob und ggf. in welcher Form der Parteivertreter seine Bevollmächtigung nachzuweisen hat. Konkrete Zweifel an der ordnungsgemäßen Bevollmächtigung müssen nicht bestehen.

   Empfehlung: Wenn das Sekretariat bzw. das Schiedsgericht den Nachweis nicht spezifiziert, sollte der Prozessvertreter die Vollmachtsurkunde im Original vorlegen. Grundsätzlich dürfte auch ein Rückgriff auf die Vorschriften des Rechts des Schiedsortes zum Nachweis der Vollmacht möglich sein.

7   Über die Bevollmächtigung hinaus bedarf es keines weiteren Nachweises. Die ICC-SchO verlangt weder eine Anwaltszulassung noch eine sonstige besondere Befähigung für Prozessvertreter. Somit kann jeder als Prozessvertreter auftreten. Es gelten lediglich die allgemeinen Einschränkungen, die den meisten Rechtsordnungen gemein sind, nämlich dass der Prozessvertreter geschäfts- und prozessfähig sein muss.

Artikel 18: Ort des Schiedsverfahrens

(1) Der Gerichtshof bestimmt den Ort des Schiedsverfahrens, falls die Parteien darüber keine Vereinbarung getroffen haben.

(2) Das Schiedsgericht kann nach Anhörung der Parteien mündliche Verhandlungen und Zusammenkünfte an jedem ihm geeignet erscheinenden Ort abhalten, es sei denn, die Parteien haben etwas anderes vereinbart.

(3) Das Schiedsgericht kann an jedem ihm geeignet erscheinenden Ort beraten.

Article 18: Place of the Arbitration

(1) The place of the arbitration shall be fixed by the Court, unless agreed upon by the parties.

(2) The arbitral tribunal may, after consultation with the parties, conduct hearings and meetings at any location it considers appropriate, unless otherwise agreed by the parties.

(3) The arbitral tribunal may deliberate at any location it considers appropriate.

Regelungsschwerpunkte: Abs. 1 Freie Wählbarkeit des Schiedsorts durch die Parteien. Bei fehlender Parteivereinbarung erfolgt Festlegung durch den Gerichtshof. → Rz. 1–13; **Abs. 2–3** Tagungsort kann vom Schiedsort abweichen. → Rz. 14–16

Inhalt

A. Normzweck	1	E. Bedeutung des Schiedsorts	5
B. Reform	2	F. Parteivereinbarung	10
C. Verhältnis zu § 1043 ZPO	3	G. Bestimmung durch den Gerichtshof (Abs. 1)	13
D. Vergleich mit den im staatlichen Verfahren geltenden Vorschriften	4	H. Abweichender Tagungsort (Abs. 2 und Abs. 3)	14

Literatur: *Flecke-Giammarco/Keller*, Die Auswirkung der Wahl des Schiedsorts auf den Fortgang des Schiedsverfahrens in der Insolvenz, NZI 2012, 529 ff.; *Hamann/Lennarz*, Sieben Regeln für eine schnelle, einfache und gute Schiedsklausel, BB 2007, S. 1009 ff.; *Nacimiento*, Konfliktlösung nach allgemeinen Schiedsordnungen, SchiedsVZ 2004, S. 785 ff.

A. Normzweck

1   Die Parteien können den Schiedsort frei vereinbaren. Machen die Parteien von ihrer Parteiautonomie keinen Gebrauch, wird der Schiedsort subsidiär durch den Gerichtshof festgelegt. Wegen der grundlegenden Bedeutung des Schiedsorts für das Schiedsverfahren legt ihn der Gerichtshof regelmäßig noch vor Konstituierung des Schiedsgerichts fest. Der Kläger sollte die Frage des Schiedsorts bereits in seiner Schiedsklage adressieren (Art. 4, s. hierzu auch Art. 4 Rz. 36).

B. Reform

2   Die Regelungen in Art. 18 ICC-SchO 2012 wurden im Rahmen der Reform gegenüber Art. 14 ICC-SchO 1998 inhaltlich nicht geändert. Lediglich die Abs. 2 und 3 der deutschen Fassung wurden leicht umformuliert. Die englische Fassung ist identisch geblieben.

C. Verhältnis zu § 1043 ZPO

3   Der Regelungsgehalt von Art. 18 ist mit dem Regelungsgehalt von § 1043 ZPO weitgehend **identisch**. Ein Unterschied liegt darin, dass Art. 18 die Regelung in § 1043 ZPO dahingehend abbedingt, dass der Schiedsort mangels Parteivereinbarung nicht durch das Schiedsgericht selbst bestimmt, sondern durch den Gerichtshof festgelegt wird.

D. Vergleich mit den im staatlichen Verfahren geltenden Vorschriften

4   Eine Vereinbarung der Parteien über den Gerichtsstand ist nur im Wege einer **wirksamen Gerichtsstandsvereinbarung** unter den Voraussetzungen des Art. 23 Brüssel I-VO, §§ 38, 40 ZPO zulässig. Sofern die Parteien keine Gerichtsstandsvereinbarung getroffen haben, richtet sich die Zuständigkeit der staatlichen Gerichte nach den gesetzlichen Vorschriften über die internationale und örtliche Zuständigkeit (vgl. insbesondere die Brüssel I-VO und §§ 12 ff. ZPO).

E. Bedeutung des Schiedsorts

5   Mit dem Schiedsort wird das Verfahren in einer bestimmten Rechtsordnung verankert. Der Schiedsort ist für das Schiedsverfahren von grundlegender Bedeutung. Nach ihm richtet sich das **auf das Schiedsverfahren anwendbare Verfahrensrecht**. Dieser international übliche Grundsatz ist

im deutschen Recht in § 1025 Abs. 1 ZPO niedergelegt, wonach das deutsche Schiedsverfahrensrecht bei einem inländischen Schiedsort Anwendung findet. Nur wenige Bestimmungen des deutschen Rechts sind auch dann anzuwenden, wenn der Ort im Ausland liegt (vgl. § 1025 Abs. 2, Abs. 4 ZPO) oder noch nicht bestimmt ist (vgl. § 1025 Abs. 2, Abs. 3 ZPO).

Nach dem Schiedsort bestimmt sich ferner die **internationale und örtliche Zuständigkeit staatlicher Gerichte** (vgl. § 1026 Abs. 1 ZPO) und zwar insbesondere für unterstützende Maßnahmen wie die Vollziehung vom Schiedsgericht angeordneter vorläufiger oder sichernder Maßnahmen, was von erheblicher praktischer Bedeutung sein kann, weil sich die Voraussetzungen und das Verfahren für den Erlass vorläufiger gerichtlicher Maßnahmen im internationalen Vergleich nicht unerheblich unterscheiden. Der Schiedsort kann ferner Auswirkungen auf den Fortgang des Schiedsverfahrens für den Fall haben, dass eine Partei insolvent wird (s. Art. 37 Rz. 50; *Flecke-Giammarco/Keller*, NZI 2012, 525 ff.). 6

Darüber hinaus ist der Schiedsort für die **internationale Anerkennung und Vollstreckbarkeit des Schiedsspruchs** von Bedeutung. Die Qualifikation als in- oder ausländischer Schiedsspruch bestimmt sich nach dem Schiedsort (vgl. etwa §§ 1060, 1061 ZPO). Ein Schiedsspruch gilt als am Schiedsort erlassen, selbst wenn er in Wirklichkeit an einem anderen Ort erlassen wurde (Art. 31 Abs. 3). Ein Aufhebungsantrag nach § 1059 ZPO ist nur bei inländischen Schiedssprüchen statthaft. Liegt der Schiedsort im Ausland, richtet sich die Anfechtbarkeit (einschließlich Verfahren und Anfechtungsgründe) nach dortigem Recht. 7

Aufgrund des Umstandes, dass sich das anwendbare Verfahrensrecht nach dem Schiedsort richtet und auch die lokalen Gerichte für das Verfahren betreffende Maßnahmen zuständig sind, fällt die Wahl des **Vorsitzenden des Schiedsgerichts** bzw. des Einzelschiedsrichters oft auf eine Person aus der Jurisdiktion, in der der Schiedsort liegt, um zu gewährleisten, dass der Vorsitzende mit den örtlichen Verfahrensvorschriften vertraut ist. 8

Es bietet sich an, auf den Schiedsort auch für die Frage nach der geltenden Zeitzone für die im Schiedsverfahren festgelegten **Fristen** abzustellen. In Bezug auf den Ablauf von Fristen ist in Schiedsverfahren mit Parteien aus unterschiedlichen Zeitzonen die Zeitzone des Schiedsorts maßgeblich (*Wegen/Wilske*, SchiedsVZ 2003, 124). 9

F. Parteivereinbarung

10 Die Vereinbarung des Schiedsorts unterliegt **keinen Formerfordernissen**, da sie als bloße Verfahrensregelung nicht zwingender Bestandteil der Schiedsvereinbarung ist. Wenngleich die Parteien sich über den Schiedsort möglichst bereits zusammen mit der Schiedsvereinbarung einigen sollten, steht es ihnen frei, den Schiedsort erst zu einem späteren Zeitpunkt, selbst noch während des Verfahrens zu vereinbaren. Nach Art. 4 Abs. 3 Buchst. h muss die Schiedsklage bereits alle sachdienlichen Angaben und Anmerkungen oder Vorschläge zum Schiedsort enthalten.

11 Die Parteien können einen zunächst vereinbarten Schiedsort oder einen vom Gerichtshof bestimmten Schiedsort auch **nachträglich ändern** (a.A. Prütting/Gehrlein/*Prütting*, § 1043 ZPO Rz. 2, MüKo/*Münch*, § 1043 ZPO Rz. 11). Den Schiedsrichtern ist wohl ein Kündigungsrecht zuzugestehen, sollte die Wahl die Maßgeblichkeit einer Rechtsordnung zur Folge haben, die für die Schiedsrichter nicht zumutbar ist.

12 Bei der Wahl des Schiedsorts müssen sich die Parteien darüber bewusst sein, dass sie zugleich über das anwendbare Verfahrensrecht und Fragen der internationalen Vollstreckbarkeit des Schiedsspruchs entscheiden. **Entscheidungskriterien** sollten ferner sein, ob in den örtlichen Gerichten unabhängige und gut ausgebildete Richter über hinreichende Erfahrung bei der Unterstützung von Schiedsverfahren verfügen. Für die praktische Durchführung des Schiedsverfahrens von Bedeutung sind ferner eine gute Erreichbarkeit des Schiedsorts, die Einreisebestimmungen, eine geeignete Infrastruktur und die Verfügbarkeit von versierten örtlichen Rechtsanwälten (s. zu weiteren Aspekten *Lachmann*, Handbuch für die Schiedsgerichtspraxis, Rz. 395 ff.). Oftmals vereinbaren die Parteien einen Schiedsort auf neutralem Boden, um Heimvorteile einer Partei zu verhindern.

G. Bestimmung durch den Gerichtshof (Abs. 1)

13 Wenn die Parteien keinen Schiedsort vereinbart haben, legt der Gerichtshof einen solchen noch vor der Konstituierung des Schiedsgerichts fest. Das Sekretariat gibt den Parteien zuvor Gelegenheit zur Stellungnahme. Bei der Wahl des Schiedsorts berücksichtigt der Gerichtshof die **Umstände des Einzelfalls** und bezieht die Interessen aller an dem Verfahren beteiligten Personen in die Entscheidung ein. Bei der Ausübung seines Ermessens kann der Gerichtshof neben der Eignung des Orts für die Parteien auch die Belange der Schiedsrichter und der in Betracht kommenden Zeugen berücksichtigen. Entscheidend bei der Bestim-

mung des Schiedsorts durch den Gerichtshof ist die Wahrung von **Neutralität**. Aus diesem Grund bestimmt der Gerichtshof in der Regel einen Schiedsort, zu dem keine der Parteien eine besondere Beziehung hat. Die bloße Tatsache, dass ein (neutraler) Ort von einer der Parteien vorgeschlagen wurde, disqualifiziert diesen Ort nicht. Als weitere Anhaltspunkte für die Bestimmung eines Schiedsorts dienen darüber hinaus die Sicherheit, Infrastruktur und Zugänglichkeit des Schiedsorts sowie die Entfernung für die Parteien. Ein Kriterium kann auch eine grundsätzlich positive Einstellung der staatlichen Gerichte eines Landes zur Schiedsgerichtsbarkeit sein, die sich in der Regel durch ein modernes Schiedsrecht zeigt. Eine Grundvoraussetzung ist schließlich auch, dass die Vollstreckbarkeit des Schiedsspruchs in den in Betracht kommenden Vollstreckungsstaaten sichergestellt ist.

H. Abweichender Tagungsort (Abs. 2 und Abs. 3)

Vom Schiedsort ist der bloße Tagungsort zu unterscheiden. Sofern die Parteien nichts anderes vereinbart haben, kann das Schiedsgericht nach Anhörung der Parteien an jedem ihm geeignet erscheinenden Ort tagen, um mündliche Verhandlungen und Zusammenkünfte abzuhalten. Der Regelung liegen Zweckmäßigkeitsgesichtspunkte zugrunde. Während der Schiedsort das Verfahren in einer bestimmten Rechtsordnung verankert, schafft Art. 18 Abs. 2 die notwendige Flexibilität zur praktischen Durchführung des Schiedsverfahrens im Einzelfall. Je nach Verfahrenssituation mag es zweckmäßig sein, dass Verfahrensmaßnahmen nicht am Schiedsort erfolgen. So kann das Schiedsgericht nach Anhörung der Parteien die mündliche Verhandlung und Beweisaufnahme andernorts vornehmen. Die Wahl eines vom Schiedsort abweichenden Tagungsorts kann dazu beitragen, die Verfahrenskosten zu reduzieren. 14

Zwar gilt auch in Bezug auf den Tagungsort, dass die Parteien vorrangig die Möglichkeit haben, eine Vereinbarung zu treffen. Eine generelle Vereinbarung dürfte aber in den meisten Fällen wenig zweckmäßig sein. Dem Schiedsgericht sollten die von Art. 18 Abs. 2 und 3 gewährten Freiheiten zugestanden werden, damit es für die einzelnen Verfahrenshandlungen je nach Erforderlichkeit den berechtigten Interessen der Beteiligten auch in örtlicher Hinsicht angemessen Rechnung tragen kann. 15

Die Mitglieder des Schiedsgerichts können zur Beratung an jedem ihnen geeignet erscheinenden Ort zusammenkommen (Art. 18 Abs. 3). 16

Artikel 19: Verfahrensbestimmungen

Auf das Verfahren vor dem Schiedsgericht ist die Schiedsgerichtsordnung anzuwenden und soweit diese keine Regeln enthält, sind diejenigen Regeln anzuwenden, die von den Parteien oder, falls diese es unterlassen, vom Schiedsgericht festgelegt werden, unabhängig davon, ob damit auf eine auf das Schiedsverfahren anzuwendende nationale Prozessordnung Bezug genommen wird oder nicht.

Article 19: Rules Governing the Proceedings

The proceedings before the arbitral tribunal shall be governed by the Rules and, where the Rules are silent, by any rules which the parties or, failing them, the arbitral tribunal may settle on, whether or not reference is thereby made to the rules of procedure of a national law to be applied to the arbitration.

Regelungsschwerpunkte: Art. 19 bestimmt das anzuwendende Prozessrecht, also diejenigen Regelungen, nach denen das Schiedsgericht das Verfahren führen muss. Art. 19 legt zugleich die Normhierarchie fest, d.h. welche Verfahrensregeln vorrangig Anwendung finden. → Rz. 7 ff., 11 ff.

Kostenaspekte: Art. 19 hat keine unmittelbare Kostenfolge für die Parteien. → Rz. 20

Inhalt

A. Anwendbares Verfahrensrecht 1	V. Einzelerläuterung........... 7
I. Normzweck 1	B. Kosten 20
II. Reform 2	C. Abweichende Parteivereinbarung 21
III. Verhältnis zu §§ 1042, 1052 ZPO...................... 4	
IV. Vergleich mit den im staatlichen Verfahren geltenden Vorschriften 6	

A. Anwendbares Verfahrensrecht

Literatur: *Blessing*, The Arbitral Process. Part III: The Procedure before the Arbitral Tribunal, ICC Court Bulletin, Vol. 18 No. 1 (2007) S. 23 ff. (Chapter A 5); *Elsing*, Procedural efficiency in International Arbitration: Choosing the Best of Both

Legal Worlds, SchiedsVZ 2011, S. 114 ff.; *Schmidt-Ahrendts/Höttler*, Anwendbares Recht bei Schiedsverfahren mit Sitz in Deutschland, SchiedsVZ 2011, S. 267 ff.; *Schütze*, Die Ermessensgrenzen des Schiedsgerichts bei der Bestimmung der Beweisregeln, SchiedsVZ 2006, S. 1 ff.; *Wegen/Wilske*, Die anwendbare Zeitzone für Fristen in internationalen Schiedsverfahren, SchiedsVZ 2003, S. 124 ff.

I. Normzweck

Art. 19 bestimmt das anzuwendende *Prozessrecht*, also diejenigen Regelungen, nach denen das Schiedsgericht das Verfahren führen muss. Die entsprechende Regelung zum *materiellen* Recht des Schiedsverfahrens findet sich in Art. 21. 1

II. Reform

In Art. 19 ICC-SchO 2012 wurde der alte Art. 15 Abs. 1 ICC-SchO 1998 wörtlich übernommen. Insoweit ergeben sich mit der Reform keine inhaltlichen Neuerungen. 2

Art. 15 Abs. 2 ICC-SchO 1998, welcher die Verfahrensmaxime der Gleichbehandlung der Parteien und des rechtlichen Gehörs kodifiziert, ging bei der Neufassung in Art. 22 Abs. 4 ICC-SchO 2012 auf. 3

III. Verhältnis zu §§ 1042, 1052 ZPO

§ 1042 Abs. 3 ZPO gestattet es den Parteien, die anwendbaren Verfahrensbestimmungen selbst zu regeln. Haben die Parteien in ihrer Schiedsklausel vereinbart, dass die ICC-SchO angewendet werden soll, haben sie damit die ihnen in § 1042 Abs. 3 ZPO zugestandene Parteiautonomie ausgeübt. 4

§ 1052 Abs. 3 ZPO regelt, dass über einzelne Verfahrensfragen der vorsitzende Schiedsrichter allein entscheiden kann, wenn die Parteien oder die anderen Mitglieder des Schiedsgerichts ihn dazu ermächtigt haben. Die Vorschrift enthält damit eine Regelung, welche gegenüber Art. 19 nur deklaratorische Wirkung besitzt. Die Parteien sind bei der Bestimmung der Verfahrensregularien weitgehend frei und können demnach auch dem Vorsitzenden des Schiedsgerichts gegenüber dem ganzen Spruchkörper weitergehende Befugnisse einräumen. 5

IV. Vergleich mit den im staatlichen Verfahren geltenden Vorschriften

6 Das staatliche Recht hält ausführliche Verfahrensregelungen bereit. Die Parteien sind an die Verfahrensvorschriften der anwendbaren gesetzlichen Prozessordnung gebunden. Die Parteien können das Verfahren gerade nicht frei bestimmen. Sie können lediglich die geregelten Verfahrensrechte ausüben und auf diese Weise das Verfahren beeinflussen.

V. Einzelerläuterung

7 Art. 19 regelt, wie das Schiedsgericht die **anzuwendenden Verfahrensvorschriften bestimmen** muss: Zunächst muss das Schiedsgericht die Bestimmungen der ICC-SchO anwenden. Nur wenn die ICC-SchO keine Regelungen vorsieht oder abweichende Regelungen der Parteien zulässig sind, muss und darf das Schiedsgericht auf sonstige Vereinbarungen der Parteien zurückgreifen. Soweit es dann noch an Verfahrensregeln fehlt, bestimmt das Schiedsgericht selbst die Verfahrensregeln nach eigenem Ermessen.

8 Art. 19 gewährt den Parteien eine recht **große Autonomie**, eigene Verfahrensvorschriften festzulegen. Zugleich bestimmt Art. 19 aber die Grenzen der Parteiautonomie.

9 Art. 19 legt zunächst fest, dass Parteivereinbarungen nur berücksichtigt werden dürfen, wenn sie sich **im Rahmen der ICC-SchO** bewegen. Die Parteien können also nicht die ICC-SchO und zugleich ein völlig eigenständiges Verfahrensrecht vereinbaren. Dann liegt jedenfalls kein ICC-Schiedsverfahren mehr vor, d.h. die ICC würde ein solches Verfahren nicht administrieren. Allerdings legt die ICC-SchO nur die wesentlichen Verfahrensbestimmungen fest und gestattet den Parteien sehr weitgehend, das Verfahren in den Einzelheiten an die konkreten Bedürfnisse anzupassen. Solche ergänzenden Regelungen sind zulässig. In der Praxis kommt daher den Parteivereinbarungen und vor allem den verfahrensleitenden Verfügungen des Schiedsgerichts erhebliche Bedeutung zu.

10 Die Parteien können Grundmaximen des Verfahrens nicht abbedingen. **Fundamentale Verfahrensprinzipien** wie das Gebot der Gleichbehandlung oder das Recht auf rechtliches Gehör sind unabdingbar (vgl. Art. 22 Abs. 4).

11 Aus Art. 19 folgt die **Normhierarchie** der anzuwendenden Verfahrensregelungen (vgl. BT-Drucks. 13/5274, S. 46 f.): (1) zwingende gesetzliche Regelungen; (2) ICC-SchO; (3) sonstige Parteivereinbarung; (4) Verfah-

rensregeln aufgrund richterlichen Ermessens (im Rahmen einer sog. „verfahrensleitenden Verfügung").

Art. 19 bestimmt, dass die **zwingenden gesetzlichen Verfahrensregeln** am Sitz des Schiedsgerichts Vorrang haben. Dies drückt eine Selbstverständlichkeit aus. Art. 19 bezieht sich dabei lediglich auf das Schiedsverfahrensrecht am Sitz des Schiedsgerichts. Die für staatliche Gerichtsverfahren geltenden Regeln finden auch durch den Verweis in Art. 19 keine Anwendung auf ein Schiedsverfahren, da die Parteien diese Regeln gerade abbedungen haben. Bei Schiedsverfahren mit einem Schiedsort in Deutschland ist daher das X. Buch der ZPO heranzuziehen. Die übrigen Vorschriften der ZPO sind nicht – auch nicht analog – anwendbar. Die Systematik der ZPO ist eindeutig. Für eine analoge Anwendung der ersten neun Bücher der ZPO ist zudem kein Raum, weil sie spezifisch auf das deutsche staatliche Verfahren zugeschnitten sind. Gerade in internationalen Schiedsverfahren passen die Vorschriften für das deutsche staatliche Gerichtsverfahren nicht. 12

Dem zwingenden staatlichen Schiedsverfahrensrecht nachrangig finden die **Parteivereinbarungen** zur Ausgestaltung des Verfahrens Anwendung. Haben die Parteien ein Schiedsverfahren nach der ICC-SchO vereinbart, gilt zunächst die ICC-SchO, es sei denn, die Parteien sind davon in zulässiger Weise abgewichen oder haben – etwa im Schiedsauftrag – Ergänzendes vereinbart. Den Parteien kommt bei der Bestimmung der anzuwendenden Verfahrensregeln **weitgehende Autonomie** zu. Die Parteien können aber auch ergänzend auf bereits existierende Regelwerke, wie z.B. die IBA-Regeln zum Beweisverfahren, Bezug nehmen („*International Bar Association Rules on the Taking of Evidence in International Arbitration*"). Verstößt das Schiedsgericht gegen eine Vereinbarung der Parteien zum Ablauf des Verfahrens und kann sich dieser Verfahrensverstoß auf den Schiedsspruch ausgewirkt haben, so ist der Schiedsspruch nach § 1059 Abs. 2 Nr. 1 Buchst. d ZPO aufzuheben (vgl. OLG Frankfurt am Main v. 17.2.2011 – 26 Sch 13/10, SchiedsVZ 2013, 49). 13

Im Übrigen hat das Schiedsgericht ein breites Ermessen, nach welchen Regeln es das Verfahren führt. Jedenfalls in größeren Schiedsverfahren legen Schiedsgerichte ergänzende Verfahrensregeln meist in einer ausführlichen verfahrensleitenden Verfügung zu Beginn des Verfahrens fest („specific/supplemental procedural rules"). Diese verfahrensspezifischen Regeln ergänzen die ICC-SchO. In den **ergänzenden Verfahrensregeln** regelt das Schiedsgericht u.a. Aspekte wie die Zustellung von Schriftsätzen und Fristen, den Umgang mit Schriftsatzanlagen und nicht 14 in der Verfahrenssprache verfassten Dokumenten, den Zeugenbeweis oder auch, im weiteren Verfahrensverlauf, den Ablauf der mündlichen Verhandlung. Die Parteien haben so mehr Klarheit, an welche Regeln sie sich halten müssen und wie das Verfahren ablaufen wird. Das Schiedsgericht sollte sich jedoch vorbehalten, die Verfahrensregeln im Laufe des Verfahrens wieder zu ändern. Dies kann sinnvoll und notwendig sein, wenn sich während des Verfahrens die Umstände ändern und zusätzliche ergänzende Regeln benötigt werden.

15 Die Parteien können die **fundamentalen Verfahrensgrundsätze** nicht *ex ante* abbedingen. Zu diesen Grundsätzen gehören vor allem das Gebot der Gleichbehandlung und der Anspruch auf rechtliches Gehör. Die Parteien können auf diese Rechte im Vorfeld nicht vollständig verzichten, weil damit ein unabsehbarer Verzicht auf Rechtsschutz verbunden wäre. Ein Verzicht ist nur im konkreten Fall (*ex post*) möglich. Die Parteien haben es jedoch in der Hand, die Verfahrensgrundsätze individuell auszugestalten. Dabei sollten die Parteien allerdings zurückhaltend sein. Eine selbstgestrickte Verfahrensordnung hat den Charme der Individualität. Sie birgt jedoch die Gefahr, dass die Parteien Wichtiges ungeregelt lassen oder unklare Regelungen vereinbaren. Häufig sind dann lange und damit teure prozessuale Diskussionen die Folge. Zudem hängt vieles maßgeblich davon ab, welche Schiedsrichter im konkreten Fall über den Rechtsstreit entscheiden werden. Und insoweit haben die Parteien erheblichen Einfluss.

16 Verstößt das Schiedsgericht gegen elementare Verfahrensgrundsätze, stellt dies einen Aufhebungsgrund nach § 1059 Abs. 2 Nr. 1 Buchst. b und Buchst. d ZPO bzw. einen Grund für die Versagung der Anerkennung und Vollstreckung nach § 1059 Abs. 2 Nr. 2 Buchst. b ZPO dar.

17 Das Schiedsgericht kann **prozessuale Entscheidungen** in jedem Stadium des Verfahrens treffen. Die Parteien können eine solche Entscheidung auch selbst beantragen. Das Schiedsgericht ist insoweit an frühere verfahrensleitende Verfügungen nicht gebunden. Liegt jedoch eine wirksame Parteivereinbarung zum Verfahren vor, muss das Schiedsgericht diese respektieren. Daher verzichten Schiedsgerichte meist darauf, ausführliche Verfahrensregeln in den Schiedsauftrag aufzunehmen. Da dieser von den Parteien unterschrieben wird, liegt eine Parteivereinbarung vor, die das Schiedsgericht bindet und von der das Schiedsgericht nur abweichen kann, wenn alle Parteien zustimmen. Schiedsgerichte legen daher die ausführlichen Verfahrensregeln in der Regel in einer verfahrensleitenden Verfügung – nach Anhörung der Parteien – fest. Es ist den

Parteien jedoch unbenommen, einen – ggf. noch lückenhaften – Entwurf des Schiedsgerichts zu ergänzen.

In der Praxis hat es sich jedenfalls in größeren Verfahren durchgesetzt, dass das Schiedsgericht zu Verfahrensbeginn nach Rücksprache mit den Parteien in Ausübung seines Ermessens eine **ausführliche verfahrensleitende Verfügung** erlässt, in der das Schiedsgericht den Verfahrenskalender festlegt und **spezielle Verfahrensregeln** zur praktischen Durchführung des Verfahrens aufstellt. 18

Die ICC-SchO regelt nicht, wie eine **verfahrensrechtliche Entscheidung** des Schiedsgerichts aussehen muss. In der Praxis ergehen verfahrensrechtliche Entscheidungen des Schiedsgerichts meist in Form einer förmlichen verfahrensleitenden Verfügung, die der Vorsitzende des Schiedsgerichts für das Schiedsgericht unterzeichnet. Häufig werden – weniger wichtige – verfahrensrechtliche Punkte auch in der sonstigen schriftlichen Korrespondenz zwischen Schiedsgericht und den Parteien geregelt (E-Mail, Brief). Rechtlich wirksam sind auch mündliche verfahrensrechtliche Anordnungen des Schiedsgerichts. Diese sind nicht einmal selten: So regelt ein Schiedsgericht gerade in mündlichen Verhandlungen viele verfahrensrechtliche Fragen durch mündliche Entscheidungen. Oder das Schiedsgericht entscheidet eine verfahrensrechtliche Frage in einer Telefonkonferenz. 19

Empfehlung: Um Rechtsklarheit sicherzustellen, sollte das Schiedsgericht allerdings solche mündlichen Verfügungen nochmals schriftlich niederlegen, wenn die Entscheidung nicht ohnehin – wie in der mündlichen Verhandlung – protokolliert wird.

B. Kosten

Art. 19 hat keine unmittelbare Kostenfolge für die Parteien. Die Parteien sollten bei der Ausgestaltung des Verfahrens jedoch darauf achten, das Verfahren nicht unnötig kompliziert und damit teuer zu machen. Während die ICC-SchO in zeitlicher und finanzieller Hinsicht auf eine effiziente Verfahrensführung Wert legt, geht dieser Vorteil rasch verloren, wenn die Parteien komplexe eigene Zusatzbestimmungen vereinbaren. 20

C. Abweichende Parteivereinbarung

Art. 19 räumt den Parteien die Möglichkeit ein, die auf das Verfahren anwendbaren Regeln zu bestimmen. Allerdings schränkt die Norm die 21

Parteiautonomie insoweit ein, als die Parteien solche Vereinbarungen nur innerhalb des durch die ICC-SchO gezogenen Rahmens treffen können. Verstoßen Parteivereinbarungen gegen zwingende Normen der ICC-SchO, geht die ICC-SchO vor.

22 Nachdem der erste Schiedsrichter ernannt bzw. bestätigt ist, können die Parteien die Verfahrensbestimmungen nicht mehr ohne weiteres einseitig verändern. Sie haben mit jedem Schiedsrichter einen Vertrag geschlossen, ein bestimmtes Schiedsverfahren nach bestimmten (= im Vorfeld bekannten) Regeln zu führen (Einleitung Rz. 3, Art. 11 Rz. 41 ff.). Die Parteien können daher das Verfahrensrecht ohne Zustimmung des Schiedsgerichts nur dann noch verändern, wenn diese Änderung die Schiedsrichter nicht berührt und nicht über das hinausgeht, was die Schiedsrichter erwarten durften, als sie das Schiedsrichteramt angenommen haben. Faktisch verbleibt den Parteien damit freilich ein erheblicher Spielraum bei der Ausgestaltung des Verfahrens.

23 Umgekehrt müssen das Schiedsgericht und die Parteien darauf achten, dass bestehende Verfahrensregeln auch eingehalten werden. Häufig erlassen Schiedsgerichte verfahrensleitende Verfügungen „im Einvernehmen mit den Parteien". Solche Formulierungen sind gefährlich: Liegt nämlich eine Parteivereinbarung vor, die durch die verfahrensleitende Verfügung lediglich dokumentiert wird, sind Schiedsgericht und Parteien daran gebunden. Ohne Zustimmung aller Beteiligten darf das Schiedsgericht dann nicht mehr davon abweichen (vgl. OLG Frankfurt am Main v. 17.2.2011 – 26 Sch 13/10, SchiedsVZ 2013, 49; der BGH hat die Rechtsbeschwerde gegen diesen Beschluss als unzulässig verworfen, BGH v. 2.10.2012 – III ZB 8/11).

Artikel 20: Verfahrenssprache

Fehlt eine Parteivereinbarung, bestimmt das Schiedsgericht die Verfahrenssprache(n) unter Berücksichtigung aller Umstände, einschließlich der Sprache des Vertrags.

Article 20: Language of the Arbitration

In the absence of an agreement by the parties, the arbitral tribunal shall determine the language or languages of the arbitration, due regard being given to all relevant circumstances, including the language of the contract.

Regelungsschwerpunkte: Freie Wählbarkeit der Verfahrenssprache durch die Parteien. Bei fehlender Parteivereinbarung erfolgt Festlegung durch das Schiedsgericht. → Rz. 1–15

Kostenaspekte: Kosten von Übersetzungen in die Verfahrenssprache sind als Teil der Kosten des schiedsrichterlichen Verfahrens erstattungsfähig. → Rz. 16

Inhalt

A. Normzweck 1	E. Parteivereinbarung 8
B. Reform 4	F. Bestimmung durch das Schiedsgericht 13
C. Verhältnis zu § 1045 ZPO ... 5	G. Kosten 16
D. Vergleich mit den im staatlichen Verfahren geltenden Vorschriften 6	

Literatur: *Hamann/Lennarz*, Sieben Regeln für eine schnelle, einfache und gute Schiedsklausel, BB 2007, S. 1009 ff.; *Trittmann*, Englischsprachige Schiedsverfahren in Deutschland – Realität, AnwBl 1/2012, S. 35 ff.

A. Normzweck

Art. 20 enthält Bestimmungen zur Verfahrenssprache, einem bei internationalen Schiedsverfahren nicht unerheblichen Verfahrensaspekt. Die Verfahrenssprache gilt für alle verfahrensbezogenen Handlungen der Parteien und des Schiedsgerichts. Die Parteien können sich auf die Verfahrenssprache einigen. Fehlt eine solche Parteivereinbarung, bestimmt das Schiedsgericht die zu verwendende Verfahrenssprache.

Die Verfahrenssprache gilt für **alle verfahrensbezogenen Handlungen des Schiedsverfahrens**, soweit nicht etwas anderes vorgesehen ist. Der Kläger sollte die Frage der Verfahrenssprache bereits in seiner Schiedsklage adressieren (Art. 4, s. hierzu auch Art. 4 Rz. 35). Sollte das Schiedsgericht in einer anderen als der Verfahrenssprache Prozesshandlungen vornehmen, kann darin ein Aufhebungsgrund liegen (§ 1059 Abs. 2, Nr. 1 Buchst. d ZPO), wenn dieser Verfahrensfehler rechtzeitig gerügt wurde (vgl. Art. 39). Nicht vom Anwendungsbereich des Art. 20 erfasst sind dagegen materiellrechtliche Willenserklärungen, sofern sie nicht zugleich Prozesshandlungen darstellen (wie z.B. im Fall einer Prozessaufrechnung). Von der Verfahrenssprache i.S.d. Art. 20 zu unterscheiden ist die Gerichtssprache für alle Verfahren vor staatlichen Gerichten, die in Zusammenhang mit einem Schiedsverfahren erfolgen. Sie bestimmt sich nach der jeweiligen *lex fori*. Gemäß § 184 Satz 1 GVG ist in Verfahren vor deutschen Gerichten die Gerichtssprache deutsch.

3   Auch wenn die offiziellen Sprachen des Gerichtshofes Englisch und Französisch sind, können die Parteien sich in jeder Verfahrenssprache an den Gerichtshof wenden. Das Sekretariat korrespondiert außer in Englisch und Französisch auch in Deutsch und Spanisch.

B. Reform

4   Art. 20 ICC-SchO 2012 ist mit Art. 16 ICC-SchO 1998 inhaltsgleich. Lediglich der Wortlaut des ersten Halbsatzes wurde geringfügig geändert.

C. Verhältnis zu § 1045 ZPO

5   Der Regelungsgehalt von Art. 20 ist mit § 1045 Abs. 1 ZPO identisch. Art. 20 hebt in seinem letzten Halbsatz im Gegensatz zu § 1045 ZPO ausdrücklich hervor, dass zu den durch das Schiedsgericht bei der Sprachwahl zu berücksichtigenden Umständen die Sprache des Vertrages gehört. Diesen Umstand würdigen auch deutsche Schiedsgerichte bei der Wahl der Verfahrenssprache, womit kein Unterschied im Regelungsgehalt beider Normen begründet wird. In Art. 20 fehlt eine ausdrückliche Regelung zu schriftlichen Beweismitteln, wie sie § 1045 Abs. 2 ZPO vorsieht. In Schiedsverfahren nach der ICC-SchO gilt aber in Bezug auf schriftliche Beweismittel nichts anderes.

D. Vergleich mit den im staatlichen Verfahren geltenden Vorschriften

6   Gemäß § 184 GVG ist die Gerichtssprache in deutschen staatlichen Gerichtsverfahren deutsch. Die Norm ist zwingend und für die Parteien nicht disponibel.

7   Die Durchführung von Gerichtsverhandlungen in englischer Sprache wird gegenwärtig diskutiert. Ein zwischenzeitlich der Diskontinuität anheim gefallener Gesetzentwurf (BT-Drs. 17/2163) sah die Einrichtung von Kammern für internationale Handelssachen bei den Landgerichten vor, vor denen Rechtsstreitigkeiten in englischer Sprache verhandelt werden können. Bislang finden an einigen Landgerichten in Nordrhein-Westfalen im Rahmen von Modellprojekten Gerichtsverhandlungen in englischer Sprache statt.

E. Parteivereinbarung

Die Parteien können eine **Vereinbarung** über die Verfahrenssprache treffen. Eine solche Parteivereinbarung bedarf keiner besonderen Form, sondern kann formlos getroffen werden. Eine Einigung über die Verfahrenssprache ist auch noch nach Abschluss der Schiedsvereinbarung möglich. Aufgrund der Bedeutung der Verfahrenssprache für das gesamte schiedsgerichtliche Verfahren ist jedoch zu empfehlen, die Sprache bereits in der Schiedsvereinbarung schriftlich und eindeutig festzulegen. Vereinbaren die Parteien nachträglich eine andere Sprache, als sie zunächst vorgesehen hatten oder vom Schiedsgericht bestimmt worden war, sollten die Schiedsrichter den Rücktritt (Art. 15 Abs. 1) von ihrem Amt als Schiedsrichter erklären, wenn sie die neu gewählte Sprache nicht hinreichend beherrschen. 8

Die Parteien haben die **freie Wahl**, auf welche Verfahrenssprache sie sich einigen. Sie können eine Sprache wählen, die nicht ihrer Landessprache oder der Gerichtssprache am Schiedsort entspricht. Es muss auch nicht die Vertragssprache sein, wenngleich dies oft zweckmäßig ist. Bspw. kann sich stattdessen aus Kostengründen die Sprache am Schiedsort als Verfahrenssprache anbieten, wenn die Parteivertreter am Schiedsort tätige Rechtsanwälte sind und die Parteien die Sprache am Schiedsort ebenfalls verstehen. 9

Parteien haben bei der Wahl der Verfahrenssprache oftmals auch **prozesstaktische Erwägungen** im Sinn: Die bessere sprachliche Ausdrucksfähigkeit – auch von Zeugen – mag einer der Parteien einen überzeugenden Vortrag sowie die interne und externe Kommunikation erleichtern. Auch Zeitvorteile können entstehen. Ferner wird der Kreis der potentiellen Schiedsrichter durch die Verfahrenssprache bestimmt. Ist die Verfahrenssprache Deutsch, stammen die Schiedsrichter in der Regel aus einem deutschsprachigen Land, was sich wiederum auf die Art der Verfahrensdurchführung auswirkt, insbesondere darauf, in welchem Ausmaß das Schiedsverfahren von Elementen des kontinentaleuropäischen statt des angloamerikanischen Rechtskreises geprägt ist. 10

Darüber hinaus macht der Wortlaut des Art. 20 deutlich, dass es auch **mehrere Verfahrenssprachen** geben kann, die sich möglicherweise auf einzelne Teile oder Aspekte des Verfahrens beziehen. Wenn zahlreiche – etwa als Beweismittel – für das Verfahren relevante Unterlagen in einer anderen Sprache als der Verfahrenssprache verfasst sind, kann es aus Kosten- und Zeitgründen sinnvoll sein, die Vorlage dieser Unterlagen im Original zuzulassen, damit möglichst wenige Übersetzungen im Ver- 11 fahrensverlauf erforderlich werden. Es kann auch zweckmäßig sein, Zeugenaussagen in einer zusätzlichen Sprache zuzulassen. Eine umfassende Verfahrensführung in zwei oder mehr Sprachen bringt jedoch regelmäßig Verzögerungen sowie erhöhte Kosten mit sich und birgt das Risiko, dass Dokumente unterschiedliche Inhalte haben. Die Sprachenkombination kann ferner dazu führen, dass sich der Kreis potentieller Kandidaten für das Schiedsrichteramt erheblich verengt, denn die Parteien werden sich in aller Regel einen Schiedsrichter wünschen, der alle Verfahrenssprachen versteht.

12 Für **interne Beratungen** ist das Schiedsgericht nicht an die Verfahrenssprache gebunden.

F. Bestimmung durch das Schiedsgericht

13 Sofern eine Vereinbarung der Parteien über die Verfahrenssprache fehlt, muss das Schiedsgericht eine Verfahrenssprache bestimmen. Die kommentarlose Entgegennahme des verfahrenseinleitenden Schriftstücks und weitere Kommunikation des Schiedsgerichts mit den Parteien auf Deutsch kann als schlüssige Festlegung von Deutsch als Verfahrenssprache betrachtet werden.

Empfehlung: Die Parteien sollten aber aus Gründen der Vollstreckungssicherheit auf einer ausdrücklichen Festlegung der Sprache durch verfahrensleitende Verfügung bestehen, und zwar möglichst noch vor dem Beginn der Arbeit am Schiedsauftrag.

14 Bei der Bestimmung der Verfahrenssprache hat das Schiedsgericht das **rechtliche Gehör** zu berücksichtigen sowie den allgemeinen **Grundsatz des fairen Verfahrens und der Waffengleichheit der Parteien** zu beachten. Es wird sich in erster Linie nach der Sprache des Hauptvertrags richten. Auch die Vorkorrespondenz zwischen den Parteien kann als Anhaltspunkt herangezogen werden. Das Schiedsgericht darf davon ausgehen, dass diese Schriftstücke von den Parteien verstanden worden sind. Welche Amtssprache am Schiedsort gilt, ist nachrangig. Das Schiedsgericht kann auch bestimmen, dass mehrere Verfahrenssprachen verwendet werden (s. hierzu auch unter Rz. 11).

15 Es muss nicht in jedem Fall sichergestellt werden, dass eine Partei dem Verfahren auch ohne Dolmetscher folgen kann. Der Anspruch auf ein faires Verfahren und auf Gewährung rechtlichen Gehörs reicht nicht so weit, als dass es das Schiedsgericht verpflichtet, jeder Partei die Möglichkeit zur Verhandlung in ihrer Muttersprache einzuräumen.

G. Kosten

Ordnet das Schiedsgericht eine Übersetzung an, so gelten, sofern nicht beispielsweise im Schiedsauftrag andere Regelungen getroffen werden, die Übersetzungskosten als Teil der Kosten des schiedsrichterlichen Verfahrens. Auch die Kosten für von den Parteien veranlasste Übersetzungen sind regelmäßig erstattungsfähig, solange es sich um Kosten für Übersetzungen in die Verfahrenssprache handelt. Kosten für Übersetzungen in andere Sprachen muss die jeweilige Partei selbst tragen. 16

Artikel 21: Bei der Sachentscheidung anwendbare Rechtsregeln

(1) Die Parteien können die Rechtsregeln, die das Schiedsgericht bei der Entscheidung in der Sache über die Streitigkeit anwenden soll, frei vereinbaren. Fehlt eine solche Vereinbarung, so wendet das Schiedsgericht diejenigen Rechtsregeln an, die es für geeignet erachtet.

(2) Das Schiedsgericht berücksichtigt die Bestimmungen des zwischen den Parteien etwaig bestehenden Vertrages und etwaiger einschlägiger Handelsbräuche.

(3) Das Schiedsgericht entscheidet nur dann als amiable compositeur oder ex aequo et bono, wenn die Parteien es dazu ermächtigt haben.

Article 21: Applicable Rules of Law

(1) The parties shall be free to agree upon the rules of law to be applied by the arbitral tribunal to the merits of the dispute. In the absence of any such agreement, the arbitral tribunal shall apply the rules of law which it determines to be appropriate.

(2) The arbitral tribunal shall take account of the provisions of the contract, if any, between the parties and of any relevant trade usages.

(3) The arbitral tribunal shall assume the powers of an amiable compositeur or decide ex aequo et bono only if the parties have agreed to give it such powers.

Regelungsschwerpunkte: Abs. 1–3 ICC-Schiedsgerichte fällen ebenso wie staatliche Gerichte grundsätzlich eine Rechtsentscheidung, bei der sie primär das Recht anwenden, das die Parteien gewählt haben. Fehlt es an einer Rechtswahl, bestimmen ICC-Schiedsgerichte das anwendbare Recht nach allgemein anerkannten objektiven Kriterien. Nach Billigkeit entscheiden sie nur in seltenen Fällen und nur auf den ausdrücklichen Wunsch der Parteien hin. → Rz. 13–54

Kostenaspekte: Abs. 1–3 Eine klare Regelung des anwendbaren Rechts durch die Parteien dient der Rechtssicherheit und vermeidet unnötige Kosten. → Rz. 71–72

Inhalt

A. Normzweck 1	III. Vertragsbestimmungen und Handelsbräuche (Abs. 2) 41
B. Reform 5	IV. Entscheidung nach Billigkeit (Abs. 3).................... 48
C. Verhältnis zu § 1051 ZPO ... 6	
D. Vergleich mit den in staatlichen Verfahren geltenden Vorschriften 8	F. Form der Entscheidung des Schiedsgerichts............ 55
E. Anwendbares Sachrecht 13	G. Ermittlung des Inhalt des anwendbaren Sachrechts....... 62
I. Subjektive Anknüpfung (Rechtswahl) (Abs. 1 Satz 1) . . 13	H. Vollstreckbarkeit und gerichtliche Kontrolle 67
1. Inhalt der Parteiautonomie 13	J. Kosten 71
2. Grenzen der Parteiautonomie 26	K. Abweichende Parteivereinbarungen 73
II. Objektive Anknüpfung (Abs. 1 Satz 2).............. 33	

Literatur: *Bernardini*, International Arbitration and A-National Rules of Law, ICC Court Bulletin, Vol. 15 No. 2 (2004), S. 58 ff.; *Derains*, Choice of Law applicable to the Contract and International Arbitration, ICC Court Bulletin, Vol. 6 No. 2 (1995), S. 10 ff.; *De Ly/Friedman/Radicati di Brozolo*, International Law Association International Commercial Arbitration Committee's Report and Recommendations on ‚Ascertaining the Contents of the Applicable Law in International Commercial Arbitration', Report for the Biennial Conference in Rio de Janeiro, August 2008; *Elsing*, Die ex officio Anwendung drittstaatlicher Eingriffsnormen, in: FS Mailänder (2006), S. 87 ff.; *Jolivet*, La jurisprudence arbitrale de la CCI et la lex mercatoria, Gazette du Palais (2001), S. 563; *Junker*, Deutsche Schiedsgerichte und Internationales Privatrecht, in: FS Sandrock (2000), S. 443 ff.; *Kiffer*, Amiable Composition and ICC-Arbitration, ICC-Court Bulletin, Vol. 18 No. 1 (2007), S. 51 ff.; *Knuts*, Jura Novit Curia and the Right to be Heard, Arbitration International, Vol. 28 No 4, S. 669 ff.; *Mankowski*, Rom I-VO und Schiedsverfahren, RIW 2011, S. 30 ff.; *Marrella*, The New (Rome I) European Regulation on the Law Applicable to Contractual Obligations: What has Changed?, ICC Court Bulletin, Vol. 19 No. 1 (2008), S. 87 ff.; *McGuire*, Grenzen der Rechtswahlfreiheit im Schiedsverfahrensrecht? Über das Verhältnis zwischen der Rom-I-VO und § 1051 ZPO, SchiedsVZ 2011, S. 257 ff.; *Mourre*, Application of the Vienna International

Sales Convention in Arbitration, ICC Court Bulletin, Vol. 17 No. 1 (2006), S. 43 ff.; *Pfeiffer*, Internationales Vertragsrecht vor Schiedsgerichten, in: Graf von Westphalen (Hrsg.), Deutsches Recht im Wettbewerb – 20 Jahre transnationaler Dialog, S. 178 ff.; *Schilf*, Römische IPR-Verordnungen – kein Korsett für internationale Schiedsgerichte, RIW 2013, S. 678 ff.; *Schmidt-Ahrendts/Höttler*, Anwendbares Recht bei Schiedsverfahren mit Sitz in Deutschland, SchiedsVZ 2011, S. 267 ff.; *Solomon*, Das vom Schiedsgericht in der Sache anzuwendende Recht nach dem Entwurf eines Gesetzes zur Neuregelung des Schiedsverfahrensrechts, RIW 1997, S. 981 ff.; *Truong*, The Law Applicable to the Merits in International Distribution Contracts: An Analysis of ICC Arbitral Awards, ICC Court Bulletin, Vol. 12 No. 1 (2001), S. 37 ff.

A. Normzweck

Art. 21 ist eine **Kollisionsregel**. Sie bestimmt, nach welchem Sachrecht der Rechtsstreit der Parteien durch das Schiedsgericht zu entscheiden ist. Adressat der Vorschrift ist somit primär das Schiedsgericht. Die Vorschrift richtet sich jedoch auch an die Parteien, da sie bestimmt, an welchen Normen ihr Verhalten im Streitfall gemessen werden wird. 1

Trotz aller Bemühungen der Rechtsvereinheitlichung durch völkerrechtliche Verträge, supranationales Recht (insbesondere EU-Recht), Einheitsrecht (wie z.B. das „Übereinkommen der Vereinten Nationen über Verträge über den internationalen Warenkauf vom 11.4.1980", kurz: CISG) oder transnationale Rechtsgrundsätze (wie z.B. die „UNIDROIT Principles of International Commercial Contracts 2010" kurz: PICC) unterscheiden sich nationale Sachrechte nach wie vor in vielerlei Hinsicht. Die Bestimmung des anwendbaren Sachrechts durch das Schiedsgericht ist daher oft mitentscheidend für den Ausgang eines ICC-Schiedsverfahrens. 2

Art. 21 enthält drei zentrale Regelungen. Abs. 1 Satz 1 ermöglicht es den Parteien, selbst zu bestimmen, nach welchem Sachrecht ihr Rechtsstreit entschieden werden soll. Art. 21 Abs. 1 Satz 2 und Abs. 2 regeln, welches Sachrecht das Schiedsgericht anzuwenden hat, sollten die Parteien keine (wirksame) Rechtswahl getroffen haben. Art. 21 Abs. 3 regelt die Voraussetzung einer Billigkeitsentscheidung durch das Schiedsgericht. 3

Art. 21 dient der **Vorhersehbarkeit** der jeweiligen Entscheidung eines Schiedsgerichts und somit der **Rechtssicherheit**. Abs. 1 und Abs. 3 stärken hierbei in besonderem Maße die **Privatautonomie** der Parteien. Art. 21 ermöglicht es den Parteien schließlich auch, sich gezielt auf einen etwaigen Rechtsstreit vorzubereiten bzw. diesem vorzubeugen. Die 4

Regelung dient somit auch der Vermeidung unnötiger Kosten. Diese entstehen nicht zuletzt dann, wenn sich die Parteien aufgrund einer unklaren Regelung gezwungen sehen, im Schiedsverfahren zu verschiedenen möglicherweise anwendbaren Sachrechten vorzutragen bzw. wenn ein Schiedsgericht über die oft komplexe Frage des anwendbaren Sachrechts entscheiden muss.

B. Reform

5   Die früher in Art. 17 ICC-SchO 1998 enthaltene Regelung des anwendbaren Sachrechts hat durch die Reform kaum Änderungen erfahren. Art. 21 Abs. 2 ICC-SchO 2012 enthält nunmehr den klarstellenden Zusatz, dass das Schiedsgericht nur „zwischen den Parteien bestehende" Verträge und „einschlägige" Handelsbräuche zu berücksichtigen hat, und nur, sofern diese überhaupt „vorhanden" sind. Durch diese geringfügige Anpassung des Wortlauts sollte den Gegebenheiten in Investitionsschutzverfahren, die nach der ICC-SchO durchgeführt werden, Rechnung getragen werden, wo Ansprüche oft gerade nicht auf Basis eines Vertrages geltend gemacht werden und Handelsbräuche nicht existieren. Abs. 3 verzichtet zudem auf die Verwendung des Begriffs des „billigen Ermessens". Eine inhaltliche Änderung gegenüber der Rechtlage in Art. 17 ICC-SchO 1998 ist hiermit jeweils nicht verbunden.

C. Verhältnis zu § 1051 ZPO

6   Die Parallelnorm des deutschen nationalen Schiedsverfahrensrechts zu Art. 21 ist § 1051 ZPO (zur Frage, ob Schiedsgerichte mit Sitz in Deutschland daneben die Verordnungen [EG] 593/2008 [„Rom I"] und 864/2007 („Rom II") anzuwenden haben, s. Rz. 10 ff.). § 1051 ZPO hat für die Bestimmung des anwendbaren Sachrechts im Rahmen eines ICC-Schiedsverfahrens jedoch keine praktische Bedeutung.

7   Hierbei kann offen bleiben, ob § 1051 ZPO dispositives oder (teilweise) zwingendes Recht darstellt. Im ersten Fall wäre § 1051 ZPO vollständig durch Art. 21 als der spezielleren Vorschrift verdrängt (vgl. § 1043 Abs. 3 Alt. 2 ZPO). Im zweiten Fall bliebe § 1051 ZPO zwar grundsätzlich anwendbar, ein ICC-Schiedsgericht würde das anwendbare Sachrecht jedoch letztlich gleichwohl allein auf Basis von Art. 21, der von den Parteien gewählten und somit allein maßgeblichen kollisionsrechtlichen „Rechtsvorschrift", bestimmen (vgl. § 1051 Abs. 1 ZPO).

D. Vergleich mit den in staatlichen Verfahren geltenden Vorschriften

Ein staatlicher Richter bestimmt das anwendbare Sachrecht stets auf Basis seines eigenen nationalen Kollisionsrechts; der deutsche Richter auf Basis von Art. 3 ff. EGBGB sowie der EG-Verordnung 593/2008 vom 17.6.2008 über das auf vertragliche Schuldverhältnisse anzuwendende Recht, kurz: Rom-I, bzw. der EG-Verordnung 864/2007 vom 11.6.2007 über das auf außervertragliche Schuldverhältnisse anzuwendende Recht, kurz: Rom-II, zusammen: Rom-Verordnungen (vgl. zum Anwendungsbereich, *Marrella*, ICC Court Bulletin, Vol. 19 No. 1 [2008], 89). 8

Die Kollisionsregeln des EGBGB bzw. der Rom-Verordnungen stimmen nur zum Teil mit jenen des Art. 21 überein. So findet sowohl gemäß Art. 21 als auch gemäß den Kollisionsregeln des EGBGB bzw. der Rom-Verordnungen primär das von den Parteien gewählte Sachrecht Anwendung. Fehlt es hingegen an einer wirksamen Rechtswahl, stellt Art. 21 die Auswahl des anwendbaren Rechts weitestgehend in das Ermessen des Schiedsgerichts, während das EGBGB und die Rom-Verordnungen für diesen Fall eine Vielzahl von Einzelregelungen vorsehen. Zudem setzen das EGBGB und die Rom-Verordnungen der Freiheit der Parteien zur Rechtswahl Grenzen, u.a. für den Fall des fehlenden Auslandsbezugs und im Hinblick auf bestimmte schutzwürdige Personengruppen, die Art. 21 so nicht vorsieht. Schließlich ermöglicht Art. 21 es dem Schiedsgericht, auch anationale Rechtsregeln anzuwenden; diese Möglichkeit sehen zumindest nach h.M. die Rom-Verordnungen nicht vor (vgl. zum Vergleich von § 1051 ZPO und Rom I *McGuire*, SchiedsVZ 2011, 264; *Schilf*, RIW 2013, 678 ff. m.w.N.). 9

Ob und inwiefern ein ICC- oder ein anderes institutionelles oder ad-hoc Schiedsgericht in Verfahren mit Schiedsort in Deutschland neben § 1051 ZPO sowie der jeweiligen Regelung zum anwendbaren Recht in der einschlägigen Schiedsordnung, hier Art. 21, auch die Kollisionsregeln des EGBGB bzw. der Rom-Verordnungen beachten muss, sollte oder kann, ist nicht zuletzt mangels einer höchstrichterlichen Rechtsprechung zu dieser Frage nach wie vor umstritten (vgl. zum Meinungsstreit *Schmidt-Ahrendts/Höttler*, SchiedsVZ 2011, 267 ff. m.w.N.). 10

Die besseren Argumente sprechen dafür, dass Schiedsgerichte mit Sitz in Deutschland nicht an die Kollisionsregeln des EGBGB bzw. der Rom-Verordnungen, sondern allein an § 1051 ZPO (ggf. konkretisiert durch Art. 21) gebunden sind: Erstens hat der Gesetzgeber mit § 1051 ZPO eine speziellere Norm geschaffen, die (i) keinen Vorbehalt bezüglich weiterer Kollisionsregeln vorsieht, (ii) systematisch im Normenkomplex 11 zum Schiedsverfahrensrecht in §§ 1025 ff. ZPO und eben nicht im EGBGB angesiedelt ist und (iii) von den Regeln des EGBGB bzw. der Rom-Verordnungen abweicht. Zweitens wurde ausweislich der Materialien zur Erstellung der Rom-Verordnungen von den Verordnungsgebern nicht beabsichtigt, dass diese auch Schiedsgerichte mit Schiedsort in den Mitgliedsstaaten binden solle. Die Geltung der Rom-Verordnungen in Schiedsverfahren wurde schlicht nicht erörtert. Drittens besteht auch kein Bedürfnis für eine Anwendung der Rom-Verordnungen in Schiedsverfahren. Insbesondere kann ein etwaig gebotener Schutz strukturell unterlegener Parteien bereits über den Ordre-Public-Vorbehalt des § 1059 Abs. 2 Buchst. b ZPO gewährleistet werden (vgl. hierzu EuGH v. 6.10.2009 – C-40/08, EuZW 2009, 852). Auch die weiteren für die Maßgeblichkeit der Rom-Verordnungen ins Feld geführten Argumente überzeugen im Ergebnis nicht (vgl. *McGuire*, SchiedsVZ 2011, 264 m.w.N.; s. zum Ganzen auch *Schilf*, RIW 2013, 678 ff.).

12 Zusammenfassend lässt sich festhalten, dass ein ICC-Schiedsgericht nach der hier vertretenen Auffassung **nicht verpflichtet** ist, die für staatliche Gerichte geltenden Kollisionsregeln des EGBGB und der Rom-Verordnungen vorrangig vor Art. 21 anzuwenden bzw. bei der Auslegung von Art. 21 zu berücksichtigen. Ein ICC-Schiedsgericht ist jedoch sehr wohl **berechtigt**, sich dort, wo der Wortlaut des Art. 21 ihm Ermessen einräumt, z.B. bei der Bestimmung des „angemessenen" Rechts gemäß Art. 21 Abs. 2, an staatlichen Kollisionsregeln und insbesondere an den Regeln der Rom-Verordnungen zu orientieren.

E. Anwendbares Sachrecht

I. Subjektive Anknüpfung (Rechtswahl) (Abs. 1 Satz 1)

1. Inhalt der Parteiautonomie

13 Art. 21 Abs. 1 Satz 1 berechtigt die Parteien, „frei" zu „vereinbaren", nach welchen „Rechtsregeln" das Schiedsgericht ihren Rechtsstreit entscheiden soll. Die Norm ist Ausfluss des Prinzips der Privatautonomie.

14 **Zeitpunkt.** Eine Rechtswahl kann sowohl für künftige als auch für bereits entstandene Rechtsstreite getroffen werden. Ferner können die Parteien ihre Wahl jederzeit annullieren oder abändern. Die Vornahme, Annullierung oder Abänderung der Rechtswahl kann auch noch während eines laufenden Schiedsverfahrens erfolgen, sofern sich alle beteiligten Parteien einverstanden erklären. Eine frühe Rechtswahl bringt den Vorteil mit sich, dass die Parteien möglichst früh ihr Verhalten den

durch das gewählte Recht vorgegebenen Regeln und Maßstäben anpassen können. Zudem erleichtert eine Rechtswahl auch die Auswahl des oder der geeigneten Schiedsrichter.

Form. Ein Formzwang besteht nicht; auch insofern sind die Parteien somit „frei". Eine Rechtswahl kann ausdrücklich, konkludent oder stillschweigend erfolgen. Der Inhalt der Rechtswahl der Parteien ist durch Auslegung und unter Berücksichtigung der Umstände des jeweiligen Einzelfalls durch das Schiedsgericht zu ermitteln. 15

Schiedsort und Rechtswahl. Die Wahl eines bestimmten Schiedsorts kann, muss aber kein Indiz für die Anwendbarkeit des dortigen Sachrechts sein (so aber Schiedsgericht Hamburger Freundschaftliche Arbitrage v. 29.12.1998 RKS E 5a Nr. 19, juris). 16

Eine konkludente Rechtswahl kann auch dadurch erfolgen, dass beide Parteien übereinstimmend zu einem eigentlich nicht anwendbaren Sachrecht vortragen. Voraussetzung ist, dass diesem Vortrag der Wille der Parteien zu entnehmen ist, sich (ausschließlich) dem in Bezug genommenen Sachrecht zu unterwerfen (vgl. ICC Case 8453 [1995] – Wahl des französischen internen Rechts und Ausschluss des UN-Kaufrechts durch ausschließlichen Rechtsvortrag beider Parteien zum internen Recht – zustimmend Mourre, ICC Court Bulletin, Vol. 17 No. 1 [2006], 43 ff.). In der Praxis ist es jedoch möglich, dass der Gerichtshof die jeweiligen Schiedsgerichte darum ersucht, die Parteien, sollten diese erkennbar die Anwendbarkeit eines bestimmten Sachrechts übersehen haben, hierauf hinzuweisen. 17

Wirksamkeit. Die Wirksamkeit einer Rechtswahl ist an dem Recht zu messen, das Anwendung fände, wenn die Rechtswahl wirksam wäre. 18

Trennbarkeit. Eine Rechtswahl ist nicht abhängig von der Wirksamkeit der Schiedsvereinbarung. Es handelt sich um einen eigenständigen Vertrag. Dies gilt auch dann, wenn die Rechtswahlvereinbarung in der gleichen Vertragsklausel enthalten ist wie die Schiedsvereinbarung („doctrine of separability", vgl. Art. 6 Abs. 9 und dazu Art. 6 Rz. 182 ff.). 19

Rechtsregeln. Art. 21 Abs. 1 Satz 1 ermächtigt die Parteien nicht nur, eine bestimmte staatliche Gesamtrechtsordnung zu wählen. Vielmehr können sie auch (i) verschiedene Gesamtrechtsordnungen, (ii) bestimmte Einzelnormen aus einer oder mehreren Gesamtrechtsordnungen, (iii) ein Einheitsrecht (z.B. das UN-Kaufrecht), (iv) internationale Staatsverträge oder sog. anationale Regeln wie etwa die UNIDROIT Principles of International Commercial Contracts (PICL) wählen. Insbesondere im letzten 20

Fall ist im Wege der Auslegung zu ermitteln, ob und inwieweit die Parteien die Geltung nationalen staatlichen Rechts völlig abwählen wollten. Unter den Begriff der „Rechtsregel" fallen insbesondere auch völkerrechtliche Regeln und Prinzipien. Trotz der weitreichenden Freiheit, die der Begriff der „Rechtsregel" den Parteien eröffnet, darf nicht verkannt werden, dass in den ganz überwiegenden Fällen die Parteien sich auf die Bestimmungen eines bestimmten nationalen Rechts einigen.

21 **Sachnormverweisung.** Die Wahl der Rechtsverordnung eines bestimmten Staates ist im Zweifel als unmittelbare Verweisung auf das Sachrecht dieses Staates, nicht auf sein Kollisionsrecht zu verstehen.

22 **Negative Rechtswahl.** Denkbar ist auch, dass die Parteien keine bestimmten Rechtsregeln wählen, da man sich hierauf nicht einigen kann, jedoch andere Rechtsregeln ausschließen, z.B. das UN-Kaufrecht. Auch an diese negative Wahl ist das Schiedsgericht bei der Bestimmung des anwendbaren Rechts gebunden.

23 **Reichweite der Rechtswahl.** Die Reichweite einer Rechtswahl richtet sich nach dem Willen der Parteien. In den meisten Fällen unterwerfen die Parteien nur den zwischen ihnen geschlossenen Vertrag bzw. die unmittelbar aus diesem Vertrag erwachsenden Ansprüche ausdrücklich einem bestimmten Sachrecht.

24 Daher ist im Wege der Auslegung zu ermitteln, ob auch etwaige weitere quasivertragliche, dingliche, deliktische oder bereicherungsrechtliche Ansprüche der Parteien von dieser Rechtswahl erfasst sind. Ebenso gilt es ggf. durch Auslegung zu ermitteln, ob etwaige „Vorfragen", von denen das Bestehen des jeweiligen vertraglichen Anspruchs abhängt, auch anhand des von den Parteien gewählten Rechts zu beantworten sind. Denkbare Vorfragen sind z.B. Fragen aus dem Bereich des Gesellschafts-, Bilanz- oder Steuerrechts oder des öffentlichen Rechts.

25 Lässt sich der Wille der Parteien schlussendlich auch nicht im Wege der Auslegung ermitteln, so ist der jeweilige Anspruch bzw. die zu klärende Vorfrage im Zweifel nicht von der Rechtswahl erfasst. In diesem Fall muss ein ICC-Schiedsgericht das anwendbare Recht gemäß Art. 21 Abs. 2 bestimmen. Ebenso ist es denkbar, dass unterschiedliche Ansprüche unterschiedlichen Rechtswahlklauseln und somit unterschiedlichen materiellen Rechten unterliegen.

2. Grenzen der Parteiautonomie

Freie Rechtswahl. Die ICC-SchO enthält keine Regelung, welche die Freiheit der Parteien, ein bestimmtes Sach- oder Kollisionsrecht zu wählen, begrenzt. Die im EGBGB, in den Rom-Verordnungen sowie in anderen nationalen oder internationalen Kollisionsregeln normierten Grenzen der Rechtswahlfreiheit finden nach der hier vertretenen Ansicht gerade keine Anwendung. 26

So können die Parteien u.a. Rechtsregeln wählen, die in keinerlei Verbindung zu einer der Parteien oder dem Gegenstand des Rechtsstreits stehen. Ferner können die Parteien auch anationale Rechtsregeln wählen. In der Mehrzahl der ICC-Schiedsverfahren unterwerfen die Parteien ihren Vertrag jedoch dem Sachrecht eines bestimmten Staates. 27

Eingriffsnormen. Nicht abschließend geklärt ist, inwieweit die Privatautonomie der Parteien durch sog. Eingriffsnormen beschränkt wird. Dies sind Normen, die unabhängig davon, welches Recht im Übrigen auf den Rechtsstreit anwendbar ist, Anwendung beanspruchen. Sie schützen meist gesamtwirtschaftliche oder sozialpolitische Interessen. Das in der schiedsgerichtlichen Praxis relevanteste Beispiel sind Normen des nationalen bzw. europäischen Kartellrechts. Weitere Eingriffsnormen finden sich in den nationalen Kapitalmarktrechten, Devisenrechten, in den Einfuhr- und Ausfuhrbeschränkungen, dem Steuerrecht sowie in einschlägigen Naturschutzbestimmungen. 28

Einigkeit besteht, dass ein Schiedsgericht Ermessen hat, ob und welche Eingriffsnormen es anwendet. Mindestvoraussetzung ist, dass der Tatbestand der Eingriffsnorm erfüllt ist. Welche Kriterien im Übrigen maßgeblich sind, ist ebenso umstritten, wie die Frage, ob das Schiedsgericht von sich aus oder nur auf Antrag einer der Parteien Eingriffsnormen anwenden kann oder muss (näher hierzu *Elsing* in FS Mailänder, S. 87 ff.). 29

Unter anderem wird darauf abgestellt, ob (i) die Norm Teil der durch die Parteien gewählten Rechtsordnung ist, (ii) ob sie dem sogenannten transnationalen ordre public zuzuordnen ist oder (iii) ob die Nichtbeachtung dieser Norm (möglicherweise) zur Aufhebung oder zur fehlenden Vollstreckbarkeit des Schiedsspruchs führen könnte (näher hierzu *Elsing* in FS Mailänder, S. 87 ff.). 30

Aus Art. 41 ist ein ICC-Schiedsgericht auch bei der Bestimmung des anwendbaren Rechts verpflichtet, die Vollstreckbarkeit des Schiedsspruchs zu sichern. Die Anwendung oder Nichtanwendung bestimmter Rechtsregeln darf daher jedenfalls nicht zu einem Ergebnis führen, das dem am 31

Schiedsort bzw. am (voraussichtlichen) Vollstreckungsort geltenden ordre public widerspricht.

32 Im Übrigen sollte das Schiedsgericht im Einzelfall prüfen, ob (i) die jeweilige Eingriffsnorm eng genug mit dem Streitgegenstand verbunden ist, (ii) sie generell schützenswerte Interessen verfolgt und (iii) ihre Anwendung in concreto zu interessensgerechten Ergebnissen führt. Im Rahmen dieser Prüfung wird sich ein Schiedsgericht ggf. auch mit der Frage beschäftigen müssen, ob es eine Eingriffsnorm, die es grundsätzlich für anwendbar erachtet, nur auf Einwand der Parteien oder von sich aus anwenden kann, soll oder darf.

II. Objektive Anknüpfung (Abs. 1 Satz 2)

33 Fehlt es an einer Rechtswahl der Parteien, wendet das Schiedsgericht gemäß Art. 21 Abs. 1 Satz 2 diejenigen „Rechtsregeln" an, die es „für geeignet erachtet".

34 **Vorrang der Parteivereinbarung.** Art. 21 Abs. 1 Satz 2 richtet sich an das Schiedsgericht und findet nur Anwendung, wenn die Parteien keine wirksame Rechtswahl getroffen haben.

35 **Rechtsregeln.** Wie die Parteien ist auch das Schiedsgericht nicht auf die Anwendung einer bestimmten staatlichen Gesamtrechtsordnung beschränkt. Insofern weicht Art. 21 Abs. 1 Satz 2 in zulässiger Art und Weise (vgl. hierzu Rz. 7) von der (nicht zwingenden) Formulierung des § 1051 Abs. 2 ZPO ab und gewährt dem Schiedsgericht einen weitergehenden Gestaltungsspielraum. Das Schiedsgericht kann daher u.a. auch Einheitsrechte wie das UN-Kaufrecht, inter- bzw. supranationales Recht wie die Rom-I-Verordnung oder anationale Regeln wie die PICL anwenden.

36 **Erachtet.** Art. 21 Abs. 1 Satz 2 sieht einen weitreichenden Entscheidungsspielraum des Schiedsgerichts vor: So ist bereits der Begriff „geeignet" selbst sehr offen. Darüber hinaus ist das Schiedsgericht nicht gezwungen, die objektiv geeignetsten Rechtsregeln anzuwenden, sondern die, welche es selbst für geeignet „erachtet". Diese Ermessensentscheidung des Schiedsgerichts unterliegt nur einer sehr beschränkten Kontrolle durch staatliche Gerichte im Aufhebungs- und Vollstreckungsstadium.

37 **Geeignet.** Art. 21 Abs. 1 Satz 2 lässt völlig offen, anhand welcher Kriterien das Schiedsgericht die in seinen Augen „geeigneten" Rechtsregeln ermittelt. Eine umfassende Darstellung aller Kriterien ist allein aus

Platzgründen hier nicht möglich. Vielmehr ist zwischen zwei grundsätzlichen Ansätzen der Sachrechtsermittlung zu unterscheiden:

Voie Indirecte/Geschriebene Kollisionsnormen. Zum einen kann ein ICC-Schiedsgericht das anwendbare Sachrecht durch den Rückgriff auf geschriebene Kollisionsregeln bestimmen. Bei der Auswahl dieser geschriebenen Kollisionsregeln ist das Schiedsgericht frei. Es wählt die Norm, die es für geeignet erachtet. Insbesondere ist das Schiedsgericht anders als staatliche Gerichte nicht auf die Kollisionsregeln des Schiedsorts beschränkt. Vielmehr kann es auch die Kollisionsrechte beider Parteien oder die Kollisionsregeln eines vom Schiedsgericht für geeignet befundenen internationalen Abkommens heranziehen. 38

Voie Directe/Ungeschriebene Kollisionsnormen. Die Freiheit, die Art. 21 Abs. 1 Satz 2 einem ICC-Schiedsgericht gewährt, geht jedoch weiter. So ist dieses auch berechtigt, unmittelbar das von ihm für geeignet befundene Sachrecht zu bestimmen. Die Bezeichnung voie directe ist jedoch insofern missverständlich, als ein ICC-Schiedsgericht auch in diesem Fall gehalten ist, seine Entscheidung zu begründen und die von ihm herangezogenen Kriterien für die Bestimmung des von ihm für „geeignet" erachteten Sachrechts offenzulegen (für Schiedsverfahren in Deutschland: § 1054 Abs. 2 ZPO). Die Bestimmung des Sachrechts erfolgt hier somit in Wirklichkeit ebenfalls auf Basis einer, wenn auch ungeschriebenen bzw. vom Schiedsgericht selbst entwickelten Kollisionsregel. 39

Relevanz der Rom-Verordnungen. An die Kollisionsregeln der Rom-I- und Rom-II-Verordnung ist ein ICC-Schiedsgericht auch dann nicht gebunden, wenn der Schiedsort in einem EU-Mitgliedstaat liegt (oben Rz. 10 ff.). Gleichwohl ist es zu begrüßen, wenn sich ICC-Schiedsgerichte, was häufig, aber nicht immer der Fall ist, an diesen Regeln orientieren. Erstens entsprechen sie einem internationalen Konsens. Zweitens wird so ein Gleichlauf mit der Entscheidung vergleichbarer Fälle durch staatliche Gerichte gesichert. Drittens verringert sich das Risiko eines Verstoßes gegen den ordre public. 40

III. Vertragsbestimmungen und Handelsbräuche (Abs. 2)

Gemäß Art. 21 Abs. 2 berücksichtigt das Schiedsgericht bei seiner Entscheidung die Bestimmungen der zwischen den Parteien bestehenden Verträge und die einschlägigen Handelsbräuche. 41

Anwendungsbereich. Verträge und Handelsbräuche sind sowohl im Fall der Rechtswahl bzw. der objektiven Anknüpfung (Abs. 1) als auch im 42

Fall der Entscheidung des Schiedsgerichts nach Billigkeit (Abs. 3) zu berücksichtigen. Die Streichung des in Art. 17 ICC-SchO 1998 enthaltenen klarstellenden Zusatzes „in jedem Fall" ändert hieran nichts.

43 **Investitionsschutzverfahren.** Art. 21 Abs. 2 enthält anders als die Vorgängerregelung des Art. 17 ICC-SchO 1998 nunmehr den klarstellenden Zusatz, dass das Schiedsgericht zwischen den Parteien bestehende Verträge und einschlägige Handelsbräuche nur insofern zu berücksichtigen hat, als diese überhaupt „vorhanden" sind. Hierdurch sollte deutlich werden, dass die Regelung in Art. 21 auch auf die Beilegung von Investitionsstreitigkeiten ausgelegt ist, in denen die Ansprüche oft gerade nicht auf zwischen den Vertragsparteien bestehenden Verträgen beruhen und es an anerkannten und einschlägigen Handelsbräuchen fehlt.

44 **Grenzen.** Durch den Begriff „berücksichtigen" wird klargestellt, dass Verträge und Handelsbräuche dort keine Anwendung finden, wo ihrer Anwendung zwingende gesetzliche Vorschriften oder abweichende Vereinbarungen der Parteien entgegenstehen. Verträge sind hierbei vorrangig vor Handelsbräuchen zu berücksichtigen.

45 **Bedeutung.** Praktische Bedeutung hat Art. 21 Abs. 2 insbesondere im Fall einer Billigkeitsentscheidung i.S.v. Art. 21 Abs. 3. Dass Schiedsgerichte im Fall einer reinen „Rechtsentscheidung" gemäß Art. 21 Abs. 1 gehalten sind, Verträge und einschlägige Handelsbräuche zu berücksichtigen, ist eine Selbstverständlichkeit und wird sich nahezu stets bereits aus dem gemäß Art. 21 Abs. 1 anwendbaren Sachrecht ergeben (vgl. bspw. § 346 HGB oder Art. 9 CISG).

46 **Verträge.** Zu berücksichtigen sind, wie Art. 21 Abs. 2 nunmehr ausdrücklich klarstellt, nur „zwischen den Parteien bestehende Verträge", nicht solche zwischen Dritten; auch dies ist eine Selbstverständlichkeit. Die Pflicht zur Berücksichtigung von Vertragsbestimmungen ist Ausfluss des Grundsatzes pacta sunt servanda. Sie verdeutlicht, dass der Wortlaut eines Vertrages stets Ausgangspunkt der Entscheidungsfindung eines Schiedsgerichts sein sollte, da er den Willen der Parteien indiziert. Art. 21 Abs. 2 und die hierin vorgegebene Fokussierung auf den Vertragsinhalt beschränkt ein ICC-Schiedsgericht jedoch nicht in der Anwendung des jeweiligen materiellen Rechts. Insbesondere finden auch in einem ICC-Schiedsverfahren, das deutschem materielle Recht unterliegt, die Institute der ergänzenden Vertragsauslegung, des Wegfalls der Geschäftsgrundlage sowie von Treu und Glauben Anwendung.

Einschlägige Handelsbräuche. Art. 21 Abs. 2 erfasst zum einen Bräuche, deren Geltung die Parteien vereinbart haben oder die sich zwischen den Parteien herausgebildet haben. Zum anderen erfasst Art. 21 Abs. 2 einschlägige Bräuche des Handelszweigs, in dem die Parteien tätig sind. 47

IV. Entscheidung nach Billigkeit (Abs. 3)

In der Regel treffen ICC-Schiedsgerichte eine Entscheidung auf der Grundlage der Subsumtion des Sachverhalts unter eine oder mehrere Rechtsnormen. Gemäß Art. 21 Abs. 3 entscheiden sie nur dann als amiable compositeur bzw. ex aequo et bono, wenn die Parteien sie dazu ermächtigt haben. 48

Sinn und Zweck. Art. 21 Abs. 3 soll es ICC-Schiedsgerichten ermöglichen, in besonders gelagerten Fällen eine Sachentscheidung zu treffen, ohne an die Zwänge der durch den Gesetzgeber bzw. die Rechtsprechung entwickelten und im Übrigen anwendbaren Rechtsregeln gebunden zu sein. 49

Amiable compositeur/ex aequo et bono. Im Unterschied zu Art. 17 ICC-SchO 1998 verwendet Art. 21 Abs. 3 nunmehr nur noch die fremdsprachigen Begriffe amiable compositeur und ex aequo et bono und nicht mehr den Begriff des „billigen Ermessens". Am Inhalt der Vorschrift ändert dies nichts. Hinter allen drei Begriffen verbirgt sich ein rechtliches Konzept, das in den jeweiligen Rechtsordnungen eine unterschiedliche Entwicklung genommen und somit heute einen unterschiedlichen Inhalt hat. In der Praxis wird die Vorschrift eher selten angewandt. 50

Die zentrale Bedeutung der Norm liegt darin, dass sie ein ICC-Schiedsgericht **prozessual** berechtigt, nach Billigkeit zu entscheiden, wenn es hierzu ausdrücklich durch die Parteien ermächtigt worden ist. Wie weit diese Freiheit des Schiedsgerichts reicht, ist hingegen eine **materielle** Frage und daher der jeweiligen Absprache der Parteien bzw. dem gemäß Abs. 1 anwendbaren Sachrecht zu entnehmen. 51

Eine Schätzung des Schadens durch ein Schiedsgericht ist hingegen nicht schon deshalb eine (unzulässige) Billigkeitsentscheidung, weil die Voraussetzungen des dafür herangezogenen § 287 ZPO (der ohnehin auch in Schiedsverfahren mit Schiedsort in Deutschland als Vorschrift außerhalb der §§ 1025 ff. ZPO weder direkt noch analog anzuwenden ist, sondern allenfalls seinem Rechtsgedanken nach) nicht erfüllt sind (vgl. hierzu OLG München v. 14.3.2011 – 34 Sch 8/10, SchiedsVZ 2011, 159). 52

53 **Ausdrückliche Ermächtigung.** Voraussetzung einer Entscheidung ex aequo et bono ist u.a., dass die Parteien das Schiedsgericht hierzu ausdrücklich, d.h. klar und unmissverständlich, ermächtigt haben. Eine konkludente oder stillschweigende Ermächtigung reicht nicht aus. Die Ermächtigung muss nicht der für die Wirksamkeit der jeweiligen Schiedsvereinbarung vorgesehen Form entsprechen; auch eine mündliche Ermächtigung, z.B. im Zuge der mündlichen Verhandlung aufgenommen ins Protokoll, ist ausreichend. Eine schriftliche Ermächtigung ist jedoch allein unter Beweisgesichtspunkten allemal vorzugswürdig. Auch der Gerichtshof muss im Zuge des Genehmigungsverfahrens des Entwurfs des Schiedsspruches gemäß Art. 33 die Ermächtigung nachvollziehen können. Die Ermächtigung kann jedoch in den Grenzen des Art. 27 noch erteilt bzw. nachgeholt werden.

54 **Grenzen.** Auch bei einer Entscheidung nach Art. 21 Abs. 3 ist das Schiedsgericht gehalten, die maßgeblichen Vertragsbestimmungen und Handelsbräuche zu beachten. Auch hier muss das Schiedsgericht zunächst das anwendbare Sachrecht bestimmen. Nur soweit das anwendbare Sachrecht eine Billigkeitsentscheidung (materiellrechtlich) zulässt, darf eine Entscheidung nach Art. 21 Abs. 3 ergehen.

F. Form der Entscheidung des Schiedsgerichts

55 Die ICC-SchO stellt es dem Schiedsgericht nur zu einem gewissen Maße frei, wann und wie es das anwendbare Sachrecht bestimmt.

56 Liegt die Anwendbarkeit eines bestimmten Sachrechts auf der Hand und wird sie von den Parteien nicht bestritten, z.B. aufgrund einer eindeutigen Rechtswahl, wird ein Schiedsgericht keine eigenständige Entscheidung über das anzuwendende Recht treffen (die Feststellung im Schiedsauftrag ist keine Entscheidung in diesem Sinne). Vielmehr wird es im Endschiedsspruch schlicht die Anwendung dieses Sachrechts feststellen. Der Schiedsgerichtshof achtet im Zuge des Genehmigungsverfahrens gemäß Art. 33 darauf, dass der Schiedsspruch zumindest kurz zur Frage des anwendbaren Sachrechts Stellung nimmt bzw. dieses bezeichnet.

57 Aber auch in Fällen, in denen die Frage des anwendbaren Sachrechts unklar und zwischen den Parteien umstritten ist, steht es dem Schiedsgericht frei, wie oben beschrieben zu verfahren. Vorzugsweise sollte sich ein Schiedsgericht in diesem Fall jedoch bereits vor Erlass des Endschiedsspruchs zur Frage des anwendbaren Sachrechts äußern. Eine sol-

che vorgezogene Entscheidung ermöglicht es den Parteien, ihren Sach- und Rechtsvortrag frühzeitig dem maßgeblichen Sachrecht anzupassen. Dies erspart Zeit und nicht selten sehr erhebliche Kosten. Andernfalls wären die Parteien ggf. gezwungen, alternativ zu verschiedenen Rechten vorzutragen.

Eine vorgezogene Entscheidung zum anwendbaren Sachrecht kann ein Schiedsgericht streng genommen nur durch den Erlass eines Teilschiedsspruchs treffen. Die Bestimmung des anwendbaren Sachrechts ist Teil der materiellen Entscheidung. Es handelt sich insbesondere nicht um eine bloße Verfahrensfrage. Ein Teilschiedsspruch unterliegt zwingend der Genehmigung des Gerichtshofs gemäß Art. 33. 58

Der Erlass eines Teilschiedsspruchs und seine Genehmigung durch den Gerichtshof können dazu führen, dass zwischen der eigentlichen Entscheidung durch das Schiedsgericht und ihrer Mitteilung an die Parteien gewisse Zeit vergeht. Manche ICC-Schiedsgerichte versuchen, diesen vermeintlichen Zeitverlust zu vermeiden, indem sie das anwendbare Sachrecht per Prozessverfügung bestimmen bzw. ihre Entscheidung den Parteien per E-Mail, Brief oder mündlich mitteilen. 59

Der Erlass einer Prozessverfügung oder eine informelle Mitteilung an die Parteien ist unbedenklich, sofern das Schiedsgericht die Parteien lediglich über eine vorläufige, nicht verbindliche Einschätzung seitens des Schiedsgerichts informiert. Formuliert das Schiedsgericht hingegen eine abschließende und verbindliche Entscheidung, sind Prozessverfügungen oder informelle Mitteilungen der falsche Weg. 60

Der Gerichtshof hat gleichwohl diesen Weg in vielen Fällen toleriert und auf eine „Kontrolle" gemäß Art. 33 verzichtet. Fraglich ist jedoch, ob ein nationales Gericht dies ähnlich sehen würde oder hierin nicht einen Verfahrensfehler erblicken könnte. Um dem vorzubeugen, wird der Gerichtshof darauf achten, dass das Schiedsgericht seine vermeintlich vorgezogene, verbindliche Entscheidung in seinem Endschiedsspruch noch einmal bestätigt. In jedem Fall muss ein Schiedsgericht seine Entscheidung jedoch sorgfältig und nachvollziehbar begründen. 61

G. Ermittlung des Inhalt des anwendbaren Sachrechts

Regelungslücke. Art. 21 regelt nur, welches Recht anwendbar ist. Art. 21 regelt nicht, wie ein ICC-Schiedsgericht den Inhalt des für anwendbar befundenen Rechts feststellt. Zu dieser praktisch durchaus bedeutsamen Frage enthält die ICC-SchO überhaupt keine Regelung. 62

Grund dieser Lücke ist, dass die diesbezüglichen Regelungen für staatliche Gerichte so erheblich von Rechtsordnung zu Rechtsordnung divergieren, dass sich bis dato auch im Bereich der Schiedsgerichtsbarkeit keine universal akzeptierte Regelung gebildet hat und die Entscheidung hierüber dem jeweiligen Schiedsgericht überlassen bleiben sollte.

63 **Keine Geltung von iura novit curia.** Die in Verfahren vor deutschen staatlichen Gerichten geltende Regel, derzufolge das Gericht das Gesetz kennt (iura novit curia) und die Parteien nur Tatsachen vortragen müssen, die das Gericht dann dem passenden rechtlichen Anspruch zuordnet (da mihi facta, dabo tibi ius), findet ebenso wenig Anwendung, wie die in § 293 ZPO normierte Ausnahme zu diesen Grundsätzen für sog. „fremdes Recht" und „Gewohnheitsrecht". Dies gilt auch für Verfahren, in denen der Schiedsort in Deutschland liegt. Das Schiedsgericht sollte es daher u.a. auch unterlassen, einen Rechtsstreit unter Anwendung einer Rechtsregel zu entscheiden, die die Parteien erkennbar übersehen haben bzw. zu der sie nicht vorgetragen haben und auf die das Schiedsgericht die Parteien nicht hingewiesen hat. Andernfalls besteht die Gefahr der Aufhebung des Schiedsspruches aufgrund einer „Überraschungsentscheidung".

64 **Ermessen.** Aufgrund der Regelungslücke liegt die Bestimmung des Inhalts des anwendbaren Rechts in ICC-Schiedsverfahren vielmehr im freien Ermessen des jeweiligen ICC-Schiedsgerichts. Dieses bestimmt, (i) welche Detailkenntnis des anwendbaren Rechts seine Entscheidung erfordert und (ii) wie es sich diese Kenntnis verschafft (durch eigene Recherche, auf Basis des Parteivortrags, durch Parteigutachter oder durch einen durch das Schiedsgericht ernannten Sachverständigen).

65 **ILA-Report.** Eine sehr ausführliche und instruktive Analyse der Problematik der Bestimmung des Inhalts des anwendbaren Rechts in Schiedsverfahren findet sich in einem „Report" der International Law Association (http://www.ila-hq.org/en/committees/index.cfm/cid/19). Dieser schließt mit 15 sog. „Recommendations". Zwar sind diese Empfehlungen in keiner Form bindend, eignen sich jedoch gerade für internationale ICC-Schiedsverfahren als Referenzwert.

66 **Empfehlung:** Aufgrund des Fehlens einer expliziten Regelung und des hieraus resultierenden Ermessens des Schiedsgerichts sollten Parteien eines ICC-Schiedsverfahrens möglichst ausführlich zum (für sie günstigen) Inhalt des anwendbaren Rechts vortragen. Dies gilt insbesondere in internationalen Verfahren und ganz besonders in solchen, in denen das anwendbare Recht nicht das Recht ist, in dem (alle) Mitglieder des Schiedsgerichts ausgebildet wurden. Der Vortrag zum Inhalt des anwendbaren Rechts sollte durch die Vorlage der entsprechenden Normen so-

wie der einschlägigen Gerichtsentscheidungen und Literaturnachweise gestützt werden. In bestimmten Fällen mag es zudem zweckmäßig sein, Rechtsvortrag durch die Vorlage eines Parteigutachtens zu unterfüttern. Zudem sollten die Parteien darauf hinwirken, dass das Schiedsgericht sie rechtzeitig über eine über den Vortrag beider Parteien hinausgehende Rechtsansicht informiert und den Parteien die Möglichkeit einräumt, hierzu Stellung zu nehmen.

H. Vollstreckbarkeit und gerichtliche Kontrolle

Entscheidungen des Schiedsgerichts gemäß Art. 21 sind, unabhängig davon, ob sie in Form eines Teil- oder Endschiedsspruchs getroffen werden, nur in sehr beschränktem Umfang gerichtlich überprüfbar. 67

Eine falsche Entscheidung des Schiedsgerichts berechtigt für sich betrachtet weder zur Aufhebung noch hindert sie die Vollstreckung (Verbot der révision au fond). Nur dort, wo die Anwendung des falschen bzw. die Nichtanwendung des richtigen Sachrechts zu einem Ergebnis führt, das gegen den maßgeblichen ordre public verstößt, droht die Aufhebung oder Nichtvollstreckung des Schiedsspruchs. 68

Gekoppelt mit dem ohnehin sehr weiten Entscheidungsspielraum, den Art. 21 Abs. 1 und 2 einem ICC-Schiedsgericht gewährt, führt dies dazu, dass die Aufhebung bzw. Nichtvollstreckung eines Schiedsspruchs so gut wie nie auf einer Verletzung von Art. 21 beruhen dürfte. 69

Anderes gilt für einen Verstoß gegen Art. 21 Abs. 3. Entscheidet ein Schiedsgericht ohne ausdrückliche Ermächtigung nach Billigkeit ist der Schiedsspruch aufzuheben (vgl. hierzu OLG München, v. 14.3.2011 – 34 Sch 8/10, SchiedsVZ 2011, 159 sowie OLG München v. 22.6.2005 – 34 Sch 10/05, SchiedsVZ 2005, 308). Der umgekehrte Fall, dass das Schiedsgericht trotz Ermächtigung nicht nach Billigkeit entscheidet, rechtfertigt keine Aufhebung, da eine Rechtsentscheidung nicht per se unbillig ist. 70

J. Kosten

Eine Entscheidung des Schiedsgerichts gemäß Art. 21 löst per se keine zusätzlichen Kosten aus. 71

Zusätzliche Kosten entstehen aber insbesondere dann, wenn die Parteien sich über die Frage des anwendbaren Rechts streiten, umfangreich hierzu vortragen, Sachverständigengutachten einreichen oder eine vorgezogene Entscheidung, insbesondere einen Teilschiedsspruch, beantragen. Auch hier liegt es jedoch im Ermessen des Schiedsgerichts, ob es 72 über die hierdurch entstehenden zusätzlichen Kosten bereits vor oder erst mit Erlass des Schiedsspruchs (separat oder als Teil einer Gesamtentscheidung) entscheiden möchte.

K. Abweichende Parteivereinbarungen

73 Art. 21 ist **dispositiv**. Von Art. 21 abweichende Parteivereinbarungen sind in der Praxis jedoch äußerst selten. Dies liegt daran, dass Art. 21 Abs. 1 Satz 1 es den Parteien ermöglicht, eine Rechtswahl zu treffen. Für eine Abweichung von der Regelung des Art. 21 als solcher besteht daher kein Bedürfnis.

Artikel 22: Ablauf des Schiedsverfahrens

(1) Das Schiedsgericht und die Parteien wirken mit allen Mitteln darauf hin, dass das Schiedsverfahren unter Berücksichtigung der Komplexität und des Streitwerts zügig und kosteneffizient geführt wird.

(2) Um eine effiziente Verfahrensführung sicherzustellen, kann das Schiedsgericht nach Anhörung der Parteien alle Verfahrensmaßnahmen ergreifen, die es für geeignet hält, sofern diese nicht einer Vereinbarung der Parteien widersprechen.

(3) Auf Antrag einer Partei kann das Schiedsgericht Verfügungen zur Wahrung der Vertraulichkeit des Schiedsverfahrens oder von anderen in Verbindung mit dem Schiedsverfahren stehenden Angelegenheiten erlassen und kann Maßnahmen zum Schutz von Geschäftsgeheimnissen und vertraulichen Informationen ergreifen.

(4) In jeder Situation handelt das Schiedsgericht fair und unparteiisch und stellt sicher, dass jede Partei ausreichend Gelegenheit erhält, zur Sache vorzutragen.

(5) Die Parteien verpflichten sich, alle vom Schiedsgericht erlassenen Verfügungen und Beschlüsse zu befolgen.

Article 22: Conduct of the Arbitration

(1) The arbitral tribunal and the parties shall make every effort to conduct the arbitration in an expeditious and cost-effective manner, having regard to the complexity and value of the dispute.

(2) In order to ensure effective case management, the arbitral tribunal, after consulting the parties, may adopt such procedural measures as it

considers appropriate, provided that they are not contrary to any agreement of the parties.

(3) Upon the request of any party, the arbitral tribunal may make orders concerning the confidentiality of the arbitration proceedings or of any other matters in connection with the arbitration and may take measures for protecting trade secrets and confidential information.

(4) In all cases, the arbitral tribunal shall act fairly and impartially and ensure that each party has a reasonable opportunity to present its case.

(5) The parties undertake to comply with any order made by the arbitral tribunal.

Regelungsschwerpunkte: Art. 22 Abs. 1–2 legen fest, dass das Schiedsgericht und die Parteien das Schiedsverfahren zügig und kosteneffizient führen müssen. Das Schiedsgericht wird ermächtigt, alle hierfür notwendigen Maßnahmen zu ergreifen. → Rz. 9 ff.; **Art. 22 Abs. 3** stellt klar, dass das Schiedsgericht Verfügungen treffen kann, um die Vertraulichkeit des Schiedsverfahrens zu wahren oder um Geschäftsgeheimnisse und sonstige vertrauliche Informationen zu schützen. → Rz. 13 ff.; **Art. 22 Abs. 4** betont, dass das Schiedsgericht fair und unparteiisch handeln muss. Zudem betont Abs. 4, dass den Parteien rechtliches Gehör zu gewähren ist. → Rz. 17 ff.; **Art. 22 Abs. 5** stellt klar, dass die Parteien alle vom Schiedsgericht erlassenen Verfügungen befolgen müssen. → Rz. 19 ff.

Kostenaspekte: Besondere Kosten entstehen den Parteien hier nicht. Allerdings dient das Effizienzgebot des Art. 22 Abs. 1 dazu, die Kosten des Schiedsverfahrens zu reduzieren, und kann im Rahmen der Kostenentscheidung nach Art. 37 Abs. 5 berücksichtigt werden. → Rz. 22 ff.

Inhalt

A. Ablauf des Schiedsverfahrens 1
  I. Normzweck 1
  II. Reform 3
  III. Verhältnis zu § 1042 Abs. 1 ZPO.................... 6
  IV. Vergleich mit den im staatlichen Verfahren geltenden Vorschriften 7

B. Maßnahmen zur Förderung der Prozessökonomie (Abs. 1–2)................ 9

C. Maßnahmen zum Schutz der Vertraulichkeit (Abs. 3)...... 13

D. Neutralität des Schiedsgerichts und Anspruch auf rechtliches Gehör (Abs. 4).... 17

E. Bindungswirkung von schiedsrichterlichen Verfügungen und Beschlüssen (Abs. 5) 19

F. Kosten 22
G. Abweichende Parteivereinbarung 23

A. Ablauf des Schiedsverfahrens

Veröffentlichungen des Sekretariats: Merkblatt für das Schiedsgericht über die Durchführung des Schiedsverfahrens vom 1.9.2013.
Literatur: *Pörnbacher/Baur*, Die Reform der Schiedsgerichtsordnung der ICC, BB 2011, S. 2627 ff.

I. Normzweck

1 Die Regelung stellt allgemeine **Grundsätze für die Durchführung des Schiedsverfahrens auf.** Insbesondere soll die Norm sicherstellen, dass das Verfahren auch nach Konstituierung des Schiedsgerichts schnell und effizient durchgeführt wird (Abs. 1 und 2), erforderlichenfalls die Vertraulichkeit über den Gegenstand des Verfahrens von den Parteien gewahrt wird (Abs. 3), das Gericht zu jeder Zeit das Gebot der Gleichbehandlung und den Anspruch der Parteien auf rechtliches Gehör achtet (Abs. 4) und dass die Parteien die gerichtlichen Entscheidungen befolgen (Abs. 5).

2 Gerade die neue ICC-SchO legt großen Wert darauf, dass Schiedsverfahren zügig durchgeführt werden und dass es jedenfalls seitens des Schiedsgerichts zu **keinen Verzögerungen** kommt.

II. Reform

3 Der **Gedanke der ökonomischen Verfahrensgestaltung** fand sich im Hinblick auf die Ermittlung des Sachverhalts bereits in Art. 20 Abs. 1 ICC-SchO 1998. Nunmehr wurde die Prozessökonomie als allgemeiner Grundsatz des Verfahrens in einer eigenen Regelung kodifiziert und auf alle Phasen des Verfahrens ausgeweitet. Die ICC hat damit auf den Vorwurf reagiert, dass Schiedsverfahren zu lange dauern, zu teuer sind und daher Vorteile der Schiedsgerichtsbarkeit verloren zu gehen drohen. Die ICC versucht, dem (u.a.) durch Art. 22 ICC-SchO 2012 entgegenzuwirken.

4 Art. 20 Abs. 7 ICC-SchO 1998 gab dem Schiedsgericht die Befugnis, Maßnahmen zum Vertraulichkeitsschutz zu ergreifen. Durch die Reform wurde in Art. 22 Abs. 3 ICC-SchO 2012 nun ausdrücklich die **Not-**

wendigkeit eines Antrags einer Partei aufgenommen. Außerdem sollen nun auch Maßnahmen zur Wahrung der Vertraulichkeit anderer in Verbindung mit dem Schiedsverfahren stehenden Angelegenheiten möglich sein. Damit reflektiert die neue ICC-SchO, dass in der Praxis Vertraulichkeitsgesichtspunkte häufig eine Rolle spielen und Gegenstand von Diskussionen mit dem Schiedsgericht sind. Vorbild für Art. 22 Abs. 3 war Art. 52 der WIPO-Schiedsordnung (*Derains/Schwartz*, A Guide to the ICC Rules of Arbitration, S. 285).

Im Zuge der Reform wurde der Art. 15 Abs. 2 ICC-SchO 1998 wörtlich in den Art. 22 Abs. 4 ICC-SchO 2012 übernommen. 5

III. Verhältnis zu § 1042 Abs. 1 ZPO

Die Norm stellt eine Konkretisierung der nicht abdingbaren Regelung in § 1042 Abs. 1, Abs. 2 ZPO dar. 6

IV. Vergleich mit den im staatlichen Verfahren geltenden Vorschriften

Auch im staatlichen Verfahren hat das Gericht eine **Prozessförderungspflicht**. So kann das Gericht nach § 296 ZPO z.B. verspätetes Vorbringen zurückweisen. Die ZPO hält zudem Bestimmungen bereit, die es dem Gericht ermöglichen, das Verfahren effizient zu führen und den Rechtsstreit rasch zu entscheiden, möglichst nach nur einer mündlichen Verhandlung (vgl. § 272 f. ZPO). Die ZPO sieht daher verschiedene Möglichkeiten vor, das Verfahren an den jeweiligen Rechtsstreit anzupassen (rein schriftliches Verfahren, früher erster Termin, schriftliches Vorverfahren etc.). 7

Das **rechtliche Gehör** wird durch Art. 103 Abs. 1 GG gewährleistet, der durch die ZPO näher ausgestaltet wird. 8

B. Maßnahmen zur Förderung der Prozessökonomie (Abs. 1–2)

Literatur: *Blessing*, The Arbitral Process. Part III: The Procedure Before the Arbitral Tribunal, ICC Court Bulletin, Vol. 3 No. 2 (1992), S. 18 ff.; Commission Report: Techniques for Controlling Time and Costs in Arbitration, ICC Court Bulletin, Vol. 18 No. 1 (2007), S. 23 ff.; *Elsing*, Procedural Efficiency in International Arbitration: Choosing the Best of Both Legal Worlds, SchiedsVZ 2011, S. 114 ff.; *Gerstenmaier*, The „German Advantage" – Myth or Model?, SchiedsVZ 2010, S. 21 ff.; *Kremer/Weimann*, Die Aufhebbarkeit von Schiedssprüchen, insbesondere Zwischen- oder Teilschiedssprüchen über den Anspruchsgrund – Widerspruch zu Prinzipien der Prozessökonomie?, SchiedsVZ 2007, S. 238 ff.; *Leimbacher*, Efficiency under the new ICC Rules of Arbitration of 2012: A first glimpse at the new practice, ASA Bulletin 2013, S. 298 ff.; *Meier*, Pre-hearing Conferences as a Means of Improving the Effectiveness of Arbitration, SchiedsVZ 2009, S. 152 ff.; *Semler*, Schnelligkeit und Wirtschaftlichkeit in Schiedsverfahren, SchiedsVZ 2009, S. 149 ff.

9 Künftig sollen auch nach Konstituierung des Schiedsgerichts die Verfahren schneller und im Hinblick auf die Verfahrenskosten effizienter ablaufen. Art. 22 Abs. 1 hält das Schiedsgericht und die Parteien zu einer **zügigen und kosteneffizienten Durchführung des Verfahrens** an. Art. 37 Abs. 5 gibt dem Schiedsgericht die Möglichkeit, bei der Entscheidung über die Kosten des Verfahrens das Verhalten der Parteien im Hinblick auf das Ausmaß, in dem jede Partei das Verfahren in einer zügigen und kosteneffizienten Weise betrieben hat, zu berücksichtigen.

10 Auch die ICC achtet darauf, dass Schiedsgerichte die Verfahren zügig führen. Sie behält sich ausdrücklich vor, eine ineffiziente Verfahrensführung dadurch zu **sanktionieren**, dass sie die Honorare der Schiedsrichter kürzt.

11 Um Schiedsverfahren effektiver zu gestalten, hat die ICC eine Broschüre herausgegeben, die Vorschläge enthält, wie Verfahren effektiver geführt werden können („**Techniques for Controlling Time and Costs in Arbitration**"). Zudem sieht auch die ICC-SchO unmittelbar konkrete Maßnahmen vor, um das Verfahren effektiv zu gestalten. Hierzu zählen vor allem der Schiedsauftrag sowie die Verfahrensmanagementkonferenz gemäß Art. 24 Abs. 1.

12 Art. 22 Abs. 2 stellt eine **Konkretisierung der Regelung des Art. 19** dar. Die Norm ermächtigt das Schiedsgericht zur Gewährleistung eines effektiven Verfahrens dazu, in jeder Phase des Verfahrens nach der Anhörung der Parteien entsprechende prozessuale Maßnahmen zu ergreifen, sofern diese nicht einer Vereinbarung der Parteien widersprechen (vgl. Art. 19).

C. Maßnahmen zum Schutz der Vertraulichkeit (Abs. 3)

Literatur: *Burianski/Reindl*, Truth or Dare? The Conflict Between E-discovery in International Arbitration and German Data Protection Rules, SchiedsVZ 2010, S. 187 ff.; *Derains*, Evidence and Confidentiality, ICC International Court of Arbitration Bulletin, Special Supplement 2009, Confidentiality in Arbitration: Commentaries on Rules, Statutes, Case Law and Practice, S. 57 ff.; *Haller*, Protection of Business Secrets by Way of Protective Orders, SchiedsVZ 2013, S. 135 ff.; *Nacimiento*, Abschied von der Vertraulichkeit im Schiedsverfahren?, Beilage zu BB 2001 Heft 31, S. 7 ff.; *Oldenstam/von Pachelbel*, Confidentiality and Arbitration

– a few reflections and practical notes, SchiedsVZ 2006, S. 31 ff.; *Paulsson/Rawding*, The Trouble with Confidentiality, ICC International Court of Arbitration Bulletin, Vol. 5 No. 1 (1994), S. 48 ff.; *Wittinghofer, Emmott v. Michael Wilson & Partners Ltd*: Der englische Court of Appeal meint es ernst mit der Vertraulichkeit im Schiedsverfahren – oder nicht?, SchiedsVZ 2009, S. 156 ff.

Ausführlicher als Art. 20 Abs. 7 ICC-SchO 1998 regelt Art. 22 Abs. 3 Alt. 1 ICC-SchO 2012 die Möglichkeit des Schiedsgerichts – insbesondere auf Antrag der Parteien –, **Maßnahmen zum Schutz der Vertraulichkeit** zu treffen. Art. 22 Abs. 9 Alt. 2 stellt klar, dass derartige Verfügungen zum Zwecke des Schutzes der Vertraulichkeit nicht nur im Hinblick auf das Verfahren, sondern auch in Bezug auf *„andere in Verbindung mit dem Schiedsverfahren stehenden Angelegenheiten erlassen"* werden können. 13

Stellt eine Partei einen **Antrag** auf Erlass einer Verfügung im Sinne der Vorschrift, bspw. wenn eine Partei Informationen **über das Schiedsverfahren** an die Presse weiterleitet, dann steht die Entscheidung, dem Antrag zu folgen und eine Verfügung zu erlassen, im **Ermessen des Gerichts**. Schiedsgerichte erlassen in einem solchen Fall meist sog. **„Protective Orders"** (Schutzverfügungen), in welchen sie regeln, was in welchem Umfang der Vertraulichkeit unterliegt. Das Schiedsgericht kann hier **verschiedene Maßnahmen** ergreifen (vgl. *Haller*, SchiedsVZ 2013, 135 ff.): 14

(1) Das Schiedsgericht kann anordnen, dass bestimmte Unterlagen **nur für das anhängige Schiedsverfahren** verwendet werden dürfen.

(2) Das Schiedsgericht kann anordnen, dass bestimmte Unterlagen **nur von den Anwälten eingesehen** werden dürfen.

(3) Häufig sind auch Anordnungen, wonach Unterlagen nur einem sog. **Discovery Agent** vorgelegt werden (vgl. Art. 52 WIPO Arbitration Rules und *Kläsener/Dolgorukow*, SchiedsVZ 2010, 302 [307]; a.A. *Ritz*, Die Geheimhaltung im Schiedsverfahren nach schweizerischem Recht (2007), § 27 I). Die IBA-Rules on the Taking of Evidence in International Arbitration schlagen dieses Verfahren auch ausdrücklich vor (vgl. Art. 3 Nr. 8 der IBA-Rules).

(4) Das Schiedsgericht kann anordnen, dass bestimmte Unterlagen **nur geschwärzt vorgelegt** werden dürfen.

(5) Das Schiedsgericht darf jedoch nicht anordnen, dass **nur das Schiedsgericht**, nicht jedoch die andere Partei Unterlagen (vollständig) einsehen darf (**„In-Camera"-Verfahren**). Dann hätte das Schiedsgericht gegenüber einer Partei einen Wissensvorsprung, d.h., die eine Partei

wäre gehindert, Informationen zu kommentieren, die dem Schiedsgericht vorliegen. Dies widerspräche dem Recht auf rechtliches Gehör, wonach jede Partei alle Aspekte des Verfahrens kennen muss und kommentieren darf.

15 Die Möglichkeit, eine solche etwaige gerichtliche Anordnung unmittelbar zu **vollstrecken**, ist in aller Regel nicht gegeben, da sie meist als bloße verfahrensleitende Verfügung erlassen wird. Hält sich jedoch eine Partei nicht an diese Verfügung, verletzt sie zugleich Art. 22 Abs. 5 und damit die Schiedsvereinbarung und kann auf **Unterlassung** und **Schadensersatz** in Anspruch genommen werden. Ein Rechtsstreit über diese Ansprüche steht im Zusammenhang mit dem der Schiedsklausel unterfallenden Rechtsverhältnis und unterfällt damit seinerseits der Schiedsklausel. Im Eilrechtsschutz können aber auch staatliche Gerichte in Anspruch genommen werden (Art. 28 Abs. 2) mit dem Ziel, eine zwangs- bzw. ordnungsmittelbewehrte Unterlassungsverfügung zu erlangen.

16 Über diese Vorschrift hinaus findet sich in der ICC-SchO **keine generelle Regelung zur Vertraulichkeit des Verfahrens**. Es steht den Parteien freilich frei, eine entsprechende Regelung in die Schiedsklausel mit aufzunehmen. Vielfach vereinbaren Parteien allerdings keine generelle Vertraulichkeitsklausel. Z.B. kann eine Partei die anderweitige Verpflichtung treffen, gerade über den Ausgang eines Schiedsverfahrens z.B. im Rahmen einer Gesellschafterversammlung oder im Rahmen von Ad-hoc-Publizitätspflichten zu berichten.

D. Neutralität des Schiedsgerichts und Anspruch auf rechtliches Gehör (Abs. 4)

Literatur:; *Häberlein*, Wie befangen darf ein Schiedsrichter sein?, Beilage zu BB 2003 Heft 47, S. 7 ff.; *Raeschke-Kessler*, Die Unparteilichkeit und Unabhängigkeit des Schiedsrichters – ein transnationales Rechtsproblem?, ASA Bulletin, Vol. 26 No. 1 (2008), S. 3 ff.

17 Art. 22 Abs. 4 greift einen fundamentalen Grundsatz eines jeden rechtsstaatlichen Verfahrens auf: Das Schiedsgericht hat ein **faires Verfahren** zu gewährleisten und insbesondere unparteiisch zu handeln (s. dazu Art. 11 Abs. 1). Die Norm statuiert **keine Pflicht der absoluten Gleichbehandlung** der Parteien. Vielmehr erlaubt der Grundsatz des fairen Verfahrens auch ausgewogene Ungleichbehandlungen, wenn sie auf nachvollziehbaren Gründen basieren. So kann das Gericht bspw. einer Partei, die eine mündliche Ergänzung eines Vertrages zu beweisen versucht, mehr Raum für Zeugen einräumen als der Partei, welche sich für den

abschließenden Charakter eines Vertrages auf die schriftliche Vertragsurkunde beruft.

Das Schiedsgericht trifft außerdem als Ausfluss des Anspruchs der Parteien auf rechtliches Gehör die Verpflichtung, den Parteien **ausreichend Gelegenheit zu geben, zur Sache vorzutragen.** Das Schiedsgericht muss hinsichtlich des Umfangs der Gewährung rechtlichen Gehörs mindestens den Maßstab beachten, an den auch deutsche Zivilgerichte gebunden sind (BGH v. 8.10.1959 – VII ZR 87/58, NJW 1959, 2213). Dies bedeutet jedoch nicht, dass Parteivortrag völlig unbeschränkt zuzulassen ist. Vielmehr ergibt sich bereits aus dem Wortlaut der Norm („ausreichend") eine Beschränkung auf ein vernünftiges Maß. Regelmäßig wird das Schiedsgericht den Parteien bereits im Wege einer verfahrensleitenden Verfügung Vorgaben dazu gemacht haben, welche Fristen für ihren Sachvortrag einzuhalten sind und wie viel Zeit ihnen im Rahmen der mündlichen Verhandlung für die Darstellung ihres Vorbringens zur Verfügung steht. Ein solches Vorgehen des Gerichts bewegt sich auch unter Beachtung des Art. 22 Abs. 4 im Rahmen des Zulässigen. 18

E. Bindungswirkung von schiedsrichterlichen Verfügungen und Beschlüssen (Abs. 5)

Art. 22 Abs. 5 stellt die generelle **Verpflichtung der Parteien auf, die Verfügungen und Beschlüsse des Schiedsgerichts unverzüglich zu befolgen.** Diese Pflicht folgt auch unmittelbar aus der Schiedsvereinbarung der Parteien. Mit der Schiedsvereinbarung unterwerfen sich die Parteien gerade – im Rahmen der Verfahrensregeln – den Anordnungen des Schiedsgerichts und müssen diese daher befolgen. 19

Verletzt eine Partei eine Verfügung des Schiedsgerichts, kann die andere Partei die Rechtsfolgen einer solchen **Verletzung** (z.B. einen Schadensersatzanspruch) grundsätzlich noch **im anhängigen Schiedsverfahren geltend machen.** Ist dies nicht mehr möglich (weil z.B. das Verfahren schon zu weit fortgeschritten ist), kann die Partei ein neues Schiedsverfahren einleiten. Die Verletzung der Schiedsvereinbarung fällt ihrerseits unter die Schiedsklausel. 20

Die Verpflichtung bezieht sich lediglich auf die verfahrensleitenden Entscheidungen des Schiedsgerichts. Die Verbindlichkeit eines **verfahrensabschließenden Schiedsspruchs** regelt hingegen Art. 34 Abs. 6. 21

F. Kosten

22 Besondere Kosten entstehen den Parteien durch Art. 22 nicht. Im Gegenteil: Das Effizienzgebot des Art. 22 Abs. 1 dient gerade dazu, die Kosten des Schiedsverfahrens zu reduzieren. Verhalten sich die Parteien allerdings im Widerspruch zu diesem Gebot, kann dies nach Art. 37 Abs. 5, der diesbezüglich zu berücksichtigen ist, negative Kostenfolgen haben (Art. 37 Rz. 37).

G. Abweichende Parteivereinbarung

23 Die Parteien sind grundsätzlich frei, Einzelheiten zum Ablauf des Schiedsverfahrens selbst zu regeln, selbst wenn sich das Verfahren dadurch objektiv verzögern mag. Gerade wenn es sich um ein für die Parteien bedeutendes Verfahren handelt und/oder wenn große Konzerne involviert sind, benötigen die Parteien etwas Zeit, um den Verfahrensstoff aufzuarbeiten und intern abzustimmen.

Artikel 23: Schiedsauftrag

(1) Sobald das Schiedsgericht vom Sekretariat die Schiedsverfahrensakten erhalten hat, formuliert es aufgrund der Aktenlage oder in Gegenwart der Parteien unter Berücksichtigung ihres aktuellen Vorbringens den Schiedsauftrag. Dieser enthält folgende Angaben:

a) vollständigen Namen, Rechtsform, Adresse und sonstige Kontaktdaten jeder der Parteien und der Vertreter der Parteien im Schiedsverfahren;

b) Adressen, an die alle Zustellungen und Mitteilungen im Verlauf des Schiedsverfahrens erfolgen können;

c) zusammenfassende Darlegung des Vorbringens der Parteien und ihre Anträge unter Angabe der Höhe der bezifferten Ansprüche, und, soweit möglich, eine Schätzung des Geldwerts sonstiger Ansprüche;

d) eine Liste der zu entscheidenden Streitfragen, es sei denn, das Schiedsgericht hält dies nicht für angemessen;

e) vollständige Namen, Adressen und sonstige Kontaktdaten der Schiedsrichter;

f) Ort des Schiedsverfahrens, und

g) Einzelheiten hinsichtlich der anzuwendenden Verfahrensbestimmungen und, sofern dies zutrifft, einen Hinweis auf die Ermächtigung des Schiedsgerichts, als *amiable compositeur* oder *ex aequo et bono* zu entscheiden.

(2) Der Schiedsauftrag ist von den Parteien und dem Schiedsgericht zu unterschreiben. Innerhalb von zwei Monaten nach Übergabe der Schiedsverfahrensakten übersendet das Schiedsgericht den von ihm und den Parteien unterschriebenen Schiedsauftrag dem Gerichtshof. Der Gerichtshof kann diese Frist auf begründeten Antrag des Schiedsgerichts oder von sich aus verlängern, falls er dies für notwendig erachtet.

(3) Weigert sich eine der Parteien, bei der Formulierung des Schiedsauftrags mitzuwirken oder ihn zu unterschreiben, so wird dieser dem Gerichtshof zur Genehmigung vorgelegt. Sobald der Schiedsauftrag gemäß Artikel 23(2) unterschrieben oder vom Gerichtshof genehmigt worden ist, wird das Schiedsverfahren fortgesetzt.

(4) Nachdem der Schiedsauftrag von den Parteien unterschrieben oder durch den Gerichtshof genehmigt worden ist, kann eine Partei neue Ansprüche nur geltend machen, soweit diese sich in den Grenzen des Schiedsauftrags halten oder das Schiedsgericht diese zugelassen hat. Das Schiedsgericht berücksichtigt dabei die Art der neuen Ansprüche, den Stand des Schiedsverfahrens und andere maßgebliche Umstände.

Article 23: Terms of Reference

(1) As soon as it has received the file from the Secretariat, the arbitral tribunal shall draw up, on the basis of documents or in the presence of the parties and in the light of their most recent submissions, a document defining its Terms of Reference. This document shall include the following particulars:
a) the names in full, description, address and other contact details of each of the parties and of any person(s) representing a party in the arbitration;
b) the addresses to which notifications and communications arising in the course of the arbitration may be made;
c) a summary of the parties' respective claims and of the relief sought by each party, together with the amounts of any quantified claims and, to the extent possible, an estimate of the monetary value of any other claims;
d) unless the arbitral tribunal considers it inappropriate, a list of issues to be determined;

e) the names in full, address and other contact details of each of the arbitrators;

f) the place of the arbitration; and

g) particulars of the applicable procedural rules and, if such is the case, reference to the power conferred upon the arbitral tribunal to act as amiable compositeur or to decide ex aequo et bono.

(2) The Terms of Reference shall be signed by the parties and the arbitral tribunal. Within two months of the date on which the file has been transmitted to it, the arbitral tribunal shall transmit to the Court the Terms of Reference signed by it and by the parties. The Court may extend this time limit pursuant to a reasoned request from the arbitral tribunal or on its own initiative if it decides it is necessary to do so.

(3) If any of the parties refuses to take part in the drawing up of the Terms of Reference or to sign the same, they shall be submitted to the Court for approval. When the Terms of Reference have been signed in accordance with Article 23(2) or approved by the Court, the arbitration shall proceed.

(4) After the Terms of Reference have been signed or approved by the Court, no party shall make new claims which fall outside the limits of the Terms of Reference unless it has been authorized to do so by the arbitral tribunal, which shall consider the nature of such new claims, the stage of the arbitration and other relevant circumstances.

Regelungsschwerpunkte: Die Vorschrift beschreibt den Inhalt des **Schiedsauftrags** und das Verfahren, nach dem er erstellt wird.

Der Schiedsauftrag ist eine **kollaborativ** (Rz. 1 ff., 25 ff.) von den Verfahrensbeteiligten zu entwickelnde **Verfahrensvereinbarung**, die den **Streitgegenstand fixiert** und u.a. zur **Effizienzsteigerung** und **Qualitätssicherung** in der ICC-Schiedsgerichtsbarkeit beiträgt (Rz. 1 ff.).

Abs. 3 Satz 1 Beteiligt sich eine Partei nicht an der Erstellung des Schiedsauftrags, bedarf dieser der Genehmigung des Gerichtshofs (Rz. 28 ff.); **Abs. 4** Nach Unterzeichnung bzw. Genehmigung des Schiedsauftrags steht die Zulassung **neuer Ansprüche**, die sich nicht in den Grenzen des Schiedsauftrags halten, im **Ermessen des Schiedsgerichts** (Rz. 33 ff.)

Kostenaspekte: Parteien und Schiedsgericht können in den Schiedsauftrag **verfahrenskostenrechtliche Regelungen** aller Art aufnehmen, z.B.

solche, die Art. 37 Abs. 5 konkretisieren oder erweitern. Auch disziplinierende Maßnahmen zur Gewährleistung einer kosteneffizienten Verfahrensdurchführung und diesbezügliche Kriterien können Gegenstand des Schiedsauftrags ein (Rz. 22).

Inhalt

A. Normzweck 1	III. Verfahrensweise bei Nichtmitwirkung einer Partei (Abs. 3 Satz 1) 28
B. Reform 6	
C. Verhältnis zum X. Buch der ZPO..................... 7	IV. Fortgang des Verfahrens (Abs. 3 Satz 2) 32
D. Vergleich mit den im staatlichen Verfahren geltenden Vorschriften 8	G. Prozessuale Präklusion (Abs. 4).................... 33
	I. „Neuheit" von Ansprüchen (Abs. 4 Satz 1) 34
E. Inhalt des Schiedsauftrags (Abs. 1) 9	II. „Grenzen des Schiedsauftrags" (Abs. 4 Satz 1 Var. 1)... 36
I. Katalog des Abs. 1 Satz 2 10	
II. Fakultative Inhalte 21	III. Zulassung durch das Schiedsgericht (Abs. 1 Satz 1 Var. 2 i.V.m. Satz 2) 38
F. Verfahrensfragen (Abs. 1 Satz 1, Abs. 2, 3) 23	
I. Erarbeitung des Schiedsauftrags (Abs. 1 Satz 1) 23	H. Abweichende Parteivereinbarungen; nachträgliche Änderungen 41
II. Frist, Unterzeichnung und Übersendung an den Gerichtshof (Abs. 2) 26	

Literatur: *Goldsmith*, How to draft Terms of Reference, Arbitration International Vol. 3 Issue 4 (1987), S. 278 ff.; *Greenberg/Secomb*, Terms of Reference and Negative Jurisdictional Decisions: A lesson from Australia, Arbitration International Vol. 18 Issue 2 (2002), S. 125 ff.; *Karrer*, Pros and Cons of Terms of Reference and Specific Procedural Agreements in Arbitration Clauses: Storm in to Calm the Sea, in: ICCA Congress Series No. 7 (1994), 73; *Lazareff*, Terms of Reference, ICC Court Bulletin, Vol. 17 No. 1 (2006), S. 21 ff.; *Lazareff/Schäfer*, The 1992 Practical Guide on Terms of Reference Revisited, ICC Court Bulletin, Vol. 10 No. 2 (1999), S. 14 ff.; *Nicklisch*, Terms of Reference, RIW 1988, S. 673 ff.; *Reiner*, Terms of Reference: The Function of the International Court of Arbitration and Application of Article 16, ICC Court Bulletin, Vol. 7 No. 2 (1996), S. 59 ff.; *Sanders*, The Terms of Reference in ICC Arbitration, in: FS Briner, 2005, S. 693 ff.; *Sandrock*, Die „Terms of Reference" und die Grenzen ihrer Präklusionswirkung – Ein Rechtsinstitut der Verfahrensordnung des Schiedsgerichtshofs der Internationalen Handelskammer in Paris und seine Geheimnisse, RIW 1987, S. 649 ff.; *Schäfer*, Terms of Reference in the Past and at Present, ICC Court Bulletin, Vol. 3 No. 1 (1992), S. 8 ff.; *Schwartz*, ‚New Claims' in ICC Arbitration: Navigating Article 19 of the ICC Rules, ICC Court Bulletin, Vol. 17 No. 2 (2006), S. 55 ff.;

Webster, Terms of Reference and French Annulment Proceedings, Journal of International Arbitration, Vol. 20 Issue 6 (2003), S. 561 ff.

A. Normzweck

1 Die Vorschrift regelt den Inhalt sowie das Verfahren zur Erstellung des **Schiedsauftrags** (*„terms of reference"*, *„acte de mission"*). Dieses dem ICC-Schiedsverfahren eigene Institut ist ein von den Verfahrensbeteiligten idealiter gemeinsam (**kollaborativ**) zu entwickelndes Dokument, das die prozessualen und ggf. auch die materiellen Rechtsverhältnisse zwischen den Parteien untereinander sowie mit dem Schiedsgericht (aus-)gestaltet. Seiner Entstehungsgeschichte nach ist es rechtsgeschäftlichen Ursprungs (Rz. 4) seine heutigen Funktionen gehen jedoch über die bloße Konkretisierung der Schiedsvereinbarung bzw. der Schiedsrichterverträge weit hinaus.

2 Art. 23 verleiht dem Schiedsauftrag einen multifunktionalen Rahmen. Er

(i) **fixiert den Streitgenstand** – die spätere Geltendmachung von Ansprüchen, die sich nicht „in den Grenzen des Schiedsauftrags" halten, ist eingeschränkt (Art. 23 Abs. 4 Satz 1 Var. 2) (**Kristallisierungs-** bzw. **Präklusionsfunktion des Schiedsauftrags**);

(ii) **erleichtert dem Schiedsgericht** die Erstellung eines dem Parteivorbringen gerecht werdenden **Schiedsspruchentwurfs** und dem Gerichtshof die Prüfung dieses Entwurfs ganz erheblich, **erhöht** dadurch die **Qualität von ICC-Schiedssprüchen** und beugt so zugleich der Gefahr von Schiedsspruchaufhebungen bzw. von Negativentscheiden in Vollstreckbarerklärungsverfahren vor (**Qualitätssicherungsfunktion des Schiedsauftrags**);

(iii) **erleichtert** dem Gerichtshof und dem Sekretariat durch Angaben auch zu ggf. bisher noch unbezifferten (Teil-)Streitwerten das Verfahrensmanagement hinsichtlich der finanziellen Aspekte des Schiedsverfahrens (**Kostenüberwachungsfunktion des Schiedsauftrags**).

3 Die vorgenannten Funktionen des Schiedsauftrags erfüllt dieser regelmäßig auch dann, wenn ihn nicht alle Parteien unterzeichnet haben, d.h. also auch dann, wenn er durch den Gerichtshof genehmigt wurde (Art. 23 Abs. 3 Satz 1; dazu Rz. 28 ff.).

4 Nur bei Unterzeichnung durch alle Parteien ermöglicht der Schiedsauftrag zudem

(iv) durch die **Aufnahme neuer verfahrensrechtlicher Vereinbarungen** eine die Besonderheiten des Einzelfalls berücksichtigende, effiziente und zugleich hinreichend flexible Verfahrensführung, stellt dann also in gegenständlicher Hinsicht das Pendant zu dem die zeitlichen Aspekte der Verfahrensgestaltung behandelnden Verfahrenskalender (Art. 24 Abs. 2) dar (**Verfahrensmanagementfunktion des Schiedsauftrags**);

(v) durch die Aufnahme einer Vielzahl von Bestimmungen zu im Zusammenhang mit dem Schiedsverfahren auftretenden Einzelfragen Konkretisierungen auch des materiell-rechtlichen, d.h. (schiedsrichter-)vertraglichen Rechtsverhältnisses zwischen Parteien und Schiedsrichtern (**rechtsgeschäftliche Funktion des Schiedsauftrags**); diese Funktion stand früher beim Schiedsauftrag im Vordergrund, wurde jedoch bereits in den letzten Jahrzehnten zunehmend durch die vorgenannten prozessualen Aspekte in den Hintergrund gedrängt. In keinem Fall bildet der Schiedsauftrag die originäre rechtsgeschäftliche Basis für das Tätigwerden der Schiedsrichter. Schiedsrichterverträge (dazu Einleitung Rz. 3) kommen bereits mit der Ernennung bzw. Bestätigung eines Schiedsrichters zustande, durch die die ICC namens der Parteien das in Art. 11 Abs. 2 als „Annahmeerklärung" bezeichnete Angebot des Kandidaten annimmt (Art. 11 Abs. 5; vgl. Art. 11 Rz. 23).

In der Unterzeichnung des Schiedsauftrags kann eine **Unterwerfung unter die Zuständigkeit des Schiedsgerichts** oder – je nach anwendbarem Verfahrensrecht – eine **rügelose Einlassung** liegen. Andererseits ist es ohne weiteres zulässig und stellt insbesondere keinen Fall widersprüchlichen Verhaltens dar, den Schiedsauftrag unter **ausdrücklichem Vorbehalt** bzw. unter **ausdrücklicher Aufrechterhaltung der Zuständigkeitsrüge** zu unterzeichnen. In diesem Fall geht die entsprechende Einwendung nicht verloren.

B. Reform

In der ICC-SchO 1998 war der Inhalt des neuen Art. 23 auf Art. 18 Abs. 1 bis 3 sowie auf Art. 19 ICC-SchO 1998 verteilt. Die Reform hat alle schiedsauftragsbezogenen Regelungen in Art. 23 zusammengefasst. Der Katalog der obligatorischen Inhalte des Schiedsauftrags wurde leicht erweitert; erwähnenswert ist insoweit nur, dass den Parteien nun ausdrücklich aufgegeben ist, den Wert unbezifferter Ansprüche zu schätzen. Im Übrigen haben die Regelungen zum Schiedsauftrag keine nennenswerten inhaltlichen Änderungen erfahren.

C. Verhältnis zum X. Buch der ZPO

7   Die ZPO sieht die Erstellung eines Schiedsauftrags nicht vor, steht der – in der Einigung auf die ICC-SchO enthaltenen – Vereinbarung eines entsprechenden Verfahrens aber auch nicht entgegen. Art. 23 Abs. 4 geht, soweit er Widerklagen erfasst, § 1046 Abs. 3, 2 ZPO vor, der abweichende Parteivereinbarungen ausdrücklich zulässt.

D. Vergleich mit den im staatlichen Verfahren geltenden Vorschriften

8   Im Verfahren vor staatlichen Gerichten existieren keine zum Schiedsauftrag funktionsäquivalenten Rechtsinstitute. Der Regelungsgegenstand von Art. 23 Abs. 4 entspricht dem des § 263 ZPO (näher Rz. 38).

E. Inhalt des Schiedsauftrags (Abs. 1)

9   Zum Inhalt des Schiedsauftrags enthält Art. 23 Abs. 1 Satz 1 die selbstverständliche Maßgabe, dass dieser *„unter Berücksichtigung des aktuellen Vorbringens der Parteien"* zu entwerfen ist. Art. 23 Abs. 1 Satz 2 enthält einen Katalog derjenigen Elemente, die der Schiedsauftrag **mindestens enthalten** muss (Rz. 10 ff.). Parteien und Schiedsgericht können den Schiedsauftrag um weitere, fakultative Elemente ergänzen (Rz. 21 ff.).

I. Katalog des Abs. 1 Satz 2

10 **Angaben zu den Parteien** (Art. 23 Abs. 1 Satz 2 Buchst. a). Die **vollständigen Namen** der Parteien sind anzugeben. Das kann bei einer nicht in ein (Handels-)Register eingetragenen Gesellschaft (GbR bzw. vergleichbare Rechtsträger ausländischen Rechts wie die „einfache Gesellschaft" schweizerischen Rechts) auch die Namhaftmachung der einzelnen Gesellschafter erforderlich machen (etwa bei einer nicht werbend und daher nicht unter eigener Bezeichnung aufgetretenen „ARGE" oder einem Konsortium). Sind **natürliche Personen** am Rechtsstreit beteiligt, kann bereits zu diesem Zeitpunkt die nähere Identifikation durch Geburtsdatum, Geburtsort und Staatsangehörigkeit angezeigt sein. Wenn eine **insolvent (gewordene) Partei** am Schiedsverfahren beteiligt ist, kann nach dem anwendbaren Recht ein Parteiwechsel eingetreten sein

(Art. 37 Rz. 50). Soweit Art. 23 Abs. 1 Satz 2 Buchst. a anordnet, dass Angaben zu den **Vertretern der Parteien im Schiedsverfahren** zu machen sind, meint das bei anwaltlich vertretenen Parteien deren Prozessbevollmächtigte. Es empfiehlt sich aber, in jedem Fall auch Angaben zu den organschaftlichen bzw. gesetzlichen Vertretungsberechtigten der Parteien aufzunehmen. S. zum Ganzen auch Art. 4 Rz. 15.

Adressen für Zustellungen (Art. 23 Abs. 1 Satz 2 Buchst. b). Die Vorschrift ist im Zusammenhang mit Art. 3 Abs. 2 zu sehen; vgl. Art. 3 Rz. 21 ff. 11

Zusammenfassende Darlegung des Vorbringens und Schätzung des Geldwerts sonstiger Ansprüche (Art. 23 Abs. 1 Satz 2 Buchst. c). Der **Kern des tatsächlichen Vortrags** der Parteien muss sich – schon wegen Art. 23 Abs. 4 – aus dem Schiedsauftrag ergeben, wobei dieser den Vortrag nicht vollumfänglich wiedergeben sein muss; auch werden die in diesem Zusammenhang zu berücksichtigenden Parteieingaben nur in seltenen Fällen über die Schiedsklage und -antwort hinausgehen. Zur konkreten Form der Aufbereitung existieren keine zwingenden Maßgaben. Die Trennung nach unstreitigem und streitigem Sachverhalt bietet sich an, wobei allerdings in diesem frühen Verfahrensstadium eine Aufteilung des streitigen Sachverhalts auf die Parteien unter Beweislastgesichtspunkten – wie im deutschen Zivilurteil üblich – nicht in Betracht kommt. Redundanzen im Bereich der Wiedergabe des streitigen Vortrags sind daher hinzunehmen. **Rechtlicher Vortrag** der Parteien ist jedenfalls insoweit aufzunehmen, als er die „Art der Ansprüche" (Art. 23 Abs. 4 Satz 2) und deren Grundlage (Art. 4 Abs. 1 Buchst. c) zum Gegenstand hat. Auch **Einreden und sonstige Gegenrechte** (Aufrechnung, Zurückbehaltungsrecht, Verjährung usw.) sind mitaufzunehmen. **Die (Sach-)Anträge** der Parteien sind **im Wortlaut** wiederzugeben. Wegen der Angaben zum **Streitwert** vgl. Art. 4 Rz. 25 ff.; die Aktualisierung dieser Angaben im Schiedsauftrag ermöglicht es dem Sekretariat, zu überprüfen, ob die festgesetzten Vorschüsse (noch) ausreichen und ggf. rechtzeitig eine Erhöhung einzuleiten. Die Nennung eines Streitwertes im Schiedsauftrag bedeutet nicht, dass sich dieser während des Verfahrens nicht nach oben oder unten ändern kann. 12

Liste zu entscheidender Streitfragen (Art. 23 Abs. 1 Satz 2 Buchst. d). Eine solche Liste kann für das Schiedsgericht bei der Erstellung des Verfahrenskalenders und auch später noch – bspw. bei der Zeitplanung für eine mündliche Verhandlung – von Vorteil sein. **Ihre Bedeutung sollte aber auch nicht überschätzt werden.** Insbesondere im Rahmen des 13

Art. 23 Abs. 4 hat die „Liste" nach Art. 23 Abs. 1 Satz 2 Buchst. d regelmäßig allenfalls indizielle Bedeutung, zumal sie in der Praxis fast stets ausdrücklich als nicht erschöpfend gekennzeichnet wird. Nach freiem, nicht nachprüfbarem Ermessen kann das Schiedsgericht von der Aufnahme der Liste in den Schiedsauftrag absehen, wenn es diese „nicht für angemessen" hält. So wird vielfach von der Erstellung der Liste abgesehen, wenn eine Partei sich an dem Schiedsverfahren nicht beteiligt. Auch kann ein Absehen von der Erstellung der Liste angezeigt sein, wenn es in der Natur des Streitgegenstands liegt, dass dieser sich noch ändert, etwa, weil absehbar ist, dass (Teil-)Erledigung eintreten könnte, dass Ansprüche erst im späteren Verlauf des Schiedsverfahrens quantifiziert werden können oder dass die maßgeblichen tatsächlichen Vorgänge aus anderen Gründen noch nicht abgeschlossen sind („*facta pendentia*", „*facta futura*", insbesondere in Investitionsschiedsverfahren, aber auch in komplexen Gewährleistungsprozessen mit mehrgliedrigen Lieferketten und sich mit erheblicher zeitlicher Verzögerung manifestierenden [Weiterfresser-]Schäden).

14 **Vollständige Namen, Adressen und sonstige Kontaktdaten der Schiedsrichter** (Art. 23 Abs. 1 Satz 2 Buchst. e). Entsprechende Angaben sollten auch zum zuständigen Referenten des Sekretariats (Art. 1 Rz. 23 ff.) sowie zu einem etwa bestellten Verwaltungssekretär (Vor Art. 11 Rz. 11 ff.) nicht fehlen.

15 **Ort des Schiedsverfahrens** (Art. 23 Abs. 1 Satz 2 Buchst. f). Vgl. Art. 18.

16 **Einzelheiten zu Verfahrensbestimmungen und Hinweis nach Art. 23 Abs. 1 Satz 2 Buchst. g.** Die anzuwendenden Verfahrensbestimmungen können sich aus der Schiedsvereinbarung oder dem am Schiedsort anwendbaren Schiedsverfahrensrecht ergeben. Sie können aber auch im Schiedsauftrag erstmals neu rechtsgeschäftlich begründet werden. Letzteres setzt voraus, dass alle Parteien den Schiedsauftrag unterzeichnen; ist dies nicht der Fall, muss der Schiedsauftrag gemäß Art. 23 Abs. 3 vom Gerichtshof genehmigt werden. In diesem Fall darf er keine neuen (verfahrensrechtlichen oder sonstigen) Vereinbarungen der Parteien enthalten (s. Rz. 22).

17 Für **einseitige verfahrensrechtliche Verfügungen des Schiedsgerichts**, zu denen dieses im Rahmen seiner Sachleitungsbefugnis gemäß Art. 22 Abs. 2 befugt ist, ist der Schiedsauftrag nicht der richtige Ort. Kann nicht mit allen Parteien eine Einigung über den Inhalt verfahrensrechtlicher Regelungen erzielt werden, müssen die entsprechenden Regelungsgegenstände in unilaterale prozessleitende Verfügungen des

Schiedsgerichts ausgelagert werden. Zweck des Schiedsauftrags ist es nicht, eine Art „Gegenzeichnungsverfahren" für prozessuale Anordnungen des Schiedsgerichts einzuführen.

Indes ist vielfach eher die umgekehrte Tendenz zu beobachten: Selbst solche **Regelungen, über die die Parteien Einigung erzielt haben**, finden ihren Weg nicht in den Schiedsauftrag, sondern in die erste verfahrensleitende Verfügung, damit das Schiedsgericht von diesen Regelungen ggf. auch ohne Zustimmung der Parteien wieder abweichen kann (Art. 19 Rz. 17, 23). 18

In jedem Fall sollten verfahrensrechtliche Regelungen – gleich, ob sie in den Schiedsauftragsentwurf oder in den Entwurf einer prozessleitenden Verfügung Eingang finden – auf die **besonderen Verhältnisse des Einzelfalls** zugeschnitten sein. Kleinere Schiedsverfahren mit moderaten Streitwerten sollten nicht mit komplizierten und kostenträchtigen Regelungen überfrachtet werden, wie sie für Großverfahren entwickelt wurden. Ohnehin kann selbst in größeren Verfahren nicht jede mögliche Entwicklung durch extrem kasuistische Verfahrensregelungen antizipiert werden; situativen Reaktionen im Rahmen der Sachleitungsbefugnis (Art. 22 Abs. 2) des Schiedsgerichts wird stets eine hohe Bedeutung zukommen. 19

Wegen der Bezugnahme auf besondere Ermächtigungen gemäß Art. 21 Abs. 3 (*ex aequo et bono, amiable compositeur*) s. Art. 21 Rz. 53. 20

II. Fakultative Inhalte

Regelmäßig enthält der Schiedsauftrag auch noch eine Reihe weiterer Elemente. Hierzu zählt insbesondere ein **Abriss der Prozessgeschichte**, aus dem sich ergeben: das Datum der Verfahrenseinleitung (Art. 4 Abs. 2) sowie – jeweils unter Nennung des jeweiligen Datums – Angaben zu Vorschussfestsetzungen und entsprechenden Zahlungseingängen, zu einem etwaigen Verfahren gemäß Art. 6 Abs. 4, zur Einbeziehung zusätzlicher Parteien (Art. 7) oder zur Konsolidierung von Verfahren (Art. 10) und nicht zuletzt zu allen auf die Konstituierung des Schiedsgerichtes gerichteten Akten (Art. 11 ff.). Des Weiteren werden üblicherweise die **Schiedsvereinbarung** sowie etwaige **Vereinbarungen zum anwendbaren Sachrecht**, auf die sich die (wider-)klagende Partei stützt, in den Schiedsauftrag aufgenommen. Bestehen seitens einer anderen Partei Vorbehalte gegen die Wirksamkeit oder Anwendbarkeit der entsprechenden Vereinbarung, können diese selbstverständlich ebenfalls Eingang finden. 21

22　Neue verfahrensrechtliche Vereinbarungen der Parteien untereinander sowie mit dem Schiedsgericht sind im **Schiedsauftrag nur möglich, wenn alle Parteien den Schiedsauftrag unterzeichnen.** Hierher gehören bspw. jede Änderung oder Ergänzung der Schiedsvereinbarung, etwa mit Blick auf die Verfahrenssprache oder den Schiedsort; jede Bestätigung, dass die Schiedsrichter in Übereinstimmung mit der Parteivereinbarung und/oder der ICC-SchO bestellt wurden oder sonst das Verfahren ordnungsgemäß geführt wurde; jeder verbindliche Verzicht auf prozessuale Rügen (der Besetzung, der Zuständigkeit etc.); jede Einigung auf das anwendbare Sachrecht; jede Einigung oder jeder Verzicht auf die Durchführung bestimmter Beweisermittlungen oder -erhebungen (bspw. discovery) oder auf ergänzend – und sei es auch nur als „soft law" ohne bindende Wirkung – heranzuziehende Regelwerke wie etwa die IBA Guidelines on the Taking of Evidence in International Arbitration; Regelungen zu Sachverständigen, Hearings, Kosten, Steuern; Ermächtigung des Vorsitzenden, verfahrensleitende Verfügungen im Namen des (Dreier-)Schiedsgerichts allein zu unterschreiben usw. **Richtiger Regelungsstandort** für all diese Materien ist im Falle der Nichtbeteiligung einer Partei nicht der Schiedsauftrag, sondern die **unilaterale verfahrensleitende Verfügung Nr. 1** des Schiedsgerichts, das den Parteien freilich regelmäßig vorab rechtliches Gehör zu den beabsichtigten Maßgaben gewähren wird.

F. Verfahrensfragen (Abs. 1 Satz 1, Abs. 2, 3)

I. Erarbeitung des Schiedsauftrags (Abs. 1 Satz 1)

23　Die **Formulierung des Schiedsauftrags ist Sache des Schiedsgerichts**, Art. 23 Abs. 1 Satz 1, und zwar sobald es die Akten vom Sekretariat erhalten hat. Konkret bedeutet dies, dass das Schiedsgericht unmittelbar nach Erhalt der Akten (Art. 16) einen ersten Entwurf des Schiedsauftrags zu erstellen hat (s. zum Sonderfall einer fehlenden Sprachregelung aber Art. 20 Rz. 13), der den Parteien im Normalfall binnen vier bis (spätestens) sechs Wochen (zweckmäßigerweise per E-Mail) zuzuleiten ist. Der Entwurf wird dabei regelmäßig **nach Aktenlage erstellt**; die nach Art. 23 Abs. 1 Satz 1 ebenfalls zulässige Formulierung „in Gegenwart der Parteien" mag allenfalls in unterkomplex-lokalen Schiedsverfahren praktikabel sein. Vor Zusendung des ersten Schiedsauftragsentwurfs an die Parteien stimmen etliche Schiedsrichter diesen informell mit dem Sekretariat ab. Vorgeschrieben ist dies nicht, doch hat es sich bewährt, dass das Sekretariat Anregungen zur Optimierung des Entwurfs gibt.

Diese „Schleife" vollzieht sich außerhalb der Wahrnehmung der Parteien. In jedem Fall ist ein Entwurf zu erstellen, der **auf den Einzelfall maßgeschneidert** ist (Rz. 19).

Flexible Handhabung durch das Schiedsgericht. Häufig wird das Schiedsgericht die Zusendung des Schiedsauftragsentwurfs mit der Zusendung der Entwürfe der Verfahrensleitenden Verfügung Nr. 1 sowie des Verfahrenskalenders (Art. 24 Abs. 2) verbinden und zur Besprechung aller drei Entwürfe die obligatorische Verfahrensmanagementkonferenz (Art. 24 Abs. 1) ansetzen; zwingend ist diese Reihenfolge allerdings nicht. 24

Die Erarbeitung des Schiedsauftrags ist im Idealfall ein **kollaborativer Prozess** aller Verfahrensbeteiligten. Es ist daher nichts dagegen zu erinnern, wenn das Schiedsgericht auf eine eigenständige Zusammenfassung des Inhalts des Parteivortrags gemäß Art. 23 Abs. 1 Satz 2 Buchst. c (zunächst) verzichtet und es den Parteien überlässt, ihren eigenen Vortrag zusammenzufassen. Umgekehrt ist es aber auch nicht zu beanstanden, sondern im Gegenteil begrüßenswert, wenn das Schiedsgericht sich – was zunehmend zu beobachten ist – selbst die Mühe macht, den Parteivortrag zu gewichten und zusammenzufassen. Beteiligt sich eine der Parteien nicht an der Erstellung des Schiedsauftrags, bleibt dem Schiedsgericht ohnehin nichts anderes übrig. 25

II. Frist, Unterzeichnung und Übersendung an den Gerichtshof (Abs. 2)

Binnen zwei Monaten nach Aktenübergabe (Art. 16) ist der Schiedsauftrag von allen Parteien und dem Schiedsgericht zu unterschreiben und an den Gerichtshof zu übersenden, Art. 23 Abs. 2 Satz 1. Haben alle Parteien den Schiedsauftrag unterzeichnet, setzt das Datum der letzten Unterschrift die Sechs-Monats-Frist für den Erlass des Schiedsspruchs in Gang (Art. 30 Abs. 1 Satz 2). Der Schiedsauftrag bedarf in diesem Fall nicht der Genehmigung des Gerichtshofs, sondern wird diesem lediglich zur Kenntnis gebracht. Der Einzelschiedsrichter oder der Vorsitzende zirkuliert hierzu eine physische Ausfertigung des Schiedsauftrags für den Gerichtshof sowie weitere Ausfertigungen für die Parteien bzw. ihre Bevollmächtigten und für die Mitschiedsrichter. Die Ausfertigungen müssen **handschriftlich unterzeichnet** und dem Gerichtshof muss mindestens eine Ausfertigung übersandt werden, die die handschriftlichen Unterschriften im Original beinhaltet. Eine Erstellung per Telefax, E-Mail o.Ä. ist nicht vorgesehen. Ebenso wenig ist es vorgesehen, dass die Mitschiedsrichter den Vorsitzenden dazu ermächtigen, hier für sie die Unterschrift zu leisten. Anerkanntermaßen zulässig ist es indes, 26 dass die Parteivertreter dem Einzelschiedsrichter bzw. die Parteivertreter und Mitschiedsrichter dem Vorsitzenden lediglich die Unterschriftenseiten übersenden und ihm die physische Verbindung dieser Unterschriftenseiten mit dem von ihm auszudruckenden Text des Schiedsauftrags, auf den sich die Verfahrensbeteiligten zuvor geeinigt haben, überlassen. Durch einen derartigen Verzicht auf Zirkulierung im engeren Sinn zu Gunsten einer sternförmigen Schiedsauftragsfinalisierung kann – insbesondere bei Mehrparteienverfahren – ein u.U. nicht unerheblicher Zeitgewinn realisiert werden.

27 Auf „begründeten Antrag" des Schiedsgerichts oder ex officio kann der Gerichtshof **Verlängerungen der Zwei-Monats-Frist** für die Erstellung des Schiedsauftrags beschließen, Art. 23 Abs. 2 Satz 3. Nach dem Wortlaut der Vorschrift hat der Gerichtshof hierbei Ermessen. In der Praxis verlängert der Gerichtshof routinemäßig auch ohne Antrag die Frist um jeweils einen oder zwei Monate, bis der Schiedsauftrag erstellt ist, weil andernfalls die Vollstreckbarkeit eines späteren Schiedsspruchs gefährdet ist (nicht allerdings in Deutschland: BGH v. 14.4.1988 – III ZR 12/87, IPRax 1989, 228 [230]; OLG Karlsruhe v. 4.1.2012 – 9 Sch 02/09, DIS-Datenbank). Zieht sich die Finalisierung des Schiedsauftrags hin, lässt sich der Gerichtshof vom Sekretariat über die Gründe hierfür Bericht erstatten und wirkt, soweit möglich, über das Sekretariat informell auf eine Beschleunigung der Abläufe hin. Verzögerungen, die in die Sphäre des Schiedsgerichts fallen, kann der Gerichtshof mit einer Absenkung der Schiedsrichterhonorare begegnen (Art. 37 Rz. 15). Verzögerungstaktiken der Parteien kann das Schiedsgericht bei seiner Kostenentscheidung gemäß Art. 37 Abs. 5 berücksichtigen (Art. 37 Rz. 37).

III. Verfahrensweise bei Nichtmitwirkung einer Partei (Abs. 3 Satz 1)

28 Weigert sich eine der Parteien, bei der Formulierung des Schiedsauftrags mitzuwirken oder diesen zu unterschreiben, ist der Schiedsauftrag dem Gerichtshof zur **Genehmigung** vorzulegen, Art. 23 Abs. 3 Satz 1. Durch dieses Genehmigungsverfahren wird gewährleistet, dass der Schiedsauftrag keine Regelungen beinhaltet, die solchen Interessen der sich nicht beteiligenden Partei zuwiderlaufen, die trotz ihrer Nichtbeteiligung schutzwürdig sind, oder dieser Formulierungen enthält, die eine Einigung der Parteien suggerieren. Insbesondere wird so sichergestellt, dass den in Rz. 22 genannten Maßgaben genügt wird. Dies wirkt sich nicht zuletzt positiv auf die Vollstreckungssicherheit aus.

Das **Verfahren** für die Genehmigung nicht allseitig unterzeichneter 29
Schiedsaufträge ähnelt dem Verfahren für die Genehmigung von Schiedssprüchen gemäß Art. 33; s. daher auch die dortige Kommentierung. Selbst wenn die sich nicht beteiligende Partei seit Einleitung des Schiedsverfahrens gänzlich passiv geblieben ist, muss ihr das Schiedsgericht zur beweissicheren Wahrung des rechtlichen Gehörs und des Anspruchs auf prozessuale Gleichbehandlung durch Kurier unterschriftsreif vorbereitete Ausfertigungen des Schiedsauftragsentwurfs zusenden und eine kurze Frist zur Unterschrift und Rücksendung setzen. Erst wenn diese Frist fruchtlos verstrichen ist, kann das Genehmigungsverfahren in Gang gesetzt werden.

Auch wenn der Gerichtshof im Genehmigungsverfahren gemäß Art. 23 30
Abs. 3 gleichsam als Sachwalter der sich nicht beteiligenden Partei tätig wird, ersetzt die Genehmigung das Einverständnis der Partei lediglich in prozessualer Hinsicht. Eine **Stellvertretung im Willen** findet nicht statt (vgl. auch oben Rz. 22).

Muss nach Art. 23 Abs. 3 verfahren werden, beginnt die **Sechs-Monats-** 31
Frist des Art. 30 Abs. 1 Satz 2 für den **Erlass des Schiedsspruchs** erst mit der Genehmigung des Schiedsauftrags durch den Gerichtshof.

IV. Fortgang des Verfahrens (Abs. 3 Satz 2)

Art. 23 Abs. 3 Satz 2 bringt einen Hinweis darauf, dass das Schiedsverfahren fortgesetzt wird, sobald das Verfahren der Erstellung des Schiedsauftrags abgeschlossen ist, d.h. sobald der Schiedsauftrag von allen Parteien und Schiedsrichtern unterschrieben ist (nicht erst, wenn er dem Gerichtshof notifiziert wird) bzw. sobald der Gerichtshof ihn genehmigt. Selbstverständlich „ruht" das Schiedsverfahren aber auch zuvor nicht; über Anträge im Eilrechtsschutz (Art. 28) kann das Schiedsgericht bspw. selbstverständlich entscheiden und auch sonstige verfahrensfördernde Schritte wie etwa prozessleitende Verfügungen treffen. 32

G. Prozessuale Präklusion (Abs. 4)

Nach Unterzeichnung bzw. Genehmigung des Schiedsauftrags ist die 33
Geltendmachung **neuer Ansprüche** grundsätzlich daran gebunden, dass diese sich entweder **in den Grenzen des Schiedsauftrags halten** (Art. 23 Abs. 4 Satz 1 Var. 1) oder **vom Schiedsgericht zugelassen werden** (Art. 23 Abs. 4 Satz 1 Var. 2 i.V.m. Satz 2). Die Regelung dient der Verfahrenseffi-

zienz; sie soll verhindern, dass die Parteien aus dem Streitgegenstand ein „*moving target*" machen.

I. „Neuheit" von Ansprüchen (Abs. 4 Satz 1)

34 Zum **Begriff des Anspruchs** s. oben Art. 2 Rz. 12 ff. Ein Anspruch ist dann **neu** i.S.d. Art. 23 Abs. 4 Satz 1, wenn er nicht bereits im Schiedsauftrag geltend gemacht wurde. Dabei genügt jede Abweichung zwischen der Form des Antrags im Schiedsauftrag und einer späteren, modifizierten Fassung. „Neu" i.S.d. Art. 23 Abs. 4 Satz 1 ist mithin insbesondere auch ein bisher unquantifizierter, nunmehr bezifferter Anspruch.

35 **Angriffs- und Verteidigungsmittel** wie bspw. Einreden, Ausübung von Gestaltungsrechten usw. sind für sich genommen grundsätzlich keine „Ansprüche" (wohl aber eine Aufrechnung; Art. 5 Rz. 51). Daher gilt für sie Art. 23 Abs. 4 ebenso wenig wie für **Rechtsausführungen** (Final Award in ICC Case No. 7047, 2 ASA Bull. 1995, S. 301 ff.). Tatsächlicher Vortrag, durch den rechtzeitig eingeführte Ansprüche unterfüttert werden sollen, kann aber ebenso wie – je nach den Usancen am Schiedsort – auch rechtlicher Vortrag aus anderen Gründen als verspätet zurückzuweisen sein, insbesondere wegen Nichteinhaltung des Verfahrenskalenders gemäß Art. 24 Abs. 2 oder von sonstigen prozessleitenden Verfügungen.

II. „Grenzen des Schiedsauftrags" (Abs. 4 Satz 1 Var. 1)

36 Ein Anspruch bewegt sich jedenfalls dann in den Grenzen des Schiedsauftrags, wenn sein **Gegenstand im Schiedsauftrag vollständig reflektiert ist** und auch das entsprechende Begehren im Schiedsauftrag bereits angelegt ist. Werden bspw. **periodisch wiederkehrende Leistungen** geschuldet, handelt es sich bei einer „Aktualisierung" der Anträge dann um Ansprüche „in den Grenzen des Schiedsauftrags", wenn die Klage nach Eintritt neuer Fälligkeitstermine entsprechend erweitert wird und dies im Schiedsauftrag auch bereits angekündigt war. Auch **Schadensposten**, die bereits **unquantifiziert** durch hinreichend bestimmte Feststellungsanträge erfasst waren und **später erst beziffert werden können**, bewegen sich noch in den Grenzen des Schiedsauftrags.

37 Dass sich ein Anspruch noch „in den Grenzen des Schiedsauftrags" bewegt, bedeutet indes nicht, dass er zu jedem beliebigen, fortgeschrittenen Zeitpunkt in das Schiedsverfahren eingeführt werden kann. Die

Regelungen des Verfahrenskalenders (Art. 24 Abs. 2) sowie etwaige prozessleitende Verfügungen sind in jedem Fall zu beachten.

III. Zulassung durch das Schiedsgericht (Abs. 1 Satz 1 Var. 2 i.V.m. Satz 2)

Neue Ansprüche, die nicht bereits nach Art. 23 Abs. 1 Satz 1 Var. 1 zuzulassen sind, bedürfen der Zulassung durch das Schiedsgericht, das bei seiner Entscheidung die Art der neuen Ansprüche, den Stand des Schiedsverfahrens und andere maßgebliche Ansprüche berücksichtigt. Die Voraussetzungen ähneln jenen der **Sachdienlichkeit** bei Klageänderungen im staatlichen Verfahren (§ 263 ZPO). 38

Will eine Partei neue Ansprüche einführen, die nicht bereits nach Art. 23 Abs. 4 Var. 1 zulässig sind, ist es ratsam, zugleich diejenigen Gesichtspunkte so substantiiert wie möglich vorzutragen und ggf. auch Beweis hierzu anzutreten, die für eine **Zulassung der neuen Ansprüche im Ermessenswege** sprechen. Zentrales Kriterium für die Ausübung des schiedsgerichtlichen Ermessens sind die Gebote der **Beschleunigung** und der **Kosteneffizienz** (Art. 22 Abs. 1). Ist bspw. eine **Verfahrensverzögerung** nach Lage der Dinge nicht zu befürchten, ist dies ein sehr starkes Indiz dafür, die neuen Ansprüche zuzulassen. Dagegen sprechen geringfügige Verfahrensverzögerungen nicht stets gegen eine Zulassung neuer Ansprüche, wenn so ein **zweites Schiedsverfahren zwischen den Parteien vermieden** werden kann. Allerdings müssen hier stets besonders gründlich alle Umstände des Einzelfalls bedacht werden; regelmäßig wird die bloße Drohung einer Partei mit einem zweiten Schiedsverfahren dann nicht zu einer signifikanten Verzögerung des ersten Schiedsverfahrens führen können, wenn dieses hinsichtlich des ursprünglichen Streitgegenstands kurz vor der Spruchreife steht. Je nach den Umständen des Einzelfalls kann zudem auch zu berücksichtigen sein, ob die Partei bisher **ohne eigenes Verschulden gehindert** war, die neuen Ansprüche geltend zu machen. Insbesondere, wenn die andere Partei die Hinderungsgründe gesetzt hat, kann dies eine Zulassung der neuen Ansprüche rechtfertigen. 39

Die **Entscheidung des Schiedsgerichts** kann entweder in Form einer prozessleitenden Verfügung bzw. eines Beschlusses ergehen oder aber bis zum Schiedsspruch zurückgestellt werden. Sie ist dann im Schiedsspruch zu begründen. 40

H. Abweichende Parteivereinbarungen; nachträgliche Änderungen

41 Von Art. 23 kann durch **Parteivereinbarung in engem Rahmen und in Rücksprache mit dem Sekretariat abgewichen werden**, was indes nur selten vorkommt. Vergleichen sich beispielsweise die Parteien kurz vor oder kurz nach der Konstituierung des Schiedsgerichts und wünschen sie einen Schiedsspruch auf Grund Einvernehmens der Parteien (Art. 32), wird regelmäßig Art. 23 abbedungen.

42 Nachträgliche **Änderungen des Schiedsauftrags** sind möglich, kommen aber ebenfalls nur selten vor. Selbst nach einer Ersetzung von Schiedsrichtern entspricht es nicht der Praxis, dass ein neu bestellter Schiedsrichter dem Schiedsauftrag förmlich zustimmt.

Artikel 24: Verfahrensmanagementkonferenz und Verfahrenskalender

(1) Anlässlich der Formulierung des Schiedsauftrags oder so früh als möglich danach beruft das Schiedsgericht eine Verfahrensmanagementkonferenz ein, um die Parteien zu möglichen Verfahrensmaßnahmen nach Artikel 22(2) anzuhören. Dabei kann es sich um eine oder mehrere der im Anhang IV beschriebenen Verfahrensmanagementtechniken handeln.

(2) Während oder nach dieser Konferenz erstellt das Schiedsgericht den Verfahrenskalender, dem es in der Führung des Schiedsverfahrens zu folgen gedenkt. Der Verfahrenskalender und diesbezügliche Änderungen werden dem Gerichtshof und den Parteien übermittelt.

(3) Um die stetige Effizienz der Verfahrensführung zu gewährleisten, kann das Schiedsgericht nach Anhörung der Parteien im Wege einer weiteren Verfahrensmanagementkonferenz oder in sonstiger Weise weitere Verfahrensmaßnahmen ergreifen oder den Verfahrenskalender abändern.

(4) Verfahrensmanagementkonferenzen können als Treffen in Person, per Videokonferenz, Telefon oder unter Nutzung ähnlicher Kommunikationsmittel geführt werden. Haben die Parteien keine Vereinbarung getroffen, entscheidet das Schiedsgericht, in welcher Form die Konferenz durchgeführt wird. Das Schiedsgericht kann die Parteien auffordern, vor einer Verfahrensmanagementkonferenz Vorschläge zum Verfahrensmanagement einzureichen, und es kann bei jeder Verfahrensmanagementkonferenz die persönliche Teilnahme der Parteien oder ihrer internen Vertreter verlangen.

Anhang IV zur ICC-SchO – Verfahrensmanagementtechniken

Nachfolgend werden Beispiele für Verfahrensmanagementtechniken, die vom Schiedsgericht und den Parteien zur Zeit- und Kostenkontrolle eingesetzt werden können, dargestellt. Ein angemessenes Zeit- und Kostenmanagement ist für jedes Verfahren bedeutsam. Bei wenig komplexen Fällen mit geringem Streitwert ist ein angemessenes Verhältnis zwischen Zeit- und Kostenaufwand und Verfahrensgegenstand von besonderer Bedeutung.

a) Zweiteilung des Verfahrens oder Erlass eines oder mehrerer Teilschiedssprüche zu Fragen von zentraler Bedeutung, was häufig zu einer deutlichen Effizienzsteigerung führen kann.

b) Feststellung, welche Fragen durch Absprachen zwischen den Parteien oder deren Sachverständigen entschieden werden können.

c) Feststellung, welche Fragen ohne mündliche Beweisführung oder rechtliche Erörterung bei der mündlichen Verhandlung allein aufgrund der Aktenlage entschieden werden können.

d) Vorlage von Dokumenten beim Urkundenbeweis:

 (i) Aufforderung an die Parteien, Dokumente bereits zusammen mit den zugehörigen Schriftsätzen vorzulegen;

 (ii) sofern aus Zeit- und Kostengründen angemessen, ggf. Verzicht auf Anträge auf Vorlage von Dokumenten;

 (iii) sofern Anträge auf Vorlage von Dokumenten angemessen erscheinen, Begrenzung solcher Anträge auf Dokumente oder Kategorien von Dokumenten, die für den Ausgang des Falles relevant und wesentlich sind;

 (iv) Festsetzung angemessener Fristen für die Vorlage von Dokumenten;

 (v) Verwendung einer Liste zur Vorlage von Dokumenten zur Vereinfachung der Entscheidung von Fragen in Bezug auf die Vorlage von Dokumenten.

e) Begrenzung von Länge und Inhalt von Schriftsätzen und schriftlicher und mündlicher Beweisführung (bei Tatsachenzeugen und Sachverständigen), um Wiederholungen zu vermeiden und eine Konzentration auf die zentralen Fragen zu ermöglichen.

f) Einsatz von Telefon- oder Videokonferenzen für Verhandlungen zu Verfahrensfragen und andere Verhandlungen, bei denen eine persönliche Anwesenheit nicht erforderlich ist; Einsatz von Informationstechnologie, die eine Online-Kommunikation zwischen den Parteien, dem Schiedsgericht und dem Sekretariat des Gerichtshofs ermöglicht.

g) Organisation einer ersten Besprechung mit dem Schiedsgericht vor der mündlichen Verhandlung, bei welcher die Vorbereitungen für die Verhandlung diskutiert und abgesprochen werden können und das Schiedsgericht gegenüber den Parteien die Fragen bezeichnen kann, die seiner Einschätzung nach Schwerpunkt der mündlichen Verhandlung sein sollten.

h) Vergleichsweise Beilegung von Streitigkeiten:
   (i) Unterrichtung der Parteien, dass es ihnen freisteht, die Streitigkeit ganz oder teilweise im Vergleichswege beizulegen, entweder durch Verhandlungen oder eine beliebige Form gütlicher Streitbeilegung, wie beispielsweise Mediation nach den ICC-ADR-Regeln.
   (ii) Bei entsprechender Vereinbarung zwischen den Parteien und dem Schiedsgericht kann das Schiedsgericht Schritte unternehmen, um eine Beilegung der Streitigkeit im Vergleichswege zu erleichtern, soweit mit allen Mitteln darauf hingewirkt wird, dass die Vollstreckbarkeit eines späteren Schiedsspruchs gesichert ist.

Weitere Techniken sind in der ICC-Publikation mit dem Titel „Techniques for Controlling Time and Costs in Arbitration" (Techniken zur Zeit- und Kostenkontrolle im Schiedsverfahren) beschrieben.

Article 24: Case Management Conference and Procedural Timetable

(1) When drawing up the Terms of Reference or as soon as possible thereafter, the arbitral tribunal shall convene a case management conference to consult the parties on procedural measures that may be adopted pursuant to Article 22(2). Such measures may include one or more of the case management techniques described in Appendix IV.

(2) During or following such conference, the arbitral tribunal shall establish the procedural timetable that it intends to follow for the conduct of the arbitration. The procedural timetable and any modifications thereto shall be communicated to the Court and the parties.

(3) To ensure continued effective case management, the arbitral tribunal, after consulting the parties by means of a further case management conference or otherwise, may adopt further procedural measures or modify the procedural timetable.

(4) Case management conferences may be conducted through a meeting in person, by video conference, telephone or similar means of communication. In the absence of an agreement of the parties, the arbitral tribunal shall determine the means by which the conference will be conducted. The arbitral tribunal may request the parties to submit case management proposals in advance of a case management conference and may request the attendance at any case management conference of the parties in person or through an internal representative.

Appendix IV – Case Management Techniques

The following are examples of case management techniques that can be used by the arbitral tribunal and the parties for Controlling time and cost. Appropriate control of time and cost is important in all cases. In cases of low complexity and low value, it is particularly important to ensure that time and costs are proportionate to what is at stake in the dispute.

a) Bifurcating the proceedings or rendering one or more partial awards on key issues, when doing so may genuinely be expected to result in a more efficient resolution of the case.
b) Identifying issues that can be resolved by agreement between the parties or their experts.
c) Identifying issues to be decided solely on the basis of documents rather than through oral evidence or legal argument at a hearing.
d) Production of documentary evidence:
   (i) requiring the parties to produce with their submissions the documents on which they rely;
   (ii) avoiding requests for document production when appropriate in order to control time and cost;
   (iii) in those cases where requests for document production are considered appropriate, limiting such requests to documents or categories of documents that are relevant and material to the outcome of the case;
   (iv) establishing reasonable time limits for the production of documents;
   (v) using a schedule of document production to facilitate the resolution of issues in relation to the production of documents.

e) Limiting the length and scope of written submissions and written and oral witness evidence (both fact witnesses and experts) so as to avoid repetition and maintain a focus on key issues.

f) Using telephone or video conferencing for procedural and other hearings where attendance in person is not essential and use of IT that enables online communication among the parties, the arbitral tribunal and the Secretariat of the Court.

g) Organizing a pre-hearing conference with the arbitral tribunal at which arrangements for a hearing can be discussed and agreed and the arbitral tribunal can indicate to the parties issues on which it would like the parties to focus at the hearing.

h) Settlement of disputes:

(i) informing the parties that they are free to settle all or part of the dispute either by negotiation or through any form of amicable dispute resolution methods such as, for example, mediation under the ICC ADR Rules;

(ii) where agreed between the parties and the arbitral tribunal, the arbitral tribunal may take steps to facilitate settlement of the dispute, provided that every effort is made to ensure that any subsequent award is enforceable at law.

Additional techniques are described in the ICC publication entitled "Techniques for Controlling Time and Costs in Arbitration".

Regelungsschwerpunkte: Abs. 1, 4 Verfahrensmanagementkonferenzen zu Verfahrensbeginn dienen der Verfahrenseffizienz und -transparenz. Sie betonen zugleich die Parteiautonomie als zentrale Maxime des ICC-Schiedsverfahrens. Insbesondere kann die Teilnahme der Parteien (und nicht nur deren Verfahrensbevollmächtigten) ratsam sein, damit die tatsächliche Interessenlage der Parteien ausreichend Berücksichtigung findet. **Abs. 2** Der Verfahrenskalender soll im Interesse der Beschleunigung und Effizienzsteigerung von ICC-Schiedsverfahren sicherstellen, dass der Ablauf eines Schiedsverfahrens (insbesondere Schriftsatzrunden und entsprechende Fristen sowie Termine für eine mündliche Verhandlung usw.) bereits zu einem frühen Zeitpunkt feststeht. **Abs. 3** ermöglicht Anpassungen im weiteren Verlauf des Verfahrens. **Anh. IV** enthält einen „Werkzeugkasten" an Verfahrensmanagementtechniken, die vom Schiedsgericht und den Parteien zur Zeit- und Kostenkontrolle eingesetzt werden können.

Kostenaspekte: Anh. IV Satz 2 Die Verfahrensmanagementkonferenz und der Verfahrenskalender sind zentrale Instrumente zur Verfahrenskostenkontrolle. Sie sollten daher in jedem Verfahren unter diesem Gesichtspunkt gezielt eingesetzt werden. **Anh. IV Satz 3** Besonders in weniger komplexen Fällen mit kleineren Streitwerten ist darauf zu achten, dass die gewählten Verfahrensmanagementtechniken nicht außer Verhältnis zum Streitwert stehen.

Inhalt

A. Normzweck 1	G. Befugnis zum Ergreifen weiterer Maßnahmen und zur Abänderung des Verfahrenskalenders nach Anhörung der Parteien (Art. 24 Abs. 3) .. 18
B. Reform 6	
C. Verhältnis zum X. Buch der ZPO..................... 7	
D. Vergleich mit den im staatlichen Verfahren geltenden Vorschriften 8	H. Verfahrensmanagementtechniken (Anhang IV zur ICC-SchO)................ 19
E. Verfahrensmanagementkonferenz (Art. 24 Abs. 1, 4) 9	J. Abweichende Parteivereinbarungen; nachträgliche Änderungen 28
F. Verfahrenskalender (Art. 24 Abs. 2, 4) 14	

Literatur: *Andersen/Ryssdal/Lindskog*, Achieving Efficiency in International Arbitration: Some Strategic Suggestions for Arbitral Tribunals in ICC Proceedings, ICC Court Bulletin, Vol. 22 No. 2 (2011), S. 5 ff.; *Böckstiegel*, Case Management by Arbitrators: Experiences and Suggestions, in: FS Briner (2005), S. 127 ff.; *Hierro*, Reducing Time and Costs in ICC International Arbitration. Excess Time and Costs of Arbitration: An Incurable Disease?, in Revista del Club Español del Arbitraje 2012, S. 37 ff.; *ICC Commission on Arbitration Task Force on Reducing Time and Costs in Arbitration*, Techniques for Controlling Time and Costs in Arbitration (2. Aufl. 2012); *Leimbacher*, Efficiency under the new ICC Rules of Arbitration of 2012; first glimpse at the new practice, ASA Bulletin 2013, S. 298 ff.; *Patocchi/Frey-Brentano*, The Provisional Timetable in International Arbitration, in: FS Briner (2005), S. 575 ff.

A. Normzweck

Art. 24 hat zwei Regelungsgegenstände:

– Zum einen bestimmt **Art. 24 Abs. 2**, dass zu Verfahrensbeginn ein **Verfahrenskalender** aufzustellen ist, damit die Parteien, das Schiedsgericht sowie der Gerichtshof und sein Sekretariat von Anfang an absehen können, wie das Verfahren strukturiert sein wird und welche

Fristen und Termine gelten. Der Verfahrenskalender war bereits in Art. 18 Abs. 4 ICC-SchO 1998 – dort allerdings als „vorläufig" charakterisiert – vorgesehen. Er hat durch die Reform eine Aufwertung erfahren.

– Zum anderen führt **Art. 24 Abs. 1** (mit Konkretisierungen in Abs. 4 und Anhang IV) die – vielfach in der Praxis schon bisher durchgeführte – **Verfahrensmanagementkonferenz** als neues, obligatorisches Instrument der ICC-Schiedsgerichtsbarkeit ein.

2 Verfahrenskalender und Verfahrensmanagementkonferenz bilden gemeinsam mit Schiedsauftrag und erster prozessleitender Verfügung des Schiedsgerichts jenes, für die ICC-Schiedsgerichtsbarkeit typische, vielseitige Instrumentarium, das dem Schiedsgericht und den Parteien die **antizipierende Strukturierung und Steuerung** ihres Schiedsverfahrens ermöglicht.

3 Die Regelungen zur Verfahrensmanagementkonferenz und zum Verfahrenskalender tragen zunächst der Tatsache Rechnung, dass die Führung eines Schiedsverfahrens nach heutigem Verständnis nicht lediglich private Rechtsprechungstätigkeit, sondern zugleich eine **Projektmanagementaufgabe** darstellt. Die Verfahrensmanagementkonferenz ist vergleichbar mit einem „Kick-Off-Meeting", der Verfahrenskalender mit dem – in aller Regel anlässlich dieses „Kick-Off-Meetings" besprochenen – Projektplan. Struktur und Planung helfen, Kosten zu sparen, Redundanzen zu vermeiden und die Verfahrensdauer signifikant zu senken, ohne notwendigerweise Abstriche bei der Qualität machen zu müssen. Insbesondere in der gemeinsamen Vorbesprechung der Verfahrensstrukturierung und des Zeitplans mit den Parteien und ggfs. sogar ihren internen Vertretern (Art. 24 Abs. 4 Satz 2) liegt ein wesentlicher Vorteil gegenüber der staatlichen Gerichtsbarkeit. Insoweit ist neben dem **Effizienzgewinn** auch die erhöhte **Transparenz** hervorzuheben. In einem ICC-Schiedsverfahren wird nicht „verfügt": *„Weitere verfahrensfördende Schritte nach Fristablauf von Amts wegen"*, und auch nicht nach vielen Schriftsatzrunden irgendwann einmal kryptisch ein *„Termin zur Verkündung einer Entscheidung"* anberaumt. Stattdessen steht – zumindest pro Verfahrensphase, falls es davon mehrere gibt – von Anfang an fest, wer bis wann wozu vorzutragen hat, wann Termine liegen und wie es nach diesen Terminen weitergeht. Dieses Mehr an Transparenz erleichtert nebenbei auch dem Gerichtshof und seinem Sekretariat die **administrative Betreuung** des Verfahrens, da Meilensteine, die, etwa für die Überprüfung der Angemessenheit der Vorschüsse und/oder für die Genehmigungsprüfung (Art. 33) relevant sind, bereits zu einem

frühen Zeitpunkt feststehen. Dadurch können die ICC-internen Abläufe optimiert und auch so wieder Zeitgewinne realisiert werden. Andererseits muss sich auch das Schiedsgericht an dem von ihm mitgetragenen Verfahrenskalender festhalten lassen.

Wenn auch der Verfahrenskalender – anders als der Schiedsauftrag – nicht grundsätzlich der förmlichen Zustimmung der Parteien bedarf, wird der vom Schiedsgericht erstellte Entwurf des Verfahrenskalenders doch in der Praxis ganz regelmäßig anlässlich der Verfahrensmanagementkonferenz und gemeinsam mit den Entwürfen des Schiedsauftrags und der ersten prozessleitenden Verfügung erörtert. Die **Verfahrensautonomie** der Parteien, die diese erstmals mit der Schiedsvereinbarung betätigt haben, wird daher durch die Verfahrensmanagementkonferenz und den Verfahrenskalender gleichsam **aktualisiert**. Der Grundsatz des **rechtlichen Gehörs** erfordert es, dass das Schiedsgericht sich mit Stellungnahmen und Anträgen der Parteien zu Fragen der Verfahrensgestaltung auseinandersetzt. Gewichtigen, insbesondere übereinstimmend vorgebrachten Wünschen der Parteien zur Strukturierung des Schiedsverfahrens wird sich das Schiedsgericht kaum je verschließen können. 4

Anhang IV zur ICC-SchO bekräftigt zunächst ausdrücklich die Bedeutung eines *„angemessenen Zeit- und Kostenmanagements"* in allen Verfahren (Satz 2 Anhang IV zur ICC-SchO) und insbesondere ein angemessenes Verhältnis zwischen Zeit- und Kostenaufwand einerseits und Verfahrensgegenstand andererseits in wenig komplexen Verfahren mit geringem Streitwert (Satz 3 Anhang IV zur ICC-SchO). Anschließend bringt Anhang IV zur ICC-SchO einige **Beispiele für Verfahrensmanagementtechniken**, die das Schiedsgericht und die Parteien in Erwägung ziehen können. Weder ist der Katalog abschließend noch sind Parteien oder Schiedsgericht verpflichtet, ihn zu beachten. Gleichwohl bietet er insbesondere bei Diskussionen über die Verfahrensgestaltung, etwa im Zuge der Erstellung des Schiedsauftrags, oft geeignete Ansatzpunkte für Lösungen, die von allen Verfahrensbeteiligten mitgetragen werden. 5

B. Reform

Die **Verfahrensmanagementkonferenz**, ein Institut der Praxis, ist nunmehr in Art. 24 Abs. 1 kodifiziert. Bemerkenswert ist die Befugnis des Schiedsgerichts, die Teilnahme von Naturalparteien in eigener Person bzw. von *internen* Vertretern der Parteien anzuordnen, Art. 24 Abs. 4 Satz 2 a.E. Der **Verfahrenskalender**, zuvor in Art. 18 Abs. 4 ICC-SchO 1998 gewissermaßen als Annex zum Schiedsauftrag geregelt, wurde aus 6 seinem bisherigen Regelungskontext gelöst und ist nunmehr im Zusammenhang mit der Verfahrensmanagementkonferenz zu sehen. Er wird auch nicht mehr als „vorläufig" bezeichnet. Anhang IV zur ICC-SchO ist sowohl seinem Gegenstand als auch der Regelungstechnik nach ein Novum in der ICC-SchO.

C. Verhältnis zum X. Buch der ZPO

7   Die ZPO sieht die Abhaltung einer Verfahrensmanagementkonferenz oder die Erstellung eines Verfahrenskalenders nicht vor, steht der – in der Einigung auf die ICC-SchO enthaltenen – Vereinbarung eines entsprechenden Verfahrens aber auch nicht entgegen. Die Regelungen der ICC-SchO gehen den dispositiven Bestimmungen der §§ 1046, 1047 ZPO vor. Die beispielhaft erwähnten Regelungstechniken des Anhangs IV zur ICC-SchO stehen mit den von der ZPO gewährleisteten Grundsätzen der Parteiautonomie sowie der Befugnis des Schiedsgerichts zur Verfahrensleitung nicht im Widerspruch.

D. Vergleich mit den im staatlichen Verfahren geltenden Vorschriften

8   Im Verfahren vor staatlichen Gerichten existieren keine funktionsäquivalenten Rechtsinstitute.

E. Verfahrensmanagementkonferenz (Art. 24 Abs. 1, 4)

9   **Obligatorischer Gegenstand: Prozessuale Maßnahmen, Art. 24 Abs. 1 i.V.m. Art. 22 Abs. 2, Anhang IV zur ICC-SchO.** Die Verfahrensmanagementkonferenz dient gemäß Art. 24 Abs. 1 Satz 1 a.E. dazu, die Parteien zu solchen prozessualen Maßnahmen anzuhören, die das Schiedsgericht gemäß Art. 22 Abs. 2 zu treffen erwägt. Diese Maßnahmen werden regelmäßig in der ersten prozessleitenden Verfügung des Schiedsgerichts angeordnet. Beispiele für Verfahrensmanagementtechniken, wie sie Gegenstand einer Verfahrensmanagementkonferenz sein können, finden sich in Anhang IV zur ICC-SchO, worauf Art. 24 Abs. 1 Satz 2 hinweist (näher zu Anhang IV s. Rz. 19 ff.).

10 **Mögliche weitere Inhalte.** Regelmäßig wird anlässlich der Verfahrensmanagementkonferenz auch der Entwurf des Verfahrenskalenders besprochen, Art. 24 Abs. 2 Satz 1 (s. Rz. 14 ff.). In der Praxis wird bei derselben Gelegenheit meist auch der Entwurf des Schiedsauftrags (Art. 23) besprochen. Ferner kann es sich anbieten, die Parteien im Rahmen der Verfahrensmanagementkonferenz darauf hinzuweisen, dass Verfahrens-

verzögerungen durch eine der Parteien im Rahmen der Ermessensentscheidung des Schiedsgerichts über die Kosten des Schiedsverfahrens (Art. 37 Abs. 5) berücksichtigt werden können. Denn die tatsächliche Dauer eines Schiedsverfahrens hängt regelmäßig nicht nur vom Verhalten der Schiedsrichter, sondern auch von dem der Parteien bzw. ihrer jeweiligen Verfahrensbevollmächtigten ab. Eine Hinweispflicht besteht indes nicht; nach Art. 37 Abs. 5 kann auch verfahren werden, wenn ein entsprechender Hinweis nicht erteilt wurde.

Verfahren, Einzelheiten. In der Praxis zirkuliert das Schiedsgericht binnen zwei bis vier Wochen nach Aktenübergabe (Art. 16) per E-Mail Entwürfe des Schiedsauftrags, der ersten prozessleitenden Verfügung und des Verfahrenskalenders, verbunden mit der Konkretisierung eines Termins oder auch mehrerer möglicher zur Wahl gestellter Termine für eine **telefonische Verfahrensmanagementkonferenz** (Art. 24 Abs. 4 Satz 1). Verfahrensmanagementkonferenzen bei gleichzeitiger Anwesenheit der Beteiligten sind wegen des damit verbundenen Zeit- und Kostenaufwands selten. Gleichwohl ist das Schiedsgericht an entsprechende Vereinbarungen der Parteien gebunden (Art. 24 Abs. 4 Satz 2). Zur Vorbereitung der Verfahrensmanagementkonferenz kann das Schiedsgericht die Parteien auffordern, **Vorschläge** zu machen (Art. 24 Abs. 4 Satz 3 Var. 1); jedenfalls konkludent liegt eine solche Aufforderung in der Übersendung der Entwürfe der ersten prozessleitenden Verfügung, des Schiedsauftrags und des Verfahrenskalenders mit der Bitte um Stellungnahme. 11

Teilnehmerkreis, Art. 24 Abs. 4 Satz 2. Das Schiedsgericht kann anordnen, dass eine Naturalpartei in eigener Person an der Verfahrensmanagementkonferenz teilnimmt, Art. 24 Abs. 4 Satz 2. Ist eine nichtnatürliche Person Prozesspartei, kann die Teilnahme eines **internen Vertreters** verlangt werden. Durch diese Maßnahme wird eine weitere Effizienzsteigerung bezweckt. Insbesondere hinsichtlich der Zeitplanung entfallen zeitraubende Abstimmungen zwischen anwaltlichen Vertretern und ihren Mandanten, wenn letztere an der Verfahrensmanagementkonferenz selbst beteiligt werden. **Sanktionen** für den Fall, dass eine Partei einer Anordnung gemäß Art. 24 Abs. 4 Satz 2 nicht Folge leistet, sieht die ICC-SchO indes nicht vor (beachte aber Art. 37 Abs. 5). 12

Weitere Verfahrensmanagementkonferenz (Art. 24 Abs. 3). Aus Art. 24 Abs. 3 ergibt sich, dass die Abhaltung weiterer Verfahrensmanagementkonferenz möglich ist, was bspw. sinnvoll sein kann nach Erlass eines Teilschiedsspruchs oder nach einem Wechsel in der Besetzung des Schiedsgerichts. 13

F. Verfahrenskalender (Art. 24 Abs. 2, 4)

14 **Inhalt.** Der Verfahrenskalender enthält alle wesentlichen Zwischenschritte bis zum Endschiedsspruch oder doch wenigstens bis zur Spruchreife hinsichtlich eines Teils des Streitgegenstands, wenn eine entsprechende Aufteilung des Verfahrens in verschiedene Phasen (Bifurkation, Trifurkation, vgl. Art. 2 Rz. 17) vereinbart oder verfügt ist. Typischerweise enthält der Verfahrenskalender Fristen für **Schriftsätze** bzw. **Schriftsatzrunden,** für die **Einreichung von Zeugenaussagen** oder **sonstigen Beweismitteln** oder für **Dokumentenanforderungen** (soweit solche vereinbart oder verfügt sind). Die Fristen sollten durch Nennung der entsprechenden **kalendarischen Daten** fixiert werden (und nicht etwa durch Zeiträume, die jeweils auf den vorausgehenden Verfahrensschritt Bezug nehmen), weil es sich um einen echten Kalender, nicht lediglich um einen Ablaufplan handeln soll. Ein Beispiel für einen gemeinsamen Vorschlag der Parteien für (u.a.) den Verfahrenskalender findet sich unter Art. 25 Rz. 114.

15 Waren Schiedsklage und Klageantwort kurz und knapp (vgl. Art. 4 Rz. 38), wird das Schiedsgericht zunächst dem Kläger Gelegenheit zu einem ausführlicheren Schriftsatz („statement of claim") geben, auf den dann der Beklagte zu erwidern hat („statement of defense"). Es folgt meist noch eine weitere Schriftsatzrunde. Die Fristen werden hier mitunter von Anfang an etwas großzügiger bemessen als im staatlichen Verfahren, dafür sind dann aber Verlängerungsanträge auch weniger üblich.

16 Der Termin oder die Termine für **mündliche Verhandlungen** werden ebenfalls bereits jetzt blockiert; meinen alle Beteiligten, mit einem Tag auskommen zu können, sollte gleichwohl sicherheitshalber auch noch der Folgetag freigehalten werden, da nie absehbar ist, wie die Dinge sich entwickeln, und gerade in internationalen Verfahren auch Verzögerungen bei der Anreise einkalkuliert werden müssen. Um späteren Streit zu vermeiden, sollten auch jetzt schon die Fristen für schriftsätzliche Stellungnahmen zum Geschehen in der mündlichen Verhandlung und/oder zu Kostenschriftsätzen fixiert werden.

17 **Verfahren.** Der Verfahrenskalender bedarf nicht der Zustimmung der Parteien, wird aber mit diesen – regelmäßig anlässlich der Verfahrensmanagementkonferenz – erörtert, Art. 24 Abs. 2 Satz 1. Nach Erstellung ist der Verfahrenskalender dem Gerichtshof zu übersenden, Art. 24 Abs. 2 Satz 2, wobei aber auch dieser keine Zustimmung erteilen muss, sondern den Verfahrenskalender lediglich zur Kenntnis nimmt. In der Praxis wird

der Verfahrenskalender dem Gerichtshof meist gemeinsam mit dem Schiedsauftrag übersandt.

G. Befugnis zum Ergreifen weiterer Maßnahmen und zur Abänderung des Verfahrenskalenders nach Anhörung der Parteien (Art. 24 Abs. 3)

Art. 24 Abs. 3 stellt klar, dass das Schiedsgericht nach Anhörung der Parteien weitere prozessuale Maßnahmen ergreifen und auch den Verfahrenskalender noch abändern kann. Dadurch wird sichergestellt, dass dynamische Veränderungen während des Schiedsverfahrens in der Verfahrensstruktur sowie im Verfahrenskalender als „Projektplan" des Schiedsverfahrens sachgerecht reflektiert werden können. Die Anhörung der Parteien dient der Verfahrenstransparenz, der Verwirklichung der Parteiautonomie und der Durchsetzung des Anspruchs auf rechtliches Gehör. 18

H. Verfahrensmanagementtechniken (Anhang IV zur ICC-SchO)

Der **nicht abschließende Katalog** möglicher Verfahrensmanagementtechniken (VMT) in Anhang IV zur ICC-SchO soll den Parteien und dem Schiedsgericht Anregungen für eine möglichst effiziente Verfahrensgestaltung geben. Nicht jede VMT passt für jedes Verfahren; stets ist auf das Verhältnis zwischen Kosten- und Zeitaufwand einerseits sowie Verfahrensgegenstand und -komplexität andererseits zu achten (Sätze 2 und 3 Anhang IV zur ICC-SchO). Weder die Parteien noch das Schiedsgericht sind an Anhang IV zur ICC-SchO gebunden. Die Parteien können insbesondere nicht allein aus Anhang IV zur ICC-SchO einen Anspruch auf eine bestimmte Verfahrensweise ableiten. 19

Bifurkation usw. (Buchst. a Anhang IV zur ICC-SchO). Siehe Art. 2 Rz. 17. 20

Absprachen (Buchst. b Anhang IV zur ICC-SchO) betreffen in der Praxis meist nicht tatsächliche oder materiell-rechtliche Fragen, sondern Einzelheiten der Verfahrensgestaltung (bspw. Zeitaufteilung in der mündlichen Verhandlung). 21

Entscheidung nach Lage der Akten (Buchst. c Anhang IV zur ICC-SchO; „*sentence sur pièces*"; vgl. auch Art. 25 Rz. 101 ff.) wird insbesondere für quantitativ nicht besonders gewichtige Teilstreitgegenstände ins Gewicht fallen. Auch wenn lediglich Rechtsfragen in Streit stehen, kann die Prozessökonomie eine solche Verfahrensweise gebieten. 22

23 **Dokumentenvorlage** und verbundene Fragen (Buchst. d Anhang IV zur ICC-SchO). S. Art. 25 Rz. 33 ff.

24 **Begrenzung von Länge und Inhalt** von Schriftsätzen und Beweisführung (Buchst. e Anhang IV zur ICC-SchO) ist mit Blick auf den Anspruch auf rechtliches Gehör kritisch zu sehen. Da auf diesen nicht „blindlings" verzichtet werden kann, muss es sich bei einer entsprechenden Parteivereinbarung um eine im besten Sinne „*informed decision*" handeln. Unilaterale Maßnahmen des Schiedsgerichts auf diesem Gebiet werden, um die Vollstreckbarkeit des Schiedsspruchs nicht zu gefährden, nur in begründeten Ausnahmefällen (z.B. evident missbräuchliches Prozessverhalten einer Partei) in Betracht kommen.

25 **Telefon-, Videokonferenzen, Online-Kommunikation** (Buchst. f Anhang IV zur ICC-SchO) unterstreicht, dass Telefon- und Videokonferenzen vielfach eine gleichwertige Alternative zu *In-Situ*-Verhandlungen sein können. Der Halbs. 2 (Informationstechnologie zur Online-Kommunikation) meint nicht nur E-Mail, sondern auch ggf. künftige proprietäre Software-Lösungen der ICC.

26 **Pre-Hearing-Conference** (Buchst. g Anhang IV zur ICC-SchO). Sie ist von der VMK zu trennen. Letztere ist nach Art. 24 Abs. 1 ICC-SchO zwingend vorgeschrieben und findet regelmäßig kurz nach Aktenübergabe (Art. 16 ICC-SchO) statt. Die von Buchst. g Anhang IV zur ICC-SchO in den Blick genommene Pre-Hearing-Conference dient stattdessen der Feinabstimmung zwischen Parteien und Schiedsgericht kurz vor der mündlichen Verhandlung. In der Pre-Hearing-Conference können insbesondere letzte logistische Details zum Ablauf der Verhandlung (z.B. genauer Tagesablauf, Präsentationstechnik, Break-Out-Rooms, Verpflegung) festgezurrt werden. Es bietet sich an, die Pre-Hearing-Conference telefonisch ein bis zwei Wochen vor dem Termin zur mündlichen Verhandlung abzuhalten.

27 **Vergleichsweise Beilegung von Streitigkeiten** (Buchst. h Anhang IV zur ICC-SchO). Die Regelung erlaubt es dem Schiedsgericht, die Parteien auf die Möglichkeit einer gütlichen Streitbeilegung hinzuweisen und bei entsprechender Parteivereinbarung auch selbst Vergleichsvorschläge zu machen, entsprechende Verhandlungen zu moderieren usw. Die Regelung ist v.a. insofern von Bedeutung, als es nach z.T. noch in Common-Law-Rechtsordnungen verbreiteter Auffassung nicht zum Mandat des Schiedsgerichts gehört, eine gütliche Beilegung der Streitsache zu betreiben. Insbesondere das deutsche Verständnis ist hier ein grundlegend anderes. **Buchst. h (i)** Anhang IV zur ICC-SchO stellt klar, was

aus deutscher Sicht selbstverständlich ist, nämlich, dass der bloße **Hinweis auf die Möglichkeit zur vergleichsweisen Beilegung** keine Überschreitung der Befugnisse des Schiedsgerichts darstellt und/oder Anlass zur Stellung eines Befangenheitsantrags gibt. Die ICC-SchO geht jedoch nicht so weit, dem Schiedsgericht ohne entsprechende, ausdrückliche Vereinbarung mit den Parteien zu gestatten, Vergleichsvorschläge zu machen oder sonst Vergleichsverhandlungen durchzuführen, **Buchst. h (ii)** Anhang IV zur ICC-SchO. Eine ausdrückliche Zustimmung der Parteien im Hinblick auf eine Mitwirkung des Schiedsrichters an Vergleichsbemühungen wird auch in den IBA Guidelines on Conflicts of Interest in International Arbitration empfohlen (General Standard 4 Buchst. d). Das Schiedsgericht ist auch bei entsprechender Parteivereinbarung **nicht verpflichtet**, auf einen Vergleichsschluss hinzuwirken, da Buchst. h (ii) Anhang IV zur ICC-SchO eine Kann-Vorschrift ist, die zudem noch eine Vereinbarung zwischen den Parteien *und dem Schiedsgericht* fordert. – Zur **Sicherung der Vollstreckbarkeit** ist das Schiedsgericht (Buchst. h (ii) a.E. Anhang IV zur ICC-SchO) aus Art. 41 Satz 2 ICC-SchO ohnehin verpflichtet; Buchst. h (ii) a.E. Anhang IV zur ICC-SchO kommt demgegenüber keine weitergehende Bedeutung zu.

J. Abweichende Parteivereinbarungen; nachträgliche Änderungen

Von Art. 24 kann durch **Parteivereinbarung in engem Rahmen und in Rücksprache mit dem Sekretariat abgewichen werden**, was indes nur selten vorkommt. Vergleichen sich beispielsweise die Parteien kurz vor oder kurz nach der Konstituierung des Schiedsgerichts und wünschen sie einen Schiedsspruch aufgrund Einvernehmens der Parteien (Art. 32), wird regelmäßig Art. 24 abbedungen. 28

Artikel 25: Ermittlung des Sachverhalts

(1) Das Schiedsgericht stellt den Sachverhalt in möglichst kurzer Zeit mit allen geeigneten Mitteln fest.

(2) Nach Prüfung der Schriftsätze der Parteien und der Dokumente, auf die diese Bezug genommen haben, führt das Schiedsgericht auf Antrag einer der Parteien oder von sich aus mit den Parteien eine mündliche Verhandlung durch.

(3) Das Schiedsgericht kann Zeugen, von Parteien ernannte Sachverständige oder jede andere Person in Gegenwart der Parteien oder, wenn diese ordnungsgemäß geladen worden sind, auch in deren Abwesenheit hören.

Art. 25 ICC-SchO

(4) Das Schiedsgericht kann nach Anhörung der Parteien einen oder mehrere Sachverständige ernennen, ihren Auftrag bestimmen und ihre Gutachten entgegennehmen. Auf Antrag einer Partei ist den Parteien Gelegenheit zu geben, in einer mündlichen Verhandlung Fragen an jeden Sachverständigen zu stellen.

(5) In jedem Stadium des Schiedsverfahrens kann das Schiedsgericht jede der Parteien auffordern, zusätzliche Beweise beizubringen.

(6) Das Schiedsgericht kann den Fall allein aufgrund der Aktenlage entscheiden, es sei denn, eine Partei beantragt eine mündliche Verhandlung.

Article 25: Establishing the Facts of the Case

(1) The arbitral tribunal shall proceed within as short a time as possible to establish the facts of the case by all appropriate means.

(2) After studying the written submissions of the parties and all documents relied upon, the arbitral tribunal shall hear the parties together in person if any of them so requests or, failing such a request, it may of its own motion decide to hear them.

(3) The arbitral tribunal may decide to hear witnesses, experts appointed by the parties or any other person, in the presence of the parties, or in their absence provided they have been duly summoned.

(4) The arbitral tribunal, after having consulted the parties, may appoint one or more experts, define their terms of reference and receive their reports. At the request of a party, the parties shall be given the opportunity to question at a hearing any such expert.

(5) At any time during the proceedings, the arbitral tribunal may summon any party to provide additional evidence.

(6) The arbitral tribunal may decide the case solely on the documents submitted by the parties unless any of the parties requests a hearing.

Regelungsschwerpunkte: Abs. 1 Weites Ermessen des Schiedsgerichts zur Bestimmung des Verfahrens zur Sachverhaltsermittlung. Verpflichtung des Schiedsgerichts, das Verfahren zügig voranzutreiben. → Rz. 6 **Abs. 1, 3–5** Keine detaillierte Regelung zum Beweisverfahren. Dokumentenvorlage möglich. Sachverständigenbeweis durch vom Schiedsgericht ernannten Sachverständigen nach Anhörung der Parteien oder durch parteiernannte Sachverständige. → Rz. 18–90

Kostenaspekte: Abs. 1–6 Die Kosten variieren je nach Ausgestaltung des Beweisverfahrens stark. Besonders kostenintensiv sind Zwischenverfahren über Anträge auf Dokumentenvorlage. Im Übrigen entscheiden die Parteien, in welcher Höhe sie in die Sachverhaltsermittlung investieren (d.h. für Sachverständige etc. aufwenden). → Rz. 14

Inhalt

A. Sachverhaltsermittlung (Abs. 1–6)	1
I. Normzweck	1
II. Reform	3
III. Verhältnis zu § 1042 Abs. 4 ZPO	4
IV. Vergleich mit den im staatlichen Verfahren geltenden Vorschriften	5
V. Sachverhaltsermittlung und Ermessen des Schiedsgerichts	6
1. Das Schiedsgericht als „case manager"?	6
2. Civil Law versus Common Law	8
3. Festlegung der Verfahrensregeln	14
B. Beweismittel und deren Behandlung im Schiedsverfahren	18
I. Zeugen (Abs. 3)	18
1. Normzweck	18
2. Verhältnis zu § 1042 Abs. 4 ZPO	20
3. Vergleich mit den im staatlichen Verfahren geltenden Vorschriften	21
4. Der Zeugenbeweis im Schiedsverfahren	27
II. Urkunden/Anordnung der Dokumentenvorlage (Abs. 2 und 5)	33
1. Normzweck	33
2. Verhältnis zu § 1042 Abs. 4 ZPO	34
3. Vergleich mit den staatlichen Verfahren geltenden Vorschriften	35
4. Der Urkundsbeweis im Schiedsverfahren	38
a) Herausgabepflicht von Dokumenten	38
b) Voraussetzungen der Dokumentenherausgabe	41
c) E-Discovery	46
d) Einwendungen gegen die Dokumentenherausgabe	48
III. Sachverständige (Abs. 3 und 4)	72
1. Normzweck	72
2. Verhältnis zu § 1049 ZPO	73
3. Vergleich mit den im staatlichen Verfahren geltenden Vorschriften	75
4. Der Sachverständigenbeweis im Schiedsverfahren	77
C. Durchführung einer mündlichen Verhandlung (Abs. 2, 6)	91
I. Normzweck	91
II. Verhältnis zu § 1049 ZPO	95
III. Vergleich mit den im staatlichen Verfahren geltenden Vorschriften	96
IV. Entscheidung aufgrund mündlicher Verhandlung oder nach Aktenlage	101
1. Parteivereinbarung geht vor	101
2. Mündliche Verhandlung zwingend bei Antrag durch eine Partei	105
3. Im Übrigen: Ermessen des Schiedsgerichts	106
D. Kosten	108

E. Abweichende Parteivereinbarung 111

Anhänge

1a. Muster Gemeinsamer Vorschlag für einen Zeitplan und Verfahrensregeln 114

1b. Muster Joint Proposal by the Parties on Timetable and Procedural Rules 115

2a. Muster Schriftliche Zeugenaussage 116

2b. Muster Written Witness Statement 117

3a. Muster Redfern Schedule (deutsch) 118

3b. Muster Redfern Schedule (englisch)................... 119

A. Sachverhaltsermittlung (Abs. 1–6)

Literatur: *Böckstiegel*, Beweiserhebung in internationalen Schiedsverfahren (2000); *Böckstiegel/Berger/Bredow*, The Taking of Evidence in International Commercial Arbitration (2010); *Böckstiegel/Kröll/Nacimiento*, Arbitration in Germany, The Model Law in Practice (2007); Commentary on the revised text of the 2010 IBA Rules on the Taking of Evidence in International Arbitration, DRI Mai 2011; Decisions on ICC Arbitration Procedure, ICC Court Bulletin, Special Supplement 2010; *Demeyere*, The Search for the „Truth": Rendering Evidence under Common Law and Civil Law, SchiedsVZ 2003, S. 247 ff.; *Hunter*, Arbitration in Germany – A Common Law Perspective, SchiedsVZ 2003, S. 155 ff.; *International Bar Association*, IBA Rules on the Taking of Evidence in International Arbitration (2010); *Kläsener/Dolgorukow*, Die Überarbeitung der IBA-Regeln zur Beweisaufnahme in der internationalen Schiedsgerichtsbarkeit, SchiedsVZ 2010, S. 519 ff.; *Schütze*, Die Ermessensgrenzen des Schiedsgerichts bei der Bestimmung der Beweisregeln, SchiedsVZ 2006, S. 1 ff.; *Voser*, Harmonization by Promulgating Rules of Best International Practice in International Arbitration SchiedsVZ 2005, S. 113 ff.; *Wirth*, Ihr Zeuge, Herr Rechtsanwalt! Weshalb Civil-Law Schiedsrichter Common-Law-Verfahrensrecht anwenden, SchiedsVZ 2003, S. 9 ff.; *Wirth/Hoffmann-Nowotny*, Rechtshilfe dt. Gerichte zugunsten ausländischer Schiedsgerichte bei Beweisaufnahme, SchiedsVZ 2005, S. 66 ff.; *Wirth/Rouvinez/Knoll*, The Search for „truth" in arbitration: Is finding the truth what dispute resolution is about?, ASA Special Series No. 35 (2011), S. 63 ff.

I. Normzweck

1 Art. 25 verdeutlicht, dass die Art und Weise der Sachverhaltsermittlung im Ermessen des Schiedsgerichts liegt. Eine Ermittlungspflicht obliegt dem ICC-Schiedsgericht damit nicht. Parteien und Schiedsgericht wird ein weiter Spielraum eingeräumt, das Beweisverfahren den Bedürfnissen des jeweiligen Verfahrens entsprechend zuzuschneiden und zeit- und kosteneffizient zu gestalten.

Aus Art. 19 Abs. 1 sowie Art. 22 Abs. 2 folgt jedoch, dass das Schiedsgericht sein Ermessen nur ausüben kann, soweit die Parteien keine abweichende Vereinbarung getroffen haben. 2

II. Reform

Art. 25 ICC-SchO 2012 entspricht dem früheren Art. 20 ICC-SchO 1998. 3
Abs. 1–6 haben keine inhaltliche Änderung erfahren. Der frühere Abs. 7, nach dem das Schiedsgericht zum Ergreifen von Maßnahmen zum **Schutz von Geschäftsgeheimnissen und vertraulichen Informationen** befugt war, ist in Art. 22 Abs. 3 ICC-SchO 2012 aufgegangen (s. hierzu Art. 22).

III. Verhältnis zu § 1042 Abs. 4 ZPO

Auch § 1042 Abs. 4 ZPO überlässt die Entscheidung über die Art und 4
Weise der Sachverhaltsermittlung dem Schiedsgericht. Die Vorschrift enthält keine Regelung zur Ermittlungspflicht des Schiedsgerichts. Das schiedsrichterliche Ermessen besteht im Rahmen einer zwischen den Parteien getroffenen Vereinbarung sowie im Rahmen der zwingenden schiedsverfahrensrechtlichen Vorgaben des X. Buches der ZPO. Diese **zwingenden Vorgaben** sind in § 1042 Abs. 1 und 2 ZPO enthalten: **Gleichbehandlung der Parteien, rechtliches Gehör, kein Ausschluss eines Rechtsanwalts** (für ICC-Schiedsverfahren sind die Verfahrensgrundsätze der Gleichbehandlung der Parteien und des rechtlichen Gehörs in Art. 22 Abs. 4 niedergelegt, s. hierzu Art. 22 ICC-SchO Rz. 17 f.).

IV. Vergleich mit den im staatlichen Verfahren geltenden Vorschriften

Anders als im staatlichen Verfahren ist das Schiedsgericht an zivilprozessual vorgesehene Beweismittel und Grundsätze der Beweiserhebung und -würdigung nicht gebunden. Die Art und Weise der Beweisaufnahme unterliegt der Parteiautonomie und dem Ermessen des Schiedsgerichts. 5

V. Sachverhaltsermittlung und Ermessen des Schiedsgerichts

1. Das Schiedsgericht als „case manager"?

Eingeschränkter Untersuchungsgrundsatz als Option für das Schiedsgericht. Der Wortlaut des Art. 25 Abs. 1 suggeriert, dass das Schiedsgericht gemäß dem kontinentaleuropäischen Verständnis eines Richters den 6

Sachverhalt auf Basis des eingeschränkten Untersuchungsgrundsatzes führen und sich als aktiver „case manager" in das Verfahren einbringen soll. Dem Schiedsgericht wird jedoch ein weites Ermessen über die Art und Weise der Verfahrensführung eingeräumt, und es gibt keine Bevorzugung eines bestimmten Beweisverfahrens (*Hascher*, ICC Court Bulletin, Special Supplement 2010, S. 7). In der Praxis obliegt es in erster Linie den Parteien, die erforderlichen Beweismittel zu finden und anzubieten. Ob ein Schiedsgericht darüber hinaus weitere Angaben zum Sachverhalt und Beweisangebote anfordert, liegt in seinem Ermessen und hängt überwiegend vom rechtskulturellen Hintergrund der Schiedsrichter ab.

7 In der Praxis wird das Schiedsgericht **selten ohne Antrag** einer Partei oder vorherige Anhörung der Parteien den Sachverhalt ermitteln. Die Parteien sind dafür verantwortlich, den Sachverhalt dem Schiedsgericht vorzutragen und Beweis anzubieten. Eine Beweisaufnahme ohne Anhörung der Parteien wäre mit Blick auf die Garantie rechtlichen Gehörs ohnehin unzulässig.

2. Civil Law versus Common Law

8 Die **Ausgestaltung des Verfahrens** im Einzelnen unterliegt der **Disposition der Parteien** (*Böckstiegel* in: Beweiserhebung in internationalen Schiedsverfahren, S. 3). Sie kann sich an Verfahrensgrundsätzen aus dem richterbestimmten **Civil Law**, d.h. den kontinentaleuropäischen Rechtssystemen, oder dem parteibestimmten **Common Law**, d.h. den anglo-amerikanischen Rechtssystemen, orientieren. Ein ICC-Schiedsgericht wird sich bei der Verfahrensgestaltung nur selten an rein nationalen Verfahrensregeln orientieren. Jedoch hängt es häufig von der **rechtskulturellen Prägung** der am Schiedsverfahren Beteiligten ab, welche Verfahrensgrundsätze in einem Schiedsverfahren zur Anwendung kommen. Bereits mit der **Auswahl der Schiedsrichter** können die Parteien daher beeinflussen, wie das Schiedsverfahren später geführt wird.

9 **Tendenz zu Common Law in internationalen Schiedsverfahren.** Unabhängig von der Herkunft der Beteiligten des Schiedsverfahrens besteht in internationalen Schiedsverfahren die Tendenz, für die Ausgestaltung des Beweisverfahrens aus dem Common Law stammende Elemente anzuwenden. Auch wenn diese Elemente regelmäßig nicht unverändert, sondern an das internationale Umfeld angepasst in das Schiedsverfahren übernommen werden, ist aus deutscher (oder kontinentaleuropäischer) Sicht häufig von einer Tendenz zur Anwendung des Common Law in in-

ternationalen Schiedsverfahren die Rede, wenn auch in abgemilderter Form. Ursprung dieser Tendenz ist zum einen die Tatsache, dass Parteien unterschiedlicher Herkunft, die sich in einem Schiedsverfahren gegenüber stehen, Grundsätze aus den ihnen bekannten Rechtsordnungen kombinieren. Zum anderen wird als vorrangige Aufgabe eines Schiedsgerichts, dessen (endgültige) Entscheidungsbefugnis auf einem Auftrag der Parteien basiert, die „volle Wahrheitsfindung" betrachtet, welche auch im Vordergrund des Common Law steht, während im Fokus des Civil Law die Streiterledigung steht.

Als **Kompromiss** für Verfahren zwischen Common-Law- und Civil-Law-Parteien sind die **IBA Rules on the Taking of Evidence in International Arbitration** (im Folgenden: „IBA-Rules", revidierte Version im Mai 2012 in Kraft getreten, s. http://www.ibanet.org/Publications/publications_IBA_guides_and_free_materials.aspx) entworfen worden, die seit vielen Jahren in internationalen Schiedsverfahren herangezogen werden. Dies gilt auch für ICC-Schiedsverfahren (*Hascher*, ICC Court Bulletin, Special Supplement 2010, S. 10). Auch ohne ausdrückliche Vereinbarung der Parteien oder einer ausdrücklichen Entscheidung des Schiedsgerichts erfolgt mit zunehmender Tendenz eine Orientierung an den IBA-Rules als Leitlinie, welche die gängige Praxis widerspiegelt. 10

Flexibilität. Die dem Schiedsverfahren eigene Flexibilität wird durch die IBA-Rules beibehalten und unterstützt, denn sie betonen in ihrer Präambel, dass das Schiedsgericht und die Parteien die IBA-Rules ganz oder teilweise zur Regelung eines Schiedsverfahrens übernehmen können, sie abändern oder als Richtlinien für ihre eigene Verfahrensregelung verwenden können. Die Beweisaufnahme kann dadurch auf die **Bedürfnisse des jeweiligen Einzelfalls** zugeschnitten werden (*Kläsener/Dolgorukow*, SchiedsVZ 2010, 310). 11

Auch wenn die Parteien die Anwendung der IBA-Rules vereinbart haben, können sie noch weitere Regelungen zu einzelnen Verfahrensfragen treffen. So können die Parteien etwa vereinbaren, **bestimmte Beweismittel, z.B. den Sachverständigenbeweis, auszuschließen**. Zudem müssen **Fristen** für die einzelnen Verfahrensschritte festgelegt werden. Dies können die Parteien entweder dem Schiedsgericht überlassen oder – ggf. gemeinsam mit dem Schiedsgericht – hierzu eine Vereinbarung treffen. Das Schiedsgericht regelt die Verfahrensschritte im Verfahrenskalender (Art. 24 Abs. 2). 12

Eine Orientierungshilfe für verfahrensrechtliche Vereinbarungen zwischen den Parteien bieten auch die **UNCITRAL Notes on Organizing** 13

Arbitral Proceedings. Schiedsgerichte werden diese Regeln aber anders als die IBA-Rules nur heranziehen, wenn die Parteien sie ausdrücklich vereinbart haben.

3. Festlegung der Verfahrensregeln

14 **Zeitpunkt**. Die Klärung, wie das Beweisverfahren durchzuführen ist, erfolgt zu einem frühen Zeitpunkt im Verfahren (Art. 23, 24). Die im Schiedsverfahren anzuwendenden **detaillierteren** Verfahrensregeln können von den Parteien vereinbart und dem Schiedsgericht vorgelegt werden (in einem **Gemeinsamen Vorschlag zum Verfahrenskalender und den Verfahrensregeln/Joint Proposal for a Procedural Timetable and Rules**, Muster Rz. 116 ff.). Eine Vereinbarung der Parteien vor Konstituierung des Schiedsgerichts, etwa gemeinsam mit der Schiedsvereinbarung oder bei Auftreten der Streitigkeit, ist möglich, kommt in der Praxis jedoch kaum vor. Die Vereinbarung der Parteien über die Verfahrensregeln ist für das Schiedsgericht grundsätzlich bindend. Es ist jedoch denkbar, dass dem Schiedsrichter ein Rücktrittsrecht zusteht (*Schütze*, SchiedsVZ 2006, 3; *Fry/Greenberg/Mazza*, The Secretariat's Guide to ICC Arbitration, Rz. 3-718) (Art. 19, Rz. 13, 22 f.).

15 **Entscheidung des Schiedsgerichts**. Haben die Parteien keine Vereinbarung getroffen, hat das Schiedsgericht über die Regeln der Beweisaufnahme zu entscheiden. Die Ermittlung eines **mutmaßlichen Parteiwillens** wird hier regelmäßig kein gangbarer Weg sein. Denn auch wenn eine Tendenz zu verzeichnen ist, Elemente aus Common-Law- und Civil-Law-Rechtssystemen unabhängig von der Herkunft der Beteiligten zu kombinieren, kann hier noch nicht von einer allgemeinen Praxis ausgegangen werden. Schon gar nicht kann jedoch von Herkunft der Beteiligten und Schiedsort eindeutig auf die Vereinbarung bestimmter Verfahrensregeln geschlossen werden. Die genannten Kriterien können daher nicht eindeutig zu einer Schlussfolgerung auf den mutmaßlichen Parteiwillen führen. In der Regel wird der Vorschlag der Parteien oder die Entscheidung des Schiedsgerichts in der **ersten Verfahrensverfügung (Procedural Order 1)** des Schiedsgerichts festgehalten. Hierin werden etwa Form, Inhalt und Anzahl der Schriftsätze sowie Schriftsatzfristen geregelt, die Ausgestaltung des Beweisverfahrens, insbesondere, welche Beweismittel zulässig sind und wie dieser zugelassene Beweis zu erheben ist, das Datum und die Organisation der mündlichen Verhandlung und die Befugnisse des Vorsitzenden.

Ablauf des Verfahrens. Das Schiedsverfahren ist in der Regel – im Falle 16
einer Bi- oder Trifurkation (dazu Art. 2 Rz. 17) jeweils gesondert für jeden Verfahrensabschnitt – in ein **Behauptungs- und ein Beweisverfahren** unterteilt. Zunächst haben die Parteien den Sachverhalt substantiiert darzulegen, die Beweismittel für ihre Behauptungen zu nennen und den Schriftsätzen beizulegen und ihre Anträge rechtlich zu begründen. Dies erfolgt im Regelfall in zwei Schriftsatzrunden (**Klage/Statement of Claim, Klageerwiderung/Statement of Defence, Replik/Statement of Reply, Duplik/Statement of Rejoinder**; je nachdem, wie detailliert der das Schiedsverfahren einleitende Schriftsatz bereits ist, wird dieser als Klage betrachtet; die inhaltliche Ausgestaltung der Schiedsklage hängt sowohl vom kulturellen Hintergrund der klagenden Partei als auch von taktischen Erwägungen ab; s. hierzu Art. 4). Denkbar ist auch ein **simultaner Austausch** von Schriftsätzen. Das Schiedsgericht bespricht mit den Parteien den genauen Ablauf während der Verfahrensmanagementkonferenz (s. Art. 24). Im Anschluss hieran wird Beweis erhoben (zu den Beweismitteln im Einzelnen unten Rz. 18). Dies erfolgt im Regelfall in einer mündlichen Verhandlung (Art. 25 Abs. 2, 6, Art. 26). Nach der Beweisaufnahme haben die Parteien die Möglichkeit, abschließend Stellung zu nehmen. Dies kann entweder in mündlicher Form (**Schlussplädoyer/closing statements**) und/oder in schriftsätzlicher Form (**post-hearing briefs**) erfolgen (Art. 26). Die Parteien müssen jedoch möglichst frühzeitig alle Tatsachen und Argumente vortragen, von denen sie Kenntnis haben. Der Beklagte kann z.B. nicht abwarten, bis er den letzten Schriftsatz einreichen darf und erst dann vollumfänglich vortragen und Beweismittel vorlegen (Art. 5, 6, 27 Rz. 5 ff.).

Grenzen der Kompetenz des Schiedsgerichts und Unterstützung durch 17
staatliche Gerichte. Das Schiedsgericht ist nicht befugt, Zwang gegenüber Zeugen oder Sachverständigen auszuüben, eine Dokumentenvorlage durch Dritte anzuordnen bzw. Behörden oder Amtspersonen um Mitteilung einer Urkunde zu ersuchen oder einen Eid abzunehmen. Hält das Schiedsgericht die Durchführung einer der genannten Handlungen für erforderlich, kann es die Unterstützung staatlicher Gerichte nach **§ 1050 ZPO** beantragen; möglich ist auch ein Antrag durch eine Partei mit Zustimmung des Schiedsgerichts. In letzterem Fall muss das Schiedsgericht auch dem Inhalt des Antrags zustimmen. Für Unterstützungshandlungen staatlicher Gerichte bei der Beweisaufnahme und sonstigen richterlichen Handlungen sind die **Amtsgerichte** zuständig (§ 1062 Abs. 4 ZPO). Das Amtsgericht ist **an das geltende deutsche Prozessrecht gebunden** und kann daher lediglich solche Maßnahmen anordnen oder durchführen, die in der ZPO vorgesehen sind.

B. Beweismittel und deren Behandlung im Schiedsverfahren

I. Zeugen (Abs. 3)

Literatur: Wie oben unter A., zusätzlich: *Oetiker*, Witnesses before the International Arbitral Tribunal, ASA Bulletin, Vol. 25 No. 2 (2007), S. 253 ff.; *Schlosser*, Verfahrensrechtliche und berufsrechtliche Zulässigkeit der Zeugenvorbereitung, SchiedsVZ 2004, S. 225 ff.; *Schürmann*, Plädieren durch die Hintertür – Pleading through the back door, ASA Bulletin, Vol. 24 No. 3 (2006), S. 433 ff.; *Segesser*, Witness Preparation in International Commercial Arbitration, ASA Bulletin, Vol. 20 No. 2 (2002), S. 222 ff.; *Shore*, Three Evidentiary Problems in International Arbitration: Producing the Adverse Document, Listening to the Document that does not Speak for Itself, and Seeing the Witness through her Written Statement, SchiedsVZ 2004, S. 76 ff.

1. Normzweck

18 Zeugen werden in Art. 25 als Beweismittel genannt, Regelungen zur Durchführung des Zeugenbeweises werden jedoch nicht getroffen. Die Gestaltung der Beweisaufnahme ist auch hier Parteiautonomie und Ermessen des Schiedsgerichts überlassen. Die Formulierung *„Das Schiedsgericht kann Zeugen, [...] oder jede andere Person [...] hören"* beugt möglichen Schwierigkeiten aufgrund von nationalen Prozessordnungen, die zwischen der Vernehmung von Zeugen und Parteien unterscheiden, vor.

19 Im Schiedsverfahren kann anders als nach der deutschen ZPO die **Partei** (deren Vorstand oder Geschäftsführer) **selbst als Zeuge** auftreten. Der Zeuge darf dann allerdings in der Regel erst nach seiner Vernehmung der Verhandlung beiwohnen. Die Partei muss sich in der Zwischenzeit durch eine andere Person vertreten lassen. Problematisch ist dies, wenn das **einzige Organ der Partei** (z.B. bei einer GmbH mit nur einem Geschäftsführer) als Zeuge auftritt. Hier kann der Zeuge nicht bis zu seiner Zeugenaussage von dem Verfahren ausgeschlossen werden, weil dies das Anwesenheitsrecht der Partei und damit deren rechtliches Gehör beschränken würde. Der Zeuge darf vielmehr der Verhandlung beiwohnen, jedoch muss das Schiedsgericht bei der Bewertung seiner Zeugenaussage berücksichtigen, dass er den bisherigen Verhandlungsverlauf aus eigener Anschauung kennt. Um hier eine Beeinflussung des Zeugen möglichst gering zu halten, sollte das Schiedsgericht den Zeugen zu Beginn des Verfahrens vernehmen.

2. Verhältnis zu § 1042 Abs. 4 ZPO

Die ZPO nimmt anders als Art. 25 keinen ausdrücklichen Bezug auf den Zeugenbeweis, sondern bestimmt in § 1042 Abs. 4 Satz 2 ZPO lediglich, dass das Schiedsgericht berechtigt ist, im Rahmen seines durch zwingende Vorschriften und mögliche Parteivereinbarung beschränkten Ermessens über die Zulässigkeit einer Beweiserhebung zu entscheiden, diese durchzuführen und das Ergebnis frei zu würdigen. 20

3. Vergleich mit den im staatlichen Verfahren geltenden Vorschriften

Das **staatliche Gericht** darf den Zeugenbeweis nicht ohne Beweisantrag einer Partei erheben. Gibt es ein Beweisangebot und hält das Gericht die Aussage des Zeugen für entscheidungserheblich, wird der Zeuge nach den Regeln der § 377 ff. ZPO vom Gericht geladen. 21

Für den Zeugen gilt grundsätzlich eine **Erscheinens-, Aussage- und Eidespflicht**. Eine Beeidigung erfolgt, wenn das Gericht dies für erforderlich erachtet und die Parteien auf die Beeidigung nicht verzichten (§ 391 ZPO). Die **Vernehmung** erfolgt in erster Linie durch den Richter. Im Anschluss erhalten die Parteien Gelegenheit, Fragen an den Zeugen zu richten. 22

Im **Schiedsverfahren** ist der **Zeuge zur Aussage** vor dem Schiedsgericht **nicht verpflichtet**, sodass auch keine Zeugnisverweigerungsrechte zur Anwendung kommen. Das Schiedsgericht ordnet in der Regel an, dass die Partei, die sich auf einen Zeugen beruft, dafür sorgt, dass der Zeuge erscheint. Unter bestimmten Voraussetzungen kann das Schiedsgericht das **Nichterscheinen eines Zeugen negativ würdigen** oder seine schriftliche Zeugenerklärung unberücksichtigt lassen (Art. 4 Abs. 7 IBA-Rules), etwa wenn der Zeuge ein Angestellter der Partei ist, die sich auf seine Aussage beruft, und diese nicht in der Lage ist, ihn zur Kooperation zu bewegen. Hierdurch wird allerdings das Recht auf rechtliches Gehör eingeschränkt (vgl. Art. 22 Abs. 4 ICC-SchO). Daher kann eine andere Beurteilung gerechtfertigt sein, wenn die Partei alles ihr Mögliche und Zumutbare getan hat, den Zeugen zu einem Erscheinen in der mündlichen Verhandlung zu bewegen. 23

Da **das Schiedsgericht keinen Eid abnehmen darf**, entfällt auch eine Belehrung über die Folgen eines Meineides bzw. einer Falschaussage. Allenfalls kommt ein Hinweis auf eine mögliche Strafbarkeit u.a. wegen Betruges aufgrund einer falschen Aussage in Betracht. Erfolgt dennoch eine Beeidigung, **kann der Schiedsspruch aufgehoben werden, wenn er** 24 auf der Beeidigung beruht, d.h. wenn der Beeidigung ein besonderer Beweiswert zukam (§ 1059 Abs. 2 Nr. 1 Buchst. d ZPO).

25 Sollte ein Zeuge nicht kooperieren oder das Schiedsgericht der Auffassung sein, dass eine Aussage unter Eid erforderlich ist, kommt ein **Antrag auf gerichtliche Unterstützung nach § 1050 ZPO** in Betracht (s. auch Art. 4 Abs. 9 IBA-Rules). Um eine Verzögerung des Rechtstreits zu vermeiden, wird das Schiedsgericht zusätzlich häufig eine **Frist für die Antragstellung** durch die Partei setzen, wenn es den Antrag nicht selber stellt (die Durchführung des Verfahrens vor dem staatlichen Gericht kann das Schiedsgericht natürlich nicht beeinflussen). § 1050 ZPO sieht nicht vor, dass das staatliche Gericht lediglich den Zeugen unter Zwangsandrohung anhält, vor dem Schiedsgericht zu erscheinen, sondern dass die **Beweisaufnahme insgesamt vor dem staatlichen Gericht durchgeführt** wird. Neben dem staatlichen Richter können jedoch auch das Schiedsgericht und die Parteien den Zeugen befragen (§ 1050 Abs. 3 ZPO). Die **Beweiswürdigung** wird wieder **vom Schiedsgericht** vorgenommen.

26 **Ermessen des Schiedsgerichts.** Da im Schiedsverfahren der Grundsatz gilt, dass die Parteien die von ihnen benannten Zeugen selbst beibringen, besteht die **Gefahr einer Verletzung des rechtlichen Gehörs** einer Partei, deren Zeuge nicht erschienen ist, erst dann, wenn sie ihre Verfahrenspflicht, den Zeugen zu stellen, mit einer ausreichenden Entschuldigung nicht erfüllen konnte und das Schiedsgericht dennoch (grundlos) von einem Antrag nach § 1050 ZPO absieht.

4. Der Zeugenbeweis im Schiedsverfahren

27 Die Art und Weise der Beweiserhebung durch Zeugenbeweis unterliegt der **Parteiautonomie**. Auch hier ist die Ausgestaltung im Einzelnen im Common Law und im Civil Law unterschiedlich. Ist das Verfahren stark kontinentaleuropäisch ausgeprägt, wird in den Schriftsätzen Zeugenbeweis für bestimmte behauptete Tatsachen angeboten, und die genannten Zeugen werden – sofern ihre Aussage entscheidungserheblich ist – in der mündlichen Verhandlung vernommen. Im Common Law wird die Zeugenvernehmung durch das Einreichen **schriftlicher Zeugenaussagen** (written witness statements) vorbereitet. Dies ist auch in internationalen Schiedsverfahren üblich. Grundsätzlich ist ein Schiedsgericht *nicht* verpflichtet, alle von den Parteien benannten Zeugen zu hören (OLG München v. 14.11.2011 – 34 Sch 10/11, SchiedsVZ 2012, 43).

Inhalt. Standardmäßig enthält eine schriftliche Zeugenaussage Angaben 28
zur Person, zu ihrem Verhältnis zu den Parteien, ihre Aussage zur Sache,
eine Wahrheitsbekundung, Angaben, in welche Sprache der Zeuge bereit
ist auszusagen sowie die Unterschrift (Art. 4 Abs. 5 IBA-Rules; für ein
Beispiel s. Rz. 117).

Entscheidung im Einzelfall. Natürlich sollte auch die Frage, ob mit 29
schriftlichen Zeugenaussagen gearbeitet werden soll, für jedes Schiedsverfahren neu gestellt und erwogen werden, ob dies im jeweiligen Verfahren sinnvoll erscheint. Wenn bspw. **nur wenige Zeugen genannt werden und ihre Beweisthemen begrenzt sind**, sind schriftliche Zeugenaussagen nicht erforderlich. Jedenfalls sollte der Zeugenbeweis insgesamt einheitlich geführt werden.

Zeitpunkt der Einreichung schriftlicher Zeugenaussagen. Möglich ist 30
die Einreichung gemeinsam mit den Schriftsätzen oder die gleichzeitige
Einreichung durch beide Parteien nach Austausch der Schriftsätze. Die
Einreichung der Aussagen mit den Schriftsätzen führt zu einer Beschleunigung des Verfahrens, da kein weiterer separater Verfahrensschritt mehr erforderlich wird und die Parteien bereits in ihren Schriftsätzen zu den Zeugenaussagen Stellung nehmen können. In diesem Fall
müssen die Parteien das Recht haben, weitere Zeugenaussagen in Erwiderung (**supplementary/rebuttal witness statements**) auf die Aussagen der Zeugen der anderen Partei einzureichen. Werden die Aussagen
gleichzeitig nach der Schriftsatzphase ausgetauscht, können die Parteien
regelmäßig auch auf die jeweiligen Zeugenaussagen der anderen Partei
mit ergänzenden Zeugenaussagen erwidern. In jedem Fall haben sie Gelegenheit, nach Abschluss der Beweisaufnahme deren Ergebnis zu würdigen.

Kontakte zwischen Parteien und Zeugen im Sinne einer ausführlichen 31
Vorbereitung („coaching") auf eine Zeugenaussage sind in den meisten
Civil-Law-Systemen nicht üblich. Explizite Regelungen einschließlich
der Festlegung disziplinarrechtlicher Folgen für Parteivertreter sind jedoch kaum zu finden. Das Schiedsverfahrensrecht orientiert sich auch
in dieser Frage am Common Law, wo die Vorbereitung von Zeugen üblich ist und teilweise in sehr weitem Umfang als zulässig betrachtet
wird und lässt die Vorbereitung von Zeugen durch Parteivertreter zu.
Dieser Grundsatz hat auch Eingang in die **IBA-Rules** gefunden (Art. 4
Abs. 3 IBA-Rules). Die Vorbereitung von Zeugen schließt die Hilfe beim
Erstellen einer schriftlichen Zeugenaussage ein und erlangt insbesondere vor Durchführung der mündlichen Verhandlung Bedeutung (Art. 26

ICC-SchO). Die Vorbereitung des Zeugen darf natürlich nicht zur **unzulässigen Beeinflussung** werden. Eine **Bezahlung des Zeugen** ist nicht *per se* unzulässig. Der Zeuge ist nicht verpflichtet, im Schiedsverfahren auszusagen, und er wird für seine Aussage grundsätzlich nicht entschädigt. Gleichzeitig ist eine Aussage in einem Schiedsverfahren für einen Zeugen mit teilweise erheblichem Zeitaufwand verbunden, der ihm in Höhe des (anteiligen) normalen Arbeitseinkommens honoriert werden darf.

32 Zum **Nichterscheinen eines Zeugen** s. Rz. 23 sowie Art. 26 Rz. 30.

II. Urkunden/Anordnung der Dokumentenvorlage (Abs. 2 und 5)

Literatur: Wie oben unter A., zusätzlich: *Burianski/Reindl*, Truth or Dare? The conflict between e-discovery in international arbitration and German data protection rules, SchiedsVZ 2010, S. 187 ff.; *Cohen*, Options for Approaching Evidentiary Privilege in International Arbitration, in: Giovannini/Mourre, Written Evidence and Discovery in International Arbitration, ICC Dossiers 2009, S. 423 ff.; Document Production in International Arbitration, ICC Court Bulletin, Special Supplement 2006; *Haller*, The Without Prejudice Privilege, SchiedsVZ 2011, S. 313 ff.; *Heitzmann*, Confidentiality and Privileges in Cross-Border Legal Practice: The Need for a Global Standard? ASA Bulletin, Vol. 26 No. 2 (2008), S. 205 ff.; *Hilgard*, Electronic Discovery im Schiedsverfahren, SchiedsVZ 2008, S. 122 ff.; *Kaufmann-Kohler/Bärtsch*, Discovery in international arbitration: How much is too much?, SchiedsVZ 2004, S. 13 ff.; *King/Bossmann*, Rethinking Discovery in International Arbitration: Beyond the Common Law/Civil Law Divide, ICC Court Bulletin, Vol. 12 No. 1 (2001), S. 24 ff.; *Konrad*, Der Schutz der Vertrauenssphäre zwischen Rechtsanwalt und Mandant im Zivilprozess, NJW 2004, S. 710 ff.; *Meier*, The Production of Electronically Stored Information in International Commercial Arbitration, SchiedsVZ 2008, S. 179 ff.; *Redeker*, Der Syndikusanwalt als Rechtsanwalt, NJW 2004, S. 889 ff.; Report of the ICC Commission on Arbitration, Techniques for Controlling Time and Costs in Arbitration; *Sachs*, Use of documents and document discovery: „Fishing expeditions" versus transparency and burden of proof, SchiedsVZ 2003, S. 193 ff.; *Schaner/Scarborough*, Obtaining Discovery in the USA for Use in German Legal Proceedings. A Powerful Tool: 28 U.S.C. § 1728, AnwBl 2012, S. 320 ff.; *Shore*, Three Evidentiary Problems in International Arbitration: Producing the Adverse Document, Listening to the Document that does not Speak for Itself, and Seeing the Witness through her Written Statement, SchiedsVZ 2004, S. 76 ff.; *Sindler/Wüstemann*, Privilege across borders in arbitration: multi-jurisdictional nightmare or a storm in a teacup?, ASA Bulletin, Vol. 23 No. 4 (2005), S. 610 ff.

1. Normzweck

33 Das Schiedsgericht kann auf Basis des Art. 25 Abs. 5 die Vorlage von Dokumenten anordnen.

2. Verhältnis zu § 1042 Abs. 4 ZPO

Das X. Buch der ZPO enthält keine Regelung zum Urkundsbeweis. Damit ist ein Dokumentenvorlageverfahren nicht ausgeschlossen, sondern die Bestimmung von Beweismitteln und Beweisverfahren gänzlich dem Willen der Parteien bzw. dem Ermessen des Schiedsgerichts überlassen. Art. 25 ICC-SchO ist insofern etwas detaillierter, als es einzelne Beweismittel nennt und die Befugnis des Schiedsgerichts ausdrücklich vorsieht, Parteien zur Vorlage weiterer Beweise aufzufordern. Spezifische Vorgaben zum Beweisverfahren vor dem Schiedsgericht sind jedoch weder in der ZPO noch in der ICC-SchO enthalten. 34

3. Vergleich mit den im staatlichen Verfahren geltenden Vorschriften

Anordnung der Urkundenvorlegung nach § 142 ZPO. Das staatliche Gericht kann von Amts wegen oder auf Antrag einer Partei die Vorlage von Urkunden durch eine Partei oder einen Dritten anordnen, wenn sich eine der Parteien auf sie bezogen hat. In der Praxis wird von dieser Vorschrift selten Gebrauch gemacht. Wenn sie zur Anwendung kommt, betrifft die Vorlageanordnung nur eine kleine Anzahl von Dokumenten oder ein einzelnes Dokument. Aufgrund des **Ausforschungsverbots** darf eine Anordnung nicht zum bloßen Zweck der Informationsgewinnung ergehen, sondern nur dann, wenn ein schlüssiger, auf konkrete Tatsachen bezogener Vortrag der Partei vorliegt (BGH v. 26.6.2007 – XI ZR 277/05, NJW 2007, S. 2989 [2992]) und die zu beschaffende Urkunde möglichst genau bezeichnet wird. Unzulässig sind hiernach auch Beweisanträge, die es bezwecken, die zur Konkretisierung des Prozessvortrags benötigten Tatsachen erst in Erfahrung zu bringen oder globale Verweise auf sämtliche bei einer Partei oder ihrem Prozessbevollmächtigten befindlichen Unterlagen. 35

Eine **Vorlegungspflicht nach § 142 ZPO** ist unabhängig von Beweislast oder einem materiellem Herausgabeanspruch, und ein Verstoß hat eine freie richterliche Würdigung nach §§ 286, 427 Satz 2 ZPO zur Folge. Wenn etwa das **Anwaltsgeheimnis** oder sonstige **Geheimhaltungsinteressen** betroffen sind, können Unterlagen zurück gehalten werden (s. hierzu Rz. 48 ff.). 36

Anordnung gegenüber Dritten. Auch hier kann gemäß § 1050 ZPO die Unterstützung staatlicher Gerichte beantragt werden. Da der Schiedsort jedoch häufig als neutraler Ort gewählt wird, zu dem die Parteien – und mit ihnen in Verbindung stehende Dritte – keine Beziehung haben, erlangt dieser Rechtsbehelf überwiegend in ausländischen Schiedsverfah- 37 ren Bedeutung. Parteien am Schiedsort Deutschland müssen in vielen Fällen auf nationale Regelungen in dritten Ländern zurückgreifen (z.B. die Vorschrift 28 U.S.C. § 1782, die U.S.-amerikanische Gerichte ermächtigt, eine discovery zur Unterstützung von ausländischen und internationalen Verfahren anzuordnen).

4. Der Urkundsbeweis im Schiedsverfahren

a) Herausgabepflicht von Dokumenten

38 **Anordnung der Dokumentenvorlage im Civil und Common Law.** Im Civil Law stellt die Herausgabe von Dokumenten durch die Gegenpartei eine Ausnahme dar, da die Partei ihren Vortrag grundsätzlich mit Dokumenten zu beweisen hat, die in ihrem Besitz sind. Dafür spielt die Beweislastverteilung eine größere Rolle. Die Voraussetzungen für die Anordnung einer Dokumentenvorlage sind eng. Die antragstellende Partei muss das vorzulegende Dokument genau bezeichnen, und sein Inhalt muss für die Entscheidung relevant sein. Im Common Law hingegen erhalten die Parteien – vor Beginn des eigentlichen Verfahrens im Sinne eines Austauschs begründeter Schriftsätze, daher „Pre-Trial-Discovery-Verfahren" – Zugang zu allen Unterlagen der Gegenpartei, die mit dem Verfahrensgegenstand in Zusammenhang stehen (könnten), und können hierin nach Dokumenten suchen, die zur Beweisführung für ihren Fall geeignet sind. Man spricht in diesem Zusammenhang auch von „**fishing expeditions**".

39 **Dokumentenvorlage in internationalen Schiedsverfahren.** In der internationalen Schiedspraxis ist inzwischen unabhängig von der Herkunft der Beteiligten die Regel, dass die Dokumentenvorlage Bestandteil des Schiedsverfahrens ist. Eine Discovery im Common-Law-Sinne ist im Rahmen der ICC-SchO möglich, jedoch kommt dies kaum vor. Mit Blick auf eine mögliche längere Verfahrensdauer und höhere Kosten bei Anwendung eines Dokumentenvorlageverfahrens enthält Anhang IV zur ICC-SchO Vorschläge, wie einer Ausuferung des Verfahrens begegnet werden kann (hierzu Anhang IV). **Art. 25 Abs. 5** beinhaltet die Möglichkeit einer Vorlageanordnung aus Sicht des Schiedsgerichts. Eine Befugnis der Parteien, eine solche Vorlageanordnung beim Schiedsgericht zu beantragen, sieht die ICC-SchO nicht ausdrücklich vor. Dass eine dahingehende Vereinbarung auch in Schiedsverfahren nach der ICC-SchO zulässig ist, ergibt sich jedoch bereits aus Anhang IV zur ICC-SchO, der ausdrücklich von Anträgen auf Vorlage von Dokumenten spricht (Buchst. d) ii) Anhang IV zur ICC-SchO, hierzu auch Art. 24 Rz. 23). Üb-

lich ist die Vereinbarung eines Verfahrens zur Dokumentenvorlage dergestalt, dass die Parteien zunächst versuchen, ohne **Einbindung des Schiedsgerichts die Herausgabe von Dokumenten auf freiwilliger Basis** durchzuführen, und erst hiernach die Anordnung einer Vorlage durch das Schiedsgericht beantragen, wenn die Gegenpartei eine freiwillige Herausgabe verweigert. Selbstverständlich kann das Schiedsgericht auch **von Amts wegen** eine Vorlage anordnen; in der Praxis geschieht dies jedoch seltener.

Die in den **IBA-Rules** enthaltene Regelung zur Dokumentenherausgabe ist eine Annäherung der Rechtssysteme aneinander. Art. 3 IBA-Rules regelt die Beantragung der Anordnung einer Dokumentenvorlage durch das Schiedsgericht. Ein vorangestelltes **freiwilliges Dokumentenherausgabeverfahren** zwischen den Parteien sehen die IBA-Rules **nicht** vor. Allerdings kann das Schiedsgericht die Parteien auffordern, sich untereinander zu **einigen**, wenn von einer Partei **Einwendungen** gegen ein Herausgabeverlangen erhoben werden (Art. 3 Abs. 6 IBA-Rules). Für den Fall, dass einem Herausgabeantrag stattgegeben wird, regeln die IBA-Rules zur **Förderung der Effizienz** der Beweisaufnahme zudem, dass die Dokumente zunächst lediglich an die andere Partei und nicht auch an das Schiedsgericht herauszugeben sind (Art. 3 Abs. 4 IBA-Rules; IBA-Rules Commentary, S. 10), wenn das Schiedsgericht keine anderweitige Anordnung trifft. 40

b) Voraussetzungen der Dokumentenherausgabe

Durch die in Art. 3 Abs. 3 IBA-Rules genannten Voraussetzungen soll „fishing expeditions" ein Riegel vorgeschoben werden (IBA-Rules Commentary, S. 8). Es kann sowohl die Herausgabe **einzelner konkret benannter Dokumente** als auch von **eng umschriebenen Kategorien von Dokumenten**, von deren Existenz man vernünftigerweise ausgehen kann, verlangt werden. Die Umschreibung des einzelnen Dokuments oder der Kategorie von Dokumenten wird üblicherweise Angaben zum (vermuteten) Urheber und/oder Empfänger enthalten, zum (vermuteten) Erstellungsdatum sowie dem (vermuteten) Inhalt. Gegenstand eines Antrags auf Herausgabe einer Kategorie von Dokumenten könnten etwa Vorstandsprotokolle sein, in denen der Verhandlungsführer einer Partei seinem Vorstand über Vertragsverhandlungen betreffend einen bestimmten umstrittenen Punkt berichtet hat (IBA-Rules Commentary, S. 9). 41

Zusammenhang zwischen Vortrag und Unterlagen. Der Antragsteller muss darlegen, welche Behauptungen er mit den herausverlangten Do- 42 kumenten beweisen möchte. Die Vorlage kann zur Stützung der eigenen Behauptungen des Antragstellers oder zur Widerlegung der Behauptungen des Gegners dienen. Der Zweck muss für das Schiedsgericht bei Antragstellung erkennbar sein.

43 Die herausverlangten Dokumente müssen **für den Fall relevant und wesentlich für dessen Entscheidung** sein. Relevant ist ein Dokument, wenn es wahrscheinlich eine Tatsache beweist, aus der rechtliche Schlussfolgerungen gezogen werden können. Wesentlich ist ein Dokument, wenn es für eine umfassende Untersuchung der rechtlichen Fragen durch das Schiedsgericht erforderlich ist. In diesem Zusammenhang ist wichtig, dass der Antrag Ausführungen hierzu **zwingend** enthalten muss, da er sonst **aus formellen Gründen** zurückgewiesen werden kann. Dass Relevanz und Entscheidungserheblichkeit tatsächlich vorliegen, ist insofern irrelevant (Art. 3 Abs. 5 i.V.m. Art. 3 Abs. 3 IBA-Rules). Die Unterlagen müssen zudem Beweisstücke sein, ohne die der Antragsteller seiner **Beweislast** nicht nachkommen könnte (*Derains*, ICC Court Bulletin, Special Supplement 2006, 87).

44 Die den Antrag stellende Partei muss ferner darlegen, dass sie nicht im **Besitz der Dokumente** ist und warum sie davon ausgeht, dass die Gegenpartei die Dokumente verschaffen kann (Art. 3 Abs. 3 Buchst. c IBA-Rules: „possession, custody or control"). Hier stellt sich häufig die Frage, ob eine Dokumentenvorlage angeordnet werden kann, wenn nicht die andere Partei direkt, sondern ein **anderes Unternehmen desselben Konzerns** in Besitz der Unterlagen ist. Dies kann bspw. dann erfolgen, wenn die Partei das andere Unternehmen beherrscht oder wenn die Schiedsvereinbarung den gesamten Konzern einbezieht, weil die Dokumente dann unter der Kontrolle der Partei sind (ICC Award 4131, Yearbook Commercial Arbitration 1984, S. 131 ff., Rz. 136 f.). Auch der Fall, dass ein Dokument zwar nicht mehr in den Akten einer Partei vorhanden ist, jedoch **elektronische Archive oder Back-Ups** bestehen, ist von den IBA-Regeln erfasst. Legt die antragstellende Partei dar, dass es für sie einen **unverhältnismäßigen Aufwand** darstellen würde („unreasonably burdensome"), das Dokument vorzulegen, kann eine Vorlage durch die andere Partei angeordnet werden, wenn dies für sie weniger aufwändig ist.

45 Der **Zeitpunkt** des Antrags richtet sich nach der Frist, die das Schiedsgericht für ein Vorgabeverlangen gesetzt hat oder die die Parteien in ihrer Vereinbarung in ihrem Prozesskalender festgelegt haben. Das Dokumentenvorlageverfahren sollte nicht zu früh, aber auch nicht zu spät

erfolgen. Es bietet sich an, Herausgabeanträge **nach der ersten und vor der zweiten Schriftsatzrunde** zuzulassen.

c) E-Discovery

Die grundlegenden Veränderungen der Informations- und Kommunikationstechnologie haben zu einer elektronischen Speicherung von immer mehr Informationen und einer Verlagerung der Korrespondenz auf den E-Mail-Verkehr auch im geschäftlichen Bereich geführt. Solche elektronisch gespeicherten Informationen schließen auch **Metadaten** (meta data) und **Protokolldateien** (log files) ein, die Auskunft darüber geben, wer ein Dokument erstellt hat und wann es geändert wurde bzw. wer zu welchem Zeitpunkt auf eine Datei zugegriffen hat. Für Parteien problematisch kann die **schiere Menge** der elektronisch gespeicherten Daten wie auch die Tatsache sein, dass man im Allgemeinen beim Austausch elektronischer Daten weniger Sorgfalt walten lässt, als im Schriftverkehr mit „hard copies". Elektronische Daten können jedoch **wertvolle Beweise** darstellen, von denen viele Parteien Gebrauch machen wollen. Auch in internationalen Schiedsverfahren gewinnt daher die Herausgabe elektronisch gespeicherter Daten, d.h. die e-discovery, an Bedeutung. Die ICC Commission on Arbitration hat im Jahr 2011 einen Bericht veröffentlicht, der den Parteien und den Schiedsgerichten den Umgang mit elektronischen Dokumenten sowie deren Herausgabe erleichtern soll („Techniques for Managing Electronic Document Production When it is Permitted or Required in International Arbitration"). Heute setzen die Parteien häufig spezielle Software ein, um die E-Discovery effektiv durchzuführen. 46

Eine Regelung zur E-Discovery ist auch in Art. 3 **IBA-Rules** enthalten, wobei die IBA-Rules dadurch keine Entscheidung über die umstrittene Frage der **Zulässigkeit der E-Discovery** (*Finizio* in: Böckstiegel/Berger/Bredow, The Taking of Evidence in International Commercial Arbitration, S. 59 m.w.N.) treffen möchten (IBA-Rules Commentary, S. 9). Eine **Regelung** hierüber sollte daher **zu Beginn des Schiedsverfahrens** getroffen werden. Der Antragsteller kann elektronische Dokumente durch Dateinamen, Suchbegriffe oder Personen spezifizieren. Das Schiedsgericht kann eine solche Spezifizierung auch anordnen. 47

d) Einwendungen gegen die Dokumentenherausgabe

Art. 25 ICC-SchO stellt nicht nur die Art und Weise der Beweiserhebung in das Ermessen des Schiedsgerichts, sondern auch die Frage, unter wel- 48 chen Voraussetzungen sich eine Partei der Erhebung eines Beweises bzw. insbesondere der Vorlage bestimmter Dokumente widersetzen darf. Hierzu enthält Art. 9 Abs. 2 IBA-Rules einen Katalog von Einwendungen, die eine Partei gegen eine verlangte Herausgabe vorbringen kann. An diesem Katalog kann sich ein Schiedsgericht orientieren. Es wird mögliche Einwendungen jedoch nicht von sich aus berücksichtigen, sondern nur, wenn die betroffene Partei eine entsprechende Einwendung erhoben hat. Hierunter fallen insbesondere der Herausgabe **entgegenstehende rechtliche Vorschriften oder beweisrechtliche Privilegien** („legal impediment or privilege"), **Vertraulichkeitsgründe** („commercial or technical confidentiality", „political or institutional sensitivity"), der Einwand, dass die Herausgabe eine **unverhältnismäßige Belastung** für die Partei darstellen würde, sowie zwingende Erwägungen der **Prozessökonomie, Fairness oder Gleichheit** der Parteien. In den IBA-Rules nicht geregelt ist die Einwendung, dass das herausverlangte Dokument **nicht existiert**. Art. 9 Abs. 2 Buchst. d IBA-Rules betrifft nur den **Verlust oder die Zerstörung** von Dokumenten. Erst recht kann eine Partei aber solche Dokumente nicht herausgeben, welche noch nie existiert haben. Um negative Konsequenzen zu vermeiden (etwa eine nachteilige Beweiswürdigung gemäß Art. 9 Abs. 5 IBA-Rules), muss die Partei darlegen, dass das Dokument nie existiert hat. Meist begnügen sich Schiedsgerichte mit der ausdrücklichen (plausiblen) Versicherung der Partei. Hat das Schiedsgericht Zweifel – etwa weil die andere Partei plausibel darlegen kann, dass das Dokument existiert haben muss – ist die Partei gehalten, **Beweis für die Nichtexistenz** des Dokuments zu erbringen.

49 **„Privileges"**. Art. 9 Abs. 3 IBA-Rules nennt Beispiele einzelner allgemein anerkannter beweisrechtlicher Privilegien, die zu einer Einwendung gegen die Vorlage bestimmter Dokumente berechtigen können. Hierzu gehören die **Vertraulichkeit von Materialien zum Zwecke der rechtlichen Beratung, sensibler Informationen sowie von Vergleichsverhandlungen** („without prejudice privilege" oder „settlement privilege"; *Haller*, SchiedsVZ 2011, 313), **beruflichen Zeugnisverweigerungsrechte** (von Ärzten, Journalisten, Buchprüfern), oder dem Recht, sich nicht selbst belasten zu müssen.

50 **Anwaltsgeheimnis und Attorney-Client-Privilege.** Wenn auch der Grundsatz der Vertraulichkeit der Korrespondenz zwischen einem Rechtsanwalt und seinem Mandanten allgemein anerkannt ist, sind doch die Ausgestaltung und der Umfang eines daraus abgeleiteten Beweisverweigerungsrechts unterschiedlich.

Im Civil Law werden aus der berufsrechtlichen Verschwiegenheits- 51
pflicht des Anwalts Beweiserhebungs- und -verwertungsverbote abgeleitet, auf die sich der Anwalt berufen kann (**Anwaltsgeheimnis**). Die Geheimhaltungspflicht des Rechtsanwalts erstreckt sich auf alles, „was dem Anwalt in Ausübung seines Berufs bekanntgeworden ist" (§ 43a BRAO und § 2 BORA).

Das **Attorney-Client-Privilege** des Common Law ist als Recht des Mandanten 52
ausgestaltet, das vom Rechtsanwalt geschützt werden muss. Es umfasst Korrespondenz zwischen Anwalt und Mandant sowie vom Anwalt zum Zwecke der rechtlichen Beratung erstellte Unterlagen, manchmal auch Korrespondenz des Anwalts mit Dritten (z.B. Sachverständigen).

Ein wichtiger Unterschied zwischen Common und Civil Law besteht 53
hinsichtlich der Beurteilung von **Syndikusanwälten** und ihrer Kommunikation innerhalb ihres Unternehmens. Der interne Bericht eines Syndikusanwalts an seine Geschäftsführung ist nach Common-Law-Grundsätzen vor der Anordnung einer Dokumentenherausgabe geschützt, wohingegen der Syndikusanwalt in Civil-Law-Jurisdiktionen regelmäßig nicht vom Anwaltsgeheimnis erfasst ist (*Demeyere*, SchiedsVZ 2003, 250 m.w.N.). In Deutschland gilt das Anwaltsgeheimnis für Syndikusanwälte nur dann, wenn sie als **unabhängiges Organ der Rechtspflege, typisch anwaltlich und nicht weisungsgebunden** tätig werden. Dies ist nach der Rechtsprechung nur dann der Fall, wenn er Mandate für vom Unternehmer unabhängige Dritte bearbeitet hat und nicht für seinen Arbeitgeber tätig war (BGH v. 18.6.2001 – AnwZ (B) 41/00, NJW 2001, 3130 ff.).

Ähnlich macht der **EuGH** den Umfang des Vertraulichkeitsschutzes von 54
zwei Voraussetzungen abhängig: Der Schriftwechsel mit dem Rechtsanwalt muss mit der Ausübung des „**Rechts des Mandanten auf Verteidigung**" in Zusammenhang stehen, und es muss sich um einen Schriftwechsel handeln, der von „**unabhängigen Rechtsanwälten**" ausgeht. Die erforderliche Unabhängigkeit setze „das Fehlen jedes Beschäftigungsverhältnisses" voraus (C-550/07 P *Akzo Nobel Chemicals Ltd u.a. vs. Europäische Kommission*).

Work-Product-Doctrine. Dieser Grundsatz stammt aus dem US-ame- 55
rikanischen Recht und besagt, dass Unterlagen, die in Erwartung eines streitigen Verfahrens, also auch eines Schiedsverfahrens, erstellt wurden (egal, von wem), von der Gegenseite nicht herausverlangt werden können. Damit geht die Work-Product-Doctrine **weiter als das Attorney-**

Client-Privilege. Jedoch kann die antragstellende Partei darlegen, dass die gesuchten Tatsachen nur durch die Vorlage von den erfassten Unterlagen erlangt werden könne und dass diese Tatsachen unerlässlich sind, um den Anspruch zu substantiieren. Die Doktrin stellt damit **kein beweisrechtliches Privileg** im eigentlichen Sinne dar. Dennoch ist davon auszugehen, dass ein internationales Schiedsgericht die Anwendung dieses Grundsatzes zumindest in Betracht ziehen wird.

56 **Without-Prejudice-Privilege.** Dieses Prinzip, nach dem der Inhalt von Vergleichsverhandlungen in einem späteren Verfahren unverwertbar ist, ist insbesondere im anglo-amerikanischen Recht verankert, in anderen Rechtssystemen jedoch weitgehend unbekannt (*Heitzmann*, ASA Bulletin, Vol. 26 No. 2 [2008] 205, [212]). Im internationalen Schiedsverfahrensrecht ist der Grundsatz anerkannt (s. auch Art. 9 Abs. 3 Buchst. b IBA-Rules). Von diesem Privileg sind **Aussagen** erfasst, die gemacht wurden, **um eine einvernehmliche Lösung voranzutreiben**, nicht jedoch jede während Vergleichsverhandlungen gemachte Äußerung, oder Beweise, die währenddessen präsentiert wurden (*Haller*, SchiedsVZ 2011, 313 [316 f.]). Manche institutionelle Mediations- und Schlichtungsregeln sehen die Vereinbarung eines „**Non-Disclosure-Agreement**" vor, so z.B. Art. 7 der ICC ADR Regeln. Das Privileg ist nicht anwendbar, wenn der Abschluss oder der Inhalt eines Vergleichs streitig ist (*Haller*, SchiedsVZ 2011, 313 [318]).

57 **Fairness und Gleichheit der Parteien.** Beweisprivilegien müssen unter Berücksichtigung der Fairness und Gleichheit der Parteien angewendet werden. Wenn z.B. in einem Verfahren zwischen einer amerikanischen und einer deutschen Partei der interne Bericht eines Syndikusanwalts vom amerikanischen Attorney-Client-Privilege erfasst wäre, nicht jedoch vom deutschen Anwaltsgeheimnis, dürften die Parteien nicht ungleich behandelt werden.

58 **Auf Privilegien anwendbares Recht.** Haben die Parteien keine Vereinbarung getroffen, entscheidet das Schiedsgericht, welches Recht auf die Frage nach Bestehen und Umfang beweisrechtlicher Privilegien anwendbar ist. Meist stellt sich diese Frage im Hinblick auf das „Attorney-Client Privilege" (s. Rz. 50). In Betracht kommt hier z.B. das auf das Schiedsverfahren und/oder die Schiedsvereinbarung anwendbare Recht, das anwendbare materielle Recht, das Recht des Ortes, an dem der betreffende Rechtsanwalt zugelassen ist oder des Sitzes der Partei, die sich auf das Privileg beruft. Dies führt jedoch zu Problemen, wenn die Partei Teil eines international agierenden Konzerns ist und mehrere Konzern-

gesellschaften in unterschiedlichen Ländern involviert sind oder wenn eine Partei sich in einem internationalen Sachverhalt von Rechtsanwälten aus verschiedenen Jurisdiktionen beraten lässt. Denkbar ist auch die Anwendung des Rechts, das am meisten (oder am wenigsten) Schutz bietet.

Nach den IBA-Rules soll das Schiedsgericht bei seiner Entscheidung die Vorstellungen der Parteien bzw. der Parteivertreter im Zeitpunkt der Entstehung des Privilegs berücksichtigen (Art. 9 Abs. 3 Buchst. c IBA-Rules), die sich laut IBA-Rules Commentary (S. 25) regelmäßig an den Regelungen ihrer Heimatrechtsordnungen zu Inhalt und Umfang der Privilegien orientieren. Wie oben beschrieben, ergeben sich mitunter **erhebliche Unterschiede**. 59

Bei der Beurteilung der Beweiserhebungsverbote im Rahmen internationaler Schiedsverfahren, deren Merkmal es ist, flexibel zu sein und unterschiedliche Rechtssysteme miteinander in Einklang zu bringen, sollte nicht verstärktes Augenmerk auf die Heimatrechtsordnungen der Parteien gelegt werden. Ein Schiedsgericht sollte sich von **transnationalen Grundsätzen** leiten lassen und nicht nationale Regeln anwenden (*Heitzmann*, ASA Bulletin, Vol. 26 No. 2 (2008) 205, [217]). So hat auch ein Schiedsgericht des Permanent Court of Arbitration die Korrespondenz einer Bank mit ihrem Syndikus als geschützt anerkannt, ohne auf Regelungen nationalen Rechts einzugehen (Tribunal Regarding the Bank for International Settlements, Procedural Order No. 6, UN Reports of International Arbitral Awards, Volume XXIII, S. 169 ff.). Es ist auch fraglich, ob die Erwartungen von Parteien einer Schiedsvereinbarung tatsächlich auf ihrem Heimatrecht basieren, denn die Vereinbarung eines Schiedsverfahrens zielt ja gerade auf eine gewisse **Loslösung von nationalen Rechtssystemen**, insbesondere denen der Parteien, ab. Das Abstellen auf an ihrem Heimatrecht orientierten Erwartungen einer Partei wird auch nicht der Ausgestaltung eines internationalen Schiedsverfahrens gerecht, das in vielen Fällen umfangreiche Dokumentenherausgabeverfahren erlaubt, während dies in nationalen Verfahren nicht zulässig ist oder zumindest nicht in gleichem Umfang praktiziert wird. In einem internationalen Schiedsverfahren mit einem eigens für internationale Schiedsverfahren kreierten Beweisverfahren sollte auch ein **eigenes System von beweisrechtlichen Privilegien** zur Anwendung kommen. Im Rahmen hiervon ist die Korrespondenz einer Partei mit ihrem Anwalt einschließlich des Syndikusanwalts des Unternehmens, die eine rechtliche Beratung der Partei zum Gegenstand hat, zum Zwecke der Rechtsverteidigung erstellte Unterlagen und Korrespondenz sowie der Inhalt von 60

Vergleichsverhandlungen als Bestandteil des „legal privilege or impediment" zu schützen. Das **Gleichgewicht** zwischen dem Interesse einer Partei, sich auf ein solches Privileg berufen zu können, und der anderen Partei, ihren Vortrag beweisen zu können, kann durch ins Ermessen des Schiedsgerichts gestellte **Ausnahmeregelungen** gewahrt werden (ähnlich *Cohen* in: Giovannini/Mourre, Written Evidence and Discovery in International Arbitration, S. 440).

61 Erfreulich wäre die Festlegung von Standardregeln über beweisrechtliche Privilegien in den IBA-Rules gewesen.

62 **Anwendung der Privilegien im Einzelfall.** Häufig ist streitig, ob die Beweise, deren Vorlage unter Bezugnahme auf ein Beweisverwertungsverbot verweigert wird, tatsächlich von solch einem Verbot geschützt sind. Die Vorlage der Beweise unter Abschluss einer **Vertraulichkeitsvereinbarung** wird häufig den Zweck des Beweisverwertungsverbots aushöhlen. Möglich ist die Vorlage **geschwärzter Dokumente**, jedoch auch dann kann es zu Streitigkeiten über die **Zulässigkeit** solcher Schwärzungen bzw. ihres Umfangs kommen. Eine Inspektion nur durch das Schiedsgericht (**private inspection**) ist problematisch, da das Schiedsgericht dadurch Kenntnis vom gesamten Inhalt der Dokumente erhält und der Schutz der Interessen der Partei, die sich auf das Privileg beruft, nicht umfassend gewährleistet ist. Zudem kann die unwissende Partei ihre Position zu einem Aspekt nicht darlegen, den das Schiedsgericht kennt. Vorzuziehen ist es daher, die Inspektion durch einen **neutralen Berater** vornehmen zu lassen (*Kaufmann-Kohler/Bärtsch*, SchiedsVZ 2004, 20).

63 **Discovery-Agent.** Um einerseits die Vertraulichkeit von Dokumenten zu wahren und andererseits relevante Informationen für die Sachverhaltsaufklärung zu nutzen, kann das Schiedsgericht einen sog. „Discovery-Agent" einsetzen (Art. 3 Abs. 8 IBA-Rules). Dann erhält nur der Discovery-Agent Zugang zu dem vertraulichen Dokument, analysiert dieses und beantwortet daraufhin die Fragestellung des Schiedsgerichts. Dieses Vorgehen ist z.B. sinnvoll, wenn es darum geht, ob die als vertraulich eingestuften Informationen tatsächlich Betriebsgeheimnisse darstellen (und daher nicht vorgelegt werden müssen). Auch kann ein Discovery-Agent (z.B. ein Wirtschaftsprüfer) eingesetzt werden, um unternehmensinterne, vertrauliche Zahlen zu analysieren und zu ermitteln, ob diese im Ergebnis einen bestimmten Grenzwert überschreiten. Auf Discovery-Agents wird insbesondere auch in Streitigkeiten über gewerbliche Schutzrechte zurückgegriffen (*Kläsener/Dolgorukow*, SchiedsVZ 2010, 307). Maßnahmen des Schiedsgerichts zum Schutz von

Geschäftsgeheimnissen und vertraulichen Informationen sieht auch die ICC-SchO vor (s. Art. 22 Abs. 3).

Verzicht. Eine Partei kann sich nicht auf beweisrechtliche Privilegien berufen, wenn sie darauf verzichtet hat. Ein solcher Verzicht kann durch einverständliche Verwendung, die frühere Offenlegung oder Benutzung eines Dokuments, einer Erklärung, mündliche Kommunikation oder einen darin enthaltenen Rat oder sonstige Umstände erfolgen (Art. 9 Abs. 3 Buchst. d IBA-Rules). 64

Datenschutz. Die Herausgabe von (elektronischen) Dokumenten steht in einem Spannungsverhältnis zu Datenschutzvorschriften, da die **unzulässige Datenerhebung, -verarbeitung und -nutzung** eine Straftat oder Ordnungswidrigkeit darstellen kann (*Burianski/Reindl*, SchiedsVZ 2010, 187 [196]). Da das BDSG eine europäische Richtlinie umsetzt (**Richtlinie 95/46/EG** des Europäischen Parlaments und des Rates vom 24.10.1995 zum Schutz natürlicher Personen bei der Verarbeitung personenbezogener Daten und zum freien Datenverkehr), werden sich ähnliche Probleme in anderen europäischen Ländern stellen. Ausdrückliche Regelungen, wie in der Praxis mit dieser Problematik umzugehen ist, gibt es nicht. Es kann jedoch davon ausgegangen werden, dass datenschutzrechtliche Vorgaben im Rahmen des Art. 9 Abs. 2 Buchst. b IBA-Rules als „**legal impediment**" Berücksichtigung finden können. Auch die anzustellenden **Fairnesserwägungen** führen zu dem Ergebnis, dass ein Schiedsgericht Datenschutzrecht respektieren muss, da sonst die Partei vor der Wahl stünde, gegen zwingendes Recht zu verstoßen oder die nachteiligen Konsequenzen einer Verweigerung der Dokumentenvorlage auf sich zu nehmen (*Burianski/Reindl*, SchiedsVZ 2010, 190 [196 f.]). 65

Dokumentenmanagement. Im Hinblick auf mögliche zukünftige Streitigkeiten und Einwendungen für die Herausgabe von Dokumenten sollten Parteien in jedem Fall für eine sorgfältige Dokumentenverwaltung sorgen (mit besonderem Hinweis auf **document retention plans** *Hilgard*, SchiedsVZ 2008, 124; *Burianski/Reindl*, SchiedsVZ 2010, 198 f.). 66

Redfern-Schedule. Um das Dokumentenvorlageverfahren übersichtlich und effizient zu gestalten, bietet sich die Anwendung des sog. Redfern-Schedule an (Rz. 120); dies ist z.B. auch empfohlen in Punkt d (v) Anhang IV zur ICC-SchO, der auf dem Report of the ICC Commission on Arbitration, Techniques for Controlling Time and Costs in Arbitration basiert. Hierin werden der Antrag auf die Dokumentenvorlage und dessen Begründung, die Einwendungen des Gegners sowie die Entscheidung 67 des Schiedsgerichts tabellarisch dargestellt. Insbesondere im Zusammenhang mit ausdrücklich geregelten Voraussetzungen für die Dokumentenvorlage bzw. Einwendungen hiergegen stellt der Redfern-Schedule ein nützliches Mittel dar, um das Verfahren vor zu aggressiven Dokumentenherausgabeverlangen zu schützen. Ist ein Redfern-Schedule vereinbart, sollten alle schriftlichen Ausführungen hierin enthalten sein. Von einem begleitenden Schriftsatz sollte abgesehen werden, was Anträge und Einwendungen betrifft. Allgemeine Diskussionen passen jedoch nicht in dieses Format (z.B. eine geführte Diskussion über den Umgang mit vertraulichen Dokumenten).

68 **Herausgabe an das Schiedsgericht nur bei Anordnung.** Die herausverlangten Dokumente sind in der Regel zunächst lediglich an die antragstellende Partei herauszugeben, wenn das Schiedsgericht nichts anderes bestimmt. Hierdurch wird vermieden, dass das Schiedsgericht Unterlagen liest, auf die sich eine Partei letztlich doch nicht berufen wird.

69 Einer Vorlageanordnung sollte gemäß Art. 22 Abs. 5 ICC-SchO, nach der die Parteien sich verpflichten, alle Verfügungen und Beschlüsse des Schiedsgerichts zu befolgen, entsprochen werden (s. hierzu Art. 22 Rz. 19 ff.). Erfolgt dies nicht, sieht die ICC-SchO nicht ausdrücklich Konsequenzen vor. Nach Art. 9 Abs. 4 IBA-Rules kann das Schiedsgericht aus der Unterlassung der Vorlage eines Dokuments schließen, dass sein Inhalt den Interessen der Partei entgegensteht. Dies ist auch in Verfahren nach der ICC-SchO möglich (*Fry/Greenberg/Mazza*, The Secretariat's Guide to ICC Arbitration, Rz. 3-982). Solche negativen Rückschlüsse dürfen nicht gezogen werden, wenn das Dokument in Besitz eines Dritten ist (*Raeschke-Kessler* in: Böckstiegel, Beweiserhebung in internationalen Schiedsverfahren, S. 59). Zusätzlich oder alternativ kann das Schiedsgericht Beweislastregeln umkehren und das Verhalten der Partei in der Kostenentscheidung sanktionieren (*Burianski/Reindl*, SchiedsVZ 2010, 190; Art. 9 Abs. 7 IBA-Rules).

70 **Entscheidung im Einzelfall notwendig.** Die Parteien sollten bei Abschluss der Schiedsvereinbarung, spätestens jedoch bei Beginn des Schiedsverfahrens erwägen, ob eine Bezugnahme auf die IBA-Rules oder eine anderweitige Vereinbarung von Regelungen zur Dokumentenvorlage getroffen werden sollte. Wenn **streitentscheidende Frage eine Rechtsfrage** ist, etwa die Auslegung einer Vertragsvorschrift, mag eine Beschränkung des Vorlageverfahrens auf Dokumente in Bezug auf Verhandlungen der betreffenden Vertragsvorschrift oder der Ausschluss des Vorlageverfahrens insgesamt sinnvoll sein. Der Ausschluss bietet sich

auch an, wenn der **Streitwert** verhältnismäßig **gering** ist. Wenn eine Partei aus Gründen, die sie nicht zu vertreten hat, **keinen Zugang zu Dokumenten** hat, die für den Beweis ihrer Behauptungen erforderlich sind, ist im Gegenteil die Durchführung eines Vorlageverfahrens angezeigt (*King/Bosman*, ICC Court Bulletin, Vol. 12 No. 1 [2001], 30 f.).

Empfehlung: Vorsicht beim Erstellen interner Dokumente ist insbesondere während kritischer Zeiträume angezeigt, da bei Abschluss einer Schiedsvereinbarung mit der Durchführung eines Dokumentenvorlageverfahrens gerechnet werden muss (*Sachs*, SchiedsVZ 2003, 198). 71

III. Sachverständige (Abs. 3 und 4)

Literatur: Wie oben unter A., zusätzlich: *Acker/Konopka*, Schiedsgutachten in Bau- und Anlagenbauvertrag: Grenzen und Möglichkeiten, SchiedsVZ 2003, S. 256 ff.; Issues for Experts Acting under the ICC Rules for Expertise or the ICC Rules of Arbitration, ICC Court Bulletin, Vol. 20 No. 1 (2009), S. 23 ff.; *Lotz*, Der Sachverständige im Schiedsverfahren, SchiedsVZ 2011, S. 203 ff.; *Sachs, Schmidt-Ahrendts*, Protocol on Expert Teaming: A New Approach to Expert Evidence, in: van den Berg, Arbitration Advocacy in Changing Times, ICCA Congress Series Vol. 15 (2010), S. 135 ff.; *Spühler/Gehri*, Die Zulassung von Experten zur Urteilsberatung: Neue Wege für Schiedsverfahren? ASA Bulletin, Vol. 21 No. 1 (2003), S. 16 ff. (24).

1. Normzweck

In Art. 25 Abs. 3 und 4 erkennt die ICC-SchO die Möglichkeit des Sachverständigenbeweises sowohl durch parteiernannte Sachverständige als auch durch einen vom Schiedsgericht ernannten Sachverständigen an. Letzteres erfolgt nur nach Anhörung der Parteien. Das rechtliche Gehör der Parteien wird dann gewahrt, indem sie zur Befragung des Sachverständigen in der mündlichen Verhandlung berechtigt sind. 72

2. Verhältnis zu § 1049 ZPO

Die ZPO geht im Grundsatz davon aus, dass Sachverständigenbeweis durch einen vom Schiedsgericht ernannten Sachverständigen erhoben wird, sieht jedoch auch vor, dass Parteien eigene Sachverständige zu den streitigen Fragen aussagen lassen können. Insgesamt gehen auch hier Parteivereinbarungen vor. 73

Abweichend von der ICC-SchO sieht § 1049 Abs. 3 ZPO vor, dass der vom Schiedsgericht bestellte Sachverständige abgelehnt werden kann. 74

3. Vergleich mit den im staatlichen Verfahren geltenden Vorschriften

75　In der ZPO ist nur der vom Gericht bestellte Sachverständige vorgesehen (§ 404 Abs. 1 Satz 1 ZPO). Ein **Parteigutachten ist im staatlichen Gerichtsverfahren substantiierter Parteivortrag**, der nur mit Zustimmung der Parteien als Sachverständigenbeweis verwertet werden kann (BGH v. 11.5.1993 – VI ZR 243/92, NJW 1993, 2382).

76　Anders als im Zivilprozess (§ 407 ZPO) ist der **Sachverständige im Schiedsverfahren zur Erstattung eines Gutachtens oder zum Erscheinen vor dem Schiedsgericht nicht verpflichtet**, und das Schiedsgericht ist nicht ermächtigt, Zwangsgelder oder sonstige Ordnungsmaßnahmen zu verhängen. Der Sachverständige kann vom Schiedsgericht auch nicht beeidet werden. Erfolgt dennoch eine Beeidigung, **kann der Schiedsspruch aufgehoben werden, wenn er auf der Beeidigung beruht**, d.h. wenn der Beeidigung ein besonderer Beweiswert zukam. Es ist jedoch ein Antrag nach § 1050 ZPO möglich, um eine Vorladung des Sachverständigen vor das staatliche Gericht zum Zwecke der Befragung oder eine Beeidigung zu erwirken (Stein/Jonas/*Schlosser*, § 1049 ZPO Rz. 4). Die Regelung des § 1050 ZPO für Zeugen ist entsprechend anwendbar (*Schütze* in: Böckstiegel, Beweiserhebung in internationalen Schiedsverfahren, S. 37).

4. Der Sachverständigenbeweis im Schiedsverfahren

77　Der Sachverständigenbeweis im Schiedsverfahren ist zunächst vom **Schiedsgutachten** zu unterscheiden. Ein Schiedsgutachten (§ 319 BGB) ist darauf beschränkt, Tatsachen festzustellen oder einzelne Elemente für eine von einer anderen Stelle zu treffende Entscheidung zu klären und dient der kurzfristigen, verbindlichen Feststellung von Tatsachen durch unparteiische Dritte (OLG Hamm v. 30.3.1998 – 8 U 144/97, NZG 1999, 1099; *Acker/Konopka*, SchiedsVZ 2003, 256). Ein Schiedsgutachten kann damit durchaus Eingang in ein Schiedsverfahren finden, wird dann jedoch vor Einleitung des Schiedsverfahrens erstellt worden sein.

78　Insbesondere in internationalen Schiedsverfahren sind **Parteigutachten üblich**. Anders als im staatlichen Verfahren handelt es sich hierbei nicht nur um substantiierten Parteivortrag (*Lotz*, SchiedsVZ 2011, 203). Ein parteiernannter Sachverständiger gilt als von Natur aus parteinah und kann nicht abgelehnt werden (*Lotz*, SchiedsVZ 2011, 203). Die IBA-Rules sehen jedoch vor, dass er **Auskunft über seine Unabhängigkeit** von den Parteivertretern erteilen muss bzw. eine **Erklärung über seine**

Unabhängigkeit abzugeben hat (Art. 5 Abs. 2 IBA-Rules). Damit soll verdeutlicht werden, dass auch der parteiernannte Sachverständige zur Objektivität verpflichtet ist (*Kläsener/Dolgorukow*, SchiedsVZ 2010, 309).

Eine **schiedsgerichtliche Ernennung** eines Sachverständigen liegt im Ermessen des Schiedsgerichts, erfolgt in der internationalen Schiedspraxis jedoch **selten**. Diese Regel gilt auch für Schiedsverfahren nach der ICC-SchO, obwohl der Wortlaut von Art. 25 beide Möglichkeiten vorsieht. Ein vom Schiedsgericht ernannter Sachverständiger gilt als unabhängig. Er kann bei Verdacht der Befangenheit oder Ungeeignetheit **abgelehnt** werden. Dies folgt nicht direkt aus dem Wortlaut von Art. 25, für Schiedsverfahren in Deutschland aber aus § 1049 ZPO. Auch bei Schiedsorten, deren Schiedsrecht eine solche Ablehnung nicht vorsieht, fordern ICC-Schiedsgerichte einen durch das Schiedsgericht ernannten Sachverständigen jedoch regelmäßig auf, eine Unabhängigkeitserklärung analog Art. 11 Abs. 1–3 abzugeben. Im Falle eines Ablehnungsverfahrens gemäß § 1049 ZPO ist die Entscheidung des Schiedsgerichts über die Ablehnung des Sachverständigen endgültig und bindend. Eine Entscheidung durch ein staatliches Gericht erfolgt nicht, da § 1049 Abs. 3 ZPO nicht auf § 1037 Abs. 3 ZPO verweist. Rechte und Pflichten eines Sachverständigen, der nach der ICC-SchO oder den ICC-Regeln für Gutachterverfahren tätig wird, sind von einer Arbeitsgruppe der ICC Commission on Arbitration zusammen gefasst worden (Issues for Experts Acting Under the ICC Rules for Expertise or the ICC Rules of Arbitration, ICC Court Bulletin, Vol. 20 No. 1 [2009], 23 ff.). 79

Das Schiedsgericht wird die **Parteien** vor seiner Entscheidung, einen Sachverständigen zu benennen, sowie zur Festlegung der Beweisfragen **anhören**. Die Parteien sind zur Mitwirkung verpflichtet und haben dem Sachverständigen auf Anordnung des Schiedsgerichts Zugang zu den für die Erstellung des Gutachtens erforderlichen Dokumenten oder Anschauungsobjekten zu verschaffen sowie dem Sachverständigen Auskunft zu erteilen. Kommt eine Partei ihren Mitwirkungspflichten nicht nach, wird dies vom Schiedsgericht nach Beweislastregeln gewürdigt (*Lotz*, SchiedsVZ 2011, 207). Lehnt das Schiedsgericht die Einholung eines Sachverständigengutachtens ab, obwohl die zu beweisenden Tatsachen entscheidungserheblich sind, stellt dies keine Verletzung des rechtlichen Gehörs dar (vgl. BGH v. 6.12.1965 – VII ZR 149/63, NJW 1966, 549; OLG München v. 14.11.2011 – 34 Sch 10/11, SchiedsVZ 2012, 43). Dies erscheint bedenklich, sofern das Schiedsgericht über keine eigene Sachkunde verfügt (hierzu auch *Lotz*, SchiedsVZ 2011, 206 mit Verweis auf BVerfG v. 23.11.1977 – 1 BvR 481/77, BVerfGE 46, 315; BVerfG v. 80

15.1.1991 – 1 BvR 1635/19, NJW 1992, 678; BVerfG v. 20.4.1982 – 1 BvR 1242/81, BVerfGE 60, 247; BVerfG v. 20.4.1982 – 1 BvR 1429/81, BVerfGE 60, 250) *und* keine Parteigutachten eingereicht worden sind, aus denen das Schiedsgericht sich Sachkunde verschaffen könnte. Liegen Parteigutachten vor, muss das Schiedsgericht nicht selbst noch ein weiteres Gutachten einholen (OLG München v. 14.11.2011 – 34 Sch 10/11, SchiedsVZ 2012, 43).

81 Insgesamt unterliegt das Ob und Wie eines Sachverständigenbeweises der **Parteiautonomie**. Das Schiedsgericht ist nicht befugt, den Parteien die Vorlage von Parteigutachten aufzuerlegen, sondern es legt lediglich diesbezügliche Fristen fest (IBA-Rules Commentary, S. 19).

82 Die **Hinzuziehung des Sachverständigen bei der Urteilsberatung** ist abzulehnen (befürwortend zur Vermeidung von Verständnisfehlern bei technischen Fragen *Spühler/Gehri*, ASA Bulletin, Vol. 21 No. 1 [2003], 16 [24]; nach BGH zulässig, soweit sich die Aufgabe des Sachverständigen auf eine abstrakte Darstellung beschränkt und die Entscheidungsfindung als höchstpersönliche Leistung beim Schiedsgericht verbleibt, BGH v. 18.1.1990 – III ZR 269/88, BGHZ 110, 104 [107 ff.]; BGH v. 19.12.1968 – VII ZR 83/66, VII ZR 84/66, BGHZ 51, 255 [261]; kritisch im Hinblick auf die Wahrung des rechtlichen Gehörs). Verständnisprobleme hat das Schiedsgericht während der mündlichen Verhandlung auszuräumen.

83 Zur **Optimierung der Beweiserhebung durch Gutachten parteiernannter Sachverständiger** sind verschiedene Vorschläge gemacht und Regelwerke entworfen worden, wie etwa Verhaltenskodizes (**codes of conduct**), Zusammenkünfte vor der mündlichen Verhandlung (**pre-hearing meetings**), oder das **witness conferencing** (Art. 26 Rz. 40).

84 Das vom Chartered Institute of Arbitrators 2007 herausgegebene **Protocol for the Use of Party-Appointed Expert Witnesses in International Arbitration (CIArb Protocol)** bspw. ergänzt die **IBA-Rules** um Richtlinien für durchzuführende Tests und Analysen, den Inhalt eines Sachverständigengutachtens (mehr Transparenz), die Unabhängigkeit eines Sachverständigen und zum Vertraulichkeitsschutz. Ein **Treffen der parteiernannten Sachverständigen** vor Erstellen der Gutachten soll zu einer Einigung in möglichst vielen Punkten führen, sodass nur die wirklich streitigen Punkte in den Sachverständigengutachten behandelt werden.

85 Mit dem **Ausgleich von Nachteilen bei schiedsgerichtsernannten Sachverständigen** befasst sich das **Protocol on Expert Teaming** („Sachs Pro-

tocol"). Es zielt auf eine **Kombination der Vorteile von parteiernannten und schiedsgerichtsernannten Sachverständigen** und sieht vor, dass das Schiedsgericht jede Partei eine Liste möglicher Sachverständiger vorlegen lässt. Zu diesen Listen wird dann wechselseitig von den Parteien Stellung genommen, woraufhin das Schiedsgericht jeweils einen Sachverständigen von jeder Liste ernennt. Dieses „**Expert-Team**" erstellt **ein vorläufiges gemeinsames Gutachten**, zu dem Schiedsgericht und Parteien Stellung nehmen können, bevor das **endgültige gemeinsame Gutachten** erstellt wird. Punkte, in Bezug auf die sich das Expert-Team nicht einigen kann, sollten identifiziert werden, um den Parteien zu ermöglichen, hierzu gesondert (wenn nötig auch mit Hilfe eines weiteren Sachverständigengutachtens) Stellung zu nehmen (*Sachs/Schmidt-Ahrendts* in: van den Berg, Arbitration Advocacy in Changing Times, S. 144 f.). Auf Antrag einer Partei oder Beschluss des Schiedsgerichts hat das Expert-Team in der mündlichen Verhandlung anwesend zu sein und Fragen vom Schiedsgericht, den Parteien oder parteiernannten Sachverständigen zu beantworten. Das Institut des Expert-Teaming greift die in Rz. 83 genannten Vorschläge für die Beweisaufnahme im Wege von Parteigutachten auf, bietet jedoch den zusätzlichen Vorteil, dass die Sachverständigen des Expert-Team zwar von den Parteien vorgeschlagen, jedoch vom Schiedsgericht ernannt werden und damit als unabhängige Sachverständige gelten und den Ablehnungsgründen nach § 1049 Abs. 3 ZPO unterliegen. Die Kosten tragen die Parteien gemeinschaftlich, bzw. die endgültige Kostentragung unterliegt der Kostenentscheidung des Schiedsgerichts am Ende des Schiedsverfahrens. Damit wird die Gefahr reduziert, dass sich ein Sachverständiger finanziell oder moralisch einer Partei verpflichtet fühlt.

Form. Ein Sachverständigengutachten kann nach Art. 25 Abs. 3 schriftlich oder mündlich erfolgen. Letzteres wird in der Praxis jedoch selten vorkommen. Die Regel ist, dass ein schriftliches Gutachten erstellt wird, zu dem der Sachverständige dann in der mündlichen Verhandlung befragt wird. Zum **Ablauf der mündlichen Verhandlung**, insbesondere unterschiedlicher Vernehmungsmethoden von Sachverständigen, s. Art. 26. **Beweisthema** können **Sach-** oder **Rechtsfragen** sein (Art. 21 Rz. 13 ff., 62 ff.). 86

Die **Auswahl von Sachverständigen** fällt Parteien zumindest im Hinblick auf Sachfragen meist leichter als dem Schiedsgericht, da sie über die nötigen Branchenkenntnisse verfügen. Das Schiedsgericht und die Parteien können Vorschläge für Sachverständige auch beim ICC International Centre for Expertise einholen. Ansonsten kann auf **Sach-** 87 verständigenlisten zurückgegriffen werden, die etwa bei den Handwerkskammern, Industrie- und Handelskammern, dem Institut für Sachverständigenwesen und internationalen Schiedsinstitutionen geführt werden. Wichtige Kriterien sind zeitliche Verfügbarkeit, Kompetenz und Erfahrung, Sprachkenntnisse sowie Unabhängigkeit.

88 Ein **Schiedsrichter kann nicht gleichzeitig Sachverständiger sein**, denn er kann nicht gleichzeitig Beweismittel sein und eine Beweiswürdigung vornehmen (*Lachmann*, Handbuch für die Schiedsgerichtsbarkeit, Rz. 1533, anders OLG Hamm v. 26.4.2001 – 24 U 117/00, OLGR Hamm 2001, 299, das zwar entschied, dass einem Schiedsrichter kein weiteres Sachverständigenhonorar zusteht, sein Tätigwerden als Sachverständiger jedoch nicht in Frage stellte). Ist ein Schiedsrichter jedoch selbst sachverständig, kann das Schiedsgericht darauf verzichten, ein Sachverständigengutachten einzuholen.

89 Zur Haftung von Sachverständigen s. Art. 40 Rz. 18.

90 Das **selbständige Beweisverfahren** ist trotz Vorliegens einer Schiedsvereinbarung zulässig, solange das Schiedsgericht noch nicht konstituiert oder nicht schnell konstituierbar ist (OLG Frankfurt a.M. v. 5.5.1993 – 19 W 8/93; OLG Koblenz v. 15.7.1998 – 5 W 464/98). Auch in anderen Fällen mag besondere Eile geboten und die Durchführung eines selbständigen Beweisverfahrens nach § 1033 ZPO zulässig sein. Wie ein hieraus resultierendes Gutachten im Schiedsverfahren zu behandeln und zu qualifizieren ist, ist unklar. Es wird eine entsprechende Anwendung der Vorschriften über den durch das Schiedsgericht ernannten Sachverständigen vorgeschlagen (*Raeschke-Kessler* in: Böckstiegel, Beweiserhebung in internationalen Schiedsverfahren, S. 73).

C. Durchführung einer mündlichen Verhandlung (Abs. 2, 6)

Literatur: Wie oben unter A., zusätzlich: *Sessler*, Reducing Costs in Arbitration – The Perspective of In-house Counsel, SchiedsVZ 2012, S. 15 ff.

I. Normzweck

91 **Mündliche Verhandlung als wichtiger Bestandteil eines effizienten Schiedsverfahrens**. Ein Schiedsverfahren lässt sich nur effizient durchführen, wenn die Verfahrensordnung schriftliche und mündliche Verfahrensschritte miteinander kombiniert und so die Vorteile beider Komponenten nutzt. Die mündlichen Verfahrensschritte beruhen auf der Überlegung, dass sich im Gespräch vieles besser und schneller klären

lässt als in einem rein schriftlichen Verfahren. Insbesondere kann das Schiedsgericht Unklarheiten unmittelbar adressieren und aufklären. Dies funktioniert indes nur, wenn die Parteien den Streitgegenstand für die mündliche Verhandlung in Schriftsätzen aufbereitet haben und wenn die Beteiligten sich dementsprechend auf die mündliche Verhandlung vorbereiten konnten.

Art. 25 Abs. 2 regelt, wann das Schiedsgericht eine mündliche Verhandlung durchführen muss. Art. 25 Abs. 2 enthält zwar keine detaillierte Regelung der mündlichen Verhandlung selbst, enthält aber in zweierlei Hinsicht eine Klarstellung: Einerseits betont die Regelung, dass grundsätzlich eine mündliche Verhandlung stattfindet, wenn eine Partei dies beantragt. Andererseits stellt die Vorschrift klar, dass die Parteien auch etwas anderes vereinbaren können. Fehlt es an einem Antrag einer Partei oder an einer entsprechenden Vereinbarung der Parteien, darf das Schiedsgericht auf eine mündliche Verhandlung verzichten (Art. 25 Abs. 6). 92

Art. 25 Abs. 2 kommt nur **geringe praktische Relevanz** zu, weil die mündliche Verhandlung in nationalen wie internationalen Schiedsverfahren die absolute Regel darstellt, so dass das „Ob" einer mündlichen Verhandlung in der Regel zwischen Schiedsgericht und den Parteien gar nicht diskutiert wird (vgl. *Redfern/Hunter*, International Arbitration, Rz. 6.183). 93

So findet in der weit überwiegenden Zahl aller Schiedsverfahren nach ein oder zwei Schriftsatzrunden jedenfalls eine mündliche Verhandlung statt. Bedeutung hat die Vorschrift aber insoweit, als sie in besonderen Fällen – etwa dann, wenn die Beklagte sich am Schiedsverfahren gar nicht beteiligt – die Anberaumung eines Termins entbehrlich macht. 94

II. Verhältnis zu § 1049 ZPO

Art. 25 entspricht der Regelung in § 1047 ZPO. 95

III. Vergleich mit den im staatlichen Verfahren geltenden Vorschriften

Im deutschen Gerichtsverfahren stellt das **Mündlichkeitsprinzip** einen wichtigen Grundsatz dar. § 128 ZPO legt fest, dass das Gericht grundsätzlich eine mündliche Verhandlung durchführen muss. Die mündliche Verhandlung ist die Gelegenheit, bei der wesentliche Prozesshandlungen vorgenommen werden. Das deutsche Recht geht davon aus, dass nur das zum relevanten Prozessstoff wird, was die Parteien in der münd- 96 lichen Verhandlung vorgetragen haben. Das Gericht darf auf eine mündliche Verhandlung zugunsten eines schriftlichen Verfahrens nur in Sonderkonstellationen verzichten, z.B. wenn die Parteien dem zugestimmt haben (§ 128 Abs. 2 Satz 1 ZPO) oder bei geringem Streitwert (§ 495a ZPO).

97 Faktisch kommt zwar auch im deutschen Zivilprozess den schriftlichen Verfahrensabschnitten eine ganz erhebliche Bedeutung zu. Meist verweisen die Parteien in der mündlichen Verhandlung bloß auf die ausgetauschten Schriftsätze und die dort angekündigten Anträge. Dies ist auch ausdrücklich zulässig, vgl. § 137 Abs. 3 ZPO.

98 **Anders im Schiedsverfahren**: Dort werden schriftliche und mündliche Äußerungen der Parteien *ipso iure* Gegenstand des Verfahrens, d.h. die Parteien müssen in der mündlichen Verhandlung nicht ausdrücklich auf ihre Schriftsätze Bezug nehmen, um sie zum Gegenstand des Verfahrens zu machen.

99 Nach § 169 GVG sind Verhandlungen vor dem erkennenden staatlichen Gericht grundsätzlich **öffentlich**. In Schiedsverfahren verhandelt das Schiedsgericht jedoch **nicht-öffentlich**.

100 Das Gesetz legt den **Ort der mündlichen Verhandlung** eindeutig fest. Er richtet sich nach den Vorschriften über die örtliche Zuständigkeit (§ 12 ff. ZPO). In der Regel hält das örtlich zuständige Gericht die mündliche Verhandlung in „seinem" Gerichtsgebäude ab. Allerdings kann das Gericht auch außerhalb des Gerichtsgebäudes mündlich verhandeln. Dies kommt insbesondere dann in Betracht, wenn das Gericht vor Ort Beweis erhebt, z.B. durch Inaugenscheinnahme eines Grundstücks.

IV. Entscheidung aufgrund mündlicher Verhandlung oder nach Aktenlage

1. Parteivereinbarung geht vor

101 **Bindung des Schiedsgerichts an Parteivereinbarung**. Haben die Parteien vereinbart, dass eine mündliche Verhandlung abgehalten werden muss, ist das Schiedsgericht an diese Vereinbarung gebunden. Die Parteien können eine solche Vereinbarung bereits in der **Schiedsklausel** treffen, aber auch erst **nachträglich** (z.B. im Schiedsauftrag). Haben die Parteien eine mündliche Verhandlung obligatorisch vorgesehen, so muss nach Art. 25 Abs. 2 eine mündliche Verhandlung **in jedem Fall** stattfinden. Dies gilt selbst dann, wenn offensichtlich ist, dass eine der Parteien nicht bereit ist, an der mündlichen Verhandlung teilzunehmen. Dies

folgt daraus, dass die Parteien grundsätzlich frei sind, die Verfahrensregeln selbst zu bestimmen. Das Schiedsgericht darf dann nicht ohne weiteres von den vereinbarten Verfahrensregeln abweichen, will es die spätere Aufhebung des Schiedsspruchs nicht riskieren (vgl. Artikel V Abs. 1 Buchst. a Var. 2 UNÜ und § 1059 Abs. 1 Nr. 1 Var. 2 ZPO).

Haben die Parteien vereinbart, dass das Schiedsverfahren nur schriftlich geführt werden soll, darf das Schiedsgericht grundsätzlich keine mündliche Verhandlung anordnen. Auch dies folgt aus der Parteiautonomie: Die Parteien können auch auf eine mündliche Verhandlung verzichten. Allerdings mag dadurch im Einzelfall das **rechtliche Gehör** der Parteien oder einer Partei im Einzelfall beschränkt sein. Das Schiedsgericht muss prüfen, ob eine solche Beschränkung vorliegt, z.b. weil eine Partei ein besonderes berechtigtes Interesse gerade an einer mündlichen Verhandlung hat (z.b. für eine Inaugenscheinnahme). Dann muss das Schiedsgericht eine mündliche Verhandlung entgegen der Parteivereinbarung anordnen. Die Parteien können zwar grundsätzlich auf ihr Recht auf rechtliches Gehör verzichten. Allerdings ist ein **Verzicht *ex ante* unzulässig**, weil er einem Verzicht auf Rechtsschutzgewährung gleichkommen kann. Die Parteien können daher erst nach Entstehung der Streitigkeit auf ihr Recht auf rechtliches Gehör verzichten. Eine davon abweichende Parteivereinbarung ist unwirksam, so dass sie das Schiedsgericht nicht binden kann (vgl. *Sachs/Lörcher*, in: Böckstiegel/Kröll/Nacimiento, Arbitration in Germany, § 1047 ZPO Rz. 4). 102

Muss nach der Parteivereinbarung eine mündliche Verhandlung stattfinden, genügt es grundsätzlich nicht, wenn das Schiedsgericht im Laufe des Verfahrens *eine* mündliche Verhandlung abhält. Maßgeblich ist, dass das Schiedsgericht **nach der (letzten) mündlichen Verhandlung abschließend** den Fall entscheidet und nicht z.B. im Anschluss hieran noch weiteren Beweis erhebt. 103

Nachträgliche Änderung. Die Parteien können **nachträglich** vereinbaren, dass – entgegen der ursprünglich getroffenen Vereinbarung – keine mündliche Verhandlung stattfinden soll. Im nachträglichen Verzicht auf eine mündliche Verhandlung liegt aber eine **Änderung der Schiedsvereinbarung** (vgl. *Lachmann*, Handbuch für die Schiedsgerichtsbarkeit, Rz. 918). Der BGH geht davon aus, dass Vereinbarungen über das vom Schiedsgericht anzuwendende Verfahren nach Abschluss eines wirksamen Schiedsvertrages zwar **nicht der Schriftform** des § 1027 ZPO Abs. 1 ZPO bedürfen (BGH v. 19.5.1994 – III ZR 130/93, NJW 1994, 2155 [2155]). Es genügt dafür aber regelmäßig nicht, wenn nur die Prozess- 104 bevollmächtigten der Parteien auf eine mündliche Verhandlung verzichten (vgl. *Lachmann*, Handbuch für die Schiedsgerichtsbarkeit, Rz. 918). Die normale Verfahrensvollmacht bezieht sich in der Regel nur auf Handlungen, die im Rahmen des vereinbarten Verfahrens erfolgen, jedoch nicht auch auf eine Änderung der Schiedsvereinbarung (offen gelassen von BGH v. 19.5.1994 – III ZR 130/93, NJW 1994, 2155 f.). Im Übrigen gelten die für den Abschluss der Schiedsvereinbarung anwendbaren Vorschriften.

2. Mündliche Verhandlung zwingend bei Antrag durch eine Partei

105 Haben die Parteien keine Aussage zur Durchführung einer mündlichen Verhandlung getroffen, muss das Schiedsgericht prüfen, ob eine Partei die Durchführung einer mündlichen Verhandlung beantragt hat. Ist dies der Fall, muss das Schiedsgericht die mündliche Verhandlung durchführen. Dies bedeutet aber auch, dass die Durchführung einer mündlichen Verhandlung nicht verpflichtend ist, sondern dass die Parteien darauf verzichten können. Führt das Gericht entgegen dem Antrag einer Partei keine mündliche Verhandlung durch, so begründet dies einen für eine Aufhebung des Schiedsspruchs relevanten Verfahrensverstoß (Art. V Abs. 1 Buchst. a UNÜ), wenn die betroffene Partei den Verstoß unverzüglich nach Kenntniserlangung gerügt hat (OLG Naumburg v. 21.2.2002 – 10 Sch 8/01, NJW-RR 2003, 71 [72]).

3. Im Übrigen: Ermessen des Schiedsgerichts

106 Haben die Parteien weder die Durchführung einer mündlichen Verhandlung vereinbart noch einseitig beantragt, so steht es im Ermessen des Schiedsgerichts, ob es eine mündliche Verhandlung durchführt. Das Schiedsgericht ist dabei weitgehend in seiner Entscheidung frei, ob es eine mündliche Verhandlung durchführt oder nicht. Es kann eine mündliche Verhandlung auch **auf bestimmte Punkte beschränken** und im Übrigen das Verfahren schriftlich durchführen. Das Schiedsgericht verletzt das Recht der Parteien auf **rechtliches Gehör** nur dann, wenn es keine mündliche Verhandlung durchführt *und* wenn die Parteien auch nicht die Gelegenheit hatten, sich im Verfahren schriftlich zur Sache zu äußern (OLG Naumburg v. 21.2.2002 – 10 Sch 8/01, NJW-RR 2003, 71 [72]).

107 In der **Praxis** führen Schiedsgerichte allerdings in aller Regel eine mündliche Verhandlung durch. Auch wollen die Parteien selbst meist ihren „day in court". In kleineren Rechtsstreitigkeiten oder wenn es nur um

die Entscheidung einer Rechtsfrage geht, mag es sinnvoll sein, auf eine mündliche Verhandlung zu verzichten. In diesen Fällen wird das Schiedsgericht aber meist das „Ob" mit den Parteien absprechen. Auch wird eine Partei kein Interesse daran haben, eine mündliche Verhandlung durchzuführen, wenn abzusehen ist, dass die andere Partei an der Verhandlung gar nicht teilnehmen wird.

D. Kosten

Die Kosten des Beweisverfahrens hängen von dessen Ausgestaltung ab. Insbesondere kann ein extensives Dokumentenvorlageverfahren zu sehr hohen Kosten führen. Die Parteien sollten daher sorgfältig überlegen, ob ein solches Verfahren im Einzelfall sinnvoll ist. Die Verwendung schriftlicher Zeugenaussagen ist in vielen Fällen sinnvoll und kann zu einer Reduzierung der Kosten durch erhöhte Effizienz der Verfahren führen. 108

Kosten der einzelnen Beweismittel. Die **Kosten eines Zeugen** (Reisekosten, Verdienstausfall) werden in der Regel zunächst von der Partei getragen, die sich auf den Zeugen beruft. In der Kostenentscheidung des Schiedsgerichts können diese Kosten ganz oder teilweise der unterlegenen Partei auferlegt werden. Auch die Kosten eines **Dokumentenvorlageverfahrens** trägt jede Partei zunächst selbst. Die **Vergütung von Sachverständigen** erfolgt durch Vereinbarung. Das JVEG ist nicht anwendbar. Parteigutachten zahlt jede Partei zunächst selbst. Für das Honorar eines durch das Schiedsgericht ernannten Sachverständigen fordert das Schiedsgericht in der Regel einen Vorschuss der zu erwartenden Kosten von beiden Parteien oder der beweisbelasteten Partei an. Der Sachverständige wird auch im Falle einer Bestellung durch das Schiedsgericht durch einen (Werk-)Vertrag mit den Parteien zur Gutachtertätigkeit verpflichtet (so die h.M.; *Lotz*, SchiedsVZ 2011, 203 m.w.N.). Die endgültige Kostentragung wird in der Kostenentscheidung bei Beendigung des Schiedsverfahrens geregelt (Art. 37). 109

Kostensanktion. Art. 9 Abs. 7 IBA-Rules sieht vor, dass das Schiedsgericht das treuwidrige Verhalten einer Partei durch eine Kostenentscheidung sanktionieren kann. Dem Schiedsgericht steht bei der Kostenentscheidung ohnehin ein weites Ermessen zur Verfügung (Art. 37 Abs. 5). Art. 9 Abs. 7 IBA-Rules verleiht einer Kostensanktion jedoch eine erhöhte Legitimation (*Kläsener/Dolgorukow*, SchiedsVZ 2012, 304), sodass Schiedsgerichte in Zukunft vielleicht verstärkt auf diese Möglichkeit zurückgreifen. 110

E. Abweichende Parteivereinbarung

111 Die Ausgestaltung des Verfahrens unterliegt der Parteiautonomie. **Grenzen der Parteiautonomie** werden durch das Erfordernis ausreichenden **rechtlichen Gehörs** und die **Gleichbehandlung** der Parteien gesetzt. Eine Vereinbarung der Parteien ist für das Schiedsgericht bindend. Parteien können auch zu einem späteren Zeitpunkt während des Schiedsverfahrens (formlose) Vereinbarungen zur Durchführung des Verfahrens treffen, die für das Schiedsgericht bindend sind (BGH v. 26.9.1985 – III ZR 16/84, NJW 1986, 1436). Unter Umständen kann ein Schiedsrichter aber sein **Amt niederlegen**, wenn er mit der anderweitigen Vereinbarung nicht rechnen musste (*Schütze*, SchiedsVZ 2006, 3; *Lotz*, SchiedsVZ 2011, 204). Das **Bestimmungsrecht der Parteien endet** auch, wenn eine Vereinbarung mit dem Schiedsgericht getroffen wurde, wie dies z.B. im Schiedsauftrag nach der ICC-SchO der Fall ist (Art. 23). Wird eine Vereinbarung der Parteien in einer Verfahrensverfügung des Schiedsgerichts festgehalten, wird in der Regel auch davon auszugehen sein, dass eine Vereinbarung zwischen Parteien und Schiedsgericht getroffen wurde und die Regeln feststehen (*Sachs*, SchiedsVZ 2003, 196).

112 Rechtsanwälte dürfen als Bevollmächtigte nicht ausgeschlossen werden (§ 1042 Abs. 2 ZPO). Es können aber bestimmte Vereinbarungen in Bezug auf die Person des Bevollmächtigten und Kostenerstattung getroffen werden.

113 Das Recht des Schiedsgerichts, einen Sachverständigen zu bestellen, kann durch Parteivereinbarung ausgeschlossen werden. Bieten auch die Parteien keinen Beweis durch eigene Sachverständige an und ist das Schiedsgericht der Auffassung, dass eine Frage nicht ausreichend geklärt ist, ergeht eine Entscheidung aufgrund der Beweislastverteilung (*Lachmann*, Rz. 1537). Ein Rücktrittsrecht des Schiedsrichters besteht nicht, da die Parteiautonomie den Parteien erlaubt, Einschränkungen der Beweisaufnahme zu vereinbaren und das Schiedsgericht verpflichtet ist, das Schiedsverfahren gemäß Vereinbarung der Parteien durchzuführen (*Lotz*, SchiedsVZ 2011, 206; a.A. *Voit*, in: Musielak, § 1049 ZPO Rz. 2).

Anhang 1a: Muster Gemeinsamer Vorschlag für einen Zeitplan und Verfahrensregeln[1]

[Kläger] ./. [Beklagte] 114

[ICC Schiedsverfahren, ...]

Gemeinsamer Vorschlag für Verfahrensregeln [Verfahrensverfügung Nr. 1]

1. **Ort des Schiedsverfahrens**
   Der Ort des Schiedsverfahrens ist [Ort].
2. **Verfahrenssprache**
   Die Verfahrenssprache ist [Sprache].
3. **Anwendbares Recht**
   [Rechtswahl oder Bezugnahme auf eine Rechtswahlklausel in dem streitgegenständlichen Vertrag.]
4. **Ablauf des Verfahrens/Vorläufiger Zeitplan**

4.1 Der Ablauf des Verfahrens soll wie folgt sein:

Datum	Partei	Beschreibung	Abkürzung
	Kläger	Der Antrag auf Durchführung eines Schiedsverfahrens, eingereicht am __, ist als Klageschrift anzusehen.	Klage
	Beklagter	Klageerwiderung, ggf. mit Erklärungen von Zeugen und Sachverständigen, und ggf. Widerklage, ggf. mit Erklärungen von Zeugen und Sachverständigen.	Klageerwiderung
	Kläger/ Beklagter	Jede Partei kann die Anordnung der Vorlage von Dokumenten durch das Schiedsgericht beantragen.	
	Kläger/ Beklagter	Erwiderung auf den Antrag auf Dokumentenvorlage.	
	Schiedsgericht	Entscheidung über den Antrag auf Dokumentenvorlage.	

---

[1] Englische Version s. Rz. 115.

Datum	Partei	Beschreibung	Abkürzung
	Kläger/ Beklagter	Vorlage von Dokumenten wie durch das Schiedsgericht angeordnet.	
	Kläger	Replik, ggf. mit Erklärungen von Zeugen und Sachverständigen, und ggf. Widerklageerwiderung, ggf. mit Erklärungen von Zeugen und Sachverständigen.	Replik
	Beklagter	Duplik, ggf. mit Erklärungen von Zeugen und Sachverständigen, und ggf. Replik auf die Widerklage, ggf. mit Erklärungen von Zeugen und Sachverständigen.	Duplik
	Kläger	Ggf. Duplik auf die Widerklage und ggf. ergänzende Zeugenaussagen.	Widerklageduplik
	Kläger und Beklagter	Mitteilung der zu vernehmenden Zeugen und Sachverständigen sowie Mitteilung, welche Zeugen und Sachverständigen einen Dolmetscher benötigen.	
	Kläger und Beklagter	Fristende für die Einreichung neuer Beweise (soweit diese früher hätten eingereicht werden können).	
	Alle	Mündliche Verhandlung ([ ] Tage, zusätzlich [einen] Tag als Reserve).	

4.2 Das Schiedsgericht darf auf Antrag einer Partei oder eigenständig, vor und nach dem Ablauf eines Zeitlimits, Fristverlängerung nur in Ausnahmefällen gewähren. Die Parteien können untereinander Fristverlängerungen auf Grundlage der gegenseitigen Rücksichtnahme vereinbaren, solange sie den Zeitplan nicht wesentlich beeinflussen.

4.3 Sollte eine Partei einen nicht nachgelassenen Schriftsatz einreichen, beantragt die andere Partei beim Schiedsgericht, Stellung nehmen zu dürfen, bevor sie ggf. eine Erwiderung einreicht.

5. **Allgemeine Bestimmungen über Beweise**

5.1 Fragen der Beweiserhebung unterliegen den entsprechenden Bestimmungen der ICC-SchO.

5.2 Die IBA Rules on the Taking of Evidence in International Commercial Arbitration (the „IBA Rules") sollen als Richtlinie herangezogen werden.

[alternativ:]

[Zusätzlich zu der von den Parteien gewählten ICC-SchO/Es] wird vereinbart, dass das Schiedsverfahren nach den IBA Rules on the Taking of Evidence in International Commercial Arbitration (die „IBA Rules") in der zum Zeitpunkt [dieser Vereinbarung/des Beginns des Schiedsverfahrens] gültigen Fassung geführt werden soll.

6. Schriftsätze und Urkundsbeweis

6.1 Die Absätze aller Schriftsätze sollen fortlaufend nummeriert sein. Die Schriftsätze sollen ein Inhaltsverzeichnis enthalten.

6.2 Mitteilungen können ausschließlich durch Faksimile oder E-Mail ohne die Notwendigkeit einer Bestätigung durch Postzustellung vorgenommen werden. Die Schriftsätze werden durch E-Mail und in Papierform durch Postzustellung eingereicht.

6.3 Der Eingangstag der elektronischen Kopie einer schriftlichen Mitteilung oder eines Schriftsatzes beim Vorsitzenden des Schiedsgerichts soll für alle Zwecke als Zugangszeitpunkt der Mitteilung oder des Schriftsatzes gelten.

6.4 Den Schriftsätzen sollen die Urkunden und rechtlichen Ausführungen beigefügt werden, auf die sich die jeweilige Partei beruft.

6.5 Für jeden ihrer Schriftsätze sollen die Parteien deutlich angeben, auf welche Beweise sie sich stützen: Urkundsbeweis, Sachverständigengutachten und Zeugenerklärungen etc. (mit Hinweis auf Seite und Absatz).

7. Urkundsbeweis

7.1 Den Schriftsätzen werden die Urkundenbeweise und die Zeugenaussagen beigefügt, auf die sich die jeweilige Partei stützt, einschließlich der rechtlichen Fundstellen. In der mündlichen Verhandlung dürfen keine neuen Dokumente einschließlich rechtlicher Fundstellen vorgelegt werden, es sei denn die Parteien haben dies vereinbart oder das Schiedsgericht lässt es in einem Ausnahmefall zu.

7.2 Die Beweise sollen durch eine einheitliche und fortlaufende Nummerierung bestimmbar sein. Diese beginnt für den Kläger mit K-1 und für den Beklagten mit B-1. Die Beweise sollen mit einer Beweisliste eingereicht werden, die die Nummerierung der Beweise, ihr Datum und eine kurze Beschreibung enthält.

7.3 Alle eingereichten Dokumente gelten als vollständig und echt, einschließlich als Kopie eingereichter Dokumente, es sei denn, eine Partei bestreitet ihre Authentizität oder Vollständigkeit.

7.4 Die Parteien können einen Antrag auf Dokumentenvorlage nach der ersten Schriftsatzrunde einreichen, wie in § 4.1 vorgesehen. Diese Anträge sollen in Form eines „Redfern Schedule" eingereicht werden.

7.5 *[Bei seiner Entscheidung wird sich das Schiedsgericht von Art. 3 und 9 der 2010 IBA Rules leiten lassen.]* Vor seiner Entscheidung kann das Schiedsgericht auf Antrag einer Partei eine Ermessensentscheidung treffen, ob eine mündliche Verhandlung durchgeführt werden soll.

7.6 Aufgrund der Anordnung des Schiedsgerichts herausgegebene Dokumente werden nur dann Bestandteil des Verfahrens, wenn sie durch eine Partei als Beweis eingereicht werden.

7.7 Wenn im Anschluss an die oben erwähnten Dokumentenvorlageanträge weitere Dokumente von einer Partei benötigt werden, ist dies zunächst beim Schiedsgericht zu beantragen. Wenn das Schiedsgericht dem Antrag stattgibt, wird das unter § 7.4 und 7.5 beschriebene Verfahren durchgeführt.

7.8 Der Gebrauch von Anschauungsmaterialien (wie z.B. Schaubilder, Präsentationen etc.) ist in der mündlichen Verhandlung erlaubt, soweit in diesen keine neuen Beweise enthalten sind. Solche Materialien sind der anderen Partei und allen Mitgliedern des Schiedsgerichts gleichzeitig zu übergeben. Kopien von vorgeschlagenen Anschauungsmaterialien werden zwischen den Parteien spätestens drei Tage vor dem ersten Tag der mündlichen Verhandlung ausgetauscht.

8. Zeugen und Sachverständige

8.1 Wenn eine Partei sich auf Zeugen oder Sachverständige berufen möchte, sind schriftliche Zeugenaussagen und Sachverständigengutachten zusammen mit der Klageerwiderung und der Replik bis zum in § 4.1 genannten Zeitpunkt einzureichen.

8.2 Zeugenaussagen und Sachverständigengutachten in Erwiderung auf die oben genannten Aussagen (einschließlich Aussagen oder Gutachten von Personen, die noch nicht als Zeugen benannt wurden), werden bis zum in § 4.1 genannten Zeitpunkt eingereicht.

8.3 Jede Person kann als Zeuge aussagen, einschließlich einer Partei, ihrer Führungskräfte, ihrer Angestellten oder Vertreter.

8.4 Jeder Zeuge, dessen Aussage wie oben beschrieben eingereicht wurde, soll für eine Vernehmung in der mündlichen Verhandlung zur Verfügung stehen. Jede Partei ist berechtigt, Zeugen in der mündlichen Verhandlung ins Kreuzverhör zu nehmen, indem sie dies wie in § 4.1 vorgesehen mitteilt.

8.5 Wenn ein Zeuge aus begründetem Anlass an der Teilnahme an der mündlichen Verhandlung verhindert ist, wird das Schiedsgericht die Parteien hierzu anhören und unter Berücksichtigung der relevanten Umstände einschließlich der berechtigten Interessen der Parteien, entscheiden, welches Gewicht – wenn überhaupt – der Aussage der Partei beigemessen werden sollte.

8.6 Zeugen dürfen während der Vernehmung von anderen Zeugen nicht anwesend sein, es sei denn, die Parteien dies vereinbart. Jedoch gilt diese Regel nicht für die Vertreter der Parteien [nicht mehr als zwei pro Partei, soweit die Parteien nichts anderes vereinbart haben] und für Zeugen, die bereits ausgesagt haben. Sachverständige können jederzeit bei der Verhandlung anwesend sein.

8.7 Die Zeugenvernehmung soll wie folgt erfolgen:

(a) Die schriftliche Aussage eines Zeugen soll grundsätzlich den Zeugen- oder Sachverständigenbeweis ausmachen und daher anstelle der Vernehmung durch die Partei, die den Zeugen benannt hat, stehen. *[Jedoch kann jeder Zeuge kurz in einer Vernehmung (direct examination) über neue Tatsachen oder Entwicklungen befragt werden, welche sich seit der Anfertigung der schriftlichen Zeugenaussage ergeben haben.]*

(b) Die gegnerische Partei nimmt dann den Zeugen ins Kreuzverhör (cross examination), woraufhin eine erneute Vernehmung durch die Partei, die den Zeugen benannt hat, erfolgt (re-direct examination). Die cross examination soll auf den Inhalt der schriftlichen Zeugenaussagen, der in den Akten befindlichen Dokumente und/oder von mündlichen Aussagen der Zeugen der anderen Partei sowie auf Fragen, welche die Glaubwürdigkeit des Zeugen betreffen, begrenzt werden.

(c) Die re-direct examination ist auf Tatsachen begrenzt, die sich in der cross examination neu ergeben haben.

(d) Das Schiedsgericht kann ausnahmsweise während der direct examination, cross examination und re-direct examination Fragen stellen, jedoch vorzugsweise erst dann, wenn der jeweilige Rechtsanwalt seine Befragung beendet hat. Es soll sicherstellen, dass jede Partei die Möglichkeit hat, den Zeugen nochmals zu den Fragen des Schiedsgerichts zu vernehmen.

(e) Das Schiedsgericht soll zu jeder Zeit die vollständige Kontrolle über das Verfahren der Zeugenvernehmung haben, einschließlich der Möglichkeit, das Recht einer Partei, einen Zeugen zu befragen, von Amts wegen oder auf Antrag einer Partei zu begrenzen oder zu verweigern, wenn das Schiedsgericht davon ausgeht, dass die Befragung oder der Beweis aller Wahrscheinlichkeit nach nicht sachdienlich ist.

8.8 Die Reihenfolge, in der die Zeugen aufgerufen werden, erfolgt durch das Schiedsgericht nach vorheriger Rücksprache mit den Parteien.

9. **Vom Schiedsgericht benannter Sachverständiger**

Grundsätzlich soll das Gericht keinen Sachverständigen benennen, es sei denn es ist der Auffassung, dass dies notwendig ist, um eine oder mehrere Fragen, die sich im Laufe des Verfahrens ergeben haben, aufzuklären. In jedem Fall soll das Schiedsgericht vor der Bestellung eines Sachverständigen Rücksprache mit den Parteien zu der Frage halten, ob dies tatsächlich erforderlich ist, und wenn dies der Fall ist, zu dem Gegenstand seines oder ihres Auftrags.

10. **Mündliche Verhandlung**

10.1 Die mündliche Verhandlung soll in [...] zu dem in § 4.1 genannten Zeitpunkt stattfinden.

10.2 Die mündliche Verhandlung soll wie folgt ablaufen:

(a) Eröffnungsplädoyer des Klägers;

(b) Eröffnungsplädoyer des Beklagten;

(c) Vernehmung der Zeugen des Klägers;

(d) Vernehmung der Zeugen des Beklagten;

(e) Vernehmung der Sachverständigen des Klägers;
(f) Vernehmung der Sachverständigen des Beklagten;
(g) Schlussplädoyer des Klägers;
(h) Schlussplädoyer des Beklagten.

10.3 Die mündliche Verhandlung soll von Protokollführern protokolliert werden. Die Kosten für diese sind von jeder Partei anteilig zu tragen, wobei dies keinen Einfluss auf die Entscheidung des Schiedsgerichts hat, welche Partei schlussendlich diese Kosten zu tragen hat und zu welchem Anteil. Die Beauftragung von Protokollführern wird von den Parteien übernommen.

11. Schriftsätze nach der mündlichen Verhandlung (Post-Hearing Briefs)

Ob die Parteien Post-Hearing Briefs zum Inhalt der mündlichen Verhandlung und Erwiderungen hierzu einreichen, wird durch das Schiedsgericht nach Rücksprache mit den Parteien zu einem späteren Zeitpunkt des Verfahrens entschieden.

12. Einreichung der Kostenfestsetzungsanträge

Wann und in welcher Form die Parteien Kostenfestsetzungsanträge einreichen, wird durch das Schiedsgericht nach Rücksprache mit den Parteien in einem späteren Verfahrensstadium entschieden.

13. Schiedsspruch

Das Schiedsgericht wird sich bemühen einen Schiedsspruch sowie einen Entscheidung über die Kosten an oder vor einem noch zu bestimmenden Datum zu erlassen.

14. Übersetzungen

14.1 Rechtliche Texte (Vorschriften, Entscheidungen und akademische Schriften) sowie andere Dokumente in einer Sprache, die nicht die Verfahrenssprache ist (§ 2), sollen mit einer Übersetzung in die Verfahrenssprache eingereicht werden, auf Kosten der Partei, die das Dokument eingereicht hat, ohne Einfluss auf eine Entscheidung des Schiedsgerichts über die endgültige Kostentragung. Nur die erheblichen Teile von Dokumenten und rechtlichen Texten müssen übersetzt werden.

14.2 Jede Übersetzung soll als richtig gelten, soweit nicht eine Partei ihre Richtigkeit bestreitet. Falls die Übersetzung eines Rechtstextes oder anderen Dokuments von der Gegenpartei in Frage gestellt wird, kann sie eine eigene Übersetzung vorlegen. Sollten die Parteien sich nicht auf eine gemeinsame Übersetzung einigen, so entscheidet das Schiedsgericht.

Anhang 1b: Muster Joint Proposal by the Parties on Timetable and Procedural Rules[1]

[Claimant] ./. [Respondent]

[ICC Arbitration, Case no.]

Joint Proposal by the Parties on Timetable and Procedural Rules

1. **Place of Arbitration**
   The place of arbitration is [place].

2. **Language of the Proceedings**
   The [...] language is the language of the proceedings.

3. **Applicable Law**
   [Choice of law or reference to choice of law clause in disputed agreement.]

4. **Sequence of the Proceedings/Provisional Timetable**

4.1 *The sequence and timing of the proceedings shall be the following:*

Date	Party/Tribunal	Description	Abbreviation
	Claimant	The request for arbitration filed on … is the statement of claim.	SoC
	Respondent	Statement of Defence with Witness Statements if necessary (experts and witnesses of fact) and possibly Counterclaim with Witness Statements if necessary (experts and witnesses of fact).	SoD
	Claimant/Respondent	Either or both Parties may request an order for production of documents from the Tribunal.	
	Claimant/Respondent	Comments on the Request for production of documents.	
	Tribunal	Decision on the Parties' requests for production of documents.	
	Claimant/Respondent	Production of documents as ordered by the Tribunal.	

---

[1] Deutsche Version s. Rz. 114.

Date	Party/Tribunal	Description	Abbreviation
	Claimant	Statement of Reply, with Fact Witness Statements and Expert Reports if necessary and Statement of Defence to the Counter Claim if necessary and Witness Statements if necessary.	Reply
	Respondent	Statement of Rejoinder with Fact Witness Statements and Expert Reports if necessary and Reply regarding the Counter Claim if necessary and Rebuttal Witness Statements if necessary.	Rejoinder
	Claimant	Rejoinder to the Counter Claim if necessary and Rebuttal Fact Witness Statements and Expert Reports if necessary.	Counter Claim Rejoinder
	Claimant and Respondent	Notifications of fact and expert witnesses to be examined and notification of fact and expert witnesses requiring interpretation.	
	Claimant and Respondent	Cut-off date for Submission of New Evidence (that could not have been submitted earlier).	
	All	Hearing ([ ] days plus one day as a reserve).	

4.2 The Arbitral Tribunal may, upon the application of a Party or on its own motion, and before or after the expiry of a time limit, grant extensions of time, in exceptional cases only. The Parties may also agree between themselves short extensions of time, on the basis of mutual courtesy, as long as they do not materially affect the timetable and the Tribunal is informed.

5. Evidence in General

5.1 Matters of evidence are governed by the relevant [ICC Rules].

5.2 The 2010 IBA Rules on the Taking of Evidence in International Commercial Arbitration (the "IBA Rules") shall be used as a guideline.

[Alternatively:]

'[In addition to the institutional, ad hoc or other rules chosen by the parties,] [t]he parties agree that the arbitration shall be conducted according to the IBA Rules of Evidence as current on the date of [this agreement/the commencement of the arbitration].'

6. **Written Submissions and documentary evidence**

6.1 The paragraphs of all written submissions shall be numbered consecutively and the submissions shall include a table of contents.

6.2 Notifications can be made via facsimile or email only, without the need of a confirmation copy by courier. Written submissions will be filed via email and as a hard copy by courier.

6.3 The date of receipt of the electronic copy of a written notification or submission by the Chairman of the Arbitral Tribunal shall, for all purposes, be deemed to be the date of receipt of a notification or submission.

6.4 The written submissions shall be accompanied by the documents and legal authorities relied upon by the relevant Party.

6.5 For each of their submissions, the Parties shall clearly indicate the evidence they invoke in support thereto: documentary evidence, expert reports and witness statements, etc. (with indication of the page and paragraphs).

7. **Documentary Evidence**

7.1 The written submissions shall be accompanied by the documentary evidence and the testimonial evidence relied upon by the relevant Party, including the legal authorities relied upon by it. No new document, including legal evidence, may be presented at the hearing unless agreed by the Parties or authorized by the Tribunal, in exceptional circumstances.

7.2 Evidence shall be identified by a uniform and consecutive numbering, for Claimant starting with C-1, and for Respondent starting R-1. It shall be submitted with a list of exhibits, setting forth the exhibit number, its date and a brief description of the exhibit.

7.3 All documentary evidence submitted to the Tribunal shall be deemed to be true and complete, including evidence submitted in the form of copies, unless a Party disputes its authenticity or completeness.

7.4 The Parties may request documents from each other at any time during the proceedings. Correspondence or documents exchanged in the course of this process should not be sent to the Tribunal.

7.5 To the extent the requests referred to in § 7.4 above is not satisfied, the Parties are allowed to file a request for document production after the first round of submissions as provided in § 4.1. These requests shall take the form of a simultaneous submission in tabular form ("Redfern Schedule").

7.6 [For its decision, the Tribunal will be guided by Articles 3 and 9 of the 2010 IBA Rules.] Before taking the decision, the Tribunal may exercise its discretion, at the request of a Party, to hear oral submissions.

7.7 If subsequent to the requests for production of documents referred to above, additional documents are needed by a Party, leave should first be requested from the Tribunal. If leave is granted, the procedure detailed above in § 7.5 and 7.6 shall apply.

7.8 The use of demonstrative exhibits (such as charts, presentations etc.) is allowed at the witness hearing, provided that no new evidence is contained therein. A hard copy of any such exhibit shall simultaneously be provided by the Party submitting such exhibit to the other Parties and to each member of the Arbitral Tribunal. The Parties shall exchange copies of proposed demonstrative exhibits no later than three business days before the first day of the Hearing.

8. Evidence of Witnesses

8.1 If a Party wishes to rely on fact witnesses, or expert witnesses, it shall submit written witness statements and expert reports together with the Statement of Reply and Statement of Rejoinder, respectively, on or before the dates set out in § 4.1 above. [Possibly different agreement on expert evidence.]

8.2 Witness statements and expert reports in rebuttal to the aforementioned statements (including statements or reports from persons not previously named as witnesses) shall be submitted on or before the dates mentioned in § 4.1 above.

8.3 Any person may present evidence as a witness, including a Party, a Party's officer, employee or other representative.

8.4 Each witness whose witness statement has been submitted as aforesaid shall be available for examination at the Hearing. Each Party is entitled to cross-examine witnesses at the Hearing by notification as specified above in § 4.1.

8.5 If a witness should not be able to attend the Hearing for a valid reason, the Tribunal shall hear the Parties on this issue and decide after taking into account all relevant circumstances, including the Parties' legitimate interests, what weight should be given to the testimony of said witness, if any.

8.6 The provisions of this Section 8 also apply to expert witnesses with the addition that any expert witness report shall attach, or make reference to if previously exhibited, all documents upon which the report relies.

8.7 Witnesses of fact may not be present in the hearing room during the examination of other witnesses of fact, unless the Parties agree otherwise. However, this rule does not apply to Parties' representatives (no more than two on each side, unless the Parties agree otherwise) or to witnesses of fact who have already given their testimony, who have the right to remain in the room at all times. Experts, if any, may be present in the hearing room at any time.

8.8 The procedure for examining witnesses at the Hearing shall be the following:

   a. The witness statement of each witness shall in principle constitute the evidence-in-chief of each factual or expert witness, and, thus, stand in lieu of the examination by the Party producing the witness. However, each witness may first be briefly examined in direct examination on new facts or developments, if any, which have taken place since the filing of his/her last witness statement. Such examination should not exceed five minutes.

b. The opposing Party shall then proceed to cross-examine the witness, followed by a re-examination by the Party producing the witness. The scope of the cross-examination shall be limited to the content of the witness statements, documents that have been produced (including those by order of the Arbitral Tribunal) and/or oral evidence of the other Party's witnesses, and any issue regarding the credibility of the witness.

c. Re-examination shall be limited to matters that have arisen in cross-examination.

d. The Arbitral Tribunal shall have the right to exceptionally interject questions during examination-in-chief, cross-examination and re-examination, but preferably after each Counsel has completed their respective cross-examination and re-examination. It shall ensure that each Party has the opportunity to re-examine a witness with respect to questions raised by the Arbitral Tribunal.

e. The Arbitral Tribunal shall also at all times have complete control over the procedure in relation to a witness giving oral evidence, including the right to limit or deny, on its own motion or at the request of a party, the right of a party to examine a witness in examination-in-chief, cross-examination or reexamination if it appears to the Tribunal that such examination or evidence is unlikely to serve any further relevant purpose.

8.9 The order in which the witnesses will be called shall be determined by the Tribunal after consultation with the Parties during the Pre-Hearing Conference mentioned in § 9.2 above, at all times applying the general order of hearing witnesses and experts provided in § 9.3 above.

8.10 The Hearing shall be transcribed by court reporters, the costs of which are to be advanced by each Party in equal shares, without prejudice to the decision of the Tribunal as to which Party shall ultimately bear these costs and to which extent. The hiring of court reporters will be done by the Parties themselves.

9. Arbitral Tribunal Appointed Expert

9.1 In principle, the Tribunal shall not appoint an expert, unless it appears to it that such an expert is necessary to resolve one or more of the issues that are identified in the course of the proceedings. In any event, the Tribunal shall consult the Parties beforehand as to whether such an expert is indeed required and if so, on his or her terms of reference. [Possibly different agreement on expert evidence.]

10. Hearing

10.1 The Hearing shall take place in [...] on the dates mentioned in § 4.1 above.

10.2 The Hearing shall proceed as follows:
   a) Opening Statement by Claimant;
   b) Opening Statement by Respondent;
   c) Examination of Claimant's fact witnesses;

d) Examination of Respondent's fact witnesses;
e) Examination of Claimant's experts;
f) Examination of Respondent's experts;
g) Closing Statement by Claimant;
h) Closing Statement by Respondent.

10.3 Witnesses of fact may not be present in the hearing room during the examination of other witnesses of fact, unless the Parties agree otherwise. However, this rule does not apply to Parties' representatives (no more than two on each side, unless the Parties agree otherwise) or to witnesses of fact who have already given their testimony, who have the right to remain in the room at all times. Experts, if any, may be present in the hearing room at any time.

10.4 The procedure for examining witnesses at the Hearing shall be the following:

f. The witness statement of each witness shall in principle constitute the evidence-in-chief of each factual or expert witness, and, thus, stand in lieu of the examination by the Party producing the witness. However, each witness may first be briefly examined in direct examination on new facts or developments, if any, which have taken place since the filing of his/her last witness statement. Such examination should not exceed five minutes.

g. The opposing Party shall then proceed to cross-examine the witness, followed by a re-examination by the Party producing the witness. The scope of the cross-examination shall be limited to the content of the witness statements, documents that have been produced (including those by order of the Arbitral Tribunal) and/or oral evidence of the other Party's witnesses, and any issue regarding the credibility of the witness.

h. Re-examination shall be limited to matters that have arisen in cross-examination.

i. The Arbitral Tribunal shall have the right to exceptionally interject questions during examination-in-chief, cross-examination and re-examination, but preferably after each Counsel has completed their respective cross-examination and re-examination. It shall ensure that each Party has the opportunity to re-examine a witness with respect to questions raised by the Arbitral Tribunal.

j. The Arbitral Tribunal shall also at all times have complete control over the procedure in relation to a witness giving oral evidence, including the right to limit or deny, on its own motion or at the request of a party, the right of a party to examine a witness in examination-in-chief, cross-examination or reexamination if it appears to the Tribunal that such examination or evidence is unlikely to serve any further relevant purpose.

10.5 The order in which the witnesses will be called shall be determined by the Tribunal after consultation with the Parties, at all times applying the general order of hearing witnesses and experts provided in § 9.2 above.

10.6 The Hearing shall be transcribed by court reporters, the costs of which are to be advanced by each Party in equal shares, without prejudice to the decision of the Tribunal as to which Party shall ultimately bear these costs and to which extent. The hiring of court reporters will be done by the Parties themselves.

11. Post-Hearing Briefs

11.1 Whether the Parties will submit Post-Hearing Briefs concerning the written and oral witness testimony and Reply Post-Hearing Memorials will be determined by the Arbitral Tribunal after consultation with the Parties at a later stage during the proceedings.

12. Cost Submissions

12.1 When and in which form the Parties will file Cost Submissions will be determined by the Arbitral Tribunal after consultation with the Parties at a later stage during the proceedings.

13. Award

13.1 The Arbitral Tribunal will endeavour to render an Award together with a decision on costs, on or before a date to be determined, as mentioned in § 3.1(t) above.

14. Translations

14.1 Legal texts (statutes, case law and scholarly writings) and other documents in a language other than the English language shall be accompanied by an English translation at the cost of the submitting Party, without prejudice to the decision of the Tribunal as to which Party shall ultimately bear those costs.

14.2 Informal translations of legal texts and documents in a language other than the English language shall suffice. For documents and legal texts, only the relevant parts have to be translated. Each translation shall be deemed to be correct unless a Party disputes its correctness. If the translation of legal texts or other documents is contested by the other Party, the contesting Party may provide its own translation. If the parties fail to agree on a joint translation, the issue shall be resolved by the Tribunal.

Anhang 2a: Muster Schriftliche Zeugenaussage[1]

116

Zeugenaussage von

[Name]

Ich, [Name], geboren am [Datum], wohnhaft in [Adresse], gebe die folgende Erklärung ab:

1. Ich mache diese Zeugenaussage im Rahmen eines Schiedsverfahrens zwischen

    [Name]

    gegen

    [Name]

    (ICC Schiedsverfahren, Fall Nr. [...]).

I. Beruflicher Hintergrund

2. Meine im Rahmen dieser Stellungnahme gemachten Ausführungen gründen auf den Erkenntnissen, die ich in meiner Zeit als [Angestellter] der/von [...] gewonnen habe. Insbesondere war ich [Beschreibung der gegenwärtigen und früheren Beziehungen zu der Partei].

3. [Beschreibung des Lebenslaufs, der Qualifikationen, der Ausbildung und der Berufserfahrung, soweit für das Verfahren oder den Inhalt der Aussage relevant.]

4. Wie bereits aus meiner obigen Erklärung hervorgeht, war ich [Beschreibung der beruflichen Position], als die [streitgegenständlichen Verträge/Vereinbarungen] [verhandelt] [abgeschlossen und unterschrieben] wurden.

---

[1] Englische Version s. Rz. 117.

II. [Tatsachen, zu denen der Zeuge aussagt]

5. *[Vollständige und detailgetreue Darstellung der Tatsachen, zu denen der Zeuge aussagt, sowie die Quelle der Informationen; vorzugsweise in chronologischer Reihenfolge oder nach Themen untergliedert; Urkunden, auf welche der Zeuge Bezug nimmt, sind beizufügen.]*

6. *[...]*

Die hierin geschilderten Tatsachen entsprechen nach meinem besten Wissen und Gewissen der Wahrheit. Ich bin grundsätzlich bereit, diese Aussage im Rahmen einer mündlichen Verhandlung zu bestätigen.

_____

[Ort, Datum]

_____

[Name/Unterschrift]

Anhang 2b: Muster Written Witness Statement[1]

Witness Statement of

[name]

I, [name], born on [date], resident at the following address, [address], testify as follows:

1. I make this Witness Statement in an arbitration brought by

    [name]

    against

    [name]

    (ICC Arbitration, Arbitration Case No. [...]).

I. Professional background

2. The statements made by me in this Witness Statement are based on the knowledge gained during my time as an employee of [...]. In particular, I was [description of present and past relationship with party].

3. [description of background, qualifications, training and experience if relevant to the dispute or the contents of the statement]

4. As indicated from my statement above, I was [description of position] when [disputed agreement(s)] was (were) concluded and signed.

II. [Facts the witness is testifying on]

---

[1] Deutsche Version s. Rz. 116.

Art. 25 ICC-SchO Das Verfahren vor dem Schiedsgericht

5. *[full and detailed description of the facts and source of the information; documents on which the witness relies are to be provided]*
6. *I have been assisted by counsel in the preparation of this Witness Statement. To the best of my knowledge, information and belief, everything stated herein is true. This Witness Statement has been prepared in English as its original language. I am generally prepared to give evidence in English at the evidentiary hearing and understand that a German/English translator will be available if needed.*

[place], [date]

_____

[name/signature]

_____

Anhang 3a: Muster Redfern Schedule (deutsch)[1]

REDFERN SCHEDULE

Schiedsverfahren [Az.]: [Antragsgegnerin] ./. [Antragstellerin]

---

1 Englische Version s. Rz. 119.

Nr.	Spezifische Beschreibung der herauszugebenden Dokumente oder Dokumentenkategorien	Begründung der Aktenherausgabeanträge durch die [Antragstellerin]	Begründung von Einwänden durch die [Antragsgegnerin]	Entscheidung des Schiedsgerichts
1.	[Beschreibung des Dokuments, sodass es identifiziert werden kann, oder ausreichend detaillierte Beschreibung einer engen und bestimmten Kategorie von Dokumenten, von deren Existenz vernünftigerweise ausgegangen werden kann; Beschreibungen, die beginnen mit „alle Protokolle/Schreiben/etc." gelten regelmäßig als zu weit]	1. **Wesentlichkeit:** [Beschreibung, warum das Dokument wahrscheinlich eine Tatsache beweisen kann, aus der rechtliche Schlussfolgerungen gezogen werden können und warum es erforderlich ist, um eine vollständige Betrachtung der rechtlichen Fragen durch das Schiedsgericht zu ermöglichen] 2. **Dokumentenbesitz:** Die zur Herausgabe beantragten [...] sind nicht im Besitz der [Antragstellerin]. [Ausführungen, dass die Dokumente nicht im Besitz der antragstellenden Partei sind oder Angabe der Gründe, warum es unverhältnismäßig für sie wäre, die Dokumente selbst vorzulegen] Die [Antragstellerin] weiß, dass die [Doku-	Die [Antragsgegnerin] beantragt, den „1. Herausgabeantrag" der [Antragstellerin] aus folgenden Gründen abzuweisen: 1. **Die [Antragsgegnerin] ist nicht im Besitz der beantragten Dokumente** Die von der [Antragstellerin] angeforderten Dokumente sind nicht identifizierbar, zumindest nicht für die [Antragsgegnerin]. Es bleibt unklar, um welche Dokumente es sich genau handelt. 2. **Der 2. Herausgabeantrag ist zu breit und auf Ausforschung der [Antragsgegnerin] ausgerichtet** Gemäss Art. 3(3)(a) der IBA Regeln zur Beweisaufnahme muss der Antrag auf Vorlegung von Dokumenten Folgendes enthalten: (i) eine Beschreibung jedes vorzulegenden Dokuments, die dessen Identifizierung ermöglicht, oder (ii) eine ausreichend detaillierte Beschreibung (mit Inhaltsangabe) einer eng umschriebenen Kategorie von vorzulegenden Dokumenten, für deren Existenz hinreichende Anhaltspunkte bestehen. Soweit die [Antragstellerin] mit dem „1. Herausgabeantrag" alle Unterlagen betreffend die [...] erfassen will, genügt dieses Begehren den oben erwähnten Anforderungen an die Spezifizierung eines Antrages auf Vorlegung von Dokumenten nicht. Entgegen der Behauptung der [Antragstellerin] ist dieser Antrag zu allgemein formuliert und zu ausschweifend. Er ist ganz offensichtlich auf eine Ausforschung der [Antragsgegnerin] ausgerichtet und soll erst eine substantiierte Begründung des Standpunkts der [Antragstellerin] ermöglichen. Solche Begehren sind unzulässig. Es ist daher den Parteien nicht erlaubt, Dokumente herauszuverlangen, welche möglicherweise gar nicht existieren und erst eine Be-	

Nr.	Spezifische Beschreibung der herauszugebenden Dokumente oder Dokumentenkategorien	Begründung der Aktenherausgabeanträge durch die [Antragstellerin]	Begründung von Einwänden durch die [Antragsgegnerin]	Entscheidung des Schiedsgerichts
		[Dokumente] im Besitz der [Antragsgegnerin] sind/es ist sehr wahrscheinlich, dass die [Dokumente] im Besitz der [Antragsgegnerin] sind, da [Erläuterung, warum die Partei davon ausgeht, dass sich die Dokumente im Besitz, Gewahrsam oder Verfügungsmacht der gegnerischen Partei befinden]	gründung der Klage (bzw. hier der Klageantwort) ermöglichen sollen. Das in den IBA Rules enthaltene Erfordernis der Bestimmtheit stimmt mit dem überein, was in den meisten Schiedsverfahren als „best practice" angenommen wird. Das ICC Bulletin's 2006 Special Supplement on Document Production in International Arbitration erklärt zum Beispiel (Hamilton, in: Document Production in International Arbitrations, ICC Bulletin 2006 Special Supplement, S. 71): "The document requests ... are not intended ... to be used by party to seek documents which may or may not exist, and also may or may not ultimately prove relevant, all in order to weave a claim. The purpose of such document requests, rather, is to obtain documents to prove specific factual allegations previously made by a party in its pleadings." Die Anforderungen an die Spezifizierung der Herausgabebegehren werden in der Lehre weiter wie folgt beschrieben (vgl. Hanotiau, Document Production in International Arbitrations: A Tentative Definition of ‚Best Practices', ICC Bulletin 2006 Special Supplement: Document Production in International Arbitration, S. 117): "[S]weeping requests asking for ‚all documents relating to' or ‚all minutes of the board over a long period of time will not usually satisfy the criterion of specificity. The specificity requirement serves a number of purposes: it prevents ‚fishing expeditions', helps to ensure the relevance of the documents sought, an saves a party from having to engage in a burdensome an costly exercise that a first blush does not appear indispensable." Der Antrag der [Antragstellerin] stellen genau Anträge solcher Art dar und erfüllen das Erfordernis der Bestimmtheit nicht. Mit ande-	

Nr.	Spezifische Beschreibung der herauszugebenden Dokumente oder Dokumentenkategorien	Begründung der Aktenherausgabeanträge durch die [Antragstellerin]	Begründung von Einwänden durch die [Antragsgegnerin]	Entscheidung des Schiedsgerichts
			ren Worten – der Antrag stellt eine unzulässige „fishing expedition" dar und ist abzuweisen. 3. **Die [Antragstellerin] legt nicht dar, inwieweit die Dokumente relevant für den Fall und wesentlich für seine Entscheidung sind** Gemäss Art. 3(3)(b) der IBA-Regeln zur Beweisaufnahme in der internationalen Schiedsgerichtsbarkeit vom 29. Mai 2010 („IBA Regeln zur Beweisaufnahme") ist die [Antragstellerin] verpflichtet darzulegen, in welcher Weise die Dokumente relevant für den Fall und wesentlich für seine Entscheidung sind. Die [Antragstellerin] ist dabei verpflichtet, detailliert aufzuzeigen, welche ihrer einzelnen Tatsachenbehauptungen sie mit welchen angeforderten Dokumenten zu beweisen beabsichtigt. Der Grundsatz, dass die beantragende Partei genau darlegen muss, für welche ihrer Tatsachenbehauptungen die angeforderten Dokumente relevant sind, wurde in der Literatur u.a. wie folgt beschrieben (vgl. Hanotiau, Document Production in International Arbitrations: A Tentative Definition of ‚Best Practices', ICC Bulletin 2006 Special Supplement: Document Production in International Arbitration, S. 116): *"[I]t is suggested that the parties link their requests to the factual allegations in the submissions they have filed or to factual allegations they intend making in their upcoming submissions. In other words, the requesting party should be invited to make clear with reasonable particularity what facts or allegation(s) each document or category of documents sought is intended to establish."* Der Grundsatz wurde weiterhin wie folgt kommentiert (Derains, *Document Production in International Arbitration: Towards*	

Nr.	Spezifische Beschreibung der herauszugebenden Dokumente oder Dokumentenkategorien	Begründung der Aktenherausgabeanträge durch die [Antragstellerin]	Begründung von Einwänden durch die [Antragsgegnerin]	Entscheidung des Schiedsgerichts
			Greater Efficiency in Document Production before Arbitral Tribunals-A Continental Viewpoint, ICC Bulletin 2006 Special Supplement: Document Production in International Arbitration, p. 87): *"Hence, a document production request that fails to clearly indicate the allegations the documents are supposed to prove and to explain that proof cannot be otherwise discharged should not be granted."* Mit ihrem Vorlegungsantrag kommt die [Antragstellerin] der oben beschriebenen Pflicht nicht nach. Vielmehr versucht sie, ihren Herausgabeantrag mit der Behauptung zu begründen, die angeforderten Dokumente beträfen die angebliche [...], also ein außerordentlich breites und äußerst vage beschriebenes Thema. Die [Antragstellerin] erklärt dabei nicht, inwieweit die angeforderten Dokumente für den Beweis welcher ihrer konkreten und entscheidungserheblichen Behauptungen im Zusammenhang mit diesem Thema relevant sind. Deshalb fehlt auch eine Art. 3(3)(b) der IBA Regeln zur Beweisaufnahme genügende Darlegung, wieso die angeforderten Dokumente für die Entscheidung des Rechtsstreits wesentlich sind. Die äußerst vage gehaltenen Ausführungen der [Antragstellerin] unterstreichen, dass die Antragstellerin nach Informationen „fischt", was von vorneherein nicht zulässig ist. Als Folge der Nichterfüllung der Pflicht, aufzuzeigen, welche der Tatsachenbehauptungen genau mit den angeforderten Dokumenten bewiesen werden sollen, wird in der Lehre Folgendes postuliert (Derains, Document Production in International Arbitration: Towards Greater Efficiency in Document Production before Arbitral Tribunals-A Continental Viewpoint, ICC Bulletin 2006 Special Supplement: Document Production in International Arbitration, p. 87):	

Nr.	Spezifische Beschreibung der herauszugebenden Dokumente oder Dokumentenkategorien	Begründung der Aktenherausgabeanträge durch die [Antragstellerin]	Begründung von Einwänden durch die [Antragsgegnerin]	Entscheidung des Schiedsgerichts
			"Hence, a document production request that fails to clearly indicate the allegations the documents are supposed to prove and to explain that proof cannot be otherwise discharged should not be granted." Da die [Antragstellerin] den Herausgabeantrag nicht auf ihre konkret bezeichneten Tatsachenbehauptungen bezogen hat, ist der „Herausgabeantrag abzuweisen.	
4.			**Die zur Herausgabe beantragten Dokumente sind weder relevant für den Fall noch wesentlich für seine Entscheidung** [Ausführungen, warum die angeforderten Dokumente weder relevant noch wesentlich sind]	
5.			**Die angeforderten Dokumente sind durch rechtliche Hindernisse und Verweigerungsrechte geschützt** Gemäß Art. 9(2)(b) der IBA Regeln zur Beweisaufnahme hat das Schiedsgericht beim Vorhandensein rechtlicher Hindernisse oder Verweigerungsrechte („privileges"), die sich aus den Rechtsnormen oder berufsrechtlichen und standesrechtlichen Regeln ergeben, Dokumente als Beweismittel auszuschließen. [Ausführungen, warum die Dokumente aufgrund rechtlicher Hindernisse (z.B. Datenschutzrecht) oder Privilegien (z.B. Anwaltsgeheimnis, settlement privilege) geschützt sind)]	
6.			**Der Grundsatz des fairen Verfahrens und der Gleichbehandlung verbietet die Herausgabe der Dokumente** Gemäß Art. 9 (2)(g) der IBA Regeln zur Beweisaufnahme hat das Schiedsgericht Dokumente als Beweismittel auszuschließen, wenn	

Nr.	Spezifische Beschreibung der herauszugebenden Dokumente oder Dokumentenkategorien	Begründung der Aktenherausgabeanträge durch die [Antragstellerin]	Begründung von Einwänden durch die [Antragsgegnerin]	Entscheidung des Schiedsgerichts
			durch deren Herausgabe die Grundsätze des fairen Verfahrens oder der Gleichbehandlung der Parteien verletzt wären. [Ausführungen, warum der Antrag dem Grundsatz eines fairen Verfahrens und der Gleichbehandlung der Parteien widerspricht] **7. Die Herausgabe hätte einen unverhältnismäßigen Aufwand zur Folge** Der [Antragsgegnerin] ist es zu diesem Zeitpunkt noch nicht gelungen, die angeforderten Dokumente überhaupt (vollständig) zu identifizieren. Es ist der [Antragsgegnerin] nicht zumutbar, auf Geratewohl nach Dokumenten zu suchen, die nicht spezifiziert sind. Jeder in diesem Zusammenhang betriebene Aufwand wäre unverhältnismäßig, zumal die [Antragstellerin] nicht darlegt, welche Beweiskraft den angeforderten Dokumenten für den vorliegenden Streitfall überhaupt zukommen soll. Der Grundsatz, dass ein Antrag auf Dokumentenvorlage keine unverhältnismäßige Belastung darstellen darf, wurde wie folgt zum Ausdruck gebracht (Hamilton, *Document Production in ICC Arbitration*, ICC Bulletin 2006 Special Supplement: Document Production in International Arbitration, p. 73): *"Production of the documents should not impose an undue burden on the party required to produce them. [...] The efforts required of the producing party in assembling necessary documents should therefore be proportionate to the evidentiary value of the documents."* Da ein Beweiswert der verlangten Dokumente aus dem Herausgabeantrag nicht zu erkennen ist, ist er gemäß Art. 9(2)(c) der IBA Regeln zur Beweisaufnahme abzuweisen.	

Nr.	Spezifische Beschreibung der herauszugebenden Dokumente oder Dokumentenkategorien	Begründung der Aktenherausgabeanträge durch die [Antragstellerin]	Begründung von Einwänden durch die [Antragsgegnerin]	Entscheidung des Schiedsgerichts
2.			**8. Der Grundsatz der Verhältnismäßigkeit verbietet die Herausgabe der beantragten Dokumente** Gemäß Art. 9(2)(g) der IBA Regeln zur Beweisaufnahme hat das Schiedsgericht Dokumente als Beweismittel auszuschließen, wenn durch deren Edition der Grundsatz der Verhältnismäßigkeit verletzt wäre. Nach dem Verhältnismäßigkeitsgrundsatz ist das Interesse der ersuchenden Partei unter anderem gegen das Interesse der Gegenpartei daran, dass die angeforderten Dokumente nicht ediert werden, abzuwägen. Wie oben dargelegt, wäre die [Antragsgegnerin] unverhältnismäßig belastet, wenn sie die angeforderten Dokumente herausgeben müsste. Es ist zudem davon auszugehen, dass viele der angeforderten Dokumente im vorliegenden Verfahren von vornherein keinerlei Beweiskraft haben können. Bei anderen Dokumenten wiederum ist es nicht möglich zu entscheiden, ob sie Beweiskraft haben, weil die Antragstellerin nicht darlegt, inwieweit diese Dokumente relevant für den Fall und wesentlich für seine Entscheidung sind. Im Ergebnis ist damit die Waagschale der [Antragstellerin] leer und eine Anordnung der Herausgabe der angeforderten Dokumente würde dem Grundsatz der Verhältnismäßigkeit zuwiderlaufen. Auch wenn die [Antragstellerin] darlegen würde – was sie nicht tut –, inwieweit die angeforderten Dokumente relevant für den Fall und wesentlich für seine Entscheidung sind, liefe die Anordnung der Herausgabe der angeforderten Dokumente dem Grundsatz der Verhältnismäßigkeit zuwider, weil der Herausgabeantrag zu breit ist.	

Anhang 3b: Muster Redfern Schedule (englisch)[1]

119 REDFERN SCHEDULE

Arbitration [file no.]: [Claimant] ./. [Respondent]

---

[1] Deutsche Version s. Rz. 118.

No.	Documents or categories of documents requested	[requesting party]'s reasoning and justification for the requests	[counter party]'s objections to the request	Decision by the Arbitral Tribunal
1.	[description of document sufficient to identify it or description in sufficient detail of a narrow and specific requested category of documents that are reasonably believed to exist; descriptions starting with "**all** minutes/letters/etc." are generally considered too broad]	1. **Relevance to the case and materiality to its outcome:** [description why the document is likely to prove a fact from which legal conclusions are drawn and why it is needed to allow complete consideration of the legal issues presented to the tribunal] 2. **Possession of Documents:** The requested [description of documents] are not in the possession of [requesting party]; [statement that the documents are not in the custody or control of the requesting party or statement of the reasons why it would be unreasonably burdensome for the requesting party to produce the documents] The [requesting party] knows that the [descrip-	[Counter party] objects to [requesting party]'s request for the production of these documents on the grounds set out below. 1. **[counter party] is not in possession of the requested documents** The documents requested by the [requesting party] are not identifiable, at least not for the [counter party]. It remains unclear which documents are referred to. 2. **[requesting party] has failed to provide narrow and specified requests** Under Article 3.3(a)(i) and (ii) of the IBA Rules, a request for the production of documents shall contain a description of each requested document sufficient to identify it, or a description in sufficient detail of a narrow and specific category of documents that are reasonably believed to exist. With respect to the [categories of documents] requested, [requesting party]'s request is so excessive and broad that it fails to comply with these requirements. Contrary to [requesting party's] allegations, the request is formulated too generally and too broad. It is obviously aimed at a fishing expedition and is meant to enable a substantiated reasoning of [requesting party's] arguments. Such requests are inadmissible. It is thus not allowed to request documents that possibly do not exist and are to enable the reasoning of a submission. The requirement of specificity set out in the IBA Rules accords with what is accepted as best practice in most arbitrations. The ICC Bulletin's 2006 Special Supplement on Document Production in International Arbitration, for example, explains as follows (Hamilton, in: Document Production in International Arbitrations, ICC Bulletin 2006 Special Supplement, S. 71):	

No.	Documents or categories of documents requested	[requesting party]'s reasoning and justification for the requests	[counter party]'s objections to the request	Decision by the Arbitral Tribunal
		tion of documents] are in the possession of [counterparty]/it is highly likely that the [description of documents] are in the possession of [counterparty] because [statement of the reasons why the requesting party assumes the documents are in the possession, custody or control of another party]	"The document requests ... are not intended ... to be used by party to seek documents which may or may not exist, and also may or may not ultimately prove relevant, all in order to weave a claim. The purpose of such document requests, rather, is to obtain documents to prove specific factual allegations previously made by a party in its pleadings." The requirements for specification are further described as follows [Hanotiau, Document Production in International Arbitrations: A Tentative Definition of 'Best Practices', ICC Bulletin 2006 Special Supplement: Document Production in International Arbitration, p. 117]: *"[S]weeping requests asking for 'all documents relating to' or 'all minutes of the board' over a long period of time will not usually satisfy the criterion of specificity. The specificity requirement serves a number of purposes: it prevents 'fishing expeditions', helps to ensure the relevance of the documents sought, and saves a party from having to engage in a burdensome and costly exercise that at first blush does not appear indispensable."* [requesting party]'s requests are precisely of the kind that do not satisfy the criterion of specificity. In other words, the request is a "fishing expedition" and should be denied. 3. **[requesting party] has failed to provide statements as to how the requested documents are relevant to the case and material to its outcome** Pursuant to [Article 3.3(b) of the 2010 IBA Rules on the Taking of Evidence in International Commercial Arbitration (the "IBA Rules")], [requesting party] is obliged to explain in which way it considers each of the requested documents or categories of documents to be relevant to the case and material to its outcome.	

No.	Documents or categories of documents requested	[requesting party]'s reasoning and justification for the requests	[counter party]'s objections to the request	Decision by the Arbitral Tribunal
			[requesting party] is thus required to state which of its specific factual allegations it intends to prove with the requested document. The principle that the requesting party must describe to which of its factual allegations the requested documents are relevant has, for example, been described as follows (Hanotiau, *Document Production in International Arbitrations: A Tentative Definition of 'Best Practices'*, ICC Bulletin 2006 Special Supplement: Document Production in International Arbitration, p. 116): *"[I]t is suggested that the parties link their requests to the factual allegations in the submissions they have filed or to factual allegations they intend making in their upcoming submissions. In other words, the requesting party should be invited to make clear with reasonable particularity what facts or allegation(s) each document or category of documents sought is intended to establish."* The principle has also been commented on as follows (Derains, *Document Production in International Arbitration: Towards Greater Efficiency in Document Production before Arbitral Tribunals-A Continental Viewpoint*, ICC Bulletin 2006 Special Supplement: Document Production in International Arbitration, p. 87): *"Hence, a document production request that fails to clearly indicate the allegations the documents are supposed to prove and to explain that proof cannot be otherwise discharged should not be granted."* [requesting party] fails to meet the above described requirements. Instead, [requesting party] seeks to justify its requests by arguing that the requested documents relate to a [broad and extremely vague] issue [to be adapted to request] but without explaining, as it must, (i) the precise evidentiary relevance it believes the documents will have in proving [requesting party]'s allegations with respect to	

No.	Documents or categories of documents requested	[requesting party]'s reasoning and justification for the requests	[counter party]'s objections to the request	Decision by the Arbitral Tribunal
			such issue and (ii) the precise materiality of that issue to the outcome of the case. The consequence of not meeting the obligation to show which of the allegations are meant to be proven with the requested documents are described as follows (Derains, Document Production in International Arbitration: Towards Greater Efficiency in Document Production before Arbitral Tribunals-A Continental Viewpoint, ICC Bulletin 2006 Special Supplement: Document Production in International Arbitration, p. 87): *"Hence, a document production request that fails to clearly indicate the allegations the documents are supposed to prove and to explain that proof cannot be otherwise discharged should not be granted."* As the [requesting party] has failed to relate each individual request to its own substantive allegations, the request must be dismissed. 4. **[requesting party] has requested documents that are not relevant to the case or material to its outcome** [statements why requested documents are neither relevant nor material] 5. **[requesting party] has requested documents protected by [legal impediment] [privilege]** Under Article 9.2(b) of the IBA Rules, an arbitral tribunal shall exclude from production any document in relation to which there is legal impediment or privilege under the applicable legal or ethical rules. [statement why documents are protected by legal impediment (e.g. data protection law) or privilege (e.g. attorney-client privilege, settlement privilege)]	

No.	Documents or categories of documents requested	[requesting party]'s reasoning and justification for the requests	[counter party]'s objections to the request	Decision by the Arbitral Tribunal
			6. **[requesting party]'s request should be denied due to considerations of fairness and equality of the parties** Under Article 9.2(g) of the IBA Rules, considerations of fairness or equality of the parties is a ground for denying a request for production of documents. [statement why production of the requested documents would be unfair or violate the principle of equality of the parties] 7. **The production of the requested documents would place an unreasonable burden on [counter party]** [counter party] has not at this stage been able to fully investigate to what extent the requested documents exist and, if so, whether they would be possible and appropriate to produce. Given the broad scope and lack of specificity of [requesting party]'s request, such an exercise would likely take months and would indeed be unduly burdensome. Even in the event that the documents would have some evidentiary value, [requesting party]'s request would clearly place an unreasonable burden on [counter party] as the producing party. In the current situation, however, where [requesting party] has failed to explain what evidentiary value (if any) the requested documents may have, a search for the production of the requested documents would be particularly burdensome. The principle that a request for production of documents must not be unduly burdensome has, for example, been expressed as follows (Hamilton, *Document Production in ICC Arbitration*, ICC Bulletin 2006 Special Supplement: Document Production in International Arbitration, p. 73): *"Production of the documents should not impose an undue burden on the party required to produce them. [...] The efforts required of the producing party in assembling necessary docu-*	

No.	Documents or categories of documents requested	[requesting party]'s reasoning and justification for the requests	[counter party]'s objections to the request	Decision by the Arbitral Tribunal
			...ments should therefore be proportionate to the evidentiary value of the documents." As the request does not specify any evidentiary value of the requested documents, it should be denied for this reason pursuant to Article 9.2(c) of the IBA Rules. **8. [requesting party]'s request should be denied for reasons of proportionality** Under the IBA Rules, Article 9.2(g), considerations of proportionality may be relevant to deny a request for production of documents. Pursuant to the principle of proportionality, the requesting party's interest to obtain the documents should amongst other things be balanced against the other party's legitimate interest in not having to produce them. As described above, it is obvious that [counter party] would be under a significant burden if it were to produce the documents requested by [requesting party]. At the same time, many of the requested documents simply cannot have any value whatsoever as evidence. For the rest of the documents, it is not possible to establish the evidentiary value (if any) simply because [requesting party] has failed to state how the documents requested are relevant to the case and material to its outcome. As a result, [requesting party]'s corresponding scale pan is essentially empty and any proportionality assessment can only fall out to the benefit of [counter party]. Further, even in the event that [requesting party] would have provided statements as to how the documents requested would be relevant to the case and material to its outcome, the requests for production of documents are so broad that many of them would still be disproportionately burdensome to comply with.	

Artikel 26: Mündliche Verhandlungen

(1) Findet eine mündliche Verhandlung statt, so fordert das Schiedsgericht die Parteien rechtzeitig auf, an dem von ihm festgesetzten Tag und Ort zu erscheinen.

(2) Bleibt eine Partei trotz ordnungsgemäßer Ladung ohne ausreichende Entschuldigung aus, so ist das Schiedsgericht befugt, die mündliche Verhandlung durchzuführen.

(3) Das Schiedsgericht bestimmt den Ablauf der mündlichen Verhandlung, in der alle Parteien anwesend sein dürfen. Ohne Zustimmung des Schiedsgerichts und der Parteien sind an dem Verfahren nicht Beteiligte nicht zuzulassen.

(4) Die Parteien können persönlich erscheinen oder sich durch ordnungsgemäß bevollmächtigte Beauftragte vertreten lassen. Zusätzlich können sie von Beratern begleitet sein.

Article 26: Hearings

(1) When a hearing is to be held, the arbitral tribunal, giving reasonable notice, shall summon the parties to appear before it on the day and at the place fixed by it.

(2) If any of the parties, although duly summoned, fails to appear without valid excuse, the arbitral tribunal shall have the power to proceed with the hearing.

(3) The arbitral tribunal shall be in full charge of the hearings, at which all the parties shall be entitled to be present. Save with the approval of the arbitral tribunal and the parties, persons not involved in the proceedings shall not be admitted.

(4) The parties may appear in person or through duly authorized representatives. In addition, they may be assisted by advisers.

Regelungsschwerpunkte: Abs. 1 und 2 Die Vorschriften regeln, wann und wo eine mündliche Verhandlung stattfinden muss. Zugleich adressieren sie den Fall, dass eine ordnungsgemäß geladene Partei der mündlichen Verhandlung fernbleibt. In diesem Fall, darf das Schiedsgericht die Verhandlung dennoch durchführen. → Rz. 10 ff. **Abs. 3 und 4** Die Vorschriften regeln den Ablauf der mündlichen Verhandlung. Danach hat das Schiedsgericht großes Ermessen, wie es die mündliche Verhandlung gestaltet. Die Vorschriften stellen zudem klar, dass (nur) die Parteien, ihre Bevollmächtigten sowie ihre Berater in der mündlichen Verhandlung anwesend sein dürfen. → Rz. 14 ff. und Rz. 47 ff.

Kostenaspekte: Für die mündliche Verhandlung fallen Kosten an, insbesondere für die Räumlichkeiten und die „Court Reporter" sowie ggf. für Übersetzer. Hier gilt der Grundsatz, dass zunächst jede Partei die eigenen Kosten trägt, z.B. Kosten für Zeugen, Sachverständige, Reisekosten. Die sonstigen Kosten tragen die Parteien anteilig; sie sind regelmäßig nicht bereits im vom Sekretariat vereinnahmten Kostenvorschuss enthalten. Im Schiedsspruch wird das Schiedsgericht die endgültige Kostenverteilung festlegen. → Rz. 54 ff.

Inhalt

A. Allgemeines 1	III. Eröffnungsplädoyer („Opening Statement") 25
I. Normzweck 1	IV. Zeugen 28
II. Reform 3	V. Sachverständige 38
III. Verhältnis zu §§ 1047 Abs. 2, 1048 ZPO 4	VI. „Closing Statements" und „Post-Hearing Briefs" 42
IV. Vergleich mit den im staatlichen Verfahren geltenden Vorschriften 6	D. Säumnis einer Partei (Abs. 2)................... 44
B. Durchführung der mündlichen Verhandlung (Abs. 1) ... 10	E. Nichtöffentlichkeit der Verhandlung (Abs. 3, 4) 47
C. Ablauf der mündlichen Verhandlung (Abs. 3) 14	F. Kosten 54
I. Vorbereitung 14	G. Abweichende Parteivereinbarung 56
II. Strukturierung der mündlichen Verhandlung 20	

A. Allgemeines

I. Normzweck

1   Die Norm legt lediglich wenige allgemeine Prinzipien für die Durchführung einer mündlichen Verhandlung fest. Die ICC-SchO regelt nicht jedes Detail einer mündlichen Verhandlung, sondern will dem Schiedsgericht größtmöglichen Spielraum erhalten. Die ICC-SchO schreibt noch nicht einmal vor, dass eine mündliche Verhandlung zwingend stattfinden muss (vgl. hierzu Art. 25 Rz. 102).

2   Die mündliche Verhandlung stellt in nationalen wie internationalen Schiedsverfahren jedoch die Regel dar, so dass das „Ob" einer mündlichen Verhandlung in der Regel zwischen Schiedsgericht und den Partei-

en gar nicht diskutiert wird (*Risse* in: Böckstiegel/Kröll/Nacimiento, Arbitration in Germany, § 28 Rz. 2; *Redfern/Hunter*, International Arbitration, Rz. 6.183). So findet in der weit überwiegenden Zahl aller Schiedsverfahren nach ein oder zwei Schriftsatzrunden jedenfalls eine mündliche Verhandlung statt. Ein Schiedsverfahren lässt sich nämlich nur effizient durchführen, wenn die Verfahrensordnung schriftliche und mündliche Verfahrensschritte miteinander kombiniert und so die Vorteile beider Komponenten nutzt. Die mündlichen Verfahrensschritte beruhen auf der Überlegung, dass sich im Gespräch vieles besser und schneller klären lässt als in einem rein schriftlichen Verfahren. Insbesondere kann das Schiedsgericht Unklarheiten unmittelbar adressieren und aufklären. Dies funktioniert indes nur, wenn die Parteien den Streitgegenstand für die mündliche Verhandlung in Schriftsätzen aufbereitet haben und wenn die Beteiligten sich dementsprechend auf die mündliche Verhandlung vorbereiten konnten (Art. 25 Rz. 101 ff.).

II. Reform

Früher regelte Art. 21 ICC-SchO 1998 die Durchführung der mündlichen Verhandlung. Die Vorschrift hat durch die Reform keine Änderung erfahren und wurde wortgleich in Art. 26 ICC-SchO 2012 übernommen. 3

III. Verhältnis zu §§ 1047 Abs. 2, 1048 ZPO

Art. 26 Abs. 1 deckt sich mit § 1047 Abs. 2 ZPO, der ebenfalls das Schiedsgericht verpflichtet, die Parteien über den Termin der mündlichen Verhandlung bzw. einer Beweisaufnahme in Kenntnis zu setzen. 4

Die Regelung des Art. 26 Abs. 2 findet ihre Entsprechung in § 1048 ZPO, welcher dem Schiedsgericht ebenfalls die Befugnis einräumt, auch in Abwesenheit einer der Parteien die mündliche Verhandlung durchzuführen, ohne dass die Behauptungen der anwesenden Partei als zugestanden gelten. 5

IV. Vergleich mit den im staatlichen Verfahren geltenden Vorschriften

Die ZPO legt den Ort der mündlichen Verhandlung eindeutig fest. Er richtet sich nach den Vorschriften über die örtliche Zuständigkeit (§ 12 ff. ZPO). In der Regel hält das örtlich zuständige Gericht die mündliche Verhandlung in „seinem" Gerichtsgebäude ab. Allerdings kann das Gericht auch außerhalb des Gerichtsgebäudes mündlich verhandeln. 6

Dies kommt insbesondere dann in Betracht, wenn das Gericht vor Ort Beweis erhebt, z.B. durch Inaugenscheinnahme eines Grundstücks.

7   Anders als in § 330 ff. ZPO ergeben sich im schiedsgerichtlichen Verfahren aus der Säumnis nicht zwangsläufig negative Konsequenzen für die ausbleibende Partei. Insbesondere ist ein Versäumnisurteil in der ICC-Schiedsordnung nicht vorgesehen.

8   Staatliche Verfahren sind gemäß § 169 GVG, anders als Schiedsverfahren, grundsätzlich für die Öffentlichkeit zugänglich.

9   Mit Ausnahme der Verfahren vor den Amtsgerichten müssen sich die Parteien im staatlichen Verfahren vor Gericht durch einen Rechtsanwalt vertreten lassen (§ 78 ZPO). Im Schiedsverfahren gibt es keinen solchen Anwaltszwang. Es ist daher daher zulässig, dass z.B. ein Unternehmensvertreter das Schiedsverfahren ohne externen Rechtsanwalt führt. In der Praxis kommt dies aber nur selten vor.

B. Durchführung der mündlichen Verhandlung (Abs. 1)

Literatur: *Blessing*, The Arbitral Process. Part III: The Procedure before the Arbitral Tribunal, ICC Court Bulletin, Vol. 3 No. 2 (1992), S. 18 ff. (Chapter C); *International Bar Association*, IBA Rules on the Taking of Evidence in International Arbitration (2010); *ICC Arbitration Commission*, Report on Techniques for Controlling Time and Costs in Arbitration, 21.11.2012, Document Number: 861 E; *Meier*, Pre-hearing Conferences as a Means of Improving the Effectiveness of Arbitration, SchiedsVZ 2009, S. 152 ff.; *Wiebecke*, The Procedure leading up to the Hearing: Memorials and written statements of witnesses and experts – Summary of the typical elements and procedural steps prior to the hearing under civil law practice, SchiedsVZ 2011, S. 123 ff.

10 **Organisation durch das Schiedsgericht.** Das Schiedsgericht, nicht die Parteien, legt die Zeit und den Ort für die mündliche Verhandlung fest. Jedoch hat das Schiedsgericht den Termin für die mündliche Verhandlung „rechtzeitig" den Parteien mitzuteilen, so dass diesen genügend Gelegenheit bleibt, sich auf die Verhandlung einzustellen. Art. 26 Abs. 1 stellt allerdings keine Frist auf, die das Schiedsgericht bei der Anberaumung einer mündlichen Verhandlung einzuhalten hat. Insofern kommt es auf die Umstände des Einzelfalles an, welche Anforderungen an das Kriterium der Rechtzeitigkeit zu stellen sind. Regelmäßig wird die zu gewährende Frist bei komplizierten Fällen und weiten Entfernungen des Schiedsortes zu den Parteien länger sein müssen als bei einfach gelagerten Fällen, bei denen die Parteien ihren Sitz in der Nähe des Schiedsortes führen. In jedem Fall müssen die Parteien genügend Zeit haben,

um sich auf die mündliche Verhandlung angemessen vorbereiten zu können.

In der Praxis wird das Schiedsgericht versuchen, den Termin im Einvernehmen mit den Parteien festzulegen. Erfahrene Schiedsrichter stimmen möglichst frühzeitig mit den Parteien den Zeitpunkt der mündlichen Verhandlung ab, um sicherzustellen, dass alle Beteiligten (Parteien, Zeugen, Schiedsrichter) verfügbar sind. Nur wenn eine der Parteien das Verfahren zu verzögern versucht oder wenn sich die Parteien nicht auf einen Termin einigen können, wird das Schiedsgericht auch gegen den Willen einer Partei einen Termin festlegen, denn es muss auch seine Verpflichtung beachten, das Verfahren zügig und effizient zu führen (Art. 22; *Fry/Greenberg/Mazza*, The Secretariat's Guide to ICC Arbitration, Rz. 3-990). Dennoch dauert die mündliche Verhandlung im Schiedsverfahren häufig deutlich länger als im staatlichen Prozess. Es kommt durchaus vor, dass für eine mündliche Verhandlung mit Beweisaufnahme mehrere Tage benötigt werden. 11

Das Schiedsgericht darf grundsätzlich den Ort für die mündliche Verhandlung frei wählen (Art. 18 Abs. 2, 3). Die Befugnis des Schiedsgerichts, den Ort der mündlichen Verhandlung frei zu wählen, wird durch Art. 18 allerdings eingeschränkt. Die Parteien als Herren des Verfahrens haben das Recht, den Ort für die mündliche Verhandlung selbst zu bestimmen. Haben die Parteien keine Regelung getroffen, kann das Schiedsgericht jeden „ihm geeignet erscheinenden Ort" nach Anhörung der Parteien als Schiedsort bestimmen. In der Praxis einigen sich die Verfahrensbeteiligten meist auf einen Ort, der für alle Beteiligten am praktischsten ist. Dabei spielen Überlegungen zu den Reisewegen, der Infrastruktur am Verhandlungsort u.Ä. eine Rolle. Häufig findet die mündliche Verhandlung in einem Hotel oder Konferenzzentrum statt. Deutlich günstiger ist es, wenn eine der beteiligten Anwaltskanzleien (häufig die des Vorsitzenden Schiedsrichters) entsprechende Räume zur Verfügung stellen kann. Die ICC stellt in Paris mit dem ICC-Hearing Centre ebenfalls sehr gut ausgestattete Räumlichkeiten zur Verfügung. Es ist auch grundsätzlich zulässig, dass eine mündliche Verhandlung per Video- oder Telefonkonferenz geführt wird. Üblich ist dies bei organisatorischen Besprechungen, z.B. zu Beginn des Verfahrens, um den Verfahrensablauf abzustimmen. Einen vollständigen Ersatz der mündlichen Verhandlung kann eine Video- oder Telefonkonferenz jedoch nur darstellen, wenn die Parteien dem zustimmen, weil eine solche „mündliche Verhandlung" eine andere Qualität hat als ein persönliches Treffen. 12

13 Zwar muss das Schiedsgericht in der Regel die mündliche Verhandlung nicht am Schiedsort führen (vgl. Art. 18 Abs. 1). Können sich die Parteien jedoch nicht auf einen Ort für die mündliche Verhandlung einigen, muss das Schiedsgericht den Verhandlungsort einseitig festlegen. Meist läuft dies dann auf den Ort des Schiedsverfahrens hinaus. Nach manchen staatlichen Vorschriften zu Schiedsverfahren ist es sogar zwingend, dass zumindest eine mündliche Verhandlung am Sitz des Schiedsgerichts durchgeführt wird (z.B. nach dem Recht von Kalifornien).

C. Ablauf der mündlichen Verhandlung (Abs. 3)

Literatur: Wie vor Rz. 10, zusätzlich: ICC Arbitration Commission, Report on Techniques for Controlling Time and Costs in Arbitration, 2012; *Schlosser*, Befugnisse und Pflichten des Schiedsgerichtsobmanns, SchiedsVZ 2003, S. 1 ff.; *Schlosser*, Verfahrensrechtliche und berufsrechtliche Zulässigkeit der Zeugenvorbereitung, SchiedsVZ 2004, S. 225 ff.; *Schürmann*, Plädieren durch die Hintertür – Pleading through the back door, ASA Bulletin, Vol. 24 No. 3 (2006), S. 433 ff.; *Stumpe*, Participation of Amici Curiae in Investment Treaty Arbitration, SchiedsVZ 2008, S. 125 ff.

I. Vorbereitung

14 **Organisatorisches.** Dem **Vorsitzenden** kommt die Aufgabe zu, die mündliche Verhandlung in organisatorischer Hinsicht vorzubereiten. Er muss sich um die Bereitstellung von **Räumlichkeiten** für die Verhandlung kümmern (einschließlich der sog. „break-out rooms" für die Parteien, in welche diese sich zur Beratung zurückziehen können). Der Vorsitzende organisiert zudem, wenn die Parteien dies wünschen, einen **Protokollführer (Court Reporter)**. Dadurch können erhebliche Kosten entstehen, die vom Kostenvorschuss, den die ICC vereinnahmt hat, grundsätzlich nicht abgedeckt sind. In Schiedsverfahren mit einem kleineren Streitwert kann es sich daher empfehlen, auf die Hinzuziehung eines *Court Reporters* zu verzichten. Als Alternative zum *Court Reporter* kommt der Einsatz eines Aufnahmegeräts durch das Schiedsgericht oder der völlige Verzicht auf ein Wortprotokoll und stattdessen eine Protokollierung wesentlicher Erklärungen und Vorgänge in Anlehnung an §§ 159 ff. ZPO in Betracht. Üblicherweise sind die **Parteien** hingegen selbst dafür verantwortlich, für **Übersetzer** zu sorgen, wenn die Parteien oder ihre Zeugen bzw. Sachverständigen die Verfahrenssprache nicht sprechen. Das Schiedsgericht sollte auch möglichst frühzeitig die geplante **Tagesordnung** für die mündliche Verhandlung festlegen. Die Parteien und Zeugen sollten möglichst früh den Ablauf der Verhandlung kennen, um sich ent-

sprechend vorbereiten zu können. – Bei der Vorbereitung der mündlichen Verhandlung kann sich der Vorsitzende der Dienste eines ggf. bestellten **Sekretärs des Schiedsgerichts** bedienen (dazu Vor Art. 11 Rz. 11 ff.).

Es versteht sich von selbst, dass die Parteien rechtzeitig über Termin und Ort der mündlichen Verhandlung informiert werden müssen. Die Parteien müssen sich ausreichend auf die mündliche Verhandlung **vorbereiten** können. Daher müssen sie wissen, was Gegenstand der Verhandlung sein wird, und sie müssen Zugang zu den verfahrensgegenständlichen Unterlagen haben. Reicht eine Partei unmittelbar vor einer mündlichen Verhandlung neuen Vortrag oder neue Beweismittel ein, so können diese nicht ohne weiteres Gegenstand der mündlichen Verhandlung sein. 15

Diese organisatorischen Fragen klärt das Schiedsgericht meist mit den Parteien in einer **Telefonkonferenz** („**Pre-Hearing Conference Call**"). Anschließend fasst das Schiedsgericht die Vereinbarung in einer **Verfahrensleitenden Verfügung** zusammen und entscheidet diejenigen Punkte, über welche die Parteien keine Einigung erzielt haben. 16

Vor allem wenn es sich um ein komplexes Verfahren handelt, ordnen Schiedsgerichte sog. „**Pre-Hearing Briefs**" an. In diesen Schriftsätzen sollen die Parteien den bisherigen Sach- und Streitstand für das Schiedsgericht zur Vorbereitung der mündlichen Verhandlung zusammenfassen. Viele Schiedsgerichte fordern die Parteien in solchen Verfahren auch auf, eine gemeinsame chronologische Liste mit Anlagen und der dramatis personae vorzulegen und/oder die wichtigsten Anlagen zusammenzustellen und in einem „**Common Hearing Bundle**" vorzulegen. 17

Protokoll. In Schiedsverfahren wird wie im staatlichen Verfahren über die mündliche Verhandlung meist ein Protokoll aufgenommen (vgl. Rz. 11). Dies ist auch wichtig, damit die Parteien in ihren „**Post-Hearing Briefs**" die Beweisaufnahme im Detail würdigen können. Dies erleichtert dem Schiedsgericht wiederum die Entscheidung des Rechtsstreits. Zugleich kann das Protokoll in einem **Aufhebungsverfahren** von Bedeutung sein. Häufig wird vor allem in „deutschen" Schiedsverfahren nur ein abgekürztes Protokoll geführt. Der Vorsitzende des Schiedsgerichts diktiert eine Zusammenfassung der jeweiligen Zeugenaussage oder der Aussage der Parteien und lässt sich diese von den Parteien bestätigen (*Lachmann*, Handbuch für die Schiedsgerichtsbarkeit, Rz. 817; *Sachs/Lörcher* in: Böckstiegel/Kröll/Nacimiento, Arbitration in Germany, § 1047 ZPO Rz. 8). Vor allem in kleineren Verfahren wird dies häufig so praktiziert. Eines *Court Reporters* bedarf es dann nicht (vgl. Rz. 11). 18

19 Im Ausland stößt die Praxis zusammenfassender Protokolle auf Kritik, so dass das Schiedsgericht ein solches Vorgehen jedenfalls vermeiden sollte, wenn das Verfahren einen entsprechenden internationalen Bezug aufweist und sich ein zusammenfassendes Protokoll als problematisch erweisen könnte. Auch ist das zusammenfassende Protokoll durch den Vorsitzenden häufig ungenau und gibt die Zeugenaussage naturgemäß nicht exakt wieder. Es ist daher vorzuziehen, ein **Wortprotokoll** anfertigen zu lassen. Hierfür gibt es spezielle Dienstleister. Arbeiten die Parteien nur mit einem Protokollführer („Court Reporter"), erhalten sie das Wortprotokoll einige Tage nach der mündlichen Verhandlung. Viele Dienstleister bieten auch an, dass die Parteien an jedem Verhandlungstag (abends) das Wortprotokoll erhalten. Die Parteien können dann die nächsten Verhandlungstage oder das Schlussplädoyer bereits mit dem Protokoll vorbereiten. Zudem bieten „Court Reporter" sog. **„Live Notes"** an: Die Parteien sehen dann auf einem Laptop „live" das mitgeschriebene Protokoll und können mithilfe des Laptops gleich wichtige Aussagen markieren oder kommentieren. „Live Notes" helfen auch, wenn man kurzfristig verifizieren möchte, ob ein Zeuge nun eine bestimmte Aussage gemacht hat oder nicht. Solche Protokolle sind aber deutlich **aufwändiger und teurer**, erfordern sie doch mindestens zwei abwechselnd tätige Protokollführer und entsprechende technische Ausstattung.

II. Strukturierung der mündlichen Verhandlung

20 Das Schiedsgericht hat ein **weites Ermessen**, wie es die mündliche Verhandlung durchführt. In internationalen Schiedsverfahren werden meist die kontinentaleuropäische („Civil Law") und die anglo-amerikanische („Common Law") Rechtstradition kombiniert, und es wird ein Mittelweg zwischen beiden Systemen gesucht. Die IBA Rules on the Taking of Evidence in International Arbitration zeigen deutlich, wie im Schiedsverfahrensbereich die Regeln beider Systeme kombiniert werden (vgl. Art. 25 Rz. 10 ff.).

21 Maßgeblich ist häufig, welchen **Hintergrund die Schiedsrichter** haben. Ein deutscher Rechtsanwalt wird das Verfahren anders führen als ein englischer Barrister. Vor allem in anglo-amerikanisch geprägten Verfahren nimmt das Schiedsgericht eine eher **passive Rolle** ein. Im Wesentlichen führen die Anwälte das Verfahren und bestimmen, welche Punkte relevant sind und damit Gegenstand des Verfahrens werden. Im deutschen Rechtsraum kommt dem Schiedsrichter eine aktivere Rolle zu. Er muss anhand der sog. **Relationstechnik** bestimmen, ob der Klägervortrag

schlüssig und der Beklagtenvortrag erheblich ist. Nur wenn der Kläger bzw. der Beklagte Tatsachen vorträgt, die das jeweilige Rechtsbegehren stützen, kommt es auf diese Tatsachen an. Zudem wird der Schiedsrichter nur über solche Tatsachen Beweis erheben, die zwischen den Parteien streitig und für seine Entscheidung ergebnisrelevant sind. Das Schiedsverfahren kann also unter Umständen dadurch **effektiv** geführt werden, dass das Schiedsgericht in einem **frühen Stadium** eine **mündliche Verhandlung** abhält, in der das Schiedsgericht – mit den Parteien – Relevantes und Irrelevantes voneinander trennt. Das Schiedsgericht kann dabei, soweit die Parteien dem zustimmen, bereits seine vorläufige Rechtsauffassung äußern und so die Parteien darauf hinweisen, welche Punkte überhaupt noch relevant sind. Die Parteien können dann entscheiden, ob sie zusätzlich Zeit und Geld darauf verwenden, den als irrelevant eingestuften Punkt weiter aufzuklären. Zudem kann das Schiedsgericht aussortieren, welche Beweismittel (insbesondere Zeugen und Sachverständige) relevant sind und welcher Beweis daher erhoben werden muss. Eine solche frühe mündliche Verhandlung kann im weiteren Verfahrensverlauf viel Zeit und Geld sparen, wird aber nur selten durchgeführt. Insbesondere sind Schiedsrichter mitunter nicht dazu geneigt, ihre (vorläufige) Rechtsauffassung mit den Parteien zu erörtern, da eine derartige – im deutschen staatlichen Verfahren übliche und obligatorische – Verfahrensweise zu (regelmäßig unbegründeten) Befangenheitsanträgen Anlass geben kann.

22 Häufig spielt in tatsächlicher Hinsicht auch eine Rolle, **aus welchen Ländern die Parteien kommen und wo der Schiedsort liegt**. Ein Verfahren zwischen zwei deutschen Unternehmen mit Schiedsort München und bei Anwendung deutschen Rechts wird sich eher dem kontinentaleuropäischen System annähern als ein internationales Verfahren mit Schiedsort Genf und Parteien aus verschiedenen Ländern.

23 Die Schiedsrichter sind gehalten, das **Verfahren effektiv zu führen**. Die ICC Commission hat in dem Bericht „Techniques for Controlling Time and Costs in Arbitration" Empfehlungen zusammengestellt, wie Schiedsgerichte Verfahren effektiver führen können. Daher werden die Schiedsrichter versuchen, alle Fragen und Beweismittel in einer mündlichen Verhandlung abzuarbeiten. Der mündlichen Verhandlung schließt sich dann nur noch eine Schriftsatzrunde an, in der die Parteien zur mündlichen Verhandlung, insbesondere zur Beweisaufnahme, Stellung nehmen. Es kommt aber durchaus vor, dass das Schiedsgericht bzw. die Parteien auf einen solchen **„Post-Hearing Brief"** ganz verzichten. Andere Schiedsgerichte drängen auf zwei Runden „Post-Hearing Briefs", da-

mit jede Seite auf ggf. neue Argumente der anderen Seite nochmals erwidern kann.

24 Bei der Gestaltung der mündlichen Verhandlung muss das Schiedsgericht den Parteien **gleichermaßen die Möglichkeit geben, ihren Fall** zu **präsentieren** (Grundsatz der Gleichbehandlung und Recht auf rechtliches Gehör). Dies bedeutet in der Regel, dass die Parteien dieselbe Zeit zur Verfügung haben. Schiedsgerichte verwenden in längeren mündlichen Verhandlungen häufig eine Schachuhr, um zu ermitteln, wie viel Zeit jede Seite für sich in Anspruch genommen hat. Im Vorfeld der Verhandlung legt das Schiedsgericht zudem fest, wie viel Zeit jeder Seite für Plädoyers, Zeugenbefragungen etc. jeweils zur Verfügung steht.

III. Eröffnungsplädoyer („Opening Statement")

25 Im Schiedsverfahren haben die Parteien eine deutlich aktivere Rolle als im deutschen staatlichen Prozess. Häufig beginnt die mündliche Verhandlung daher mit einem ausführlichen **Eröffnungsplädoyer** („**Opening Statement**"). Im Eröffnungsplädoyer haben die Parteien die Möglichkeit, dem Schiedsgericht ihre Position nochmals darzulegen. Der Nutzen eines solchen Plädoyers wird unterschiedlich beurteilt. Meist wird behauptet, dass die Schiedsrichter ohnehin vorbereitet seien und die Akte im Detail kennen. Es sei daher unnötig, zusätzlich zu den Schriftsätzen noch eine mündliche Zusammenfassung zu bekommen. In der Praxis erweist sich dies jedoch leider als Idealvorstellung. Selten sind alle drei Schiedsrichter wirklich so gut vorbereitet, dass ein Eröffnungsplädoyer seinen Sinn verliert. Aber auch wenn die Schiedsrichter die Akte kennen, ist es sinnvoll, wenn die Parteien zu Verfahrensbeginn ihre zentralen Argumente nochmals zusammenfassen. Das Verfahren läuft zu diesem Zeitpunkt bereits seit einiger Zeit, so dass sich manche Punkte erledigt haben mögen und andere in den Vordergrund getreten sind. Vor allem in umfangreichen Verfahren bietet sich an, das Schiedsgericht im Eröffnungsplädoyer durch die wichtigen Anlagen zu führen (insbesondere wenn die Parteien kein „Common Hearing Bundle" vorgelegt haben, vgl. Rz. 17), z.B. indem ein „Opening Bundle" vorbereitet wird, welches die wichtigsten Anlagen aus der Akte enthält. So erleichtern die Parteien dem Schiedsgericht die Arbeit und fokussieren den Rechtsstreit auf die relevanten Punkte. Auch dies dient dem effektiven Ablauf der mündlichen Verhandlung. Die Parteien können sich im Eröffnungsplädoyer auch visueller Hilfsmittel bedienen, welche den Streitgegenstand verdeutlichen. Es ist meist viel anschaulicher, mit Bildern oder 3D-Mo-

dellen zu arbeiten, als nur mit dem gesprochenen Wort. Immer häufiger nutzen die Parteien spezielle Software zur visuellen Unterstützung.

Nur selten führen die Schiedsrichter zu Beginn des Verfahrens in den Sach- und Streitstand ein und erläutern ihre – vorläufige – Rechtsauffassung. Schon eher, allerdings auch dann meist nur nach Aufforderung durch die Parteien, bietet das Schiedsgericht am Ende der mündlichen Verhandlung an, einen **Vergleichsvorschlag** zu unterbreiten und dabei die vorläufige Rechtsauffassung des Schiedsgerichts darzustellen. Die Schiedsrichter müssen dabei berücksichtigen, dass nach manchen Rechtstraditionen (z.B. in Schweden) ein Gericht sich unter keinen Umständen zur vorläufigen Rechtseinschätzung oder zu einem Vergleichsvorschlag äußern darf, will es den Eindruck der Befangenheit vermeiden. 26

Es kann aber durchaus der **Effizienz** des Verfahrens dienen, wenn ein Schiedsgericht sich bereits in einem frühen Stadium zur Rechtslage äußert: Das Schiedsgericht kann den Parteien so helfen, sich auf die entscheidungserheblichen Punkte zu konzentrieren. Die Parteien können dann entscheiden, ob sie einen Gesichtspunkt aufgeben, weil das Schiedsgericht dem Argument ohnehin nicht folgen wird, oder ob sie gerade weitere Argumente zu diesem Gesichtspunkt vortragen, um das Schiedsgericht dennoch zu überzeugen. Auch ist es nicht sinnvoll, wenn das Schiedsgericht einfach alle angebotenen Zeugen hört und erst danach aussortiert, welche Aussagen relevant sind und welche nicht. Deutlich effektiver ist es, wenn das Schiedsgericht sich bereits vor der mündlichen Verhandlung ein Bild von der Rechtslage macht und nur die Zeugen hört, deren Aussagen für die Entscheidung relevant sind. 27

IV. Zeugen

Im Zentrum der mündlichen Verhandlung steht in aller Regel die Beweisaufnahme durch Zeugenbefragung (vgl. Art. 25 Rz. 19 zur Vernehmung von Parteivertretern/Organen als Zeugen). 28

Meist folgen Schiedsgerichte dabei einem vom **anglo-amerikanischen System** geprägten Muster (vgl. auch Art. 8 der IBA Rules on the Taking of Evidence in International Arbitration, Art. 25 Rz. 31 ff.). Das bedeutet: 29

Die Partei, welche den Zeugen benannt hat, hat im Laufe des Verfahrens eine **schriftliche Aussage des Zeugen** eingereicht. Meist wird diese nach einem ausführlichen Gespräch mit dem Zeugen vom Anwalt geschrie- 30 ben. Die Verantwortung für die Richtigkeit der Aussage bleibt natürlich beim Zeugen (ausführlicher Art. 25 Rz. 27 ff.). Die andere Partei hat sodann das **Recht, den Zeugen in der mündlichen Verhandlung zu befragen.** Tut sie dies nicht, bleibt die schriftliche Aussage des Zeugen bestehen; ein Geständnis ist damit aber nicht verbunden. Das Schiedsgericht fragt die Parteien rechtzeitig vor der mündlichen Verhandlung, welche der von der jeweiligen Gegenpartei benannten Zeugen zur mündlichen Verhandlung erscheinen sollen. Eine **schriftliche Zeugenaussage ist unbeachtlich, wenn der Zeuge in der mündlichen Verhandlung nicht erscheint**, obwohl die Gegenpartei seine Vernehmung gewünscht hat. Die andere Partei hätte sonst keine Möglichkeit, den Zeugen ins Kreuzverhör zu nehmen und die schriftliche Aussage des Zeugen auf Glaubhaftigkeit und den Zeugen auf seine Glaubwürdigkeit zu prüfen. Auch Art. 4.7 der IBA Rules on the Taking of Evidence in International Arbitration sieht vor, dass eine schriftliche Zeugenaussage eines Zeugen, der nicht erscheint, nicht beachtet wird. Das Schiedsgericht hat umgekehrt keine Pflicht, den nicht erscheinenden Zeugen – ggf. unter Zuhilfenahme staatlicher Gerichte – zur Aussage zu zwingen.

31 Die den Zeugen **benennende Partei hat grundsätzlich nicht das Recht, den Zeugen in den Zeugenstand zu rufen,** weil sie ja bereits die schriftliche Zeugenaussage eingereicht hat und darüber ohnehin nicht hinausgehen dürfte. Häufig sind Schiedsgerichte hier jedoch großzügig.

32 „Direct Examination" und „Cross Examination". Die Partei, die den Zeugen benannt hat, hat zunächst das Recht, dem Zeugen in der sog. „Direct Examination" Fragen zu stellen. Die Partei sollte dabei **offene Fragen** formulieren, also Fragen, die der Zeuge nicht nur mit „ja" oder „nein" beantworten kann. Diese Fragerunde muss sich auf den Inhalt der schriftlichen Zeugenaussage beschränken, darf also nicht neue Themen in den Zeugenbeweis stellen. Dies führt dazu, dass der Zeuge in der „Direct Examination" letztlich seine schriftliche Zeugenaussage wiederholt. Dennoch ist eine solche „Direct Examination" sinnvoll, weil sie in die vom Zeugen angesprochenen Themen einführt und weil der Zeuge auf diese Weise Zeit hat, sich an das ihm ungewohnte Umfeld einer mündlichen Verhandlung zu gewöhnen.

33 Der „Direct Examination" folgt die sog. „Cross Examination" (das Kreuzverhör) durch den Anwalt der Gegenseite. Er darf allerdings auch **geschlossene Fragen** stellen (leading questions), die der Zeuge nur mit „ja" oder „nein" beantworten kann.

Der Anwalt ist gut beraten, nur geschlossene Fragen zu stellen. Er verfolgt mit seiner Befragung schließlich das Ziel, dass der „gegnerische" Zeuge entweder den Sachvortrag der anderen Partei bestätigt oder dass er sich in Widersprüche verwickelt und unglaubwürdig wird. Dies gelingt dem Anwalt nur, wenn er den Zeugen mit geschlossenen Fragen kontrolliert: Entweder gibt der Zeuge die gewünschte Antwort, oder der Anwalt muss in der Lage sein, die Antwort des Zeugen – z.B. durch ein Dokument – zu widerlegen. Der Zeuge soll gerade kein Forum bekommen, in dem er einen zutage tretenden Widerspruch erklären kann. Deshalb wird der Anwalt den Zeugen nicht nach Schlussfolgerungen fragen, sondern diese (erst) im Schlussplädoyer oder im „Post-Hearing Brief" darlegen. 34

Der „Cross Examination" folgt die „Re-direct Examination". Der Anwalt, der den Zeugen benannt hat, darf versuchen, mit offenen Fragen den „Schaden" der „Cross Examination" zu reparieren. Diese Fragerunde dient dazu, Missverständnisse klarzustellen oder eine verkürzte Aussage des Zeugen zu ergänzen. Die sich anschließende „Re-cross Examination" ist auf die Themen der „Re-direct Examination" beschränkt. Je nach dem Verlauf der Befragung verzichten die Parteien aber auch durchaus auf die „Re-direct" oder „Re-cross Examination". Gibt es keine „Re-direct Examination", entfällt zwingend auch die „Re-cross Examination", weil sich diese stets nur auf die „Re-direct Examination" beziehen darf. 35

Das Schiedsgericht hat natürlich zu jeder Zeit das Recht, dem Zeugen Fragen zu stellen. 36

Hat das Schiedsverfahren einen engen Bezug zum deutschen Rechtsraum (oder einer anderen kontinentaleuropäischen Rechtsordnung), verfahren Schiedsgerichte gerade in kleineren Verfahren häufig nach dem System der deutschen ZPO: Danach bestimmt das Schiedsgericht, welche Zeugen für die Entscheidung relevant sind und daher gehört werden sollen. Zunächst befragt das Schiedsgericht dann den Zeugen, bevor die Parteien die Gelegenheit haben, eigene Fragen zu stellen. Alternativ kommt auch in Betracht, den Zeugen zunächst im Zusammenhang schildern zu lassen, welche Wahrnehmungen er zu dem ihm bekannten Gegenstand des Verfahrens (oder enger: zum Beweisthema) gemacht hat. 37

V. Sachverständige

38 In der mündlichen Verhandlung treten häufig Sachverständige auf, um insbesondere bei technischen Themen dem Schiedsgericht das erforderliche Wissen zu vermitteln, aber auch, um Rechtsfragen zu klären.

39 In der Regel ist es auch hier Sache der **Parteien**, einen Sachverständigen zu beauftragen und ein Sachverständigengutachten vorzulegen (zum Sachverständigenbeweis Art. 25 Rz. 77 ff.). Die andere Partei hat dann das Recht, den Sachverständigen zu befragen. Dabei verläuft die Befragung nach demselben System wie bei der Zeugeneinvernahme: Direct Examination – Cross Examination – Re-direct Examination – Re-cross Examination. Auch hier hat das Schiedsgericht das Recht, dem Sachverständigen weitere Fragen zu stellen.

40 Beim sog. „**Expert Conferencing**" werden die Sachverständigen für einen bestimmten Themenkomplex gemeinsam vernommen. Das Schiedsgericht und später die Parteien stellen ihre Fragen an alle Sachverständigen gemeinsam. Dies hilft dem Schiedsgericht, die Materie zu verstehen. Die Sachverständigen können die unproblematischen Punkte bestätigen und gemeinsam erläutern. Sehr rasch wird klar, wo die Sachverständigen sich uneinig sind und was die Argumente für die eine oder andere Position sind. Das Schiedsgericht kann so viel leichter Nachfragen stellen, als wenn es die Sachverständigen nur nacheinander und getrennt voneinander anhört. Das Schiedsgericht muss sich vor der Beweisaufnahme daher überlegen, wie es Sachverständige vernehmen möchte.

41 Das Schiedsgericht hat aber auch das Recht, selbst einen – **gerichtlichen – Sachverständigen** zu ernennen (Art. 25 Rz. 79).

VI. „Closing Statements" und „Post-Hearing Briefs"

42 Häufig schließt die mündliche Verhandlung mit einem **Schlussplädoyer** („**Closing Statement**"). In diesem haben die Parteien die Gelegenheit, die mündliche Verhandlung, insbesondere das Ergebnis der Beweisaufnahme, zusammenzufassen. Einer formalisierten Wiederholung der bereits schriftlich gestellten Anträge für das Protokoll – wie im staatlichen Verfahren – bedarf es nicht.

43 **Schlussplädoyers** sind dann hilfreich, wenn das Schiedsgericht sich nach der mündlichen Verhandlung unmittelbar zu einer ersten Beratung zurückzieht. Dann hilft das Schlussplädoyer dem Schiedsgericht, die wichtigen Punkte der mündlichen Verhandlung beurteilen zu können. In den

anderen Fällen wird das Schiedsgericht eher die nach der mündlichen Verhandlung eingereichten Schriftsätze heranziehen; ein Schlussplädoyer hat dann nur einen geringen Zusatzwert, weil das Schiedsgericht einen Schriftsatz einfacher verarbeiten kann. Hier hängt vieles von den Vorlieben des Schiedsgerichts ab.

D. Säumnis einer Partei (Abs. 2)

Art. 26 Abs. 2 gibt dem Schiedsgericht das Recht, die **mündliche Verhandlung auch in Abwesenheit einer Partei durchzuführen**, sofern diese ordnungsgemäß geladen wurde und ohne ausreichende Entschuldigung der Verhandlung fernbleibt. Damit verletzt das Schiedsgericht das rechtliche Gehör der fernbleibenden Partei nicht. Nimmt eine Partei freiwillig an einer mündlichen Verhandlung nicht teil, liegt darin – insoweit – ein Verzicht der Partei auf ihren Anspruch auf **rechtliches Gehör**. 44

Nicht geregelt ist, welches die Kriterien für eine „**ausreichende Entschuldigung**" einer Partei sind. Insofern steht es im Ermessen des Schiedsgerichts, welche Entschuldigungsgründe es anerkennt. Maßgeblich ist dabei, inwieweit das Nichterscheinen einer Partei als Verzicht auf das rechtliche Gehör der nichterschienenen Partei verstanden werden muss. Zudem kann das rechtliche Gehör auch ohne Verzicht eingeschränkt werden: Das Schiedsgericht muss das Verfahren zügig führen, um den Justizgewährleistungsanspruch der Parteien zu erfüllen. Unsachgemäße Verzögerungen durch eine Partei muss das Schiedsgericht nicht hinnehmen, weil dadurch der Rechtsschutz der anderen Partei eingeschränkt würde. Allerdings wird das Schiedsgericht hier umsichtig agieren müssen, weil eine Verletzung des **Rechts auf rechtliches Gehör** zur Anfechtbarkeit des Schiedsspruchs führt. Für den Fall, dass ein Verschieben der mündlichen Verhandlung aufgrund Verhinderung einer Partei zu zusätzlichen Kosten führt, kann das Schiedsgericht die Tragung solcher Kosten der Partei auferlegen, die Terminverlegung verursacht hat. 45

Verhandelt das Schiedsgericht in Abwesenheit einer der Parteien, besteht für die erschienene Partei keine Möglichkeit, mit Hilfe einer **Geständnisfiktion** ein Versäumnisurteil zu erlangen. Die ICC-SchO kennt keine dem Versäumnisurteil der ZPO entsprechenden Vorschriften. Insbesondere ist der Kläger bei der Säumnis des Beklagten weiterhin verpflichtet, Beweis zu erbringen für die von ihm behaupteten entscheidungserheblichen Tatsachen. Das Schiedsgericht hat daher auch in Abwesenheit einer der Parteien den **Sachverhalt zu ermitteln**. Dabei 46 muss das Gericht jedoch nicht jedem denkbaren Vorbringen der abwesenden Partei nachgehen und sich somit gleichermaßen zum „Anwalt" der säumigen Partei machen.

E. Nichtöffentlichkeit der Verhandlung (Abs. 3, 4)

47   Zur mündlichen Verhandlung sind – eine Selbstverständlichkeit in rechtsstaatlichen Verfahren – die **Parteien und deren Berater zuzulassen**. Es besteht zwar **kein Anwaltszwang**, jedoch steht es den Parteien frei, sich durch Bevollmächtigte vertreten zu lassen. In der Praxis ist es freilich üblich, dass die Parteien sich durch einen Rechtsanwalt vertreten lassen.

48   Die **Parteien** haben ein **Anwesenheitsrecht** bei allen Verfahrensabschnitten. Sie dürfen an allen mündlichen Verhandlungen teilnehmen, ob eine Beweisaufnahme stattfindet oder nicht. Etwas anderes kann gelten, wenn ein Vertreter einer Partei gleichzeitig als Zeuge gehört werden soll; dann muss diese Person der mündlichen Verhandlung gewöhnlich bis zum Zeitpunkt seiner Einvernahme fernbleiben. Ordnet das Schiedsgericht eine separate Beweisaufnahme an, z.B. zur Inaugenscheinnahme einer streitgegenständlichen Sache, dürfen die Parteien auch an dieser – inhaltlich beschränkten – mündlichen Verhandlung teilnehmen. Dies folgt aus dem Grundsatz, dass den Parteien rechtliches Gehör zu gewähren ist. Sie müssen daher alles kennen, was zum Gegenstand des Verfahrens gemacht wird, und sich dazu äußern dürfen. Der Grundsatz der Gleichbehandlung der Parteien verlangt, dass stets beiden Parteien ein Anwesenheits- und Äußerungsrecht eingeräumt wird.

49   Stört eine Partei den ordnungsgemäßen Ablauf der Verhandlung, kann sie ausnahmsweise **ausgeschlossen** werden. Das Schiedsgericht hat zwar keine hoheitlichen Ordnungsbefugnisse. Über das Hausrecht kann der Vorsitzende des Schiedsgerichts jedoch häufig entsprechende Befugnisse ausüben.

50   Die Parteien dürfen sich jederzeit von einem **Rechtsanwalt** vertreten lassen und diesen frei wählen. Dieses Recht der Parteien folgt aus dem Anspruch auf rechtliches Gehör. Um in dem Verfahren effektiv auftreten zu können, benötigen die Parteien sachverständige rechtliche Beratung. In manchen Fällen kollidiert dieses Recht allerdings mit der ordnungsgemäßen Durchführung des Verfahrens. Das ist z.B. der Fall, wenn die Partei im Laufe des Verfahrens einen neuen oder weiteren Rechts-

anwalt als Prozessbevollmächtigten bestellt, der derart enge Beziehungen zu einem Schiedsrichter hat, dass die Unabhängigkeit des Schiedsrichters zweifelhaft ist. Es stellt sich die Frage, ob das Schiedsgericht den Rechtsanwalt vom Verfahren ausschließen darf. Die Lösung kann nicht darin liegen, dass der konfligierte Schiedsrichter sein Amt niederlegen muss. So hätte es die eine Partei in der Hand, den von der anderen Partei benannten Schiedsrichter aus dem Schiedsgericht zu entfernen. Das Schiedsgericht muss daher die Kollision beider Rechtspositionen abwägen (Recht auf freie Wahl des Rechtsanwalts vs. Recht auf ordnungsgemäße Durchführung des Verfahrens). Das Schiedsgericht muss dabei berücksichtigen, dass die Integrität des Verfahrens gewahrt wird und die Effizienz des Verfahrens und Fairness gewährleistet sein müssen. Zudem muss das Schiedsgericht den Missbrauch des Rechts, einen Rechtsbeistand frei wählen zu dürfen, verhindern (vgl. den Fall *Hrvatska Elektroprivreda v. The Republic of Slovenia, ICSID Case No. ARB/05/24*, im Bereich der Investitionsschiedsgerichtsbarkeit).

Nichtöffentlichkeit der mündlichen Verhandlung. Ein Grundsatz des schiedsgerichtlichen Verfahrens ist die Nichtöffentlichkeit. Gemäß Art. 26 Abs. 3 sind ohne Zustimmung des Schiedsgerichts und der Parteien Dritte, die nicht Verfahrensbeteiligte sind, nicht zur mündlichen Verhandlung zuzulassen. Allerdings sind **Mitarbeiter einer Konzerngesellschaft** keine „Dritte" in diesem Sinne. Sie handeln vielmehr als Vertreter der Partei und dürfen als solche an der Verhandlung teilnehmen. Häufig ist in der Praxis formal eine Tochtergesellschaft Partei des Verfahrens, jedoch wird das Verfahren für die Tochtergesellschaft von der Konzernrechtsabteilung der Muttergesellschaft geführt. Es ist daher selbstverständlich, dass hier Mitarbeiter der Konzerngesellschaft die Partei in der Verhandlung vertreten dürfen. 51

Art. 26 Abs. 3 erhält vor allem bei der Frage praktische Relevanz, ob Zeugen außerhalb ihrer eigenen Vernehmung, insbesondere bei der Einvernahme anderer Zeugen, bei der Verhandlung anwesend sein dürfen. Dabei gelten die folgenden Erwägungen: **Zeugen** dürfen grundsätzlich nicht an der Verhandlung teilnehmen. Sie sollen ihre Zeugenaussage gerade unvoreingenommen vom bisherigen Verhandlungsverlauf machen. Ein Zeuge könnte sonst seine Aussage an die Aussagen der anderen Zeugen anpassen. Unproblematisch ist es, wenn der Zeuge nach seiner Vernehmung an der mündlichen Verhandlung teilnimmt. Zeugen haben das Recht, einen **Rechtsanwalt** zu Rate zu ziehen und diesen in die Verhandlung mitzubringen. 52

53 ICC-Schiedsverfahren sind zwar nicht öffentlich, jedoch **nur selten tatsächlich vertraulich**. Entgegen weitläufiger Meinung folgt nicht schon aus der Schiedsvereinbarung automatisch die Vertraulichkeit des Verfahrens. Nach Art. 22 Abs. 2 kann das Schiedsgericht jedoch entsprechende Anordnungen treffen, um die Vertraulichkeit des Schiedsverfahrens sicherzustellen (vgl. Rz. 13 ff.).

F. Kosten

54 Für die mündliche Verhandlung fallen Kosten an, insbesondere für die Räumlichkeiten. Hier gilt der Grundsatz, dass zunächst jede Partei die eigenen Kosten trägt, z.B. Kosten für Zeugen, Sachverständige, Reisekosten. Die Schiedsrichter begleichen ihre eigenen Kosten (Reisekosten etc.) aus dem zu Verfahrensbeginn angeforderten Vorschuss. Kosten, die für beide Parteien gleichermaßen anfallen, wie die Kosten für den Gerichtsreporter, für die Räumlichkeiten etc., tragen beide Parteien zunächst jeweils zur Hälfte. Diese Kosten sind von dem vom Sekretariat angeforderten Vorschuss grundsätzlich nicht umfasst.

55 Das Schiedsgericht wird im Endschiedsspruch oder in einem separaten Kostenschiedsspruch am Ende des Verfahrens über die endgültige Kostenverteilung entscheiden.

G. Abweichende Parteivereinbarung

56 Die Parteien können das Verfahren grundsätzlich frei gestalten. Allerdings können Sie auf **zentrale verfahrensrechtliche Gewährleistungen** (Justizgewährungsanspruch, rechtliches Gehör) nicht von vornherein verzichten.

57 Zudem können die Parteien das Verfahren **nicht beliebig verändern**, nachdem die Schiedsrichter bestellt sind. Die Schiedsrichter nehmen das Schiedsrichteramt in Kenntnis einer konkret vereinbarten Verfahrensordnung an, so dass die Parteien diese nicht beliebig verändern können. Dies gilt allerdings nicht für unwesentliche Anpassungen im Laufe des Verfahrens. Vereinbaren die Parteien dennoch eine wesentliche Änderung der Verfahrensvorschriften, so sind solche Änderungen zulässig. Allerdings kann der Schiedsrichter dann zum Rücktritt vom Amt des Schiedsrichters berechtigt sein.

Artikel 27: Schließung des Verfahrens, Zeitpunkt der Vorlage des Entwurfs von Schiedssprüchen

Sobald als möglich nach der letzten mündlichen Verhandlung über die in einem Schiedsspruch zu entscheidenden Angelegenheiten oder nach der Einreichung der letzten bewilligten Schriftsätze betreffend solche Angelegenheiten, wobei jeweils der spätere der beiden vorstehend genannten Zeitpunkte maßgeblich ist,

a) erklärt das Schiedsgericht das Verfahren hinsichtlich der in dem Schiedsspruch zu entscheidenden Angelegenheiten für geschlossen; und

b) informiert das Schiedsgericht das Sekretariat und die Parteien über den Zeitpunkt, zu dem es beabsichtigt, seinen Entwurf des Schiedsspruchs dem Gerichtshof zur Genehmigung gemäß Artikel 33 vorzulegen.

Nachdem das Verfahren geschlossen ist, können hinsichtlich der in dem Schiedsspruch zu entscheidenden Angelegenheiten keine weiteren Schriftsätze eingereicht, Erklärungen abgegeben oder Beweise erbracht werden, es sei denn, das Schiedsgericht genehmigt oder ordnet dies an.

Article 27: Closing of the Proceedings and Date for Submission of Draft Awards

As soon as possible after the last hearing concerning matters to be decided in an award or the filing of the last authorized submissions concerning such matters, whichever is later, the arbitral tribunal shall:

a) declare the proceedings closed with respect to the matters to be decided in the award; and

b) inform the Secretariat and the parties of the date by which it expects to submit its draft award to the Court for approval pursuant to Article 33.

After the proceedings are closed, no further submission or argument may be made, or evidence produced, with respect to the matters to be decided in the award, unless requested or authorized by the arbitral tribunal.

Regelungsschwerpunkte: Die Vorschrift regelt, wann das Schiedsgericht das Verfahren für geschlossen erklärt und das Sekretariat und die Parteien darüber informiert, wann es den Entwurf des Schiedsspruchs dem Gerichtshof zur Genehmigung vorlegt. Zudem stellt die Vorschrift klar, dass die Parteien grundsätzlich keine weiteren Schriftsätze mehr einreichen dürfen, nachdem das Schiedsgericht das Verfahren für geschlossen erklärt hat.

Inhalt

A. Schließung des Verfahrens... 1	V. Einzelerläuterung........... 5
I. Normzweck............... 1	B. Kosten.................... 10
II. Reform 2	
III. Verhältnis zur ZPO 3	C. Abweichende Parteivereinbarung................... 11
IV. Vergleich mit den im staatlichen Verfahren geltenden Vorschriften............... 4	

A. Schließung des Verfahrens

Literatur: *Blessing*, The Arbitral Process. Part III: The Procedure before the Arbitral Tribunal, ICC Court Bulletin, Vol. 3 No. 2 (1992), S. 18 ff. (Chapter G, 13).

I. Normzweck

1 Die Norm soll verhindern, dass sich das Schiedsverfahren noch unbegrenzt weiter hinzieht, nachdem bereits alle Parteien ausreichend Gelegenheit hatten, schriftlich und mündlich zur Sache vorzutragen sowie Beweis zu führen. Mit der Vorschrift soll das allgemeine Ziel der zügigen Verfahrensdurchführung verwirklicht werden, und es soll dem Schiedsgericht ermöglicht werden, den Schiedsspruch zu beraten und abzufassen, ohne fortwährend neuen Parteivortrag berücksichtigen zu müssen. Art. 27 gilt für jegliche Art von Schiedssprüchen, mithin nicht nur in Bezug auf den Endschiedsspruch. Die Norm hat zudem eine wichtige Funktion im Zusammenhang mit den möglichen Auswirkungen des Ausscheidens eines Schiedsrichters (vgl. Art. 15 Abs. 5; Art. 15 Rz. 39 f.).

II. Reform

2 Die früher in Art. 22 ICC-SchO 1998 geregelte Schließung des Verfahrens hat durch die Reform kleinere Änderungen erfahren. Zwar nennt Art. 27 ICC-SchO 2012 nun nicht mehr ausdrücklich das Erfordernis, dass den Parteien ausreichend Gelegenheit zum Sachvortrag gegeben worden sein muss, allerdings ergibt sich dieses essentielle Verfahrensprinzip bereits aus dem neuen Art. 22 Abs. 4 ICC-SchO 2012. Um zu gewährleisten, dass das Schiedsgericht zügig das Verfahren für geschlossen erklärt und einen Zeitpunkt für die Fertigstellung des Schieds-

spruchs nennt, ist die Einleitung „*[s]obald als möglich nach [...]*" hinzugefügt worden. Zudem muss das Schiedsgericht nunmehr auch die Parteien, und nicht wie bisher nur das Sekretariat, über den voraussichtlichen Zeitpunkt der Vorlage des Entwurfs des Schiedsspruchs an den Gerichtshof informieren.

III. Verhältnis zur ZPO

Eine dem Art. 27 vergleichbare Regelung existiert im X. Buch der ZPO nicht. 3

IV. Vergleich mit den im staatlichen Verfahren geltenden Vorschriften

Auch im staatlichen Verfahren können neue Angriffs- und Verteidigungsmittel gemäß § 296a ZPO nach Schluss der mündlichen Verhandlung nicht mehr vorgebracht werden. Auch das staatliche Verfahrensrecht versucht, unnötige Verzögerungen des Verfahrens zu vermeiden. 4

V. Einzelerläuterung

Art. 27 enthält **zwei Pflichten des Schiedsgerichts**: Das Schiedsgericht muss gemäß Art. 27 Satz 1 unverzüglich nach Abschluss der letzten mündlichen Verhandlung beziehungsweise nach Einreichung der letzten bewilligten Schriftsätze das **Verfahren für geschlossen erklären** (Buchst. a). Es muss zudem dem Sekretariat und den Parteien **mitteilen**, wann es beabsichtigt, seinen Schiedsspruch **dem Gerichtshof zur Prüfung gemäß Art. 33 vorzulegen** (Buchst. b). Art. 27 findet auf alle Arten von Schiedssprüchen Anwendung, also auch auf Zwischen- oder Teilschiedssprüche sowie Schiedssprüche mit vereinbartem Wortlaut. 5

Nachdem das Schiedsgericht das Verfahren für geschlossen erklärt hat, können alle weiteren eingereichten Schriftsätze durch das Schiedsgericht zurückgewiesen werden. Ergänzende Erklärungen oder Beweisangebote der Parteien sind nur gestattet, wenn das Schiedsgericht diese genehmigt oder ausdrücklich angeordnet hat. Die Regelung dient daher dazu, es dem Schiedsgericht zu ermöglichen, **verspätet eingereichte Schriftsätze zurückweisen** zu können, ohne Gefahr zu laufen, das rechtliche Gehör der Parteien zu verletzen. Art. 27 beschreibt dabei eine äußerste Grenze und verbietet es dem Schiedsgericht nicht, auch schon zuvor aus besonderen Gründen einen verspäteten Schriftsatz zurückzuweisen. Allerdings ist das nur unter engen Voraussetzungen möglich, 6 weil das Schiedsgericht den Parteien rechtliches Gehör gewähren muss. Das Schiedsgericht kann daher einen Schriftsatz grundsätzlich nur dann zurückweisen, wenn es den Parteien eine Ausschlussfrist gesetzt und die **Zurückweisung bei Fristsetzung angedroht** hatte.

7   Umgekehrt ist das Schiedsgericht berechtigt, das **Verfahren wieder** zu **eröffnen**, wenn es nach Schluss des Verfahrens im Rahmen der Entscheidungsfindung erkennt, dass weitere Aspekte entscheidungserheblich sind, welche von keiner der Parteien im Verfahren ausreichend beleuchtet wurden. So kann es vorkommen, dass der Gerichtshof im Rahmen des Genehmigungsverfahrens auf Unzulänglichkeiten, z.B. bei der Beweisaufnahme, hinweist und dass diese nur durch ein Wiedereröffnen des Verfahrens behoben werden können.

8   Auf Antrag einer Partei wird das Schiedsgericht das Verfahren freilich nur dann wieder eröffnen, wenn die Partei darlegen kann, dass die **ergänzenden Informationen für die Entscheidung des Streits wesentlich** sind *und* dass ein **früheres Vorbringen nicht möglich gewesen** ist (vgl. *Derains/Schwartz*, A Guide to the ICC Rules of Arbitration, S. 293).

9   Die Parteien haben zwar ein berechtigtes Interesse an einer zügigen Entscheidung des Rechtsstreits nach der Durchführung der letzten mündlichen Verhandlung. Allerdings stellt der vom Schiedsgericht festzulegende Zeitpunkt, wann es seine Entscheidung dem Gerichtshof vorzulegen plant, **keine verbindliche Frist dar**, aufgrund derer die Parteien Rechte ableiten können. Die Frist dient vielmehr einzig der Selbstdisziplinierung des Schiedsgerichts. Daher bleibt es für das Verfahren grundsätzlich auch folgenlos, wenn das Schiedsgericht – aus welchen Gründen auch immer – den Schiedsspruch zu einem späteren als dem angekündigten Zeitpunkt beim Sekretariat einreicht. Im Gegensatz dazu ergibt sich aus Art. 30 Abs. 1 eine zumindest im Grundsatz verbindliche Frist zur Entscheidung des Rechtsstreits.

B. Kosten

10 Die ICC **berücksichtigt** bei der endgültigen Festlegung des Schiedsrichterhonorars u.a., **inwieweit das Schiedsgericht das Verfahren zügig geführt** hat. Insoweit kann eine Missachtung des dem Sekretariat und den Parteien mitgeteilten Vorlagetermins zu einer Reduzierung der Schiedsrichterhonorare durch den Gerichtshof führen.

C. Abweichende Parteivereinbarung

Abweichende Parteivereinbarungen sind hier **unzulässig**. Art. 27 regelt das Verhältnis zur ICC, das die Parteien nicht einseitig selbst bestimmen können.

11

Artikel 28: Sicherungsmaßnahmen und vorläufige Maßnahmen

(1) Soweit die Parteien nichts anderes vereinbart haben, kann das Schiedsgericht, sobald ihm die Schiedsverfahrensakten übermittelt worden sind, auf Antrag einer Partei ihm angemessen erscheinende Sicherungsmaßnahmen oder vorläufige Maßnahmen anordnen. Das Schiedsgericht kann die Anordnung solcher Maßnahmen von der Stellung angemessener Sicherheiten durch die antragstellende Partei abhängig machen. Solche Anordnungen ergehen nach Ermessen des Schiedsgerichts in Form eines begründeten Beschlusses oder eines Schiedsspruchs.

(2) Vor Übergabe der Schiedsverfahrensakten an das Schiedsgericht und in geeigneten Fällen auch nach diesem Zeitpunkt können die Parteien bei jedem zuständigen Justizorgan Sicherungsmaßnahmen und vorläufige Maßnahmen beantragen. Der Antrag einer Partei bei einem zuständigen Justizorgan auf Anordnung solcher Maßnahmen oder auf Vollziehung solcher vom Schiedsgericht angeordneter Maßnahmen stellt keinen Verstoß gegen oder keinen Verzicht auf die Schiedsvereinbarung dar und lässt die dem Schiedsgericht zustehenden Befugnisse unberührt. Ein solcher Antrag sowie alle durch das Justizorgan angeordneten Maßnahmen sind unverzüglich dem Sekretariat mitzuteilen. Das Sekretariat unterrichtet das Schiedsgericht.

Article 28: Conservatory and Interim Measures

(1) Unless the parties have otherwise agreed, as soon as the file has been transmitted to it, the arbitral tribunal may, at the request of a party, order any interim or conservatory measure it deems appropriate. The arbitral tribunal may make the granting of any such measure subject to appropriate security being furnished by the requesting party. Any such measure shall take the form of an order, giving reasons or of an award, as the arbitral tribunal considers appropriate.

(2) Before the file is transmitted to the arbitral tribunal, and in appropriate circumstances even thereafter, the parties may apply to any competent judicial authority for interim or conservatory measures. The application of a party to a judicial authority for such measures or for the

implementation of any such measures ordered by an arbitral tribunal shall not be deemed to be an infringement or a waiver of the arbitration agreement and shall not affect the relevant powers reserved to the arbitral tribunal. Any such application and any measures taken by the judicial authority must be notified without delay to the Secretariat. The Secretariat shall inform the arbitral tribunal thereof.

Regelungsschwerpunkte: Abs. 1 Grundsatz: Einstweiliger Rechtsschutz durch das Schiedsgericht, sobald dieses konstituiert ist. → Rz. 2, 17–41; **Abs. 1** Schiedsgericht hat Entscheidungs- und Auswahlermessen. → Rz. 57–66; **Abs. 2** Jederzeitiger Antrag auf gerichtlichen einstweiligen Rechtsschutz durch Parteien möglich. → Rz. 2, 79–89

Kostenaspekte: Abs. 1–2 In der Regel ist der gerichtliche einstweilige Rechtsschutz zeit- und kosteneffizienter. → Rz. 13–15; 75–76

Inhalt

A. Anordnung von Sicherungs- und vorläufigen Maßnahmen durch das Schiedsgericht (Abs. 1) 1
  I. Normzweck 1
  II. Reform 6
  III. Verhältnis zu § 1041 ZPO ... 7
  IV. Vergleich mit den im staatlichen Verfahren geltenden Vorschriften 11
  V. Tatbestandsvoraussetzungen 17
    1. Übermittlung der Schiedsverfahrensakten an das Schiedsgericht 18
    2. Auf Antrag einer Partei ... 19
    3. Angemessenheit der Maßnahme 26
    4. Form der Entscheidung ... 38
    5. Rechtsfolgen 42
  VI. Vollziehung/Vollstreckung der Anordnung 69
  VII. Gefährdungshaftung 73
VIII. Kosten 75
  1. Kosten der Anordnung 75
  2. Kosten der Vollziehungszulassung 76
IX. Abweichende Parteivereinbarung von Abs. 1 77

B. Einstweiliger Rechtsschutz vor zuständigen Justizorganen (Abs. 2) 79
  I. Normzweck 79
  II. Reform 82
  III. Verhältnis zu §§ 1033, 1041 ZPO 83
  IV. Vergleich mit den im staatlichen Verfahren geltenden Vorschriften 84
  V. Tatbestandsvoraussetzungen . 85
  VI. Rechtsfolgen 90
  VII. Kosten 93
  VIII. Abweichende Parteivereinbarung von Abs. 2 95

Literatur: *Bandel,* Einstweiliger Rechtsschutz im Schiedsverfahren, (2000); *Bernardini,* The Powers of the Arbitrator, in: Conservatory and Provisional Measures in International Arbitration (ICC-Publication, 1993), S. 21 ff.; *Bond*, The Nature of Conservatory and Provisional Measures, in: Conservatory and Provisional Measures in International Arbitration (ICC-Publication 1993), S. 8 ff.; *Boog*, Die Durchsetzung einstweiliger Maßnahmen in internationalen Schiedsverfahren (2011); *Derains/Schwartz*, A Guide to the New ICC Rules of Arbitration, 2. Aufl. 2005; *Donavan*, Powers of the Arbitrator to Issue Procedural Orders, Including Interim Measures of Protection, and the Obligation of the Parties to Abide by such Orders, ICC Court Bulletin, Vol. 10 No. 1 (1999), S. 57 ff.; *Hobeck/Weyhreter*, Anordnung von vorläufigen oder sichernden Maßnahmen durch Schiedsgerichte in ex-parte-Verfahren, SchiedsVZ 2005, S. 238 ff.; *Landbrecht*, Staatlicher Eilrechtsschutz am deutschen Schiedsort und grenzüberschreitende Vollstreckung, SchiedsVZ 2013, S. 241 ff.; *Lew*, Commentary on Interim and Conservatory Measures in ICC Arbitration Cases, ICC Court Bulletin, Vol. 11 No. 1 (2000), S. 23 ff., S. 34; *Schwartz*, The Practices and Experience of the ICC Court, in: Conservatory and Provisional Measures in International Arbitration (ICC-Publication, 1993), S. 45 ff. S. zudem die Nachweise bei § 20 DIS-SchO.

A. Anordnung von Sicherungs- und vorläufigen Maßnahmen durch das Schiedsgericht (Abs. 1)

I. Normzweck

Anordnungsbefugnis des Schiedsgerichts. Art. 28 Abs. 1 stellt klar, dass das Schiedsgericht, vorbehaltlich abweichender Parteivereinbarungen, die Befugnis zur Anordnung von Sicherungs- und vorläufigen Maßnahmen hat. 1

Die **Anordnungsbefugnis** des Schiedsgerichts ist **ab Übermittlung der Verfahrensakten** an das Schiedsgericht (Art. 15) gegeben. **Gleichzeitig** bleibt die Anordnungsbefugnis der **zuständigen Justizorgane** vor Übermittlung der Verfahrensakten an das Schiedsgericht, und in geeigneten Fällen auch nach diesem Zeitpunkt (Art. 28 Abs. 2), unberührt. Art. 28 ist demnach darauf bedacht, weder dem Schiedsgericht die ausschließliche Zuständigkeit zur Anordnung von Sicherungs- und vorläufigen Maßnahmen zu erteilen, noch diese Zuständigkeit zugunsten der staatlichen Gerichte auszuschließen. Die Parteien haben somit ein **Wahlrecht**, ob sie das Schiedsgericht oder die zuständigen Justizorgane in Anspruch nehmen wollen. Dies steht im **Einklang** mit dem im **deutschen Recht** verankerten Wahlrecht gemäß **§ 1033 ZPO**. 2

Im **Ausland** ist dieses **Wahlrecht nicht immer gegeben**. So ist die Befugnis zur Anordnung von Sicherungs- und vorläufigen Maßnahmen in manchen Staaten ausschließlich den zuständigen Justizorganen vorbehalten, so etwa in Argentinien (§ 753 Código Procesal Civil y Comercial de la Nación), der Volksrepublik China (§§ 28, 68 Schiedsgerichtsrecht 3 der Volksrepublik China, § 256 Zivilprozessordnung der Volksrepublik China), Griechenland (§ 889 Griechische Zivilprozessordnung in Bezug auf innerstaatliche Schiedsverfahren. Anordnungsbefugnis ist bei internationalen Schiedsverfahren mit Sitz in Griechenland jedoch nach § 17 des Statuts 2735/1999 gegeben) und Italien (§ 818 Codice di Procedura Civile).

4 **Vor Übermittlung** der Schiedsverfahrensakten an das bereits konstituierte Schiedsgericht ist dem Schiedsgericht die **Anordnungsbefugnis verwehrt**. Das geht aus dem Wortlaut von Art. 28 Abs. 1 („sobald ihm die Schiedsverfahrensakten übermittelt worden sind") sowie von Art. 28 Abs. 2 hervor („Vor Übergabe der Schiedsverfahrensakten an das Schiedsgericht ... können die Parteien bei jedem zuständigen Justizorgan Sicherungsmaßnahmen und vorläufige Maßnahmen beantragen."). Erwägt eine Partei, zu einem solchen Zeitpunkt einen Antrag auf Erlass von Sicherungs- oder vorläufigen Maßnahmen zu stellen, kommt außer der Inanspruchnahme der **staatlichen Gerichte** (Art. 28 Abs. 2) das in der ICC-SchO 2012 neu eingeführte **Eilschiedsrichterverfahren** nach Art. 29 oder ein **Pre-Arbitral-Referee-Verfahren** (zur Abgrenzung s. Rz. 55–56) in Betracht.

5 **Ob**, und wenn ja, **in welcher Form** und mit welchem Inhalt das Schiedsgericht Sicherungs- und/oder vorläufige Maßnahmen trifft, liegt in seinem **Ermessen**. Art. 28 Abs. 1 stellt es dem Schiedsgericht frei zu entscheiden, ob die Anordnung in Form eines begründeten Beschlusses oder eines Schiedsspruchs ergeht. Die gewählte Handlungsform hat Folgen für die Vollstreckbarkeit der Anordnung, die nach nationalem Recht, ggf. in Verbindung mit völkerrechtlichen Verträgen wie dem UNÜ, zu beurteilen sind.

II. Reform

6 Die Regelung entspricht überwiegend dem alten Art. 23 ICC-SchO 1998. Es sind lediglich minimale redaktionelle Änderungen vorgenommen worden.

III. Verhältnis zu § 1041 ZPO

7 Die Anordnungsbefugnis des Schiedsgerichts in Art. 28 Abs. 1 steht im Einklang mit § 1041 ZPO, auch wenn einige Besonderheiten zu beachten sind.

Der in § 1041 Abs. 1 Satz 1 ZPO erwähnte **Streitgegenstandsbezug fehlt** im Wortlaut des Art. 28 Abs. 1. In der **Praxis** ist jedoch auch im Rahmen des Art. 28 Abs. 1 grds. ein Bezug zum Streitgegenstand erforderlich (s. Rz. 51–52). 8

Sicherheitsleistung nur durch die antragstellende Partei. Anders als § 1041 Abs. 1 Satz 2 ZPO (und § 20 Abs. 1 Satz 2 DIS-SchO) sieht Art. 28 Abs. 1 eine Sicherheitsleistung nur durch die antragstellende Partei vor, nicht durch beide Parteien. Die dem Gericht eingeräumte Abwendungsbefugnis, die dem Antragsgegner gestattet, die Zwangsvollstreckung durch Sicherheitsleistung abzuwenden (§ 711 ZPO), wird in einem Schiedsverfahren allerdings keine Relevanz finden. 9

Ferner sieht Art. 28 Abs. 1 **keine Gefährdungshaftung** i.S.d. § 1041 Abs. 4 ZPO vor, jedoch eine etwaige Zahlung auf die Stellung angemessener Sicherheiten durch die antragstellende Partei, die nach Ermessen des Schiedsgerichts ergeht (s. Rz. 25). Entscheidet sich das Schiedsgericht für die Stellung einer angemessenen Sicherheit durch den Antragsteller, entspricht dies dem Zweck der Gefährdungshaftung gemäß § 1041 Abs. 4 ZPO. 10

IV. Vergleich mit den im staatlichen Verfahren geltenden Vorschriften

Zunächst ist festzustellen, dass das **Wahlrecht** zwischen dem schiedsgerichtlichen und dem gerichtlichen Rechtsschutz **nicht ausschließlich** ist. Die Parteien können nach Übermittlung der Verfahrensakten an das Schiedsgericht Anträge auf Sicherungs- und vorläufige Maßnahmen gleichzeitig vor dem Schiedsgericht und den zuständigen Justizorganen stellen. Dies geht aus Art. 28 Abs. 2 und in Deutschland aus § 1041 Abs. 2 Satz 1 ZPO, hervor. Ein **Vorrang** des **gerichtlichen einstweiligen Rechtsschutzes** ist in **Deutschland** allerdings dann gegeben, wenn im Verfahren der **Vollziehungszulassung** der schiedsgerichtlichen Anordnung zum einstweiligen Rechtsschutz bereits eine entsprechende Maßnahme bei einem deutschen Gericht beantragt worden ist (§ 1041 Abs. 2 Satz 1 ZPO). 11

Ob eine Partei den Antrag auf Sicherungs- oder vorläufige Maßnahmen beim Schiedsgericht oder bei den zuständigen Justizorganen einreicht, hängt vom Einzelfall ab. Oft sind dabei **strategisch-taktische Überlegungen** anzustrengen. Neben der **Zeit- und Kostenkomponente** sind auch das nationale Schiedsrecht sowie das Vertrauen, das der Antragsteller in das Schiedsgericht bzw. die zuständigen Justizorgane hat, in Betracht zu ziehen. Zudem kann eine Antragstellung beim Schiedsgericht von vorn- 12 herein aufgrund des geltenden Rechts ausgeschlossen sein (s. Rz. 3; s. Rz. 26). Ebenso muss im Einzelfall in Erwägung gezogen werden, ob nach Einschätzung des Antragstellers die Gegenpartei eher den Anordnungen des Schiedsgerichts oder der zuständigen Justizorgane Folge leisten wird.

13 Wenn die einstweilige Maßnahme in **Deutschland** vollstreckt werden muss, fällt die Wahl zwischen dem schiedsgerichtlichen und dem gerichtlichen einstweiligen Rechtsschutz **zugunsten** des **gerichtlichen einstweiligen Rechtsschutzes** aus. Dafür sprechen mehrere Gründe.

14 Erstens: Anders als von Art. 28 Abs. 1 vorausgesetzt, **bedarf** es im **gerichtlichen Verfahren** in Deutschland **nicht der Erhebung der Klage**, da der gerichtliche einstweilige Rechtsschutz als selbständiges Verfahren neben dem Hauptsacheverfahren steht. Demgegenüber muss nach Art. 28 Abs. 1 die Schiedsklage gemäß Art. 4 bereits eingereicht und das Schiedsgericht gemäß Art. 12 konstituiert worden sein. Anderes gilt nur nach Art. 29 im Eilschiedsrichterverfahren i.V.m. Anhang V zur ICC-SchO. Demnach kann ein Antrag auf Sicherungs- und vorläufige Maßnahmen unabhängig davon gestellt werden, ob die Schiedsklage bereits eingereicht worden ist oder nicht (Art. 29 Abs. 1 Satz 2).

15 Zweitens: Während es im **gerichtlichen Rechtsschutz** auf Antrag zu **Ex-Parte-Anordnungen** (d.h. Beschlussverfügungen ohne vorhergehende Anhörung des Antragsgegners) kommen kann, ergehen im Schiedsverfahren einstweilige Maßnahmen grds. nicht ex parte.

16 Das schiedsgerichtliche Verfahren zur Anordnung von Sicherungs- und vorläufigen Maßnahmen und nicht das gerichtliche Verfahren ist – auch – in Deutschland zu bevorzugen, soweit in Erwägung gezogen wird, Maßnahmen zu beantragen, die nicht durch den in der ZPO vorgesehenen numerus clausus des einstweiligen Rechtsschutzes beschränkt sind (unten § 20 Abs. 1 DIS-SchO Rz. 10, 31). Ferner sieht Art. 28 Abs. 1 kein Widerspruchsverfahren nach der ZPO vor (s. § 20 Abs. 1 DIS-SchO Rz. 9).

V. Tatbestandsvoraussetzungen

17 Der einstweilige Rechtsschutz durch das Schiedsgericht erfordert (a) die Übermittlung der Schiedsverfahrensakten an das Schiedsgericht (s. Rz. 18), (b) die Stellung eines Antrags (s. Rz. 19–25), und (c) die Darlegung der Angemessenheit der beantragten Maßnahme (s. Rz. 26–37). Letzteres bedeutet nach den Maßstäben des **deutschen Verfahrensrechts**,

dass die Angemessenheit der beantragten Maßnahme begründenden Tatsachen **glaubhaft gemacht** werden muss. **In internationalen Schiedsverfahren** deckt sich diese Voraussetzung regelmäßig mit dem Erfordernis, dass der Antragstellervortrag und die von ihm vorgelegten Dokumente oder sonstigen Gegenstände die Maßnahme **prima facie** als angemessen erscheinen lassen.

1. Übermittlung der Schiedsverfahrensakten an das Schiedsgericht

Die Übermittlung der Schiedsverfahrensakten an das Schiedsgericht erfordert, dass das **Schiedsgericht** bereits **konstituiert** ist. Dies setzt zudem voraus, dass zumindest die **Schiedsklage** gemäß Art. 4 **eingereicht** worden ist. Gemäß Art. 16 werden die Schiedsverfahrensakten an das Schiedsgericht übergeben, „sobald dieses gebildet ist und der vom Sekretariat zu diesem Zeitpunkt angeforderte Kostenvorschuss bezahlt worden ist." Die Anordnungsbefugnis des Schiedsgerichts ist nicht von der Erstellung des Schiedsauftrags oder dessen eventuell erforderlicher Genehmigung durch den Gerichtshof abhängig.

18

2. Auf Antrag einer Partei

Sicherungs- und vorläufige Maßnahmen sind nur auf Antrag einer Partei anzuordnen. **Ausgeschlossen** ist damit die **Befugnis des Schiedsgerichts sua sponte** solche Maßnahmen anzuordnen, es sei denn die Parteien haben etwas anderes vereinbart. Ein Musterantrag in englischer und deutscher Sprache findet sich unter § 20 DIS-SchO Rz. 67 f.

19

Form und Inhalt. Der Antrag auf Sicherungs- und vorläufige Maßnahmen bedarf **keiner besonderen Form**. Er kann wie jeder andere prozessuale Antrag gestellt werden. Dabei sind die eventuell im Schiedsverfahren vereinbarten oder erlassenen besonderen Verfahrensregeln zu berücksichtigen (vgl. Art. 19). Falls der Antrag vor der Vereinbarung bzw. vor dem Erlass der besonderen Verfahrensregeln oder dem Schiedsauftrag gestellt wird, kann der in Art. 3 Abs. 1 geregelte Mindeststandard bzgl. der Anzahl der Exemplare herangezogen werden: jeweils ein Exemplar des Antrages ist an die übrigen Parteien, die Schiedsrichter und das Sekretariat zu versenden. Ist der Antrag auf die Anordnung einer Eilmaßnahme gerichtet, so empfiehlt es sich, den Antrag per E-Mail vorab zu verschicken.

20

Der **Antrag** sollte **so konkret wie möglich** gefasst werden, damit die Entscheidungsfindung für das Schiedsgericht erleichtert wird. Dabei ist es

21

nicht erforderlich, dass die inhaltlichen Vorgaben des Art. 4 Abs. 3 zur Schiedsklage eingehalten werden.

Empfehlung: Es empfiehlt sich allerdings, diese Vorgaben als „Checkliste" für die inhaltlichen Erfordernisse des Antrags zu nutzen.

22 **Adressat des Antrags** ist das Schiedsgericht. Dabei sind die Vorschriften des Art. 3 Abs. 1 einzuhalten (s. Rz. 20).

23 **Sprache des Antrags.** Der Antrag auf Sicherungs- und vorläufige Maßnahmen ist in der **Verfahrenssprache** zu stellen.

Empfehlung: Ist die Verfahrenssprache zum Zeitpunkt des Antrags noch nicht bestimmt (z.B. weil sich die Parteien nicht auf die Verfahrenssprache einigen konnten und das Schiedsgericht diese noch nicht bestimmt hat), ist zu empfehlen, den Antrag in der Sprache zu stellen, in der die Kommunikation mit dem Sekretariat stattgefunden hat. Will der Antragsteller in einem solchen Fall erwirken, dass die Anordnung in einem Land, in der eine andere Sprache als die Verfahrenssprache herrscht, vollzogen wird, so ist dies ggf. bereits im Antrag zu erörtern, um damit das Schiedsgericht dahingehend zu bewegen, die Anordnung (auch) in der Landessprache des Vollziehungsverfahrens zu erlassen.

24 **Nachweis der Schiedsvereinbarung.** Der Antrag auf Sicherungs- und vorläufige Maßnahmen sollte den Nachweis der Schiedsvereinbarung beinhalten, die die Zuständigkeit des Schiedsgerichts begründet. Damit wird auch das etwaige Vollziehungsverfahren vor Gericht erleichtert.

25 **Stellung angemessener Sicherheiten durch die antragstellende Partei.** Art. 28 Abs. 1 Satz 2 sieht vor, dass das Schiedsgericht die Anordnung auf Sicherungs- und vorläufige Maßnahmen von der Stellung angemessener Sicherheiten durch die antragstellende Partei abhängig machen kann. Daher bietet es sich im Einzelfall an, die Stellung einer angemessenen Sicherheit bereits im Antrag in Aussicht zu stellen. Hier sind **taktisch-strategische Erwägungen** in Betracht zu ziehen. Zum einen kann so bekräftigt werden, dass dem Antragsteller die beantragte Maßnahme von Bedeutung ist. Zum anderen kann damit unter Umständen die Höhe und Art der Sicherheit beeinflusst werden. Auch wird der Zeitaufwand des mit einer solchen Entscheidung konfrontierten Schiedsgerichts gemindert. In Betracht kommt insbesondere die Hinterlegung einer Kaution auf einem Treuhandkonto.

3. Angemessenheit der Maßnahme

26 **Anwendbares Recht.** Der Antrag auf Sicherungs- und vorläufige Maßnahmen sollte das anwendbare Recht hinsichtlich der Anordnungsbefugnis des Schiedsgerichts berücksichtigen. In der Regel richtet sich

das anwendbare Recht, mit dem die beantragte Maßnahme im Einklang stehen muss, nach dem Schiedsverfahrensrecht am Sitz des Schiedsverfahrens. Daher sollte der Antragsteller im Rahmen der Darlegung der Angemessenheit der beantragten Maßnahme auf das **am Schiedsort geltende Schiedsverfahrensrecht** Bezug nehmen. **In Deutschland** ist damit auf **§ 1041 ZPO** zu verweisen.

Gebietet das anwendbare Schiedsverfahrensrecht dem Schiedsgericht nicht die Anordnungsbefugnis (s. Rz. 3), ist eine Antragstellung auf Sicherungs- und vorläufige Maßnahmen in der Vergangenheit nicht erfolgreich gewesen, da sich das Schiedsgericht in der Regel dem anwendbaren Verfahrensrecht gefügt hat (Final Award ICC Case No. 7895, ICC Court Bulletin, Vol. 11 No. 1 (2000), S. 64 ff.; Partial Award ICC Case No. 8113, a.a.O. S. 65 ff.; Interim Award ICC Case No. 8879, a.a.O. S. 84 ff.). Der **Vorrang des Verfahrensrechts** bzgl. der **Beschränkung der Verfügungsbefugnis** des Schiedsgerichts ist allerdings **fraglich**, da angenommen werden kann, dass die Einigung der Parteien auf die ICC-SchO die Anordnungsbefugnis des Schiedsgerichts gemäß Art. 28 Abs. 1 beinhaltet. 27

Empfehlung: Andernfalls kann in Erwägung gezogen werden, einen Antrag auf eine Empfehlung des Schiedsgerichts dahingehend zu stellen, dass das Schiedsgericht dem staatlichen Gericht (dringend) empfiehlt, bestimmte Maßnahmen zu treffen. 28

Anforderungen an die Angemessenheit. Art. 28 Abs. 1 knüpft **keine bestimmten Anforderungen** an die Angemessenheit der Maßnahme. Auch § 1041 ZPO ist in dieser Hinsicht nicht ergiebig, da er sich lediglich auf die Erforderlichkeit der Maßnahme bezieht. 29

Falls die Parteien keine vertraglichen Voraussetzungen vereinbart haben, empfiehlt es sich, die Angemessenheit einer Sicherungs- und vorläufigen Maßnahme auf den **im internationalen Schiedsverfahren geltenden Erfordernissen** aufzubauen. Empfehlenswert ist hierbei die Heranziehung des Art. 17A des 2006 UNCITRAL-Modellgesetzes. Dementsprechend fordern die meisten internationalen Schiedsgerichte, dass (a) der Antragsteller andernfalls einen erheblichen oder irreparablen Schaden erleiden würde (s. Rz. 35), (b) keine Vorwegnahme der Hauptsache gegeben ist (s. Rz. 36), und (c) Eilbedürftigkeit vorliegt (s. Rz. 37). Einige Schiedsgerichte fordern darüber hinaus, dass der Antragsteller unter Zugrundelegung der von ihm dargelegten Tatsachenbehauptungen mit dem von ihm geltend gemachten Anspruch im Schiedsverfahren prima facie obsiegen würde (sog. Hauptsacheprognose) (s. § 20 DIS-SchO Rz. 19). Auch ziehen internationale Schiedsgerichte bei ihrer Entschei- 30 dung über die beantragte Maßnahme den relativen Schaden in Betracht, den alle Parteien erleiden würden, wenn die beantragte Maßnahme angeordnet werden würde oder nicht.

31   Für Schiedsverfahren mit Sitz **in Deutschland** sowie deutsch geprägte Verfahren empfiehlt es sich, sich an den im einstweiligen Rechtsschutz **nach deutschem Recht** geltenden Voraussetzungen **zu orientieren**. Dies bedeutet, dass zwischen Anordungsanspruch und Anordnungsgrund zu unterscheiden ist. Zu den Anforderungen an den Anordnungsanspruch und -grund wird auf die Ausführungen zu § 20 DIS-SchO verwiesen (§ 20 DIS-SchO Rz. 17).

32   **Prima-Facie-Beweis.** Der Antragsteller muss prima facie darlegen, dass die Anforderungen, die für die beantragte Maßnahme erheblich sind, erfüllt sind. Dies bedeutet, dass die **Wahrscheinlichkeit des Vorliegens** der Anforderungen gegeben sein muss. In Schiedsverfahren mit Sitz in Deutschland heißt dies, dass der Antragsteller den Anordnungsanspruch und -grund glaubhaft machen muss (§§ 920 Abs. 2, 294 Abs. 1 ZPO, s. auch § 20 DIS-SchO Rz. 18).

33   Für die **Glaubhaftmachung** stehen dem Antragsteller hierzu alle **ordentlichen Beweismittel** zur Verfügung. Demnach sind dem Antrag vollumfängliche Beweismittel beizulegen, inklusive Urkunden und schriftliche Zeugenaussagen. Das Schiedsgericht entscheidet nach seinem Ermessen über die Zulässigkeit und Erheblichkeit der Beweise (Art. 25 und § 1042 Abs. 4 Satz 2 ZPO). Ausgenommen ist allerdings die Glaubhaftmachung durch Versicherung an Eides statt. Das Schiedsgericht ist diesbzgl. keine zur Entgegennahme befugte Stelle (OLG Saarbrücken v. 27.2.2007 – 4 Sch 1/07, SchiedsVZ 2007, 323 [327]; § 20 DIS-SchO Rz. 18).

34   Ferner sollte der Antragsteller den zugrundeliegenden Vertrag bei der Antragsformulierung nicht außer Betracht lassen. **Vertraglich verankerte Wettbewerbsverbote** sowie **Vertraulichkeits- und Verschwiegenheitsgebote** könnten den Antrag auf diesbzgl. Sicherungs- und vorläufige Maßnahmen beschränken oder erweitern und sollten sich daher im Wortlaut des Antrags widerspiegeln.

35   Die Voraussetzung, dass der Antragsteller andernfalls einen **irreparablen Schaden** erleiden würde, beinhaltet, dass prima facie ein Schaden wahrscheinlich ist, der nicht durch einen Schadensersatzanspruch zugunsten des Antragstellers durch einen Schiedsspruch angemessen aufgehoben werden könnte. Der drohende irreparable Schaden ist **weit auszulegen**.

Er beschränkt sich nicht auf einen reinen Vermögensschaden und kann z.b. auch einen Reputationsverlust darstellen.

Für die Voraussetzung, dass prima facie die einstweilige Maßnahme **keine Vorwegnahme der Hauptsache** zum Inhalt hat, ist maßgeblich, dass die Anordnung auf einer **provisorischen Entscheidungsfindung** durch das Schiedsgericht beruht. Daher darf das Schiedsgericht nicht Gefahr laufen, mit seiner Anordnung über die Hauptsache zu entscheiden. 36

Die **Eilbedürftigkeit** ist eine Voraussetzung, die prima facie vorliegen muss, um der Besonderheit der Sicherungs- und vorläufigen Maßnahme in zeitlicher Hinsicht gerecht zu werden. Andernfalls hätte der Antragsteller mit dem Antrag bis zur Hauptsacheverhandlung und der endgültigen Entscheidung warten können. 37

4. Form der Entscheidung

Begründeter Beschluss oder Schiedsspruch. Da es gemäß Art. 28 Abs. 1 Satz 3 im **Ermessen des Schiedsgerichts** steht, die beantragte Sicherungs- oder vorläufige Maßnahme als begründeten Beschluss oder als Schiedsspruch zu erlassen, sollte der Antragsteller die gewünschte Form der Anordnung unter **Berücksichtigung des nationalen Schiedsrechts** in seinen Antrag aufnehmen. Auch Überlegungen zur **Zeit- und Kosteneffizienz** sowie zur Vollstreckungssicherheit sollten in dieser Hinsicht in Betracht gezogen werden. Die Anordnung in Form eines Schiedsspruchs kann die Kosten des Verfahrens erhöhen. 38

Hinzu kommt die Überlegung, dass eine Anordnung von Sicherungs- und vorläufigen Maßnahmen in Form eines Schiedsspruchs eine Genehmigung desselben durch den Gerichtshof gemäß Art. 33 erfordert. Ferner wird damit der Weg frei für Berichtigungs- und Auslegungsanträge der Parteien und Berichtigungen durch das Schiedsgericht (Art. 35 Abs. 1). Die obligatorische Schiedsspruchsgenehmigung sowie eventuelle Folgeverfahren können zu Verzögerungen führen, die dem Zweck der Sicherungs- und vorläufigen Maßnahme zuwiderlaufen könnten. 39

In der Praxis ergehen Anordnungen im schiedsgerichtlichen Eilrechtsschutz in der Form von Beschlüssen, die in der Mehrheit der Fälle von den Parteien befolgt werden. Dies spiegelt die Verpflichtung der Parteien aus Art. 22 Abs. 5 wider, alle vom Schiedsgericht erlassenen Verfügungen und Beschlüsse zu befolgen. Handelt es sich um eine Anordnung in Form eines Schiedsspruches, so ergibt sich die Verpflichtung der Parteien, den Schiedsspruch unverzüglich zu erfüllen aus Art. 34 Abs. 6. Hin- 40 sichtlich der Vollstreckungssicherheit sind völkerrechtliche Verträge wie UNÜ und EuÜ sowie die nationalen Schiedsrechte zu beachten (s. Rz. 69–72).

41 **Gleichzeitiger gerichtlicher Rechtsschutz.** In Deutschland kann gleichzeitiger gerichtlicher Rechtsschutz grds. gewährt werden (s. Rz. 2), es sei denn, es fehlt am Rechtsschutzbedürfnis. Dieses ist gemäß § 1041 Abs. 2 Satz 1 ZPO dann nicht (mehr) gegeben, wenn im Verfahren der Vollziehungszulassung der schiedsgerichtlichen Anordnung eine entsprechende einstweilige Maßnahme bereits bei einem deutschen Gericht beantragt worden ist (s. Rz. 11). Maßgeblicher Zeitpunkt ist der Zeitpunkt des Eingangs des Antrags auf Vollziehungszulassung bei Gericht. Dies bedeutet, dass parallel zu einer schiedsrichterlichen Anordnung von Sicherungs- oder vorläufigen Maßnahmen, ein gerichtlicher Beschluss auf einstweiligen Rechtsschutz ergehen kann. Lediglich die Vollstreckung aus beiden Anordnungen ist nicht gestattet.

5. Rechtsfolgen

42 Soweit die Voraussetzungen des Art. 28 Abs. 1 gegeben sind, kann das Schiedsgericht „auf Antrag einer Partei ihm angemessen erscheinende Sicherungsmaßnahmen oder vorläufige Maßnahme anordnen." Ferner kann das Schiedsgericht „die Anordnung solcher Maßnahmen von der Stellung angemessener Sicherheiten durch die antragstellende Partei abhängig machen." Auch steht es im Ermessen des Schiedsgerichts, solche Anordnungen „in Form eines begründeten Beschlusses oder eines Schiedsspruchs" ergehen zu lassen.

43 Damit sind die folgenden vier Elemente auf der Rechtsfolgenseite relevant: (a) die Anordnungsbefugnis des Schiedsgerichts, (b) das Ermessen des Schiedsgerichts hinsichtlich der Anordnung der spezifischen vorläufigen Maßnahme, (c) die Stellung angemessener Sicherheit durch die antragstellende Partei, und (d) das Ermessen des Schiedsgerichts hinsichtlich der Form der Anordnung.

44 Die Anordnungsbefugnis des Schiedsgerichts ist grds. weit gefasst. Es sind allerdings einige Punkte zu beachten.

45 **Grenzen der Anordnungsbefugnis.** Die Anordnungsbefugnis des Schiedsgerichts ist in den Fällen nicht gegeben, in denen die Parteien eine solche ausgeschlossen haben (s. Rz. 77–78).

Ferner kann das anwendbare Schiedsverfahrensrecht die Anordnungsbefugnis des Schiedsgerichts begrenzen oder gänzlich ausschließen (s. Rz. 3, 27). 46

Wie sich aus dem Wortlaut des Art. 28 Abs. 1 ergibt, ist in zeitlicher Hinsicht die Anordnungsbefugnis dahingehend eingeschränkt, dass das Schiedsgericht bereits konstituiert und die Schiedsverfahrensakten dem Schiedsgericht übermittelt worden sein müssen (s. Rz. 18). Ferner wird mit Erlass des Endschiedsspruchs das Schiedsgericht functus officio; seine Anordnungsbefugnis endet. 47

Keine Anordnungsbefugnis gegenüber Dritten. Eine weitere Begrenzung der Anordnungsbefugnis des Schiedsgerichts besteht im Verhältnis zu Dritten. So hat das Schiedsgericht nicht die Befugnis, Maßnahmen anzuordnen, die gegen Dritte gerichtet sind. Lediglich die Parteien des anhängigen Schiedsverfahrens können von der vom Schiedsgericht angeordneten Sicherungs- und vorläufigen Maßnahmen betroffen sein. Damit ist eine Pfändung von Vermögensgegenständen, die in der Kontrolle oder im Besitz einer dritten Person stehen, nicht möglich. Dies betrifft insbesondere die Anordnung an am Schiedsverfahren nicht beteiligte Kreditinstitute. 48

Eine schiedsgerichtliche Anordnung kann jedoch bewirken, dass eine **dritte Partei unmittelbar betroffen** ist. Dies ist z.B. dann der Fall, wenn das Schiedsgericht auf Antrag einer Partei die Erhaltung des status quo der vertraglichen Verhältnisse zwischen den Parteien anordnet und damit dem Antragsgegner unterbindet, ein vertragliches Verhältnis mit einer dritten Partei einzugehen. 49

Auch ist die Befugnis des Schiedsgerichts dahingehend begrenzt, dass es seine eigenen Beschlüsse und Schiedssprüche nicht vollstrecken kann. Die **Vollstreckung** eines Anordnungsbeschlusses und eines Anordnungsschiedsspruchs ist den **nationalen Gerichten** bzw. sonstigen Vollstreckungsorganen **vorbehalten** (s. Rz. 69–72). 50

Streitgegenstandsbezug. Art. 28 fordert nicht explizit, dass die Maßnahme einen Streitgegenstandsbezug aufweisen muss. Dies wird **in der Praxis** aber **regelmäßig verlangt**. 51

Ist der **Schiedsauftrag** beispielsweise bereits unterschrieben, kann sich die Befugnis des Schiedsgerichts konsequenterweise nur auf Maßnahmen beziehen, die sich in den Grenzen des Schiedsauftrags halten. Dies ergibt sich aus Art. 23 Abs. 4. Ist der Schiedsauftrag noch nicht unterzeichnet, wird sich die Befugnis des Schiedsgerichts nach den in der 52

Schiedsklage (s. Art. 4), in der Klageantwort und ggf. in der Widerklage (s. jeweils Art. 5) dargestellten anspruchsbegründeten Tatsachen und Umständen sowie den Anspruchsgrundlagen, auf die die Ansprüche gestützt werden, richten.

53 **Anhörung des Antragsgegners.** In der Regel wird dem Antragsgegner die Möglichkeit gegeben, Stellung zu nehmen, auch wenn die Fristen regelmäßig recht kurz sind. Dem folgt oft eine Duplik des Antragstellers und eine Replik des Antragsgegners. Selten kommt es vor, dass die schiedsrichterliche Anordnung ohne Anhörung des Antragsgegners erlassen wird, sog. Ex-Parte-Anordnung. Im Rahmen des einstweiligen Rechtsschutzes nach der ICC-SchO gibt es **grundsätzlich keinen Raum** für eine reine **Ex-Parte-Anordnung**. Eine solche kann vom Schiedsgericht dennoch ausnahmsweise erlassen werden, wenn eine vorherige Anhörung des Antragsgegners dem Zwecke der Sicherungs- oder vorläufigen Maßnahme entgegenlaufen würde. In der Praxis ist insbesondere in Fällen des Erhalts des status quo eine Ex-Parte-Anordnung erlassen worden, deren Bestand und Wirkung von der nach der Anordnung eingereichten Antwort des Antragsgegners bedingt war.

54 **Mündliche Verhandlung.** Das Schiedsgericht kann auf Antrag der Parteien oder sua sponte entscheiden, eine mündliche Verhandlung abzuhalten. In der Regel wird die mündliche Verhandlung wegen des dringenden Charakters durch eine **Telefon- oder Videokonferenz** ersetzt.

55 **Abgrenzung: Eilschiedsrichter.** Das Eilschiedsrichterverfahren gemäß Art. 29 und Anhang V zur ICC-SchO **füllt die Zeitspanne vor dem Anwendungsbereich des Art. 28**, d.h. vor der Konstituierung des Schiedsgerichts und der Übermittlung der Schiedsverfahrensakten an das Schiedsgericht; ggf. auch noch vor der Erhebung der Schiedsklage. Die Anordnungsbefugnis des Schiedsgerichts wird durch Art. 29 nicht eingeschränkt, da es sich bei dem Eilverfahren um ein separates Verfahren nach der ICC-SchO handelt. Zu den Einzelheiten des Eilschiedsrichterverfahrens s. Art. 29.

56 **Abgrenzung: ICC Pre-Arbitral-Referee.** Vor der Einleitung des Schiedsverfahrens können die Parteien einstweiligen Rechtsschutz durch einen Pre-Arbitral-Referee beantragen. Der Pre-Arbitral-Referee steht den Parteien **parallel zum Eilschiedsrichter und den staatlichen Gerichten** zur Verfügung. Die ICC Pre-Arbitral-Referee-Verfahrensordnung 1990 („ICC-VO 1990") kommt dann zum Zuge, wenn die Parteien die Anwendung derselben ausdrücklich vereinbart haben. Nach Art. 6 Abs. 2 Satz 1 der ICC-VO 1990 hat der Pre-Arbitral-Referee die Anordnung in-

nerhalb von 30 Tagen von dem Zeitpunkt, an welchem ihm die Verfahrensakte übersandt wurde, zu treffen und zu versenden. Diese Frist kann gemäß Art. 6 Abs. 2 Satz 2 der ICC-VO 1990 verlängert werden. Nach Art. 2 Abs. 4 der ICC-VO 1990 behält der Pre-Arbitral-Referee die Befugnis, soweit keine anderweitige Parteivereinbarung vorliegt, eine beantragte Maßnahme anzuordnen, auch wenn nach dessen Ernennung sich das Schiedsgericht oder ein staatliches Gericht mit dem Fall befasst. In der Praxis ist ein ICC-Pre-Arbitral-Referee bisher selten eingesetzt worden.

Ermessen des Schiedsgerichts. Das Schiedsgericht kann nach seinem Ermessen die ihm „angemessen erscheinenden" Sicherungs- und vorläufigen Maßnahmen auf Antrag einer Partei anordnen. Dabei ist der **Ermessensspielraum weit gefasst.** Er ist jedoch dann überschritten, wenn das Schiedsgericht unangemessenerweise eine Sicherungs- oder vorläufige Maßnahme anordnet, die eine endgültige Wirkung hat. 57

Die Unterscheidung zwischen **Sicherungsmaßnahmen** und **vorläufigen Maßnahmen** ist nicht immer klar. Grundsätzlich versteht man unter Sicherungsmaßnahmen diejenigen Maßnahmen, die potenzielle Ansprüche sichern, aber nicht endgültig über diese entscheiden. Vorläufige Maßnahmen befassen sich mit der vorläufigen Entscheidung über potenzielle Ansprüche. Beiden Maßnahmen ist gleich, dass sie nur bis zur Hauptsacheentscheidung Wirkung entfalten. Fällt eine Entscheidung in der Hauptsache, verlieren Sicherungs- und vorläufige Maßnahmen ihre Wirkung; sie werden gegenstandslos. Zur weiteren Unterscheidung zwischen Sicherungs- und vorläufigen Maßnahmen s. § 20 Abs. 1 Rz. 32–35. 58

Natur der beantragten Maßnahme. Die Natur der Sicherungs- oder vorläufigen Maßnahme kann vielseitig sein. So kann der Antragsteller jede Maßnahme beantragen, die dazu dient, den **Nachteil**, den er dadurch erleidet, dass er die endgültige Entscheidung der Streitigkeit abwartet, zumindest **vorübergehend auszugleichen.** Typisches Beispiel eines solchen Nachteils ist der **Verlust von Vermögen**, das gesichert werden kann, in dem bspw. eine Zahlung auf ein Treuhandkonto durch ein sog. „Pre-Award-Attachment", „Freezing-Order" oder eine „Mareva-Injunction" angeordnet wird. An die Gewährung solcher Maßnahmen sind aufgrund der Folgen hohe Anforderungen zu stellen. In diesem Zusammenhang oft beantragte Ex-Parte-Anordnungen sind zu vermeiden. Regelmäßig ordnet das Schiedsgericht auf Antrag vorläufig an, dass eine von der Insolvenz bedrohte Partei Sicherheit für die Kosten des Schiedsverfahrens 59 stellt. Zu der Sicherungsmaßnahme der Bürgschaft auf erstes Anfordern oder eines Dokumentenakkreditivs s. § 20 DIS-SchO Rz. 34.

60 Ferner kommt die **Erhaltung des status quo** als einstweilige Maßnahme in Betracht, wenn bspw. die **Gefährdung von Geschäftsbeziehungen** oder der **Missbrauch intellektuellen Eigentums** droht. Dann kann eine angemessene Sicherungs- oder vorläufige Maßnahme bezwecken, dass vertragliche Verpflichtungen, Vertraulichkeits- und Geheimhaltungsmaßnahmen sowie Wettbewerbsverbote eingehalten werden. Auch kann eine Sicherungs- oder vorläufige Maßnahme die **Lagerung oder Übergabe** von **Eigentum** und **Dokumenten** an eine dritte Person zur Sicherung von Beweismitteln zum Gegenstand haben. Bei verderblichen Gütern kann mit Hilfe einer einstweiligen Maßnahme der Erhalt oder der Verkauf dieser Güter angeordnet werden. Für weitere Fallgruppen s. § 20 DIS-SchO Rz. 33–35.

61 In prozessualer Hinsicht sind sog. **Anti-Suit-Injunctions** zu beachten, die im Rahmen schiedsgerichtlichen einstweiligen Rechtsschutzes darauf zielen, die Führung von **Verfahren vor staatlichen Gerichten zu unterbinden**.

62 Für den Fall, dass sich die **Umstände**, auf die sich die Anordnung von Sicherungs- und vorläufigen Maßnahmen beziehen, **maßgeblich ändern** könnten, kann das Schiedsgericht von den Parteien verlangen, dass sie dieses über solche Umstände umgehend informieren. Dies kann zur Folge haben, dass die Anordnung abgeändert oder gar aufgehoben werden muss.

63 **Stellung angemessener Sicherheiten durch die antragstellende Partei.** Das Schiedsgericht hat **Ermessensspielraum**, ob es die Anordnung zum einstweiligen Rechtsschutz von der Stellung angemessener Sicherheiten durch die antragstellende Partei abhängig macht (Art. 28 Abs. 1 Satz 2). Was als angemessen erscheint, hängt vom Einzelfall ab. Dabei ist der Schaden, den der Antragsgegner erleiden würde, wenn die Anordnung ergehen würde, als Maßstab zu nehmen. Die Anordnung der Stellung angemessener Sicherheit kann **auf Antrag** des Antragsgegners **oder sua sponte** vom Schiedsgericht ergehen.

64 **Form der Anordnung.** Es liegt im **Ermessen** des Schiedsgerichts, ob es die Sicherungs- und vorläufige Maßnahme in der Form eines begründeten Beschlusses oder eines Schiedsspruchs erlässt (Art. 28 Abs. 1 Satz 3). **In der Praxis** ergeht **überwiegend** ein **Anordnungsbeschluss**. Beantragt eine Partei die Anordnung in Form eines Schiedsspruchs, so sollte das

Schiedsgericht dem Antrag Folge leisten. Dabei sollte berücksichtigt werden, ob ein Anordungsschiedsspruch nach nationalem Recht vollstreckt werden kann. Demgegenüber ist zu beachten, dass auch eine Anordnung in Form eines Beschlusses nicht aus sich heraus direkt vollstreckt werden kann (Erforderlichkeit der Vollziehungszulassung in Deutschland gemäß § 1042 Abs. 2 Satz 1 ZPO; näher hierzu s. Rz. 69–72).

Ergeht die Anordnung von Sicherungs- vorläufigen Maßnahmen in Form eines Beschlusses, so erfordert Art. 28 Abs. 1 Satz 3, dass eine **Beschlussbegründung** vorliegt. In besonders **dringenden Fällen** kann es angebracht sein, den Beschluss unbegründet zu erlassen und die Begründung **nachzuschieben**. 65

Kollegialentscheidung. Die Anordnung von Sicherungs- und vorläufigen Maßnahmen ist vom Schiedsgericht als Kollegialentscheidung zu ergehen. Bei Erlass eines **Anordnungsbeschlusses** durch das Schiedsgericht reicht die **Unterschrift des Vorsitzenden**, wenn in den speziellen Verfahrensregeln, im Schiedsauftrag oder anderswo festgelegt ist, dass der Vorsitzende nach kollegialer Entscheidungsfindung die Beschlüsse des Schiedsgerichts alleine ausfertigt. Fehlt es an einer Einigung zwischen den Schiedsrichtern, ergeht eine Mehrheitsentscheidung. Wird die Anordnung in der Form eines **Schiedsspruchs** erlassen, so gelten die Vorschriften des **Art. 31 Abs. 1**. Dies bedeutet, dass der Schiedsspruch mit Stimmenmehrheit gefällt wird. Falls die Stimmenmehrheit nicht zustande kommt, so entscheidet der Vorsitzende allein (s. Art. 31). 66

Rechtsbehelfe gegen die Anordnung von Sicherungs- und vorläufigen Maßnahmen in Form von begründeten Beschlüssen sind **nicht ausdrücklich vorgesehen**. Die Parteien können aber einen Änderungs- oder Aufhebungsantrag an das Schiedsgericht stellen, wenn sie das Schiedsgericht über Umstände benachrichtigen, die die faktischen und/oder rechtlichen Grundlagen der Anordnung wegfallen lassen (s. Rz. 62). Die Möglichkeit eines dementsprechenden Antrags kann bereits im Beschluss aufgenommen werden. 67

Bei einer Anordnung in Form eines **Schiedsspruchs** kann die belastete Partei in Deutschland ein gerichtliches **Aufhebungsverfahren** gemäß § 1059 ZPO einleiten. In anderen Staaten ist ein solches Aufhebungsverfahren nicht immer möglich, da nicht überall Anordnungsschiedssprüche als vollstreckbar oder aufhebbar erklärt werden. 68

VI. Vollziehung/Vollstreckung der Anordnung

69 Hinsichtlich der **Vollziehung einer schiedsrichterlichen Anordnung** von Sicherungs- und vorläufigen Maßnahmen in Form eines begründeten Beschlusses in **Deutschland** wird auf die Ausführungen zu § 20 DIS-SchO Rz. 42 verwiesen, die auf § 1041 Abs. 2 ZPO näher eingehen. Hier sei nur erwähnt, dass gemäß § 1062 Abs. 1 Nr. 3 ZPO das in der Schiedsvereinbarung bezeichnete Oberlandesgericht, hilfsweise das am Schiedsort gelegene Oberlandesgericht, zuständig ist. Das Oberlandesgericht entscheidet nach pflichtgemäßen Ermessen über die Vollziehungszulassung.

70 Die **Vollziehung von ausländischen einstweiligen Anordnungen** in Deutschland wird kontrovers behandelt, da § 1041 Abs. 2 ZPO nicht in der Auflistung der Vorschriften enthalten ist, die in § 1025 Abs. 2 ZPO für ausländische Schiedsverfahren als anwendbar erklärt werden. Die **h.M. bejaht die Vollziehung** von ausländischen einstweiligen Anordnungen (vgl. *Bandel*, S. 112). Gemäß § 1062 Abs. 2 ZPO ist das Oberlandesgericht zuständig, in dessen Bezirk der Antragsgegner seinen Sitz oder gewöhnlichen Aufenthalt hat oder sich Vermögen des Antragsgegners oder der von der Maßnahme betroffene Gegenstand befindet, hilfsweise das Kammergericht in Berlin.

71 Hinsichtlich der **Vollstreckung/Vollziehung von inländischen einstweiligen Anordnungen im Ausland** gibt es keine befriedigende Lösung. Die Anwendung der Brüssel I-VO und des Luganer Übereinkommens auf schiedsgerichtliche Anordnungen in Form von konvertierten Gerichtsanordnungen, wird allgemein abgelehnt *(Hobeck/Weyhreter*, SchiedsVZ 2005, 238 [240 f.]). Auch ist die Vollstreckung von Anordnungsbeschlüssen im Ausland nicht über das UNÜ möglich, da das UNÜ nur auf Schiedssprüche Anwendung findet. **In der Regel** muss auf die **nationalen ausländischen Schiedsrechte** zurückgegriffen werden.

72 Einige nationale Rechte, darunter das deutsche Recht, sehen **staatliche Hilfe** bei der **Vollziehung bzw. Vollstreckung** einer Anordnung von Sicherungs- und vorläufige Maßnahmen vor. In **England** kann bspw. gemäß section 42 Abs. 1 des englischen Arbitration Act 1996 das Gericht einen Beschluss erlassen, mit dem die betreffende Partei aufgefordert wird, der schiedsgerichtlichen Anordnung Folge zu leisten, soweit die Parteien nichts anderes vereinbart haben. In den **Niederlanden** gilt eine Anordnung auf Sicherungs- oder vorläufige Maßnahmen als Schiedsspruch, auf die gemäß § 1051 Abs. 3 der Niederländischen Zivilprozessordnung die Vorschriften zu Schiedssprüchen Anwendung finden. In der

Schweiz kann gemäß § 183 Abs. 2 IPRG das Schiedsgericht das staatliche Gericht um Mitwirkung anrufen, wenn sich die betreffende Partei nicht freiwillig der schiedsrichterlichen Anordnung der Sicherungs- oder vorläufigen Maßnahme unterzieht.

VII. Gefährdungshaftung

Art. 28 Abs. 1 sieht eine nach § 1041 Abs. 4 Satz 1 ZPO vorgegebene **Gefährdungshaftung nicht** vor. Zu Tatbestand, Rechtsfolgen und Geltendmachung einer Gefährdungshaftung s. § 20 Abs. 1 DIS-SchO Rz. 44. 73

Für den Antragsgegner bietet es sich bei Schiedsverfahren mit Sitz **außerhalb Deutschlands** an, in der Antragserwiderung die **Gefährdungshaftung** zum Gegenstand eines **Gegenantrags** zu machen, mit dem Ziel, den Antragsteller zu verpflichten, dem Antragsgegner jeglichen Schaden zu ersetzen, den dieser durch die Maßnahme erlitten hat, falls das Schiedsgericht später entscheidet, dass die Anordnung unter den gegebenen Umständen nicht hätte ergehen sollen. 74

Empfehlung: Jedenfalls sollte hilfsweise beantragt werden, dass Sicherheitsleistung i.S.v. Art. 28 Abs. 1 angeordnet wird.

VIII. Kosten

1. Kosten der Anordnung

Spezifische Kosten für die Anordnung von Sicherungs- und vorläufige Maßnahmen **fallen nach der ICC-SchO nicht an**. Der Mehraufwand des Schiedsgerichts, über den Antrag zum Erlass von Sicherungs- und vorläufigen Maßnahmen zu entscheiden, wird sich möglicherweise im erhöhten Honorar der Schiedsrichter widerspiegeln. Auch ist es nicht unüblich, dass das Schiedsgericht nach der Entscheidung über den Anordnungsantrag, den Gerichtshof um einen Vorschuss des Honorars bittet, um den im Rahmen der Entscheidung über den Antrag angefallenen Aufwand abzugelten. 75

2. Kosten der Vollziehungszulassung

Zu den Kosten der in Deutschland gegebenen Vollziehungszulassung nach der ZPO s. § 20 DIS-SchO Rz. 48–49. 76

IX. Abweichende Parteivereinbarung von Abs. 1

77 Art. 28 Abs. 1 stellt im Wortlaut fest, dass die Anordnungsbefugnis des Schiedsgerichts nur dann gegeben ist, „soweit die Parteien nichts anderes vereinbart haben." Demnach kann **per Parteivereinbarung** die **Anordnungsbefugnis** des Schiedsgerichts **gänzlich oder partiell ausgeschlossen** werden. Beispiele für Parteivereinbarungen sind die Beschränkung der Anordnungsbefugnis auf bestimmte Sicherungs- oder vorläufige Maßnahmen, die Bedingung, Maßnahmen nur dann anzuordnen, wenn angemessene Sicherheit geleistet wird, oder die Erweiterung der Anordnungsbefugnis auf Sua-Sponte- und Ex-Parte-Anordnungen.

78 Eine solche Parteivereinbarung kann **jederzeit** vor und während des Schiedsverfahrens **getroffen** werden. Sie ist **formlos**.

B. Einstweiliger Rechtsschutz vor zuständigen Justizorganen (Abs. 2)

I. Normzweck

79 Art. 28 Abs. 2 enthält die **ausdrückliche Befugnis der Parteien**, sich an die zuständigen Justizorgane zu wenden, um Sicherungs- und vorläufige Maßnahmen zu beantragen. Ferner steht es den Parteien gemäß Art. 28 Abs. 2 zu, die Vollziehung von vom Schiedsgericht angeordneten Sicherungs- und vorläufigen Maßnahmen vor den zuständigen Justizorganen zu beantragen. Art. 28 Abs. 2 trägt der Tatsache Rechnung, dass staatliche Gerichte oftmals zügiger einstweiligen Rechtsschutz gewähren können, der in der Regel sofort vollziehbar ist.

80 Darüber hinaus stellt Art. 28 Abs. 2 klar, dass die **Ausübung des Wahlrechts zugunsten der zuständigen Justizorgane keinen Einfluss** auf die **Wirksamkeit der Schiedsvereinbarung und der Anordnungsbefugnis** des Schiedsgerichts hat. Die konkurrierende Befugnis der staatlichen Gerichte ist als Ausnahme vom Grundsatz der ausschließlichen Zuständigkeit des Schiedsgerichts bei Vorliegen einer wirksamen Schiedsvereinbarung anzusehen. In Deutschland ist diese Ausnahme in §§ 1033, 1041 Abs. 2 Satz 1 ZPO vorgesehen.

81 Mit der Befugnis der Parteien, sich an die zuständigen Justizorgane zu wenden, wird damit der Maßnahmenkatalog dahingehend erweitert, dass auch Beschlagnahmungen und Sicherungs- und vorläufige Maßnahmen bzgl. Dritter vorgenommen werden können, die dem Schiedsgericht in der Regel vorenthalten sind (z.B. Arrestpfändungen).

II. Reform

In Art. 28 Abs. 2 ist eine rein sprachliche Ergänzung eingeführt worden, die klarstellt, dass ein Antrag auf einstweiligen Rechtsschutz bei den zuständigen Justizorganen „keinen Verstoß gegen und keinen Verzicht auf die Schiedsvereinbarung" darstellt. 82

III. Verhältnis zu §§ 1033, 1041 ZPO

Art. 28 Abs. 2 **entspricht** inhaltlich den **§§ 1033, 1041 ZPO**, die die originäre Befugnis der staatlichen Gerichte zur Anordnung von Sicherungs- und vorläufigen Maßnahmen neben der des Schiedsgerichts vorsehen. 83

IV. Vergleich mit den im staatlichen Verfahren geltenden Vorschriften

Ein im staatlichen Verfahrensrecht funktional äquivalenter Rechtssatz ist, dass Gerichtsstandsvereinbarungen die Anrufung anderer als der prorogierten Gerichte zur Erlangung einstweiligen Rechtsschutzes im Einzelfall nicht ausschließen. 84

V. Tatbestandsvoraussetzungen

Zeitpunkt. Gemäß Art. 28 Abs. 2 Satz 1 können die Parteien **vor Übergabe** der **Schiedsverfahrensakten** an das Schiedsgericht, und **in geeigneten Fällen** auch **nach Übergabe**, einen Antrag auf Sicherungs- oder vorläufige Maßnahmen an die zuständigen Justizorgane stellen. Daraus ergibt sich, dass die Parteien die staatlichen Gerichte nach Art. 28 Abs. 2 auch dann anrufen können, wenn das Schiedsgericht bereits gebildet ist. Ist das Schiedsgericht noch nicht konstituiert, stehen neben den staatlichen Gerichten die neu eingeführten Vorschriften zum Eilschiedsrichter gemäß Art. 29 i.V.m. Anhang V zur ICC-SchO oder – bei entsprechender besonderer Parteivereinbarung – der (wenig genutzte) Pre-Arbitral-Referee zur Verfügung. 85

Nach Art. 28 Abs. 2 Satz 1 kann eine Partei „**in geeigneten Fällen**" auch nach Übergabe der Schiedsverfahrensakten an das Schiedsgericht einen Antrag auf Sicherungs- oder vorläufige Maßnahmen an die zuständigen Justizorgane stellen. Eine Definition von „geeigneten Fällen" enthält Art. 28 Abs. 2 nicht. Ob ein geeigneter Fall i.S.d. Art. 28 Abs. 2 vorliegt, wird **vom Schiedsgericht entschieden**, soweit die Gegenpartei das Vorliegen eines solchen bestreitet. Geeignete Fälle liegen dann vor, wenn eine Partei eine **Maßnahme** benötigt, die das **Schiedsgericht nicht oder nicht zügig erlassen kann**, wie z.B. Maßnahmen, die Dritte binden, Be- 86 schlagnahmungen, die den zuständigen Justizorganen vorbehalten sind, Ex-Parte-Anordnungen, oder Anordnungen, die einfach und schnell von den zuständigen Justizorganen erlassen und vollzogen werden können. Auch kann ein geeigneter Fall dann vorliegen, wenn das Schiedsgericht nicht in der Lage ist zu handeln, etwa wenn ein Ersetzungsverfahren eines Schiedsrichters nach Art. 15 eingeleitet worden ist und zeitlich mit dem einstweiligen Rechtsschutzbegehren einer Partei kollidiert.

87   **Antrag auf Sicherungs- und vorläufige Maßnahmen.** Gemäß Art. 28 Abs. 2 Satz 1 können die Parteien einen Antrag auf Sicherungs- und vorläufige Maßnahmen bei jedem zuständigen Justizorgan stellen. Die zuständigen Justizorgane werden nur auf Antrag der Parteien tätig.

88   **Antrag auf Vollziehung vom Schiedsgericht angeordneter Sicherungs- und vorläufiger Maßnahmen.** Aus Art. 28 Abs. 2 Satz 2 geht hervor, dass die Parteien die Hilfe der zuständigen Justizorgane auch dann in Anspruch nehmen können, wenn das Schiedsgericht bereits Sicherungs- und vorläufige Maßnahmen angeordnet hat. Dies ist freilich nur möglich, wenn eine Vollziehung diesbezüglich in den nationalen Rechten vorgesehen ist (s. Rz. 69–72).

89   Die Zuständigkeit der jeweiligen Justizorgane ergibt sich aus den Zivilprozessregeln am Schiedsort, in Deutschland aus § 1025 Abs. 2 ZPO für Schiedsverfahren, die im Ausland ihren Sitz haben, für die die deutschen Gerichte international zuständig sind.

VI. Rechtsfolgen

90   **Kein Verstoß gegen oder kein Verzicht auf die Schiedsvereinbarung.** Art. 28 Abs. 2 Satz 2 stellt ausdrücklich fest, dass weder ein Antrag auf Anordnung von Sicherungs- und vorläufigen Maßnahmen an die zuständigen Justizorgane, noch ein Antrag auf Vollziehung von vom Schiedsgericht angeordneten Maßnahmen einen Verstoß gegen oder einen Verzicht auf die Schiedsvereinbarung darstellt. Damit wird der **Vorrang der Parteiautonomie** gewahrt, dass das Schiedsgericht zuständig ist, soweit die Parteien eine wirksame Schiedsvereinbarung getroffen haben. Die **staatlichen Gerichte** dienen lediglich der **Hilfestellung** zur Durchführung des Schiedsverfahrens.

91   **Unverzügliche Mitteilung an das Sekretariat und Unterrichtung des Schiedsgerichts.** Nach Art. 28 Abs. 2 Satz 3 ist ein an die zuständigen Justizorgane gerichteter Antrag auf Anordnung von Sicherungs- und vorläufigen Maßnahmen sowie auf Vollziehung der vom Schiedsgericht an-

geordneten Maßnahme unverzüglich dem Sekretariat mitzuteilen. Die unverzügliche Inkenntnissetzung des Sekretariats ist demnach **ohne schuldhaftes Zögern** durchzuführen. Kommen die Parteien dieser Verpflichtung nicht nach, sieht Art. 28 Abs. 2 **keine Sanktionen** vor. Die Nichtmitteilung oder nicht unverzügliche Mitteilung hat keine weiteren Auswirkungen.

Die Mitteilung an das Sekretariat dient der **ordnungsgemäßen Verwaltung des Schiedsverfahrens**. Das Sekretariat unterrichtet gemäß Art. 28 Abs. 2 Satz 4 das Schiedsgericht über die Mitteilung der Parteien. Eine solche Unterrichtung ist erforderlich und angebracht, da mit der Einschaltung der staatlichen Justizorgane neben dem Schiedsgericht ein weiteres Forum zur Entscheidungsfindung – wenn auch nur partiell – in das Schiedsverfahren hinzutritt. Die Entscheidung der zuständigen Justizorgane über den jeweiligen Antrag kann das Schiedsverfahren unter Umständen beeinflussen. 92

VII. Kosten

Die Kosten von Anträgen auf Sicherungs- und vorläufige Maßnahmen, sowie der Vollziehung von vom Schiedsgericht angeordneten Sicherungs- und vorläufigen Maßnahmen richten sich nach den gesetzlichen Gerichts- und Anwaltsgebühren des jeweiligen Staates in dem sich die zuständigen Justizorgane befinden. 93

VIII. Abweichende Parteivereinbarung von Abs. 2

Im Gegensatz zu Art. 28 Abs. 1 sieht Abs. 2 seinem Wortlaut nach nicht vor, dass die Parteien eine abweichende Vereinbarung bzgl. des gerichtlichen Rechtsschutzes vereinbaren können. Dies ist jedoch nicht dahingehend auszulegen, dass es den Parteien verwehrt ist zu vereinbaren, **Anträge an die zuständigen Justizorgane auszuschließen**. Vielmehr bestimmt sich die Wirksamkeit einer von Art. 28 Abs. 2 abweichenden Parteivereinbarung nach den jeweiligen nationalen Rechten. So sieht section 44 Abs. 1 des Englischen Arbitration Act 1996 z.B. vor, dass die konkurrierende Anordnungsbefugnis der englischen Gerichte gegeben ist, soweit die Parteien nichts anderes vereinbart haben. In Deutschland ist dies in § 1033 ZPO nicht vorgeschrieben. Gleichwohl ist in Deutschland sowie in anderen Staaten, in denen das nationale Schiedsrecht nicht ausdrücklich vorsieht, dass die Parteien den staatlichen einstweiligen Rechtsschutz ausschließen können, davon auszugehen, dass dies im Rahmen eines ICC-Schiedsverfahrens möglich ist. Dies kann damit 94 begründet werden, dass die ICC-SchO den Parteien einen wirksamen einstweiligen Rechtsschutz, gleichrangig mit dem eines gerichtlichen Rechtsschutzes, bereits vor der Konstituierung des Schiedsverfahrens in der Form des Eilschiedsrichters nach Art. 29 und des Pre-Arbitral-Referee anbietet.

Artikel 29: Eilschiedsrichter

(1) Wenn eine Partei dringende Sicherungsmaßnahmen oder vorläufige Maßnahmen benötigt, die nicht bis zur Bildung eines Schiedsgerichts warten können („Eilmaßnahmen"), kann sie einen entsprechenden Antrag gemäß der Eilschiedsrichterverfahrensordnung im Anhang V stellen. Ein derartiger Antrag ist nur zulässig, wenn er vor Übergabe der Schiedsverfahrensakten an das Schiedsgericht gemäß Artikel 16 beim Sekretariat eingeht, und unabhängig davon, ob der Antragsteller seine Schiedsklage bereits eingereicht hat oder nicht.

(2) Die Entscheidung des Eilschiedsrichters ergeht in Form eines Beschlusses. Die Parteien verpflichten sich zur Einhaltung jedweder Beschlüsse, die der Eilschiedsrichter erlässt.

(3) Der Beschluss des Eilschiedsrichters bindet das Schiedsgericht nicht in Bezug auf irgendeine im Beschluss entschiedene Frage, Angelegenheit oder Streitigkeit. Das Schiedsgericht kann Beschlüsse des Eilschiedsrichters, einschließlich von Änderungen hierzu, ändern, in ihrer Wirkung beenden oder aufheben.

(4) Das Schiedsgericht entscheidet über Anträge oder Ansprüche der Parteien, die sich auf das Eilschiedsrichterverfahren beziehen, einschließlich der Neuverteilung der Kosten dieses Verfahrens und jedweder Ansprüche, die sich aus oder in Zusammenhang mit der Einhaltung oder Nichteinhaltung von Eilbeschlüssen ergeben.

(5) Artikel 29(1)–29(4) und die im Anhang V abgedruckte Eilschiedsrichterverfahrensordnung (gemeinsam die „Bestimmungen zum Eilschiedsrichterverfahren") finden nur Anwendung auf Parteien, die die dem Eilantrag zugrundeliegende ICC-Schiedsvereinbarung unterzeichnet haben, oder auf deren Rechtsnachfolger.

(6) Die Bestimmungen für Eilschiedsrichter finden keine Anwendung, wenn:

a) die ICC-Schiedsvereinbarung vor dem Datum des Wirksamwerdens dieser Schiedsgerichtsordnung abgeschlossen wurde;

b) die Parteien die Nichtanwendbarkeit der Bestimmungen zum Eilschiedsrichterverfahren vereinbart haben; oder wenn

c) die Parteien ein anderes, dem Schiedsverfahren vorgeschaltetes Verfahren vereinbart haben, in dessen Rahmen Sicherungsmaßnahmen, vorläufige Maßnahmen oder vergleichbare Maßnahmen angeordnet werden können.

(7) Zweck der Bestimmungen zum Eilschiedsrichterverfahren ist es nicht, Parteien die Möglichkeit zu nehmen, jederzeit vor Antragstellung auf Erlass entsprechender Maßnahmen nach dieser Schiedsgerichtsordnung – und, sofern dies den Umständen nach geboten ist, auch danach – bei einem zuständigen Justizorgan dringende Sicherungsmaßnahmen oder vorläufige Maßnahmen zu beantragen. Ein Antrag auf Erlass entsprechender Maßnahmen bei einem zuständigen Justizorgan gilt nicht als Verletzung der Schiedsvereinbarung und nicht als Verzicht auf die Schiedsvereinbarung. Ein solcher Antrag und von dem zuständigen Justizorgan getroffene Maßnahmen müssen dem Sekretariat unverzüglich mitgeteilt werden.

Anhang V zur ICC-SchO – Eilschiedsrichterverfahrensordnung

Artikel 1: Antrag auf Anordnung von Eilmaßnahmen

(1) Wenn eine Partei einen Eilschiedsrichter gemäß Artikel 29 der ICC-Schiedsgerichtsordnung (die „Schiedsgerichtsordnung") anrufen will, so hat sie ihren Antrag auf Anordnung von Eilmaßnahmen (der „Antrag") beim Sekretariat, in einem beliebigen der in der Geschäftsordnung des Gerichtshofs im Anhang II zur Schiedsgerichtsordnung angegebenen Büros, einzureichen.

(2) Der Antrag muss in einer solchen Anzahl von Exemplaren eingereicht werden, dass jede Partei, der Eilschiedsrichter und das Sekretariat je ein Exemplar erhalten.

(3) Der Antrag enthält die folgenden Angaben:

a) vollständigen Namen, Rechtsform, Adresse und sonstige Kontaktdaten jeder der Parteien;

b) vollständigen Namen, Adressen und sonstige Kontaktdaten der Vertreter des Antragstellers;

c) Darstellung der antragsbegründenden Umstände sowie der zugrundeliegenden Streitigkeit, die Gegenstand des Schiedsverfahrens sind oder werden sollen;

d) Darlegung der beantragten Eilmaßnahmen;

e) die Gründe, warum der Antragsteller dringende vorläufige Maßnahmen oder Sicherungsmaßnahmen benötigt, die nicht bis zur Bildung eines Schiedsgerichts warten können;
f) einschlägige Vereinbarungen zwischen den Parteien, insbesondere die Schiedsvereinbarung;
g) Vereinbarungen zum Schiedsort, zu den anwendbaren Rechtsregeln oder zur Verfahrenssprache;
h) Nachweis der Zahlung des gemäß Artikel 7(1) dieses Anhangs zu zahlenden Betrags; und
i) soweit vorliegend, die von einer der Parteien des Eilschiedsrichterverfahren vor Antragstellung beim Sekretariat eingereichte Schiedsklage und sonstiges Vorbringen in Zusammenhang mit der zugrundeliegenden Streitigkeit.

Dem Antrag können weitere Dokumente oder Informationen beigefügt werden, soweit der Antragsteller es für geboten hält oder soweit diese zu einer effizienten Prüfung des Antrags beitragen können.

(4) Der Antrag ist in der Sprache des Schiedsverfahrens zu fassen, sofern diese zwischen den Parteien vereinbart ist; oder, falls die Parteien keine derartige Vereinbarung getroffen haben, in der Sprache der Schiedsvereinbarung.

(5) Sofern und soweit der Präsident des Gerichtshofs (der „Präsident") aufgrund der in dem Antrag mitgeteilten Informationen zu dem Ergebnis kommt, dass im Hinblick auf Artikel 29(5) und Artikel 29(6) der Schiedsgerichtsordnung die Bestimmungen zum Eilschiedsrichterverfahren Anwendung finden, übermittelt das Sekretariat dem Antragsgegner ein Exemplar des Antrags mit allen ihm beigefügten Dokumenten. Sofern und soweit der Präsident zu einem anderen Ergebnis kommt, unterrichtet das Sekretariat die Parteien, dass kein Eilschiedsrichterverfahren im Hinblick auf einige oder sämtliche Parteien stattfindet und übermittelt ihnen ein Exemplar des Antrags zu Informationszwecken.

(6) Der Präsident beendet das Eilschiedsrichterverfahren, sofern innerhalb von 10 Tagen nach Eingang des Antrags beim Sekretariat keine Schiedsklage beim Sekretariat eingegangen ist; es sei denn, der Eilschiedsrichter bestimmt, dass eine längere Frist erforderlich sei.

Artikel 2: Ernennung des Eilschiedsrichters; Übergabe der Schiedsverfahrensakten

(1) Die Ernennung eines Eilschiedsrichters durch den Präsidenten erfolgt so schnell wie möglich, normalerweise innerhalb von zwei Tagen nach Eingang des Antrags beim Sekretariat.

(2) Ein Eilschiedsrichter wird nicht ernannt, nachdem die Schiedsverfahrensakten gemäß Artikel 16 der Schiedsgerichtsordnung an das Schiedsgericht übergeben worden sind. Ein zuvor bereits ernannter Eilschiedsrichter bleibt für die Dauer des in Artikel 6(4) dieses Anhangs vorgesehenen Zeitraums zur Entscheidung befugt.

(3) Nach Ernennung des Eilschiedsrichters unterrichtet das Sekretariat die Parteien und übergibt die Akten dem Eilschiedsrichter. Danach erfolgen alle schriftlichen Mitteilungen der Parteien unmittelbar an den Eilschiedsrichter; weitere Exemplare gehen an die andere Partei und das Sekretariat. Das Sekretariat erhält auch Kopien aller schriftlicher Mitteilungen des Eilschiedsrichters an die Parteien.

(4) Jeder Eilschiedsrichter muss unparteiisch und von den an der Streitigkeit beteiligten Parteien unabhängig sein und bleiben.

(5) Jede Person, die als Eilschiedsrichter vorgeschlagen wird, muss vor ihrer Ernennung eine Erklärung über die Annahme des Amtes, Verfügbarkeit, Unparteilichkeit und Unabhängigkeit unterzeichnen. Die Parteien erhalten vom Sekretariat jeweils eine Kopie dieser Erklärung.

(6) Ein Eilschiedsrichter kann nicht als Schiedsrichter in einem Schiedsverfahren über die Streitigkeit tätig werden, die den Anlass für den Antrag auf Anordnung von Eilmaßnahmen bildet.

Artikel 3: Ablehnung von Schiedsrichtern im Eilverfahren

(1) Ein Antrag auf Ablehnung eines Eilschiedsrichters muss innerhalb von drei Tagen erfolgen, nachdem die Partei, die den Antrag auf Ablehnung stellt, von der Ernennung benachrichtigt wurde oder, falls sie erst nach der Benachrichtigung von der Ernennung Kenntnis von den Tatsachen und Umständen erhalten hat, innerhalb von drei Tagen nach Kenntniserlangung.

(2) Der Antrag wird vom Gerichtshof entschieden, nachdem das Sekretariat dem betroffenen Eilschiedsrichter und der oder den anderen Parteien Gelegenheit zur schriftlichen Stellungnahme binnen angemessener Frist gegeben hat.

Artikel 4: Ort des Eilschiedsrichterverfahrens

(1) Sofern die Parteien den Ort des Schiedsverfahrens vereinbart haben, ist dieser der Ort des Eilschiedsrichterverfahrens. Falls die Parteien keine Vereinbarung dazu getroffen haben, bestimmt der Präsident den Ort des Eilschiedsrichterverfahrens; die Bestimmung des Ortes des Schiedsverfahrens gemäß Artikel 18(1) der Schiedsgerichtsordnung bleibt davon unberührt.

(2) Verhandlungen vor dem Einzelschiedsrichter können an einem vom Eilschiedsrichter für geeignet gehaltenen Ort als Treffen in Person, per Videokonferenz, Telefon oder mit ähnlichen Kommunikationsmitteln geführt werden.

Artikel 5: Verfahren

(1) Der Eilschiedsrichter erstellt so schnell wie möglich, normalerweise innerhalb von zwei Tagen nach Übergabe der Akten gemäß Artikel 2(3) dieses Anhangs an ihn, einen Verfahrenskalender für das Eilverfahren.

(2) Der Eilschiedsrichter führt das Verfahren in der Art und Weise und unter Berücksichtigung der Dringlichkeit des Antrags so, wie er es für sachdienlich hält. In jedem Fall handelt der Eilschiedsrichter fair und unparteiisch und stellt sicher, dass jede Partei ausreichend Gelegenheit erhält, zur Sache vorzutragen.

Artikel 6: Beschluss

(1) Gemäß Artikel 29(2) der Schiedsgerichtsordnung ergeht die Entscheidung des Eilschiedsrichters in Form eines Beschlusses (der „Beschluss").

(2) In dem Beschluss bestimmt der Eilschiedsrichter, ob der Antrag gemäß Artikel 29(1) der Schiedsgerichtsordnung zulässig ist und ob der Eilschiedsrichter zur Anordnung von Eilmaßnahmen zuständig ist.

(3) Der Beschluss ergeht schriftlich unter Angabe der Gründe sowie mit Datum und Unterschrift des Eilschiedsrichters.

(4) Der Beschluss ergeht spätestens 15 Tage nach Übergabe der Akten gemäß Artikel 2(3) dieses Anhangs an den Eilschiedsrichter. Der Präsident kann diese Frist auf begründeten Antrag des Eilschiedsrichters oder von sich aus verlängern, falls er dies für notwendig erachtet.

(5) Innerhalb der gemäß Artikel 6(4) dieses Anhangs ermittelten Frist stellt der Eilschiedsrichter den Beschluss den Parteien, mit Kopie an das

Sekretariat, in einer der nach Artikel 3(2) der Schiedsgerichtsordnung zulässigen Formen der Mitteilung zu, die nach Einschätzung des Eilschiedsrichters unverzüglichen Empfang gewährleistet.

(6) Der Beschluss verliert seine Verbindlichkeit für die Parteien mit
a) Einstellung des Eilschiedsrichterverfahren durch den Präsidenten gemäß Artikel 1(6) dieses Anhangs;
b) Stattgabe eines Ablehnungsantrags gegen den Eilschiedsrichter durch den Gerichtshof gemäß Artikel 3 dieses Anhangs;
c) Erlass des Endschiedsspruchs durch das Schiedsgericht, sofern nicht vom Schiedsgericht ausdrücklich anders entschieden; oder mit
d) Rücknahme der gesamten Klage oder Beendigung des Schiedsverfahrens vor Erlass eines Endschiedsspruchs.

(7) Der Eilschiedsrichter kann den Beschluss von der Erfüllung von seiner Auffassung nach geeigneten Bedingungen, beispielsweise der Stellung einer angemessenen Sicherheit, abhängig machen.

(8) Auf begründeten Antrag einer Partei vor Übergabe der Schiedsverfahrensakten an das Schiedsgericht gemäß Artikel 16 der Schiedsgerichtsordnung kann der Eilschiedsrichter den Beschluss ändern, in seiner Wirkung beenden oder aufheben.

Artikel 7: Kosten des Eilschiedsrichterverfahrens

(1) Der Antragsteller hat einen Betrag in Höhe von 40 000 US$ zu entrichten, der sich aus 10 000 US$ für die ICC-Verwaltungskosten und 30 000 US$ für Honorar und Auslagen des Eilschiedsrichters zusammensetzt. Unbeschadet der Bestimmungen in Artikel 1(5) dieses Anhangs wird der Antrag erst zugestellt, wenn die Zahlung von 40 000 US$ beim Sekretariat eingeht.

(2) In jedem Stadium des Eilschiedsrichterverfahrens kann der Präsident entscheiden, das Honorar des Eilschiedsrichters oder die ICC-Verwaltungskosten zu erhöhen, unter anderem im Hinblick auf Eigenschaften des Falles und der Art und Weise der Arbeit des Eilschiedsrichters, des Gerichtshofs, des Präsidenten und des Sekretariats. Wenn die Partei, die den Antrag eingereicht hat, die erhöhten Kosten nicht innerhalb der vom Sekretariat bestimmten Frist zahlt, gilt der Antrag als zurückgezogen.

(3) Der Eilschiedsrichter setzt in seinem Beschluss die Kosten des Eilschiedsrichterverfahrens fest und entscheidet, welche der Parteien die

Kosten zu tragen hat oder in welchem Verhältnis sie verteilt werden sollen.

(4) Zu den Kosten des Eilschiedsrichterverfahrens gehören die ICC-Verwaltungskosten, Honorar und Auslagen des Eilschiedsrichters und die angemessenen, bei den Parteien für das Eilschiedsrichterverfahrens angefallenen Rechtsverfolgungs- und sonstigen Kosten.

(5) Falls das Eilschiedsrichterverfahren gemäß Artikel 1(5) dieses Anhangs nicht stattfindet oder falls es aus anderen Gründen vor Beschlussfassung beendet wird, setzt der Präsident fest, welcher Betrag gegebenenfalls an den Antragsteller zurückzuerstatten ist. Ein Betrag von 5000 US$ für ICC-Verwaltungskosten wird in jedem Fall einbehalten.

Artikel 8: Allgemeine Bestimmungen

(1) Der Präsident kann alle verfahrensrechtlichen Fragen zum Eilschiedsrichterverfahren, die in diesem Anhang nicht ausdrücklich geregelt sind, nach eigenem Ermessen entscheiden.

(2) In Abwesenheit des Präsidenten oder sonst auf dessen Ermächtigung hin kann einer der Vizepräsidenten des Gerichtshofs Entscheidungen für den Präsidenten treffen.

(3) In allen Angelegenheiten betreffend das Eilschiedsrichterverfahren, die nicht ausdrücklich in diesem Anhang geregelt sind, handeln der Gerichtshof, der Präsident und der Eilschiedsrichter nach Sinn und Zweck der Schiedsgerichtsordnung und dieses Anhangs.

Article 29: Emergency Arbitrator

(1) A party that needs urgent interim or conservatory measures that cannot await the constitution of an arbitral tribunal ("Emergency Measures") may make an application for such measures pursuant to the Emergency Arbitrator Rules in Appendix V. Any such application shall be accepted only if it is received by the Secretariat prior to the transmission of the file to the arbitral tribunal pursuant to Article 16 and irrespective of whether the party making the application has already submitted its Request for Arbitration.

(2) The emergency arbitrator's decision shall take the form of an order. The parties undertake to comply with any order made by the emergency arbitrator.

(3) The emergency arbitrator's order shall not bind the arbitral tribunal with respect to any question, issue or dispute determined in the order. The arbitral tribunal may modify, terminate or annul the order or any modification thereto made by the emergency arbitrator.

(4) The arbitral tribunal shall decide upon any party's requests or claims related to the emergency arbitrator proceedings, including the reallocation of the costs of such proceedings and any claims arising out of or in connection with the compliance or non-compliance with the order.

(5) Articles 29(1)–29(4) and the Emergency Arbitrator Rules set forth in Appendix V (collectively the "Emergency Arbitrator Provisions") shall apply only to parties that are either signatories of the arbitration agreement under the Rules that is relied upon for the application or successors to such signatories.

(6) The Emergency Arbitrator Provisions shall not apply if:

a) the arbitration agreement under the Rules was concluded before the date on which the Rules came into force;

b) the parties have agreed to opt out of the Emergency Arbitrator Provisions; or

c) the parties have agreed to another pre-arbitral procedure that provides for the granting of conservatory, interim or similar measures.

(7) The Emergency Arbitrator Provisions are not intended to prevent any party from seeking urgent interim or conservatory measures from a competent judicial authority at any time prior to making an application for such measures, and in appropriate circumstances even thereafter, pursuant to the Rules. Any application for such measures from a competent judicial authority shall not be deemed to be an infringement or a waiver of the arbitration agreement. Any such application and any measures taken by the judicial authority must be notified without delay to the Secretariat.

Appendix V – Emergency Arbitrator Rules

Article 1: Application for Emergency Measures

(1) A party wishing to have recourse to an emergency arbitrator pursuant to Article 29 of the Rules of Arbitration of the ICC (the "Rules") shall submit its Application for Emergency Measures (the "Application") to the Secretariat at any of the offices specified in the Internal Rules of the Court in Appendix II to the Rules.

(2) The Application shall be supplied in a number of copies sufficient to provide one copy for each party, plus one for the emergency arbitrator, and one for the Secretariat.

(3) The Application shall contain the following information:
a) the name in full, description, address and other contact details of each of the parties;
b) the name in full, address and other contact details of any person(s) representing the applicant;
c) a description of the circumstances giving rise to the Application and of the underlying dispute referred or to be referred to arbitration;
d) a statement of the Emergency Measures sought;
e) the reasons why the applicant needs urgent interim or conservatory measures that cannot await the constitution of an arbitral tribunal;
f) any relevant agreements and, in particular, the arbitration agreement;
g) any agreement as to the place of the arbitration, the applicable rules of law or the language of the arbitration;
h) proof of payment of the amount referred to in Article 7(1) of this Appendix; and
i) any Request for Arbitration and any other submissions in connection with the underlying dispute, which have been filed with the Secretariat by any of the parties to the emergency arbitrator proceedings prior to the making of the Application.

The Application may contain such other documents or information as the applicant considers appropriate or as may contribute to the efficient examination of the Application.

(4) The Application shall be drawn up in the language of the arbitration if agreed upon by the parties or, in the absence of any such agreement, in the language of the arbitration agreement.

(5) If and to the extent that the President of the Court (the "President") considers, on the basis of the information contained in the Application, that the Emergency Arbitrator Provisions apply with reference to Article 29(5) and Article 29(6) of the Rules, the Secretariat shall transmit a copy of the Application and the documents annexed thereto to the responding party. If and to the extent that the President considers otherwise, the Secretariat shall inform the parties that the emergency arbitration proceedings shall not take place with respect to some or all of the parties and shall transmit a copy of the Application to them for information.

(6) The President shall terminate the emergency arbitrator proceedings if a Request for Arbitration has not been received by the Secretariat from the applicant within 10 days of the Secretariat's receipt of the Application, unless the emergency arbitrator determines that a longer period of time is necessary.

Article 2: Appointment of the Emergency Arbitrator; Transmission of the File

(1) The President shall appoint an emergency arbitrator within as short a time as possible, normally within two days from the Secretariat's receipt of the Application.

(2) No emergency arbitrator shall be appointed after the file has been transmitted to the arbitral tribunal pursuant to Article 16 of the Rules. An emergency arbitrator appointed prior thereto shall retain the power to make an order within the time limit permitted by Article 6(4) of this Appendix.

(3) Once the emergency arbitration has been appointed, the Secretariat shall so notify the parties and shall transmit the file to the emergency arbitrator. Thereafter, all written communications from the parties shall be submitted directly to the emergency arbitrator with a copy to the other party and the Secretariat. A copy of any written communications from the emergency arbitrator to the parties shall be submitted to the Secretariat.

(4) Every emergency arbitrator shall be and remain impartial and independent of the parties involved in the dispute.

(5) Before being appointed, a prospective emergency arbitrator shall sign a statement of acceptance, availability, impartiality and independence. The Secretariat shall provide a copy of such statement to the parties.

(6) An emergency arbitrator shall not act as an arbitrator in any arbitration relating to the dispute that gave rise to the Application.

Article 3: Challenge of an Emergency Arbitrator

(1) A challenge against the emergency arbitrator must be made within three days from receipt by the party making the challenge of the notification of the appointment or from the date when that party was informed of the facts and circumstances on which the challenge is based if such date is subsequent to the receipt of such notification.

(2) The challenge shall be decided by the Court after the Secretariat has afforded an opportunity for the emergency arbitrator and the other party or parties to provide comments in writing within a suitable period of time.

Article 4: Place of Emergency Arbitrator Proceedings

(1) If the parties have agreed upon the place of the arbitration, such place shall be the place of the emergency arbitrator proceedings. In the absence of such agreement, the President shall fix the place of the emergency arbitrator proceedings, without prejudice to the determination of the place of the arbitration pursuant to Article 18(1) of the Rules.

(2) Any meetings with the emergency arbitrator may be conducted through a meeting in person at any location the emergency arbitrator considers appropriate or by video conference, telephone or similar means of communication.

Article 5: Proceedings

(1) The emergency arbitrator shall establish a procedural timetable for the emergency arbitrator proceedings within as short a time as possible, normally within two days from the transmission of the file to the emergency arbitrator pursuant to Article 2(3) of this Appendix.

(2) The emergency arbitrator shall conduct the proceedings in the manner which the emergency arbitrator considers to be appropriate, taking into account the nature and the urgency of the Application. In all cases, the emergency arbitrator shall act fairly and impartially and ensure that each party has a reasonable opportunity to present its case.

Article 6: Order

(1) Pursuant to Article 29(2) of the Rules, the emergency arbitrator's decision shall take the form of an order (the "Order").

(2) In the Order, the emergency arbitrator shall determine whether the Application is admissible pursuant to Article 29(1) of the Rules and whether the emergency arbitrator has jurisdiction to order Emergency Measures.

(3) The Order shall be made in writing and shall state the reasons upon which it is based. It shall be dated and signed by the emergency arbitrator.

(4) The Order shall be made no later than 15 days from the date on which the file was transmitted to the emergency arbitrator pursuant to Article 2(3) of this Appendix. The President may extend the time limit pursuant to a reasoned request from the emergency arbitrator or on the President's own initiative if the President decides it is necessary to do so.

(5) Within the time limit established pursuant to Article 6(4) of this Appendix, the emergency arbitrator shall send the Order to the parties, with a copy to the Secretariat, by any of the means of communication permitted by Article 3(2) of the Rules that the emergency arbitrator considers will ensure prompt receipt.

(6) The Order shall cease to be binding on the parties upon:
a) the President's termination of the emergency arbitrator proceedings pursuant to Article 1(6) of this Appendix;
b) the acceptance by the Court of a challenge against the emergency arbitrator pursuant to Article 3 of this Appendix;
c) the arbitral tribunal's final award, unless the arbitral tribunal expressly decides otherwise; or
d) the withdrawal of all claims or the termination of the arbitration before the rendering of the final award.

(7) The emergency arbitrator may make the Order subject to such conditions as the emergency arbitrator thinks fit, including requiring the provision of appropriate security.

(8) Upon a reasoned request by a party made prior to the transmission of the file to the arbitral tribunal pursuant to Article 16 of the Rules, the emergency arbitrator may modify, terminate or annul the Order.

Article 7: Costs of the Emergency Arbitrator Proceedings

(1) The applicant must pay an amount of 40,000 US$, consisting of 10,000 US$ for ICC administrative expenses and 30,000 US$ for the emergency arbitrator's fees and expenses. Notwithstanding Article 1(5) of this Appendix, the Application shall not be notified until the payment of 40,000 US$ is received by the Secretariat.

(2) The President may, at any time during the emergency arbitrator proceedings, decide to increase the emergency arbitrator's fees or the ICC administrative expenses taking into account, inter alia, the nature of the case and the nature and amount of work performed by the emer-

gency arbitrator, the Court, the President and the Secretariat. If the party which submitted the Application fails to pay the increased costs within the time limit fixed by the Secretariat, the Application shall be considered as withdrawn.

(3) The emergency arbitrator's Order shall fix the costs of the emergency arbitrator proceedings and decide which of the parties shall bear them or in what proportion they shall be borne by the parties.

(4) The costs of the emergency arbitrator proceedings include the ICC administrative expenses, the emergency arbitrator's fees and expenses and the reasonable legal and other costs incurred by the parties for the emergency arbitrator proceedings.

(5) In the event that the emergency arbitrator proceedings do not take place pursuant to Article 1(5) of this Appendix or are otherwise terminated prior to the making of an Order, the President shall determine the amount to be reimbursed to the applicant, if any. An amount of 5,000 US$ for the ICC administrative expenses is non-refundable in all cases.

Article 8: General Rule

(1) The President shall have the power to decide, at the President's discretion, all matters relating to the administration of the emergency arbitrator proceedings not expressly provided for in this Appendix.

(2) In the President's absence or otherwise at the President's request, any of the Vice-Presidents of the Court shall have the power to take decisions on behalf of the President.

(3) In all matters concerning emergency arbitrator proceedings not expressly provided for in this Appendix, the Court, the President and the emergency arbitrator shall act in the spirit of the Rules and this Appendix.

Regelungsschwerpunkte: Abs. 1 regelt die Zulässigkeit des Eilschiedsrichterverfahrens. Diese setzt vor allem voraus, dass das Schiedsgericht noch nicht konstituiert ist und die Schiedsverfahrensakten noch nicht an das Schiedsgericht übergeben wurden. Für Einzelheiten verweist Art. 29 Abs. 1 auf Anhang V zur ICC-SchO, in welchem die detaillierten Verfahrensregeln zu finden sind. → Rz. 24–30; **Abs. 2–4** Der Eilschiedsrichter erlässt seine Entscheidungen in Form eines Beschlusses. Es wird klargestellt, dass diese Entscheidung zwar für die Parteien verbindlich ist, dass das Schiedsgericht allerdings später nicht an diese (vorläufige) Entscheidung gebunden ist. Das Schiedsgericht entscheidet über diese Fragen (einschließlich der Kosten) eigenständig. → Rz. 53–57; **Abs. 5–6** regeln, wann ein Eilschiedsrichterverfahren überhaupt in Betracht kommt. Voraussetzung ist jedenfalls, dass die Schiedsvereinbarung nach Wirksamwerden der neuen ICC-SchO geschlossen wurde und dass die Parteien das Eilschiedsrichterverfahren nicht ausgeschlossen haben. → Rz. 18–22; **Anh. V** regelt Einzelheiten zum Ablauf des Eilschiedsrichterverfahrens und enthält die nähere Ausgestaltung der Voraussetzungen. → Rz. 14–15

Kostenaspekte: Der Antragsteller muss einen Betrag i.H.v. 40 000 USD entrichten (d.h. 10 000 USD für die ICC-Verwaltungskosten sowie 30 000 USD für Honorar und Auslagen des Eilschiedsrichters). → Rz. 36; 59–61

Inhalt

A. Eilschiedsrichter 1	IV. Ernennung des Eilschiedsrichters (Art. 2 Anhang V zur ICC-SchO)............... 38
I. Normzweck 1	
II. Reform 4	V. Ablehnung von Schiedsrichtern (Art. 3 Anhang V zur ICC-SchO)............... 43
III. Verhältnis zu §§ 1033, 1041 ZPO..................... 6	
IV. Vergleich mit den im staatlichen Verfahren geltenden Vorschriften 10	VI. Ort des Eilschiedsrichterverfahrens (Art. 4 Anhang V zur ICC-SchO)............... 45
B. Einzelerläuterungen 14	VII. Verfahren vor dem Eilschiedsrichter (Art. 5 Anhang V zur ICC-SchO)............... 47
I. Regelungsüberblick......... 14	
II. Antrag auf Einleitung eines Eilschiedsrichterverfahrens (Art. 29 Abs. 1 ICC-SchO, Art. 1 Abs. 2–4 Anhang V zur ICC-SchO)............ 23	VIII. Entscheidung des Eilschiedsrichters (Art. 29 Abs. 2, 3 ICC-SchO und Art. 6 Anhang V zur ICC-SchO) 49
1. Form und Inhalt des Antrags (Art. 1 Abs. 2–4 Anhang V zur ICC-SchO) 24	**C. Vollziehung/Vollstreckung der Entscheidung** 58
2. Zulässigkeit des Antrags und Anordnungsbefugnis des Eilschiedsrichters (Art. 29 Abs. 1 ICC-SchO) . 28	**D. Kosten (Art. 7 Anhang V zur ICC-SchO)** 59
III. Entscheidung des Präsidenten zur Anwendung der Bestimmungen zum Eilschiedsrichterverfahren (Art. 1 Abs. 5 Anhang V zur ICC-SchO) 35	**E. Abweichende Parteivereinbarung** 62

Literatur: *Berger*, Die Rechtsstellung des Pre-Arbitral-Referees, SchiedsVZ 2006, S. 176 ff.; *Boog*, Commentary on Art. 29 ICC Rules, in: Arroyo, Arbitration in Switzerland – The Practitioner's Guide (2013), S. 814 ff.; *Castineira*, The Emergency Arbitrator in the 2012 ICC Rules of Arbitration, in: Les Cahiers de l'Arbitrage, The Paris Journal of International Arbitration 2012, S. 65 ff.; *Gaillard/Pinsolle*, The ICC-Pre-Arbitral-Referee: First Practical Experiences, Arbitration International, Vol. 20 Issue 1 (2004), S. 1 ff.; *Goller*, The 2012 ICC Rules of Arbitration – An Accelerated Procedure and Substantial Changes, Journal of International Arbitration, Vol. 29 Issue 3 (2012), S. 323 ff.; *Mayer/Romero*, Le nouveau règlement d'arbitrage de la Chambre de commerce internationale (CCI), Revue de l'Arbitrage 2011, S. 897 ff.; *de los Santos Lago/Bonnín*, Emergency Proceedings Under the New ICC Rules, Spain Arbitration Review 2012, S. 5 ff.; *Marenkov*, DIS-Herbsttagung „Die neue ICC-Schiedsgerichtsordnung", SchiedsVZ 2012, S. 33 ff.; *Sessler/Voser*, Die Revidierte ICC-Schiedsgerichtsordnung – Schwerpunkte, SchiedsVZ 2012, S. 120 ff.; *Voser*, Overview of the Most Important Changes in the Revised ICC Arbitration Rules, ASA Bulletin, Vol. 20 No. 3 (2011), S. 783 ff.; *Voser/Boog*, ICC Emergency Arbitrator Proceedings: An Overview, ICC Court Bulletin, Special Supplement 2011, Interim, Conservatory and Emergency Measures, S. 81 ff.

A. Eilschiedsrichter

I. Normzweck

1 Bis das Schiedsgericht konstituiert ist und bis es seine inhaltliche Arbeit aufnehmen kann (mit Übersendung der Akten, vgl. Art. 16), kann Zeit vergehen. Es gibt jedoch häufig Situationen, in denen eine Partei sehr kurzfristig Rechtsschutz benötigt, um einen Zustand vorläufig zu sichern oder zu regeln oder irreparable Nachteile abzuwenden.

2 Die rechtsschutzsuchende Partei kann nach Einreichung der Schiedsklage und Konstituierung des Schiedsgerichts dieses um einstweiligen Rechtsschutz gemäß Art. 28 Abs. 1 ersuchen. Eine Entscheidung des Schiedsgerichts kann allerdings in sehr eiligen Fällen u.U. zu spät kommen. Die rechtsschutzsuchende Partei kann freilich auch die staatlichen Gerichte um einstweiligen Rechtsschutz ersuchen. Die Schiedsklausel steht einem gerichtlichen einstweiligen Rechtsschutzverfahren nicht entgegen. Dies ist sowohl in Art. 28 Abs. 2 und 29 Abs. 7 als auch in § 1033 ZPO verankert und gilt für die meisten Jurisdiktionen weltweit ohnehin.

3 Art. 29 schließt die zeitliche Lücke im schiedsgerichtlichen einstweiligen Rechtsschutzsystem: Die Parteien erhalten auch im Schiedsverfahren effektiven einstweiligen Rechtsschutz. Sie müssen nicht mehr die Konstituierung des Schiedsgerichts abwarten, sondern können unmit-

telbar einen Eilschiedsrichter anrufen, der dann kurzfristig eingesetzt wird und rasch über einstweilige Rechtsschutzmaßnahmen entscheiden kann. Anders als bei dem besonderen, in der Praxis kaum verbreiteten ICC-Pre-Arbitral-Referee-Verfahren bedarf es keiner besonderen Vereinbarung der Parteien, um einstweiligen Rechtsschutz außerhalb der Gerichte im vorgeschalteten Verfahren zum Schiedsverfahren zu ersuchen (s. Art. 28 Rz. 56).

II. Reform

Das Institut des Eilschiedsrichters stellt eine der wesentlichen Neuerungen der ICC-SchO 2012 dar. Mit Einführung des Eilschiedsrichterverfahrens wird die Modernität der ICC-SchO bekräftigt. 4

Das Eilschiedsrichterverfahren gilt grundsätzlich für alle ICC-Schiedsvereinbarungen, die seit dem 1.1.2012 vereinbart wurden (vgl. Art. 29 Abs. 6 Buchst. a). Die Parteien haben jedoch die Möglichkeit, dieses in der Schiedsklausel auszuschließen (vgl. Art. 29 Abs. 6 Buchst. b). 5

III. Verhältnis zu §§ 1033, 1041 ZPO

Vor Konstituierung des Schiedsgerichts besteht eine parallele Zuständigkeit zwischen staatlichen Gerichten und dem Eilschiedsrichter. Die Parteien haben ein Wahlrecht, ob sie beim staatlichen Gericht gemäß §§ 916 ff. ZPO (wegen § 1033 ZPO) oder beim Eilschiedsrichter gemäß Art. 29 einen Antrag stellen. Art. 29 Abs. 7 stellt dies klar. 6

Nach Konstituierung des Schiedsgerichts und der Übermittlung der Verfahrensakten an dieses führen Art. 28 und § 1041 ZPO zu einer parallelen Zuständigkeit von staatlichem Gericht und Schiedsgericht (vgl. Art. 28 Rz. 11). 7

Die Zuständigkeit der staatlichen Gerichte zum einstweiligen Rechtsschutz bleibt bestehen. Die ZPO sieht zwingend vor, dass die Parteien die staatlichen Gerichte auch dann um einstweiligen Rechtsschutz ersuchen können, wenn die Parteien eine Schiedsvereinbarung geschlossen haben (§ 1033 ZPO). Die Parteien können § 1033 ZPO nicht abbedingen; § 1033 ZPO ist zwingendes Recht. 8

Die ZPO sieht selbst kein Eilschiedsrichterverfahren vor. § 1041 ZPO spricht zwar einstweilige Rechtsschutzmaßnahmen an. Die Vorschrift gilt jedoch erst ab Konstituierung des Schiedsgerichts. 9

IV. Vergleich mit den im staatlichen Verfahren geltenden Vorschriften

10 Das staatliche einstweilige Rechtsschutzverfahren steht nach § 1033 ZPO neben dem Eilschiedsrichterverfahren nach der ICC-SchO. Beide Formen des einstweiligen Rechtsschutzes haben gemeinsam, dass es zum Zeitpunkt der Antragstellung einer Klageerhebung nicht bedarf (Art. 29 Abs. 1 Satz 2 a.E.). Allerdings muss diese im Eilschiedsrichterverfahren innerhalb von 10 Tagen nach Antragstellung erfolgen (Art. 1 Abs. 6 Anhang V zur ICC-SchO). Im Übrigen unterscheidet sich der gerichtliche einstweilige Rechtsschutz erheblich vom Eilschiedsrichterverfahren.

11 So entscheidet das staatliche Gericht im einstweiligen Rechtsschutzverfahren durch Beschluss oder nach mündlicher Verhandlung durch Urteil, während die Entscheidung des Eilschiedsrichters nur in der Form eines Beschlusses ergehen kann (Art. 29 Abs. 2 Satz 1 ICC-SchO, Art. 6 Anhang V zur ICC-SchO). Auch sind die Entscheidungen des staatlichen Gerichts im einstweiligen Rechtsschutzverfahren jedenfalls im Erlassstaat meist ohne weitere Formalitäten vollstreckbar. Dagegen ist die Vollstreckung von im Eilschiedsrichterverfahren ergangenen Schiedssprüchen – wenn überhaupt – nur durch Inanspruchnahme der staatlichen Gerichte zu erreichen (s. Rz. 58).

12 Ferner sind im gerichtlichen Rechtsschutz, anders als im Eilschiedsrichterverfahren, *Ex-Parte*-Anordnungen möglich. Demgegenüber ist der Eilschiedsrichter nicht durch den in Deutschland vorgesehenen *numerus clausus* des einstweiligen Rechtsschutzes beschränkt.

13 Auch sieht das Eilschiedsrichterverfahren weder ein Widerspruchsverfahren (dazu § 20 DIS-SchO Rz. 9) noch eine Gefährdungshaftung (dazu § 20 DIS-SchO Rz. 44) wie nach der ZPO vor.

B. Einzelerläuterungen

I. Regelungsüberblick

14 **Bestimmungen zum Eilschiedsrichterverfahren.** In Art. 29 werden keine Einzelheiten zum Eilschiedsrichterverfahren geregelt, sondern lediglich der grobe Rahmen festgelegt, namentlich wann das Eilschiedsrichterverfahren statthaft ist und in welcher Form der Eilschiedsrichter zu entscheiden hat. Art. 29 regelt auch das Verhältnis zwischen dem Eilschiedsrichterverfahren und dem Schiedsverfahren in der Hauptsache. Soweit Anhang V zur ICC-SchO keine Regelungen enthält, kann nach

Art. 8 Abs. 3 Anhang V zur ICC-SchO der Präsident alle verfahrensrechtlichen Fragen nach eigenem Ermessen entscheiden. Dabei muss er gemäß Art. 8 Abs. 3 Anhang V zur ICC-SchO nach „Sinn und Zweck der ICC-SchO sowie des Anhangs V" handeln. Diese der Lückenfüllung dienende Regelung wurde Art. 41 Satz 1 nachgebildet; s. daher wegen der Einzelheiten Art. 41 Rz. 5–7.

Die Details zum Eilschiedsrichterverfahren hat die ICC in Anhang V zur ICC-SchO ausgelagert, der die Eilschiedsrichterverfahrensordnung enthält. Art. 29 und Anhang V zur ICC-SchO müssen daher zusammen gelesen werden; sie bilden einheitlich die Bestimmungen zum Eilschiedsrichterverfahren (vgl. Art. 29 Abs. 5). 15

Anwendung der Bestimmungen zum Eilschiedsrichterverfahren. Gemäß Art. 1 Abs. 5 Anhang V zur ICC-SchO entscheidet der Präsident des Gerichtshofs aufgrund der in dem Antrag auf Einleitung des Eilschiedsrichterverfahrens mitgeteilten Informationen, ob die Bestimmungen zum Eilschiedsrichterverfahren Anwendung finden oder nicht. In seiner Abwesenheit oder auf dessen Ermächtigung hin kann einer der Vizepräsidenten des Gerichtshofs diese Entscheidung nach Art. 8 Abs. 2 Anhang V zur ICC-SchO treffen. Das Sekretariat bereitet die Entscheidung des Präsidenten des Gerichtshofs (bzw. des Vizepräsidenten) vor. 16

Parteien. Nach Art. 29 Abs. 5 finden die Bestimmungen zum Eilschiedsrichterverfahren nur auf die Parteien der Schiedsvereinbarung Anwendung. Diese Voraussetzung ist z.B. dann nicht erfüllt, wenn es sich bei einer oder allen Parteien um Nicht-Unterzeichner der Schiedsvereinbarung handelt, selbst, wenn die Schiedsvereinbarung u.U. auf Nicht-Unterzeichner ausgedehnt werden könnte (s. Art. 6 Rz. 11–15). Auch in Investitionsschutzstreitigkeiten aus bilateralen Investitionsschutzabkommen ist die Anwendung der Bestimmungen zum Eilschiedsrichterverfahren ausgeschlossen, da dann keine individuelle Schiedsvereinbarung zwischen den Parteien vorliegt, soweit eine Partei eine private (juristische) Person ist. Bei der Rechtsnachfolge müssen die Umstände eindeutig und klar sein, damit die Bestimmungen des Eilschiedsrichterverfahrens anwendbar sind. 17

Ausschluss der Bestimmungen zum Eilschiedsrichterverfahren. Gemäß Art. 29 Abs. 6 können die Bestimmungen zum Eilschiedsrichterverfahren in dreierlei Hinsicht ausgeschlossen sein. 18

Zeitliche Anwendung. Nach Art. 29 Abs. 6 Buchst. a sind die Bestimmungen zum Eilschiedsrichterverfahren nur auf Schiedsvereinbarungen 19 anwendbar, die nach dem 31.12.2011 geschlossen wurden. Diese Vorschrift ist eine Ausnahme zu Art. 6 Abs. 1, der im Grundsatz vorsieht, dass sich die Parteien der zu Beginn des Schiedsverfahrens gültigen ICC-SchO unterwerfen (s. Art. 6 Rz. 42–43).

20 **Abdingbarkeit der Bestimmungen zum Eilschiedsrichterverfahren.** Ferner sind die Parteien gemäß Art. 29 Abs. 6 Buchst. b frei, die Bestimmungen zum Eilschiedsrichterverfahren in ihrer Schiedsvereinbarung abzuwählen, sog. „Opt-Out-Klausel". Hierfür hat die ICC eine Standardklausel formuliert: „Alle Streitigkeiten, die sich aus oder in Zusammenhang mit dem vorliegenden Vertrag ergeben, werden nach der Schiedsgerichtsordnung der Internationalen Handelskammer (ICC) von einem oder mehreren gemäß dieser Ordnung ernannten Schiedsrichtern endgültig entschieden. Die Bestimmungen zum Eilschiedsrichterverfahren finden keine Anwendung."

21 **Vereinbarung eines anderen Verfahrens für Eilmaßnahmen.** Nach Art. 29 Abs. 6 Buchst. c finden die Bestimmungen zum Eilschiedsrichterverfahren auch in den Fällen keine Anwendung, in denen die Parteien ein anderes Verfahren vereinbart haben, das dem Schiedsverfahren vorgeschaltet ist und innerhalb dessen Eilmaßnahmen angeordnet werden können. In solchen Fällen besteht keine Lücke im schiedsverfahrensrechtlichen Rechtsschutzsystem, weil die Parteien sich auf ein einstweiliges Rechtsschutzverfahren geeinigt haben, welches bis zur Konstituierung des Schiedsgerichts eingreift.

22 Zur Abgrenzungsfrage, welche der „anderen, dem Schiedsverfahren vorgeschaltete Verfahren" zur Unzulässigkeit des Eilschiedsrichterverfahren führen, sind ausgehend vom Sinn und Zweck des Art. 29 Abs. 5 und 7 die folgenden Kriterien maßgeblich: Es muss sich bei dem anderen, dem Schiedsverfahren vorgeschalteten Verfahren um Verfahren vor nichtstaatlichen Institutionen handeln; ausgenommen sind gemäß Art. 29 Abs. 7 die staatlichen Gerichte. Soll das dem Schiedsverfahren vorgelagerte Verfahren nach dem Willen der Parteien das Verfahren nach Art. 29 Abs. 5 ersetzen, so ist das Eilschiedsrichterverfahren nach Art. 29 nicht statthaft (vgl. auch Art. 29 Abs. 6 Buchst. b). Das Eilschiedsrichterverfahren nach Art. 29 findet auch dann keine Anwendung, wenn das von den Parteien dem Schiedsverfahren vorgeschaltete Verfahren abschließend regelt, wie Eilmaßnahmen bis zur Konstituierung des Schiedsgerichts beantragt und verbindlich angeordnet werden können. Entscheidend ist, inwieweit die Parteien durch das gewählte Verfahren in die Lage versetzt werden, vor Konstituierung des Schieds-

gerichts eine verbindliche Entscheidung über Eilmaßnahmen zu erhalten. Hierzu gehören nicht Eilmaßnahmen im Rahmen einer Anordnung des ICC-Pre-Arbitral-Referees (Art. 28 Rz. 56) oder sog. „dispute boards" unter FIDIC-Verträgen.

II. Antrag auf Einleitung eines Eilschiedsrichterverfahrens (Art. 29 Abs. 1 ICC-SchO, Art. 1 Abs. 2–4 Anhang V zur ICC-SchO)

Das Eilschiedsrichterverfahren wird mit einem Antrag auf Anordnung von Eilmaßnahmen eingeleitet. Der Antrag ist beim Sekretariat in einem beliebigen der in der Geschäftsordnung des Gerichtshofs im Anhang II zur ICC-SchO (vgl. Art. 1 Rz. 22–24) angegebenen Büros einzureichen (Art. 1 Abs. 1 Anhang V zur ICC-SchO).

1. Form und Inhalt des Antrags (Art. 1 Abs. 2–4 Anhang V zur ICC-SchO)

Exemplare. Nach Art. 1 Abs. 2 Anhang V zur ICC-SchO muss die antragstellende Partei den Antrag in einer solchen Anzahl von Exemplaren einreichen, dass jede Partei, der Eilschiedsrichter und das Sekretariat je ein Exemplar erhalten.

Inhalt. Gemäß Art. 1 Abs. 3 Anhang V zur ICC-SchO muss der Antrag zumindest die folgenden Angaben enthalten:

(1) Der Antragsteller muss den vollständigen Namen, Rechtsform, Adresse und sonstige Kontaktdaten jeder der Parteien nennen. Lässt sich der Antragsteller im Verfahren vertreten, muss er auch den vollständigen Namen, Adresse und sonstige Kontaktdaten der Vertreter des Antragstellers nennen.

(2) Der Antragsteller muss die antragsbegründenden Umstände darstellen. Zudem muss er den Sachverhalt der Streitigkeit darlegen, die Gegenstand des Schiedsverfahrens ist oder sein wird. Es genügt daher nicht, nur den Streitgegenstand für die Eilmaßnahmen zu beschreiben.

(3) Der Antragsteller muss die beantragten Eilmaßnahmen darlegen.

(4) Der Antragsteller muss zudem darlegen, warum er die Eilmaßnahmen benötigt und warum diese nicht bis zur Bildung eines Schiedsgerichts warten können.

(5) Zu nennen hat der Antragsteller zudem die einschlägigen Vereinbarungen zwischen den Parteien, insbesondere die Schiedsvereinba-

rung, die Vereinbarung zum Schiedsort, zu den anwendbaren Rechtsregeln und zur Verfahrenssprache.

(6) Der Antragsteller muss nachweisen, dass er den gemäß Art. 7 Abs. 1 Anhang V zur ICC-SchO zu zahlenden Betrag gezahlt hat.

26 Art. 1 Abs. 3 Satz 2 Anhang V zur ICC-SchO enthält die Empfehlung, dass es sich anbietet, über die Mindestinformationen hinaus weitere Informationen und Dokumente beizufügen, die eine effiziente Prüfung des Antrags ermöglichen.

27 **Sprache des Antrags.** Nach Art. 1 Abs. 4 Anhang V zur ICC-SchO ist der Antrag in der Sprache des Schiedsverfahrens abzufassen. Ist die Sprache des Schiedsverfahrens nicht vereinbart, ist der Antrag in der Sprache zu stellen, in der die Schiedsvereinbarung abgefasst ist (Art. 1 Abs. 5 Anhang V zur ICC-SchO).

2. Zulässigkeit des Antrags und Anordnungsbefugnis des Eilschiedsrichters (Art. 29 Abs. 1 ICC-SchO)

28 Eine Partei kann einen Antrag auf Einleitung eines Eilschiedsrichterverfahrens nach Art. 29 i.V.m. Anhang V zur ICC-SchO stellen, wenn die Partei dringende Sicherungsmaßnahmen oder sonstige vorläufige Maßnahmen benötigt (sog. „**Eilmaßnahmen**") und wenn die Partei nicht zuwarten kann, bis das Schiedsgericht konstituiert ist.

29 **Zulässigkeit des Antrags.** Art. 29 Abs. 1 Satz 2 stellt klar, dass neben der Voraussetzung, dass das Schiedsgericht noch nicht konstituiert ist, ein Antrag auf Einleitung eines Eilschiedsrichterverfahrens nur zulässig ist, wenn der Antrag beim Sekretariat eingeht, bevor die Schiedsverfahrensakten an das Schiedsgericht übergeben wurden (vgl. Art. 16). Nicht erforderlich ist, dass der Antragsteller (oder die Gegenpartei) eine Schiedsklage bereits eingereicht hat (Art. 29 Abs. 1 Satz 2 a.E.).

30 **Einreichung der Schiedsklage innerhalb von 10 Tagen.** Technisch gesehen zwar keine Zulässigkeitsvoraussetzung, aber als solche zu behandeln ist die Vorgabe in Art. 1 Abs. 6 Anhang V zur ICC-SchO. Dieser sieht vor, dass der Antragsteller innerhalb von 10 Tagen, nachdem sein Antrag auf Einleitung eines Eilschiedsrichterverfahrens beim Sekretariat eingegangen ist, die Schiedsklage beim Sekretariat einreichen muss. Unterlässt er dies, beendet der Präsident des Gerichtshofs das Eilschiedsrichterverfahren. Gemäß Art. 8 Abs. 2 Anhang V zur ICC-SchO kann diese Entscheidung in Abwesenheit des Präsidenten des Gerichtshofs oder auf dessen Ermächtigung hin von einem Vizepräsidenten

getroffen werden. Zu einer Beendigung des Eilschiedsrichterverfahrens durch den Präsidenten des Gerichtshofs kommt es nicht, wenn im Eilschiedsrichterverfahren der Eilschiedsrichter die Frist zur Einreichung der Schiedsklage verlängert hat. Art. 1 Abs. 6 a.E. Anhang V zur ICC-SchO enthält die Befugnis des Eilschiedsrichters zur Fristverlängerung der Einreichung der Schiedsklage.

Ersuchen staatlicher Gerichte um Eilrechtsschutz gestattet. Wie oben erwähnt, regelt Art. 29 Abs. 7, dass die Bestimmungen zum Eilschiedsrichterverfahren es nicht ausschließen, dass eine Partei ein staatliches Gericht um Eilrechtsschutz ersucht. Dies gilt grundsätzlich selbst dann, wenn bereits ein Eilschiedsrichterverfahren eingeleitet wurde (vgl. auch Art. 28 Abs. 2). Der Antragsteller muss nach Art. 29 Abs. 7 Satz 2 allerdings den Eilantrag und die von dem zuständigen Justizorgan getroffenen Maßnahmen dem Sekretariat unverzüglich mitteilen (vgl. auch Art. 28 Abs. 2 Satz 3). 31

Anordnungsbefugnis des Eilschiedsrichters. Art. 29 Abs. 1 nennt als einzige Voraussetzung im Rahmen der Anordnungsbefugnis des Eilschiedsrichters die Eilbedürftigkeit. Im Vergleich zu Art. 28 Abs. 1 ist in Art. 29 Abs. 1 die Eilbedürftigkeit geschriebene Tatbestandsvoraussetzung. Damit soll die Ausnahmestellung der Bestimmungen zum Eilschiedsrichterverfahren als vorgeschaltetes Verfahren zum Schiedsverfahren hervorgehoben werden. 32

Weitere Anforderungen sind in Art. 29 nicht erwähnt. 33

Empfehlung: Da die Anforderungen an die Anordnung von Eilmaßnahmen durch den Eilschiedsrichter aufgrund des Sinnes und des Wortlauts des Art. 29 Abs. 1 nicht minder derer des Schiedsgerichts bzgl. einstweiligen Rechtsschutzes sein können – die antragstellende Partei konnte nicht „bis zur Bildung des Schiedsgerichts warten" –, sind bei internationalen Schiedsverfahren die darin geltenden Erfordernisse zu beachten. Für Schiedsverfahren mit Sitz in Deutschland sowie deutsch geprägte Verfahren empfiehlt es sich, sich an den im deutschen Recht geltenden Voraussetzungen zum einstweiligen Rechtsschutz zu orientieren (s. Art. 28 Rz. 30–37). 34

III. Entscheidung des Präsidenten zur Anwendung der Bestimmungen zum Eilschiedsrichterverfahren (Art. 1 Abs. 5 Anhang V zur ICC-SchO)

Nach Art. 1 Abs. 5 Anhang V zur ICC-SchO prüft der Präsident des Gerichtshofs den Antrag auf Einleitung eines Eilschiedsrichterverfahrens anhand der vom Antragsteller mitgeteilten Informationen hinsichtlich 35 der Anwendung der Bestimmungen zum Eilschiedsrichterverfahren im Hinblick auf Art. 29 Abs. 5 und Abs. 6.

36 **Positive Entscheidung.** Kommt der Präsident des Gerichtshofs zu dem Ergebnis, dass die Voraussetzungen für ein Eilschiedsrichterverfahren vorliegen, übermittelt das Sekretariat ein Exemplar des Antrags (nebst Anlagen) an die Gegenpartei(en) (Art. 1 Abs. 5 Satz 1 Anhang V zur ICC-SchO). Unbeschadet dessen wird gemäß Art. 7 Abs. 1 Anhang V zur ICC-SchO der Antrag in jedem Fall erst dann an die Gegenpartei(en) zugestellt, wenn die Zahlung der ICC-Verwaltungsgebühren und des Honorars und der Auslagen des Eilschiedsrichters in Höhe von 40 000 USD durch den Antragsteller beim Sekretariat eingegangen ist (vgl. Rz. 25).

37 **Negative Entscheidung.** Kommt der Präsident des Gerichtshofs – oder der ermächtigte Vizepräsident – zu dem Ergebnis, dass die Bestimmungen zum Eilschiedsrichterverfahren im Hinblick auf einige oder alle Parteien keine Anwendung finden, informiert das Sekretariat alle Parteien darüber, dass hinsichtlich dieser Parteien kein Eilschiedsrichterverfahren stattfindet. Die Gegenpartei erhält dann zu Informationszwecken ein Exemplar des Antrags (Art. 1 Abs. 5 Satz 2 Anhang V zur ICC-SchO).

IV. Ernennung des Eilschiedsrichters (Art. 2 Anhang V zur ICC-SchO)

38 **Ernennung des Eilschiedsrichters.** Nach Art. 2 Abs. 1 Anhang V zur ICC-SchO muss der Präsident des Gerichtshofs den Eilschiedsrichter so schnell wie möglich ernennen. Die Ernennung erfolgt meist binnen zwei Tagen nach Eingang des Antrags beim Sekretariat. Gemäß Art. 2 Abs. 2 Satz 2 Anhang V zur ICC-SchO verliert der ernannte Eilschiedsrichter seine Zuständigkeit nicht dadurch, dass die Akte an das Schiedsgericht übersendet wird (Art. 2 Abs. 2 Satz 2 Anhang V zur ICC-SchO).

39 **Unterrichtung der Parteien.** Art. 2 Abs. 3 Anhang V zur ICC-SchO bestimmt, dass, nachdem der Eilschiedsrichter ernannt wurde, das Sekretariat die Parteien unterrichtet und die Akten dem Eilschiedsrichter übergibt. Ab diesem Zeitpunkt erfolgt die Korrespondenz ausschließlich über den Eilschiedsrichter, wobei – wie üblich – die anderen Parteien und das Sekretariat Kopien jeglicher Korrespondenz erhalten.

40 **Unparteilichkeit und Unabhängigkeit des Eilschiedsrichters.** Art. 2 Abs. 4 Anhang V zur ICC-SchO enthält die allgemeine Vorgabe, dass der Eilschiedsrichter unparteiisch und von den an der Streitigkeit beteiligten Parteien unabhängig sein und bleiben muss (vgl. Art. 11 Rz. 6 ff.). Vor seiner Ernennung gibt der Eilschiedsrichter eine entsprechende Er-

klärung ab, die auch die Annahme des Amtes beinhaltet und über seine Verfügbarkeit unterrichtet (Art. 2 Abs. 5 Anhang V zur ICC-SchO).

Ausschluss des Eilschiedsrichters als Schiedsrichter im Schiedsverfahren. Nach Art. 2 Abs. 6 Anhang V zur ICC-SchO kann ein Eilschiedsrichter nicht als Schiedsrichter in einem Schiedsverfahren über die Streitigkeit tätig werden, die den Anlass für den Antrag auf Anordnung von Eilmaßnahmen bildet. Der Eilschiedsrichter kann also nicht im späteren (Hauptsache-)Schiedsverfahren als Schiedsrichter agieren. Ist die Schiedsklage noch nicht eingereicht worden und der Schiedsrichter von der antragstellenden Partei noch nicht ernannt worden, kann es passieren, dass eine Person als Eilschiedsrichter ernannt wird, die eine Partei als parteibenannten Schiedsrichter wählen wollte, denn die Parteien haben grundsätzlich keinen Einfluss auf die Ernennung des Eilschiedsrichters. 41

Empfehlung: Um die Situation zu vermeiden, dass die Parteiautonomie zur Ernennung des Schiedsrichters eingeschränkt wird, weil dieselbe Person bereits als Eilschiedsrichter agiert, kann die Partei im Antrag auf die Einleitung zum Eilschiedsrichterverfahren klarstellen, dass sie später im Schiedsverfahren eine bestimmte Person als Schiedsrichter zu benennen beabsichtigt. Der Präsident des Gerichtshofs wird diese Person dann kaum als Eilschiedsrichter ernennen. Die antragstellende Partei kann auch den zu benennenden Schiedsrichter vorab informieren, so dass dieser das Amt als Eilschiedsrichter nicht annimmt. 42

V. Ablehnung von Schiedsrichtern (Art. 3 Anhang V zur ICC-SchO)

Ablehnungsantrag innerhalb von drei Tagen. Art. 3 Anhang V zur ICC-SchO regelt die Ablehnung von Schiedsrichtern im Eilverfahren und kennzeichnet sich vor allem durch besonders kurze Fristen, um Verzögerungen im Eilschiedsrichterverfahren zu vermeiden. So muss der Antrag auf Ablehnung eines Eilschiedsrichters innerhalb von drei Tagen erfolgen, nachdem die Partei, die den Ablehnungsantrag stellt, von der Ernennung benachrichtigt wurde bzw. nachdem sie von Tatsachen und Umständen Kenntnis erlangt hat, welche die Ablehnung rechtfertigen sollen (Art. 3 Abs. 1 Anhang V zur ICC-SchO; vgl. auch Art. 14). 43

Entscheidung des Gerichtshofs. Über den Antrag entscheidet der Gerichtshof, nachdem das Sekretariat dem betroffenen Eilschiedsrichter und der anderen Partei Gelegenheit zur schriftlichen Stellungnahme gegeben hat. Die ICC-SchO sieht keine feste Frist zur Stellungnahme vor, sondern spricht von „angemessener" Frist. Allerdings wird diese Frist mit Blick auf die Eilbedürftigkeit in der Regel kurz bemessen (Art. 3 Abs. 2 Anhang V zur ICC-SchO). 44

VI. Ort des Eilschiedsrichterverfahrens (Art. 4 Anhang V zur ICC-SchO)

45 **Grundsatz: Vereinbarter Schiedsort gilt.** Art. 4 Abs. 1 Anhang V zur ICC-SchO beinhaltet den Grundsatz, dass der Ort des Eilschiedsrichterverfahrens dem von den Parteien vereinbarten Schiedsort entspricht.

46 **Ausnahme: Präsident entscheidet über den Ort.** Haben die Parteien keine Vereinbarung zum Ort des Schiedsverfahrens (oder des Eilschiedsrichterverfahrens) getroffen, bestimmt gemäß Art. 4 Abs. 2 Anhang V zur ICC-SchO der Präsident des Gerichtshofs – oder der ermächtigte Vizepräsident – den Ort des Eilschiedsrichterverfahrens. Diese Bestimmung lässt die Bestimmung des Ortes des Schiedsverfahrens nach Art. 18 Abs. 1 unberührt (vgl. Art. 18 Abs. 1 Rz. 13). Bei der Entscheidung des Präsidenten handelt es sich um eine rein rechtliche Anknüpfung, die bestimmt, welches staatliche Schiedsverfahrensrecht Anwendung findet. Art. 4 Abs. 2 Anhang V zur ICC-SchO stellt daher klar, dass der Eilschiedsrichter an jedem für geeignet gehaltenen Ort eine Verhandlung durchführen oder per Videokonferenz oder Telefon verhandeln kann.

VII. Verfahren vor dem Eilschiedsrichter (Art. 5 Anhang V zur ICC-SchO)

47 **Erstellung des Verfahrenskalenders.** Aufgrund der Eilbedürftigkeit des Eilschiedsrichterverfahrens muss der Eilschiedsrichter so schnell wie möglich einen Verfahrenskalender erstellen – in der Regel innerhalb von zwei Tagen nach Übergabe der Akten. Dies ist in Art. 5 Abs. 1 Anhang V zur ICC-SchO vorgeschrieben.

48 **Sachdienliche Verfahrensführung.** Der Eilschiedsrichter hat im Übrigen weites Ermessen bei der Gestaltung des Verfahrens. Er soll nach Art. 5 Abs. 2 Anhang V zur ICC-SchO das Verfahren „sachdienlich" führen und vor allem die Dringlichkeit des Antrags berücksichtigen. Natürlich muss der Eilschiedsrichter dabei jeder Partei ausreichend Gelegenheit zur Stellungnahme geben.

VIII. Entscheidung des Eilschiedsrichters (Art. 29 Abs. 2, 3 ICC-SchO und Art. 6 Anhang V zur ICC-SchO)

49 **Form.** Gemäß Art. 29 Abs. 2 ICC-SchO und Art. 6 Abs. 1 Anhang V zur ICC-SchO entscheidet der Eilschiedsrichter in Form eines Beschlusses. Der Eilschiedsrichter muss den Beschluss schriftlich erlassen und mit

Gründen, Datum und mit seiner Unterschrift versehen (Art. 6 Abs. 3 Anhang V zur ICC-SchO). Rein formal-rechtlich ist der Beschluss des Eilschiedsrichters dem des Schiedsgerichts im einstweiligen Rechtsschutz gleichzusetzen. Allerdings kann das Schiedsgericht anders als der Eilschiedsrichter im einstweiligen Rechtsschutzverfahren auch durch Schiedsspruch entscheiden.

Entscheidungsfrist. Der Eilschiedsrichter muss den Beschluss spätestens 15 Tage nach Übergabe der Akten an ihn erlassen. Dies sieht Art. 6 Abs. 4 Anhang V zur ICC-SchO vor. Der Einzelschiedsrichter stellt innerhalb dieser Frist den Parteien (mit Kopie an das Sekretariat) den Beschluss zu. Der Präsident des Gerichtshofs – oder der ermächtigte Vizepräsident – kann diese Frist auf begründeten Antrag des Eilschiedsrichters hin oder von sich aus verlängern. 50

Inhalt der Entscheidung. Im Beschluss muss der Eilschiedsrichter darlegen, ob der Antrag gemäß Art. 29 Abs. 1 zulässig ist und ob der Eilschiedsrichter die Anordnungsbefugnis hat. Dabei hat der Eilschiedsrichter zu prüfen, ob die Anforderungen für eine Eilmaßnahme erfüllt sind (s. Rz. 28–34). Art. 6 Abs. 7 Anhang V zur ICC-SchO gibt dem Eilschiedsrichter die Befugnis, seine Anordnung im Beschluss davon abhängig zu machen, dass eine Partei bestimmte Bedingungen erfüllen muss (wie z.B. die Stellung von angemessenen Sicherheiten). 51

Kostenentscheidung. Der Eilschiedsrichter setzt in seinem Beschluss die Kosten des Eilschiedsrichterverfahrens fest und entscheidet, welche Partei(en) die Kosten zu tragen hat/haben oder in welchem Verhältnis sie verteilt werden sollen (Art. 7 Abs. 3 Anhang V zur ICC-SchO). 52

Wirkung der Entscheidung ggü. Parteien. Nach Art. 29 Abs. 2 Satz 2 sind die Parteien ausdrücklich verpflichtet, den Beschluss einzuhalten. Verstoßen die Parteien gegen den Beschluss des Eilschiedsrichters, verstoßen sie zugleich gegen ihre Schiedsvereinbarung und machen sich schadensersatzpflichtig. Das geht aus Art. 29 Abs. 4 hervor, der klärt, dass die Parteien Ansprüche, die sich aus der Einhaltung oder der Nichteinhaltung des Beschlusses des Eilschiedsrichters ergeben, im Schiedsverfahren geltend machen können. Die Parteien müssen daher wegen solcher Ansprüche kein separates Schiedsverfahren einleiten. Inwieweit Ansprüche bestehen, lässt die ICC-SchO hingegen offen. Anders als in der ZPO besteht nach der ICC-SchO kein verschuldensunabhängiger Schadensersatzanspruch für den Fall, dass sich eine einstweilige Entscheidung später als unrichtig herausstellt. 53

54 Der Beschluss verliert seine Verbindlichkeit für die Parteien nach Art. 6 Abs. 6 Anhang V zur ICC-SchO, wenn das Eilschiedsrichterverfahren eingestellt wird, wenn einem Ablehnungsantrag gegen den Eilschiedsrichter durch den Gerichtshof stattgegeben wird, wenn der Endschiedsspruch des Schiedsgerichts vorliegt (es sei denn, das Schiedsgericht bestimmt ausdrücklich anderes) oder mit Rücknahme der gesamten Klage oder Beendigung des Schiedsverfahrens vor Erlass eines Endschiedsspruchs.

55 **Zeitliche Wirkung, Änderung und Aufhebung.** Bis zur Übergabe der Schiedsverfahrensakten an das Schiedsgericht nach Art. 16 kann der Eilschiedsrichter seinen Beschluss ändern, in seiner Wirkung beenden oder aufheben. Gemäß Art. 6 Abs. 8 Anhang V zur ICC-SchO ist hierfür ein begründeter Antrag einer Partei erforderlich.

56 **Grundsätzlich keine Anfechtung der Entscheidung.** Aus Art. 29 Abs. 2 Satz 2 und Art. 6 Abs. 8 Anhang V zur ICC-SchO geht hervor, dass es im Rahmen der ICC-SchO nicht möglich ist, den Beschluss des Eilschiedsrichters anzufechten, soweit die Schiedsverfahrensakte an das Schiedsgericht übergeben worden ist.

Empfehlung: Es kommt lediglich in Betracht, einen Antrag an das Schiedsgericht zu stellen, den Beschluss gemäß Art. 29 Abs. 3 Satz 2 abzuändern, in seiner Wirkung zu beenden oder aufzuheben. Auch kann u.U. das nationale Recht eine Änderung oder Aufhebung des Beschlusses vorsehen.

57 **Wirkung der Entscheidung gegenüber dem Schiedsgericht.** Die ICC-SchO stellt in Art. 29 Abs. 3 klar, dass das Schiedsgericht durch den Beschluss nicht gebunden wird. Das Schiedsgericht kann die Entscheidung des Eilschiedsrichters jederzeit abändern, in ihrer Wirkung beenden oder aufheben und unabhängig vom Eilschiedsrichterverfahren über die Kosten entscheiden. Art. 29 Abs. 3 ist weit gefasst. Daraus ergibt sich, dass das Schiedsgericht von sich aus oder auf Antrag solche Änderungen vornehmen kann. Das Schiedsgericht kann die Änderungen entweder in Form eines Beschlusses oder im Rahmen eines Zwischen-, Interims- oder auch des Endschiedsspruchs vornehmen.

C. Vollziehung/Vollstreckung der Entscheidung

58 Da die Entscheidung des Eilschiedsrichters ein Beschluss ist, gelten die Ausführungen zur Vollziehung/Vollstreckung der Anordnungen gemäß Art. 28 Abs. 1 (vgl. Art. 28 Rz. 69–72) und § 20 DIS-SchO entsprechend

(vgl. § 20 DIS-SchO Rz. 42), soweit diese in Form eines Beschlusses ergangen sind.

D. Kosten (Art. 7 Anhang V zur ICC-SchO)

Art. 7 Anhang V zur ICC-SchO regelt die Kosten des Eilschiedsrichterverfahrens. Danach hat der Antragsteller einen Betrag in Höhe von 40 000 USD zu entrichten (d.h. 10 000 USD für die ICC-Verwaltungskosten sowie 30 000 USD für Honorar und Auslagen des Eilschiedsrichters). Die Zustellung des Antrags ist abhängig von der Zahlung dieses Betrags. 59

In jedem Stadium des Verfahrens kann der Präsident des Gerichtshofs – oder der ermächtigte Vizepräsident – entscheiden, das Honorar des Eilschiedsrichters zu erhöhen, u.a. mit Blick auf die Eigenschaften des Falles und der Art und Weise der Arbeit des Eilschiedsrichters, des Gerichtshofs, des Präsidenten und des Sekretariats. Die antragstellende Partei muss die erhöhten Kosten binnen einer vom Sekretariat gesetzten Frist zahlen. Versäumt sie die Frist, gilt der Antrag auf Einleitung des Eilschiedsrichterverfahrens als zurückgezogen. 60

Falls das Eilschiedsrichterverfahren gemäß Art. 1 Abs. 5 Anhang V zur ICC-SchO nicht stattfindet oder falls es aus anderen Gründen vor Beschlussfassung beendet wird, setzt der Präsident – oder ein Vizepräsident – fest, welcher Betrag gegebenenfalls an den Antragsteller zurückzuerstatten ist. In jedem Fall wird ein Betrag von 5000 USD für ICC-Verwaltungskosten einbehalten. 61

E. Abweichende Parteivereinbarung

Nach Art. 29 Abs. 6 Buchst. b können die Parteien vereinbaren, dass das Eilschiedsrichterverfahren nicht statthaft ist (Rz. 18, 20). Sind die Regelungen des Eilschiedsrichterverfahrens anwendbar, steht es den Parteien nicht zu, diese abzuändern. 62

Wie erwähnt (Rz. 21–22), findet das Eilschiedsrichterverfahren auch dann nicht statt, wenn die Parteien ein anderes Verfahren vorgesehen haben, in dem Eilmaßnahmen angeordnet werden können, bevor das Schiedsgericht konstituiert ist (Art. 29 Abs. 6 Buchst. c). 63

Schiedssprüche

Artikel 30: Frist zum Erlass des Endschiedsspruchs

(1) Das Schiedsgericht muss seinen Endschiedsspruch binnen sechs Monaten erlassen. Diese Frist beginnt mit dem Tag der letzten Unterschrift des Schiedsgerichts oder der Parteien unter den Schiedsauftrag oder, im Falle der Anwendung des Artikel 23(3), mit der Zustellung der Genehmigung des Schiedsauftrags an das Schiedsgericht zu laufen. Der Gerichtshof kann auf Grundlage des gemäß Artikel 24(2) erstellten Verfahrenskalenders eine andere Frist bestimmen.

(2) Der Gerichtshof kann die Frist auf begründeten Antrag des Schiedsgerichts oder von sich aus verlängern, falls er dies für notwendig erachtet.

Awards

Article 30: Time Limit for the Final Award

(1) The time limit within which the arbitral tribunal must render its final award is six months. Such time limit shall start to run from the date of the last signature by the arbitral tribunal or by the parties of the Terms of Reference or, in the case of application of Article 23(3), the date of the notification to the arbitral tribunal by the Secretariat of the approval of the Terms of Reference by the Court. The Court may fix a different time limit based upon the procedural timetable established pursuant to Article 24(2).

(2) The Court may extend the time limit pursuant to a reasoned request from the arbitral tribunal or on its own initiative if it decides it is necessary to do so.

Regelungsschwerpunkte: Die Regelfrist von sechs Monaten für den Erlass des Endschiedsspruchs stellt eher einen Orientierungssatz als einen tatsächlich gelebten Zeitrahmen für die Durchführung des Verfahrens dar. Die Norm gibt dem Gerichtshof jedoch die Möglichkeit, wenn auch in Grenzen, auf die Verfahrenseffizienz Einfluss zu nehmen.

Kostenaspekte: Eine lange Verfahrensdauer ist meist mit höheren Kosten verbunden. Zur Vermeidung von Kosten sollten daher alle Verfahrensbeteiligten darauf hinwirken, dass die im Verfahrenskalender festgelegten Fristen, an denen sich der Gerichtshof bei Abänderung der Regelfrist orientiert, eingehalten werden.

Inhalt

A. Normzweck 1	F. Abweichung von der Regelfrist (Abs. 1 Satz 3) 9
B. Reform 3	
C. Verhältnis zu §§ 1025 ff. ZPO 4	G. Verlängerung der Frist (Abs. 2) 11
D. Vergleich mit den im staatlichen Verfahren geltenden Vorschriften 5	H. Rechtsfolgen bei Verfahrensverzögerungen durch das Schiedsgericht 13
E. Berechnung der Regelfrist (Abs. 1 Satz 1 und 2) 6	I. Abweichende Parteivereinbarungen 15

Veröffentlichungen des Sekretariats: Merkblatt für das Schiedsgericht über die Durchführung des Schiedsverfahrens vom 1.9.2013.
Literatur: *Andersen/Ryssdal/Lindskog*, Achieving Efficiency in International Arbitration: Some Strategic Suggestions for Arbitral Tribunals in ICC Proceedings, ICC Court Bulletin, Vol. 22 No. 2 (2011), S. 5 ff.; *Böckstiegel*, Case Management by Arbitrators: Experiences and Suggestions, in: Liber Amicorum Robert Briner (2005), S. 115 ff.; *Cremades*, The Arbitral Award, in: Newman/Hill, The Leading Arbitrators' Guide to International Arbitration (2. Aufl. 2008), S. 483 ff.; *ICC Commission on Arbitration*, Techniques for Controlling Time and Costs in Arbitration, ICC Court Bulletin, Vol. 18 No. 1 (2007), S. 23 ff.; *van den Berg*, Organizing an International Arbitration: Practice Pointers, in: Newman/Hill, The Leading Arbitrators' Guide to International Arbitration (2. Aufl. 2008), S. 149 ff.

A. Normzweck

Art. 30 bezweckt, dass das Schiedsgericht in einem überschaubaren Zeitraum den Rechtsstreit durch Erlass eines Endschiedsspruchs beendet. Die Vorschrift sieht hierfür eine Regelfrist von sechs Monaten (Art. 30 Abs. 1 Satz 1) vor, die mit der letzten Unterschrift unter dem Schiedsauftrag oder Zustellung der Genehmigung desselben durch den Gerichtshof zu laufen beginnt (Art. 30 Abs. 1 Satz 2). Art. 30 ist im Kontext mit zahlreichen weiteren Fristenregelungen in der ICC-SchO zu lesen (vgl. Art. 23 Abs. 2 für den Schiedsauftrag; Art. 24 Abs. 1 für die Verfahrensmanagementkonferenz; Art. 24 Abs. 2 für den Verfahrenskalender sowie Art. 27 Abs. 1 für das Schließen des Verfahrens). Sämtliche Fristenregelungen der ICC-SchO zielen darauf ab, dass das Schiedsgericht das Verfahren so zügig und zweckmäßig führt und entscheidet, 1 wie ihm dies unter Anwendung von Verfahrensmanagementtechniken (vgl. Anhang IV zur ICC-SchO) sowie unter Ausschaltung aller vermeidbaren Verzögerungen möglich ist. Die Einhaltung der nach Art. 30 bestimmten bzw. verlängerten Frist ist zudem Voraussetzung für den Erlass eines der Vollstreckbarerklärung zugänglichen Schiedsspruchs.

2 Nur die wenigsten ICC-Verfahren, die mit einem Endschiedsspruch enden, werden tatsächlich innerhalb der Regelfrist von sechs Monaten abgeschlossen. Art. 30 Abs. 1 Satz 3 und Abs. 2 enthalten daher flexible Regelungen, mit denen die Frist für den Erlass des Endschiedsspruchs an die tatsächliche Dauer des Verfahrens angepasst werden kann. Die Dauer eines Schiedsverfahrens hängt regelmäßig nicht nur vom Fallmanagement des Schiedsgerichts, sondern insbesondere auch von der Komplexität des Falles sowie vom Verhalten der Parteien bzw. ihrer jeweiligen Verfahrensbevollmächtigten ab (Rz. 8 f.).

B. Reform

3 Die in Art. 30 Abs. 1 Satz 3 normierte Befugnis des Gerichtshofs, insbesondere unter Berücksichtigung des nach Art. 24 Abs. 2 erstellten Verfahrenskalenders, eine andere (längere) als die in Art. 30 Abs. 1 Satz 1 vorgesehene Regelfrist von sechs Monaten für den Erlass des Endschiedsspruchs zu bestimmen, war in **Art. 24 ICC-SchO 1998** noch nicht enthalten. Im Übrigen hat die Vorschrift keine Änderung erfahren.

C. Verhältnis zu §§ 1025 ff. ZPO

4 Die Vorschriften der §§ 1025 ff. ZPO haben für die Anwendung von Art. 30 keine praktische Bedeutung. Zur Relevanz der Einhaltung der Vorschriften im Vollstreckungsstadium s. oben Rz. 1 a.E.

D. Vergleich mit den im staatlichen Verfahren geltenden Vorschriften

5 Eine mit Art. 30 vergleichbare Regelung enthalten die Vorschriften der ZPO nicht. Durch den in staatlichen Verfahren zu beachtenden Grundsatz der Verfahrensbeschleunigung (*Konzentrationsmaxime*), der in zahlreichen Vorschriften zum Ausdruck kommt (vgl. die in §§ 139, 272, 273, 282, 296, 358a ZPO normierten Prozessförderungspflichten), sind jedoch auch die staatlichen Gerichte gehalten, das Verfahren effizient zu führen. Neuerdings eröffnen die §§ 198 ff. GVG besondere Rechtsschutz-

möglichkeiten bei überlangen Gerichtsverfahren. Eine entsprechende Regelung existiert in der ICC-SchO nicht.

E. Berechnung der Regelfrist (Abs. 1 Satz 1 und 2)

Beginn der Frist. Die in Art. 30 Abs. 1 Satz 1 normierte sechsmonatige 6
Regelfrist für den Erlass des Endschiedsspruchs beginnt grundsätzlich mit dem Tag der letzten Unterschrift des Schiedsgerichts und der Parteien unter den Schiedsauftrag (Art. 30 Abs. 1 Satz 2 Alt. 1). Wenn sich eine der Parteien geweigert hat, bei der Formulierung des Schiedsauftrags mitzuwirken bzw. den Schiedsauftrag zu unterschreiben (Art. 23 Abs. 3), beginnt die Frist hingegen erst mit Zustellung der vom Gerichtshof erteilten Genehmigung des Schiedsauftrags an das Schiedsgericht zu laufen (Art. 30 Abs. 1 Satz 2 Alt. 2).

Umfang der Frist. Für die Einhaltung der Regelfrist reicht die Vorlage 7
des Entwurfs des Endschiedsspruchs bzw. Schiedsspruchs aufgrund Einvernehmens der Parteien zur Prüfung und Genehmigung durch den Gerichtshof (Art. 33) noch nicht aus. Vielmehr umfasst die Frist auch die Zustellung des sodann erlassenen und unterzeichneten Schiedsspruchs an die Parteien (Art. 34).

Verfahrensmanagement. Im Rahmen der stets zu beachtenden Grund- 8
sätze der Gleichbehandlung und des rechtlichen Gehörs (Art. 22 Abs. 4, vgl. auch § 1042 Abs. 1 ZPO) kann das Schiedsgericht auf zahlreiche Möglichkeiten zurückgreifen, um das Verfahren proaktiv und damit zeit- und kosteneffizient zu führen. Beispiele für Verfahrensmanagementtechniken finden sich in dem Anhang IV zur ICC-SchO sowie in den von der ICC Commission on Arbitration herausgegebenen „Techniques for Controlling Time and Costs in Arbitration" (Techniken zur Zeit- und Kostenkontrolle im Schiedsverfahren). Diese Verfahrensmanagementtechniken können selbstverständlich auch von den Parteien entweder schon im Rahmen der Schiedsvereinbarung vertraglich implementiert oder zu einem späteren Zeitpunkt vereinbart werden.

F. Abweichung von der Regelfrist (Abs. 1 Satz 3)

Ermessen. Der Gerichtshof kann nach seinem freien Ermessen von der 9
sechsmonatigen Regelfrist abweichen und (auch schon zu Beginn des Verfahrens) eine andere (längere) Frist für den Erlass des Endschiedsspruchs bestimmen, wenn sich aus dem Verfahrenskalender (Art. 24

Abs. 2) ergibt, dass die Regelfrist von sechs Monaten von vornherein nicht eingehalten werden kann.

10 **Berechnung.** Bei der Berechnung der (von der Regelfrist abweichenden) Frist orientiert sich der Gerichtshof an dem Zeitpunkt der im Verfahrenskalender vorgesehenen letzten mündlichen Verhandlung bzw. letzten schriftlichen Eingabe. In aller Regel wird der Gerichtshof auf Vorschlag des Sekretariats festsetzen, dass die Frist im Falle eines **Dreierschiedsgerichts** drei Monate und bei einem **Einzelschiedsrichter** zwei Monate nach diesem Zeitpunkt endet. Aufgrund der Festlegung eines konkreten Datums für den Ablauf der Frist spielt der Schiedsauftrag bei der Berechnung der Frist somit, anders als bei der Berechnung der sechsmonatigen Regelfrist (Art. 30 Abs. 1 Satz 2), keine Rolle. Die Frist kann, je nach Ausgestaltung des Verfahrenskalenders, unter Umständen weit über einem Jahr in der Zukunft liegen. Lassen sich dem Verfahrenskalender dagegen keine konkreten Anhaltspunkte für den Zeitpunkt der letzten mündlichen Verhandlung bzw. letzten schriftlichen Eingabe entnehmen, wird das Sekretariat dem Gerichtshof in Absprache mit dem Schiedsgericht eine Fristsetzung empfehlen, die es dem Gerichtshof erlaubt, die Angelegenheit in einem überschaubarer Zeitraum zur erneuten Prüfung der Frist vorgelegt zu bekommen. Hinsichtlich des Fristendes berücksichtigt der Gerichtshof, dass nach den letzten Schriftsätzen noch etwaige Beratungen innerhalb des Schiedsgerichts stattfinden können, der Entwurf des Schiedsspruchs erstellt und abgestimmt, dem Gerichtshof zur Prüfung und Genehmigung vorgelegt (Art. 33), die Endfassung vom Schiedsgericht unterschrieben und schließlich den Parteien durch das Sekretariat zugestellt werden muss (Art. 34 Abs. 1); all dies muss die Frist zum Erlass des Endschiedspruchs mitumfassen.

G. Verlängerung der Frist (Abs. 2)

11 **Voraussetzungen.** Eine Verlängerung der Regelfrist oder der nach Art. 30 Abs. 1 Satz 3 bestimmten Frist kommt zum einen in Betracht, wenn das Schiedsgericht einen begründeten Antrag an den Gerichtshof gestellt hat. Zum anderen kann der Gerichtshof auch aus eigener Initiative die Frist verlängern, wenn er dies für notwendig erachtet. Dies stellt den Regelfall dar. Notwendig ist eine Fristverlängerung immer dann, wenn sich aus der Übermittlung eines geänderten Verfahrenskalenders (Art. 24 Abs. 2 Satz 2), der Mitteilung über den Zeitpunkt, zu dem das Schiedsgericht seinen Entwurf des Schiedsspruchs zur Genehmigung vorzulegen beabsichtigt (Art. 27 Abs. 1 Buchst. b) oder der Nachfrage des Sekreta-

riats beim Schiedsgericht ergibt, dass mit dem Erlass des Endschiedsspruchs (einschließlich dessen Prüfung und Genehmigung durch den Gerichtshof, vgl. Rz. 10) nicht binnen der vorgesehenen Frist gerechnet werden kann.

Berechnung. In aller Regel verlängert der Gerichtshof die Frist zurückhaltend. Insbesondere dann, wenn schon mehrfach Fristverlängerungen nötig waren oder wenn lediglich der Endschiedsspruch aussteht, wird der Gerichtshof die Frist nur um wenige Monate, in seltenen Fällen auch nur um wenige Wochen verlängern, um so einen gewissen Druck auf das Schiedsgericht auszuüben und ein möglichst zeitnahes Verfahrensende durch Erlass des Endschiedsspruchs zu erreichen. Die Entscheidung über die Fristverlängerung ergeht grundsätzlich ohne vorherige Anhörung der Parteien und bedarf keiner Begründung. Über die Fristverlängerungen werden das Schiedsgericht und die Parteien rechtzeitig durch das Sekretariat informiert. 12

H. Rechtsfolgen bei Verfahrensverzögerungen durch das Schiedsgericht

Berücksichtigung bei der Kostenfestsetzung. Das Sekretariat und der Gerichtshof schenken der Einhaltung der Frist für den Erlass des Endschiedsspruchs größte Beachtung. Gelingt es dem Schiedsgericht auch binnen einer mehrfach verlängerten Frist nicht, den Endschiedsspruch zu erlassen, kann der Gerichtshof dies bei der Festsetzung des Honorars des Schiedsgerichts berücksichtigen (Art. 2 Abs. 2 Anhang III zur ICC-SchO; vgl. Art. 37 Rz. 15). Hierauf wird der Generalsekretär das Schiedsgericht im Einzelfall schriftlich hinweisen. 13

Ersetzung von Schiedsrichtern. Die Möglichkeiten der Parteien, sich gegen eine Verfahrensverzögerung durch einen oder mehrere Schiedsrichter zur Wehr zu setzen, sind beschränkt. Tritt der betroffene Schiedsrichter nicht aus eigenen Stücken zurück oder können sich die Parteien nicht auf die Beendigung seines Amtes verständigen (Art. 15 Abs. 1), kann der Gerichtshof von sich aus einen Schiedsrichter nur dann ersetzen, wenn er feststellt, dass dieser Schiedsrichter seine Pflichten nicht gemäß der ICC-SchO oder binnen der gesetzten Fristen erfüllt hat (Art. 15 Abs. 2). Der bloße Umstand, dass die hohe Arbeitsbelastung eines Schiedsrichters zu einer Verzögerung des Schiedsverfahrens führt, dürfte insoweit jedoch nicht ausreichend sein. Allerdings kann ein Schiedsgericht auch ohne den betroffenen Schiedsrichter Entscheidungen treffen und den Schiedsspruch mit Stimmenmehrheit fällen, soweit die Parteien nichts anderes vereinbart haben (Art. 31 Abs. 1). 14

I. Abweichende Parteivereinbarungen

15 Den Parteien steht es frei, eine längere oder eine kürzere Frist als die sechsmonatige Regelfrist des Art. 30 Abs. 1 Satz 1 zu vereinbaren (zur Vereinbarung einer kürzeren Frist vgl. jedoch Art. 38 Abs. 2, der dem Gerichtshof auch in diesen Fällen die Möglichkeit einer Fristverlängerung einräumt, s. Art. 38 Rz. 9).

Artikel 31: Schiedsspruch

(1) Der Schiedsspruch wird mit Stimmenmehrheit gefällt, wenn das Schiedsgericht aus mehr als einem Schiedsrichter besteht. Kommt diese nicht zustande, so entscheidet der Vorsitzende allein.

(2) Der Schiedsspruch ist zu begründen.

(3) Der Schiedsspruch gilt als am Ort des Schiedsverfahrens und zum angegebenen Datum erlassen.

Article 31: Making of the Award

(1) When the arbitral tribunal is composed of more than one arbitrator, an award is made by a majority decision. If there is no majority, the award shall be made by the president of the arbitral tribunal alone.

(2) The award shall state the reasons upon which it is based.

(3) The award shall be deemed to be made at the place of the arbitration and on the date stated therein.

Regelungsschwerpunkte: Abs. 1 Kommt in einem Dreierschiedsgericht weder eine einstimmige Entscheidung noch eine Mehrheitsentscheidung zustande, ist der Vorsitzende des Schiedsgerichts befugt, allein zu entscheiden. → Rz. 7–9; **Abs. 2** Schiedssprüche sind zu begründen. → Rz. 10; **Abs. 3** dient der Rechtssicherheit hinsichtlich der Frage, an welchem Schiedsort und an welchem Tag ein Schiedsspruch erlassen wird. → Rz. 11

Inhalt

A. Normzweck 1	D. Vergleich mit den im staatlichen Verfahren geltenden Vorschriften 4
B. Reform 2	
C. Verhältnis zu §§ 1025 ff. ZPO 3	E. Anwendungsbereich 5

F. Entscheidungsfindung inner-
halb des Schiedsgerichts
(Abs. 1) 7
G. Begründungserfordernis
(Abs. 2) 10

H. Datum und Ort des Schiedsspruchs (Abs. 3) 11
J. Abweichende Parteivereinbarungen 12

Veröffentlichungen des Sekretariats: Die „ICC Award Checklist" ist auf Anfrage beim Sekretariat erhältlich.
Literatur: *Cremades*, The Arbitral Award, in: Newman/Hill, The Leading Arbitrators' Guide to International Arbitration (2. Aufl. 2008), S. 438 ff.; *ICC Commission on Arbitration*, Final Report on Interim and Partial Awards, ICC Court Bulletin Vol. 1 No. 2 (1990), S. 26 ff.; *Lloyd* et al., Drafting Awards in ICC Arbitrations, ICC Court Bulletin, Vol. 16 No. 2 (2005), S. 19 ff.

A. Normzweck

Die Regelung verfolgt verschiedene Zwecke. **Abs. 1** zielt darauf ab, dass das Schiedsgericht einen Schiedsspruch auch dann erlassen kann, wenn keine Einstimmigkeit oder Stimmenmehrheit zustande kommt (Rz. 7 ff.). Das Begründungserfordernis in **Abs. 2** bezweckt, dass die Parteien die Entscheidung im Tenor des Schiedsspruchs nachvollziehen können (Rz. 10). Schließlich dient Art. 31 Abs. 3 der Rechtssicherheit hinsichtlich der Frage, an welchem Schiedsort und Tag ein Schiedsspruch erlassen wird (Rz. 11). Ein Schiedsspruch, der den Anforderungen von Art. 31 nicht genügt, wird vom Gerichtshof nicht genehmigt (Art. 33). 1

B. Reform

Die Regelung hat im Vergleich zur **ICC-SchO 1998** keine inhaltlichen Änderungen erfahren. 2

C. Verhältnis zu §§ 1025 ff. ZPO

Art. 31 Abs. 1 regelt die Entscheidungsfindung innerhalb eines Dreierschiedsgerichts abschließend. Für die nicht zwingende Regelung in § 1052 Abs. 1 ZPO bleibt daher kein Raum. Bei der Entscheidung durch ein Rumpfschiedsgericht (Art. 15 Abs. 5) findet die zwingende Regelung in § 1052 Abs. 2 ZPO Anwendung (Rz. 9). Art. 31 Abs. 3 entspricht der nicht zwingenden Regelung in § 1054 Abs. 3 ZPO. 3

D. Vergleich mit den im staatlichen Verfahren geltenden Vorschriften

4 Die für staatliche Verfahren geltenden Regelungen der ZPO enthalten im Vergleich zu Art. 31 deutlich detailliertere Regelungen hinsichtlich der Entscheidungsfindung innerhalb eines kollegialen Spruchkörpers (§ 196 GVG) sowie hinsichtlich der Form und des Inhalts von Urteilen (§§ 313–317 ZPO). Ungeachtet dessen erinnern Aufbau, Form und Inhalt eines Endschiedsspruchs nicht selten an ein Endurteil eines staatlichen Gerichts. Schiedsrichter in einem ICC-Schiedsverfahren sind jedoch beim Verfassen von Schiedssprüchen an keinen bestimmten Aufbau oder Stil gebunden. So ist eine strikte Trennung des (unstreitigen bzw. streitigen) Tatbestands und der Entscheidungsgründe zwar wünschenswert, aber nicht zwingend.

E. Anwendungsbereich

5 Art. 31 findet auf alle Arten von Schiedssprüchen (u.a. End-, Teil- oder Zwischenschiedsspruch, vgl. Art. 2 (v) und dazu Art. 2 Rz. 16 ff.) Anwendung. Die Abgrenzung zwischen einem Endschiedsspruch und einem Teilschiedsspruch hat nach ganz herrschender Auffassung nicht nach der vom Schiedsgericht gewählten Bezeichnung, sondern danach zu erfolgen, ob es sich um eine endgültige Entscheidung über den Rechtsstreit (*Endschiedsspruch* einschließlich des die eigene Zuständigkeit verneinenden sog. „Prozessschiedsspruchs") oder zumindest Teile hiervon handelt (*Teilschiedsspruch*).

6 Unter die Vorschrift fallen auch Schiedssprüche aufgrund Einvernehmens der Parteien (Art. 32), Zwischenentscheidungen des Schiedsgerichts zum anwendbaren Recht oder zum Anspruchsgrund (sog. *„Zwischenschiedsspruch"*) sowie (zumindest in entsprechender Anwendung) die eigene Zuständigkeit bejahende Zwischenentscheide i.S.v. § 1040 Abs. 3 Satz 1 ZPO. Keine Schiedssprüche i.S.v. Art. 31 stellen hingegen verfahrensleitende Verfügungen („procedural orders") des Schiedsgerichts dar.

F. Entscheidungsfindung innerhalb des Schiedsgerichts (Abs. 1)

7 **Grundsatz.** Art. 31 Abs. 1 löst das Problem unterschiedlicher tatsächlicher oder rechtlicher Würdigung bei der Entscheidungsfindung des Schiedsgerichts mit mehr als einem Schiedsrichter dahingehend, dass die (absolute) Mehrheit der Stimmen entscheidet (Satz 1). Liegt eine Pattsituation vor, d.h. kann eine Stimmenmehrheit nicht erreicht wer-

den, was bei unterschiedlichen Auffassungen über die Höhe einer Forderung der Fall sein kann, ist der Schiedsgerichtsvorsitzende befugt, allein eine Entscheidung zu fällen (Satz 2), d.h. er muss sich nicht dem Votum eines seiner Mitschiedsrichter anschließen.

Sondervotum. Bisweilen kommt es vor, dass ein Schiedsrichter seine 8 von der Stimmenmehrheit abweichende Auffassung in einem Sondervotum (sog. „dissenting opinion" oder – wenn der Mehrheit zwar im Ergebnis, aber nicht in der Begründung gefolgt wird – „concurring opinion") erläutern möchte. Sofern ein Schiedsrichter nicht innerhalb des eigentlichen Schiedsspruchs Ausführungen zu seiner abweichenden Meinung macht oder im Schiedsspruch lediglich vermerkt wird, dass einzelne Begründungsstränge oder Entscheidungen nicht einstimmig erfolgt sind, besteht das Sondervotum regelmäßig aus einem eigenständigen Dokument. Dieses ist nicht Bestandteil des Schiedsspruchs und somit auch nicht Gegenstand von Genehmigungs- (Art. 33), Berichtigungs- bzw. Auslegungs- (Art. 35) sowie Aufhebungs- bzw. Vollstreckbarerklärungsverfahren (§§ 1059 ff. ZPO, UNÜ). Sein Inhalt kann den Parteien jedoch bei der Identifizierung von Aufhebungs- bzw. Vollstreckbarerklärungsversagungsgründen dienen. Das Sondervotum wird dem Gerichtshof im Rahmen der Prüfung des Urteilsentwurfs gemäß Art. 33 zur Kenntnis gebracht (ohne dass das Sondervotum als solches gemäß Art. 33 geprüft würde) und den Parteien regelmäßig zusammen mit dem Schiedsspruch übersandt, sofern dies nicht gegen zwingendes Recht am Schiedsort verstößt oder berechtigte Einwände des Verfassers des Sondervotums oder der übrigen Mitglieder des Schiedsgerichts bestehen. Nach der Praxis des Gerichtshofs ist ein Sondervotum auch ohne Zustimmung der Parteien und der übrigen Schiedsrichter zulässig. Die Gegenauffassung, die vor allem im Schrifttum zum deutschen Schiedsverfahrensrecht vertreten wird (vgl. *Lachmann*, Handbuch für die Schiedsgerichtspraxis, Rz. 1175 m.w.N.), verweist auf das auch im Schiedsverfahren geltende Beratungsgeheimnis (§ 43 DRiG), das durch das Sondervotum verletzt werde und somit zur Aufhebung des Schiedsspruchs nach § 1062 Abs. 2 Nr. 1 Buchst. d ZPO führen könne. Dieser Auffassung ist allerdings nicht zuzustimmen. Denn ein Sondervotum kann seinem Inhalt nach auch so gehalten werden, dass das Beratungsgeheimnis gewahrt bleibt. Die bloße Tatsache und deren Offenlegung, dass ein Schiedsrichter anderer Auffassung ist, stellt noch keine Verletzung des Beratungsgeheimnisses dar.

Verweigerung der Teilnahme an der Abstimmung. Art. 31 behandelt 9 nicht die Situation, dass ein Schiedsrichter die Teilnahme an einer Abstimmung über eine Entscheidung, etwa durch Nichterscheinen, Nichtabstimmung oder Stimmenthaltung, verweigert. In diesem Fall stellt sich die Frage, wie zu verfahren ist. Nach ganz überwiegender Auffassung ist eine Entscheidung durch die übrigen Schiedsrichter bei Verfahren mit Schiedsort in Deutschland dann zulässig, wenn (i) der verweigernde Schiedsrichter Gelegenheit hatte, an der Abstimmung teilzunehmen (§ 1052 Abs. 2 Satz 1 ZPO), mithin hieran nicht aus nachvollziehbaren Gründen (z.B. Krankheit, Terminkollision) gehindert war, und (ii) den Parteien die Absicht, ohne den verweigernden Schiedsrichter über den Schiedsspruch abzustimmen, vorher mitgeteilt wurde (§ 1052 Abs. 2 Satz 2 ZPO). Den Parteien steht es indes frei, auf den sich weigernden Schiedsrichter rechtzeitig Einfluss zu nehmen bzw. auf eine Ersetzung des Schiedsrichters hinzuwirken (Art. 15 Abs. 1).

G. Begründungserfordernis (Abs. 2)

10 Art. 31 Abs. 2 schreibt vor, dass der Schiedsspruch zu begründen ist. Mit welcher Tiefe ein Schiedsspruch (und insbesondere ein Endschiedsspruch) zu begründen ist, geht aus der Vorschrift nicht hervor, wird aber im Rahmen der Prüfung durch den Gerichtshof gemäß Art. 33 fallspezifisch konkretisiert. Eine Begründung sollte jedoch zumindest zur Nachvollziehbarkeit und Erläuterung einer jeden Entscheidung im Tenor des Schiedsspruchs führen und sich idealiter auch so mit den wesentlichen Argumenten der Parteien auseinandersetzen, dass insbesondere für die unterlegene Partei nachvollziehbar ist, warum sie mit ihrem Tatsachen- und Rechtsvortrag nicht durchgedrungen ist. Die Entscheidungsgründe können zudem einen entscheidenden Einfluss auf die Beantwortung der Frage haben, ob der Schiedsspruch eine oder mehrere mit der Zwangsvollstreckung durchsetzbare Ansprüche ausweist. Ist dies nicht Fall, d.h. ist ein Tenor auch unter Berücksichtigung der Entscheidungsgründe zu unbestimmt oder widersprüchlich, ist der Schiedsspruch mangels vollstreckungsfähigen Inhalts für die Zwangsvollstreckung ungeeignet.

H. Datum und Ort des Schiedsspruchs (Abs. 3)

11 Die Regelung in Abs. 3, wonach der Schiedsspruch als am Ort des Schiedsverfahrens und zum angegebenen Datum als erlassen gilt, trägt dem Umstand Rechnung, dass sich ein Schiedsgericht an jedem ihm geeignet erscheinenden Ort beraten kann (Art. 18 Abs. 3) und Schiedssprüche von den Schiedsrichtern in aller Regel nicht gleichzeitig, sondern nacheinander und an unterschiedlichen Tagen und Orten (durch

Zirkulierung des Schiedsspruchs) unterschrieben werden. Die in Art. 31 Abs. 3 enthaltene Fiktion dient somit der Rechtssicherheit. Sie legt fest, ob es sich um einen in- oder ausländischen Schiedsspruch handelt (vgl. § 1025 ZPO), welches Gericht für die Überprüfung desselben innerhalb welcher Fristen anzurufen ist (§§ 1059 Abs. 3, 1062 ZPO) und nach welchen Vorschriften diese Überprüfung zu erfolgen hat (vgl. §§ 1059–1061 ZPO). Bei der Angabe des Datums haben die Schiedsrichter lediglich darauf zu achten, dass dieses nach dem Datum der Genehmigung des Schiedsspruchs durch den Gerichtshof (Art. 33) liegt und die Datierung und Übersendung an das Sekretariat sowie die anschließende Zustellung an die Parteien möglichst ohne Zeitverlust erfolgen.

J. Abweichende Parteivereinbarungen

Abweichungen von Abs. 1. Bei Verfahren mit Schiedsort in Deutschland können die Parteien im Umkehrschluss aus § 1052 Abs. 1 ZPO die Alleinentscheidungskompetenz des Vorsitzenden abbedingen. In diesem Fall muss sich der Vorsitzende dem Votum eines seiner Mitschiedsrichter anschließen, will er eine Pattsituation, etwa bei Uneinigkeit über die Höhe einer Forderung, vermeiden. Die Parteien können auch vereinbaren, dass jede Entscheidung des Schiedsgerichts einstimmig zu erfolgen hat. Hiervon ist jedoch angesichts des damit verbundenen Risikos einer Handlungsunfähigkeit des Schiedsgerichts abzuraten. 12

Abweichung von Abs. 2. Die Parteien können bei Verfahren mit Schiedsort in Deutschland ferner vereinbaren, dass das Schiedsgericht einen Schiedsspruch auch ohne Begründung erlassen kann (vgl. § 1054 Abs. 2 ZPO). Der Gerichtshof akzeptiert eine dahingehende Vereinbarung jedoch nur dann, wenn diese von den Parteien schriftlich verfasst und unterschrieben wurde. 13

Artikel 32: Schiedsspruch aufgrund Einvernehmens der Parteien

Einigen sich die Parteien in der Sache einvernehmlich, nachdem dem Schiedsgericht gemäß Artikel 16 die Schiedsverfahrensakten übergeben worden sind, so ergeht ein Schiedsspruch aufgrund Einvernehmens der Parteien, wenn die Parteien dies beantragen und das Schiedsgericht dem zustimmt.

Art. 32 ICC-SchO

Article 32: Award by Consent

If the parties reach a settlement after the file has been transmitted to the arbitral tribunal in accordance with Article 16, the settlement shall be recorded in the form of an award made by consent of the parties, if so requested by the parties and if the arbitral tribunal agrees to do so.

Regelungsschwerpunkte: Die Beantragung eines Schiedsspruchs aufgrund Einvernehmens der Parteien ist insbesondere dann zu erwägen, wenn der Vergleich eine oder mehrere mit der Zwangsvollstreckung prinzipiell durchsetzbare Ansprüche beinhaltet. → Rz. 12; Der Schiedsspruch aufgrund Einvernehmens der Parteien ist ein vollwertiger Schiedsspruch. → Rz. 14–16

Kostenaspekte: Zur Vermeidung unnötigen Arbeitsaufwands und damit verbundener Kosten sollten die Parteien das Schiedsgericht und das Sekretariat unverzüglich über einen etwaigen Vergleichsabschluss informieren. Ferner sollten die Parteien auch auf klare Formulierungen in ihrem Vergleich achten, um Rückfragen des Schiedsgerichts beim Verfassen des Schiedsspruchs oder des Gerichtshofs im Rahmen der Prüfung des Schiedsspruchs nach Art. 33 zu vermeiden.

Inhalt

A. Normzweck 1	I. Übergabe der Schiedsverfahrensakte an das Schiedsgericht 7
B. Reform 2	
C. Verhältnis zu § 1053 Abs. 1 Satz 2 ZPO 3	II. Vergleich 9
	III. Antrag aller Parteien 12
D. Vergleich mit den im staatlichen Verfahren geltenden Vorschriften 4	IV. Zustimmung des Schiedsgerichts 13
E. Voraussetzungen für den Erlass eines Schiedsspruchs aufgrund Einvernehmens der Parteien 6	F. Form, Inhalt und Wirkungen des Schiedsspruchs aufgrund Einvernehmens der Parteien.. 14
	G. Kosten 17
	H. Abweichende Parteivereinbarungen 18

Veröffentlichungen des Sekretariats: Die „ICC Award Checklist" ist auf Anfrage beim Sekretariat erhältlich.

Literatur: *Bredow*, Schiedsspruch mit vereinbartem Wortlaut – Form und Inhalt, SchiedsVZ 2010, S. 295 ff.; *Cremades*, The Arbitral Award, in: Newman/Hill,

The Leading Arbitrators' Guide to International Arbitration (2. Aufl. 2008), S. 483 ff.; *Lloyd* et al., Drafting Awards in ICC Arbitrations, ICC Court Bulletin, Vol. 16 No. 2 (2005), S. 19 ff., *Nater-Bass*, Praktische Aspekte des Vergleichs in Schiedsgerichtsverfahren, ASA Bulletin, Vol. 20 No. 3 (2002), S. 427 ff.

A. Normzweck

Art. 32 benennt die Voraussetzungen, unter denen auch bei einer vergleichsweisen Beilegung des Rechtsstreits ein Schiedsspruch in Form eines sog. „Schiedsspruchs aufgrund Einvernehmens der Parteien" ergehen kann. Erst der (noch für vollstreckbar zu erklärende) Schiedsspruch aufgrund Einvernehmens der Parteien und nicht bereits der zwischen den Parteien geschlossene Vergleich (Ausnahme: Anwaltsvergleich gemäß § 796a ZPO) stellt einen tauglichen Vollstreckungstitel dar. 1

B. Reform

Die Regelung hat im Vergleich zur **ICC-SchO 1998** keine Änderungen erfahren. 2

C. Verhältnis zu § 1053 Abs. 1 Satz 2 ZPO

Art. 32 entspricht weitgehend § 1053 Abs. 1 Satz 2 ZPO, wonach ein Schiedsgericht auf Antrag der Parteien den Vergleich in der Form eines sog. „Schiedsspruchs mit vereinbartem Wortlaut" festzuhalten hat, sofern der Inhalt des Vergleichs nicht gegen die öffentliche Ordnung (*ordre public*) verstößt. Zum einen ist die in § 1053 Abs. 1 Satz 2 ZPO verwendete Bezeichnung als Schiedsspruch mit vereinbartem Wortlaut nicht zwingend. Zum anderen wird das Schiedsgericht im Rahmen von Art. 32 seine Zustimmung zum Erlass des Schiedsspruchs nur erteilen, wenn der Schiedsspruch mit dem ordre public vereinbar ist (Rz. 13). 3

D. Vergleich mit den im staatlichen Verfahren geltenden Vorschriften

Anders als bei einem **Prozessvergleich** im staatlichen Verfahren beendet ein zwischen den Parteien geschlossener Vergleich das Schiedsverfahren nicht *ipso iure*. Vielmehr endet das Schiedsverfahren bei Abschluss eines Vergleichs entweder – s. im Einzelnen Art. 37 Rz. 42 ff. – mit einer vollständigen Klagerücknahme (Art. 37 Abs. 6) bzw. einer Vereinbarung über die Beendigung des Verfahrens, auf deren Grundlage das Schiedsgericht einen Beendigungsbeschluss („*termination order*") erlassen kann 4 (aber nicht zwingend muss), oder aber mit Erlass eines Endschiedsspruchs in Form des Schiedsspruchs aufgrund Einvernehmens der Parteien. Nur der Schiedsspruch aufgrund Einvernehmens der Parteien stellt (nach seiner Vollstreckbarerklärung durch ein staatliches Gericht) einen tauglichen Vollstreckungstitel dar (§ 794 Abs. 1 Nr. 4a ZPO), nicht aber der bloße Vergleich (Ausnahme: Anwaltsvergleich gemäß § 796a ZPO; s. dazu Art. 37 Rz. 44). In staatlichen Verfahren hat der Prozessvergleich eine Doppelwirkung. Materiell-rechtlich stellt er einen Vertrag dar, durch den der Rechtsstreit im Wege gegenseitigen Nachgebens beseitigt wird (vgl. § 779 Abs. 1 BGB). Gleichzeitig stellt er eine auf Prozessbeendigung gerichtete Prozesshandlung und einen Vollstreckungstitel (vgl. § 794 Abs. 1 Nr. 1 ZPO) dar.

5 Ein zwischen den Parteien geschlossener **außergerichtlicher Vergleich** beendet das staatliche Verfahren noch nicht. In diesem Fall müssen die Parteien entweder die Hauptsache für erledigt erklären (mit der Kostenfolge des § 91a ZPO) oder im Vergleich vereinbaren, dass der Kläger seine Klage zurücknimmt (mit der Kostenfolge des § 269 Abs. 3 Satz 2 ZPO).

E. Voraussetzungen für den Erlass eines Schiedsspruchs aufgrund Einvernehmens der Parteien

6 Art. 32 benennt vier Voraussetzungen, unter denen ein Schiedsspruch aufgrund Einvernehmens der Parteien ergehen kann.

I. Übergabe der Schiedsverfahrensakte an das Schiedsgericht

7 Erforderlich ist zunächst, dass das Schiedsgericht vom Sekretariat die Schiedsverfahrensakte erhalten hat. Erst dann geht die Verfahrensleitungskompetenz auf das Schiedsgericht über. Gemäß Art. 16 erfolgt die Übergabe der Akte an das Schiedsgericht erst dann, wenn dieses vollständig konstituiert ist und der vom Sekretariat zu diesem Zeitpunkt angeforderte Kostenvorschuss vollständig beglichen wurde. Vergleichen sich die Parteien noch vor Unterzeichnung bzw. Genehmigung des Schiedsauftrags (Art. 23), steht dies nach der Praxis des Gerichtshofs einem unmittelbaren Erlass eines Schiedsspruchs aufgrund Einvernehmens nicht entgegen, sofern die Parteien schriftlich gegenüber dem Schiedsgericht und dem Sekretariat auf die Notwendigkeit des Schiedsauftrags verzichten.

Vergleichen sich die Parteien schon vor Übergabe der Schiedsverfahrensakte an das Schiedsgericht, werden die Parteien in aller Regel die Beendigung des Verfahrens beantragen und der Gerichtshof nur noch das Honorar und die Auslagen der Schiedsrichter sowie die ICC-Verwaltungskosten festsetzen (vgl. Art. 37 Abs. 6 Satz 1). In dem seltenen Fall, dass die Parteien in ihrem Vergleich keine Vereinbarung über die Verteilung der Verfahrenskosten oder andere kostenrelevante Fragen getroffen haben, kann jede Partei beim Gerichtshof beantragen, dass die Konstituierung des Schiedsgerichts fortgesetzt wird, damit das Schiedsgericht über die Kosten entscheiden kann (vgl. Art. 37 Abs. 6 Satz 2 und 3). Diese Kostenentscheidung erfolgt dann in einem Kostenschiedsspruch. 8

II. Vergleich

Umfang des Vergleichs. Art. 32 setzt weiter voraus, dass sich die Parteien in der Sache einvernehmlich geeinigt haben. Das Schiedsgericht muss hierbei prüfen, ob die Parteien einen Vergleich über den gesamten Streitgegenstand oder nur über einen Teil des Streitgegenstands geschlossen haben. Betrifft der Vergleich nur einen Teil des Rechtsstreits, was z.B. bei einer fehlenden Einigung über die Kostenverteilung der Fall sein kann, darf der Schiedsspruch aufgrund Einvernehmens der Parteien auch nur insoweit ergehen; hinsichtlich der Kosten hat das Schiedsgericht dann einen Endschiedsspruch zu erlassen. Regelt der Vergleich der Parteien auch Punkte, die nicht Teil des beim Schiedsgericht anhängigen Rechtsstreits sind, wird die Kompetenz des Schiedsgerichts zum Erlass des Schiedsspruchs auch über diesen Teil durch den Antrag der Parteien begründet. Dies kann zu einer Streitwerterhöhung und damit zu einer Erhöhung der Schiedsrichterhonorare sowie der ICC-Verwaltungskosten führen. 9

Vergleich unter Widerrufsvorbehalt. Schließen die Parteien einen Vergleich unter Widerrufsvorbehalt (d.h. unter der aufschiebenden Bedingung des nicht erfolgten Widerrufs innerhalb einer bestimmten Frist), darf das Schiedsgericht den Schiedsspruch aufgrund Einvernehmens der Parteien erst nach Ablauf der Widerrufsfrist erlassen. 10

Rolle des Schiedsgerichts. S. dazu Art. 24 Rz. 27. 11

III. Antrag aller Parteien

Das Schiedsgericht darf einen Schiedsspruch aufgrund Einvernehmens der Parteien nur erlassen, wenn alle Parteien dies beantragen. Verglei- 12 chen sich die Parteien in Abwesenheit des Schiedsgerichts, wird dieser Antrag entweder im Vergleichstext enthalten sein oder die Parteien bevollmächtigen sich wechselseitig, einen solchen Antrag beim Schiedsgericht zu stellen; im Regelfall wird das Schiedsgericht oder das Sekretariat aber gleichwohl noch schriftlich die Bestätigung der anderen Partei einholen. Einigen sich die Parteien im Rahmen einer mündlichen Verhandlung und damit in Anwesenheit des Schiedsgerichts, wird dieser Antrag protokolliert oder im Vergleichstext selbst aufgenommen. Die Beantragung eines Schiedsspruchs aufgrund Einvernehmens der Parteien macht insbesondere dann Sinn, wenn der Vergleich eine oder mehrere mit der Zwangsvollstreckung prinzipiell durchsetzbare Ansprüche ausweist, da der Forderungsinhaber bei Nichterfüllung des Vergleichs durch die andere Partei (z.B. nach fruchtlosem Verstreichen der im Vergleich vereinbarten Zahlungsfrist) aus dem Schiedsspruch (nach dessen Vollstreckbarerklärung durch ein staatliches Gericht) die Zwangsvollstreckung betreiben kann.

IV. Zustimmung des Schiedsgerichts

13   Schließlich bedarf der Erlass eines Schiedsspruchs aufgrund Einvernehmens der Parteien der Zustimmung des Schiedsgerichts. Das Schiedsgericht darf zur Sicherstellung der Vollstreckbarkeit des Schiedsspruchs seine Zustimmung nur erteilen, wenn der Inhalt des Schiedsspruchs nicht gegen zwingende Rechtsgrundsätze (ordre public) verstößt. Der Schiedsspruch darf daher jedenfalls nicht zu einem Ergebnis führen, das dem am Schiedsort bzw. am (voraussichtlichen) Vollstreckungsort geltenden ordre public widerspricht. Ob das Zustimmungsermessen des Schiedsgerichts durch sog. Eingriffsnormen beschränkt wird, ist noch nicht abschließend geklärt. Unter Eingriffsnormen werden diejenigen Normen gefasst, die meist gesamtwirtschaftliche oder sozialpolitische Interessen schützen und unabhängig davon gelten sollen (z.B. Bestimmungen des europäischen Kartellrechts), welches Recht im Übrigen auf den Rechtsstreit anwendbar ist. Im Übrigen darf das Schiedsgericht seine Zustimmung grundsätzlich nicht davon abhängig machen, ob es den Inhalt des Vergleichs als richtig oder angemessen ansieht; anderes dürfte beispielsweise gelten, wenn das Schiedsgericht den berechtigten Eindruck hat, dass das Schiedsverfahren bzw. der Vergleich der Geldwäsche dient.

F. Form, Inhalt und Wirkungen des Schiedsspruchs aufgrund Einvernehmens der Parteien

Der Schiedsspruch aufgrund Einvernehmens der Parteien ist ein **vollwertiger Schiedsspruch**. Er muss daher, wie jeder andere Schiedsspruch auch, den Anforderungen des Art. 31 genügen. Die **Begründung** (Art. 31 Abs. 2) wird sich dabei regelmäßig auf die Ausführungen beschränken, dass und mit welchem Inhalt (als wörtliches Zitat des Vergleichstenors oder als Anlage des Vergleichstexts zum Schiedsspruch) die Parteien den Rechtsstreit vergleichsweise beigelegt haben. Hinzu kommen die entsprechenden Anträge der Parteien sowie die Zustimmung des Schiedsgerichts, diesen Vergleich in einem Schiedsspruch aufgrund Einvernehmens der Parteien festzuhalten. Im **Tenor** des Schiedsspruchs wird regelmäßig die Verpflichtung der Parteien ausgesprochen, ihre jeweiligen Pflichten aus dem zwischen ihnen geschlossenen Vergleich zu erfüllen, wozu auch das Tragen etwaiger Vertretungskosten gehört. Zusätzlich werden im Tenor die vom Gerichtshof festgesetzten Kosten (Honorar und Auslagen der Schiedsrichter sowie die ICC-Verwaltungskosten) entsprechend der Vereinbarung der Parteien über die Kostenverteilung ausgeurteilt (Art. 37 Abs. 4). Darüber hinaus darf der Schiedsspruch aufgrund Einvernehmens der Parteien keine eigenen Entscheidungen des Schiedsgerichts beinhalten, auch nicht über solche Punkte, über welche die Parteien sich bewusst oder unbewusst nicht verglichen haben. 14

Der Schiedsspruch aufgrund Einvernehmens der Parteien unterliegt ebenfalls der **Prüfung durch den Gerichtshof** (Art. 33). Nach Genehmigung durch den Gerichtshof, Unterzeichnung durch das Schiedsgericht und Zustellung durch das Sekretariat (Art. 34 Abs. 1) ist der Schiedsspruch für die Parteien verbindlich (Art. 34 Abs. 5 Satz 1) und steht nach dessen Vollstreckbarerklärung einem rechtskräftigen gerichtlichen Urteil gleich (§§ 1055, 794 Abs. 1 Nr. 4a ZPO). 15

Auch im **Vollstreckbarerklärungs- und Aufhebungsverfahren** wird der Schiedsspruch aufgrund Einvernehmens der Parteien wie jeder andere Schiedsspruch behandelt. Es können daher dieselben Einwände vorgebracht werden wie sonst im Vollstreckbarerklärungs- oder Aufhebungsverfahren. Allerdings ist der Schiedsspruch aufgrund Einvernehmens der Parteien von dem diesem zugrunde liegenden materiell-rechtlichen Vergleichsvertrag zu trennen, d.h. die Aufhebung des Schiedsspruchs führt nicht automatisch zur Unwirksamkeit des Vergleichs. Umgekehrt bleibt 16 der Schiedsspruch verbindlich, auch wenn sich der Vergleich als unwirksam herausstellt und keine Aufhebungsgründe vorliegen.

G. Kosten

17 Endet ein Schiedsverfahren aus Anlass eines Vergleichs, wird der Gerichtshof bei der Festsetzung des Honorars und der Auslagen der Schiedsrichter sowie der ICC-Verwaltungskosten berücksichtigen, welcher Aufwand bis dato für das Schiedsgericht und den Gerichtshof angefallen ist. Insofern kann der Erlass eines Schiedsspruchs aufgrund Einvernehmens der Parteien die Höhe der vom Gerichtshof festzusetzenden Kosten beeinflussen. Regelmäßig wird die vergleichsweise Beilegung des Rechtsstreits zu einer Rückzahlung eines Teils des von den Parteien geleisteten Kostenvorschusses führen. Wegen der Einzelheiten s. die Kommentierung zu Art. 37.

H. Abweichende Parteivereinbarungen

18 Vereinbarungen der Parteien, wonach bereits mit dem Abschluss des materiell-rechtlichen Vergleichsvertrags das Verfahren automatisch endet oder der Vergleich einen tauglichen Vollstreckungstitel darstellt, sind unwirksam. Denkbar sind jedoch Vereinbarungen zur Rolle des Schiedsgerichts bei möglichen Vergleichsgesprächen. So können die Parteien etwa vereinbaren, dass das Schiedsgericht keine Schritte unternehmen darf, um eine Beilegung der Streitigkeit im Vergleichswege zu erleichtern.

Artikel 33: Prüfung des Schiedsspruchs durch den Schiedsgerichtshof

Vor der Unterzeichnung eines Schiedsspruchs legt das Schiedsgericht seinen Entwurf dem Gerichtshof vor. Dieser kann Änderungen in der Form vorschreiben. Unter Wahrung der Entscheidungsfreiheit des Schiedsgerichts kann der Gerichtshof dieses auf Punkte hinweisen, die den sachlichen Inhalt des Schiedsspruchs betreffen. Kein Schiedsspruch kann ergehen, ohne dass er vom Gerichtshof in der Form genehmigt worden ist.

Article 33: Scrutiny of the Award by the Court

Before signing any award, the arbitral tribunal shall submit it in draft form to the Court. The Court may lay down modifications as to the form of the award and, without affecting the arbitral tribunal's liberty of decision, may also draw its attention to points of substance. No award shall be rendered by the arbitral tribunal until it has been approved by the Court as to its form.

Regelungsschwerpunkte: Die Prüfung sowie die zwingende Genehmigung von ICC-Schiedssprüchen durch den Gerichtshof vor Zustellung an die Parteien stellen Kernelemente von ICC-Schiedsverfahren dar, von denen nicht durch Parteivereinbarung abgewichen werden kann. → Rz. 1, 7 ff., 24

Kostenaspekte: Entgegen verschiedentlich geäußerter Auffassung führt die Prüfung von Schiedssprüchen in der Regel nicht zu einer Verzögerung des Verfahrens, sondern trägt maßgeblich dazu bei, dass ICC-Schiedssprüche in den meisten Fällen weltweit problemlos vollstreckt werden können. Schon dieser Mehrwert rechtfertigt die im Vergleich mit Verwaltungsgebühren anderer Schiedsinstitutionen höheren ICC-Verwaltungskosten → Rz. 23

Inhalt

A. Normzweck 1	II. Hinweise zum sachlichen Inhalt des Schiedspruchs (Satz 3).................. 9
B. Reform 3	
C. Verhältnis zu §§ 1025 ff. ZPO 4	III. Häufige Fehlerquellen im Schiedsspruch............. 11
D. Vergleich mit den im staatlichen Verfahren geltenden Vorschriften............ 5	G. Ablauf der Prüfung......... 16
	H. Entscheidung des Gerichtshofs 19
E. Anwendungsbereich........ 6	
F. Umfang der Prüfung 7	J. Kosten 23
I. Änderungsvorgaben hinsichtlich der Form (Satz 2) 8	K. Abweichende Parteivereinbarungen 24

Veröffentlichungen der Sekretariats: Die „ICC Award Checklist" ist auf Anfrage beim Sekretariat erhältlich.
Literatur: *ICC Commission on International Arbitration,* Final Report on Interim and Partial Awards, ICC Court Bulletin, Vol. 1 No. 2 (1990), S. 26 ff.; *Lloyd* et al., Drafting Awards in ICC Arbitrations, ICC Court Bulletin, Vol. 16 No. 2 (2005), S. 19 ff.; ICC issues checklist for arbitrators drafting awards, ICC Court Bulletin, Vol. 21 No. 1 (2010), S. 19 ff.

A. Normzweck

1 Das in Art. 33 normierte Erfordernis einer Vorabprüfung der Entwürfe von Schiedssprüchen durch den Gerichtshof stellt eine, wenn nicht die **zentrale Besonderheit** von ICC-Schiedsverfahren dar. Die Prüfung dient in erster Linie der **Qualitätskontrolle** und damit der **Sicherstellung der Vollstreckbarkeit** des Schiedsspruchs (vgl. auch die allgemeine Bestimmung in Art. 41 Satz 2) und ist für die Parteien von großem Nutzen. Der Gerichtshof berücksichtigt bei der Prüfung der Entwürfe von Schiedssprüchen, soweit möglich, die am Schiedsort bestehenden zwingenden rechtlichen Anforderungen (vgl. Art. 6 Anhang II zur ICC-SchO). Der Gerichtshof achtet aber insbesondere auch auf Qualität und Verständlichkeit des Schiedsspruchs. Regelmäßig kann durch dieses Qualitätsmanagement ein Berichtigungs- und Auslegungsverfahren (Art. 35 Abs. 1–3) vermieden werden. Der Gerichtshof kann im Rahmen seiner Prüfung dabei auf die Expertise seiner über 120 Mitglieder aus gegenwärtig über 80 Staaten weltweit sowie auf die geschulten Juristen in seinem Sekretariat zurückgreifen.

2 Seit 2010 stellt der Gerichtshof den Schiedsrichtern eine sog. „**Checkliste für Schiedssprüche der ICC**" zur Verfügung. Diese wurde zuletzt im Zuge der Reform der ICC-SchO überarbeitet und soll als Leitlinie beim Erstellen von Schiedssprüchen dienen und damit die Arbeit des Schiedsgerichts (und auch des Gerichtshofs sowie des Sekretariats) erleichtern. Der Gerichtshof weist aber explizit darauf hin, dass diese Checkliste keine vollständige Aufzählung darstellt und somit für die Schiedsrichter nicht verbindlich ist. Sie regelt auch nicht sämtliche Punkte, auf die der Gerichtshof gemäß Art. 33 hinweisen kann.

B. Reform

3 Die Regelung hat im Vergleich zur **ICC-SchO1998** keine inhaltlichen Änderungen erfahren.

C. Verhältnis zu §§ 1025 ff. ZPO

4 Die Vorschriften der §§ 1025 ff. ZPO haben für die Anwendung von Art. 33 keine praktische Bedeutung.

D. Vergleich mit den im staatlichen Verfahren geltenden Vorschriften

Eine mit Art. 33 vergleichbare Prüfung des Urteils eines staatlichen Gerichts vor dessen Verkündung findet nicht statt. Anders als in Schiedsverfahren, in denen als Rechtsbehelf nur das Aufhebungsverfahren (vgl. § 1059 ZPO) in Betracht kommt, stehen in staatlichen Verfahren jedoch zahlreiche Rechtsbehelfe gegen bereits erlassene erstinstanzliche Entscheidungen zur Verfügung. Die zivilprozessualen Rechtsbehelfe sind dabei entweder auf die Fortsetzung des bisherigen Verfahrens (Berufung, Revision, Urteils- und Tatbestandsberichtigung, Urteilsergänzung, Rüge der Verletzung rechtlichen Gehörs) oder auf den Beginn eines neuen Verfahrens (Abänderungs-, Vollstreckungsabwehr- und Drittwiderspruchsklage) gerichtet. Funktional werden mit dem Verfahren nach Art. 33 für die ICC-Schiedsgerichtsbarkeit wesentliche Ziele des staatlichen Rechtsmittelrechts erreicht, insbesondere das Ziel der Verfahrenskontrolle. Dagegen bezweckt das Verfahren nach Art. 33 nicht, die Einheitlichkeit der Rechtsprechung von ICC-Schiedsgerichten sicherzustellen. 5

E. Anwendungsbereich

Die Verpflichtung des Schiedsgerichts, vor Unterzeichnung eines Schiedsspruchs dem Gerichtshof einen Entwurf vorzulegen (Satz 1), findet auf alle Arten von Schiedssprüchen (u.a. End-, Teil- oder Zwischenschiedsspruch, vgl. Art. 2 (v) und dazu Art. 2 Rz. 16 ff.) Anwendung (vgl. Art. 31 Rz. 5 f.). Unter die Vorschrift fallen auch Schiedssprüche aufgrund Einvernehmens der Parteien nach Art. 32, Zwischenentscheidungen des Schiedsgerichts zum anwendbaren Recht oder zum Anspruchsgrund (sog. „Zwischenschiedsspruch") sowie (zumindest in entsprechender Anwendung) die eigene Zuständigkeit bejahende sog. „Zwischenentscheide" i.S.v. § 1040 Abs. 3 Satz 1 ZPO (vgl. Art. 31 Rz. 6). Gemäß Art. 35 Abs. 3 findet Art. 33 auf Addenda und Entscheidungen, die ein Schiedsgericht in Folge eines Berichtigungs- oder Auslegungsantrags gemäß Art. 35 Abs. 2 entworfen hat, entsprechende Anwendung. 6

F. Umfang der Prüfung

Die Prüfung von Schiedssprüchen umfasst nach Art. 33 die **Form** und den **sachlichen Inhalt** des Schiedsspruchs. 7

I. Änderungsvorgaben hinsichtlich der Form (Satz 2)

8 Hinsichtlich der Form kann der Gerichtshof dem Schiedsgericht Änderungen **verbindlich** vorschreiben (Art. 33 Satz 2). Unter den Begriff der Form werden gemeinhin Aspekte wie Schreib- und Rechenfehler sowie die Einhaltung der Grenzen des Schiedsauftrags (Art. 23 Abs. 4) gefasst. Ferner zählen hierzu die in der „**Checkliste für Schiedssprüche der ICC**" (vgl. Rz. 2) genannten Anforderungen an die Form des Schiedsspruchs. Danach hat ein Schiedsspruch u.a. folgende Punkte zu enthalten: Erwähnung des ICC-Aktenzeichens auf der ersten Seite des Schiedsspruchs und Angabe der anwendbaren Version der ICC-SchO; vollständige und richtige Angabe der Namen und Adressen der Parteien, ihrer Verfahrensbevollmächtigten sowie der Schiedsrichter; Wiedergabe des gesamten Textes der Schiedsvereinbarung; präzise Bezeichnung der Parteien bzw. Unterzeichner der Schiedsvereinbarung; Zusammenfassung der gesamten Prozesshistorie; Hinweise zu ggf. erfolgten Entscheidungen des Gerichtshofs zu Art. 6 Abs. 4, Schiedsort und Anzahl der Schiedsrichter; Angabe des Datums des Schließens des Verfahrens gemäß Art. 27 Abs. 1 sowie der letzten Fristverlängerung für den Erlass des Endschiedsspruchs sowie eine Tenorierung, die alle Entscheidungen aus den Entscheidungsgründen widerspiegelt (vgl. hierzu auch Rz. 14).

II. Hinweise zum sachlichen Inhalt des Schiedsspruchs (Satz 3)

9 Im Hinblick auf den sachlichen Inhalt des Schiedsspruchs darf der Gerichtshof lediglich **unverbindliche Hinweise** erteilen (Art. 33 Satz 3). Zum sachlichen Inhalt des Schiedsspruchs zählen insbesondere die Begründung und der Tenor des Schiedsspruchs. Das besondere Augenmerk des Gerichtshofs richtet sich dabei auf die Beachtung der zwischen den Parteien geschlossenen vertraglichen Abreden, des anwendbaren Rechts, der Anträge der Parteien der Beweiswürdigung, Zins- und Kostenentscheidungen, des Grundsatzes des rechtlichen Gehörs (vgl. Rz. 15) sowie der am Schiedsort bestehenden zwingenden rechtlichen Anforderungen (vgl. Art. 6 Anhang II zur ICC-SchO).

10 In Fällen, in denen nicht eindeutig ist, ob es sich um eine für das Schiedsgericht verbindliche Anmerkung des Gerichtshofs zur Form oder um einen lediglich unverbindlichen Hinweis zum sachlichen Inhalt des Schiedsspruchs handelt, wird der Gerichtshof das Schiedsgericht zunächst ersuchen, die angesprochenen Punkte zu würdigen, d.h. die Entscheidung über die Genehmigung des Schiedsspruchs „in der Form"

(Art. 33 Satz 4) zurückstellen. Denn in aller Regel werden die Hinweise des Gerichtshofs von den Schiedsrichtern beachtet und umgesetzt.

III. Häufige Fehlerquellen im Schiedsspruch

Zahlen. In zahlreichen Fällen sind mathematische Berechnungen fehlerhaft und somit nach den Vorgaben des Gerichtshofs vom Schiedsgericht zu korrigieren. Es kommt auch häufig vor, dass Geldbeträge entweder uneinheitlich beziffert werden oder „Zahlendreher" enthalten. 11

Zinsen. Das besondere Augenmerk des Gerichtshofs richtet sich darauf, dass die Zinsanträge berücksichtigt werden und das Schiedsgericht nach dem anwendbaren Sach- bzw. Schiedsverfahrensrecht überhaupt befugt ist, Zinsen zuzusprechen. Ferner achtet der Gerichtshof darauf, dass Beginn und Ende des Zinslaufs (jeweils mit Begründung), der anwendbare Zinssatz sowie die Zinsart (einfache Zinsen oder Zinseszinsen) angegeben werden und ein variabler Zinssatz (z.B. fünf Prozentpunkte über dem Basiszinssatz) nicht in einen statischen Zinssatz umgewandelt wird. 12

Kosten. Der Gerichtshof prüft, ob der Schiedsspruch eine ggf. bestehende Kostenvereinbarung in der Schiedsvereinbarung, den jeweiligen Parteivortrag und die bisherigen Kostenvorschusszahlungen hinreichend berücksichtigt. Ferner achtet der Gerichtshof darauf, dass die Begründung der Kostenentscheidung von Art. 37 gedeckt ist und ggf. auf die nach Art. 37 Abs. 1 erforderliche Angemessenheit der Parteikosten eingeht. 13

Tenorierung. Der Gerichtshof achtet darauf, dass der Entscheidungstenor keine eigenständige Begründung und auch keinen Verweis auf die Begründung des Schiedsspruchs enthält. Ferner muss der Tenor sämtliche Entscheidungen in der Begründung des Schiedsspruchs widerspiegeln. Der Schiedsspruch darf nicht über das Beantragte hinausgehen (*ne ultra/extra petita*). Bleibt der Schiedsspruch hinter dem Beantragten zurück (*infra petita*), ist im Tenor auszusprechen, dass die Klage (bzw. Widerklage) sowie alle weiteren Anträge abgewiesen werden. Enthält der Schiedsspruch nur eine Entscheidung über einen Teil des Rechtsstreits oder der geltend gemachten Forderungen (Teilschiedsspruch), ist dies im Tenor und ggf. auch bereits in der Bezeichnung des Schiedsspruchs („Teilschiedsspruch" bzw. „partial award") klarzustellen. 14

Rechtliches Gehör. Hierzu zählt insbesondere, dass das Schiedsgericht keine Überraschungsentscheidung erlassen darf. Nach der Praxis des 15

Gerichtshofs darf die Begründung des Schiedsspruchs grundsätzlich nicht im Kern auf ein rechtliches Argument gestützt werden, zu dem die Parteien entweder nicht gehört wurden oder nicht vorgetragen haben. So gilt beispielsweise der im deutschen Rechtskreis anerkannte Grundsatz *iura novit curia* nicht automatisch auch in internationalen Schiedsverfahren (vgl. statt aller *Knuts*, Jura Novit Curia and the Right to Be Heard – An Analysis of Recent Case Law, Arbitration International, Vol. 28 Issue 4 (2012), 669 ff.). Ferner gebietet der Grundsatz des rechtlichen Gehörs, dass eine sich am Verfahren nicht beteiligende Partei über das Verfahren und insbesondere den Sach- und Rechtsvortrag der anderen Partei fortlaufend zu unterrichten ist und ihr sämtliche schriftliche Kommunikation zugesandt wird. Dies ist im Schiedsspruch entsprechend zu vermerken.

G. Ablauf der Prüfung

16 Das Schiedsgericht übersendet den Entwurf des Schiedsspruchs zunächst – üblicherweise per E-Mail – an das Sekretariat, das die eigentliche Prüfung durch den Gerichtshof maßgeblich vorbereitet (vgl. Art. 2 Satz 2 Anhang I zur ICC-SchO). Die Parteien sind am Genehmigungsverfahren nicht beteiligt. Ihnen werden weder der Entwurf bzw. die Entwürfe des Schiedsgerichts noch etwaige Entwurfsanmerkungen des Gerichtshofs mitgeteilt. Lediglich das Datum der Genehmigungsentscheidung wird den Parteien vom Sekretariat mitgeteilt, und zwar i.d.R. im Anschreiben, mit dem die Ausfertigung des finalisierten Schiedsspruchs übersandt wird (Art. 34 Abs. 1).

17 Innerhalb des Sekretariats erfolgt die Prüfung auf mehreren Ebenen. Der für das Verfahren zuständige Referent im Sekretariat unterzieht den Entwurf einer ersten Prüfung (sog. *„first-level review"*), um die Ergebnisse seiner Prüfung zusammen mit einem Entscheidungsvorschlag in einem Beschlussentwurf (*„agenda"*) schriftlich festzuhalten. Ist der Entwurf des Schiedsspruchs nicht in englischer, deutscher, französischer, spanischer oder portugiesischer Sprache verfasst, wird der Entwurf parallel ins Englische oder Französische übersetzt. Der Generalsekretär, sein Stellvertreter, der General Counsel oder der Managing Counsel nimmt sodann die Zweitprüfung des Schiedsspruchs vor und ergänzt den Beschlussentwurf oder ändert ihn ggf. ab (sog. *„second-level review"*).

18 Auf der Grundlage des innerhalb des Sekretariats abgestimmten Beschlussentwurfs nimmt der Gerichtshof in einer wöchentlich stattfindenden Sitzung des Ausschusses oder in der nur monatlich stattfin-

denden Vollversammlung seinerseits eine Prüfung des Entwurfs des Schiedsspruchs vor. Der Ausschuss besteht regelmäßig aus drei Mitgliedern. An der Vollversammlung können alle Mitglieder teilnehmen, gewöhnlich sind es 15 bis 30 Mitglieder. Die Prüfung in einer Vollversammlung erfolgt typischerweise nur bei Schiedssprüchen, (i) denen aufgrund der Komplexität des Verfahrens bzw. des hohen Streitwerts oder aufgrund der Beteiligung von Staaten oder Unternehmen mit staatlicher Beteiligung eine besondere oder grundsätzliche Bedeutung beigemessen wird oder (ii) die nur mit Stimmenmehrheit verfasst wurden, es also ggf. ein Sondervotum gibt (s. zum Ganzen Art. 1 Abs. 4 i.V.m. Art. 4, 5 Anhang I zur ICC-SchO, Art. 4 Anhang II zur ICC-SchO). Darüber hinaus kann auch der Präsident des Gerichtshofs den Schiedsspruch ausnahmsweise allein prüfen und genehmigen, wenn es sich um eine zeitkritische Prüfung und damit um eine „dringende Entscheidung" i.S.v. Art. 1 Abs. 3 handelt.

H. Entscheidung des Gerichtshofs

Der Gerichtshof kann den Entwurf des Schiedsspruchs genehmigen, unter Vorbehalt genehmigen oder die Genehmigung ablehnen und an das Schiedsgericht zurückverweisen. 19

Vorbehaltlose Genehmigung. Bei Erteilung einer vorbehaltlosen Genehmigung kann der Schiedsspruch unmittelbar ergehen. Entsprechend wird das Schiedsgericht um unverzügliche Ausfertigung, Datierung, Unterzeichnung und Übersendung einer ausreichenden Anzahl von Originalen des Schiedsspruchs an das Sekretariat gebeten, damit dieses den Schiedsspruch an die Parteien zustellen kann (Art. 34 Abs. 1). Eine vorbehaltlose Genehmigung wird nur in den wenigsten Fällen erteilt. Nach der Statistik der ICC für das Jahr 2012 wurden bei 98 % der Entwürfe Änderungen erbeten, die Genehmigung also unter Vorbehalt gestellt oder ganz verweigert. 20

Genehmigung unter Vorbehalt. Die überwiegende Mehrzahl der Schiedssprüche wird vom Gerichtshof nur unter Vorbehalt der Umsetzung der Änderungen genehmigt. Die Änderungen können sich hierbei neben den zwingend umzusetzenden Formvorgaben auch auf materiell-rechtliche Punkte beziehen, auf die der Gerichtshof nur (unverbindlich) hinweisen darf. Eine Unterscheidung zwischen formellen und materiellrechtlichen Punkten ist in der Praxis aber oft kaum möglich und die Grenzen sind weitgehend fließend. Zudem kommen die Schiedsgerichte in der ganz überwiegenden Anzahl der Fälle den entsprechenden Hin- 21 weisen nach. Im Falle einer Genehmigung unter Vorbehalt wird in aller Regel das Sekretariat (und nicht der Gerichtshof) die Beachtung die Umsetzung der vom Gerichtshof vorgegebenen Änderungen in dem überarbeiteten Entwurf des Schiedsspruchs überprüfen. Ist das Sekretariat überzeugt, dass die Änderungswünsche im Sinne des Gerichtshofs beachtet und umgesetzt wurden, wird es das Schiedsgericht – wie im Falle einer vorbehaltlosen Genehmigung – um unverzügliche Ausfertigung, Datierung, Unterzeichnung und Übersendung einer ausreichenden Anzahl von Originalen des Schiedsspruchs bitten.

22 **Ablehnung der Genehmigung.** Diese wird ausführlich begründet und erfolgt nur bei gravierenden Mängeln des Schiedsspruchs, d.h. wenn aus Sicht des Gerichtshofs der Schiedsspruch bzw. Teile hiervon vollständig überarbeitet werden müssen oder aufgrund der zu Bedenken gegebenen Punkte sich das Ergebnis des Schiedsspruchs ändern könnte. Nach der Statistik der ICC für das Jahr 2012 war dies bei 59 von insgesamt 491 geprüften Schiedssprüchen der Fall. Die Ablehnung der Genehmigung des Schiedsspruchs führt dazu, dass dieser neu zur Prüfung vorgelegt werden muss. Die Wiedervorlage des Schiedsspruchentwurfs ist nur dann Erfolg versprechend, wenn das Schiedsgericht in dem überarbeiteten Entwurf des Schiedsspruchs die Ablehnungsbegründung des Gerichtshofs hinreichend berücksichtigt hat. In aller Regel wird das Sekretariat nach erfolgter Nichtgenehmigung und vor Wiedervorlage mit dem Schiedsgericht in Kontakt treten und dieses bei der Umsetzung und ggf. beim Verständnis der Änderungswünsche unterstützen. Die Entscheidungsfreiheit des Schiedsgerichts bleibt hiervon jedoch unberührt.

J. Kosten

23 Die umfangreiche Prüfung des Schiedsspruchs durch den Gerichtshof erklärt, warum die ICC-Verwaltungskosten im Vergleich mit Verwaltungsgebühren anderer Schiedsinstitutionen verhältnismäßig hoch sind. In der Regel wird sich das Qualitätsmanagement des Gerichtshofs aber auszahlen und zu einer Aufhebungsfestigkeit und Vollstreckbarkeit des Schiedsspruchs führen. Schon dieser Mehrwert rechtfertigt die Höhe der ICC-Verwaltungskosten.

K. Abweichende Parteivereinbarungen

24 Die Prüfung des Entwurfs des Schiedsspruchs ist zwingend. Die Parteien können Kernvorschriften der ICC-SchO nicht vertraglich ausschlie-

ßen (vgl. Entscheidung des Tribunal de grande instance de Paris vom 22.1.2010, Samsung Electronics Co Ltd. ./. Mr. Jaffé, Insolvenzverwalter der Qimonda AG – 10/50604, Revue de l'arbitrage 2010 No. 2, 379 f.).

Artikel 34: Zustellung, Hinterlegung und Vollstreckbarkeit des Schiedsspruchs

(1) Nach Erlass des Schiedsspruchs stellt das Sekretariat den Parteien ein vom Schiedsgericht unterzeichnetes Exemplar zu, jedoch erst nachdem sämtliche Kosten des Schiedsverfahrens an die ICC durch die Parteien oder eine von ihnen bezahlt worden sind.

(2) Der Generalsekretär erteilt auf Antrag den Parteien und nur ihnen jederzeit von ihm beglaubigte Abschriften.

(3) Mit der Zustellung gemäß Artikel 34(1) verzichten die Parteien auf jede andere Form der Zustellung oder eine Hinterlegung des Schiedsspruchs durch das Schiedsgericht.

(4) Eine Ausfertigung von jedem gemäß dieser Schiedsgerichtsordnung erlassenen Schiedsspruch wird im Sekretariat hinterlegt.

(5) Das Schiedsgericht und das Sekretariat unterstützen die Parteien bei der Erfüllung aller weiteren erforderlichen Formalitäten.

(6) Jeder Schiedsspruch ist für die Parteien verbindlich. Durch Inanspruchnahme der Schiedsgerichtsbarkeit gemäß der Schiedsgerichtsordnung verpflichten sich die Parteien, jeden Schiedsspruch unverzüglich zu erfüllen; soweit rechtlich zulässig, gilt diese Inanspruchnahme als Verzicht der Parteien auf ihr Recht zur Geltendmachung jedweder Rechtsbehelfe.

Article 34: Notification, Deposit and Enforceability of the Award

(1) Once an award has been made, the Secretariat shall notify to the parties the text signed by the arbitral tribunal, provided always that the costs of the arbitration have been fully paid to the ICC by the parties or by one of them.

(2) Additional copies certified true by the Secretary General shall be made available on request and at any time to the parties, but to no one else.

(3) By virtue of the notification made in accordance with Article 34(1), the parties waive any other form of notification or deposit on the part of the arbitral tribunal.

(4) An original of each award made in accordance with the Rules shall be deposited with the Secretariat.

(5) The arbitral tribunal and the Secretariat shall assist the parties in complying with whatever further formalities may be necessary.

(6) Every award shall be binding on the parties. By submitting the dispute to arbitration under the Rules, the parties undertake to carry out any award without delay and shall be deemed to have waived their right to any form of recourse insofar as such waiver can validly be made.

Regelungsschwerpunkte: Abs. 1–3 regeln die Zustellung des Schiedsspruchs an die Parteien. → Rz. 7–16; **Abs. 4–5** regeln die Hinterlegung des Schiedsspruchs im Sekretariat des Gerichtshofs sowie ggf. erforderliche Unterstützungshandlungen des Schiedsgerichts und des Sekretariats bei der Erfüllung weiterer Formalitäten des Schiedsspruchs. → Rz. 17–18; **Abs. 6** Das Nichtbefolgen eines Schiedsspruchs kann mit hohen Folgekosten, u.a. im Vollstreckbarerklärungs- sowie im Zwangsvollstreckungsverfahren verbunden sein. → Rz. 26–35

Abweichungen von den Vorgaben des Art. 34 durch Parteivereinbarung sind nur in engen Grenzen möglich und sollten stets unter Einschaltung des Sekretariats vereinbart werden. → Rz. 36–37

Inhalt

A. Zustellung und Hinterlegung des Schiedsspruchs 1	VII. Hinterlegung des Schiedsspruchs (Abs. 4) 17
I. Normzweck 1	VIII. Unterstützung bei weiteren Formalitäten (Abs. 5) 18
II. Reform 2	
III. Verhältnis zu § 1054 ZPO ... 3	**B. Vollstreckbarkeit des Schiedsspruchs (Abs. 6)** 19
IV. Vergleich mit den im staatlichen Verfahren geltenden Vorschriften 4	I. Normzweck 19
	II. Reform 20
V. Anwendungsbereich 6	III. Verhältnis zu § 1055 ZPO.... 21
VI. Zustellung des Schiedsspruchs (Abs. 1–3) 7	IV. Vergleich mit den im staatlichen Verfahren geltenden Vorschriften 22
1. Zustellungsvoraussetzungen 7	V. Anwendungsbereich 25
2. Zustellungsmodalitäten .. 10	VI. Zwangsweise Durchsetzung des Schiedsspruchs 26
3. Wirkungen der Zustellung 14	

1. Aufhebungsverfahren..... 29
2. Einwendungen im Rahmen des Vollstreckbarerklärungsverfahrens..... 32
3. Grundzüge der Zwangsvollstreckung aus dem für vollstreckbar erklärten Schiedsspruch.......... 35
C. Abweichende Parteivereinbarungen................. 36

A. Zustellung und Hinterlegung des Schiedsspruchs

I. Normzweck

Die Bestimmungen in Art. 34 Abs. 1–5 regeln das Verfahren der Zustellung und Hinterlegung eines Schiedsspruchs. Die Zustellung (Abs. 1 und 3) bezweckt die Bekanntgabe des Schiedsspruchs an die Parteien und damit die Möglichkeit zur Kenntnisnahme vom Inhalt der schiedsrichterlichen Entscheidung. Die Hinterlegung einer Ausfertigung des Schiedsspruchs (Abs. 4) ersetzt nicht die Zustellung des Schiedsspruchs, sondern dient der Archivierung, auch im Hinblick auf die Erteilung von beglaubigten Abschriften des Schiedsspruchs nach Art. 34 Abs. 2 (vgl. Rz. 17). 1

II. Reform

Die Regelung hat im Vergleich zur **ICC-SchO 1998** keine inhaltlichen Änderungen erfahren. 2

III. Verhältnis zu § 1054 ZPO

Die Parallelnorm des deutschen Schiedsverfahrensrechts in § 1054 ZPO hat im Rahmen eines ICC-Schiedsverfahrens mit Ausnahme von § 1054 Abs. 1 Satz 2 ZPO praktisch keine Bedeutung. Danach genügen in Schiedsverfahren mit mehr als einem Schiedsrichter die Unterschriften der Mehrheit aller Mitglieder des Schiedsgerichts, sofern der Grund für eine fehlende Unterschrift angegeben wird. 3

IV. Vergleich mit den im staatlichen Verfahren geltenden Vorschriften

In staatlichen Verfahren stellt die Zustellung die förmliche Bekanntgabe eines Schriftstückes (nicht notwendigerweise eines Urteils) dar. Wie im ICC-Schiedsverfahren bezweckt die Zustellung zum einen, dem Betroffenen in angemessener Weise die Möglichkeit zu verschaffen, vom In- 4 halt dieses Schriftstückes Kenntnis zu nehmen, und zum andern, dem Zustellenden den Nachweis dieser Kenntnisnahmemöglichkeit zu verschaffen.

5 In der Regel erfolgt die Zustellung in staatlichen Verfahren von Amts wegen. Zustellungen im Inland folgen den Regelungen der §§ 166 ff. ZPO. Zustellungen in das EU-Ausland richten sich nach der EG-Zustellungsverordnung (VO (EG) Nr. 1393/2007 des Europäischen Parlaments und des Rates vom 13.11.2007 über die Zustellung gerichtlicher und außergerichtlicher Schriftstücke in Zivil- oder Handelssachen in den Mitgliedstaaten, ABl. EG L 324 v. 10.12.2007, S. 79 ff.) und sonstige Auslandszustellungen in seinem Anwendungsbereich nach dem Haager Übereinkommen vom 15.11.1965 über die Zustellung gerichtlicher und außergerichtlicher Schriftstücke im Ausland in Zivil- und Handelssachen (BGBl. II 1977, S. 1452 ff.).

V. Anwendungsbereich

6 Art. 34 Abs. 1–5 gilt für alle Arten von Schiedssprüchen (u.a. End-, Teil- oder Zwischenschiedsspruch, vgl. Art. 2 (v), einschließlich Schiedssprüche aufgrund Einvernehmens der Parteien nach Art. 32 sowie (zumindest in entsprechender Anwendung) die eigene Zuständigkeit bejahende sog. „Zwischenentscheide" i.S.v. § 1040 Abs. 3 Satz 1 ZPO (str.).

VI. Zustellung des Schiedsspruchs (Abs. 1–3)

1. Zustellungsvoraussetzungen

7 **Genehmigung und Unterzeichnung.** Eine Zustellung des Schiedsspruchs kann erst erfolgen, wenn er zuvor vom Gerichtshof nach Art. 33 genehmigt und vom Schiedsgericht unterzeichnet worden ist (Art. 34 Abs. 1). Grundsätzlich ist der Schiedsspruch von allen Mitgliedern des Schiedsgerichts zu unterzeichnen. Unterschrieben werden muss persönlich und eigenhändig und nach ganz überwiegender Auffassung auch auf derselben Seite; eine Unterschrift durch einen Vertreter (sei es im eigenen Namen oder mit dem Namen des vertretenen Schiedsrichters) genügt nicht (vgl. zuletzt OLG München v. 25.2.2013 – 34 Sch 12/12, SchiedsVZ 2013, 230 ff.). Besteht das Schiedsgericht aus mehr als einem Schiedsrichter, genügen ausnahmsweise die Unterschriften der Mehrheit der Mitglieder des Schiedsgerichts, sofern der Grund für eine fehlende Unterschrift angegeben wird (§ 1054 Abs. 1 Satz 2 ZPO).

Vollständige Zahlung der Kosten des Schiedsverfahrens an die ICC. Eine 8
Zustellung erfolgt ferner erst dann, wenn die Parteien oder eine der Parteien den vom Gerichtshof festgesetzten Kostenvorschuss vollständig bezahlt haben (Art. 34 Abs. 1). Die Regelung bezieht sich auf die voraussichtlichen Honorare und Auslagen der Schiedsrichter sowie die ICC-Verwaltungskosten, nicht jedoch auf andere Kosten, die im Zusammenhang mit dem Schiedsverfahren anfallen können und Dritten (z.B. Kosten im Zusammenhang mit einer mündlichen Verhandlung) geschuldet sind. Ferner bezieht sich die Regelung auch nicht auf Vorschusszahlungen in Bezug auf Mehrwertsteuern oder andere Steuern oder Abgaben, die ggf. auf die Schiedsrichterhonorare und -auslagen (Art. 2 Abs. 13 Anhang III zur ICC-SchO) bzw. die ICC-Verwaltungskosten (Art. 2 Abs. 14 Anhang III zur ICC-SchO) anfallen können. In aller Regel sind die entsprechenden Kostenvorschüsse jedoch zum Zeitpunkt der Genehmigung des Entwurfs des Schiedsspruchs durch den Gerichtshof bereits von den Parteien bezahlt; hierüber wacht das Sekretariat.

Gelegentlich kommt es vor, dass der Gerichtshof den Kostenvorschuss 9
vor Zustellung des Schiedsspruchs betragsmäßig reduziert (Art. 36 Abs. 5). Dies kommt etwa in Fällen in Betracht, in denen der Kostenvorschuss noch nicht vollständig gezahlt wurde, die Parteien sich in der Sache aber einvernehmlich geeinigt haben und einen Schiedsspruch aufgrund Einvernehmens der Parteien (Art. 32) beantragen oder wenn die Parteien in einem Vergleich keine Kostenregelung getroffen haben, sodass das Schiedsgericht nur noch einen Kostenschiedsspruch (in der Form eines Endschiedsspruchs) zu erlassen hat.

2. Zustellungsmodalitäten

Zustellender. Art. 34 Abs. 1 schreibt zwingend vor, dass die Zustellung 10
des Schiedspruchs durch das Sekretariat (und niemals durch das Schiedsgericht) zu erfolgen hat.

Zustellungsempfänger. Die Zustellung des Schiedsspruchs erfolgt an die 11
letzte bekannte Adresse der jeweiligen Partei oder ihres Vertreters, so wie diese von dem Empfänger oder ggf. der anderen Partei mitgeteilt worden ist (Art. 3 Abs. 2 Satz 1). Da die Parteien in den meisten Fällen anwaltlich vertreten sind, erfolgt die Zustellung in aller Regel an die im Schiedsspruch bezeichneten Verfahrensbevollmächtigten. Etwas anderes gilt nur dann, wenn die jeweilige Partei dem Sekretariat rechtzeitig einen anderen Zustellungsempfänger mitgeteilt hat. Werden mehrere Parteien (z.B. auf Beklagtenseite) gemeinschaftlich von einem Verfah-

rensbevollmächtigten vertreten, wird das Sekretariat diesem nur eine Ausfertigung des Schiedsspruchs zustellen, sofern diese Parteien nicht rechtzeitig den Wunsch geäußert haben, dass jede von ihnen eine Ausfertigung des Schiedsspruchs erhält.

12 **Zeitpunkt und Art der Zustellung.** Das Sekretariat wird die Zustellung des Schiedsspruchs an beide Parteien gleichzeitig, d.h. am selben Tag und meist mit derselben Zustellungsart veranlassen. Die Zustellung erfolgt in aller Regel durch einen Kurierdienst (vgl. auch Art. 3 Abs. 2 Satz 2). Die Zustellung gilt als an dem Tag erfolgt, an dem der Schiedsspruch durch die jeweilige Partei oder ihren Vertreter tatsächlich empfangen wurde oder an dem bei Übersendung des Schiedsspruchs gemäß Art. 3 Abs. 2 von seinem Empfang auszugehen ist (Art. 3 Abs. 3). Da die Dauer der Übersendung des Schiedsspruchs vom Bestimmungsort abhängt, kann der Zeitpunkt der Zustellung variieren, d.h. der Schiedsspruch einer Partei einen oder sogar mehrere Tage früher als der anderen Partei bekanntgegeben werden. Um dies zu vermeiden, drängen die Parteien bisweilen auf eine Simultanzustellung, etwa durch persönliche und gleichzeitige Übergabe des Schiedsspruchs an die Verfahrensbevollmächtigten der jeweiligen Partei. Dies ist bei Vorliegen einer diesbezüglichen Parteivereinbarung möglich. Zudem können die Parteien vereinbaren, dass zusätzlich zur physischen Ausfertigung auch das elektronische Dokument des Schiedsspruchs vom Sekretariat verschickt werden soll.

13 **Erteilung beglaubigter Abschriften (Abs. 2).** Auf Antrag der Parteien erteilt der Generalsekretär den Parteien bzw. ihren Verfahrensbevollmächtigten von ihm beglaubigte Abschriften des Schiedsspruchs. Sofern zu diesem Zeitpunkt die Parteivertreter nicht identisch mit den Verfahrensbevollmächtigten sind, muss dem Sekretariat eine entsprechende Vertretungsbefugnis übersandt werden. Gemäß § 1064 Abs. 1 und 3 ZPO ist mit dem Antrag auf Vollstreckbarerklärung eines in- oder ausländischen Schiedsspruchs in Deutschland ein Original oder eine beglaubigte Abschrift des Schiedsspruchs vorzulegen (vgl. auch Art. IV Abs. 1 Buchst. a UNÜ, der insoweit i.S.v. § 1064 Abs. 3 ZPO „nichts anderes bestimmt"). Da eine besondere Form der Beglaubigung in Deutschland jedoch nicht erforderlich ist, muss die beglaubigte Abschrift nicht zwingend vom Generalsekretär, sondern kann auch von dem für das Vollstreckbarerklärungsverfahren bevollmächtigten Rechtsanwalt erteilt werden (§ 1064 Abs. 1 Satz 2 ZPO).

3. Wirkungen der Zustellung

Verzicht auf andere Formen der Zustellung. Art. 34 Abs. 3 stellt klar, dass die Parteien mit der Zustellung nach Art. 34 Abs. 1 auf jede andere Form der Zustellung oder eine Hinterlegung des Schiedsspruchs durch das Schiedsgericht verzichten, d.h. mit der Vereinbarung der ICC-Schiedsgerichtsbarkeit, soweit zulässig, die in nationalen Schiedsverfahrensrechten ggf. bestehenden Zustellungs- oder Hinterlegungserfordernisse abbedungen haben. Die ICC Commission on Arbitration hat hierzu einen Länderbericht veröffentlicht, der einen Überblick über die in den jeweiligen Schiedsverfahrensrechten geltenden Besonderheiten nebst etwaiger zwingender Vorschriften gibt (vgl. *ICC Commission on Arbitration*, Guide to National Rules of Procedure for Recognition and Enforcement of New York Convention Awards, ICC Court Bulletin, Special Supplement 2008). 14

Beginn von „Rechtsmittel"-Fristen. Mit Zustellung des Schiedsspruchs beginnt die Frist des Art. 35 Abs. 2 für die Beantragung eines Berichtigungs- oder Auslegungsverfahrens zu laufen. Der Zeitpunkt der Zustellung des Schiedsspruchs ist ferner für die Berechnung etwaiger Fristen für die Geltendmachung von Aufhebungsgründen im Rahmen eines Aufhebungs- oder Vollstreckbarerklärungsverfahrens (vgl. §§ 1059 Abs. 3, 1060 Abs. 2 Satz 3 ZPO) maßgeblich. 15

Abschluss des Schiedsverfahrens. Im Falle eines Endschiedsspruchs dokumentiert die Zustellung zugleich den förmlichen Abschluss des Schiedsverfahrens und damit das Ende der schiedsrichterlichen Entscheidungskompetenz (mit Ausnahme der Befugnis des Schiedsgerichts zur Berichtigung und Auslegung des Endschiedsspruchs nach Art. 35) sowie der verfahrensadministrierenden Tätigkeit des Gerichtshofs und des Sekretariats. 16

VII. Hinterlegung des Schiedsspruchs (Abs. 4)

Nach Art. 34 Abs. 4 wird eine Ausfertigung von jedem gemäß der ICC-SchO erlassenen Schiedsspruch im Sekretariat hinterlegt (vgl. auch Art. 1 Abs. 7 Anhang II zur ICC-SchO). Diese Hinterlegung ersetzt nicht die Zustellung des Schiedsspruchs nach Art. 34 Abs. 1, sondern dient lediglich der Archivierung des Schiedsspruchs im Hinblick auf die Erteilung beglaubigter Abschriften (Abs. 2) oder für wissenschaftliche Zwecke (Art. 1 Abs. 5 Anhang II zur ICC-SchO). 17

VIII. Unterstützung bei weiteren Formalitäten (Abs. 5)

18 Nach Art. 34 Abs. 5 sind das Schiedsgericht und das Sekretariat gehalten, die Parteien bei der Erfüllung aller weiteren ggf. erforderlichen Formalitäten zu unterstützen, um auf diese Weise die Vollstreckbarkeit des Schiedsspruchs sicherzustellen (vgl. auch die allgemeine Bestimmung in Art. 41 Satz 2). Hiervon erfasst sind bspw. die Zurverfügungstellung des Nachweises über die Zustellung des Schiedsspruchs sowie die Erteilung beglaubigter Abschriften des Schiedsauftrags oder von Mitteilungen über die Entscheidungen des Gerichtshofs, die allesamt im Rahmen eines Aufhebungs- oder Vollstreckbarerklärungsverfahrens relevant werden können.

B. Vollstreckbarkeit des Schiedsspruchs (Abs. 6)

Veröffentlichungen des Sekretariats: ICC Guide to National Procedures for Enforcing Awards (http://www.iccdrl.com, Enforcement Guide).

Literatur: *Clay*, The Role of the Arbitrator in the Execution of the Award, ICC Court Bulletin, Vol. 20 No. 1 (2009), S. 43 ff.; *ICC Commission on International Arbitration*, Final Report on Interim and Partial Awards, ICC Court Bulletin, Vol. 1 No. 2 (1990), S. 26 ff.; *Kirby*, Finality and Arbitral Rules: Saying an Award Is Final Does Not Necessarily Make It So, Journal of International Arbitration, Vol. 29 Issue 1 (2012), S. 119 ff.; *Kremer/Weimann*, Die Aufhebbarkeit von Schiedssprüchen, insbesondere Zwischen- oder Teilschiedssprüchen über den Anspruchsgrund – Widerspruch zu Prinzipien der Prozessökonomie?, SchiedsVZ 2007, S. 238 ff.; *Schütze*, Die gerichtliche Überprüfung von Entscheidungen des Schiedsgerichts, SchiedsVZ 2009, S. 241 ff.

I. Normzweck

19 Art. 34 Abs. 6 behandelt die Situation nach Zustellung des Schiedsspruchs und stellt klar, dass jeder Schiedsspruch für die Parteien verbindlich ist (Satz 1) und die im Schiedsspruch tenorierten Verpflichtungen unverzüglich zu erfüllen sind (Satz 2). Die Regelung unterstreicht somit die durch Vereinbarung einer ICC-Schiedsklausel eingegangenen Verpflichtungen der Parteien. Kommt eine der Parteien diesen (in der ICC-SchO nicht sanktionsbewehrten) Pflichten nicht freiwillig nach, kann deren Erfüllung nach dem jeweils anwendbaren Recht gerichtlich erzwungen werden (Rz. 26 ff.).

II. Reform

Die Regelung hat im Vergleich zur **ICC-SchO 1998** keine inhaltlichen Änderungen erfahren. 20

III. Verhältnis zu § 1055 ZPO

Art. 34 Abs. 6 ist im Zusammenhang mit § 1055 ZPO zu lesen, wonach die Wirkungen des Schiedsspruchs unter den Parteien denen eines rechtskräftigen gerichtlichen Urteils entsprechen (Rz. 22). 21

IV. Vergleich mit den im staatlichen Verfahren geltenden Vorschriften

Rechtskraftwirkung. Aus der Gleichstellung der Wirkungen eines Schiedsspruchs mit den Wirkungen eines rechtskräftigen Urteils eines staatlichen Gerichts (§§ 1055, 322 Abs. 1, 705 ZPO) folgt, dass auch Schiedssprüche in formelle und materielle Rechtskraft erwachsen. Schiedssprüche können daher wie rechtskräftige Urteile nicht mehr mit Rechtsmitteln angefochten werden. Das Aufhebungsverfahren nach § 1059 ZPO bietet insoweit nur eine eingeschränkte Kontrollmöglichkeit von Schiedssprüchen durch die staatlichen Gerichte. Ferner kann ein staatliches Gericht nicht nochmals über einen durch Schiedsspruch bereits entschiedenen Anspruch befinden, d.h. liegt einem Prozess vor einem staatlichen Gericht derselbe Streitgegenstand zugrunde wie in einem vorangegangenen Schiedsverfahren, ist die Klage als unzulässig abzuweisen (OLG Karlsruhe v. 15.7.2008 – 17 U 79/07, SchiedsVZ 2008, 311 [312]; zur Geltung des zweigliedrigen Streitgegenstandsbegriffs vgl. ferner BGH v. 13.1.2009 – XI ZR 66/08, SchiedsVZ 2009, 122 [124]). 22

Keine unmittelbare Vollstreckbarkeit. Anders als bei einem Gerichtsurteil kann in Deutschland aus einem in- oder ausländischen Schiedsspruch nicht unmittelbar vollstreckt werden. Die Vollstreckbarkeit muss dem Schiedsspruch erst durch das staatliche Gericht verliehen werden (vgl. Rz. 26). Die Überschrift des Art. 36 ist insoweit missverständlich. 23

Verbot der Doppelexequatur. Für ausländische Gerichtsurteile wie auch für ausländische Schiedssprüche kann eine Exequaturentscheidung eines staatlichen Gerichts nicht selbst Gegenstand einer Anerkennung und Vollstreckbarerklärung sein (vgl. auch Rz. 26). 24

V. Anwendungsbereich

25 Art. 34 Abs. 6 gilt wiederum für alle Arten von Schiedssprüchen (u.a. End-, Teil- oder Zwischenschiedspruch sowie Schiedspruch aufgrund Einvernehmens der Parteien nach Art. 32, vgl. Art. 2 (v) und dazu Art. 2 Rz. 16 ff.; Art. 31 Rz. 5 f.). Die eigene Zuständigkeit bejahende sog. „Zwischenentscheide" i.S.v. § 1040 Abs. 3 Satz 1 ZPO können auf Antrag (außerhalb des Aufhebungsverfahrens nach § 1059 Abs. 1 ZPO) gerichtlich überprüft werden (§ 1040 Abs. 3 Satz 2 ZPO).

VI. Zwangsweise Durchsetzung des Schiedsspruchs

26 Die in Art. 34 Abs. 6 angeordnete Verbindlichkeit des Schiedsspruchs (Satz 1) bzw. die Betonung der Pflicht, jeden Schiedspruch unverzüglich zu erfüllen (Satz 2 Halbs. 1), kann faktisch nicht verhindern, dass im Einzelfall die zwangsweise Durchsetzung des Schiedsspruchs mit Unterstützung staatlicher Gerichte erforderlich ist. Die zwangsweise Durchsetzung des Schiedsspruchs in Deutschland setzt das Vorliegen eines **Vollstreckungstitels** voraus, der (i) Art und Umfang eines oder mehrerer zu vollstreckender Ansprüche, (ii) den Vollstreckungsgläubiger und den (iii) Vollstreckungsschuldner bestimmt. Der Vollstreckungstitel ist hierbei nicht bereits der Schiedspruch, sondern erst dessen **Vollstreckbarerklärung durch ein deutsches Gericht** (§§ 794 Abs. 1 Nr. 4a, 1064 Abs. 2 ZPO). Für die Vollstreckbarerklärung des Schiedsspruchs (die noch nicht Teil der Zwangsvollstreckung ist) kommt es nach der wohl überwiegenden Auffassung in Rechtsprechung und Literatur nicht darauf an, ob der Tenor des Schiedsspruchs oder Teile hiervon eines vollstreckbaren Inhalt haben (vgl. BGH v. 30.3.2006 – III ZB 78/05, SchiedsVZ 2006, 278; OLG Frankfurt a.M. v. 30.9.2010 – 26 Sch 22/10, juris; OLG München v. 28.1.2009 – 34 Sch 22/08, SchiedsVZ 2009, 127 [128]). In solchen Fällen kann es sogar geboten sein, **ausländische Schiedssprüche**, die den innerstaatlichen Bestimmtheitsanforderungen für Vollstreckungstitel nicht genügen, so zu konkretisieren, dass er die gleichen Wirkungen wie ein entsprechender deutscher Titel äußern kann (BGH v. 30.11.2011 – III ZB 19/11, SchiedsVZ 2012, 41 [42], Tz. 6 mit Hinweis darauf, dass ein Antrag auf Vollstreckbarerklärung wegen Verstoßes gegen den deutschen *ordre public* zurückzuweisen sei, wenn eine Konkretisierung des ausländischen Titels nicht möglich sei). Allerdings darf das deutsche Gericht nicht seine eigene Entscheidung an die Stelle des Schiedsgerichts setzen oder diese inhaltlich verändern, sondern lediglich den in dem ausländischen Schiedspruch bereits zum Ausdruck kommenden Willen verdeutlichen und diesem insoweit zur

Wirksamkeit verhelfen (BGH v. 30.11.2011 – III ZB 19/11, SchiedsVZ 2012, 41 [42], Tz. 6).

Eine Vollstreckbarerklärung eines ausländischen Schiedsspruchs durch ein **ausländisches Gericht** stellt keinen tauglichen Vollstreckungstitel dar (Rz. 24). Dies gilt auch dann, wenn das Verfahrensrecht des Ausgangsstaates (wie z.B. in England und den USA) der sog. „doctrine of merger" folgt, d.h. der Schiedsspruch in der nachfolgenden Exequaturentscheidung eines staatlichen Gerichts vollständig aufgeht (BGH v. 2.7.2009 – IX ZR 152/06, SchiedsVZ 2009, 285 ff. mit Anm. *Plaßmeier*, SchiedsVZ 2010, 82 ff.). 27

Bereits die Vollstreckbarerklärung des Schiedsspruchs kann mehrere Monate in Anspruch nehmen und als Folge der Geltendmachung von Aufhebungs- bzw. Anerkennungsversagungsgründen sowie materiellen Einwendungen durch den Titelschuldner sogar abgelehnt werden (vgl. Rz. 32 ff.). Bei **inländischen Schiedssprüchen** kann der Titelschuldner darüber hinaus einen Antrag auf gerichtliche Aufhebung des Schiedsspruchs stellen (§ 1059 ZPO, vgl. Rz. 29 ff.), der unter Umständen zu einer **Zurückverweisung** der Sache an das Schiedsgericht führen kann (§ 1059 Abs. 4 ZPO). Mit Vereinbarung eines ICC-Schiedsverfahrens können die Parteien daher nicht i.S.v. Art. 34 Abs. 6 Satz 2 auf ihr Recht zur Geltendmachung von Einwendungen im Rahmen eines Vollstreckbarerklärungsverfahrens bzw. zur Durchführung eines Aufhebungsverfahrens verzichten. 28

Empfehlung: Bevor das Vollstreckbarerklärungsverfahren angestrengt wird, kann es daher ratsam sein, auf Grundlage des Schiedsspruchs erneut in Verhandlungen mit der Gegenseite einzutreten, auch wenn an deren Ende möglicherweise nicht die vollständige im Schiedsspruch tenorierte Leistung erbracht wird; die Kosten sowie der zeitliche Aufwand eines Vollstreckbarerklärungsverfahrens sowie des eigentlichen Zwangsvollstreckungsverfahrens sollten hier immer mit in die Abwägung einfließen.

1. Aufhebungsverfahren

Gegen einen **inländischen Schiedsspruch** steht als einziger echter Rechtsbehelf der Antrag auf gerichtliche Aufhebung zur Verfügung (§ 1059 ZPO), der innerhalb von drei Monaten ab Zustellung des Schiedsspruchs gestellt werden muss (§ 1059 Abs. 3 ZPO) und durch Vereinbarung der ICC-Schiedsgerichtsbarkeit nicht i.S.v. Art. 34 Abs. 6 Satz 2 wirksam abbedungen werden kann. 29

30 Gegen einen **ausländischen Schiedsspruch** steht in Deutschland hingegen kein isolierter Rechtsbehelf zur Verfügung (vgl. § 1025 Abs. 2 ZPO).

31 Das Aufhebungsverfahren nach § 1059 ZPO bietet insofern eine nur **eingeschränkte Kontrollmöglichkeit** durch die staatlichen Gerichte, als sich die Prüfung des Schiedsspruchs auf die Einhaltung bestimmter, aus Sicht der staatlichen Rechtsordnung unabdingbarer Voraussetzungen beschränkt. So kann nach § 1059 Abs. 2 ZPO ein Schiedsspruch nur aufgehoben werden, wenn entweder der Antragssteller einen der in Nr. 1 Buchst. a–d genannten Aufhebungsgründe begründet geltend macht oder das Gericht von sich aus feststellt, dass der Gegenstand des Rechtsstreits nach deutschem Recht nicht schiedsfähig ist (§ 1059 Abs. 2 Nr. 2 Buchst. a) oder die Anerkennung oder Vollstreckung des Schiedsspruchs zu einem Ergebnis führt, das der öffentlichen Ordnung (*ordre public*) widerspricht (§ 1059 Abs. 2 Nr. 2 Buchst. b).

2. Einwendungen im Rahmen des Vollstreckbarerklärungsverfahrens

32 **Geltendmachung von Aufhebungsgründen (§ 1060 ZPO).** Der Antragsgegner kann auch im Rahmen eines Vollstreckbarerklärungsverfahrens eines **inländischen Schiedsspruchs** die in § 1059 Abs. 2 ZPO genannten Aufhebungsgründe geltend machen (§ 1060 ZPO). Liegt einer der in § 1059 Abs. 2 ZPO genannten Aufhebungsgründe vor, ist der Antrag auf Vollstreckbarerklärung unter Aufhebung des inländischen Schiedsspruchs abzulehnen (§ 1060 Abs. 2 Satz 1 ZPO).

33 **Geltendmachung von Anerkennungsversagungsgründen (§ 1061 ZPO).** Bei einem Vollstreckbarerklärungsverfahren eines **ausländischen Schiedsspruchs** kann sich der Antragsgegner auf die in Art. V UNÜ (bzw. Art. IX EuÜ) genannten Anerkennungsversagungsgründe berufen (§ 1061 ZPO, zum Verhältnis zwischen Art. V UNÜ und Art. IX EuÜ, vgl. Art. IX Abs. 2 EuÜ). Dies gilt auch dann, wenn der Antragsgegner es versäumt hat, gegen den Schiedsspruch im Ausland ein befristetes Rechtsmittel einzulegen (BGH v. 16.12.2010 – III ZB 100/09, SchiedsVZ 2011, 105). Liegt einer der in Art. V UNÜ bzw. Art. IX EuÜ genannten Anerkennungsversagungsgründe vor und ist der Titelschuldner hiermit auch nicht präkludiert (str., vgl. OLG Karlsruhe v. 4.1.2012 – 9 Sch 02/09, SchiedsVZ 2012, 101 [103] mit zahlreichen Nachweisen zum Meinungsstand), stellt das Gericht fest, dass der ausländische Schiedsspruch in Deutschland nicht anzuerkennen ist (§ 1061 Abs. 2 ZPO). Wird der Schiedsspruch, nachdem er in Deutschland für vollstreckbar erklärt

worden ist, im Ausland aufgehoben, kann die Aufhebung der Vollstreckbarerklärung beantragt werden (§ 1061 Abs. 2 ZPO).

Geltendmachung von materiellen Einwendungen. Materielle Einwendungen gegen den Schiedsspruch können unter Berücksichtigung von § 767 Abs. 2 ZPO aus Gründen der Verfahrenskonzentration bereits im Rahmen des Vollstreckbarerklärungsverfahrens geltend gemacht werden (BGH v. 8.11.2007 – III ZB 95/06, NJW-RR 2008, 659 [661 f.]; BGH v. 30.9.2010 – III ZB 57/10, SchiedsVZ 2010, 330 [331], Rz. 8). Unterliegt der jeweilige materielle Einwand seinerseits einer gesonderten Schiedsvereinbarung, so kann das staatliche Gericht ihn im Vollstreckbarerklärungsverfahren nicht berücksichtigen (OLG München v. 22.2.2006 – 34 Sch 02/06, SchiedsVZ 2006, 165 f.). Das für die Vollstreckbarerklärung zuständige Gericht ist hierbei nicht an die Entscheidung des Schiedsgerichts über das Bestehen oder Nichtbestehen einer gesonderten Schiedsvereinbarung gebunden (KG v. 20.1.2011 – 20 Sch 09/09, SchiedsVZ 2011, 285 mit Anm. *Spetzler*, 287 ff.). Greift ein materieller Einwand durch und ist der Schuldner hiermit auch nicht präkludiert, weist das Gericht den Antrag auf Vollstreckbarerklärung des in- bzw. ausländischen Schiedsspruchs zurück, ohne jedoch den inländischen Schiedsspruch aufzuheben (§ 1060 Abs. 2 ZPO) bzw. festzustellen, dass der ausländische Schiedsspruch in Deutschland nicht anzuerkennen ist (§ 1061 Abs. 2 ZPO). 34

3. Grundzüge der Zwangsvollstreckung aus dem für vollstreckbar erklärten Schiedsspruch

Die Zwangsvollstreckung aus dem für vollstreckbar erklärten Schiedsspruch erfolgt unabhängig vom rechtlichen Bestand der Ansprüche. Inhalt und Umfang des Rechts auf Vollstreckung müssen jedoch bestimmt oder bestimmbar bezeichnet sein. Ein Zahlungsanspruch ist bestimmt, wenn er betragsmäßig festgelegt ist oder sich ohne weiteres errechnen lässt (BGH v. 7.12.2005 – XII ZR 94/03, NJW 2006, 695 [697]; BGH v. 30.6.1983 – V ZB 20/82, NJW 1983, 2262 m.w.N.). Wenn die Fassung des Tenors zu Zweifeln Anlass gibt, muss der wahre Sinn der Urteilsformel durch Auslegung festgestellt werden (BGH v. 4.3.1993 – IX ZB 55/92, BGHZ 122, 16 [17 f.]). Die Feststellung des Inhalts eines nicht klaren Vollstreckungstitels durch Auslegung erfolgt durch das Vollstreckungsorgan (Gerichtsvollzieher bzw. Vollstreckungsgericht). Im Rahmen der Auslegung einer Urteilsformel können dabei auch die Entscheidungsgründe des Schiedsspruchs herangezogen werden (BGH v. 4.3.1993 – IX ZB 55/92, BGHZ 122, 16 [18]). Wenn ein Tenor so unbestimmt oder wi- 35 derspruchsvoll ist, dass auch durch Auslegung keine mit der Zwangsvollstreckung durchsetzbare Verpflichtung festgestellt werden kann, ist der Titel mangels vollstreckungsfähigen Inhalts für die Zwangsvollstreckung ungeeignet.

C. Abweichende Parteivereinbarungen

36 **Abweichungen von Art. 34 Abs. 1–5** können nur in engen Grenzen von den Parteien vertraglich vereinbart werden. Um etwaige Probleme oder Umsetzungsschwierigkeiten zu vermeiden, sollte bei beabsichtigten Vereinbarungen frühzeitig das Sekretariat eingeschaltet werden.

37 **Abweichungen von Art. 34 Abs. 6.** Inwieweit die Parteien bereits durch die Vereinbarung der ICC-Schiedsgerichtsbarkeit wirksam auf ihr Recht zur Geltendmachung jedweder Rechtsbehelfe i.S.v. Art. 34 Abs. 6 Satz 2 verzichten, richtet sich nach dem jeweils anwendbaren Recht. Soweit ersichtlich, reicht die Regelung in Art. 34 Abs. 6 Satz 2 jedoch nach keinem Schiedsverfahrensrecht aus, um die Geltendmachung von Aufhebungs- bzw. Anerkennungsversagungsgründen wirksam abzubedingen. Eine ausdrückliche Vereinbarung kann aber nach bestimmten Schiedsverfahrensrechten bei Vorliegen weiterer Voraussetzungen zu einem wirksamen Verzicht führen (vgl. z.B. Art. 192 Abs. 1 des schweizerischen IPRG: „Hat keine der Parteien Wohnsitz, gewöhnlichen Aufenthalt oder eine Niederlassung in der Schweiz, so können sie durch eine ausdrückliche Erklärung in der Schiedsvereinbarung oder in einer späteren schriftlichen Übereinkunft die Anfechtung der Schiedsentscheide vollständig ausschliessen; sie können auch nur einzelne Anfechtungsgründe gemäss Artikel 190 Absatz 2 ausschliessen.").

Artikel 35: Berichtigung und Auslegung des Schiedsspruchs; Zurückverweisung des Schiedsspruchs

(1) Das Schiedsgericht kann von sich aus Schreib-, Rechen- oder ähnliche Fehler im Schiedsspruch berichtigen, wenn eine derartige Berichtigung dem Gerichtshof binnen 30 Tagen ab dem Datum des Schiedsspruchs zur Genehmigung vorgelegt wird.

(2) Jeder Antrag einer Partei auf Berichtigung eines in Artikel 35 (1) erwähnten Fehlers oder auf Auslegung des Schiedsspruchs ist in der gemäß Artikel 3 (1) erforderlichen Anzahl von Exemplaren binnen 30 Tagen ab Zustellung des Schiedsspruchs an diese Partei beim Sekretariat zu stellen. Sobald dem Schiedsgericht dieser Antrag übermittelt worden ist, gibt es der anderen Partei Gelegenheit zur Stellungnahme binnen einer kurzen, regelmäßig 30 Tage nicht überschreitenden Frist, welche mit Zustellung des Antrages an diese Partei zu laufen beginnt. Das Schiedsgericht legt den Entwurf seiner Entscheidung über den Antrag dem Gerichtshof spätestens 30 Tage nach Ablauf der der anderen Partei gesetzten Frist zur Stellungnahme oder innerhalb der vom Gerichtshof anderweitig gesetzten Frist vor.

(3) Die Entscheidung, mit der der Schiedsspruch berichtigt oder ausgelegt wird, ergeht in der Form eines Nachtrags und wird zu einem Bestandteil des Schiedsspruchs. Die Bestimmungen der Artikel 31, 33 und 34 finden entsprechende Anwendung.

(4) Wenn ein Gericht einen Schiedsspruch an das Schiedsgericht zurückverweist, finden die Bestimmungen der Artikel 31, 33, 34 und dieses Artikels 35 entsprechende Anwendung auf jeden Nachtrag oder Schiedsspruch, der aufgrund der Zurückverweisung ergeht. Der Gerichtshof kann alle notwendigen Maßnahmen treffen, um es dem Schiedsgericht zu ermöglichen, den Vorschriften der gerichtlichen Zurückverweisung zu entsprechen; und er kann einen Vorschuss festsetzen, um zusätzliche Honorare und Auslagen des Schiedsgerichts und weitere ICC-Verwaltungskosten abzudecken.

Article 35: Correction and Interpretation of the Award; Remission of Awards

(1) On its own initiative, the arbitral tribunal may correct a clerical, computational or typographical error, or any errors of similar nature contained in an award, provided such correction is submitted for approval to the Court within 30 days of the date of such award.

(2) Any application of a party for the correction of an error of the kind referred to in Article 35(1), or for the interpretation of an award, must be made to the Secretariat within 30 days of the receipt of the award by such party, in a number of copies as stated in Article 3(1). After transmittal of the application to the arbitral tribunal, the latter shall grant the other party a short time limit, normally not exceeding 30 days, from the receipt of the application by that party, to submit any comments thereon. The arbitral tribunal shall submit its decision on the application in draft form to the Court not later than 30 days following the expiration of the time limit for the receipt of any comments from the other party or within such other period as the Court may decide.

(3) A decision to correct or to interpret the award shall take the form of an addendum and shall constitute part of the award. The provisions of Articles 31, 33 and 34 shall apply mutatis mutandis.

(4) Where a court remits an award to the arbitral tribunal, the provisions of Articles 31, 33, 34 and this Article 35 shall apply mutatis mutandis to any addendum or award made pursuant to the terms of such remission. The Court may take any steps as may be necessary to enable the arbitral tribunal to comply with the terms of such remission, and may fix an advance to cover any additional fees and expenses of the arbitral tribunal and any additional ICC administrative expenses.

Regelungsschwerpunkte: Abs. 1–3 Nur Berichtigung formaler Fehler und Auslegung „dunkler" Stellen im Schiedsspruch. Keine „kleine Berufung"! → Rz. 1–42; **Abs. 4** Regelt Gang des Verfahrens nach Zurückverweisung durch ein staatliches Gericht. → Rz. 43–55.

Kostenaspekte: Abs. 1–4 Zusätzliche Kostenvorschüsse möglich – Abs. 4 und Art. 2 Abs. 7 Anh. III beachten! → Rz. 30, 31, 53.

Inhalt

A. Berichtigung offensichtlicher Unrichtigkeiten, Auslegung (Abs. 1–3) 1	4. Berichtigung auf Parteiantrag (Abs. 2 Var. 1) 28
I. Normzweck 1	5. Verfahren des Gerichtshofs, Rechtsnatur von Nachtrag und Entscheidung (Abs. 3) 34
II. Reform 6	
III. Verhältnis zu §§ 1058, 1059 ZPO..................... 7	VI. Auslegungsantrag (Abs. 2 Var. 2)................... 37
IV. Vergleich mit den im staatlichen Verfahren geltenden Vorschriften 10	VII. Kosten 39
V. Berichtigungsverfahren (Abs. 1–3) 11	VIII. Änderungen und Ergänzungen von ICC-Schiedssprüchen jenseits von Abs. 1–3 42
1. Schiedsspruch als Gegenstand des Berichtigungsantrags 11	**B. Verfahren nach Zurückverweisung durch staatliches Gericht (Abs. 4)** 43
2. Berichtigungsfähige Fehler 13	I. Normzweck 43
3. Berichtigung durch das Schiedsgericht „von sich aus" (Abs. 1) 24	II. Reform 44
	III. Verhältnis zu § 1059 Abs. 4 ZPO..................... 45

IV. Vergleich mit den im staatlichen Verfahren geltenden Vorschriften 46	
V. Tatbestandsvoraussetzungen . 47	
VI. Rechtsfolgen 51	
C. Abweichende Parteivereinbarungen 56	

Anhänge
1. Schaubild zum Ablauf des Berichtigungs-/Auslegungsverfahrens 57
2. Muster Berichtigungsantrag (deutsch/englisch) 58
3. Muster Stellungnahme zu einem Berichtigungsantrag (deutsch/englisch) 60

A. Berichtigung offensichtlicher Unrichtigkeiten, Auslegung (Abs. 1–3)

Veröffentlichungen des Sekretariats: Merkblatt über die Berichtigung und Auslegung von Schiedssprüchen vom 1.12.2012.

Literatur: *Daly*, Correction and Interpretation of Arbitral Awards under the ICC Rules of Arbitration, ICC Court Bulletin, Vol. 22 No. 1 (2002), S. 61 ff.; *Hauser-Morel/Nedden*, Correction and Interpretation of Arbitral Awards and Additional Awards, in: Tercier (Hrsg.), Post Award Issues, ASA Special Series No. 38 (2012), S. 19 ff.; *Schroth*, Die „kleine Berufung" gegen Schiedsurteile im deutschen Recht, SchiedsVZ 2007, S. 291 ff.

I. Normzweck

Die Abs. 1–3 stellen ein Verfahren zur Berichtigung bestimmter formaler (nicht: substantieller; zur Abgrenzung Rz. 13, 22) Unrichtigkeiten im Schiedsspruch durch **Berichtigung** sowie zur Klärung von Ungereimtheiten im Schiedsspruch durch **Auslegung** zur Verfügung. Sie dienen – wie das dem Erlass des Schiedsspruchs vorgelagerte Genehmigungsverfahren nach Art. 33 – der **Sicherung der hohen inhaltlichen Qualität von ICC-Schiedssprüchen.** Sie ermöglichen aber keine „kleine Berufung" (*Schroth*, SchiedsVZ 2007, 291). 1

Das **Berichtigungsverfahren** verhilft den Parteien zu einem Schiedsspruch, der dem Willen des Schiedsgerichts entspricht. Technische Fehler und Versehen, wie sie selbst bei Anwendung größtmöglicher Sorgfalt immer einmal passieren können, sollen nach Möglichkeit nicht zu einer **Verfälschung des Inhalts des Schiedsspruchs** führen. Das Berichtigungsverfahren trägt so auch zur **Sicherung des Bestands und der Vollstreckbarkeit** des Schiedsspruchs bei. In sich unstimmige oder widersprüchliche Schiedssprüche können nämlich im Einzelfall gemäß § 1059 Abs. 2 Nr. 1 Buchst. c, Abs. 2 Buchst. b ZPO aufzuheben sein bzw. kann ihnen gemäß Art. V Abs. 1 Buchst. c und/oder Abs. 2 Buchst. b UNÜ die Vollstreckung zu versagen sein. 2

3 Das **Auslegungsverfahren** bezweckt die Klärung eines inhaltlich „dunklen" Schiedsspruchs und trägt so ebenfalls zur Rechts-, insbesondere zur Vollstreckungssicherheit bei.

4 Die mit der nachträglichen Ergänzung des Schiedsspruchs im Fall der Berichtigung verbundene punktuelle **Rechtskraftdurchbrechung** stört den Rechtsfrieden wegen der **kurzen Fristen** der Absätze 1 und 2 nur unwesentlich und ist, insbesondere wegen der sonst zu besorgenden Vollstreckungsprobleme, hinzunehmen.

5 Wichtig: Dem in der Praxis gelegentlich vorkommenden **Missbrauch** des Berichtigungsverfahrens versucht die ICC, durch Festsetzung **zusätzlicher Kostenvorschüsse** in Fällen **offensichtlich unzulässiger** oder **offensichtlich unbegründeter Anträge** zu begegnen (s. Rz. 30, 31, 53).

II. Reform

6 Die früher in **Art. 29 SchO 1998** geregelten Verfahren haben durch die Reform keine inhaltlichen Änderungen erfahren. Der Wortlaut von Art. 29 Abs. 2 Satz 3 ICC-SchO 1998 legte dem Schiedsgericht eine (fristgebundene) Pflicht zur Vorlage seines Entscheidungsentwurfs an den Gerichtshof zwar nur auf, soweit das Schiedsgericht dem Berichtigungsantrag stattgeben wollte („Nachtrag"). Der Gerichtshof wandte die Vorschrift aber auch bisher schon gleichermaßen auf zurückweisende Entscheidungen des Schiedsgerichts („Entscheidungen") an. Art. 35 Abs. 2 Satz 3 ICC-SchO 2012 stellt nun klar, dass alle Entscheidungen des Schiedsgerichts auf einen Antrag nach Art. 35 Abs. 1 ICC-SchO 2012 innerhalb der dort bezeichneten Frist dem Gerichtshof wie Schiedsspruchentwürfe zur Genehmigung vorzulegen sind.

III. Verhältnis zu §§ 1058, 1059 ZPO

7 Nachdem Abs. 1–3 Berichtigung und Ergänzung des Schiedsspruchs abschließend regeln, bleibt für **§ 1058 ZPO** in ICC-Schiedsverfahren mit Schiedsort in Deutschland kein Raum mehr. Der nicht zwingende § 1058 ZPO wird durch Wahl der ICC-SchO zulässigerweise abbedungen.

8 Insbesondere ist ein ICC-Schiedsgericht nach der ICC-SchO nicht zur nachträglichen Entscheidung über einen *infra petita* „vergessenen" Anspruch (§ 1058 Abs. 1 Nr. 3 ZPO) befugt. Eine entsprechende Regelung wurde im Zusammenhang mit der Neufassung der ICC-SchO 1998 debattiert und am Ende nicht in Art. 29 ICC-SchO 1998 übernommen.

Dennoch wurden entsprechende Anträge unmittelbar auf der Grundlage des nationalen Rechts für zulässig gehalten (*Born*, International Commercial Arbitration, S. 2543 m.w.N.). Mit Art. 35 Abs. 4 besteht nun eine Regelung für den Fall, dass ein staatliches Gericht den Schiedsspruch – sei es wegen *infra petita*, sei es aus anderen Gründen – ganz oder teilweise aufgehoben und die Sache an das Schiedsgericht zurückverwiesen hat. Eine den Berichtigungs- und Auslegungsverfahren entsprechende Regelung für *Infra-Petita*-Fälle fehlt dagegen weiterhin. Vor diesem Hintergrund ist für § 1058 Abs. 1 Nr. 3 ZPO oder eine vergleichbare dispositive Vorschrift eines anderen Schiedsverfahrensstatuts bei Geltung der ICC-SchO kein Raum mehr.

Rechtsbehelfe nach nicht abbedungenem staatlichem Recht, insbesondere vor staatlichen Gerichten zu erhebende **Aufhebungsanträge** (§ 1059 ZPO), bestehen selbständig neben Art. 35 Abs. 1–4. Nach der lex arbitri kann aber die Berufung auf einen auch nach Art. 35 Abs. 1–3 rügefähigen Mangel verwirkt sein, wenn versäumt wurde, einen (fristgerechten) Berichtigungs- oder Auslegungsantrag zu stellen. 9

IV. Vergleich mit den im staatlichen Verfahren geltenden Vorschriften

§ 319 Abs. 1 ZPO entspricht Art. 35 Abs. 1, der dem Schiedsgericht frei- 10 lich, anders als die ZPO dem staatlichen Gericht, keine jederzeitige Berichtigung des Schiedsspruchs von Amts wegen erlaubt, sondern hierfür eine Frist von 30 Tagen aufstellt. **§§ 320 Abs. 1, 321 Abs. 1 ZPO** decken sich teils mit Art. 35, gehen aber teils weiter. Einen § 321a ZPO entsprechenden außerordentlichen Rechtsbehelf für Verletzungen des Rechts auf rechtliches Gehör kennt die ICC-SchO nicht. Solche Fehler sind im Aufhebungs- bzw. Vollstreckbarerklärungsverfahren geltend zu machen.

V. Berichtigungsverfahren (Abs. 1–3)

1. Schiedsspruch als Gegenstand des Berichtigungsantrags

Nur **Schiedssprüche** (Art. 2 (v); näher zum Begriff Art. 2 Rz. 16 ff.) sind 11 Gegenstand des Berichtigungsverfahrens gemäß Art. 35 Abs. 1–3. Gleichgültig ist, ob es sich um einen Endschiedsspruch, einen vorläufigen oder Teilschiedsspruch oder um einen Schiedsspruch aufgrund Einvernehmens der Parteien handelt. Für die Berichtigung **abweichender Meinungen** (Art. 31 Rz. 8) gilt Art. 35 nicht. Nach ihrer Einbeziehung in das Verfahren besteht kein praktisches Bedürfnis, da sie nicht Grundlage der Zwangsvollstreckung sind. Das **Deckblatt**, mit dem alle ICC-Schiedssprüche körperlich verbunden werden, ist kein Erzeugnis des Schiedsgerichts, sondern ein solches des Sekretariats. Ist *nur* das Deckblatt fehlerhaft, kann das Sekretariat jederzeit eine beglaubigte Abschrift des Schiedsspruchs (Art. 34 Abs. 2) mit einem berichtigten Deckblatt fertigen; dies ist kein Fall des Art. 35. Dasselbe gilt für **Beglaubigungsvermerke** des Sekretariats. Da ein **Nachtrag** integraler Bestandteil des Schiedsspruchs wird (Art. 35 Abs. 3), kann er auch seinerseits Gegenstand eines Berichtigungsantrags sein.

12 Art. 35 Abs. 1–3 gilt auch nicht für **verfahrensleitende Verfügungen**, die das Schiedsgericht, solange es noch nicht functus officio ist, grundsätzlich jederzeit abändern kann.

2. Berichtigungsfähige Fehler

13 Nur **Schreib-, Rechen- oder ähnliche Fehler** können gemäß Art. 35 Abs. 1, 2 Gegenstand einer Berichtigung sein. Allen Fehlern ist gemeinsam, dass das Schiedsgericht dem **erkennbar Gewollten in formaler Hinsicht nicht oder nur unzulänglich zum Ausdruck verholfen** hat. Dabei ist zwar nicht – wie bei § 319 Abs. 1 ZPO – Voraussetzung, dass sich der eigentliche Wille des Schiedsgerichts in jeder Hinsicht zweifelsfrei aus dem Text des Schiedsspruchs selbst ergibt. Doch sind **tatsächlich-objektive Anhaltspunkte** zu fordern, aus denen sich ergibt, dass das Schiedsgericht anderes zum Ausdruck bringen wollte, als der bloße Text des Schiedsspruchs erkennen lässt. Solche Anhaltspunkte können sich dabei insbesondere auch aus verfahrensleitenden Verfügungen des Schiedsgerichts, aus dem Schiedsauftrag, dem vorläufigen Verfahrenskalender oder dem Protokoll einer Schiedsverhandlung ergeben. Ein Berichtigungsantrag kann dagegen nicht gestellt werden, wenn dem Schiedsgericht ein **Versäumnis nicht nur beim Formulieren, sondern beim Entscheiden** unterlaufen ist (etwa durch eine *Ultra-/Infra-Petita*-Entscheidung). Eine **inhaltlich falsche** oder **unterbliebene Willensbildung** des Schiedsgerichts kann über Art. 35 nicht korrigiert werden.

14 **Schreibfehler** sind, wie sich aus dem englischen Wortlaut (*"clerical error"*) ergibt, nicht nur orthographische Fehler. Es kann sich auch um Fehler im Satzbau (syntaktische Fehler) oder um Fehler bei der Verwendung von Wörtern, Buchstaben, Zahlen und Symbolen (semiotische Fehler) handeln, wenn für die Verfahrensbeteiligten offensichtlich ist, dass das Schiedsgericht in den Schiedsspruch eigentlich anderes schreiben wollte. Hierher gehört beispielsweise auch die Verwendung einer evident falschen **Währungs-** oder **sonstigen Einheit**.

Rechenfehler. Um einen solchen handelt es sich, wenn das Schiedsgericht bei einer mathematischen Operation mit verschiedenen Zahlen oder Größen zu einem offensichtlich fehlerhaften Rechenergebnis gelangt ist. Werden bereits im Ausgangspunkt sachlich falsche Zahlen verwendet, liegt kein Rechenfehler (ggf. aber ein Schreibfehler) vor; auch kein Rechenfehler ist es, wenn der verwendete Rechenweg nicht sachgerecht ist, aber mathematisch korrekt beschritten wird. 15

Schreib- und Rechenfehlern **ähnliche Fehler** sind solche, bei denen jedenfalls für den mit dem konkreten Schiedsverfahren vertrauten Leser des Schiedsspruchs eine Divergenz zwischen dem tatsächlichen und dem im Schiedsspruch zum Ausdruck gekommenen Willen hervortritt (Beispiele s. Rz. 18–23). 16

Maßgeblicher Zeitpunkt für die Fehlerhaftigkeit eines Schiedsspruch ist das Datum seines Erlasses (Art. 31 Abs. 3; s. aber Rz. 24). 17

Fehlerhaftes Rubrum. Orthographische Fehler bei der Parteibezeichnung können ebenso Anlass zu einem Berichtigungsantrag geben wie das „Wiedervergessen" einer während des Schiedsverfahrens bereits vollzogenen Änderung des Rubrums. Eine erst **nach Notifizierung des Schiedsspruchs mitgeteilte Änderung** von Parteibezeichnung oder Vertretungsverhältnissen kann nicht zu einer Berichtigung des Schiedsspruchs in unmittelbarer Anwendung des Art. 35 führen, weil der Schiedsspruch **im Zeitpunkt seines Erlasses** nicht fehlerhaft war. Sind alle Verfahrensbeteiligten mit einer Berichtigung einverstanden, ist es aber geboten, Art. 35 entsprechend anzuwenden. 18

Fehlerhafter Tenor. Ein solcher liegt etwa vor, wenn Parteirollen offensichtlich verwechselt wurden oder wenn ein in den Entscheidungsgründen behandelter Klageanspruch lediglich zu tenorieren vergessen wurde, **nicht dagegen**, wenn ein Klageanspruch (einschließlich Kostenerstattungsansprüche) insgesamt vergessen (*Infra-Petita*-Entscheidung) oder einer Partei in Tenor und Entscheidungsgründen mehr zugesprochen wurde, als diese beantragt hat (*Ultra-Petita*-Entscheidung). Keine berichtigungsfähigen Fehler sind Unsicherheiten darüber, ob die Klage als unzulässig oder als unbegründet abgewiesen wurde; doch kann Auslegung gemäß Art. 35 Abs. 2 Var. 2 beantragt werden. 19

Besonders häufig kommen Flüchtigkeitsfehler beim **Zinsausspruch** vor. Diese Erfahrungstatsache ist bei der Beurteilung, ob ein Fehler für die Verfahrensbeteiligten offensichtlich ist, angemessen zu berücksichtigen. So wird es sich regelmäßig um einen berichtigungsfähigen Fehler 20 handeln, wenn ein nie streitig gewesener, in den Anträgen und/oder im Schiedsauftrag zutreffend wiedergegebener Zinsfuß nur „auszubuchstabieren" vergessen oder Zinsen aus Unachtsamkeit in Prozent statt, wie beantragt, in Prozentpunkten über dem Basiszinssatz ausgeurteilt werden.

21 **Fehlerhafter Tatbestand.** Eine ausführlichere **Wiedergabe des Ergebnisses einer Beweisaufnahme** oder gar eine **abweichende Beweiswürdigung** kann im Wege der Berichtigung ebenso wenig erwirkt werden wie eine **breitere** oder **andere Darstellung des Parteivortrags**. Die Verfahren nach Art. 35 Abs. 1–3 bieten insbesondere keinerlei Handhabe gegen **Verletzungen des rechtlichen Gehörs**. Im Einzelfall und unter Berücksichtigung der Verhältnisse im Vollstreckungsstaat kann es ausnahmsweise geboten sein, versehentlich unterbliebene oder allzu verkürzte Angaben zum **unstreitigen Gang des Schiedsverfahrens**, etwa zur Konstituierung des Schiedsgerichts, zu Schiedsort und Verfahrenssprache, zu den Verlängerungen der Fristen gemäß Art. 23 Abs. 2, 30 Abs. 1 und zu den Sachanträgen, nachzuholen.

22 **Fehlerhafte Entscheidungsgründe.** Erfasst sind nur Fehler, die aus der textlichen Fassung der Entscheidungsgründe resultieren, nicht aber deren möglicherweise unzureichender oder unzutreffender Inhalt. Rechtsfehler können durch das Verfahren nach Art. 35 Abs. 1–3 ebenso wenig behoben werden wie etwaige (Wertungs-)Widersprüche, Unstimmigkeiten oder Ungereimtheiten begradigt werden können. Denkbar ist etwa die Berichtigung von Zitierfehlern bzgl. Rechtsvorschriften, Rechtsprechungs- und Literaturfundstellen. Dagegen können „vergessene" rechtliche Gesichtspunkte, auch wenn sie mit den Parteien erörtert wurden, nicht mehr einfließen.

23 **Fehlerhafte Schlussformel.** Falsche oder fehlende Angaben zu Schiedsort und Datum oder zu den Namen der Schiedsrichter können Gegenstand des Berichtigungsverfahrens sein.

3. Berichtigung durch das Schiedsgericht „von sich aus" (Abs. 1)

24 **Von sich aus** kann das Schiedsgericht die Berichtigung gemäß Art. 35 Abs. 1 vornehmen, und zwar innerhalb einer Frist von 30 Tagen. Die Frist beginnt mit dem **Datum des Schiedsspruchs** (Art. 31 Abs. 3), d.h. dem Datum, das der Schiedsspruch trägt. Trägt der Schiedsspruch ein unzutreffendes Datum und soll gerade diese Falschangabe berichtigt werden, ist entgegen Art. 31 Abs. 3 das Datum maßgeblich, das der Schieds-

spruch eigentlich hätte tragen müssen. Die Fristberechnung regelt Art. 3 Abs. 4.

Entdeckt das Schiedsgericht innerhalb der Frist des Art. 35 Abs. 1 einen 25
Fehler, der die Vollstreckbarkeit des Schiedsspruchs beeinträchtigen könnte, ist es aus Art. 41 **verpflichtet**, die Berichtigung vorzunehmen. Bei einem Dreierschiedsgericht entscheidet die Mehrheit (Abs. 3 Satz 2 i.V.m. Art. 31 Abs. 1 Satz 1).

Auch wenn nicht zwingend vorgeschrieben, ist es ratsam, den Verfah- 26
rensbeteiligten **Gelegenheit zur Stellungnahme** binnen kurzer Frist zu geben. Reicht die Frist des Art. 35 Abs. 1 dafür nicht aus, kann der Antrag auch ohne vorherige Einholung einer Stellungnahme gestellt werden; in der Regel wird dann das Sekretariat die Stellungnahme einholen.

Dem **Gerichtshof** ist die Berichtigung vorzulegen, ohne dass eine beson- 27
dere Form vorgeschrieben wäre (E-Mail genügt). In der Praxis nimmt den Entwurf des Nachtrags – wie schon den Entwurf des Schiedsspruchs (Art. 33 Rz. 16 ff.) – das Sekretariat für den Gerichtshof an. Der Text des Nachtragsentwurfs muss erkennen lassen, welcher Teil des Schiedsspruchs inwiefern geändert werden soll und muss eine (ggf. knappe) Begründung enthalten (Art. 35 Abs. 3 Satz 2 i.V.m. Art. 31 Abs. 2).

4. Berichtigung auf Parteiantrag (Abs. 2 Var. 1)

Binnen 30 Tagen (zur Fristberechnung s. Art. 3 Abs. 4) ab Erhalt (Art. 34 28
Rz. 10 ff.) des Schiedsspruchs kann **jede Partei** dessen Berichtigung beantragen. Adressat des Berichtigungsantrags ist stets das **Sekretariat**. Wegen der Anzahl der Exemplare verweist Art. 35 Abs. 2 Satz 1 auf Art. 3 Abs. 1. Aus dieser Verweisung ergibt sich, dass Anträge nach Art. 35 Abs. 2 **schriftlich** zu stellen sind und die erforderliche Anzahl von Exemplaren für alle Verfahrensbeteiligten beizufügen sind. Die Frist ist nicht verlängerbar.

Der Antrag muss ein **Petitum** enthalten, d.h. auf Seite und Zeile genau 29
angeben, welche Änderungen am Schiedsspruch erstrebt werden. Obwohl nicht vorgeschrieben, ist es ratsam, den Antrag zu **begründen** und dabei insbesondere darzustellen, dass und wieso ein Schreib-, Rechen- oder ähnlicher Fehler vorliegt.

Geht ein Berichtigungsantrag einer Partei beim Sekretariat ein, prüft 30
dieses, ob – insbesondere bei offensichtlich unzulässigen oder offensichtlich unbegründeten Anträgen – ein **besonderer Kostenvorschuss** ge-

mäß Art. 2 Abs. 7 Anhang III zur ICC-SchO vom Gerichtshof festzusetzen ist.

31 Ist dies nicht der Fall bzw. ist ein ggf. festgesetzter besonderer Kostenvorschuss bezahlt, **leitet das Sekretariat den Antrag an das Schiedsgericht weiter**, das den anderen Parteien Gelegenheit zur Stellungnahme binnen einer kurzen Frist gibt, die regelmäßig 30 Tage nicht überschreiten soll (Art. 35 Abs. 2 Satz 2). Auch sehr viel kürzere Fristen können nach Lage der Dinge unbedenklich sein. Dagegen kann im Einzelfall ausnahmsweise auch eine längere Frist – ebenso wie eine zweite Schriftsatzrunde – geboten und sachgerecht sein.

32 Für die **Stellungnahme** enthält die ICC-SchO keine Formvorschriften. Sie kann auch per Fax oder E-Mail erfolgen, soweit nicht durch Parteivereinbarung etwas anderes bestimmt ist. **Adressat** der Stellungnahme ist das **Schiedsgericht**, das zu ihr eingeladen hat, nicht das Sekretariat. Letzteres ist aber – wie stets – in Kopie zu setzen, Art. 3 Abs. 1 Satz 1. Erfolgt die Stellungnahme innerhalb der Frist des Art. 35 Abs. 1, kann sie mit einem eigenen Berichtigungsantrag verbunden werden. In diesem Fall muss sie die Form des Art. 35 Abs. 2 Satz 1 i.V.m. Art. 3 Abs. 1 wahren.

33 Liegt ein berichtigungsfähiger Fehler vor, ist das Schiedsgericht zum Entwurf eines Nachtrags (engl. *„addendum"*), andernfalls zum Entwurf einer ablehnenden Entscheidung (*„Entscheidung"*, engl. *„decision"*) verpflichtet. Wegen der Anforderungen an den Entwurf s. Rz. 32. In jedem Fall muss ein Entscheidungsentwurf innerhalb von **30 Tagen** nach Eingang der Stellungnahme oder – wenn eine solche nicht eingegangen ist – nach Ablauf der Stellungnahmefrist beim **Gerichtshof** eingehen (Art. 35 Abs. 2 Satz 3), es sei denn, dieser hat im Einzelfall eine längere Frist bestimmt (Art. 35 Abs. 2 Satz 3 a.E.). Droht Fristablauf, verlängert der Gerichtshof die Frist ex officio (vgl. Art. 30 Rz. 11 ff.).

5. Verfahren des Gerichtshofs, Rechtsnatur von Nachtrag und Entscheidung (Abs. 3)

34 Die Entwürfe von Nachträgen wie von (Ablehnungs-)„Entscheidungen" unterfallen demselben **Genehmigungsverfahren** wie die Entwürfe von Schiedssprüchen (Art. 35 Abs. 3 Satz 2 i.V.m. Art. 33; vgl. daher die Kommentierung zu Art. 33). Für den Nachtrag folgt dies logisch daraus, dass dieser **Bestandteil des Schiedsspruchs** wird (Art. 35 Abs. 3 Satz 1). Da in einigen Rechtsordnungen auch Entscheidungen als Teil des Schiedsspruchs charakterisiert werden, werden diese genauso behandelt.

Nach erfolgter Genehmigung durch den Gerichtshof und Eingang unter- 35
schriebener Originale des Nachtrags beim **Sekretariat** stellt dieses den
Nachtrag zu wie einen Schiedsspruch (Art. 35 Abs. 3 Satz 2 i.V.m.
Art. 34), d.h. gebunden und mit einem ICC-Deckblatt versehen. Entscheidungen werden grundsätzlich in gleicher Weise, jedoch ungebunden und ohne Deckblatt zugestellt.

Nur der **Nachtrag**, nicht die ablehnende Entscheidung wird **Bestandteil** 36
des Schiedsspruchs, Art. 35 Abs. 3 Satz 1, erwächst also mit diesem in
Rechtskraft und dient – insoweit er den Tenor des Schiedsspruchs berichtigt – als Grundlage der Zwangsvollstreckung.

VI. Auslegungsantrag (Abs. 2 Var. 2)

Nur selten genutzt wird die Möglichkeit, eine verbindliche **Auslegung** 37
eines Schiedsspruchs (gleich welcher Art; vgl. Rz. 11) durch das Schiedsgericht zu beantragen (Art. 35 Abs. 2 Var. 2). Ungeschriebene Voraussetzung ist, dass eine **Unsicherheit über den Inhalt des Schiedsspruchs**
besteht. Rührt diese Unsicherheit von einem Schreib-, Rechen- oder
ähnlichem Fehler her, ist das speziellere Berichtigungsverfahren vorrangig. Übrig bleiben Fälle, in denen das Schiedsgericht sich **so undeutlich
oder widersprüchlich ausdrückt**, dass unklar ist, was es eigentlich sagen
will. Lässt das Schiedsgericht eine Tat- oder Rechtsfrage ausdrücklich
bewusst offen, kann eine Präzisierung des Schiedsspruchs im Wege der
Auslegung auch dann nicht erreicht werden, wenn das Schiedsgericht
nach Auffassung einer Partei die Frage nicht hätte offenlassen dürfen.
Haben Klage und Widerklage ganz oder teilweise Erfolg und unterbleibt
eine Zug-um-Zug-Entscheidung, weil diese im Verfahren nicht beantragt wurde, besteht grundsätzlich kein Auslegungsbedürfnis (*Hauser-Morel/Nedden*, ASA Special Series No. 38 [2012], S. 19 ff.).

Das Verfahren kommt nur auf Antrag einer Partei in Gang und folgt 38
denselben Regeln wie das Berichtigungsverfahren; vgl. daher Rz. 11 ff.
Dem Schiedsgericht kann entweder eine **Auslegungsfrage** gestellt werden („*Ist Ziff. 4 des Tenors so zu verstehen, dass ...*") oder das für richtig
gehaltene Auslegungsergebnis kann als Petitum nach Art eines Feststellungstenors formuliert werden („*... beantragen wir folgenden Nachtrag
zum Schiedsspruch: Ziff. 4 des Tenors wird dahingehend ausgelegt,
dass ...*").

VII. Kosten

39 Das Verfahren nach Art. 35 Abs. 1 löst keine zusätzlichen Verwaltungsgebühren der ICC, keine Schiedsrichterhonorare und keine Auslagen des Schiedsgerichts aus, die den Parteien auferlegt werden könnten. Das Berichtigungsverfahren nach Art. 35 Abs. 2 kann zusätzliche Schiedsrichterhonorare sowie Auslagen des Schiedsgerichts gemäß Art. 2 Abs. 7 Anhang III zur ICC-SchO auslösen (Rz. 30). Werden solche Kosten bzw. Auslagen durch den Gerichtshof festgesetzt, wird das Schiedsgericht bei entsprechendem Parteiantrag im Nachtrag bzw. in der Entscheidung eine hierauf bezogene, weitere Kostengrundentscheidung gemäß Art. 37 Abs. 4 treffen.

40 **Parteikosten** in den Verfahren nach Art. 35 Abs. 1 und 2 können entsprechend Art. 37 Abs. 4, 1 geltend gemacht werden.

41 Wegen des **Kostenrisikos** sollten Anträge nach Art. 35 Abs. 1, 2 nur gestellt, werden, wenn ein **reelles Bedürfnis** danach besteht.

VIII. Änderungen und Ergänzungen von ICC-Schiedssprüchen jenseits von Abs. 1–3

Literatur: *Voser/George*, Revision of Arbitral Awards, in: Tercier (Hrsg.), Post Award Issues, ASA Special Series No. 38 (2012), S. 43 ff.

42 Ist deutsches Recht auf das Schiedsverfahren anwendbar, sind die Parteien zur Erwirkung weiterer Änderungen oder Ergänzungen von ICC-Schiedssprüchen grundsätzlich auf staatliche Gerichte angewiesen, vgl. § 1059 ZPO (ausführlich Stein/Jonas/*Schlosser*, § 1058 ZPO Rz. 4; vgl. auch Art. 35 Abs. 4). War das Recht eines anderen Staates auf das Schiedsverfahren anwendbar, kann im Einzelfall auch ein Antrag auf Wiederaufnahme des Schiedsverfahrens beim Schiedsgericht statthaft sein (*Sekretariat*, Merkblatt über die Berichtigung und Auslegung von Schiedssprüchen vom 1.12.2012).

B. Verfahren nach Zurückverweisung durch staatliches Gericht (Abs. 4)

Literatur: *Foyle*, Extension and Resumption of the Function after the Final Award, in: Tercier (Hrsg.), Post Award Issues, ASA Special Series No. 38 (2012), S. 113 ff.; *Mourre*, Is There a Life after the Award?, in: Tercier, a.a.O., S. 1 ff.; *Webster*, Functus Officio and Remand in International Arbitration, ASA Bulletin, Vol. 27 No. 3 (2009), S. 441 ff.; *Wighardt*, Verfahrensfragen bei der Zurückverweisung der Sache an das Schiedsgericht, SchiedsVZ 2010, S. 252 ff.; *Wolff*, Zurückverweisung der Sache an das Schiedsgericht nach Aufhebung des Schiedsspruchs – zu den „geeigneten Fällen" nach § 1059 Abs. 4 ZPO, SchiedsVZ 2007, S. 54 ff.

I. Normzweck

Art. 35 Abs. 4 regelt, wie zu verfahren ist, wenn ein (regelmäßig staatliches, Rz. 47) **Gericht** einen bereits ergangenen ICC-Schiedsspruch „*an das Schiedsgericht zurückverweis*[t]" (vgl. § 1059 Abs. 4 ZPO). Dadurch wird eine vor der Reform bestehende Rechtsunsicherheit beseitigt, wenn auch nicht alle Zweifelsfragen letztverbindlich geklärt werden (s. Rz. 55). Eine letztverbindliche Regelung dazu, ob die Zurückverweisungsentscheidung für das Schiedsgericht verbindlich ist, trifft Art. 35 Abs. 4 zwar nicht, Art. 35 Abs. 4 Satz 2 kann aber die Wertung entnommen werden, dass der **Zurückverweisungsentscheidung in der Regel möglichst entsprochen werden soll**, damit am Ende ein **vollstreckbarer Schiedsspruch** steht (vgl. auch Art. 41). Verhält sich das Schiedsgericht der Maßgabe des staatlichen Gerichts entsprechend, stellt Art. 35 Abs. 4 Satz 1 klar, dass alle Nachträge und zusätzliche Schiedssprüche den allgemeinen Anforderungen der ICC-SchO an Schiedssprüche entsprechen müssen. 43

II. Reform

Die Vorschrift wurde durch die Reform mit Wirkung vom 1.1.2012 eingefügt, nachdem staatliche Gerichte in Einzelfällen ICC-Schiedssprüche (teilweise) aufgehoben und den jeweiligen Rechtsstreit an das Schiedsgericht zurückverwiesen hatten (vgl. nur Schweizerisches Bundesgericht v. 6.10.2009 – 4 A 596/2009; OLG Hamburg v. 4.11.2008 – 6 Sch 7/08, Juris). Die ICC-SchO 1998 enthielt für diesen Fall keine Regelungen. 44

III. Verhältnis zu § 1059 Abs. 4 ZPO

Hat ein staatliches Gericht die Sache nach § 1059 Abs. 4 ZPO ganz oder teilweise an das Schiedsgericht zurückverwiesen, regelt Art. 35 Abs. 4 die Folgen dieser Zurückverweisung. Art. 35 Abs. 4 stellt also eine sinnvolle Ergänzung zu § 1059 Abs. 4 ZPO dar, verdrängt die letztgenannte Vorschrift aber nicht. 45

IV. Vergleich mit den im staatlichen Verfahren geltenden Vorschriften

Der von Art. 35 Abs. 4 behandelten Situation entspricht im staatlichen Verfahren am ehesten die Zurückverweisung einer Sache an das Berufungsgericht nach erfolgreicher Revision (§ 563 ZPO). Dass das Beru- 46 fungsgericht bei der neuen Verhandlung und Entscheidung (§ 563 Abs. 1 Satz 1 ZPO) die §§ 511 ff. ZPO zu beachten hat, ist selbstverständlich und bedarf für das staatliche Verfahren keiner besonderen Regelung. Im Schiedsverfahren liegen die Dinge anders, weil zweifelhaft ist, ob sich Schiedsgericht und Schiedsinstitution an die Zurückverweisungsentscheidung eines staatlichen Gerichts halten müssen (s. Rz. 55).

V. Tatbestandsvoraussetzungen

47 Ein **Gericht** muss tätig geworden sein. Dies wird i.d.R. das staatliche Gericht am Schiedsort sein (in Deutschland das OLG, §§ 1059 Abs. 1, 4, 1062 Abs. 1 Nr. 4 ZPO). Dass das Gericht nach seiner lex fori oder irgendeinem anderen Recht zuständig war, setzt die Vorschrift nicht voraus. Ebenso wenig muss es sich zwingend um ein **staatliches** Gericht handeln; auch religiöse, über- oder zwischenstaatliche Gerichte sind solche i.S.d. Vorschrift. **Keine Gerichte** sind Exekutivbehörden oder intergouvernementale Organisationen. Art. 35 Abs. 4 ist auch nicht anwendbar, wenn eine Partei einen **Wiederaufnahmeantrag** beim Schiedsgericht ohne vorherige Befassung eines staatlichen Gerichts stellt (dazu Rz. 42).

48 **Schiedsspruch als Gegenstand der Zurückverweisung.** Einen Schiedsspruch (gleich welcher Art) muss das Gericht an das Schiedsgericht zurückverwiesen haben. Die Formulierung ist undeutlich; in aller Regel wird das Gericht den Schiedsspruch ganz oder teilweise aufgehoben und im entsprechenden Umfang den Rechtsstreit (nicht den insoweit aus Sicht des zurückverweisenden Gerichts nicht mehr existenten Schiedsspruch) an das Schiedsgericht zurückverwiesen haben (vgl. § 1059 Abs. 4 ZPO). Auch und gerade diesen Fall will Art. 35 Abs. 4 erfassen. Dagegen behandelt die Vorschrift nicht, wie zu verfahren ist, wenn ein Schiedsgericht ohne Bezug zu einem Schiedsspruch in ein noch laufendes Schiedsverfahren eingreift.

49 **Zurückverweisung an „das" Schiedsgericht.** Art. 35 Abs. 4 regelt nur den Fall, dass die Sache an „das" Schiedsgericht, also an dasselbe Schiedsgericht zurückverwiesen wurde, das den aufgehobenen Schiedsspruch erlassen hatte.

50 **Nicht geregelte Fälle.** Denkbar ist auch, dass das staatliche Gericht die Konstituierung eines neuen Schiedsgerichts verlangt. Wie im Rahmen des § 1059 Abs. 4 ZPO zu verfahren ist, ist streitig (vgl. OLG Hamburg v. 4.11.2008 – 6 Sch 7/08, Juris Rz. 39 ff.; *Wighardt*, SchiedsVZ 2010, 252 [253 ff.]). Wird ein **neues Schiedsgericht** angeordnet, gilt Art. 35 nicht unmittelbar. Wie in diesem Fall zu verfahren ist, werden Gerichtshof

und Sekretariat von Fall zu Fall unter angemessener Berücksichtigung der Instruktionen des zurückverweisenden Gerichts und der Besonderheiten des Einzelfalls zu entscheiden haben (Beispiele: *Fry/Greenberg/Mazza*, The Secretariat's Guide to ICC Arbitration, Rz. 3–1309 ff.). Wird dagegen der Schiedsspruch aufgehoben, ohne dass Zweifel an der Wirksamkeit der Schiedsvereinbarung bestehen und ohne dass die Sache an das frühere oder ein neu zu konstituierendes Schiedsgericht zurückverwiesen wird, muss der Schiedskläger eine erneute Schiedsklage einreichen.

VI. Rechtsfolgen

Für jeden Nachtrag oder Schiedsspruch, der nach der Zurückverweisung ergeht, ordnet **Art. 35 Abs. 4 Satz 1** die **entsprechende Anwendung** der Art. 31 (Anforderungen an den Schiedsspruch), Art. 33 (Genehmigungsverfahren für Schiedsspruch), Art. 34 (Notifizierung, Hinterlegung und Vollstreckbarkeit des Schiedsspruchs) sowie von Art. 35 (Berichtigungs- und Auslegungsverfahren) an. 51

Art. 35 Abs. 4 Satz 2 enthält eine **allgemeine Befugnisnorm**, die es dem Gerichtshof erlaubt, nach seinem Ermessen (Kann-Vorschrift) alle Maßnahmen zu ergreifen, die geeignet sind, das Schiedsgericht in die Lage zu versetzen, den Bestimmungen der Zurückverweisung zu entsprechen. Beispielhaft nennt die Vorschrift die **Festsetzung eines zusätzlichen Kostenvorschusses**. Es liegt darüber hinaus nahe, dass der Gerichtshof auch eine Frist für den Erlass des Schiedsspruchs oder Nachtrags setzen wird (Rz. 58). Je nach Lage der Dinge kann der Gerichtshof nach Art. 35 Abs. 4 Satz 2 auch weitere, **der ICC-ICC-SchO im Übrigen unbekannte Maßnahmen** treffen, wenn dadurch die Entsprechung des Schiedsgerichts mit den Bestimmungen der Zurückverweisungsentscheidung gefördert und die schiedsrichterliche Unabhängigkeit nicht beeinträchtigt wird. 52

Zusätzlicher Kostenvorschuss. Seine Festsetzung steht im **Ermessen** des Gerichtshofs. An Anhang III zur ICC-SchO, insbesondere an die Tabellen zu Art. 4 Anhang III zur ICC-SchO, ist der Gerichtshof insoweit nicht gebunden. Festsetzungsfähig sind nicht nur (wie bei Art. 35 Abs. 1, 2, Art. 2 Abs. 7 Anhang III zur ICC-SchO) zusätzliche Honorar- und Auslagenvorschüsse für das Schiedsgericht. Auch ein Vorschuss auf zusätzliche ICC-Verwaltungskosten kann festgesetzt werden. Bei der Bemessung des zusätzlichen Kostenvorschusses kann der Gerichtshof alle relevanten Belange berücksichtigen. Insbesondere kann insoweit auch 53 maßgeblich sein, ob sich die von den Schiedsrichtern bereits vereinnahmten Honorare im oberen, mittleren oder unteren Bereich der Tabelle zu Art. 4 Anhang III zur ICC-SchO bewegen und wie viel zeitlicher und sonstiger Aufwand mit der Zurückverweisung verbunden ist. Wird der Schiedsspruch nur teilweise aufgehoben und ist somit nur noch über einen Teil der Klage- bzw. Widerklageforderung zu entscheiden, ist auch das angemessen zu berücksichtigen. Beruht die Zurückverweisung auf einer grob unrichtigen Sachbehandlung durch das Schiedsgericht, kann es im Einzelfall – wie im staatlichen Verfahren nach § 21 Abs. 1 Satz 1 GKG – sachgerecht sein, von der Festsetzung eines zusätzlichen Kostenvorschusses ganz abzusehen.

54 **Sonstige Maßnahmen.** Regelmäßig wird der Gerichtshof in entsprechender Anwendung von Art. 30 Abs. 1 Satz 3 eine **Frist für den Erlass des Schiedsspruchs** bzw. Nachtrags setzen und diese nötigenfalls wiederholt verlängern.

55 **Bindung des Schiedsgerichts an die Entscheidung des zurückverweisenden Gerichts.** Inwieweit das Schiedsgericht an die Entscheidung des zurückverweisenden Gerichts gebunden ist, regelt die ICC-SchO nicht ausdrücklich, doch kann Art. 35 Abs. 4 Satz 2 die Wertung entnommen werden, dass der Zurückverweisungsentscheidung in aller Regel zu entsprechen sein wird (Rz. 43). Die umstrittene Frage, ob die Zurückverweisungsentscheidung gemäß § 1058 Abs. 4 ZPO Bindungswirkung für das Schiedsgericht entfaltet, dürfte daher jedenfalls für ICC-Schiedsverfahren grundsätzlich im Sinne einer solchen Bindungswirkung zu bejahen sein (*Baumbach/Lauterbach*, § 1059 ZPO Rz. 19; a.A. *Wighardt*, SchiedsVZ 2010, 252 [256]).

C. Abweichende Parteivereinbarungen

56 Mit Ausnahme von Abs. 3 kann von allen Absätzen der Vorschrift durch **Parteivereinbarung** abgewichen werden. Sollen nach Konstituierung des Schiedsgerichts die **Fristen des Art. 35 Abs. 2** verlängert werden, bedarf es neben der Zustimmung aller Parteien auch der Zustimmung der **Schiedsrichter**, weil diese sich mit der Übernahme des Schiedsrichtermandats nur zu einem Tätigwerden im von der SchO abgesteckten zeitlichen Rahmen verpflichtet haben. An Abweichungen von den **Formvorschriften des Art. 35 Abs. 2** und an Abweichungen von den **Kostenvorschriften** des Art. 2 Abs. 7 Anhang III zur ICC-SchO sowie des Art. 35 Abs. 4 ICC-SchO sind Gerichtshof und Sekretariat indes nicht gebunden.

Anhang 1: Schaubild zum Ablauf des Berichtigungs-/Auslegungsverfahrens

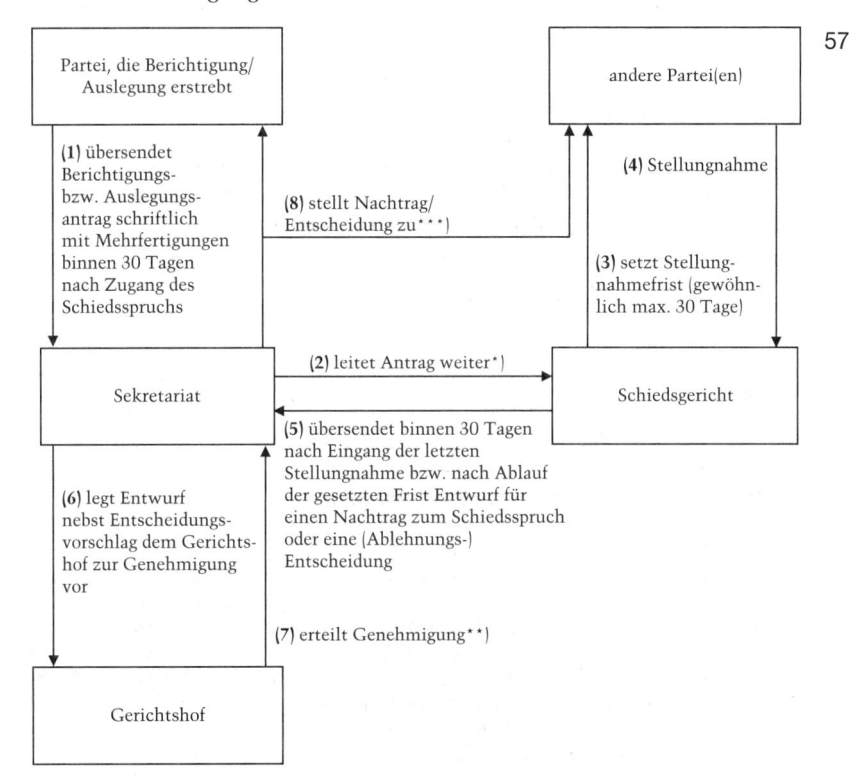

Partei, die Berichtigung/Auslegung erstrebt		andere Partei(en)
(1) übersendet Berichtigungs- bzw. Auslegungsantrag schriftlich mit Mehrfertigungen binnen 30 Tagen nach Zugang des Schiedsspruchs	(8) stellt Nachtrag/Entscheidung zu***)	(4) Stellungnahme (3) setzt Stellungnahmefrist (gewöhnlich max. 30 Tage)
Sekretariat	(2) leitet Antrag weiter*) (5) übersendet binnen 30 Tagen nach Eingang der letzten Stellungnahme bzw. nach Ablauf der gesetzten Frist Entwurf für einen Nachtrag zum Schiedsspruch oder eine (Ablehnungs-)Entscheidung	Schiedsgericht
(6) legt Entwurf nebst Entscheidungsvorschlag dem Gerichtshof zur Genehmigung vor	(7) erteilt Genehmigung**)	
Gerichtshof		

*) Ggf. nach Festsetzung eines zusätzlichen Kostenvorschusses durch den Gerichtshof und Einziehung durch das Sekretariat
**) U.U. erst, nachdem das Schiedsgericht vom Gerichtshof festgestellte formale Mängel behoben hat
***) Nachdem das Sekretariat zuvor beim Schiedsgericht unterschriebene Ausfertigungen des vom Gerichtshof genehmigten Nachtrags bzw. der vom Gerichtshof genehmigten Ablehnungsentscheidung angefordert und vom Schiedsgericht die entsprechenden Ausfertigungen in ausreichender Zahl erhalten hat

Anhang 2a: Muster Berichtigungsantrag (deutsch)[1]

58 *per Kurier*

An das
Sekretariat des Internationalen Schiedsgerichtshofs der ICC
33–43 avenue du Président Wilson
75116 Paris

> *ICC-Schiedsverfahren Nr. 23456/ABC*
> *A GmbH ./. B Ltd.*
> *Endschiedsspruch vom 28. Juni 2012*

Sehr geehrte Damen und Herren,

gemäß Art. 35 Abs. 2 ICC-SchO beantragen wir, den vorbezeichneten Endschiedsspruch wie folgt zu berichtigen:

In Ziff. II des Tenors werden ersetzt:
a) das Wort „Klägerin" durch das Wort „Beklagte"; und
b) das Wort „Beklagte" durch das Wort „Klägerin".

Begründung

Gemäß Ziff. I des Tenors hat die Beklagte an die Klägerin 81 784,22 € zzgl. Zinsen zu zahlen. Im Übrigen – d.h. hinsichtlich der Mehrforderung in Höhe von 22 199,24 € – wird die Klage abgewiesen. Die Klägerin obsiegt mithin in Höhe von 78 % ihrer Klageforderung. In Ziff. II des Tenors werden gleichwohl der Klägerin Beträge auferlegt, die 78 % der Kosten des Schiedsverfahrens einschließlich 78 % der von den Beklagten geltend gemachten Rechtsverfolgungs- und sonstigen Kosten, entsprechen. Hierbei handelt es sich offensichtlich um einen Schreibfehler, der gemäß Art. 35 Abs. 1 ICC-SchO zu berichtigen ist.

In der Anlage werden je eine Ausfertigung dieses Antrags für den Einzelschiedsrichter sowie für die Beklagte überreicht.

Mit freundlichen Grüßen

(Unterschrift)

Rechtsanwalt

---

1 Englische Fassung s. Rz. 59.

Anhang 2b: Muster Berichtigungsantrag (englisch)[1]

Through courier

Secretariat of the ICC International Court of Arbitration
33–43 avenue du Président Wilson
75116 Paris

ICC arbitration 23456/ABC
A GmbH v. B Ltd.
Final Award dated 28 June 2012

Dear Madame, Dear Sir,

pursuant to Article 35(2) of the ICC Rules of Arbitration, we request that the aforementioned Final Award be corrected as follows:

In section II of the dispositive,

a) the word "Claimant" shall be replaced by the word "Respondent"; and

b) the word "Respondent" shall be replaced by the word "Claimant".

Reasons

Pursuant to section I of the dispositive, Respondent has to pay to Claimant 81 784,22 € plus interest. Otherwise – i.e., regarding the additional claims in the amount of 22 199,24 € – the claims are dismissed. Claimant thus prevails in the proportion of 78 % of the amount it has claimed. In section II of the dispositive, it is, however, Claimant who is burdened with 78 % of the costs of the arbitration, including 78 % of the legal and other costs claimed by Respondent. This obviously constitutes a clerical error which must be corrected, pursuant to Article 35(1) of the ICC Rules of Arbitration.

We enclose one original of this request for each, the Sole Arbitrator and Respondent.

Yours faithfully,
(signature)
Attorney-at-law

---

1 Deutsche Fassung s. Rz. 58.

Anhang 3a: Muster Stellungnahme zu einem Berichtigungsantrag (deutsch)[1]

60 *Frau*
Dr. Johanna Schmidt
Handelsstraße 22
12345 Berlin
per eMail: johann@solearbitrator.law

ICC-Schiedsverfahren Nr. 23456/ABC
A GmbH ./. B Ltd.
Zwischenschiedsspruch vom 28. Juni 2012

In der vorbezeichneten Sache nehmen wir innerhalb der von der Einzelschiedsrichterin gesetzten Frist zum Berichtigungsantrag der Beklagten vom 4. August 2012 Stellung. Der Antrag ist
abzulehnen.

Begründung

Die Einzelschiedsrichterin hat sich durch Zwischenschiedsspruch für zuständig erklärt. Die Beklagte rügt, dass die Einzelschiedsrichterin bei der Beurteilung der Frage, ob die Beklagte an die in dem Vertrag vom 14.12.2000 enthaltene Schiedsklausel gebunden ist, eine von der Beklagten vorgelegte Entscheidung des Bundesgerichtshofs nicht berücksichtigt habe.

Der von der Beklagten gerügte angebliche „Fehler" des Schiedsspruchs ist kein Schreib-, Rechen- oder sonstiger Fehler und kann daher nicht nach Art. 35 Abs. 2 ICC-SchO berichtigt werden. Die Beklagte erstrebt eine nachträgliche Abänderung des Inhalts des Zwischenschiedsspruchs. Dafür bietet Art. 35 Abs. 1–3 ICC-SchO keine Handhabe.

Vorsorglich wird darauf hingewiesen, dass die Entscheidung des Bundesgerichtshofs nicht einschlägig ist. [Wird ausgeführt]

(Unterschrift)
Rechtsanwalt

---

1 Englische Fassung s. Rz. 61.

Anhang 3b: Muster Stellungnahme zu einem Berichtigungsantrag (englisch)[1]

Dr Johanna Schmidt 61
Handelsstraße 22
12345 Berlin
by eMail: johann@solearbitrator.law

ICC arbitration 23456/ABC
A GmbH v. B Ltd.
Interim Award dated 28 June 2012

In the above-captioned matter, we submit, within the time limit granted by the Sole Arbitrator, our comments to Respondent's request dated 4 August 2012 for a correction of the Interim Award. We beg to

reject

such request.

Reasons

The Sole Arbitrator has declared herself competent by way of an Interim Award. Respondent alleges that, when examining whether Respondent is bound to the arbitration clause contained in the contract dated 14 December 2000, the Sole Arbitrator failed to take into account a decision rendered by the Federal Court of Justice on which Respondent has relied in its written submissions.

The alleged "error" is not a clerical or computational error. Nor is it an error of a similar nature. It is thus not subject to correction under Article 35(2) of the Rules. Respondent seeks a retroactive modification of the contents of the Interim Award for which Article 35(1)–(3) do not allow.

As a matter of pure precaution, we submit that the decision of the Federal Court of Justice is irrelevant to the dispute. [...]

(signature)
Attorney-at-law

---

1 Deutsche Fassung s. Rz. 60.

Kosten

Artikel 36: Vorschuss für die Kosten des Verfahrens

(1) Nach Erhalt der Klage kann der Generalsekretär den Kläger auffordern, einen vorläufigen Kostenvorschuss in einer Höhe zu bezahlen, die die voraussichtlichen Kosten des Schiedsverfahrens bis zur Erstellung des Schiedsauftrags deckt. Ein vorläufiger Kostenvorschuss wird als vom Kläger geleistete Teilzahlung auf einen vom Gerichtshof gemäß diesem Artikel 36 festgesetzten Kostenvorschuss angerechnet.

(2) Sobald wie möglich setzt der Gerichtshof den Kostenvorschuss auf der Grundlage der voraussichtlichen Honorare und Auslagen der Schiedsrichter sowie der ICC-Verwaltungskosten für die ihm bekanntgegebenen Ansprüche fest; etwas anderes gilt für Ansprüche gemäß Artikel 7 oder 8, auf die Artikel 36(4) Anwendung findet. Der vom Gerichtshof gemäß Artikel 36(2) festgesetzte Kostenvorschuss ist zu gleichen Teilen vom Kläger und vom Beklagten zu bezahlen.

(3) Falls vom Beklagten gemäß Artikel 5 oder in sonstiger Weise Widerklage erhoben wird, kann der Gerichtshof für die Klage- und die Widerklageansprüche getrennte Kostenvorschüsse festsetzen. Wenn der Gerichtshof für die Klage- und die Widerklageansprüche getrennte Kostenvorschüsse festsetzt, hat jede Partei den für ihre Klage oder Widerklage festgesetzten Kostenvorschuss zu bezahlen.

(4) Falls Ansprüche gemäß Artikel 7 oder 8 geltend gemacht werden, setzt der Gerichtshof einen oder mehrere Kostenvorschüsse fest, die von den Parteien zu zahlen sind, wie vom Gerichtshof entschieden. Falls der Gerichtshof bereits einen Kostenvorschuss nach diesem Artikel 36 festgesetzt hat, wird dieser durch gemäß Artikel 36(4) festgesetzte Kostenvorschüsse ersetzt, und jeder bereits von einer Partei gezahlte Vorschuss wird als Teilzahlung auf ihren Anteil der vom Gerichtshof gemäß diesem Artikel 36(4) festgesetzten Kostenvorschüsse angerechnet.

(5) Der vom Gerichtshof gemäß Artikel 36 festgesetzte Kostenvorschuss kann jederzeit während des Schiedsverfahrens abgeändert werden. In allen Fällen kann jedoch jede der Parteien den vollen Anteil jeder anderen Partei am Kostenvorschuss bezahlen, falls diese andere Partei ihren Anteil nicht bezahlt.

(6) Wenn ein verlangter Kostenvorschuss nicht bezahlt wird, kann der Generalsekretär, nach Rücksprache mit dem Schiedsgericht, dieses anweisen, seine Arbeit auszusetzen und eine Frist von wenigstens 15 Ta-

gen setzen, nach deren fruchtlosem Ablauf die betroffenen Ansprüche als zurückgenommen gelten. Wenn die betroffene Partei dagegen Einwendungen erheben will, muss sie innerhalb der gesetzten Frist einen Antrag auf Entscheidung dieser Frage durch den Gerichtshof stellen. Die aufgrund dieser Vorschrift erfolgte Rücknahme hindert die betroffene Partei nicht, dieselben Ansprüche zu einem späteren Zeitpunkt in einem anderen Verfahren geltend zu machen.

(7) Wenn sich eine der Parteien in Bezug auf einen Anspruch auf eine Aufrechnung beruft, so wird diese Aufrechnung bei der Berechnung des Kostenvorschusses in derselben Weise berücksichtigt wie ein eigenständiger Anspruch, soweit er die Prüfung zusätzlicher Fragen durch das Schiedsgericht erforderlich machen könnte.

Anhang III: Kosten und Honorare für Schiedsverfahren

Artikel 1[1]: Kostenvorschuss

(1) Für jeden Antrag auf Einleitung eines Schiedsverfahrens gemäß der Schiedsgerichtsordnung ist eine Registrierungsgebühr in Höhe von 3000 US$ zu entrichten. Der Vorschuss wird nicht zurückgezahlt und wird auf den Anteil des Klägers am Kostenvorschuss angerechnet.

(2) Der vom Generalsekretär gemäß Artikel 36(1) der Schiedsgerichtsordnung festgesetzte vorläufige Kostenvorschuss soll im Regelfall nicht denjenigen Betrag übersteigen, der sich aus der Summe folgender Beträge errechnet: Verwaltungskosten und Minimumwert der Honorare (jeweils in Anwendung der nachstehenden Tabellen) auf der Basis des Streitwerts der Klage sowie die voraussichtlichen im Zusammenhang mit der Erstellung des Schiedsauftrags anfallenden erstattungsfähigen Auslagen des Schiedsgerichts. Ist der Streitwert nicht beziffert, so wird der vorläufige Kostenvorschuss nach dem Ermessen des Generalsekretärs festgesetzt. Die Zahlung des Klägers wird auf seinen Anteil an dem vom Gerichtshof festgesetzten Kostenvorschuss angerechnet.

(3) Nach Unterzeichnung des Schiedsauftrags oder dessen Genehmigung durch den Gerichtshof und nach Erstellen des Verfahrenskalenders behandelt das Schiedsgericht grundsätzlich, gemäß Artikel 36(6) der Schiedsgerichtsordnung, nur diejenigen Klagen oder Widerklagen, für die der Kostenvorschuss vollständig eingezahlt worden ist.

---

1 Art. 2-4 Anhang III zur ICC-SchO sind abgedruckt und kommentiert bei Art. 37 ICC-SchO.

(4) Der vom Gerichtshof gemäß Artikel 36(2) oder Artikel 36(4) der Schiedsgerichtsordnung festgesetzte Kostenvorschuss umfasst das Honorar des Schiedsrichters oder der Schiedsrichter (im Folgenden „der Schiedsrichter"), jegliche durch das Schiedsverfahren veranlasste Auslagen des Schiedsrichters und die ICC-Verwaltungskosten.

(5) Jede Partei hat den auf sie entfallenden Anteil am Kostenvorschuss in bar zu bezahlen. Wenn der Anteil einer Partei am Kostenvorschuss jedoch einen Betrag von 500 000 US$ („Schwellenwert") übersteigt, so kann die Partei für den darüber hinausgehenden Betrag eine Bankgarantie stellen. Der Gerichtshof kann den Schwellenwert jederzeit nach eigenem Ermessen ändern.

(6) Der Gerichtshof kann eine Zahlung von Kostenvorschüssen oder von Anteilen einer Partei daran auch in Raten gestatten und dies mit Auflagen verbinden, die ihm zweckmäßig erscheinen, so beispielsweise der Entrichtung zusätzlicher ICC-Verwaltungskosten.

(7) Hat eine Partei ihren Anteil an dem vom Gerichtshof festgesetzten Kostenvorschuss bereits vollständig bezahlt, so kann sie den von einer säumigen Partei geschuldeten, ausstehenden Betrag gemäß Artikel 36(5) der Schiedsgerichtsordnung durch Stellung einer Bankgarantie leisten.

(8) Wenn der Gerichtshof gemäß Artikel 36(3) der Schiedsgerichtsordnung getrennte Kostenvorschüsse festgesetzt hat, fordert das Sekretariat die Parteien auf, den ihren jeweiligen Klagen entsprechenden Betrag zu bezahlen.

(9) Bei Festsetzung getrennter Kostenvorschüsse kann jede Partei für denjenigen Betrag eine Bankgarantie stellen, der die Hälfte des einheitlichen Kostenvorschusses übersteigt, der vorher für die gleichen Klagen und Widerklagen, die nunmehr Gegenstand der getrennten Kostenvorschüsse sind, festgesetzt war. Bei nachfolgender Erhöhung des getrennten Kostenvorschusses ist mindestens die Hälfte des zusätzlichen Betrags in bar zu bezahlen.

(10) Das Sekretariat legt die Bedingungen für die Bankgarantien fest, die von den Parteien nach den vorstehenden Bestimmungen gestellt werden.

(11) Wie in Artikel 36(5) der Schiedsgerichtsordnung bestimmt, kann der Kostenvorschuss jederzeit während des Schiedsverfahrens abgeändert werden, insbesondere bei Änderungen des Streitwerts oder der zu erwartenden Auslagen des Schiedsrichters sowie Entwicklungen des Schwierigkeitsgrads oder Umfangs des Schiedsverfahrens.

(12) Bevor ein vom Schiedsgericht angeordnetes Sachverständigengutachten eingeholt werden kann, haben die Parteien oder eine der Parteien einen vom Schiedsgericht bestimmten Vorschuss zu bezahlen, der ausreichend ist, die erwarteten Kosten und Auslagen zu decken. Das Schiedsgericht ist für die Zahlung dieser Kosten und Auslagen durch die Parteien verantwortlich.

(13) Als Kostenvorschüsse geleistete Zahlungen werden nicht verzinst, weder zugunsten der Parteien noch des Schiedsrichters.

Costs

Article 36: Advance to Cover the Costs of the Arbitration

(1) After receipt of the Request, the Secretary General may request the claimant to pay a provisional advance in an amount intended to cover the costs of the arbitration until the Terms of Reference have been drawn up. Any provisional advance paid will be considered as a partial payment by the claimant of any advance on costs fixed by the Court pursuant to this Article 36.

(2) As soon as practicable, the Court shall fix the advance on costs in an amount likely to cover the fees and expenses of the arbitrators and the ICC administrative expenses for the claims which have been referred to it by the parties, unless any claims are made under Article 7 or 8 in which case Article 36(4) shall apply. The advance on costs fixed by the Court pursuant to this Article 36(2) shall be payable in equal shares by the claimant and the respondent.

(3) Where counterclaims are submitted by the respondent under Article 5 or otherwise, the Court may fix separate advances on costs for the claims and the counterclaims. When the Court has fixed separate advances on costs, each of the parties shall pay the advance on costs corresponding to its claims.

(4) Where claims are made under Article 7 or 8, the Court shall fix one or more advances on costs that shall be payable by the parties as decided by the Court. Where the Court has previously fixed any advance on costs pursuant to this Article 36, any such advance shall be replaced by the advance(s) fixed pursuant to this Article 36(4), and the amount of any advance previously paid by any party will be considered as a partial payment by such party of its share of the advance(s) on costs as fixed by the Court pursuant to this Article 36(4).

(5) The amount of any advance on costs fixed by the Court pursuant to this Article 36 may be subject to readjustment at any time during the arbitration. In all cases, any party shall be free to pay any other party's share of any advance on costs should such other party fail to pay its share.

(6) When a request for an advance on costs has not been complied with, and after consultation with the arbitral tribunal, the Secretary General may direct the arbitral tribunal to suspend its work and set a time limit, which must be not less than 15 days, on the expiry of which the relevant claims shall be considered as withdrawn. Should the party in question wish to object to this measure, it must make a request within the aforementioned period for the matter to be decided by the Court. Such party shall not be prevented, on the ground of such withdrawal, from reintroducing the same claims at a later date in another proceeding.

(7) If one of the parties claims a right to a set-off with regard to any claim, such set-off shall be taken into account in determining the advance to cover the costs of the arbitration in the same way as a separate claim insofar as it may require the arbitral tribunal to consider additional matters.

Appendix III: Arbitration Costs and Fees

Article 1: Advance on Costs

(1) Each request to commence an arbitration pursuant to the Rules must be accompanied by a filing fee of 3,000 US$. Such payment is non-refundable and shall be credited to the claimant's portion of the advance on costs.

(2) The provisional advance fixed by the Secretary General according to Article 36(1) of the Rules shall normally not exceed the amount obtained by adding together the ICC administrative expenses, the minimum of the fees (as set out in the scale hereinafter) based upon the amount of the claim and the expected reimbursable expenses of the arbitral tribunal incurred with respect to the drafting of the Terms of Reference. If such amount is not quantified, the provisional advance shall be fixed at the discretion of the Secretary General. Payment by the claimant shall be credited to its share of the advance on costs fixed by the Court.

(3) In general, after the Terms of Reference have been signed or approved by the Court and the procedural timetable has been established, the ar-

bitral tribunal shall, in accordance with Article 36(6) of the Rules, proceed only with respect to those claims or counterclaims in regard to which the whole of the advance on costs has been paid.

(4) The advance on costs fixed by the Court according to Articles 36(2) or 36(4) of the Rules comprises the fees of the arbitrator or arbitrators (hereinafter referred to as "arbitrator"), any arbitration-related expenses of the arbitrator and the ICC administrative expenses.

(5) Each party shall pay its share of the total advance on costs in cash. However, if a party's share of the advance on costs is greater than 500,000 US$ (the "Threshold Amount"), such party may post a bank guarantee for any amount above the Threshold Amount. The Court may modify the Threshold Amount at any time at its discretion.

(6) The Court may authorize the payment of advances on costs, or any party's share thereof, in instalments, subject to such conditions as the Court thinks fit, including the payment of additional ICC administrative expenses.

(7) A party that has already paid in full its share of the advance on costs fixed by the Court may, in accordance with Article 36(5) of the Rules, pay the unpaid portion of the advance owed by the defaulting party by posting a bank guarantee.

(8) When the Court has fixed separate advances on costs pursuant to Article 36(3) of the Rules, the Secretariat shall invite each party to pay the amount of the advance corresponding to its respective claim(s).

(9) When, as a result of the fixing of separate advances on costs, the separate advance fixed for the claim of either party exceeds one half of such global advance as was previously fixed (in respect of the same claims and counterclaims that are the subject of separate advances), a bank guarantee may be posted to cover any such excess amount. In the event that the amount of the separate advance is subsequently increased, at least one half of the increase shall be paid in cash.

(10) The Secretariat shall establish the terms governing all bank guarantees which the parties may post pursuant to the above provisions.

(11) As provided in Article 36(5) of the Rules, the advance on costs may be subject to readjustment at any time during the arbitration, in particular to take into account fluctuations in the amount in dispute, changes in the amount of the estimated expenses of the arbitrator, or the evolving difficulty or complexity of arbitration proceedings.

(12) Before any expertise ordered by the arbitral tribunal can be commenced, the parties, or one of them, shall pay an advance on costs fixed by the arbitral tribunal sufficient to cover the expected fees and expenses of the expert as determined by the arbitral tribunal. The arbitral tribunal shall be responsible for ensuring the payment by the parties of such fees and expenses.

(13) The amounts paid as advances on costs do not yield interest for the parties or the arbitrator.

Regelungsschwerpunkte: Art. 36 Abs. 1, Art. 1 Abs. 2 Anh. III regeln den vom Generalsekretär festzusetzenden, nur vom Kläger zu zahlenden, vorläufigen Kostenvorschuss; **Art. 36 Abs. 2, Art. 1 Abs. 4 Anh. III** regeln den vom Gerichtshof festzusetzenden von beiden Seiten zu gleichen Teilen zu zahlenden („globalen") Kostenvorschuss, auf den die bereits geleisteten Zahlungen des Klägers angerechnet werden; **Art. 36 Abs. 3, Art. 1 Abs. 8 Anh. III** ermöglicht die Festsetzung getrennter Vorschüsse für Klage und Widerklage; **Art. 36 Abs. 4** regelt die Festsetzung von Kostenvorschüssen in Mehrparteienverfahren; **Art. 36 Abs. 5** ermöglicht dem Gerichtshof die jederzeitige Abänderung von Kostenvorschüssen; **Art. 36 Abs. 6** bestimmt, wie zu verfahren ist, wenn ein Kostenvorschuss ganz oder teilweise nicht bezahlt wurde; **Art. 36 Abs. 7** regelt die Auswirkungen einer Aufrechnung auf die Kosten.

Inhalt

A. Normzweck 1	G. „Globaler" Kostenvorschuss in Zwei-Parteien-Verfahren (Art. 36 Abs. 2, Art. 1 Abs. 4, 12 Anhang III zur ICC-SchO) . 16
B. Reform 6	
C. Verhältnis zum X. Buch der ZPO. 7	H. Getrennte Vorschüsse für Klage und Widerklage (Art. 36 Abs. 3) 23
D. Vergleich mit den im staatlichen Verfahren geltenden Vorschriften 8	
E. Registrierungsgebühr (Art. 1 Abs. 1 Anhang III zur ICC-SchO) 9	J. Flexible Vorschüsse in Mehrparteienverfahren (Art. 36 Abs. 2 Satz 1 Halbs. 2, 36 Abs. 4) 25
F. Vorläufiger Kostenvorschuss (Art. 36 Abs. 1, Art. 1 Abs. 2 Anhang III zur ICC-SchO) ... 10	

K. Zahlungsmodalitäten für angeforderte Vorschüsse (Art. 1 Abs. 5, 8–10 Anhang III zur ICC-SchO); Behandlung vereinnahmter Vorschüsse durch die ICC (Art. 1 Abs. 13 Anhang III zur ICC-SchO) ... 28

L. Anpassung des Kostenvorschusses (Art. 36 Abs. 5 Satz 1, Art. 1 Abs. 11 Anhang III zur ICC-SchO); Substituierung (Art. 36 Abs. 5 Satz 2) 32

M. Administrative Beendigung des Schiedsverfahrens bei Säumnis der vorschusspflichtigen Partei (Art. 36 Abs. 6, Art. 1 Abs. 3 Anhang III zur ICC-SchO) 34

N. Aufrechnung (Art. 36 Abs. 7) . 37

O. Vorschuss für Sachverständige (Art. 1 Abs. 11 Anhang III zur ICC-SchO) 38

P. Abweichende Parteivereinbarungen 39

Veröffentlichungen des Sekretariats: Merkblatt für das Schiedsgericht über die Durchführung des Schiedsverfahrens vom 1.9.2013.

Literatur: *Fadlallah*, Payments of the Advance to Cover Costs in ICC Arbitration: the Parties' Reciprocal Obligations, ICC Court Bulletin, Vol. 14 No. 1 (2003), S. 53 ff.; ICC (Hrsg.), Techniques for Controlling Time and Costs in Arbitration, Report from the ICC Commission on Arbitration (http://www.iccwbo.org); *Rohner/Lazopoulos*, Respondent's Refusal to Pay its Share of the Advance on Costs, ASA Bulletin, Vol. 29 No. 3 (2011), S. 549 ff.; *Sandrock*, Claims for Advances on Costs and the power of Arbitral Tribunals to Order their Payment, in: Liber Amicorum Robert Briner (2005), S. 707 ff.; *Schwartz*, The ICC Arbitral Process – Part IV: The Costs of ICC Arbitration, ICC Court Bulletin, Vol. 4 No. 1 (1993), S. 8 ff.; *Secomb*, Awards and Orders Dealing with the Advance on Costs in ICC Arbitration: Theoretical Questions and Practical Problems, ICC Court Bulletin, Vol. 14 No. 1 (2003), S. 59 ff.

A. Normzweck

Die Inanspruchnahme der ICC-Schiedsgerichtsbarkeit setzt grundsätzlich (aber s. Art. 1 Abs. 6 Anhang III zur ICC-SchO und dazu Rz. 30) voraus, dass die Parteien für die von der ICC und von dem oder den Schiedsrichter(n) zu erbringenden Leistungen in **Vorleistung** gehen. Dadurch wird sichergestellt, dass die Verwaltungskosten der ICC sowie die Honorare und Auslagen der Schiedsrichter auch tatsächlich vereinnahmt werden können. 1

Zur Regelung der Modalitäten der von den Parteien in Gestalt verschiedener **Vorschüsse** zu erbringenden Vorleistungen stellt Art. 36 – der insoweit durch Art. 1 Anhang III zur ICC-SchO ergänzt wird – ein differenziertes Instrumentarium zur Verfügung: 2

- Für jeden Antrag auf Einleitung eines Schiedsverfahrens ist vom Kläger eine nicht rückzahlbare **Registrierungsgebühr** (*„filing fee"*) in Höhe von 3000 USD zu zahlen (Art. 1 Anhang III zur ICC-SchO).

- Im Zuge der Vorbereitung der Zustellung der Schiedsklage an den Beklagten setzt der **Generalsekretär** sodann einen streitwertabhängigen **vorläufigen Kostenvorschuss** (*„provisional advance"*) fest, der ebenfalls nur vom Kläger zu zahlen ist (Art. 36 Abs. 1) und der die Kosten bis zur Erstellung des Schiedsauftrags abdecken soll (Art. 1 Abs. 2 Anhang III zur ICC-SchO).

- Liegt die Klageantwort (Art. 5) vor, setzt der **Gerichtshof** einen streitwertabhängigen (*„globalen"*) **Kostenvorschuss** (*„advance on costs"*) fest, der von den Parteien zu gleichen Teilen zu zahlen ist, sobald die Akte an das Schiedsgericht übergeben ist (Art. 16), wobei vom Kläger auf Registrierungsgebühr und vorläufigen Kostenvorschuss bereits geleistete Zahlungen auf den Anteil des Klägers angerechnet werden (Art. 36 Abs. 2 ICC-SchO, Art. 1 Abs. 2 Satz 2 Anhang III zur ICC-SchO).

3   Durch die dergestalt **abgestufte Kollektierung** der in dem Verfahren aller Voraussicht nach entstehenden Kosten wird es der Klagepartei ermöglicht, ein **Verfahren zunächst mit verhältnismäßig geringem monetären Aufwand in Gang zu bringen**. Dies kann insbesondere sinnvoll sein in Fällen, in denen tatsächliche oder rechtliche Fragen nicht ernsthaft in Streit stehen. Klassisches Beispiel ist die Zahlungsklage eines Lieferanten gegen einen Abnehmer mit Cashflow-Problemen, der **zahlen will, aber nicht kann**, da auch andere, lästigere oder bedeutendere Gläubiger bedient werden wollen. Hier kann bereits die Zustellung der Schiedsklage, verbunden mit dem Hinweis darauf, dass der Kläger die Reaktion des Beklagten auch unter insolvenz(-straf-)rechtlichen Gesichtspunkten aufmerksam verfolgen wird, bisweilen „Wunder wirken" und eine Repriorisierung der Gläubiger oder gar eine Kapitalspritze zur Folge haben, die dem Schuldner wenigstens eine **Ratenzahlungsvereinbarung** ermöglicht; während der Laufzeit kann das Schiedsverfahren kostenneutral oder doch kostengünstig (s. Art. 2 Abs. 7 Anhang III zur ICC-SchO und dazu Art. 37 ICC-SchO Rz. 25) ausgesetzt werden. Auch in Fällen, in denen der Beklagte an sich **zahlen kann, aber nicht will**, kann die Schiedsklage wegen der mit ihr deutlich zu Tage tretenden Kostenexposition die Vergleichsbereitschaft signifikant erhöhen. Diese Beispiele zeigen, dass das auf den ersten Blick unnötig komplizierend erscheinende System abgestufter Vorschüsse einen legitimen Zweck verfolgt: Es versetzt den Kläger – gerade bei größeren Streitwerten – in die Lage, die ggf. bestehende **Chan-**

ce auf vollständige Befriedigung bei einer verhältnismäßig geringfügigen Investition in den Anspruch auch tatsächlich zu realisieren und trägt so zu einer **möglichst kostenrationalen Rechtsverfolgung** bei.

Art. 36 Abs. 3–7 regeln, wie sich einige besondere **Verfahrenskonstella-** 4 **tionen** bzw. **-situationen** auf **den Kostenvorschuss** auswirken (Abs. 3: Widerklage; Abs. 4: Mehrparteienverfahren; Abs. 5: Tatsachen, die zu einer Abänderung des Kostenvorschusses veranlassen; Abs. 6: Nichtbezahlung von Vorschüssen; Abs. 7: Aufrechnung).

Art. 36 und Art. 1 Anhang III zur ICC-SchO ergänzen sich gegenseitig 5 und sind daher im Zusammenhang zu lesen. Sie werden daher nachfolgend auch gemeinsam kommentiert.

B. Reform

Art. 36 ICC-SchO 2012 entspricht inhaltlich in weiten Teilen Art. 30 6 ICC-SchO 1998. Neu sind die Bestimmungen in Abs. 4, die bei Verfahren gemäß Art. 7 oder 8 zur Anwendung kommen. Die Vorschrift hat im Übrigen – ebenso wie Art. 1 Anhang III zur ICC-SchO – einige redaktionelle Änderungen erfahren.

C. Verhältnis zum X. Buch der ZPO

Das X. Buch der ZPO sieht die Festsetzung von Kostenvorschüssen nicht 7 vor, steht der – in der Einigung auf die ICC-SchO enthaltenen – Vereinbarung eines entsprechenden Verfahrens aber auch nicht entgegen.

D. Vergleich mit den im staatlichen Verfahren geltenden Vorschriften

Der Grundgedanke der ICC-SchO, wonach ein (ggf. im Laufe des Verfah- 8 rens anzupassender) die tatsächlichen Kosten voraussichtlich deckender Vorschuss einzuzahlen ist, bevor das Verfahren eingeleitet bzw. fortgesetzt wird, ist für das staatliche Verfahren in **§ 12 Abs. 1 GKG** enthalten. Die aus § 12 Abs. 2 GKG sowie aus §§ 14, 2 GKG, z.T. i.V.m. landesrechtlichen Vorschriften, folgenden Ausnahmen haben in der ICC-Schiedsgerichtsbarkeit naturgemäß kein Funktionsäquivalent. Insbesondere kennt die ICC-SchO **kein Prozesskostenhilferecht** (wenn auch Art. 1 Abs. 6 Anhang III zur ICC-SchO nunmehr die Gestattung von Ratenzahlung in das Ermessen des Gerichtshofs stellt; dazu Rz. 30). Die Differenzierung nach verschiedenen Vorschussstufen in den einzelnen Verfahrensstadien (Art. 36 Abs. 1, 2) ist, ebenso wie die Sonderregelung für Mehrparteienverfahren (Art. 36 Abs. 3, 4), eine Besonderheit der ICC-SchO. **Widerklagen** lösen im staatlichen Verfahren keine Vorschusspflicht aus (§ 12 Abs. 2 Nr. 1 GKG), obwohl sie den Kostenstreitwert erhöhen (§ 45 Abs. 1 Satz 1 GKG). Im ICC-Schiedsverfahren führt eine (nicht ganz geringfügige) (Hilfs-)Widerklage in der Regel zur Notwendigkeit, den Kostenvorschuss anzupassen, wenn nicht der Gerichtshof ohnehin getrennte Vorschüsse anordnet (Art. 36 Abs. 3). Das staatliche Verfahrensrecht kennt ebenso wie die ICC-SchO die Möglichkeit einer **administrativen Verfahrensbeendigung**, wenn angeforderte Vorschüsse nicht eingezahlt werden (Art. 36 Abs. 6). Die Regelung in Art. 36 Abs. 7 zur **Aufrechnung** entspricht hinsichtlich des Kostenstreitwerts im Wesentlichen § 45 Abs. 3 GKG, der indes vorschussneutral ist.

E. Registrierungsgebühr (Art. 1 Abs. 1 Anhang III zur ICC-SchO)

9   Die **Registrierungsgebühr** („*filing fee*") ist zwingend mit Einreichung einer Schiedsklage bei der ICC an dieselbe zu entrichten, und zwar in Höhe von 3000 USD. Geht eine Schiedsklage ein, wurde aber die Registrierungsgebühr noch nicht bezahlt, fordert das Sekretariat den Kläger auf, dies nachzuholen. Solange die Registrierungsgebühr nicht bezahlt ist, wird die Klage nicht zugestellt, ist aber gleichwohl bereits schiedshängig (vgl. Art. 4 Abs. 2). Wird die Registrierungsgebühr trotz Erinnerung nicht binnen der vom Sekretariat gesetzten (Nach-)Frist bezahlt, wird das Verfahren durch das Sekretariat **administrativ beendet** (Art. 4 Abs. 4 Satz 1 Buchst. b, Satz 2; kein Fall des Art. 36 Abs. 6, da die Registrierungsgebühr kein „Kostenvorschuss" ist).

F. Vorläufiger Kostenvorschuss (Art. 36 Abs. 1, Art. 1 Abs. 2 Anhang III zur ICC-SchO)

10 Nach Art. 36 Abs. 1 („kann") liegt es im Ermessen des Generalsekretärs, einen **vorläufigen Kostenvorschuss** festzusetzen. In der Praxis erfolgt diese Festsetzung routinemäßig. Der vorläufige Kostenvorschuss wird regelmäßig unmittelbar nach Eingang der Registrierungsgebühr (s. Rz. 9) sowie einer ausreichenden Zahl an Exemplaren der Klageschrift (Art. 4 Abs. 4 Satz 1 Buchst. a) an den Beklagten festgesetzt. Er ist ausschließlich vom Kläger zu zahlen. Der Generalsekretär setzt dem Kläger regelmäßig zeitgleich mit Zustellung der Schiedsklage an den Beklagten eine Frist von 30 Tagen zur Bezahlung des festgesetzten vorläufigen Kostenvorschusses.

11 Wie sich aus Art. 1 Abs. 2 Satz 1 Anhang III zur ICC-SchO ergibt, soll der vorläufige Kostenvorschuss die Verwaltungskosten der ICC sowie das

Honorar und die Auslagen der Schiedsrichter **bis zur Erstellung** (d.h. Finalisierung) **des Schiedsauftrags** abdecken. Daraus folgt, dass das Schiedsgericht mit der Erstellung des Schiedsauftrags sogleich nach Erhalt der Akten zu beginnen hat, also unabhängig vom Eingang von über den vorläufigen Kostenvorschuss hinausgehenden Vorschusszahlungen.

Da die entsprechenden Beträge rasch kollektiert werden müssen, um einen zügigen Verfahrensstart zu gewährleisten, der Beklagte aber in aller Regel nicht ohne gründliche Prüfung der Schiedsklage sowie der Rechtslage zu irgendeiner Zahlung an die ICC bereit sein wird, ist es interessengerecht, dass der Kläger allein den vorläufigen Kostenvorschuss zu zahlen hat. Seine Zahlung wird später auf den „globalen" Vorschuss gemäß Art. 36 Abs. 3 angerechnet (Art. 1 Abs. 2 Satz 2 Anhang III zur ICC-SchO).

Für die **Berechnung des vorläufigen Kostenvorschusses** gilt gemäß Art. 1 Abs. 2 Anhang III zur ICC-SchO, dass dieser in der Regel die Summe aus den **Verwaltungskosten** gemäß Tabelle A zu Anhang III zur ICC-SchO und dem **Minimum des Schiedsrichterhonorars bzw. der Schiedsrichterhonorare** gemäß Tabelle B zu Anhang III zur ICC-SchO nicht übersteigen soll. Der Generalsekretär legt, wie sich aus Art. 1 Abs. 2 Sätze 1 und 2 Anhang III zur ICC-SchO ergibt, grundsätzlich die Streitwertangabe(n) aus der Schiedsklage zu Grunde (vgl. Art. 4 Abs. 3 Buchst. d). Fehlen solche Angaben in der Schiedsklage oder sind sie unvollständig, wird das Sekretariat den Kläger zur Vervollständigung auffordern; die Schiedsklage kann ggf. bereits parallel zugestellt werden. Der Generalsekretär kann den vorläufigen Kostenvorschuss bei Fehlen einer Indikation des Streitwerts auch nach freiem **Ermessen** festsetzen (Art. 2 Abs. 2 Satz 2 Anhang III zur ICC-SchO). Der Generalsekretär wird freilich auch in diesen Fällen den vorläufigen Kostenvorschuss nicht gänzlich losgelöst von den Kostentabellen des Anhangs III zur ICC-SchO festsetzen, sondern seiner Festsetzung einen fiktiven Streitwert zu Grunde legen. Es liegt jedoch im Interesse des Klägers, den Streitwert möglichst selbst zu beziffern, damit er sich aufgrund eines zu hohen fiktiven Streitwertes nicht möglicherweise einem zu hoch bemessenen vorläufigen Kostenvorschuss ausgesetzt sieht, der erst wieder umständlich nach unten korrigiert werden müsste (Rz. 32 aE). Das Sekretariat achtet in Situationen mit fiktiven Streitwerten darauf, dass das Schiedsgericht die Frage des Streitwerts mit den Parteien im Zuge der Erarbeitung des Schiedsauftrags adressiert.

In der Praxis werden im Rahmen der Festsetzung des vorläufigen Kostenvorschusses sowohl die **Verwaltungskosten** als auch die **durchschnitt-**

12

13

lichen **Schiedsrichterhonorare** gemäß den Tabellen des Anhangs III zur ICC-SchO regelmäßig nur zur Hälfte angesetzt. Für die **Auslagen** kann regelmäßig ein niedriger vierstelliger Betrag angesetzt werden. Der vorläufige Kostenvorschuss wird regelmäßig bei **150 000 USD** gedeckelt. In Fällen, in denen die Schiedsvereinbarung die Zahl der Schiedsrichter nicht nennt, folgt der Generalsekretär bei der Berechnung des Kostenvorschusses regelmäßig den Angaben des Klägers.

14 Für die Zahlung wird dem Kläger regelmäßig eine Frist von **30 Tagen** eingeräumt. Vor Eingang der Zahlung wird das Schiedsgericht gewöhnlicherweise nicht vollständig konstituiert und die Akte nicht an das Schiedsgericht übergeben, Art. 16. Bleibt eine Zahlung auch nach mehrfacher Erinnerung aus, gilt Art. 36 Abs. 6 (s. Rz. 34 ff.).

15 Ein vorläufiger Kostenvorschuss für eine **Widerklage** (bzw. für *cross-claims*) ist nicht vorgesehen.

G. „Globaler" Kostenvorschuss in Zwei-Parteien-Verfahren (Art. 36 Abs. 2, Art. 1 Abs. 4, 12 Anh. III zur ICC-SchO)

16 In **Zwei-Parteien-Verfahren** (andernfalls gelten Abs. 2 Satz 1 Halbs. 2, Abs. 4; dazu Rz. 25 ff.) setzt der **Gerichtshof** nach Eingang des vorläufigen Kostenvorschusses (s. Rz. 10 ff.) und der Klageantwort (Art. 5) einen weiteren, von der ICC-SchO lediglich als **Kostenvorschuss** (*„advance on costs"*), zur Unterscheidung vom vorläufigen Kostenvorschuss sekretriatsintern auch als **globaler Kostenvorschuss** (*„global advance on costs"*) bezeichneten Vorschuss fest. Die Klageantwort wird abgewartet, da sie ggf. eine (Hilfs-)Widerklage beinhalten kann, durch die der Streitwert sich erhöhen würde. Im Einzelfall kann dies – insbesondere bei einvernehmlichen Fristverlängerungen für die Klagebeantwortung – dazu führen, dass der Kostenvorschuss gemäß Art. 36 Abs. 2 erst festgesetzt wird, wenn das Schiedsgericht bereits konstituiert ist. Dies ist unproblematisch, da der vorläufige Kostenvorschuss bereits die voraussichtlichen Honorare der Schiedsrichter bis zur Schiedsauftragserstellung abdeckt. Diese zeitliche Flexibilität kommt in der autoritativen englischen Sprachfassung von Art. 36 Abs. 2 (*„as soon as practiable"*) zum Ausdruck; das deutsche *„sobald wie möglich"* ist insoweit weniger klar.

17 Mit der Festsetzung des globalen Kostenvorschusses sind **Prognosen** der vom Gerichtshof erst später, im Zuge der Beendigung des Verfahrens, zu treffenden **Kostenfestsetzungsentscheidungen** verbunden. Diese basie-

ren auf dem **Streitwert**. Wegen der Einzelheiten s. Rz. 12 sowie Art. 37 ICC-SchO Rz. 12–14 zur Streitwertbestimmung und zur Handhabung der Gleitzone (Minimum – Durchschnitt – Maximum) für die Schiedsrichterhonorare. Im Allgemeinen geht der Gerichtshof bei niedrigen Streitwerten (unter 250 000 USD) vom Maximum der Schiedsrichterhonorare, sonst vom Durchschnitt aus.

Der globale Kostenvorschuss deckt grundsätzlich in Gänze (Art. 1 Abs. 4 Anhang III zur ICC-SchO): 18

– das voraussichtliche Honorar der Schiedsrichter,

– die voraussichtlichen Schiedsrichterauslagen, die regelmäßig mit einem mittleren vierstelligen USD-Betrag pro Schiedsrichter veranschlagt werden können, wobei je nach Lage des Falles abweichende Prognosen geboten sein können; und

– die voraussichtlichen ICC-Verwaltungskosten.

Allerdings wird der globale Kostenvorschuss regelmäßig zunächst bei USD 650 000 gedeckelt. Diese Deckelung ist aber nicht mit einer Prognose verbunden, dass keine höheren Kosten entstünden. Sie bezweckt lediglich, die Liquidität der Parteien zu Verfahrensbeginn nicht zu stark zu belasten. Die späte Anpassung des Kostenvorschusses nach oben (Rz. 32) ist die Regel.

Zeigt sich während des Verfahrens, dass der Vorschuss nicht ausreicht oder zu großzügig bemessen wurde, kann er angepasst werden, Art. 36 Abs. 5 (Rz. 32 ff.). 19

Der Vorschuss beinhaltet nicht: 20

– die **Umsatzsteuer** oder andere Steuern oder Abgaben, die auf Schiedsrichterhonorare anfallen (Art. 2 Abs. 13 Anhang III zur ICC-SchO; s. Art. 37 Rz. 58);

– Auslagen, die nicht dem Schiedsgericht (oder ggf. einem Verwaltungssekretär desselben, s. dazu vor Art. 11 Rz. 15) entstehen, sondern mit der **Beauftragung weiterer Hilfspersonen** – sei es durch das Schiedsgericht, sei es durch die Parteien – verbunden sind, wie bspw. die Honorare und Spesen für Übersetzer, Dolmetscher, Sachverständige, *court reporter* usw., sowie atypische, größere Kostenblöcke bspw. im Zusammenhang mit der Anmietung von **hearing facilities** o.ä.; s. zum Ganzen auch Rz. 38.

– **Kostensicherheit** für die jeweils andere Partei; ob eine solche verlangt werden kann, ist eine Frage des jeweils anwendbaren Rechts (s. § 20 DIS-SchO Rz. 36).

21 **Tragung des Kostenvorschusses zu gleichen Teilen (Abs. 2 Satz 2).** Art. 36 Abs. 2 Satz 2 bestimmt, dass der gemäß Satz 1 festgesetzte Kostenvorschuss **zu gleichen Teilen vom Kläger und Beklagten** zu tragen ist. Allerdings werden die vom Kläger bereits **auf Registrierungsgebühr und vorläufigen Kostenvorschuss geleisteten Zahlungen angerechnet** (Art. 1 Abs. 1 Satz 2, Art. 2 Abs. 1 Satz 2 Anhang III zur ICC-SchO). Die endgültige Kostenverteilung (Art. 37 Abs. 4) bleibt unberührt. Die Pflicht zur Zahlung des hälftigen Kostenvorschusses ist bei wirksamer Schiedsvereinbarung **Vertragspflicht** der Parteien untereinander. Zu den Folgen pflichtwidriger Nichtzahlung s. Rz. 34 ff.

22 **Fälligstellung mit Aktenübergabe.** Obwohl der globale Kostenvorschuss bereits nach dem Eingang der Klageantwort und damit z.T. noch vor der Konstituierung des Schiedsgerichts festgesetzt wird (s. Rz. 16), wird er im Allgemeinen erst mit der Aktenübergabe (Art. 16) angefordert. Anders kann dies in sogenannten *Fast-Track*-Verfahren sein, in denen aufgrund der beschleunigten Natur des Verfahrens insgesamt – durch Parteivereinbarung, vgl. Art. 38 Abs. 1 – kürzere Fristen gelten, so dass auch der globale Kostenvorschuss kurzfristiger kollektiert werden muss. In *Fast-Track*-Situationen ist es möglich, dass der globale Kostenvorschuss noch vor Ablauf der Frist zur Einreichung der Klageantwort vom Gerichtshof festgesetzt und vom Sekretariat fällig gestellt wird.

H. Getrennte Vorschüsse für Klage und Widerklage (Art. 36 Abs. 3)

23 Gemäß Art. 36 Abs. 3 können für Klage und Widerklage **getrennte Kostenvorschüsse** festgesetzt werden; dies gilt auch für eine hilfsweise Widerklage. In der Praxis verfährt der Gerichtshof nur dann so, wenn eine Partei dies beantragt oder – diese Konstellation, in der der Gerichtshof *sua sponte* aktiv wird, ist sehr selten – dies im Interesse der „Kostenehrlichkeit" geboten erscheint – etwa, weil der **Wert der Widerklage jenen der Klage erheblich übersteigt** oder umgekehrt, oder weil eine Partei den auf Klage und Widerklage in Summe basierenden, einheitlichen Vorschuss nur insoweit bezahlt hat, als er durch die eigene (Wider-)Klage veranlasst ist. Auch wird in der Regel zunächst die Erstellung des **Schiedsauftrags abgewartet**, und es wird die bzw. es werden die andere(n) **Partei(en) gehört**. Es kann sich dementsprechend empfehlen, die Festsetzung getrennter Kostenvorschüsse zu beantragen, wenn die Summe der eigenen geltend gemachten Ansprüche deutlich unter denen der Gegenseite liegt und sich der Umfang des zu tragenden Kostenvorschuss-

anteils – trotz der degressiven Natur der Kostentabellen – durch getrennte Kostenvorschüsse deutlich vermindert.

Wird nach Art. 36 Abs. 4 verfahren, hat die Nichtzahlung eines (getrennten) Vorschusses unter den Voraussetzungen des Art. 36 Abs. 6 die Beendigung des Verfahrens lediglich hinsichtlich derjenigen Ansprüche, für die der (getrennte) Vorschuss festgesetzt worden war, zur Folge (s. Rz. 34 ff.). 24

J. Flexible Vorschüsse in Mehrparteienverfahren (Art. 36 Abs. 2 Satz 1 Halbs. 2, 36 Abs. 4)

Art. 36 Abs. 2 Satz 1 Halbs. 2, 36 Abs. 4 ermöglicht eine Flexibilisierung der Vorschüsse in **Mehrparteienverfahren**. Der Gerichtshof kann dann entweder **einen oder mehrere Vorschüsse** festsetzen (Art. 36 Abs. 4 Satz 1). Ferner kann er, und zwar sowohl im einen als auch im anderen der beiden vorgenannten Fälle, festlegen, in welchem **Verhältnis die Parteien** den bzw. die **Vorschüsse zu tragen** haben (d.h. nicht notwendigerweise zu gleichen Teilen – Art. 36 Abs. 2 Satz 2 gilt also in diesen Fällen nicht *per se*). 25

Die „klassische" Vorgehensweise des Gerichtshofs, einen **Gesamtkostenvorschuss** festzusetzen, der von **Kläger- und Beklagtenseite zu gleichen Teilen** zu tragen ist, ist in vielen Fällen **auch für das Mehrparteienverfahren** sachgerecht: Nimmt beispielsweise Kläger A die Beklagten B und C als **Gesamtschuldner** auf Zahlung in Anspruch, und erheben B und C keine eigenen Ansprüche, sei es gegen A, sei es untereinander oder gegen einen Dritten, dann wird der Gerichtshof einen einzigen („globalen") Kostenvorschuss festsetzen und diesen zur Hälfte A und zur anderen Hälfte B und C auferlegen. Wie das „Lager" von B und C die Kosten untereinander aufteilt, ist Sache von B und C. Im Rahmen der Kostenanträge sollte ein ggf. im Innenverhältnis in Vorleistung gegangener Gesamtschuldner aber darauf achten, dass nicht derjenige, der gar keine Vorschüsse eingezahlt hat, am Ende (insoweit) einen Kostentitel erstreitet. 26

Getrennte Kostenvorschüsse gemäß Art. 36 Abs. 4 können dann sinnvoll sein, wenn (auch) Ansprüche schiedshängig gemacht wurden, die nicht zwischen allen Parteien des Verfahrens streitig sind. Auch in **multipolaren Schiedsverfahren** („*cross-claims*") kann es gerechtfertigt sein, den Parteien je nach ihrem Interesse am Verfahrensausgang separate Kostenvorschüsse aufzugeben. Wegen der Einzelheiten und für Berech- 27 nungsbeispiele vgl. *Fry/Greenberg/Mazza*, The Secretariat's Guide to ICC Arbitration, Rz. 3-1380 ff. Zum Schicksal festgesetzter Vorschüsse nach Verbindung auf ein anderes Verfahren s. Art. 10 Rz. 45.

K. Zahlungsmodalitäten für angeforderte Vorschüsse (Art. 1 Abs. 5, 8–10 Anhang III zur ICC-SchO); Behandlung vereinnahmter Vorschüsse durch die ICC (Art. 1 Abs. 13 Anhang III zur ICC-SchO)

28 Angeforderte Vorschüsse sind **in USD** zu zahlen (Art. 4 Abs. 3 Anhang III zur ICC-SchO), es sei denn, das ist gesetzlich verboten. Die ICC unterhält eine Bankverbindung in Genf und nimmt darüber hinaus auch Schecks entgegen, die auf eine französische Bank ausgestellt sein müssen; sogar eine Kartenzahlung im Sekretariat ist möglich. Jegliche Bankspesen und sonstige Gebühren (z.B. eine „withholding tax") muss der Zahlende tragen. Die ICC stellt **keine Rechnungen** aus. Die Zahlungsaufforderung des Sekretariats, mit dem der Vorschuss angefordert wird, ist als Buchungsbeleg jedenfalls für deutsche Unternehmen ausreichend.

29 In bestimmten Fällen lässt die ICC statt einer bargeldlosen Zahlung das **Stellen einer Bankgarantie** gemäß der vom Sekretariat festgelegten Bedingungen (Art. 1 Abs. 10 Anhang III zur ICC-SchO) zu:
- wenn der Anteil einer Partei am („globalen") Kostenvorschuss 500 000 USD oder einen anderen, vom Gerichtshof festgelegten **Schwellenwert** übersteigt (Art. 1 Abs. 5 Anhang III zur ICC-SchO);
- in Fällen einer **Substituierung** gemäß Art. 36 Abs. 5 Satz 2 (Art. 1 Abs. 8 Anhang III zur ICC-SchO; zur Substituierung s. Rz. 33); und
- in den Fällen, in denen zuerst ein regulärer Gesamtkostenvorschuss, sodann aber **getrennte Kostenvorschüsse** (Art. 36 Abs. 3 oder 4) angeordnet wurden: soweit der getrennte Kostenvorschuss für eine Partei die Hälfte des zuvor geltenden, ungetrennten Kostenvorschusses übersteigt (Art. 1 Abs. 9 Satz 1 Anhang III zur ICC-SchO), wobei im Falle späterer Erhöhungen des getrennten Kostenvorschusses jedenfalls die Hälfte der Erhöhung „bar" zu zahlen ist (Art. 1 Abs. 9 Satz 2 Anhang III zur ICC-SchO).

30 Art. 1 Abs. 6 Anhang III zur ICC-SchO ermöglicht es dem Gerichtshof, die **Zahlung von Kostenvorschüssen in Raten** zu gestatten, wobei die Gestattung mit Auflagen verbunden werden kann (z.B. zur Zahlung zusätzlicher ICC-Verwaltungskosten). Die Vorschrift kann **nicht mit den Bestimmungen des staatlichen Verfahrensrechts über die Prozesskos-

tenhilfe verglichen werden. Die ICC muss grundsätzlich jedes einzelne Schiedsverfahren kostendeckend führen und kann daher im Allgemeinen nicht das – bei der Bewilligung von Ratenzahlung unweigerlich virulente – **Insolvenzrisiko** übernehmen. Daher kommt **keinesfalls eine Bewilligung von Ratenzahlung allein wegen finanzieller Schwierigkeiten einer Partei** in Betracht, zumal Unbemitteltheit einer Partei sogar zur Kündigung der Schiedsvereinbarung berechtigen kann. Ein möglicher Anwendungsbereich für Art. 1 Abs. 6 Anhang III zur ICC-SchO sind **Verfahren mit Staatenbeteiligung**. Hohe Kostenvorschüsse können von Staaten bzw. staatsnahen Unternehmen mitunter aus haushalts- oder außenwirtschaftsrechtlichen Gründen nicht ohne weiteres innerhalb der üblichen Fristen zahlbar gemacht werden. Auch wenn ein Staat auf der Passivseite steht, können die besonderen Umstände des Einzelfalls eine Anwendung von Art. 1 Abs. 6 Anhang III zur ICC-SchO naheliegend erscheinen lassen. **Beispiel:** In einem Schiedsverfahren beanstandet der Kläger eine Vielzahl von Maßnahmen, allen voran das Einfrieren von Bankguthaben, deren Freigabe auch im Wege eines in der Schiedsklage mitgestellten Antrags auf Erlass einer einstweiligen Maßnahme beansprucht wird; hier kann es angezeigt sein, dem Kläger nachzulassen, zunächst den bis zur Entscheidung im Eilrechtsweg circa anfallenden Betrag einzuzahlen. Bei Abschluss der Schiedsvereinbarung ab 2012 steht für diese Konstellation das Eilschiedsrichterverfahren zur Verfügung.

Die von der ICC vereinnahmten Vorschüsse werden von der ICC **nicht verzinslich** (Art. 1 Abs. 13 Anhang III zur ICC-SchO) angelegt. Sie können bei Bedarf während des Schiedsverfahrens auf Antrag des Schiedsgerichts als Abschlag auf das Schiedsrichterhonorar an die Schiedsrichter ausgezahlt werden sowie anteilig (nach jederzeit möglicher Fälligstellung: Art. 2 Abs. 6 Anhang III zur ICC-SchO) an die ICC. **Nicht aufgebrauchte Vorschüsse** werden gemäß Art. 2 Abs. 9 Anhang III zur ICC-SchO an die Parteien im Verhältnis zurückgezahlt, in dem sie auf angeforderte Vorschüsse Zahlungen geleistet haben, d.h. **ohne Rücksicht auf die gemäß einem ggf. ergangenen Schiedsspruch bestehenden Verpflichtungen der Parteien untereinander**, es sei denn, die Parteien hätten ausdrücklich eine andere Vereinbarung getroffen. 31

Empfehlung: Wer im Schiedsverfahren gegen eine Partei aus einem Staat mit einer schwierigen Vollstreckungsumgebung obsiegt hat, sollte daher erwägen, in den Anspruch der unterlegenen Partei gegen die ICC auf Rückzahlung eingezahlter Vorschüsse im Wege einer **Arrestpfändung** zu vollstrecken. Die ICC als Drittschuldnerin ist dabei grundsätzlich den Anordnungen der französischen Gerichte unterworfen, wobei ergänzend darauf hinzuweisen ist, dass die Vorschüsse in den meisten Fällen auf ein in Genf geführtes Konto eingezahlt werden.

L. Anpassung des Kostenvorschusses (Art. 36 Abs. 5 Satz 1, Art. 1 Abs. 11 Anhang III zur ICC-SchO); Substituierung (Art. 36 Abs. 5 Satz 2)

32 **Anpassung (Art. 36 Abs. 5 Satz 1).** Der Kostenvorschuss kann im Laufe des Schiedsverfahrens aus verschiedenen Gründen anzupassen sein. Art. 1 Abs. 11 Anhang III zur ICC-SchO nennt als Beispiele eine Veränderung des **Streitwerts** oder der Höhe der **Auslagen des Schiedsgerichts** sowie Entwicklungen des **Schwierigkeitsgrads** oder des **Umfangs** des Schiedsverfahrens. Auch der Austausch eines Schiedsrichters während des Verfahrens im Wege der Ersetzung (Art. 15) kann – muss aber nicht – eine Vorschussanpassung nach sich ziehen (im Einzelnen Art. 15 Rz. 23 f.). In allen Fällen kann es für den Gerichtshof angezeigt sein, die ursprünglich getroffene Honorarprognose zu revidieren und stattdessen einen höheren oder niedrigeren Betrag zu wählen. Das **Sekretariat überwacht** *ex officio* die Entwicklung des Schiedsverfahrens permanent auch **mit Blick auf die Kosten** und leitet ggf. ein Vorschussanpassungsverfahren (*„reconsideration of the advance on costs"*) beim Gerichtshof ein. In regelmäßigen Abständen sowie zu besonderen Anlässen holt das Sekretariat Auslagenabrechnungen und auch Angaben zu der von den Schiedsrichtern auf die Angelegenheit aufgewendeten Zeit ein, um eine etwa erforderliche Vorschusserhöhung rechtzeitig vor dem nächsten kostenintensiven Verfahrensschritt einleiten zu können. Gleichwohl sind auch **Anträge der Schiedsrichter auf Vorschusserhöhung** möglich. Im Allgemeinen gibt das Sekretariat den Parteien **Gelegenheit zur Stellungnahme**, bevor eine Entscheidung über eine Vorschussanpassung ergeht. In seltenen Fällen kann auch die **Anpassung eines vorläufigen Kostenvorschusses** veranlasst sein (z.B. nach unten, wenn die Beklagte die Klageforderung kurz nach Einleitung des Schiedsverfahrens ganz oder überwiegend ausgeglichen hat und im Wesentlichen nur noch um die Kosten gestritten wird; vgl. auch Rz. 12 a.E.).

33 **Substituierung (Art. 36 Abs. 5 Satz 2).** Jede Partei kann zu jedem Zeitpunkt einen Vorschuss bzw. Vorschussanteil zahlen, der an sich von einer anderen Partei zu zahlen gewesen wäre, d.h. sich – im ICC-Sprachgebrauch – für die an sich vorschusspflichtige Partei *„substituieren"*. Eine Pflicht hierzu besteht indes nicht, auch keine ein schadensminderndes Mitverschulden begründende Obliegenheit. Das Sekretariat bietet im Falle der Säumnis einer vorschusspflichtigen Partei den anderen

Parteien zunächst die Substituierung an, bevor das Verfahren nach Art. 36 Abs. 6 eingeleitet wird. Anders als der Regelungsstandort des Art. 36 Abs. 5 Satz 2 vermuten lassen könnte, setzt die Substituierung nicht eine vorherige Anpassung des Vorschusses voraus; es kann sich eine Partei auch dann substituieren, wenn der erstmalig festgesetzte Vorschuss von der anderen Partei nicht (anteilig) bezahlt wird.

M. Administrative Beendigung des Schiedsverfahrens bei Säumnis der vorschusspflichtigen Partei (Art. 36 Abs. 6, Art. 1 Abs. 3 Anhang III zur ICC-SchO)

Verfahren bei Säumnis. Art. 36 Abs. 6 regelt, flankiert von Art. 1 Abs. 3 Anhang III zur ICC-SchO, wie zu verfahren ist, wenn eine Partei einen von ihr verlangten Kostenvorschuss nicht vollständig bezahlt und sich auch keine Gegenpartei gemäß Art. 36 Abs. 5 Satz 2 substituiert hat. Handelt es sich bei dem unbezahlten Vorschuss um einen **getrennten Kostenvorschuss** nach Art. 36 Abs. 3, 4, und wurde der Schiedsauftrag bereits unterschrieben bzw. genehmigt, behandelt das Schiedsgericht die mit dem unbezahlten Vorschuss korrespondierenden Ansprüche nicht (Art. 1 Abs. 3 Anhang III zur ICC-SchO). Hiervon unabhängig setzt sowohl im Falle einer Säumnis hinsichtlich eines getrennten Kostenvorschusses als auch bei (teilweiser) Nichtzahlung eines **regulären Kostenvorschusses** der **Generalsekretär** eine **letzte Zahlungsfrist** von **mindestens fünfzehn Tagen**, die mit der an das Schiedsgericht gerichteten Aufforderung verbunden wird, die Arbeit auszusetzen. Geht auch innerhalb der gesetzten Frist keine Zahlung ein, fingiert Art. 36 Abs. 6 Satz 1 die Rücknahme der „*betroffenen Ansprüche*". Wurden also bspw. für eine Widerklage (Art. 36 Abs. 3) oder in einem Mehrparteienverfahren (Art. 36 Abs. 4) getrennte Vorschüsse angeordnet, gilt die Rücknahmefiktion nur für diejenigen Ansprüche, für die ein festgesetzter Vorschuss nicht bezahlt wurde. In einem regulären Zwei-Parteien-Verfahren ohne Widerklage führt Art. 36 Abs. 6 demgegenüber zur administrativen Beendigung des gesamten Schiedsverfahrens. Art. 36 Abs. 6 Satz 3 stellt klar, dass die Rücknahmefiktion die Parteien nicht daran hindert, die Ansprüche zu einem späteren Zeitpunkt in einem anderen Verfahren geltend zu machen.

Antrag auf Entscheidung durch den Gerichtshof. Gemäß Art. 36 Abs. 6 Satz 2 kann „die betroffene Partei" (in der Praxis: jede Partei) innerhalb der vom Generalsekretär gesetzten Frist eine Entscheidung des Gerichtshofs herbeiführen. Durch die fristgerechte Einreichung des Antrags wird die vom Generalsekretär gesetzte Frist hinfällig. Der Gerichtshof entscheidet nach freiem Ermessen, ob die gesetzte Frist bestehen bleibt oder verlängert wird. Auch kommt grundsätzlich die Bewilligung von Ratenzahlungen in Betracht, Art. 1 Abs. 6 Anhang III zur ICC-SchO.

36 **Sonstige Sanktionen bei Vorschusssäumnis.** Die Nichtzahlung festgesetzter Vorschüsse stellt – die Existenz einer wirksamen Schiedsvereinbarung unterstellt – eine Vertragsverletzung vor, die zum Schadensersatz berechtigen kann. Je nach dem anwendbaren Recht kann auch die Inanspruchnahme der säumigen Partei auf Leistung des Vorschusses und/oder die Kündigung der Schiedsvereinbarung in Betracht kommen.

N. Aufrechnung (Art. 36 Abs. 7)

37 Art. 36 Abs. 7 ermöglicht es dem Gerichtshof, bei der Vorschussfestsetzung eine **(Hilfs-)Aufrechnung streitwerterhöhend zu berücksichtigen**, wenn die Aufrechnung die Prüfung *„zusätzlicher Fragen"* durch das Schiedsgericht erforderlich machen könnte. Dies wird insbesondere dann der Fall sein, wenn die Aufrechnung mit Forderungen aus anderen Vertragsverhältnissen bzw. Transaktionen oder Projekten erklärt wird. Erforderlich ist auch bei Hilfsaufrechnungen eine *Prima-Facie*-Prognose zur potenziellen (!) Erheblichkeit der Aufrechnung. Im Zweifel wird die Aufrechnung – ebenso wie eine Hilfswiderklage – streitwerterhöhend zu berücksichtigen sein. Die Berücksichtigung *„wie ein eigenständiger Anspruch"* bedeutet, dass auch die Anwendung von Art. 36 Abs. 4 nach Ermessen möglich ist (getrennter Kostenvorschuss).

O. Vorschuss für Sachverständige (Art. 1 Abs. 11 Anhang III zur ICC-SchO)

38 Art. 1 Abs. 12 Anhang III zur ICC-SchO bestimmt, dass im Falle eines vom Schiedsgericht angeordneten Sachverständigengutachtens die Parteien einen vom Schiedsgericht bestimmten **Vorschuss für Honorar und Auslagen des Sachverständigen** zu zahlen haben. Die *„Verantwortlichkeit"* des Schiedsgerichts für die Zahlung der Kosten und Auslagen der Parteien (Art. 1 Abs. 12 Satz 2 Anhang III zur ICC-SchO) wird in der Regel schon aus der Vertragsbeziehung zwischen den Mitgliedern des Schiedsgerichts und dem Sachverständigen folgen. Die ICC führt für die Parteien bei Bedarf gesonderte **Vorschusskonten** für besondere Zwecke, insbesondere für Sachverständigenvorschüsse gemäß Art. 1 Abs. 11 Anhang III zur ICC-SchO.

P. Abweichende Parteivereinbarungen

Abweichende Parteivereinbarungen sind im Bereich des Art. 36 grundsätzlich unzulässig. Soweit die Verwaltungskosten der ICC betroffen sind, folgt dies daraus, dass es sich um einen Vertrag zu Lasten Dritter, nämlich der vertragsfremden ICC handeln würde. Wegen des Schiedsrichterhonorars und der Schiedsrichterauslagen bestimmt Art. 2 Abs. 4 Satz 2 Anhang III zur ICC-SchO ausdrücklich, dass abweichende Parteivereinbarungen unzulässig sind.

39

Artikel 37: Entscheidung über die Kosten des Verfahrens

(1) Die Kosten des Verfahrens umfassen das Honorar und die Auslagen der Schiedsrichter sowie die Verwaltungskosten der ICC, die der Gerichtshof gemäß der bei Beginn des Schiedsverfahrens gültigen Kostentabelle festsetzt, die Honorare und Auslagen der vom Schiedsgericht ernannten Sachverständigen und die angemessenen Aufwendungen der Parteien für ihre Vertretung und andere Auslagen im Zusammenhang mit dem Schiedsverfahren.

(2) Der Gerichtshof kann das Honorar der Schiedsrichter höher oder niedriger festsetzen, als dies in der anwendbaren Kostentabelle vorgesehen ist, sollte dies aufgrund der besonderen Umstände des Einzelfalles notwendig erscheinen.

(3) In jedem Stadium des Schiedsverfahrens kann das Schiedsgericht Entscheidungen über Kosten treffen und Zahlung anordnen, ausgenommen Entscheidungen über Kosten, die vom Gerichtshof festzusetzen sind.

(4) Im Endschiedsspruch werden die Kosten des Verfahrens festgesetzt und bestimmt, welche der Parteien die Kosten zu tragen hat oder in welchem Verhältnis sie verteilt werden sollen.

(5) Bei der Entscheidung über die Kosten kann das Schiedsgericht alle ihm relevant erscheinenden Umstände berücksichtigen, einschließlich des Ausmaßes, in dem jede der Parteien das Verfahren in einer zügigen und kosteneffizienten Weise betrieben hat.

(6) Bei vollständiger Klagerücknahme oder Beendigung des Schiedsverfahrens vor Erlass eines Endschiedsspruchs setzt der Gerichtshof das Honorar und die Auslagen der Schiedsrichter und die ICC-Verwaltungskosten fest. Wenn die Parteien keine Vereinbarung über die Verteilung der Verfahrenskosten oder andere kostenrelevante Fragen getrof-

fen haben, entscheidet das Schiedsgericht über diese Fragen. Falls zum Zeitpunkt der Klagerücknahme oder Beendigung des Verfahrens das Schiedsgericht noch nicht gebildet worden ist, kann jede Partei beim Gerichtshof beantragen, dass die Bildung des Schiedsgerichts gemäß der Schiedsgerichtsordnung fortgesetzt wird, damit das Schiedsgericht über die Kosten entscheiden kann.

Anhang III zur ICC-SchO – Kosten und Honorare für Schiedsverfahren

Artikel 2[1]: Kosten und Honorare

(1) Vorbehaltlich Artikel 37(2) der Schiedsgerichtsordnung setzt der Gerichtshof das Honorar des Schiedsrichters gemäß der nachstehenden Kostentabelle oder, wenn kein Streitwert angegeben ist, nach seinem Ermessen fest.

(2) Bei der Festsetzung des Schiedsrichterhonorars berücksichtigt der Gerichtshof Umsicht, Effizienz und zeitlichen Aufwand des Schiedsrichters, die Komplexität der Streitigkeit und die Dauer bis zur Vorlage des Entwurfs des Schiedsspruchs, und setzt danach ein Honorar in dem sich aus der Tabelle ergebenden Rahmen oder bei besonderen Umständen (Artikel 37(2) der Schiedsgerichtsordnung) auch ein höheres oder niedrigeres Honorar als in der Kostentabelle vorgesehen fest.

(3) Wenn eine Streitigkeit mehreren Schiedsrichtern unterbreitet wird, kann der Gerichtshof nach seinem Ermessen das Gesamthonorar bis zu einem Betrag erhöhen, der im Regelfall das Dreifache des für einen Einzelschiedsrichter vorgesehenen Betrags nicht übersteigt.

(4) Die Honorare und Auslagen nach den Vorschriften der Schiedsgerichtsordnung werden ausschließlich vom Gerichtshof festgesetzt. Gesonderte Honorarabsprachen zwischen Parteien und dem Schiedsrichter verstoßen gegen die Schiedsgerichtsordnung.

(5) Der Gerichtshof setzt die ICC-Verwaltungskosten für jedes Schiedsverfahren gemäß der nachstehenden Kostentabelle oder, wenn kein Streitwert angegeben ist, nach Ermessen fest. Bei besonderen Umständen kann der Gerichtshof die ICC-Verwaltungskosten niedriger oder höher festsetzen als in der Tabelle vorgesehen, wobei jedoch der sich aus der Tabelle ergebende Höchstbetrag im Regelfall nicht überschritten werden darf.

---

1 Art. 1 Anhang III zur ICC-SchO ist abgedruckt und kommentiert bei Art. 36.

(6) Der Gerichtshof kann jederzeit während des Schiedsverfahrens einen Teil der Verwaltungskosten fällig stellen, der in einem angemessenen Verhältnis zu den vom Gerichtshof und Sekretariat bereits erbrachten Leistungen steht.

(7) Der Gerichtshof kann außerdem zusätzlich zu den sich aus der Kostentabelle ergebenden Verwaltungskosten die Zahlung weiterer Verwaltungskosten als Voraussetzung dafür verlangen, dass ein Schiedsverfahren auf Antrag beider Parteien oder auf unwidersprochenen Antrag einer Partei ruht.

(8) Endet ein Schiedsverfahren vor Erlass eines Endschiedsspruchs, so setzt der Gerichtshof die Kosten des Verfahrens nach seinem Ermessen fest, wobei er den Verfahrensstand und andere maßgebliche Umstände berücksichtigt.

(9) Ein von den Parteien als Kostenvorschuss gezahlter Betrag, der die vom Gerichtshof festgesetzten Kosten des Schiedsverfahrens übersteigt, wird den Parteien anteilig entsprechend den von ihnen geleisteten Zahlungen erstattet.

(10) Wird ein Antrag gemäß Artikel 35(2) der Schiedsgerichtsordnung gestellt oder erfolgt eine Zurückverweisung gemäß Artikel 35(4) der Schiedsgerichtsordnung, kann der Gerichtshof einen Vorschuss zur Deckung zusätzlicher Auslagen und Honorare des Schiedsgerichts und weiterer ICC-Verwaltungskosten festsetzen und die Übergabe eines solchen Antrags an das Schiedsgericht von der vorherigen vollständigen Bezahlung dieses Vorschusses in bar an die ICC abhängig machen. Wenn der Gerichtshof die Entscheidung des Schiedsgerichts genehmigt, setzt er nach eigenem Ermessen die Kosten des auf die Antragstellung oder Zurückverweisung folgenden Verfahrens fest; mögliche Honorare des Schiedsrichters und ICC-Verwaltungskosten sind darin enthalten.

(11) Für Ausgaben, die in Zusammenhang mit einem Antrag nach Artikel 34(5) der Schiedsgerichtsordnung anfallen, kann das Sekretariat auch die Zahlung von Verwaltungskosten fordern, die über die in den Tabellen für die Berechnung der Verwaltungskosten genannten Beträge hinausgehen.

(12) Falls einem Schiedsverfahren ein Versuch einvernehmlicher Streitregelung gemäß den ICC-ADR-Regeln vorgeschaltet ist, wird die Hälfte der für das ADR-Verfahren bezahlten ICC-Verwaltungskosten auf die ICC-Verwaltungskosten des Schiedsverfahrens angerechnet.

(13) An den Schiedsrichter bezahlte Beträge enthalten keine Mehrwertsteuer (MwSt.) oder andere Steuern oder Abgaben, die möglicherweise auf Schiedsrichterhonorare anfallen. Die Parteien sind verpflichtet, solche Steuern oder Abgaben zu tragen; die Erstattung solcher Steuern oder Abgaben ist jedoch ausschließlich eine Angelegenheit zwischen den Parteien und dem Schiedsrichter.

(14) Auf ICC-Verwaltungskosten können Mehrwertsteuer (MwSt.) oder vergleichbare Abgaben in jeweils geltender Höhe anfallen.

Artikel 3: Die ICC als ernennende Stelle

An die ICC oder an ICC-Verwaltungsorgane gerichtete Anträge, als ernennende Stelle tätig zu werden, unterliegen den Regeln über die ICC als ernennende Stelle in UNCITRAL oder anderen Ad-hoc-Schiedsverfahren; mit Antragstellung ist eine nicht erstattungsfähige Registrierungsgebühr in Höhe von 3000 US$ zu zahlen. Anträge werden nur bei gleichzeitiger Zahlung der Registrierungsgebühr bearbeitet. Die ICC behält sich vor, angemessene ICC-Verwaltungskosten für zusätzliche Dienstleistungen zu berechnen, die einen Maximalbetrag von 10 000 US$ im Regelfall nicht übersteigen sollen.

Artikel 4: Tabellen für die Berechnung der Verwaltungskosten und des Schiedsrichterhonorars

(1) Die nachstehenden Tabellen für die Berechnung der Verwaltungskosten und des Schiedsrichterhonorars sind ab dem 1. Januar 2012 für alle an oder nach diesem Datum begonnenen Schiedsverfahren anzuwenden, unabhängig davon, welche Fassung der Schiedsgerichtsordnung auf das jeweilige Schiedsverfahren anwendbar ist.

(2) Zur Berechnung der ICC-Verwaltungskosten und des Honorars des Schiedsrichters sind die Beträge zu addieren, die sich für die einzelnen Streitwertstufen bis zur Höhe des Streitwertes nach den jeweils dafür vorgesehenen Prozentsätzen errechnen. Übersteigt der Streitwert 500 Millionen US$, so liegen die ICC-Verwaltungskosten pauschal beim Höchstbetrag von 113 215 US$.

(3) Alle Beträge, die vom Gerichtshof oder gemäß einem der Anhänge zur Schiedsgerichtsordnung festgesetzt werden, sind in US-Dollar zu zahlen, sofern dies nicht gesetzlich untersagt ist; im letzteren Falle kann die ICC alternative Gebührenstufen und Gebührenvereinbarungen in einer anderen Währung verwenden.

A. Verwaltungskosten

Streitwert (in US-Dollar)				Verwaltungskosten(*)
bis zu			50 000	3000 US$
von	50 001	bis	100 000	4,73 %
von	100 001	bis	200 000	2,53 %
von	200 001	bis	500 000	2,09 %
von	500 001	bis	1 000 000	1,51 %
von	1 000 001	bis	2 000 000	0,95 %
von	2 000 001	bis	5 000 000	0,46 %
von	5 000 001	bis	10 000 000	0,25 %
von	10 000 001	bis	30 000 000	0,10 %
von	30 000 001	bis	50 000 000	0,09 %
von	50 000 001	bis	80 000 000	0,01 %
von	80 000 001	bis	500 000 000	0,0035 %
über	500 000 000			113 215 $

(*) Nur zu Veranschaulichungszwecken sind die Verwaltungskosten in US-Dollar, die sich bei richtiger Berechnung aus dieser Tabelle ergeben, weiter unten noch einmal aufgeführt.

B. Schiedsrichterhonorar

Streitwert (in US-Dollar)				Honorar(**)	
				Minimum	Maximum
bis zu			50 000	3000 $	18,0200 %
von	50 001	bis	100 000	2,6500 %	13,5680 %
von	100 001	bis	200 000	1,4310 %	7,6850 %
von	200 001	bis	500 000	1,3670 %	6,8370 %
von	500 001	bis	1 000 000	0,9540 %	4,0280 %
von	1 000 001	bis	2 000 000	0,6890 %	3,6040 %
von	2 000 001	bis	5 000 000	0,3750 %	1,3910 %
von	5 000 001	bis	10 000 000	0,1280 %	0,9100 %
von	10 000 001	bis	30 000 000	0,0640 %	0,2410 %
von	30 000 001	bis	50 000 000	0,0590 %	0,2280 %
von	50 000 001	bis	80 000 000	0,0330 %	0,1570 %
von	80 000 001	bis	100 000 000	0,0210 %	0,1150 %
von	100 000 001	bis	500 000 000	0,0110 %	0,0580 %
über	500 000 000			0,0100 %	0,0400 %

(**) Nur zu Veranschaulichungszwecken ist die Honorarspanne für Schiedsrichter in US-Dollar, die sich bei richtiger Berechnung aus dieser Tabelle ergibt, weiter unten noch einmal aufgeführt.

Streitwert (in US-Dollar)			A. Verwaltungskosten(*) (in US-Dollar)	B. Schiedsrichterhonorar(*) (in US-Dollar)	
				Minimum	Maximum
bis zu		50 000	3000	3,000	18,0200 % des Streitwerts
von	50 001 bis	100 000	3000 + 4,73 % des 50 000 üB*	3000 + 2,6500 % des 50 000 üB*	9010 + 13,5680 % des 50 000 üB*
von	100 001 bis	200 000	5365 + 2,53 % des 100 000 üB	4325 + 1,4310 % des 100 000 üB	15 794 + 7,6850 % des 100 000 üB
von	200 001 bis	500 000	7895 + 2,09 % des 200 000 üB	5756 + 1,3670 % des 200 000 üB	23 479 + 6,8370 % des 200 000 üB
von	500 001 bis	1 000 000	14 165 + 1,51 % des 500 000 üB	9857 + 0,9540 % des 500 000 üB	43 990 + 4,0280 % des 500 000 üB
von	1 000 001 bis	2 000 000	21 715 + 0,95 % des 1 000 000 üB	14 627 + 0,6890 % des 1 000 000 üB	64 130 + 3,6040 % des 1 000 000 üB
von	2 000 001 bis	5 000 000	31 215 + 0,46 % des 2 000 000 üB	21 517 + 0,3750 % des 2 000 000 üB	100 170 + 1,3910 % des 2 000 000 üB
von	5 000 001 bis	10 000 000	45 015 + 0,25 % des 5 000 000 üB	32 767 + 0,1280 % des 5 000 000 üB	141 900 + 0,9100 % des 5 000 000 üB
von	10 000 001 bis	30 000 000	57 515 + 0,10 % des 10 000 000 üB	39 167 + 0,0640 % des 10 000 000 üB	187 400 + 0,2410 % des 10 000 000 üB
von	30 000 001 bis	50 000 000	77 515 + 0,09 % des 30 000 000 üB	51 967 + 0,0590 % des 30 000 000 üB	235 600 + 0,2280 % des 30 000 000 üB
von	50 000 001 bis	80 000 000	95 515 + 0,01 % des 50 000 000 üB	63 767 + 0,0330 % des 50 000 000 üB	281 200 + 0,1570 % des 50 000 000 üB
von	80 000 001 bis	100 000 000	98 515 + 0,0035 % des 80 000 000 üB	73 667 + 0,0210 % des 80 000 000 üB	328 300 + 0,1150 % des 80 000 000 üB
von	100 000 001 bis	500 000 000	99 215 + 0,0035 % des 100 000 000 üB	77 867 + 0,0110 % des 100 000 000 üB	351 300 + 0,0580 % des 100 000 000 üB
über	500 000 000		113 215	121 867 + 0,0100 % des 500 000 000 üB	583 300 + 0,0400 % des 500 000 000 üB

(*) Siehe vorhergehende Seite
(*) Übersteigenden Betrages

Article 37: Decision as to the Costs of the Arbitration

(1) The costs of the arbitration shall include the fees and expenses of the arbitrators and the ICC administrative expenses fixed by the Court, in accordance with the scale in force at the time of the commencement of the arbitration, as well as the fees and expenses of any experts appointed by the arbitral tribunal and the reasonable legal and other costs incurred by the parties for the arbitration.

(2) The Court may fix the fees of the arbitrators at a figure higher or lower than that which would result from the application of the relevant scale should this be deemed necessary due to the exceptional circumstances of the case.

(3) At any time during the arbitral proceedings, the arbitral tribunal may make decisions on costs, other than those to be fixed by the Court, and order payment.

(4) The final award shall fix the costs of the arbitration and decide which of the parties shall bear them or in what proportion they shall be borne by the parties.

(5) In making decisions as to costs, the arbitral tribunal may take into account such circumstances as it considers relevant, including the extent to which each party has conducted the arbitration in an expeditious and cost-effective manner.

(6) In the event of the withdrawal of all claims or the termination of the arbitration before the rendering of a final award, the Court shall fix the fees and expenses of the arbitrators and the ICC administrative expenses. If the parties have not agreed upon the allocation of the costs of the arbitration or other relevant issues with respect to costs, such matters shall be decided by the arbitral tribunal. If the arbitral tribunal has not been constituted at the time of such withdrawal or termination, any party may request the Court to proceed with the constitution of the arbitral tribunal in accordance with the Rules so that the arbitral tribunal may make decisions as to costs.

Appendix III: Arbitration Costs and Fees

Article 2: Costs and Fees

1   Subject to Article 37(2) of the Rules, the Court shall fix the fees of the arbitrator in accordance with the scale hereinafter set out or, where the amount in dispute is not stated, at its discretion.

2 In setting the arbitrator's fees, the Court shall take into consideration the diligence and efficiency of the arbitrator, the time spent, the rapidity of the proceedings, the complexity of the dispute and the timeliness of the submission of the draft award, so as to arrive at a figure within the limits specified or, in exceptional circumstances (Article 37(2) of the Rules), at a figure higher or lower than those limits.
3 When a case is submitted to more than one arbitrator, the Court, at its discretion, shall have the right to increase the total fees up to a maximum which shall normally not exceed three times the fees of one arbitrator.
4 The arbitrator's fees and expenses shall be fixed exclusively by the Court as required by the Rules. Separate fee arrangements between the parties and the arbitrator are contrary to the Rules.
5 The Court shall fix the ICC administrative expenses of each arbitration in accordance with the scale hereinafter set out or, where the amount in dispute is not stated, at its discretion. In exceptional circumstances, the Court may fix the ICC administrative expenses at a lower or higher figure than that which would result from the application of such scale, provided that such expenses shall normally not exceed the maximum amount of the scale.
6 At any time during the arbitration, the Court may fix as payable a portion of the ICC administrative expenses corresponding to services that have already been performed by the Court and the Secretariat.
7 The Court may require the payment of administrative expenses in addition to those provided in the scale of administrative expenses as a condition for holding an arbitration in abeyance at the request of the parties or of one of them with the acquiescence of the other.
8 If an arbitration terminates before the rendering of a final award, the Court shall fix the fees and expenses of the arbitrators and the ICC administrative expenses at its discretion, taking into account the stage attained by the arbitral proceedings and any other relevant circumstances.
9 Any amount paid by the parties as an advance on costs exceeding the costs of the arbitration fixed by the Court shall be reimbursed to the parties having regard to the amounts paid.
10 In the case of an application under Article 35(2) of the Rules or of a remission pursuant to Article 35(4) of the Rules, the Court may fix an advance to cover additional fees and expenses of the arbitral tribunal and additional ICC administrative expenses and may make the

transmission of such application to the arbitral tribunal subject to the prior cash payment in full to the ICC of such advance. The Court shall fix at its discretion the costs of the procedure following an application or a remission, which shall include any possible fees of the arbitrator and ICC administrative expenses, when approving the decision of the arbitral tribunal.

11 The Secretariat may require the payment of administrative expenses in addition to those provided in the scale of administrative expenses for any expenses arising in relation to a request pursuant to Article 34(5) of the Rules.

12 When an arbitration is preceded by an attempt at amicable resolution pursuant to the ICC ADR Rules, one half of the ICC administrative expenses paid for such ADR proceedings shall be credited to the ICC administrative expenses of the arbitration.

13 Amounts paid to the arbitrator do not include any possible value added tax (VAT) or other taxes or charges and imposts applicable to the arbitrator's fees. Parties have a duty to pay any such taxes or charges; however, the recovery of any such charges or taxes is a matter solely between the arbitrator and the parties.

14 Any ICC administrative expenses may be subject to value added tax (VAT) or charges of a similar nature at the prevailing rate.

Article 3: ICC as Appointing Authority

Any request received for an authority of the ICC to act as appointing authority will be treated in accordance with the Rules of ICC as Appointing Authority in UNCITRAL or Other *Ad Hoc* Arbitration Proceedings and shall be accompanied by a non-refundable filing fee of 3,000 US$. No request shall be processed unless accompanied by the said filing fee. For additional services, ICC may at its discretion fix ICC administrative expenses, which shall be commensurate with the services provided and shall normally not exceed the maximum amount of 10,000 US$.

Article 4: Scales of Administrative Expenses and Arbitrator's Fees

1 The Scales of Administrative Expenses and Arbitrator's Fees set forth below shall be effective as of 1 January 2012 in respect of all arbitrations commenced on or after such date, irrespective of the version of the Rules applying to such arbitrations.

2 To calculate the ICC administrative expenses and the arbitrator's fees, the amounts calculated for each successive tranche of the amount in dispute must be added together, except that where the amount in dispute is over 500 US$ million, a flat amount of 113,215 US$ shall constitute the entirety of the ICC administrative expenses.

3 All amounts fixed by the Court or pursuant to any of the appendices to the Rules are payable in US$ except where prohibited by law, in which case the ICC may apply a different scale and fee arrangement in another currency.

A. Administrative Expenses

Amount in dispute (in US Dollars)				Administrative expenses(*)
up to			50,000	$3,000
from	50,001	to	100,000	4.73 %
from	100,001	to	200,000	2.53 %
from	200,001	to	500,000	2.09 %
from	500,001	to	1,000,000	1.51 %
from	1,000,001	to	2,000,000	0.95 %
from	2,000,001	to	5,000,000	0.46 %
from	5,000,001	to	10,000,000	0.25 %
from	10,000,001	to	30,000,000	0.10 %
from	30,000,001	to	50,000,000	0.09 %
from	50,000,001	to	80,000,000	0.01 %
from	80,000,001	to	500,000,000	0.0035 %
over	500,000,000			$113,215

(*) For illustrative purposes only, the table on the following page indicates the resulting administrative expenses in US$ when the proper calculations have been made.

B. Arbitrator's Fees

Amount in dispute (in US Dollars)				Fees (**)	
				minimum	maximum
up to			50,000	$3,000	18.0200 %
from	50,001	to	100,000	2.6500 %	13.5680 %
from	100,001	to	200,000	1.4310 %	7.6850 %
from	200,001	to	500,000	1.3670 %	6.8370 %
from	500,001	to	1,000,000	0.9540 %	4.0280 %
from	1,000,001	to	2,000,000	0.6890 %	3.6040 %
from	2,000,001	to	5,000,000	0.3750 %	1.3910 %
from	5,000,001	to	10,000,000	0.1280 %	0.9100 %
from	10,000,001	to	30,000,000	0.0640 %	0.2410 %
from	30,000,001	to	50,000,000	0.0590 %	0.2280 %
from	50,000,001	to	80,000,000	0.0330 %	0.1570 %
from	80,000,001	to	100,000,000	0.0210 %	0.1150 %
from	100,000,001	to	500,000,000	0.0110 %	0.0580 %
over	500,000,000			0.0100 %	0.0400 %

(**) *For illustrative purposes only, the table on the following page indicates the resulting range of fees in US$ when the proper calculations have been made.*

Amount in Dispute (in US-Dollars)		A. Administrative Expenses(*) (in US-Dollars)			B. Arbitrator's Fees(*) (in US-Dollars)					
					Minimum			Maximum		
up to	50 000	3000			3,000			18,0200 %	of amount in dispute	
from	50 001 to 100 000	3000 +	4,73 %	of amt. over 50 000	3000 +	2,6500 %	of amt. over 50 000	9010 +	13,5680 %	of amt. over 50 000
from	100 001 to 200 000	5365 +	2,53 %	of amt. over 100 000	4325 +	1,4310 %	of amt. over 100 000	15 794 +	7,6850 %	of amt. over 100 000
from	200 001 to 500 000	7895 +	2,09 %	of amt. over 200 000	5756 +	1,3670 %	of amt. over 200 000	23 479 +	6,8370 %	of amt. over 200 000
from	500 001 to 1 000 000	14 165 +	1,51 %	of amt. over 500 000	9857 +	0,9540 %	of amt. over 500 000	43 990 +	4,0280 %	of amt. over 500 000
from	1 000 001 to 2 000 000	21 715 +	0,95 %	of amt. over 1 000 000	14 627 +	0,6890 %	of amt. over 1 000 000	64 130 +	3,6040 %	of amt. over 1 000 000
from	2 000 001 to 5 000 000	31 215 +	0,46 %	of amt. over 2 000 000	21 517 +	0,3750 %	of amt. over 2 000 000	100 170 +	1,3910 %	of amt. over 2 000 000
from	5 000 001 to 10 000 000	45 015 +	0,25 %	of amt. over 5 000 000	32 767 +	0,1280 %	of amt. over 5 000 000	141 900 +	0,9100 %	of amt. over 5 000 000
from	10 000 001 to 30 000 000	57 515 +	0,10 %	of amt. over 10 000 000	39 167 +	0,0640 %	of amt. over 10 000 000	187 400 +	0,2410 %	of amt. over 10 000 000
from	30 000 001 to 50 000 000	77 515 +	0,09 %	of amt. over 30 000 000	51 967 +	0,0590 %	of amt. over 30 000 000	235 600 +	0,2280 %	of amt. over 30 000 000
from	50 000 001 to 80 000 000	95 515 +	0,01 %	of amt. over 50 000 000	63 767 +	0,0330 %	of amt. over 50 000 000	281 200 +	0,1570 %	of amt. over 50 000 000
from	80 000 001 to 100 000 000	98 515 +	0,0035 %	of amt. over 80 000 000	73 667 +	0,0210 %	of amt. over 80 000 000	328 300 +	0,1150 %	of amt. over 80 000 000
from	100 000 001 to 500 000 000	99 215 +	0,0035 %	of amt. over 100 000 000	77 867 +	0,0110 %	des	351 300 +	0,0580 %	of amt. over 100 000 000
over	500 000 000	113 215			121 867 +	0,0100 %	des	583 300 +	0,0400 %	of amt. over 500 000 000

(*) *See preceding page*

Regelungsschwerpunkte: Art. 37 Abs. 1 Enthält eine Definition des Begriffs der „Kosten des Verfahrens"; **Art. 2 Abs. 1–4 Anh. III i.V.m. Art. 37 Abs. 2** Regelt die Festsetzung der Schiedsrichterhonorare und die Behandlung von Schiedsrichterauslagen durch den Gerichtshof; **Art. 37 Abs. 3–5** Bestimmt Art und Inhalt der vom Schiedsgericht zu treffenden Kostenentscheidung(en). Eine Kostenerstattung findet grundsätzlich nur auf Antrag statt. Auch müssen die geltend gemachten Kosten parteiseitig der Höhe nach vorgetragen sowie glaubhaft gemacht werden, dass diese tatsächlich angefallen sind; **Art. 37 Abs. 5** Das Verhalten einer Partei bzw. seiner Vertreter im Verfahren kann vom Schiedsgericht bei seiner Kostenentscheidung berücksichtigt werden; **Art. 37 Abs. 6, Art. 2 Abs. 8 Anh. III** Regelt die Kostenhöhe und die Kostenverteilung im Falle einer vorzeitigen Beendigung des Schiedsverfahrens; **Art. 2 Abs. 5–7, 11, 12 Anh. III** Regelt die Verwaltungskosten der ICC im Einzelnen; **Art. 2 Abs. 13, 14 Anh. III** Umsatzsteuerliche Behandlung von Kosten.

Inhalt

A. Normzweck 1	III. Verwaltungskosten der ICC (Art. 37 Abs. 1 ICC-SchO, Art. 2 Abs. 5–7 Anhang III zur ICC-SchO) 24
B. Reform 2	
C. Verhältnis zum X. Buch der ZPO 3	IV. Honorare und Auslagen der vom Schiedsgericht ernannten Sachverständigen (Art. 37 Abs. 1) 28
D. Vergleich mit den im staatlichen Verfahren geltenden Vorschriften 4	
	V. Angemessene Aufwendungen der Parteien ... (Art. 37 Abs. 1) 29
E. Einzelheiten zu den Verfahrenskosten (Art. 37 Abs. 1) ... 10	
I. Schiedsrichterhonorare (Art. 37 Abs. 2 ICC-SchO, Art. 2 Abs. 1–3, Art. 4 Anhang III zur ICC-SchO) 11	1. ... für ihre Vertretung ... (Art. 37 Abs. 1) 29
	2. ... und andere Auslagen im Zusammenhang mit dem Schiedsverfahren (Art. 37 Abs. 1) 31
1. Streitwert als Grundlage der Honorarfestsetzung ... 12	
2. Weitere relevante Faktoren (Art. 2 Abs. 2 Anhang III zur ICC-SchO) 15	F. Kostenentscheidungen des Schiedsgerichts (Art. 37 Abs. 3–5) 34
3. Mehrere Schiedsrichter ... 19	
4. Verfahrensfragen 20	I. Kostenentscheidung im Endschiedsspruch (Art. 37 Abs. 4, 5) 34
II. Auslagen der Schiedsrichter (Art. 37 Abs. 1 ICC-SchO, Art. 2 Abs. 4 Anhang III zur ICC-SchO) 22	
	1. Kosten-„Festsetzung" durch das Schiedsgericht im Endschiedsspruch (Art. 37 Abs. 4) 35

2. Entscheidung über die Kostenverteilung (Art. 37 Abs. 4, 5) 36
3. Form der Entscheidung; Verzinsung von Kostenerstattungsansprüchen.... 38
II. Sonstige Kostenentscheidungen (Art. 37 Abs. 3) 39
G. Verfahrensbeendigung vor Erlass eines Endschiedsspruchs (Art. 37 Abs. 6 ICC-SchO, Art. 2 Abs. 8 Anhang III zur ICC-SchO)...... 42
I. Beendigungstatbestände..... 43
1. „Vollständige Klagerücknahme" (Art. 37 Abs. 6 Satz 1 Var. 1) 44
2. „Beendigung des Schiedsverfahrens vor Erlass eines Endschiedsspruchs" (Art. 37 Abs. 6 Satz 1 Var. 2)................. 45

II. Entscheidungen des Gerichtshofs (Art. 37 Abs. 6 Sätze 1, 3 ICC-SchO, Art. 2 Abs. 8 Anhang III zur ICC-SchO) 52
III. Entscheidungen des Schiedsgerichts (Art. 37 Abs. 6 Sätze 2, 3) 56
H. Kosten bei Anträgen nach Art. 35 (Art. 2 Abs. 10 Anhang III zur ICC-SchO)...... 57
J. Umsatzsteuerliche Fragen (Art. 2 Abs. 13, 14 Anhang III zur ICC-SchO) 58
K. Ernennende Stelle (Art. 3 Anhang III zur ICC-SchO); Tabellen, Währung (Art. 4 Anhang III zur ICC-SchO) ... 60
L. Abweichende Parteivereinbarungen 63

Veröffentlichungen des Sekretariats: Merkblatt für das Schiedsgericht über die Durchführung des Schiedsverfahrens vom 1.7.2013; Merkblatt über verwaltungstechnische Angelegenheiten vom 1.1.2012; Note on Personal and Arbitral Tribunal Expenses vom 1.9.2013; Note on the appointment, duties and remuneration of administrative secretaries vom 1.8.2012.

Literatur: *Flecke-Giammarco,* The Allocation of Costs by Arbitral Tribunals in International Commercial Arbitration, in: Huerta-Goldmann/Romanetti/Stirnimann, WTO Litigation, Investment Arbitration, and Commercial Arbitration (2013), S. 389 ff.; *Flecke-Giammarco/Keller,* Die Auswirkung der Wahl des Schiedsorts auf den Fortgang des Schiedsverfahrens in der Insolvenz, NZI 2012, S. 529 ff.; *Gantenberg,* Methods of Reducing Costs in International Commercial Arbitration, SchiedsVZ 2012, S. 17 ff.; *Gerstenmaier,* Zur Verzinslichkeit von Kostenerstattungsforderungen im Schiedsverfahren, SchiedsVZ 2012, S. 1 ff.; *Hanotiau,* The Parties' Costs of Arbitration, Dossier of the ICC Institute of World Business Law: Evaluation of Damages in International Arbitration, S. 213 ff.; ICC, Publication 843, Techniques for Controlling Time and Costs in Arbitration, Report from the ICC Commission on Arbitration; *Leimbacher,* Efficiency under the New ICC Rules of Arbitration of 2012: first glimpse at the new practice, ASA Bulletin, Vol. 31 No. 2 (2013), S. 298 ff.; *Risse/Altenkirch,* Kostenerstattung im Schiedsverfahren: fünf Probleme aus der Praxis, SchiedsVZ 2012, S. 5 ff.; *Risse/Meyer-Burow,* Umsatzsteuerpflicht von Schiedsrichterleistungen, SchiedsVZ 2009, S. 326 ff.; *Rosell,* Arbitration Costs as Relief and/or Damages, Journal of International Arbitration, Vol. 28 Issue 2 (2011), S. 115 ff.; *Sammartano,* Cost Awards in Arbitration, Journal of International Arbitration, Vol. 28 Issue 2 (2011),

S. 113 ff.; *Schwartz*, The ICC Arbitral Process – Part IV: The Costs of ICC Arbitration, ICC Court Bulletin, Vol. 4 No. 1 (1993), S. 8 ff.; *Sessler*, Reducing Costs in Arbitration – The Perspective of In-house Counsel, SchiedsVZ 2012, S. 15 ff.

A. Normzweck

Art. 37 und die diesen konkretisierenden Art. 2 und 4 Anhang III zur ICC-SchO enthalten alle wesentlichen Regelungen **zur Höhe und zur Verteilung der Verfahrenskosten** in ICC-Schiedsverfahren. Die Regelungen sind verhältnismäßig detailliert, weil die ICC einerseits im Interesse der Parteien größtmögliche **Transparenz** anstrebt, andererseits aber wegen der Mannigfaltigkeit der in der Praxis auftretenden Fallgestaltungen stark **differenzierende Regelungen** vonnöten sind. So bildet der **Streitwert** nur eine (wenngleich wichtige) Leitlinie für die Festsetzung der Kosten der Höhe nach (für andere Faktoren s. Art. 2 Abs. 2 Anhang III zur ICC-SchO), und die Kostenverteilung hat sich nicht notwendigerweise nur am **Verhältnis von Obsiegen und Unterliegen** auszurichten (s. Art. 37 Abs. 5). Insbesondere können **Gesichtspunkte der Verhaltenssteuerung** mit Blick auf Geschwindigkeit und Effizienz einfließen, und zwar sowohl auf Seiten des Schiedsgerichts (Art. 2 Abs. 2 Anhang III zur ICC-SchO) als auch auf Seiten der Parteien (Art. 37 Abs. 5). Art. 37 ICC-SchO und Art. 2 Anhang III zur ICC-SchO tragen somit auch dazu bei, dass ICC-Schiedsverfahren **zügig, zweckmäßig und kostenrational** durchgeführt werden. Von herausragender Bedeutung ist schließlich, dass den **Schiedsrichtern die Festsetzung ihrer eigenen Honorare und Auslagen entzogen** ist: Der **Gerichtshof** ist für die **Festsetzung der Schiedsrichterhonorare und -auslagen alleinzuständig** (Art. 2 Abs. 4 Anhang III zur ICC-SchO). So wird jeder Anschein einer Entscheidung in eigener Sache vermieden. Damit dienen Art. 37 sowie Anhang III zur ICC-SchO letzthin auch der **Integrität** und dem **hohen ethischen Anspruch** der ICC-Schiedsgerichtsbarkeit.

1

B. Reform

Art. 37 ICC-SchO 2012 entspricht inhaltlich in weiten Teilen Art. 31 ICC-SchO 1998. Neu sind die Bestimmungen in Art. 37 Abs. 5 und Art. 37 Abs. 6 ICC-SchO 2012. Die hier getroffenen Regelungen waren jedoch bereits zuvor teilweise in Art. 2 Anhang III zur ICC-SchO 1998 enthalten.

2

C. Verhältnis zum X. Buch der ZPO

3 Der dispositive § 1057 ZPO wird durch die abschließenden Regelungen in der ICC-SchO abbedungen. § 1056 Abs. 2 Nr. 1 Buchst. b, Nr. 2, 3 ZPO gelten dagegen für die Einzelheiten der vorzeitigen Verfahrensbeendigung in Verfahren mit deutschem Schiedsort, da die ICC-SchO diese Fragen nur sehr fragmentarisch regelt.

D. Vergleich mit den im staatlichen Verfahren geltenden Vorschriften

4 Der **Begriff der Verfahrenskosten** ist im ICC-Verfahren in allen wesentlichen Punkten identisch mit dem Kostenbegriff der §§ 91 ff. ZPO. Auch seiner Natur nach ist Art. 37 ICC-SchO mit den §§ 91 ff. ZPO insoweit vergleichbar, als er einen eigenständigen prozessualen Kostenerstattungsanspruch auch unabhängig vom in der Sache anwendbaren materiellen Recht einräumt.

5 Die **ICC-Verwaltungskosten und die Schiedsrichterhonorare** berechnen sich – wie die Gerichtskosten im staatlichen Verfahren – aufgrund einer Streitwerttabelle (Tabelle nach Art. 4 Anhang III zur ICC-SchO). Hinzu kommen auf Seiten der Schiedsrichter noch deren **Auslagen** und u.U. solche eines Verwaltungssekretärs (Vor Art. 11 Rz. 11 ff.), insbesondere Reisekosten, die im staatlichen Verfahren nur ausnahmsweise anfallen, sowie eine ggf. anfallende **Umsatzsteuer auf das Schiedsrichterhonorar**, die im staatlichen Verfahren mangels Unternehmereigenschaft des Trägers der Justizhoheit ebenfalls nicht anfällt. Die **außergerichtlichen Kosten** der Parteien gehören wie im deutschen staatlichen Verfahren – und anders als bspw. regelmäßig in den USA – zu den erstattungsfähigen Kosten. Bei ihrer Bezifferung sind die Parteien, anders als zumeist im staatlichen Verfahren, nicht auf die streitwertabhängigen Gebührensätze nach dem RVG beschränkt, sondern können – unter dem Vorbehalt der „Angemessenheit" (Art. 37 Abs. 1) – auch **Stundensätze** abrechnen.

6 Anders als im staatlichen Verfahren **ist im ICC-Schiedsverfahren die Kostenfestsetzung zweigeteilt.** Die Festsetzungsentscheidung für die ICC-Verwaltungskosten und für die Honorare und Auslagen der Schiedsrichter trifft **der Gerichtshof**, und zwar regelmäßig dann, wenn ihm der Entwurf eines Endschiedsspruchs im Zuge des Genehmigungsverfahrens (Art. 33) vorgelegt wird (bei vorzeitiger Verfahrensbeendigung zeitnah zum Eintreten des Beendigungstatbestands). Über die Höhe der außergerichtlichen Kosten der Parteien entscheidet dagegen **das Schiedsgericht** auf der Grundlage von Kostenschriftsätzen („cost statements"),

die vom Schiedsgericht angefordert werden. Da die Kostenhöhe im Zeitpunkt der Entscheidung über die Kostenverteilung bereits feststeht bzw. über beide Fragen gleichzeitig entschieden wird, können die Kosten im Schiedsspruch auch beziffert werden; es ergeht daher **im Schiedsspruch keine Kostengrundentscheidung**, sondern es werden bezifferte Kostenerstattungs- bzw. Kostenausgleichungsansprüche tenoriert.

Für die Kostenverteilung wird in der Praxis regelmäßig entsprechend dem **Grundsatz der einheitlichen Kostenentscheidung** tenoriert. Doch ist dies nicht zwingend. Ferner existieren **keine starren Regeln zur Kostenverteilung** wie nach §§ 91 ff. ZPO. Stattdessen hat das Schiedsgericht hier erhebliche Flexibilität (Art. 37 Abs. 5), wobei allerdings in der Praxis die Kosten vielfach wie im staatlichen Verfahren entsprechend dem Verhältnis von Obsiegen und Unterliegen verteilt werden. 7

Im Falle einer **vorzeitigen Verfahrensbeendigung** führt Art. 37 Abs. 6 auf anderen Wegen vielfach zu ähnlichen Ergebnissen wie §§ 91a, 269 Abs. 3 ZPO. Doch ist zu beachten, dass ein Vergleich, der sich nicht zu den Kosten verhält, keine Kostenaufhebung wie nach § 98 ZPO bewirkt; über die Kosten muss das Schiedsgericht dann erst noch entscheiden (Art. 37 Abs. 6 Satz 2). 8

Die in ZPO und GKG weitgehend verselbständigten Verfahren zum Kostenansatz, zur Kostenfestsetzung bzw. -ausgleichung und zur Streitwertfestsetzung sind im ICC-Schiedsverfahren vollständig in das Schiedsverfahren integriert. Aus diesem Grund bestehen auch **keine spezifischen Rechtsbehelfe** hinsichtlich der Regelungen zu Streitwert und Kosten. Lediglich hinsichtlich der Höhe der außergerichtlichen Kosten sowie der Kostenverteilung zwischen den Parteien sind grundsätzlich sowohl die Verfahren nach Art. 35 als auch Anfechtungs- bzw. Vollstreckbarerklärungsversagungsverfahren nach nationalem oder Völkervertragsrecht eröffnet; eine einschränkende **Regelung nach Art des § 99 ZPO existiert nicht**. Dagegen kann die Festsetzung der Schiedsrichterhonorare und -auslagen sowie der ICC-Verwaltungskosten grundsätzlich nicht mit einem schiedsverfahrensrechtlichen Rechtsbehelf angefochten werden. 9

E. Einzelheiten zu den Verfahrenskosten (Art. 37 Abs. 1)

Art. 37 Abs. 1 definiert den Begriff der Verfahrenskosten. Dieser umfasst das **Honorar** der Schiedsrichter (dazu Rz. 11–21) einschließlich einer ggf. hierauf anfallenden **Umsatzsteuer** (dazu Rz. 33, 58 f.), die **Auslagen der** 10

Schiedsrichter und ggf. eines Verwaltungssekretärs (dazu Rz. 22 f.), die **Verwaltungskosten der ICC** (dazu Rz. 24–27), die **Honorare und Auslagen der vom Schiedsgericht ernannten Sachverständigen** (dazu Rz. 28) sowie die **angemessenen Aufwendungen** der Parteien für ihre Vertretung und andere Auslagen im Zusammenhang mit dem Schiedsverfahren (dazu Rz. 29–32).

I. Schiedsrichterhonorare (Art. 37 Abs. 2 ICC-SchO, Art. 2 Abs. 1–3, Art. 4 Anhang III zur ICC-SchO)

11   Die Festsetzung der Schiedsrichterhonorare fällt in die **ausschließliche** (Art. 2 Abs. 4 Anhang III zur ICC-SchO) **Zuständigkeit des Gerichtshofs**. Der Gerichtshof setzt die Honorare grundsätzlich gemäß der Kostentabelle B nach Art. 4 Anhang III zur ICC-SchO fest, und zwar **im Zuge der Beendigung des Schiedsverfahrens**. Dabei wird, wenn keine Umstände festgestellt werden können, die in ihrer Gesamtheit ein Abweichen nach oben oder nach unten rechtfertigen, regelmäßig der aufgrund des – zu ermittelnden (dazu Rz. 12–14) – Streitwerts geltende durchschnittliche Wert gemäß der Tabelle festzusetzen sein.

1. Streitwert als Grundlage der Honorarfestsetzung

12   Der **Streitwert in USD** ist die Grundlage der Honorarfestsetzung, wobei der Gerichtshof und das Sekretariat sich bei Forderungen in anderen Währungen – auch im Falle späterer Veränderungen des Streitwerts oder der Einreichung einer Widerklage – stets am **Wechselkurs des Tags des Eingangs der Schiedsklage bei der ICC** orientieren.

13   **Ermittlung des Streitwerts.** Müssen sich Generalsekretär und Gerichtshof bei der Vorschussfestsetzung noch weitgehend auf die Angaben der Parteien verlassen (Art. 4 Abs. 3 Buchst. d, Art. 5 Abs. 5 Buchst. b), kristallisiert sich im weiteren Verlauf des Verfahrens regelmäßig – meist bereits im Zuge der Erstellung des Schiedsauftrags (Art. 23 Abs. 1 Buchst. c) – eine **konsensuale Bestimmung des Streitwerts** heraus. Hierauf wirkt erforderlichenfalls im Rahmen seiner Möglichkeiten auch das Sekretariat hin. Zeigt sich – z.B. im Rahmen einer telefonischen Verfahrensmanagementkonferenz (Art. 24) –, dass die Parteien sich nicht über den Streitwert einigen, sollte jede Partei den aus ihrer Sicht gegebenen Streitwert unter Angabe von Gründen aktenkundig machen.

14   Eine **Festsetzung des Streitwerts durch das Schiedsgericht oder durch den Gerichtshof** ist von der ICC-SchO **nicht vorgesehen**. Der Gerichts-

hof entscheidet aber im Rahmen seiner Kostenfestsetzungsentscheidung inzident über den Streitwert. An die Auffassungen der Parteien und/oder des Schiedsgerichts ist der Gerichtshof dabei nicht gebunden.

2. Weitere relevante Faktoren (Art. 2 Abs. 2 Anhang III zur ICC-SchO)

Mit dem Streitwert ist lediglich die sich aus der Kostentabelle B nach Art. 4 Anhang III zur ICC-SchO ergebende **Spanne** bestimmt, innerhalb derer sich das festzusetzende Honorar regelmäßig bewegen wird (zu Fällen, in denen nicht in die Spannen fallende Honorare festgesetzt werden, s. Rz. 18). Die **Festsetzung eines konkreten Betrags** erfolgt aufgrund der folgenden, in Art. 2 Abs. 2 Anhang III zur ICC-SchO genannten Kriterien: 15

- **Umsicht des Schiedsrichters.** Das englische *„diligence"* macht deutlich, dass es hier v.a. um die in Schiedsverfahren zentrale *„attention to detail"* geht, d.h. um die Frage, ob der Schiedsrichter bei der Verfahrensführung sowie in den Entwürfen von Schiedsauftrag und Schiedsspruch die gebotene Gründlichkeit hat walten lassen.

- **Effizienz des Schiedsrichters.** Dieser Gesichtspunkt bezieht sich vor allem auf die **Verfahrensmanagementkompetenz** des Schiedsrichters (dazu Art. 24 Rz. 3) und auf die Frage, ob der Schiedsrichter die diesem insoweit zu Gebote stehenden Mittel sachgerecht eingesetzt hat.

- **Komplexität der Streitigkeit** meint Komplexität sowohl in tatsächlicher als auch in rechtlicher Hinsicht. Überdurchschnittliche Komplexität kann z.B. durch eine Vielzahl von Beteiligten oder wegen der Notwendigkeit, mehrere Teilschiedssprüche zu erlassen, entstehen.

- **Zeitlicher Aufwand des Schiedsrichters.** Dieser folgt aus der dem Sekretariat mitgeteilten Zahl der auf die Angelegenheit aufgewendeten Stunden. Honorarerhöhend wirkt sich Zeitaufwand aber nur aus, wenn dieser unter Effizienzgesichtspunkten auch veranlasst war.

- **Dauer bis zur Vorlage des Entwurfs des Schiedsspruchs.** Dem Wortlaut nach wird hier auf den gesamten Zeitraum von der Aktenübergabe (Art. 16) bis zur Übersendung des Schiedsspruchentwurfs zur Genehmigungsprüfung (Art. 33) abgestellt. Von besonderer Bedeutung ist hier aber der Zeitpunkt zwischen der Schließung des Verfahrens (Art. 27) und der Entwurfübersendung, weil nur in diesem Zeitraum sicher ausgeschlossen werden kann, dass eine Verzögerung aus der Sphäre der Parteien herrührt.

16 Die in Art. 2 Abs. 2 Anhang III zur ICC-SchO genannten Kriterien sind **nicht abschließend**. So entspricht es bspw. der Praxis des Gerichtshofs, in Fällen, in denen der Streitwert 250 000 USD nicht überschreitet, den Maximalwert des Honorars gemäß der Kostenskala anzusetzen, um auch bei kleineren Streitwerten eine gleich bleibende Qualität der ICC-Schiedsgerichtsbarkeit zu gewährleisten.

17 Die Höhe, in der ein **Vorschuss** (Art. 36) festgesetzt wurde oder in der Schiedsrichter vorschussweise Abschlagszahlungen auf ihr (erst noch festzusetzendes) Honorar erhalten haben, **bindet den Gerichtshof nicht für die Kostenfestsetzung**, ist also kein für die Kostenfestsetzung relevanter Faktor. Regelmäßig werden in Fällen **getrennt festgesetzter Vorschüsse** (Art. 36 Abs. 3, 4) die Kosten auf der Grundlage eines fiktiven globalen Kostenvorschusses berechnet. Die Bildung und Kollektierung getrennter Kostenvorschüsse muss sich also am Ende des Verfahrens nicht notwendigerweise in Mehrkosten niederschlagen. Wegen der Rückerstattung nicht verbrauchter Vorschüsse gilt auch insoweit Art. 2 Abs. 9 Anhang III zur ICC-SchO.

18 In besonderen Fällen kann der Gerichtshof von den Minimal- und Maximalwerten gemäß der Tabelle abweichen, Art. 37 Abs. 2 ICC-SchO, Art. 2 Abs. 2 a.E. Anhang III zur ICC-SchO. „Besondere Umstände", wie sie Art. 2 Abs. 5 Satz 2 Anhang III zur ICC-SchO für eine Skalenabweichung im Bereich der Verwaltungskosten fordert, werden dafür nicht vorausgesetzt. Solche Fälle sind in der Praxis indes – von den gesondert geregelten und kommentierten Fällen einer vorzeitigen Verfahrensbeendigung (s. Rz. 41–55) sowie der Ersetzung von Schiedsrichtern (Art. 15 Rz. 23 f.) abgesehen – selten.

3. Mehrere Schiedsrichter

19 Wie bei einem Dreierschiedsgericht die Schiedsrichter das **Honorar untereinander aufteilen**, bleibt grundsätzlich ihnen überlassen. Die Parteien haben hierauf keinen Einfluss. Meist einigen die Schiedsrichter sich darauf, dass der Vorsitzende 40 %, die Mitschiedsrichter je 30 % des Gesamthonorars erhalten. So verfährt der Gerichtshof grundsätzlich auch, wenn die Schiedsrichter sich auf keine Quote einigen. In Fällen mit mehreren Schiedsrichtern ist es somit dem Gerichtshof praktisch kaum möglich, die Faktoren des Art. 2 Abs. 2 Anhang III zur ICC-SchO individuell differenziert zu gewichten (aber s. *Fry/Greenberg/Mazza*, The Secretariat's Guide to ICC Arbitration, Rz. 3-1465 für den atypischen Falls eines Schiedsrichters, der das Schiedsverfahren durch dauernde Inaktivi-

tät verzögert und verkompliziert, was auf Anregung des Vorsitzenden eine Aufteilung im Verhältnis 45 % : 35 % : 20 % rechtfertigte). – Wegen der **Kosten bei Ersetzung eines Schiedsrichters** gemäß Art. 15 s. Art. 15 Rz. 23 f.

4. Verfahrensfragen

Im Kostenfestsetzungsverfahren des Gerichtshofs ist eine **Einbeziehung der Parteien nicht** vorgesehen. Die Parteien müssen aber im Allgemeinen nicht damit rechnen, dass Kosten festgesetzt werden, die die festgesetzten Vorschüsse übersteigen. Bei jeder Anpassung der Vorschüsse hatten sie bereits Gelegenheit zur Stellungnahme (Art. 36 Rz. 32). Sehen Sekretariat und/oder Gerichtshof Bedarf für kostenrelevante Erklärungen der Parteien, insbesondere zum Streitwert, werden sie in der Regel das Schiedsgericht darum bitten, diese Erklärungen einzuholen; das Sekretariat kann aber auch selbst tätig werden. 20

Bekanntgabe der Kostenfestsetzungsentscheidungen des Gerichtshofs. Den Schiedsrichtern teilt das Sekretariat die Kostenfestsetzungsentscheidungen des Gerichtshofs stets unverzüglich mit. Den Parteien wird der Inhalt der Entscheidung nur dann unverzüglich bekanntgegeben, wenn das Verfahren auf andere Weise als durch Endschiedsspruch endet. Andernfalls enthalten die Parteien zusammen mit dem Endschiedsspruch (aus dem sich die Kostenfestsetzungsentscheidungen des Gerichtshofs ohnehin bereits ergeben) eine Mitteilung des Sekretariats über deren Inhalt. 21

II. Auslagen der Schiedsrichter (Art. 37 Abs. 1 ICC-SchO, Art. 2 Abs. 4 Anhang III zur ICC-SchO)

Auch die Auslagen der Schiedsrichter **setzt ausschließlich der Gerichtshof fest**, Art. 2 Abs. 4 Anhang III zur ICC-SchO (a.A. *Fry/Greenberg/Mazza*, The Secretariat's Guide to ICC Arbitration, Rz. 3-1470, wonach der Gerichtshof solche Auslagen nicht festsetzt, sondern lediglich Erstattungsentscheidungen des Sekretariats zur Kenntnis nimmt; in der Praxis führt diese, mit dem Wortlaut von Art. 2 Abs. 4 Anhang III zur ICC-SchO nur schwer zu vereinbarende Konstruktion indes zu keinem von der hier gegebenen Erläuterung abweichenden Ergebnis). Wegen des Zeitpunkts der Benachrichtigung von Schiedsgericht und Parteien vgl. Rz. 21. 22

23 Das Schiedsverfahren ist **zügig, kostenrational** und **zweckmäßig** durchzuführen, Art. 22 Abs. 1. An diesen Maßgaben ausgerichtet hat das Sekretariat Grundsätze für die Erstattung von Schiedsrichterauslagen in ICC-Schiedsverfahren erarbeitet (Note on Personal and Arbitral Tribunal Expenses vom 1.9.2013). Auslagenabrechnungen von Schiedsrichtern prüft das Sekretariat anhand dieser Grundsätze. Danach setzen Auslagenerstattungen grundsätzlich **aussagekräftige Belege** voraus. Eine Ausnahme stellen lediglich *Per-Diem*-**Pauschalen** in Höhe von 400 USD oder 1 200 USD im Falle der Teilnahme an einer Schiedsverhandlung an einem Verhandlungsort jenseits des Wohn- bzw. Arbeitsorts des Schiedsrichters dar. Die vorgenannte Pauschale erfasst Übernachtungs-, Verpflegungs- und lokale Transportkosten (außer Wege von und zu den Flughäfen). Zusätzlich zur Pauschale können somit im Wesentlichen Flug-, Bahn-, Mietwagenkosten usw. abgerechnet werden. Das Honorar für einen Sekretär des Schiedsgerichts ist nicht, dessen tatsächliche Auslagen sind dagegen als Auslagen des Schiedsgerichts erstattungsfähig (vor Art. 11 Rz. 11).

III. Verwaltungskosten der ICC (Art. 37 Abs. 1 ICC-SchO, Art. 2 Abs. 5–7 Anhang III zur ICC-SchO)

24 Der Gerichtshof setzt die **Verwaltungskosten der ICC** – grundsätzlich nach Maßgabe der Streitwerttabellen nach Art. 4 Anhang III zur ICC-SchO, bei besonderen Umständen bzw. bei Fehlen einer Streitwertindikation nach Ermessen – fest, Art. 2 Abs. 5 Anhang III zur ICC-SchO; der Höchstbetrag darf „im Regelfall" nicht überschritten werden, Art. 2 Abs. 5 a.E. Anhang III zur ICC-SchO. Übersteigt der Streitwert 500 Mio. USD, liegen die Verwaltungskosten pauschal beim Höchstbetrag von 113 215 USD (Art. 4 Abs. 2 Satz 2 Anhang III zur ICC-SchO). Wurden **getrennte Kostenvorschüsse** angeordnet (Art. 36 Abs. 3, 4), werden regelmäßig auch die Verwaltungskosten durch die Bildung eines fiktiven globalen Kostenvorschusses entsprechend den Tabellen festgesetzt (oben Rz. 17).

25 **Besondere Gebührentatbestände** sind vorgesehen für:
- **Ruhendstellung** eines im Einvernehmen der Parteien **ausgesetzten Verfahrens** („*abeyance fee*" von 3000 USD – 5000 p.a.; in der Praxis erstmalige Festsetzung frühestens nach bereits einjähriger Ruhendstellung), Art. 2 Abs. 7 Anhang III zur ICC-SchO. Ruhendstellungsgebühren werden bei Verfahrensbeendigung nicht auf die dann festzusetzenden allgemeinen Verwaltungskosten angerechnet);

- **Bearbeitung von Anträgen gemäß Art. 35** (dazu Art. 35 Rz. 30).
- **Handlungen gemäß Art. 34 Abs. 5** (je nach Einzelfall).

Für den Fall eines **vorgeschalteten ICC ADR-Verfahrens** bringt Art. 2 Abs. 12 Anhang III zur ICC-SchO eine **Gebührenermäßigung** um die Hälfte der für das ADR-Verfahren bezahlten ICC-Verwaltungskosten; der entsprechende Betrag wird auf die ICC-Verwaltungskosten des Schiedsverfahrens angerechnet. 26

Zeitpunkt der Festsetzungsentscheidung. Die Festsetzung der Verwaltungskosten der ICC erfolgt erst mit der Genehmigung des Entwurfs des Endschiedsspruchs. Wird das Verfahren vorzeitig beendet, trifft der Gerichtshof eine isolierte Kostenfestsetzungsentscheidung, sobald er von dem Beendigungstatbestand Kenntnis erlangt. Wegen der weiteren Einzelheiten des Verfahrens s. Rz. 20–21. 27

IV. Honorare und Auslagen der vom Schiedsgericht ernannten Sachverständigen (Art. 37 Abs. 1)

Hat das Schiedsgericht einen Sachverständigen ernannt, sind dessen Honorar und Auslagen Kosten des Schiedsverfahrens. Die Kosten wurden regelmäßig bereits gemäß Art. 1 Abs. 12 Anhang III zur ICC-SchO als Vorschuss einbezahlt und ggf. auch schon an den Sachverständigen ausgekehrt, wenn die Kostenentscheidung des Schiedsgerichts ansteht. Weder das Schiedsgericht noch der Gerichtshof haben im Verhältnis zum Sachverständigen eine Befugnis zur rechtsverbindlichen Honorarfestsetzung. Daher wird sich die Kostenentscheidung des Schiedsgerichts hinsichtlich der Honorare und Auslagen von Sachverständigen auf die (ggf. verhältnismäßige) Tragung von den Parteien an die ICC, das Schiedsgericht und den Sachverständigen geleisteten Vorschusszahlungen und hieraus ggf. folgende Erstattungsansprüche der Parteien untereinander beschränken. Sollte ausnahmsweise der Vorschuss nicht ausgereicht haben, kann das Schiedsgericht selbstverständlich auch die Kostentragungspflicht der Parteien im Verhältnis untereinander für etwaige weitere Zahlungen an den Sachverständigen durch Schiedsspruch regeln. Dem Sachverständigen wächst indes nicht bereits aus einer derartigen Tenorierung im Schiedsspruch ein Anspruch gegen eine der Parteien; das Schiedsgericht hat darauf zu achten, entsprechende Missverständnisse durch klare Formulierungen und Begründungen zu vermeiden. 28

V. Angemessene Aufwendungen der Parteien ... (Art. 37 Abs. 1)

1. ... für ihre Vertretung ... (Art. 37 Abs. 1)

29 Hierbei handelt es sich insbesondere um die Rechtsanwaltskosten, die auch nach Stunden abgerechnet worden sein können (s. Rz. 5). Unabhängig von der Abrechnungsmethode muss das Kriterium der **Angemessenheit** erfüllt sein; die diesbezügliche Entscheidung trifft das Schiedsgericht im **Endschiedsspruch**. Mit dem Merkmal der Angemessenheit soll sichergestellt werden, dass Rechtsanwaltskosten, die in keinem vernünftigen Verhältnis zur wirtschaftlichen Bedeutung der Streitsache stehen, nicht erstattungsfähig sind. Die Einschränkung ist im Sinne eines Korrektivs für grob unverhältnismäßige Abrechnungen zu verstehen. Vor Erlass des Endschiedsspruchs ist den Parteien Gelegenheit zur Einreichung ihrer Kostenschriftsätze (*cost statements*) zu geben und sodann zur wechselseitigen Stellungnahme binnen kurzer Frist. Insbesondere wenn die Angemessenheit von einer Partei geltend gemachter Rechtsanwaltskosten von einer Gegenpartei in Frage gestellt wird, kann – im Rahmen des zu gewährenden rechtlichen Gehörs – die Einreichung von Zeiterfassungsübersichten und ähnlichen Belegen im Einzelfall erforderlich sein, um der Darlegungs- und Beweislast für die tatsächlichen Voraussetzungen der „Angemessenheit" Genüge zu tun.

30 **Kasuistik.** Die Beauftragung von **Kanzleien in verschiedenen Jurisdiktionen** ist in internationalen Streitverfahren regelmäßig zweckentsprechend, so dass die Mehrkosten jedenfalls dem Grunde nach nicht unangemessen sind. Das anwaltliche **Coaching von Zeugen** ist, wenn gewisse Grenzen nicht überschritten werden, erlaubt (s. Art. 25 Rz. 31); insoweit entstandene Anwaltskosten sind daher, Angemessenheit der Höhe nach vorausgesetzt, auch ersatzfähig. **Vorgerichtliche Anwaltskosten** sind ebenso wenig über Art. 37 Abs. 1 erstattungsfähig wie Kosten der Beauftragung von Anwälten in Parallelverfahren vor anderen Schiedsgerichten oder vor staatlichen Gerichten, z.B. im einstweiligen Rechtsschutz. Die Parteien können aber evtl. einen materiell-rechtlichen Anspruch auf die Erstattung dieser Kosten haben. Dieser ist dann von Anfang an miteinzuklagen; ein Abwarten verbietet sich wegen Art. 23 Abs. 4. Abweichend von dem Vorstehenden können die Kosten eines **ICC-Eilschiedsrichterverfahrens** zum selben Verfahrensgegenstand zum Gegenstand des prozessualen Kostenerstattungsanspruch des nachfolgenden Schiedsverfahrens gemacht werden: Art. 29 Abs. 4. In der Regel wird so auch hinsichtlich der Kosten obligatorischer Vorschaltverfahren in Fällen so genannter mehrstufiger Streitbeilegungsklauseln (*multi tier clauses*) zu verfahren sein.

2. ... und andere Auslagen im Zusammenhang mit dem Schiedsverfahren (Art. 37 Abs. 1)

Neben den Rechtsanwaltskosten sind auch **andere Auslagen** der Parteien im Zusammenhang mit dem Schiedsverfahren erstattungsfähig, Art. 37 Abs. 1. Wie sich aus der englischen Sprachfassung ergibt, müssen auch diese anderen Auslagen **angemessen** (*"reasonable"*) sein. Sie müssen vor allem auch **tatsächlich und kausal entstanden sein**, was bspw. bei Reisekosten von Naturalparteien, Organen oder Mitarbeitern, von Verfahrenskosten anlässlich Besprechungen mit Rechtsanwälten und/oder von mündlichen Verhandlungen zu bejahen ist. Auch die angemessenen Honorare von **Parteisachverständigen** fallen unter Art. 37 Abs. 1, ebenso wie verfahrensbezogene Auslagen, z.B. für *hearing facilities*, Übersetzer, Dolmetscher, *court reporter* usw. Dass eine Partei die Reisekosten der von ihr gestellten **Zeugen** übernimmt, ist in Schiedsverfahren selbstverständlich (näher Art. 26 Rz. 54). Auch diese Kosten stellen daher ersatzfähige Auslagen dar. Im Einzelfall können auch an Zeugen gezahlte **pauschale** bzw. zeitbezogene **Aufwandsentschädigungen** ersatzfähig sein, da eine Pflicht zum Erscheinen vor dem Schiedsgericht nicht existiert (Art. 25 Rz. 23, 31). 31

Dagegen ist es den Parteien meist nicht möglich, die (ggf. anteiligen) Kosten der Beschäftigung eines nicht eigens für Zwecke des Verfahrens eingestellten **Mitarbeiters der Rechtsabteilung** oder gar die (ohnehin kaum plausibel zu errechnenden) Kosten, die durch die **Mühewaltung von operativen Mitarbeitern** oder auch von internen **Controllern** im Zusammenhang mit der unternehmensinternen **Sachverhaltsermittlung** entstehen, auf die Gegenpartei abzuwälzen (str.; vgl. auch § 35 DIS-SchO Rz. 16). Es handelt sich regelmäßig um Sowieso-Kosten bzw. Gemeinkosten, die auch ohne das Schiedsverfahren entstanden wären. Die Besorgung eigener Angelegenheiten gehört auch für ein Unternehmen zum „allgemeinen Lebensrisiko". In der Praxis ließe sich zudem im Einzelfall kaum je feststellen, ob eine besonders aufwändige *„fact-finding mission"* nicht auch darauf zurückzuführen war, dass Dokumentationspflichten oder -obliegenheiten – was im Zeitalter elektronischer Massenkommunikation nicht unüblich ist – nicht vollständig eingehalten wurden oder doch jedenfalls nicht effizient genug ausgestaltet wurden. **Personalkosten**, die nicht mit dem Verfahren, sondern mit seinem Gegenstand zusammenhängen (z.B. Einstellung von Mitarbeitern zur Reparatur von der Gegenseite verursachter Schäden) können materiell-rechtlich ersatzfähig sein, müssen dann aber unter Beachtung der zeitlichen Grenze des Art. 23 Abs. 4 eingeklagt werden. 32

33 Schließlich ist im Rahmen der Geltendmachung von Kostenerstattungsansprüchen zu berücksichtigen, ob und inwieweit etwaige **Zahlungen auf die Umsatzsteuern** (dazu auch Rz. 58 f.) verlangt und ersetzt werden können. Hier ist insbesondere auf eine mögliche Vorsteuerabzugsberechtigung seitens der Parteien zu achten; ggf. haben diese bei aus ihrer Sicht nicht berechtigter Geltendmachung von Mehrwert- oder Umsatzsteuern eine solche gegenüber dem Schiedsgericht zu rügen. Hinsichtlich einer etwaigen Umsatzsteuer auf Schiedsrichterhonorare ist zu berücksichtigen, dass insoweit ein Zahlungsanspruch nur dann tenoriert werden kann, wenn die Parteien im Verlauf des Verfahrens bereits Umsatzsteuervorschüsse abgeführt haben. Der Gerichtshof wirkt im Rahmen des Genehmigungsverfahrens (Art. 33) zudem darauf ein, dass nähere Konkretisierungen (z.B. prozentuale Umsatzsteuersätze) in den Tenor nur dann aufgenommen werden, wenn die entsprechenden Tatsachen im Verfahren von den Parteien vorgetragen und nicht bestritten wurden (sonst *ultra petita*).

F. Kostenentscheidungen des Schiedsgerichts (Art. 37 Abs. 3–5)

I. Kostenentscheidung im Endschiedsspruch (Art. 37 Abs. 4, 5)

34 Art. 37 Abs. 4 bestimmt, dass das **Schiedsgericht im Endschiedsspruch** die Kosten des Verfahrens festzusetzen (Rz. 35) und dabei auch zu bestimmen hat, wer sie zu tragen hat bzw. in welchem Verhältnis sie verteilt werden sollen (Rz. 36 f.).

1. Kosten-„Festsetzung" durch das Schiedsgericht im Endschiedsspruch (Art. 37 Abs. 4)

35 Die „Festsetzung" der Kosten ist **zwingender Bestandteil** eines jeden **ICC-Endschiedsspruchs**. Je nach Lage des Falls kann auch in Zwischen- oder Teilschiedssprüchen eine Kostenfestsetzung angezeigt sein; die Befugnis hierzu verleiht dem Schiedsgericht Art. 37 Abs. 3 (dazu Rz. 39). Der Ausdruck „festsetzen" ist missverständlich: Eine **eigenständige**, gemäß Art. 31 Abs. 2 inhaltlich zu begründende Kostenfestsetzung trifft das Schiedsgericht lediglich hinsichtlich der außergerichtlichen Kosten der Parteien sowie hinsichtlich der Honorare und Auslagen der vom Schiedsgericht ernannten Sachverständigen. Die Kosten und Auslagen des Schiedsgerichts wurden dagegen bereits vom Gerichtshof festgesetzt (s. Rz. 12–21), der **Endschiedsspruch spiegelt die entsprechenden Festsetzungen 1:1 wider**.

2. Entscheidung über die Kostenverteilung (Art. 37 Abs. 4, 5)

Das Schiedsgericht muss darüber entscheiden, welche Partei „*die Kos-* 36 *ten zu tragen hat*" oder „*in welchem Verhältnis sie verteilt werden sollen*". Diese Formulierung legt nahe, dass der **Grundsatz der einheitlichen Kostenentscheidung** auch im ICC-Schiedsverfahren gilt, dass also der Schiedsspruch nicht etwa getrennte Kostenquoten für verschiedene Kostenblöcke aufweisen kann. Eine dergestalt einheitliche Kostenentscheidung ist denn auch die Regel in ICC-Schiedsverfahren. Aus Art. 37 Abs. 5 folgt aber, dass verschiedene, **nach Kostenblöcken differenzierende Quotelungen ebenfalls möglich** sind (im Einzelnen s. Rz. 37). Dies stößt im ICC-Schiedsverfahren auch nicht auf besondere praktische Schwierigkeiten, da die Kosten ihrer Höhe nach bereits feststehen, wenn über die Verteilung entschieden wird. Gleichwohl wird in der weit überwiegenden Mehrheit der Fälle die einheitliche Kostenentscheidung die am ehesten interessengerechte Lösung darstellen.

Die ICC-SchO enthält als **Maßgabe für die Kostenverteilung** lediglich 37 den allgemein enthaltenen Art. 37 Abs. 5, wonach das Schiedsgericht „*alle ... ihm relevant erscheinenden Umstände*" berücksichtigt, insbesondere das Ausmaß an Zügigkeit und Kosteneffizienz, in dem die Parteien das Verfahren betrieben haben. In aller Regel wird es angemessen sein, die festgesetzten Kosten quotal entsprechend der Obsiegens- bzw. Unterliegensquote zu verteilen und dabei die Entscheidungen über die Nebenforderungen außer Betracht zu lassen. In Einzelfällen kann nach Lage der Umstände eine abweichende Verfahrensweise angezeigt sein, insbesondere wenn eine Partei das Verfahren wiederholt verschleppt oder boykottiert bzw. Anordnungen des Schiedsgerichts nicht befolgt hat. Es seien **beispielhaft** folgende Fälle genannt:

- Bei objektiver Klagehäufung hat ein verhältnismäßig geringfügig zu beziffernder Anspruch den weit überwiegenden Aufwand bei Parteien und Schiedsgericht verursacht.

- Die in der Sache ganz oder teilweise obsiegende Partei hat durch mutwillige Einwendungen wie der einer schiedsabredewidrigen Rechtshängigkeit der Streitsache oder auch durch gänzlich haltlose Befangenheitsanträge gegen Schiedsgericht und/oder Sachverständige den Prozess in absoluten Zahlen in erheblicher, bei einer lediglich am Verhältnis von Obsiegen bzw. Unterliegen orientierten (quotalen) Kostenverteilung nicht hinreichend reflektierten Weise verteuert oder verzögert.

In den genannten Fällen kann entweder am Grundsatz der einheitlichen Kostenentscheidung festgehalten werden (z.b. dadurch, dass die Parteien ihre außergerichtlichen Kosten selbst tragen oder dass bestimmte Positionen in Abzug gebracht werden) oder aber das Schiedsgericht kann verschiedene Kostenblöcke identifizieren (möglich insbesondere bei Bifurkation) und die Kosten für diese Kostenblöcke jeweils getrennt allokieren.

3. Form der Entscheidung; Verzinsung von Kostenerstattungsansprüchen

38 Im **Tenor** des Schiedsspruchs wird regelmäßig nach den Hauptsache- und Zinstenören zunächst abstrakt die **Kostengrundentscheidung** aufgeführt. Sodann wird diese durch einen – bei wechselseitigen, währungsgleichen Forderungen bereits deren jeweilige Saldierung reflektierenden – **Zahlungsbefehl** konkretisiert. Die eigentlichen **Festsetzungen** (Art. 37 Abs. 4) können in den Gründen enthalten und müssen dort nachvollziehbar erläutert, d.h. ggf. – ebenso wie die saldierende Ausgleichung – auch „vorgerechnet" werden (Art. 31 Abs. 2). **Zinsen** auf Kosten sind nur im Falle ihrer Beantragung auszusprechen, da sonst dem Grundsatz *ultra petita* zuwidergehandelt würde. Anwendbares Recht für Zinsansprüche auf Kosten ist die lex loci arbitri, d.h. das Recht am Schiedsort, da es sich um eine Annexmaterie zum Prozessrecht handelt (str.). Bei einem deutschen Schiedsort gilt jedenfalls § 291 BGB analog, wobei der Zinslauf nicht beginnen kann, bevor die Kosten der Partei auch tatsächlich entstanden sind.

II. Sonstige Kostenentscheidungen (Art. 37 Abs. 3)

39 **Verfahrensphasespezifische Erstattungsansprüche bei Bifurkation usw.** Das Schiedsgericht ist gemäß Art. 37 Abs. 3 auch während des Schiedsverfahrens zu Kostenentscheidungen befugt und kann Zahlungen anordnen, soweit nicht Kosten betroffen sind, die vom Gerichtshof festzusetzen sind. Die Vorschrift stellt zunächst vor allem verfahrensphasespezifische Kostenentscheidungen in **Zwischen-** bzw. **Teilschiedssprüchen** auf eine verfahrensrechtliche Grundlage. Ob das Schiedsgericht in einem der Endentscheidung vorausgehenden Schiedsspruch eine Kostenentscheidung trifft oder diese dem Endschiedsspruch vorbehält, ist Ermessenssache. Die ICC wird aber Schiedsrichterhonorare und Verwaltungskosten grundsätzlich nicht getrennt nach Verfahrensstadien festsetzen, so dass **bezifferte Kostenerstattungsansprüche bezüglich der**

jeweiligen Verfahrensphase in Zwischen- oder Teilschiedssprüchen regelmäßig nur hinsichtlich der außergerichtlichen Kosten ausgeurteilt werden können. Etwas anderes gilt, wenn in einem **Mehrparteienverfahren** eine Partei aufgrund einer erfolgreichen **Zuständigkeitseinwendung** gemäß **Zwischenschiedsspruch ausscheidet**, das Verfahren hinsichtlich der anderen Parteien aber fortgesetzt wird. Der Gerichtshof wird zwar auch in diesem Fall mit der Festsetzung der Schiedsrichterhonorare und Verwaltungskosten bis zur Beendigung des Verfahrens warten. Die ausgeschiedene Partei hat aber einen prozessualen Anspruch auf Entscheidung über die Erstattung ihres eingezahlten Vorschussanteils durch Schiedsspruch, solange sie noch am Verfahren beteiligt ist. Ob die Gegenparteien verlangen können, dass der Erstattungsanspruch lediglich Zug um Zug gegen Abtretung eines etwaigen Anspruchs der ausscheidenden Partei gegen die ICC auf verhältnismäßige Teilrückzahlung des eingezahlten Vorschusses (Art. 2 Abs. 9 Anhang III zur ICC-SchO) zu erfüllen ist und ob ggf. sonstige Möglichkeiten zur Vermeidung einer doppelten Befriedigung der ausscheidenden Partei bestehen, richtet sich nach den jeweils anwendbaren Rechtsordnungen.

Sonstige Anwendungsfälle. Teil- bzw. Zwischenschiedssprüche eignen sich auch – ebenso wie grundsätzlich prozessleitende Verfügungen, die indes nicht vollstreckbar sind – für die folgenden Anwendungsfälle, die grundsätzlich Antragstellung durch eine Partei voraussetzen: Anordnung von **Prozesskostensicherheit**, von **Umsatzsteuervorschüssen** bezgl. des Honorars der Schiedsrichter, von Vorschüssen auf die **Honorare von Sachverständigen** oder sonstigen **Gehilfen des Schiedsgerichts**, bei der Durchsetzung des Anspruchs der einen Partei gegen die andere Partei auf **Zahlung eines von der ICC gemäß Art. 36 i.V.m. Art. 1 Anhang III zur ICC-SchO festgesetzten Vorschusses** (str.). 40

Ausnahme: Kosten, die vom Gerichtshof festzusetzen sind. Die Einschränkung ist missverständlich formuliert. Gemeint ist lediglich, dass die Schiedsrichterhonorare und -auslagen sowie die ICC-Verwaltungskosten ausschließlich vom Gerichtshof und daher keinesfalls – auch nicht vorläufig – vom Schiedsgericht selbständig festgesetzt werden können. Maßnahmen zur Durchsetzung vom Gerichtshof festgesetzter Kosten bzw. Vorschüsse sind dem Schiedsgericht aber erlaubt (str.). 41

G. Verfahrensbeendigung vor Erlass eines Endschiedsspruchs (Art. 37 Abs. 6 ICC-SchO, Art. 2 Abs. 8 Anhang III zur ICC-SchO)

42 Art. 37 Abs. 6 regelt die **Auswirkung einer vorzeitigen Verfahrensbeendigung** auf die **Verfahrenskosten**. Da die ICC-SchO solche vorzeitigen Verfahrensbeendigungen nur **fragmentarisch** regelt, werden diese im Folgenden (Rz. 43–50) umrissen, bevor die kostenmäßigen Folgen der vorzeitigen Verfahrensbeendigung näher erörtert werden (Rz. 52–55).

I. Beendigungstatbestände

43 Neben der in Art. 37 Abs. 6 Satz 1 nach dem ausdrücklichen Wortlaut nicht geregelten Beendigung eines Schiedsverfahrens durch Endschiedsspruch können ICC-Schiedsverfahren noch auf andere Weise beendet werden:

1. „Vollständige Klagerücknahme" (Art. 37 Abs. 6 Satz 1 Var. 1)

44 Sie ist von der bloßen Rücknahme der Klage hinsichtlich eines Teils des Streitgegenstands ebenso abzugrenzen wie von dem Fall, dass zwar die Klage zurückgenommen wird, die Widerklage aber anhängig bleibt oder umgekehrt; entsprechendes gilt für *cross claims* (zu diesen Art. 8 Rz. 9). Wie sich aus Art. 37 Abs. 6 ergibt, ist die **vollständige Klagerücknahme** grundsätzlich bis zur Schließung des Schiedsverfahrens (Art. 27 Abs. 2) möglich; anschließend nur noch mit Genehmigung des Schiedsgerichts. Die Zustimmung der Gegenpartei(en) wird von der ICC-SchO nicht vorgeschrieben. Ob sie erforderlich ist, richtet sich nach **nationalem Recht** (in Deutschland: § 1056 Abs. 2 Buchst. b ZPO, der auch einen – nach der ICC-SchO ebenfalls nicht zwingenden – Beendigungsbeschluss [„*termination order*"] des Schiedsgerichts vorsieht). Wegen der fehlenden Regelung in der ICC-SchO und der deshalb anwendbaren, vielfach divergierenden nationalen Regelungen erkennt der Gerichtshof eine Klagerücknahme in ständiger Praxis nur dann an, wenn diese entweder im Einvernehmen aller Verfahrensbeteiligter erfolgt, innerhalb einer gesetzten Frist kein Widerspruch erfolgt oder wenn ihre Wirksamkeit durch Beendigungsbeschluss (*„termination order"*) des Schiedsgerichts festgestellt ist.

2. „Beendigung des Schiedsverfahrens vor Erlass eines Endschiedsspruchs" (Art. 37 Abs. 6 Satz 1 Var. 2)

Der **Auffangtatbestand** deckt insbesondere die folgenden Konstellationen ab: 45

Übereinstimmende Erklärung der Parteien, aus der sich ergibt, dass sie 46
das Verfahren insgesamt nicht weiter verfolgen wollen (wobei die Frage der Kostentragung mangels ausdrücklicher Regelung im Vergleich stets als vorbehalten gilt: Art. 37 Abs. 3 Satz 2; eine Regelung wie nach § 98 ZPO existiert also gerade nicht). Die Zulässigkeit einer solchen Parteivereinbarung folgt aus der Parteiautonomie; in Deutschland existiert eine entsprechende Regelung in § 1057 Abs. 2 Nr. 2 ZPO. Eine das Verfahren beendende Parteivereinbarung ist meist Bestandteil eines **Vergleichs**, der in der Form des Art. 32, aber auch „außerschiedsgerichtlich" abgeschlossen werden kann. Dass das Schiedsverfahren beendet werden soll bzw. dass eine Partei (z.B. bei Ratenzahlungsvergleich: nach Eingang der letzten Rate) zur Klagerücknahme verpflichtet sein soll, muss in jedem Fall in den Vergleich aufgenommen werden; das Prozessrechtsverhältnis wird – schon wegen Fehlens einer § 98 ZPO entsprechenden Regelung in der ICC-SchO – nicht bereits durch den Vergleichsschluss ipso facto beendet.

Empfehlung: Sind die Parteien von Rechtsanwälten aus dem Anwendungsbereich 47
der **VO (EG) Nr. 805/2004 (EuVTVO)** vertreten, und ist dort auch zu vollstrecken, sollte der Vergleich aus Gründen der Vollstreckungseffizienz nicht in der Form des Art. 32 abgeschlossen werden. Stattdessen sollten die **materiell-rechtlichen Regelungen des Vergleichs** in eine **öffentliche Urkunde** aufgenommen werden (Art. 25 EuVTVO). So kann, hat eine Partei ihren Sitz in Deutschland, der Vergleich von einem **Notar am allgemeinen Gerichtsstand in Verwahrung genommen und EU-weit für vollstreckbar erklärt werden** (§§ 794 Abs. 4b, 796a, 796c, 1079 ff. ZPO; die „Niederlegung" beim Amtsgericht gemäß § 796b ZPO ist zwar auch möglich, für die anschließende Vollstreckbarerklärung gemäß § 796b Abs. 1 fehlt es aber an einem – staatlichen – „Prozessgericht"). Anders als im Falle eines Vergleichs gemäß Art. 32 bedarf es dann **keines Exequaturverfahrens im Vollstreckungsstaat mehr** (Art. 5 EuVTVO). Die prozessualen Regelungen – zur Beendigung des Schiedsverfahrens und ggf. zur Kostentragung – müssen in eine **separate, nicht zu beurkundende Vereinbarung** aufgenommen werden (wichtig wegen Art. 2 Abs. 2 Buchst. d EuVTVO [*„arbitration exception"*]).

„Erledigungserklärungen". In deutsch geprägten ICC-Schiedsverfahren 48
wird z.T. wie in staatlichen Verfahren mit „Erledigungserklärungen" gearbeitet. Das ist überflüssig, weil einerseits eine Schweigefristregelung nach Art des § 91a Abs. 1 Satz 2 ZPO in der ICC-SchO ebenso fehlt wie eine eigenständige Kosten- bzw. Rechtsbehelfsbestimmung (vgl. § 91a

Abs. 2 ZPO), während andererseits die Klagerücknahme nicht ohne weiteres die Kostenfolge des § 269 Abs. 3 Satz 2 ZPO nach sich zieht. Gemeinsame Erklärungen der Parteien, die auf eine Beendigung des Verfahrens zielen, sind daher nicht anders zu behandeln als Klagerücknahmeerklärungen oder Vergleiche; eine einseitige Erledigungserklärung ist als Klagerücknahme auszulegen, „Widerspruch" hiergegen ist unzulässig. Auf Klägerseite bedeutet dies, dass für eine Umstellung des Sachantrags auf Feststellung, dass sich die Hauptsache erledigt habe, kein (Rechtsschutz-)Bedürfnis besteht. Mag der Kläger die Klage in einem solchen Fall unter Verwahrung gegen die Kostenlast zurücknehmen.

49 **Nichtbetreiben des Verfahrens durch den Kläger.** Es tritt meist durch Nichtzahlung angeforderter Vorschüsse zu Tage (s. dazu im Einzelnen Art. 36 Rz. 34 ff.). Sind die Vorschüsse eingezahlt, wird aber sonst ersichtlich, dass jedenfalls der Kläger das Verfahren nicht mehr betreibt (bspw. durch Nichterscheinen zum anberaumten Termin), kann das Verfahren nach Gewährung rechtlichen Gehörs durch **Beendigungsbeschluss** („termination order") beendet werden (s. für Deutschland auch § 1056 Abs. 2 Nr. 3 Var. 1 ZPO).

50 **Insolvenz** einer Partei, soweit diese nach dem anwendbaren Recht die zwingende Beendigung des Verfahrens zur Folge hat. Im Anwendungsbereich der **VO (EG) Nr. 1346/2000** (EuInsO) bestimmen sich die Auswirkungen der Insolvenzeröffnung auf anhängige Rechtsstreite nach dem Recht des Schiedsorts (Art. 15 EuInsO; so der englische High Court sowie das Court of Appeal in Syska v Vivendi Universal SA [2008] EWHC 2155 [Comm.] [Clarke J]; [2009] EWCA Civ. 677). Dagegen wird am – häufig gewählten – Schiedsort **Schweiz** gemäß Art. 154 IPRG auf das **Gesellschaftsstatut** der insolventen Partei (und damit regelmäßig auf das Recht am Ort des [Haupt-]Insolvenzverfahrens) abgestellt (BGer, Vivendi S.A. ./. Deutsche Telekom AG v. 31.3.2009 – 4A 428/2008, www.bger.ch, zu einer Regelung des polnischen Insolvenzrechts, die Beendigung auch außerpolnischer Schiedsverfahren mit Beteiligung polnischer Insolvenzschuldner zur Folge haben soll; aber s. jetzt BGer v. 16.10.2012 – 4 A 50/2012, www.bger.ch, wonach eine Bestimmung des portugiesischen Insolvenzstatuts, die die „Wirksamkeit" von Schiedsvereinbarungen während des Insolvenzverfahrens hemmt, die Fortsetzung eines in der Schweiz anhängigen Schiedsverfahrens nicht hindere. Siehe zum Ganzen *Flecke-Giammarco/Keller*, NZI 2012, 529 ff. – Führt die Anwendung der die Auswirkungen der Insolvenz auf das Schiedsverfahren behandelnden Kollisionsnorm zum **deutschen Recht**, findet § 240 ZPO **keine Anwendung** (dazu und zu den weiteren Wechselwirkungen

zwischen Insolvenzrecht und Schiedsverfahren – Erfordernis der Anmeldung zur Tabelle, Durchsetzungssperre – s. § 39 DIS-SchO Rz. 67 ff.).

Sonstige, atypische Beendigungstatbestände können sich insbesondere aus **nationalem Recht** ergeben, in Deutschland werden diese von der Auffangregelung des § 1057 Abs. 2 Nr. 3 Var. 2 ZPO erfasst. 51

II. Entscheidungen des Gerichtshofs (Art. 37 Abs. 6 Sätze 1, 3 ICC-SchO, Art. 2 Abs. 8 Anhang III zur ICC-SchO)

Eine Beendigung des Schiedsverfahrens ohne Endschiedsspruch zieht grundsätzlich stets eine **Entscheidung des Gerichtshofs** über Schiedsrichterhonorare und -auslagen sowie über ICC-Verwaltungskosten nach sich. Die einzige Ausnahme bilden diejenigen Fälle, in denen bereits die **Registrierungsgebühr** nicht oder nicht vollständig bezahlt wurde. Dann bedarf es einer Entscheidung des Gerichtshofs nicht. Zwar ist der Anspruch der ICC auf Bezahlung der Registrierungsgebühr bereits mit Einreichung der Schiedsklage entstanden, doch wird dieser in der Praxis i.d.R. nicht durchgesetzt. In **allen anderen Fällen** ergeht eine Kostenentscheidung des Gerichtshofs, die bei Verfahrensbeendigung vor Konstituierung des Schiedsgerichts auf die Verwaltungskosten der ICC beschränkt bleibt. Der Schiedsgerichtshof hat bei der Festsetzung all dieser Kosten **Ermessen**, Art. 2 Abs. 8 Anhang III zur ICC-SchO. Dabei berücksichtigt der Gerichtshof gemäß Art. 2 Abs. 8 Anhang III zur ICC-SchO *„den Verfahrensstand und andere angemessene Umstände"*. 52

Verfahrensstand (Art. 2 Abs. 8 Var. 1 Anhang III zur ICC-SchO). Er stellt in der Praxis das zentrale Kriterium für die Festsetzung der Kosten bei vorzeitiger Verfahrensbeendigung dar. Liegen keine besonderen, anderen, *„angemessenen Umstände"* (s. dazu Rz. 54) vor, die eine andere Festsetzung gebieten, entspricht es der – indes nicht bindenden – Praxis des Gerichtshofs, in der Regel wie folgt festzusetzen: 53

– Verfahrensbeendigung, **bevor der Gerichtshof und/oder Generalsekretär eine Entscheidung getroffen haben.** Keine *Schiedsrichterhonorare, Verwaltungskosten*: 3000 USD (entspricht der nicht erstattbaren Registrierungsgebühr), außer bei über mehrere Monate hinweg ausgesetzten Verfahren; dann erhöhen sich die Verwaltungskosten in Abhängigkeit des Mehraufwands des Sekretariats.

– Verfahrensbeendigung nach ersten Entscheidungen des Gerichtshofs und/oder des Generalsekretärs, aber **vor Aktenübergabe** (Art. 16) bzw. unmittelbar nach Aktenübergabe (d.h. vor Erstellung eines ersten Schiedsauftragsentwurfs gemäß Art. 23). *Schiedsrichterhonorare*: Soweit Schiedsrichter in diesem Stadium überhaupt bereits amtieren (d.h. nicht lediglich benannt oder vorgeschlagen, sondern bestätigt oder ernannt sind) und Arbeit auf die Angelegenheit verwandt haben (z.B. Auswahl eines Vorsitzenden nach Maßgabe einer Vereinbarung der Parteien, Einarbeitung in die Akte), kommt im Einzelfall die Festsetzung eines Schiedsrichterhonorars im dreistelligen oder auch niedrig vierstelligen Dollarbereich in Betracht. *Verwaltungskosten*: ca. 5000 USD; war die Sache für Sekretariat und/oder Gerichtshof überdurchschnittlich aufwändig und in Fällen, in denen die Akten bereits übergeben wurden, wird auch über diesen Betrag hinausgegangen.

- Verfahrensbeendigung **im Zuge oder kurz nach der Erstellung des Schiedsauftrags.** *Schiedsrichterhonorare:* ca. 50 % des Mindestbetrags gemäß Tabelle B nach Art. 4 Anhang III zur ICC-SchO; *Verwaltungskosten:* ca. 50 % des Betrags gemäß Tabelle A nach Art. 4 Anhang III zur ICC-SchO.

- Verfahrensbeendigung nach Ergehen eines **Zwischen- bzw. Teilschiedsspruchs**: *Schiedsrichterhonorare:* regelmäßig wenigstens das Mindesthonorar gemäß Tabelle B nach Art. 4 Anhang III zur ICC-SchO; *Verwaltungskosten:* ca. 75 % des Betrags gemäß Tabelle A nach Art. 4 Anhang III zur ICC-SchO.

54 **Sonstige *„angemessene Umstände"* (Art. 2 Abs. 8 Var. 2).** Solche können dazu führen, dass der Gerichtshof die Kosten abweichend von den in Rz. 53 erläuterten allgemeinen Leitlinien festsetzt. Hinsichtlich der Schiedsrichterhonorare richtet der Gerichtshof sich dabei, soweit übertragbar, auch im Rahmen des Art. 37 Abs. 6 ICC-SchO, Art. 2 Abs. 8 Anhang III zur ICC-SchO nach den Kriterien des Art. 2 Abs. 2 Anhang III zur ICC-SchO (Umsicht, Effizienz, zeitlicher Aufwand des Schiedsrichters – für die Verwaltungskosten auch: von Sekretariat und Gerichtshof –, Komplexität der Streitigkeit und Geschwindigkeit; dazu Rz. 15). **Höhere Schiedsrichterhonorare** als nach Rz. 53 können bspw. festgesetzt werden, wenn das Schiedsgericht einen Vergleich der Parteien durch proaktives Verhandlungsmanagement oder einen Vergleichsvorschlag erst möglich gemacht hat oder wenn die Sache aus anderen Gründen – gemessen daran, was für den Verfahrensstand sonst üblich ist – überdurchschnittlich komplex oder sonst zeitaufwändig oder wenn das Schiedsgericht durch eine besonders speditive Verfahrensführung eine schnelle Erledigung erzielen konnte. **Höhere Verwaltungskosten** als nach Rz. 53 können im Falle eines gegenüber dem durchschnittlichen Aufkommen erhöhten Verwaltungsaufwands für Sekretariat und Ge-

richtshof gerechtfertigt sein, wie er bspw. in Mehrparteienverfahren oder im Falle von Befangenheitsanträgen gegeben ist.

Ist noch **kein Schiedsgericht gebildet**, kann jede Partei beim Gerichtshof beantragen, dass ein Schiedsgericht ausschließlich zur Entscheidung über die Kosten eingesetzt wird (Art. 37 Abs. 6 Satz 3). 55

III. Entscheidungen des Schiedsgerichts (Art. 37 Abs. 6 Sätze 2, 3)

Das **Schiedsgericht** entscheidet bei Fehlen einer Parteivereinbarung „*über die Verteilung der Verfahrenskosten oder andere kostenrelevante Fragen*". Regelmäßig sollten und werden sich die Parteien über die entsprechenden Fragen geeinigt haben. Enthält ein Vergleich keine entsprechende Regelung, bedarf es aber einer Entscheidung des Schiedsgerichts; eine § 98 ZPO entsprechende Regelung existiert im ICC-Schiedsverfahren nicht. Die Entscheidung des Schiedsgerichts hat durch **Schiedsspruch** zu ergehen, der der Genehmigungsprüfung (Art. 33) unterliegt. Ist ein Schiedsgericht nicht gebildet, kann dies auf Antrag nachgeholt werden (Art. 37 Abs. 6 Satz 3). Für die Entscheidung über die Kostenverteilung gilt Art. 37 Abs. 5. Haben die Parteien einen Einvernehmensschiedsspruch ohne Kostenregelung beantragt, muss wegen der Kosten ein Endschiedsspruch ergehen. Die **hypothetischen Erfolgsaussichten in der Hauptsache** können einen der „relevanten Umstände" gemäß Art. 37 Abs. 5 bilden, doch kann hier aus prozessökonomischen Gründen nur eine summarische Prüfung geleistet werden. In Betracht zu ziehen sein kann im Rahmen der nach Art. 37 Abs. 5 vorzunehmenden **Gesamtschau** auch der Inhalt eines Vergleichs, insbesondere bei einer Zahlungsklage das quotale Verhältnis zwischen Vergleichssumme und Klageforderung; etwaige streitwertüberschießende Vergleichsinhalte werden aber regelmäßig in die Gesamtschau einzubeziehen sein. 56

H. Kosten bei Anträgen nach Art. 35 (Art. 2 Abs. 10 Anhang III zur ICC-SchO)

Siehe dazu Art. 35 Rz. 30. 57

J. Umsatzsteuerliche Fragen (Art. 2 Abs. 13, 14 Anhang III zur ICC-SchO)

Soweit auf **Schiedsrichterhonorare** Umsatzsteuer anfällt, ist diese weder in den Vorschusszahlungen der Parteien noch in den Abschlags- oder Schlusszahlungen der ICC an den Schiedsrichter enthalten; die Tragung 58 der Umsatzsteuer ist **ausschließlich eine Angelegenheit zwischen den Parteien und dem Schiedsrichter** (Art. 2 Abs. 13 Anhang III zur ICC-SchO; zur Geltendmachung s. Rz. 33). Wegen der Einzelheiten der umsatzsteuerlichen Behandlung von Schiedsrichterhonoraren s. *Risse/Meyer-Burow*, SchiedsVZ 2009, 326 ff. In ICC-Schiedsverfahren werden regelmäßig – sofern die Umsatzsteuerschuld nicht, da es sich um eine innergemeinschaftliche Leistung handelt, verlagert ist – **separate Vorschüsse auf die auf das Honorar anfallende Umsatzsteuer** angefordert. Die ICC unterhält ein Konto, auf das solche Vorschüsse eingezahlt werden können.

59 Auf **ICC-Verwaltungskosten** können gemäß Art. 2 Abs. 14 Anhang III zur ICC-SchO *„Mehrwertsteuer (MWSt.) oder vergleichbare Abgaben"* anfallen. Gegenwärtig unterfallen die Verwaltungskosten der ICC – anders als die Entgelte für diverse, optionale Zusatzleistungen, wie die Bereitstellung von Verhandlungsräumen im ICC Hearing Centre in Paris – nach französischem Recht nicht der Umsatzsteuer.

K. Ernennende Stelle (Art. 3 Anhang III zur ICC-SchO); Tabellen, Währung (Art. 4 Anhang III zur ICC-SchO)

60 **Art. 3 Anhang III zur ICC-SchO** betrifft **UNCITRAL- und andere Ad-Hoc-Schiedsverfahren**. In Schiedsverfahren nach der ICC-SchO spielt die Regelung keine Rolle und wird daher hier nicht kommentiert.

61 **Art. 4 Abs. 1 Anhang III zur ICC-SchO** bestimmt, dass die Kostentabellen der ICC-SchO 2012 auch für Verfahren gelten, die nach einer früheren Fassung der ICC-SchO administriert werden, vorausgesetzt, das Verfahren wurde am 1.1.2012 oder danach eingeleitet. Wie sich aus der Zusammenschau mit Art. 6 Abs. 1 ergibt, ist Art. 4 Abs. 1 Anhang III zur ICC-SchO **zwingend**. Die Parteien sollen es nicht in der Hand haben, durch die – im Rahmen des Art. 6 Abs. 1 grundsätzlich mögliche – Wahl einer früheren Fassung der ICC-SchO auch die an die Teuerung angepassten Kostentabellen in der Fassung vom 1.1.2012 abzuwählen.

62 **Art. 4 Abs. 2 Anhang III zur ICC-SchO** legt die Berechnungsmethode für Honorare und Verwaltungskosten fest und deckelt die Verwaltungskosten bei 113 215 USD (s. Rz. 24). Gemäß **Art. 4 Abs. 3 Anhang III zur ICC-SchO** sind **vom Gerichtshof oder gemäß einem der Anhänge festgesetzte Beträge** stets in US-Dollar zu zahlen. Eine Ausnahme gilt nur, wenn dies gesetzlich untersagt ist. Entsprechende Regelungen können sich aus dem nationalen, auf eine Partei anwendbaren Recht ergeben. In

einem solchen Fall kann die ICC alternative Gebührenstufen und Gebührenvereinbarungen in einer anderen Währung verwenden.

L. Abweichende Parteivereinbarungen

Parteivereinbarungen sind im Rahmen der Art. 36, 37 ICC-SchO sowie des Anhang III zur ICC-SchO grundsätzlich nicht möglich; s. Art. 2 Abs. 4 Anhang III zur ICC-SchO. Soweit Art. 37 im Einzelfall Regelungen durch Parteivereinbarung zulässt, ist dies ausdrücklich so bestimmt (Art. 37 Abs. 6 Satz 2 ICC-SchO, Art. 2 Abs. 7 Anhang III zur ICC-SchO).

63

Verschiedenes

Artikel 38: Abgeänderte Fristen

(1) Die Parteien können durch Vereinbarung die in der Schiedsgerichtsordnung vorgesehenen Fristen verkürzen. Nach Bildung des Schiedsgerichts bedarf eine solche Vereinbarung zu ihrer Wirksamkeit der Zustimmung des Schiedsgerichts.

(2) Der Gerichtshof kann von sich aus jede gemäß Artikel 38(1) verkürzte Frist verlängern, wenn er dies für die Erfüllung seiner oder der Aufgaben des Schiedsgerichts gemäß dieser Schiedsgerichtsordnung für notwendig erachtet.

Article 38: Modified Time Limits

(1) The parties may agree to shorten the various time limits set out in the Rules. Any such agreement entered into subsequent to the constitution of an arbitral tribunal shall become effective only upon the approval of the arbitral tribunal.

(2) The Court, on its own initiative, may extend any time limit which has been modified pursuant to Article 38(1) if it decides that it is necessary to do so in order that the arbitral tribunal and the Court may fulfil their responsibilities in accordance with the Rules.

Regelungsschwerpunkte: Abs. 1 regelt die Möglichkeit der Parteien zur Vereinbarung kürzerer Fristen. Dies kann in der Praxis unter Umständen einige Fallstricke bedeuten. Insbesondere sogenannte „Fast-Track"-Verfahren sollten mit Bedacht und Sorgfalt vereinbart werden. → Rz. 1 und 5 ff.; **Abs. 2** regelt die Möglichkeit des Gerichtshofs, von sich aus die von den Parteien abgeänderten Fristen zu verlängern. → Rz. 1 und 9

Kostenaspekte: Verfahren mit verkürzten Fristen können die Kosten des Schiedsverfahrens reduzieren. Neben kürzeren Fristen bieten sich hierfür aber auch andere Stellschrauben an, wie z.B. der Verzicht auf mehrere Schriftsatzrunden. → Rz. 6

Abgeänderte Fristen   Art. 38 ICC-SchO

Inhalt

A. Normzweck	1	F. Voraussetzungen für die Vereinbarung abgeänderter Fristen (Abs. 1)	7
B. Reform	2		
C. Verhältnis zu §§ 1025 ff. ZPO	3	G. Verlängerung abgeänderter Fristen durch den Gerichtshof (Abs. 2)	9
D. Vergleich mit den im staatlichen Verfahren geltenden Vorschriften	4	H. Abweichende Parteivereinbarungen	10
E. Praktische Bedeutung der Regelung	5		

Literatur: *ICC Commission on Arbitration,* Note on Expedited ICC Arbitration Procedure, ICC Court Bulletin, Vol. 13 No. 1 (2002), S. 29 ff.; *ICC Commission on Arbitration,* Techniques for Controlling Time and Costs in Arbitration, ICC Court Bulletin, Vol. 18 No. 1 (2007), S. 23 ff.; *Morton,* Can a World Exist Where Expedited Arbitration Becomes the Default Procedure?, Arbitration International, Vol. 26 No. 1 (2010), S. 103 ff.

A. Normzweck

Die ICC-SchO enthält zahlreiche Fristenregelungen (u.a. Art. 5 Abs. 1 und Abs. 5 für die Einreichung der Klageantwort nebst Schiedsrichterbenennung bzw. Widerklage; Art. 12 Abs. 3 und Abs. 5 für die Benennung des Einzelschiedsrichters bzw. des Vorsitzenden; Art. 23 Abs. 2 für den Schiedsauftrag; Art. 24 Abs. 1 für die Verfahrensmanagementkonferenz; Art. 24 Abs. 2 für den Verfahrenskalender; Art. 27 Abs. 1 für die Schließung des Verfahrens sowie Art. 30 für den Erlass des Schiedsspruchs), die bereits darauf abzielen, dass ein Schiedsverfahren so schnell und effizient wie möglich durchgeführt wird. Art. 38 ist Ausdruck der Parteiautonomie im Schiedsverfahren und gewährt den Parteien die Möglichkeit, auch noch kürzere als die in der ICC-SchO schon teilweise knapp bemessenen Fristen zu vereinbaren (Art. 38 Abs. 1). Da abgeänderte Fristen aber die schiedsrichterliche Entscheidungskompetenz beeinflussen und somit für die Parteien durchaus auch risikobehaftet sein können, kann der Gerichtshof von sich aus die abgeänderten Fristen verlängern (Art. 38 Abs. 2). Art. 38 bezweckt daher auch, wie bereits die allgemeine Bestimmung in Art. 41 Satz 2, die Sicherstellung der Vollstreckbarkeit des Schiedsspruchs. Fristen, die auf die internen Abläufe oder Tätigkeiten des Gerichtshofs oder des Sekretariats zielen bzw. Einfluss nehmen sollen, dürften vom Gerichtshof als nicht ver-

1

bindlich eingestuft werden bzw. werden von diesem gemäß Art. 38 ggf. verlängert.

B. Reform

2   Art. 38 ICC-SchO 2012 hat im Vergleich zu Art. 32 **ICC-SchO 1998** keine inhaltlichen Änderungen erfahren. Insbesondere wurde von der Einführung ergänzender Regeln für ein beschleunigtes Verfahren abgesehen.

C. Verhältnis zu §§ 1025 ff. ZPO

3   Die Vorschriften der §§ 1025 ff. ZPO haben für die Anwendung von Art. 38 keine praktische Bedeutung.

D. Vergleich mit den im staatlichen Verfahren geltenden Vorschriften

4   Eine mit Art. 38 vergleichbare Regelung findet sich in § 224 Abs. 1 ZPO. Danach können die Parteien auch im staatlichen Verfahren grundsätzlich kürzere Fristen als die richterlichen und gesetzlichen Fristen vereinbaren. Dies gilt jedoch nicht für „Notfristen", die in der ZPO auch so bezeichnet werden (vgl. z.B. Frist für den Einspruch gegen ein Versäumnisurteil, § 339 Abs. 1 ZPO; Berufungsfrist, § 517 ZPO; Revisionsfrist, § 548 ZPO; Frist für die sofortige Beschwerde, § 569 Abs. 1 Satz 1 ZPO; Frist für die Rechtsbeschwerde, § 575 Abs. 1 Satz 1 ZPO).

E. Praktische Bedeutung der Regelung

5   Die Vereinbarung kürzerer Fristen kann sich insbesondere in Fällen anbieten, in denen es den Parteien primär um eine zügige und nicht notwendigerweise um eine qualitativ besonders hochwertige Erledigung des Rechtsstreits geht. In Bezug auf die Frist für den Erlass des Schiedsauftrags bzw. des Schiedsspruchs finden sich solche Parteivereinbarungen tatsächlich aber nur in ein bis zwei Prozent der jährlich neu eingeleiteten Verfahren (*Fry/Greenberg/Mazza*, The Secretariat's Guide to ICC Arbitration, Rz. 3-1510).

6   In den von der ICC Commission on Arbitration herausgegebenen Berichten zu beschleunigten Verfahren („Note on Expedited ICC Arbitration Procedure") sowie zu Techniken zur Zeit- und Kostenkontrolle im Schiedsverfahren („Techniques for Controlling Time and Costs in Arbi-

tration") wird den Parteien empfohlen, Regelungen in der Schiedsvereinbarung in Erwägung zu ziehen, die auf eine Beschleunigung des Schiedsverfahrens abzielen. Hierzu zählen neben der Vereinbarung kurzer Fristen z.B. auch die Beschränkung auf zwei Schriftsatzrunden oder der Ausschluss von Aufrechnung und Widerklage. Gleichzeitig wird in diesen Berichten davor gewarnt, voreilig Regelungen für ein beschleunigtes Schiedsverfahren – sog. „**fast-track arbitration**" bzw. „**expedited arbitration**" – zu treffen. Denn die Erfahrung zeigt, dass im Zeitpunkt des Abschlusses der Schiedsvereinbarung die Natur der konkreten Streitigkeit und damit die Angemessenheit solcher Regelungen noch nicht mit hinreichender Sicherheit vorhergesehen werden kann. Aus diesem Grund finden sich auch in der ICC-SchO keine besonderen bzw. ergänzenden Regeln für beschleunigte Verfahren.

F. Voraussetzungen für die Vereinbarung abgeänderter Fristen (Abs. 1)

Vereinbarung kürzerer Fristen. Nach Art. 38 Abs. 1 können die Parteien schon vor, aber auch während des Schiedsverfahrens kürzere als die in der ICC-SchO vorgesehenen Fristen vereinbaren. Nach Konstituierung des Schiedsgerichts bedarf eine solche Vereinbarung zur ihrer Wirksamkeit jedoch der Zustimmung des Schiedsgerichts (Art. 38 Abs. 1 Satz 2). Dieses Zustimmungserfordernis ermöglicht dem Schiedsgericht die Prüfung, ob es seine Aufgaben gemäß der ICC-SchO auch in Ansehung der von den Parteien abgeänderten Fristen erfüllen kann. 7

Vereinbarung längerer Fristen. Die Vereinbarung längerer als die in der ICC-SchO vorgesehenen Fristen wird zwar in Art. 38 nicht ausdrücklich erwähnt, ist aber ebenfalls jederzeit (und nach Konstituierung des Schiedsgerichts auch ohne Zustimmung des Schiedsgerichts) möglich. Dies kann im Einzelfall bei der gemeinsamen Benennung eines Einzelschiedsrichters oder der Benennung eines Mitschiedsrichters durch eine staatliche Beklagtenpartei sinnvoll sein. 8

G. Verlängerung abgeänderter Fristen durch den Gerichtshof (Abs. 2)

Nach Art. 38 Abs. 2 kann der Gerichtshof bei der Vereinbarung kürzerer Fristen von sich aus, d.h. auch ohne Antrag der Parteien bzw. des Schiedsgerichts, die jeweilige Frist verlängern, wenn er dies für die Erfüllung seiner oder der Aufgaben des Schiedsgerichts für notwendig erachtet. Zur Erfüllung der Aufgaben des Gerichtshofs kann eine Fristverlängerung z.B. dann angezeigt sein, wenn die Prüfung eines Schieds- 9 spruchs nicht innerhalb der von den Parteien hierfür vereinbarten kurzen Frist erfolgen kann. Die Möglichkeit zur Verlängerung abgeänderter Fristen zur Erfüllung der Aufgaben des Schiedsgerichts ist vor allem vor dem Hintergrund zu sehen, dass ein Schiedsspruch, der nach Ablauf einer starren Frist (d.h. ohne Verlängerungsoption zugunsten des Schiedsgerichts) erlassen wird, nicht mehr von der schiedsrichterlichen Entscheidungskompetenz gedeckt ist (*functus officio*).

H. Abweichende Parteivereinbarungen

10 Von dem Zustimmungserfordernis des Schiedsgerichts (Abs. 1) und der Möglichkeit zur Verlängerung abgekürzter Fristen durch den Gerichtshof (Abs. 2) kann nicht durch Parteivereinbarung abgewichen werden.

Artikel 39: Verlust des Rügerechts

Eine Partei, die mit dem Schiedsverfahren fortfährt, ohne einen Verstoß gegen die Schiedsgerichtsordnung, gegen andere auf das Verfahren anwendbare Vorschriften, gegen Anordnungen des Schiedsgerichts oder gegen Anforderungen aus der Schiedsvereinbarung betreffend die Zusammensetzung des Schiedsgerichts oder die Verfahrensführung zu rügen, wird als eine Partei betrachtet, die auf ihr Rügerecht verzichtet hat.

Article 39: Waiver

A party which proceeds with the arbitration without raising its objection to a failure to comply with any provision of the Rules, or of any other rules applicable to the proceedings, any direction given by the arbitral tribunal, or any requirement under the arbitration agreement relating to the constitution of the arbitral tribunal or the conduct of the proceedings, shall be deemed to have waived its right to object.

Regelungsschwerpunkte: Integriert den Grundsatz der Rügepräklusion in das ICC-Schiedsverfahren.

Inhalt

A. Normzweck 1	D. Vergleich mit den im staatlichen Verfahren geltenden Vorschriften 4
B. Reform 2	
C. Verhältnis zum X. Buch der ZPO und zu Art. V EuÜ 3	E. Erfasste Verstöße 5

F. Erkennbarkeit des
Verstoßes 12
G. Fortfahren mit dem Schiedsverfahren 13
H. Rechtsfolge: Fiktion des
Rügeverzichts; Befugnisse des
Schiedsgerichts............. 14
J. Abweichende Parteivereinbarungen.................. 16

Literatur: *Harb/Poulton/Wittinghofer*, If All Else Fails: Putting Post-Award Remedies in Perspective, in: The European and Middle Eastern Arbitration Review 2012, S. 16 ff.; *Wagner*, Keine Präklusion des Einwandes der Nichtigkeit einer Schiedsvereinbarung wegen Missbräuchlichkeit in Verbraucherverträgen, Anm. zu EuGH, 26.10.2006, Rs. C-168/05, SchiedsVZ 2007, S. 46 ff.

A. Normzweck

Art. 39 **integriert** den vielen Rechtsordnungen bekannten Grundsatz der 1
prozessualen Rügepräklusion (*„waiver"*, bzw. *„estoppel"*) in die ICC-SchO. Durch das Erfordernis, tatsächliche oder vermeintliche Verfahrensfehler **zeitnah zu rügen**, wird die **Verfahrenseffizienz** erhöht. Denn sowohl die Aufklärung der Frage, ob es sich der Rüge entsprechend bei dem beanstandeten Verhalten des Schiedsgerichts oder der Gegenpartei um einen Verfahrensfehler handelt, als auch dessen etwaige Korrektur können in aller Regel auf eine zeitnahe Rüge sehr viel rascher und sachgerechter erfolgen, als wenn die Rüge erst in einem fortgeschrittenen Verfahrensstadium oder gar in einem Anerkennungs- oder Vollstreckbarerklärungsverfahren vor dem staatlichen Gericht vorgebracht wird. Indem die Vorschrift die Parteien dazu zwingt, Verfahrensfehler sofort und nicht erst dann zu rügen, wenn sich zeigt, dass diese sich im Ergebnis zu ihrem Nachteil ausgewirkt haben, trägt die Vorschrift auch dazu bei, dass die ICC-SchO nicht aus rein **taktischem Kalkül** zur Korrektur missliebiger Sachentscheidungen missbraucht wird. Mit Art. 39 setzt die ICC-SchO somit einen **Anreiz, sich nicht widersprüchlich zu verhalten.** Die Vorschrift dient schließlich auch der **Reduzierung der Prüfdichte staatlicher Gerichte** im Anerkennungs- und Vollstreckbarerklärungsverfahren. Das die materiell-rechtliche Rechtsanwendung durch das Schiedsgericht betreffende Verbot der révision au fond wird so prozessual komplettiert. Dies entspricht regelmäßig dem Parteiwillen, der auf eine weitestmögliche Ausschaltung staatlicher (insbesondere: nachträglicher) Interventionen in das Schiedsverfahren gerichtet ist.

B. Reform

2   Die zuvor in Art. 33 ICC-SchO 1998 enthaltene Bestimmung hat durch die Reform keine Änderungen erfahren.

C. Verhältnis zum X. Buch der ZPO und zu Art. V EuÜ

3   Art. 39 ICC-SchO erweitert die gemäß § 1040 Abs. 2 ZPO, Art. V EuÜ bereits hinsichtlich **Zuständigkeitseinwendungen** geltenden Präklusionsregelungen auf jegliche **Verfahrensverstöße**. Die Vorschrift schränkt zudem in ihrem Anwendungsbereich zulässigerweise (aber s. bei Verbraucherbeteiligung EuGH v. 26.10.2006, Mostaza Claro, NJW 2007, 135 = SchiedsVZ 2007, 46 m. Anm. *Wagner*) das Recht ein, sich auf die Aufhebungs- bzw. Vollstreckbarerklärungsversagungsgründe aus § 1059 Abs. 2 ZPO, Art. V UNÜ, Art. IX EuÜ zu berufen.

D. Vergleich mit den im staatlichen Verfahren geltenden Vorschriften

4   Das staatliche Verfahrensrecht kennt eine Vielzahl von Vorschriften zur prozessualen Rügepräklusion (z.B. Art. 24 Brüssel-I-VO, §§ 39, 282, 283, 296, 296a, 531 ZPO). Diese Bestimmungen überschneiden sich ihrem Regelungssinn nach aber nur eingeschränkt mit Art. 39 ICC-SchO. Letzterer schneidet den Parteien die Berufung auf **Verfahrensfehler** schlechthin ab, wenn mit dem Verfahren fortgefahren wird, ohne dass die Fehler gerügt werden. Dagegen betreffen die Regelungen der ZPO stets nur bestimmte Verfahrenskonstellationen und schneiden – abgesehen von den Vorschriften über die zuständigkeitsbegründende, rügelose Einlassung – auch nicht zielgerichtet die Rüge gerade von Verfahrensfehlern, sondern – ähnlich Art. 27 ICC-SchO – jeglichen Vortrag überhaupt ab. Wegen des umfassenden Charakters von Art. 39 ICC-SchO ist ein Vergleich mit den in der ZPO geregelten Konstellationen, die zu einer Präklusion im staatlichen Verfahren führen können, wenig ergiebig.

E. Erfasste Verstöße

5   Art. 39 erfasst grundsätzlich **alle denkbaren Verfahrensverstöße**. Es kommt nicht darauf an, ob diese von einer Partei, einem oder mehreren Schiedsrichtern oder einem Organ der ICC ausgehen. Der Verstoß muss **erkennbar**, aber nicht notwendigerweise offenkundig sein, damit die Verzichtsfiktion des Art. 39 eintritt.

Verlust des Rügerechts   **Art. 39 ICC-SchO**

Verstöße gegen die Schiedsgerichtsordnung (Art. 39 Var. 1) sind in jedem   6
Verfahrensstadium denkbar, insbesondere bei der Konstituierung des
Schiedsgerichts, bei der Erstellung des Schiedsauftrags und des Verfahrenskalenders, bei der Durchführung der mündlichen Verhandlung usw.

Andere auf das Verfahren anwendbare Vorschriften (Art. 39 Var. 2) erge-   7
ben sich insbesondere aus dem jeweils anwendbaren nationalen Verfahrensrecht.

Anordnungen des Schiedsgerichts (Art. 39 Var. 3). Solche betreffen ins-   8
besondere Fristen für die Einreichung von Schriftsätzen, Zeugenaussagen usw.; sie sind insbesondere in den prozessleitenden Verfügungen
enthalten.

Anforderungen der Schiedsvereinbarung betreffend die Zusammenset-   9
zung des Schiedsgerichts (Art. 39 Var. 4). Solche Anforderungen betreffen bspw. besondere Qualifikationen von Schiedsrichtern oder besondere Auswahlmechanismen (s. im Einzelnen Art. 11 Rz. 6 ff., Art. 13
Rz. 5 ff., 30 ff.).

Verfahrensführung (Art. 39 Var. 5). Dies betrifft insbesondere das Ver-   10
halten des Schiedsgerichts im Verlauf der mündlichen Verhandlung (z.B.
parteiliches Frageverhalten o.Ä.).

Nicht von Art. 39 erfasst ist die Erhebung einer mangels einschlägiger   11
Schiedsvereinbarung unzulässigen Schiedsklage; in solchen Fällen richtet sich die Rügepräklusion nach Art. V EuÜ und § 1040 Abs. 2 ZPO; s.
Art. 5 Rz. 7–17.

F. Erkennbarkeit des Verstoßes

Der Verstoß muss für die Partei **erkennbar** gewesen sein. Das folgt da-   12
raus, dass andernfalls dem Fortfahren mit dem Schiedsverfahren nicht
der Erklärungsgehalt beigemessen werden kann, die Partei verzichte auf
die Rüge. Unachtsamkeit ist aber nicht schutzwürdig; *ius vigilantibus
scriptum*.

G. Fortfahren mit dem Schiedsverfahren

Mit dem Schiedsverfahren fortfahren muss die Partei, damit die Ver-   13
zichtsfiktion des Art. 39 eintritt. Ein solches **Fortfahren** stellt grundsätzlich **jede Verfahrenshandlung** der Partei dar. Der von Schiedsgerichten
vielfach „eingeforderte" Protokollvermerk am Ende der mündlichen

Herzberg | 615

Verhandlung, wonach die Führung derselben keinen Anlass zu Beanstandungen gegeben hat, steht einem solchen Fortfahren gleich. Dagegen liegt – jedenfalls bei einem deutschen Schiedsort – weder in der Mitwirkung an der Konstituierung des Schiedsgerichts noch in der (Mit-)Erstellung des Schiedsauftrags ein Fortfahren i.S.d. Art. 39, wenn zuvor Einwendungen gegen die Zuständigkeit erhoben wurden. Wurden solche Einwendungen erhoben und nicht „fallen gelassen", müssen sie nicht ständig im Sinne eines *„ceterum censeo"* wiederholt werden. Zu beachten ist ferner, dass es einer Partei nicht zum Nachteil gereichen kann, wenn ihr für die Rüge des Verfahrensverstoßes eine **Frist** entweder qua ICC-SchO (z.B. Art. 14 Abs. 2) oder aber durch das Schiedsgericht oder durch das Sekretariat gesetzt ist und die Partei diese Frist voll ausnutzt. Andere Verfahrenshandlungen während solcher noch offener Fristen sind daher unschädlich, wenn die Rüge fristwahrend erfolgt.

H. Rechtsfolge: Fiktion des Rügeverzichts; Befugnisse des Schiedsgerichts

14 Als Rechtsfolge fingiert Art. 39 a.E. den Verzicht auf das Rügerecht. Über die **Wirksamkeit** eines solchen Verzichts macht die Vorschrift keine Angaben. Daraus folgt, dass die Rechtsfolgen dieselben sind wie die, die das nationale Verfahrensrecht an einen erklärten Rügeverzicht stellt. Ermöglicht also bspw. das nationale Recht den „Verzicht auf den Verzicht", läuft Art. 39 leer. Ferner ist eine Partei an einen Rügeverzicht gemäß Art. 39 jedenfalls dann nicht mehr gebunden, wenn die Zurückweisung der Rüge als verspätet die Vollstreckbarkeit des Schiedsspruchs gefährden würde (Art. 41 Satz 2).

15 Trotz fehlender Rüge durch die Gegenpartei kann im Einzelfall auch das **Schiedsgericht** den Verfahrensverstoß aufgreifen. So ist das Schiedsgericht trotz der grundsätzlich herrschenden Parteiautonomie nicht verpflichtet, jedes krass dilatorische, der prozessleitenden Verfügung und/oder dem Verfahrenskalender offenkundig widersprechende Prozessverhalten der Parteien hinzunehmen, nur weil die jeweils andere Partei von einer Rüge absieht. Dies gilt umso mehr, als in solchen Fällen z.T. Prinzipal-Agent-Konflikte zugrunde liegen (s. Art. 24 Abs. 2 Fall 2 für eine mögliche Reaktionsform).

J. Abweichende Parteivereinbarungen

16 Die Vorschrift ist dispositiv, wobei zwingende gesetzliche Regelungen zu beachten sind.

Artikel 40: Haftungsbeschränkung

Die Schiedsrichter, vom Schiedsgericht beauftragte Personen, der Eilschiedsrichter, der Gerichtshof und seine Mitglieder, die ICC und ihre Beschäftigten, die ICC-Nationalkomitees, ICC-Gruppen und ihre Beschäftigten und Vertreter haften niemandem gegenüber für Handlungen oder Unterlassungen im Zusammenhang mit dem Schiedsverfahren, soweit eine solche Haftungsbeschränkung nach dem anwendbaren Recht nicht unzulässig sein sollte.

Article 40: Limitation of Liability

The arbitrators, any person appointed by the arbitral tribunal, the emergency arbitrator, the Court and its members, the ICC and its employees, and the ICC National Committees and Groups and their employees and representatives shall not be liable to any person for any act or omission in connection with the arbitration, except to the extent such limitation of liability is prohibited by applicable law.

Regelungsschwerpunkte: Die Vorschrift regelt eine Haftungsbeschränkung zugunsten der Schiedsrichter, deren Beauftragten sowie der ICC.

Kostenaspekte: Besondere Kosten fallen hier nicht an.

Inhalt

A. Haftungsbegrenzung 1	2. Haftungsbeschränkung im Übrigen 15
I. Normzweck 1	
II. Reform 4	3. Haftungsbeschränkung zugunsten der ICC 16
III. Verhältnis zur ZPO 5	
IV. Vergleich mit den im staatlichen Verfahren geltenden Vorschriften 6	4. Haftungsbeschränkung zugunsten weiterer privilegierter Personen 17
V. Einzelerläuterung 7	B. Abweichende Parteivereinbarung 19
1. Haftungsbeschränkung für Entscheidungstätigkeit ... 10	

A. Haftungsbegrenzung

Literatur: *Lachmann*, Die Haftung des Schiedsrichters nach deutschem Recht, AG 1997, S. 170 ff.; Commission Report, Final Report on the Status of the Arbitrator, ICC Court Bulletin, Vol. 7 No. 1 (1996), S. 27 ff. (I. C.).

I. Normzweck

1 Zwar werden in Schiedsverfahren häufig wirtschaftlich bedeutsame Sachverhalte verhandelt, jedoch kommt der Haftung von Schiedsrichtern, von Gehilfen des Schiedsgerichts sowie von Angehörigen der administrierenden Schiedsinstitutionen in der Praxis nur geringe Bedeutung zu. Regelmäßig sieht daher das anwendbare staatliche Schiedsverfahrensrecht (wie auch die deutsche ZPO) keine entsprechenden Haftungsregelungen vor. Dennoch besteht ein Haftungsrisiko. Daraus ergibt sich die Notwendigkeit einer eigenen Regelung im Rahmen der Schiedsordnung.

2 Art. 40 stellt klar, dass für Schiedsverfahren nach der ICC-SchO die Schiedsrichter sowie die weiteren in Rz. 1 genannten Personen grundsätzlich nicht für Pflichtverletzungen haften. Dies entspricht vergleichbaren Haftungsprivilegierungen in staatlichen Gerichtsverfahren (sog. Spruchrichterprivileg). Art. 40 geht insoweit jedoch darüber hinaus, da dem Wortlaut nach jegliche Haftung ausgeschlossen ist. Die ICC-SchO möchte daher den Haftungsausschluss maximieren.

3 Die Vorschrift dient nicht so sehr dem Schutz Einzelner sowie ihrer Unbefangenheit bei Entscheidungen im Zusammenhang mit dem Schiedsverfahren, sondern vor allem dem Rechtsfrieden. Mit dem Schiedsspruch soll der Rechtsstreit endgültig abgeschlossen werden (Schutz der Rechtskraftwirkung). Sonst könnte eine Partei über einen Haftungsprozess gegen die Schiedsrichter oder sonstige Beteiligte die zunächst verlorene materielle Rechtsfrage wieder aufwerfen und von einem zweiten Gericht überprüfen lassen, ob die Schiedsrichter den Fall richtig entschieden haben.

II. Reform

4 Bereits in Art. 34 ICC-SchO 1998 war ein Haftungsausschluss für die Schiedsrichter, den Gerichtshof und seine Mitglieder, die ICC sowie deren Mitarbeiter und ICC-Nationalkomitees niedergelegt. Die Neuregelung wurde dahingehend erweitert, dass auch der neu eingeführte Eilschiedsrichter und die vom Schiedsgericht beauftragten Personen vom Haftungsausschluss umfasst sind. Zudem wurde der letzte Halbsatz, wonach die Haftungsbeschränkung nach dem jeweils anzuwendenden Recht zulässig sein muss, hinzugefügt.

III. Verhältnis zur ZPO

Das X. Buch der ZPO beinhaltet keine entsprechende Regelung zur Haftungsbeschränkung der am Schiedsverfahren beteiligten Personen. 5

IV. Vergleich mit den im staatlichen Verfahren geltenden Vorschriften

§ 839 Abs. 1 BGB begründet zum einen für den Beamten eine Haftungserweiterung gegenüber der allgemeinen deliktsrechtlichen Haftung, indem er die Haftung auf reine Vermögensschäden ausdehnt. Zum anderen enthält § 839 Abs. 2 Satz 1 BGB das sog. Richterprivileg, wonach Richter für amtspflichtwidriges Verhalten bei dem Urteil in einer Rechtssache nur dann haften, wenn die von ihnen begangene Pflichtverletzung gleichzeitig eine Straftat darstellt (also vorsätzlich begangen wurde). Pflichtverletzungen des Richters durch Verweigerung oder Verzögerung der Amtsausübung unterliegen gemäß § 839 Abs. 2 Satz 2 BGB der Amtshaftung. Keine Richter im Sinne dieser Vorschrift sind allerdings Schiedsrichter (BGH v. 6.10.1954 – II ZR 149/53, BGHZ 15, 12 [15]), Schiedsrichter haften bei einer Pflichtverletzung den Parteien des Schiedsverfahren aus dem Schiedsrichtervertrag nach allgemeinen zivilrechtlichen Grundsätzen (vgl. *Lachmann*, Handbuch für die Schiedsgerichtspraxis, S. 609 ff.). 6

V. Einzelerläuterung

Die Vorschrift stellt die Schiedsrichter, die ICC selbst und sämtliche von Seiten der ICC am Verfahren beteiligte Personen von der Haftung für Pflichtverletzungen frei. Nach Art. 40 gilt der Haftungsausschluss für *alle* Tätigkeiten im Zusammenhang mit dem Schiedsverfahren (im Gegensatz dazu gilt nach § 44 DIS-SchO die Haftungsbeschränkung nur für die Entscheidungstätigkeit). 7

Der vollumfänglich Haftungsausschluss des Art. 40 ist problematisch: Er wird in Deutschland jedenfalls durch § 276 Abs. 3 BGB dergestalt eingeschränkt, dass eine Haftung für vorsätzliches pflichtwidriges Verhalten erhalten bleibt. In anderen Ländern können noch strengere Vorschriften gelten. So ist in Schweden z.B. ein Haftungsausschluss für grob fahrlässige Pflichtverletzungen unzulässig. Zudem geltend in Deutschland strenge Anforderungen an formularmäßige Haftungsausschlüsse (zu denen Art. 40 zählt). Art. 40 gilt ausdrücklich nur, soweit das anwendbare Recht eine so umfassende Haftungsbeschränkung zulässt. 8

9   Erlaubt das anwendbare Recht den umfassenden Haftungsausschluss nach Art. 40, gilt dieser. Erlaubt das anwendbare Recht solch weitgehende Haftungsausschlüsse nicht, ist zu differenzieren zwischen der Haftung im Zusammenhang mit der Entscheidungstätigkeit des Schiedsrichters und der Haftung im Übrigen.

1. Haftungsbeschränkung für Entscheidungstätigkeit

10 Die Entscheidungstätigkeit umfasst sowohl die Feststellung des Sachverhaltes als auch die Anwendung des geltenden Rechts durch das Schiedsgericht.

11 Eine solche Haftungsbeschränkung für Pflichtverletzungen im Zusammenhang mit der Entscheidungstätigkeit des Schiedsgerichts ist zulässig soweit sie sich nicht auf vorsätzliches Verhalten bezieht. Zwar stellt die ICC-SchO aus deutscher Sicht allgemeine Geschäftsbedingungen dar, welche einer besonderen Inhaltskontrolle unterliegen (vgl. §§ 305 ff. BGB). Jedoch erfordert die Wahrung der Unabhängigkeit des Schiedsrichters in gleichem Maße wie beim staatlichen Richter eine Haftungsprivilegierung (vgl. BGHZ 42, 313 [316], anders jedoch später BGH v. 6.10.1983 – III ZR 61/82, MDR 1984, 383). Hinzu kommt der Gedanke, dass die Rechtskraft der schiedsrichterlichen Entscheidung nur dann effektiv geschützt ist, wenn die entschiedenen Rechtsfragen nicht in einem Regressprozess wieder aufgerollt werden können. Zwar wirkt die Rechtskraft nur *inter partes*, so dass ein Regressprozess gegen den Schiedsrichter die rechtskräftige Entscheidung zwischen den Parteien nicht unmittelbar beeinflussen kann. Dennoch kann die Rechtskraft ihre Funktion, Rechtsfrieden zu schaffen, nicht erfüllen, wenn letztlich derselbe Prozess unter anderen Vorzeichen weitergeführt werden könnte.

12 Die Rechtsprechung nimmt zudem an, dass die Parteien mit den Schiedsrichtern eine stillschweigende Vereinbarung treffen, dass der Schiedsrichter haftungsrechtlich einem staatlichen Spruchrichter gleichgestellt ist (vgl. BGH v. 6.10.1954 – II ZR 149/53, NJW 1954, 1763; BGH v. 19.11.1964 – VII ZR 8/63, BGHZ 42, 313 [316]; *Glossner/Bredow/Bühler*, Rz. 265; MüKo/*Münch*, Vor § 1034 ZPO Rz. 16; *Raeschke-Kessler/Berger*, Recht und Praxis des Schiedsverfahrens, Rz. 534). Auch eine ausdrückliche Haftungsbeschränkung in Form einer allgemeinen Geschäftsbedingung ist daher wirksam, da sie nur diese Rechtsprechung aufgreift.

13 Das Haftungsprivileg greift für die „Entscheidungstätigkeit" des Schiedsrichters ein. Alle Tätigkeiten des Schiedsrichters, die im Zusammen-

hang mit seiner Entscheidung (dem Schiedsspruch) stehen, fallen daher unter das Haftungsprivileg. Hierzu gehören auch Verfahrensleitende Verfügungen, weil sie dazu dienen, die Entscheidung des Schiedsgerichts vorbereiten. Auch eine einstweilige Verfügung in Gestalt einer Verfahrensleitenden Verfügung dient lediglich dazu, die endgültige Entscheidung abzusichern und ist ebenfalls privilegiert. Schließlich sind alle Tätigkeiten privilegiert, die dazu dienen, die Grundlagen für die Entscheidung in der Sache zu ermitteln („Document Production"-Verfahren etc.). Dieser Begriff ist weit zu fassen, weil nur so ein ausreichender Schutz der Entscheidungsfreiheit des Schiedsrichters sowie des Rechtsfriedens und der Rechtskraft gewährleistet ist.

Das Haftungsprivileg gilt zudem auch für die Tätigkeit der ICC selbst, soweit diese unmittelbar im Zusammenhang mit der Entscheidungstätigkeit des Schiedsgerichts stehen, z.B. wenn die ICC bei der Konstituierung des Schiedsgerichts tätig wird oder im Rahmen des sog. Scrutiny-Verfahrens (vgl. Art. 33). 14

2. Haftungsbeschränkung im Übrigen

Die Haftung des Schiedsrichters für alle Handlungen, die nicht in Verbindung mit der Entscheidungsfindung stehen, sondern nur bei Gelegenheit der Tätigkeit als Schiedsrichter ausgeübt werden, ist nur ausgeschlossen, soweit das anwendbare staatliche Recht den umfassenden Haftungsausschluss nach Art. 40 gestattet. Im Übrigen haftet der Schiedsrichter nach allgemeinen Regeln. 15

3. Haftungsbeschränkung zugunsten der ICC

Die Haftungsbeschränkung in Art. 40 unterliegt in Deutschland mit Blick auf die Institution keiner Kontrolle durch das Recht der allgemeinen Geschäftsbedingungen (§§ 305 ff. BGB). Auf das Verhältnis zur ICC findet nicht deutsches, sondern französisches Recht Anwendung, weil die ICC die den Vertrag charakterisierende Leistung in Paris erbringt. Die ICC hat die Klauseln zudem nicht „bei Vertragsschluss gestellt". Vielmehr haben die Parteien die Vereinbarung – zugunsten der ICC – geschlossen, lange bevor die ICC tätig und aus der Vereinbarung verpflichtet wird. Eine solche Klausel unterliegt keiner AGB-Kontrolle. 16

4. Haftungsbeschränkung zugunsten weiterer privilegierter Personen

17 Desgleichen gilt das Haftungsprivileg auch für die Sekretäre des Schiedsgerichts (zu diesen Vor Art. 11 Rz. 11 ff.) sowie für sonstige Mitarbeiter der Schiedsrichter. Das Haftungsprivileg könnte sonst unterlaufen werden, indem der Sekretär des Schiedsgerichts oder ein sonstiger Mitarbeiter der Schiedsrichter in Anspruch genommen wird. In der Praxis wird sich hier allerdings in der Regel kein Problem stellen, weil die Sekretäre des Schiedsrichters sowie dessen Mitarbeiter in der Regel mit den Parteien gar keine unmittelbaren vertraglichen Beziehungen unterhalten.

18 Auch auf die von einem Schiedsgericht bestellten Sachverständigen findet die Haftungsprivilegierung Anwendung. Die deutsche Rechtsprechung nimmt zwar ohnehin eine ergänzende Vertragsauslegung vor und beschränkt so die Haftung des schiedsgerichtlichen Sachverständigen auf vorsätzliche Pflichtverletzungen (vgl. BGH v. 19.11.1964 – VII ZR 8/63, NJW 1965, 298 [299]). Allein der Parteisachverständige haftet danach nach allgemeinen Regeln grundsätzlich bereits für einfach fahrlässige Pflichtverletzungen. Allerdings ist die Rechtsprechung umstritten: Denn der von einem Schiedsgericht beauftragte Sachverständige ist mit dem gerichtlichen Sachverständigen nicht vergleichbar, so dass eine grundsätzliche Privilegierung des vom Schiedsgericht beauftragten Sachverständigen nicht angebracht ist: Der vom Schiedsgericht bestellte Sachverständige kann frei entscheiden, ob und zu welchen Bedingungen er den Gutachtenauftrag annimmt. Er kann insbesondere eine Haftungsbegrenzung vereinbaren und sein Honorar entsprechend dem vertraglich übernommenen Haftungsrisiko berechnen (vgl. MüKo/*Wagner* § 839a BGB Rz. 11). Die ICC-SchO stellt daher klar, dass auch die *„vom Schiedsgericht beauftragte Personen"* dem Haftungsprivileg unterfallen.

B. Abweichende Parteivereinbarung

19 Die Parteien können nach § 276 Abs. 3 BGB im Schiedsvertrag nicht vereinbaren, dass zugunsten der Schiedsrichter auch eine Haftung für vorsätzliche Pflichtverletzungen ausgeschlossen sein soll. Vergleichbare Einschränkungen durch staatliches Recht bestehen in den meisten Jurisdiktionen, in manchen sind die Regelungen sogar strenger.

20 Eine abweichende Parteivereinbarung ist angesichts § 276 Abs. 3 BGB nur dergestalt möglich, als die Haftung des Schiedsgerichts oder der anderen am Verfahren beteiligten Personen zugelassen werden soll. Eine solche Vereinbarung ist zulässig. Freilich wird eine derartige Parteiver-

einbarung potentielle Schiedsrichter regelmäßig von der Übernahme des Falles abhalten.

Artikel 41: Allgemeine Bestimmung

In allen nicht ausdrücklich in dieser Schiedsgerichtsordnung vorgesehenen Fällen handeln der Gerichtshof und das Schiedsgericht nach Sinn und Zweck der Schiedsgerichtsordnung. Sie sind gehalten, alle Anstrengungen zu unternehmen, um die Vollstreckbarkeit des Schiedsspruchs sicherzustellen.

Article 41: General Rule

In all matters not expressly provided for in the Rules, the Court and the arbitral tribunal shall act in the spirit of the Rules and shall make every effort to make sure that the award is enforceable at law.

Regelungsschwerpunkte: Dient der Füllung von Lücken in der ICC-SchO, der autonomen Auslegung der ICC-SchO und der Vollstreckbarkeit des Schiedsspruchs.

Inhalt

A. Normzweck 1	E. Satz 1: „spirit of the rules" ... 5
B. Reform 2	F. Satz 2: Vollstreckungssicherheit..................... 8
C. Verhältnis zum X. Buch der ZPO und zu im staatlichen Verfahren geltenden Vorschriften 3	G. Abweichende Parteivereinbarung 11
D. Vergleich mit den im staatlichen Verfahren geltenden Vorschriften 4	

Veröffentlichungen des Sekretariats: ICC Guide to National Procedures for Enforcing Awards (http://www.iccdrl.com, Enforcement Guide).
Literatur: *Horvath*, The Duty of Tribunals to Render an Enforceable Award, Journal of International Arbitration, Vol. 18 Issue 2 (2001), S. 135 ff.; *Platte*, An Arbitrator's Duty to Render Enforceable Awards, Journal of International Arbitration, Vol. 20 Issue 3 (2003), S. 307 ff.

A. Normzweck

1 Art. 41 enthält **zwei generalklauselartige** Bestimmungen, die zu Recht am Ende der ICC-SchO stehen, weil sie über die ICC-SchO und – im Falle des Satzes 2 – auch über das Schiedsverfahren hinausweisen. Art. 41 **Satz 1** ermächtigt den Gerichtshof und das Schiedsgericht, in nicht ausdrücklich von der ICC-SchO geregelten Fällen, **im Geiste der ICC-SchO** zu entscheiden. Dies folgt aus der autoritativen englischen Sprachfassung (*„spirit of the rules"*; s. im Einzelnen Rz. 5 ff.). Bezweckt wird die Füllung von Lücken in der ICC-SchO durch **autonome Auslegung**, wie sie für eine transnational anwendbare Rechtsnorm wie die ICC-SchO – ebenso wie für einen völkerrechtlichen Vertrag oder einen rechtsgestaltenden Akt der Europäischen Union – unverzichtbar ist (Einl. zur ICC-SchO Rz. 10). Zugleich wird mit Art. 41 **Satz 2** größtmögliche Vollstreckungssicherheit als zentraler *„benchmark"* für jedes ICC-Schiedsgericht sowie für den Gerichtshof etabliert. Auch diese Bestimmung ermöglicht die Füllung von Lücken sowie die Ausfüllung unbestimmter Rechtsbegriffe in der ICC-SchO. Während Art. 41 **Satz 2** von Bedeutung für das Pflichtenprogramm des Schiedsgerichts und auch des Gerichtshofs (insbesondere im Genehmigungsverfahren nach Art. 33) ist, hat Art. 41 **Satz 1** eine eher geringe praktische Relevanz.

B. Reform

2 Die zuvor in Art. 35 ICC-SchO 1998 enthaltene Regelung wurde durch die Reform nicht geändert.

C. Verhältnis zum X. Buch der ZPO und zu im staatlichen Verfahren geltenden Vorschriften

3 Das X. Buch der ZPO enthält keine funktionsäquivalenten Vorschriften.

D. Vergleich mit den im staatlichen Verfahren geltenden Vorschriften

4 **Satz 1:** Im staatlichen (Verfahrens-)Recht bedient man sich zur Lückenfüllung der klassischen – auch über Art. 41 Satz 1 eröffneten – Techniken der Analogiebildung, teleologischen Extension usw.; auch Maßgaben höherrangigen Rechts können zu beachten sein. **Satz 2:** Eine Generalklausel nach Art. 41 Satz 2 existiert im staatlichen Verfahren nicht. Stattdessen bezwecken einige verstreute Vorschriften für das Erkenntnisverfahren die Vollstreckungssicherheit mit Blick auf Einzel-

aspekte, insbesondere bei Verfahren mit Auslandsbezug (z.B. §§ 313a Abs. 5, 313b Abs. 3, 1079 ff. ZPO, §§ 30 ff. AVAG).

E. Satz 1: „spirit of the rules"

Nicht ausdrücklich vorgesehene Fälle. Diese sind nicht so zahlreich, 5
wie man auf den ersten Blick meinen könnte. Nach Konstituierung des
Schiedsgerichts sind dessen Befugnisse von Art. 22 ff. weitestmöglich
gefasst. Bestimmte Verfahrenskonstellationen, wie etwa die Klagerücknahme, die Wiedereinsetzung in den vorherigen Stand oder das Wiederaufgreifen von Entscheidungen des Gerichtshofs, regelt die ICC-SchO
aber nicht oder allenfalls fragmentarisch, wobei allerdings das **nationale
Verfahrensrecht** stets mit zu beachten ist. Gleichwohl besteht in den genannten Fällen grundsätzlich ein Anwendungsbereich für Art. 41 Satz 1.
Fragen, die **nicht dem Verfahrensrecht, sondern dem in der Sache anwendbaren Recht** zuzuordnen sind, bestimmen sich dagegen nicht nach
Art. 41 Satz 1, sondern nach der Auslegungsmethodologie des anwendbaren (Sach-)Rechts.

„spirit of the rules". Der Geist der Regeln erschöpft sich nicht in ihrem 6
„Sinn und Zweck" (so aber die deutsche Übersetzung), obwohl teleologische Aspekte eine wichtige Rolle spielen. Zum „Geist" gehören darüber
hinaus auch die der ICC-SchO zugrunde liegenden inhärenten, auch außerrechtlichen Wirkungsbedingungen der ICC-Schiedsgerichtsbarkeit,
die sich in einer einerseits immer stärker zusammenwachsenden, andererseits in vielerlei Hinsicht noch stark national und v.a. immer stärker
sektoriell fragmentierten Wirtschaftswelt zu voller Blüte entfaltet hat.
Im Zeichen der Professionalisierung der ICC-Schiedsgerichtsbarkeit
kann bspw. auf Nachlässigkeiten bei der Fristenkontrolle oder Ungenauigkeiten in den Anträgen heute weniger Rücksicht genommen werden als
noch vor einigen Jahrzehnten. Das Ziel eines möglichst zügigen, kostenrationalen und effizienten Verfahrens kommt insbesondere nach der Reform in etlichen Bestimmungen, insbesondere in Art. 24, zum Ausdruck.

Zwingendes nationales Recht geht in seinem Anwendungsbereich der 7
ICC-SchO und insbesondere Art. 41 vor.

F. Satz 2: Vollstreckungssicherheit

Die **Vollstreckbarkeit des Schiedsspruchs** müssen Schiedsgericht und 8
Gerichtshof sicherstellen. Dies ist, wie sich dem Wortlaut entnehmen
lässt, eine *„obligation de moyen"*, d.h. es ist kein konkreter Erfolg ge-

schuldet, was auch schlechterdings nicht möglich ist. Gleichwohl nimmt insbesondere der **Gerichtshof** die Vorschrift zu Recht ernst und wirkt im Genehmigungsverfahren gemäß Art. 33 – ggf. aber auch schon davor – darauf hin, dass das Schiedsgericht möglichst keine Angriffsflächen für Aufhebungsverfahren bzw. Vollstreckbarversagungsverfahren bietet. Die Pflicht aus Art. 41 Satz 2 beschränkt sich nicht auf die Beachtung der am **Schiedsort** geltenden Maßgaben des staatlichen Rechts, sondern zielt gerade auch darauf ab, dass im **Vollstreckungsstaat** tatsächlich die Zwangsvollstreckung möglich ist. Zur niedrigschwelligen Identifizierung von etwaigen diesbezüglichen Risiken können alle Verfahrensbeteiligten auf den im Internet verfügbaren „ICC Guide to National Procedures for Enforcing Awards" zugreifen (http://www.iccdrl.com, Enforcement Guide).

9   Maßnahmen aufgrund des Art. 41 Satz 2 können insbesondere in einem **schiedsgerichtlichen Hinweis** an die Parteien auf eventuelle Bedenken mit Blick auf die Vollstreckbarkeit hinsichtlich der Anträge, des Vortrags oder der ins Auge gefassten Verfahrensweise bestehen. Art. 41 Satz 2 schützt das Schiedsgericht dabei jedenfalls bei einem Schiedsverfahrensstatut wie dem deutschen, dem eine solche „Hinweiskultur" keinesfalls fremd ist, grundsätzlich vor Befangenheitsanträgen. Andernorts kann im Extremfall das **Dilemma** eintreten, dass der Schiedsrichter, um die Vollstreckbarkeit im Vollstreckungsstaat nicht zu gefährden, einen Hinweis erteilen müsste, der wiederum am Schiedsort als Aufhebungsgrund gewertet werden kann. Art. 41 Satz 2 verpflichtet das Schiedsgericht ferner grundsätzlich dazu, **Formalitäten des nationalen Rechts** – etwa die in den Niederlanden vorgeschriebene Einreichung des Schiedsspruchs bei einem staatlichen Gericht – einzuhalten, soweit dies nicht im Einzelfall unzumutbar ist.

10 Bei **Verstößen** gegen Art. 41 Satz 2 ist kein förmlicher Rechtsbehelf o.Ä. vorgesehen. Ein Verfahren nach Art. 14, 15 kann bei Vorliegen der Voraussetzungen aber selbstverständlich auch mit Blick auf Versäumnisse im Bereich des Art. 41 eingeleitet werden. Auch ist das Sekretariat aus Art. 41 Abs. 2 berechtigt, Schiedsgerichte (erforderlichenfalls eindringlich) auf deren eigene Pflichten zum Erlass eines vollstreckbaren Schiedsspruchs hinzuweisen.

G. Abweichende Parteivereinbarung

11 Die Vorschrift ist „Hausgut" der ICC und unterliegt als solches nicht der Parteidisposition.

Kommentierung der ICC-Standardklauseln/ Formulierungsvorschläge (Auszug)

Standardklauseln/Formulierungsvorschläge (Auszug)[1]

Standard And Suggested Clauses

(...)

Schiedsgerichtsverfahren

Alle Streitigkeiten, die sich aus oder in Zusammenhang mit dem vorliegenden Vertrag ergeben, werden nach der Schiedsgerichtsordnung der Internationalen Handelskammer (ICC) von einem oder mehreren gemäß dieser Ordnung ernannten Schiedsrichtern endgültig entschieden.

Arbitration

All disputes arising out of or in connection with the present contract shall be finally settled under the Rules of Arbitration of the International Chamber of Commerce by one or more arbitrators appointed in accordance with the said Rules.

Schiedsgerichtsverfahren ohne Eilschiedsrichter

Alle Streitigkeiten, die sich aus oder in Zusammenhang mit dem vorliegenden Vertrag ergeben, werden nach der Schiedsgerichtsordnung der Internationalen Handelskammer (ICC) von einem oder mehreren gemäß dieser Ordnung ernannten Schiedsrichtern endgültig entschieden. Die Bestimmungen zum Eilschiedsrichterverfahren finden keine Anwendung.

Arbitration without emergency arbitrator

All disputes arising out of or in connection with the present contract shall be finally settled under the Rules of Arbitration of the International Chamber of Commerce by one or more arbitrators appointed in

---

[1] © International Chamber of Commerce (ICC). Die Standardklauseln und Formulierungsvorschläge (im Auszug) sind abgedruckt mit freundlicher Genehmigung der ICC. Rechtlich verbindlich ist nur die Version in englischer und französischer Sprache. www.iccdrl.com.

accordance with the said Rules. The Emergency Arbitrator Provisions shall not apply.

(...)

Inhalt

A. Zweck der Standardklauseln und Formulierungsvorschläge; Kostenaspekte 1
B. Schiedsgerichtsverfahren 2
 I. „Streitigkeiten" 2
 II. „... aus oder im Zusammenhang mit dem vorliegenden Vertrag ..." 3
 III. „... nach der Schiedsgerichtsordnung der Internationalen Handelskammer ..." 4
 IV. „... ein oder mehrere gemäß dieser Ordnung ernannte Schiedsrichter ..." 5
 V. „... endgültig entschieden ..." 6
 VI. Weitere Elemente 7
C. Schiedsgerichtsverfahren ohne Eilschiedsrichter 8
D. ADR-bezogene Klauseln („Multi-Tier"-Klauseln) 9

Regelungsschwerpunkte: Stellt den Parteien zur Vermeidung pathologischer Schiedsklauseln vorgefertigte, neutrale Schiedsklauseln zur Verfügung, die nach Möglichkeit 1:1 übernommen werden sollten.

Kostenaspekte: Insbesondere die Zahl der Schiedsrichter ist kostenrelevant (Rz. 5).

A. Zweck der Standardklauseln und Formulierungsvorschläge; Kostenaspekte

1 Von den Parteien selbst entworfene Schiedsklauseln sind häufig fehlerhaft (**„pathologische" Klauseln**), was im schlimmsten Fall die Nichtdurchführbarkeit des gesamten Schiedsverfahrens zur Folge haben kann. Werden die von der ICC vorgeschlagenen Standardklauseln und Formulierungsvorschläge verwendet, können die Parteien sicher sein, dass das **beabsichtigte Schiedsverfahren auch praktisch durchführbar** ist. Zudem bieten die Standardklauseln und Formulierungsvorschlägen bei Vertragsverhandlungen allen Verhandlungspartnern die Gewähr, dass es sich um einen **neutralen Text** handelt, der keine der Parteien besonders bevorzugt oder benachteiligt.

B. Schiedsgerichtsverfahren

I. „Streitigkeiten"

Um eine **Streitigkeit** muss es sich handeln, damit der Tatbestand der 2
ICC-Standardklausel eröffnet ist, d.h. mindestens eine Partei muss ein konkretes, gegen mindestens eine andere Partei gerichtetes Begehren vorbringen. Ein nichtkontradiktorischer Auftrag zur Erstellung eines rechtlich verbindlichen **Rechtsgutachtens** („advisory opinion") ist von der Standardschiedsklausel daher nicht gedeckt. Diese Einschränkung kann aber durch Erhebung einer Feststellungsklage regelmäßig umgangen werden.

II. „… aus oder im Zusammenhang mit dem vorliegenden Vertrag …"

Die Standardklausel soll der Schiedsvereinbarung – im Einklang mit der 3
doctrine of separability (Art. 6 ICC-SchO Rz. 115, 182 ff.) – einen weitestmöglichen Anwendungsbereich sichern. „Im Zusammenhang" mit dem Vertrag (i.S.d. Vertragsurkunde, die sowohl den Hauptvertrag als auch die Schiedsvereinbarung beinhaltet) stehen insbesondere Nachträge („addenda") zum Vertrag, diesen ergänzende Vereinbarungen („side letters"), aber auch nichtvertragliche Ansprüche, etwa aus Delikt oder ungerechtfertigter Bereicherung. Maßgeblich ist, dass der Streitgegenstand noch einen Bezug zum Lebenssachverhalt aufweist, der Gegenstand der die Schiedsvereinbarung beinhaltenden Vertragsurkunde war. Auf die Wirksamkeit des Hauptvertrags kommt es nicht an („doctrine of separability", Art. 6 ICC-SchO Rz. 115, 182 ff.).

III. „… nach der Schiedsgerichtsordnung der Internationalen Handelskammer …"

Mit diesen Worten wird die ICC-SchO und damit die ICC als Institution 4
gewählt. Die Bezugnahme auf das Regelwerk ist – da dieses die Streitentscheidung ausschließlich durch ein nach der ICC-SchO konstituiertes und von der ICC administriertes Verfahren vorsieht (Art. 1 ICC-SchO) – zugleich Wahl der Schiedsinstitution ICC. Wird stattdessen die ICC als Institution gewählt, gilt selbstverständlich ebenfalls die ICC-SchO. Die Bezugnahme auf die Institution ist aber regelmäßig nicht erforderlich; anders dagegen in Festlandchina, wo eine ausdrückliche Bezugnahme auf den Gerichtshof erforderlich ist (s. abgewandelte Standardklausel unter http://iccwbo.org/products-and-services/arbitration-and-adr/arbitration/standard-icc-arbitration-clauses/).

IV. „... ein oder mehrere gemäß dieser Ordnung ernannte Schiedsrichter ..."

5   In der Standardschiedsklausel bleibt die Zahl der Schiedsrichter offen. Sie kann so vom Gerichtshof je nach den Umständen des Einzelfalls – u.a. unter Berücksichtigung des Streitwertes – auf eins oder drei konkretisiert werden (s. Art. 12 Abs. 1, 2 ICC-SchO sowie die dortige Kommentierung). Der Wortlaut „ernannt" („appointed") ist ungenau, weil im technischen Sinn von den Parteien bzw. gemäß ihren besonderer Vereinbarungen benannte Schiedsrichter nicht ernannt, sondern lediglich bestätigt werden (Vor Art. 11 ICC-SchO Rz. 4). Der Standardschiedsklausel ist selbstverständlich auch dann genüge getan, wenn die Schiedsrichter nicht ernannt, sondern in Übereinstimmung mit der ICC-SchO bestätigt werden. Maßgeblich ist lediglich, dass sie ihr Amt im Einklang mit den Regeln der ICC-SchO erlangt haben und ausüben.

V. „... endgültig entschieden ..."

6   Mit dem Merkmal einer „endgültigen" Entscheidung soll klargestellt werden, dass der Rechtsweg zu den staatlichen Gerichten – abgesehen von Anerkennungs- und Vollstreckbarerklärungsverfahren – ausgeschlossen ist.

VI. Weitere Elemente

7   Eine vollständige Schiedsvereinbarung enthält auch Regelungen zum **Schiedsort** (Art. 18 ICC-SchO), zur **Schiedssprache** (Art. 20 ICC-SchO) und zum anwendbaren Sachrecht (Art. 21 ICC-SchO). Werden diese Elemente nicht aufgenommen, entscheidet über den Schiedsort der Gerichtshof, über die Schiedssprache und das anwendbare Sachrecht das Schiedsgericht. Je nach den nationalen **Besonderheiten am Schiedsort und/oder am Vollstreckungsort** können weitere Elemente erforderlich werden (Beispiel: Festlandchina, s. Rz. 4); einen ersten Überblick vermittelt der „ICC Guide to National Procedures for Enforcing Awards" (abrufbar unter http://www.iccdrl.com/).

C. Schiedsgerichtsverfahren ohne Eilschiedsrichter

8   Bei seit dem 1.1.2012 abgeschlossenen Schiedsvereinbarungen bedarf es eines ausdrücklichen Opt-Out aus dem Anwendungsbereich des Eilschiedsrichterverfahrens (Art. 28 Abs. 6 Buchst. b).

D. ADR-bezogene Klauseln („Multi-Tier"-Klauseln)

Die ICC hat diverse Standardklauseln für die Vereinbarung von Schiedsverfahren obligatorisch oder fakultativ vorgelagerten ICC ADR-Verfahren (z.B. Mediation usw.) entworfen. Vom Abdruck wird hier aus Platzgründen abgesehen. Je nach dem Forderungsstatut ist vor dem Abschluss einer solchen Vereinbarung gründlich zu prüfen, ob nicht ein Risiko besteht, dass Forderungen verjähren, wenn – der Vereinbarung entsprechend – ein ADR-Verfahren noch vor dem Schiedsverfahren eingeleitet wird. So setzt § 203 BGB voraus, dass beide Seiten verhandeln. Die Einreichung eines Mediationsantrags hemmt daher für sich genommen nicht. Boykottiert der andere Teil die Verhandlungen, wird eine Hemmung jedenfalls nicht nach § 203 BGB herbeigeführt. Es handelt sich bei einer Mediation auch regelmäßig nicht um ein Begutachtungsverfahren, § 204 Abs. 1 Nr. 8 BGB, und der Beginn des schiedsrichterlichen Verfahrens, § 204 Abs. 1 Nr. 11 BGB, wird auch nicht entgegen Art. 4 Abs. 2 ICC-SchO auf die Einreichung eines – wiewohl obligatorischen – vorgeschalteten ADR-Verfahrens vorverlegt. Da die ICC auch nicht die Anforderungen des § 204 Abs. 1 Nr. 4 Var. 1 BGB erfüllt, stellt die Vereinbarung eines obligatorisch der Schiedsklage vorgeschalteten ICC ADR-Verfahrens ein mit Blick auf den Lauf der Verjährung nicht unerhebliches Risiko dar, zieht man in Betracht, dass die ohne vorheriges Durchlaufen des ADR-Verfahrens fristwahrend erhobene Schiedsklage wegen Fehlens einer zwingenden Prozessvoraussetzung (erfolgloser Mediationsversuch) regelmäßig unzulässig sein dürfte.

Teil 2
Kommentierung der DIS-SchO[1]

Vorbemerkungen zu den §§ 1 ff.

Veröffentlichungen der Geschäftsstelle: *Bredow*, Die DIS-Schiedsgerichtsordnung 1998, in: DIS (Hrsg.), Das neue deutsche Schiedsverfahrensrecht/DIS-Schiedsgerichtsordnung 1998, DIS Mat IV (1998).

Literatur: *Bredow*, Aus dem Tagebuch einer Schiedsgerichtsinstitution, SchiedsVZ 2009, S. 22 ff.

A. Entwicklung der DIS und DIS-SchO

Die Wurzeln der Deutschen Institution für Schiedsgerichtsbarkeit e.V. (DIS) reichen in das Jahr 1920 zurück. In diesem Jahr wurde in Berlin von den Spitzenverbänden der Wirtschaft der *Deutsche Ausschuss für Schiedsgerichtswesen* (DAS) als Arbeitsausschuss zur Förderung der Schiedsgerichtsbarkeit und zur Durchführung von Schiedsverfahren gegründet, dessen Geschäftsführung nach dem Ende des Zweiten Weltkriegs der *Deutsche Industrie- und Handelskammertag* (DIHK) in Bonn übernahm. 1974 wurde von Wirtschaftsverbänden, wissenschaftlichen Einrichtungen und Praktikern der Schiedsgerichtsbarkeit neben dem DAS das *Deutsche Institut für Schiedsgerichtswesen* gegründet. Zweck dieses Instituts war es, die Forschung im Bereich der Schiedsgerichtsbarkeit zu fördern und der Wirtschaft, den rechtsberatenden Berufen und der Regierung schiedsverfahrensbezogenes Know-how zur Verfügung zu stellen. 1

Am 1.1.1992 erfolgte dann der Zusammenschluss des Deutschen Ausschuss für Schiedsgerichtswesen (DAS) und des Deutschen Institut für Schiedsgerichtswesen zur heutigen Deutschen Institution für Schiedsgerichtsbarkeit e.V. (DIS). Unterstützt vom DIHK und vielen deutschen Industrie- und Handelskammern, mit denen die DIS noch heute eng zusammenarbeitet, übernahm die DIS mit dem Zusammenschluss die Funktionen ihrer Vorgänger, d.h. die Bereitstellung von schiedsgerichtlichen Dienstleistungen und die Förderung der Schiedsgerichtsbarkeit in Deutschland. Gleichzeitig trat die erste DIS-Schiedsgerichtsordnung in Kraft, die der letzten DAS-Schiedsgerichtsordnung von 1991 entsprach und lediglich den organisatorischen Änderungen Rechnung trug. 2

---

1 Die DIS-SchO ist abgedruckt mit freundlicher Genehmigung der DIS (Deutsche Institution für Schiedsgerichtsbarkeit e.V.).

3   Die DIS in ihrer heutigen Form ist ein eingetragener Verein mit Sitz in Berlin und ca. 1250 Mitgliedern in Deutschland und im Ausland. Neben der Hauptgeschäftsstelle in Köln unterhält die DIS ein Büro in Berlin und verfügt über eine weitere Geschäftsstelle in München. Die Organe der DIS bilden ein Vorstand, der aus 18 Mitgliedern besteht und dessen Vorsitzender Professor Dr. Klaus Peter Berger ist, ein 21 Mitglieder umfassender Beirat und die Geschäftsführung unter Leitung des Generalsekretärs, Rechtsanwalt Jens Bredow, dessen Aufgaben Dr. Francesca Mazza zum 1.1.2014 übernimmt. Ehrenvorsitzender der DIS ist Prof. Dr. Karl-Heinz Böckstiegel.

4   Die aktuelle DIS-Schiedsgerichtsordnung (DIS-SchO) gilt seit dem 1.7.1998. Die Anlage zu § 40 Abs. 5 (Kostentabelle) wurde zuletzt mit Wirkung zum 1.1.2005 überarbeitet.

5   Seit dem 1.4.2008 bietet die DIS Ergänzende Regeln für beschleunigte Verfahren (DIS-ERBV) an. Die Regeln ergänzen die DIS-Schiedsgerichtsordnung von 1998 und sehen als Regelfall die Entscheidung durch einen Einzelschiedsrichter, eine Beschränkung der Anzahl von Schriftsatzrunden, nur eine mündliche Verhandlung und die Beendigung des Verfahrens innerhalb von sechs Monaten (Einzelschiedsrichter) bzw. neun Monaten (Dreier-Schiedsgericht) nach Einleitung des Verfahrens vor.

6   Seit dem 15.9.2009 bietet die DIS auch Ergänzende Regeln für gesellschaftsrechtliche Streitigkeiten (DIS-ERGeS) an. Wie die DIS-ERBV ergänzen auch die DIS-ERGeS die DIS-Schiedsgerichtsordnung von 1998. Sie sind speziell für die Streitentscheidung von GmbH-Beschlussmängelstreitigkeiten konzipiert, eignen sich jedoch auch für zahlreiche weitere Konstellationen.

7   Im Bereich der alternativen Streiterledigung stellt die DIS mit der DIS-Konfliktmanagementordnung (DIS-KMO) seit dem 1.5.2010 ferner ein Regelwerk für ein Verfahren zur Verfügung, in dem ein auf Antrag einer Partei von der DIS benannter Konfliktmanager mit den Parteien möglichst innerhalb weniger Tage nach Ausbruch eines Konflikts klärt, wie und mit welcher Methode der Konflikt einer Lösung zugeführt werden soll. Neben der DIS-SchO stehen als Verfahrensordnungen für das auszuwählende Streitbeilegungsverfahren zur Verfügung:
    – die DIS-Mediationsordnung (DIS-MedO) für die Fälle, bei denen die Parteien zu einem konkreten Streitfall ein einigungsorientiertes Verfahren durchführen wollen;

- die DIS-Schiedsgutachtensordnung (DIS-SchGO) für die Fälle, bei denen die Parteien zu einem konkrete n Streitfall eine Drittentscheidung mit vorläufiger (oder endgültiger) Bindungswirkung zu einem bestimmten Streitpunkt anstreben;
- die DIS-Gutachtensordnung (DIS-GO) für die Fälle, bei denen die Parteien ebenfalls ein Drittvotum erhalten wollen, dies aber nicht bindend sein soll, also „nur" eine sachverständige Beurteilung und eine Empfehlung für die Streitbeilegung darstellt;
- die DIS-Verfahrensordnung für Adjudikation (DIS-AVO) für die Fälle, bei denen die Parteien bereits zu Projektbeginn ein Dispute Board einsetzen möchten, das für die Lösung aller Konflikte während der Projektabwicklung zuständig ist;
- die DIS-Schlichtungsordnung (DIS-SchlO), in der keine konkreten Vorgaben für die Verfahrensprinzipien des Schlichters genannt werden.

Als führende deutsche Schiedsgerichtsinstitution nimmt die DIS schließlich zahlreiche weitere Aufgaben wahr. So bietet sie seit Mai 2012 die Verwaltung von Schiedsverfahren nach den UNCITRAL Arbitration Rules an. Sie fördert weiter die schiedsrechtliche Wissenschaft und Lehre und bietet unter anderem mehrmals im Jahr DIS-Vortragsveranstaltungen zu aktuellen Themen auf dem Gebiet der Schiedsgerichtsbarkeit bzw. alternativen Streitbeilegung an. Seit 2003 gibt die DIS die Zeitschrift für Schiedsverfahren (SchiedsVZ) heraus. Schließlich vergibt die DIS alle zwei Jahre einen DIS-Förderpreis für herausragende wissenschaftliche Publikationen auf dem Gebiet der Schiedsgerichtsbarkeit und der alternativen Streiterledigung und bietet über das von ihr initiierte Arbitration Documentation and Information Center e.V. (ADIC) den in Deutschland umfassendsten Zugang zu schiedsrechtlichen Publikationen. 8

Die DIS bietet Parteien und Schiedsgerichten schließlich auch technische Unterstützung bei der Durchführung von Schiedsgerichtsverfahren nach der DIS-SchO, aber auch für andere Verfahren. In der Hauptgeschäftsstelle in Köln stellt die DIS Räumlichkeiten für nationale und internationale Schiedsgerichtsverfahren zur Verfügung. Für DIS-Schiedsgerichtsverfahren stehen die Räumlichkeiten kostenlos zur Verfügung. Die DIS ist außerdem behilflich bei der Suche nach geeigneten Übersetzern, Dolmetschern, Court Reportern oder Sekretariats-/Schreibkräften für den Einsatz in Schiedsgerichtsverfahren. 2005 haben die DIS und die IHK Frankfurt außerdem das Frankfurt International Arbitration Center 9

(FIAC) gegründet. Im FIAC stehen Räumlichkeiten für mündliche Verhandlungen und Sitzungen zur Verfügung, die besonders für Schiedsgerichtsverfahren geeignet sind.

B. Charakteristische Merkmale der DIS-SchO

10 Die DIS-SchO steht international und national, überregional und branchenunabhängig allen Wirtschaftszweigen zur Beilegung von Streitigkeiten zur Verfügung. Eine DIS-Mitgliedschaft ist zu ihrer Nutzung nicht erforderlich.

11 Die DIS-SchO betont die Parteiautonomie und wird somit den vielfältigen Bedürfnissen ihrer Nutzer gerecht. Die Mitarbeiter der DIS stehen den Nutzern während des Verfahrens zur Unterstützung und als Ansprechpartner zur Verfügung.

12 Die Klage ist bei der Hauptgeschäftsstelle in Köln oder einer der DIS-Geschäftsstellen in Berlin oder München einzureichen. Schiedsklagen, die in Berlin oder München eingehen, werden an die Hauptgeschäftsstelle in Köln weitergeleitet, wo alle Verfahren zentral administriert werden. Das Verfahren beginnt mit dem Zugang der Klage bei der DIS. Bei Einleitung des Verfahrens hat der Schiedskläger die DIS-Bearbeitungsgebühr sowie den vorläufigen Vorschuss für das Schiedsgerichts zu zahlen. Die Zustellung der Klage an den Schiedsbeklagten erfolgt durch die DIS.

13 Soweit die Parteien nichts anderes vereinbart haben, besteht das Schiedsgericht aus drei Schiedsrichtern. In diesem Fall benennt jede Partei einen Schiedsrichter und diese benennen gemeinsam den Vorsitzenden des Schiedsgerichts. Haben die Parteien die Entscheidung durch einen Einzelschiedsrichter vereinbart, benennen die Parteien diesen gemeinsam. Für Verfahren, in denen mehr als eine Partei auf der Beklagtenseite beteiligt ist und das Schiedsgericht aus drei Schiedsrichtern besteht, enthält die DIS-SchO eine spezielle Regelung für die Benennung der Schiedsrichter. Erfolgt eine in der DIS-SchO vorgesehene Benennung eines Schiedsrichters nicht, kann die Ersatzbenennung des Schiedsrichters durch den DIS-Ernennungsausschuss durch eine Partei beantragt werden.

14 Ein benannter Schiedsrichter kann nur bestellt werden, nachdem er auf Aufforderung durch die DIS eine Erklärung zur Annahme des Schiedsrichteramtes sowie zur Unabhängigkeit und Unparteilichkeit sowie zu eventuell vereinbarten Voraussetzungen abgegeben hat. Ergeben sich aus der Erklärung keine Umstände, die Zweifel an der Unabhängigkeit

oder Unparteilichkeit des Schiedsrichters oder an der Erfüllung der vereinbarten Voraussetzungen wecken könnten („unqualifizierte Annahmeerklärung"), oder widersprechen die Parteien nach Übermittlung der Annahmeerklärung nicht innerhalb einer von der DIS zur Stellungnahme gesetzten Frist der Bestellung, bestellt der DIS-Generalsekretär den Schiedsrichter. In allen anderen Fällen entscheidet der DIS-Ernennungsausschuss über die Bestellung.

Das Schiedsgericht ist konstituiert, wenn alle Schiedsrichter bestellt sind. Mit der Konstituierung des Schiedsgerichts geht die Verfahrensleitung vorbehaltlich besonderer Parteivereinbarungen auf dieses über. Das Schiedsgericht setzt dem Schiedsbeklagten anschließend u.a. eine Frist für die Klageerwiderung und fordert bei den Parteien weitere Vorschüsse auf die Kosten des Schiedsgerichts an. 15

Hinsichtlich einer Widerklage sieht die DIS-SchO ausdrücklich vor, dass diese – wie eine Klage – bei einer DIS-Geschäftsstelle einzureichen ist. 16

Das schiedsrichterliche Verfahren endet, wenn das Schiedsgericht einen endgültigen Schiedsspruch erlässt bzw. durch einen Beendigungsbeschluss des Schiedsgerichts oder der DIS, wenn die Klage zurückgenommen wird oder sich auf andere Weise vor dem Erlass eines endgültigen Schiedsspruchs erledigt. Ein Schiedsspruch wird den Parteien nicht unmittelbar durch das Schiedsgericht, sondern durch die DIS übersandt. 17

Die Kosten des schiedsrichterlichen Verfahrens (DIS-Bearbeitungsgebühr und Kosten des Schiedsgerichts) werden auf der Grundlage des Streitwertes berechnet. Dadurch sind von Beginn an Transparenz und Vorhersehbarkeit der Kosten gewährleistet. 18

In der DIS-SchO ist für die Administrierung der Verfahren an mehreren Stellen die Mitwirkung des DIS-Ernennungsausschusses vorgesehen. Ihm obliegt auf Antrag die Ersatzbenennung von Schiedsrichtern, in Zweifelsfragen die Entscheidung über die Bestellung eines Schiedsrichters und die Entscheidung über Anträge der Schiedsrichter zur getrennten Streitwertfestsetzung oder zur Erhöhung des Honorars wegen besonderer Umstände. Der Ernennungsausschuss besteht gemäß § 14 Abs. 1 DIS-Satzung aus drei Mitgliedern sowie drei stellvertretenden Mitgliedern, die durch den Vorstand der DIS für die Dauer von zwei Jahren ernannt werden. Entscheidungen werden durch die drei regulären Mitglieder des Ernennungsausschusses getroffen. Im Falle der Verhinderung eines oder mehrerer Mitglieder nehmen die stellvertretenden Mitglieder in alphabetischer Reihenfolge die Aufgaben wahr. Die Entscheidungen 19 des Ernennungsausschusses werden durch Mehrheitsbeschluss im schriftlichen Verfahren gefasst. Seine Mitglieder sind bei ihrer Tätigkeit an Weisungen nicht gebunden. Die Arbeit des Ausschusses hat vertraulichen Charakter.

20 Die DIS-Schiedsgerichtsordnung ist derzeit in den Sprachen Deutsch, Englisch, Französisch, Spanisch, Türkisch, Russisch, Chinesisch und Arabisch verfügbar. In Zweifelfragen ist allerdings nur die deutsche Fassung maßgeblich, alle anderen Sprachfassungen sind unverbindlich.

Schiedsgerichtsordnung[1]

§ 1: Anwendungsbereich

1.1 Diese Schiedsgerichtsordnung findet auf Streitigkeiten Anwendung, die nach einer von den Parteien getroffenen Schiedsvereinbarung durch ein Schiedsgericht gemäß der Schiedsgerichtsordnung der Deutschen Institution für Schiedsgerichtsbarkeit e.V. (DIS) entschieden werden sollen.

1.2 Soweit die Parteien nichts anderes vereinbart haben, findet die bei Beginn des schiedsrichterlichen Verfahrens gültige Schiedsgerichtsordnung Anwendung.

Regelungsschwerpunkte: Abs. 1 und 2 Anwendung der DIS-SchO bei entsprechender Vereinbarung und in der bei Beginn des Schiedsverfahrens gültigen Fassung.

Kostenaspekte: Kostenrelevanz → Rz. 21

Inhalt

A. Anwendung der DIS-SchO bei entsprechender Vereinbarung (§ 1 Abs. 1) 1	I. Normzweck 15
I. Normzweck 1	II. Verhältnis zu §§ 1025 ff. ZPO 16
II. Verhältnis zu §§ 1025 ff. ZPO 3	III. Vergleich mit den im staatlichen Verfahren geltenden Vorschriften 17
III. Vergleich mit den im staatlichen Verfahren geltenden Vorschriften 4	IV. Tatbestand 18
IV. Tatbestand 5	V. Rechtsfolgen............. 19
V. Praxis der DIS 12	VI. Kosten................... 20
B. Anwendung der DIS-SchO in der jeweils geltenden Fassung (§ 1 Abs. 2) 15	**C. Abweichende Parteivereinbarung** 21

A. Anwendung der DIS-SchO bei entsprechender Vereinbarung (§ 1 Abs. 1)

Veröffentlichungen der Geschäftsstelle: *Bredow*, Die DIS-Schiedsgerichtsordnung 1998, in: DIS (Hrsg.), Das neue deutsche Schiedsverfahrensrecht/DIS-Schiedsgerichtsordnung 1998, DIS Mat IV (1998).

---

1 Die **DIS-Musterschiedsvereinbarung** ist abgedruckt und kommentiert nach § 44 (S. 991 ff.).

§ 1 DIS-SchO — Anwendungsbereich

I. Normzweck

1 Die DIS-SchO muss eindeutig vereinbart sein. Sie findet nur Anwendung, wenn die Parteien sie durch Inbezugnahme oder in sonstiger Weise vereinbart haben.

2 Ihrer Rechtsnatur nach ist die DIS-SchO ein nicht-staatliches Regelwerk zur Regelung des Ablaufs eines Schiedsverfahrens. Ausgehend von einer Schiedsvereinbarung regelt sie die vielseitigen Beziehungen zwischen Parteien, Schiedsgericht und DIS.

II. Verhältnis zu §§ 1025 ff. ZPO

3 Das X. Buch der ZPO tritt, soweit die Regeln der DIS-SchO nicht abschließend sind, ergänzend hinzu.

III. Vergleich mit den im staatlichen Verfahren geltenden Vorschriften

4 Nach § 3 EGZPO findet die ZPO auf alle bürgerlichen Rechtsstreitigkeiten Anwendung, welche vor die ordentlichen Gerichte gehören. § 13 GVG konkretisiert dies insoweit, als grundsätzlich alle bürgerlichen Rechtsstreitigkeiten vor die ordentlichen Gerichte gehören. Während also die ZPO kraft Gesetzes auf alle bürgerlichen Rechtsstreitigkeiten Anwendung findet, bedarf es für die Anwendung des DIS-SchO insoweit einer Schiedsvereinbarung der Parteien.

IV. Tatbestand

5 **Sachlicher Anwendungsbereich.** Die DIS-SchO findet gemäß § 1 Abs. 1 grundsätzlich auf alle Arten von „Streitigkeiten" Anwendung, ohne dass eine sachliche Einschränkung gemacht wird. Unbeachtlich ist, ob diese Streitigkeiten wirtschaftlicher Natur sind. Ebenso ist es unbeachtlich, ob die Streitigkeit einen nationalen oder internationalen Streit betrifft, in beiden Fällen kann die DIS-SchO Anwendung finden.

6 **Schiedsvereinbarung.** Voraussetzung für die Anwendung der DIS-SchO ist eine entsprechende Vereinbarung der Parteien. Diese Vereinbarung wird von den Parteien durch eine Schiedsklausel oder eine gesonderte Schiedsvereinbarung in einen Vertrag einbezogen. In diesem Zeitpunkt sind weder die DIS noch die Schiedsrichter beteiligt. Inhaltlich muss die Schiedsvereinbarung regeln, dass Streitigkeiten unter Ausschluss des ordentlichen Rechtswegs durch ein Schiedsgericht entschieden werden

| Anwendungsbereich | § 1 DIS-SchO |

sollen. Der Ausschluss der staatlichen Gerichte muss klar und eindeutig sein.

Erforderlich ist weiter eine klare Bezugnahme auf die Schiedsgerichtsordnung der Deutschen Institution für Schiedsgerichtsbarkeit e.V. (DIS). Die Institution muss klar und eindeutig bezeichnet sein. Kleinere Abweichungen, wie z.b. „Deutsches Institut für Schiedsgerichtsbarkeit" schaden insoweit aber nicht. In Zweifelsfragen legen die deutschen Gerichte einen Verweis auf eine überregionale deutsche Schiedsgerichtsinstitution zwar oft sehr schiedsfreundlich zugunsten der DIS aus. Dies unter bestimmten Voraussetzungen sogar, wenn die entsprechende Institution als solche gar nicht existiert. So hat das Kammergericht in zwei Entscheidungen (KG v. 3.9.2012 – 20 SchH 2/12 und v. 15.10.1999 – 28 Sch 17/99) festgestellt, dass eine Bezugnahme auf Schiedsregeln der „German Chamber of Commerce" bzw. des „Arbitration Court of the Central German Chamber of Commerce" als Verweis auf die DIS zu verstehen ist, weil die Parteien beabsichtigt hatten, für Streitigkeiten die Zuständigkeit einer existierenden deutschen Schiedsgerichtsinstitution zu vereinbaren, die branchenübergreifend und überregional eine Schiedsgerichtsordnung in enger Kooperation mit den Industrie- und Handelskammern und deren Dachverband, dem DIHK, anbietet. Diese Voraussetzungen erfüllt die DIS. 7

Dennoch sollte der Abfassung der Schiedsvereinbarung höchste Aufmerksamkeit gewidmet werden und nur in Ausnahmefällen von der empfohlenen Musterklausel abgewichen werden. 8

Die DIS hat ferner mit einer Reihe von deutschen Industrie- und Handelskammern Abkommen geschlossen, nach denen Schiedsgerichtsverfahren nach deren Schiedsgerichtsordnung durch die DIS auf Grundlage der DIS-SchO administriert werden. Gegenwärtig bestehen Vereinbarungen mit den Industrie- und Handelskammern Berlin, Bielefeld, Bodensee-Oberschwaben, Bonn/Rhein-Sieg, Bremen, Darmstadt, Frankfurt/Main, Köln, Gera, Heilbronn-Franken, Lahn-Dill, Mittlerer Niederrhein (Krefeld-Mönchengladbach-Neuss), München, Münster, Nürnberg für Mittelfranken, Passau, Reutlingen, Rhein-Neckar (Mannheim), Siegen, Südthüringen-Suhl, Stuttgart und Ulm. 9

Die Wirksamkeit der Schiedsvereinbarung bestimmt sich nach dem auf die Schiedsvereinbarung anwendbaren Recht. Dieses kann, muss aber nicht dasselbe Recht sein, wie das auf die Streitigkeit anwendbare materielle Recht. Die DIS-SchO enthält weder Bestimmungen über die Wirksamkeit einer Schiedsvereinbarung noch über das Recht, das auf die 10

§ 1 DIS-SchO — Anwendungsbereich

Schiedsvereinbarung anwendbar ist. Soweit keine zwingenden gesetzlichen Vorschriften entgegenstehen, können die Parteien das auf die Schiedsvereinbarung anwendbare Recht frei vereinbaren. In Ermangelung einer solchen Vereinbarung sind die am Schiedsort geltenden Vorschriften einschlägig.

11 Ebenso wenig enthält die DIS-SchO eine Regelung über die Schiedsfähigkeit von Ansprüchen. Die DIS-SchO kann daher für alle Streitigkeiten vereinbart werden, die nach dem relevanten Recht schiedsfähig sind. In Deutschland bspw. bestimmt sich die Schiedsfähigkeit von Ansprüchen nach § 1030 ZPO. Gleichermaßen enthält die DIS-SchO keine Bestimmungen über die einzuhaltende Form der Schiedsvereinbarung. Diese wird bestimmt durch das auf die Schiedsvereinbarung anwendbare Recht, in Deutschland etwa durch § 1031 ZPO.

V. Praxis der DIS

12 Die DIS-Geschäftsstelle prüft bei Einleitung einer Schiedsklage nicht die Wirksamkeit der Schiedsvereinbarung. Im Streitfall ist es Aufgabe des noch zu konstituierenden Schiedsgerichts, über diese Frage zu entscheiden. Vor diesem Hintergrund verweigert die DIS auch nicht die Durchführung des Verfahrens in Fällen, in denen die Bezugnahme auf die Schiedsgerichtsordnung der DIS zweifelhaft ist. Sie weist allenfalls den Kläger auf mögliche Probleme hinsichtlich der Wirksamkeit oder des Anwendungsbereichs hin. Wenn der Kläger unter diesen Umständen das Verfahren nach der DIS-SchO dennoch durchführen will, nimmt das Verfahren seinen Fortgang und die Klage wird, nachdem alle Voraussetzungen erfüllt sind, dem Beklagten zugestellt. Die DIS informiert den Beklagten dann aber nicht aus eigenem Antrieb über etwaige Bedenken der DIS wegen der Zuständigkeit, da die Möglichkeit einer rügelosen Einlassung auf die Hauptsache durch den Beklagten und damit die Heilung von Formmängeln oder des konkludenten Abschlusses einer Schiedsvereinbarung nicht beeinträchtigt werden soll.

13 Rügt der Beklagte die Zuständigkeit des Schiedsgerichts, obliegt es dem Schiedsgericht, über die Wirksamkeit der Schiedsvereinbarung zu entscheiden. Sofern der Ort des schiedsrichterlichen Verfahrens in Deutschland liegt, kann der Beklagte eine – bejahende – Entscheidung des Schiedsgerichts über seine Zuständigkeit von den staatlichen Gerichten überprüfen lassen, auch wenn diese in der Form eines Zwischenentscheides erlassen worden ist. Ein solcher Antrag auf Überprüfung muss

innerhalb eines Monats nach schriftlicher Mitteilung der Entscheidung bei Gericht eingereicht werden, § 1040 Abs. 3 Satz 1 ZPO.

Eine Entscheidung des Schiedsgerichts, dass es nicht zuständig sei, wird als endgültiger Schiedsspruch („**Prozessschiedsspruch**") erlassen und kann nur nach Maßgabe von § 1059 ZPO im Aufhebungsverfahren vor den zuständigen Gerichten überprüft werden.

14

B. Anwendung der DIS-SchO in der jeweils geltenden Fassung (§ 1 Abs. 2)

I. Normzweck

Durch die Regelung, dass die DIS-SchO in ihrer bei Beginn des schiedsrichterlichen Verfahrens gültigen Fassung Anwendung findet, soll dem Umstand Rechnung getragen werden, dass auch Schiedgerichtsordnungen im Laufe der Zeit angepasst werden. Wichtig ist dann, dass klar ist, welche Schiedsgerichtsordnung Anwendung findet.

15

II. Verhältnis zu §§ 1025 ff. ZPO

Die Regelungen in §§ 1025 ff. ZPO haben neben § 1 Abs. 2 DIS-SchO keine eigenständige Bedeutung.

16

III. Vergleich mit den im staatlichen Verfahren geltenden Vorschriften

Bei Änderungen des im staatlichen Verfahren geltenden Prozessrechts bestimmen regelmäßig die im Änderungsgesetz enthaltenen Übergangsvorschriften, welchen zeitlichen Anwendungsbereich die geänderten Vorschriften des Stammgesetzes haben sollen.

17

IV. Tatbestand

Die dynamische Verweisung auf die jeweils gültige Fassung der DIS-SchO gilt nur, soweit die Parteien nichts anderes vereinbart haben. Hier besteht also die Möglichkeit der abweichenden Parteivereinbarung.

18

V. Rechtsfolgen

Soweit keine entgegenstehende Parteienvereinbarung vorliegt, gilt die DIS-SchO in der Fassung, die bei Beginn des Schiedsverfahrens gültig ist. Für den Beginn des Schiedsverfahrens gilt der Zeitpunkt des Zugangs der Klage bei einer DIS-Geschäftsstelle (§ 6 Abs. 1 Satz 2).

19

VI. Kosten

20 Kostenauswirkungen sind insoweit denkbar, als aktuellere Fassungen einer Schiedsgerichtsordnung nicht selten auch angepasste Gebühren und Honorare vorsehen. Gleichzeitig kann aber die Anwendung einer nicht mehr aktuellen Fassung mit mehr – auch administrativem – Aufwand verbunden sein, zumal die jeweils aktuelle Fassung den sich wandelnden Gegebenheiten eher Rechnung tragen dürfte, als eine überholte Fassung. Insoweit ist es ratsam, von der dynamischen Geltungsfunktion i.S.d. § 1 Abs. 2 nicht abzuweichen.

C. Abweichende Parteivereinbarung

21 § 1 Abs. 2 sieht selbst vor, dass abweichende Parteivereinbarungen getroffen werden können, etwa hinsichtlich der bei Beginn des Schiedsverfahrens geltenden Fassung der Regeln.

§ 2: Schiedsrichterauswahl

2.1 Die Parteien sind bei der Auswahl und Benennung der Schiedsrichter frei.

2.2 Soweit die Parteien nichts anderes vereinbart haben, muss der Vorsitzende des Schiedsgerichts oder der Einzelschiedsrichter Jurist sein.

2.3 Die Deutsche Institution für Schiedsgerichtsbarkeit gibt auf Anfrage Anregungen für die Schiedsrichterauswahl.

Regelungsschwerpunkte: Abs. 1–2 Allgemeine Grundsätze für die Schiedsrichterauswahl. → Rz. 9–20; **Abs. 3** Bei Bedarf Anregungen für die Schiedsrichterauswahl durch die DIS. → Rz. 22

Kostenaspekte: Unter Kostengesichtspunkten Auswirkung der Wahl geeigneter Schiedsrichter auf die Kosten des Schiedsverfahrens denkbar. → Rz. 23

Inhalt

A. Allgemeine Grundsätze der Schiedsrichterauswahl (Abs. 1–3) 1	II. Verhältnis zu §§ 1035, 1036 ZPO 5
I. Normzweck 1	III. Vergleich mit den im staatlichen Verfahren geltenden Vorschriften 8

IV. Grundsatz der freien Auswahl und Benennung (Abs. 1) ... 9 1. Grundsatz der freien Auswahl und Benennung ..... 9 2. Beschränkungen .... 12 3. Die Wahl des geeigneten Schiedsrichters 18	V. Anforderungen an Vorsitzenden oder Einzelschiedsrichter (Abs. 2). .... 21 VI. Anregungen durch die Geschäftsstelle (Abs. 3) .... 22 B. Abweichende Parteivereinbarungen 24

A. Allgemeine Grundsätze der Schiedsrichterauswahl (Abs. 1–3)

Literatur: *Bredow*, Die DIS-Schiedsgerichtsordnung 1998, in: DIS (Hrsg.), Das neue deutsche Schiedsverfahrensrecht/DIS-Schiedsgerichtsordnung 1998, DIS Mat. IV (1998); *Greenberg/Osswald*, The Arbitrator Selection Process in International Commercial Arbitration, in: Huerta-Goldmann/Romanetti/Stiraimann, WTO Litigation, Investment Arbitration and Commercial Arbitration (2013), S. 115 ff.; *Koepp*, Unanwendbarkeit des AGG auf Schiedsrichter, SchiedsVZ 2011, S. 306 ff.

I. Normzweck

§ 2 Abs. 1–3 enthalten allgemeine Grundregeln und Aussagen zur Auswahl und Benennung von Schiedsrichtern in DIS-Schiedsverfahren. Sie spiegeln das Prinzip der Parteiautonomie wider. 1

§ 2 Abs. 1 stellt klar, dass die Parteien hinsichtlich der Wahl und Benennung der Schiedsrichter frei sind, d.h. dass die Parteien jede Person als Schiedsrichter wählen und benennen können, die ihnen geeignet erscheint. 2

Eine Ausnahme zur freien Auswahl von Schiedsrichtern regelt § 2 Abs. 2, der vorsieht, dass der Vorsitzende bzw. der Einzelschiedsrichter Jurist sein muss, sofern die Parteien nichts Abweichendes vereinbart haben. Durch diese Voraussetzung soll mit Blick auf ein späteres Vollstreckbarerklärungsverfahren sichergestellt werden, dass juristischer Sachverstand im Schiedsgericht vorhanden ist und der Schiedsspruch unter Beachtung der anwendbaren prozessualen und materiellen Vorschriften ergeht. 3

§ 2 Abs. 3 dient in erster Linie als Hinweis auf das Angebot der DIS, jederzeit (unverbindliche) Anregungen für die Auswahl von Schiedsrichtern zu geben. 4

II. Verhältnis zu §§ 1035, 1036 ZPO

5 § 2 Abs. 1 DIS-SchO findet keine Entsprechung im X. Buch der ZPO. Diese enthält keine ausdrückliche Vorschrift zur Auswahl und Qualifikation von Schiedsrichtern. Er knüpft aber an § 1035 Abs. 1 ZPO an, der die Dispositionsfreiheit der Parteien hinsichtlich der Konstituierung des Schiedsgerichts regelt, und stellt klar, dass die Parteien auch bei der Wahl und Benennung einer bestimmten Person frei sind.

6 Das Erfordernis, dass der Vorsitzende oder Einzelschiedsrichter bei fehlender abweichender Parteivereinbarung Jurist sein muss (§ 2 Abs. 2 DIS-SchO), kennt das X. Buch der ZPO allerdings nicht. Nach § 1035 Abs. 5 Satz 2 ZPO hat das zuständige staatliche Gericht, das subsidiär zur Konstituierung des Schiedsgerichts angerufen werden kann, bei der Bestellung eines Vorsitzenden bzw. Einzelschiedsrichters lediglich die Zweckmäßigkeit der Bestellung eines Schiedsrichters mit einer anderen Staatsangehörigkeit als derjenigen der Parteien in Betracht zu ziehen.

7 Auch findet sich keine § 2 Abs. 3 DIS-SchO entsprechende Regelung im X. Buch der ZPO. Staatliche Gerichte sind grundsätzlich nur im Rahmen ihrer Zuständigkeit gemäß §§ 1062 Abs. 1 Nr. 1 i.V.m. 1034 und 1035 ZPO berufen, Schiedsrichter zu bestellen, sofern der von den Parteien vorgesehene Benennungsmechanismus nicht greift bzw. stockt.

III. Vergleich mit den im staatlichen Verfahren geltenden Vorschriften

8 Eine Richterauswahl durch die Parteien findet im staatlichen Verfahren nicht statt. Mit Ausnahme von Handelsrichtern (§§ 105 ff. GVG) müssen die Richter im staatlichen Verfahren **Voll**juristen (§ 5 Abs. 1 DRiG) oder Inhaber einer rechtswissenschaftlichen Professur an einer deutschen Universität (§ 7 DRiG) sein. Dagegen lässt die DIS-SchO es genügen, dass der Schiedsrichter Jurist ist, so dass auch Personen, die die erste juristische Prüfung, nicht aber die zweite juristische Staatsprüfung abgelegt haben, für das Amt eines Schiedsrichters in Betracht kommen (s. Rz. 21).

IV. Grundsatz der freien Auswahl und Benennung (Abs. 1)

1. Grundsatz der freien Auswahl und Benennung

9 Die Auswahl eines Schiedsrichters beschreibt den internen Entscheidungsprozess der Partei bezüglich der Person des Schiedsrichters. Sofern die Schiedsvereinbarung keine weiteren Kriterien aufstellt, kann jede

Partei frei festlegen, welche Kriterien sie bei der Auswahl des Schiedsrichters zugrunde legt. Die auswählende Partei ist nicht verpflichtet, der anderen Partei die Gründe für ihre Wahl mitzuteilen.

Die Mitteilung des Ergebnisses des Auswahlprozesses, d.h. die Mitteilung der Person bzw. des Namens des Schiedsrichters an die DIS-Geschäftsstelle, wird als Benennung bezeichnet. Besteht das Schiedsgericht aus drei Schiedsrichtern, haben Kläger und Beklagter jeweils einen Schiedsrichter, der Kläger in der Klageschrift (vgl. § 6 Rz. 22), der Beklagte nach Zustellung der Klage auf Aufforderung der DIS-Geschäftsstelle (vgl. § 12 Abs. 1) zu benennen. Im Falle eines Einzelschiedsrichters hat die Benennung des Schiedsrichters übereinstimmend, nicht aber zwingend gemeinsam zu erfolgen (vgl. § 6 Rz. 28, § 14 Rz. 7). 10

Die Benennung ist eine gestaltende Willenserklärung, die mit Zugang bei der DIS-Geschäftsstelle bindend wird (vgl. § 12 Rz. 4). 11

2. Beschränkungen

Die Parteien können grundsätzlich jede Person als Schiedsrichter wählen und benennen, die sie für geeignet halten. Diese Wahlfreiheit unterliegt jedoch gewissen Beschränkungen. 12

Auch wenn die DIS-SchO dies nicht ausdrücklich regelt, versteht sich von selbst, dass nur natürliche, nicht aber juristische Personen als Schiedsrichter benannt werden können. 13

Zusätzlich kann die freie Wahl des Schiedsrichters aus Gründen eingeschränkt sein, die in der Sphäre des Schiedsrichters selbst zu finden sind. So ist bspw. dessen unbeschränkte Geschäftsfähigkeit eine unerlässliche Voraussetzung für die Übernahme des Schiedsrichteramts. Die Benennung einer nur beschränkt oder nicht geschäftsfähigen Person stellt keine wirksame Benennung dar. 14

Darüber hinaus bestehen Beschränkungen hinsichtlich der Wahl eines staatlichen Richters zum Schiedsrichter. So regelt § 40 Abs. 1 Satz 1 DRiG unter anderem, dass eine Nebentätigkeit eines Richters als Schiedsrichter genehmigungspflichtig ist und nur genehmigt werden darf, wenn die Parteien des Schiedsvertrags den Richter entweder gemeinsam beauftragen oder wenn er von einer unbeteiligten Stelle, etwa der DIS, benannt ist. Die Genehmigung ist nach § 40 Abs. 1 Satz 2 DRiG zu versagen, wenn der Richter zur Zeit der Entscheidung über die Erteilung der Genehmigung mit der Sache befasst ist oder nach der Geschäftsverteilung befasst werden kann. In der Regel bittet die DIS-Ge- 15 schäftsstelle staatliche Richter mit der Aufforderung zur Abgabe ihrer Unabhängigkeits- und Unparteilichkeitserklärung (vgl. § 16 DIS-SchO) um Übersendung ihrer Nebentätigkeitsgenehmigung. Während die Benennung eines staatlichen Richters zum Vorsitzenden des Schiedsgerichts durch die parteibenannten Schiedsrichter und die gemeinsame Benennung eines Einzelschiedsrichters durch die Parteien die Anforderungen des § 40 DRiG sicher erfüllt, ist dies bei den parteibenannten Schiedsrichtern nicht ohne weiteres zu bejahen. Eine in einer Schiedsvereinbarung enthaltene Regelung, der zufolge die parteibenannten Schiedsrichter Richter sein müssen, stellt jedenfalls keine vorweggenommene Zustimmung nach § 40 Abs. 1 DRiG dar (KG v. 6.5.2002 – 23 Sch 01/02, DIS-Datenbank). Beschränkungen können auch für Hochschullehrer gelten (bspw. in Berlin gemäß § 93 bzw. § 98 Berliner Hochschulgesetz i.V.m. § 62 Abs. 1 des Landesbeamtengesetzes Berlin).

16   Eine weitere in der Person des Schiedsrichters liegende Beschränkung stellt § 15 DIS-SchO auf, wonach jeder Schiedsrichter unparteilich und unabhängig sein muss. Es empfiehlt sich, schon vor der Benennung eines Schiedsrichters darauf zu achten, dass die Kriterien des § 15 DIS-SchO erfüllt sind.

17   Im Übrigen bestehen keine Beschränkungen in dem Sinne, dass Schiedsrichter bestimmten Berufsgruppen, Vereinigungen oder sonstigen Institutionen angehören müssten. Die DIS führt insbesondere keine Liste, auf der eine Person aufgeführt sein muss, um als Schiedsrichter benannt werden zu können. In der DIS-Praxis werden ungeachtet dessen ganz überwiegend Juristen, darunter meist Rechtsanwälte, aber auch Professoren und (ehemalige) Richter als Schiedsrichter benannt. Dies ist auch sinnvoll, da neben den technischen bzw. wirtschaftlichen Fachkenntnissen Kenntnisse im materiell anwendbaren Recht sowie im (Schiedsgerichts-)Prozessrecht nicht minder wichtig sind. Während fehlender technischer Sachverstand notfalls durch Gutachter eingeholt werden kann, ist die ordnungsgemäße Durchführung des Verfahrens ureigene Aufgabe des Schiedsgerichts.

3. Die Wahl des geeigneten Schiedsrichters

18   Die Wahl eines geeigneten Schiedsgerichts ist entscheidend für einen möglichst reibungslosen Verlauf eines Schiedsverfahrens. Relevante Kriterien sind neben der ggf. vereinbarten Voraussetzungen regelmäßig die materiellen Rechtskenntnisse, die Erfahrung des Kandidaten in der streitgegenständlichen Branche und mit den dort herrschenden Bräu-

chen und Usancen. Darüber hinaus spielt die allgemeine schiedsrechtliche Erfahrung der zu benennenden Person und speziell ihre Erfahrung als Schiedsrichter, d.h. der vertraute Umgang mit den Besonderheiten und Möglichkeiten, die ein Schiedsverfahren bietet, eine wichtige Rolle. Unerlässlich sind Kenntnisse der ggf. vereinbarten Verfahrenssprache (§ 22).

Daneben kann es in internationalen Schiedsverfahren, also insbesondere Verfahren mit Parteien aus unterschiedlichen Rechtsordnungen, von Vorteil sein, wenn die Person über eine einschlägige (Zusatz-)Ausbildung oder berufliche Erfahrung in einer oder mehrerer dieser Rechtsordnungen verfügt. Hierbei spielt nicht nur die fachliche Qualifikation eine wichtige Rolle, sondern auch die Erfahrung im Umgang mit unterschiedlichen Kulturen. Diese kann erheblich dazu beitragen, dass ein Schiedsverfahren effizient und ohne große Reibungsverluste gemeinschaftlich und kollegial geführt wird. 19

Darüber hinaus sollte die zeitliche Verfügbarkeit des Schiedsrichters ein weiteres wichtiges Kriterium für die zügige und effiziente Verfahrensdurchführung sein. Bei geringeren Streitwerten kann der Umstand, dass ein Kandidat am Schiedsort (§ 21) oder aber am potentiellen Verhandlungsort ansässig ist, ein Auswahlkriterium sein, da keine Reise- und Übernachtungskosten anfallen. 20

V. Anforderungen an Vorsitzenden oder Einzelschiedsrichter (Abs. 2)

Soweit die Parteien nichts anderes vereinbart haben, müssen der Vorsitzende eines Dreierschiedsgerichts bzw. der Einzelschiedsrichter Jurist sein, d.h. ein juristisches Studium abgeschlossen haben. Erfasst sind sowohl inländische als auch ausländische Abschlüsse (*Bredow*, Die DIS-Schiedsgerichtsordnung 1998, S. 111 [114]). Für deutsche Juristen ist die Befähigung zum Richteramt nicht zwingend erforderlich. 21

VI. Anregungen durch die Geschäftsstelle (Abs. 3)

Bei der Suche nach einem geeigneten Schiedsrichter unterstützt die DIS nicht nur die Parteien, sondern auch die parteibenannten Schiedsrichter. Die Geschäftsstelle erteilt auf Anfrage Anregungen. Dabei greift die DIS auf eine umfangreiche Datensammlung zurück, in der auch Angaben zu Personen enthalten sind, die nicht DIS-Mitglieder sind, sondern die der DIS entsprechende Informationen für die Schiedsrichterauswahl zur Verfügung gestellt haben. Sie gestattet eine Suche nach juristischen 22

Qualifikationen (z.B. Sprachkenntnissen) und schiedsrichterlicher Erfahrung. Hiervon unabhängig stellt die DIS auf ihrer Internetseite eine Liste aller DIS-Mitglieder zur Verfügung, die als Einstieg für die Suche genutzt werden kann.

B. Abweichende Parteivereinbarungen

23 Den Parteien steht es frei, von der Freiheit der Schiedsrichterauswahl bereits beim Abschluss der Schiedsvereinbarung Gebrauch zu machen und das in § 2 Abs. 2 aufgestellte Kriterium abzubedingen oder aber weitere Kriterien für die Schiedsrichterwahl aufzustellen.

24 Hierbei ist zu beachten, dass allzu enge Kriterien dazu führen können, dass die Wahl eines geeigneten Schiedsrichters erheblich erschwert und möglicherweise sogar die Wirksamkeit der Schiedsklausel in Frage gestellt wird. Werden die Kriterien zu eng formuliert, kann dies dazu führen, dass sich ein Schiedsgericht mangels ausreichender Auswahl an geeigneten Kandidaten nicht konstituieren lässt und die Schiedsklausel insoweit undurchführbar wird.

§ 3: Anzahl der Schiedsrichter

Das Schiedsgericht besteht aus drei Schiedsrichtern, wenn die Parteien nichts anderes vereinbart haben.

Regelungsschwerpunkte: Dreier-Schiedsgericht als Regelfall. → Rz. 4–5

Kostenaspekte: Nachträgliche Vereinbarung eines Einzelschiedsrichters zur Kostenreduzierung denkbar. → Rz. 6–7

Inhalt

A. Normzweck	1	D. Das Dreierschiedsgericht als geregelter Grundfall	4
B. Verhältnis zu §§ 1034 Abs. 1 ZPO	2	E. Abweichende Parteivereinbarungen	5
C. Vergleich mit den im staatlichen Verfahren geltenden Vorschriften	3	F. Kosten	6

A. Normzweck

Im DIS-Schiedsverfahren können die Parteien die Anzahl der Schiedsrichter frei vereinbaren. Fehlt eine solche Bestimmung, besteht das Schiedsgericht aus drei Schiedsrichtern. Damit wird sichergestellt, dass jede Partei zumindest die Gelegenheit hat, an der Konstituierung des Schiedsgerichts mitzuwirken. Denn in diesem Fall hat jede Partei zunächst das Recht, einen sogenannten parteibenannten Schiedsrichter zu benennen, der dann gemeinsam mit dem von der anderen Partei benannten Schiedsrichter den Vorsitzenden des Schiedsgerichts benennt. 1

B. Verhältnis zu §§ 1034 Abs. 1 ZPO

Neben § 3 DIS-SchO hat § 1034 Abs. 1 ZPO, der bei fehlender abweichender Parteivereinbarung ebenfalls bestimmt, dass die Anzahl der Schiedsrichter drei beträgt, keine eigenständige Bedeutung. 2

C. Vergleich mit den im staatlichen Verfahren geltenden Vorschriften

Im Zivilprozess vor dem Landgericht ist die Ausgangslage umgekehrt. So entscheidet die allgemeine Zivilkammer in der Regel und ggf. obligatorisch durch einen Einzelrichter (§§ 348, 348a ZPO) es sei denn, es liegen bestimmte, gesetzlich geregelte Ausnahmen vor. So hat der Einzelrichter einen Rechtsstreit etwa dann der Kammer zur Übernahme vorzulegen, wenn die Parteien dies übereinstimmend beantragen (§ 348 Abs. 3 Satz 1 Nr. 3 ZPO). Auch in der Berufungsinstanz finden sich die Parteien regelmäßig vor einem Einzelrichter wieder (§ 526 Abs. 1 Nr. 1 ZPO). Dagegen ist die Kammer für Handelssachen regelmäßig mit einem Berufsrichter und zwei (ehrenamtlichen) Handelsrichtern besetzt, wenn nicht die Parteien ihr Einverständnis mit der Entscheidung des Rechtsstreits durch den Vorsitzenden allein erklärt haben (§ 349 Abs. 3 ZPO). 3

D. Das Dreierschiedsgericht als geregelter Grundfall

Soweit die Parteien nichts Abweichendes vereinbart haben, besteht das Schiedsgericht aus drei Schiedsrichtern. 4

E. Abweichende Parteivereinbarungen

5 Vor dem Hintergrund, dass die Parteien in der Regel die Anzahl der Schiedsrichter ausdrücklich in der Schiedsvereinbarung regeln (vgl. auch DIS-Musterschiedsvereinbarung, Nach § 33 Rz. 3), kommt § 3 nur dann zum Tragen, wenn die Parteien von ihrem Wahlrecht keinen Gebrauch gemacht haben.

F. Kosten

6 Durch ein Dreierschiedsgericht entstehen höhere Schiedsgerichtskosten als im Falle eines Einzelschiedsrichters. Dies gilt nicht nur hinsichtlich der Schiedsrichterhonorare, sondern auch mit Blick auf etwaige Auslagen des Schiedsgerichts wie Reise- und Übernachtungskosten sowie die nach der Kostenregelung der DIS vorgesehenen Tagegelder für mündliche Verhandlungen.

7 In Fällen, in denen die Kosten eines Dreier-Schiedsgerichts unangemessen hoch erscheinen, also etwa bei einfacher Sach- und Rechtslage und/oder geringem Streitwert, sollten die Parteien im Vorfeld eines Schiedsverfahrens bzw. bei dessen Einleitung versuchen, sich noch nachträglich auf einen Einzelschiedsrichter zu verständigen. Sofern sich die Parteien auf eine Entscheidung durch einen Einzelschiedsrichter, nicht aber auf die Person des Einzelschiedsrichters verständigen können, kann jede Partei die Benennung des Einzelschiedsrichters durch die DIS beantragen (§ 14).

§ 4: *Anzahl von Schriftsätzen und Anlagen*

Alle Schriftsätze sowie die beigefügten Anlagen müssen mindestens in soviel Exemplaren eingereicht werden, dass jedem Schiedsrichter, jeder Partei, und soweit die Einreichung des Schriftsatzes bei der DIS erfolgt, dieser ein Exemplar zur Verfügung steht.

Regelungsschwerpunkte: Grundsätzlich muss bis zur Konstituierung des Schiedsgerichts jede Kommunikation in mehrfacher Ausfertigung (ein Exemplar für jede Partei, jeden Schiedsrichter und ggf. die DIS-Geschäftsstelle) übermittelt werden. → Rz. 7–9

Inhalt

A. Normzweck 1
B. Verhältnis zu den Vorschriften des X. Buches der ZPO... 3
C. Vergleich mit den im staatlichen Verfahren geltenden Vorschriften 4
D. Anwendungsbereich 5
E. Anzahl einzureichender Exemplare 9
   I. Bestimmung der Anzahl einzureichender Exemplare 9
   II. Folgen der Nichtbeachtung... 12

A. Normzweck

§ 4 bezweckt, dass alle Schiedsrichter und alle Parteien jeden Schriftsatz und jede Anlage erhalten. Insofern handelt es sich um die praktische Umsetzung des Gebots rechtlichen Gehörs und eines ordnungsgemäßen Verfahrens.   **1**

Ferner soll ein Exemplar jedes Schriftsatzes, der bei der DIS eingereicht wurde, bei der DIS verbleiben; das betrifft Schriftsätze, die vor der Konstituierung des Schiedsgerichts ausgetauscht werden, die verfahrensbestimmend sind oder die sich auf den Streitwert auswirken. Von anderen Schriftsätzen muss der DIS kein Exemplar zur Verfügung gestellt werden. Durch diese Regelung wird klar, dass es nicht das Ziel der DIS-SchO ist, die DIS über den gesamten Verfahrensgang in Kenntnis zu setzen; dementsprechend führt die DIS-Geschäftsstelle ab der Konstituierung des Schiedsgerichts keine vollständige Verfahrensakte. Anders als das Sekretariat im ICC-Verfahren gibt die DIS die Kontrolle über das Schiedsverfahren größtenteils an das Schiedsgericht ab, sobald es konstituiert ist.   **2**

B. Verhältnis zu den Vorschriften des X. Buches der ZPO

Das X. Buch der ZPO enthält keine Regelung zur Frage, in wie vielen Exemplaren Schriftsätze eingereicht werden müssen.   **3**

C. Vergleich mit den im staatlichen Verfahren geltenden Vorschriften

Nach §§ 253 Abs. 5 Satz 1, 133 Abs. 1 ZPO sollen die Parteien Schriftsätze inklusive ihrer Anlagen in der Anzahl von Abschriften einreichen, die für die Zustellung erforderlich ist. Eine ausdrückliche Pflicht des Gerichts, alle Parteien von der Kommunikation mit einer Partei zu informieren, gibt es nicht. Lediglich das Gebot rechtlichen Gehörs kann eine entsprechende Pflicht begründen.   **4**

D. Anwendungsbereich

5 Die Vorschrift findet auf **jede Kommunikation einer Partei** mit dem Schiedsgericht oder mit der DIS Anwendung. Dementsprechend ist die Regelung nicht auf das Schiedsgericht oder die DIS anwendbar. Allerdings folgt aus dem Grundsatz rechtlichen Gehörs, dass sowohl die DIS als auch das Schiedsgericht alle wesentlichen Mitteilungen an eine Partei auch den übrigen Parteien zuleiten.

6 § 4 betrifft grundsätzlich nur die Phase vor der Konstituierung des Schiedsgerichts. Denn danach trifft das Schiedsgericht (üblicherweise mit den Parteien) eigene Regelungen zur Verfahrenskommunikation. In der Regel werden Schriftsätze dann von der betreffenden Partei direkt an alle anderen Verfahrensbeteiligten gesandt. Nur Schriftsätze, die bei der DIS einzureichen sind (zum Beispiel eine Widerklage), müssen auch nach der Konstituierung des Schiedsgerichts noch mit einem Extra-Exemplar für die DIS-Geschäftsstelle versehen werden.

7 **Außerhalb des Schiedsverfahrens** können Parteien in beliebiger Form miteinander kommunizieren, ohne das Schiedsgericht, die DIS oder ggf. weitere Parteien einzubeziehen. Das gilt insbesondere für die Abstimmung zur Schiedsrichterbenennung oder Vergleichsverhandlungen.

8 **Vorsicht:** Eine direkte Kommunikation zwischen den Parteien muss dem Schiedsgericht **nicht dauerhaft verborgen** bleiben. Grundsätzlich steht es einer Schiedspartei frei, das Schiedsgericht ohne Vorankündigung in eine laufende Kommunikation einzubeziehen oder die Kommunikation in einem späteren Stadium in das Verfahren einzuführen. Aus diesem Grund sollte die Vertraulichkeit stets ausdrücklich vereinbart und in dem betreffenden Dokument festgehalten werden. Üblicherweise wird hierbei die Formulierung „without prejudice" verwendet. Selbst dann ist von Formulierungen abzuraten, die bei Kenntnisnahme durch das Schiedsgericht zu Problemen führen könnten.

E. Anzahl einzureichender Exemplare

I. Bestimmung der Anzahl einzureichender Exemplare

9 Jeder Schriftsatz muss in einer ausreichenden Anzahl an Exemplaren eingereicht werden, um jedem Schiedsrichter, jeder Partei und unter Umständen der DIS ein Exemplar zukommen zu lassen. Demnach sind für das Schiedsgericht entweder ein (im Falle eines Einzelschiedsrichters) oder drei (im Falle eines Dreierschiedsgerichts) Exemplare einzureichen. Bei nur einem Beklagten muss die Klage also im Falle eines

Einzelschiedsrichters in drei Exemplaren, im Falle eines Dreierschiedsgerichts in fünf Exemplaren eingereicht werden.

Jeder Partei muss ein Exemplar zur Verfügung gestellt werden. Das gilt auch dann, wenn mehrere Parteien durch denselben Rechtsanwalt vertreten werden. Entscheidend ist allein die Parteienanzahl. Allerdings sollte in diesen Fällen aus Gründen der Praktikabilität eine Absprache zwischen allen Beteiligten getroffen werden. 10

Für die DIS muss nicht ständig ein Exemplar zur Verfügung gestellt werden, sondern nur, wenn der entsprechende Schriftsatz bei der DIS eingereicht wird. Das ist grundsätzlich vor der Konstituierung des Schiedsgerichts der Fall, also insbesondere bei der Schiedsklage sowie bei sämtlicher Verfahrenskommunikation zur Bestellung der Schiedsrichter. Nachdem das Schiedsgericht konstituiert ist, sind die Schriftsätze grundsätzlich an dieses zu übermitteln, so dass regelmäßig kein Exemplar für die DIS mehr benötigt wird. Ausnahmen hiervon bilden nur Schriftsätze, durch die sich der Streitwert ändert, etwa wegen einer Hilfsaufrechnung, oder die verfahrensbestimmend sind wie eine Antragsänderung (§ 6 Abs. 1 entsprechend), eine Widerklage (§ 10 Abs. 1) oder die Ablehnung eines Schiedsrichters (§ 18 Abs. 2). 11

II. Folgen der Nichtbeachtung

Wenn eine Partei einen Schriftsatz nicht in der erforderlichen Anzahl an Exemplaren einreicht, wird die DIS die Partei üblicherweise darauf hinweisen und die ausstehenden Exemplare unter Fristsetzung anfordern. 12

Falls der Schiedskläger bereits die Klage nicht in der erforderlichen Anzahl an Exemplaren einreicht, fordert die DIS den Kläger zur Nachbesserung binnen 30 Tagen auf. Wenn der Kläger trotzdem nicht die entsprechende Anzahl an Exemplaren nachreicht, gilt die Klage als unvollständig, womit das Schiedsverfahren endet (§ 6 Abs. 4 Satz 2). Der Kläger kann in diesem Fall allerdings erneut Klage einreichen. 13

§ 5: Übersendungen

5.1 Die Schiedsklage und Schriftsätze, welche Sachanträge oder eine Klagerücknahme enthalten, sind durch eingeschriebenen Brief gegen Rückschein, oder Kurierdienst, Fax oder eine andere Übersendungsart, soweit diese einen Nachweis des Zugangs gewährleisten, zu übersenden. Alle anderen Schriftstücke können auch in jeder anderen Übertragungsart übersandt werden. Alle Schriftstücke und Informationen, die dem

Schiedsgericht zugeleitet werden, sind gleichzeitig auch der anderen Partei zu übermitteln.

5.2 Alle Übersendungen der Parteien, des Schiedsgerichts oder der DIS-Geschäftsstelle sind an die letztbekannte Adresse, so wie sie vom Empfänger oder gegebenenfalls der anderen Partei mitgeteilt worden ist, zu richten.

5.3 Ist der Aufenthalt einer Partei oder einer zur Entgegennahme berechtigten Person unbekannt, gelten schriftliche Mitteilungen an dem Tag als empfangen, an dem sie bei ordnungsgemäßer Übermittlung durch Einschreiben gegen Rückschein, oder Kurierdienst, Fax oder eine andere Übersendungsart, soweit diese einen Nachweis des Zugangs gewährleisten, an der letztbekannten Adresse hätten empfangen werden können.

5.4 Ist ein Schriftstück, das gemäß Absatz 1 übersandt worden ist, in anderer Weise zugegangen, so gilt die Übersendung spätestens im Zeitpunkt des tatsächlichen Zugangs als bewirkt.

5.5 Hat eine Partei einen Prozessbevollmächtigten bestellt, sollen die Übersendungen an diesen erfolgen.

Regelungsschwerpunkte: Abs. 1, 2 regeln, welche Schriftsätze in welcher Form und an wen eingereicht werden müssen. → Rz. 7–17; **Abs. 3** bestimmt eine Zugangsfiktion bei unbekanntem Aufenthaltsort einer Partei. → Rz. 20–23; **Abs. 4** Eine Übersendung gilt spätestens bei tatsächlichem Zugang als bewirkt. → Rz. 19; **Abs. 5** Eine anwaltlich vertretene Partei kann nur über ihren Anwalt angeschrieben werden. → Rz. 9–12

Inhalt

A. Normzweck 1	IV. Adressaten 10
B. Anwendungsbereich 4	V. Adressen 15
C. Modalitäten der Kommunikation, §§ 5 Abs. 1, 2, 4 und 5 ... 5	VI. Tatsächlicher Zugang 19
I. Verhältnis zu den Vorschriften des X. Buches der ZPO ... 5	D. Zugangsfiktion, § 5 Abs. 3 ... 20
II. Vergleich mit den im staatlichen Verfahren geltenden Vorschriften 6	I. Vergleich mit den im staatlichen Verfahren geltenden Vorschriften 20
III. Übersendungsart 8	II. Verhältnis zu § 1028 ZPO 22
	III. Voraussetzungen und Wirkung 23

A. Normzweck

§ 5 regelt die Grundzüge der Verfahrenskommunikation, um dem Schiedsverfahren ein einheitliches Prozedere zu geben, bevor das Schiedsgericht in einer der ersten verfahrensleitenden Verfügungen detailliertere Regeln dazu aufstellt. In der Phase vor dem Erlass einer derartigen Verfügung muss klar sein, wie die Verfahrenskommunikation mit der DIS und zwischen den Parteien zu erfolgen hat. 1

§ 5 erfordert grundsätzlich nur eine Übersendung in der beschriebenen Form an die gegnerische Partei; eine tatsächliche Kenntnisnahme des Adressaten ist nicht erforderlich. Indem die DIS-SchO eine Übersendung mit Gewährleistung des Nachweises des Zugangs fordert, soll zumindest sichergestellt werden, dass die gegnerische Partei die Möglichkeit der Kenntnisnahme hat. 2

Für den Fall, dass der aktuelle Aufenthalt einer Partei unbekannt ist, enthält § 5 Abs. 3 eine Regelung, die ermöglicht, dennoch ein Verfahren gegen diese Partei zu führen. 3

B. Anwendungsbereich

Ähnlich wie § 4 findet die Vorschrift grundsätzlich auf sämtliche Verfahrenskommunikation Anwendung. **Außerhalb des Schiedsverfahrens** können Parteien dagegen in beliebiger Form kommunizieren (s. § 4 Rz. 7). 4

C. Modalitäten der Kommunikation, §§ 5 Abs. 1, 2, 4 und 5

I. Verhältnis zu den Vorschriften des X. Buches der ZPO

Das X. Buch der ZPO bestimmt nicht die Übersendungsart der Verfahrenskommunikation. 5

II. Vergleich mit den im staatlichen Verfahren geltenden Vorschriften

Nach § 270 Satz 2 ZPO sind alle Schriftsätze mit Sachanträgen zuzustellen. Die förmliche Zustellung ist in den §§ 166 ff. ZPO geregelt. 6

Nach § 172 Abs. 1 Satz 2 ZPO hat die Zustellung eines Schriftsatzes in einem anhängigen Verfahren an den Prozessbevollmächtigten des Prozessgegners zu erfolgen. Eine direkte Kontaktaufnahme mit der gegnerischen Partei ist berufsrechtswidrig, § 12 Abs. 1 BORA. 7

III. Übersendungsart

8 § 5 Abs. 1 Satz 1 verlangt für verfahrensbestimmende Schriftstücke eine Versendungsart, die **den Nachweis des Zugangs gewährleistet**; die Aufzählung ist nicht abschließend. In der Praxis durchgesetzt hat sich jedoch die Versendung per Kurier, oftmals ergänzt durch Vorab-Übersendung per Fax oder E-Mail.

9 Jede **andere Kommunikation** kann auch auf andere Weise versendet werden, z.B. mit einfacher Postsendung. Allerdings entlastet die Vorschrift den Versender nicht vom Risiko des Zugangs und dessen Nachweisbarkeit. Folglich ist der Versender gut beraten, auch hier stets eine Versendungsart mit Zugangsnachweis zu wählen. In der Praxis bestätigen die DIS-Geschäftsstelle und das Schiedsgericht den Empfang, falls dieser nicht ohnehin durch die Art der Übersendung nachgewiesen ist.

IV. Adressaten

10 Nach § 5 Abs. 1 Satz 3 müssen grundsätzlich alle Dokumente, die in das Verfahren eingeführt werden, an das Schiedsgericht und alle Parteien gesandt werden. Schriftsätze für die Parteien oder das Schiedsgericht sollten nicht bei der DIS-Geschäftsstelle eingereicht werden, da die DIS nach der Konstituierung des Schiedsgericht nicht für die Weiterleitung der Schriftsätze an Parteien und Schiedsrichter verantwortlich ist (auch wenn die DIS in der Praxis Schriftsätze, die bei ihr eingereicht werden, weiterleitet).

11 Die DIS-SchO verlangt nicht, dass sich eine Partei vertreten lassen muss. Hat diese allerdings, wie es die Regel ist, einen Prozessbevollmächtigten bestellt, sollte eine Übersendung nur an diesen erfolgen, § 5 Abs. 5.

12 Fristen werden grundsätzlich nur durch eine **Übersendung an den richtigen Adressaten** in Gang gesetzt bzw. gewahrt. Davon bleibt allerdings § 5 Abs. 4 unberührt, so dass trotz falscher Adressierung doch ein wirksamer Zugang vorliegt, wenn der Schriftsatz an den korrekten Adressaten gelangt. Das betrifft insbesondere den Fall, dass ein Schriftsatz fälschlicherweise direkt an eine Partei gesandt wurde und diese den Schriftsatz an ihren Prozessvertreter weiterleitet. Die Weiterleitung und insbesondere deren Zeitpunkt muss jedoch im Zweifel der Versender beweisen.

13 Als Prozessvertreter i.S.d. § 5 Abs. 5 gilt zunächst, wer im Verfahren als solcher auftritt. Allerdings kann das Schiedsgericht im Laufe des Verfahrens von dem Prozessvertreter einen **Nachweis** seiner Vertretungsmacht

verlangen. In der Praxis erfolgt der Nachweis nach den Regeln des Rechts der Niederlassung des Anwalts.

Die DIS-SchO **erfordert keine Anwaltszulassung** oder eine besondere Befähigung des Prozessvertreters. So ist es ohne weiteres möglich, wenn auch selten, Nicht-Anwälte zu Prozessvertretern zu bestellen. 14

V. Adressen

§ 5 Abs. 2 bestimmt, dass sämtliche Übersendungen an die letztbekannte Adresse geschickt werden müssen, die die empfangende Partei selbst oder die Gegenpartei zuletzt angegeben hat. Dabei handelt es sich nicht um eine hoheitliche, sondern um eine private Zustellung, so dass die §§ 166 ff. ZPO, die EuZVO oder das HZÜ keine Anwendung finden. Aus demselben Grund kann die DIS Schriftstücke an Adressaten in allen Ländern übersenden, ohne die dortigen staatlichen Stellen einzuschalten. 15

Empfehlung: Bei **Parteien aus der Europäischen Union** dürfte die Adresse relativ leicht über das Handelsregister oder ein entsprechendes Register zu ermitteln sein (derartige Register sind nach der Richtlinie 68/151/EWG vom 9.3.1968 in allen Mitgliedstaaten zu führen). 16

Die **Verantwortung** für die Ermittlung der richtigen Adresse liegt allein bei den Parteien; die DIS-Geschäftsstelle ermittelt diese nicht eigenständig, auch nicht, falls Unstimmigkeiten auftreten sollten. Praktische Auswirkungen hat diese Verantwortung meist nur für den Schiedskläger, da nur er die Adresse einer Partei angeben muss, die sich noch nicht in dem Verfahren geäußert hat. Selbst dann ist die Benennung einer Adresse der anderen Partei(en) nur problematisch, wenn sich die betreffende Partei nicht auf das Schiedsverfahren einlässt. Erhält die DIS-Geschäftsstelle die Klageschrift zurück, weil diese an der vom Schiedskläger angegebenen Adresse nicht zugestellt werden konnte, fordert die DIS-Geschäftsstelle den Schiedskläger auf, eine neue Adresse anzugeben. Der Schiedskläger kann dann entsprechende Nachforschungen anstellen und die korrekte Adresse nachreichen oder, falls der Schiedsbeklagte unauffindbar ist, das Schiedsverfahren nicht mehr weiterverfolgen. 17

Vorsicht: Bei Angabe einer falschen Adresse riskiert der Kläger die **Aufhebbarkeit** bzw. **Undurchsetzbarkeit** des späteren Schiedsspruches. Wenn der Beklagte nicht ordnungsgemäß über die Einleitung und den Verlauf des Schiedsverfahren informiert wurde, kann ein Schiedsspruch, der in einem Verfahren ohne Beteiligung des Schiedsbeklagten ergangen ist, nach Art. V Abs. 1 Buchst. b UNÜ bzw. § 1059 Abs. 2, Nr. 1 Buchst. b ZPO aufgehoben werden. 18

VI. Tatsächlicher Zugang

19 Nach § 5 Abs. 4 gilt die Übersendung eines nach Abs. 1 übersandten Schriftstücks auch als bewirkt, wenn es dem korrekten Adressaten auf andere Weise tatsächlich zugeht. Maßgeblich ist dann der Zeitpunkt des tatsächlichen Zugangs. Damit entspricht § 5 Abs. 4 DIS-SchO dem § 189 ZPO. Zu beachten ist jedoch, dass der Versender grundsätzlich für den Zugang und dessen Zeitpunkt beweispflichtig ist. Insbesondere wenn es um den Zugang an einem bestimmten Datum geht, dürfte es dem Versender schwer fallen, einen entsprechenden Beweis zu führen.

D. Zugangsfiktion, § 5 Abs. 3

I. Vergleich mit den im staatlichen Verfahren geltenden Vorschriften

20 Grundsätzlich verlangt die Zustellung eines Dokuments dessen Bekanntgabe an den Adressaten, § 166 Abs. 1 ZPO. In besonderen Fällen sieht die ZPO jedoch eine Zustellungsfiktion vor. Wenn etwa eine sich im Ausland befindliche Partei der gerichtlichen Aufforderung, einen Zustellungsbevollmächtigten zu benennen, nicht nachkommt, kann das zu übermittelnde Schriftstück zur Post gegeben werden. In diesem Fall gilt es zwei Wochen nach Aufgabe zur Post als zugestellt, § 184 ZPO.

21 Ein weiterer Fall der Zustellungsfiktion ist die „öffentliche Zustellung" nach §§ 185 ff. ZPO. Diese ist unter anderem vorzunehmen, wenn der Aufenthaltsort des Adressaten unbekannt ist oder eine Zustellung im Ausland keinen Erfolg verspricht. Liegen die Voraussetzungen der öffentlichen Bekanntmachung vor, gilt das betreffende Schriftstück einen Monat nach dessen Aushang als zugestellt.

II. Verhältnis zu § 1028 ZPO

22 Das X. Buch der ZPO sieht in § 1028 Abs. 1 ZPO ebenfalls eine Zugangsfiktion vor. Ebenso wie die DIS-SchO verlangt diese Vorschrift, dass die aktuelle Adresse des Adressaten bzw. der Aufenthalt einer für ihn empfangsberechtigten Person unbekannt ist. Dies setzt nach der Gesetzesbegründung die Ergebnislosigkeit zumutbarer Recherchen voraus (auch wenn § 1028 Abs. 1 ZPO auf Art. 3 des UNCITRAL-ModG zurückgeht, bestehen gewisse Parallelen zur Nachforschungspflicht bei der öffentlichen Zustellung, § 185 ZPO). Gleiches dürfte bei verständiger Auslegung der DIS-SchO auch für § 5 Abs. 3 DIS-SchO gelten.

III. Voraussetzungen und Wirkung

§ 5 Abs. 3 kommt ausschließlich dann zur Anwendung, wenn der Aufenthalt einer Partei oder einer zur Entgegennahme berechtigten Person unbekannt ist.

Vorsicht: Selbst wenn die Voraussetzungen von § 5 Abs. 3 gegeben sind, kann sich der Schiedskläger nicht in jedem Fall auf die Zugangsfiktion verlassen. Es kann sein, dass Rechtsordnungen eine entsprechende Vereinbarung durch die Parteien nicht zulassen. Wenn die aktuelle Adresse des Schiedsbeklagten nicht ermittelt werden kann oder sich der Schiedsbeklagte nicht am Schiedsverfahren beteiligt, sollte folglich die Zulässigkeit der Zugangsfiktion nach dem **Recht am Ort des Schiedsverfahrens** und nach dem **Recht des Vollstreckungsstaates** geprüft werden.

Jedenfalls wenn sich eine Partei an dem Schiedsverfahren **bereits beteiligt** hat und es diese Partei unterlässt, die Verfahrensbeteiligten von einer Adressänderung zu unterrichten, ist davon auszugehen, dass die Zugangsfiktion nicht die prozessualen Rechte dieser Partei verletzt.

Empfehlung: Zur Vermeidung der Unsicherheit, an wen unter welcher Adresse die Schiedsklage gesandt werden soll, können die Parteien in der Schiedsvereinbarung einen permanenten **Zustellungsbevollmächtigten** ernennen. In internationalen Verträgen mit einer US-Partei sind derartige Bevollmächtigungen für Zustellungseinrichtungen durchaus üblich.

§ 6: Einleitung des schiedsrichterlichen Verfahrens

6.1 Der Kläger hat die Klage bei einer DIS-Geschäftsstelle einzureichen. Das schiedsrichterliche Verfahren beginnt mit Zugang der Klage bei einer DIS-Geschäftsstelle.

6.2 Die Klage muss enthalten:

(1) Bezeichnung der Parteien,

(2) einen bestimmten Antrag,

(3) Angaben zu den Tatsachen und Umständen, auf die die Klageansprüche gegründet werden,

(4) Wiedergabe der Schiedsvereinbarung,

(5) die Benennung eines Schiedsrichters, wenn die Parteien nicht die Entscheidung durch einen Einzelschiedsrichter vereinbart haben.

6.3 Die Klage soll darüber hinaus enthalten:

(1) Angaben zur Höhe des Streitwerts,

(2) Vorschläge zur Benennung eines Schiedsrichters, wenn die Parteien die Entscheidung durch einen Einzelschiedsrichter vereinbart haben,

(3) Angaben zum Ort des schiedsrichterlichen Verfahrens, der Verfahrenssprache und dem anwendbaren Recht.

6.4 Ist die Klage unvollständig oder fehlen Exemplare oder Anlagen, so fordert die DIS-Geschäftsstelle den Kläger unter Fristsetzung zur Ergänzung auf.

Erfolgt die Ergänzung innerhalb der Frist, wird der Beginn des Verfahrens nach Absatz 1 Satz 2 dadurch nicht berührt, ansonsten endet das Verfahren unbeschadet des Rechts des Klägers, seine Klage erneut einzureichen.

Regelungsschwerpunkte: Abs. 1 bestimmt, dass das Schiedsverfahren mit Einreichung der Klage bei der DIS-Geschäftsstelle schiedshängig wird. → Rz. 36–43; **Abs. 2, 3** bestimmen den Inhalt der Klageschrift. → Rz. 7–29; **Abs. 4** regelt die Folgen einer nicht ordnungsgemäßen Klageeinreichung. → Rz. 33–35

Inhalt

A. Die Schiedsklage (§ 6 Abs. 2, 3) 1	VI. Zusätzliche Angaben (Abs. 3) . 25
I. Normzweck 1	1. Angaben zur Höhe des Streitwerts (Abs. 3 Nr. 1) .. 26
II. Verhältnis zu §§ 1044, 1046 ZPO 3	2. Vorschläge zur Benennung des Einzelschiedsrichters (Abs. 3 Nr. 2) 28
III. Vergleich mit den im staatlichen Verfahren geltenden Vorschriften 4	3. Angaben zum Schiedsverfahren (Abs. 3 Nr. 3) 30
IV. Vor der Einreichung der Schiedsklage 5	VII. Unvollständige Schiedsklagen 33
V. Inhalt der Klageschrift (Abs. 3) 7	**B. Schiedshängigkeit (Abs. 1)** ... 36
1. Bezeichnung der Parteien (Abs. 2 Nr. 1) 11	I. Normzweck 36
2. Schiedsantrag (Abs. 2 Nr. 2) 15	II. Verhältnis zu § 1044 ZPO 37
3. Sachverhalt (Abs. 2 Nr. 3) . 18	III. Vergleich mit den im staatlichen Verfahren geltenden Vorschriften 38
4. Schiedsvereinbarung (Abs. 2 Nr. 4) 20	IV. Einreichung der Klageschrift . 40
5. Benennung eines Parteischiedsrichters bei einem Dreierschiedsgericht (Abs. 2 Nr. 5) 22	V. Eintritt der Schiedshängigkeit 44
	VI. Wirkung der Schiedshängigkeit 47
6. Keine weitere Vorgaben durch die DIS-SchO 24	**Anhang** Checkliste für den Inhalt der Klage 53

A. Die Schiedsklage (§ 6 Abs. 2, 3)

I. Normzweck

Mit der Einreichung der Klage beginnt das Schiedsverfahren. Hierbei handelt es sich um eine Klageschrift, die der **im deutschen Gerichtsverfahren (§ 253 ZPO) ähnelt**. Dementsprechend folgt auf die Klage in der Regel keine weitere, ausführlichere Stellungnahme des Klägers, sondern, nach der Konstituierung des Schiedsgerichts, direkt die Klageerwiderung. Die Klageschrift muss also, ähnlich wie im deutschen Zivilverfahren dem Schiedsbeklagten die Möglichkeit geben, zu dem Klagevorwurf Stellung zu nehmen. Grundsätzlich muss der Kläger also einen die Sachanträge rechtfertigenden Sachverhalt schlüssig vortragen. Beweisantritte sind indes noch nicht erforderlich.

Durch den Verzicht der DIS-SchO auf eine dem eigentlichen Verfahren vorgeschaltete „Verfahrenseinleitungsphase" werden **Redundanzen vermieden** und das Schiedsverfahren beschleunigt. Die Befürchtung, der Beklagte hätte deswegen erheblich weniger Zeit zur Stellungnahme als der Kläger, der sich unter Umständen über einen wesentlich längeren Zeitraum vorbereiten konnte, hat sich nicht als begründet erwiesen. Da der Beklagte die Klageerwiderung erst nach der Konstituierung des Schiedsgerichts einreichen muss (§ 9), steht ihm in der Regel ausreichend Zeit zur Vorbereitung dieses Schriftsatzes zur Verfügung. Das Schiedsgericht berücksichtigt üblicherweise bei der Bestimmung der Frist für die Klageerwiderung, wie viel Zeit der Beklagte zwischen Zustellung der Klage und Konstituierung des Schiedsgerichts hatte, um seinen Schriftsatz vorzubereiten.

II. Verhältnis zu §§ 1044, 1046 ZPO

Das X. Buch der ZPO, welches von einem *Ad-Hoc*-Schiedsverfahren ausgeht, sieht eine gänzlich andere Verfahrenskonzeption vor. Dort wird das Schiedsverfahren durch einen verfahrenseinleitenden Schriftsatz, der nur ein Minimum an Informationen enthalten muss, begonnen (§ 1044 Satz 2 ZPO). Danach nimmt der Schiedsbeklagte kursorisch Stellung. Dann wird das Schiedsgericht konstituiert. Erst danach hat der Schiedskläger eine Klageschrift einzureichen, die nach § 1046 ZPO detailliertere Informationen enthalten muss. Im Vergleich verlangen weder § 1044 ZPO noch § 1046 ZPO mehr Informationen als § 6 DIS-SchO.

III. Vergleich mit den im staatlichen Verfahren geltenden Vorschriften

4   Nach § 253 Abs. 2 ZPO muss eine Klageschrift die Parteien und das angerufene Gericht bezeichnen, den Streitgegenstand bestimmen, den erhobenen Anspruch begründen und einen Antrag enthalten. Rechtliche Ausführungen sind dabei nicht erforderlich. Ferner soll die Klageschrift nach § 253 Abs. 3 ZPO den Wert des Streitgegenstandes beziffern und eventuelle Gründe nennen, die einer Entscheidung durch den Einzelrichter entgegenstehen.

IV. Vor der Einreichung der Schiedsklage

5   Die **Parteirollen** werden nach dem Eingang der Schiedsklage vergeben. Die Partei, die ein Verfahren schiedshängig macht, ist Schiedskläger, die andere Partei Schiedsbeklagter, unabhängig davon, wer etwa auf Leistung und wer nur auf Feststellung des Nichtbestehens einer Leistungspflicht klagt. Vor diesem Hintergrund bevorzugen es manche Parteien, der anderen Partei zuvorzukommen, um die Rolle des Schiedsklägers einzunehmen. Hierfür lässt sich jedoch kein objektiver verfahrensrechtlicher Grund finden. Es kann lediglich einen psychologischen Vorteil bedeuten, dem Schiedsgericht als erster den Fall aus der eigenen Perspektive näherzubringen.

6   Vor der Einreichung der Schiedsklage sollte sich der Kläger vergewissern, dass die Streitbeilegungsvereinbarung der Parteien keine vorgeschalteten Handlungen verlangt. So sehen viele Vertragsklauseln vor, dass die Parteien zunächst auf **alternative Methoden der Streitbeilegung** zurückgreifen, etwa ein Schlichtungs- oder Mediationsverfahren. In diesem Fall sollte der Kläger nicht nur darauf achten, dass ein entsprechendes Verfahren durchgeführt wurde, sondern dass er den ordnungsgemäßen Abschluss dieses Verfahrens auch belegen kann. Der entsprechende Nachweis sollte bereits mit der Schiedsklage eingereicht werden.

V. Inhalt der Klageschrift (Abs. 3)

7   Die erste Frage, die sich dem Kläger bei der Formulierung der Klage stellt, ist die nach der zu verwendenden **Sprache**. Die DIS-SchO enthält hierzu keine Vorgaben. Die Verfahrenssprache wird erst in einem späteren Stadium durch das Schiedsgericht im Schiedsauftrag bestimmt (§ 22). Allerdings kann sich eine bestimmte Verfahrenssprache bereits aus der Schiedsklausel ergeben. In diesem Fall sollte sich der Schiedskläger an diese Festlegung halten. Anderenfalls kann sich der Schieds-

beklagte auf eine Verletzung der Schiedsvereinbarung berufen. Die DIS wird dann den Schiedskläger auffordern, zur Rüge der Verfahrenssprache Stellung zu nehmen.

Wenn die Schiedsvereinbarung die Verfahrenssprache nicht bestimmt und die Schiedsparteien sich nicht auf eine Sprache einigen können, bleibt die Verfahrenssprache bis zu einer Entscheidung des Schiedsgerichts unbestimmt. In diesem Fall sollte sich der Schiedskläger an die **Sprache der Schiedsvereinbarung** halten. Fasst der Kläger die Klage in einer anderen Sprache ab, steht dies jedoch grundsätzlich nicht der Wirksamkeit der Klageerhebung entgegen. 8

Vorsicht: Wenn ein Schriftsatz (insbesondere eine Klage oder Widerklage) bei der DIS in einer anderen Sprache als Deutsch, Englisch oder Französisch eingereicht wird, kann die DIS eine Übersetzung anfertigen lassen. Die **Kosten** dieser Übersetzung können zusätzlich zur Bearbeitungsgebühr erhoben werden (Anlage zu § 40 Abs. 5 Nr. 19) 9

Der Schiedskläger kann die Schiedsklage im weiteren Verlauf des Schiedsverfahrens **ergänzen**. Er kann dabei nicht nur dem bereits gemachten Vortrag weitere Details hinzufügen, sondern er kann ohne Weiteres auch völlig neuen Sachvortrag einführen und seine Anträge ändern. Dafür ist stets Voraussetzung, dass sich der Kläger in den Grenzen der Schiedsvereinbarung mit dem Beklagten bewegt; insbesondere neu geltend gemachte Ansprüche müssen unter die Schiedsvereinbarung fallen. U.U. sind auch vom Schiedsgericht gesetzte Fristen, nach deren Ablauf die Schiedsklage nicht erweitert/ergänzt werden darf, zu beachten. 10

1. Bezeichnung der Parteien (Abs. 2 Nr. 1)

Der Schiedskläger muss alle Parteien bezeichnen, das heißt er muss den **vollständigen Namen, die Rechtsform, die Adresse und andere Kontaktdaten** angeben. Bei juristischen Personen sollten die Organmitglieder benannt werden. Diese Angaben sollten mit größtmöglicher Sorgfalt gemacht werden. Die korrekte Bezeichnung der Parteien ist wichtig, da die Einbeziehung neuer Parteien (zumindest nach der Konstituierung des Schiedsgerichts) der Zustimmung aller Schiedsparteien erfordert. Die korrekten Kontaktdaten des Schiedsbeklagten sind für den zügigen Fortgang des Schiedsverfahrens und möglicherweise sogar die Durchsetzbarkeit des Schiedsspruchs relevant. 11

Obwohl § 6 nicht ausdrücklich verlangt, Angaben zu den **Prozessvertretern** zu machen, ist es üblich und im Hinblick auf § 5 Abs. 5 erforderlich, die zustellungsfähige Adresse des Prozessvertreters zu nennen. 12

13 **Empfehlung:** Bei Parteien, deren Name/Firma ursprünglich nicht mit lateinischen Buchstaben geschrieben wird, empfiehlt es sich, neben der Transkription des Namens ins lateinische Alphabet nach ISO 646 auch die **Originalform des Namens** anzugeben. Auf diese Weise werden eventuelle Schwierigkeiten bei der Übermittlung der Klage oder bei der Anerkennung und/oder Vollstreckbarerklärung des Schiedsspruchs im Herkunftsland der betreffenden Partei vermieden.

14 Üblicherweise werden nicht nur die erforderlichen Angaben zu den Parteien, sondern auch eine kurze **Beschreibung** von ihnen gegeben. Auf diese Weise wird sichergestellt, dass die Schiedsrichter das Geschäftsfeld, den Hintergrund und die Bedeutung der Parteien in den betreffenden Märkten kennen.

2. Schiedsantrag (Abs. 2 Nr. 2)

15 Der Schiedsantrag sollte so formuliert werden, dass er ggf. **als Tenor des Schiedsspruchs herangezogen** und später vollstreckt werden kann.

16 Die Anträge sollten möglichst von Beginn an so **präzise** wie möglich formuliert sein, um spätere Komplikationen im Verfahren zu vermeiden. Allerdings können die Anträge grundsätzlich auch noch im weiteren Verlauf des Schiedsverfahrens erweitert werden. Eine Beschränkung der Änderungen des Verfahrensgegenstandes gibt es im DIS-Schiedsverfahren nicht.

17 **Empfehlung:** Wegen der streitwertabhängigen Bearbeitungs- und Schiedsrichtergebühren sollte der Schiedskläger, ähnlich wie im deutschen Zivilverfahren, eine **Teilklage** erwägen. Allerdings ist die Bearbeitungsgebühr gedeckelt, so dass eine Teilklage nur Sinn macht, wenn der Streitwert nicht den Maximalbetrag der Gebührentabelle erreicht. Falls sich der Kläger zu einer Teilklage entschließt, sollte er in der Schiedsklage hervorheben, dass er nur einen Teil seiner Forderung einklagt. Zudem sollte er sich in der Schiedsklage vorbehalten, den Rest seines Anspruchs in demselben Schiedsverfahren geltend zu machen.

3. Sachverhalt (Abs. 2 Nr. 3)

18 Der Schiedskläger muss alle **tatsächlichen Umstände** vortragen, auf die er seine Klage stützt. Der Kläger ist gehalten, den Sachverhalt ausführlich darzustellen. Insofern ähnelt die DIS-SchO der ZPO. Der Vortrag muss zwar noch nicht unter Beweis gestellt werden, jedoch sind Beweisangebote nicht unüblich.

19 Der Kläger muss in einem DIS-Verfahren in der Klageschrift **keine rechtlichen Ausführungen** machen. Allerdings ist es für den Kläger üblich, seine Rechtsansicht darzustellen.

4. Schiedsvereinbarung (Abs. 2 Nr. 4)

Der Schiedskläger muss ferner die Schiedsvereinbarung wiedergeben. Das geschieht idealerweise durch ein vollständiges Zitat in der Klageschrift und durch Vorlage einer Kopie der Vertragsurkunde. 20

Empfehlung: Auch wenn Zweifel an der Wirksamkeit der Schiedsvereinbarung bestehen oder die Schiedsvereinbarung verschiedene Auslegungen zulässt, muss der Schiedskläger in der Klageschrift noch nicht ausführlich dazu vortragen. Denn wenn der Beklagte eine entsprechende Rüge erhebt, erhält der Kläger Gelegenheit, hierzu Stellung zu nehmen. Erst dann entscheidet das Schiedsgericht im Rahmen eines Zwischenentscheids nach § 1040 Abs. 3 ZPO über seine Zuständigkeit. 21

5. Benennung eines Parteischiedsrichters bei einem Dreierschiedsgericht (Abs. 2 Nr. 5)

Wenn die Schiedsvereinbarung nicht eine Entscheidung durch einen Einzelschiedsrichter vorsieht, muss der Schiedskläger in der Klage einen Parteischiedsrichter benennen. Falls der Schiedskläger diesem Gebot nicht nachkommt, weist ihn die DIS-Geschäftsstelle darauf hin und fordert ihn auf, die Schiedsrichterbenennung innerhalb einer Frist nachzureichen. 22

Die Benennung des Parteischiedsrichters ist mit dem Zugang bei der DIS-Geschäftsstelle verbindlich. Sie kann grundsätzlich nicht mehr geändert oder widerrufen werden. 23

6. Keine weitere Vorgaben durch die DIS-SchO

Die DIS-SchO macht **keine Vorgaben** zum Aufbau, zur Form oder zum Stil der Schiedsklage. Diese Freiheit sollte der Schiedskläger dazu nutzen, die Schiedsklage zweckmäßig auf die klare Darstellung des Falls und der rechtlichen Besonderheiten auszurichten. Der Kläger sollte vermeiden, sich unreflektiert an Schemata aus dem staatlichen Verfahren zu orientieren. 24

VI. Zusätzliche Angaben (Abs. 3)

Der Schiedskläger muss die in Abs. 3 genannten Angaben nicht zwingend machen. Das Fehlen dieser Informationen führt nicht zur Unwirksamkeit der Verfahrenseinleitung. Allerdings kann dadurch eine **Verfahrensverzögerung** eintreten. 25

1. Angaben zur Höhe des Streitwerts (Abs. 3 Nr. 1)

26 Der Schiedskläger ist aufgefordert, zur Höhe des Streitwerts Stellung zu nehmen. Bei der **Bestimmung des Streitwerts** sollten sich die Parteien an dem Verfahrensrecht am Ort des Schiedsverfahrens orientieren. Befindet sich der Schiedsort in Deutschland, sollte also bei einer Leistungsklage der Nennwert der betreffenden Forderung und bei einer positiven Feststellungsklage der Nennwert der Forderung mit einem Abschlag zugrunde gelegt werden.

27 Die Angaben zum Streitwert gehören nicht zum zwingenden Inhalt der Klageschrift, da sie nur für den vorläufigen Vorschuss nach § 7 Abs. 1 von Bedeutung sind. Falls der Kläger keine Angaben hierzu macht, fragt die DIS-Geschäftsstelle beim Kläger nach oder legt nach eigener Schätzung die vorläufige DIS-Bearbeitungsgebühr fest. Regelmäßig **bestimmt das Schiedsgericht** in einer der ersten verfahrensleitenden Verfügung den Streitwert vorläufig – nach Möglichkeit im Einvernehmen mit den Parteien –, wodurch der vorläufige Vorschuss häufig korrigiert wird und die Parteien zu Nachzahlungen aufgefordert werden. Am Ende des Schiedsverfahrens setzt das Schiedsgericht den Streitwert endgültig nach pflichtgemäßem Ermessen fest (§ 40 Abs. 2).

2. Vorschläge zur Benennung des Einzelschiedsrichters (Abs. 3 Nr. 2)

28 Der Schiedskläger kann (muss aber nicht) Vorschläge zur **Benennung eines Schiedsrichters** machen, wenn die Parteien die Entscheidung durch einen Einzelschiedsrichter vereinbart haben. Damit geht einher, dass der Schiedskläger darlegt, dass sich die Parteien anstelle des üblichen Dreierschiedsgerichts auf einen Einzelschiedsrichter geeinigt haben.

29 Allerdings geht mit einem personellen Vorschlag in der Klage die Gefahr einher, dass der vorgeschlagene Schiedsrichter allein deshalb nicht benannt wird, weil er der erste Wunschkandidat einer Partei war. Deshalb macht der Schiedskläger häufig nicht sofort einen personellen Vorschlag. Der Schiedskläger kann jedoch ohne Bedenken einen Antrag auf Benennung eines Einzelschiedsrichters durch die DIS (nach § 14) mit der Klage verbinden und dabei auf bestimmte Eigenschaften hinweisen, die der Schiedsrichter aufweisen sollte (z.B. Sprachkenntnisse oder Vertrautheit mit besonderen Rechtsgebieten oder Branchen).

3. Angaben zum Schiedsverfahren (Abs. 3 Nr. 3)

Zudem fordert die DIS-SchO den Schiedskläger auf, zu verfahrensbestimmenden Fragen Stellung zu nehmen. Zunächst soll der Kläger sich zum **Schiedsort** äußern. Die Wahl des Schiedsortes hat unter Umständen einen immensen Einfluss auf das Verfahren. Zum einen wird sich das Schiedsgericht bei der Verfahrensführung an dem dort geltenden Prozessrecht orientieren. Zum anderen bestimmt das Recht des Staates des Schiedsorts die Befugnisse der staatlichen Gerichte, in das Schiedsverfahren einzugreifen und den Schiedsspruch aufzuheben. Der Schiedskläger sollte daher aus eigenem Interesse zum Schiedsort ausführlich Stellung nehmen, wenn dieser unklar oder umstritten ist. Wenn die Schiedsklausel keinen Schiedsort festschreibt und die Parteien sich nicht auf einen Schiedsort geeinigt haben, wird er durch das Schiedsgericht bestimmt (§ 21). 30

Die DIS-SchO verlangt von dem Schiedskläger ferner, zur Frage der **Verfahrenssprache** Stellung zu nehmen. Diese Frage stellt sich dem Schiedskläger bereits in einem früheren Zeitpunkt, nämlich bei der Formulierung der Schiedsklage. Es gelten daher die obigen Ausführungen (s. Rz. 7). 31

Schließlich ist der Schiedskläger aufgefordert, sich zum **anwendbaren Recht** zu äußern. In einem späteren Verfahrensstadium wird diese Frage ohnehin vom Schiedsgericht im Rahmen der Entscheidung nach § 23 geklärt. Dennoch sollte der Schiedskläger hier eine ausführliche Darstellung erwägen, wenn zu erwarten ist, dass der Beklagte eine andere Meinung zum anwendbaren Recht vertritt. Wie auch bei der Sachverhaltsdarstellung hat der Schiedskläger die Möglichkeit, als erster auf das Schiedsgericht Einfluss zu nehmen. 32

VII. Unvollständige Schiedsklagen

Eine Schiedsklage, die inhaltlich unvollständig, nicht in der erforderlichen Anzahl an Exemplaren oder ohne die Bearbeitungsgebühr und die Vorschüsse auf die Schiedsrichterhonorare eingereicht wird (s. dazu § 7 Rz. 4 ff., entspricht nicht den Anforderungen der DIS-SchO. Die DIS-Geschäftsstelle fordert dann den Schiedskläger innerhalb einer Frist, die normalerweise vier Wochen beträgt, zur **Beseitigung des Mangels/zur Nachbesserung** auf. Wenn der Kläger dieser Aufforderung nicht nachkommt, gilt die Schiedsklage als nicht erhoben (der von der DIS-SchO verwandte Begriff „enden" ist im Hinblick darauf, dass die Wirkungen der Schiedshängigkeit nicht eintreten, irreführend; s. Rz. 44 ff.). 33

34 **Vorsicht:** Bei einer Verfahrensbeendigung nach § 6 Abs. 4 erhält der Kläger zwar eventuell geleistete Vorschüsse auf die Schiedsrichterhonorare zurück, jedoch nicht die vollständige DIS-Bearbeitungsgebühr.

35 Kommt der Schiedskläger der Aufforderung der DIS-Geschäftsstelle nach und beseitigt den Mangel, wird das Verfahren fortgesetzt, als ob die Klage von Anfang an ordnungsgemäß eingereicht worden wäre. Dieser Umstand gewinnt insbesondere in Hinblick auf die Verjährung Bedeutung (s. Rz. 47).

B. Schiedshängigkeit (Abs. 1)

I. Normzweck

36 § 6 Abs. 1 regelt, wie der Kläger das Schiedsverfahren einleitet und legt den Zeitpunkt fest, ab dem das Verfahren als schiedshängig gilt. Diese Regelungen sind im Hinblick auf die materiell-rechtlichen, insbesondere verjährungshemmenden Wirkungen der Schiedsklage erforderlich. Ferner knüpfen auch verschiedene verfahrensinterne Fristen an den Beginn des Verfahrens an.

II. Verhältnis zu § 1044 ZPO

37 Nach § 1044 Satz 1 ZPO beginnt das schiedsgerichtliche Verfahren, wenn der Beklagte den Antrag auf Einleitung des Schiedsverfahrens empfangen hat. Allerdings kommt diese Vorschrift nur zur Anwendung, falls die Parteien nichts anderes vereinbart haben. Die Wahl der DIS-Schiedsordnung ist eine abweichende Vereinbarung in diesem Sinne, so dass sie der gesetzlichen Regelung vorgeht.

III. Vergleich mit den im staatlichen Verfahren geltenden Vorschriften

38 Das Pendant der Schiedshängigkeit im staatlichen Verfahren ist die **Rechtshängigkeit**. Beide Zustände zeichnen sich insbesondere dadurch aus, dass die Verjährung eines Anspruchs gehemmt wird. Im staatlichen Verfahren setzt die Rechtshängigkeit die Zustellung der Klageschrift voraus (§§ 261 Abs. 1, 253 Abs. 1 ZPO).

39 In ihren Voraussetzungen ähnelt die Schiedshängigkeit der **Anhängigkeit** im Zivilprozess. Allerdings ist der DIS-SchO die Anhängigkeit fremd. Da die materiell-rechtlichen und prozessualen Folgen bereits mit Eingang der Schiedsklage bei der DIS-Geschäftsstelle eintreten, bleibt für ein Pendant zur Anhängigkeit kein Raum.

IV. Einreichung der Klageschrift

Zur Herbeiführung der Schiedshängigkeit muss der Schiedskläger die Schiedsklage **bei einer DIS-Geschäftsstelle einreichen**. Gegenwärtig unterhält die DIS-Geschäftsstelle drei Büros, die Hauptgeschäftsstelle in Köln, ein Büro in Berlin und sowie in Kooperation mit der IHK München eines in München. Die jeweiligen Anschriften sind auf der Homepage der DIS (www.dis-arb.de) angegeben. 40

Die **Art der Übersendung** steht dem Kläger grundsätzlich frei. Allerdings gelten die oben zu § 5 gemachten Ausführungen (s. § 5 Rz. 8 f.). Es empfiehlt sich, eine Sendungsart zu wählen, durch die der Zugang dokumentiert wird. 41

Die Schiedsklage wird im Regelfall von einem anwaltlichen **Verfahrensbevollmächtigten** des Schiedsklägers eingereicht. Genauso kann sie aber auch vom Schiedskläger selbst oder einem sonstigen Vertreter eingereicht werden. In keinem dieser Fälle verlangt die DIS-SchO, dass die Vertretungsmacht durch eine Urkunde belegt wird. Allerdings kann das Schiedsgericht später einen entsprechenden Nachweis fordern. 42

Dem Schiedskläger steht es frei, gleichzeitig mit der Einreichung bei der DIS-Geschäftsstelle auch **dem Schiedsbeklagten ein Exemplar der Schiedsklage zuzusenden**. Das hat jedoch keine rechtliche Relevanz. Der Schiedskläger kann dadurch insbesondere nicht den Zeitpunkt der Schiedshängigkeit beeinflussen. 43

V. Eintritt der Schiedshängigkeit

Die Schiedsklage wird in dem Moment schiedshängig, in dem sie **einer DIS-Geschäftsstelle zugeht**. Das gilt unabhängig davon, wann die Schiedsklage dem Beklagten zugestellt wird. Auch wenn der Kläger den Kostenvorschuss erst später (jedoch innerhalb der durch die DIS-Geschäftsstelle gesetzten Frist) zahlt oder die erforderliche Anzahl an Abschriften (fristgemäß) nachreicht, hat das keinen Einfluss auf den Zeitpunkt der Schiedshängigkeit. 44

Wenn die Klage unvollständig ist, nicht in der erforderlichen Anzahl an Exemplaren oder mit der ausreichenden Bearbeitungsgebühr und dem Kostenvorschuss eingereicht wird und der Kläger diesen Mangel nicht fristgemäß beseitigt, „endet das Verfahren" (§ 6 Abs. 4, § 7 Abs. 1). Der Wortlaut der DIS-SchO legt nahe, dass die Klage trotz ihrer Mängel schiedshängig wurde. Allerdings ist unklar, ob in diesem Fall auch die **materiell-rechtlichen und prozessualen Wirkungen** (s. Rz. 47), insbeson- 45 dere die Verjährungshemmung, eintreten. Diese Frage muss sich nach dem Recht beurteilen lassen, das auf die betreffende Wirkung Anwendung findet (nach deutschem Verständnis ist die Verjährung nach der *lex causae* zu beurteilen). Im Allgemeinen wird die Schiedsklage keine Wirkungen entfalten, insbesondere nicht die Verjährung hemmen, wenn wesentliche Angaben wie die klare Bezeichnung der Parteien oder die Sachverhaltsbeschreibung fehlen. In diesem Fall kann der Beklagte nämlich entweder gar nicht oder nicht hinreichend über die vom Kläger geltend gemachten Ansprüche informiert werden. Nach deutschem Verständnis wird die Hemmung der Verjährungsfrist gerade damit begründet, dass der Schuldner gewarnt wird, nach Ablauf der ursprünglichen Verjährungsfrist noch in Anspruch genommen zu werden.

46 Ob die Wirkungen der Schiedshängigkeit eintreten, wenn nur **formelle Anforderungen** wie die Anzahl der Exemplare oder die Zahlung der Vorschüsse, **nicht erfüllt** werden, ist dagegen weniger klar. Gleiches gilt für die Angaben zur Schiedsvereinbarung oder der Benennung eines Schiedsrichters (im Fall eines Dreierschiedsgerichts). Nach deutschem Recht beurteilt sich auch diese Frage nach dem jeweils anwendbaren materiellen Recht. Gegen die Wirkung einer derart unvollständigen Schiedsklage spricht, dass der Kläger durch die Nichtbeseitigung bestimmter Mängel gerade nicht zeigt, dass er gewillt und bereit ist, seinen Anspruch (schieds-)gerichtlich durchzusetzen. Nur wenn der Kläger davon ausgehen kann, dass ein bestimmter Mangel nicht den Beginn des Verfahrens verhindert und die Schiedsklage dem Beklagten zugestellt wird, ist ein Eintritt der prozessualen und materiellen Wirkungen gerechtfertigt.

VI. Wirkung der Schiedshängigkeit

47 Die Schiedshängigkeit hat dieselben materiell-rechtlichen Wirkungen wie die Rechtshängigkeit. Die Schiedshängigkeit der Schiedsklage **hemmt die Verjährung**, im deutschen Recht nach § 204 Nr. 11 BGB, vorausgesetzt, der Schiedskläger reicht eine ordnungsgemäße Schiedsklage inklusive Vorschuss auf die Verfahrenskosten ein oder bessert eventuelle Mängel in der von der DIS-Geschäftsstelle gesetzten Frist nach. Auch besondere Ausschlussfristen, wie in §§ 561 Abs. 2, 864 BGB, werden durch die Einreichung der Schiedsklage gehemmt.

48 **Vorsicht:** In internationalen Verfahren ist vor einer vorschnellen Anwendung der deutschen Verjährungsregeln zu warnen, selbst wenn deutsches materielles Recht Anwendung findet. Nach *Common-Law*-Auffassung ist die Verjährung

grundsätzlich eine Frage des Prozessrechts, so dass sie sich nach dem *lex fori* bestimmt.

Wie im staatlichen Verfahren entsteht auch ein Anspruch auf **Prozesszinsen** nach § 291 BGB. Somit ist eine Forderung ab dem Zeitpunkt der Klageeinreichung zu verzinsen, obwohl der Schiedsbeklagte dann noch gar keine Kenntnis von der Schiedsklage hat. Freilich kommen die Prozesszinsen in der Regel nicht zum Tragen, da Zinsen oftmals ab einem früheren Zeitpunkt, nämlich ab dem Zeitpunkt der Fälligkeit (vgl. § 353 HGB) oder ab Verzugseintritt eingeklagt werden. 49

Im Übrigen verändert sich durch die Einreichung der Schiedsklage der **Haftungsmaßstab bei Herausgabeansprüchen** (§§ 292, 818 Abs. 4, 987, 989, 991, 994 Abs. 2, 996 BGB). 50

Dagegen treten nicht alle **prozessualen Wirkungen** der Rechtshängigkeit automatisch bei Schiedshängigkeit ein. Insbesondere begründet die Schiedshängigkeit nicht den Einwand *ne bis in idem*, der für staatliche Verfahren in § 261 Abs. 3 Nr. 1 ZPO normiert ist. Falls die staatlichen Gerichte in der Hauptsache nach der DIS angerufen wurden, kann sich eine Partei grundsätzlich nur auf das vom Schiedsverfahren unabhängige Vorhandensein einer Schiedsklausel berufen (vgl. § 1032 Abs. 1 ZPO). 51

Im Rahmen eines vor einem deutschen Gericht bewirkten Arrests oder einer einstweiligen Verfügung wird durch die Einreichung der Schiedsklage die Frist des § 926 Abs. 1 ZPO gewahrt. 52

Anhang: Checkliste für den Inhalt der Klage 53

Rubrum
☐ Bezeichnung aller Parteien: Name, Rechtsform, Kontaktdaten
☐ Bezeichnung des eigenen Prozessvertreters: Name, Kontaktdaten

Anträge
☐ Sachantrag
☐ Gegebenenfalls Zinsantrag

Notwendige Angaben
☐ Beschreibung der Parteien: Geschäftsfeld, Historie, Bedeutung
☐ Anspruchsbegründende Tatsachen
☐ Wiedergabe der Schiedsvereinbarung
☐ Angaben und Stellungnahme zur Anzahl der Schiedsrichter

§ 7 DIS-SchO — Kosten bei Einleitung des Verfahrens

- ☐ Falls nicht ausdrücklich ein Einzelschiedsrichter vereinbart ist: Benennung des eigenen Parteischiedsrichters

Übliche Ausführungen (nicht erforderlich)
- ☐ Rechtliche Ausführungen zur Anspruchsbegründung
- ☐ Ausführungen zum anwendbaren Recht, falls andere Meinung des Beklagten erwartet

Soll-Angaben
- ☐ Angabe zur Höhe des Streitwerts
- ☐ Falls Einzelschiedsrichter: Vorschlag für Benennung
- ☐ Stellungnahme zum Schiedsort
- ☐ Stellungnahme zum anwendbaren Recht
- ☐ Stellungnahme zur Verfahrenssprache

Sonstiges
- ☐ Einreichung bei der DIS-Geschäftsstelle
- ☐ Einreichung in der erforderlichen Anzahl von Exemplaren
- ☐ Zahlung der DIS-Bearbeitungsgebühr

§ 7: Kosten bei Einleitung des Verfahrens

(1) Mit Einreichung der Klage hat der Kläger die DIS-Bearbeitungsgebühr sowie einen vorläufigen Vorschuss für die Schiedsrichter nach der am Tage des Zugangs der Klage bei der DIS-Geschäftsstelle gültigen Kostentabelle (Anlage zu § 40 Abs. 5) an die DIS zu zahlen.

(2) Die DIS-Geschäftsstelle übersendet dem Kläger eine Rechnung über die DIS-Bearbeitungsgebühr und den vorläufigen Vorschuss und setzt dem Kläger eine Frist zur Zahlung, soweit sie nicht bereits geleistet wurde. Erfolgt die Zahlung nicht innerhalb der Frist, die angemessen verlängert werden kann, endet das Verfahren, unbeschadet des Rechts des Klägers, seine Klage erneut einzureichen.

Regelungsschwerpunkte: Die DIS wird erst dann tätig, wenn der Kläger zu Beginn des Schiedsverfahrens in Vorleistung tritt, d.h. die DIS-Bearbeitungsgebühr und den vorläufigen Vorschuss für die Schiedsrichter verauslagt.

Mit Hilfe des von der DIS online zur Verfügung gestellten Gebührenrechners (www.dis-arb.de) lassen sich die bei Einleitung eines DIS-Schiedsverfahrens zu leistenden Kosten berechnen.

Kostenaspekte: Wer die Kosten des Verfahrens einschließlich der DIS-Bearbeitungsgebühr und des vorläufigen Vorschusses für die Schiedsrichter letztlich zu tragen hat, ist abhängig von der Kostenentscheidung des Schiedsgerichts am Ende des Verfahrens.

Inhalt

A. Normzweck 1	E. Vorläufiger Vorschuss für die Schiedsrichter 9
B. Verhältnis zu §§ 1025 ff. ZPO 2	F. Folgen der Nichtzahlung 13
C. Vergleich mit den im staatlichen Verfahren geltenden Vorschriften 3	G. Abweichende Parteivereinbarungen 15
D. DIS-Bearbeitungsgebühr 4	

Veröffentlichungen der DIS-Hauptgeschäftsstelle: Kosten im Schiedsgerichtsverfahren, DIS – MAT X (2005).

A. Normzweck

§ 7 ist im Zusammenhang mit §§ 11, 25, 35 und 40 zu lesen, die den Rahmen der in einem DIS-Schiedsverfahren anfallenden Kosten abbilden. § 7 sieht insoweit vor, dass die DIS erst dann tätig wird, wenn der Kläger zu Beginn des Schiedsverfahrens in Vorleistung tritt, d.h. einen Teil dieser Kosten verauslagt (Abs. 1). Wer die Kosten des Verfahrens aber letztlich zu tragen hat, ist abhängig von der Kostenentscheidung des Schiedsgerichts nach § 35. 1

B. Verhältnis zu §§ 1025 ff. ZPO

Die Vorschriften der §§ 1025 ff. ZPO haben für die Anwendung von § 7 DIS-SchO keine praktische Bedeutung. 2

C. Vergleich mit den im staatlichen Verfahren geltenden Vorschriften

Auch in staatlichen Verfahren wird die Tätigkeit der Gerichte regelmäßig von der Sicherstellung oder Zahlung von Gerichtskosten abhängig gemacht (vgl. insbesondere § 6 Abs. 1 Nr. 1 i.V.m. § 12 GKG für bürgerliche Rechtsstreitigkeiten). 3

D. DIS-Bearbeitungsgebühr

4 **Grundlagen.** Der Anspruch der DIS auf eine Bearbeitungsgebühr (ggf. zzgl. Umsatzsteuer), für den die Parteien gesamtschuldnerisch haften, ergibt sich aus § 40 Abs. 4. § 7 Abs. 1 konkretisiert diesen Anspruch dahingehend, dass der Kläger die für die Klage anfallende DIS-Bearbeitungsgebühr zu verauslagen hat, unbeschadet eines etwaigen und von der Kostenentscheidung des Schiedsgerichts nach § 35 abhängigen Erstattungsanspruchs des Klägers gegen den Beklagten (§ 40 Abs. 4 Satz 2 a.E.). Die Zahlung der Bearbeitungsgebühr ist grundsätzlich Voraussetzung für die Zustellung der Klage. Parteivertreter können die Zustellung vor Zahlung der Bearbeitungsgebühr jedoch dadurch veranlassen, dass sie sich für die Zahlung der Kosten stark sagen.

5 **Fälligkeit.** Der Kläger hat die für die Klage anfallende DIS-Bearbeitungsgebühr mit Einreichung der Klage (§ 6 Abs. 1) an die DIS zu zahlen (§ 7 Abs. 1). Hat der Kläger die DIS-Bearbeitungsgebühr nicht schon vorab bezahlt (etwa durch Überweisung oder durch Einreichung eines Schecks), setzt die DIS dem Kläger hierfür eine nach derzeitiger Praxis eine Frist von 30 Tagen (Abs. 2 Satz 1).

6 **Höhe.** Ist in der Klage der **Streitwert beziffert**, ergibt sich die Höhe der DIS-Bearbeitungsgebühr (§§ 7 Abs. 1, 40 Abs. 5) aus der Anlage zu § 40 Abs. 5, die Bestandteil der DIS-SchO ist. Nach Nr. 18 der seit dem 1.1.2005 gültigen Anlage zu § 40 Abs. 5 ist die Höhe der DIS-Bearbeitungsgebühr streitwertabhängig. Sie beträgt jedoch mindestens 350 EUR und höchstens 25 000 EUR bzw. 37 500 EUR bei Mehrparteienverfahren (ggf. zzgl. Umsatzsteuer; zu den Einzelheiten der Berechnung vgl. § 40 Rz. 12).

7 Ist in der Klage der **Streitwert nicht beziffert**, so steht die Bemessung der vorläufigen DIS-Bearbeitungsgebühr im pflichtgemäßen Ermessen der DIS (§ 40 Abs. 6).

8 **Übersetzungskosten.** Wird eine Klage in einer anderen Sprache als Deutsch, Englisch oder Französisch eingereicht, kann die DIS eine Übersetzung anfertigen lassen, deren Kosten die DIS zusätzlich zu der DIS-Bearbeitungsgebühr vom Kläger verlangen kann (vgl. Nr. 19 der Anlage zu § 40 Abs. 5).

E. Vorläufiger Vorschuss für die Schiedsrichter

Grundlagen. Der Anspruch der Schiedsrichter auf Honorar und die Erstattung von Auslagen (jeweils zzgl. ggf. anfallender Umsatzsteuer) folgt aus § 40 Abs. 1. Die Parteien haften für diesen Anspruch gegenüber jedem einzelnen Schiedsrichter gesamtschuldnerisch. § 7 Abs. 1 konkretisiert diesen Anspruch dahingehend, dass der Kläger einen Teil der Kosten des Schiedsgerichts bei Einleitung des Verfahrens als vorläufigen Vorschuss zu verauslagen und an die DIS zu zahlen hat, unbeschadet eines etwaigen und von der Kostenentscheidung des Schiedsgerichts nach § 35 abhängigen späteren Erstattungsanspruchs des Klägers gegen den Beklagten (§ 40 Abs. 1 Satz 2 a.E.). 9

Fälligkeit. Der Kläger hat den vorläufigen Vorschuss ebenfalls mit Einreichung der Klage (§ 6 Abs. 1) an die DIS zu zahlen (§ 7 Abs. 1). Hat der Kläger den vorläufigen Vorschuss nicht schon vorab bezahlt (etwa durch Überweisung oder durch Einreichung eines Schecks), setzt die DIS dem Kläger nach derzeitiger Praxis wiederum eine Zahlungsfrist von 30 Tagen. 10

Höhe. Ist in der Klage der **Streitwert beziffert**, ergibt sich die Höhe des vorläufigen Vorschusses gemäß §§ 7 Abs. 1, 40 Abs. 5 aus der Anlage zu § 40 Abs. 5. Nach Nr. 17 der seit dem 1.1.2005 gültigen Anlage zu § 40 Abs. 5 entspricht der vorläufige Vorschuss dem Honorar eines beisitzenden Schiedsrichters (ohne Umsatzsteuer, zu den Einzelheiten der Berechnung, vgl. § 40 Rz. 5). Die DIS legt der Anforderung des vorläufigen Vorschusses einen vorläufigen Streitwert zugrunde. Die endgültige Festsetzung des Streitwerts obliegt dem Schiedsgericht. Nach dessen Konstituierung leitet die DIS den vorläufigen Vorschuss an den Einzelschiedsrichter bzw. Vorsitzenden des Schiedsgerichts weiter. Eine Anpassung des vorläufigen Vorschusses bei Erhöhung des Streitwerts nach Konstituierung des Schiedsgerichts findet nicht statt. 11

Ist in einer Klage der **Streitwert nicht beziffert**, so steht auch die Bemessung des vorläufigen Vorschusses im pflichtgemäßen Ermessen der DIS (§ 40 Abs. 6). 12

F. Folgen der Nichtzahlung

Beendigung des Verfahrens. Zahlt der Kläger die auf die Klage anfallende DIS-Bearbeitungsgebühr sowie den vorläufigen Vorschuss für das Schiedsgericht nicht, auch nicht binnen der von der DIS nach derzeitiger Praxis einmalig um zwei Wochen (für die DIS-Bearbeitungsgebühr) bzw. 13

binnen einer angemessen verlängerten Frist (vorläufiger Vorschuss), endet das Verfahren, unbeschadet des Rechts der Klägers, seine Klage erneut einzureichen (§ 7 Abs. 2 Satz 2). Die Klage gilt daher als nicht erhoben.

14 **Keine Verjährungshemmung.** Liegt dem DIS-Schiedsverfahren eine Streitigkeit zugrunde, die dem deutschen materiellen Recht unterliegt, wird die Verjährung mit Beginn des Schiedsverfahrens (§ 204 Abs. 1 Nr. 11 BGB), d.h. mit dem Zugang der Klage bei einer DIS-Geschäftsstelle (§ 6 Abs. 1 Satz 2), nur dann wirksam gehemmt, wenn der Kläger anschließend die DIS-Bearbeitungsgebühr und den vorläufigen Vorschuss vollständig bezahlt (str.).

G. Abweichende Parteivereinbarungen

15 Von der Verpflichtung des Klägers zur Zahlung der DIS-Bearbeitungsgebühr sowie eines vorläufigen Vorschusses für die Schiedsrichter kann nicht durch Parteivereinbarung abgewichen werden.

§ 8: Übersendung der Klage an Beklagten

Die DIS-Geschäftsstelle übersendet die Klage dem Beklagten unverzüglich. Sie kann die Übersendung davon abhängig machen, dass ihr die nach § 4 erforderliche Anzahl von Exemplaren der Klageschrift nebst Anlagen vorliegt und die Zahlung nach § 7 eingegangen ist.

Regelungsschwerpunkte: Regelt die Übersendung der Schiedsklage an den Beklagten. → Rz. 5–8

Inhalt

A. Normzweck 1	C. Vergleich mit den im staatlichen Verfahren geltenden Vorschriften 4
B. Verhältnis zu den Vorschriften des X. Buches der ZPO 3	D. Übersendung an den Beklagten 5

A. Normzweck

1 Die Benachrichtigung des Beklagten ist notwendig, um ihn über das Schiedsverfahren und die damit verbundenen Wirkungen (Verjährungs-

hemmung etc., s. § 6 Rz. 47 ff.) in Kenntnis zu setzen. Erfolgt die Benachrichtigung nicht oder nicht ordnungsgemäß, kann das Gebot rechtlichen Gehörs verletzt sein.

Zudem soll der Schiedsbeklagte möglichst frühzeitig über die Einleitung des Schiedsverfahrens informiert werden, um die prozessuale Waffengleichheit im Hinblick auf die Vorbereitungszeit zu wahren. Der Schiedskläger hatte vor der Einreichung der Schiedsklage unter Umständen einen sehr langen Zeitraum für die Vorbereitung der Schiedsklage. Durch eine unverzügliche Zusendung der Schiedsklage soll der Schiedsbeklagte möglichst frühzeitig beginnen können, seine Klageantwort vorzubereiten. 2

B. Verhältnis zu den Vorschriften des X. Buches der ZPO

Nach § 1047 Abs. 3 ZPO müssen sämtliche Schriftsätze, Dokumente und sonstige Mitteilungen einer Partei der jeweils anderen Partei zugeleitet werden. Spezifischere Regeln zur Übermittlung der Klage stellt das X. Buch der ZPO nicht auf. Insbesondere regelt es nicht, dass oder wie die Schiedsinstitution die Klage an den Schiedsbeklagten zu übermitteln hat, da das X. Buch der ZPO grundsätzlich von einem *Ad-Hoc*-Schiedsverfahren ausgeht, das heißt einem Verfahren ohne Administrierung durch eine Schiedsinstitution. 3

C. Vergleich mit den im staatlichen Verfahren geltenden Vorschriften

Die Klageschrift ist nach § 271 Abs. 1 ZPO unverzüglich zuzustellen. Allerdings wird das Gericht die Klage nur zustellen, nachdem der Kläger den Gebührenvorschuss eingezahlt (§ 12 Abs. 1 GKG) und die erforderliche Anzahl an Abschriften (§ 253 Abs. 5 ZPO) eingereicht hat. Im landgerichtlichen Verfahren verbindet das Gericht mit der Zustellung der Klageschrift die Aufforderung an den Beklagten, einen Rechtsanwalt zu bestellen, wenn er sich zu verteidigen beabsichtigt (§ 271 Abs. 2 ZPO). Zudem wird das Gericht im Falle eines frühen ersten Termins eine Terminsladung, verbunden mit den Hinweisen nach § 274 Abs. 2 ZPO erlassen oder, im Falle eines schriftlichen Vorverfahrens, den Beklagten zur Einreichung einer Klageerwiderung auffordern. 4

D. Übersendung an den Beklagten

5 Die DIS-Geschäftsstelle übersendet dem Beklagten unverzüglich die Klage. Die Übersendung erfolgt in einer Weise, die den Nachweis des Zugangs ermöglicht, in der Regel per Kurier.

6 Die Übersendung der Klage hängt von deren Vollständigkeit, der ausreichenden Anzahl an Exemplaren und der Zahlung der Bearbeitungsgebühr sowie des Vorschusses auf die Schiedsrichterhonorare ab.

7 In der Praxis besteht die DIS-Geschäftsstelle regelmäßig auf diese Voraussetzungen, insbesondere auf einen Nachweis der Zahlung der Bearbeitungsgebühr. Ausnahmen hiervon werden nur in besonderen Fällen gemacht, z.B. wenn die Prozessbevollmächtigten des Klägers erklären, gegebenenfalls die Zahlung der Bearbeitungsgebühr und des Vorschusses zu übernehmen.

8 Mit der Übersendung der Schiedsklage informiert die Geschäftsstelle den Schiedsbeklagten in der Regel über das weitere Vorgehen, insbesondere darüber, welche Handlungen von ihm erwartet werden. Ferner wird der Schiedsbeklagte aufgefordert, verfahrensrelevante Angaben zu machen (z.B. zur Benennung des Parteischiedsrichters, § 12 Abs. 1, oder zum Vorschlag des Klägers, statt eines Dreierschiedsgerichts einen Einzelschiedsrichter zu benennen).

§ 9: Klageerwiderung

Nach der Konstituierung des Schiedsgerichts gemäß § 17 setzt das Schiedsgericht dem Beklagten eine Frist zur Einreichung der Klageerwiderung. Bei der Bemessung der Frist ist der Zeitpunkt des Empfangs der Klage durch den Beklagten angemessen zu berücksichtigen.

Regelungsschwerpunkte: Das Schiedsgericht setzt dem Beklagten eine angemessene Frist zur Einreichung der Klageerwiderung. → Rz. 15–19

Inhalt

A. Normzweck	1	D. Vorbringen bei Unzulässigkeit der Schiedsklage	5
B. Verhältnis zu §§ 1046 Abs. 1, 1040 Abs. 2 ZPO	2	I. Zeitpunkt der Geltendmachung der Unzulässigkeit	8
C. Vergleich mit den im staatlichen Verfahren geltenden Vorschriften	4	II. Vortrag bei Zuständigkeitsrügen	10

E. Inhalt der Klageerwiderung .. 14	2. Schaubild zur zeitlichen Abfolge der Stellungnahmen 21
F. Klageerwiderungsfrist 15	
Anhänge	
1. Checkliste für den Inhalt der Klageerwiderung 20	

A. Normzweck

Durch die Klageantwort nimmt der Schiedsbeklagte in der Regel erstmals in dem Schiedsverfahren zur Sache Stellung. Die DIS-SchO stellt hierfür weder inhaltliche noch formelle Anforderungen auf. Dies entspricht der Grundphilosophie der DIS-SchO, der zufolge der Verlauf des Verfahrens weitestgehend der Parteiautonomie unterliegen bzw. im Ermessen des Schiedsgerichts liegen soll. Da das Schiedsgericht bereits vor der Einreichung der Klageerwiderung konstituiert wurde und durch verfahrensleitende Verfügungen die Anforderungen für künftige Schriftsätze aufgestellt hat, bedarf es in der DIS-SchO keiner entsprechenden Regeln. 1

B. Verhältnis zu §§ 1046 Abs. 1, 1040 Abs. 2 ZPO

Abgesehen von dem selbstverständlichen Recht, zu der Schiedsklage Stellung zu nehmen, enthält die ZPO keine besonderen Bestimmungen zur Klageantwort. Insbesondere stellt sie keine Mindestanforderungen für deren Inhalt auf. 2

Allerdings hat der Schiedsbeklagte nach § 1040 Abs. 2 ZPO die Obliegenheit, die **Unzuständigkeit des Schiedsgerichts** grundsätzlich spätestens mit der Klageantwort vorzubringen. Nimmt er diese Obliegenheit nicht wahr, riskiert er eine Präklusion seiner Einwände. Dadurch werden entsprechende Ausführungen durch § 1040 Abs. 2 ZPO praktisch zu einem zwingenden Inhalt der Klageantwort, obwohl sie nicht von der DIS-SchO ausdrücklich gefordert werden. 3

C. Vergleich mit den im staatlichen Verfahren geltenden Vorschriften

Nach § 277 Abs. 1 ZPO hat der Beklagte alle Verteidigungsmittel vorzubringen, die er bei sorgfältiger Prozessführung vorbringen kann. Anderenfalls riskiert er eine Präklusion nach § 296 ZPO. Die Frist für die schriftsätzliche Stellungnahme beträgt im Falle eines schriftlichen Vorverfahrens vier Wochen ab Klagezustellung (§ 276 Abs. 1, Satz 1 und 2 ZPO) bzw. wird im Falle eines frühen ersten Termins vom Gericht fest- 4 gesetzt, beträgt aber mindestens zwei Wochen, falls das Gericht überhaupt eine Frist setzt (§§ 277 Abs. 3, 4, 275 Abs. 1 ZPO).

D. Vorbringen bei Unzulässigkeit der Schiedsklage

5 Die erste Frage, die sich dem Schiedsbeklagten bei einer (möglicherweise) unzulässigen Schiedsklage stellt, ist, ob er auf die Schiedsklage **überhaupt antworten soll**. Denn auch wenn er gänzlich passiv bleibt, hat er nach Art. V Abs. 1 UNÜ das Recht, den ohne seine Beteiligung erlassenen Schiedsspruch vor staatlichen Gerichten anzufechten. Allerdings könnten einzelne Rechtsordnungen verlangen, dass der Schiedsbeklagte sich bereits während des Schiedsverfahrens auf die Unzuständigkeit des Schiedsgerichts beruft (nach deutschem Recht droht dem völlig passiven Schiedsbeklagten keine Präklusion, da § 1040 Abs. 2 ZPO nicht den Fall völliger Passivität betrifft, vgl. Rz. 3).

6 Wenn der Schiedsbeklagte sich überhaupt nicht auf das Schiedsverfahren einlässt, vergibt er zudem die Möglichkeit, dass das **Schiedsgericht** seine Argumente gegen die Zulässigkeit des Schiedsverfahrens berücksichtigt.

7 **Empfehlung:** Wenn der Beklagte von der Unzulässigkeit der Schiedsklage ausgeht, kann er – unabhängig von der Frage, ob er sich an dem Schiedsverfahren beteiligt – erwägen, eine **Klage vor den staatlichen Gerichten** einzureichen (etwa auf Feststellung des Nichtbestehens einer Schiedsvereinbarung, auf Nichtbestehen des Klageanspruchs oder, wie es insbesondere im angloamerikanischen Rechtskreis möglich ist, auf Unterlassung des Schiedsverfahrens).

I. Zeitpunkt der Geltendmachung der Unzulässigkeit

8 Die DIS-SchO bestimmt nicht ausdrücklich, dass der Schiedsbeklagte zur Zuständigkeit des Schiedsgerichts oder zur Schiedsfähigkeit des geltend gemachten Anspruchs Stellung nehmen muss. Falls entsprechende Einwände bestehen und sich der Schiedsbeklagte am Verfahren beteiligt, sollte der Schiedsbeklagte – jedenfalls wenn der Schiedsort in Deutschland liegt – diese wegen **§ 1040 Abs. 2 ZPO** trotzdem in der Klageantwort geltend machen. Eine spätere Rüge, die bereits in der Klageantwort hätte vorgebracht werden können, ist nur bei einer ausreichenden Entschuldigung beachtlich. Anderenfalls ist der Schiedsbeklagte insofern präkludiert. Diese Präklusion gilt nicht nur für das Schiedsverfahren, sondern auch für das Aufhebungs- und Vollstreckbarklärungsverfahren.

9 Im Übrigen ist auch **§ 1032 Abs. 2 ZPO** zu beachten. Eine Schiedspartei kann danach bis zur Konstituierung des Schiedsgerichts vor einem staat-

lichen Gericht auf Feststellung der Zulässigkeit oder Unzulässigkeit eines Schiedsverfahrens klagen. Wartet der Beklagte bis zu einem späteren Zeitpunkt mit seinen Einwänden gegen die Zuständigkeit des Schiedsgerichts, kann er diese nur noch vor dem Schiedsgericht geltend machen.

II. Vortrag bei Zuständigkeitsrügen

Sofern der Beklagte die Rüge der Unzuständigkeit rechtzeitig erhebt, kann er sich **hilfsweise auch zur Sache einlassen**, ohne im späteren Verfahren oder in einem eventuellen Aufhebungsverfahren präkludiert zu sein. Dabei ist jedoch darauf zu achten, dass die Rüge spezifisch die Unzulässigkeit des Schiedsverfahrens betrifft. Rügen, die sich auf andere Mängel beziehen, wie etwa die mangelnde Passivlegitimation, können die Präklusion der Rüge der Unzulässigkeit nicht verhindern (OLG Koblenz v. 17.3.2011 – Az. 2 Sch 11/10, NJOZ 2011, 1241). 10

Dem Beklagten kann die Rüge der Unzulässigkeit allerdings von vornherein nach dem Grundsatz von **Treu und Glauben** verwehrt sein, nämlich dann, wenn er sich vorprozessual auf die Schiedsvereinbarung berufen und dadurch die Schiedsklage veranlasst hat (BGH v. 2.4.1987 – Az. III ZR 76/86, NJW-RR 1987, 1194). Gleiches gilt, wenn sich der Beklagte in einem Verfahren vor einem staatlichen Gericht selbst die Schiedseinrede geltend gemacht hat (BGH v. 30.4.2009 – Az. III ZB 91/07, NJW-RR 2009, 1582). 11

Vorsicht: Der Schiedsbeklagte wird sofort nach Übersendung der Klage aufgefordert, an der Konstituierung des Schiedsgerichts mitzuwirken, entweder nach § 12 Abs. 1 oder im Rahmen einer gemeinsamen Benennung i.S.v. § 14. In manchen Rechtsordnungen stellen diese Angaben jedoch bereits eine **rügelose Einlassung** dar (nicht in Deutschland, § 1040 Abs. 2 Satz 2 ZPO). Der Beklagte sollte daher die Konsequenzen einer Mitwirkung an der Konstituierung des Schiedsgerichts genau prüfen. 12

Zur Begründung der Unzulässigkeit des Schiedsverfahrens kann sich der Beklagte inhaltlich auf das völlige Fehlen einer Schiedsvereinbarung oder deren prozessuale oder materielle Unwirksamkeit berufen. Ferner kann er einwenden, dass der Streitgegenstand nicht schiedsfähig ist (s. § 1 Rz. 11). 13

E. Inhalt der Klageerwiderung

Die DIS-SchO stellt **weder inhaltliche noch formale Anforderungen** für die Klageerwiderung auf. Allerdings steht es dem Schiedsgericht frei, all- 14 gemeine Regeln für Schriftsätze aufzustellen. Eine entsprechende verfahrensleitende Verfügung ergeht in der Regel direkt nach der Konstituierung des Schiedsgerichts und gilt daher auch für die Klageerwiderung. Dies entspricht der Grundphilosophie der DIS-SchO, wonach das Verfahren so weit wie möglich parteiautonom und vom Schiedsgericht bestimmt werden soll.

F. Klageerwiderungsfrist

15   Der Schiedsbeklagte hat die Klageerwiderung innerhalb der vom **Schiedsgericht gesetzten Frist** bei diesem einzureichen. Wie die Klageerwiderung fristwahrend eingereicht wird, bestimmt das Schiedsgericht in der Regel in einer verfahrensleitenden Verfügung. Üblich ist etwa die Übersendung per E-Mail, verbunden mit einer Versendung per Kurier am folgenden Werktag.

16   **Vorsicht:** Wenn die Klageerwiderung mit einer Widerklage verbunden wird bzw. Klageerwiderung und Widerklage in demselben Schriftsatz zusammengefasst sind, hat der Beklagte diesen Schriftsatz **bei der DIS-Geschäftsstelle einzureichen** (s. § 10 Rz. 4).

17   Das Schiedsgericht bestimmt die Klageerwiderungsfrist nach freiem Ermessen. Nach § 9 Satz 2 hat es den Zeitpunkt des **Empfangs der Klage durch den Beklagten angemessen zu berücksichtigen**. Dementsprechend wird das Schiedsgericht eher eine großzügig bemessene Frist setzen, wenn der Streit komplex ist und seit dem Empfang der Klage relativ wenig Zeit vergangen ist. Umgekehrt wird das Schiedsgericht eine eher kurze Frist bestimmen, wenn sich der Beklagte schon über einen längeren Zeitraum vorbereiten konnte, etwa weil die Konstituierung des Schiedsgerichts außergewöhnlich lange dauerte.

18   Der Schiedsbeklagte kann eine **Fristverlängerung** beantragen. Ob diese gewährt wird, liegt im Ermessen des Schiedsgerichts. Dabei wägt das Schiedsgericht dieselben Faktoren ab, wie bei der Bestimmung der ursprünglichen Frist. Wenn stichhaltige Gründe vorgebracht werden (bspw. Überlastung des Rechtsanwalts), wird es in der Regel aber eine Fristverlängerung gewähren, um dem Beklagten ausreichendes rechtliches Gehör zu gewähren.

19   Überschreitet der Schiedsbeklagte die vom Schiedsgericht festgesetzte Frist, entscheidet das Schiedsgericht, welche Konsequenzen die Verspätung hat. In der Regel, insbesondere bei nur geringer Verspätung, drohen dem Schiedsbeklagten **keine negativen Konsequenzen**; das Schiedsgericht wird dann auch einen verspätet eingereichten Schriftsatz be-

rücksichtigen. Grundsätzlich kann der Schiedsbeklagte Sachverhalt und Beweisangebote auch noch in späteren Schriftsätzen vortragen. Nur ausnahmsweise droht ihm eine Präklusion, etwa wenn er bestimmten Vortrag absichtlich erst später (etwa im letzten Schriftsatz) macht, um dem Prozessgegner die Möglichkeit zur Erwiderung zu nehmen.

Anhang 1: Checkliste für den Inhalt der Klageerwiderung 20

Rubrum
- ☐ Überprüfung der Parteibezeichnung und Adressen
- ☐ Bezeichnung des eigenen Prozessvertreters: Name, Kontaktdaten

Anträge
- ☐ Sachantrag (regelmäßig Klageabweisung)

Ggf. Rüge der mangelnden Kompetenz des Schiedsgerichts
- ☐ Stellungnahme zur klägerischen Darstellung der Schiedsvereinbarung inklusive rechtlicher Ausführungen
- ☐ Ausdrückliche Rüge bzw. Hinweis, dass weiterer Vortrag nur hilfsweise gemacht wird

Stellungnahme zum geltend gemachten Anspruch
- ☐ Beschreibung der Parteien: Geschäftsfeld, Historie, Bedeutung
- ☐ Korrektur/Schilderung des Sachverhalts inklusive Angebot von Gegenbeweisen
- ☐ Stellungnahme zum anwendbaren Recht
- ☐ Rechtliche Ausführungen zur geltend gemachten Anspruchsgrundlage

Angaben zum Schiedsverfahren
- ☐ Stellungnahme zum Streitwert
- ☐ Stellungnahme zum Schiedsort und zur Verfahrenssprache

Widerklage
- ☐ Sachantrag
- ☐ Gegebenenfalls Zinsantrag
- ☐ Anspruchsbegründende Tatsachen
- ☐ Wiedergabe der Schiedsvereinbarung, die eine Widerklage erlaubt
- ☐ Zahlung der Registrierungsgebühr
- ☐ Einreichung bei der DIS-Geschäftsstelle

Sonstiges
- ☐ Übermittlung direkt an das Schiedsgericht und die anderen Parteien
- ☐ Einreichung in der erforderlichen Anzahl von Exemplaren

Anhang 2:
Schaubild zur zeitlichen Abfolge der Stellungnahmen

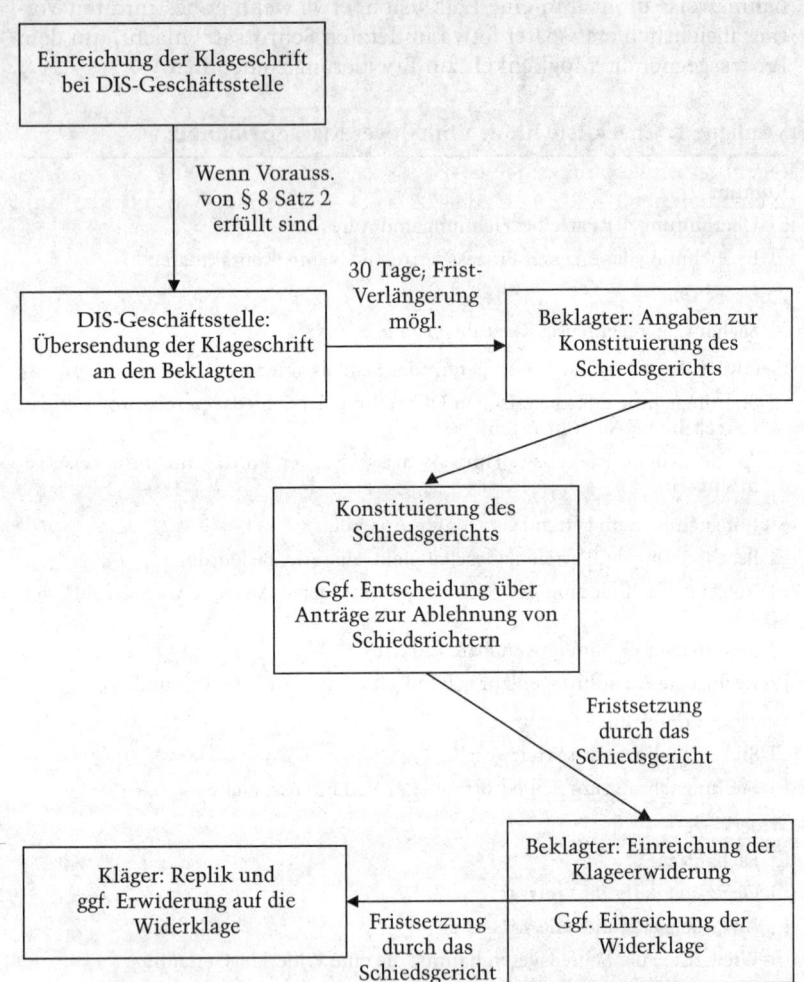

21

```
┌─────────────────────────┐
│ Einreichung der Klageschrift │
│ bei DIS-Geschäftsstelle │
└─────────────────────────┘
            │
            │ Wenn Vorauss.
            │ von § 8 Satz 2
            │ erfüllt sind
            ▼
┌─────────────────────┐   30 Tage; Frist-   ┌─────────────────────┐
│ DIS-Geschäftsstelle: │   Verlängerung      │ Beklagter: Angaben zur │
│ Übersendung der Klageschrift │ mögl. │ Konstituierung des │
│ an den Beklagten    │ ──────────────────► │ Schiedsgerichts     │
└─────────────────────┘                     └─────────────────────┘
                                                      │
                                                      ▼
                          ┌─────────────────────────┐
                          │ Konstituierung des      │
                          │ Schiedsgerichts         │
                          ├─────────────────────────┤
                          │ Ggf. Entscheidung über  │
                          │ Anträge zur Ablehnung von│
                          │ Schiedsrichtern         │
                          └─────────────────────────┘
                                        │
                                        │ Fristsetzung
                                        │ durch das
                                        │ Schiedsgericht
                                        ▼
┌─────────────────────┐              ┌─────────────────────────┐
│ Kläger: Replik und  │              │ Beklagter: Einreichung der │
│ ggf. Erwiderung auf die │ ◄──────── │ Klageerwiderung         │
│ Widerklage          │   Fristsetzung├─────────────────────────┤
└─────────────────────┘   durch das   │ Ggf. Einreichung der    │
                          Schiedsgericht│ Widerklage            │
                                      └─────────────────────────┘
```

§ 10: Widerklage

10.1 Eine Widerklage ist bei einer DIS-Geschäftsstelle einzureichen. § 6 Abs. 1–4 gelten entsprechend.

10.2 Über die Zulässigkeit der Widerklage entscheidet das Schiedsgericht.

Regelungsschwerpunkte: Abs. 1 Die Widerklage ist wie eine Schiedsklage einzureichen. → Rz. 4–9; **Abs. 2** Das Schiedsgericht beurteilt die Zulässigkeit der Widerklage. → Rz. 10–13

Inhalt

A. Widerklage 1	**B. Aufrechnung** 19
I. Normzweck 1	I. Verhältnis zu § 1046 Abs. 3 ZPO 19
II. Verhältnis zu § 1046 Abs. 3 ZPO 2	II. Vergleich mit den im staatlichen Verfahren geltenden Vorschriften 20
III. Vergleich mit dem staatlichen Verfahren 3	III. Anwendbares Recht 22
IV. Inhalt und Einreichung 4	IV. Notwendigkeit einer Schiedsvereinbarung für die Gegenforderung 24
V. Zulässigkeit 10	
VI. Drittwiderklage 14	
VII. Erwiderung auf die Widerklage 17	
VIII. Mögliche Einwendungen gegen die Zulässigkeit 18	

A. Widerklage

I. Normzweck

Die DIS-SchO regelt die Widerklage nur rudimentär, nämlich mit einem Verweis auf die Regeln zur Klage (§ 10 Abs. 1) und der Zuständigkeit für die Zulässigkeitsentscheidung (§ 10 Abs. 2). Die Widerklageerhebung ist **in den regulären Verfahrensablauf integriert**: Sie wird üblicherweise in einem Beklagtenschriftsatz erhoben, meist in der Klageerwiderung, so dass die Widerklageerwiderung mit der ohnehin vorgesehenen Replik des Klägers erfolgen kann. Selbst wenn die Widerklage ausnahmsweise noch vor der Konstituierung des Schiedsgerichts erhoben wird, muss der Schiedskläger in entsprechender Anwendung des § 9 nicht darauf antworten, bis ihn das Schiedsgericht im Rahmen einer verfahrensleitenden Verfügung dazu auffordert.

1

II. Verhältnis zu § 1046 Abs. 3 ZPO

2 § 1046 Abs. 3 ZPO verweist lediglich auf die allgemeinen Vorschriften für die Klage und Klagebeantwortung in § 1046 Abs. 1 und 2 ZPO. Die dort beschriebenen Anforderungen werden von den weitergehenden Anforderungen der DIS-SchO zur Klage und Klageerwiderung überlagert (s. § 6 Rz. 3). Gleiches gilt für die Widerklage.

III. Vergleich mit dem staatlichen Verfahren

3 Nach § 33 Abs. 1 ZPO kann eine Widerklage erhoben werden, wenn der damit geltend gemachte Anspruch mit dem Klageanspruch oder einem gegen ihn vorgebrachten Verteidigungsmittel in Zusammenhang steht. Dabei ist ein rechtlicher Zusammenhang erforderlich; ein bloß tatsächlicher oder wirtschaftlicher genügt nicht. Ist diese Voraussetzung nicht erfüllt und ergibt sich auch sonst keine Zuständigkeit des Gerichts für die Widerklage, erlässt das Gericht einen Hinweisbeschluss und gibt den Parteien die Gelegenheit, eine Verweisung zu beantragen. Macht keine Partei davon Gebrauch, wird die Widerklage nach § 281 ZPO als unzulässig abgewiesen.

IV. Inhalt und Einreichung

4 Nach § 10 Abs. 1 Satz 2 ist eine Widerklage **wie eine Klage** zu erheben. Die Vorschriften zur Klage sind entsprechend anzuwenden. Dies bedeutet zunächst, dass die Widerklage bei der DIS-Geschäftsstelle einzureichen ist (§ 6 Abs. 1 entsprechend); insofern ist § 10 Abs. 1 Satz 1 tautologisch. Hintergrund hierfür ist, dass die Widerklage die Bearbeitungsgebühr der DIS erhöht.

5 **Vorsicht:** In der Praxis übersieht der Widerkläger bisweilen, dass die Widerklage bei der DIS und **nicht beim Schiedsgericht einzureichen** ist. In diesen Fällen sollte das Schiedsgericht den Schiedswiderkläger auf § 10 Abs. 1 Satz 1 hinweisen. Wenn davon auszugehen ist, dass der Kläger/Widerbeklagte die unmittelbare Übersendung als ordnungsgemäß anerkennt, übermittelt die DIS die Widerklage nicht nochmals. Ansonsten geht die DIS wie bei einer Klage vor.

6 Für den Inhalt der Schiedsklage gelten die Anforderungen des § 6 Abs. 2 und § 6 Abs. 3. Diesbezüglich wird auf die obigen Ausführungen verwiesen (s. § 6 Rz. 1). Wenn der Schiedswiderkläger diesen Anforderungen oder denen der §§ 4 und 7 auch nach einer entsprechenden Fristsetzung durch die DIS-Geschäftsstelle nicht nachkommt, endet das Widerklageverfahren.

In der Regel wird der Beklagte seine Widerklage im Rahmen seiner ersten inhaltlichen Stellungnahme, also im Klageerwiderungsschriftsatz erheben. Allerdings erlaubt § 10 auch eine Erhebung zu **jedem anderen Zeitpunkt** (außer wenn der Kreis der Verfahrensbeteiligten erweitert wird, s. Rz. 14, oder wenn dies zu einer inakzeptablen Verzögerung des Verfahrens führen würde, s. Rz. 13). 7

Empfehlung: Meist weiß der Beklagte schon bei Empfang der Klage, dass er eine Widerklage erheben wird. In diesen Fällen ist es – sofern nicht taktische Erwägungen dagegen sprechen – sinnvoll, das Schiedsgericht frühzeitig **auf diese Absicht hinzuweisen**, damit es diesen Umstand bei der Erstellung des prozessualen Terminkalenders, der regelmäßig Teil der ersten verfahrensleitenden Verfügungen ist, berücksichtigen kann. 8

Empfehlung: Die Widerklage kann auch im Schiedsverfahren als **Eventualwiderklage** erhoben werden. Der Beklagte kann seine Widerklage also beispielsweise unter der Bedingung erheben, dass das Schiedsgericht die Kompetenz für die Widerklage bejaht oder seinem Hauptantrag auf Klageabweisung stattgibt. 9

V. Zulässigkeit

Nach § 10 Abs. 2 **entscheidet das Schiedsgericht** über die Zulässigkeit der Widerklage. Dabei überprüft es in der Regel nur die allgemeinen Zulässigkeitsvoraussetzungen einer Schiedsklage. Darüber hinaus stellt die DIS-SchO keine besonderen Zulässigkeitsvoraussetzungen für Widerklagen auf. Ein rechtlicher Zusammenhang wie nach § 33 Abs. 1 ZPO wird nicht gefordert. 10

Als wesentliche Zulässigkeitsvoraussetzung muss das Schiedsgericht die Kompetenz haben, über die Widerklageforderung zu entscheiden. Dazu ist zunächst erforderlich, dass auch die Widerklageforderung unter eine **Schiedsvereinbarung** fällt. Ist das nicht der Fall, muss das Schiedsgericht die Widerklage als unzulässig zurückweisen, es sei denn, der Widerbeklagte lässt sich rügelos ein. 11

Ferner muss die Schiedsvereinbarung, der die Widerklageforderung unterfällt, mit der **Schiedsvereinbarung** der Hauptklageforderung **vereinbar** sein. Das heißt, die vertraglichen Bestimmungen zu den jeweiligen Schiedsverfahren dürfen sich nicht widersprechen. Insbesondere müssen die Schiedsinstitutionen, der Schiedsort, die Verfahrenssprache etc. übereinstimmen; etwaige Regelungen zur Anzahl der Schiedsrichter dürfen nicht unvereinbar sein. Dagegen können materiell-rechtliche Aspekte wie das anwendbare Recht durchaus differieren. 12

13 Bisweilen wird eine Widerklage erhoben, um das Schiedsverfahren zu verzögern. Wenn durch die Widerklage tatsächlich eine spürbare **Verzögerung** eintritt (etwa weil sie in einem späten Verfahrensstadium erhoben wurde), hat das Schiedsgericht nach umstrittener, aber richtiger Ansicht die Möglichkeit, die Widerklage als unzulässig zurückzuweisen (§ 1046 Abs. 3 i.V.m. Abs. 2 ZPO). Denn das Schiedsgericht gestaltet das Verfahren nach freiem Ermessen (§ 24 Abs. 1 Satz 2 DIS-SchO). Dieses Ermessen ist lediglich im Rahmen des Willkürverbots (§ 1059 Abs. 2 Buchst. b ZPO) gerichtlich überprüfbar.

VI. Drittwiderklage

14 Die Drittwiderklage bietet den **Vorteil**, dass die Gefahr widersprüchlicher Entscheidungen vermieden wird. Zudem profitiert der Beklagte und Widerkläger bei einem einheitlichen Verfahren von der degressiven Kosten- bzw. Honorartabelle für die Institution bzw. die Schiedsrichter.

15 Die **Alternative** zur Drittwiderklage ist ein separates Schiedsverfahren gegen den Drittwiderbeklagten. Diese Möglichkeit ist kostenintensiver, bleibt dem Beklagten aber stets unbenommen.

16 Zu den Voraussetzungen der Drittwiderklage s. § 13 Rz. 47 ff.

VII. Erwiderung auf die Widerklage

17 Die DIS-SchO regelt nicht, wie der Schiedskläger auf die Widerklage antworten kann. Diese **Regeln** sind allerdings im Gegensatz zum ICC-Verfahren auch **nicht notwendig**, da die Widerklage im DIS-Verfahren regelmäßig zu einem Zeitpunkt erhoben wird, zu dem das Schiedsgericht bereits entsprechende verfahrensleitende Verfügungen erlassen hat.

VIII. Mögliche Einwendungen gegen die Zulässigkeit

18 Die DIS-SchO stellt **keine besonderen Zulässigkeitsvoraussetzungen** für die Widerklage auf. Ein rechtlicher Zusammenhang wie nach § 33 Abs. 1 ZPO wird nicht gefordert. Begriffsnotwendig muss nur die Hauptschiedsklage noch anhängig sein. Deshalb können sich Einwendungen gegen die Zulässigkeit der Widerklage in der Regel nur auf die allgemeinen Zulässigkeitsvoraussetzungen einer Schiedsklage beziehen, das heißt insbesondere auf die wirksame DIS-Schiedsklausel.

B. Aufrechnung

I. Verhältnis zu § 1046 Abs. 3 ZPO

Die DIS-SchO sieht keine besondere Regelung für die Aufrechnung vor. Daher gilt § 1046 Abs. 3 ZPO. Diese Norm regelt nach ihrem Wortlaut die Widerklage, erfasst allerdings auch die Aufrechnung. Denn das UNCITRAL-Modellgesetz, das § 1046 Abs. 3 ZPO zugrunde liegt, verwendet an dieser Stelle den Begriff „counterclaim", der sowohl die Widerklage als auch die Aufrechnung erfasst. Auch wenn der ZPO-Gesetzestext diesen Umstand nicht berücksichtigt, ist allgemein anerkannt, dass § 1046 Abs. 3 ZPO auch auf die Aufrechnung Anwendung findet.

19

II. Vergleich mit den im staatlichen Verfahren geltenden Vorschriften

Die Aufrechnung besitzt eine **Doppelnatur**, sie ist materiell-rechtliche Erklärung und Prozesshandlung zugleich. Als Prozesshandlung gilt sie als Verteidigungsmittel i.S.d. §§ 146, 277, 296 und 530 f. ZPO. Will der Beklagte die Aufrechnung mit der Klageforderung im Prozess erklären, muss er die Anforderungen des § 253 Abs. 2 ZPO entsprechend erfüllen.

20

Da es sich nicht um eine (Wider-)Klage, sondern nur um ein **Verteidigungsmittel** handelt, kann das für die Klage zuständige Gericht über die Aufrechnung rechtskräftig entscheiden, auch wenn es nicht sachlich und/oder örtlich zuständig ist, lediglich die internationale Zuständigkeit für die Entscheidung über die Gegenforderung muss gegeben sein (OLG Karlsruhe v. 15.8.2012 – 8 W 48/12). Wenn für die Gegenforderung allerdings eine Schiedsvereinbarung besteht, dürfen staatliche Gerichte nach allgemeiner Auffassung nicht über die Aufrechnung entscheiden (BGH v. 22.11.1962 – VII ZR 264/61, NJW 1963, 243). Als Verteidigungsmittel kann die Aufrechnung auch wegen Verspätung zurückgewiesen werden.

21

III. Anwendbares Recht

Die Aufrechnung beurteilt sich unter Umständen nach **verschiedenen Rechtsordnungen**. Für die Frage, ob die betreffende Forderung besteht, ist auf das Recht abzustellen, das nach den Vorschriften des internationalen Privatrechts Anwendung findet (meist das Recht des Entstehungsortes). Für die materiell-rechtliche Wirksamkeit der Aufrechnung ist dagegen auf das Recht abzustellen, dem die Hauptforderung unterliegt (Art. 17 Rom-I-VO). Ist das deutsches Recht, müssen also die Voraussetzungen der §§ 387 ff. BGB erfüllt sein.

22

23 Ob die Aufrechnung verfahrensrechtlich zulässig ist, bestimmt sich dagegen nach dem anzuwendenden **Verfahrensrecht**, meist also nach dem Recht des Schiedsortes.

IV. Notwendigkeit einer Schiedsvereinbarung für die Gegenforderung

24 Unabhängig von den eventuellen weiteren Voraussetzungen der prozessualen Zulässigkeit der Aufrechnung muss in jedem Fall für die Gegenforderung, mit der aufgerechnet wird, eine mit der für die Hauptforderung maßgeblichen **kompatible Schiedsvereinbarung** wie für die der Hauptforderung gelten (s. Rz. 12). Fehlt eine derartige Schiedsvereinbarung, können die Parteien durch eine nachträgliche Vereinbarung während des Verfahrens die Aufrechenbarkeit herbeiführen. Anderenfalls ist die Aufrechnung ausgeschlossen.

25 Verschiedentlich wird auch ohne entsprechende Schiedsvereinbarung von der Zulässigkeit der Aufrechnung ausgegangen, solange der Kläger der Aufrechnung nicht widerspricht. Das Ausbleiben eines Widerspruchs wird in diesem Fall als **stillschweigender Abschluss** einer Schiedsvereinbarung oder als eine rügelose Einlassung gewertet. Spätestens mit der Rüge des Klägers hat das Schiedsgericht jedoch keine Befugnis mehr, über die Gegenforderung oder die Aufrechnung zu entscheiden.

26 Zudem steht das Fehlen einer Schiedsabrede der Aufrechnung nur entgegen, solange die Gegenforderung noch streitig ist. Ist sie dagegen entweder **unstreitig** oder schon **rechtskräftig** festgestellt, kann das Schiedsgericht über die Aufrechnung entscheiden (BGH v. 29.7.2010 – III ZB 48/09, SchiedsVZ 2010, 275; s. auch KG v. 1.11.2006 – 26 U 28/06, SchiedVZ 2008, 94).

27 **Empfehlung:** Wenn der Schiedsbeklagte die Aufrechnung mangels entsprechender Schiedsabrede nicht in dem Schiedsverfahren geltend machen kann, bleibt ihm in Anlehnung an § 767 Abs. 2 ZPO immer noch die Möglichkeit, die Aufrechnung **im staatlichen Verfahren der Vollstreckbarerklärung** zu erklären. Das ist dem Schiedsbeklagten allerdings verwehrt, wenn die zur Aufrechnung gestellte Gegenforderung ihrerseits einer Schiedsvereinbarung unterfällt. Ausnahmsweise ist die Aufrechnung im staatlichen Verfahren der Vollstreckbarerklärung trotz Schiedsvereinbarung für die Gegenforderung möglich, wenn diese unstreitig ist oder bereits ein Schiedsspruch dazu ergangen ist (einer Vollstreckbarerklärung dieses Schiedsspruches über die Gegenforderung bedarf es zur Aufrechnung nicht). Allerdings kann mit einer Forderung trotz eines dazu ergangenen Schiedsspruchs nicht im staatlichen Verfahren aufgerechnet werden, wenn diese Forderung nach dem Schiedsspruch abgetreten wurde und die Wirksamkeit der Abtretung im Streit steht; in diesem Fall obliegt es dem Schiedsgericht, zunächst über die Wirksamkeit der Abtretung zu entscheiden.

§ 11: Kosten bei Erhebung einer Widerklage

(1) Mit Einreichung der Widerklage hat der Beklagte die DIS-Bearbeitungsgebühr nach der bei Beginn des Verfahrens gültigen Kostentabelle (Anlage zu § 40 Abs. 5) an die DIS zu zahlen.

(2) Die DIS-Geschäftsstelle übersendet dem Beklagten eine Rechnung über die DIS-Bearbeitungsgebühr und setzt dem Beklagten eine Frist zur Zahlung, soweit sie nicht bereits geleistet wurde. Erfolgt die Zahlung nicht innerhalb der Frist, die angemessen verlängert werden kann, so gilt die Widerklage als nicht erhoben.

(3) Die DIS-Geschäftsstelle übersendet die Widerklage unverzüglich dem Kläger und dem Schiedsgericht. Sie kann die Übersendung davon abhängig machen, dass ihr die nach § 4 erforderliche Anzahl von Exemplaren der Widerklage nebst Anlagen vorliegt und die Zahlung nach Absatz 1 eingegangen ist.

Regelungsschwerpunkte: Mit Erhebung einer Widerklage hat der Beklagte und Widerkläger in aller Regel eine DIS-Bearbeitungsgebühr an die DIS zu verauslagen.

Mit Hilfe des von der DIS online zur Verfügung gestellten Gebührenrechners (www.dis-arb.de) lässt sich die mit der Erhebung einer Widerklage voraussichtlich anfallende DIS-Bearbeitungsgebühr berechnen.

Kostenaspekte: Wer die Kosten des Verfahrens einschließlich der für die Widerklage anfallenden DIS-Bearbeitungsgebühr letztlich zu tragen hat, ist abhängig von der Kostenentscheidung des Schiedsgerichts am Ende des Verfahrens.

Inhalt

A. Normzweck 1	E. Übersendung der Widerklage 10
B. Verhältnis zu §§ 1025 ff. ZPO..................... 2	F. DIS-Bearbeitungsgebühr im Falle einer Hilfsaufrechnung..................... 11
C. Vergleich mit den im staatlichen Verfahren geltenden Vorschriften 3	G. Abweichende Parteivereinbarungen................. 12
D. DIS-Bearbeitungsgebühr für die Widerklage............. 4	

§ 11 DIS-SchO   Kosten bei Erhebung einer Widerklage

Veröffentlichungen der DIS-Hauptgeschäftsstelle: Kosten im Schiedsgerichtsverfahren, DIS – MAT X (2005).

A. Normzweck

1   § 11 ist im Zusammenhang mit §§ 7, 25, 35 und 40 zu lesen, die den Rahmen der in einem DIS-Schiedsverfahren anfallenden Kosten abbilden. § 11 sieht insoweit vor, dass der Beklagte mit Erhebung einer Widerklage eine DIS-Bearbeitungsgebühr zu zahlen hat. Welche der Parteien die Kosten der DIS-Bearbeitungsgebühr aber letztlich zu tragen hat, ist abhängig von der Kostenentscheidung des Schiedsgerichts nach § 35.

B. Verhältnis zu §§ 1025 ff. ZPO

2   Die §§ 1025 ff. ZPO enthalten keine Regelung zu den Kosten der Widerklage und haben für die Anwendung von § 11 DIS-SchO daher keine praktische Bedeutung.

C. Vergleich mit den im staatlichen Verfahren geltenden Vorschriften

3   Auch in staatlichen Verfahren wird die Tätigkeit der Gerichte regelmäßig von der Sicherstellung oder Zahlung von Gerichtskosten abhängig gemacht (vgl. insbesondere § 6 Abs. 1 Nr. 1 i.V.m. § 12 GKG für bürgerliche Rechtsstreitigkeiten). Im Gegensatz zur Klage (§ 12 Abs. 1 Satz 1 GKG, Ausnahmen in § 14 GKG) wird in einem staatlichen Verfahren die Zustellung der Widerklage aber nicht von der Zahlung eines Gerichtskostenvorschusses abhängig gemacht (§ 12 Abs. 2 Nr. 1 GKG).

D. DIS-Bearbeitungsgebühr für die Widerklage

4   **Grundlagen.** Der Anspruch der DIS auf eine Bearbeitungsgebühr (ggf. zzgl. Umsatzsteuer) ergibt sich aus § 40 Abs. 4. Die Parteien haften hierfür gesamtschuldnerisch. § 11 Abs. 1 konkretisiert den Anspruch dahingehend, dass der Beklagte im Falle einer Widerklage (gegen den Kläger oder eine dritte Partei) grundsätzlich den sich durch die Streitwerterhöhung ergebenen Erhöhungsbetrag der DIS-Bearbeitungsgebühr zu verauslagen hat, unbeschadet eines etwaigen und von der Kostenentscheidung des Schiedsgerichts nach § 35 abhängigen späteren Erstattungsanspruchs des Beklagten gegen den Kläger (§ 40 Abs. 4 Satz 2 a.E.). Im Falle eines Mehrparteienverfahrens hat der Beklagte jedoch ausnahmsweise dann keinen Anteil an der DIS-Bearbeitungsgebühr zu zah-

len, wenn die DIS bereits die für die Klage anfallende DIS-Bearbeitungsgebühr auf den Höchstbetrag von 37 500 EUR gegen den Kläger festgesetzt hat (vgl. Nr. 18 Abs. 4 der seit dem 1.1.2005 gültigen Anlage zu § 40 Abs. 5). Einen vorläufigen Vorschuss für die Widerklage fordert die DIS hingegen nicht an. Insoweit wird das Schiedsgericht von sich aus tätig.

Fälligkeit. Nach § 11 Abs. 1 hat der Beklagte die für die Widerklage anfallende DIS-Bearbeitungsgebühr mit Einreichung der Widerklage (§ 10 Abs. 1) an die DIS zu zahlen. Hat der Beklagte die DIS-Bearbeitungsgebühr nicht schon vorab bezahlt (etwa durch Überweisung oder Einreichung eines Schecks), übersendet die DIS-Geschäftsstelle dem Beklagten eine Rechnung über die DIS-Bearbeitungsgebühr und setzt dem Beklagten eine Frist zur Zahlung, die in aller Regel 30 Tage beträgt (§ 11 Abs. 2 Satz 1). 5

Höhe. Bei Einreichung einer Widerklage sind die Streitwerte von Klage und Widerklage für die Bemessung der Bearbeitungsgebühr zu addieren. Die DIS-Bearbeitungsgebühr für eine Widerklage berechnet sich nach dem erhöhten Streitwert abzüglich der für die Klage entstandenen DIS-Bearbeitungsgebühr (Nr. 18 Abs. 2 der Anlage zu § 40 Abs. 5). Die Bearbeitungsgebühr die Widerklage beträgt mindestens 350 EUR; der Höchstbetrag der DIS-Bearbeitungsgebühr für Klage *und* Widerklage beträgt 37 500 EUR (jeweils ggf. zzgl. Umsatzsteuer; vgl. Nr. 18 Abs. 3 der Anlage zu § 40 Abs. 5). 6

Beziffert der Beklagte den Streitwert der Widerklage nicht, so steht die Bemessung der vorläufigen DIS-Bearbeitungsgebühr für die Widerklage im pflichtgemäßen Ermessen der DIS (§ 40 Abs. 6). 7

Folgen der Nichtzahlung. Zahlt der Beklagte die DIS-Bearbeitungsgebühr für die Widerklage nicht, auch nicht binnen einer von der DIS auf Antrag angemessen verlängerten Frist, gilt die Widerklage nach dem Wortlaut von § 11 Abs. 2 „als nicht erhoben". Demgemäß kann ohne Zahlung der für die Widerklage anfallenden DIS-Bearbeitungsgebühr die Verjährung des widerklageweise geltend gemachten Anspruchs nicht wirksam gehemmt werden (vgl. § 7 Rz. 14). 8

Übersetzungskosten. Reicht der Beklagte eine Widerklage in einer anderen Sprache als Deutsch, Englisch oder Französisch ein (abhängig von der Verfahrenssprache, § 22), kann die DIS eine Übersetzung anfertigen lassen, deren Kosten die DIS zusätzlich zur DIS-Bearbeitungsgebühr vom Beklagten erheben kann (vgl. Nr. 19 der Anlage zu § 40 Abs. 5). 9

E. Übersendung der Widerklage

10 Um das Verfahren zu beschleunigen, übersendet die DIS die Widerklage in der Regel unverzüglich nach ihrem Zugang bei einer DIS-Geschäftsstelle (§ 10 Abs. 1) an den Kläger und das Schiedsgericht und nicht erst nach Zahlungseingang der für die Widerklage anfallenden DIS-Bearbeitungsgebühr (§ 11 Abs. 3). Eine Übersendung der Widerklage seitens der DIS erübrigt sich, wenn der Beklagte, wie in der Praxis durchaus üblich, die Widerklage den Verfahrensbeteiligten bereits zur Verfügung gestellt hat. Ist dies nicht aufgrund einer Vereinbarung zwischen dem Schiedsgericht und den Parteien erfolgt, teilt die DIS den Parteien unter Verweis auf § 10 mit, dass sie von der Anerkennung der ordnungsgemäßen Zustellung der Widerklage seitens des Klägers ausgeht, andernfalls aber auch eine Übersendung durch die DIS erfolgen kann.

F. DIS-Bearbeitungsgebühr im Falle einer Hilfsaufrechnung

11 § 11 kann entsprechende Anwendung finden, wenn der Beklagte die Hilfsaufrechnung mit einem oder mehreren Gegenansprüchen erklärt. Streitwerterhöhend ist die Hilfsaufrechnung an sich erst dann, wenn das Schiedsgericht über den oder die zugrunde liegenden Gegenansprüche auch tatsächlich entscheiden muss. Maßgeblich ist hierbei nicht der Gesamtbetrag der Gegenforderung(en), sondern nur der Betrag in der Höhe, in der die Gegenforderungen genutzt werden, um den oder die klägerischen Ansprüche zu tilgen. In der Regel wird das Schiedsgericht aber schon im Zeitpunkt der Erklärung der Hilfsaufrechnung den Kostenvorschuss vorsorglich erhöhen (vgl. § 25 Rz. 6). Erst wenn das Schiedsgericht die Hilfsaufrechnung beim Kostenvorschuss berücksichtigt hat, wird die DIS in entsprechender Anwendung von § 11 vom Beklagten eine separate DIS-Bearbeitungsgebühr anfordern.

G. Abweichende Parteivereinbarungen

12 Von der grundsätzlichen Verpflichtung des Beklagten zur Zahlung der DIS-Bearbeitungsgebühr (s. Rz. 4) kann nicht durch Parteivereinbarung abgewichen werden.

§ 12: Schiedsgericht mit 3 Schiedsrichtern

12.1 Mit der Übersendung der Klage fordert die DIS-Geschäftsstelle den Beklagten auf, seinerseits einen Schiedsrichter zu benennen. Ist die Benennung durch den Beklagten bei der DIS-Geschäftsstelle nicht innerhalb einer Frist von 30 Tagen nach Empfang der Klage durch den Beklagten eingegangen, kann der Kläger die Benennung durch den DIS-Ernennungsausschuss beantragen. Die 30-Tagesfrist kann durch die DIS-Geschäftsstelle auf Antrag verlängert werden. Eine Benennung ist auch nach Ablauf der 30-Tagesfrist rechtzeitig, wenn sie vor dem Antrag des Klägers auf Benennung durch den DIS-Ernennungsausschuss bei der DIS-Geschäftsstelle eingegangen ist. Eine Partei ist an ihre Benennung eines Schiedsrichters gebunden, sobald die DIS-Geschäftsstelle sie empfangen hat.

12.2 Die beiden Schiedsrichter benennen den Vorsitzenden des Schiedsgerichts und teilen ihre Benennung der DIS-Geschäftsstelle unverzüglich mit. Bei der Benennung sollen die Schiedsrichter übereinstimmende Wünsche der Parteien berücksichtigen. Ist die Benennung des Vorsitzenden nicht innerhalb einer Frist von 30 Tagen nach Aufforderung durch die DIS-Geschäftsstelle dort eingegangen, kann jede Partei die Benennung des Vorsitzenden durch den DIS-Ernennungsausschuss beantragen. Eine Benennung ist auch nach Ablauf der 30-Tagesfrist rechtzeitig, wenn sie vor dem Antrag einer der Parteien auf Benennung durch den DIS-Ernennungsausschuss bei der DIS-Geschäftsstelle eingegangen ist.

Regelungsschwerpunkte: **Abs. 1** Verfahren zur Benennung des Schiedsrichters durch den Beklagten. → Rz. 1–17; **Abs. 2** Verfahren zur Benennung des Vorsitzenden. → Rz. 18–27

Inhalt

A. Verfahren zur Benennung eines Schiedsrichters durch den Beklagten (Abs. 1) 1	IV. Benennungsverfahren (Abs. 1) 4
I. Normzweck 1	1. Benennung des Schiedsrichters durch den Schiedskläger 4
II. Verhältnis zu § 1035 Abs. 3 ZPO.................... 2	2. Benennung des Schiedsrichters durch den Schiedsbeklagten (Abs. 1 Sätze 1, 3, 4) 5
III. Vergleich mit den im staatlichen Verfahren geltenden Vorschriften 3	

3. Ersatzbenennung durch den DIS-Ernennungsausschuss (Abs. 1 Satz 2) 11
4. Bindungswirkung der Schiedsrichterbenennung (Abs. 1 Satz 5) 16
V. Kosten................... 17
B. Verfahren zur Benennung des Vorsitzenden (Abs. 2) 18
I. Normzweck............... 18
II. Verhältnis zu § 1035 Abs. 3 ZPO.................... 19
III. Vergleich mit den im staatlichen Verfahren geltenden Vorschriften 20

IV. Benennungsverfahren 21
1. Benennung durch die parteibenannten Mitschiedsrichter (Abs. 2 Sätze 1, 2, 4). 21
2. Benennung durch den DIS-Ernennungsausschuss (Abs. 2 Satz 3)............ 26
V. Kosten 27
C. Abweichende Parteivereinbarungen 28

Anhänge
1. Mustertext „Schiedsrichterbenennung" 29
2. Mustertext „Antrag auf Ersatzbenennung" 30

A. Verfahren zur Benennung eines Schiedsrichters durch den Beklagten (Abs. 1)

I. Normzweck

1   Die Norm regelt das Verfahren zur Benennung des vom Schiedsbeklagten zu benennenden Schiedsrichters im Falle eines Dreierschiedsgerichts und sichert den Fortgang der Konstituierung eines Dreierschiedsgerichts. Sie stellt die Waffengleichheit der Parteien bei der Konstituierung des Schiedsgerichts sicher. Die Benennung des Schiedsrichters für die klägerische Partei erfolgt im Rahmen der Schiedsklage und ist als Voraussetzung für eine wirksame und vollständige Klageerhebung in § 6 Abs. 2 Nr. 5 geregelt. § 12 Abs. 1 Satz 5 stellt insoweit klar, dass jede Partei – also auch der Kläger – an ihre Schiedsrichterbenennung mit deren Empfang durch die DIS-Geschäftsstelle gebunden ist.

II. Verhältnis zu § 1035 Abs. 3 ZPO

2   § 12 Abs. 1 DIS-SchO stellt eine Parteivereinbarung im Sinne von § 1035 Abs. 1 ZPO dar. Als solche geht sie den vergleichbaren Regelungen des § 1035 Abs. 3 Satz 2 und 3 ZPO vor. Die Vorschriften unterscheiden sich insoweit als § 12 Abs. 1 DIS-SchO ausdrücklich regelt, dass eine Partei ihr Benennungsrecht nicht automatisch mit Ablauf der Benennungsfrist verliert. Vielmehr kann die Partei noch bis zum Eingang eines Antrags auf Ersatzbenennung wirksam einen Schiedsrichter benennen. Ferner kommt es für die Bindungswirkung der Benennung

nicht auf den Zugang bei der anderen Partei an (§ 1035 Abs. 2 ZPO), sondern auf den Zugang bei der DIS-Geschäftsstelle.

III. Vergleich mit den im staatlichen Verfahren geltenden Vorschriften

Entsprechende Vorschriften existieren im staatlichen Verfahren nicht. 3

IV. Benennungsverfahren (Abs. 1)

1. Benennung des Schiedsrichters durch den Schiedskläger

Die Benennung eines Schiedsrichters durch den Schiedskläger ist in § 12 Abs. 1 nicht geregelt. Insoweit gilt § 6 Abs. 2 Nr. 5. § 12 Abs. 1 regelt ausschließlich das Verfahren zur Benennung eines Schiedsrichters durch den Schiedsbeklagten. Die Regelung zur Bindungswirkung nach § 12 Abs. 1 Satz 5 gilt jedoch für die Benennung beider Parteien gleichermaßen. 4

2. Benennung des Schiedsrichters durch den Schiedsbeklagten (Abs. 1 Sätze 1, 3, 4)

Benennungsrecht des Schiedsbeklagten. Es ist zunächst das vorrangige Recht des Schiedsbeklagten, einen Schiedsrichter zu benennen. Nur wenn er nicht oder nicht fristgemäß von seinem Benennungsrecht Gebrauch macht, wird der Schiedsrichter auf Antrag des Schiedsklägers durch den DIS-Ernennungsausschuss benannt (hierzu Rz. 11–15). 5

Benennung. Der Schiedsbeklagte ist bei der Benennung frei (vgl. § 2 Abs. 1) und kann im Bedarfsfall Anregungen durch die DIS-Geschäftsstelle einholen (vgl. § 2 Abs. 3). 6

Form der Benennung. Die Benennung erfolgt durch schriftliche Anzeige gegenüber der DIS-Geschäftsstelle. Hinsichtlich des Formerfordernisses gilt § 5 Abs. 1 (vgl. § 5 Rz. 8). Häufig wird das Benennungsschreiben die erste Kontaktaufnahme des Beklagten mit der DIS-Geschäftsstelle sein. Ist ein Beklagtenvertreter bestellt, sollte dieser die Vertretung des Beklagten anzeigen. 7

Die Frist zur Benennung beträgt grundsätzlich 30 Tage ab Empfang der Klage. § 12 Abs. 1 Satz 2. Die DIS-Geschäftsstelle fordert den Beklagten mit der Übersendung der Klageschrift schriftlich zur Benennung eines Schiedsrichters auf. Die DIS-Geschäftsstelle übersendet die Klage regelmäßig per Kurier und stellt durch entsprechende Zustellungsnachweise 8 sicher, dass das Datum des Zugangs und somit des Empfangs der Klage dokumentiert ist. Für die Berechnung der 30-Tagesfrist enthält die DIS-SchO selbst keine Regelungen. Diese richtet sich nach dem anwendbaren Recht. Sofern deutsches Recht anwendbar ist, gelten die Grundsätze der §§ 187 ff. BGB, so dass die Frist erst am Tag nach dem Empfang der Klageschrift bzw. der Aufforderung zur Benennung eines Schiedsrichters durch die DIS zu laufen beginnt. Für das Fristende gilt entsprechend, dass Samstage sowie Sonn- und Feiertage nicht berücksichtigt werden und statt dessen der nächste Werktag gilt.

9 Der Beklagte kann bei der DIS-Geschäftsstelle eine Verlängerung der Frist beantragen, § 12 Abs. 1 Satz 3. Fristverlängerungen werden in Regel nur nach Anhörung des Klägers gewährt. Stimmt dieser einer Verlängerung nicht zu, wird die DIS-Geschäftsstelle dem Verlängerungsantrag im Rahmen des ihr durch die Norm eingeräumten Ermessensspielraums nur stattgeben, wenn der Schiedsbeklagte gewichtige sachliche Gründe für das Erfordernis der Verlängerung vorträgt und keine übermäßige Verlängerung der Frist beantragt. Dies trägt dem Beschleunigungsgedanken Rechnung. In der Praxis empfiehlt sich, den Fristverlängerungsantrag möglichst frühzeitig zu stellen, damit der Kläger zum Antrag gehört werden kann. Einen möglichen Grund, eine Fristverlängerung zu beantragen, kann der Umstand darstellen, dass sich das Bestellungsverfahren des klägerbenannten Schiedsrichters verzögert, beispielsweise weil dessen Bestellung gemäß § 17 Abs. 1 widersprochen wird. Ansonsten könnte der Beklagte des Vorteils beraubt werden, seinen Schiedsrichter unter Berücksichtigung der Person des klägerbenannten Schiedsrichters auszuwählen.

10 **Benennung nach Fristablauf.** Das Recht des Beklagten, einen Schiedsrichter zu benennen, erlischt nicht automatisch mit Fristablauf. Unter den in § 12 Abs. 1 Satz 5 geregelten Voraussetzungen ist eine Benennung auch noch nach Fristablauf möglich. So gilt die Benennung als noch rechtzeitig, wenn sie zwar nach Fristablauf, aber noch vor dem Antrag des Klägers auf Benennung durch den DIS-Ernennungsausschuss bei der DIS-Geschäftsstelle eingegangen ist. Um eine verspätete, aber dennoch wirksame Benennung eines Schiedsrichters durch den Beklagten zu verhindern, kann der Kläger den Antrag auf Benennung durch den Ernennungsausschuss in der Praxis bereits mit der Klageeinreichung unter der Bedingung stellen, dass eine Benennung durch den Schiedsbeklagten nicht innerhalb der 30-Tagesfrist erfolgt. Dies ist zulässig, weil zum Einen keine Gründe ersichtlich sind, das Antragsrecht erst mit Fristablauf entstehen zu lassen, zum Anderen der Schiedsbeklagte mit Erhalt der

Schiedsklage vorgewarnt ist, dass ihm eine Benennung nach Ablauf der 30-Tagesfrist nicht mehr möglich sein soll.

3. Ersatzbenennung durch den DIS-Ernennungsausschuss (Abs. 1 Satz 2)

Anwendungsfall. Sofern keine rechtzeitige Benennung eines Schiedsrichters durch den Schiedsbeklagten erfolgt und der Kläger einen Antrag auf Ersatzbenennung gestellt hat, benennt der DIS-Ernennungsausschuss auf Vorschlag der DIS-Geschäftsführung einen Schiedsrichter für den Beklagten. Gemäß § 14 Abs. 7 DIS-Satzung ist die DIS-Geschäftsführung hierbei an keine Weisungen gebunden. 11

Die DIS-Geschäftsführung bzw. der DIS-Ernennungsausschuss wird sich regelmäßig bei seiner Entscheidungsfindung an § 1035 Abs. 5 ZPO orientieren. Nach dieser Vorschrift hat das Gericht alle nach der Parteivereinbarung für den Schiedsrichter vorgeschriebenen Voraussetzungen zu berücksichtigen und allen Gesichtspunkten Rechnung zu tragen, die die Bestellung eines unabhängigen und unparteilichen Schiedsrichters sicherstellen. Des Weiteren werden bei der Auswahl eines geeigneten Kandidaten die Besonderheiten des Falles berücksichtigt. Hierzu zählen unter anderem Erfahrungen auf dem jeweiligen Rechtsgebiet, schiedsrichterliche Erfahrung, die Sprache des Verfahrens und bei kleineren Verfahren ggf. auch der Schiedsort. 12

Eine Ersatzbenennung setzt stets einen Antrag des Klägers voraus. Die DIS-Geschäftsstelle weist in der Regel bereits in der Klageeingangsbestätigung und mit gesondertem Schreiben nach Fristablauf auf das Antragserfordernis hin. Unterbleibt die Antragstellung, kommt das Verfahren zur Konstituierung des Schiedsgerichts ins Stocken, so dass der DIS-Geschäftsstelle nur noch die Möglichkeit bleibt, das Verfahren nach Anhörung der Parteien zu beenden (vgl. § 39 Abs. 3). 13

DIS-Ernennungsausschuss. Der DIS-Ernennungsausschuss und seine Aufgaben sind in § 14 der DIS-Satzung näher definiert. Er besteht aus drei Mitgliedern sowie drei stellvertretenden Mitgliedern, die vom Vorstand der DIS unter Hinzuziehung des Vorsitzenden des Beirats der DIS auf die Dauer von zwei Jahren ernannt werden. Die Namen der Mitglieder des DIS-Ernennungsausschusses werden auf der Webseite der DIS (http://www.dis-arb.de) veröffentlicht. 14

Benennung. Die Benennung durch den DIS-Ernennungsausschuss erfolgt in der Regel im schriftlichen Verfahren und zwar innerhalb weniger Tage. Zur Vermeidung unnötiger Verzögerungen wird der potentielle 15

Schiedsrichter ferner bereits im Vorfeld seiner Benennung durch den DIS-Ernennungsausschuss um Abgabe der (durch eine spätere Benennung bedingten) Annahmeerklärung und der Erklärungen zur Unabhängigkeit und Unparteilichkeit gemäß §§ 15 und 16 gebeten. Zur Vermeidung eines möglichen Ablehnungsverfahrens erhalten die Parteien nach der Benennung durch den DIS-Ernennungsausschuss, aber vor Bestellung des ersatzbenannten Schiedsrichters durch den DIS-Generalsekretär gemäß § 17 Abs. 1 Gelegenheit, zu den Erklärungen des benannten Schiedsrichters Stellung zu nehmen. Im Gegensatz zu den in ad hoc Verfahren gesetzlich zuständigen Oberlandesgerichten (vgl. § 1035 Abs. 3 ZPO) „bestellt" der DIS-Ernennungsausschuss den ersatzbenannten Schiedsrichter nicht, sondern „benennt" ihn lediglich. Die eigentliche Bestellung bleibt gemäß § 17 Abs. 1 weithin dem DIS-Generalsekretär vorbehalten (zu den Voraussetzungen der Bestellung vgl. § 17 Rz. 5).

4. Bindungswirkung der Schiedsrichterbenennung (Abs. 1 Satz 5)

16 Eine Partei kann die Benennung eines Schiedsrichters nach deren Eingang bei der DIS-Geschäftsstelle nicht einseitig widerrufen, da die Benennung eine gestaltende Willenserklärung ist. Entsprechend stellt § 12 Abs. 1 Satz 5 klar, dass jede Partei nach Empfang der Schiedsrichterbenennung durch die DIS-Geschäftsstelle an die Benennung des Schiedsrichters gebunden ist. Der Kläger hat gemäß § 6 Abs. 2 Nr. 5 in der Klageschrift einen Schiedsrichter zu benennen und ist somit ab diesem Zeitpunkt gebunden. Der Beklagte ist mit Zugang seines Benennungsschreibens bei der DIS-Geschäftsstelle gebunden. Nimmt ein von den Parteien benannter Schiedsrichter das Amt nicht an, entfällt die Bindungswirkung und das Benennungsrecht lebt neu auf.

V. Kosten

17 Ob eine Schiedsrichterbenennung durch den Beklagten selbst oder durch den Ernennungsausschuss erfolgt, ist ohne Bedeutung für die Höhe der Kosten des Verfahrens. Anders als bei einer Ersatzbenennung durch die staatlichen Gerichte (vgl. § 1035 Abs. 3 ZPO i.V.m. § 1062 Abs. 1 Ziff. 1 ZPO) fallen keine gesonderten Kosten an. Diese sind in der DIS-Verwaltungsgebühr (vgl. § 40 Abs. 4 f. DIS-SchO i.V.m. Anlage zu § 40 Abs. 5 DIS-SchO Nr. 18 ff.) enthalten.

B. Verfahren zur Benennung des Vorsitzenden (Abs. 2)

I. Normzweck

Die Norm regelt das Verfahren zur Benennung des Vorsitzenden eines Dreierschiedsgerichts. Grundsätzlich benennen gemäß § 12 Abs. 2 die parteibenannten Schiedsrichter, auch Mitschiedsrichter genannt, den Vorsitzenden. Dem DIS-Ernennungsausschuss kommt nur subsidiäre Benennungsfunktion zu. 18

II. Verhältnis zu § 1035 Abs. 3 ZPO

§ 12 Abs. 2 DIS-SchO stellt eine Parteivereinbarung i.S.v. § 1035 Abs. 1 ZPO dar. Als solche geht sie den vergleichbaren Regelungen des § 1035 Abs. 3 Satz 3 Var. 2 ZPO vor. 19

III. Vergleich mit den im staatlichen Verfahren geltenden Vorschriften

Entsprechende Vorschriften im staatlichen Verfahren existieren nicht. 20

IV. Benennungsverfahren

1. Benennung durch die parteibenannten Mitschiedsrichter (Abs. 2 Sätze 1, 2, 4)

Benennungsrecht der Mitschiedsrichter. Gemäß § 12 Abs. 2 Satz 1 erfolgt die Benennung des Vorsitzenden des Schiedsgerichts durch die beiden parteibenannten Schiedsrichter. Gewöhnlich werden diese bereits unmittelbar nach Empfang der Benennung des beklagtenbenannten Schiedsrichters durch die DIS-Geschäftsstelle darauf hingewiesen, dass sie nach ihrer Bestellung und gesonderter Aufforderung den Vorsitzenden binnen 30-Tages-Frist zu benennen haben. Hierdurch wird dem Beschleunigungsgedanken Rechnung getragen. Es spricht nichts dagegen, dass die Schiedsrichter noch vor ihrer formalen Bestellung gemäß § 17 miteinander Kontakt aufnehmen und nach möglichen Kandidaten für den Vorsitz suchen. Mit Bestellung der parteibenannten Schiedsrichter, die gewöhnlich zeitgleich erfolgt, werden diese dann aufgefordert, binnen 30 Tagen einen Vorsitzenden zu benennen. 21

Benennung. Die parteibenannten Mitschiedsrichter sind bei ihrer gemeinsamen Entscheidung hinsichtlich der Person des Vorsitzenden grundsätzlich frei. In der Regel ist der Umstand zu berücksichtigen, dass der Vorsitzende mangels anderweitiger Parteienvereinbarung Jurist sein 22 muss (§ 2 Abs. 2). Darüber hinaus ist das Ermessen insoweit reduziert, als die parteibenannten Schiedsrichter übereinstimmende Wünsche der Parteien im Hinblick auf die Person des Vorsitzenden berücksichtigen sollen, § 12 Abs. 2 Satz 2. Dies ist auch sinnvoll, weil es dem Konsensprinzip Rechnung trägt und beiden Parteien gleichermaßen gestattet, auch auf die Wahl des Vorsitzenden Einfluss zu nehmen. Dies impliziert, dass die parteibenannten Schiedsrichter in Fragen der Auswahl des Vorsitzenden die Parteien kontaktieren dürfen. Insofern sollte jede Partei bei bestehendem Interesse bereits bei der Kontaktaufnahme mit „ihrem" Schiedsrichter zum Zwecke seiner Benennung darauf hinweisen, dass ihr an einer entsprechenden Verfahrensweise gelegen ist.

23 **Form der Benennung.** Die Benennung erfolgt durch Mitteilung gegenüber der DIS-Geschäftsstelle. Hinsichtlich etwaiger Formerfordernisse gilt § 5 Abs. 1 (vgl. § 5 Rz. 8).

24 **Frist zur Benennung (§ 12 Abs. 2 Satz 3).** Die Frist zur Benennung des Vorsitzenden beträgt 30 Tage ab Aufforderung durch die DIS. Diese (gesonderte) Aufforderung wird zeitgleich mit der Bestellung der beiden parteibenannten Schiedsrichtern gemäß § 17 versandt. Eine Fristverlängerung sieht die DIS-Schiedsgerichtsordnung nicht vor. Üblicherweise informiert die DIS die beiden parteibenannten Schiedsrichter über den Ablauf der Frist und informiert sie, dass die Parteien nunmehr Antrag auf Ersatzbenennung stellen können. Eine Kopie des Schreibens erhalten die Parteien. Erscheint es noch möglich, dass sich die parteibenannten Schiedsrichter auf einen Vorsitzenden verständigen, ist es an Ihnen, darauf hinzuwirken, dass keine der Parteien einen Antrag auf Ersatzbenennung stellt.

25 Eine verspätete Benennung eines Vorsitzenden nach Ablauf der Benennungsfrist ist möglich und wirksam, wenn sie vor dem Antrag einer der Parteien auf Ersatzbenennung durch den DIS-Ernennungsausschuss bei der DIS-Geschäftsstelle eingeht, § 12 Abs. 2 Satz 4.

2. Benennung durch den DIS-Ernennungsausschuss (Abs. 2 Satz 3)

26 Eine Ersatzbenennung erfolgt ausschließlich auf Antrag einer Partei, der erst möglich es, wenn die 30-Tagefrist des § 12 Abs. 2 Satz 3 verstrichen ist. Es steht im Belieben der Parteien, ob sie eine Einigung der parteibenannten Schiedsrichter abwarten oder aber das Verfahren möglichst zügig vorantreiben wollen. Hinsichtlich der Benennung des Vorsitzenden durch den DIS-Ernennungsausschuss gelten die Ausführungen zur Benennung des Schiedsrichters für den Schiedsbeklagten entsprechend

(vgl. Rz. 11 ff.). Hinsichtlich der Person des Vorsitzenden hat der Ernennungsausschuss den Umstand zu berücksichtigen, dass der Vorsitzende mangels abweichender Parteienvereinbarung Jurist sein muss, § 2 Abs. 2. Auch wenn die DIS-SchO keine explizite Regelung enthält, wird der DIS-Ernennungsausschuss bei internationalen Verfahren der Nationalität der Parteien Rechnung tragen (vgl. § 1035 Abs. 5 Satz 2 ZPO).

V. Kosten

Ob die Benennung des Vorsitzenden durch die parteibenannten Schiedsrichter oder durch den Ernennungsausschuss erfolgt, ist ohne Bedeutung für die Höhe der Kosten des Verfahrens (vgl. Rz. 17). 27

C. Abweichende Parteivereinbarungen

Die Parteien können von den Bestimmungen in § 12 abweichen und das Benennungsverfahren frei gestalten. Insbesondere können sie kürzere oder längere Fristen vorsehen oder vereinbaren, dass sie die Benennung des Vorsitzenden selbst vornehmen. Es ist empfehlenswert, vor der Vereinbarung von Sonderregelungen, die das Benennungsrecht beschneiden, die Vor- und Nachteile solcher Sonderregelungen, insbesondere den Verlust an Parteiautonomie und Flexibilität des Verfahrens, zu berücksichtigen. 28

Empfehlung: Von der Übertragung der Benennungsfunktion auf andere Institutionen ist schon aus praktischen Gründen abzuraten. Zum einen führt dies zu erheblichen Verzögerungen, zum anderen besteht die Gefahr, dass die Schiedsvereinbarung undurchführbar wird, etwa wenn die gewählte Institution die Benennung ablehnt.

Anhang 1: Mustertext „Schiedsrichterbenennung"

29 per Kurier

An die
Deutsche Institution für Schiedsgerichtsbarkeit e.V.
Beethovenstr. 5–13
50674 Köln

DIS-Schiedsverfahren DIS-SV-XY-107/11

A GmbH ./. B Ltd.

Benennung des Schiedsrichters für die Beklagte

Sehr geehrte Damen und Herren,

in der vorbezeichneten Sache bestätigen wir den Eingang Ihres Schreiben vom 2. Mai 2012 nebst in der Klageschrift beigefügten Klageschrift am 3. Mai 2012. Wir bestellen uns für die Beklagte. Ordnungsgemäße Bevollmächtigung wird anwaltlich versichert.

Gemäß § 12 Abs. 1 DIS-SchO benennen wir für die Beklagte als Schiedsrichter:

Herrn/Frau RAin
Straße
PLZ Ort
Telefon:
Fax:
Mobil:
E-Mail:

[ggf. Ergänzung: Rein vorsorglich wird darauf hingewiesen, dass die Beklagte die Wirksamkeit der Schiedsvereinbarung bestreitet. Weiterer Sachvortrag zur Unwirksamkeit der Schiedsvereinbarung bleibt vorbehalten und wird nach Konstituierung des Schiedsgerichts erfolgen.]

In der Anlage werden je eine Ausfertigung der Benennung für die DIS-Geschäftsstelle, die Schiedsrichter sowie für die Beklagte überreicht.

Mit freundlichen Grüßen

(Unterschrift)
Rechtsanwalt

Anhang 2: Mustertext „Antrag auf Ersatzbenennung"

---

per Kurier 30

An die
Deutsche Institution für Schiedsgerichtsbarkeit e.V.
Beethovenstr. 5–13
50674 Köln

DIS-Schiedsverfahren DIS-SV-XY-107/11
A GmbH ./. B Ltd.
Antrag auf Ersatzbenennung

Sehr geehrte Damen und Herren,
in der vorbezeichneten Sache nehmen wir Bezug auf Ihr Schreiben vom [DIS-Klageeingangsbestätigung].
Gemäß § 12. Abs. 1 DIS-SchO beantragen wir die ersatzweise Benennung des von der Beklagten zu benennenden Schiedsrichters durch den DIS-Ernennungsausschuss für den Fall dass die Beklagte innerhalb der mit DIS-Schreiben vom [...] gesetzten Frist keinen Schiedsrichter benennen sollte.

(Unterschrift)
Rechtsanwalt

---

§ 13: Mehrheit von Parteien auf Kläger- oder Beklagtenseite

13.1 Soweit die Parteien nichts anderes vereinbart haben, haben mehrere Kläger in ihrer Schiedsklage gemeinsam einen Schiedsrichter zu benennen.

13.2 Sind in der Schiedsklage zwei oder mehr Beklagte aufgeführt, so haben diese, soweit die Parteien nichts anderes vereinbart haben, gemeinsam einen Schiedsrichter innerhalb einer Frist von 30 Tagen nach Empfang der Klage durch die Beklagten zu benennen. Wird die Klage von den Beklagten zu unterschiedlichen Zeitpunkten empfangen, ist für die Fristberechnung der Empfang durch den Beklagten maßgeblich, der sie als letzter empfangen hat. Die Frist kann durch die DIS-Geschäftsstelle verlängert werden. Einigen sich die Beklagten nicht innerhalb der Frist, benennt, nach Anhörung der Parteien, der DIS-Ernennungsausschuss zwei Schiedsrichter, soweit die Parteien nichts anderes vorsehen. Eine von der Klägerseite vorgenommene Benennung wird durch die Benennung durch den DIS-Ernennungsausschuss gegenstandslos.

Die zwei von den Parteien oder vom DIS-Ernennungsausschuss benannten Schiedsrichter benennen den Vorsitzenden. § 12 Abs. 2 gilt entsprechend, wobei der Antrag einer Partei ausreichend ist.

13.3 Über die Zulässigkeit des Mehrparteienverfahrens entscheidet das Schiedsgericht.

Regelungsschwerpunkte: Abs. 1 und 2 regeln die Konstituierung des Schiedsgerichts in Mehrparteienverfahren und sichern die Gleichbehandlung aller Parteien. → Rz. 8–25; **Abs. 3** stellt die Entscheidung über die Zulässigkeit und Voraussetzungen von Mehrparteienverfahren in das Ermessen des Schiedsgerichts. → Rz. 26–67

Kostenaspekte: Mehrparteienverfahren sind mit höheren Verfahrenskosten verbunden als Zwei-Parteienverfahren; diese erhöhten Kosten sind jedoch geringer als die Kosten, die im Falle mehrerer paralleler Verfahren entstehen würden (vgl. § 40). → Rz. 73–76

Inhalt

A. Normzweck 1	1. Definition 31
B. Verhältnis zu §§ 1025 ff. ZPO 3	2. Voraussetzungen 32
	a) Zuständigkeit 32
C. Vergleich zu den in staatlichen Gerichtsverfahren geltenden Vorschriften 4	b) Gleichbehandlung 37
	c) Zustimmung aller Beteiligten 38
D. Konstituierung des Schiedsgerichts in Mehrparteienverfahren 8	III. Nachträgliche Einbeziehung einer weiteren Partei 43
	1. Definition 43
I. Benennung eines Schiedsrichters durch mehrere Kläger 10	2. Voraussetzungen 46
	a) Antrag/Geltendmachung eines Anspruchs . 47
II. Benennung eines Schiedsrichters durch mehrere Beklagte 14	b) Zuständigkeit 49
	c) Zeitpunkt 52
	d) Zusammensetzung des Schiedsgerichts........ 53
III. Benennung durch DIS-Ernennungsausschuss 16	IV. Verfahrensverbindung 57
	1. Definition 57
IV. Benennung des Vorsitzenden . 24	2. Voraussetzungen 60
	a) Antrag 60
E. Zulässigkeit von Mehrparteienverfahren 26	b) Zuständigkeit 61
	c) Zeitpunkt 64
I. Einleitung................. 26	d) Zusammensetzung des Schiedsgerichts........ 65
II. Anfängliches Mehrparteienverfahren 31	

| F. Form der Entscheidung ...... 68 | H. Kosten .... 73 |
| G. Vollstreckbarkeit und gerichtliche Kontrolle .... 69 | J. Abweichende Parteivereinbarungen .... 77 |

Literatur: *Böckstiegel/Berger/Bredow* (Hrsg.), Die Beteiligung Dritter an Schiedsverfahren, (2005); *Busse,* Die Bindung Dritter an Schiedsvereinbarungen, SchiedsVZ 2005, S. 118 ff.; *Elsing,* Streitverkündung und Schiedsverfahren, SchiedsVZ 2004, 88 ff.; *Hanotiau,* Complex Arbitrations (2006), S. 1 ff.; *Hamann/ Lennarz,* Parallele Verfahren mit identischem Schiedsgericht als Lösung für Mehrparteienkonflikte?, SchiedsVZ 2006, S. 289 ff.; *Kleinschmidt,* Die Widerklage gegen einen Dritten im Schiedsverfahren, SchiedsVZ 2006, S. 142 ff.

A. Normzweck

§ 13 dient vor allem der Verfahrenseffizienz. Die Vorschrift ermöglicht es mehreren Parteien, ihren Rechtsstreit in einem einzigen Verfahren und vor ein- und demselben Schiedsgericht zu führen. Dies führt zumindest potenziell zu Zeit- und Kostenersparnissen. Der Verzicht auf eine detaillierte Regelung des Mehrparteienverfahrens in § 13 erweitert den Entscheidungsspielraum eines DIS-Schiedsgerichts, dient der Flexibilität und führt potentiell zu einer erhöhten Einzelfallgerechtigkeit. 1

In der Praxis findet § 13 insbesondere in Streitigkeiten aus dem Bereich Anlagenbau, Konsortial- und Joint-Venture-Verträge sowie aus und im Zusammenhang mit Streckengeschäften (Lieferketten) Anwendung. 2

B. Verhältnis zu §§ 1025 ff. ZPO

Die Vorschriften der §§ 1025 ff. ZPO haben für die Anwendung von § 13 DIS-SchO kaum praktische Bedeutung. §§ 1025 ff. ZPO enthalten keine speziell auf Mehrparteienverfahren zugeschnittene Regelung. Das auch in DIS-Schiedsverfahren zwingend zu beachtende Gebot der Gleichbehandlung gemäß § 1042 Abs. 1 Satz 1 ZPO ist in § 26 Abs. 1 Satz 1 DIS-SchO normiert, so dass auch jener Norm keine praktische Bedeutung zukommt. 3

C. Vergleich zu den in staatlichen Gerichtsverfahren geltenden Vorschriften

Die für staatliche Gerichtsverfahren geltenden Vorschriften der ZPO enthalten keine mit § 13 Abs. 1 und 2 DIS-SchO auch nur im Ansatz vergleichbare Regelung. So erfolgt die Zuweisung eines staatlichen 4

(Mehrparteien-)Verfahrens an einen bestimmten Einzelrichter bzw. an eine bestimmte Kammer auf Basis des Geschäftsverteilungsplans des zuständigen staatlichen Gerichts. Die Parteien haben hierauf keinen Einfluss.

5   Auch § 13 Abs. 3 DIS-SchO unterscheidet sich maßgeblich von den Regelungen in §§ 59 ff., 64 ff. ZPO, welche die Zulässigkeit von bestimmten, besonderen Mehrparteienverfahren vor deutschen staatlichen Gerichten regeln.

6   Ein signifikanter Unterschied besteht darin, dass § 13 Abs. 3 DIS-SchO weder bestimmt, welche Arten von Mehrparteienverfahren zulässig sind, noch an welche Voraussetzungen ihre Zulässigkeit geknüpft ist. § 13 Abs. 3 DIS-SchO weist lediglich die Entscheidung hierüber dem Schiedsgericht zu. Die ZPO hingegen regelt sowohl die zulässigen Konstellationen als auch die Voraussetzungen von Mehrparteienverfahren im Detail. Auch in der Praxis unterscheiden sich (zulässige) DIS-Mehrparteienverfahren in vielerlei Hinsicht ganz erheblich von Mehrparteienverfahren vor staatlichen Gerichten: Während in einem DIS-Mehrparteienverfahren jede Partei Inhaber oder Gegner eines Anspruchs sein muss, sieht die ZPO mit der Streitverkündung, Haupt- und Nebenintervention eine Reihe von Konstellationen von Mehrparteienverfahren vor, bei denen diese Voraussetzung nicht vorliegt. Andererseits kennt die ZPO nur bipolare Mehrparteienverfahren; § 13 DIS-SchO hingegen erfasst auch mehrere Verfahren, in denen Kläger und Beklagte nicht nur gegeneinander, sondern auch untereinander Ansprüche erheben („cross-claims").

7   Obwohl § 13 DIS-SchO selbst nicht ausdrücklich die Voraussetzungen eines zulässigen DIS-Mehrparteienverfahrens regelt, finden die Vorschriften in §§ 59 ff. bzw. in 64 ff. ZPO im Rahmen eines DIS-Schiedsverfahrens weder unmittelbar noch analog Anwendung. Dies ergibt sich unmittelbar aus § 24 Abs. 1 DIS-SchO, der bestimmt, dass allein die zwingenden Vorschriften der §§ 1025 ff. ZPO in einem DIS-Schiedsverfahren anzuwenden sind.

D. Konstituierung des Schiedsgerichts in Mehrparteienverfahren

8   **Gegenstand.** § 13 Abs. 1 und 2 enthalten spezielle Regeln zur Konstituierung eines Schiedsgerichts in Mehrparteienverfahren. Die Normen regeln nur die Konstituierung eines Schiedsgerichts mit drei Schiedsrichtern. Die Benennung bzw. Ernennung eines Einzelschiedsrichters erfolgt auch in einem DIS-Mehrparteienverfahren allein gemäß § 14.

Gleichbehandlung. § 13 Abs. 1 und 2 regeln insbesondere die Konstellation, in der mehrere Kläger bzw. mehrere Beklagte einen Schiedsrichter zu benennen haben. Hier bedarf es Regelungen, die sichern, dass jede Partei die gleiche Möglichkeit hat, an der Konstituierung des Schiedsgerichts mitzuwirken. Das Gebot der Gleichbehandlung der Parteien ist einer der wenigen universell, d.h. in jedem nationalen Schiedsverfahrensrecht anerkannten zwingenden Verfahrensgrundsätze (vgl. für Deutschland § 1042 Abs. 1 Satz 1 ZPO); ein Verstoß hiergegen führt zumindest potenziell zur Aufhebung bzw. Nicht-Vollstreckung des Schiedsspruchs. 9

I. Benennung eines Schiedsrichters durch mehrere Kläger

Gemeinsame Benennung. Erheben zwei oder mehr Parteien gemeinsam Klage, müssen sie grundsätzlich gemeinsam einen Schiedsrichter benennen, § 13 Abs. 1. Dies geschieht durch die Benennung einer bestimmten Person und ihrer Kontaktdaten in der Schiedsklage (§ 6 Abs. 2 Nr. 5). 10

Fehlende Benennung. § 13 Abs. 1 selbst regelt nicht ausdrücklich, wie zu verfahren ist, wenn sich mehrere Kläger zwar nicht auf einen Schiedsrichter einigen können, sie jedoch gleichwohl gemeinsam Klage erheben, z.B. um eine drohende Verjährung zu verhindern. In diesem Fall wird die DIS-Geschäftsstelle die Kläger in analoger Anwendung des § 6 Abs. 4 auffordern, die Benennung innerhalb einer bestimmten Frist nachzuholen. Kommen die Kläger dieser Aufforderung nach, gilt das Verfahren weiterhin als mit Eingang der Klage bei der DIS-Geschäftsstelle begonnen, sonst endet das Verfahren bzw. die Schiedsklage gilt als nicht erhoben. 11

Ersatzernennung. In der Regel werden Kläger, die sich darauf einigen konnten, gemeinsam Klage zu erheben, sich auch auf einen gemeinsamen Schiedsrichter einigen können; zumindest nach Setzung einer entsprechenden Frist durch die DIS. Gelingt ihnen dies nicht, fehlt es an der Voraussetzung für eine wirksame Klageerhebung i.S.v. § 6 Abs. 2. Dies gilt auch in den Fällen, in denen das anwendbare materielle Recht vorsieht, dass der jeweilige Anspruch nur durch alle Kläger gemeinsam geltend gemacht werden kann. 12

Abweichende Vereinbarung. § 13 Abs. 1 gilt nur insofern, als die Parteien keine abweichende Vereinbarung getroffen haben. In der Praxis sind derartige abweichende Vereinbarungen jedoch äußerst selten. 13

II. Benennung eines Schiedsrichters durch mehrere Beklagte

14 **Gemeinsame Benennung.** Auch mehrere Beklagte sind grundsätzlich gehalten, gemeinsam einen Schiedsrichter zu benennen.

15 **Frist.** § 13 Abs. 2 räumt den Beklagten für die Benennung eine Frist von 30 Tagen ein. Diese beginnt erst mit dem Empfang der Klage durch alle Beklagten zu laufen und kann auf Antrag eines der Beklagten durch die DIS verlängert werden, vgl. auch § 12 Abs. 1.

III. Benennung durch DIS-Ernennungsausschuss

16 **Doppelte Ersatzbenennung.** Einigen sich die Beklagten nicht fristgemäß auf einen gemeinsamen Schiedsrichter, so ernennt der DIS-Ernennungsausschuss, sofern die „Parteien nichts anderes vorsehen", nicht nur einen (Ersatz-)Schiedsrichter für die Beklagten. Vielmehr ernennt er *zwei Schiedsrichter* für alle am Verfahren beteiligten Parteien (nicht etwa einen „für" jede Partei). Die vorherige Benennung eines Schiedsrichters durch den oder die Kläger wird hierdurch hinfällig, § 13 Abs. 2 Satz 4.

17 **Ernennungsverfahren.** Die Ernennung der Beisitzer durch den DIS-Ernennungsausschuss folgt im Wesentlichen den gleichen Regeln wie die Ernennung des Vorsitzenden in einer Zwei-Parteien-Konstellation, vgl. § 12 Abs. 2. Der DIS-Ernennungsausschuss wird sich bei der Auswahl der beiden Schiedsrichter um eine angemessene und ausgewogene Besetzung des Schiedsgerichts bemühen. Die Ernennung einer Person, die ein oder mehrere Beklagte(r) zuvor abgelehnt hatten, ist, vorausgesetzt der Ernennungsausschuss hat Kenntnis davon, unwahrscheinlich.

18 **Gleichbehandlung.** Hintergrund der auf den ersten Blick radikal und aus Sicht des oder der betroffenen Kläger ungerecht anmutenden Lösung der Doppelersatzbenennung ist das Gebot der Gleichbehandlung. Mit diesem wäre es nicht vereinbar, wenn nur der oder die Kläger in der Lage gewesen wären, einen Schiedsrichter ihrer Wahl zu bestimmen, während den Beklagten ein Schiedsrichter durch die DIS „oktroyiert" würde. Die radikale, aber gerechtere Lösung besteht darin, allen am Verfahren beteiligten Parteien das Recht zur Benennung eines Schiedsrichters zu entziehen, und dieses Recht stattdessen einer neutralen Stelle zu übertragen, die es dann nach bestem Wissen und Gewissen für alle Parteien ausübt (vgl. die „Siemens-Dutco" Entscheidung der Cour de Cassation v. 7.1.1992 – RevArb 1992, 470 sowie BGH v. 29.3.1996 – II ZR 124/95, BGHZ 132, 278 [288]).

Ex officio. Die Ersatzbenennung durch den DIS-Ernennungsausschuss erfolgt von Amts wegen, d.h. ohne dass es eines entsprechenden Antrags einer der Parteien hierfür bedarf. Jedoch werden diese zuvor zu der Frage angehört, ob sie „anderes vorsehen". 19

In der Praxis führt der Hinweis der DIS auf die Konsequenzen einer Nichtbenennung eines Schiedsrichters durch die Beklagten dazu, dass diese sich, oft unterstützt durch die DIS, doch auf einen gemeinsamen Kandidaten einigen können. Zu einer Ersatzbestellung ist es daher bis dato nur in wenigen Ausnahmefällen gekommen. 20

Rücknahme einer Bestellung. Aufgrund der Regelung des § 13 Abs. 2 wird die DIS einen durch einen oder mehrere Kläger benannten Schiedsrichter bei einer Klage gegen mehrere Beklagten erst dann gemäß § 17 zum Schiedsrichter bestellen, wenn die Beklagten sich auf einen Schiedsrichter geeinigt haben und keine Gründe gegen dessen Bestellung durch die DIS gemäß § 17 sprechen. 21

Ablehnung/Verhinderung etc. Können die Beklagten sich zunächst auf einen Schiedsrichter einigen und wird dieser Schiedsrichter im späteren Verfahrensverlauf erfolgreich abgelehnt oder ist er an der Ausübung seines Schiedsrichteramtes aus anderen Gründen verhindert, so findet auch hier gemäß § 18 Abs. 3 bzw. § 19 Abs. 2 die Regel des § 13 Abs. 2 Anwendung. Das heißt: auch in diesem Fall kommt es, sollten die Parteien nichts anderes vorsehen, zu einer Ersatzbenennung des für die Beklagten und des für den oder die Kläger bestellten Schiedsrichters. 22

Abweichende Vereinbarung. Wie § 13 Abs. 1 steht auch § 13 Abs. 2 unter dem Vorbehalt abweichender Parteivereinbarung („soweit die Parteien nichts anderes vorsehen"). Auch hier gilt jedoch, dass solche Vereinbarungen äußerst selten sind. Aus Sicht der Parteien ist eine abweichende Vereinbarung insbesondere dort in Betracht zu ziehen, wo andernfalls, wie z.B. im unter Rz. 22 beschrieben Fall der Ablehnung und/oder Verhinderung, zusätzliche Kosten durch die Bestellung eines neuen Schiedsrichters entstehen. 23

IV. Benennung des Vorsitzenden

Benennung durch Mitschiedsrichter. Die beiden durch die Parteien bzw. den DIS-Ernennungsausschuss ernannten Mitschiedsrichter benennen gemeinsam den Vorsitzenden. § 12 Abs. 2 gilt insofern entsprechend, § 13 Abs. 2 Unterabs. 2 Satz 2. Die DIS-Regeln greifen somit in geringerem Maße in den Ernennungsprozess ein, als andere institutionelle Re- 24 geln, die vorsehen, dass bei Fehlen einer gemeinsamen Schiedsrichterbenennung durch die Beklagten nicht nur durch die parteibenannten Schiedsrichter, sondern das ganze Schiedsgericht durch die Institution ernannt werden muss.

25 **Ernennung durch DIS-Ernennungsausschuss.** Gelingt es den beiden Schiedsrichtern nicht, innerhalb von 30 Tagen oder einer etwaig längeren Frist sich auf einen Vorsitzenden zu verständigen, wird auf Antrag einer der am Verfahren beteiligten Parteien der DIS-Ernennungsausschuss tätig werden und in Rücksprache mit den Parteien einen geeigneten Vorsitzenden ernennen, vgl. § 12 Abs. 2.

E. Zulässigkeit von Mehrparteienverfahren

I. Einleitung

26 **Kompetenz des Schiedsgerichts.** § 13 Abs. 3 adressiert die „Zulässigkeit" von DIS-Mehrparteienverfahren. Dass zumindest bestimmte Konstellationen von Mehrparteienverfahren zulässig sind, ergibt sich bereits aus § 13 Abs. 1 und 2. Grundaussage von § 13 Abs. 3 ist, dass allein das Schiedsgericht – und nicht, wie in anderen institutionellen Schiedsordnungen, die Schiedsinstitution – über die Zulässigkeit eines Mehrparteienverfahrens entscheidet.

27 **Ermessen.** Weitere Bestimmungen trifft § 13 jedoch nicht. Insbesondere regelt die Vorschrift nicht, welche Konstellationen von Mehrparteienverfahren unter welchen Voraussetzungen zulässig sind. § 13 Abs. 3 stellt diese Entscheidung vielmehr in das scheinbar freie Ermessen des Schiedsgerichts. Ziel dieser offenen Regelung ist, der besonderen Komplexität und Vielgestaltigkeit von Mehrparteienverfahren bestmöglich Rechnung zu tragen.

28 **Ermessensgrenzen.** Das Ermessen eines DIS-Schiedsgerichts ist jedoch, anders als der Wortlaut von § 13 Abs. 3 vermuten lässt, keineswegs unbegrenzt. So sind DIS-Schiedsgerichte bei allen ihren Entscheidungen und somit auch bei ihrer Entscheidung über die Zulässigkeit von Mehrparteienverfahren stets an die zwingenden Vorgaben des jeweils anwendbaren nationalen Schiedsverfahrensrechts gebunden, § 24 Abs. 1. Auch wenn sich diese Vorschriften im Einzelnen von Rechtsordnung zu Rechtsordnung unterscheiden, so zählen hierzu jedenfalls das Gebot der Gewährung rechtlichen Gehörs sowie der Gleichbehandlung der Parteien (vgl. für Deutschland § 1042 Abs. 1 ZPO). Ferner erfordert eine positive Entscheidung eines DIS-Schiedsgerichts über die Zulässigkeit eines

Mehrparteienverfahrens stets das Vorliegen einer oder mehrerer (miteinander kompatibler) Schiedsvereinbarungen, die alle erhobenen Ansprüche erfassen (vgl. § 1030 Abs. 1 ZPO).

Gefahr der Aufhebung und Nichtvollstreckung. Die Beachtung dieser Vorgaben ist nicht zuletzt deswegen im Interesse der Schiedsrichter und Parteien, da eine Nichtbeachtung zumindest potenziell zur Aufhebung bzw. Nichtvollstreckung des Schiedsspruchs führen kann. 29

Es gilt, zwischen drei Grundformen von Mehrparteienverfahren zu unterscheiden: dem anfänglichen Mehrparteienverfahren (hierzu Rz. 31 ff.), der nachträglichen Einbeziehung einer weiteren Partei (hierzu Rz. 43 ff.) und der Verfahrensverbindung (hierzu Rz. 57 ff.). 30

II. Anfängliches Mehrparteienverfahren

1. Definition

Die wohl häufigste und in § 13 Abs. 1 und 2 zumindest teilweise ausdrücklich geregelte Form eines Mehrparteienverfahrens ist das sog. „anfängliche Mehrparteienverfahren". Es zeichnet sich dadurch aus, dass ein bzw. mehrere Kläger mit der Klage Ansprüche gegen einen bzw. mehrere Beklagte geltend machen. Somit sind von Beginn des Verfahrens an mehrere Parteien auf einer oder auf beiden Seiten am Verfahren beteiligt; daher der Begriff „anfänglich". 31

2. Voraussetzungen

a) Zuständigkeit

Zentrale Zulässigkeitsvoraussetzung eines anfänglichen Mehrparteienverfahrens ist, dass das Schiedsgericht für alle mit der Klage geltend gemachten Ansprüche des Klägers bzw. der Kläger gegen den Beklagten bzw. die Beklagten zuständig ist. 32

Eine Schiedsvereinbarung. Dies ist zumindest dort der Fall, wo alle Ansprüche auf Basis ein- und derselben DIS-Schiedsvereinbarung geltend gemacht werden und alle Parteien an diese Schiedsvereinbarung gebunden sind; sei es, dass sie sie unterzeichnet haben, oder dass sie aus anderen Gründen an sie gebunden sind. 33

Mehrere Schiedsvereinbarungen. Schwieriger fällt die Bejahung der Zuständigkeit, wenn die mit der Klage geltend gemachten Ansprüche nicht einer einzigen, sondern mehreren DIS-Schiedsvereinbarungen unterfal- 34 len. Dem Wortlaut des § 13 selbst ist nicht zu entnehmen, ob auch in diesem Fall ein Mehrparteienverfahren zulässig ist.

35 **Rüge.** Die Frage der Zulässigkeit stellt sich jedoch nur dort, wo eine Partei die Unzulässigkeit des Mehrparteienverfahrens bzw. die Unzuständigkeit des Schiedsgerichts zur Entscheidung über alle bzw. bestimmte der geltend gemachten Ansprüche rügt. Andernfalls ist das Mehrparteienverfahren zulässig gemäß § 13 Abs. 3. Rügt eine der Parteien die Zulässigkeit des Mehrparteienverfahrens, so sollte das Schiedsgericht zunächst zumindest versuchen, eine nachträgliche Einigung über die Durchführung des Mehrparteienverfahrens herbeizuführen.

36 **Keine Einigung.** Gelingt es den Parteien auch unter Mithilfe des Schiedsgerichts nicht, eine solche Einigung zu erzielen, stellt sich die – soweit ersichtlich – noch nicht entschiedene Frage, ob und unter welchen Voraussetzungen das Schiedsgericht gleichwohl das Verfahren fortsetzen kann. Es erscheint durchaus denkbar, dass ein Mehrparteienverfahren trotz Fehlens einer ausdrücklichen Regelung in der DIS-SchO auf Basis mehrerer Schiedsvereinbarungen durchgeführt wird. Voraussetzung ist jedoch, dass alle geltend gemachten Ansprüche einer der in Rede stehenden DIS-Schiedsvereinbarungen unterfallen, auf deren Basis sich das Schiedsgericht konstituiert hat, und dass diese miteinander kompatibel sind, d.h. es sich bei allen in Rede stehenden Vereinbarungen um DIS-Schiedsvereinbarungen handelt, die denselben Schiedsort, dieselbe Anzahl an Schiedsrichtern und dieselbe Verfahrenssprache vorsehen. Offen erscheint, ob zudem die geltend gemachten Ansprüche auch in einem bestimmten inhaltlichen Zusammenhang stehen müssen (z.B. demselben Lebenssachverhalt entstammen sollten).

b) Gleichbehandlung

37 Die „Zulässigkeit" eines Mehrparteienverfahrens gemäß § 13 Abs. 3 setzt ferner die Gleichbehandlung der Parteien voraus (vgl. § 26 Abs. 1). Hierzu zählt insbesondere auch, dass alle Parteien an der Auswahl und Bestellung der Schiedsrichter mitwirken können, sofern nicht die Auswahl durch eine neutrale Stelle erfolgt (vgl. hierzu auch die Ausführungen des BGH in seiner „Schiedsfähigkeit II"-Entscheidung, BGH v. 6.4.2009 – II ZR 255/08 NJW 2009, 1962). Für die Konstellation des anfänglichen Mehrparteienverfahrens ist dies durch § 13 Abs. 1 und 2 gewährleistet.

c) Zustimmung aller Beteiligten

Kein „konkretes" Zustimmungserfordernis. Die Zulässigkeit eines anfänglichen Mehrparteienverfahrens erfordert grundsätzlich nicht, dass alle Verfahrensbeteiligten ausdrücklich und bezogen auf das konkrete anfängliche Mehrparteienverfahren ihr Einverständnis mit der Durchführung des Verfahrens erklären. Der Verzicht auf eine solche konkrete Zustimmung rechtfertigt sich dadurch, dass die Parteien sich durch die Schiedsvereinbarung der DIS-SchO unterworfen haben und diese in § 13 die Möglichkeit eines Mehrparteienverfahrens vorsieht. 38

Zuständigkeit und Zustimmung. Aus dem Vorgesagten folgt, dass die Frage des Zustimmungserfordernis untrennbar mit der Frage der Reichweite der Schiedsvereinbarung und somit der Zuständigkeit verknüpft ist. Folgende Konstellationen sind zu unterscheiden: 39

Bei Zuständigkeit. Dort, wo eine alle Ansprüche erfassende Schiedsvereinbarung vorliegt und das bestellte Schiedsgericht somit zuständig ist, bedarf es keiner zusätzlichen Zustimmung aller Parteien. Hier bestimmen der oder die Kläger, ob sie ihre Ansprüche in einem Mehrparteienverfahren oder in mehreren parallelen Zweiparteienverfahren erheben wollen. Die Beklagten müssen diese Entscheidung akzeptieren. 40

Bei Fehlen der Zuständigkeit. Dort, wo es an einer umfassenden Zuständigkeit des Schiedsgerichts fehlt, bedarf es der Mitwirkung aller Beteiligten bei der Abfassung einer alle Ansprüche erfassenden Schiedsvereinbarung und somit der Zustimmung aller Beteiligten. 41

Vorbehalt in der Schiedsvereinbarung. Einer Zustimmung zum konkreten Mehrparteienverfahren bedarf es ferner auch dort, wo eine oder mehrere Parteien einen Zustimmungsvorbehalt im Hinblick auf die Zulässigkeit eines Mehrparteienverfahrens in die Schiedsvereinbarung mit aufgenommen haben. An einen solchen Vorbehalt ist das Schiedsgericht bei seiner Entscheidung gemäß § 13 Abs. 3 gebunden. 42

III. Nachträgliche Einbeziehung einer weiteren Partei

1. Definition

Die nachstehend beschriebene Konstellation der Einbeziehung einer weiteren Partei („joinder") kennzeichnet sich dadurch, dass (i) die „weitere" Partei nicht in der Klage als Verfahrenspartei bezeichnet ist; (ii) einer der Verfahrensbeteiligten gegen sie einen Anspruch erhebt und sie somit zur „Partei" des Verfahrens machen möchte; und (iii) die weitere 43

Partei in das Verfahren „einbezogen" wird und nicht etwa *sua sponte* in das Verfahren eintritt.

44 Denkbar ist zunächst, dass ein Kläger nach Einreichung der Klage eine weitere bis dato nicht am Verfahren beteiligte Partei in Anspruch nehmen möchte, sei es alleine oder zusammen mit dem oder den bisherigen Beklagten. In der Regel wird es jedoch so sein, dass der oder die bisherigen Beklagten eine bis dato nicht am Verfahren beteiligte weitere Partei, alleine oder zusammen mit dem oder den Klägern haftbar machen wollen. Nicht erfasst wird der Fall, dass ein Beklagter gegen einen bereits am Verfahren beteiligten anderen Beklagten Ansprüche erheben möchte; letztere Konstellation ist eine besondere Form des zuvor beschriebenen anfänglichen Mehrparteienverfahrens.

45 Die Einbeziehung einer weiteren Partei ist in gewisser Weise das Pendant zu den aus der ZPO bekannten Figuren der Streitverkündung, der Neben- und Hauptintervention, der (isolierten) Drittwiderklage, der Parteierweiterung und des Parteiwechsels. Sie stimmt jedoch mit keiner der vorgenannten Figuren völlig überein, und die hierfür geltenden Regeln der ZPO finden in DIS-Schiedsverfahren keine Anwendung.

2. Voraussetzungen

46 Die Zulässigkeitsvoraussetzungen einer Einbeziehung einer weiteren Partei stimmen in vielerlei Hinsicht mit jenen eines anfänglichen Mehrparteienverfahrens überein; in mancher jedoch auch nicht:

a) Antrag/Geltendmachung eines Anspruchs

47 **Antrag.** Die Hinzuziehung einer weiteren Partei erfolgt nur auf Antrag einer oder mehrerer bereits am Verfahren beteiligten Parteien. Das Schiedsgericht kann weder von sich aus noch auf Anregung der weiteren Partei selbst eine neue Partei in das Verfahren mit einbeziehen. Ein echtes „Interventionsrecht" einer bis dato nicht am Verfahren beteiligten Partei ist in der DIS-SchO nicht ausdrücklich geregelt.

48 **Geltendmachung eines Anspruchs/"Streitverkündung".** Die DIS-SchO schreibt nicht ausdrücklich vor, dass die Partei, welche die Einbeziehung beantragt, einen Anspruch gegen die einzubeziehende Partei erhebt. Ob auch eine bloße „Streitverkündung" i.S.v. §§ 72 ff. ZPO zulässig ist, ist nicht ausdrücklich geregelt. Jedoch ist nicht erkennbar, warum eine bloße „Streitverkündung" zulässig sein sollte bzw. warum der weiteren Partei der „Parteistatus" und somit die Möglichkeit, eigene

Ansprüche geltend zu machen, verwehrt werden könnte. Die DIS-SchO ist erkennbar auf Kläger-Beklagten-Beziehungen angelegt (vgl. *Kleinschmidt*, SchiedsVZ 2006, 142 ff. zur insofern vergleichbaren Regelungslage in der ICC-SchO 1998). Eine reine Streitverkündung dürfte zudem auch gegen das zwingende und der Parteidisposition entzogene Gebot der Gleichbehandlung verstoßen, vgl. § 26 Abs. 1 DIS-SchO und § 1042 Abs. 1 ZPO (a.A. *Elsing*, SchiedsVZ 2004, 88 ff., der jedoch auch anerkennt, dass es sich bei der Streitverkündung im Schiedsverfahren um eine eher „theoretische Möglichkeit" handelt und die hinzugezogene Partei eine „schwächere Partei" wäre).

b) Zuständigkeit

Zentrale Zulässigkeitsvoraussetzung der Einbeziehung einer weiteren Partei ist die Zuständigkeit des Schiedsgerichts für alle Parteien. 49

Eine Schiedsvereinbarung. Grundvoraussetzung für die Zuständigkeit des Schiedsgerichts ist, dass der gegen die hinzugezogene Partei geltend gemachte Anspruch ebenso von der Schiedsvereinbarung abgedeckt ist, wie die übrigen zuvor im Verfahren erhobenen Ansprüche. Dies setzt zumindest voraus, dass alle Ansprüche ein- und derselben Schiedsvereinbarung unterliegen. 50

Zustimmung der Parteien. Fraglich erscheint, ob die Zuständigkeit des Schiedsgerichts zusätzlich noch die Zustimmung der übrigen Parteien und/oder der potentiell hinzuzuziehenden Partei erfordert. Anders als die anfänglichen Mehrparteienverfahren in § 13 Abs. 1 und 2 ist die Hinzuziehung einer weiteren Partei nicht bereits in den Bestimmungen der DIS-SchO angelegt. Dies bedeutet nicht, dass die DIS-SchO ein solches Verfahren nicht zulässt, jedoch erlaubt das Vorliegen einer DIS-Schiedsvereinbarung nicht per se den Rückschluss, dass die an diese Vereinbarung gebundenen Parteien mit der Hinzuziehung einer weiteren Partei einverstanden sind (a.A. *Kleinschmidt*, SchiedsVZ 2006, 142 ff., mit durchaus beachtlichen Argumenten). Der materielle Parteiwille erfasst zwar die Bereitschaft aller Parteien, falls nötig ein DIS-Schiedsverfahren miteinander zu führen, aber eben nicht dergestalt, dass auch nach Verfahrensbeginn eine weitere Parteien einbezogen werden kann, ohne dass sich die bisherigen Verfahrensbeteiligten hiermit explizit einverstanden erklären. Die Übergehung des konkreten Widerspruchs einer der Parteien birgt somit das Risiko, dass sich der Schiedsspruch als anfechtbar und/oder nicht vollstreckbar erweist. 51

c) Zeitpunkt

52 Der DIS-SchO ist nicht zu entnehmen, bis zu welchem Zeitpunkt die Einbeziehung einer weiteren Partei zulässig ist. Eine Einbeziehung dürfte daher bis zum Ende des Verfahrens möglich sein. So kann auch noch kurz vor Unterzeichnung des Schiedsspruchs eine weitere Partei in ein Verfahren einbezogen werden (z.B. Einbeziehung einer am materiellen Vergleich beteiligten Partei in einen Schiedsspruch mit vereinbartem Wortlaut). Der Zeitpunkt hat jedoch Auswirkungen auf die Voraussetzungen einer zulässigen Einbeziehung; insbesondere im Hinblick auf die Mitwirkung bei der Zusammensetzung des Schiedsgerichts.

d) Zusammensetzung des Schiedsgerichts

53 **Gleichbehandlung.** Das Gebot der Gleichbehandlung der Parteien (§ 26 Abs. 1) umfasst u.a. auch das Recht der Parteien zu einer gleichwertigen (nicht notwendigerweise gleichartigen) Mitwirkung bei der Zusammensetzung des Schiedsgerichts. Dies gilt auch für den Fall des nachträglichen Einbezugs einer weiteren Partei.

54 **Nach Bestellung des gesamten Schiedsgerichts.** Die zulässige Einbeziehung einer weiteren Partei nach der Bestellung des gesamten Schiedsgerichts setzt voraus, dass sich die einzubeziehende Partei mit der Zusammensetzung des Schiedsgerichts und allen vom Schiedsgericht bis dato ergriffenen Prozesshandlungen einverstanden erklärt. Jeder hiervon abweichende Ansatz (insbesondere eine Neukonstituierung) würde zu einer unangemessenen Verzögerung des Prozesses führen. Durch das Einvernehmen der einbezogenen Partei wird auch dem Gebot der Gleichbehandlung genügt. Das Einvernehmen sichert die gleichwertige, wenn auch nicht gleichartige Mitwirkung bei der Zusammensetzung des Schiedsgerichts durch diese Partei.

55 **Vor Bestellung des gesamten Schiedsgerichts.** Vor der Bestellung des gesamten Schiedsgerichts kommen eine ganze Reihe an Konstellationen in Betracht, bei denen unterschiedliche Formen der Mitwirkung der Parteien auf die Zusammensetzung denkbar wären, die jeweils dem Gebot der Gleichbehandlung genügen würden. So könnte man erwägen, danach zu differenzieren, ob ein oder mehrere Schiedsrichter bereits benannt oder schon bestellt wurden und/oder wer gegen wen einen Anspruch mit welchem Inhalt erhebt. Die aus meiner Sicht eleganteste Lösung ist es jedoch, die Parteien zunächst aufzufordern sich nicht nur

über die Einbeziehung als solche zu verständigen, sondern auch über die Zusammensetzung des Schiedsgerichts.

Keine Zustimmungspflicht des Schiedsgerichts. Gemäß § 16 Abs. 3 sind die Mitglieder des Schiedsgerichts verpflichtet, offenzulegen, ob die Einbeziehung einer weiteren Partei, Zweifel an ihrer Unparteilichkeit oder Unabhängigkeit begründen würde. Darüber hinaus ist es denkbar, dass ein Schiedsrichter im Fall der Einbeziehung einer weiteren Partei aus anderen Gründen nicht mehr in der Lage oder nicht mehr gewillt ist, sein Amt fortzusetzen. Für die Frage der Zulässigkeit des Mehrparteienverfahrens ist dies alles unerheblich (so auch die ganz h.L., vgl. u.a. *Kleinschmidt*, SchiedsVZ 2006, 142 ff.). 56

IV. Verfahrensverbindung

1. Definition

Die dritte hier zu erörternde Grundkonstellation eines Mehrparteienverfahrens ist die Verfahrensverbindung. Hierunter versteht man die Zusammenführung zweier oder mehrerer getrennter Schiedsverfahren zu einem Schiedsverfahren, wobei typischerweise ein Verfahren fortgesetzt wird, während das oder die anderen Verfahren beendet werden. 57

Obwohl die DIS-SchO keine ausdrückliche Regelung für die Verbindung mehrerer Verfahren vorsieht, ist es auch in der Praxis der DIS vorgekommen, dass mehrere zunächst getrennt eingeleitete Verfahren zu einem einzigen Verfahren verbunden wurden. Betroffen war bis dato jedoch, soweit ersichtlich, stets die Konstellation, dass zwei Parteien zwar unabhängig voneinander, aber jeweils gegeneinander, ein DIS-Schiedsverfahren eingeleitet hatten (z.B. um einer Verjährung ihrer wechselseitigen Ansprüche vorzubeugen), die Verfahren dann im weiteren Verlauf auf Antrag der Parteien miteinander verbunden wurden, und eine der Schiedsklagen (in der Regel die später eingegangene) statt als Schiedsklage als Widerklage i.S.v. § 10 behandelt wurde. 58

Eine Verfahrensverbindung ist jedoch grundsätzlich auch dort denkbar, wo die an den zu verbindenden Verfahren beteiligten Parteien nicht identisch sind. Auch diese Konstellation soll daher im Folgenden behandelt werden. 59

2. Voraussetzungen

a) Antrag

60 Eine Verbindung mehrerer Verfahren erfolgt nur auf Antrag einer an allen potenziell zu verbindenden Verfahren beteiligten Partei.

b) Zuständigkeit

61 Zentrale Zulässigkeitsvoraussetzung der Verbindung mehrerer Verfahren ist die Zuständigkeit des Schiedsgerichts für alle Parteien.

62 **Eine umfassende Schiedsvereinbarung.** Grundvoraussetzung ist, dass alle in den zu verbindenden Verfahren erhobenen Ansprüche ein- und derselben Schiedsvereinbarung unterliegen. Eine solche ist jedoch spätestens in der notwendigen Zustimmung aller Parteien zur Verbindung der betroffenen Verfahren (vgl. Rz. 63) zu sehen.

63 **Zustimmung der Parteien.** Ferner setzt die Verbindung mehrerer Schiedsverfahren voraus, dass alle an den zu verbindenden Verfahren beteiligten Parteien der Verbindung zustimmen. Da die DIS-SchO keine ausdrückliche Regelung zur Verfahrensverbindung vorsieht, lässt sich die Zustimmung der Parteien nicht der jeweiligen Schiedsvereinbarung bzw. § 13 entnehmen. Vielmehr bedarf es einer gesonderten Erklärung der betroffenen Parteien. Widerspricht nur eine der betroffenen Parteien, kommt eine Verfahrensverbindung nicht in Betracht. Andernfalls bestünde das Risiko, dass sich der Schiedsspruch als anfechtbar bzw. nicht vollstreckbar erweisen würde.

c) Zeitpunkt

64 Eine Verfahrensverbindung ist prinzipiell bis zum Ende der jeweils zur Verbindung stehenden Verfahren möglich. Jedoch dürfte sich eine Verfahrensverbindung in einem fortgeschrittenen Verfahrensstadium nur in den allerwenigsten Fällen als sinnvoll erweisen.

d) Zusammensetzung des Schiedsgerichts

65 **Gleichbehandlung.** Das Gebot der Gleichbehandlung der Parteien (§ 26 Abs. 1) umfasst das Recht der Parteien zu einer gleichwertigen Mitwirkung der Parteien bei der Zusammensetzung des Schiedsgerichts. Das Gebot der Gleichbehandlung ist jedoch auch dann gewahrt, wenn alle Parteien ihr Einverständnis mit einer bestimmten Besetzung des fortan

zuständigen Schiedsgerichts erklären, auch wenn sie zunächst nicht an der Auswahl der Schiedsrichter beteiligt waren.

Benennung bzw. Bestellung des Schiedsgerichts. Die Zulässigkeit einer Verfahrensverbindung setzt neben der Einigung der Parteien darüber, dass die Verfahren verbunden werden sollen, auch voraus, dass sich die Parteien über die personelle Zusammensetzung des Schiedsgerichts bzw. den Modus der Benennung und Bestellung des Schiedsgerichts einigen können. Dies gilt insbesondere für den Fall, dass das bzw. die Schiedsgerichte für die zur Verbindung stehenden Verfahren bereits vollständig oder teilweise konstituiert sind. 66

Keine Zustimmungspflicht des Schiedsgerichts. An den Willen der Parteien, mehrere Verfahren zu verbinden, ist das Schiedsgericht gebunden. Ein etwaiger abweichender Wille eines Schiedsrichters, der durch die Verbindung sein Amt niederlegen muss, ist unbeachtlich. 67

F. Form der Entscheidung

Das Schiedsgericht entscheidet über die Zulässigkeit eines Mehrparteienverfahrens gemäß § 13 Abs. 3 durch Beschluss. 68

G. Vollstreckbarkeit und gerichtliche Kontrolle

Sowohl die Beachtung der Vorgaben der § 13 Abs. 1 und 2 als auch die Entscheidung eines DIS-Schiedsgerichts über die Zulässigkeit eines Mehrparteienverfahrens gemäß § 13 Abs. 3 unterliegen in weitem Umfang der Kontrolle des jeweils für Verfahren auf Aufhebung und/oder Vollstreckbarerklärung zuständigen Gerichts. Insofern erfordert die Anwendung dieser Normen eine besonders sorgfältige Vorgehensweise des Schiedsgerichts. 69

Ein Verstoß gegen § 13 Abs. 1 oder Abs. 2 führt dazu, dass die Bildung des Schiedsgerichts nicht der Vereinbarung der Parteien entsprach und der durch das somit fehlerhaft konstituierte Schiedsgericht erlassene Schiedsspruch aufhebbar (vgl. § 1059 Abs. 2 Nr. 1 Buchst. d ZPO) bzw. nicht vollstreckbar ist (vgl. Art. V Abs. 1 Buchst. d UNÜ). 70

Auch die Entscheidung eines DIS-Schiedsgerichts gemäß § 13 Abs. 3 unterliegt der Kontrolle des Aufhebungs- und/oder Vollstreckungsgerichts. Dieses überprüft z.B., ob eine bzw. mehrere alle Ansprüche erfassende wirksame Schiedsvereinbarung vorlag (vgl. § 1059 Abs. 2 Nr. 1 Buchst. c ZPO bzw. Art. V Abs. 1 Buchst. c UNÜ). Ferner überprüft es, ob die 71

Durchführung des Mehrparteienverfahrens gegen die Gebote der Gleichbehandlung und/oder der Gewährung rechtlichen Gehörs (§ 26 Abs. 1) bzw. andere zwingende Vorschriften des anwendbaren nationalen Schiedsverfahrensrechts (§ 24 Abs. 1) verstoßen hat (vgl. § 1059 Abs. 2 Nr. 1 Buchst. d und Nr. 2 Buchst. b ZPO bzw. Art. V Abs. 1 Buchst. c UNÜ).

72 Das zuständige staatliche Aufhebungs- bzw. Vollstreckungsgericht ist hierbei in keiner Weise an die Entscheidung des DIS-Schiedsgerichts gebunden; insofern besteht kein Ermessen des Schiedsgerichts.

H. Kosten

73 Die Durchführung eines Mehrparteienverfahrens ist einerseits mit höheren Kosten verbunden als ein „reguläres" Zwei-Parteienverfahren.

74 So erhöhen sich gemäß § 40 Abs. 5 i.V.m. Nr. 11 und 18 der Anlage zu § 40 Abs. 5 **bei einem** „Verfahren mit mehr als zwei Parteien" sowohl die „Schiedsrichterhonorare" als auch die „DIS-Bearbeitungsgebühr" um „20 % für jede zusätzliche Partei".

75 Andererseits ist die Durchführung eines Mehrparteienverfahrens aufgrund der Degression in der Gebührentabelle typischerweise mit erheblich geringeren Kosten verbunden als die andernfalls erforderliche Durchführung mehrerer paralleler Zwei-Parteienverfahren. So erhöhen sich die Schiedsrichterhonorare gemäß Ziffer 11 der Anlage zu § 40 Abs. 5 „höchstens um 50 %" und die DIS-Bearbeitungsgebühr beträgt auch bei einem Mehrparteienverfahren „höchstens 37 500,00 €".

76 Auch die gemäß § 35 Abs. 1 ersatzfähigen „den Parteien erwachsenen und zur zweckentsprechenden Rechtsverfolgung notwendigen Kosten", die typischerweise den Löwenanteil (nach aktuellen Statistiken ca. 80–85 %) der Kosten eines Schiedsverfahrens ausmachen, liegen im Fall eines Mehrparteienverfahrens regelmäßig immer noch erheblich unter den Kosten mehrerer paralleler Zwei-Parteienverfahren.

J. Abweichende Parteivereinbarungen

77 § 13 ist zwar grundsätzlich dispositiv, jedoch dürfen etwaige abweichende Regelungen der Parteien nicht zu einer Verletzung der zwingenden Vorgaben des jeweils anwendbaren nationalen Schiedsverfahrensrechts führen (§ 24 Abs. 1); hierzu zählen u.a. das Gebot der Gleichbehandlung und der Gewährung rechtlichen Gehörs (§ 26 Abs. 1) sowie das Erforder-

nis einer oder mehrerer alle Ansprüche erfassenden und das Schiedsgericht berechtigenden Schiedsvereinbarung.

§ 14: Einzelschiedsrichter

Besteht das Schiedsgericht aus einem Einzelschiedsrichter und haben sich die Parteien nicht innerhalb einer Frist von 30 Tagen ab Empfang der Klage durch den Beklagten auf den Einzelschiedsrichter geeinigt, kann jede Partei die Benennung des Einzelschiedsrichters durch den DIS-Ernennungsausschuss beantragen.

Regelungsschwerpunkte: Verfahren zur Benennung des Einzelschiedsrichters → Rz. 1–15

Kostenaspekte: Kostenersparnis bei Einzelschiedsrichter → Rz. 16–17

Inhalt

A. Benennung des Einzelschiedsrichters 1	2. Ersatzbenennung durch den DIS-Ernennungsausschuss 11
I. Normzweck 1	V. Kosten 16
II. Verhältnis zu § 1035 Abs. 3 ZPO 2	**B. Abweichende Parteivereinbarungen** 18
III. Vergleich mit den im staatlichen Verfahren geltenden Vorschriften 3	**Anhang:**
IV. Benennungsverfahren 4	**Muster Vorschlag auf Entscheidung durch einen Einzelschiedsrichter** 19
1. Benennung durch die Parteien 4	

A. Benennung des Einzelschiedsrichters

I. Normzweck

§ 14 DIS-SchO regelt das Verfahren zur Benennung eines Einzelschiedsrichters und sichert den Fortgang der Konstituierung des Schiedsgerichts im Falle eines Einzelschiedsrichters. Die Vorschrift findet nur Anwendung, wenn die Parteien in ihrer Schiedsvereinbarung oder später die Streitentscheidung durch einen Einzelschiedsrichter vereinbart haben. Dies ergibt sich aus § 3 DIS-SchO, der, wie § 1034 Abs. 1 ZPO, in Ermangelung einer anderweitigen Vereinbarung der Parteien die Zahl der Schiedsrichter auf drei festlegt. § 14 DIS-SchO gibt den Parteien Gelegenheit, sich auf die Person des Einzelschiedsrichters zu verständigen.

Nur wenn keine Einigung erzielt werden kann, benennt der DIS-Ernennungsausschuss auf Antrag einer Partei den Einzelschiedsrichter.

II. Verhältnis zu § 1035 Abs. 3 ZPO

2 § 14 DIS-SchO stellt eine Parteivereinbarung i.S.v. § 1035 Abs. 1 ZPO dar. Als solche geht sie den vergleichbaren Regelungen des § 1035 Abs. 3 Satz 1 ZPO vor.

III. Vergleich mit den im staatlichen Verfahren geltenden Vorschriften

3 Eine § 14 vergleichbare Vorschrift existiert im staatlichen Verfahren nicht.

IV. Benennungsverfahren

1. Benennung durch die Parteien

4 **Einzelschiedsrichter.** Das Schiedsgericht besteht aus einem Einzelschiedsrichter, wenn die Parteien dies entweder bereits im Rahmen der Schiedsvereinbarung vereinbart haben oder sich nach Entstehung der Streitigkeit, z.B. aus Gründen der Kostenersparnis, darauf verständigt haben, obwohl sie ursprünglich ein Schiedsgericht mit drei Schiedsrichtern vereinbart haben. Auch eine Einigung nach Klageeinreichung ist grundsätzlich möglich (vgl. hierzu § 3 Rz. 7). Sind auf einer der beiden Seiten mehrere Parteien beteiligt, haben sich alle Beteiligten zu einigen.

5 **Benennungsrecht der Parteien.** Das Recht zur Benennung des Einzelschiedsrichters steht den Parteien zu, und zwar gemeinschaftlich, d.h. dass sie sich auf eine Person einigen müssen. Ein einseitiges Bestimmungsrecht besteht nicht und würde einen Verstoß gegen die zwingende Bestimmung des § 1034 Abs. 2 ZPO darstellen. Nur wenn die Parteien nicht oder nicht fristgemäß von ihrem gemeinsamen Benennungsrecht Gebrauch machen, wird der Einzelschiedsrichter auf Antrag einer der Parteien durch den DIS-Ernennungsausschuss benannt (s. Rz. 11 ff.).

6 **Benennung.** Die Parteien sind bei der Benennung frei (§ 2 Abs. 1) und können im Bedarfsfall unverbindliche Anregungen durch die DIS einholen (vgl. § 2 Abs. 3). Sofern die Parteien nichts anders vereinbart haben, ist ferner die Beschränkung des § 2 Abs. 2 zu beachten, wonach der Einzelschiedsrichter Jurist sein muss (zur Begriffsbestimmung „Jurist" vgl. § 2 Rz. 21).

Form der Benennung. Die Benennung erfolgt durch schriftliche Anzeige gegenüber der DIS-Geschäftsstelle. Hinsichtlich des Formerfordernisses gilt § 5 Abs. 1 (vgl. dort). Die Benennung muss nicht gemeinschaftlich erfolgen. Ausreichend aber auch erforderlich ist vielmehr eine übereinstimmende Benennung. Gemäß § 6 Abs. 3 Nr. 2 soll die Klageschrift Vorschläge für die Benennung eines Einzelschiedsrichters enthalten, wenn die Parteien die Entscheidung durch einen Einzelschiedsrichter vereinbart haben. Falls die Klageschrift einen solchen Vorschlag enthält und der Beklagte einverstanden ist und die DIS hierüber informiert, sind beide Parteien an ihre Benennung gebunden. Dieser Fall ist in der Praxis allerdings relativ selten. Häufig wird eine Einigung erst nach Einleitung des Verfahrens durch den Austausch von Namen oder Vorschlagslisten erzielt. 7

Die **Frist zur Benennung** beträgt grundsätzlich 30 Tage ab Empfang der Klage durch den Beklagten. Die DIS-Geschäftsstelle weist die Parteien mit der Übersendung der Klageschrift darauf hin, dass sie innerhalb dieser Frist Gelegenheit haben, sich auf einen Einzelschiedsrichter zu einigen. Die DIS-Geschäftsstelle übersendet die Klage regelmäßig per Kurier und stellt durch entsprechende Zustellungsnachweise sicher, dass das Datum des Zugangs und somit des Empfangs der Klage dokumentiert ist. Für die Berechnung der 30-Tages-Frist enthält die DIS-SchO selbst keine Regelungen. Diese richtet sich nach dem anwendbaren Recht. Sofern deutsches Recht anwendbar ist, gelten die Grundsätze der §§ 187 ff. BGB, so dass die Frist erst am Tag nach dem Tag Empfang der Klageschrift bzw. der Aufforderung zu laufen beginnt. Für das Fristende gilt entsprechend, dass Samstage sowie Sonn- und Feiertage nicht berücksichtigt werden und statt dessen der nächste Werktag gilt. In der Praxis teilt der Kläger häufig bereits in der Klageschrift mit, dass eine Einigung auf einen Einzelschiedsrichter nicht gelungen bzw. ausgeschlossen ist und die Benennung durch den Ernennungsausschuss beantragt wird. Die Benennung durch den DIS-Ernennungsausschuss erfolgt dann jedoch erst, nachdem der Beklagte Gelegenheit zur Stellungnahme hatte, wobei die Frist zur Stellungnahme 30 Tage beträgt. Hier kann es ratsam sein, den Beklagten schon in der Klageschrift aufzufordern, der unmittelbaren Benennung durch den DIS-Ernennungsausschuss zuzustimmen. 8

Eine **Verlängerung der Frist** sieht § 14 nicht vor. Hierfür besteht in der Praxis auch keine Notwendigkeit. Zum Einen können die Parteien im Rahmen der Parteiautonomie auch nachträglich längere Fristen vereinbaren, die von der DIS-Geschäftsstelle zu beachten wären. Zum anderen besteht hierfür jedenfalls dann kein Bedürfnis, wenn keine der Parteien 9 einen Antrag auf Ersatzbenennung stellt, da diese nur auf Antrag einer der Parteien erfolgt. Nach der DIS-Schiedsgerichtsordnung benennt der DIS-Ernennungsausschuss den Einzelschiedsrichter nach Ablauf der 30-Tages-Frist nur auf Antrag und nicht ex officio.

10 Eine **Benennung nach Fristablauf** sieht § 14 nicht ausdrücklich vor. Hierfür besteht aber ebenfalls kein praktisches Bedürfnis. Da eine übereinstimmende Benennung der Parteien erforderlich ist, ist die Situation, in der sich eine Benennung und ein Antrag auf Ersatzbenennung zeitlich überschneiden, nicht vorstellbar. Eine gemeinsame Benennung nach Fristablauf ist somit möglich. Der Zweck der 30-Tage-Frist besteht einzig in der klaren Bestimmung des Zeitpunktes, ab dem jede Partei das Recht hat, die gemeinsame Suche der Parteien nach einem Einzelschiedsrichter zu beenden und die Benennung durch den DIS-Ernennungsausschuss zu beantragen.

2. Ersatzbenennung durch den DIS-Ernennungsausschuss

11 **Anwendungsfall.** Sofern keine gemeinsame Benennung des Einzelschiedsrichters durch die Parteien erfolgt, benennt der DIS-Ernennungsausschuss auf Antrag einer Partei den Einzelschiedsrichter. Der Antrag kann bereits zu einem früheren Zeitpunkt gestellt werden, beispielsweise mit Einreichung der Schiedsklage (vgl. insoweit § 12 DIS-SchO Rz. 10).

12 **DIS-Ernennungsausschuss.** Der DIS-Ernennungsausschuss und seine Aufgaben sind in § 14 der DIS-Satzung näher definiert. Er besteht aus drei Mitgliedern sowie drei stellvertretenden Mitgliedern, die vom Vorstand der DIS unter Hinzuziehung des Vorsitzenden des Beirats der DIS auf die Dauer von zwei Jahren ernannt werden. Die Namen der Mitglieder des DIS-Ernennungsausschusses werden auf der DIS-Website veröffentlicht.

13 **Ersatzbenennung.** Die Benennung durch den DIS-Ernennungsausschuss erfolgt in der Regel im schriftlichen Verfahren und zwar innerhalb weniger Tage. Zur Vermeidung unnötiger Verzögerungen wird der potenzielle Schiedsrichter bereits im Vorfeld seiner Benennung durch den DIS-Ernennungsausschuss um Abgabe der (durch eine spätere Benennung bedingten) Annahmeerklärung und der Erklärungen zur Unabhängigkeit und Unparteilichkeit gemäß §§ 15 und 16 gebeten. In der Regel wird der DIS-Ernennungsausschuss keinen Kandidaten als Schiedsrichter benennen, den der Kläger in der Klageschrift vorgeschlagen hat, auf den sich die Parteien dann aber nicht einigen konnten. Zur Vermeidung eines

möglichen Ablehnungsverfahrens erhalten die Parteien nach der Benennung durch den DIS-Ernennungsausschuss vor Bestellung des ersatzbenannten Einzelschiedsrichters durch den DIS-Generalsekretär gemäß § 17 Abs. 1 Gelegenheit, zu den Erklärungen des benannten Schiedsrichters Stellung zu nehmen. Im Gegensatz zu den in ad hoc-Verfahren gesetzlich zuständigen Oberlandesgerichten „bestellt" (vgl. § 1035 Abs. 3 ZPO) der DIS-Ernennungsausschuss den Einzelschiedsrichter nicht, sondern „benennt" ihn lediglich. Die eigentliche Bestellung bleibt gemäß § 17 Abs. 1 DIS-SchO weithin dem DIS-Generalsekretär vorbehalten (zu den Voraussetzungen der Bestellung vgl. § 17 Rz. 4 ff.).

14 Die DIS-Geschäftsführung und der DIS-Ernennungsausschuss werden sich bei der Entscheidungsfindung regelmäßig an § 1035 Abs. 5 ZPO orientieren. Nach dieser Vorschrift hat das Gericht alle nach der Parteivereinbarung für den Schiedsrichter vorgeschriebenen Voraussetzungen zu berücksichtigen und allen Gesichtspunkten Rechnung zu tragen, die die Bestellung eines unabhängigen und unparteilichen Schiedsrichters sicherstellen. Beim Einzelschiedsrichter muss jedenfalls sicher gestellt sein, dass der Benannte ein Jurist ist (§ 2 Abs. 2 DIS-SchO). Des Weiteren werden bei der Auswahl eines geeigneten Kandidaten die Besonderheiten des Falles berücksichtigt. Hierzu zählen unter anderem Erfahrungen auf dem jeweiligen Rechtsgebiet, schiedsrichterliche Erfahrung, die Sprache des Verfahrens und bei kleineren Verfahren ggf. auch der Schiedsort.

15 Die Ersatzbenennung eines Einzelschiedsrichters setzt stets den Antrag einer Partei voraus. Die DIS-Geschäftsstelle weist in der Regel bereits in der Klageeingangsbestätigung und mit gesondertem Schreiben nach Fristablauf auf das Antragserfordernis hin. Unterbleibt die Antragstellung über einen längeren Zeitraum, kann die DIS-Geschäftsstelle das Verfahren nach Anhörung der Parteien beenden (vgl. § 39 Abs. 3).

V. Kosten

16 Ob eine Schiedsrichterbenennung durch die Parteien oder den DIS-Ernennungsausschuss erfolgt, ist ohne Bedeutung für die Höhe der Kosten des Verfahrens. Anders als bei der Ersatzbenennung durch die staatlichen Gerichte (vgl. §§ 1035 Abs. 3 ZPO i.V.m. § 1062 Abs. 1 Nr. 1 ZPO) fallen keine gesonderten Kosten an. Diese sind in der DIS-Verwaltungsgebühr (vgl. § 40 Abs. 4 f. DIS-SchO i.V.m. Anlage zu § 40 Abs. 5 DIS-SchO Nr. 18 ff.) enthalten.

17 Der Umstand, ob ein Schiedsgericht aus drei Schiedsrichtern oder einem Einzelschiedsrichter besteht hat hingegen Auswirkungen auf die Kosten

eines Schiedsverfahrens (vgl. § 40). Auch deshalb sollte die Benennung eines Einzelschiedsrichters stets in Betracht gezogen werden und dies gegebenenfalls in der Klageschrift vorgeschlagen werden (vgl. Musterschreiben Rz. 19), wenn die Schiedsvereinbarung entweder keine oder aber die ausdrückliche Wahl eines Dreierschiedsgerichts enthält.

B. Abweichende Parteivereinbarungen

18 Die Parteien können von den Bestimmungen in § 14 abweichen und das Benennungsverfahren frei gestalten. Insbesondere können sie kürzere oder längere Fristen vorsehen. Es ist empfehlenswert, vor der Vereinbarung von Sonderregelungen, die das Benennungsrecht beschneiden, die Vor- und Nachteile solcher Sonderregelungen, insbesondere der Verlust an Parteiautonomie und Flexibilität des Verfahrens, zu berücksichtigen. Von der Übertragung der Benennungsfunktion auf andere Institutionen, ist schon aus praktischen Gründen abzuraten. Zum einen führt dies zu erheblichen Verzögerungen, zum anderen besteht die Gefahr, dass die Schiedsvereinbarung undurchführbar wird, etwa wenn die gewählte Institution die Benennung ablehnt.

Anhang: Muster Vorschlag auf Entscheidung durch einen Einzelschiedsrichter

19 *per Kurier*

An die
Deutsche Institution für Schiedsgerichtsbarkeit e.V.
Beethovenstr. 5–13
50674 Köln

Schiedsklage in der Sache
A GmbH ./. B Ltd.

(...) Prozessuales: (...)
Die Parteien haben die Schiedsgerichtsordnung der Deutschen Institution für Schiedsgerichtsbarkeit e.V. vereinbart. Schiedsort ist Berlin. Die Sprache des Verfahrens ist Deutsch.
Die Parteien haben keine Vereinbarung über die Anzahl der Schiedsrichter getroffen. Damit beträgt die Anzahl der Schiedsrichter gemäß § 3 DIS-SchO drei.
Auf Grund des geringen Streitwertes und der überschaubaren Sach- und Rechtslage regen wir in Abweichung von der Schiedsvereinbarung die Entscheidung durch einen Einzelschiedsrichter an und bitten die Beklagte um Zustimmung.

Ungeachtet dessen benennen wir gemäß § 12 Abs. 1 DIS-SchO für die Klägerin als Schiedsrichter:

Herrn/Frau RAin (...)

Für den Fall, dass eine Benennung durch die Beklagte nicht fristgerecht erfolgen sollte bzw. eine Einigung auf Entscheidung durch einen Einzelschiedsrichter nicht zu Stande kommen sollte, beantragen wir bereits jetzt Ersatzbenennung durch den DIS-Ernennungsausschuss.

Mit freundlichen Grüßen

(Unterschrift)
Rechtsanwalt

§ 15: Unparteilichkeit und Unabhängigkeit

Jeder Schiedsrichter muss unparteilich und unabhängig sein. Er hat sein Amt nach bestem Wissen und Gewissen auszuüben und ist dabei an keine Weisungen gebunden.

Regelungsschwerpunkte: Erforderlichkeit der Unparteilichkeit und Unabhängigkeit des Schiedsrichters, Weisungsfreiheit → Rz. 1–11

Inhalt

A. Unparteilichkeit und Unabhängigkeit 1	2. Unparteilichkeit und Unabhängigkeit (Satz 1) 10
I. Normzweck 1	3. Keine Weisungsgebundenheit; Ausübung des Amtes nach bestem Wissen und Gewissen (Satz 2) 11
II. Verhältnis zu § 1036 ZPO ... 5	
III. Vergleich mit den im staatlichen Verfahren geltenden Vorschriften 6	
IV. Einzelerläuterungen 7	B. Abweichende Parteivereinbarungen 12
1. Allgemeines 7	

Literatur: Siehe Art. 11 ICC-SchO.

A. Unparteilichkeit und Unabhängigkeit

I. Normzweck

§ 15 Satz 1 regelt das Neutralitätsgebot des Schiedsrichters mit dem Erfordernis seiner Unparteilichkeit und Unabhängigkeit. Satz 2 stellt diesbezüglich klar, dass der Schiedsrichter nach bestem Wissen und Ge-   1 wissen zu handeln hat, ohne irgendwelchen Weisungen unterworfen zu sein. Dadurch soll sichergestellt werden, dass die Verfahrensgrundrechte gemäß § 1042 Abs. 1 ZPO und § 26 Abs. 1 DIS-SchO gewahrt werden und das Schiedsverfahren den gleichen Grad an Legitimität erfährt wie staatliche Gerichtsverfahren.

2 Die DIS-SchO legt dabei nicht selbst die Kriterien für die Unabhängigkeit und Unparteilichkeit fest, sodass hier die am Schiedsort geltenden Maßstäbe in Betracht zu ziehen sind. Sofern die Parteien dies vereinbart haben, können auch etwaige Richtlinien, wie beispielsweise die IBA Guidelines on Conflicts of Interest, zu berücksichtigen sein bzw. bei Fehlen einer entsprechenden Parteivereinbarung als Orientierungshilfe dienen (vgl. hierzu Art. 11 ICC-SchO Rz. 7).

3 Verstöße gegen das Erfordernis der Unparteilichkeit und Unabhängigkeit können dazu führen, dass ein Schiedsspruch unter Umständen aufhebbar (§ 1059 Abs. 2 Nr. 1 Buchst. d ZPO oder nicht vollstreckbar (§ 1060 Abs. 2 ZPO i.V.m. § 1059 Abs. 2 Nr. 1 Buchst. d ZPO) ist. Die Vollstreckung eines ausländischen Schiedsspruchs kann nach Art. V Abs. 1 Buchst. d UNÜ verweigert werden.

4 Die Vorschrift ist im Zusammenhang mit § 16 (Annahme des Schiedsrichteramtes), § 17 (Bestellung der Schiedsrichter) und § 18 DIS-SchO (Ablehnung eines Schiedsrichters) von Bedeutung.

II. Verhältnis zu § 1036 ZPO

5 Neben § 15 DIS-SchO hat § 1036 ZPO keine selbständige Bedeutung.

III. Vergleich mit den im staatlichen Verfahren geltenden Vorschriften

6 Vgl. hierzu Art. 11 ICC-SchO Rz. 5.

IV. Einzelerläuterungen
1. Allgemeines

7 Die Begriffe Unparteilichkeit und Unabhängigkeit werden häufig verwendet, ohne sie definitorisch voneinander abzugrenzen. Obwohl das allgemeine Sprachverständnis in Deutschland dahingeht, mit „Unparteilichkeit" die Unabhängigkeit von den Parteien zu beschreiben und mit „Unabhängigkeit" die Unabhängigkeit vom Streitgegenstand zum Ausdruck zu bringen, scheint die Praxis die Begriffe mit der gegentei-

ligen Bedeutung zu verwenden. Unparteilichkeit steht daher für die Unabhängigkeit vom Streitgegenstand, während Unabhängigkeit die Unabhängigkeit des Schiedsrichters von den Parteien bedeutet.

Der Schiedsrichter hat während des gesamten Schiedsverfahrens unparteilich und unabhängig zu bleiben, so dass er den Streit zugunsten der Partei mit dem „besseren Fall" entscheiden kann (arg. ex § 16 Abs. 3). 8

§ 15 unterscheidet nicht zwischen parteibenannten Schiedsrichtern und Vorsitzenden bzw. Einzelschiedsrichtern. Gemäß der DIS-Schiedsgerichtsordnung unterliegt jeder Schiedsrichter dem gleichen Standard der Unparteilichkeit und Unabhängigkeit. 9

2. Unparteilichkeit und Unabhängigkeit (Satz 1)

Die DIS-SchO enthält bewusst keine Auflistung von Umständen, die die Unparteilichkeit oder Unabhängigkeit eines Schiedsrichters ausschließen oder diesbezüglich Zweifel wecken können, damit alle Umstände erfasst werden, die eine Ablehnung des Schiedsrichters durch die Parteien rechtfertigen könnten. Die **Unparteilichkeit** beschreibt das Verhältnis des Schiedsrichters zum Streitgegenstand. Sie ist schwer zu beurteilen, da sie – mit Ausnahme offener Parteinahme – selten nach außen tritt. **Unabhängigkeit** bezieht sich hingegen auf die Beziehung zwischen den Parteien und den Schiedsrichtern. Sie beschreibt das Fehlen von Beziehungen zwischen den Schiedsrichtern und den Parteien und das Fehlen eines eigenen materiellen Interesses am Ausgang des Rechtsstreits. Die konkrete Bedeutung der Unparteilichkeit und Unabhängigkeit bestimmt sich nach dem Recht des Schiedsortes bzw. nach den von den Parteien für anwendbar erklärten Regeln, wie etwa den IBA Guidelines on Conflicts of Interest in International Arbitration (s. Rz. 2). Am Schiedsort Deutschland gelten die von der Rechtsprechung entwickelten Maßstäbe, die sich weitgehend an den für staatliche Richter geltenden Grundsätzen orientieren. An dieser Stelle sei auf die bei Art. 11 ICC-SchO Rz. 8 und 9 sowie 11 und 12 aufgeführten Einzelbeispiele verwiesen. 10

3. Keine Weisungsgebundenheit; Ausübung des Amtes nach bestem Wissen und Gewissen (Satz 2)

Gewissermaßen als Beispiel für die Unabhängigkeit des Schiedsrichters (von den Parteien) wird dessen fehlende Weisungsgebundenheit hervorgehoben. Er darf in seinem Entscheidungsprozess keine Anweisungen 11 zu befolgen haben. Entsprechend gilt für die Unparteilichkeit die Vorgabe, das Schiedsrichteramt nach bestem Wissen und Gewissen auszuüben und insoweit auch inhaltlich neutral zu handeln.

B. Abweichende Parteivereinbarungen

12 § 15 ist zwingend. Eine abweichende Parteivereinbarung ist unzulässig. Vgl. im Übrigen Art. 11 ICC-SchO Rz. 13 sowie § 16 Rz. 10 ff.

13 Darüber hinaus kann es einer Partei aus Gründen der Präklusion verwehrt sein, sich auf die fehlende Unparteilichkeit oder Unabhängigkeit eines Schiedsrichters zu berufen, vgl. § 41. Im Übrigen können über § 15 hinausgehende Verpflichtungen des Schiedsrichters vereinbart werden.

§ 16: Annahme des Schiedsrichteramtes

16.1 Jede Person, die als Schiedsrichter benannt wird, hat sich unverzüglich der DIS-Geschäftsstelle über die Annahme des Schiedsrichteramts und die Erfüllung der von den Parteien vereinbarten Voraussetzungen zu erklären und alle Umstände offenzulegen, die Zweifel an ihrer Unparteilichkeit oder Unabhängigkeit wecken könnten. Die DIS-Geschäftsstelle unterrichtet die Parteien.

16.2 Ergibt sich aus der Erklärung eines Schiedsrichters ein Umstand, der Zweifel an seiner Unparteilichkeit oder Unabhängigkeit, oder der Erfüllung vereinbarter Voraussetzungen wecken könnte, gibt die DIS-Geschäftsstelle den Parteien Gelegenheit zur Stellungnahme innerhalb angemessener Frist.

16.3 Ein Schiedsrichter ist auch während des schiedsrichterlichen Verfahrens verpflichtet, Umstände, die Zweifel an seiner Unparteilichkeit oder Unabhängigkeit wecken könnten, den Parteien und der DIS-Geschäftsstelle unverzüglich offenzulegen.

Regelungsschwerpunkte: Abs. 1 Annahmeerklärung und Pflicht des Schiedsrichters zur Offenlegung *vor* Bestellung → Rz. 1–9; **Abs. 2** Anhörung der Parteien bei Zweifel an Unparteilichkeit → Rz. 10; **Abs. 3** Fortbestehen der Pflicht des Schiedsrichters zur Offenlegung *nach* Bestellung → Rz. 13–16

Inhalt

A. Annahmeerklärung und Offenlegungspflicht des Schiedsrichters vor Bestellung (Abs. 1) 1
 I. Normzweck 1
 II. Verhältnis zu § 1036 Abs. 1 Satz 1 ZPO 3
 III. Vergleich mit den im staatlichen Verfahren geltenden Vorschriften 4
 IV. Erklärungen des Schiedsrichters (Abs. 1 Satz 1) 5
  1. Annahmeerklärung 5
  2. Offenlegungspflicht 6
  3. Anhörung der Parteien (Abs. 2) 10

B. Offenlegungspflicht nach Bestellung (Abs. 3) 13
 I. Normzweck 13
 II. Verhältnis zu § 1036 Abs. 1 Satz 2 ZPO 14
 III. Vergleich mit den im staatlichen Verfahren geltenden Vorschriften 15
 IV. Offenlegungspflicht 16

C. Abweichende Parteivereinbarungen 17

Anhang:
Muster Widerspruch gegen die Bestellung 18

A. Annahmeerklärung und Offenlegungspflicht des Schiedsrichters vor Bestellung (Abs. 1)

I. Normzweck

§ 16 Abs. 1 regelt einen Zwischenschritt zwischen einerseits der Benennung der parteibenannten Schiedsrichter (§§ 6 Abs. 2 Nr. 5, 12 Abs. 1, 13 Abs. 2), des vorsitzenden Schiedsrichters (§ 12 Abs. 2) und des Einzelschiedsrichters (§ 14) und andererseits der Bestellung des jeweiligen Schiedsrichters gemäß § 17. Die Vorschrift sichert das Neutralitätsgebot des § 15 und soll gewährleisten, dass jede Person, die als Schiedsrichter benannt wird, nicht nur zu bestätigen hat, dass sie die von den Parteien vereinbarten Voraussetzungen erfüllt, sondern gleichzeitig sämtliche Umstände offenlegt, die Zweifel an ihrer Unparteilichkeit oder Unabhängigkeit wecken könnten. Diese schiedsrichterliche Pflicht besteht während der gesamten Dauer des Schiedsverfahrens fort (vgl. Rz. 14 ff.). 1

§ 16 Abs. 2. Da die Parteien zu jeder Lage des Verfahrens Herren des Verfahrens sind, räumt ihnen § 16 Abs. 2 die Gelegenheit ein, sich zu Umständen zu äußern, die Zweifel an der Unparteilichkeit oder Unabhängigkeit eines Schiedsrichters oder Erfüllung vereinbarter Voraussetzungen wecken könnten. Er ergänzt insoweit § 16 Abs. 1 Satz 3. 2

II. Verhältnis zu § 1036 Abs. 1 Satz 1 ZPO

3 Neben § 16 Abs. 1 DIS-SchO hat § 1036 Abs. 1 Satz 1 ZPO keine eigenständige Bedeutung.

III. Vergleich mit den im staatlichen Verfahren geltenden Vorschriften

4 Vgl. hierzu Art. 11 ICC-SchO Rz. 5.

IV. Erklärungen des Schiedsrichters (Abs. 1 Satz 1)

1. Annahmeerklärung

5 Die Annahmeerklärung des benannten Schiedsrichters ist **zwingende Voraussetzung** für die spätere Bestellung durch die DIS gemäß § 17 Abs. 1. Sie erfolgt regelmäßig auf Aufforderung durch die DIS-Geschäftsstelle, die einen Schiedsrichter anschreibt, nachdem er ihr gegenüber benannt worden ist. In der Aufforderung wird dem Schiedsrichter keine Frist zur Abgabe der Erklärung gesetzt. Im Interesse der zügigen Konstituierung des Schiedsgerichts (Beschleunigungsgedanke) ist die Annahmeerklärung unverzüglich an die DIS zu übersenden. Diese Anforderung entbindet jedoch nicht von der Pflicht, mögliche Interessenkonflikte gewissenhaft zu prüfen. In den meisten Fällen geht die Annahmeerklärung innerhalb von 14 Tagen ein. Die DIS-Geschäftsstelle stellt kein einheitliches Formular für die Annahmeerklärung und die Erklärungen zur Unabhängigkeit und Unparteilichkeit zur Verfügung. Vielmehr überlässt sie es dem benannten Schiedsrichter, die Erklärung selbst zu formulieren.

2. Offenlegungspflicht

6 **Von den Parteien vereinbarte Qualifikationen.** Jeder benannte Schiedsrichter muss zusammen mit der Annahmeerklärung gegenüber der DIS-Geschäftsstelle erklären, ob er von den Parteien ggf. vereinbarte Voraussetzungen erfüllt. Das Fehlen von Voraussetzungen, auf die sich die Parteien geeinigt haben, kann einen Grund zur Ablehnung des Schiedsrichters gemäß § 18 Abs. 1 darstellen.

7 **Zweifel an der Unabhängigkeit oder Unparteilichkeit.** Jeden Schiedsrichter trifft insbesondere eine Pflicht zur Offenlegung von Umständen, die Zweifel an seiner Unabhängigkeit oder Unparteilichkeit wecken können. Die Schwelle ist niedrig anzusetzen. Dies ergibt sich aus dem Vergleich mit § 18 Abs. 1, wonach die Ablehnung eines Schiedsrichters

nur bei Umständen möglich ist, die „berechtigte Zweifel" an dessen Unparteilichkeit und Unabhängigkeit wecken können. Gemäß § 16 Abs. 1 genügen demgegenüber schon „Zweifel" an der Unparteilichkeit oder Unabhängigkeit, d.h. es sind auch Umstände offenzulegen, die eine Ablehnung nach § 18 Abs. 1 nicht rechtfertigen.

Ein benannter Schiedsrichter sollte **alle Umstände** offen legen, die in den Augen der Parteien Zweifel an seiner Unparteilichkeit oder Unabhängigkeit begründen könnten. Es sollte also auf die (subjektive) Sicht der Parteien und nicht auf die objektive Sicht eines vernünftigen Dritten abgestellt werden. Umstände, die einen Grund für eine Ablehnung nach § 18 Abs. 1 darstellen können, d.h. berechtigte Zweifel wecken können, sind stets offen zu legen. Bei Zweifeln hinsichtlich der Pflicht zur Offenlegung gilt grundsätzlich, dass die entsprechenden Umstände offen gelegt werden sollten. Die Annahme der Schiedsrichteramtes unter Offenlegung von Umständen im Sinne von § 16 wird als **qualifizierte Unabhängigkeitserklärung** bezeichnet. Alle anderen Annahmeerklärungen werden als **unqualifizierte Annahmeerklärungen** bezeichnet. Gibt der Benannte eine qualifizierte Annahmeerklärung ab, sollte er zum Ausdruck bringen, dass er darin keinen Grund sieht, der ihn davon abhält, seine Pflichten als Schiedsrichter unparteilich und unabhängig zu erfüllen. Andernfalls sollte er die Übernahme des Schiedsrichteramtes zeitnah ablehnen, damit ein anderer Kandidat gesucht werden kann. 8

Unterrichtung der Parteien durch die DIS-Geschäftsstelle, Abs. 1 Satz 2. 9
§ 1036 Abs. 1 ZPO stellt zwingendes Recht dar und statuiert die Offenlegungspflicht des benannten Schiedsrichters gegenüber den Parteien, mit denen er den Schiedsrichtervertrag schließt. Da nach der DIS-Schiedsgerichtsordnung die Schiedsrichter durch den DIS-Generalsekretär (vgl. § 17 DIS-SchO) und nicht durch die Parteien bestellt werden, unterrichtet die DIS-Geschäftsstelle nach § 16 Abs. 1 Satz 2 DIS-SchO die Parteien über die Annahme- sowie die Unparteilichkeits- und Unabhängigkeitserklärung.

3. Anhörung der Parteien (Abs. 2)

Sofern sich aus der Erklärung eines Schiedsrichters ein Umstand ergibt, der Zweifel an seiner Unparteilichkeit oder Unabhängigkeit oder der Erfüllung vereinbarter Voraussetzungen wecken könnte, gibt die DIS-Geschäftsstelle nach § 16 Abs. 2 den Parteien die Gelegenheit zur Stellungnahme innerhalb einer angemessenen Frist. Aber auch unqualifizierte Annahmeerklärungen eines Schiedsrichters werden den Parteien grund- 10 sätzlich vor einer Bestellung des Schiedsrichters mit Gelegenheit zur Stellungnahme übersandt, obwohl der DIS-Generalsekretär in diesem Fall von seinem unmittelbaren Bestellungsrecht gemäß § 17 Abs. 1 („kann bestellen") Gebrauch machen könnte. Auf diese Weise soll vermieden werden, dass ein Schiedsrichter aufgrund einer unqualifizierten Annahmeerklärung bestellt wird, obwohl die Parteien Kenntnisse von nicht offen gelegten Umständen haben, die Zweifel an der Unparteilichkeit oder Unabhängigkeit des Schiedsrichters wecken, aber nach Bestellung des Schiedsrichters erst wieder nach Konstituierung des Schiedsgerichts als Gegenstand eines Ablehnungsverfahrens nach § 18 Abs. 1 behandelt werden können. Ziel ist es, den Beteiligten bekannte Zweifelfragen zur Unparteilichkeit oder Unabhängigkeit möglichst vor Konstituierung des Schiedsgerichts zu klären, damit sich das konstituierte Schiedsgericht unmittelbar mit den geltend gemachten Ansprüchen und nicht erst mit Fragen der Unparteilichkeit oder Unabhängigkeit im Rahmen einer Schiedsrichterablehnung beschäftigen muss.

11 Die Parteien können im Rahmen ihrer Stellungnahme der Bestellung des Schiedsrichters wegen Zweifeln an der Unparteilichkeit oder Unabhängigkeit des Schiedsrichters widersprechen. Ein Widerspruch gegen die Bestellung hat zur Folge, dass gemäß § 17 Abs. 2 der DIS-Ernennungsausschuss über die Bestellung des Schiedsrichters zu entscheiden hat. Der Widerspruch gegen die Bestellung ist zu unterscheiden von der Ablehnung eines Schiedsrichters gemäß § 18. Für die Entscheidung des DIS-Ernennungsausschusses gilt jedoch derselbe Maßstab, d.h. der Maßstab des § 18 Abs. 1. Es kommt also darauf an, ob Umstände vorliegen, die berechtigte Zweifel an der Unparteilichkeit und Unabhängigkeit des Schiedsrichters aufkommen lassen oder dass der Schiedsrichter die zwischen den Parteien vereinbarten Voraussetzungen nicht erfüllt. Der Widerspruch gegen die Bestellung kann auch auf Gründe gestützt werden, die außerhalb der Annahmeerklärung liegen, etwa, weil der Schiedsrichter einen Umstand verschwiegen hat. Haben die Parteien keine Bedenken gegen die Bestellung des Schiedsrichters, machen Sie von der Gelegenheit zur Stellungnahme in der Regel schlicht keinen Gebrauch.

12 Widerspricht eine Partei der Bestellung eines Schiedsrichters, gibt die DIS-Geschäftsstelle dem betroffenen Benannten sowie der anderen Partei Gelegenheit zur Stellungnahme. Sofern der betroffene Benannte an seiner Annahmeerklärung festhält, entscheidet der DIS-Ernennungsausschuss über die Bestellung (§ 17 Abs. 2), sobald die Sachlage hinreichend aufgeklärt ist. Andernfalls kann eine zweite „Schriftsatzrunde" erforder-

lich sein. Die DIS-Geschäftsstelle handhabt das Prozedere flexibel und dem jeweiligen Einzelfall angemessen.

B. Offenlegungspflicht nach Bestellung (Abs. 3)

I. Normzweck

Um die Einhaltung des Neutralitätsgebotes und damit das Recht der Parteien auf verfahrensrechtliche Gleichbehandlung auch während des Schiedsverfahrens zu gewährleisten, gilt die Pflicht zur unverzüglichen Offenlegung aller Umstände, die Zweifel an der Unparteilichkeit oder Unabhängigkeit wecken könnten, auch nach der Bestellung des Schiedsrichters fort. 13

II. Verhältnis zu § 1036 Abs. 1 Satz 2 ZPO

§ 1036 Abs. 1 Satz 2 ZPO hat neben § 16 Abs. 3 DIS-SchO keine eigenständige Bedeutung. 14

III. Vergleich mit den im staatlichen Verfahren geltenden Vorschriften

Ein Vergleich mit den im staatlichen Verfahren geltenden Vorschriften ist hier nicht sinnvoll. Der staatliche Richter ist entweder gesetzlicher Richter oder etwa wegen gesetzlich normierter Ausschlussgründe (etwa §§ 41 ff. ZPO) an der Amtsausübung verhindert. 15

IV. Offenlegungspflicht

Die Offenlegungspflicht erstreckt sich auf sämtliche Umstände, die Zweifel an der Unparteilichkeit oder Unabhängigkeit wecken können unabhängig davon, ob sie vor oder nach Konstituierung des Schiedsgerichts auftreten. Das weitere Verfahren richtet sich dann nach § 18, eine Entscheidung durch den DIS-Ernennungsausschuss kommt aber nicht mehr in Betracht. 16

C. Abweichende Parteivereinbarungen

Die Pflicht zur Abgabe einer Annahmeerklärung und zur Offenlegung von Umständen, die Zweifel an ihrer Unparteilichkeit oder Unabhängigkeit wecken könnten, steht weder vor noch nach der Bestellung eines Schiedsrichters zur Disposition der Parteien. § 1036 ZPO ist zwingendes Recht. Anders ist die Frage zu beurteilen, ob eine Partei einen offenge- 17

§ 17 DIS-SchO — Bestellung der Schiedsrichter

legten Grund gegebenenfalls als unbeachtlich erachten und darauf verzichten kann, der Bestellung des Schiedsrichters zu widersprechen (§ 17 Abs. 1 DIS-SchO). Dies ist grundsätzlich möglich.

Anhang: Muster Widerspruch gegen die Bestellung

18 *per Kurier*

An die
Deutsche Institution für Schiedsgerichtsbarkeit e.V.
Beethovenstr. 5–13
50674 Köln

DIS-Schiedsverfahren DIS-SV-XY-107/11
A GmbH ./. B Ltd.

Sehr geehrte Damen und Herren,

in der vorbezeichneten Angelegenheit komme ich zurück auf Ihr Schreiben vom 17.5.2012.

Der Beklagte widerspricht der Bestellung des Herrn YX als Schiedsrichter.

Aus der Annahmeerklärung ergeben sich Umstände, die berechtige Zweifel an der Unparteilichkeit und Unabhängigkeit des Benannten aufkommen lassen.

[Ausführung der Gründe ...]

Ferner erfüllt Herr YX nicht die zwischen den Parteien vereinbarten Voraussetzungen. Die Schiedsvereinbarung zwischen den Parteien sieht in Abweichung von der DIS-Schiedsgerichtsordnung vor, dass die Schiedsrichter die Befähigung zum Richteramt haben müssen. Ausweislich seines Lebenslaufs hat Herr YV zwar das erste, nicht jedoch das zweite juristische Staatsexamen abgelegt und hat somit nicht die Befähigung zum Richteramt.

Mit freundlichen Grüßen

(Unterschrift)
Rechtsanwalt

§ 17: Bestellung der Schiedsrichter

17.1 Sobald der DIS-Geschäftsstelle die Annahmeerklärung eines benannten Schiedsrichters vorliegt, und sich daraus keine Umstände ergeben, die Zweifel an seiner Unparteilichkeit oder Unabhängigkeit oder der Erfüllung vereinbarter Voraussetzungen wecken könnten, oder keine Partei der Bestellung des betroffenen Schiedsrichters innerhalb der

Frist nach § 16 Abs. 2 widersprochen hat, kann der DIS-Generalsekretär den benannten Schiedsrichter bestellen.

17.2 In anderen Fällen entscheidet der DIS-Ernennungsausschuss über die Bestellung des benannten Schiedsrichters.

17.3 Mit der Bestellung aller Schiedsrichter ist das Schiedsgericht konstituiert. Die DIS-Geschäftsstelle informiert die Parteien über die Konstituierung des Schiedsgerichts.

Regelungsschwerpunkte: Abs. 1 Bestellung der Schiedsrichter durch den Generalsekretär. → Rz. 5; **Abs. 2** In Zweifelsfällen Entscheidung durch den DIS-Ernennungsausschuss. → Rz. 6–8; **Abs. 3** Nach Bestellung aller Schiedsrichter ist das Schiedsgericht konstituiert. → Rz. 14–19

Inhalt

A. Bestellung durch den Generalsekretär (Abs. 1), in Zweifelsfällen Entscheidung durch den DIS-Ernennungsausschuss (Abs. 2) 1	2. Verfahren (Abs. 1, 2) 5
I. Normzweck 1	3. Folgen der Bestellung 10
II. Verhältnis zu § 1035 ZPO ... 2	4. Folgen der Nichtbestellung 12
III. Vergleich mit den im staatlichen Verfahren geltenden Vorschriften 3	V. Kosten 13
IV. Ablauf und Folgen der Bestellung bzw. Nichtbestellung (Abs. 1, 2) 4	B. Konstituierung (§ 17 Abs. 3) .. 14
1. Voraussetzungen (Abs. 1, 2) 4	I. Normzweck 14
	II. Verhältnis zu § 1035 ZPO 15
	III. Vergleich mit den im staatlichen Verfahren geltenden Vorschriften 16
	IV. Folgen der Konstituierung ... 17
	C. Abweichende Parteivereinbarungen 20

A. Bestellung durch den Generalsekretär (Abs. 1), in Zweifelsfällen Entscheidung durch den DIS-Ernennungsausschuss (Abs. 2)

I. Normzweck

Die Bestellung gemäß § 17 schließt an die Benennung des Schiedsrichters (§ 16) an. Erst mit der Bestellung ist der bis dahin „lediglich" benannte Schiedsrichter. § 17 bezweckt zum einen, Klarheit über den Zeitpunkt des Beginns des Schiedsrichteramts zu schaffen (Abs. 1), andererseits zu gewährleisten, dass nur Personen bestellt werden, bei denen keine Zweifel an der Unabhängigkeit und Unparteilichkeit beste-

1

hen (Abs. 2), damit Ablehnungsverfahren (vgl. § 18) zu einem späteren Zeitpunkt des Verfahrens nach Möglichkeit vermieden werden.

II. Verhältnis zu § 1035 ZPO

2   Eine § 17 Abs. 1 oder 2 DIS-SchO entsprechende Norm gibt es in der ZPO nicht. Gemäß § 1035 Abs. 3 ZPO „bestellt" jede Partei einen Schiedsrichter und die so bestellten Schiedsrichter „bestellen" den Vorsitzenden. In Ad-Hoc-Verfahren fallen somit Benennung und Bestellung zusammen. Eine Bestellung durch ein staatliches Gericht findet nur auf Antrag statt, sofern eine Partei keinen Schiedsrichter benannt hat oder eine Einigung hinsichtlich eines Einzelschiedsrichters nicht zustande kommt (§ 1035 Abs. 3 und 4 ZPO). Die ZPO hat neben § 17 DIS-SchO insoweit keine eigenständige Bedeutung.

III. Vergleich mit den im staatlichen Verfahren geltenden Vorschriften

3   Eine § 17 entsprechende Norm ist dem staatlichen Verfahren unbekannt.

IV. Ablauf und Folgen der Bestellung bzw. Nichtbestellung (Abs. 1, 2)

1. Voraussetzungen (Abs. 1, 2)

4   Aus dem Wortlaut von § 17 Abs. 1 („sobald") ergibt sich, dass das Vorliegen der **Annahmeerklärung zwingende Voraussetzung** für die Bestellung eines Schiedsrichters ist. Liegt diese nicht vor, wird ein benannter Schiedsrichter nicht bestellt.

2. Verfahren (Abs. 1, 2)

5   Der DIS-Generalsekretär bestellt einen Schiedsrichter, sofern sich aus seiner Annahmeerklärung entweder keine Umstände ergeben, die Anlass zu Zweifeln an seiner Unparteilichkeit und Unabhängigkeit wecken bzw. wenn nach einer qualifizierten Annahmeerklärung keine der Parteien der Bestellung dieses Schiedsrichters widerspricht, nachdem die DIS-Geschäftsstelle den Parteien nach § 16 Abs. 2 diesbezüglich Gelegenheit zur Stellungnahme gegeben hat (vgl. § 16 Rz. 10).

6   Widerspricht hingegen eine der Parteien der Bestellung des Schiedsrichters wegen Umständen, die Zweifel an der Unparteilichkeit und Unabhängigkeit wecken können, entscheidet der DIS-Ernennungsausschuss über die Benennung (vgl. hierzu § 14 der DIS-Satzung). Anders als es der Wortlaut von § 17 vermuten lässt („oder"), ist Voraussetzung für eine

Entscheidung des DIS-Ernennungsausschusses der Widerspruch einer der Parteien gegen die Bestellung (vgl. *Bredow/Mulder* in: Böckstiegel/ Kröll/Nacimiento, Arbitration in Germany, § 17 Rz. 7).

Der DIS-Ernennungsausschuss entscheidet über die Bestellung eines 7 Schiedsrichters in der Regel im schriftlichen Verfahren und zwar innerhalb weniger Tage. Hierzu stellt die DIS-Geschäftsstelle dem Ernennungsausschuss eine Zusammenfassung der vorgetragenen Argumente sowie Kopien der diesbezüglichen Korrespondenz zur Verfügung. Zur Vermeidung von Verfahrensverzögerungen durch Streitigkeiten über die ordnungsgemäße Besetzung des Schiedsgerichts in einem späteren Verfahrensstadium ist die Bestellungspraxis des DIS-Ernennungsausschusses eher restriktiv.

Für die Beurteilung der Frage der Unabhängigkeit und Unparteilichkeit 8 kann der DIS-Ernennungsausschusses Regelwerke – wie etwa die IBA Guidelines on the Conflict of Interest (vgl. Art. 11 ICC-SchO Rz. 7) – berücksichtigen. Dies geschieht jedoch nur dann zwingend, wenn die Parteien dies ausdrücklich in ihrer Schiedsvereinbarung vereinbart haben. Der Maßstab, den der DIS-Ernennungsausschuss für seine Entscheidung anlegt, ist jedoch stets der Maßstab, den die Gerichte am Schiedsort zur Beurteilung der Frage der Unabhängigkeit und Unparteilichkeit anwenden. Der DIS-Ernennungsausschuss stellt also darauf ab, ob der Ablehnung eines Schiedsrichters am Schiedsort durch ein staatliches Gericht stattgegeben würde. So soll vermieden werden, dass eine die Bestellung bestätigende Entscheidung des DIS-Ernennungsausschusses durch das zuständige staatliche Gericht in einem folgenden Ablehnungsverfahren gemäß § 18 „aufgehoben" wird.

Die Parteien sowie der Schiedsrichter werden über die Entscheidung des 9 DIS-Ernennungsausschusses informiert. Der DIS-Ernennungsausschuss begründet seine Entscheidungen nicht. Ein Rechtsmittel gegen die Entscheidung des DIS-Ernennungsausschusses – positiv oder negativ – sieht die DIS-SchO nicht vor. Die Partei, die der Bestellung eines Schiedsrichters erfolglos widersprochen hat und die an diesen Zweifeln trotz Bestellung des Schiedsrichters durch den DIS-Ernennungsausschuss festhält, kann allerdings binnen zwei Wochen nach Erhalt der Information über die Konstituierung des Schiedsgerichts (s. Rz. 19) das Ablehnungsverfahren gemäß § 18 betreiben. Das Ablehnungsverfahren kann jedoch nicht mehr auf Grund solcher Gründe betrieben werden, die bereits vor der Bestellung offengelegt wurden, gegen die die ablehnende Partei aber nicht innerhalb der ihr eingeräumten Frist zur Stellungnahme widersprochen hat. In der Praxis sollte eine Partei daher alle Gründe, die aus ihrer Sicht Zweifel an der Unparteilichkeit oder Unabhängigkeit oder der Erfüllung vereinbarter Voraussetzungen eines Schiedsrichters wecken könnten, möglichst frühzeitig rügen.

3. Folgen der Bestellung

10 Die Bestellung begründet Rechte und Pflichten der Schiedsrichter, da sie zu einem Vertrag zwischen dem Schiedsrichter und den Parteien führt, dem sog. Schiedsrichtervertrag. Dabei kommt zwischen jeder Partei und jedem Schiedsrichter ein separater Vertrag zu Stande.

11 Der Schiedsrichtervertrag entsteht mit der Konstituierung und mit den Rechten und Pflichten, die in der DIS-SchO festgelegt sind, ohne dass es eines gesonderten, textförmlichen Vertrags bedürfte. Solche gesonderten Vertragswerke werden regelmäßig in Ad-Hoc-Schiedsverfahren verwendet, da dort aus Schiedsrichtersicht insbesondere die Frage der Vergütung zu regeln ist. Die DIS-SchO regelt die Rechte und Pflichten der Schiedsrichter bereits sehr umfassend. Dies gilt nicht nur für Art und Weise der Tätigkeit des Schiedsgerichts, wovon bspw. auch die Pflicht zur Vertraulichkeit erfasst ist (§ 43), sondern etwa auch für die Haftung der Schiedsrichter (§ 44) und die Schiedsrichterhonorare (§ 40). Dennoch kommt es in der DIS-Praxis gelegentlich vor, dass die Schiedsrichter einen gesonderten Schiedsrichtervertrag schließen und dort bspw. weitere Punkte, wie etwa Aufbewahrungspflichten, regeln.

4. Folgen der Nichtbestellung

12 Die DIS-SchO schweigt zu den Folgen einer Nichtbestellung durch den DIS-Ernennungsausschuss. Wie sich in Analogie zu § 18 Abs. 3 (erfolgreiche Ablehnung eines Schiedsrichters) ergibt, ist für diesen Fall ein neuer Schiedsrichter zu benennen. Auf dessen Benennung und Bestellung sind die Vorschriften der §§ 12 bis 17 entsprechend anzuwenden. Die DIS-Geschäftsstelle fordert die ursprünglich benennende Partei bzw. die parteibenannten Schiedsrichter unter Fristsetzung auf, eine erneute Benennung vorzunehmen. Bei wiederholter Benennung offensichtlich ungeeigneter Kandidaten durch eine Partei kann diese ihr Benennungsrecht aber auch „verwirken".

V. Kosten

Für die Bestellung eines Schiedsrichters durch den DIS-Generalsekretär oder eine Entscheidung durch den DIS-Ernennungsausschuss fallen keine gesonderten Kosten an. 13

B. Konstituierung (Abs. 3)

I. Normzweck

Zweck von § 17 Abs. 3 ist es, den Moment festzulegen, ab dem das Schiedsgericht wirksam konstituiert ist und mit seiner Arbeit beginnen, d.h. das weitere Verfahren in Gang setzen kann. Die Konstituierung des Schiedsgerichts ist erfolgt, wenn alle Schiedsrichter, d.h. im Falle eine Dreier-Schiedsgerichts alle drei und im Falle eines Einzelschiedsrichters bestellt sind. 14

II. Verhältnis zu § 1035 ZPO

Eine § 17 Abs. 3 entsprechende Norm gibt es in der ZPO nicht, die insoweit neben § 17 keine eigenständige Bedeutung hat. Auch die ZPO geht implizit davon aus, dass das Schiedsgericht mit seiner vollständigen Besetzung konstituiert ist, da es andernfalls nicht tätig werden könnte. Da hier der Bestellungsvorgang mit der Benennung eines Schiedsrichters oder aber der beiden parteibenannten Schiedsrichter zusammenfällt, macht die ZPO die Konstituierung nicht von einem gesonderten Bestellungsvorgang abhängig. 15

III. Vergleich mit den im staatlichen Verfahren geltenden Vorschriften

Eine entsprechende Norm ist im staatlichen Verfahren nicht gegeben. 16

IV. Folgen der Konstituierung

Die Konstituierung des Schiedsgerichts setzt das weitere Verfahren in Gang. Die DIS-Geschäftsstelle informiert die Parteien und das Schiedsgericht zeitgleich mit der letzten Bestellung, über die Konstituierung des Schiedsgerichts. Ferner informiert sie die Parteien, dass ab diesem Zeitpunkt die gesamte Korrespondenz unmittelbar an das Schiedsgericht und die andere Partei zu richten ist. 17

Die DIS-Geschäftsstelle hat ab dem Zeitpunkt der Konstituierung – abgesehen von gewissen in der DIS-SchO vorgesehen Fällen – keine beson- 18 deren verfahrensgestaltenden Funktionen mehr, sondern überträgt die Verfahrensleitung dem Schiedsgericht (vgl. § 9). Nur in wenigen Ausnahmefällen, wie bspw. Widerklagen oder sonstigen Maßnahmen, die Auswirkungen auf den Streitwert und damit potentiell auf die DIS Bearbeitungsgebühr haben (vgl. § 10), bei Ablehnung eines Schiedsrichters (vgl. § 18), oder zum Zwecke der Übersendung des Schiedsspruchs (vgl. § 36) ist die DIS-Geschäftsstelle einzubinden. Die DIS-Geschäftsstelle steht unabhängig hiervon jederzeit als Ansprechpartner für die Parteien und das Schiedsgericht zur Verfügung.

19 Eine weitere wichtige Folge ist, dass mit Erhalt der Information über die Konstituierung des Schiedsgerichts (vgl. Rz. 17) die Zwei-Wochen-Frist für die Ablehnung eines Schiedsrichters gemäß § 18 Abs. 2 zu laufen beginnt (vgl. § 18 Rz. 14).

C. Abweichende Parteivereinbarungen

20 Abweichende Parteivereinbarungen der Parteien hinsichtlich der Bestellungskompetenz der DIS – entweder durch den Generalsekretär oder den Ernennungsausschuss – oder des Moments der Konstituierungswirkung des Schiedsgerichts widersprechen dem Grundgedanken des DIS-Verfahrens und führen gegebenenfalls zur Undurchführbarkeit der Schiedsvereinbarung.

21 Dies wird unter anderem auch daran deutlich, dass zahlreiche Schiedsgerichtsordnungen der Industrie- und Handelskammern, die auf die DIS-SchO verweisen (wie z.B. die Schiedsgerichtsordnung der IHK Berlin, München, Köln, Stuttgart), lediglich die Benennungsfunktionen i.S.d. §§ 12 und 14 auf Organe der jeweiligen Kammern übertragen. Die Zuständigkeiten zur Bestellung verbleiben jedoch stets beim DIS-Generalsekretär bzw. beim DIS-Ernennungsausschuss.

§ 18: Ablehnung eines Schiedsrichters

18.1 Ein Schiedsrichter kann nur abgelehnt werden, wenn Umstände vorliegen, die berechtigte Zweifel an seiner Unparteilichkeit oder Unabhängigkeit aufkommen lassen, oder wenn er die zwischen den Parteien vereinbarten Voraussetzungen nicht erfüllt. Eine Partei kann einen Schiedsrichter, den sie benannt oder an dessen Benennung sie mitgewirkt hat, nur aus Gründen ablehnen, die ihr erst nach der Benennung bekannt geworden sind.

18.2 Die Ablehnung ist innerhalb von zwei Wochen nach Erhalt der Information über die Konstituierung des Schiedsgerichts nach § 17 Abs. 3 oder nach Kenntniserlangung des Ablehnungsgrundes der DIS-Geschäftsstelle gegenüber zu erklären und zu begründen. Die DIS-Geschäftsstelle unterrichtet die Schiedsrichter und die andere Partei von der Ablehnung und setzt dem abgelehnten Schiedsrichter und der anderen Partei eine angemessene Erklärungsfrist. Legt innerhalb dieser Frist der abgelehnte Schiedsrichter sein Amt nicht nieder oder stimmt die andere Partei der Ablehnung nicht zu, so kann die ablehnende Partei innerhalb von zwei Wochen bei dem Schiedsgericht eine Entscheidung über die Ablehnung beantragen, soweit die Parteien nichts anderes vereinbart haben.

18.3 Erklärt sich die andere Partei mit der Ablehnung einverstanden, oder legt der Schiedsrichter sein Amt nach der Ablehnung nieder, oder ist dem Ablehnungsantrag stattgegeben worden, so ist ein Ersatzschiedsrichter zu benennen. Auf die Benennung und Bestellung des Ersatzschiedsrichters sind §§ 12 bis 17 entsprechend anzuwenden.

Regelungsschwerpunkte: Ablehnung eines Schiedsrichters nach Konstituierung des Schiedsgerichts.

Kostenaspekte: Ersetzung abgelehnter Schiedsrichter ist möglicherweise mit zusätzlichem Schiedsrichterhonorar verbunden.

Inhalt

A. Normzweck 1	I. Unparteilichkeit und Unabhängigkeit; Nichterfüllung vereinbarter Voraussetzungen (Abs. 1).................... 9
B. Verhältnis zu §§ 1036, 1037 ZPO..................... 5	II. Verfahren (Abs. 2).......... 14
C. Vergleich mit den im staatlichen Verfahren geltenden Vorschriften.............. 7	III. Ersetzung (§ 18 Abs. 3) 23
	E. Kosten 28
D. Tatbestand und Rechtsfolgen..................... 9	F. Abweichende Parteivereinbarung 29

Literatur: International Bar Association, IBA Guidelines on Conflicts on Interest in International Arbitration.

A. Normzweck

1 Das Verfahren zur Ablehnung eines Schiedsrichters nach § 18 gibt den Parteien die Möglichkeit, nach Konstituierung des Schiedsgerichts gegen Mängel in der Besetzung des Schiedsgerichts vorzugehen und Schiedsrichter ihres Amtes entheben zu lassen, bei denen Umstände vorliegen, die berechtigte Zweifel an der Unabhängigkeit oder Unparteilichkeit begründen oder wenn zwischen den Parteien vereinbarte Voraussetzungen nicht erfüllt sind. § 18 gilt insoweit aber nur für Schiedsrichter, nicht aber für die Ablehnung von Sachverständigen, Sekretäre des Schiedsgerichts oder Parteivertreter.

2 Vor Bestellung eines Schiedsrichters können die Parteien einen Schiedsrichter nicht ablehnen, sondern nur seiner Bestellung widersprechen, wenn Umstände vorliegen, die Zweifel an der Unparteilichkeit oder Unabhängigkeit oder der Erfüllung vereinbarter Voraussetzungen wecken könnten (vgl. § 17 Abs. 1). Sobald ein Schiedsrichter bestellt ist, bleibt nur noch der Ablehnungsantrag nach § 18. Umstände, die eine Ablehnung nach § 18 begründen könnten, sind dann innerhalb der in § 18 Abs. 2 genannten Frist in einem Ablehnungsantrag geltend zu machen. Eine Ablehnung nach Konstituierung des Schiedsgerichts kann auf erst später bekannt werdende und über die ursprünglichen Ablehnungsgründe hinausgehende, aber auch auf dieselben Gründe gestützt werden, mit denen bereits der Bestellung des Schiedsrichters widersprochen wurde. Zu bedenken ist im letzteren Fall dann aber, dass diese Gründe bereits Gegenstand der Entscheidung des DIS-Ernennungsausschusses, den betreffenden Schiedsrichter zu bestellen, waren, die erneut, nun durch das Schiedsgericht, überprüft werden.

3 Das Verfahren zur Ablehnung von Schiedsrichtern hat den Zweck, ein faires Schiedsverfahren sicherzustellen und so letztlich frühzeitig den Bestand und die Vollstreckbarkeit von Schiedssprüchen zu sichern. Eine Entscheidung durch ein fehlerhaft besetztes Schiedsgericht kann nämlich Grund für eine Aufhebung des Schiedsspruchs gemäß § 1059 Abs. 2 Nr. 1 Buchst. d, Nr. 2 Buchst. b ZPO bzw. Versagung der Vollstreckung gemäß Art. V Abs. 1 Buchst. d oder Abs. 2 Buchst. b UNÜ sein.

4 Bleibt das Ablehnungsverfahren gemäß § 18 DIS-SchO erfolglos und befindet sich der Ort des schiedsrichterlichen Verfahrens in Deutschland, kann die ablehnende Partei einen Antrag auf Entscheidung eines staatlichen Gerichtes über die Ablehnung gemäß § 1037 Abs. 3 ZPO stellen. Das Schiedsverfahren kann dann aber dennoch seinen Fortgang nehmen.

B. Verhältnis zu §§ 1036, 1037 ZPO

Das Ablehnungsverfahren nach § 18 Abs. 2 DIS-SchO entspricht dem Verfahren nach § 1037 Abs. 2 ZPO. 5

Ergänzt wird § 18 DIS-SchO durch § 1037 Abs. 3 ZPO, nach dem bei erfolglosem Ablehnungsgesuch die Entscheidung eines staatlichen Gerichts beantragt werden kann. 6

C. Vergleich mit den im staatlichen Verfahren geltenden Vorschriften

Die Ablehnungsgründe gemäß § 18 Abs. 1 DIS-SchO gehen über die Ablehnungsgründe der §§ 41, 42 ZPO hinaus. 7

Die Anforderungen an den Ablehnungsantrag gemäß § 18 Abs. 2 DIS-SchO decken sich ebenfalls nur teilweise mit denen gemäß § 44 ZPO. Eine § 18 Abs. 2 DIS-SchO vergleichbare Frist für die Geltendmachung von Ablehnungsgründen ist in der ZPO nicht vorgesehen. Verzögerungen wird dort vielmehr durch die Präklusionsvorschrift des § 43 ZPO entgegengewirkt. 8

D. Tatbestand und Rechtsfolgen

I. Unparteilichkeit und Unabhängigkeit; Nichterfüllung vereinbarter Voraussetzungen (Abs. 1)

Der Begriff der Unparteilichkeit und Unabhängigkeit des Schiedsrichters entspricht demjenigen des § 15, d.h. der Verpflichtung des Schiedsrichters zur Unabhängigkeit und Unparteilichkeit (s. daher die dortige Kommentierung). Zu beachten ist aber, dass die Grundlage für die Ablehnung eines Schiedsrichters nach § 18 enger ist als die Verpflichtung, gemäß § 16 Umstände, die Anlass zu Zweifeln an der Unparteilichkeit und Unabhängigkeit geben könnten, offenzulegen. Während ein Schiedsrichter vor seiner Bestellung verpflichtet ist, alle Umstände offen zu legen, die Anlass zu Zweifel an seiner Unparteilichkeit oder Unabhängigkeit geben könnten, können nur solche Umstände eine Ablehnung begründen, die Anlass zu berechtigten Zweifeln an der Unparteilichkeit und Unabhängigkeit des Schiedsrichters geben. Das heißt, dass nicht notwendigerweise jeder Umstand, den ein Schiedsrichter gemäß §§ 15 und 16 offenzulegen hat, auch seine Ablehnung rechtfertigen. Diese eingeschränkte Möglichkeit der Ablehnung unterstreicht die Bedeutung des DIS-Bestellungsverfahrens nach § 17. Als Vorverfahren soll es den Parteien frühzeitig Gelegenheit zur Klärung etwaiger Bedenken einer Partei über die Eignung einer Person 9 als Schiedsrichter geben, beschränkt aber auch die Möglichkeit, im späteren Verlauf des Verfahrens eine Ablehnung zu erheben wegen der Gründe, die die Partei bereits im Verfahren gemäß § 17 zum Widerspruch gegen die Bestellung bewogen haben.

10 Anders als in § 41 ZPO in Bezug auf den Ausschluss staatlicher Richter gibt es keine gesetzliche Definition der Unparteilichkeit oder Unabhängigkeit eines Schiedsrichters in den §§ 1025 ZPO ff. In deutschen Schiedsgerichtsverfahren, d.h. wenn der Schiedsort in Deutschland liegt, wenden die Gerichte (und Schiedsgerichte) allerdings bei der Beurteilung der Unparteilichkeit und Unabhängigkeit eines Schiedsrichters die Kriterien des § 41 ZPO an. Die IBA Guidelines on Conflicts on Interest in International Arbitration, die zwar nur unmittelbare Geltung haben, wenn dies von den Parteien vereinbart worden ist, können ebenfalls als Kriterien hinzugezogen werden bei der Frage, ob bestimmte Umstände Anlass zu berechtigten Zweifeln geben.

11 Es kommt entscheidend darauf an, ob vernünftige Gründe vorliegen, die aus der objektiven Sicht der betroffenen Partei bei rationaler Betrachtung die Besorgnis der Befangenheit auslösen können. Es kommt weder auf die persönliche Wahrnehmung des abgelehnten Schiedsrichters noch auf dessen Wissen hinsichtlich der die Ablehnungsgründe begründenden Tatsachen an.

12 § 18 Abs. 1 Satz 2 sieht eine Einschränkung bei der Ablehnung des „eigenen" Schiedsrichters vor. Die Beschränkung der Gründe für eine Ablehnung eines Schiedsrichters ist Ausdruck des hohen Maßes an Autonomie der Parteien bei der Auswahl ihrer Schiedsrichter. Insoweit regelt § 18 Abs. 1 Satz 2, dass eine einmal gemachte Schiedsrichter(-mit-)benennung nicht nach Belieben zurück genommen werden kann. Im Ablehnungsverfahren können nur Gründe, die einer (mit-)benennenden Partei bei der Benennung nicht bekannt waren, von ihr geltend gemacht werden. Dies soll widersprüchlichem Prozessverhalten der Parteien entgegenwirken und Verzögerungsmöglichkeiten Einhalt gebieten.

13 Haben die Parteien Voraussetzungen vereinbart, die ein Schiedsrichter erfüllen muss, kann eine Nichterfüllung dieser Voraussetzungen nicht als Ablehnungsgrund geltend gemacht werden, wenn die Parteien diese Voraussetzungen nachträglich abändern. Haben die Parteien keine Voraussetzungen vereinbart und stellt sich heraus, dass der Schiedsrichter unfähig ist, seine Aufgaben zu erfüllen, stellt dies keinen Ablehnungsgrund dar. In Betracht kommt dann nur eine Beendigung des Schiedsrichteramtes nach § 19.

II. Verfahren (Abs. 2)

Die mit Gründen versehene Ablehnungserklärung ist innerhalb von zwei Wochen nach Konstituierung des Schiedsgerichts oder nachdem die ablehnende Partei von den Umständen, die Anlass zu Zweifeln an der Unparteilichkeit und Unabhängigkeit des Schiedsrichters geben, Kenntnis erlangt hat, bei der DIS-Geschäftsstelle einzureichen, § 18 Abs. 2 Satz 1. 14

Die DIS übermittelt anschließend gemäß § 18 Abs. 2 Satz 2 die Ablehnung dem betroffenen Schiedsrichter und der anderen Partei und gibt ihnen Gelegenheit, innerhalb angemessener Frist Stellung zu nehmen. Die Frist wird dabei unter Berücksichtigung des geltend gemachten Ablehnungsgrundes und der Umstände des Einzelfalles gesetzt. 15

Innerhalb der gesetzten Frist besteht die Möglichkeit, dass der abgelehnte Schiedsrichter sein Amt niederlegt oder die Gegenpartei der Ablehnung zustimmt. In beiden Fällen endet dann das Amt des Schiedsrichters. 16

Die Regel des § 18 Abs. 1 Satz 2, nach der eine Partei einen Schiedsrichter, den sie benannt oder an dessen Benennung sie mitgewirkt hat, nur aus Gründen ablehnen kann, die ihr erst nach der Benennung bekannt geworden sind, steht der Zustimmung zur Ablehnung des von ihr benannten Schiedsrichters nicht entgegen, auch wenn die Ablehnung auf einem Umstand beruht, der der Partei bereits bei Benennung des Schiedsrichters bekannt war. Die Zustimmung dient lediglich der Beendigung des Schiedsrichteramtes unter Umständen, in denen die Ablehnung begründet erscheint. 17

Wenn der abgelehnte Schiedsrichter innerhalb der gesetzten Frist nicht von dem Amt zurücktritt bzw. die andere Partei nicht der Ablehnung zustimmt, informiert die DIS die ablehnende Partei über diesen Umstand. Das Schiedsgericht und die andere Partei werden ferner über das Datum des Zugangs dieser Mitteilung informiert. 18

Möchte die ablehnende Partei die Ablehnung weiterverfolgen, muss sie innerhalb von zwei Wochen nach Erhalt der Mitteilung der DIS einen Antrag auf Entscheidung über die Ablehnung an das Schiedsgericht richten. 19

Das Schiedsgericht, und nicht etwa der DIS-Ernennungsausschuss, ist dann zur Entscheidung über den Ablehnungsantrag berufen. Da nach § 18 Abs. 2 das „Schiedsgericht" entscheidet, kann auch der abgelehnte 20

Schiedsrichter an der Entscheidung mitwirken. In der Praxis ist es jedoch üblich, dass der abgelehnte Schiedsrichter von der Mitwirkung an der Entscheidung über die Ablehnung Abstand nimmt.

21 Gibt das Schiedsgericht der Ablehnung nicht statt und befindet sich der Ort des schiedsrichterlichen Verfahrens in Deutschland, kann die ablehnende Partei einen Antrag auf Entscheidung über die Ablehnung gem. § 1037 Abs. 3 ZPO bei dem zuständigen Gericht beantragen. Nimmt eine Partei die Möglichkeit der gerichtlichen Entscheidung über die Ablehnung des Schiedsrichters nicht wahr, hat ein späterer Antrag auf Aufhebung des Schiedsspruchs, an dem der Schiedsrichter mitgewirkt hat, gestützt auf die fehlende Unparteilichkeit oder Unabhängigkeit des Schiedsrichters keine Aussicht auf Erfolg, wenn der Antrag auf die bereits mit der Ablehnung nach § 18 DIS-SchO geltend gemachten Umstände gestützt wird.

22 Nicht ausdrücklich von § 18 DIS-SchO erfasst ist die Situation, dass ein Einzelschiedsrichter oder das gesamte Schiedsgericht abgelehnt wird. Auch in diesen Fällen ist Verfahren nach § 18 Abs. 2 Satz 1 und 2 DIS-SchO durchzuführen, d.h. die ablehnende Partei muss die Ablehnung gegenüber der DIS erklären und begründen. Auch hier setzt die DIS dem Einzelschiedsrichter bzw. den drei Schiedsrichtern und der anderen Partei eine Frist zur Stellungnahme zum Ablehnungsantrag. Tritt der Einzelschiedsrichter/das Schiedsgericht dann nicht zurück, kann dies schon als Zurückweisung des Ablehnungsantrags gewertet werden mit der Folge, dass die ablehnende Partei unmittelbar das zuständige Gericht nach § 1037 Abs. 3 ZPO anrufen kann, ohne zuvor eine erneute Entscheidung über die Ablehnung beim Schiedsgericht gemäß § 18 Abs. 2 Satz 3 DIS-SchO beantragen und abwarten zu müssen.

III. Ersetzung (§ 18 Abs. 3)

23 Ist die Ablehnung erfolgreich, d.h. tritt der Schiedsrichter von seinem Amt zurück oder stimmt die andere Partei der Ablehnung zu oder gibt das Schiedsgericht dem Ablehnungsantrag statt, so ist ein Ersatzschiedsrichter zu benennen.

24 Nach § 18 Abs. 3 Satz 2 sind auf die Benennung und Bestellung des Ersatzschiedsrichters die §§ 12 bis 17 entsprechend anzuwenden. Dies bedeutet, dass das ursprüngliche Benennungsrecht der Partei, deren Schiedsrichter abgelehnt wurde, bzw. hinsichtlich des Vorsitzenden der beiden parteibenannten Schiedsrichter wieder auflebt. Der Ersatzschiedsrichter ist dann gemäß dem von den Parteien vereinbarten oder

in der Schiedsgerichtsordnung vorgesehenen Benennungsverfahren erneut zu benennen, wobei §§ 12 bis 17 für den Kläger insoweit analog anzuwenden sind. Unter bestimmten Umständen kann allerdings die Frist für die Benennung des Schiedsrichters zur Verfahrensbeschleunigung verkürzt werden.

Die Benennung eines Ersatzschiedsrichters hat keinen Einfluss auf die Bestellung der übrigen bestellten Schiedsrichter. Falls ein von mehreren Beklagten benannter Schiedsrichter nach erfolgreicher Ablehnung ausscheidet und sich die Beklagten anschließend nicht auf einen neuen Schiedsrichter einigen können, findet keine Ersetzung auch des klägerbenannten Schiedsrichters statt, wenn der Kläger Antrag auf Ersatzbenennung gemäß § 13 Abs. 2 stellt. Ebenso wird die Benennung des Vorsitzenden des Schiedsgerichts, an der ein parteibenannter Schiedsrichter mitgewirkt hat, nicht dadurch berührt, dass das Schiedsrichteramt dieses parteibenannten Schiedsrichters als Folge einer Ablehnung endet. 25

Tritt ein Schiedsrichter nach § 18 Abs. 2 zurück oder stimmt die andere Partei der Beendigung des Schiedsrichteramtes zu, bedeutet dies nicht die Anerkennung der geltend gemachten Rücktrittsgründe, § 19 Abs. 3. Ein Schuldeingeständnis oder die Anerkennung jedweden Fehlverhaltens ist mit einem Rücktritt nicht verbunden. 26

Sobald der Ersatzschiedsrichter bestellt ist, ist das Schiedsgericht erneut konstituiert. Die Parteien und das Schiedsgericht müssen dann im Einzelfall und unter Berücksichtigung des Stadiums, in welchem die Ersatzbenennung erfolgt, klären, in welchem Umfang das Verfahren erneut durchgeführt werden muss bzw. an welchem Punkt es fortgesetzt wird. In diesem Zusammenhang haben die Parteien auch zu klären, wie mit der Verfahrensakte des ausgeschiedenen Schiedsrichters verfahren wird und auf welche Weise der Ersatzrichter eine komplette Verfahrensakte erhält. 27

E. Kosten

Die erfolgreiche Ablehnung eines Schiedsrichters und Ersatzbenennung kann im Einzelfall mit zusätzlichen Schiedsrichterhonoraren verbunden sein, wenn sowohl abgelehnter wie auch ersatzbenannter Schiedsrichter Anspruch auf Honorar geltend machen können. 28

F. Abweichende Parteivereinbarung

29 Abweichende Parteivereinbarungen sind insbesondere hinsichtlich des Ablaufs und der Fristen des Ablehnungsverfahrens denkbar.

§ 19: Verhinderung eines Schiedsrichters

19.1 Ist ein Schiedsrichter rechtlich oder tatsächlich außerstande, seine Aufgaben zu erfüllen, oder kommt er aus anderen Gründen seinen Aufgaben nicht nach, so endet sein Amt, wenn er zurücktritt oder wenn die Parteien die Beendigung seines Amtes vereinbaren. Tritt der Schiedsrichter von seinem Amt nicht zurück, oder können sich die Parteien über die Beendigung des Amtes nicht einigen, kann jede Partei bei dem zuständigen Gericht eine Entscheidung über die Beendigung des Amtes beantragen.

19.2 Wird das Schiedsrichteramt beendet, so ist ein Ersatzschiedsrichter zu benennen. Auf die Benennung und Bestellung des Ersatzschiedsrichters sind §§ 12 bis 17 entsprechend anzuwenden.

19.3 Tritt ein Schiedsrichter in den Fällen des Absatzes 1 oder des § 18 Abs. 2 zurück, oder stimmt eine Partei der Beendigung des Schiedsrichteramtes zu, so bedeutet dies nicht die Anerkennung der in Absatz 1 oder in § 18 Abs. 1 genannten Rücktrittsgründe.

Regelungsschwerpunkte: Fortsetzung des Verfahrens bei Verhinderung eines Schiedsrichters

Kostenaspekte: Ersetzung von Schiedsrichtern ist möglicherweise mit zusätzlichem Schiedsrichterhonorar verbunden

Inhalt

A. Normzweck 1	D. Tatbestand und Rechtsfolgen . 4
B. Verhältnis zu §§ 1038, 1039 ZPO 2	I. Gründe (Abs. 1 Satz 1) 4
	II. Rechtsfolgen (Abs. 2) 9
C. Vergleich mit den im staatlichen Verfahren geltenden Vorschriften 3	E. Kosten 14
	F. Abweichende Parteivereinbarung 15

A. Normzweck

Im Laufe eines Verfahrens kann es aus unterschiedlichen Gründen erforderlich werden, dass ein Schiedsrichter aus seinem Amt ausscheiden muss. § 19 stellt insoweit eine Regelung für die Fälle zur Verfügung, in denen ein Schiedsgerichtsverfahren nicht fortgesetzt werden kann, weil ein Schiedsrichter nicht in der Lage ist, sein Amt auszuüben. Ziel ist es, in diesen Situationen Zeit- und Effizienzverluste möglichst gering zu halten. 1

B. Verhältnis zu §§ 1038, 1039 ZPO

§ 19 DIS-SchO spiegelt den Wortlaut von §§ 1038 und 1039 ZPO fast identisch wider. Abweichend von § 1038 Abs. 1 Satz 1 ZPO kommt es nach § 19 Abs. 1 DIS-SchO nicht darauf an, ob der Schiedsrichter „in angemessener Frist" untätig geblieben ist. Diese Abweichung dient letztlich dazu, unangemessene Verfahrensverzögerungen durch ein zusätzliches tatbestandliches Zeitmoment zu verhindern. 2

C. Vergleich mit den im staatlichen Verfahren geltenden Vorschriften

Im staatlichen Verfahren sind vergleichbare Vorschriften für den Fall der Verhinderung eines Richters jedenfalls in der ZPO nicht ausdrücklich vorgesehen. Vielmehr ergeben sich die maßgeblichen (Ersatz-)Zuständigkeiten aus dem nach § 21e GVG zu erlassenden Geschäftsverteilungsplänen der einzelnen Gerichte. 3

D. Tatbestand und Rechtsfolgen

I. Gründe (Abs. 1 Satz 1)

Die Gründe, aus denen ein Schiedsrichter – abgesehen von mangelnder Unparteilichkeit oder Unabhängigkeit oder Nichterfüllung vereinbarter Voraussetzungen – aus dem Schiedsrichteramt entfernt werden kann, können sowohl rechtlicher als auch tatsächlicher Art sein. 4

Rechtliches oder tatsächliches Unvermögen, das Schiedsrichteramt auszuüben, betrifft jeden tatsächlichen oder rechtlichen Umstand, der eine Person daran hindert, an dem Verfahren teilzunehmen, z.B. eine länger andauernde Erkrankung oder Behinderung, die die Fähigkeit einer Person, eine Streitigkeit zu entscheiden mehr als nur vorübergehend einschränkt, oder aber auch der Verlust der Rechtsfähigkeit. 5

6   Eine Arbeitsüberlastung eines Schiedsrichters, die zu einer Verzögerung führt, stellt für sich genommen noch keine Verhinderung i.S.d. § 19 dar.

7   Im Falle des Todes eines Schiedsrichters enden hingegen Verpflichtungen des Verstorbenen wegen der Höchstpersönlichkeit des Schiedsrichteramtes ipso iure mit dem Tod, so dass eine ausdrückliche Beendigungserklärung durch das zuständige Gericht gemäß § 19 Abs. 1 Satz 2 nicht erforderlich ist.

8   In Betracht kommt aber auch **die Nichterfüllung der Aufgaben eines Schiedsrichters aus anderen Gründen** als einem rechtlichen oder tatsächlichen Unvermögen. Dies betrifft insbesondere Fälle, in denen ein Schiedsrichter sich über einen längeren Zeitraum hinweg, d.h. mehr als nur vorübergehend, weigert, an dem Verfahren mitzuwirken und daher die Fortsetzung des Verfahrens unmöglich macht. Es gibt allerdings keine allgemeinen Kriterien zur Beurteilung der Frage, ob das Verhalten eines Schiedsrichters diese Voraussetzung erfüllt. Die Entscheidung kann vielmehr nur im Licht der konkreten Umstände des Einzelfalles getroffen werden.

II. Rechtsfolgen (Abs. 2)

9   Weigert sich ein Schiedsrichter, am Verfahren mitzuwirken, z.B. in dem er nicht an einer Abstimmung über eine Entscheidung mitwirkt, können die beiden übrigen Schiedsrichter im Falle eines Dreierschiedsgerichts – soweit die Parteien nichts anderes vereinbart haben – die Entscheidung ohne den dritten Schiedsrichter treffen. Die Entscheidung der verbleibenden Schiedsrichter muss – gemäß dem Grundsatz, dass die Entscheidungen des Schiedsgerichts mit Stimmenmehrheit zu treffen sind (§ 33 Abs. 3) – einstimmig sein. Wirkt der Schiedsrichter nicht an einer Entscheidung über einen Schiedsspruch mit, müssen die Parteien ausreichend frühzeitig über die Absicht der übrigen Schiedsrichter informiert werden, ohne den säumigen Schiedsrichter abzustimmen. Dies dient dazu, ihnen Gelegenheit zu geben, eine Ersetzung des Schiedsrichters gemäß § 19 vorzunehmen.

10 Tritt der Schiedsrichter freiwillig zurück oder vereinbaren die Parteien die Beendigung des Schiedsrichtermandats, endet sein Amt, und ein Ersatzschiedsrichter ist grundsätzlich zu bestellen. Nach § 18 Abs. 2 Satz 2 sind auf die Benennung und Bestellung des Ersatzschiedsrichters die §§ 12 bis 17 entsprechend anzuwenden (vgl. daher § 18 Rz. 24 ff.).

11 Sobald der Ersatzschiedsrichter bestellt ist, ist das Schiedsgericht erneut konstituiert. Die Parteien und das Schiedsgericht müssen dann im Ein-

zelfall und unter Berücksichtigung des Stadiums, in welchem die Ersatzbenennung erfolgt, klären, in welchem Umfang das Verfahren erneut durchgeführt werden muss bzw. an welchem Punkt es fortgesetzt wird.

Die Parteien sind allerdings auch frei, nach Ausscheiden eines Schiedsrichters zu vereinbaren, das Verfahren mit den verbliebenen Schiedsrichtern ohne eine Ersatzbenennung fortzusetzen. Je nach Verfahrensstadium und Kooperationsbereitschaft der Beteiligten im Hinblick auf eine entsprechende Vereinbarung kann dieses Vorgehen aus Kosten- und Effizienzgesichtspunkten nahe liegen. Die DIS-Hauptgeschäftsstelle ist in dieser Situation unterstützend tätig. 12

§ 19 Abs. 3 stellt wie § 18 Abs. 3 klar, dass die Entscheidung der Parteien, das Amt eines Schiedsrichters zu beenden oder der Rücktritt eines Schiedsrichters keine Anerkennung der geltend gemachten Gründe darstellt. 13

E. Kosten

Eine Ersatzbenennung kann im Einzelfall mit zusätzlichen Schiedsrichterhonoraren verbunden sein, wenn sowohl ausgeschiedener als auch ersatzbenannter Schiedsrichter Anspruch auf Honorar geltend machen können. 14

F. Abweichende Parteivereinbarung

Abweichende Parteivereinbarungen sind insbesondere hinsichtlich des weiteren Verfahrens nach Ausscheiden eines Schiedsrichters denkbar. Nach Konstituierung des Schiedsgerichts können die Parteien den Rücktritt aber nicht ohne Zustimmung der Schiedsrichter erschweren, weil es sich sonst um einen Vertrag zu Lasten Dritter handeln würde. 15

§ 20: *Einstweiliger Rechtsschutz*

20.1 Haben die Parteien nichts anderes vereinbart, kann das Schiedsgericht auf Antrag einer Partei vorläufige oder sichernde Maßnahmen anordnen, die es in Bezug auf den Streitgegenstand für erforderlich hält. Das Schiedsgericht kann von jeder Partei im Zusammenhang mit einer solchen Maßnahme angemessene Sicherheit verlangen.

20.2 Die Schiedsvereinbarung schließt nicht aus, dass die Parteien vor oder nach Beginn des schiedsrichterlichen Verfahrens vorläufige oder sichernde Maßnahmen in Bezug auf den Streitgegenstand des schiedsrichterlichen Verfahrens bei einem staatlichen Gericht beantragen.

§ 20 DIS-SchO — Einstweiliger Rechtsschutz

Regelungsschwerpunkte: Abs. 1 Die Parteien können jederzeit beim Schiedsgericht den Erlass einstweiliger Maßnahmen beantragen, es sei denn, sie haben anderes vereinbart. → Rz. 1–49; **Abs. 2** Die Parteien können jederzeit bei den staatlichen Gerichten den Erlass einstweiliger Maßnahmen beantragen, es sei denn, sie haben für den Zeitraum ab Konstituierung des Schiedsgerichts anderes vereinbart. → Rz. 50–66

Kostenaspekte: Abs. 1–2 Zeit- und kosteneffizienter ist in Deutschland in der Regel der einstweilige Rechtsschutz vor den staatlichen Gerichten. → Rz. 1–4

Inhalt

A. Einstweilige Maßnahmen des Schiedsgerichts (Abs. 1) 1
  I. Normzweck 1
  II. Verhältnis zu § 1041 ZPO ... 5
  III. Vergleich mit den im staatlichen Verfahren geltenden Vorschriften 6
  IV. Tatbestandsvoraussetzungen . 11
    1. Antrag einer Partei 12
    2. Erforderlichkeit der einstweiligen Maßnahme 17
  V. Rechtsfolgen 23
    1. Anordnungsbefugnis 24
    2. Ermessen des Schiedsgerichts 30
    3. Angemessene Sicherheit .. 38
  VI. Rechtsbehelf gegen die Anordnung 41
  VII. Vollziehungszulassung 42
  VIII. Gefährdungshaftung 44
  IX. Kosten 45
    1. Kosten der Antragstellung . 46
    2. Kosten der Vollziehungszulassung 48

B. Einstweilige Maßnahmen staatlicher Gerichte (Abs. 2) .. 50
  I. Normzweck 50
  II. Verhältnis zu § 1033 ZPO 51
  III. Vergleich mit den im staatlichen Verfahren geltenden Vorschriften 52
  IV. Der eröffnete gerichtliche Rechtsschutz 53
  V. Verhältnis zu schiedsgerichtlichen Anordnungen 58
  VI. Gefährdungshaftung 60
  VII. Kosten 61

C. Abweichende Parteivereinbarungen 63
  I. Abweichungen von Abs. 1 ... 63
  II. Abweichungen von Abs. 2 ... 65

Anhang 1: Muster (deutsch) Antrag auf Erlass einer einstweiligen schiedsgerichtlichen Maßnahme . 67

Anhang 2: Muster (englisch) Antrag auf Erlass einer einstweiligen schiedsgerichtlichen Maßnahme . 68

A. Einstweilige Maßnahmen des Schiedsgerichts (Abs. 1)

Literatur: *Bandel*, Einstweiliger Rechtsschutz im Schiedsverfahren (2000); *Boog*, Die Durchsetzung einstweiliger Maßnahmen in internationalen Schiedsverfahren (2011); *Hobeck/Weyhreter*, Anordnung von vorläufigen oder sichernden Maßnahmen durch Schiedsgerichte in ex-parte-Verfahren, SchiedsVZ 2005, S. 238 ff.; *Landbrecht*, Staatlicher Eilrechtsschutz am deutschen Schiedsort und grenzüberschreitende Vollstreckung, SchiedsVZ 2013, S. 241 ff.; *Leitzen*, Die Anordnung vorläufiger oder sichernder Maßnahmen durch Schiedsgerichte nach § 1041 ZPO (2002); *Risse/Frohloff*, Schadensersatzansprüche nach einstweiligen Maßnahmen im Schiedsverfahren, SchiedsVZ 2011, S. 239 ff.; *Schlosser*, Der einstweilige Rechtsschutz in Sportangelegenheiten vor und nach Bildung des Schiedsgerichts, SchiedsVZ 2009, S. 84 ff.; *Schroeder*, Mareva Injunctions and Freezing Orders in International Commercial Arbitration, SchiedsVZ 2004, S. 26 ff.; *Schroth*, Einstweiliger Rechtsschutz im deutschen Schiedsverfahren, SchiedsVZ 2003, S. 102 ff.; *ders.*, Taktik und einstweiliger Rechtsschutz im deutschen Schiedsverfahren, in: Taktik im Schiedsverfahren (2008), S. 53 ff.; *Schütze*, Einstweiliger Rechtsschutz im Schiedsverfahren, BB 1998, S. 1650 ff.; *Steinbrück*, Die Unterstützung ausländischer Schiedsverfahren durch deutsche Gerichte (2009); *Thümmel*, Einstweiliger Rechtsschutz im Schiedsverfahren, DZWir 1997, S. 133 ff.; *Westpfahl/Busse*, Vorläufige Maßnahmen durch ein bei Großprojekten vereinbartes ständiges Schiedsgericht, SchiedsVZ 2006, S. 21 ff.; *Wolf*, „Summarische Verfahren" im neuen Schiedsverfahrensrecht, DB 1999, S. 1101 ff.

I. Normzweck

Originäre Anordnungsbefugnis. § 20 Abs. 1 Satz 1 stellt klar, dass das Schiedsgericht vorbehaltlich abweichender Parteivereinbarungen eine originäre Befugnis zur Anordnung einstweiliger Maßnahmen hat. Die Parteien haben also ein **Wahlrecht**, ob sie einstweiligen Rechtsschutz vor dem Schiedsgericht (Abs. 1) oder den staatlichen Gerichten (Abs. 2) in Anspruch nehmen. Beide Wege stehen in Deutschland gleichrangig nebeneinander (OLG Saarbrücken v. 27.2.2007 – 4 Sch 1/07, SchiedsVZ 2007, 323 [327]), was § 1033 ZPO klarstellt (s. Art. 28 ICC-SchO Rz. 3 zu einigen ausländischen Rechtssystemen). Der Antragsteller kann hier im Interesse effektiven Rechtsschutzes auch beide Anträge zeitgleich stellen. Erst im Verfahren über die Zulassung der Vollziehung der schiedsrichterlichen Anordnung (dazu Rz. 42 f.) tritt der schiedsgerichtliche hinter dem gerichtlichen einstweiligen Rechtsschutz zurück, da die deutschen Gerichte die Zulassung der Vollziehung verweigern müssen, wenn eine entsprechende Maßnahme des einstweiligen Rechtsschutzes bei einem Gericht beantragt worden ist (§ 1041 Abs. 2 Satz 1 ZPO). 1

Vorteile gerichtlichen Rechtsschutzes. Ob der schiedsgerichtliche oder der gerichtliche einstweilige Rechtsschutz für den Antragsteller der effektivere und zeit- wie kosteneffizientere Weg ist, lässt sich nicht pauschal beurteilen. Maßgeblich sind die Umstände des Einzelfalls. Vor der Konstituierung des Schiedsgerichts kommt von vornherein nur gerichtlicher Rechtsschutz in Betracht, weil das Schiedsgericht in Verfahren nach der DIS-SchO mangels Konstituierung noch keine einstweiligen Maßnahmen anordnen kann. Auch nach Konstituierung ist der gericht- 2 liche einstweilige Rechtsschutz jedenfalls in Deutschland in der Regel der zeit- wie kosteneffizientere Weg, da Maßnahmen des einstweiligen gerichtlichen Rechtsschutzes hier sofort vollstreckbar sind; schiedsrichterliche Anordnungen hingegen können in Deutschland erst vollstreckt werden, wenn ihre Vollziehung durch die staatlichen Gerichte zugelassen wurde. Der gerichtliche einstweilige Rechtsschutz ist hier also zweistufig (Anordnung, Vollstreckung), der schiedsgerichtliche dreistufig (Anordnung, Vollziehungszulassung, Vollstreckung); während zwischen dem Antrag und der Vollstreckung im staatlichen Verfahren häufig nur wenige Stunden liegen, verlängert sich dieser Zeitraum im Schiedsverfahren in der Regel jedenfalls um mehrere Tage.

3 **Vorteile schiedsgerichtlichen Rechtsschutzes.** Die Inanspruchnahme des einstweiligen schiedsgerichtlichen Rechtsschutzes kann aber auch in Deutschland sinnvoll sein, wenn davon auszugehen ist, dass sich der Antragsgegner der Entscheidung des Schiedsgerichts beugt oder die weiteren mit der Schiedsgerichtsbarkeit verbundenen Vorteile (wie die Nichtöffentlichkeit des Verfahrens und die Sachkunde der Schiedsrichter) bei der Auswahl der einstweiligen Maßnahme eine Rolle spielen werden. Dies wird häufig der Fall sein, scheint doch die freiwillige Befolgung schiedsrichterlicher Anordnungen jedenfalls in Deutschland in der Praxis noch die Regel zu sein, nicht die Ausnahme.

4 **Bei Vollstreckung im Ausland** wird die Abwägung häufiger zugunsten des einstweiligen schiedsrichterlichen Rechtsschutzes ausfallen, da die ausländischen Gerichte nicht immer einen den deutschen Gerichten entsprechend effektiven einstweiligen Rechtsschutz gewähren. Dabei ist allerdings zu berücksichtigen, dass die Vollstreckung schiedsrichterlicher Anordnungen im Ausland durch die mangelnde Anwendbarkeit von UNÜ, Brüssel I-VO und LugÜ erschwert wird (dazu Rz. 43).

II. Verhältnis zu § 1041 ZPO

5 Die Regelung in § 20 Abs. 1 DIS-SchO entspricht praktisch wortgetreu Abs. 1 von § 1041 ZPO, dessen Abs. 2, 3 und 4 neben § 20 Abs. 1 DIS-SchO anwendbar sind.

III. Vergleich mit den im staatlichen Verfahren geltenden Vorschriften

6 Der gerichtliche einstweilige Rechtsschutz der ZPO und der schiedsrichterliche einstweilige Rechtsschutz nach § 20 Abs. 1 DIS-SchO unterscheiden sich im Wesentlichen in mehrerlei Hinsicht:

Schiedsklage muss erhoben sein. Während der gerichtliche einstweilige Rechtsschutz als selbständiges Verfahren neben das gerichtliche Hauptsacheverfahren tritt, ist das schiedsrichterliche Eilverfahren des § 20 Abs. 1 DIS-SchO mit dem schiedsrichterlichen Hauptsacheverfahren verknüpft: Im Unterschied zum staatlichen Verfahren, in dem einstweiliger Rechtsschutz noch vor der Erhebung der Klage in Anspruch genommen werden kann, setzt der einstweilige Rechtsschutz in Verfahren nach der DIS-SchO die Erhebung der Schiedsklage voraus. Dementsprechend bedarf es keiner Regelung wie § 926 ZPO, aufgrund derer der Antragsteller zur Klageerhebung gezwungen werden kann.

Dreistufiger Verfahrensaufbau. Der gerichtliche einstweilige Rechtsschutz ist zweistufig (Anordnung, Vollstreckung), der schiedsgerichtliche dreistufig (Anordnung, Vollziehungszulassung, Vollstreckung), was bei der Entscheidung, welcher Rechtsschutz in Anspruch genommen wird, zu berücksichtigen ist (s. Rz. 1–3).

Kein Widerspruchsverfahren. Die jeweils erste Stufe der Verfahren ist unterschiedlich ausgestaltet. Im gerichtlichen einstweiligen Rechtsschutz kann das Gericht entweder ohne mündliche Verhandlung durch Beschluss oder mit mündlicher Verhandlung durch Urteil über den Antrag entscheiden (§§ 922 Abs. 1, 936 ZPO). Ordnet es durch Beschluss die einstweilige Maßnahme an, kann der Antragsgegner durch einen sog. Widerspruch eine mündliche Verhandlung erzwingen, aufgrund derer ein Endurteil ergeht (§§ 924 Abs. 1, 925 Abs. 1 ZPO); während des Widerspruchs bleibt die einstweilige Maßnahme in Kraft (§ 924 Abs. 3 ZPO). Der schiedsrichterliche einstweilige Rechtsschutz nach § 20 Abs. 1 DIS-SchO kennt diesen Widerspruch nicht. Ob das Schiedsgericht eine mündliche Verhandlung durchführt, steht vorbehaltlich abweichender Parteivereinbarung in seinem Ermessen (§ 28 Satz 1 DIS-SchO).

Kaum beschränkte Wahl einstweiliger Maßnahmen. Der klassische gerichtliche einstweilige Rechtsschutz ist gekennzeichnet durch einen *numerus clausus* möglicher gerichtlicher Verfügungen: Dinglicher und persönlicher Arrest (§ 916 ZPO), einstweilige Verfügung (§ 935 ZPO) mit den Varianten der Regelungsverfügung (§ 940 ZPO) und Leistungsverfügung (gesetzlich ungeregelt) sowie Beweissicherung (§ 485 ZPO). Der schiedsrichterliche einstweilige Rechtsschutz nach § 20 Abs. 1 DIS-SchO kennt diese Begrenzung nicht. Das Schiedsgericht kann vielmehr grundsätzlich jede Maßnahme anordnen, die es für erforderlich erachtet (s. Rz. 31 für Beispiele).

IV. Tatbestandsvoraussetzungen

11 Die Gewährung schiedsrichterlichen einstweiligen Rechtsschutzes nach § 20 Abs. 1 hat zwei Voraussetzungen: Die Stellung eines Antrags (s. Rz. 12–16) unter Glaubhaftmachung der Erforderlichkeit der Maßnahme (s. Rz. 17–22).

1. Antrag einer Partei

12 Das Schiedsgericht darf einstweilige Anordnungen nur „auf Antrag einer Partei" treffen (§ 20 Abs. 1 Satz 1). Ein Musterantrag findet sich unter Rz. 67 (deutsch) und 68 (englisch).

13 **Inhalt und Form.** Während § 6 Abs. 2 und 3 für die Schiedsklage detaillierte Vorgaben machen, stellt die DIS-SchO weder an den Antrag noch an die Antragsschrift Anforderungen. Dementsprechend genügt als Antrag das hinreichend bestimmt formulierte Begehren, dass das Schiedsgericht eine gesonderte Schutzanordnung erlässt. Aufgrund des ihm zukommenden Ermessens (s. Rz. 30–37) liegt es dann am Schiedsgericht zu entscheiden, welche Anordnung erforderlich ist. Zweckmäßigerweise wird der Antragsteller seinen Antrag so konkret wie möglich fassen, um sicherzustellen, dass das Schiedsgericht ausspricht, was er begehrt. Der Antrag kann theoretisch auch mündlich gestellt werden; in der Praxis erfolgt er regelmäßig schriftlich (was hier und nachfolgend die Textform des § 126b BGB einschließt, also auch E-Mails erfasst).

14 **Adressat** des Antrags ist das Schiedsgericht, nicht die DIS-Geschäftsstelle (*arg* § 6 Abs. 1 Satz 1 *e contrario*); dieser kann der Antrag parallel übersandt werden, muss es aber nicht. Da das Schiedsgericht Adressat ist, muss es im Antragszeitpunkt bereits konstituiert sein; ein dem Pre-Arbitral Referee der ICC-SchO oder dem § 20 Abs. 2 DIS-SportSchO vergleichbares Verfahren kennt die DIS-SchO nicht. Wenn der Antrag schriftlich gestellt wird, ist er jedem Schiedsrichter und jeder Partei zu übersenden (§ 4), wobei die besonderen Anforderungen des § 5 Abs. 1 Satz 1 (Übersendung, die Nachweis des Zugangs gewährleistet) nicht erfüllt werden müssen, da der Antrag auf einstweiligen Rechtsschutz kein Antrag in der (Haupt-)Sache und damit kein Sachantrag ist. Es genügt daher jede beliebige Übersendungsart (§ 5 Abs. 1 Satz 2). Der Antrag ist gleichzeitig (§ 5 Abs. 1 Satz 3) mit der Übermittlung an das Schiedsgericht der/den andere(n) Partei(en) zu übersenden (§ 26 Abs. 2 Satz 1), bei einer durch einen Prozessbevollmächtigten vertretenen Partei an diesen (§ 5 Abs. 5). Es empfiehlt sich, dem Schiedsgericht die Einrei-

chung des Antrags auf einstweiligen Rechtsschutz telefonisch anzukündigen.

Sprache der Anordnung. Ist die schiedsrichterliche Anordnung nicht in deutscher Sprache verfasst, kann ein deutsches Gericht im Verfahren über die Zulassung der Vollziehung die Beibringung der Übersetzung eines vereidigten Übersetzers anordnen (§ 142 Abs. 3 ZPO). Um den damit verbundenen zusätzlichen Zeitaufwand zu vermeiden, sollte die schiedsrichterliche Anordnung bei Vollziehung in Deutschland soweit nach den Vereinbarungen über die Verfahrenssprache zulässig (§ 22 Abs. 1 DIS-SchO) in deutscher Sprache verfasst werden. Dies ist ggf. bereits im Antrag an das Schiedsgericht zu adressieren. 15

Nachweis der Schiedsvereinbarung. Das Schiedsgericht darf eine einstweilige Anordnung nur treffen, wenn es eine wirksame Schiedsvereinbarung festgestellt hat; denn ohne eine Schiedsvereinbarung wäre es von vornherein unzuständig. Nach h.M. soll genügen, dass die Schiedsvereinbarung glaubhaft gemacht wurde, dass also *prima facie* eine Schiedsvereinbarung besteht (zur Glaubhaftmachung s. Rz. 18). Schon im Interesse einer etwaigen späteren Zulassung der Vollziehung der schiedsrichterlichen Anordnung, in deren Rahmen jedenfalls deutsche Gerichte die Wirksamkeit der Schiedsvereinbarung eingehend überprüfen (zum Verfahren s. Rz. 42 f.), sollte im Antrag auf einstweilige Anordnung der Vollbeweis der Existenz der Schiedsvereinbarung angetreten werden, bspw. durch Beifügung einer anwaltlich beglaubigten Kopie der Vereinbarung. 16

2. Erforderlichkeit der einstweiligen Maßnahme

Anordnungsanspruch und Anordnungsgrund. Das Schiedsgericht darf die Maßnahmen anordnen, die es „für erforderlich hält" (§ 20 Abs. 1 Satz 1). Sowohl § 20 Abs. 1 Satz 1 DIS-SchO als auch § 1041 Abs. 1 ZPO sehen von präziseren Vorgaben für die „Erforderlichkeit" ab, wie sie der einstweilige deutsche gerichtliche Rechtsschutz mit der Unterscheidung von Anordnungsanspruch und Anordnungsgrund kennt. Da sich deutsche Schiedsgerichte in der Regel an dieser Unterscheidung orientieren, empfiehlt es sich, die Erforderlichkeit jedenfalls in deutschen Schiedsverfahren anhand der dort bekannten Kategorien von Anordnungsanspruch und Anordnungsgrund zu begründen. In internationalen Schiedsverfahren orientieren sich Schiedsgerichte häufig an Art. 17A des 2006 UNCITRAL Model Law (s. Art. 28 ICC-SchO Rz. 30). 17

18 **Glaubhaftmachung.** Der Antragsteller muss Anordnungsanspruch und Anordnungsgrund bei Antragstellung nachweisen. Auch für diesen Nachweis enthalten weder § 20 Abs. 1 Satz 1 DIS-SchO noch § 1041 Abs. 1 ZPO Vorgaben. Deutsche Schiedsgerichte orientieren sich in der Regel an dem Standard, der im staatlichen Verfahren gilt, d.h. der Glaubhaftmachung (§§ 920 Abs. 2, 294 Abs. 1 ZPO). Der Antragsteller muss hiernach seine Tatsachenbehauptungen grundsätzlich nur derart unter Beweis stellen, dass diese Behauptungen zumindest *prima facie* richtig sind (zu einer praktisch wichtigen Ausnahme s. Rz. 34). Dafür kommt jedwedes Erkenntnismittel in Betracht, welches das Bestehen von Anordnungsanspruch und Anordnungsgrund überwiegend wahrscheinlich macht. Anders als im staatlichen Verfahren (§ 294 Abs. 1 ZPO) steht dafür **nicht** das Mittel der **Versicherung an Eides statt** zur Verfügung (OLG Saarbrücken v. 27.2.2007 – 4 Sch 1/07, SchiedsVZ 2007, 323 [327]), da das Schiedsgericht keine zur Abnahme einer Versicherung an Eides Statt zuständige Behörde i.S.v. § 156 StGB ist. Über die Zulässigkeit und Erheblichkeit von Beweisen und deren Würdigung entscheidet das Schiedsgericht in Deutschland nach seinem Ermessen (§ 27 Abs. 1 DIS-SchO mit § 1041 Abs. 4 Satz 2 ZPO).

19 **Anforderungen an den Anordnungsanspruch.** Ein Anordnungsanspruch besteht, wenn der Antragsteller unter Zugrundelegung der von ihm glaubhaft gemachten Tatsachenbehauptungen mit seinem im Schiedsverfahren geltend gemachten Anspruch voraussichtlich obsiegen wird (sog. **Hauptsacheprognose**). Die Feststellung des Anordnungsanspruchs setzt grundsätzlich eine vollumfängliche rechtliche Prüfung des geltend gemachten Anspruchs voraus. Lediglich das Beweismaß für die der Prüfung zugrunde zu legenden Tatsachenbehauptungen ist von der vollen Überzeugung der Wahrheit der behaupteten Tatsache auf die überwiegende Wahrscheinlichkeit reduziert. Bei schwierigen Rechtsfragen kann im Einzelfall eine summarische Prüfung der Rechtsfrage genügen.

20 **Anforderungen an den Anordnungsgrund.** Auch bei der Darlegung des Anordnungsgrunds empfiehlt sich in Deutschland eine Orientierung an den für deutsche Gerichte geltenden Maßstäben einstweiliger Maßnahmen, selbst wenn das Schiedsgericht weder nach § 20 Abs. 1 Satz 1 DIS-SchO noch nach § 1041 Abs. 1 ZPO verpflichtet ist, diesen Maßstäben zu folgen (maßgeblich ist allein die „Erforderlichkeit" der Maßnahme). Nach diesen Maßstäben ist eine auf ein Tun oder Unterlassen gerichtete **Sicherungsanordnung** erforderlich, wenn zu besorgen ist, dass durch eine Veränderung des bestehenden Zustandes die Verwirklichung des Rechts einer Partei vereitelt oder wesentlich erschwert werden könnte

(§ 937 ZPO). Eine Anordnung zum Zwecke der Regelung eines einstweiligen Zustandes (sog. **Regelungsanordnung**) ist erforderlich, soweit diese Regelung zur Abwendung wesentlicher Nachteile oder zur Verhinderung drohender Gewalt oder aus anderen Gründen nötig erscheint (§ 940 ZPO). Die gesetzlich ungeregelte **Leistungsanordnung** ist erforderlich, wenn der Antragsteller so dringend auf die sofortige Erfüllung seines Leistungsanspruchs angewiesen ist und sonst so erhebliche wirtschaftliche Nachteile erleiden würde, dass ihm ein Zuwarten oder eine Verweisung auf die spätere Geltendmachung von Schadensersatzansprüchen nach Wegfall des ursprünglichen Erfüllungsanspruchs nicht zumutbar ist; die Leistungsverfügung führt ausnahmsweise zu einer (grundsätzlich unzulässigen, s. Rz. 31) Vorwegnahme der Hauptsache. Ein dinglicher **Arrest** ist erforderlich, wenn zu besorgen ist, dass ohne dessen Verhängung die Vollstreckung des Schiedsspruchs vereitelt oder wesentlich erschwert werden würde (§ 917 Abs. 1 ZPO); zum persönlichen Arrest s. Rz. 33. Eine **Anordnung zur Beweissicherung** ist erforderlich, wenn zu besorgen ist, dass das Beweismittel verloren geht oder seine Benutzung erschwert wird (§ 485 Abs. 1 ZPO).

Gleichzeitiger gerichtlicher Rechtsschutz. Der Anordnungsgrund kann im Einzelfall fehlen, wenn der bereits beschrittene gerichtliche Rechtsweg effektiver ist. Wegen der gesetzlichen Wertung, dass schiedsgerichtlicher und gerichtlicher Rechtsschutz gleichrangig zueinander stehen und parallel eröffnet sind (s. Rz. 1), dürfte der Anordnungsgrund jedoch in der Regel nur in Fällen rechtsmissbräuchlichen Verhaltens fehlen. Das Schiedsgericht wird in einem solchen Fall im Zweifel seine eigene Entscheidung zurückstellen, bis das Verfahren vor den staatlichen Gerichten beendet ist; denn solange das gerichtliche Verfahren anhängig ist, könnte die schiedsrichterliche Anordnung gemäß § 1041 Abs. 2 Satz 2 ZPO sowieso nicht für vollziehbar erklärt werden. 21

Ist bereits eine identische gerichtliche Anordnung ergangen, fehlt einer (zusätzlichen) schiedsgerichtlichen Anordnung in der Regel der Anordnungsgrund. Wurde ein identischer Antrag bereits durch das staatliche Gericht abgelehnt, steht die Rechtskraft dieser Entscheidung einer erneuten Befassung des Schiedsgerichts grundsätzlich entgegen, es sei denn, die Umstände haben sich zwischenzeitlich geändert, bspw. durch eine Sachverhaltsänderung oder aufgrund des Vorliegens neuer Beweismittel (ausführlich zu den Grenzen der Parallelität von Gerichts- und Schiedsverfahren *Lachmann*, Handbuch für die Schiedsgerichtspraxis, Rz. 2859–2866, und *Schroth*, SchiedsVZ 2003, 102 [104 ff.]). 22

V. Rechtsfolgen

23 Sind die Voraussetzungen des § 20 Abs. 1 Satz 1 gegeben, kann „das Schiedsgericht" (s. Rz. 24–29) „vorläufige oder sichernde Maßnahmen anordnen, die es in Bezug auf den Streitgegenstand für erforderlich hält" (s. Rz. 30–37). Dabei kann es gemäß § 20 Abs. 1 Satz 2 „von jeder Partei" eine „angemessene Sicherheit verlangen" (s. Rz. 38–40).

1. Anordnungsbefugnis

24 **Grundsatz: Kollegialentscheidung.** Sind die Voraussetzungen des § 20 Abs. 1 Satz 1 gegeben, kann „das Schiedsgericht" einstweilige Anordnungen treffen. Im Falle eines Schiedsgerichts mit drei Schiedsrichtern haben die Schiedsrichter die Anordnung mit Stimmenmehrheit zu treffen (§ 33 Abs. 3). Die Parteien können aufgrund der ihnen durch § 20 Abs. 1 Satz 1 eröffneten Dispositionsbefugnis vereinbaren, dass die Anordnungsbefugnis **beim Vorsitzenden** allein liegt (h.M.). Eine dahingehende Ermächtigung des Vorsitzenden durch die Mitschiedsrichter nach § 24 Abs. 4 wäre demgegenüber unzulässig, da die Entscheidung über den Antrag auf einstweiligen Rechtsschutz keine „einzelne Verfahrensfrage" ist.

25 **Anordnung durch Beschluss.** Die DIS-SchO verhält sich nicht dazu, ob die Anordnung in der Form eines Beschlusses oder eines Schiedsspruchs ergeht. Nach dem seit 1998 geltenden reformierten Schiedsverfahrensrecht trifft ein Schiedsgericht mit Sitz in Deutschland einstweilige Anordnungen durch Beschluss (so auch ausdrücklich § 20 Abs. 1 Satz 2 DIS-SportSchO), nicht durch (Teil-)Schiedsspruch; denn sonst wäre das Verfahren über die Vollziehungszulassung (§ 1041 Abs. 2 ZPO) unnötig, weil das Verfahren über die Vollstreckbarerklärung (§§ 1060 f. ZPO) genügte (h.M.). Dass Schiedsgerichte einstweilige Anordnungen mitunter als (Teil-)Schiedsspruch bezeichnen, vermag an der Einordnung als Beschluss nichts zu ändern (*falsa demonstratio non nocet*). Der Beschluss hat schriftlich zu erfolgen und ist durch den/die Schiedsrichter zu unterschreiben (§ 34 Abs. 1 analog), zu begründen (§ 34 Abs. 3 analog) und den formellen Anforderungen von § 34 Abs. 1 und 4 analog entsprechend zu gestalten. Eine Kostenentscheidung unterbleibt; sie ist dem Endschiedsspruch vorbehalten (§ 35 Abs. 1 Satz 1). Das Schiedsgericht übersendet den Parteien die einstweilige Anordnung grundsätzlich direkt; eine Übersendung der Anordnung durch die DIS-Geschäftsstelle analog § 36 Abs. 2 ist zwar nicht erforderlich, wird von der DIS aber gern gesehen.

Abgrenzung: Teilschiedsspruch. Dem Schiedsgericht bleibt unbenommen, Handlungsgebote und -verbote außerhalb von § 20 Abs. 1 in die Form eines Teilschiedsspruchs zu gießen. Dies war bis 1998 herrschende deutsche Praxis, die sich daraus erklärte, dass bis dahin eine ausdrückliche gesetzliche Grundlage für den Erlass einstweiliger schiedsrichterlicher Anordnungen fehlte (BT-Drucks. 13/5724, S. 44 f.); dieses Manko wurde durch § 1041 Abs. 1 ZPO beseitigt, dem § 20 Abs. 1 DIS-SchO entspricht (s. Rz. 5). Ein solcher Teilschiedsspruch setzt voraus, dass sich das Handlungsgebot bzw. -verbot als Pflicht aus dem zugrundeliegenden Rechtsverhältnis ergibt (BT-Drucks. 13/5724, S. 45). Auf solche Teilschiedssprüche finden die Regelungen der DIS-SchO über Schiedssprüche Anwendung, nicht hingegen die Vorschriften über einstweiligen Rechtsschutz in § 20 Abs. 1. 26

Abgrenzung: Zwischenschiedsspruch. Denkbar ist zudem der Erlass eines Zwischenschiedsspruchs, dessen Wirkung mit dem endgültigen Schiedsspruch in der Hauptsache endet. Hierbei handelt es sich nicht um einen Beschluss nach § 20 Abs. 1, sondern um einen vorläufigen Schiedsspruch (im Unterschied zum „endgültigen Schiedsspruch" nach § 39 Abs. 1). Ein solcher Zwischenschiedsspruch setzt eine dahingehende Ermächtigung des Schiedsgerichts durch die Parteien voraus (h.M.), die die DIS-SchO nicht enthält. Er wäre also nur zulässig aufgrund einer zusätzlichen Parteivereinbarung. 27

Mündliche Verhandlung. Ob das Schiedsgericht vor Anordnung der einstweiligen Maßnahme eine mündliche Verhandlung durchführt, steht vorbehaltlich einer abweichenden Parteivereinbarung in seinem Ermessen (§ 28 Satz 1). Die besondere Eilbedürftigkeit einstweiliger Maßnahmen macht es häufig erforderlich, diese ohne mündliche Verhandlung zu erlassen. In der Praxis versuchen Schiedsgerichte häufig, eine mündliche Anhörung der Parteien zumindest im Rahmen einer Telefonkonferenz zu gewährleisten. 28

Anhörung des Antragsgegners. Das Schiedsgericht kann die einstweilige Maßnahme nur in Ausnahmefällen ohne Anhörung der Gegenseite („*ex parte*") erlassen, da es nach § 26 Abs. 1 Satz 2 in jedem Stand des Verfahrens rechtliches Gehör gewähren muss und § 20 Abs. 1 hiervon keine Ausnahme für den einstweiligen Rechtsschutz vorsieht. Nur wenn mit Anhörung des Antragsgegners das Rechtsschutzziel des Antragstellers nicht erreicht wird, reicht es aus, dass das Schiedsgericht dem Antragsgegner unmittelbar nach Erlass der Anordnung rechtliches Gehör ge- 29 währt und daraufhin ggf. die Maßnahme aufhebt oder ändert (h.M.; dazu ausführlich *Hobeck/Weyhreter*, SchiedsVZ 2005, 238 ff.).

2. Ermessen des Schiedsgerichts

30 **Pflichtgemäßes Ermessen**. Der Erlass der einstweiligen Anordnung steht im Ermessen des Schiedsgerichts: Die Regelung in § 20 Abs. 1 Satz 1 („kann das Schiedsgericht ... anordnen") ist nicht nur eine bloße Kompetenzanordnung, sondern begründet einen Ermessensspielraum. Weil das Schiedsgericht sein Ermessen pflichtgemäß ausüben muss, ist es bei Vorliegen der Voraussetzungen des § 20 Abs. 1 verpflichtet, die beantragte Maßnahme zu erlassen (h.M.). Dabei darf das Schiedsgericht nicht über den Antrag hinausgehen; es gilt also der Grundsatz des **ne ultra petita**.

31 **Kaum beschränkte Wahl einstweiliger Maßnahmen**. Das Schiedsgericht ist bei der Wahl der einstweiligen Maßnahme, die es „für erforderlich hält", nicht auf die klassischen Instrumente des deutschen einstweiligen Rechtsschutzes wie Arrest und einstweilige Verfügung beschränkt. Das Schiedsgericht kann daher auch lediglich im Ausland bekannte Maßnahmen anordnen, wie „Mareva Injunctions" bzw. „Freezing Orders" anglo-amerikanischen Zuschnitts (dazu *Schroeder*, SchiedsVZ 2004, 26 ff.). Dieser Spielraum erlangt insbesondere dann Bedeutung, wenn zu erwarten ist, dass der Antragsgegner die Anordnung freiwillig befolgt. Wenn allerdings davon auszugehen ist, dass eine Vollstreckung in Deutschland notwendig werden könnte, wird das Schiedsgericht bei seiner Anordnung berücksichtigen, ob diese durch die deutschen Gerichte auch für vollziehbar erklärt wird (zu den Voraussetzungen einer Vollziehungszulassung in Deutschland s. Rz. 42 f.). Äußerste Grenzen des Spielraums sind regelmäßig zum einen das Verbot der **Vorwegnahme der Hauptsache**: Verstieße das Schiedsgericht hiergegen, verließe es den Bereich des einstweiligen Rechtsschutzes (vgl. zur ausnahmsweise zulässigen Leistungsanordnung s. Rz. 35); und zum anderen das Verbot des **Eingriffs in Rechte Dritter**: Verstieße das Schiedsgericht hiergegen, verließe es den Boden der Schiedsvereinbarung (OLG Saarbrücken v. 27.2.2007 – 4 Sch 1/07, SchiedsVZ 2007, 323 [327]).

32 **Unterscheidung vorläufige und sichernde Maßnahmen**. Die im Wortlaut von § 20 Abs. 1 Satz 1 angelegte und scheinbar trennscharfe Unterscheidung von „vorläufigen Maßnahmen" einerseits und „sichernden Maßnahmen" andererseits lässt sich in der Praxis nicht durchgehend vornehmen, weil jede vorläufige Maßnahme den mit der Schiedsklage

angestrebten Erfolg sichert und jede sichernde Maßnahme nur vorläufig bis zum Eintritt des Hauptsacheerfolgs wirkt. Zur Einordnung der Maßnahmen ist die Unterscheidung gleichwohl hilfreich:

Sichernde Maßnahmen dienen dazu, die Entscheidung in der Hauptsache und deren Vollstreckung offen zu halten. Sie sichern den materiellen Erfolg des Schiedsverfahrens, ohne das Hauptsachebegehren zu verwirklichen. Bei *Geldansprüchen* kommt vor allem der dingliche Arrest in Betracht, bspw. wenn der Beklagte sich anschickt, Gegenstände seines Vermögens beiseite zu schaffen. Ein persönlicher Arrest des Beklagten (oder seiner Vertretungsorgane) ist in Deutschland den Gerichten vorbehalten (Art. 104 Abs. 2 Satz 1 GG). Bei *Individualansprüchen* kommen einstweilige Maßnahmen insbesondere dann in Betracht, wenn zu besorgen ist, dass durch eine Veränderung des bestehenden Zustands die Verwirklichung des Rechts einer Partei vereitelt oder wesentlich erschwert werden könnte. Die einstweilige Verfügung kann dann darin bestehen, dem Gegner eine Handlung zu gebieten (wie die Herausgabe einer Sache an einen vom Schiedsgericht benannten Sequester) oder zu verbieten (wie die Untersagung der Veräußerung, Belastung oder Verpfändung einer Sache nach §§ 135 f. BGB). 33

Ein praktisch häufiger Anwendungsfall einer sichernden Maßnahme ist die Untersagung der Inanspruchnahme einer **Bürgschaft auf erstes Anfordern** oder eines **Dokumentenakkreditivs**. In Anbetracht der erheblich gelockerten Verbindung zwischen Sicherheit und Kausalgeschäft sind in diesen Fällen an die Gewährung von sichernden Maßnahmen hohe Anforderungen zu stellen. Erforderlich ist, dass sich das Vorgehen des Sicherungsgläubigers als unzulässige Rechtsausübung (§ 242 BGB) darstellt. Dabei legt die gerichtliche Rechtsprechung einen strengen Maßstab an, um den insbesondere im internationalen Handel wichtigen Grundsatz des „Erst zahlen, dann prozessieren" nicht aufzuweichen. Hier genügt ausnahmsweise nicht bereits die Glaubhaftmachung der anspruchsbegründenden Tatsachen (s. dazu Rz. 18); vielmehr muss offensichtlich oder zumindest liquide beweisbar sein, dass dem Sicherungsgläubiger aus dem Kausalgeschäft kein Zahlungsanspruch zusteht. Alle sonstigen rechtlichen und tatsächlichen Streitfragen, deren Beantwortung sich nicht von selbst ergibt, sind einem eventuellen Rückforderungsprozess zwischen Sicherungsauftraggeber und Sicherungsbegünstigtem vorbehalten (für die Bürgschaft auf erstes Anfordern: BGH v. 5.3.2002 – XI ZR 113/01, NJW 2002, 1493; für das Akkreditiv: BGH v. 16.4.1996 – XI ZR 138/95, NJW 1996, 1812 [1813]). 34

35 **Vorläufige Maßnahmen** wirken bis zur Beendigung des Schiedsverfahrens nicht nur sichernd, sondern verwirklichen das Hauptsachebegehren bis dahin. Typischer Anwendungsfall sind Regelungsverfügungen, also Anordnungen zur Regelung eines einstweiligen Zustands in Bezug auf das streitige Rechtsverhältnis. Beispiele hierfür sind die vorübergehende Gestaltung von Vertragsverhältnissen oder Geschäftsführungs- bzw. Vertretungsbefugnissen. Zu den vorläufigen Maßnahmen zählen auch **Leistungsanordnungen** (OLG Saarbrücken v. 27.2.2007 – 4 Sch 1/07, SchiedsVZ 2007, 323 [327]). Diese ordnen entgegen dem im einstweiligen Rechtsschutz geltenden grundsätzlichen Verbot der Vorwegnahme der Hauptsache (s. dazu Rz. 31) ausnahmsweise die Befriedigung des Schuldners an. Das Schiedsgericht wird bei dem Erlass einer Leistungsanordnung jedenfalls dann ähnlich zurückhaltend sein wie der deutsche Richter (s. Rz. 20 zu den Voraussetzungen einer Leistungsanordnung), wenn eine Vollziehung in Deutschland denkbar ist, weil die Gerichte im Verfahren über die Zulassung der Vollziehung eingehend prüfen, ob die Voraussetzungen einer Leistungsanordnung gegeben sind (vgl. OLG Saarbrücken v. 27.2.2007 – 4 Sch 1/07, SchiedsVZ 2007, 323 [327]).

36 **Streitgegenstandsbezug.** Die angeordnete Maßnahme muss Bezug zum Streitgegenstand haben (§ 20 Abs. 1 Satz 1: „Maßnahmen anordnen, die es in Bezug auf den Streitgegenstand für erforderlich hält"). Damit ist nur gemeint, dass die einstweilige Anordnung eine von der Schiedsvereinbarung erfasste, also schiedsgebundene Streitigkeit erfasst. Notwendig ist – wie § 1032 Abs. 1 ZPO formuliert – dass die „Angelegenheit ... Gegenstand einer Schiedsvereinbarung ist". § 20 Abs. 1 Satz 1 erfasst daher nicht nur einstweilige Maßnahmen, die rechtstechnisch in Bezug auf den *Streitgegenstand* sichernder Natur sind, wie Arrest und einstweilige Anordnungen. Erfasst sind auch solche, die in Bezug auf das *Verfahren* sichernd wirken, wie Maßnahmen zur Sicherung der **Beweisaufnahme** (h.M.) und des **Kostenerstattungsanspruchs** aus § 35 Abs. 1 (h.M.). Ebenfalls erfasst sind Unterlassungsverfügungen zum Schutz der Zuständigkeit des Schiedsgerichts („**anti-suit injunction**"), also Anordnungen, kein Verfahren vor einem staatlichen Gericht zu beginnen oder weiter zu betreiben (wohl h.M.); solche Anordnungen würden allerdings in Deutschland für den örtlichen Anwendungsbereich der Brüssel I-VO/LugÜ nicht für vollziehbar erklärt werden, weil die Vollziehungszulassung in die nach der Brüssel I-VO/LugÜ dem staatlichen Gericht des anderen Mitgliedstaats zugewiesene Prüfungskompetenz hinsichtlich der eigenen Zuständigkeit eingreifen würde (EuGH v.

10.2.2009 – C-185/07, SchiedsVZ 2009, 120 [121 f.]; vgl. zu Unterlassungsverfügungen außerhalb der Anwendungsbereiche von Brüssel I-VO/LugÜ *Steinbrück*, S. 462 ff.).

Ordnungsgeld. Die DIS-SchO begründet keine Befugnis des Schiedsgerichts, die einstweilige Maßnahme mit Ordnungsmitteln wie Zwangsgeld zu belegen. Hierfür bedürfte es einer gesonderten und ausdrücklichen Vereinbarung der Parteien. 37

3. Angemessene Sicherheit

Das Schiedsgericht „kann von jeder Partei im Zusammenhang mit einer einstweiligen Maßnahme angemessene Sicherheit verlangen" (§ 20 Abs. 1 Satz 2). Ein dahingehender Antrag ist nicht erforderlich. 38

Beiderseitige Anordnungsbefugnis. In der Praxis erlangen primär die Fälle Bedeutung, in denen das Schiedsgericht mit seiner Anordnung dem Antragsteller aufgibt, zur Sicherung der Erfüllung eines etwaigen Gefährdungshaftungsanspruchs aus § 1041 Abs. 4 Satz 1 ZPO (s. dazu Rz. 44) Sicherheit zu leisten. Da die Anordnungsbefugnis in § 20 Abs. 1 Satz 2 DIS-SchO aber beide Parteien nennt („von jeder Partei"), kann das Schiedsgericht auch vom Antragsgegner Sicherheit verlangen. Dies gestattet dem Schiedsgericht, dem Antragsgegner bei Anordnung der einstweiligen Maßnahme die Befugnis einzuräumen, die Maßnahme durch Stellung einer Sicherheit abzuwenden. 39

Ermessen. Das „Ob" und „Wie" der Sicherheit bestimmt das Schiedsgericht nach seinem pflichtgemäßen Ermessen („kann ... verlangen"). In zeitlicher Hinsicht kann das Schiedsgericht die Sicherheit bereits für die Anordnung, erst für die Zulassung der Vollziehung oder gar erst für den Beginn der Vollstreckung fordern. Die Höhe der Sicherheit ist in der Regel so zu bemessen, dass sie den Schaden sichert, den die Vollstreckung der Anordnung potentiell verursacht, sollte sich diese im Nachhinein als ungerechtfertigt erweisen (insbesondere bei Erlass des Schiedsspruchs oder Aufhebung der Vollziehungszulassung nach § 1041 Abs. 3 ZPO). Maßgeblich ist also der dem Antragsgegner drohende Schaden, nicht das wirtschaftliche Interesse des Antragstellers an der einstweiligen Anordnung. Die Solvenz des Sicherungsgebers steht der Einforderung einer Sicherheit nicht grundsätzlich entgegen, erleichtert die Sicherheitsleistung doch auch dann die Durchsetzung von Ersatzansprüchen und erfüllt damit auch so ihren Zweck. 40

VI. Rechtsbehelf gegen die Anordnung

41 Weder die DIS-SchO noch die ZPO enthalten einen ausdrücklich formulierten Rechtsbehelf gegen den Erlass einer schiedsrichterlichen einstweiligen Anordnung. Soweit die Parteien nichts anderes vereinbart haben, können jedoch beide jederzeit beim Schiedsgericht einen Antrag auf Aufhebung und/oder Änderung der Anordnung stellen (OLG Jena v. 24.11.1994 – 4 Sch 3/99, BB 2000, Beilage 12, S. 22 [23]; h.M.).

VII. Vollziehungszulassung

42 **Vollziehungszulassung erforderlich.** Genauso wenig, wie der Schiedsspruch in Deutschland ohne staatliche Vollstreckbarkeitserklärung mit staatlichen Zwangsmitteln vollstreckt werden kann, kann dies die schiedsrichterliche Anordnung einer einstweiligen Maßnahme. Was für den Schiedsspruch die Vollstreckbarkeitserklärung ist (§ 1060 Abs. 1 ZPO), ist für die schiedsrichterliche Maßnahme die Vollziehungszulassung (§ 1041 Abs. 2 Satz 1 ZPO). Erst auf der Grundlage der Vollziehungszulassung erfolgt die (hier nicht kommentierte) Vollstreckung durch die staatlichen deutschen Vollstreckungsbehörden. Zuständig ist das in der Schiedsvereinbarung bezeichnete Oberlandesgericht, hilfsweise das Oberlandesgericht am Schiedsort (§ 1062 Abs. 1 Nr. 3 ZPO); besteht kein deutscher Schiedsort, ist das Oberlandesgericht zuständig, in dessen Bezirk der Antragsgegner seinen Sitz oder gewöhnlichen Aufenthalt hat oder sich Vermögen des Antragsgegners oder ein von der Maßnahme betroffener Gegenstand befindet, hilfsweise das Kammergericht (§ 1062 Abs. 2 ZPO). Über die Zulassung der Vollziehung der schiedsrichterlichen Anordnung entscheidet das Gericht nach **pflichtgemäßem Ermessen**. Dies soll ihm insbesondere die Überprüfung der Wirksamkeit der Schiedsvereinbarung sowie die Verweigerung der Vollziehungszulassung bei unverhältnismäßigen Anordnungen ermöglichen (BT-Drucks. 13/5274, S. 45), was auf eine prozessuale und materielle Kontrolle schließen lässt. Der gerichtliche Prüfungsumfang ist im Einzelnen noch nicht abschließend geklärt. Nach h.M. prüft das Gericht die einstweilige Anordnung lediglich auf offensichtliche Ermessensfehler (OLG Frankfurt am Main v. 5.4.2001 – 24 Sch 1/01, NJW-RR 2001, 1078; OLG Saarbrücken v. 27.2.2007 – 4 Sch 1/07, SchiedsVZ 2007, 323 [326]) und Verstöße gegen § 1059 Abs. 2 ZPO analog (OLG Saarbrücken v. 27.2.2007 – 4 Sch 1/07, SchiedsVZ 2007, 323, [326]). Die Vollziehungszulassung in § 1041 Abs. 2 ZPO ist nach h.M. auch für ausländische Schiedssprüche eröffnet (*Bandel*, S. 112).

Vollstreckung im Ausland. Schiedsrichterliche Anordnungen nach § 20 Abs. 1 Satz 1 ergehen in der Form eines Beschlusses (s. Rz. 25) und können daher **nicht über das UNÜ** im Ausland für vollstreckbar erklärt werden. Das UNÜ findet nämlich lediglich Anwendung auf Schiedssprüche, nicht aber auf durch Beschluss gefasste schiedsrichterliche Anordnungen (h.M.; dazu *Bandel*, S. 342–356). Dies gilt gleichermaßen für Anordnungen mit und ohne Zulassung der Vollziehung. Schiedsrichterliche Anordnungen (ob mit oder ohne Zulassung der Vollziehung) können auch **nicht über die Brüssel I-VO und das LugÜ** in deren räumlichen Anwendungsbereichen im Ausland vollstreckt werden, da sowohl die Brüssel I-VO (Art. 1 Abs. 2 Buchst. d) als auch das LugÜ (Art. 1 Abs. 2 Ziffer 4) nicht auf die Schiedsgerichtsbarkeit Anwendung finden; gleiches gilt für staatliche Gerichtsentscheidungen, die Schiedssprüche für vollziehbar erklären (wie nach § 1041 Abs. 2 ZPO) oder inkorporieren (h.M.; dazu *Hobeck/Weyhreter*, SchiedsVZ 20005, 238 [240 f.]). **Stattdessen** muss die schiedsrichterliche Anordnung im Vollstreckungsstaat entweder nach den dortigen nationalen Regelungen für vollziehbar bzw. vollstreckbar erklärt werden oder auf der Grundlage eines der (weltweit wenigen) bilateralen Verträge über die Anerkennung und Vollstreckung einstweiliger schiedsrichterlicher Entscheidungen (vgl. zu wichtigen ausländischen Vollziehungs- bzw. Vollstreckungsregimen für schiedsrichterliche einstweilige Anordnungen unter Art. 28 ICC-SchO Rz. 72). 43

VIII. Gefährdungshaftung

Erweist sich die Anordnung einer schiedsrichterlichen Maßnahme als von Anfang an ungerechtfertigt, so ist die Partei, welche ihre Vollziehung erwirkt hat, verpflichtet, dem Gegner denjenigen Schaden zu ersetzen, der ihm aus der Vollziehung der Maßnahme oder dadurch entsteht, dass er Sicherheit leistet, um die Vollziehung abzuwenden (§ 1041 Abs. 4 Satz 1 ZPO). Eine schiedsrichterliche Maßnahme ist „von Anfang an ungerechtfertigt", wenn ihr bereits im Zeitpunkt ihres Erlasses die dafür notwendigen Voraussetzungen fehlen, bspw. weil die Anordnung nicht „erforderlich" ist. Haftungsauslösende Handlung ist, dass der Antragsteller der schiedsrichterlichen Anordnung deren „Vollziehung erwirkt". Dies nimmt die Vollziehungszulassung nach § 1041 Abs. 2 ZPO in Bezug (str.; nach *Risse/Frohloff*, SchiedsVZ 2011, 239 [242] löst schon die freiwillige Befolgung die Haftung aus). Der Schadensersatzanspruch setzt kein Verschulden voraus und greift daher auch dann, wenn die Partei ohne Fahrlässigkeit an die Rechtmäßigkeit der zu ihren Gunsten erlassenen Anordnung geglaubt hat. Ersatzfähig ist zum einen der Vollzie- 44 hungsschaden (§ 1041 Abs. 4 Satz 1 Alt. 1 ZPO), also jedweder kausal auf der Zulassung der Vollziehung beruhende Schaden, und zum anderen der Abwendungsschaden (§ 1041 Abs. 4 Satz 1 Alt. 2 ZPO), also das, was der Vollziehungsgegner zur Abwendung der Vollstreckung geleistet hat. Der Anspruch verjährt nach §§ 195, 199 Nr. 1 BGB binnen drei Jahren ab Kenntniserlangung. Er kann (muss aber nicht) im anhängigen schiedsrichterlichen Verfahren geltend gemacht werden (§ 1041 Abs. 1 Satz 2 ZPO), so dass das Schiedsgericht im Endschiedsspruch über ihn entscheiden kann.

IX. Kosten

45   Die Kosten des einstweiligen Rechtsschutzes setzen sich zusammen aus den Kosten der Antragstellung (s. Rz. 46–47), der Zulassung der Vollziehungszulassung (s. Rz. 48–49) und einer etwaigen späteren (hier nicht kommentierten) Vollstreckung.

1. Kosten der Antragstellung

46   **Gerichtsgebühren.** Der Antrag auf Anordnung einer vorläufigen oder sichernden Maßnahme nach § 20 Abs. 1 erhöht das Schiedsrichterhonorar um 30 % des Honorars zum Zeitpunkt der Antragstellung (Ziff. 14 der Anlage zu § 40 Abs. 5); maßgeblich ist der Streitwert des Schiedsverfahrens. Eine zusätzliche DIS-Bearbeitungsgebühr fällt nicht an. Über die Verteilung der Kosten entscheidet das Schiedsgericht im Endschiedsspruch (§ 35 Abs. 1).

47   **Gesetzliche Anwaltsgebühren.** Zusätzliche gesetzliche Rechtsanwaltsgebühren fallen nicht an, da der Antrag auf Anordnung nach § 17 Nr. 6 RVG keine besondere Angelegenheit darstellt.

2. Kosten der Vollziehungszulassung

48   **Gerichtsgebühren.** Der Antrag auf Zulassung der Vollziehung einer schiedsrichterlichen Anordnung löst 2,0 Gerichtsgebühren (KV 1626) aus, genauso wie der Antrag auf Aufhebung oder Änderung der Vollziehungszulassung. Zur Bestimmung des Streitwerts schätzen die Gerichte das Interesse an der einstweiligen Anordnung bzw. deren Aufhebung/Änderung entsprechend § 3 ZPO (OLG Saarbrücken v. 27.2.2007 – 4 Sch 1/07, SchiedsVZ 2007, 323 [327]); als Faustregel zieht die Praxis häufig ⅓ des streitigen Anspruchs heran.

Gesetzliche Anwaltsgebühren. Das Schiedsverfahren (einschließlich des Antrags auf Anordnung nach § 20 Abs. 1) einerseits und die Verfahren über die Zulassung der Vollziehung der einstweiligen Maßnahme sowie deren Änderung bzw. Aufhebung andererseits sind besondere Angelegenheiten (§ 17 Nr. 6 RVG). Dabei stellen das Verfahren über die Vollziehungszulassung sowie deren Änderung bzw. Aufhebung dieselbe Angelegenheit dar (§ 16 Nr. 7 RVG), lösen also nur einmal gesetzliche Gebühren aus. Hierfür fallen eine 0,75 Verfahrensgebühr (VV 3327) und eine 1,2 Terminsgebühr (VV 3104) an. Zum Streitwert gilt das in Rz. 48 Gesagte entsprechend. 49

B. Einstweilige Maßnahmen staatlicher Gerichte (Abs. 2)

Literatur: *Bandel*, Einstweiliger Rechtsschutz im Schiedsverfahren (2000); *Kröll*, Die internationale Zuständigkeit deutscher Gerichte für einstweiligen Rechtsschutz bei ausländischem Schiedsort, IHR 2005, S. 142 ff.; *Schroth*, Einstweiliger Rechtsschutz im deutschen Schiedsverfahren, SchiedsVZ 2003, S. 102 ff.

I. Normzweck

§ 20 Abs. 2 erhält den Parteien für die Fälle des einstweiligen Rechtsschutzes den Zugang zur staatlichen Gerichtsbarkeit. Daraus folgt: Die Schiedseinrede (§ 1032 Abs. 1 ZPO) kann nur in einer gerichtlichen Klage in der Hauptsache erhoben werden, nicht aber auch in Verfahren des einstweiligen Rechtsschutzes. 50

II. Verhältnis zu § 1033 ZPO

§ 20 Abs. 2 DIS-SchO entspricht inhaltlich vollständig der Regelung des § 1033 ZPO. Der sprachliche Unterschied ist darauf zurückzuführen, dass § 20 Abs. 2 DIS-SchO aus der Sicht des Gerichts formuliert („schließt nicht aus, dass ein Gericht"), während § 20 Abs. 2 DIS-SchO die Sicht der Parteien wählt („schließt nicht aus, dass die Parteien"). 51

III. Vergleich mit den im staatlichen Verfahren geltenden Vorschriften

§ 20 Abs. 2 kennt im staatlichen Verfahren keine entsprechende Norm. Weil das staatliche Verfahren auf der Prämisse aufbaut, dass keine wirksame Schiedsvereinbarung zur Schiedseinrede führt, bedarf es dort naturgemäß keiner Regelung, die den einstweiligen Rechtsschutz trotz Schiedsabrede aufrechterhält. 52

IV. Der eröffnete gerichtliche Rechtsschutz

53 **Nur auf Antrag.** Staatliche Gerichte dürfen einstweilige Anordnungen nur erlassen, wenn die Parteien dies „beantragen" (§ 20 Abs. 2). Amtswegiger gerichtlicher einstweiliger Rechtsschutz ist von § 20 Abs. 2 nicht erfasst.

54 **Zulässige Maßnahmen.** Offen stehen „vorläufige oder sichernde Maßnahmen". Diese Formulierung entspricht derjenigen des § 1033 ZPO, die auf Art. 9 des UNCITRAL Modell-Gesetzes zurückgeht („interim measure of protection"). Dieser soll das ganze Spektrum einstweiliger Maßnahmen umfassen (*Holtzmann/Neuhaus*, A Guide to the Uncitral Model Law on International Commercial Arbitration (1989), S. 332), die das jeweils in Anspruch genommene staatliche Gericht kennt. Erfasst sind daher auch ausländische Instrumente einstweiligen Rechtsschutzes, die über die klassischen deutschen Instrumentarien von Arrest, einstweiliger Verfügung und Beweissicherungsverfahren hinausgehen.

55 **Zulässiger Zeitraum.** Die Parteien können „vor oder nach Beginn des schiedsrichterlichen Verfahrens" gerichtlichen einstweiligen Rechtsschutz nachsuchen (§ 20 Abs. 2). Auch nach Beendigung des Schiedsverfahrens steht der gerichtliche Rechtsschutz offen, soweit über den zu sichernden Anspruch bzw. zu dem zu regelnden streitigen Rechtsverhältnis keine rechtskräftige Entscheidung vorliegt (vgl. OLG Frankfurt a.M. v. 20.12.2004 – 23 SchH 1/04, OLGR 2005, 548 [549]; OLG Frankfurt a.M. v. 13.6.2013 – 26 SchH 6/13, BeckRS 2013, 10147).

56 **Streitgegenstandsbezug.** Die einstweilige Maßnahme muss Bezug zum Streitgegenstand haben (§ 20 Abs. 2: „vorläufige oder sichernde Maßnahmen in Bezug auf den Streitgegenstand"). Damit ist wie in § 20 Abs. 1 nur gemeint, dass die einstweilige Anordnung eine von der Schiedsvereinbarung erfasste, also schiedsgebundene Streitigkeit erfasst (s. Rz. 36). Notwendig ist also auch hier, dass – wie § 1032 Abs. 1 ZPO formuliert – die „Angelegenheit ... Gegenstand einer Schiedsvereinbarung ist". § 20 Abs. 2 DIS-SchO erfasst daher nicht nur einstweilige Maßnahmen, die rechtstechnisch in Bezug auf den *Streitgegenstand* sichernder Natur sind wie Arrest und einstweilige Anordnungen. Erfasst sind auch solche, die in Bezug auf das *Verfahren* sichernd wirken, wie in Deutschland das Beweissicherungsverfahren in § 485 ZPO (OLG Brandenburg v. 16.2.2011 – 13 U 11/10, MDR 2011, 941).

57 **Zuständigkeit.** § 20 Abs. 2 begründet keine gerichtliche Zuständigkeit, sondern setzt diese voraus. Die internationale, örtliche und sachliche

V. Verhältnis zu schiedsgerichtlichen Anordnungen

Keine Bindungswirkung. Im gerichtlichen einstweiligen Rechtsschutz gilt zur Vermeidung widersprüchlicher Entscheidungen der Grundsatz, dass nach einer formell rechtskräftigen Entscheidung ein identischer Antrag mit identischen Beweismitteln und ohne Vorliegen neuer Tatsachen wegen entgegenstehender materieller Rechtskraft unzulässig ist. Da die schiedsrichterliche Anordnung nach § 20 Abs. 1 Satz 1 nicht in der Form eines Schiedsspruchs, sondern in der eines Beschlusses ergeht (s. Rz. 25), kommt ihr jedenfalls in Deutschland keine materielle Rechtskraft zu (*arg.* §§ 1055, 1041 Abs. 2 ZPO *e contrario*). Hier besteht also keine Gefahr zweier rechtskräftiger widersprüchlicher Entscheidungen. Daher muss das Gericht eine vorangegangene schiedsrichterliche einstweilige Maßnahme (oder deren Ablehnung) bei seiner Entscheidungsfindung nicht berücksichtigen, d.h. ist nicht an deren Feststellungen gebunden.

58

Kein Verlust des Rechtsschutzbedürfnisses. Auch lässt eine vorangehend oder gleichzeitig beantragte schiedsrichterliche einstweilige Maßnahme nicht den Anordnungsgrund in einem gerichtlichen Antrag auf einstweiligen Rechtsschutz entfallen, soll doch § 20 Abs. 1 dem Antragsteller gerade das Recht einräumen, ggf. vor beiden Foren gleichzeitig gerichtlichen einstweiligen Rechtsschutz zu beantragen (s. Rz. 1). Einem gerichtlichen Antrag fehlt das Rechtsschutzbedürfnis in Gestalt des Anordnungsgrunds in der Regel erst dann, wenn die Vollziehung einer identischen schiedsrichterlichen Maßnahme bereits zugelassen wurde; praktisch relevant werden dürfte diese Konstellation nur selten. Der Anordnungsgrund mag im Einzelfall auch dann fehlen, wenn sich der Antragsgegner an eine bereits erlassene, aber noch nicht vollzogene schiedsrichterliche Maßnahme freiwillig hält und es feststeht, dass er sich zukünftig daran halten wird; auch dies dürfte allerdings nur selten praktisch relevant werden. Ausführlich zu den Grenzen der Parallelität von Gerichts- und Schiedsverfahren *Lachmann*, Handbuch für die Schiedsgerichtspraxis, Rz. 2859–2866, und *Schroth*, SchiedsVZ 2003, 102 (104 ff.).

59

VI. Gefährdungshaftung

60 Erweist sich die Anordnung eines Arrestes oder einer einstweiligen Verfügung in einem Verfahren vor den deutschen Gerichten als von Anfang an ungerechtfertigt, ist die Partei, welche die Anordnung erwirkt hat, verpflichtet, dem Gegner den Schaden zu ersetzen, der ihm aus der Vollziehung der angeordneten Maßregel oder dadurch entsteht, dass er Sicherheit leistet, um die Vollziehung abzuwenden oder die Aufhebung der Maßregel zu erwirken (§ 945 ZPO). Hierzu gilt das in Rz. 44 zu § 1041 Abs. 4 ZPO Gesagte entsprechend.

VII. Kosten

61 Die wesentlichen Kostenpositionen des einstweiligen gerichtlichen Rechtsschutzes sind die im jeweiligen Sitzstaat des angerufenen Gerichts geltenden gesetzlichen Gerichts- und Anwaltsgebühren. Gesonderte Kosten für die DIS oder das Schiedsgericht fallen nicht an.

62 **Kosten in Deutschland**. Für die Inanspruchnahme einstweiligen Rechtsschutzes vor deutschen Gerichten fallen eine 1,5 (KV 1410: Beschlussverfügung) bzw. 3,0 (KV 1412: Urteilsverfügung) Gerichtsgebühr an. Gesetzliche Anwaltsgebühren werden in Höhe einer 1,3 Verfahrens- (VV 3100) und einer 1,2 Terminsgebühr (VV 3104) ausgelöst (der einstweilige Rechtsschutz gilt als ein besonderes Verfahren, § 17 Nr. 4 ZPO). Der Streitwert bestimmt sich jeweils nach dem Interesse des Antragstellers an der Maßnahme (§ 3 ZPO); als Faustregel zieht die Praxis häufig ⅓ des streitigen Anspruchs heran.

C. Abweichende Parteivereinbarungen

I. Abweichungen von Abs. 1

63 Die Parteien können den schiedsgerichtlichen Rechtsschutz in Abweichung von § 20 Abs. 1 ganz oder vollständig ausschließen (Abs. 1 Satz 1: „Haben die Parteien nichts anderes vereinbart"). Die Vereinbarung kann formlos erfolgen, selbst mündlich und konkludent. Sie kann die Kompetenz des Schiedsgerichts vollständig oder partiell beschränken, bspw. auf bestimme Eilmaßnahmen (h.M.). Sie kann jederzeit getroffen werden, auch noch nach Erlass einer schiedsrichterlichen einstweiligen Anordnung; die Parteien können bereits erlassene Anordnungen bestehen lassen oder mit Wirkung *ex tunc* oder *ex nunc* aufheben (h.M.).

Ausschließbar ist auch der Anspruch auf Gefährdungshaftung in § 1041 Abs. 4 ZPO. § 119 Abs. 1 Satz 2 FamFG zeigt, dass der deutsche Gesetzgeber diese Haftung nicht regelmäßig für zwingend hält (str.). 64

II. Abweichungen von Abs. 2

Die Verfasser des Art. 9 UNICTRAL-Modellgesetzes, der Grundlage für § 1033 ZPO = § 20 Abs. 2 DIS-SchO war, haben bewusst offen gelassen, ob der gerichtliche einstweilige Rechtsschutz zwingend ist (*Holtzmann/Neuhaus*, A Guide to the Uncitral Model Law on International Commercial Arbitration [1989], S. 332 f., 346). Dementsprechend fehlt in § 1033 ZPO der Hinweis des § 1041 Abs. 1 Satz 1 ZPO = § 20 Abs. 1 Satz 1 DIS-SchO auf die Disponibilität. Es ist umstritten, ob daraus folgt, dass der gerichtliche Rechtsschutz nicht durch Vereinbarung ausgeschlossen werden kann (gegen die Abdingbarkeit OLG München v. 26.10.2000 – U (K) 3208/00, NJW-2001, 711 [712]; für die Abdingbarkeit OLG Frankfurt a.M. v. 18.5.2000 – 13 W 29/00, NJW-RR 2000, 1117 [1119]; jeweils in *obiter dicta*). 65

Da der deutsche Gesetzgeber von der Gleichrangigkeit beider Verfahren ausgeht (s. Rz. 1), spricht nichts dagegen, den Ausschluss des staatlichen einstweiligen Rechtsschutzes anzuerkennen, soweit der an dessen Stelle tretende schiedsgerichtliche einstweilige Rechtsschutz gleichwertig ist. Dies setzt voraus, dass die Parteien auch vor der Konstituierung des Schiedsgerichts wirksamen Eilrechtsschutz erlangen können, wie dies durch den Pre-Arbitral-Referee der ICC-SchO oder das Verfahren in § 20 Abs. 2 DIS-SportSchO gewährleistet wird. Die DIS-SchO kennt kein solches Verfahren. Ein Ausschluss des staatlichen einstweiligen Rechtsschutzes ist daher in Verfahren nach der DIS-SchO erst ab dem Zeitpunkt der Konstituierung des Schiedsgerichts möglich. Rechtsprechung dazu liegt soweit ersichtlich nicht vor. 66

§ 20 DIS-SchO — Einstweiliger Rechtsschutz

Anhang 1: Muster (deutsch)[1] Antrag auf Erlass einer einstweiligen schiedsgerichtlichen Maßnahme

67 *Schiedsverfahren nach der Schiedsgerichtsordnung der Deutsche Institution für Schiedsgerichtsbarkeit e.V.*

Referenz: DIS-SV-...

An das Schiedsgericht, bestehend aus Schiedsrichter X als Vorsitzender, Schiedsrichter Y und Z

ANTRAG AUF EINSTWEILIGEN RECHTSSCHUTZ

der

A GmbH, Musterstr. 1, 12345 Musterstadt – Schiedsklägerin –

vertreten durch ...

gegen

B GmbH, Musterstr. 2, 12345 Musterstadt – Schiedsbeklagte –

vertreten durch ...

Die Schiedsklägerin beantragt hiermit den Erlass folgender Maßnahmen des einstweiligen Rechtsschutzes gegen die Schiedsbeklagte gemäß § 20 Abs. 1 DIS-SchO:

1. ...

2. ...

Begründung:

Der einstweilige Rechtsschutz ist erforderlich. Der Anordnungsanspruch ergibt sich aus ... Der Anordnungsgrund folgt aus ...

Eine beglaubigte Kopie der Schiedsvereinbarung ist beigefügt. Die Parteien haben die Anwendbarkeit von § 20 Abs. 1 DIS-SchO nicht ausgeschlossen.

(Unterschrift)

---

[1] Englische Fassung s. Rz. 68.

Anhang 2: Muster (englisch)[1] Antrag auf Erlass einer einstweiligen schiedsgerichtlichen Maßnahme

---

Arbitral Proceedings under the Arbitration Rules of the German Institution of Arbitration 68

Reference: DIS-SV-...

To the arbitral tribunal, consisting of Arbitrator X as Chairman, Arbitrators Y and Z

    APPLICATION FOR INTERIM MEASURES OF PROTECTION

submitted by

A GmbH, Musterstr. 1, 12345 Musterstadt – Claimant –

represented by ...

v.

B GmbH, Musterstr. 2, 12345 Musterstadt, – Respondent –

represented by ...

Claimant hereby requests that the following interim measures of protection be ordered against Respondent pursuant to Section 20 para. 1. of the DIS-Arbitration Rules:

1. ...

2. ...

Reasons:

The interim measure of protection is necessary. Claimant's entitlement to the claim rests upon ... The urgency follows from ...

A certified copy of the arbitration agreement is enclosed. The parties have not excluded the application of Section 20 para. 1 of the DIS-Arbitration Rules.

(Signature)

---

§ 21 Ort des schiedsrichterlichen Verfahrens

21.1 Haben die Parteien den Ort des schiedsrichterlichen Verfahrens nicht vereinbart, so wird er vom Schiedsgericht bestimmt.

21.2 Haben die Parteien nichts anderes vereinbart, so kann das Schiedsgericht ungeachtet des Absatzes 1 an jedem ihm geeignet erscheinenden Ort zu einer mündlichen Verhandlung, zur Vernehmung von Zeugen,

---

[1] Deutsche Fassung s. Rz. 67.

Sachverständigen oder der Parteien, zur Beratung zwischen seinen Mitgliedern, zur Besichtigung von Sachen oder zur Einsichtnahme in Schriftstücke zusammentreten.

Regelungsschwerpunkte: Abs. 1 Freie Wählbarkeit des Schiedsorts durch die Parteien. Bei fehlender Parteivereinbarung erfolgt Festlegung durch das Schiedsgericht. → Rz. 1–12; **Abs. 2** Tagungsort kann vom Schiedsort abweichen. → Rz. 13–14

Inhalt

A. Normzweck	1	E. Parteivereinbarung	9
B. Verhältnis zu § 1043 ZPO	2	F. Bestimmung durch das Schiedsgericht (Abs. 1)	12
C. Vergleich mit den im staatlichen Verfahren geltenden Vorschriften	3	G. Abweichender Tagungsort (Abs. 2)	13
D. Bedeutung des Schiedsorts	4		

Literatur: *Flecke-Giammarco/Keller*, Die Auswirkung der Wahl des Schiedsorts auf den Fortgang des Schiedsverfahrens in der Insolvenz, NZI 2012, S. 529 ff.; *Hamann/Lennarz*, Sieben Regeln für eine schnelle, einfache und gute Schiedsklausel, BB 2007, S. 1009 ff.; *Nacimiento*, Konfliktlösung nach allgemeinen Schiedsordnungen, SchiedsVZ 2004, S. 785 ff.

A. Normzweck

1 Die Parteien können den Schiedsort frei vereinbaren. Machen die Parteien von ihrer Privatautonomie keinen Gebrauch, wird der Schiedsort subsidiär durch das Schiedsgericht bestimmt. Wegen der grundlegenden Bedeutung des Schiedsorts für das Schiedsverfahren sollte das Schiedsgericht ihn erforderlichenfalls möglichst früh im Verfahren festlegen. Der Kläger sollte die Frage des Schiedsorts bereits in seiner Schiedsklage adressieren (§ 6 Abs. 3, s. hierzu § 6 Rz. 30).

B. Verhältnis zu § 1043 ZPO

2 Der Regelungsgehalt von § 21 Abs. 1 DIS-SchO ist mit dem von § 1043 Abs. 1 ZPO **identisch**. Lediglich die Sätze 1 und 3 von § 1043 Abs. 1 ZPO fehlen in § 21 Abs. 1 DIS-SchO. Diese Sätze enthalten die Klarstellungen, dass die Parteien den Ort des Schiedsverfahrens bestimmen können und das Schiedsgericht bei der Wahl des Schiedsorts die Um-

stände des Falles einschließlich der Eignung des Ortes für die Parteien zu berücksichtigen hat. Diese Grundsätze gelten auch bei der Anwendung von § 21 Abs. 1 DIS-SchO, womit kein Unterschied im Regelungsgehalt beider Normen besteht.

C. Vergleich mit den im staatlichen Verfahren geltenden Vorschriften

Eine Vereinbarung der Parteien über den Gerichtsstand ist nur im Wege einer **wirksamen Gerichtsstandsvereinbarung** unter den Voraussetzungen des Art. 23 Brüssel I-VO, §§ 38, 40 ZPO zulässig. Sofern die Parteien keine Gerichtsstandsvereinbarung getroffen haben, richtet sich die Zuständigkeit der staatlichen Gerichte nach den gesetzlichen Vorschriften über die internationale und örtliche Zuständigkeit (vgl. insbesondere die Brüssel I-VO und §§ 12 ff. ZPO). 3

D. Bedeutung des Schiedsorts

Mit dem Schiedsort wird das Verfahren in einer bestimmten Rechtsordnung verankert. Der Schiedsort ist für das Schiedsverfahren von grundlegender Bedeutung. Nach ihm richtet sich das **auf das Schiedsverfahren anwendbare Verfahrensrecht**. Dieser international übliche Grundsatz ist im deutschen Recht in § 1025 Abs. 1 ZPO niedergelegt, wonach das deutsche Schiedsverfahrensrecht bei einem inländischen Schiedsort Anwendung findet. Nur wenige Bestimmungen des deutschen Rechts sind auch dann anzuwenden, wenn der Ort im Ausland liegt (vgl. § 1025 Abs. 2, Abs. 4 ZPO) oder noch nicht bestimmt ist (vgl. § 1025 Abs. 2, Abs. 3 ZPO). 4

Nach dem Schiedsort bestimmt sich ferner die **internationale und örtliche Zuständigkeit staatlicher Gerichte** (vgl. § 1026 Abs. 1 ZPO) und zwar insbesondere für unterstützende Maßnahmen wie die Vollziehung vom Schiedsgericht angeordneter vorläufiger oder sichernder Maßnahmen, was von erheblicher praktischer Bedeutung sein kann, weil sich die Voraussetzungen und das Verfahren für den Erlass vorläufiger gerichtlicher Maßnahmen im internationalen Vergleich nicht unerheblich unterscheiden. Der Schiedsort kann ferner Auswirkungen auf den Fortgang des Schiedsverfahrens für den Fall haben, dass eine Partei insolvent wird (s. Art. 37 ICC-SchO Rz. 50; *Flecke-Giammarco/Keller*, NZI 2012, 529 ff.). 5

Darüber hinaus ist der Schiedsort für die **internationale Anerkennung und Vollstreckbarkeit des Schiedsspruchs** von Bedeutung. Daher achtet 6 die DIS am Ende des Verfahrens auch darauf, dass der Schiedsspruch den Schiedsort benennt, und zwar einen und nicht etwa drei je nach Herkunft der Schiedsrichter. Die Qualifikation als in- oder ausländischer Schiedsspruch bestimmt sich nach dem Schiedsort (vgl. etwa §§ 1060, 1061 ZPO). Ein Schiedsspruch gilt als am Schiedsort erlassen, selbst wenn er in Wirklichkeit an einem anderen Ort erlassen wurde (§ 34 Abs. 4 DIS-SchO). Ein Aufhebungsantrag nach § 1059 ZPO ist nur bei inländischen Schiedssprüchen statthaft. Liegt der Schiedsort im Ausland, richtet sich die Anfechtbarkeit (einschließlich Verfahren und Anfechtungsgründe) nach dortigem Recht.

7 Aufgrund des Umstandes, dass sich das anwendbare Verfahrensrecht nach dem Schiedsort richtet und auch die lokalen Gerichte für das Verfahren betreffende Maßnahmen zuständig sind, fällt die Wahl des **Vorsitzenden des Schiedsgerichts** bzw. des Einzelschiedsrichters oft auf eine Person aus der Jurisdiktion, in der der Schiedsort liegt, um zu gewährleisten, dass der Vorsitzende mit den örtlichen Verfahrensvorschriften vertraut ist.

8 Es bietet sich an, auf den Schiedsort auch für die Frage nach der Zeitzone für die im Schiedsverfahren geltenden **Fristen** abzustellen. In Bezug auf den Ablauf von Fristen ist in Schiedsverfahren mit Parteien aus unterschiedlichen Zeitzonen die Zeitzone des Schiedsorts maßgeblich (*Wegen/Wilske*, SchiedsVZ 2003, 124).

E. Parteivereinbarung

9 Die Vereinbarung des Schiedsorts unterliegt **keinen Formerfordernissen**, da sie als bloße Verfahrensregelung nicht zwingender Bestandteil der Schiedsvereinbarung ist. Wenngleich die Parteien sich über den Schiedsort möglichst bereits zusammen mit der Schiedsvereinbarung einigen sollten, steht es ihnen frei, den Schiedsort erst zu einem späteren Zeitpunkt, selbst noch während des Verfahrens zu vereinbaren. Nach § 6 Abs. 3 Ziff. 3 soll die Schiedsklage bereits Angaben zum Ort des schiedsrichterlichen Verfahrens enthalten, d.h. die DIS wird nicht zur Nachbesserung nach § 6 Abs. 4 auffordern, wenn die Angabe des Schiedsorts fehlt.

10 Die Parteien können einen zunächst vereinbarten Schiedsort oder einen vom Schiedsgericht bestimmten Schiedsort auch **nachträglich ändern** (a.A. Prütting/Gehrlein/*Prütting*, § 1043 ZPO Rz. 2; MüKo/*Münch*, § 1043 ZPO Rz. 11). Den Schiedsrichtern ist wohl ein Kündigungsrecht

zuzugestehen, sollte die Wahl die Maßgeblichkeit einer Rechtsordnung zur Folge haben, die für die Schiedsrichter nicht zumutbar ist.

Bei der Wahl des Schiedsorts müssen sich die Parteien darüber bewusst sein, dass sie zugleich über das anwendbare Verfahrensrecht und Fragen der internationalen Vollstreckbarkeit des Schiedsspruchs entscheiden. **Entscheidungskriterien** sollten ferner sein, ob in den örtlichen Gerichten unabhängige und gut ausgebildete Richter über hinreichende Erfahrung bei der Unterstützung von Schiedsverfahren verfügen. Für die praktische Durchführung des Schiedsverfahrens von Bedeutung sind ferner eine gute Erreichbarkeit des Schiedsorts, die Einreisebestimmungen, eine geeignete Infrastruktur und die Verfügbarkeit von versierten örtlichen Rechtsanwälten (s. zu weiteren Aspekten *Lachmann*, Handbuch für die Schiedsgerichtspraxis, Rz. 395 ff.). Oftmals vereinbaren die Parteien einen Schiedsort auf neutralem Boden, um Heimvorteile einer Partei zu verhindern. 11

F. Bestimmung durch das Schiedsgericht (Abs. 1)

Wenn die Parteien keinen Schiedsort vereinbart haben, legt das Schiedsgericht einen solchen fest. Den Parteien ist Gelegenheit zur Stellungnahme zu geben. Bei der Wahl des Schiedsorts hat das Schiedsgericht die **Umstände des Einzelfalls** zu berücksichtigen und die Interessen aller an dem Verfahren beteiligter Personen in die Entscheidung einzubeziehen. Bei der Ausübung seines Ermessens kann das Schiedsgericht neben der Eignung des Orts für die Parteien auch die Belange der Schiedsrichter und der in Betracht kommenden Zeugen berücksichtigen. Bei der Auswahl des Schiedsorts hat das Schiedsgericht ein weites, nur einer Willkürkontrolle unterliegendes Ermessen (*Risse*, SchiedsVZ 2011, 239 [240]). Insbesondere muss aber der Eindruck eines Näheverhältnisses zu einer Partei vermieden werden, andernfalls kommt die Ablehnung des Schiedsrichters in Betracht. Um die **Neutralität** zu wahren, wird in der Regel ein Schiedsort bestimmt, zu dem keine der Parteien eine besondere Beziehung hat. Die bloße Tatsache, dass ein (neutraler) Ort von einer der Parteien vorgeschlagen wurde, disqualifiziert diesen Ort nicht. Als weitere Anhaltspunkte für die Bestimmung eines Schiedsorts dienen darüber hinaus die Beweisnähe, Kostenvorteile, Sicherheit, Infrastruktur und Zugänglichkeit des Schiedsorts sowie die Entfernung für die Parteien und Zeugen (*Schütze*, SchiedsVZ 2003, 179). Ein Kriterium kann auch eine grundsätzlich positive Einstellung der staatlichen Gerichte eines Landes zur Schiedsgerichtsbarkeit sein, die auf einem modernen 12

Schiedsrecht basiert. Eine Grundvoraussetzung ist schließlich, dass die Vollstreckbarkeit des Schiedsspruchs in den in Betracht kommenden Vollstreckungsstaaten sichergestellt ist.

G. Abweichender Tagungsort (Abs. 2)

13   Vom Schiedsort ist der bloße Tagungsort zu unterscheiden. Sofern die Parteien nichts anderes vereinbart haben, kann das Schiedsgericht an jedem ihm geeignet erscheinenden Ort tagen, um mündlich zu verhandeln, Zeugen, Sachverständige oder die Parteien zu vernehmen, sich im Kreise der Schiedsrichter zu beraten, Sachen zu besichtigen oder Einsicht in Schriftstücke zu nehmen. Der Regelung liegen Zweckmäßigkeitsgesichtspunkte zugrunde. Während der Schiedsort das Verfahren in einer bestimmten Rechtsordnung verankert, schafft § 21 Abs. 2 die notwendige Flexibilität zur praktischen Durchführung des Schiedsverfahrens im Einzelfall. Je nach Verfahrenssituation mag es zweckmäßig sein, dass Verfahrensmaßnahmen nicht am Schiedsort erfolgen. So kann das Schiedsgericht nach Anhörung der Parteien die mündliche Verhandlung und Beweisaufnahme andernorts vornehmen. Die Wahl eines vom Schiedsort abweichenden Tagungsorts kann dazu beitragen, die Verfahrenskosten zu reduzieren.

14   Zwar gilt auch in Bezug auf den Tagungsort, dass die Parteien vorrangig die Möglichkeit haben, eine Vereinbarung zu treffen. Eine generelle Vereinbarung dürfte aber in den meisten Fällen wenig zweckmäßig sein. Dem Schiedsgericht sollten die von § 21 Abs. 2 gewährten Freiheiten gelassen werden, damit es für die einzelnen Verfahrenshandlungen je nach Erforderlichkeit den berechtigten Interessen der Beteiligten auch in örtlicher Hinsicht angemessen Rechnung getragen kann.

§ 22: Verfahrenssprache

22.1 Die Parteien können die Sprache oder die Sprachen, die im schiedsrichterlichen Verfahren zu verwenden sind, vereinbaren. Fehlt eine solche Vereinbarung, so bestimmt hierüber das Schiedsgericht. Die Vereinbarung der Parteien oder die Bestimmung des Schiedsgerichts ist, sofern darin nichts anderes vorgesehen ist, für schriftliche Erklärungen der Parteien, mündliche Verhandlungen, Schiedssprüche, sonstige Entscheidungen und andere Mitteilungen des Schiedsgerichts maßgebend.

22.2 Das Schiedsgericht kann anordnen, dass Gutachten und andere schriftliche Beweismittel mit einer Übersetzung in die Sprache oder die

Sprachen versehen sein müssen, die zwischen den Parteien vereinbart oder vom Schiedsgericht bestimmt worden sind.

Regelungsschwerpunkte: Abs. 1 Freie Wählbarkeit der Verfahrenssprache durch die Parteien. Bei fehlender Parteivereinbarung erfolgt Festlegung durch das Schiedsgericht. → Rz. 1–13; **Abs. 2** Möglichkeit der Anordnung von Übersetzungen von Gutachten und schriftlichen Beweismitteln in die Verfahrenssprache durch das Schiedsgericht. → Rz. 14–15

Kostenaspekte: Abs. 2 Kosten von Übersetzungen in die Verfahrenssprache sind als Teil der Kosten des schiedsrichterlichen Verfahrens erstattungsfähig. → Rz. 16. Obgleich es möglich ist, zwei Verfahrenssprachen zu vereinbaren, folgt daraus eine nicht unerhebliche Kostensteigerung für Übersetzungen und Dolmetscher. Zudem besteht die Gefahr von sprachlich inkonsequenten Dokumenten. → Rz. 9, 16

Inhalt

A. Normzweck 1	E. Bestimmung durch das Schiedsgericht 11
B. Verhältnis zu § 1045 ZPO ... 3	F. Anordnung von Übersetzungen (Abs. 2) 14
C. Vergleich mit den im staatlichen Verfahren geltenden Vorschriften 4	G. Kosten 16
D. Parteivereinbarung 6	

Literatur: *Trittmann*, Englischsprachige Schiedsverfahren in Deutschland – Realität, AnwBl 1/2012, S. 35 ff.; *Hamann/Lennarz*, Sieben Regeln für eine schnelle, einfache und gute Schiedsklausel, BB 2007, S. 1009 ff.

A. Normzweck

§ 22 enthält Bestimmungen zur Verfahrenssprache, einem bei internationalen Schiedsverfahren nicht unerheblichen Verfahrensaspekt. Die Verfahrenssprache gilt für alle verfahrensbezogenen Handlungen der Parteien und des Schiedsgerichts. Die Parteien können sich auf die Verfahrenssprache einigen. Fehlt eine solche Parteivereinbarung, bestimmt das Schiedsgericht die zu verwendende Verfahrenssprache. 1

Die Verfahrenssprache gilt für **alle verfahrensbezogenen Handlungen des Schiedsverfahrens**, soweit nicht etwas anderes vorgesehen ist. Der 2

Kläger sollte die Frage der Verfahrenssprache bereits in seiner Schiedsklage adressieren (s. § 6 Rz. 7 ff.). Sollte das Schiedsgericht in einer anderen als der Verfahrenssprache Prozesshandlungen vornehmen, kann darin ein Aufhebungsgrund liegen (§ 1059 Abs. 2, Nr. 1 Buchst. d ZPO), wenn dieser Verfahrensfehler rechtzeitig gerügt wurde (§ 41 DIS-SchO). Nicht vom Anwendungsbereich des § 22 Abs. 1 erfasst sind dagegen materiellrechtliche Willenserklärungen, sofern sie nicht zugleich Prozesshandlungen darstellen (wie z.B. im Fall einer Prozessaufrechnung). Von der Verfahrenssprache i.S.d. § 22 Abs. 1 zu unterscheiden ist die Gerichtssprache für alle Verfahren vor staatlichen Gerichten, die in Zusammenhang mit einem Schiedsverfahren erfolgen (z.B. Vollstreckbarerklärungs- oder Aufhebungsverfahren). Sie bestimmt sich nach der jeweiligen *lex fori*. Gemäß § 184 Satz 1 GVG ist in Verfahren vor deutschen Gerichten die Gerichtssprache deutsch.

B. Verhältnis zu § 1045 ZPO

3   § 22 DIS-SchO hat den gleichen Regelungsgehalt wie § 1045 ZPO.

C. Vergleich mit den im staatlichen Verfahren geltenden Vorschriften

4   Gemäß § 184 GVG ist die Gerichtssprache in deutschen staatlichen Gerichtsverfahren deutsch. Die Norm ist zwingend und für die Parteien nicht disponibel. Auch in staatlichen Gerichtsverfahren kann das Gericht die Übersetzung fremdsprachiger Beweismittel anordnen (§ 142 Abs. 3 ZPO). Hier hat die Übersetzung entsprechend der Vorgabe des § 184 GVG in die Gerichtssprache deutsch zu erfolgen.

5   Die Durchführung von Gerichtsverhandlungen in englischer Sprache wird gegenwärtig diskutiert. Ein Gesetzesentwurf (BT-Drs. 17/2163) sieht die Einrichtung von Kammern für internationale Handelssachen bei den Landgerichten vor, vor denen Rechtsstreitigkeiten in englischer Sprache verhandelt werden können. Bislang finden an einigen Landgerichten in Nordrhein-Westfalen im Rahmen von Modellprojekten Gerichtsverhandlungen in englischer Sprache statt.

D. Parteivereinbarung

6   Die Parteien können die Verfahrenssprache frei vereinbaren. Es bestehen keine Formerfordernisse, so dass die Parteien die Wahl auch mündlich treffen können. Bei internationalen Verträgen ist es empfehlenswert

und üblich, die Verfahrenssprache bereits bei Abschluss der Schiedsvereinbarung zu bestimmen. Die Parteien sind jedoch nicht daran gehindert, sich erst zu einem späteren Zeitpunkt auf eine Verfahrenssprache zu einigen. Vereinbaren die Parteien nachträglich eine andere Sprache, als sie zunächst vorgesehen hatten oder vom Schiedsgericht bestimmt worden war, sind die Schiedsrichter allerdings berechtigt, von ihrem Amt als Schiedsrichter zurückzutreten und den Schiedsrichtervertrag zu kündigen, wenn sie die neu gewählte Sprache nicht hinreichend beherrschen.

Die Parteien haben die **freie Wahl**, auf welche Verfahrenssprache sie sich einigen. Sie können eine Sprache wählen, die nicht ihrer Landessprache oder der Gerichtssprache am Schiedsort entspricht. Es muss auch nicht die Vertragssprache sein, wenngleich dies oft zweckmäßig ist. Beispielsweise kann sich stattdessen aus Kostengründen die Sprache am Schiedsort als Verfahrenssprache anbieten, wenn die Parteivertreter am Schiedsort tätige Rechtsanwälte sind und die Parteien die Sprache am Schiedsort ebenfalls verstehen. 7

Parteien haben bei der Wahl der Verfahrenssprache oftmals auch **prozesstaktische Erwägungen** im Sinn: Die bessere sprachliche Ausdrucksfähigkeit – gerade auch von Zeugen – mag einer der Parteien einen überzeugenden Vortrag sowie die interne und externe Kommunikation erleichtern. Auch Zeitvorteile können entstehen. Ferner wird der Kreis der potentiellen Schiedsrichter durch die Verfahrenssprache bestimmt. Ist die Verfahrenssprache Deutsch, stammen die Schiedsrichter in der Regel aus einem deutschsprachigen Land, was sich wiederum auf die Art der Verfahrensdurchführung auswirkt, insbesondere darauf, in welchem Ausmaß das Schiedsverfahren von Elementen des kontinentaleuropäischen statt angloamerikanischen Rechtskreises geprägt ist. 8

Darüber hinaus macht § 22 Abs. 1 Satz 1 („die Sprache oder die Sprachen") deutlich, dass es auch **mehrere Verfahrenssprachen** geben kann, die sich möglicherweise auf einzelne Teile oder Aspekte des Verfahrens beziehen. Wenn zahlreiche – etwa als Beweismittel – für das Verfahren relevante Unterlagen in einer anderen Sprache als der Verfahrenssprache verfasst sind, kann es aus Kosten- und Zeitgründen sinnvoll sein, die Vorlage dieser Unterlagen im Original zuzulassen, damit möglichst wenige Übersetzungen im Verfahrensverlauf erforderlich werden. Eine umfassende Verfahrensführung in zwei oder mehr Sprachen bringt jedoch regelmäßig Verzögerungen und erhöhte Kosten mit sich. Die Sprachenkombination kann ferner dazu führen, dass sich der Kreis potentieller 9

Kandidaten für das Schiedsrichteramt erheblich verengt, denn die Parteien werden sich in aller Regel einen Schiedsrichter wünschen, der alle Verfahrenssprachen versteht.

10 Für interne Beratungen ist das Schiedsgericht nicht an die Verfahrenssprache gebunden.

E. Bestimmung durch das Schiedsgericht

11 Sofern eine Vereinbarung der Parteien über die Verfahrenssprache fehlt, muss das Schiedsgericht eine Verfahrenssprache bestimmen. Die kommentarlose Entgegennahme des verfahrenseinleitenden Schriftstücks und weitere Kommunikation des Schiedsgerichts mit den Parteien auf Deutsch, kann als schlüssige Festlegung von Deutsch als Verfahrenssprache betrachtet werden. Die Parteien sollten aber aus Gründen der Vollstreckungssicherheit auf einer ausdrücklichen Festlegung der Sprache durch verfahrensleitende Verfügung bestehen.

12 Bei der Bestimmung der Verfahrenssprache hat das Schiedsgericht das rechtliche Gehör zu berücksichtigen sowie den allgemeinen Grundsatz des fairen Verfahrens und der Waffengleichheit der Parteien zu beachten. Es wird sich in erster Linie an der Sprache des Hauptvertrags orientieren. Auch die vor dem Schiedsverfahren zwischen den Parteien geführte Korrespondenz kann als Anhaltspunkt herangezogen werden. Das Schiedsgericht darf davon ausgehen, dass diese Schriftstücke von den Parteien verstanden worden sind. Welche Amtssprache am Schiedsort gilt, ist nachrangig. Das Schiedsgericht kann auch bestimmen, dass mehrere Verfahrenssprachen verwendet werden (s. hierzu auch Rz. 9).

13 Es muss nicht in jedem Fall sichergestellt werden, dass eine Partei dem Verfahren auch ohne Dolmetscher folgen kann. Der Anspruch auf ein faires Verfahren und auf Gewährung rechtlichen Gehörs reicht nicht so weit, als dass er das Schiedsgericht verpflichtet, jeder Partei die Möglichkeit zur Verhandlung in ihrer Muttersprache einzuräumen.

F. Anordnung von Übersetzungen (Abs. 2)

14 Für Gutachten und schriftliche Beweismittel gilt § 22 Abs. 1 nicht. Für sie steht die Authentizität des Schriftstücks im Vordergrund. Das Schiedsgericht kann jedoch anordnen, dass sie in die Verfahrenssprache übersetzt werden (§ 22 Abs. 2). Sofern alle Mitglieder des Schiedsgerichts das Schriftstück auch ohne Übersetzung verstehen, kann hiervon

aber auch abgesehen werden. In diesem Fall bleibt es den Parteien überlassen, bei Bedarf für den eigenen Gebrauch eine Übersetzung anzufertigen.

Sind mehrere Verfahrenssprachen vereinbart, wird die Übersetzung in eine der Sprachen regelmäßig ausreichen. 15

G. Kosten

Ordnet das Schiedsgericht eine Übersetzung an, so gelten die Übersetzungskosten als Teil der Kosten des schiedsrichterlichen Verfahrens. Auch die Kosten für von den Parteien veranlasste Übersetzungen sind regelmäßig erstattungsfähig, solange es sich um Kosten für Übersetzungen in die Verfahrenssprache handelt. Kosten für Übersetzungen in andere Sprachen muss die jeweilige Partei selbst tragen. Nr. 19 der Anlage zu § 40 Abs. 5 (Kostentabelle) regelt Zusatzkosten der DIS für Übersetzungen. Obgleich es möglich ist, zwei Verfahrenssprachen zu vereinbaren, folgt daraus eine nicht unerhebliche Kostensteigerung für Übersetzungen und Dolmetscher. Zudem besteht die Gefahr von sprachlich inkonsequenten Dokumenten. → Rz. 9, 16 16

§ 23: Anwendbares Recht

23.1 Das Schiedsgericht hat die Streitigkeit in Übereinstimmung mit den Rechtsvorschriften zu entscheiden, die von den Parteien als auf den Inhalt des Rechtsstreits anwendbar bezeichnet worden sind. Die Bezeichnung des Rechts oder der Rechtsordnung eines bestimmten Staates ist, sofern die Parteien nicht ausdrücklich etwas anderes vereinbart haben, als unmittelbare Verweisung auf die Sachvorschriften dieses Staates und nicht auf sein Kollisionsrecht zu verstehen.

23.2 Haben die Parteien die anzuwendenden Rechtsvorschriften nicht bestimmt, so hat das Schiedsgericht das Recht des Staates anzuwenden, mit dem der Gegenstand des Verfahrens die engsten Verbindungen aufweist.

23.3 Das Schiedsgericht darf nur dann nach Billigkeit (*ex aequo et bono*, *amiable composition*) entscheiden, wenn die Parteien es ausdrücklich dazu ermächtigt haben. Die Ermächtigung kann bis zur Entscheidung des Schiedsgerichts erteilt werden.

§ 23 DIS-SchO — Anwendbares Recht

23.4 In allen Fällen hat das Schiedsgericht in Übereinstimmung mit den Bestimmungen des Vertrages zu entscheiden und dabei bestehende Handelsbräuche zu berücksichtigen.

Regelungsschwerpunkte: Abs. 1–3 DIS-Schiedsgerichte fällen ebenso wie staatliche Gerichte grundsätzlich eine Rechtsentscheidung, bei der sie primär das Recht anwenden, das die Parteien gewählt haben. Nach Billigkeit entscheiden sie nur in seltenen Fällen und nur auf den ausdrücklichen Wunsch der Parteien hin. → Rz. 12–51

Kostenaspekte: Abs. 1–3 Eine klare Regelung des anwendbaren Rechts durch die Parteien dient der Rechtssicherheit und vermeidet unnötige Kosten. → Rz. 67–69

Inhalt

A. Normzweck 1	IV. Vertragsbestimmungen und Handelsbräuche 46
B. Verhältnis zu § 1051 ZPO . . . 5	E. Form der Entscheidung des Schiedsgerichts 52
C. Verhältnis zu den in staatlichen Gerichtsverfahren geltenden Vorschriften 7	F. Ermittlung des Inhalt des anwendbaren Sachrechts 58
D. Anwendbares Sachrecht 12	G. Vollstreckbarkeit und gerichtliche Kontrolle 63
I. Rechtswahl 12	
1. Inhalt der Parteiautonomie 12	H. Kosten 67
2. Grenzen der Parteiautonomie 25	J. Abweichende Parteivereinbarungen 70
II. Objektive Anknüpfung 32	
III. Entscheidung nach Billigkeit . 39	

Literatur: *De Ly/Friedman/Radicati di Brozolo*, International Law Association International Commercial Arbitration Committee's Report and Recommendations on ‚Ascertaining the Contents of the Applicable Law in International Commercial Arbitration', Report for the Biennial Conference in Rio de Janeiro, August 2008; *Junker*, Deutsche Schiedsgerichte und Internationales Privatrecht, in: FS Sandrock (2000), S. 443 ff.; *Kiffer*, Amiable Composition and ICC-Arbitration, ICC Court Bulletin, Vol. 18 No. 1 (2007), S. 51 ff.; *Knuts* Jura Novit Curia and the Right to be Heard – An Analysis of Recent Case Law, Arbitration International Vol. 28 No. 4 (2012), S. 669 ff.; *Mankowski*, Rom I-VO und Schiedsverfahren, RIW 2011, S. 30 ff.; *Marrella*, The New (Rome I) European Regulation on the Law Applicable to Contractual Obligations: What has Changed?, ICC Court Bulletin, Vol. 19 No. 1 (2008), S. 87 ff.; *McGuire*, Grenzen der Rechtswahlfreiheit im Schiedsverfahrensrecht? – Über das Verhältnis zwischen der Rom-I-VO und

§ 1051 ZPO, SchiedsVZ 2011, S. 257 ff.; *Pfeiffer*, Internationales Vertragsrecht vor Schiedsgerichten, in: Graf von Westphalen (Hrsg.), Deutsches Recht im Wettbewerb – 20 Jahre transnationaler Dialog, S. 178 ff.; *Schilf*, Römische IPR-Verordnungen – kein Korsett für internationale Schiedsgerichte, RIW 2013, S. 678 ff.; *Schmidt-Ahrendts/Höttler*, Anwendbares Recht bei Schiedsverfahren mit Sitz in Deutschland SchiedsVZ 2011, S. 267 ff.; *Solomon*, Das vom Schiedsgericht in der Sache anzuwendende Recht nach dem Entwurf eines Gesetzes zur Neuregelung des Schiedsverfahrensrechts, RIW 1997, S. 981 ff.

A. Normzweck

§ 23 ist eine Kollisionsregel. Sie bestimmt, nach welchem Sachrecht der Rechtsstreit der Parteien durch das Schiedsgericht zu entscheiden ist. Adressat der Vorschrift ist somit primär das Schiedsgericht. Die Vorschrift richtet sich jedoch auch an die Parteien, da sie bestimmt, an welchen Normen ihr Verhalten im Streitfall gemessen werden wird. 1

Trotz aller Bemühungen der Rechtsvereinheitlichung durch völkerrechtliche Verträge, supranationales Recht (insbesondere EU-Recht), Einheitsrecht (wie z.B. das *„Übereinkommen der Vereinten Nationen über Verträge über den internationalen Warenkauf vom 11. April 1980"*, kurz: CISG) oder transnationale Rechtsgrundsätze (wie z.B. die *„UNIDROIT Principles of International Commercial Contracts 2010"* kurz: PICC) unterscheiden sich nationale Sachrechte nach wie vor in vielerlei Hinsicht. Die Bestimmung des anwendbaren Sachrechts durch das Schiedsgericht ist daher oft vorentscheidend für den Ausgang eines Schiedsverfahrens. 2

§ 23 enthält vier zentrale Regelungen. § 23 Abs. 1 ermöglicht es den Parteien, selbst zu bestimmen, nach welchem Sachrecht ihr Rechtsstreit entschieden werden soll. § 23 Abs. 2 bestimmt, welches Sachrecht ein DIS-Schiedsgericht anzuwenden hat, sofern die Parteien keine (wirksame) Rechtswahl getroffen haben. § 23 Abs. 3 bestimmt, unter welchen Voraussetzungen ein DIS-Schiedsgericht berechtigt ist, eine Entscheidung nach Billigkeit zu treffen. In jedem dieser drei Fälle hat das Schiedsgericht die jeweils maßgeblichen Vertragsbestimmungen und Handelsbräuche zu berücksichtigen, § 23 Abs. 4. 3

§ 23 dient der Vorhersehbarkeit der jeweiligen Entscheidung eines Schiedsgerichts und somit der Rechtssicherheit. § 23 Abs. 1 und § 23 Abs. 3 stärken hierbei in besonderem Maße die Privatautonomie der Parteien. § 23 ermöglicht es den Parteien schließlich auch, sich gezielt auf einen etwaigen Rechtsstreit vorzubereiten bzw. diesem vorzubeugen. Die Regelung dient somit auch der Vermeidung unnötiger Kosten. 4

B. Verhältnis zu § 1051 ZPO

5 Die Parallelnorm des deutschen nationalen Schiedsverfahrensrechts zu § 23 DIS-SchO ist § 1051 ZPO (zur Frage, ob Schiedsgerichte mit Sitz in Deutschland daneben die Verordnungen (EG) 593/2008 („Rom I") und 864/2007 („Rom II") anzuwenden haben, s. Rz. 7 ff.). Diese Norm hat für die Bestimmung des anwendbaren Sachrechts im Rahmen eines DIS-Schiedsverfahrens jedoch keine praktische Bedeutung.

6 Hierbei kann offen bleiben, ob § 1051 ZPO dispositives oder (teilweises) zwingendes Recht darstellt. Im ersten Fall wäre 1051 ZPO vollständig durch § 23 DIS-SchO als speziellere Vorschrift verdrängt (vgl. § 1043 Abs. 3 Alt. 2 ZPO). Im zweiten Fall bliebe § 1051 ZPO zwar grundsätzlich anwendbar, ein DIS-Schiedsgericht müsste das anwendbare Sachrecht jedoch letztlich gleichwohl allein auf Basis von § 23 DIS-SchO, der von den Parteien gewählten und somit allein maßgeblichen kollisionsrechtlichen *„Rechtsvorschrift"*, bestimmen (vgl. § 1051 Abs. 1 ZPO).

C. Verhältnis zu den in staatlichen Gerichtsverfahren geltenden Vorschriften

7 Ein staatlicher Richter bestimmt das anwendbare Sachrecht stets auf Basis seines eigenen nationalen Kollisionsrechts; der deutsche Richter auf Basis von Art. 3 ff. EGBGB sowie der EG-VO 593/2008 vom 17.6.2008 über das auf vertragliche Schuldverhältnisse anzuwendende Recht, kurz: Rom-I, bzw. der EG-Verordnung 864/2007 vom 11.6.2007 über das auf außervertragliche Schuldverhältnisse anzuwendende Recht, kurz: Rom-II, zusammen: Rom-Verordnungen.

8 Die Kollisionsregeln des EGBGB bzw. der Rom-Verordnungen stimmen nur zum Teil mit jenen des § 23 überein. So findet sowohl gemäß § 23 Abs. 1 als auch gemäß den Kollisionsregeln des EGBGB bzw. der Rom-Verordnungen primär das von den Parteien gewählte Sachrecht Anwendung. Fehlt es hingegen an einer wirksamen Rechtswahl, stellt § 23 Abs. 2 die Auswahl des anwendbaren Rechts weitestgehend in das Ermessen des Schiedsgerichts, während das EGBGB und die Rom-Verordnungen für diesen Fall eine Vielzahl von Einzelregelung vorsehen. Zudem setzen das EGBGB und die Rom-Verordnungen der Freiheit der Parteien zur Rechtswahl Grenzen, u.a. für den Fall des fehlenden Auslandsbezugs und im Hinblick auf bestimmte schutzwürdige Personengruppen, die § 23 so nicht vorsieht. Schließlich ermöglicht § 23 es dem Schiedsgericht, auch a-nationale Rechtsregeln anzuwenden; diese Mög-

lichkeit sehen zumindest nach herrschender Meinung die Rom-Verordnungen nicht vor (vgl. zum Vergleich von § 1051 ZPO und Rom I *Schilf*, RIW 2013, 678 ff. m.w.N.; *McGuire*, SchiedsVZ 2011, 257 [264] m.w.N.).

Ob und inwiefern ein DIS- oder ein anderes institutionelles oder *Adhoc*-Schiedsgericht in Verfahren mit Schiedsort in Deutschland neben § 1051 ZPO sowie der jeweiligen Regelung zum anwendbaren Recht in der einschlägigen Schiedsordnung, hier § 23 DIS-SchO, auch die Kollisionsregeln des EGBGB bzw. der Rom-Verordnungen beachten muss, sollte oder kann, ist nicht zuletzt mangels einer höchstrichterlichen Rechtsprechung zu dieser Frage nach wie vor umstritten (vgl. zum Meinungsstreit: *Schmidt-Ahrendts/Höttler*, SchiedsVZ 2011, 267 m.w.N.; siehe zum Ganzen auch *Schilf*, RIW 2013, 678 ff.).   9

Die besseren Argumente sprechen dafür, dass Schiedsgerichte mit Sitz in Deutschland nicht an die Kollisionsregeln des EGBGB bzw. der Rom-Verordnungen gebunden sind, sondern allein an § 1051 ZPO, in DIS-Schiedsverfahren konkretisiert durch § 23 DIS-SchO gebunden sind: Erstens hat der Gesetzgeber mit § 1051 ZPO eine speziellere Norm geschaffen, die (i) keinen Vorbehalt bezügliche weiterer Kollisionsregeln vorsieht, (ii) systematisch im Normenkomplex zum Schiedsverfahrensrecht in §§ 1025 ff. ZPO und eben nicht im EGBGB angesiedelt ist, und (iii) von den Regeln des EGBGB bzw. der Rom-Verordnungen abweicht. Zweitens, bestand und besteht keine völkerrechtliche Pflicht des deutschen Staates dafür zu sorgen, dass Schiedsgerichte mit Sitz in Deutschland die in den Rom-Verordnungen vorgesehenen Kollisionsnormen anwenden. Die Geltung der Rom-Verordnungen in Schiedsverfahren wurde im Zuge ihrer Erstellung gerade nicht erörtert. Drittens besteht auch kein Bedürfnis für eine Anwendung der Rom-Verordnungen in Schiedsverfahren. Insbesondere kann ein etwaig gebotener Schutz strukturell unterlegener Parteien bereits über den *Ordre-Public*-Vorbehalt des § 1059 Abs. 2 Buchst. b ZPO gewährleistet werden (vgl. hierzu EuGH v. 6.10.2009 – C-40/08, EuZW 2009, 852). Auch die weiteren für die Maßgeblichkeit der Rom-Verordnungen ins Feld geführten Argumente überzeugen im Ergebnis nicht (vgl. *McGuire*, SchiedsVZ 2011, 257 [264] m.w.N.; siehe zum Ganzen auch *Schilf*, RIW 2013, 678 ff.).   10

Zusammenfassend lässt sich festhalten, dass ein DIS-Schiedsgericht nach der hier vertretenen Auffassung *nicht verpflichtet* ist, die für staatliche Gerichte geltenden Kollisionsregeln des EGBGB und der Rom-Verordnungen vorrangig vor § 23 anzuwenden bzw. bei der Auslegung von   11

§ 23 zu berücksichtigen. Ein DIS-Schiedsgericht ist jedoch sehr wohl *berechtigt*, sich dort, wo der Wortlaut des § 23 ihm Ermessen einräumt, z.B. bei der Bestimmung der *„engsten Verbindung"* gemäß § 23 Abs. 2, an staatlichen Kollisionsregeln und insbesondere an den Regeln der Rom-Verordnungen zu orientieren.

D. Anwendbares Sachrecht

I. Rechtswahl

1. Inhalt der Parteiautonomie

12 § 23 Abs. 1 verpflichtet das Schiedsgericht, die Rechtsvorschriften anzuwenden, welche die Parteien als *„anwendbar bezeichnet"* haben. Die Norm ist Ausfluss des Prinzips der Privatautonomie.

13 **Zeitpunkt.** Eine Rechtswahl kann sowohl für künftige als auch für bereits entstandene Rechtsstreitigkeiten getroffen werden. Ferner können die Parteien ihre Wahl jederzeit einvernehmlich abändern. Die Vornahme, Annullierung oder Abänderung der Rechtswahl kann auch noch während eines laufenden Schiedsverfahrens erfolgen.

14 **Form.** Ein Formzwang besteht nicht; auch insofern sind die Parteien somit *„frei"*. Eine Rechtswahl kann ausdrücklich, konkludent oder stillschweigend erfolgen. Der Inhalt der Rechtswahl der Parteien ist durch Auslegung und unter Berücksichtigung der Umstände des jeweiligen Einzelfalls zu ermitteln.

15 **Schiedsort und Rechtswahl.** Die Wahl eines bestimmten Schiedsorts kann, muss aber kein Indiz für die Anwendbarkeit des dortigen Sachrechts sein (so aber Schiedsgericht Hamburger Freundschaftliche Arbitrage, v. 29.12.1998, RKS E 5a Nr. 19, juris).

16 **Eine konkludente Rechtswahl** kann auch dadurch erfolgen, dass beide Parteien übereinstimmend zu einem eigentlich nicht anwendbaren Sachrecht vortragen. Voraussetzung ist, dass diesem Vortrag der Wille der Parteien zu entnehmen ist, sich (ausschließlich) dem in Bezug genommenen Sachrecht zu unterwerfen (vgl. ICC Case 8453 [1995]).

17 **Wirksamkeit.** Die Wirksamkeit einer Rechtswahl ist an dem Recht zu messen, das Anwendung fände, wenn die Rechtswahl wirksam wäre.

18 **Trennbarkeit.** Eine Rechtswahl ist nicht abhängig von der Wirksamkeit der Schiedsvereinbarung. Es handelt sich um einen eigenständigen Ver-

trag. Dies gilt auch dann, wenn die Rechtswahlvereinbarung in der gleichen Vertragsklausel enthalten ist wie die Schiedsvereinbarung.

Rechtsvorschriften. § 23 Abs. 1 Satz 1 ermächtigt die Parteien nicht nur, eine bestimmte staatliche Gesamtrechtsordnung zu wählen. Vielmehr können sie auch (i) verschiedene Gesamtrechtsordnungen, (ii) bestimmte Einzelnormen aus einer oder mehreren Gesamtrechtsordnungen, (iii) ein Einheitsrechts (z.B. das UN-Kaufrecht), (iv) internationale Staatsverträge und/oder sog. a-nationale Regeln wie etwa die UNIDROIT Principles of International Commercial Contracts (PICL) wählen. Dies ergibt sich aus der Verwendung des Begriffs *„Rechtsvorschriften"* in § 23 Abs. 1, der insofern vom Begriff *„Recht des Staates"* in § 23 Abs. 2 zu unterscheiden ist. 19

Sachnormverweisung. Die Wahl der Rechtsordnung eines bestimmten Staates ist im Zweifel als unmittelbare Verweisung auf das Sachrecht dieses Staates, nicht auf sein Kollisionsrecht zu verstehen. 20

Negative Rechtswahl. Denkbar ist auch, dass die Parteien keine bestimmten Rechtsregeln wählen, da man sich hierauf nicht einigen kann, jedoch andere Rechtsregeln ausschließen, z.B. die *lex mercatoria* oder das UN-Kaufrecht. Auch an diese negative Wahl ist das Schiedsgericht bei der Bestimmung des anwendbaren Rechts gebunden. 21

Reichweite der Rechtswahl. Die Reichweite einer Rechtswahl richtet sich nach dem Willen der Parteien. In den meisten Fällen unterwerfen die Parteien nur den zwischen ihnen geschlossenen Vertrag bzw. die unmittelbar aus diesem Vertrag erwachsenden Ansprüche ausdrücklich einem bestimmten Sachrecht. 22

Daher ist im Wege der Auslegung zu ermitteln, ob auch etwaige weitere quasivertragliche, dingliche, deliktische bzw. bereicherungsrechtliche Ansprüche der Parteien von dieser Rechtswahl erfasst sind. Ebenso gilt es ggfs. durch Auslegung zu ermitteln, ob etwaige „Vorfragen", von denen das Bestehen des jeweiligen vertraglichen Anspruchs abhängt, auch anhand des von den Parteien gewählten Rechts zu beantworten sind. Denkbare Vorfragen sind z.B. Fragen aus dem Bereich des Bilanz- oder Steuerrechts bzw. des öffentlichen Rechts. 23

Lässt sich der Wille der Parteien schlussendlich auch nicht im Wege der Auslegung ermitteln, so ist der jeweilige Anspruch bzw. die zu klärende Vorfrage im Zweifel nicht von der Rechtswahl erfasst. In diesem Fall muss ein DIS-Schiedsgericht das anwendbare Recht gemäß § 23 Abs. 2 bestimmen (vgl. Rz. 32–38). 24

2. Grenzen der Parteiautonomie

25 **Freie Rechtswahl.** Die DIS-SchO enthält keine Regelung, welche die Freiheit der Parteien, ein bestimmtes Sach- oder Kollisionsrecht zu wählen, begrenzt. Die im EGBGB, in den Rom-Verordnungen sowie in anderen nationalen oder internationalen Kollisionsregeln normierten Grenzen der Rechtswahlfreiheit finden nach der hier vertretenen Ansicht gerade keine Anwendung (vgl. Rz. 10).

26 So können die Parteien u.a. Rechtsregeln wählen, die in keinerlei Verbindung zu einer der Parteien oder dem Gegenstand des Rechtsstreits stehen. Ferner können die Parteien auch a-nationale Rechtsregeln wählen. In der Mehrzahl der DIS-Schiedsverfahren unterwerfen die Parteien ihren Vertrag jedoch dem Sachrecht eines bestimmten Staates.

27 **Eingriffsnormen.** Nicht abschließend geklärt ist, inwieweit die Privatautonomie der Parteien durch sog. Eingriffsnormen beschränkt wird. Dies sind Normen, die unabhängig davon, welches Recht im Übrigen auf den Rechtstreit anwendbar ist, Anwendung beanspruchen. Sie schützen meist gesamtwirtschaftliche oder sozialpolitische Interessen. Das in der schiedsgerichtlichen Praxis relevanteste Beispiel sind Normen des nationalen bzw. europäischen Kartellrechts. Weitere Eingriffsnormen finden sich in den nationalen Kapitalmarktrechten, Devisenrechten, in Einfuhr- und Ausfuhrbeschränkungen, in den Steuerrechten sowie in einschlägigen Naturschutzbestimmungen.

28 Einigkeit besteht, dass ein Schiedsgericht Ermessen hat, ob und welche Eingriffsnormen es anwendet. Mindestvoraussetzung ist, dass der Tatbestand der Eingriffsnorm erfüllt ist. Welche Kriterien im Übrigen maßgeblich sind, ist ebenso umstritten, wie, ob das Schiedsgericht von sich aus oder nur auf Antrag Eingriffsnorm anwenden kann oder muss.

29 Unter anderem wird darauf abgestellt, ob (i) die Norm Teil der durch die Parteien gewählten Rechtsordnung ist, (ii) ob sie dem sogenannten transnationalen *ordre public* zuzuordnen ist oder (iii) ob die Nichtbeachtung dieser Norm (möglicherweise) zur Aufhebung und/oder zur fehlenden Vollstreckbarkeit des Schiedsspruchs führen könnte.

30 Ein Schiedsgericht ist bei seinen Entscheidungen stets gehalten, die Vollstreckbarkeit des Schiedsspruchs zu sichern. Die Anwendung oder Nichtanwendung bestimmter Rechtsregeln sollte daher nicht zu einem Ergebnis führen, das den am Schiedsort bzw. am (voraussichtlichen) Vollstreckungsort geltenden *ordre public* widerspricht.

Im Übrigen sollte das Schiedsgericht im Einzelfall prüfen, ob (i) die jeweilige Eingriffsnorm eng genug mit dem Streitgegenstand verbunden ist, (ii) sie generell schützenswerte Interessen verfolgt und (iii) ihre Anwendung *in concreto* zu interessensgerechten Ergebnissen führt. 31

II. Objektive Anknüpfung

Fehlt es an einer Rechtswahl der Parteien, wendet das Schiedsgericht gemäß § 23 Abs. 2 das *„Recht des Staates"* an, das mit dem *„Gegenstand des Verfahrens"* die *„engsten Verbindungen"* aufweist. 32

Vorrang der Parteivereinbarung. § 23 Abs. 2 findet nur Anwendung, wenn die Parteien keine wirksame Rechtswahl getroffen haben. 33

Recht des Staates. Anders als die Parteien ist das Schiedsgericht auf die Anwendung einer bestimmten staatlichen Gesamtrechtsordnung beschränkt. Das Schiedsgericht kann daher beispielsweise nicht a-nationale Regeln wie die PICC oder ungeschriebene Grundsätze wie die *lex mercatoria* anwenden. Hingegen ist es sehr wohl berechtigt, das UN-Kaufrecht sowie europa- oder völkerrechtliche Normen anzuwenden, sofern diese automatisch, durch Umsetzung bzw. Ratifizierung Teil der staatlichen Gesamtrechtsordnung geworden sind. 34

Engste Verbindung. § 23 Abs. 2 lässt durch die Verwendung des unbestimmten Begriffs der *„engsten Verbindung"* DIS-Schiedsgerichten einen erheblichen Entscheidungsspielraum im Hinblick auf die Bestimmung des anwendbaren Rechts bei fehlender Rechtswahl. Insbesondere lässt § 23 Abs. 2 offen, anhand welcher Kriterien das Schiedsgericht die *„engste Verbindung"* ermittelt. Eine umfassende Darstellung aller Kriterien ist allein aus Platzgründen nicht möglich. Vielmehr ist zwischen zwei grundsätzlichen Ansätzen der Sachrechtsermittlung zu unterscheiden: 35

***Voie Indirecte*/Geschriebene Kollisionsnormen.** Erstens kann ein DIS-Schiedsgericht die *„engste Verbindung"* durch den Rückgriff auf geschriebene staatliche Kollisionsregeln bestimmen. Bei der Auswahl dieser geschriebenen Kollisionsregeln ist das Schiedsgericht frei. Insbesondere ist das Schiedsgericht nicht, wie staatliche Gerichte, auf die Kollisionsregeln des Schiedsorts beschränkt. Unter anderem kann es auch kumulativ die Kollisionsrechte beider Parteien heranziehen und/oder die Kollisionsregeln eines internationalen Abkommens (zur Relevanz der Rom-Verordnungen, Rz. 38). 36

37 **Voie Directe/Ungeschriebene Kollisionsnormen.** Die Freiheit die § 23 Abs. 2 gewährt, geht jedoch noch weiter. So ist ein DIS-Schiedsgericht auch berechtigt, unmittelbar das Recht mit der *„engsten Verbindung"* zu bestimmen. Die Bezeichnung *voie directe* ist jedoch insofern missverständlich, als das Schiedsgericht auch in diesem Fall gehalten ist, seine Entscheidung zu begründen, d.h. die von ihm herangezogenen Kriterien für die Bestimmung der *„engsten Verbindung"* offenzulegen. Die Bestimmung des Sachrechts erfolgt hier somit in Wirklichkeit ebenfalls auf Basis einer wenn auch ungeschriebenen bzw. vom Schiedsgericht selbst entwickelten Kollisionsregel.

38 **Relevanz der Rom-Verordnungen.** An die Kollisionsregeln der Rom-I und Rom-II Verordnung ist ein DIS-Schiedsgericht auch dann nicht gebunden, wenn der Schiedsort in einem EU-Mitgliedstaat liegt (vgl. auch Rz. 10). Gleichwohl ist es zu begrüßen, wenn sich DIS-Schiedsgerichte, was manchmal, aber nicht immer der Fall ist, an diesen Regeln orientieren. Erstens entsprechen sie einem internationalen Konsens. Zweitens wird so ein Gleichlauf mit der Entscheidung vergleichbarer Fälle durch staatliche Gerichte gesichert. Drittens verringert sich das Risiko eines Verstoßes gegen den *ordre public*.

III. Entscheidung nach Billigkeit

39 In der Regel treffen DIS-Schiedsgerichte eine Rechtsentscheidung. Gemäß § 23 Abs. 3 entscheiden sie nur dann nach „billigem Ermessen" bzw. als *amiable compositeur* oder *ex aequo et bono*, wenn die Parteien sie dazu ausdrücklich ermächtigt haben.

40 **Sinn und Zweck.** § 23 Abs. 3 soll es DIS-Schiedsgerichten ermöglichen, in besonders gelagerten Fällen eine Sachentscheidung zu treffen, ohne an die Zwänge der durch den Gesetzgeber bzw. die Rechtsprechung entwickelten im Übrigen anwendbaren Rechtsregeln gebunden zu sein.

41 **Billiges Ermessen/*amiable compositeur*/*ex aequo et bono*.** Hinter allen drei Begriffen verbirgt sich ein rechtliches Konzept, das in den jeweiligen Rechtsordnungen eine unterschiedliche Entwicklung genommen und somit heute einen unterschiedlichen Inhalt hat (eine ausführliche Darstellung enthält der Bericht der ICC Task Force on *amiable composition* and *ex aequo et bono*). In der Praxis wird die Vorschrift eher selten angewandt.

42 Die zentrale Bedeutung der Norm liegt darin, dass sie ein DIS-Schiedsgericht prozessual berechtigt, nach Billigkeit zu entscheiden, wenn es

hierzu ausdrücklich durch die Parteien ermächtigt worden ist. Wie weit diese Freiheit des Schiedsgerichts reicht, ist hingegen eine materielle Frage und daher der jeweiligen Absprache der Parteien bzw. dem im Übrigen anwendbaren Sachrecht zu entnehmen.

Eine (Schadens-)Schätzung des Schiedsgerichts ist hingegen nicht schon deshalb eine (unzulässige) Billigkeitsentscheidung, weil die Voraussetzungen des dafür herangezogenen § 287 ZPO nicht erfüllt sind (vgl. hierzu OLG München v. 14.3.2011 – 34 Sch 8/10, SchiedsVZ 2011, 159). 43

Ausdrückliche Ermächtigung. Voraussetzung einer Entscheidung nach billigem Ermessen ist u.a., dass die Parteien das Schiedsgericht hierzu ausdrücklich, d.h. klar und unmissverständlich, ermächtigt haben. Eine konkludente oder stillschweigende Ermächtigung reicht nicht aus. Die Ermächtigung muss nicht der für die Wirksamkeit der jeweiligen Schiedsvereinbarung vorgesehen Form entsprechen; auch eine mündliche Ermächtigung ist ausreichend. Eine schriftliche Ermächtigung ist jedoch allein unter Beweisgesichtspunkten allemal vorzugswürdig. Die Ermächtigung kann noch bis zur Entscheidung des Schiedsgerichts erteilt bzw. nachgeholt werden. 44

Grenzen. Auch bei einer Entscheidung nach § 23 Abs. 3 muss das Schiedsgericht zunächst das anwendbare Sachrecht bestimmen. Nur insoweit das anwendbare Sachrecht eine Billigkeitsentscheidung (materiellrechtlich) zulässt, darf eine Entscheidung nach § 23 Abs. 3 ergehen. 45

IV. Vertragsbestimmungen und Handelsbräuche

Gemäß § 23 Abs. 4 berücksichtigt das Schiedsgericht bei seiner Entscheidung die Bestimmungen der zwischen den Parteien bestehenden Verträge und die einschlägigen Handelsbräuche. 46

Anwendungsbereich. Verträge und Handelsbräuche sind sowohl im Fall der Rechtswahl (§ 23 Abs. 1), der objektiven Anknüpfung (§ 23 Abs. 2) als auch der Entscheidung nach Billigkeit (§ 23 Abs. 3) zu berücksichtigen. 47

Grenzen. Durch den Begriff „berücksichtigen" wird klargestellt, dass Verträge und Handelsbräuchen dort keine Anwendung finden, wo ihrer Anwendung zwingende gesetzliche Vorschriften oder abweichende Vereinbarungen der Parteien entgegenstehen. Verträge sind hierbei vorrangig vor Handelsbräuchen zu berücksichtigen. 48

49 **Bedeutung.** Praktische Bedeutung hat § 23 Abs. 4 insbesondere im Fall einer Billigkeitsentscheidung i.S.v. § 23 Abs. 3. Dass Schiedsgerichte im Fall einer reinen „Rechtsentscheidung" gemäß § 23 Abs. 1. bzw. Abs. 2 gehalten sind, Verträge und einschlägige Handelsbräuche zu berücksichtigen, ist eine Selbstverständlichkeit und wird sich nahezu stets bereits aus dem gemäß § 23 Abs. 1 anwendbaren Sachrecht ergeben (vgl. beispielsweise § 346 HGB oder Art. 9 UN-Kaufrecht).

50 **Verträge.** Zu berücksichtigen sind nur zwischen den Parteien bestehende Verträge, nicht solche mit Dritten. Die Pflicht zur Berücksichtigung von Vertragsbestimmungen ist Ausfluss des Grundsatzes *pacta sunt servanda*. Sie verdeutlicht, dass der Wortlaut eines Vertrages stets Ausgangspunkt der Entscheidungsfindung eines Schiedsgerichts sein sollte, da er den Willen der Parteien indiziert. Die hierin vorgegebene Fokussierung auf den Vertragsinhalt beschränkt ein DIS-Schiedsgericht jedoch nicht in der Anwendung des jeweiligen materiellen Rechts. Insbesondere finden auch in einem DIS-Schiedsverfahren, das deutschem materiellen Recht unterliegt, die Institute der ergänzenden Vertragsauslegung, des Wegfalls der Geschäftsgrundlage oder Treu und Glauben Anwendung.

51 **Einschlägige Handelsbräuche.** § 23 Abs. 4 erfasst zum einen Bräuche, deren Geltung die Parteien vereinbart haben bzw. die sich zwischen den Parteien herausgebildet haben, und zum anderen einschlägige Bräuche des Handelszweigs, in dem die Parteien tätig sind.

E. Form der Entscheidung des Schiedsgerichts

52 Die DIS-SchO stellt es dem Schiedsgericht nur zu einem gewissen Maße frei, wann und wie es das anwendbare Sachrecht bestimmt.

53 Liegt die Anwendbarkeit eines bestimmten Sachrechts auf der Hand und wird von den Parteien nicht bestritten, z.B. aufgrund einer eindeutigen Rechtswahl, wird ein Schiedsgericht keine gesonderte Entscheidung hierzu treffen. Vielmehr wird es im Endschiedsspruch schlicht die Anwendung dieses Sachrechts feststellen.

54 Aber auch in Fällen, in denen die Frage des anwendbaren Sachrechts unklar und zwischen den Parteien umstritten ist, steht es dem Schiedsgericht offen, wie oben beschrieben zu verfahren. Vorzugsweise sollte sich ein Schiedsgericht in diesem Fall jedoch bereits vor Erlass des Endschiedsspruchs zur Frage des anwendbaren Sachrechts äußern. Eine solche vorgezogene Entscheidung ermöglicht es den Parteien, ihren Sach-

und Rechtsvortrag frühzeitig dem maßgeblichen Sachrecht anzupassen. Dies erspart Zeit und nicht selten sehr erhebliche Kosten.

Eine vorgezogene Entscheidung zum anwendbaren Sachrecht kann ein Schiedsgericht streng genommen nur durch den Erlass eines Teilschiedsspruchs treffen. Die Bestimmung des anwendbaren Sachrechts ist Teil der materiellen Entscheidung. Es handelt sich insbesondere nicht um eine bloße Verfahrensfrage. 55

Ein solcher Teilschiedsspruch ist den Parteien formell zuzustellen. Manche DIS-Schiedsgerichte versuchen, die hierdurch vermeintlich entstehenden Mehrkosten und Zeitverlust zu vermeiden, indem sie das anwendbare Sachrecht per Prozessverfügung bestimmen bzw. ihre Entscheidung den Parteien per E-Mail, Brief oder mündlich mitteilen. 56

Der Erlass einer Prozessverfügung oder eine informelle Mitteilung an die Parteien ist unbedenklich, sofern das Schiedsgericht die Parteien lediglich über eine vorläufige, nicht verbindliche Einschätzung seitens des Schiedsgerichts informiert. Formuliert das Schiedsgericht hingegen eine abschließende und verbindliche Entscheidung, sind Prozessverfügungen oder informelle Mitteilungen der falsche Weg. 57

F. Ermittlung des Inhalt des anwendbaren Sachrechts

Regelungslücke. § 23 regelt nur, welches Recht anwendbar ist. § 23 regelt nicht, wie ein DIS-Schiedsgericht den Inhalt des für anwendbar befundenen Rechts feststellt. Zu dieser praktisch durchaus bedeutsamen Frage enthält die SchO überhaupt keine Regelung. Grund dieser Lücke ist, dass die diesbezüglichen Regelungen für staatliche Gerichte so erheblich von Rechtsordnung zu Rechtsordnung divergieren, dass sich bis *dato* auch im Bereich der Schiedsgerichtsbarkeit keine universal akzeptierte Regelung gebildet hat und die Entscheidung hierüber dem jeweiligen Schiedsgericht überlassen bleiben sollte. 58

Keine Geltung von *iura novit curia*. Die in Verfahren vor deutschen staatlichen Gerichten geltenden Regel, der zufolge das Gericht das Gesetz kennt (*iura novit curia*) und die Parteien nur Tatsachen vortragen müssen, die das Gericht dann dem passenden rechtlichen Anspruch zuordnet (*da mihi facta, dabo tibi ius*) finden eben so wenig Anwendung, wie die in § 293 ZPO normierte Ausnahme zu diesen Grundsätzen für sog. „fremdes Recht" und „Gewohnheitsrecht". Dies gilt auch für Verfahren, wo der Schiedsort in Deutschland liegt. 59

60 **Ermessen.** Aufgrund der Regelungslücke liegt die Bestimmung des Inhalts des anwendbaren Rechts in Schiedsverfahren vielmehr im freien Ermessen des jeweiligen DIS-Schiedsgerichts. Dieses bestimmt (i) welche Detailkenntnis des anwendbaren Rechts seine Entscheidung erfordert und (ii) wie es sich diese Kenntnis verschafft (durch eigene Recherche, auf Basis des Parteivortrags, durch Parteigutachter oder durch einen durch das Schiedsgericht ernannten Sachverständigen).

61 **ILA Report.** Eine sehr ausführliche und instruktive Analyse der Problematik der Bestimmung des Inhalts des anwendbaren Rechts in Schiedsverfahren findet sich in einem „Report" der International Law Association. Dieser schließt mit 15 sog. „Recommendations" (vgl. *De Ly/Friedman/Radicati di Brozolo*, a.a.O.). Zwar sind diese Empfehlungen in keiner Form bindend, eignen sich jedoch gerade für internationale DIS-Schiedsverfahrens als Referenzwert.

62 **Praktische Empfehlungen.** Aufgrund des Fehlens einer expliziten Regelung und des hieraus resultierenden Ermessens des Schiedsgerichts sollten Parteien eines DIS-Verfahrens im Streitfall möglichst ausführlich zum (für sie günstigen) Inhalt des anwendbaren Rechts vortragen. Dies gilt insbesondere in internationalen Verfahren und ganz besonders in solchen, in denen das anwendbare Recht nicht das Recht ist, in dem (alle) Mitglieder des Schiedsgerichts ausgebildet wurden. Der Vortrag zum Inhalt des anwendbaren Rechts sollte durch die Vorlage der entsprechenden Normen sowie der einschlägigen Gerichtsentscheidungen und Literaturnachweise gestützt werden. In bestimmten Fällen mag es zudem zweckmäßig sein, Rechtsvortrag durch die Vorlage eines Parteigutachtens zu unterfüttern. Zudem sollten die Parteien darauf hinwirken, dass das Schiedsgericht sie rechtzeitig über eine, über den Vortrag beider Parteien hinausgehende Rechtsansicht informiert und den Parteien die Möglichkeit einräumt, hierzu Stellung zu nehmen.

G. Vollstreckbarkeit und gerichtliche Kontrolle

63 Entscheidungen des Schiedsgerichts gemäß § 23 sind, unabhängig davon, ob sie in Form eines Teil- oder Endschiedsspruchs getroffen werden, nur in sehr beschränktem Umfang gerichtlich überprüfbar.

64 Eine falsche Entscheidung des Schiedsgerichts berechtigt für sich betrachtet weder zur Aufhebung noch hindert sie die Vollstreckung (Verbot der *révision au fond*). Nur dort, wo die Anwendung des falschen bzw. die Nichtanwendung des richtigen Sachrechts zu einem Ergebnis

führt, das gegen den maßgeblichen *ordre public* verstößt, droht die Aufhebung oder Nichtvollstreckung des Schiedsspruchs.

Gekoppelt mit dem ohnehin sehr weiten Entscheidungsspielraum, den § 23 einem DIS-Schiedsgericht, führt dies dazu, dass die Aufhebung bzw. Nichtvollstreckung eines Schiedsspruchs so gut wie nie auf einer Verletzung von § 23 beruht. 65

Anderes gilt für einen Verstoß gegen § 23 Abs. 3. Entscheidet ein Schiedsgericht ohne ausdrückliche Ermächtigung nach Billigkeit ist der Schiedsspruch aufzuheben (vgl. hierzu OLG München v. 14.3.2011 – 34 Sch 8/10, SchiedsVZ 2011, 159 sowie OLG München v. 22.6.2005 – 34 Sch 10/05, MDR 2006, 946). Der umgekehrte Fall, dass das Schiedsgericht trotz Ermächtigung nicht nach Billigkeit entscheidet, rechtfertigt keine Aufhebung, da eine Rechtsentscheidung nicht *per se* unbillig ist. 66

H. Kosten

Eine Entscheidung des Schiedsgerichts gemäß § 23 löst *per se* keine zusätzlichen Kosten aus. 67

Zusätzliche Kosten entstehen insbesondere dann, wenn die Parteien sich über die Frage des anwendbaren Rechts streiten, umfangreich hierzu vortragen, Sachverständigengutachten einreichen oder eine vorgezogene Entscheidung, insbesondere einen Teilschiedsspruch, beantragen. Auch hier liegt es jedoch im Ermessen des Schiedsgerichts, ob es über die hierdurch entstehenden zusätzlichen Kosten bereits vor oder erst mit Erlass des Schiedsspruchs (separat oder als Teil einer Gesamtentscheidung) entscheiden möchte. 68

Das Schiedsgericht sollte die Parteien einladen, hierzu Stellung zu nehmen, ist aber nicht an ihr Votum gebunden. 69

J. Abweichende Parteivereinbarungen

§ 23 ist dispositiv. Von § 23 abweichende Parteivereinbarungen sind in der Praxis jedoch äußerst selten. Dies liegt daran, dass § 23 Abs. 1 es den Parteien ermöglicht, eine Rechtswahl zu treffen. Für eine Abweichung von der Regelung des § 23 als solcher, besteht daher kein Bedürfnis. 70

§ 24: Verfahren

24.1 Auf das schiedsrichterliche Verfahren sind die zwingenden Vorschriften des Schiedsverfahrensrechts des Ortes des schiedsrichterlichen Verfahrens, diese Schiedsgerichtsordnung und gegebenenfalls weitere Parteivereinbarungen anzuwenden. Im Übrigen bestimmt das Schiedsgericht das Verfahren nach freiem Ermessen.

24.2 Das Schiedsgericht hat darauf hinzuwirken, dass die Parteien sich über alle erheblichen Tatsachen vollständig erklären und sachdienliche Anträge stellen.

24.3 Der vorsitzende Schiedsrichter leitet das Verfahren.

24.4 Über einzelne Verfahrensfragen kann der vorsitzende Schiedsrichter allein entscheiden, wenn die anderen Mitglieder des Schiedsgerichts ihn dazu ermächtigt haben.

Regelungsschwerpunkte: Abs. 1 Die Parteien können die Verfahrensregeln für „ihr" Schiedsverfahren weitgehend selbst festlegen. Das Schiedsgericht muss diese zwingend beachten. Das anwendbare staatliche Schiedsverfahrensrecht bestimmt sich nach dem Schiedsort. → Rz. 5 ff.; **Abs. 2** regelt die Pflicht des Schiedsgerichts, das Verfahren aktiv voranzutreiben. → Rz. 13 f.; **Abs. 3–4** Der vorsitzende Schiedsrichter leitet das Verfahren. Die beisitzenden Schiedsrichter können den Vorsitzenden ermächtigen, Entscheidungen zum Verfahren alleine zu treffen. → Rz. 15 ff.

Inhalt

A. Verfahren 1	C. Verfahrensleitung
I. Normzweck 1	(Abs. 2–4) 13
II. Verhältnis zu §§ 1042, 1052 ZPO 2	I. Verfahrensförderungspflicht (Abs. 2) 13
III. Vergleich mit den im staatlichen Verfahren geltenden Vorschriften 4	II. Verfahrensleitung durch Vorsitzenden (Abs. 3) 15
B. Anwendbares Verfahrensrecht (Abs. 1) 5	III. Alleinentscheidungsbefugnis des Vorsitzenden (Abs. 4) 20
	D. Abweichende Parteivereinbarung 23

A. Verfahren

I. Normzweck

Nachdem § 23 DIS-SchO die Anwendung des materiellen Rechts zum Gegenstand hat, regelt § 24 DIS-SchO das anzuwendende **Verfahrensrecht**. 1

II. Verhältnis zu §§ 1042, 1052 ZPO

Haben die Parteien die DIS-SchO vereinbart, haben sie damit die ihnen von § 1042 Abs. 3 ZPO eingeräumte Parteiautonomie ausgeübt. 2

§ 24 Abs. 4 DIS-SchO deckt sich im Wesentlichen mit der Regelung des § 1052 Abs. 3 ZPO. Inhaltlich ergibt sich zur Regelung der Zivilprozessordnung keine wesentliche Abweichung dadurch, dass § 1052 Abs. 3 ZPO alternativ die Alleinentscheidungsbefugnis des Vorsitzenden an die Zustimmung der Parteien knüpft. Die **Parteien sind Herren des Verfahrens** und können daher auch unter der DIS-SchO einer **Alleinentscheidungsbefugnis des Vorsitzenden jederzeit widersprechen**, vorausgesetzt, ein solcher Widerspruch wird von allen Parteien gemeinschaftlich erklärt. Diese Dispositionsfreiheit der Parteien ergibt sich bereits aus § 24 Abs. 1 Satz 1 DIS-SchO. 3

III. Vergleich mit den im staatlichen Verfahren geltenden Vorschriften

§ 24 Abs. 2 DIS-SchO geht weiter als die materielle Prozessleitungsbefugnis nach § 139 ZPO und die Befugnisse des Vorsitzenden nach § 273 Abs. 2 ZPO. Das staatliche Gericht hat bei der Anwendung von § 139 ZPO das Verfügungsrecht der Parteien über das Streitverhältnis und deren alleinige Befugnis zur Beibringung des Prozessstoffs zu respektieren; das bedeutet, dass der Richter seine Befugnis zur materiellen Prozessleitung überschreitet, wenn er auf die Geltendmachung selbständiger Angriffs- oder Verteidigungsmittel hinweist. 4

B. Anwendbares Verfahrensrecht (Abs. 1)

Literatur: *Elsing*, Procedural Efficiency in International Arbitration: Choosing the Best of Both Legal Worlds, SchiedsVZ 2011, S. 114 ff.; *Schmidt-Ahrendts/Höttler*, Anwendbares Recht bei Schiedsverfahren mit Sitz in Deutschland, SchiedsVZ 2011, S. 267 ff.; *Schütze*, Die Ermessensgrenzen des Schiedsgerichts bei der Bestimmung der Beweisregeln, SchiedsVZ 2006, S. 1 ff.; *Wegen/Wilske*, Die anwendbare Zeitzone für Fristen in internationalen Schiedsverfahren, SchiedsVZ 2003, S. 124 ff.

5   Haben die Parteien einen Schiedsort vereinbart, so ist dies regelmäßig zugleich als Wahl des staatlichen Schiedsverfahrensrechts zu verstehen, welches am Schiedsort anwendbar ist. Das Schiedsgericht muss den Schiedsort im Schiedsspruch angeben (vgl. § 1054 Abs. 3 ZPO, § 34 Abs. 4 DIS-SchO). Nach der Wahl des Schiedsorts richtet sich auch die für die Einhaltung von Fristen maßgebliche Zeitzone (*Wegen/Wilske*, SchiedsVZ 2003, 124).

6   Haben die Parteien keinen Schiedsort vereinbart, legt nach § 21 Abs. 1 DIS-SchO das Schiedsgericht den Schiedsort fest (vgl. § 21 Rz. 12).

7   Bei Schiedsverfahren mit einem Schiedsort in Deutschland sind zunächst die Vorschriften des X. Buchs der ZPO heranzuziehen. Die übrigen Vorschriften der ZPO sind nicht – auch nicht analog – anwendbar. Die Systematik der ZPO ist eindeutig. Für eine analoge Anwendung der ersten neun Bücher der ZPO ist zudem kein Raum, weil sie spezifisch auf das deutsche staatliche Verfahren zugeschnitten sind. Gerade in internationalen Schiedsverfahren passen die Vorschriften für das deutsche staatliche Gerichtsverfahren nicht.

8   Dem zwingenden staatlichen Schiedsverfahrensrecht nachrangig finden die Parteivereinbarungen zur Ausgestaltung des Verfahrens Anwendung. Haben die Parteien ein Schiedsverfahren nach der DIS-SchO vereinbart, gilt zunächst die DIS-SchO, es sei denn, die Parteien sind davon in zulässiger Weise abgewichen oder haben Ergänzendes vereinbart. Den Parteien kommt bei der Bestimmung der anzuwendenden Verfahrensregeln weitgehende Autonomie zu. Die Parteien können aber auch ergänzend auf bereits existierende Regelwerke wie die IBA-Regeln zum Beweisverfahren Bezug nehmen („*International Bar Association Rules on Taking of Evidence in International Arbitration*"). Verstößt das Schiedsgericht gegen eine Vereinbarung der Parteien zum Ablauf des Verfahrens und kann sich dieser Verfahrensverstoß auf den Schiedsspruch ausgewirkt haben, so ist der Schiedsspruch nach § 1059 Abs. 2 Nr. 1 Buchst. d ZPO aufzuheben (OLG Frankfurt a.M. v. 17.2.2011 – 26 Sch 13/10, SchiedsVZ 2013, 49).

9   Im Übrigen hat das Schiedsgericht breites Ermessen bei der Entscheidung der Frage, nach welchen Regeln es das Verfahren führt. Meist legen Schiedsgerichte ergänzende Verfahrensregeln in einer ausführlichen Verfahrensleitenden Verfügung zu Beginn des Verfahrens fest. Diese ergänzen die DIS-SchO. In den ergänzenden Regeln regelt das Schiedsgericht Aspekte wie die Zustellung von Schriftsätzen, den Ablauf der mündlichen Verhandlung u.Ä. Die Parteien haben so mehr Klarheit, an welche Regeln sie sich halten müssen und wie das Verfahren ablaufen wird. Das

Schiedsgericht sollte sich jedoch vorbehalten, die Verfahrensregeln im Laufe des Verfahrens wieder zu ändern. Dies kann sinnvoll und notwendig sein, wenn sich während des Verfahrens die Umstände ändern und ergänzende Regeln benötigt werden.

Die Parteien können die fundamentalen Verfahrensgrundsätze nicht *ex ante* abbedingen. Zu diesen Grundsätzen gehören vor allem das Gebot der Gleichbehandlung und der Anspruch auf rechtliches Gehör (§ 26). Die Parteien können auf diese Rechte jedenfalls nicht im Vorfeld vollständig verzichten, weil damit ein unzulässiger Verzicht auf Rechtsschutz verbunden wäre. Ein Verzicht ist nur im konkreten Fall möglich. Die Parteien haben es jedoch in der Hand, die Verfahrensgrundsätze individuell auszugestalten. Dabei sollten die Parteien jedoch zurückhaltend sein. Eine „selbstgestrickte" Verfahrensordnung hat den Charme der Individualität. Sie birgt jedoch die Gefahr, dass die Parteien Wichtiges ungeregelt lassen oder unklare Regelungen vereinbaren. Häufig sind dann lange und damit teure prozessuale Gefechte die Folge. Zudem hängt vieles schlicht davon ab, welche Schiedsrichter im konkreten Fall über den Rechtsstreit entscheiden werden, auf deren Auswahl die Parteien ganz erheblichen Einfluss haben. 10

Verstößt das Schiedsgericht gegen diese Verfahrensgrundsätze, stellt dies einen Aufhebungsgrund nach § 1059 Abs. 2 Nr. 1 Buchst. b und Buchst. d ZPO bzw. einen Grund für die Versagung der Anerkennung und Vollstreckung nach § 1059 Abs. 2 Nr. 2 Buchst. b ZPO dar. 11

Es ergibt sich demnach folgende Normenhierarchie (vgl. BT-Drucks. 13/5274 S. 46 f.): 12

(1) zwingende gesetzliche Regelung

(2) DIS-SchO auf Grund Bezugnahme in Schiedsklausel

(3) sonstige Parteivereinbarungen

(4) dispositive gesetzliche Regelung

(5) Verfahrensregeln auf Grund richterlichen Ermessens (im Rahmen einer Verfahrensleitenden Verfügung).

C. Verfahrensleitung (Abs. 2–4)

Literatur: *Lörcher*, Zur Stellung des Vorsitzenden im Schiedsgericht, Beilage zu BB 1996 Heft 37, S. 9 ff.; *Prütting*, Die rechtliche Stellung des Schiedsrichters, SchiedsVZ 2011, S. 233 ff.; *Schlosser*, Befugnisse und Pflichten des Schiedsgerichtsobmanns, SchiedsVZ 2003, S. 1 ff.; *Schlosser*, Der Schiedsgerichtsobmann als Vertragspartner, SchiedsVZ 2004, S. 21 ff.

I. Verfahrensförderungspflicht (Abs. 2)

13 § 24 Abs. 2 regelt die Pflicht des Schiedsgerichts, das Verfahren aktiv voranzutreiben. Insbesondere hat das Schiedsgericht darauf hinzuwirken, dass die Parteien **alle für den Rechtsstreit relevanten Tatsachen vortragen** und **sachdienliche Anträge stellen**.

14 So muss das Schiedsgericht insbesondere das Vorbringen der Parteien zur Kenntnis nehmen und in Erwägung ziehen. Umgekehrt muss das Schiedsgericht den Parteien die Gelegenheit geben, sich zu allen Erwägungen zu äußern, auf die das Schiedsgericht seine Entscheidung stützt. Im Schiedsspruch muss das Schiedsgericht dann zu den wesentlichen Angriffs- und Verteidigungsmitteln Stellung nahmen (vgl. OLG Naumburg v. 4.3.2011 – 10 Sch 04/10, SchiedsVZ 2011, 228). Allerdings begründet der Grundsatz des rechtlichen Gehörs grundsätzlich keine Hinweispflicht und auch keinen Anspruch darauf, vorab die Rechtsauffassung des Gerichts kennen zu lernen. Die aus dem staatlichen Gerichtsverfahren bekannten Vorschriften zu richterlichen Aufklärungs- und Hinweispflichten gehen weit über den Rahmen des Art. 103 GG hinaus (OLG München v. 14.3.2011 – 34 Sch 08/10, SchiedsVZ 2011, 159 [165]).

II. Verfahrensleitung durch Vorsitzenden (Abs. 3)

15 § 24 Abs. 3 normiert eine Selbstverständlichkeit des Verfahrensrechts. Der vorsitzende Schiedsrichter leitet das Verfahren. Dazu gehört die Festlegung der Reihenfolge der zu verhandelnden Punkte, insbesondere der zu erhebenden Beweise, aber auch schiedsrichterliche Verfahrenshandlungen, die in einer praktikablen Weise nicht anders als durch den Vorsitzenden vorgenommen werden können, wie etwa die Führung der Akten des Schiedsgerichts oder die Veranlassung der Zusendung von Entscheidungen – auch des Endschiedsspruchs – an die Parteien (*Schlosser*, SchiedsVZ 2003, 1 [4]). Der Schiedsspruch selbst wird dann durch die DIS zugestellt, § 36 Abs. 2.

16 Zur Befugnis des Vorsitzenden, das Verfahren zu leiten, gehört auch, die Beratungen des Schiedsgerichts zu leiten. Der Vorsitzende kann die Beratung über eine Einzelfrage oder insgesamt über den Schiedsspruch für beendet erklären und zur Abstimmung schreiten. Dies ist auch zulässig, wenn einer der beiden beisitzenden Schiedsrichter dem widerspricht (*Schlosser*, SchiedsVZ 2003, 1 [8]). Freilich darf dadurch nicht das Recht der Parteien auf rechtliches Gehör verletzt werden, vgl. § 26.

Der Vorsitzende tritt bei der äußeren Organisation des Verfahrens häufig als Vertragspartner in Erscheinung. Er muss etwa Sachverständige beauftragen, für die mündliche Verhandlung Räume anmieten oder für die Bestimmung eines Protokollführers sorgen – wobei wegen der Vertraulichkeit des Schiedsverfahrens nach der DIS-SchO (vgl. § 43) die Hinzuziehung eines Protokollführers von der Zustimmung aller Parteien abhängig ist (*Schlosser*, SchiedsVZ 2004, 21 [25]). Beauftragt das Schiedsgericht einen eigenen, gerichtlich bestellten Sachverständigen, wird allerdings häufig der Vorsitzende als Vertreter der Parteien für diese den Vertrag mit dem Sachverständigen schließen.

17

§ 24 Abs. 3 räumt dem Vorsitzenden über das Recht der Verfahrensleitung hinaus keine weitergehenden Rechte gegenüber dem gesamten Spruchkörper ein. Grundsätzlich ist es dem Schiedsgericht nicht gestattet, vom Kollegialitätsprinzip abzuweichen.

18

In größeren Verfahren lässt sich der Vorsitzende des Schiedsgerichts durch einen Sekretär des Schiedsgerichts unterstützen. Dieser übernimmt auf Weisung des Schiedsgerichts organisatorische Aufgaben, bereitet aber auch Sitzungen und Verfügungen des Schiedsgerichts vor. Der Sekretär des Schiedsgerichts wird grundsätzlich aus dem Honorar des Vorsitzenden Schiedsrichters vergütet. Der Vorsitzende Schiedsrichter müsste anderenfalls diese Tätigkeiten ja selbst durchführen. In umfangreichen Verfahren kann es aber unumgänglich sein, dass sich das Schiedsgericht durch einen Sekretär unterstützen lässt. Vgl. hierzu Vor Art. 11 ICC-SchO Rz. 11 ff.

19

III. Alleinentscheidungsbefugnis des Vorsitzenden (Abs. 4)

§ 24 Abs. 4 trägt dem Ziel der Prozessökonomie Rechnung. Der Vorsitzende kann – eine Ermächtigung der anderen Schiedsrichter vorausgesetzt – Entscheidungen zum Verfahren alleine treffen. Die Norm sieht für eine solche Befugnisübertragung auf den Vorsitzenden nicht zwingend die Zustimmung der Parteien vor. Jedoch bleiben auch insoweit die Parteien die Herren des Verfahrens und können der Befugnisübertragung auf den Vorsitzenden widersprechen. Das Schiedsgericht muss einen solchen Widerspruch beachten (*Schlosser*, SchiedsVZ 2003, 1 [8]). Wurde dem Vorsitzenden des Schiedsgerichts die Alleinentscheidung übertragen, heißt dies nicht, dass er auch stets alleine entscheiden muss („kann"). Vielmehr kann das Schiedsgericht weiterhin Maßnahmen gemeinsam beschließen.

20

21 Die Vorschrift ist nach ihrem Wortlaut nicht anwendbar auf Schiedsgerichte, die nur aus zwei Mitgliedern bestehen („anderen Mitglieder"). Zwar kann sich ein Zweierschiedsgericht schneller abstimmen, als drei oder mehr Schiedsrichter es können. Jedoch spielt auch bei einem Zweierschiedsgericht der Gedanke der Prozessökonomie als *ratio legis* des § 24 eine Rolle. Die Vorschrift sollte daher auf solche Fälle analog anwendbar sein.

22 Hat der Vorsitzende eine Entscheidung getroffen, für welche er nicht zur Alleinentscheidung ermächtigt war, können die beisitzenden Schiedsrichter nachträglich die eigenmächtige Verfahrensentscheidung des Vorsitzenden genehmigen. Von einer konkludenten Genehmigung ist regelmäßig dann auszugehen, wenn die Beisitzer einer solchen Entscheidung nicht widersprechen.

D. Abweichende Parteivereinbarung

23 Die Vorschrift betont, dass die Parteien das Verfahren selbst bestimmen können. Allerdings können die Parteien zwar erheblich auf das Verfahren Einfluss nehmen. Doch dürfen die Parteien das Wesen des Verfahrens nicht verändern, d.h. ein DIS-Schiedsverfahren muss immer ein DIS-Schiedsverfahren bleiben. Konkret bedeutet dies, dass die Parteien die Rolle der DIS bei der Verwaltung des Verfahrens nicht verändern oder die DIS ganz/teilweise aus dem Verfahren ausschließen. Zudem dürfen die Parteien charakteristische Verfahrenselemente nicht verändern (Verfahrenseinleitung über die DIS-Geschäftsstelle, Zustellung des Schiedsspruchs durch die DIS-Geschäftsstelle etc.).

24 Manchmal versuchen die Parteien, die DIS-SchO zwar zu vereinbaren, wollen aber dennoch ausdrücklich kein DIS-Schiedsverfahren führen. Häufig wollen die Parteien mit solchen Klauseln die DIS-Bearbeitungsgebühr ersparen oder insgesamt andere Verfahrenskosten vereinbaren. Von solchen Klauseln sollten Parteien Abstand nehmen. Die Administration des Schiedsverfahrens durch die DIS hat erhebliche Vorteile: Es ist so eindeutig, wie und wann das Verfahren eingeleitet wird. Dies ist insbesondere wichtig, wenn es um die Hemmung der Verjährung geht. Die DIS kann die Parteien und/oder die Schiedsrichter bei Problemen administrativ unterstützen (z.B. Ersatzbenennung durch den Ernennungsausschuss). Weichen die Parteien von der DIS-SchO maßgeblich ab, entstehen häufig zahlreiche Interpretationsschwierigkeiten und aufwendige (= teure) prozessuale Nebengefechte sind die Regel.

Die Parteien können auf fundamentale Verfahrensrechte (rechtliches Gehör, Grundsatz der Gleichbehandlung) nicht *ex ante* verzichten (vgl. Rz. 10).

§ 25: Vorschuss für das Schiedsgericht

Das Schiedsgericht kann die Fortsetzung des Verfahrens davon abhängig machen, dass Vorschüsse auf die zu erwartenden Kosten des Schiedsgerichts gezahlt werden. Es soll vom Kläger und Beklagten jeweils die Hälfte des Vorschusses anfordern. Als Vorschuss kann das volle Schiedsrichterhonorar und voraussichtliche Auslagen zuzüglich gesetzlicher Mehrwertsteuer angesetzt werden. Von dem auf den Kläger entfallenden Vorschuss ist der nach § 7 Abs. 1 an die DIS gezahlte vorläufige Vorschuss in Abzug zu bringen.

Regelungsschwerpunkte: Das Schiedsgericht kann und sollte in aller Regel seine Tätigkeit gleich zu Beginn des Verfahrens davon abhängig machen, dass die Parteien Vorschusszahlungen auf die voraussichtlichen Honorare und Auslagen der Schiedsrichter leisten.

Mit Hilfe des von der DIS online zur Verfügung gestellten Gebührenrechners (www.dis-arb.de) können die Parteien die voraussichtlichen Honorare des oder der Schiedsrichter berechnen.

Kostenaspekte: Wer die Kosten des Verfahrens letztlich zu tragen hat, ist abhängig von der Kostenentscheidung des Schiedsgerichts am Ende des Verfahrens.

Inhalt

A. Normzweck 1	F. Folgen der Nichtzahlung des Kostenvorschussanteils einer Partei 10
B. Verhältnis zu §§ 1025 ff. ZPO 3	I. Recht zur Kündigung des Schiedsrichtervertrags aus wichtigem Grund 10
C. Vergleich mit den im staatlichen Verfahren geltenden Vorschriften 4	II. Klage vor den staatlichen Gerichten auf Zahlung des Vorschussanteils 11
D. Berechnung des Kostenvorschusses 5	III. Ersatzvorschussleistung durch die andere Partei 13
E. Aufteilung des Kostenvorschusses 9	

| G. Folgen der Nichtzahlung des gesamten Kostenvorschusses. 16 | H. Abweichende Parteivereinbarungen .... 17 |

Veröffentlichungen der DIS-Hauptgeschäftsstelle: Kosten im Schiedsgerichtsverfahren, DIS – MAT X (2005).
Literatur: *Rohner/Lazopoulos*, Respondent's Refusal to Pay its Share of the Advance on Costs, ASA Bulletin, Vol. 29 No. 3 (2011), S. 549 ff.; *Wolff*, Streitwertfestsetzung bei wertabhängiger Schiedsrichtervergütung – Schiedsrichter in eigener Sache?, SchiedsVZ 2006, S. 131 ff.

A. Normzweck

1 § 25 ist im Zusammenhang mit §§ 7, 11, 35 und 40 zu lesen, die den Rahmen der in einem DIS-Schiedsverfahren anfallenden Kosten abbilden. Die Vorschrift ermöglicht dem Schiedsgericht, seine Tätigkeit gleich zu Beginn des Verfahrens davon abhängig zu machen, dass die Parteien in Vorleistung treten, d.h. Vorschüsse auf die zu erwartenden Kosten einschließlich der auf die Honorare und Auslagen ggf. anfallender Umsatzsteuer zahlen.

2 Durch die Verauslagung des Honorars und der Auslagen des Schiedsgerichts kann das Risiko eines späteren Zahlungsausfalls infolge Zahlungsunfähigkeit oder Zahlungsunwilligkeit einer Partei vermieden werden und gleichzeitig eine Verfahrensbeschleunigung erreicht werden. Welche der Parteien die Kosten des Schiedsgerichts, d.h. die Honorare und Auslagen der Schiedsrichter, letztlich zu tragen hat, ist abhängig von der Kostenentscheidung des Schiedsgerichts nach § 35.

B. Verhältnis zu §§ 1025 ff. ZPO

3 Die Vorschriften der §§ 1025 ff. ZPO haben für die Anwendung von § 25 DIS-SchO keine praktische Bedeutung.

C. Vergleich mit den im staatlichen Verfahren geltenden Vorschriften

4 Auch in staatlichen Verfahren wird die Tätigkeit der Gerichte regelmäßig von der Sicherstellung oder Zahlung von Gerichtsgebühren abhängig gemacht (vgl. insbesondere § 6 Abs. 1 Nr. 1 i.V.m. § 12 GKG für bürgerliche Rechtsstreitigkeiten). In einem Prozess vor einem ordentlich Gericht schuldet jedoch allein der Kläger, und nicht die Parteien als Gesamtschuldner, den Vorschuss für die Gerichtsgebühren (vgl. nur LG

Bielefeld, Urt. v. 21.10.2003 – 17 O 130/03, abrufbar unter: www.disarb.de).

D. Berechnung des Kostenvorschusses

Honorarvorschuss. Die Berechnung des Honorarvorschusses richtet sich nach den streitwertabhängigen Vergütungsansprüchen der Schiedsrichter (§ 40 Abs. 1 und 2 i.V.m. der Nr. 1–15 der seit 1.1.2005 gültigen Anlage zu § 40 Abs. 5, die Bestandteil der DIS-SchO ist). Ist der Streitwert der **Klage** oder **Widerklage** nicht oder nur teilweise beziffert, steht die Festsetzung des Streitwerts und demgemäß auch die Berechnung des Kostenvorschusses im pflichtgemäßen Ermessen des Schiedsgerichts (§ 40 Abs. 6). Ergeben sich keinerlei Anhaltspunkte für die Höhe des Streitwerts der Klage oder Widerklage, wird es sich in aller Regel an dem von der DIS zu Beginn des Verfahrens für die Berechnung der DIS-Bearbeitungsgebühr vorläufig angesetzten Streitwert orientieren und diesen im Laufe des Verfahrens in Abstimmung mit den Parteien gegebenenfalls anpassen.

5

Im Falle einer vom Beklagten erklärten **Hilfsaufrechnung** mit einem oder mehreren Gegenansprüchen wird das Schiedsgericht den Kostenvorschuss zumeist schon im Zeitpunkt der Erklärung der Hilfsaufrechnung erhöhen und nicht erst, wenn das Schiedsgericht über die Gegenansprüche auch tatsächlich entscheiden muss (zur Erhöhung der DIS-Bearbeitungsgebühr im Falle einer Hilfsaufrechnung, vgl. § 11 Rz. 11). Maßgeblich für die Erhöhung des Streitwerts und des Kostenvorschusses ist dabei nicht der Gesamtbetrag der Gegenforderung(en), sondern nur der Betrag in der Höhe, in der die Gegenforderungen genutzt werden, um den oder die klägerischen Ansprüche zu tilgen. Hat das Schiedsgericht über die Hilfsaufrechnung nicht zu entscheiden, wird es den hierfür bereits eingezahlten Kostenvorschuss am Ende des Verfahrens wieder auskehren.

6

Auslagenvorschuss. Grundlage für die Berechnung des Auslagenvorschusses ist der Anspruch der Schiedsrichter auf Erstattung ihrer Auslagen (§ 40 Abs. 1). Soweit das Schiedsgericht mit den Parteien nichts anderes vereinbart hat, erfolgt die Berechnung regelmäßig auf Grundlage der seit Januar 2005 gültigen DIS Richtlinien für die Erstattung von Auslagen der Schiedsrichter (Nr. 16 der Anlage zu § 40 Abs. 5). Danach können bei der Berechnung des Auslagenvorschusses Reisekosten, Tagegeld, Übernachtungskosten und sonstige durch das Schiedsverfahren veranlasste Auslagen (z.B. Kosten für die Anmietung eines Raumes für die

7

mündliche Verhandlung, Post- und Kurierentgelte, Telekommunikationsdienstleistungen und Kopien) berücksichtigt werden.

8 **Umsatzsteuer.** Unterliegt die Schiedsrichterleistung einer Umsatzsteuer, fließt diese nach der gängigen Praxis in die Berechnung des Kostenvorschusses ebenfalls mit ein, um spätere Durchsetzungsprobleme zu vermeiden (zur Umsatzsteuerpflicht von Schiedsrichterleistungen vgl. *Risse/Meyer-Burow*, SchiedsVZ 2009, 326 ff.; vgl. ferner *Konrad/Gurtner*, Die Umsatzsteuer im Schiedsverfahren, 2008).

E. Aufteilung des Kostenvorschusses

9 Nach § 25 Satz 2 soll das Schiedsgericht vom Kläger und Beklagten jeweils die Hälfte des Kostenvorschusses anfordern. In der deutschen Rechtsprechung und Literatur wird mittlerweile nahezu einhellig vertreten, dass die Parteien mit Abschluss des Schiedsrichtervertrages zur Mitwirkung und Förderung verpflichtet sind und demgemäß grundsätzlich zu gleichen Anteilen zum Vorschuss verpflichtet sind (vgl. BGH v. 28.3.2012 – III ZB 63/10 – SchiedsVZ 2012, 154 [155], Tz. 7; LG Bielefeld v. 21.10.2003 – 17 O 130/03, abrufbar unter: http://www.dis-arb.de; AG Düsseldorf v. 17.6.2003 – 36 C 19607/02, SchiedsVZ 2003, 240; zur Qualifikation der Schiedsvereinbarung als „materiell-rechtlicher Vertrag über prozessrechtliche Wirkungen", vgl. BGH v. 28.11.1963 – VII ZR 90/62, BGHZ 40, 320, 322 = NJW 1964, 591). Zu beachten ist, dass beim Kostenvorschussanteil des Klägers der von ihm bereits geleistete vorläufige Vorschuss (§ 7) angerechnet wird. Verwaltet werden die eingezahlten Vorschussanteile vom Einzelschiedsrichter bzw. vom Vorsitzenden des Schiedsgerichts.

F. Folgen der Nichtzahlung des Kostenvorschussanteils einer Partei

I. Recht zur Kündigung des Schiedsrichtervertrags aus wichtigem Grund

10 Weigert sich eine Partei (dies wird in aller Regel der Beklagte sein), ihren vom Schiedsgericht angeforderten Vorschussanteil zu zahlen und kann bzw. will die andere Partei diesen Vorschussanteil nicht übernehmen, ist die andere Partei zur Kündigung des (zumindest konkludent geschlossenen) Schiedsrichtervertrags (und auch der Schiedsvereinbarung selbst) aus wichtigem Grund berechtigt (BGH v. 7.3.1985 – III ZR 169/83, NJW 1985, 1903 [1904]). Die Kündigung des Schiedsrichtervertrags hat freilich zur Konsequenz, dass das Schiedsgericht die Beendi-

gung des Schiedsverfahrens nach § 39 Abs. 2 Ziffer 3 durch Beschluss festzustellen hat (*Gerstenmaier*, SchiedsVZ 2010, 281 [285]).

II. Klage vor den staatlichen Gerichten auf Zahlung des Kostenvorschussanteils

Ferner hat die Partei, die den Vorschussanteil der anderen Partei nicht übernehmen kann bzw. will, die Möglichkeit, vor den staatlichen Gerichten die Zahlung des Vorschussanteils durch die andere Partei zu erzwingen (ggf. auch im Wege eines Urkundenprozesses). Bei Ausübung dieser Option besteht jedoch die Gefahr, dass das Schiedsgericht das Schiedsverfahren solange nicht weiter betreiben wird, bis der Kostenvorschuss vollständig bezahlt ist (vgl. auch BGH v. 28.3.2012 – III ZB 63/10 –, SchiedsVZ 2012, 154 [155], Tz. 7; BGH v. 7.3.1985 – III ZR 169/83, NJW 1985, 1903 [1904]). 11

Die alleinige Entscheidungskompetenz der staatlichen Gerichte für die Klage auf Zahlung des Vorschussanteils an das Schiedsgericht folgt aus dem „Verbot des Richtens in eigener Sache" (vgl. BGH v. 7.3.1985 – III ZR 169/83, NJW 1985, 1903 [1904]; OLG Oldenburg v. 31.3.1971 – 8 U 103/70, NJW 1971, 1461 [1462]; AG Düsseldorf v. 17.6.2003 – 36 C 19607/02, SchiedsVZ 2003, 240). Da die vom Schiedsgericht festgesetzte Vorschusspflicht eine von den Parteien einklagbare Mitwirkungs- und Förderungspflicht darstellt (s. Rz. 9), ist die Klage auf Zahlung des Vorschussanteils an das Schiedsgericht regelmäßig auch begründet. 12

III. Ersatzvorschussleistung durch die andere Partei

Rechtsfolge. Zahlt die Partei auch den Vorschussanteil der zahlungsunwilligen anderen Partei, ist die Fortsetzung des Schiedsverfahrens ohne Zeitverzögerung gewährleistet. Gleichzeitig erwirbt der Kläger mit der Ersatzvorschussleistung einen materiell-rechtlichen Kostenerstattungsanspruch. Begründet wird dieser mit dem in § 25 und § 40 Abs. 1 Satz 2 normierten Gesamtschuldverhältnis der Parteien in Bezug auf das Honorar und die Auslagen der Schiedsrichter. Nach dem jeweils anwendbaren Recht ist dieser Ausgleichsanspruch ggf. auch zu **verzinsen** (vgl. z.B. §§ 288 Abs. 1, 286 BGB). 13

Durchsetzung. Der materiell-rechtliche Kostenerstattungsanspruch kann regelmäßig vor dem Schiedsgericht durchgesetzt werden. Zumindest bei einer weit gefassten Formulierung erfasst die Schiedsvereinbarung auch Streitigkeiten über mögliche Rechte und Pflichten, die sich 14 aus dem Schiedsrichtervertrag ergeben. Der Zuständigkeit des Schiedsgerichts steht nach richtiger Auffassung das sog. „Verbot des Richtens in eigener Sache" nicht entgegen. Denn bei einer Ersatzvorschussleistung geht es gerade nicht um die klageweise Geltendmachung des vom Schiedsgericht festgesetzten Vorschussanteils der anderen Partei und damit weder unmittelbar noch mittelbar um die Festsetzung des Schiedsrichterhonorars. Ferner erscheint es auch aus prozessökonomischen Gründen unangemessen, den Kläger auf ein zeit- und kostenintensives Verfahren vor den staatlichen Gerichten zu verweisen.

15 **Form der Entscheidung.** Da der Kostenerstattungsanspruch von der Kostenentscheidung nach § 35 nebst etwaigen Kostenerstattungsansprüchen der Parteien am Ende des Schiedsverfahrens strikt zu trennen und mit Geltendmachung entscheidungsreif ist, kann das Schiedsgericht nach seinem Ermessen hierüber auch vorab im Wege eines Teilschiedsspruchs entscheiden.

G. Folgen der Nichtzahlung des gesamten Kostenvorschusses

16 Im Falle der Nichtzahlung des gesamten Kostenvorschusses kann das Schiedsgericht seine (weitere) Tätigkeit zurückhalten und das Verfahren nicht weiter betreiben (vgl. BGH v. 28.3.2012 – III ZB 63/10, SchiedsVZ 2012, 154 [155], Tz. 7 m.w.N.). Wird das Schiedsgericht ohne oder ohne ausreichenden Vorschuss tätig, kann es die ggf. noch offenen Honorare und Auslagen (ggf. zzgl. Umsatzsteuer) nicht im Schiedsspruch titulieren. Vielmehr sind die Schiedsrichter wegen des sog. „Verbots des Richtens in eigener Sache" gehalten, ihre Kosten gegebenenfalls vor den staatlichen Gerichten einzuklagen (BGH v. 28.3.2012 – III ZB 63/10 –, SchiedsVZ 2012, 154 [155], Tz. 7 m.w.N.). Die DIS wird auf Hinweis des Schiedsgericht von der Übersendung des Schiedsspruchs (§ 36) solange absehen, bis der gesamte Kostenvorschuss vollständig bezahlt ist.

H. Abweichende Parteivereinbarungen

17 Von der Möglichkeit des Schiedsgerichts zur Festsetzung eines Kostenvorschusses kann nicht durch Parteivereinbarung abgewichen werden.

§ 26: Rechtliches Gehör

26.1 Die Parteien sind gleich zu behandeln. Jeder Partei ist in jedem Stand des Verfahrens rechtliches Gehör zu gewähren. Die Parteien sind

von jeder Verhandlung und jedem Zusammentreffen des Schiedsgerichts zu Zwecken der Beweisaufnahme rechtzeitig in Kenntnis zu setzen. Die Parteien können sich vertreten lassen.

26.2 Alle Schriftsätze, Schriftstücke oder sonstigen Mitteilungen, die dem Schiedsgericht von einer Partei vorgelegt werden, sind der anderen Partei zur Kenntnis zu bringen. Gutachten und andere schriftliche Beweismittel, auf die sich das Schiedsgericht bei seiner Entscheidung stützen kann, sind beiden Parteien zur Kenntnis zu bringen.

Regelungsschwerpunkte: Abs. 1 regelt fundamentale Verfahrensrechte der Parteien, nämlich das Recht der Parteien auf Gleichbehandlung sowie auf rechtliches Gehör. → Rz. 5 ff; **Abs. 2** Den Parteien sind alle Dokumente, auf die das Schiedsgericht seine Entscheidung stützen kann, zur Kenntnis zu bringen. → Rz. 30.

Inhalt

A. Allgemeines 1	2. Informationspflicht 15
I. Normzweck 1	3. Äußerungsmöglichkeit der Parteien muss bestehen ... 19
II. Verhältnis zu § 1042 Abs. 1, Abs. 2 ZPO 2	4. Schiedsgericht muss Parteivortrag berücksichtigen . 21
III. Vergleich mit den im staatlichen Verfahren geltenden Vorschriften 3	5. Rechtsfolge eines Verstoßes 24
B. Gebot der Gleichbehandlung und Anspruch auf rechtliches Gehör (Abs. 1) 5	III. Recht, sich anwaltlich vertreten zu lassen (Abs. 1 Satz 4) .. 27
I. Gebot der Gleichbehandlung (Abs. 1 Satz 1) 6	**C. Spezielle Ausprägung der in Abs. 1 genannten Prozessprinzipien (Abs. 2)** 30
II. Anspruch auf rechtliches Gehör (Abs. 1 Satz 2) 10	**D. Abweichende Parteivereinbarung** 31
1. Umfang der Gewährleistung 11	

A. Allgemeines

Literatur: *Geimer*, Schiedsgerichtsbarkeit und Verfassung, in: Integritätsprobleme im Umfeld der Justiz (1994), S. 113 ff.; *Hermanns*, Zur Frage der Verletzung des rechtlichen Gehörs im schiedsgerichtlichen Verfahren, IPRax 1987, S. 353 ff.; *Laschet*, Rechtsmittel gegen Prozess-, Vorab- oder Zwischenentscheidungen eines Schiedsgerichtes oder einer Schiedsgerichtsorganisation, in: FS Heinrich Nagel (1987), S. 167 ff. (182 ff.); *Raeschke-Kessler/Bühler*, Aufsicht über den Schiedsrichter durch den ICC-Schiedsgerichtshof (Paris) und rechtliches Gehör der Parteien, ZIP 1987, S. 1157 ff.; *Rosenberg/Schwab/Gottwald*, Zivilprozessrecht (17. Aufl. 2010), § 82 III, § 170 I 1; *Schlosser*, Deutsche und französische Rechtsprechung zur Schiedsgerichtsbarkeit, in: Jahrbuch für die Praxis der Schiedsgerichtsbarkeit, Bd. 2 (1988), S. 241 ff.; *Waldner*, Aktuelle Probleme des rechtlichen Gehörs im Zivilprozess (1983); *Wiegand*, Iura novit curia vs. ne ultra petita – Die Anfechtbarkeit von Schiedsgerichtsurteilen im Lichte der jüngsten Rechtsprechung des Bundesgerichts, in: FS Kellerhals (2005), S. 127 ff.; *Wolf*, Die institutionelle Handelsschiedsgerichtsbarkeit (1992), S. 175 ff., 182 ff.

I. Normzweck

1 Der Anspruch auf rechtliches Gehör und das Gebot der Gleichbehandlung sind fundamentale und unabdingbare Verfahrensrechte sowohl im deutschen Verfahrensrecht als auch in internationalen Schiedsverfahren („fair trial"). § 26 legt ausdrücklich fest, dass das Schiedsgericht diese Verfahrensrechte der Parteien beachten muss. Allerdings besitzt § 26 nur deklaratorische Wirkung, da die Grundsätze auch ohne eine entsprechende Vorschrift Anwendung fänden.

II. Verhältnis zu § 1042 Abs. 1, Abs. 2 ZPO

2 § 26 DIS-SchO konkretisiert die nicht abdingbaren Regelungen in § 1042 Abs. 1, 2 ZPO.

III. Vergleich mit den im staatlichen Verfahren geltenden Vorschriften

3 Im staatlichen Gerichtsverfahren in Deutschland haben die Gerichte den Parteien ebenfalls rechtliches Gehör zu gewähren (Art. 103 Abs. 1 GG) und die Parteien im Verfahren gleich zu behandeln. Diese verfassungsrechtlichen Gewährleistungen hat der deutsche Gesetzgeber durch die ZPO (und die anderen Prozessordnungen) einfachgesetzlich ausgestaltet. Die staatlichen Gerichte sind daher an „ihre" Prozessordnung gebunden. Verletzen sie verfahrensrechtliche Vorschriften, die das rechtliche Gehör der Parteien gewährleisten, liegt zugleich ein – verfassungsrechtlich relevanter – Gehörsverstoß vor. Die DIS-SchO gestaltet demgegenüber das rechtliche Gehör in anderer Weise aus. Da der Verfassungsgeber nur das Recht auf rechtliches Gehör festgeschrieben hat, nicht jedoch dessen Ausgestaltung im Einzelfall geregelt hat, sind von der ZPO abweichende Regelungen zulässig. Dies führt in der Praxis gerade bei unerfahrenen Parteien häufig zu Missverständnissen: Maßgeblich ist nicht, wie die deutsche ZPO oder eine andere staatliche Prozessordnung das Recht auf rechtliches Gehör ausgestaltet, sondern einzig,

ob das Schiedsgericht die Regelungen der DIS-SchO und den autonom auszulegenden Grundsatz rechtlichen Gehörs eingehalten hat.

Im Schiedsverfahren muss das Schiedsgericht dafür Sorge tragen, dass alle Parteien Zugang zu allen potentiell entscheidungserheblichen Dokumenten haben. Allerdings müssen die Parteien bis auf die Klage und die Widerklage die Schriftsätze selbst den anderen Beteiligten zusenden (= den anderen Parteien und den Schiedsrichtern). Im staatlichen Verfahren übernimmt in der Regel das Gericht die Zustellung von Schriftsätzen. 4

B. Gebot der Gleichbehandlung und Anspruch auf rechtliches Gehör (Abs. 1)

§ 26 Abs. 1 greift Grundsätze eines jeden rechtsstaatlichen Verfahrens auf: das Gebot der Gleichbehandlung und den Anspruch auf rechtliches Gehör. 5

I. Gebot der Gleichbehandlung (Abs. 1 Satz 1)

Das Gebot der Gleichbehandlung ist Ausfluss des Anspruchs auf ein faires Verfahren (verfahrensrechtliche Chancengleichheit). Das Gebot ist nicht starr zu verstehen: Das Schiedsgericht ist nicht gehalten, jeder Partei auf die Minute gleich viel Raum zur Anspruchsbegründung bzw. zur -widerlegung einzuräumen. Vielmehr muss das Gericht die Parteien „fair" behandeln, d.h. es darf differenzieren, wo ein sachlicher Grund für eine solche Differenzierung besteht. 6

Das Schiedsgericht muss alle Parteien mit demselben Informationsstand versehen und für eine verfahrensrechtliche Chancengleichheit sorgen. Das Schiedsgericht darf also nicht „geheime" Erörterungen mit nur einer Partei führen. Hieraus folgt, dass auch zum Zwecke einer Mediation oder eines Vergleichs das Schiedsgericht keine getrennten Verhandlungen mit den Parteien führen darf. 7

Das Gleichbehandlungsgebot enthält kein Verbot der willkürlichen Entscheidung. Es ist als verfahrensrechtliche Gewährleistung ausgestaltet und will nur für eine verfahrensrechtliche Chancengleichheit sorgen. Dass Willkürentscheidungen verboten sind, folgt aus dem Gesichtspunkt, dass der Schiedsspruch nicht gegen den *ordre public* verstoßen darf. Eine Willkürentscheidung liegt vor, wenn unter keinem rechtlichen Gesichtspunkt die Entscheidung vertretbar ist und sich daher der Schluss aufdrängt, dass sie auf sachfremden Erwägungen beruht. 8

9 Verletzt das Schiedsgericht das Gleichbehandlungsgebot, ist der Schiedsspruch nach § 1059 Abs. 2 Nr. 1 Buchst. d ZPO aufhebbar bzw. kann ihm nach Art. V Abs. 1 Buchst. d UNÜ die Vollstreckung versagt werden.

II. Anspruch auf rechtliches Gehör (Abs. 1 Satz 2)

10 Der Anspruch auf rechtliches Gehör stellt einen der *„Grundpfeiler des […] Schiedsgerichtsverfahrens"* dar (BGH v. 10.10.1951 – II ZR 99/51, BGHZ 3, 215 [219]). Er gibt jedem Beteiligten ein Recht darauf, dass er Gelegenheit erhält, sich zu dem einer schiedsrichterlichen Entscheidung zugrundeliegenden Sachverhalt vor Erlass einer Entscheidung zu äußern, vor dem Schiedsgericht Anträge zu stellen und Ausführungen zu machen. Diesem Recht entspricht eine Pflicht des Schiedsgerichts, das *„Anträge und Ausführungen der Prozessbeteiligten zur Kenntnis nehmen und in Erwägung ziehen muss"* (BVerfG v. 20.3.1984 – 1 BvR 763/82, BVerfGE 66, 260 [263], st. Rspr.).

1. Umfang der Gewährleistung

11 Das Recht auf rechtliches Gehör umfasst drei Gewährleistungen:

(1) Die Parteien müssen vom Sachverhalt, der der Entscheidung zugrunde gelegt werden kann, rechtzeitig Kenntnis erlangen (Informationspflicht).

(2) Die Parteien müssen Gelegenheit erhalten, sich zu dem Sachverhalt in tatsächlicher und in rechtlicher Hinsicht zu äußern.

(3) Das Schiedsgericht muss die Ausführungen der Parteien zur Kenntnis nehmen und in Erwägung ziehen.

12 Die nähere Ausgestaltung des rechtlichen Gehörs hat der Verfassungsgeber dem einfachen Gesetzgeber überlassen (BVerfG v. 20.3.1984 – 1 BvR 763/82, BVerfGE 66, 260 [263], st. Rspr.). Dieser hat in den verschiedenen einfachgesetzlichen Verfahrensordnungen das Recht auf rechtliches Gehör zu gewährleisten.

13 Die aus dem deutschen Zivilprozess bekannte Hinweispflicht des staatlichen Richters lässt sich auf das Schiedsverfahren nicht übertragen." (OLG München v. 14.3.2011 – 34 Sch 08/10, SchiedsVZ 2011, 159 [165]). Der Grundsatz des rechtlichen Gehörs begründet auch keinen Anspruch der Parteien darauf, vorab die Rechtsauffassung des Gerichts kennen zu lernen (OLG München v. 14.3.2011 – 34 Sch 08/10, SchiedsVZ 2011, 159 [160]) oder auf die Erheblichkeit einer bestimmten „Vorfrage" für die

Entscheidungsfindung hingewiesen zu werden (OLG Naumburg v. 4.3.2011 – 10 Sch 04/10, SchiedsVZ 2011, 228).

Aus dem Wortlaut (*„in jedem Stand des Verfahrens"*) ergibt sich, dass das Gericht die Parteien auch vor der Entscheidung lediglich verfahrensrechtlicher Fragen oder der Gewährung von vorläufigem Rechtsschutz die Möglichkeit zur Stellungnahme einräumen muss. Ist dies, z.B. im Eilrechtsschutz, nicht möglich, muss das rechtliche Gehör nachgeholt werden und die Möglichkeit bestehen, dass die getroffene Entscheidung korrigiert wird. 14

2. Informationspflicht

Die Parteien müssen alles zur Kenntnis bekommen, was das Schiedsgericht als Entscheidungsgrundlage heranziehen kann (vgl. § 26 Abs. 2). Das Schiedsgericht muss daher organisatorische Maßnahmen treffen, dass alle Parteien alles erhalten. Um dies sicherzustellen, sollte das Schiedsgericht in die ergänzenden Verfahrensregeln aufnehmen, dass Schriftsätze in nachverfolgbarer Weise zuzusenden sind (per Einschreiben/per Kurier); eine andere Möglichkeit besteht darin, die Versendung per E-Mail zuzulassen, wenn der Eingang von E-Mails binnen 24 Stunden von allen Empfängern bestätigt wird. Zudem sollte das Schiedsgericht in der mündlichen Verhandlung die Schriftsätze durchgehen und sich von den Parteien bestätigen lassen, dass jede Partei alle Schriftsätze erhalten hat. 15

Die Schiedsrichter müssen auch ihr eigenes (Fach-)Wissen in das Verfahren einführen (sog. gerichtsbekannte Tatsachen), soweit es sich nicht um allgemein bekannte Tatsachen handelt. 16

Aus der Informationspflicht folgt auch, dass die Parteien an der Beweisaufnahme stets teilnehmen dürfen. Insbesondere müssen die Parteien die Erklärungen von Zeugen und Sachverständigen mitgeteilt bekommen. Dies gilt sowohl für die förmliche schriftliche oder mündliche Aussage als auch für sonstige Erklärungen, die ein Zeuge oder Sachverständiger gegenüber dem Schiedsgericht abgibt. 17

Ein besonders Problem stellt sich, wenn eine Partei vertrauliche Informationen vorlegen muss. Das Schiedsgericht darf hier die vertraulichen Informationen nicht alleine zur Kenntnis nehmen, sondern muss die Informationen auch stets den anderen Parteien zur Kenntnis bringen. Der BGH hält es zu Recht für grundsätzlich unzulässig, die von einer Partei geheim gehaltenen Tatsachen zu deren Gunsten zu verwerten (BGH v. 18

18.10.1995 – I ZR 126/93, NJW 1996, 391 [391]). Allerdings ist von diesem Grundsatz eine Ausnahme zu machen, wenn einerseits ein erhebliches Interesse der einen Partei an der Geheimhaltung besteht und andererseits keine unzumutbaren Nachteile für die andere Partei entstehen.

3. Äußerungsmöglichkeit der Parteien muss bestehen

19 Die Parteien müssen die Möglichkeit haben, zum Vortrag der anderen Parteien (und ggf. zu Äußerungen des Schiedsgerichts) Stellung nehmen zu können. Dies setzt voraus, dass ihnen der Vortrag rechtzeitig mitgeteilt wird und dass sie ausreichend Zeit haben, ihre Stellungnahme vorzubereiten und abzugeben. Bei einem Sachverständigengutachten müssen die Parteien die Möglichkeit haben, sich mit dem dem Gutachten zugrundeliegenden Sachverhalt auseinanderzusetzen (Anknüpfungstatsachen) und diesen zu kommentieren.

20 Das Schiedsgericht hat gegenüber den Parteien zwar keine Hinweis- oder Aufklärungspflicht (s. Rz. 13). Allerdings darf es keine „Überraschungsentscheidung" treffen. Eine Überraschungsentscheidung liegt insbesondere dann vor, wenn das Schiedsgericht eine völlig fernliegende Rechtsauffassung seiner Entscheidung zugrunde legt, mit der die Parteien nicht zu rechnen brauchten. Liegt also eine Rechtsauffassung weder aus objektiver Sicht nahe noch wurde sie von den Parteien angesprochen, muss das Schiedsgericht die Parteien vor seiner Entscheidung darauf hinweisen, dass es erwägt, dieser Rechtsauffassung zu folgen. Eine Überraschungsentscheidung liegt auch vor, wenn das Schiedsgericht ohne ersichtlichen Grund von einer bereits geäußerten Rechtsauffassung wieder abweicht.

4. Schiedsgericht muss Parteivortrag berücksichtigen

21 Das Schiedsgericht muss den Vortrag der Parteien berücksichtigen. Dies bedeutet, dass sich das Schiedsgericht mit dem gesamten Vortrag der Parteien auseinandersetzt. Es darf angebotene Beweismittel nicht übergehen oder einen Teil des Sachverhalts ignorieren. Andererseits darf (und sollte) das Schiedsgericht prüfen, inwieweit der Parteivortrag und die hierzu angebotenen Beweismittel für die Entscheidung relevant sind. Häufig erheben Schiedsgerichte den gesamten angebotenen Beweis und überlegen erst danach, welche Aussagen für sie relevant sind. Kommt das Schiedsgericht aber aufgrund seiner rechtlichen Erwägungen zu dem Ergebnis, dass bestimmte Beweismittel oder ein Teil des Sachvortrags ir-

relevant sind (aus rechtlichen Gründen), liegt kein unzulässiges Übergehen von Parteivortrag und Beweisanträgen vor.

Ein Schiedsgericht verletzt den Anspruch auf Gewährung rechtlichen Gehörs nicht, wenn das Schiedsgericht eine umstrittene technische Frage mithilfe zweier Sachverständigengutachten bestimmt, welche die beiden Parteien vorgelegt haben, ohne das von einer Partei zusätzlich beantragte gerichtliche Sachverständigengutachten einzuholen (OLG München v. 14.11.2011 – 34 Sch 10/11, SchiedsVZ 2012, 43). 22

Das Schiedsgericht darf Sach- und Rechtsvortrag einer Partei dann nicht berücksichtigen, wenn es eine Partei versäumt, sich rechtzeitig zu äußern. Hier kollidiert das Recht auf rechtliches Gehör mit dem Grundsatz, dass das Verfahren effektiv zu führen und effektiver Rechtsschutz zu gewähren ist. Liegt eine vorwerfbare Säumnis einer Partei vor, kann sie grundsätzlich präkludiert werden, insbesondere wenn sie eine vom Schiedsgericht gesetzte Ausschlussfrist nicht einhält (vgl. § 31). 23

5. Rechtsfolge eines Verstoßes

Wird einem Verfahrensbeteiligten das rechtliche Gehör versagt, stellt dies einen Aufhebungsgrund dar i.S.d. § 1059 Abs. 2 Nr. 1 Buchst. b ZPO (Art. V Abs. 1 Buchst. b UNÜ), wenn die schiedsgerichtliche Entscheidung auf diesem Verfahrensfehler beruht (OLG Celle v. 19.2.2004 – 8 Sch 09/03, OLGR Celle 2004, 396 [396 f.]). Das heißt aber auch, dass selbst beim völligen Übergehen eines Beweisantrages keine Verletzung des rechtlichen Gehörs vorliegt, wenn die dem Antrag zugrunde liegende Behauptung keine Entscheidungsrelevanz aufweist (OLG München v. 12.4.2011 – 34 Sch 28/10, SchiedsVZ 2011, 230 [232]). 24

Inwieweit eine Gehörsverletzung vorliegt, ist anhand der Entscheidungsgründe zu beurteilen. Er liegt (nur) vor, wenn das Schiedsgericht wesentlichen Tatsachenvortrag in den Entscheidungsgründen nicht verarbeitet hat. Allerdings muss das Schiedsgericht nicht jedes Sachverhaltsdetail im Schiedsspruch wiedergeben. 25

Die Gehörsverletzung wird geheilt, wenn die Partei die Gehörsverletzung vor dem OLG (im Aufhebungs- oder im Vollstreckbarerklärungsverfahren) rügen konnte. Dies gilt unabhängig davon, ob der Einwand der Gehörsverletzung vor dem OLG Erfolg hat. Eine Rechtsbeschwerde zum BGH kann keinen Erfolg mehr haben, weil die Partei ja vom OLG mit ihrem Einwand gehört wurde. Erfolg hat die Rechtsbeschwerde nur, wenn das OLG eine neue Gehörsverletzung begeht. 26

III. Recht, sich anwaltlich vertreten zu lassen (Abs. 1 Satz 4)

27 Das Recht, sich anwaltlich vertreten zu lassen, ist eine spezielle Ausprägung des Rechts auf rechtliches Gehör. Letzteres können die Parteien nur dann in vollem Umfang in Anspruch nehmen, wenn sie die Möglichkeit besitzen, ihre Position durch die rechtlichen Ausführungen eines Rechtsbeistandes darzulegen.

28 Spiegelbildlich kennt die DIS-SchO jedoch keinen Anwaltszwang, das heißt die Parteien können sich auch durch einen Nichtjuristen oder durch ihren Syndikus vertreten lassen bzw. selbst auftreten, sofern die Partei eine natürliche Person ist.

29 Ebenso ist die Vertretung durch Rechtsanwälte ausländischer Jurisdiktionen zulässig (vgl. BT-Drucks. 13/5274, S. 46 f.).

C. Spezielle Ausprägung der in Abs. 1 genannten Prozessprinzipien (Abs. 2)

30 Die Pflicht des Schiedsgerichts, alle Schriftstücke oder sonstigen Dokumente, die von einer Partei in das Verfahren eingeführt werden, an die andere Partei weiterzuleiten, ist eine weitere Ausprägung der in § 26 Abs. 1 genannten Prozessprinzipien.

D. Abweichende Parteivereinbarung

31 Grundsätzlich besteht für die Parteien eine große Freiheit bezüglich der Gestaltung von Verfahrensregelungen. Allerdings ist eine Disposition über die Grundmaxime des rechtlichen Gehörs und über das Gebot der Gleichbehandlung nicht gestattet. Eine Partei kann nur für einen konkreten Fall auf rechtliches Gehör verzichten (wie sie auch einen Verstoß einfach hinnehmen könnte).

32 Die Parteien können aber das Recht auf rechtliches Gehör näher ausgestalten. So können sie eine dem § 139 ZPO vergleichbare Regelung aufnehmen und z.B. eine Hinweispflicht des Schiedsgerichts vereinbaren. In der Praxis hängt aber die Art und Weise der Verfahrensführung nicht so sehr von konkreten Vereinbarungen der Parteien ab, sondern vielmehr davon, welche Schiedsrichter das Verfahren führen. Ein Schiedsgericht kann eine Pflicht, Hinweise zu geben, schließlich großzügig oder weniger großzügig handhaben.

§ 27: Sachverhaltsermittlung

27.1 Das Schiedsgericht hat den zugrundeliegenden Sachverhalt zu ermitteln. Hierzu kann es nach seinem Ermessen Anordnungen treffen, insbesondere Zeugen und Sachverständige vernehmen und die Vorlage von Urkunden anordnen. Es ist an die Beweisanträge der Parteien nicht gebunden.

27.2 Haben die Parteien nichts anderes vereinbart, so kann das Schiedsgericht einen oder mehrere Sachverständige zur Erstattung eines Gutachtens über bestimmte vom Schiedsgericht festzulegende Fragen bestellen. Es kann ferner eine Partei auffordern, dem Sachverständigen jede sachdienliche Auskunft zu erteilen oder alle für das Verfahren erheblichen Schriftstücke oder Sachen zur Besichtigung vorzulegen oder zugänglich zu machen.

27.3 Haben die Parteien nichts anderes vereinbart, so hat der Sachverständige, wenn eine Partei dies beantragt oder das Schiedsgericht es für erforderlich hält, nach Erstattung seines schriftlichen oder mündlichen Gutachtens an einer mündlichen Verhandlung teilzunehmen. Bei der Verhandlung können die Parteien dem Sachverständigen Fragen stellen und eigene Sachverständige zu den streitigen Fragen aussagen lassen.

Regelungsschwerpunkte: Abs. 1 Ausgang vom beschränkten Untersuchungsgrundsatz, dessen Anwendung jedoch im Ermessen des Schiedsgerichts liegt. → Rz. 4; **Abs. 1–3** Keine nähere Regelung zum Beweisverfahren. Dokumentenvorlage möglich. Ausgang vom Sachverständigenbeweis durch vom Schiedsgericht ernannten Sachverständigen. Möglichkeit parteiernannter Sachverständiger anerkannt. → Rz. 15 ff.

Kostenaspekte: Abs. 1–3 Die Kosten variieren je nach Ausgestaltung des Beweisverfahrens stark. Besonders kostenintensiv sind Zwischenverfahren über Anträge auf Dokumentenvorlage. Im Übrigen entscheiden die Parteien, welche Kosten sie für die Sachverhaltsermittlung investieren (d.h. für Sachverständige etc.) → Rz. 74 ff.

Inhalt

A. Sachverhaltsermittlung (Abs. 1) 1
  I. Normzweck 1
  II. Verhältnis zu § 1042 Abs. 4 ZPO 2
  III. Vergleich mit den im staatlichen Verfahren geltenden Vorschriften 3
  IV. Sachverhaltsermittlung und Ermessen des Schiedsgerichts 4

B. Beweismittel und deren Behandlung im Schiedsverfahren 15
  I. Zeugen (Abs. 1 Satz 2) 15
    1. Normzweck 15
    2. Verhältnis zu § 1042 Abs. 4 ZPO 16
    3. Vergleich mit den im staatlichen Verfahren geltenden Vorschriften 17
    4. Der Zeugenbeweis im Schiedsverfahren 24

  II. Urkunden/Anordnung der Dokumentenvorlage (Abs. 1 Satz 2) 30
    1. Normzweck 30
    2. Verhältnis zu § 1042 Abs. 4 ZPO 31
    3. Vergleich mit den im staatlichen Verfahren geltenden Vorschriften 32
    4. Der Urkundsbeweis im Schiedsverfahren 35
  III. Sachverständige (Abs. 1 Satz 2, Abs. 2 und 3) 60
    1. Normzweck 60
    2. Verhältnis zu § 1049 ZPO . 61
    3. Vergleich mit den im staatlichen Verfahren geltenden Vorschriften 63
    4. Der Sachverständigenbeweis im Schiedsverfahren.. 65

C. Kosten 74

D. Abweichende Parteivereinbarung 77

A. Sachverhaltsermittlung (Abs. 1)

Veröffentlichungen der DIS: DIS-Materialien, Band IV/98, Das neue deutsche Schiedsverfahrensrecht/DIS-Schiedsgerichtsordnung 1998 (1998); DIS-Materialien, Band VII/01, Das neue deutsche Schiedsverfahrensrecht in der Praxis (2001); *Böckstiegel/Berger/Bredow*, The Taking of Evidence in International Commercial Arbitration (2010), DIS-Schriftenreihe, Band 26; *Böckstiegel*, Beweiserhebung in internationalen Schiedsverfahren (2000), DIS-Schriftenreihe, Band 14.

Literatur: *Böckstiegel/Kröll/Nacimiento*, Arbitration in Germany (2007); Commentary on the revised text of the 2010 IBA Rules on the Taking of Evidence in International Arbitration (DRI May 2011); *Demeyere*, The Search for the „Truth": Rendering Evidence under Common Law and Civil Law, SchiedsVZ 2003, S. 247 ff.; *Hunter*, Arbitration in Germany – A Common Law Perspective, SchiedsVZ 2003, S. 155 ff.; *Schütze*, Die Ermessensgrenzen des Schiedsgerichts bei der Bestimmung der Beweisregeln, SchiedsVZ 2006, 1 ff.; *Kläsener/Dolgorukow*, Die Überarbeitung der IBA-Regeln zur Beweisaufnahme in der internationalen Schiedsgerichtsbarkeit, SchiedsVZ 2010, S. 519 ff.; *Voser*, Harmonization by Promulgating Rules of Best International Practice in International Arbitration, SchiedsVZ 2005, S. 113 ff.; *Wirth*, Ihr Zeuge, Herr Rechtsanwalt! Weshalb Civil-Law Schiedsrichter Common-Law-Verfahrensrecht anwenden, SchiedsVZ 2003,

S. 9 ff.; *Wirth/Hoffmann-Nowotny*, Rechtshilfe dt. Gerichte zugunsten ausländischer Schiedsgerichte bei der Beweisaufnahme, SchiedsVZ 2005, S. 66 ff.; *Wirth/Rouvinez/Knoll*, The Search for „truth" in arbitration: Is finding the truth what dispute resolution is about?, ASA Special Series No. 35 (2011), S. 63 ff.

I. Normzweck

§ 27 Abs. 1 verdeutlicht, dass die Art und Weise der Sachverhaltsermittlung im Ermessen des Schiedsgerichts liegt und es das Verfahren inquisitorisch führen kann, aber nicht muss. Eine Ermittlungspflicht obliegt dem DIS-Schiedsgericht damit nicht. Parteien und Schiedsgericht wird damit ein weiter Spielraum eingeräumt, das Beweisverfahren den Bedürfnissen des jeweiligen Verfahrens entsprechend zuzuschneiden und zeit- und kosteneffizient zu gestalten. 1

II. Verhältnis zu § 1042 Abs. 4 ZPO

§ 1042 Abs. 4 ZPO überlässt die Entscheidung über die Art und Weise der Sachverhaltsermittlung dem Schiedsgericht und enthält keine Regelung zur Ermittlungspflicht des Schiedsgerichts. Das schiedsrichterliche Ermessen besteht im Rahmen einer zwischen den Parteien getroffenen Vereinbarung sowie im Rahmen der zwingenden schiedsverfahrensrechtlichen Vorgaben des X. Buches der ZPO. Diese **zwingenden Vorgaben** sind in § 1042 Abs. 1 und 2 ZPO enthalten: **Gleichbehandlung der Parteien, rechtliches Gehör, kein Ausschluss eines Rechtsanwalts** (vgl. § 26 DIS-SchO). 2

III. Vergleich mit den im staatlichen Verfahren geltenden Vorschriften

Anders als im staatlichen Verfahren ist das Schiedsgericht an zivilprozessual vorgesehene Beweismittel und Grundsätze der Beweiserhebung und -würdigung nicht gebunden. Die Art und Weise der Beweisaufnahme unterliegt der Parteiautonomie und dem Ermessen des Schiedsgerichts. 3

IV. Sachverhaltsermittlung und Ermessen des Schiedsgerichts

Eingeschränkter Untersuchungsgrundsatz als Ausgangspunkt. Auch wenn die DIS-SchO dem Schiedsgericht ein weites Ermessen über die Art und Weise der Verfahrensführung einräumt, zeigt der Wortlaut von § 27, dass ein DIS-Schiedsgericht ein Schiedsverfahren anhand des eingeschränkten Untersuchungsgrundsatzes führt und sich als aktiver 4

„case manager" in das Verfahren einbringt. Dies entspricht dem kontinentaleuropäischen Verständnis eines Richters (*Risse* in: Böckstiegel/Kröll/Nacimiento, Arbitration in Germany, § 27 Rz. 2).

5 Der eingeschränkte Untersuchungsgrundsatz verpflichtet das Schiedsgericht, den Sachverhalt unabhängig von den Beweisanträgen der Parteien zu ermitteln. Beweisverfügungen von Amts wegen können daher nicht zu einer Besorgnis der Befangenheit führen (*Risse* in: Böckstiegel/Kröll/Nacimiento, Arbitration in Germany, § 27 Rz. 2). Der eingeschränkte Untersuchungsgrundsatz im Schiedsverfahren entbindet die Parteien selbstverständlich nicht von ihrer Verpflichtung, den Sachverhalt dem Schiedsgericht schlüssig vorzutragen und Beweis anzubieten.

6 **Civil Law versus Common Law.** Die **Ausgestaltung des Verfahrens** im Einzelnen, insbesondere der Beweisführung, unterliegt der **Disposition der Parteien** (*Böckstiegel*, Beweiserhebung in internationalen Schiedsverfahren, S. 3). Sie kann sich an Verfahrensgrundsätzen aus dem richterbestimmten **Civil Law**, d.h. den kontinentaleuropäischen Rechtssystemen, oder dem parteibestimmten **Common Law**, d.h. den angloamerikanischen Rechtssystemen, orientieren. Welche Verfahrensgrundsätze in einem Schiedsverfahren zur Anwendung kommen, hängt häufig von der Herkunft der am Schiedsverfahren Beteiligten ab.

7 **Tendenz zu Common Law in internationalen Schiedsverfahren.** Unabhängig von der Herkunft der Beteiligten des Schiedsverfahrens besteht in internationalen Schiedsverfahren die Tendenz, für die Ausgestaltung des Beweisverfahrens aus dem Common Law stammende Elemente anzuwenden. Auch wenn diese Elemente regelmäßig nicht unverändert, sondern an das internationale Umfeld angepasst in das Schiedsverfahren übernommen werden, ist aus deutscher (oder kontinentaleuropäischer) Sicht häufig von einer Tendenz zur Anwendung des Common Law in internationalen Schiedsverfahren die Rede. So kann es durchaus vorkommen, dass ein Schiedsgericht mit Civil-Law-Hintergrund in einem Schiedsverfahren bspw. die Vorlage schriftlicher Zeugenaussagen (Rz. 24 ff.) und die Zeugenvernehmung primär durch die Parteivertreter (§ 28) anordnet (*Wirth*, SchiedsVZ 2003, 9). Auch die Beweisführung im Wege des Urkundenbeweises wird häufig durch ein Dokumentenvorlageverfahren („document production") vorbereitet und ergänzt, wenn auch in abgemilderter Form insbesondere im Vergleich zum „Discovery"-Verfahren im amerikanischen Recht (Rz. 35 ff.). Ursprung dieser Tendenz ist zum einen, dass Parteien unterschiedlicher Herkunft Grundsätze aus den ihnen bekannten Rechtsordnungen kombinieren.

Zum Anderen wird als vorrangige Aufgabe eines Schiedsgerichts, dessen (endgültige) Entscheidungsbefugnis auf einem Auftrag der Parteien basiert, die „volle Wahrheitsfindung" betrachtet, welche auch im Vordergrund des Common Law steht, während im Fokus des Civil Law die Streiterledigung ist (*Wirth*, SchiedsVZ 2003, 10 f.; *Trittmann* in: Böckstiegel/Berger/Bredow, The Taking of Evidence in International Commercial Arbitration, S. 20; *Schürmann*, ASA Bulletin, Vol. 24 No. 3 [2006], 433).

Als **Kompromiss** für Verfahren zwischen Common-Law- und Civil-Law-Parteien sind die **IBA Rules on the Taking of Evidence in International Arbitration** (im Folgenden „IBA-Rules") entworfen worden, die seit vielen Jahren in internationalen Schiedsverfahren herangezogen werden. Auch ohne ausdrückliche Vereinbarung der Parteien oder einer ausdrücklichen Entscheidung des Schiedsgerichts erfolgt oft eine Orientierung an den IBA-Rules on the Taking of Evidence in International Arbitration als Leitlinie, welche die gängige Praxis widerspiegelt (*Wirth*, SchiedsVZ 2003, 13). Eine revidierte Version ist im Mai 2012 in Kraft getreten. Die Neufassung berücksichtigt insbesondere die Vorlage von Dokumenten in elektronischer Form (E-Discovery), die in den letzten Jahren erheblich an Bedeutung gewonnen hat, und betont das Gebot der Kooperation sowie die Verpflichtung der Parteien, den Grundsatz von Treu und Glauben einzuhalten.

Auch bei zunehmender Anwendung von Common-Law-Elementen in Schiedsverfahren wird die Art und Weise der Durchführung des Beweisverfahrens je nach **Herkunft des Schiedsrichters** variieren. So wird ein Schiedsrichter mit Civil-Law-Hintergrund sich schwer tun, Verzögerungstaktiken oder einen aggressiven Fragestil beim Kreuzverhör hinzunehmen und wird den Umfang der darauf folgenden Befragungen großzügig bemessen (*Hunter*, SchiedsVZ 2003, 161). Bereits mit der **Auswahl der Schiedsrichter** können die Parteien daher beeinflussen, wie das Schiedsverfahren später geführt wird.

Flexibilität. Möchten die Parteien die IBA-Rules für anwendbar erklären, bietet sich die Übernahme der in ihrem Vorwort enthaltenen **Musterformulierung** an (s. Art. 25 ICC-SchO Rz. 114). Die dem Schiedsverfahren eigene Flexibilität wird durch die IBA-Rules beibehalten und unterstützt, denn sie betonen in ihrer Präambel, dass das Schiedsgericht und die Parteien die IBA-Rules ganz oder teilweise zur Regelung eines Schiedsverfahrens übernehmen können, sie abändern oder als Richtlinien für ihre eigene Verfahrensregelung verwenden können. Die Beweisaufnahme kann dadurch auf die **Bedürfnisse des jeweiligen Einzelfalls** zugeschnitten werden. So sehen die IBA-Rules bspw. eine „Document-Production" vor. Diese ist meist sehr teuer, zeitaufwändig und ist nicht in jedem Fall zielführend.

Empfehlung: Die Parteien sollten sich also gut überlegen, ob sie die Anwendung der gesamten IBA-Rules in ihrem Schiedsverfahren wirklich vereinbaren wollen. Auch wenn die Anwendung der IBA-Rules vereinbart ist, bleibt es möglich, Regelungen zu einzelnen Verfahrensfragen zu treffen. So können die Parteien etwa vereinbaren, **bestimmte Beweismittel, z.B. den Sachverständigenbeweis, auszuschließen**.

11 Eine Orientierungshilfe für verfahrensrechtliche Vereinbarungen zwischen den Parteien bieten auch die **UNCITRAL Notes on Organizing Arbitral Proceedings**. Vorschläge sind insbesondere in den §§ 42, 48–54 (documentary evidence), §§ 55–58 (physical evidence), 59–68 (witnesses), 69–73 (experts) und 74–85 (hearings) enthalten. Schiedsgerichte werden diese Regeln aber anders als die IBA-Rules nur heranziehen, wenn die Parteien sie ausdrücklich vereinbart haben.

12 **Entscheidung des Schiedsgerichts**. Haben die Parteien keine Vereinbarung getroffen, hat das Schiedsgericht über die Regeln der Beweisaufnahme zu entscheiden. Die Ermittlung eines **mutmaßlichen Parteiwillens** wird hier regelmäßig kein gangbarer Weg sein. Denn auch wenn eine Tendenz zu verzeichnen ist, Elemente aus Common-Law- und Civil-Law-Rechtssystemen unabhängig von der Herkunft der Beteiligten zu kombinieren, kann hier noch nicht von einer allgemeinen Praxis ausgegangen werden. Schon gar nicht kann jedoch von Herkunft der Beteiligten und Schiedsort eindeutig auf die Vereinbarung bestimmter Verfahrensregeln geschlossen werden. Die genannten Kriterien können daher nicht eindeutig zu einer Schlussfolgerung auf den mutmaßlichen Parteiwillen führen. Auch eine unter Umständen erforderliche Beweisaufnahme zur Ermittlung des Parteiwillens erscheint weder zweckmäßig noch wird sie zu einem eindeutigen Ergebnis führen. Sinnvoller erscheint eine direkte Entscheidung des Schiedsgerichts im Rahmen seines verfahrensrechtlichen **Ermessens**.

13 **Ablauf des Verfahrens**. Das Schiedsverfahren ist in der Regel – im Falle einer Bi- oder Trifurkation (dazu Art. 2 ICC-SchO Rz. 17) jeweils gesondert für jeden Verfahrensabschnitt – in ein **Behauptungs- und ein Beweisverfahren** unterteilt: Zunächst haben die Parteien den Sachverhalt substantiiert darzulegen, die Beweismittel für ihre Behauptungen zu nennen und den Schriftsätzen beizulegen und ihre Anträge rechtlich zu begründen. Dies erfolgt im Regelfall in zwei Schriftsatzrunden (**Klage/**

Statement of Claim, Klageerwiderung/Statement of Defence, Replik/Reply, Duplik/Rejoinder). Im Anschluss hieran wird Beweis erhoben (zu den Beweismitteln s. Rz. 15 ff.). Dies erfolgt im Regelfall in einer mündlichen Verhandlung (§ 28). Nach der Beweisaufnahme haben die Parteien die Möglichkeit, Abschließend Stellung zu nehmen. Dies kann entweder in mündlicher Form (**Schlussplädoyer/closing statements**) und/oder in schriftsätzlicher Form (**post-hearing briefs**) erfolgen (§ 28). Die Parteien müssen jedoch möglichst frühzeitig alle Tatsachen und Argumente vortragen, von denen sie Kenntnis haben. Der Beklagte kann z.B. nicht abwarten, bis er den letzten Schriftsatz einreichen darf, und erst dann vollumfänglich vortragen und Beweismittel vorlegen (§§ 9, 30, 31).

Grenzen der Kompetenz des Schiedsgerichts und Unterstützung durch staatliche Gerichte. Das Schiedsgericht ist nicht befugt, Zwang gegenüber Zeugen oder Sachverständigen auszuüben, eine Dokumentenvorlage durch Dritte anzuordnen bzw. Behörden oder Amtspersonen um Mitteilung einer Urkunde zu ersuchen oder einen Eid abzunehmen. Hält das Schiedsgericht die Durchführung einer der genannten Handlungen für erforderlich, kann es die Unterstützung staatlicher Gerichte nach **§ 1050 ZPO** beantragen; möglich ist auch ein Antrag durch eine Partei mit Zustimmung des Schiedsgerichts. In letzterem Fall muss das Schiedsgericht auch dem Inhalt des Antrags zustimmen. Für Unterstützungshandlungen staatlicher Gerichte bei der Beweisaufnahme und sonstigen richterlichen Handlungen sind die **Amtsgerichte** zuständig (§ 1062 Abs. 4 ZPO). Das Amtsgericht ist **an das geltende deutsche Prozessrecht gebunden** und kann daher lediglich solche Maßnahmen anordnen oder durchführen, die in der ZPO vorgesehen sind. 14

B. Beweismittel und deren Behandlung im Schiedsverfahren

I. Zeugen (Abs. 1 Satz 2)

Literatur: Wie oben unter A., zusätzlich: *Oetiker*, Witnesses before the International Arbitral Tribunal, ASA Bulletin, Vol. 25 No. 2 (2007), S. 253 ff.; *Schlosser*, Verfahrensrechtliche und berufsrechtliche Zulässigkeit der Zeugenvorbereitung, SchiedsVZ 2004, S. 225 ff.; *Schürmann*, Plädieren durch die Hintertür – Pleading through the back door, ASA Bulletin, Vol. 24 No. 3 (2006), S. 433 ff.; *Segesser*, Witness Preparation in International Commercial Arbitration, ASA Bulletin, Vol. 20 No. 2 (2002), S. 222 ff.; *Shore*, Three Evidentiary Problems in International Arbitration: Producing the Adverse Document, Listening to the Document that does not Speak for Itself, and Seeing the Witness through her Written Statement, SchiedsVZ 2004, S. 76 ff.

§ 27 DIS-SchO — Sachverhaltsermittlung

1. Normzweck

15 Zeugen werden in der Vorschrift als Beweismittel genannt, Regelungen zur Durchführung des Zeugenbeweises werden jedoch nicht getroffen. Die Gestaltung der Beweisaufnahme ist auch hier Parteiautonomie und Ermessen des Schiedsgerichts überlassen.

2. Verhältnis zu § 1042 Abs. 4 ZPO

16 Die ZPO nimmt anders als § 27 DIS-SchO keinen ausdrücklichen Bezug auf den Zeugenbeweis, sondern bestimmt in § 1042 Abs. 4 Satz 2 ZPO lediglich, dass das Schiedsgericht berechtigt ist, im Rahmen seines durch zwingende Vorschriften und mögliche Parteivereinbarung beschränkten Ermessens über die Zulässigkeit einer Beweiserhebung zu entscheiden, diese durchzuführen und das Ergebnis frei zu würdigen.

3. Vergleich mit den im staatlichen Verfahren geltenden Vorschriften

17 Der Zeugenbeweis ist der einzige Beweis, den das **staatliche Gericht** nicht ohne Beweisantrag einer Partei erheben darf. Gibt es einen Beweisantrag (Beweisangebot) und hält das Gericht die Aussage des Zeugen für entscheidungserheblich, wird der Zeuge vom Gericht geladen (§ 377 ZPO). In der **Ladung** werden die **Beweisthemen** festgestellt, zu denen der Zeuge gehört werden soll. Für den Zeugen gilt grundsätzlich eine **Erscheinens-, Aussage- und Eidespflicht**. Sollte ein Zeuge nicht zur Vernehmung erscheinen, kann er zum Erscheinen gezwungen werden (§ 380 ZPO).

18 Die **Vernehmung** erfolgt in erster Linie durch den Richter. Im Anschluss erhalten die Parteien Gelegenheit, Fragen an den Zeugen zu richten.

19 Im **Schiedsverfahren** ist der **Zeuge zur Aussage** vor dem Schiedsgericht **nicht verpflichtet**, sodass auch keine Zeugnisverweigerungsrechte zur Anwendung kommen. Da **das Schiedsgericht keinen Eid abnehmen darf**, entfällt auch eine Belehrung über die Folgen eines Meineides bzw. einer Falschaussage. Allenfalls kommt ein Hinweis auf eine mögliche Strafbarkeit u.a. wegen Betruges aufgrund einer falschen Aussage in Betracht. Erfolgt dennoch eine Beeidigung, **kann der Schiedsspruch aufgehoben werden, wenn er auf der Beeidigung beruht**, d.h. wenn der Beeidigung ein besonderer Beweiswert zukam (§ 1059 Abs. 2 Nr. 1 Buchst. d ZPO).

20 Weil das Schiedsgericht nicht befugt ist, einen Zeugen zur Aussage zu zwingen, ordnet das Schiedsgericht in der Regel an, dass die Partei, die

sich auf einen Zeugen beruft, dafür sorgt, dass der Zeuge erscheint. Unter bestimmten Voraussetzungen kann das Schiedsgericht das **Nichterscheinen eines Zeugen negativ würdigen**, etwa wenn der Zeuge ein Angestellter der Partei ist, die sich auf seine Aussage beruft, und diese nicht in der Lage ist, ihn zur Kooperation zu bewegen. Hierdurch wird allerdings das Recht auf rechtliches Gehör eingeschränkt (vgl. § 26). Daher mag es anders sein, wenn die Partei alles ihr Mögliche und Zumutbare getan hat, den Zeugen zu einem Erscheinen in der mündlichen Verhandlung zu bewegen (hierzu auch *Raeschke-Kessler* in: DIS-Materialien IV/98, S. 105). Art. 4 Abs. 7 der IBA-Rules, nach dem das Schiedsgericht die schriftliche Zeugenerklärung eines Zeugen, der ohne ausreichende Entschuldigung nicht erscheint, unberücksichtigt lassen soll, ist daher so anzuwenden, dass das rechtliche Gehör der Parteien gewahrt bleibt.

Sollte ein Zeuge nicht kooperieren oder das Schiedsgericht der Auffassung sein, dass eine Aussage unter Eid erforderlich ist, kommt ein **Antrag auf gerichtliche Unterstützung nach § 1050 ZPO** in Betracht (ein dahingehender Antrag einer Partei ist auch in Art. 4 Abs. 9 IBA-Rules vorgesehen). Um eine Verzögerung des Rechtsstreits zu vermeiden, wird das Schiedsgericht zusätzlich häufig eine **Frist für die Antragstellung** durch die Partei setzen, wenn es den Antrag nicht selber stellt. § 1050 ZPO sieht nicht vor, dass das staatliche Gericht lediglich den Zeugen unter Zwangsandrohung anhält, vor dem Schiedsgericht zu erscheinen, sondern dass die **Beweisaufnahme insgesamt vor dem staatlichen Gericht durchgeführt** wird. Neben dem staatlichen Richter können jedoch auch das Schiedsgericht und die Parteien den Zeugen befragen (§ 1050 Abs. 3 ZPO). Die **Beweiswürdigung** wird wieder **vom Schiedsgericht** vorgenommen (*Sachs/Lörcher* in: Böckstiegel/Kröll/Nacimiento, Arbitration in Germany, § 1050 Rz. 11). 21

Ermessen des Schiedsgerichts. Da im Schiedsverfahren der Grundsatz gilt, dass die Parteien die von ihnen benannten Zeugen selbst beibringen (*Raeschke-Kessler* in: DIS-Materialien IV/98, S. 104), besteht die **Gefahr einer Verletzung des rechtlichen Gehörs** einer Partei, deren Zeuge nicht erschienen ist, erst dann, wenn sie ihre Verfahrenspflicht, den Zeugen zu stellen, mit einer ausreichenden Entschuldigung nicht erfüllen konnte und das Schiedsgericht dennoch (grundlos) von einem Antrag nach § 1050 ZPO absieht (*Raeschke-Kessler* in: DIS-Materialien IV/98, S. 105). 22

23 Es erfolgt **keine Differenzierung zwischen einer Partei und einem Zeugen** im Schiedsverfahren. Jede Person, z.B. auch der Geschäftsführer einer Partei, kann als Zeuge gehört werden. Natürlich wird das Schiedsgericht bei der Beweiswürdigung ein etwaiges persönliches Interesse eines vernommenen Zeugen berücksichtigen (*Oetiker*, ASA Bulletin, Vol. 25 No. 2 [2007], 253).

4. Der Zeugenbeweis im Schiedsverfahren

24 Die Art und Weise der Beweiserhebung durch Zeugenbeweis unterliegt der **Parteiautonomie**. Auch hier ist die Ausgestaltung im Einzelnen im Common Law und im Civil Law unterschiedlich. Ist das Verfahren stark kontinentaleuropäisch ausgeprägt, wird in den Schriftsätzen Zeugenbeweis für bestimmte behauptete Tatsachen angeboten und die genannten Zeugen werden – sofern ihre Aussage entscheidungserheblich ist – in der mündlichen Verhandlung vernommen. Im Common Law wird die Zeugenvernehmung durch das Einreichen **schriftlicher Zeugenaussagen** (written witness statements) vorbereitet. Dies ist auch in internationalen Schiedsverfahren üblich.

25 **Vorteil schriftlicher Zeugenaussagen** ist, dass kein Beweis „ins Blaue hinein" geführt wird und die **Relevanz** der Zeugenaussage früh erkennbar ist. Zudem erfolgt in der Regel eine frühere Befassung des Zeugen mit der Sache und es können vorab Fragen an den Zeugen erarbeitet werden, was zu einer **strafferen Befragung** während der mündlichen Verhandlung führt. Auch können schriftliche Zeugenaussagen dazu führen, dass Tatsachen früher unstreitig gestellt werden.

26 Als **nachteilig** wird empfunden, dass durch die schriftlichen Zeugenaussagen unter Umständen **neue Tatsachenbehauptungen** nach Abschluss der Schriftsatzphase eingeführt werden. Zudem wird kritisiert, dass die **Spontaneität** leidet, das Verfassen und Lesen schriftlicher Zeugenaussagen einen erheblichen **Zeitaufwand** bedeutet und dieses Verfahren unnötig bürokratisch ist. Zudem wird bezweifelt, dass schriftliche Zeugenaussagen zu keinem zusätzlichen Erkenntnisgewinn führen, da sie auf die Schriftsätze der Parteien Bezug nehmen und letztlich **Produkt der Verfahrensbevollmächtigten** seien.

27 Die Verwendung schriftlicher Zeugenaussagen ist sinnvoll, auch wenn die oben genannten Vorteile in vielen Fällen eine Idealvorstellung darstellen, die in der Praxis so nicht immer umsetzbar ist. Denn anhand von schriftlichen Zeugenaussagen kann das Schiedsgericht besser beurteilen, ob eine Zeugenaussage für die Entscheidung des Falles erheblich

sein wird. Den oben genannten Nachteilen kann durch genaue Vorgaben für Form und Inhalt sowie die Bestimmung von Fristen für die (letztmögliche) Einreichung von schriftlichen Zeugenaussagen begegnet werden. Solche Vorgaben können vom Schiedsgericht in seiner ersten verfahrensrechtlichen Verfügung bzw. der entsprechenden Vereinbarung der Parteien zu den Verfahrensregeln enthalten sein (s. Art. 25 ICC-SchO Rz. 114). Standardmäßig enthält eine schriftliche Zeugenaussage Angaben zur Person, zu ihrem Verhältnis zu den Parteien, ihre Aussage zur Sache, eine Wahrheitsbekundung, Angaben, in welche Sprache der Zeuge bereit ist, auszusagen, sowie die Unterschrift (Art. 4 Abs. 5 IBA-Rules enthält eine entsprechende Aufzählung dieser inhaltlichen Bestandteile; ein Beispiel für eine schriftliche Zeugenaussage ist in Art. 25 ICC-SchO Rz. 116 abgedruckt. Insbesondere dann, wenn die Befragung der Zeugen im Wege einer **direct examination** und **cross examination** erfolgen soll (§ 28 Rz. 37 ff.), ist die vorherige Vorlage von schriftlichen Zeugenaussagen zur Vorbereitung der Fragen erforderlich.

Zeitpunkt der Einreichung schriftlicher Zeugenaussagen. Möglich ist die Einreichung gemeinsam mit den Schriftsätzen oder die gleichzeitige Einreichung durch beide Parteien nach Austausch der Schriftsätze. Die Einreichung der Aussagen mit den Schriftsätzen führt zu einer Beschleunigung des Verfahrens, da kein weiterer separater Verfahrensschritt mehr erforderlich wird und die Parteien bereits in ihren Schriftsätzen zu den Zeugenaussagen Stellung nehmen können. In diesem Fall sollte dem Kläger das Recht eingeräumt werden, weitere Zeugenaussagen in Erwiderung (**supplementary/rebuttal witness statements**) auf die Stellungnahmen des Beklagten einzureichen, da er die Zeugenaussagen seiner Zeugen einreichen muss, bevor er die Argumente und Behauptungen der Gegenseite (vollständig) kennt. Werden die Aussagen gleichzeitig nach der Schriftsatzphase ausgetauscht, können die Parteien regelmäßig auch auf die jeweiligen Zeugenaussagen der anderen Partei mit ergänzenden Aussagen erwidern. Zudem vermeidet das Schiedsgericht so das Problem, dass über eine schriftliche Zeugenaussage neue Tatsachen zur Unzeit in das Verfahren eingeführt werden. 28

Kontakte zwischen Parteien und Zeugen im Sinne einer ausführlichen **Vorbereitung ("coaching")** auf eine Zeugenaussage sind in den meisten Civil-Law-Systemen nicht üblich. Das Schiedsverfahrensrecht orientiert sich auch in dieser Frage am Common Law, wo die Vorbereitung von Zeugen üblich und teilweise in sehr weitem Umfang als zulässig betrachtet wird (Beispiele *Schlosser*, SchiedsVZ 2004, 226 ff.) und lässt die Vorbereitung von Zeugen durch Parteivertreter zu (*Segesser*, ASA Bulle- 29 tin, Vol. 20 No. 2 [2002], 222 ff.). Dieser Grundsatz hat auch Eingang in die **IBA-Rules** gefunden (dort Art. 4 Abs. 3). Die Vorbereitung von Zeugen schließt die Hilfe beim Erstellen einer schriftlichen Zeugenaussage ein (hierzu *Oetiker*, ASA Bulletin, Vol. 25 No. 2 [2007], 255; *Bühler* in: Böckstiegel, Beweiserhebung in internationalen Schiedsverfahren, S. 97) und erlangt insbesondere vor Durchführung der mündlichen Verhandlung Bedeutung. Die Vorbereitung des Zeugen darf natürlich nicht zur **unzulässigen Beeinflussung** werden. Eine **Bezahlung des Zeugen** ist nicht per se unzulässig. Der Zeuge ist nicht verpflichtet, im Schiedsverfahren auszusagen, und er wird für seine Aussage nicht entschädigt. Gleichzeitig ist eine Aussage in einem Schiedsverfahren für einen Zeugen mit teilweise erheblichem Zeitaufwand verbunden, der ihm in Höhe des (anteiligen) normalen Arbeitseinkommens honoriert werden darf (für eine Zahlung der Honorierung vor der Aussage *Schlosser*, SchiedsVZ 2004, 229).

II. Urkunden/Anordnung der Dokumentenvorlage (Abs. 1 Satz 2)

Literatur: wie oben unter A., zusätzlich: *Burianski/Reindl*, Truth or Dare? The conflict between e-discovery in international arbitration and German data protection rules, SchiedsVZ 2010, S. 187 ff.; *Cohen*, Options for Approaching Evidentiary Privilege in International Arbitration, in: Giovannini/Mourre, Written Evidence and Discovery in International Arbitration (2009), S. 423 ff.; Document Production in International Arbitration, ICC Court Bulletin, Special Supplement 2006; *Haller*, The Without Prejudice Privilege, SchiedsVZ 2011, S. 313 ff.; *Heitzmann*, Confidentiality and Privileges in Cross-Border Legal Practice: The Need for a Global Standard? ASA Bulletin, Vol. 26 No. 2 (2008), S. 205 ff.; *Hilgard*, Electronic Discovery im Schiedsverfahren, SchiedsVZ 2008, S. 122 ff.; *Kaufmann-Kohler/Bärtsch*, Discovery in international arbitration: How much is too much?, SchiedsVZ 2004, S. 13 ff.; *King/Bossmann*, Rethinking Discovery in International Arbitration: Beyond the Common Law/Civil Law Divide, ICC Court Bulletin, Vol. 12 No. 1 (2001), S. 24 ff.; *Konrad*, Der Schutz der Vertrauenssphäre zwischen Rechtsanwalt und Mandant im Zivilprozess, NJW 2004, S. 710 ff.; *Meier*, The Production of Electronically Stored Information in International Commercial Arbitration, SchiedsVZ 2008, S. 179 ff.; *Redeker*, Der Syndikusanwalt als Rechtsanwalt, NJW 2004, S. 889 ff.; Report of the ICC Commission on Arbitration, Techniques for Controlling Time and Costs in Arbitration; *Sachs*, Use of documents and document discovery: „Fishing expeditions" versus transparency and burden of proof, SchiedsVZ 2003, S. 193 ff.; *Shore*, Three Evidentiary Problems in International Arbitration: Producing the Adverse Document, Listening to the Document that does not Speak for Itself, and Seeing the Witness through her Written Statement, SchiedsVZ 2004, S. 76 ff.; *Sindler/Wüstemann*, Privilege across borders in arbitration: multi-jurisdictional nightmare or a storm in a teacup?, ASA Bulletin, Vol. 23 No. 4 (2005), S. 610 ff.

1. Normzweck

Das Schiedsgericht kann die Vorlage von Dokumenten anordnen. 30

2. Verhältnis zu § 1042 Abs. 4 ZPO

Das X. Buch der ZPO enthält keine Regelung zum Urkundsbeweis. Damit ist ein Dokumentenvorlageverfahren nicht ausgeschlossen, sondern die Bestimmung von Beweismitteln und Beweisverfahren gänzlich dem Willen der Parteien bzw. dem Ermessen des Schiedsgerichts überlassen. § 27 Abs. 1 DIS-SchO ist insofern etwas detaillierter, als es einzelne Beweismittel nennt. Spezifische Vorgaben zum Beweisverfahren vor dem Schiedsgericht sind jedoch weder in der ZPO noch in der DIS-SchO enthalten. 31

3. Vergleich mit den im staatlichen Verfahren geltenden Vorschriften

Anordnung der Urkundenvorlegung nach § 142 ZPO. Das staatliche Gericht kann unter bestimmten Voraussetzungen die Vorlage von Urkunden durch eine Partei oder einen Dritten anordnen, wenn sich eine der Parteien in ihrem Vortrag auf sie bezogen hat. Dies kann von Amts wegen oder auf Antrag einer Partei erfolgen. In der Praxis wird von dieser Vorschrift selten Gebrauch gemacht. Wenn sie zur Anwendung kommt, betrifft die Vorlageanordnung nur eine kleine Anzahl von Dokumenten oder ein einzelnes Dokument. Aufgrund des **Ausforschungsverbots** darf eine Anordnung nicht zum bloßen Zweck der Informationsgewinnung ergehen, sondern nur dann, wenn ein schlüssiger, auf konkrete Tatsachen bezogener Vortrag der Partei vorliegt (BGH v. 26.6.2007 – XI ZR 277/05, NJW 2007, 2989 [2992]). Die bezugnehmende Partei muss die zu beweisende Tatsache hinreichend substantiiert darlegen und die zu beschaffende Urkunde möglichst genau bezeichnen. 32

Eine **Vorlegungspflicht nach § 142 ZPO** ist unabhängig von Beweislast oder einem materiellem Herausgabeanspruch. Ein Verstoß gegen die Vorlegungspflicht aufgrund einer Anordnung nach § 142 ZPO hat eine freie richterliche Würdigung nach §§ 286, 427 Satz 2 ZPO zur Folge. Unter bestimmten Voraussetzungen besteht jedoch ein Recht, Unterlagen zurückzuhalten, etwa dann, wenn das **Anwaltsgeheimnis** oder sonstige **Geheimhaltungsinteressen** betroffen sind (hierzu Rz. 46 ff.). 33

Anordnung gegenüber Dritten. Das staatliche Gericht darf – anders als das Schiedsgericht – auch gegenüber Dritten anordnen, dass bestimmte Urkunden durch diese vorzulegen sind. 34

4. Der Urkundsbeweis im Schiedsverfahren

35 **Anordnung der Dokumentenvorlage in Civil und Common Law.** Eine Dokumentenvorlagepflicht existiert sowohl im Common Law als auch im Civil Law. Die Voraussetzungen hierfür und die Ausgestaltung des Verfahrens sind jedoch sehr unterschiedlich (*King/Bossmann*, ICC Court Bulletin, Vol. 12 No. 1 [2001], 24 ff.; *Kaufmann-Kohler/Bärtsch*, SchiedsVZ 2004, 15 ff.). Im Civil Law stellt die Herausgabe von Dokumenten durch die Gegenpartei eine Ausnahme dar, da die Partei ihren Vortrag grundsätzlich mit Dokumenten zu beweisen hat, die in ihrem Besitz sind. Die Voraussetzungen für die Anordnung einer Dokumentenvorlage sind eng. Die antragstellende Partei muss das vorzulegende Dokument genau bezeichnen und sein Inhalt muss für die Entscheidung relevant sein. Im Common Law hingegen erhalten die Parteien – vor Beginn des eigentlichen Verfahrens im Sinne eines Austauschs begründeter Schriftsätze, daher „Pre-Trial-Discovery-Verfahren" – Zugang zu allen Unterlagen der Gegenpartei, die mit dem Verfahrensgegenstand in Zusammenhang stehen (könnten), und können hierin nach Dokumenten suchen, die zur Beweisführung für ihren Fall geeignet sind. Man spricht in diesem Zusammenhang auch von **„fishing expeditions"** (*Wirth*, SchiedsVZ 2003, 11 f.; *Sachs*, SchiedsVZ 2003, 194).

36 **Dokumentenvorlage in internationalen Schiedsverfahren.** In der internationalen Schiedspraxis ist inzwischen unabhängig von der Herkunft der Beteiligten die Regel, dass die Dokumentenvorlage Bestandteil des Schiedsverfahrens ist (*Hanotiau* in: Document Production in International Arbitration, S. 114 [2006]; *Finizio*, in: Böckstiegel/Berger/Bredow, The Taking of Evidence in International Commercial Arbitration, S. 58; *Burianski/Reindl*, SchiedsVZ 2010, 188). **§ 27 Abs. 1** formuliert die Möglichkeit einer Vorlageanordnung aus Sicht des Schiedsgerichts und nennt nicht eine Befugnis der Parteien, eine solche Vorlageanordnung beim Schiedsgericht zu beantragen.

37 Die in den **IBA-Rules** enthaltene Regelung zur Dokumentenherausgabe ist eine Annäherung der Rechtssysteme aneinander (*Wirth*, SchiedsVZ 2003, 12; *Kaufmann-Kohler/Bärtsch*, SchiedsVZ 2004, 1; *Sachs*, SchiedsVZ 2003, 196). Art. 3 IBA-Rules regelt die Beantragung der Anordnung einer Dokumentenvorlage durch das Schiedsgericht. Für den Fall, dass einem Herausgabeantrag stattgegeben wird, regeln die IBA-Rules zur **Förderung der Effizienz** der Beweisaufnahme zudem, dass die Dokumente zunächst lediglich an die andere Partei und nicht auch an das Schiedsgericht herauszugeben sind (Art. 3 Abs. 4 IBA-Rules; IBA-Rules Com-

mentary, S. 10), wenn das Schiedsgericht keine anderweitige Anordnung trifft.

Voraussetzungen. Art. 3 IBA-Rules weitet die Civil.Law-Regeln über die Dokumentenherausgabe aus und schränkt die Regeln des Common Law ein. Durch die in Art. 3 Abs. 3 IBA-Rules genannten Voraussetzungen soll „fishing expeditions" ein Riegel vorgeschoben werden (IBA-Rules Commentary, S. 8). Es kann sowohl die Herausgabe **einzelner konkret benannter Dokumente** als auch von **eng umschriebenen Kategorien von Dokumenten**, von deren Existenz man vernünftigerweise ausgehen kann, verlangt werden. Die Umschreibung des einzelnen Dokuments oder der Kategorie von Dokumenten wird üblicherweise Angaben zum (vermuteten) Urheber und/oder Empfänger enthalten, zum (vermuteten) Erstellungsdatum sowie dem vermuteten Inhalt. Gegenstand eines Antrags auf Herausgabe einer Kategorie von Dokumenten könnten etwa Vorstandsprotokolle sein, in denen der Verhandlungsführer einer Partei seinem Vorstand über Vertragsverhandlungen betreffend einen bestimmten, umstrittenen Punkt berichtet hat. 38

Zusammenhang zwischen Vortrag und Unterlagen. Der Antragsteller muss darlegen, welche Behauptungen er mit den herausverlangten Dokumenten beweisen möchte. Die Vorlage kann zur Stützung der eigenen Behauptungen des Antragstellers oder zur Widerlegung der Behauptungen des Gegners dienen. Der Zweck muss für das Schiedsgericht bei Antragstellung erkennbar sein (*Raeschke-Kessler* in: Böckstiegel, Beweiserhebung in internationalen Schiedsverfahren, S. 52). 39

Die herausverlangten Dokumente müssen **für den Fall relevant und wesentlich für dessen Entscheidung** sein. Relevant ist ein Dokument, wenn es wahrscheinlich eine Tatsache beweist, aus der rechtliche Schlussfolgerungen gezogen werden können. Wesentlich ist ein Dokument, wenn es für eine umfassende Untersuchung der rechtlichen Fragen durch das Schiedsgericht erforderlich ist (*Kaufmann-Kohler/ Bärtsch*, SchiedsVZ 2004, 18 m.w.N.). In diesem Zusammenhang ist wichtig, dass der Antrag Ausführungen hierzu **zwingend** enthalten muss, da er sonst **aus formellen Gründen** zurückgewiesen werden kann. Dass Relevanz und Entscheidungserheblichkeit tatsächlich vorliegen, ist insofern irrelevant (Art. 3 Abs. 5 i.V.m. Art. 3 Abs. 3 IBA-Rules). Die Unterlagen müssen zudem Beweisstücke sein, ohne die der Antragsteller seiner **Beweislast** nicht nachkommen könnte (*Derains* in: Document Production in International Arbitration, S. 87). 40

41 Die den Antrag stellende Partei muss ferner darlegen, dass sie nicht in **Besitz der Dokumente** ist und warum sie davon ausgeht, dass die Gegenpartei die Dokumente verschaffen kann (Art. 3 Abs. 3 Buchst. c IBA-Rules: „possession, custody or control"). Hier stellt sich häufig die Frage, ob eine Dokumentenvorlage angeordnet werden kann, wenn nicht die andere Partei direkt, sondern ein **anderes Unternehmen desselben Konzerns** in Besitz der Unterlagen ist. Dies kann bspw. dann erfolgen, wenn die Partei das andere Unternehmen beherrscht oder wenn die Schiedsvereinbarung den gesamten Konzern einbezieht (ICC Award 4131, Yearbook Commercial Arbitration 1984, S. 131 ff., Rz. 136 f.; hierzu auch *Kaufmann-Kohler/Bärtsch*, SchiedsVZ 2004, 19; *Raeschke-Kessler* in: Böckstiegel, Beweiserhebung in internationalen Schiedsverfahren, S. 53). Auch der Fall, dass ein Dokument zwar nicht mehr in den Akten einer Partei vorhanden ist, jedoch **elektronische Archive oder Back-Ups** bestehen, ist von den Regeln erfasst. Legt die antragstellende Partei dar, dass es für sie einen **unverhältnismäßigen Aufwand** darstellen würde („unreasonably burdensome"), das Dokument vorzulegen, kann eine Vorlage durch die andere Partei angeordnet werden, wenn dies für sie weniger aufwändig ist (IBA-Rules Commentary, S. 10).

42 Der **Zeitpunkt** des Antrags richtet sich nach der Frist, die das Schiedsgericht für ein Vorgabeverlangen gesetzt hat (etwa nach Art. 3 Abs. 2 IBA-Rules) oder die die Parteien in ihrer Vereinbarung in ihrem Prozesskalender festgelegt haben. Das Dokumentenvorlageverfahren sollte nicht zu früh, aber auch nicht zu spät erfolgen. Es bietet sich an, Herausgabeanträge **nach der ersten und vor der zweiten Schriftsatzrunde** zuzulassen (*Kaufmann-Kohler/Bärtsch*, SchiedsVZ 2004, 21; *Sachs*, SchiedsVZ 2003, 196 f.; *Hanotiau* in Document Production in International Arbitration, S. 115).

43 **E-Discovery.** Die grundlegenden Veränderungen der Informations- und Kommunikationstechnologie haben zu einer elektronischen Speicherung von immer mehr Informationen und einer Verlagerung der Korrespondenz auf den E-Mail-Verkehr auch im geschäftlichen Bereich geführt. Solche elektronisch gespeicherten Informationen schließen auch **Metadaten** (meta data) und **Protokolldateien** (log files) ein, die Auskunft darüber geben, wer ein Dokument erstellt hat und wann es geändert wurde bzw. wer zu welchem Zeitpunkt auf eine Datei zugegriffen hat. Für Parteien problematisch kann die **schiere Menge** der elektronisch gespeicherten Daten wie auch die Tatsache sein, dass man im Allgemeinen beim Austausch elektronischer Daten weniger Sorgfalt walten lässt als im Schriftverkehr mit „hard copies". Elektronische Daten können

jedoch **wertvolle Beweise** darstellen, von denen viele Parteien Gebrauch machen wollen.

Eine Regelung zur e-discovery ist in Art. 3 **IBA-Rules** enthalten, wobei die IBA-Rules dadurch keine Entscheidung über die umstrittene Frage der **Zulässigkeit der E-Discovery** treffen möchten (IBA-Rules Commentary, S. 9). Der Antragsteller kann elektronische Dokumente durch Dateinamen, Suchbegriffe oder Personen spezifizieren (Art. 3 Abs. 3 Buchst. a (ii) IBA-Rules). Das Schiedsgericht kann eine solche Spezifizierung auch anordnen. 44

Auch andere Institutionen haben Richtlinien für die E-Discovery in Schiedsverfahren verfasst. So gibt es etwa: The Chartered Institute of Arbitrators Protocol for E-Disclosure (Oktober 2008), The ICDR's Guidelines for Arbitrators Concerning exchanges of Information (Mai 2008) sowie das CPR's Protocol on Disclosure of Documents and Presentation of Witnesses in Commercial Arbitration (Dezember 2008). 45

Einwendungen. § 27 stellt nicht nur die Art und Weise der Beweiserhebung in das Ermessen des Schiedsgerichts, sondern auch die Frage, unter welchen Voraussetzungen sich eine Partei der Erhebung eines Beweises bzw. insbesondere der Vorlage bestimmter Dokumente widersetzen darf. Hierzu enthält Art. 9 Abs. 2 IBA-Rules einen Katalog von Einwendungen, die eine Partei gegen eine verlangte Herausgabe vorbringen kann. An diesem Katalog kann sich ein Schiedsgericht orientieren. Es wird mögliche Einwendungen jedoch nicht von sich aus berücksichtigen, sondern nur, wenn die betroffene Partei eine entsprechende Einwendung erhoben hat (Art. 3 Abs. 4 IBA-Rules). Hierunter fallen insbesondere der Herausgabe **entgegenstehende rechtliche Vorschriften oder beweisrechtliche Privilegien** („legal impediment or privilege", Art. 9 Abs. 2 Buchst. b IBA-Rules), **Vertraulichkeitsgründe** („commercial or technical confidentiality", Buchst. e, „political or institutional sensitivity", Buchst. f), der Einwand, dass die Herausgabe eine **unverhältnismäßige Belastung** für die Partei darstellen würde (Art. 9 Abs. 2 Buchst. c IBA-Rules), sowie zwingende Erwägungen der **Prozessökonomie, Fairness oder Gleichheit** der Parteien (Art. 9 Abs. 2 Buchst. g IBA-Rules). In den IBA-Rules nicht geregelt ist die Einwendung, dass das heraus verlangte Dokument **nicht existiert.** Art. 9 Abs. 2 Buchst. d IBA-Rules betrifft nur den **Verlust oder die Zerstörung** von Dokumenten. Erst recht kann eine Partei aber solche Dokumente nicht herausgeben, welche noch nie existiert haben. Um negative Konsequenzen zu vermeiden (etwa eine nachteilige Beweiswürdigung gemäß Art. 9 Abs. 5 IBA-Rules), muss die Par- 46 tei darlegen, dass das Dokument nie existiert hat. Meist begnügen sich Schiedsgerichte mit der ausdrücklichen (plausiblen) Versicherung der Partei, dass ein Dokument nicht existiert hat. Hat das Schiedsgericht Zweifel – etwa weil die andere Partei plausibel darlegen kann, dass das Dokument existiert haben muss, ist die Partei gehalten, **Beweis für die Nichtexistenz** des Dokuments zu erbringen.

47 **„Privileges".** Art. 9 Abs. 3 IBA-Rules nennt Beispiele einzelner beweisrechtlicher Privilegien, die zu einer Einwendung gemäß Art. 9 Abs. 2 Buchst. b IBA-Rules berechtigen können. Die **Vertraulichkeit von Kommunikation oder Unterlagen zum Zwecke der rechtlichen Beratung** wird in Art. 9 Abs. 3 Buchst. a IBA-Rules genannt. Auch die **Vertraulichkeit von Vergleichsverhandlungen** gilt als beweisrechtliches Privileg i.S.v. Art. 9 Abs. 2 IBA-Rules (Art. 9 Abs. 3 Buchst. b IBA-Rules; „without prejudice privilege" oder „settlement privilege"; *Haller*, SchiedsVZ 2011, 313). Andere praxisrelevante beweisrechtliche Privilegien ergeben sich aus sonstigen **beruflichen Zeugnisverweigerungsrechten** (Ärzte, Journalisten, Buchprüfer), dem Recht, sich nicht selbst belasten zu müssen, sowie der Vertraulichkeit sensibler Regierungsinformationen.

48 **Auf Privilegien anwendbares Recht.** Haben die Parteien keine Vereinbarung getroffen, entscheidet das Schiedsgericht, welches Recht auf die Frage nach Bestehen und Umfang beweisrechtlicher Privilegien anwendbar ist. Hierzu enthalten auch die IBA-Rules keine Richtlinien. Nach Art. 9 Abs. 2 Buchst. b IBA-Rules bestimmt das Schiedsgericht das anwendbare Recht. In der Regel wird es die Parteien auffordern, zu der Frage des anwendbaren Rechts und des daraus folgenden Ergebnisses Stellung zu nehmen. Meist stellt sich diese Frage im Hinblick auf das sog. „Attorney-Client-Privilege" oder „Anwaltsgeheimnis" (unten Rz. 49 f.). In Betracht kommt hier z.B. das Recht des Schiedsverfahrens, das auf die Schiedsvereinbarung anwendbare Recht (wenn es vom Recht des Schiedsverfahrens verschieden ist, § 24 Rz. 5 ff.), das anwendbare materielle Recht, das Recht des Ortes, an dem der betreffende Rechtsanwalt zugelassen ist oder des Sitzes der Partei, die sich auf das Privileg beruft. Die beiden letztgenannten etwa mögen als Recht mit der engsten Verbindung zu den angeblich geschützten Unterlagen in Betracht kommen. Dies führt jedoch bereits dann zu Problemen, wenn – wie nicht selten – die Partei Teil eines international agierenden Konzerns ist und mehrere Konzerngesellschaften in unterschiedlichen Ländern involviert sind, oder wenn eine Partei sich in einem internationalen Sachverhalt von Rechtsanwälten aus verschiedenen Ländern beraten lässt. Denkbar ist auch die Anwendung des Rechts, das am meisten (oder am wenigsten)

Schutz bietet (*Kaufmann-Kohler/Bärtsch*, SchiedsVZ 2004, 19; *Heitzmann*, ASA Bulletin, Vol. 26 No. 2 [2008], 205 ff. m.w.N.; *Cohen* in: Giovanni/Mourre, Written Evidence and Discovery in International Arbitration, 426 ff.; *Sindler/Wüstemann*, ASA Bulletin, Vol. 23 No. 4 [2005], 618 ff.). Die IBA-Rules sehen vor, dass das Schiedsgericht bei seiner Entscheidung vor allem die Vorstellungen der Parteien bzw. der Parteivertreter im Zeitpunkt der Entstehung des Privilegs zu berücksichtigen hat (Art. 9 Abs. 3 Buchst. c IBA-Rules), die sich regelmäßig an den Regelungen ihrer Heimatrechtsordnungen zu Inhalt und Umfang der Privilegien orientieren würden (Commentary on the Revised Text of the 2010 IBA Rules on the Taking of Evidence in International Arbitration, S. 25; *Kläsener/Dolgorukow*, SchiedsVZ 2010, 310).

Anwaltsgeheimnis und Attorney-Client-Privilege. Wenn auch der Grundsatz der Vertraulichkeit der Korrespondenz zwischen einem Rechtsanwalt und seinem Mandanten allgemein anerkannt ist, ist doch die Ausgestaltung und der Umfang eines daraus abgeleiteten Beweisverweigerungsrechts unterschiedlich. Das sog. Attorney-Client-Privilege des Common Law ist als Recht des Mandanten ausgestaltet. Im Civil Law werden aus der berufsrechtlichen Verschwiegenheitspflicht des Anwalts Beweiserhebungs- und -verwertungsverbote (wie § 383 Abs. 1 Nr. 6 ZPO) abgeleitet, auf die sich der Anwalt berufen kann; man spricht hier auch vom Anwaltsgeheimnis. 49

Ein wichtiger Unterschied besteht hinsichtlich der Beurteilung von **Syndikusanwälten** und ihrer Kommunikation innerhalb des Unternehmens, für das sie tätig sind. Der interne Bericht eines Syndikusanwalts an seine Geschäftsführung ist nach Common-Law-Grundsätzen vor der Anordnung einer Dokumentenherausgabe geschützt, wohingegen der Syndikusanwalt in Civil-Law-Ländern regelmäßig nicht vom Anwaltsgeheimnis erfasst sein wird (*Demeyere*, SchiedsVZ 2003, 250 m.w.N.). In Deutschland gilt das Anwaltsgeheimnis für Syndikusanwälte nur dann, wenn sie als **unabhängiges Organ der Rechtspflege, typisch anwaltlich und nicht weisungsgebunden** tätig werden. Auch ein Zeugnisverweigerungsrecht nach § 383 Abs. 1 Nr. 6 ZPO steht Unternehmensjuristen nur unter diesen Voraussetzungen und auch nur dann zu, wenn sie bei der Anwaltskammer als Anwälte eingetragen sind. Ein Syndikus ist nach der Rechtsprechung nur als unabhängiges Organ der Rechtspflege tätig, wenn er Mandate für vom Unternehmer unabhängige Dritte bearbeitet hat und nicht für seinen Arbeitgeber tätig war (BGH v. 25.2.1999 – IX ZR 384/97, NJW 1999, 1715 [1716]; BGH v. 7.11.1960 – AnwZ (B) 4/60, BGHZ 33, 276 ff.; BGH v. 13.3.2000 – AnwZ (B) 25/99, 50

NJW 2000, 1645 ff.; BGH v. 18.6.2001 – AnwZ (B) 41/00, NJW 2001, 3130 ff.; für ein Zeugnisverweigerungsrecht für Syndikusanwälte, die hauptsächlich mit rechtsberatenden Aufgaben betraut werden und denen die interne Unternehmenshierarchie für diesen Bereich eine hinreichende Unabhängigkeit zugesteht LG München (LG München v. 18.12.1979 – 32 O 1334/79, AnwBl. 1982, 197 ff.); Zöller/*Greger*, § 383 ZPO Rz. 19 m.w.N.; *Baumbach/Lauterbach/Albers/Hartmann*, § 383 ZPO Rz. 12, *Redeker*, NJW 2004, 889 [890]).

51 **Work-Product-Doctrine.** Dieser Grundsatz stammt aus dem US-amerikanischen Recht und besagt, dass Unterlagen, die in Erwartung eines streitigen Verfahrens, also auch eines Schiedsverfahrens („prepared in anticipation of arbitration"), erstellt wurden, von der Gegenseite nicht heraus verlangt werden können. Es ist dabei irrelevant, wer die Unterlagen erstellt hat. Damit ist die Work-Product-Doctrine **weiter als das Attorney-Client-Privilege.** Jedoch hat die antragstellende Partei in der Regel die Möglichkeit darzulegen, dass die gesuchten Tatsachen nur durch die Vorlage von von der Doktrin erfassten Unterlagen erlangt werden könne und dass diese Tatsachen unerlässlich sind, um den Anspruch zu substantiieren. Die Doktrin stellt damit **kein beweisrechtliches Privileg** im eigentlichen Sinne dar. Dennoch ist davon auszugehen, dass ein internationales Schiedsgericht die Anwendung dieses Grundsatzes zumindest in Betracht ziehen wird (für eine Anwendung auch im Rahmen des § 142 ZPO wohl *Konrad*, NJW 2004, 713; *Cohen* schlägt vor, den Grundsatz bei Verfahren mit Parteien anzuwenden, die mit ihm vertraut sind, in: Giovanni/Mourre, Written Evidence and Discovery in International Arbitration, S. 441).

52 **Without-Prejudice-Privilege/Unverwertbarkeit des Inhalts von Vergleichsverhandlungen.** Dieses Prinzip ist insbesondere im anglo-amerikanischen Recht verankert, in anderen Rechtssystemen jedoch weitgehend unbekannt (*Heitzmann*, ASA Bulletin, Vol. 26 No. 2 [2008], 212). Im internationalen Schiedsverfahrensrecht ist der Grundsatz anerkannt, und auch in den IBA-Rules ausdrücklich als beweisrechtliches Privileg genannt (Art. 9 Abs. 3 Buchst. b IBA-Rules). Von diesem Privileg sind **Aussagen** erfasst, die gemacht wurden, **um eine einvernehmliche Lösung voran zu treiben,** nicht jedoch jede während Vergleichsverhandlungen gemachte Äußerung als solche oder Beweise, die währenddessen präsentiert wurden (*Haller*, SchiedsVZ 2011, 313 [316 f.]). Manche institutionelle Mediations- und Schlichtungsregeln sehen die Vereinbarung eines „**Non-Disclosure-Agreement**" vor, so z.B. Art. 7 der ICC-ADR-Regeln. Die DIS Schlichtungs- und Mediationsordnungen empfehlen dem

Schlichter oder Mediator, den Parteien den Abschluss einer Vertraulichkeitsvereinbarung vorzuschlagen (§ 13 Abs. 2). Das Privileg ist nicht anwendbar, wenn der Abschluss oder der Inhalt eines Vergleichs streitig ist (*Haller*, SchiedsVZ 2011, 313 [318]).

Fairness und Gleichheit der Parteien. Aufgrund möglicher Unterschiede in Ausgestaltung und Umfang beweisrechtlicher Privilegien betont Art. 9 Abs. 3 Buchst. e IBA-Rules die Notwendigkeit, die bereits in Art. 9 Abs. 2 Buchst. g IBA-Rules genannte Fairness und Gleichheit der Parteien beizubehalten. Wenn zum Beispiel in einem Verfahren zwischen einer amerikanischen und einer deutschen Partei der interne Bericht eines Syndikusanwalts vom amerikanischen Attorney-Client-Privilege erfasst wäre, nicht jedoch vom deutschen Anwaltsgeheimnis, dürften die Parteien nicht ungleich behandelt werden. 53

Anwendung der Privilegien im Einzelfall. Häufig ist nicht die Frage streitig, ob ein bestimmtes Beweisverwertungsverbot grundsätzlich besteht, sondern ob die Beweise, deren Vorlage unter Bezugnahme auf ein Beweisverwertungsverbot verweigert wird, tatsächlich von solch einem Verbot geschützt sind. Die Vorlage der Beweise unter Abschluss einer **Vertraulichkeitsvereinbarung** wird häufig den Zweck des Beweisverwertungsverbots aushöhlen. Möglich ist die Vorlage **geschwärzter Dokumente**, jedoch auch dann kann es zu Streitigkeiten über die **Zulässigkeit** solcher Schwärzungen bzw. ihres Umfangs kommen. Um dies zu entscheiden, kann das Schiedsgericht die Dokumente inspizieren, ohne der antragstellenden Partei Zugang zu gewähren. Dies ist problematisch, da (nur) das Schiedsgericht dadurch Kenntnis vom gesamten Inhalt der Dokumente erhält und der Schutz der Interessen der Partei, die sich auf das Privileg beruft, nicht umfassend gewährleistet ist. Zudem ist eine solche Inspektion (**private inspection**) durch das Schiedsgericht problematisch, weil das Schiedsgericht auf diese Weise mehr weiß als die Parteien. Die unwissende Partei kann daher ihre Position zu einem Aspekt nicht darlegen, den das Schiedsgericht kennt. Vorzuziehen ist es daher, die Inspektion durch einen **neutralen Berater** vornehmen zu lassen (*Kaufmann-Kohler/Bärtsch*, SchiedsVZ 2004, 20). 54

Discovery-Agent. Um einerseits die Vertraulichkeit von Dokumenten zu wahren und andererseits relevante Informationen für die Sachverhaltsaufklärung zu nutzen, kann das Schiedsgericht einen sog. „Discovery-Agent" einsetzen (Art. 3 Abs. 8 IBA-Rules). Dann erhält nur der Discovery-Agent Zugang zu dem vertraulichen Dokument, analysiert dieses und beantwortet daraufhin die Fragestellung des Schiedsgerichts. 55

Dieses Vorgehen ist z.B. sinnvoll, wenn es darum geht, ob die als vertraulich eingestuften Informationen tatsächlich Betriebsgeheimnisse darstellen (und daher nicht vorgelegt werden müssen). Auch kann ein Discovery-Agent (z.B. ein Wirtschaftsprüfer) eingesetzt werden, um unternehmensinterne, vertrauliche Zahlen zu analysieren und zu ermitteln, ob diese im Ergebnis einen bestimmten Grenzwert überschreiten. Auf Discovery-Agents wird insbesondere auch in Streitigkeiten über gewerbliche Schutzrechte zurück gegriffen (*Kläsener/Dolgorukow*, SchiedsVZ 2010, 307).

56 **Verzicht.** Eine Partei kann sich nicht auf beweisrechtliche Privilegien berufen, wenn sie darauf verzichtet hat. Ein solcher Verzicht kann durch einverständliche Verwendung, die frühere Offenlegung oder Benutzung eines Dokuments, einer Erklärung, mündliche Kommunikation oder einen darin enthaltenen Rat oder sonstige Umstände erfolgen (Art. 9 Abs. 3 Buchst. d IBA-Rules).

57 **Datenschutz.** Die Herausgabe von (elektronischen) Dokumenten steht in einem Spannungsverhältnis zu Datenschutzvorschriften, da die **unzulässige Datenerhebung, -verarbeitung und -nutzung** eine Straftat oder Ordnungswidrigkeit darstellen kann (*Burianski/Reindl*, SchiedsVZ 2010, 187 [196] mit Erläuterungen zu Inhalt und Anwendungsbereich, insbesondere auch Rechtfertigungstatbeständen, des Bundesdatenschutzgesetzes ab S. 191. Da das Bundesdatenschutzgesetz eine europäische Richtlinie umsetzt (**Richtlinie 95/46/EG** des Europäischen Parlaments und des Rates vom 24.10.1995 zum Schutz natürlicher Personen bei der Verarbeitung personenbezogener Daten und zum freien Datenverkehr), werden sich ähnliche Probleme in anderen europäischen Ländern stellen). Ausdrückliche Regelungen, wie in der Praxis mit dieser Problematik umzugehen ist, gibt es nicht. Es kann jedoch davon ausgegangen werden, dass datenschutzrechtliche Vorgaben im Rahmen des Art. 9 Abs. 2 Buchst. b IBA-Rules als „**legal impediment**" Berücksichtigung finden können. Auch die nach Art. 9 Abs. 3 Buchst. e IBA-Rules anzustellenden **Fairnesserwägungen** führen zu dem Ergebnis, dass ein Schiedsgericht Datenschutzrecht respektieren muss, da sonst die Partei vor der Wahl stünde, gegen zwingendes Recht zu verstoßen oder die nachteiligen Konsequenzen einer Verweigerung der Dokumentenvorlage auf sich zu nehmen (*Burianski/Reindl*, SchiedsVZ 2010, 190 [196 f.]).

58 **Redfern Schedule.** Um das Dokumentenvorlageverfahren übersichtlich und effizient zu gestalten, bietet sich die Anwendung des sog. Redfern Schedule an (s. Art. 25 ICC-SchO Rz. 118; dies ist z.B. auch empfohlen

im Report of the ICC Commission on Arbitration, Techniques for Controlling Time and Costs in Arbitration, Rz. 55). Insbesondere im Zusammenhang mit ausdrücklich geregelten Voraussetzungen für die Dokumentenvorlage bzw. Einwendungen hiergegen stellt der Redfern Schedule ein nützliches Mittel dar, um das Verfahren vor zu aggressiven Dokumentenherausgabeverlangen zu schützen (*Finizio*, in: Böckstiegel/Berger/Bredow, The Taking of Evidence in International Commercial Arbitration, S. 70; *Hanotiau* in: Document Production in International Arbitration, S. 116). Ist ein Redfern Schedule vereinbart, sollten alle schriftlichen Ausführungen hierin enthalten sein. Von einem begleitenden Schriftsatz sollte abgesehen werden, was Anträge und Einwendungen betrifft. Allgemeine Diskussionen passen jedoch nicht in dieses Format (z.B. eine seitenlang geführte Diskussion über den Umgang mit vertraulichen Dokumenten).

Nichterfüllung der Herausgabeanordnung. Befolgt eine Partei eine Vorlageanordnung nicht, gilt § 30 Abs. 2 DIS-SchO (hierzu § 30 Rz. 13 f.). Nach Art. 9 Abs. 4 IBA-Rules kann das Schiedsgericht aus der Unterlassung der Vorlage eines Dokuments schließen, dass sein Inhalt den Interessen der Partei entgegensteht. Solche negativen Rückschlüsse dürfen nicht gezogen werden, wenn das Dokument in Besitz eines Dritten ist (*Raeschke-Kessler* in: Böckstiegel, Beweiserhebung in internationalen Schiedsverfahren, S. 59). Zusätzlich oder alternativ kann das Schiedsgericht Beweislastregeln umkehren (*Burianski/Reindl*, SchiedsVZ 2010, 190; *Hilgard*, SchiedsVZ 2008, 123) und das Verhalten der Partei in der Kostenentscheidung sanktionieren (*Burianski/Reindl*, SchiedsVZ 2010, 190; Art. 9 Abs. 7 IBA-Rules). 59

III. Sachverständige (Abs. 1 Satz 2, Abs. 2 und 3)

Literatur: wie oben unter A., zusätzlich: *Acker/Konopka*, Schiedsgutachten in Bau- und Anlagenbauvertrag: Grenzen und Möglichkeiten, SchiedsVZ 2003, S. 256 ff.; Issues for Experts Acting under the ICC Rules for Expertise or the ICC Rules of Arbitration, ICC Court Bulletin, Vol. 20 No. 1 (2009), S. 23 ff.; *Lotz*, Der Sachverständige im Schiedsverfahren, SchiedsVZ 2011, S. 203 ff.; *Sach/Schmidt-Ahrendts*, Protocol on Expert Teaming: A New Approach to Expert Evidence, ICCA Congress Series No. 15 (2010), S. 135 ff.; *Spühler/Gehri*, Die Zulassung von Experten zur Urteilsberatung: Neue Wege für Schiedsverfahren? ASA Bulletin, Vol. 21 No. 1 (2003), S. 16 ff. (24).

§ 27 DIS-SchO — Sachverhaltsermittlung

1. Normzweck

60 § 27 geht im Grundsatz davon aus, dass Sachverständigenbeweis durch einen vom Schiedsgericht ernannten Sachverständigen erhoben wird. Aus § 27 Abs. 3 folgt jedoch, dass auch die Parteien eigene Sachverständige ernennen können. In der Praxis ist dieses Vorgehen die Regel; nur ausnahmsweise ernennt das Schiedsgericht selbst Sachverständige.

2. Verhältnis zu § 1049 ZPO

61 § 27 Abs. 2 DIS-SchO entspricht dem Wortlaut von § 1049 Abs. 1 ZPO, § 27 Abs. 3 DIS-SchO übernimmt den Wortlaut von § 1049 Abs. 3 ZPO.

62 Abweichend von § 27 DIS-SchO sieht § 1049 Abs. 3 ZPO vor, dass der vom Schiedsgericht bestellte Sachverständige abgelehnt werden kann.

3. Vergleich mit den im staatlichen Verfahren geltenden Vorschriften

63 In der ZPO ist nur der vom Gericht bestellte Sachverständige vorgesehen (§ 404 Abs. 1 Satz 1 ZPO). Ein **Parteigutachten ist im staatlichen Gerichtsverfahren substantiierter Parteivortrag**, der nur mit Zustimmung der Parteien als Sachverständigenbeweis verwertet werden kann (BGH v. 11.5.1993 – VI ZR 243/92, NJW 1993, 2382).

64 Anders als im Zivilprozess (§ 407 ZPO) ist der **Sachverständige im Schiedsverfahren zur Erstattung eines Gutachtens oder zum Erscheinen vor dem Schiedsgericht nicht verpflichtet** und das Schiedsgericht ist nicht ermächtigt, Zwangsgelder oder sonstige Ordnungsmaßnahmen zu verhängen. Der Sachverständige kann vom Schiedsgericht auch nicht beeidet werden. Erfolgt dennoch eine Beeidigung, **kann der Schiedsspruch aufgehoben werden, wenn er auf der Beeidigung beruht**, d.h. wenn der Beeidigung ein besonderer Beweiswert zukam. Es ist jedoch ein Antrag nach § 1050 ZPO möglich, um eine Vorladung des Sachverständigen vor das staatliche Gericht zum Zwecke der Befragung durch die Parteien oder eine Beeidigung zu erwirken (Stein/Jonas/*Schlosser*, § 1049 ZPO Rz. 4). Die Regelung des § 1050 ZPO für Zeugen ist entsprechend anwendbar (*Schütze* in: Böckstiegel, Beweiserhebung in internationalen Schiedsverfahren, S. 37).

4. Der Sachverständigenbeweis im Schiedsverfahren

65 Sachverständigenbeweis kann durch **parteiernannte oder durch das Schiedsgericht ernannte Sachverständige** erfolgen. Insbesondere in inter-

nationalen Schiedsverfahren sind **Parteigutachten üblich**. Anders als im staatlichen Verfahren handelt es sich hierbei nicht nur um substantiierten Parteivortrag (*Lotz*, SchiedsVZ 2011, 203; *Raeschke-Kessler* in: Böckstiegel, Beweiserhebung in Internationalen Schiedsverfahren, S. 69). Eine **schiedsgerichtliche Ernennung** eines Sachverständigen liegt im Ermessen des Schiedsgerichts, erfolgt in der internationalen Schiedspraxis jedoch **selten**. Diese Regel gilt auch für Schiedsverfahren nach der DIS-SchO, obwohl der Wortlaut von § 27 sehr an das in Civil-Law-Systemen übliche Beweisverfahren angelehnt ist und vorrangig von Sachverständigen spricht, die *vom Schiedsgericht* zur Begutachtung von *durch das Schiedsgericht festgelegten* Fragen ernannt werden. Aus § 27 Abs. 3 folgt jedoch, dass Parteien auch eigene Sachverständige ernennen können. Die Funktion dieser parteiernannten Sachverständigen ist nicht auf eine Aussage in der mündlichen Verhandlung beschränkt. Insgesamt unterliegt auch hier das Ob und Wie eines Sachverständigenbeweises der **Parteiautonomie**.

Die schiedsgerichtliche Anordnung eines Sachverständigengutachtens 66 ist nach § 27 möglich, denn das Schiedsgericht ist an Beweisanträge der Parteien nicht gebunden. Anders als etwa in den IBA-Rules vorgesehen (Art. 6 Abs. 1 IBA-Rules; so auch Art. 25 Abs. 4 ICC-SchO) muss das Schiedsgericht die **Parteien** auch nicht vor seiner Entscheidung, einen Sachverständigen zu benennen, oder vor Festlegung der Beweisfragen **anhören**. In der Praxis wird dies jedoch regelmäßig der Fall sein. Nach den IBA-Rules muss jede Partei innerhalb einer vom Schiedsgericht bestimmten Frist anzeigen, ob sie Beweis im Wege eines Parteigutachtens führen möchte (Art. 5 Abs. 1 IBA-Rules). Die Parteien sind zur Mitwirkung verpflichtet und haben dem Sachverständigen auf Anordnung des Schiedsgerichts Zugang zu für die Erstellung des Gutachtens erforderlichen Dokumenten oder Anschauungsobjekten zu verschaffen sowie dem Sachverständigen Auskunft zu erteilen. Kommt eine Partei ihren Mitwirkungspflichten nicht nach, wird dies vom Schiedsgericht nach Beweislastregeln gewürdigt (*Lotz*, SchiedsVZ 2011, 207). Das Schiedsgericht ist nicht befugt, den Parteien die Vorlage von Parteigutachten aufzuerlegen, sondern es legt lediglich diesbezügliche Fristen fest (IBA-Rules Commentary, S. 19; anders *Lachmann* noch zu den alten – in dieser Hinsicht jedoch gleichlautenden – IBA-Rules: „within the *time* ordered by the Tribunal", Rz. 1562). Lehnt das Schiedsgericht die Einholung eines Sachverständigengutachtens ab, obwohl die zu beweisenden Tatsachen entscheidungserheblich sind, stellt dies keine Verletzung des rechtlichen Gehörs dar (vgl. BGH v. 6.12.1965 – VII ZR 149/63, NJW

1966, 549; OLG Frankfurt v. 11.2.1993 – 20 W 29, 33/93, RIW 1993, 944; OLG München v. 14.11.2011 – 34 SchO 10/11, SchiedsVZ 2012, 43).

67 Dies erscheint bedenklich, sofern das Schiedsgericht über keine eigene Sachkunde verfügt (Schütze/*Theune*, § 27 DIS-SchO Rz. 8; hierzu auch *Lotz*, SchiedsVZ 2011, 206 mit Verweis auf BVerfG v. 23.11.1977 – 1 BvR 481/77, BVerfGE 46, 315; v. 19.1.1991 – 1 BvR 1635/89, NJW 1992, 678; v. 20.4.1982 – 1 BvR 1242/81, BVerfGE 60, 247; v. 20.4.1982 – 1 BvR 1429/81, BVerfGE 60, 250) *und* keine Parteigutachten eingereicht worden sind, aus denen das Schiedsgericht sich Sachkunde verschaffen könnte. Liegen Parteigutachten vor, muss das Schiedsgericht nicht selbst noch ein weiteres Gutachten einholen (OLG München v. 14.11.2011 – 34 Sch 10/11, SchiedsVZ 2012, 43).

68 Zur **Optimierung der Beweiserhebung durch Gutachten parteiernannter Sachverständiger** sind verschiedene Vorschläge gemacht und Regelwerke entworfen worden, wie etwa Verhaltenskodizes (**codes of conduct**), Zusammenkünfte vor der mündlichen Verhandlung (**Pre-Hearing-Meetings**), oder das **witness conferencing** § 28 Rz. 45 (hierzu auch Art. 25 ICC-SchO Rz. 83 f.).

69 **Form**. Ein Sachverständigengutachten kann schriftlich oder mündlich erfolgen. Dies ist in § 27 Abs. 3 ausdrücklich vorgesehen. In der Praxis wird es jedoch selten vorkommen, dass ein Gutachten lediglich mündlich erstattet wird. Die Regel ist vielmehr, dass ein schriftliches Gutachten erstellt wird, zu dem der Sachverständige dann in der mündlichen Verhandlung befragt wird. Zum **Ablauf der mündlichen Verhandlung**, insbesondere unterschiedlicher Vernehmungsmethoden von Sachverständigen, § 28.

70 Die **Auswahl von Sachverständigen** fällt Parteien zumindest im Hinblick auf Sachfragen meist leichter als dem Schiedsgericht, da sie über die nötigen Branchenkenntnisse verfügen. Ansonsten kann auf **Sachverständigenlisten** zurück gegriffen werden, die etwa bei den Handwerkskammern, Industrie- und Handelskammern, dem Institut für Sachverständigenwesen und anderen internationalen Schiedsinstitutionen geführt werden. Wichtige Kriterien sind zeitliche Verfügbarkeit, Kompetenz und Erfahrung, Sprachkenntnisse sowie Unabhängigkeit.

71 Ein **Schiedsrichter kann nicht gleichzeitig Sachverständiger sein**, denn er kann nicht gleichzeitig Beweismittel sein und eine Beweiswürdigung vornehmen (so auch Schütze/*Theune*, § 27 DIS-SchO Rz. 8; *Lachmann*, Handbuch für die Schiedsgerichtspraxis, § 27 DIS-SchO Rz. 1533, anders

OLG Hamm v. 26.4.2001 – 24 U 117/00, OLGR Hamm 2001, 299, das zwar entschied, dass einem Schiedsrichter kein weiteres Sachverständigenhonorar zusteht, sein Tätigwerden als Sachverständiger jedoch nicht in Frage stellte). Ist ein Schiedsrichter jedoch selbst sachverständig, kann das Schiedsgericht darauf verzichten, ein Sachverständigengutachten einzuholen.

Die **Haftung** des vom Schiedsgericht ernannten Sachverständigen entspricht nach früherer Rechtsprechung des BGH derjenigen des vom Staatsgericht bestellten Sachverständigen (BGH v. 19.11.1964 – VII ZR 8/63, NJW 1965, 298 [299]). Ob diese privilegierte Haftung auch nach Neufassung des § 839a BGB weiterhin für schiedsgerichtsernannte Sachverständige gilt, ist umstritten (*Lotz*, SchiedsVZ 2011, 203). 72

Das **selbständige Beweisverfahren** ist trotz Vorliegens einer Schiedsvereinbarung zulässig, solange das Schiedsgericht noch nicht konstituiert oder nicht schnell konstituierbar ist (OLG Frankfurt a.M. v. 5.5.1993 – 19 W 8/93; OLG Koblenz v. 15.7.1998 – 5 W 464/98; a.A. für den Fall, dass der Schiedsort im Ausland ist, da das selbständige Beweisverfahren aufgrund mangelnder Verwertbarkeit in einem späteren Verfahren funktionslos sei OLG Düsseldorf v. 7.2.2008 – I-20 W 152/07). Auch in anderen Fällen mag besondere Eile geboten und die Durchführung eines selbständigen Beweisverfahrens nach § 1033 ZPO zulässig sein (*Raeschke-Kessler* in: Böckstiegel, Beweiserhebung in internationalen Schiedsverfahren, S. 73). Wie ein hieraus resultierendes Gutachten im Schiedsverfahren zu behandeln und zu qualifizieren ist, ist unklar. Es wird eine entsprechende Anwendung der Vorschriften über den durch das Schiedsgericht ernannten Sachverständigen vorgeschlagen (*Raeschke-Kessler* in: Böckstiegel, Beweiserhebung in internationalen Schiedsverfahren, S. 73). 73

C. Kosten

Die Kosten des Beweisverfahrens hängen von dessen Ausgestaltung ab. Insbesondere kann ein extensives Dokumentenvorlageverfahren zu sehr hohen Kosten führen. Die Parteien sollten daher sorgfältig überlegen, ob ein solches Verfahren im Einzelfall sinnvoll ist. Die Verwendung schriftlicher Zeugenaussagen ist in vielen Fällen sinnvoll und kann zu einer Reduzierung der Kosten durch erhöhte Effizienz der Verfahren führen. Dennoch ist auch hier eine Prüfung im Einzelfall erforderlich. 74

75 **Kosten der einzelnen Beweismittel.** Die **Kosten eines Zeugen** (Reisekosten, Verdienstausfall) werden in der Regel zunächst von der Partei getragen, die sich auf den Zeugen beruft. In der Kostenentscheidung des Schiedsgerichts können diese Kosten ganz oder teilweise der verlierenden Partei auferlegt werden. Auch die Kosten eines **Dokumentenvorlageverfahrens** trägt jede Partei zunächst selbst. Die **Vergütung von Sachverständigen** erfolgt durch Vereinbarung. Das Entschädigungsgesetz für Sachverständige (JVEG) ist grundsätzlich nicht anwendbar. Parteigutachten zahlt jede Partei zunächst selbst. Für das Honorar eines durch das Schiedsgericht ernannten Sachverständigen fordert das Schiedsgericht in der Regel einen Vorschuss der zu erwartenden Kosten von beiden Parteien oder der beweisbelasteten Partei an. Der Sachverständige wird auch im Falle einer Bestellung durch das Schiedsgericht durch einen (Werk-)Vertrag mit den Parteien zur Gutachtertätigkeit verpflichtet (so die h.M.; *Lotz*, SchiedsVZ 2011, 203 m.w.N.). Die endgültige Kostentragung wird in der Kostenentscheidung bei Beendigung des Schiedsverfahrens geregelt (§ 35).

76 **Kostensanktion.** Art. 9 Abs. 7 IBA-Rules sieht vor, dass das Schiedsgericht das treuwidrige Verhalten einer Partei durch eine Kostenentscheidung sanktionieren kann. Dem Schiedsgericht steht bei der Kostenentscheidung ohnehin ein weites Ermessen zur Verfügung (§ 35). Art. 9 Abs. 7 IBA-Rules verleiht einer Kostensanktion jedoch eine erhöhte Legitimation (*Kläsener/Dolgorukow*, SchiedsVZ 2012, 304), so dass Schiedsgerichte in Zukunft vielleicht verstärkt auf diese Möglichkeit zurückgreifen.

D. Abweichende Parteivereinbarung

77 Die Ausgestaltung des Verfahrens unterliegt der Parteiautonomie. **Grenzen der Parteiautonomie** werden durch das Erfordernis ausreichenden **rechtlichen Gehörs** und die **Gleichbehandlung** der Parteien gesetzt. Eine Vereinbarung der Parteien ist für das Schiedsgericht bindend. Parteien können auch zu einem späteren Zeitpunkt während des Schiedsverfahrens (formlose) Vereinbarungen zur Durchführung des Verfahrens treffen, die für das Schiedsgericht bindend sind (BGH v. 26.9.1985 – III ZR 16/84, BGHZ 96, 40 [42] = NJW 1986, 1436). U.U. kann das Schiedsgericht aber sein **Amt niederlegen**, wenn es mit der anderweitigen Vereinbarung nicht rechnen musste (*Schütze*, SchiedsVZ 2006, 3; *Lotz*, SchiedsVZ 2011, 204). Das **Bestimmungsrecht der Parteien endet** auch, wenn eine Vereinbarung mit dem Schiedsgericht getroffen wurde, wie

dies z.B. im Schiedsauftrag (Terms of Reference) nach der ICC-SchO der Fall ist (Art. 23 ICC-SchO). Wird eine Vereinbarung der Parteien in einer Verfahrensverfügung des Schiedsgerichts festgehalten, wird in der Regel auch davon auszugehen sein, dass eine Vereinbarung zwischen Parteien und Schiedsgericht getroffen wurde und die Regeln feststehen (*Sachs*, SchiedsVZ 2003, 196).

Rechtsanwälte dürfen als Bevollmächtigte nicht ausgeschlossen werden (§ 1042 Abs. 2 ZPO). Es können aber bestimmte Vereinbarung in Bezug auf die Person des Bevollmächtigten und Kostenerstattung getroffen werden 78

Das Recht des Schiedsgerichts, einen Sachverständigen zu bestellen, kann durch Parteivereinbarung ausgeschlossen werden. Bieten auch die Parteien keinen Beweis durch eigene Sachverständige an und ist das Schiedsgericht der Auffassung, dass eine Frage nicht ausreichend geklärt ist, ergeht eine Entscheidung aufgrund der Beweislastverteilung (Schütze/*Theune*, § 27 DIS-SchO Rz. 9; *Lachmann*, Handbuch für die Schiedsgerichtspraxis, Rz. 1537). Ein Kündigungsrecht des Schiedsgerichts besteht nicht, da die Parteiautonomie den Parteien erlaubt, Einschränkungen der Beweisaufnahme zu vereinbaren und das Schiedsgericht verpflichtet ist, das Schiedsverfahren gemäß Vereinbarung der Parteien durchzuführen (*Lotz*, SchiedsVZ 2011, 206; anders Musielak/*Voit*, § 1049 ZPO Rz. 2). 79

S. auch die **Muster** in englischer und deutscher Sprache unter Art. 25 ICC SchO Rz. 114 ff. 80

§ 28: Mündliche Verhandlung

Vorbehaltlich einer Vereinbarung der Parteien entscheidet das Schiedsgericht, ob mündlich verhandelt werden soll oder ob das schiedsrichterliche Verfahren auf der Grundlage von Schriftstücken und anderen Unterlagen durchzuführen ist. Haben die Parteien die mündliche Verhandlung nicht ausgeschlossen, hat das Schiedsgericht eine solche Verhandlung in einem geeigneten Abschnitt des Verfahrens durchzuführen, wenn eine Partei es beantragt.

Regelungsschwerpunkte: Die Vorschrift regelt, dass das Schiedsgericht eine mündliche Verhandlung durchführen muss, wenn eine Partei dies beantragt oder die Parteien dies vereinbart haben. Im Übrigen hat das Schiedsgericht Ermessen.

Kostenaspekte: Für die Kosten der mündlichen Verhandlung (Räumlichkeiten, Reisekosten etc.) gilt der Grundsatz, dass zunächst jede Partei die eigenen Kosten trägt. Die Schiedsrichter begleichen ihre Kosten aus dem angeforderten Vorschuss. Gemeinsame Kosten für Räumlichkeiten, Protokollführer etc. tragen die Parteien zunächst anteilig bzw. zahlt das Schiedsgericht aus einem von den Parteien eingeforderten Vorschuss für die Verfahrenskosten. Das Schiedsgericht entscheidet am Ende des Verfahrens über die endgültige Kostenverteilung.

Inhalt

A. **Mündliche Verhandlung** 1	I. Vorbereitung............... 18
I. Normzweck............... 1	II. Strukturierung der mündlichen Verhandlung 26
II. Verhältnis zu § 1047 ZPO ... 3	III. Eröffnungsplädoyer („Opening Statement") 31
III. Vergleich mit den im staatlichen Verfahren geltenden Vorschriften 4	IV. Zeugen 34
B. **Voraussetzungen** 9	V. Sachverständige 43
I. Parteivereinbarung geht vor..................... 9	VI. Closing Statements und Post-Hearing-Brief 47
II. Mündliche Verhandlung zwingend bei Antrag durch eine Partei 13	D. **Anwesenheitsrecht der Parteien und Nichtöffentlichkeit der mündlichen Verhandlung**................. 49
III. Im Übrigen: Ermessen des Schiedsgerichts 14	E. **Kosten** 57
IV. „Procedural Hearing" zu Verfahrensbeginn dient effektivem Verfahrensablauf....... 16	F. **Abweichende Parteivereinbarung** 59
C. **Ablauf der mündlichen Verhandlung** 18	

A. Mündliche Verhandlung

I. Normzweck

1 **Mündliche Verhandlung als wichtiger Bestandteil eines effizienten Schiedsverfahrens.** Ein Schiedsverfahren lässt sich nur effizient durchführen, wenn die Verfahrensordnung schriftliche und mündliche Verfahrensschritte miteinander kombiniert und so die Vorteile beider Komponenten nutzt. Die mündlichen Verfahrensschritte beruhen auf der Überlegung, dass sich im Gespräch vieles besser und schneller klären lässt als in einem rein schriftlichen Verfahren. Insbesondere kann das Schiedsgericht Unklarheiten unmittelbar adressieren und aufklären. Dies funktioniert indes nur, wenn die Parteien den Streitgegenstand für

die mündliche Verhandlung in Schriftsätzen aufbereitet haben und wenn die Beteiligten sich dementsprechend auf die mündliche Verhandlung vorbereiten konnten.

§ 28 regelt, wann das Schiedsgericht eine mündliche Verhandlung durchführen muss. § 28 enthält zwar keine detaillierte Regelung der mündlichen Verhandlung selbst, enthält aber in zweierlei Hinsicht eine Klarstellung: Einerseits betont die Regelung, dass grundsätzlich eine mündliche Verhandlung auch im Schiedsverfahren stattfindet, wenn eine Partei dies beantragt. Andererseits stellt die Vorschrift klar, dass die Parteien auch etwas anderes vereinbaren können. Fehlt es an einem Antrag einer Partei oder an einer entsprechenden Vereinbarung der Parteien, könnte das Schiedsgericht auch auf eine mündliche Verhandlung verzichten. In § 28 zeigt sich daher die **Flexibilität** von Schiedsverfahren und der Grundsatz der **Parteiautonomie**. 2

II. Verhältnis zu § 1047 ZPO

§ 28 DIS-SchO ist mit § 1047 Abs. 1 ZPO identisch. 3

III. Vergleich mit den im staatlichen Verfahren geltenden Vorschriften

Im deutschen Gerichtsverfahren stellt das **Mündlichkeitsprinzip** einen wichtigen Grundsatz dar. § 128 ZPO legt fest, dass das Gericht grundsätzlich eine mündliche Verhandlung durchführen muss. Die mündliche Verhandlung ist der Ort, um Prozesshandlungen vorzunehmen. Das deutsche Recht geht davon aus, dass nur das zum relevanten Prozessstoff wird, was die Parteien in der mündlichen Verhandlung vorgetragen haben. Das bedeutet, das Gericht darf nur das zum Gegenstand seiner Entscheidung machen, was die Parteien in der mündlichen Verhandlung vorgetragen haben (*Rosenberg/Schwab/Gottwald*, § 79 ZPO Rz. 3). Das Gericht darf auf eine mündliche Verhandlung zugunsten eines schriftlichen Verfahrens nur in Sonderkonstellationen verzichten, z.B. wenn die Parteien dem zugestimmt haben (§ 128 Abs. 2 Satz 1 ZPO). 4

Faktisch kommt zwar auch im deutschen Zivilprozess den schriftlichen Verfahrensabschnitten eine ganz erhebliche Bedeutung zu. Meist verweisen die Parteien in der mündlichen Verhandlung bloß auf die ausgetauschten Schriftsätze und die dort angekündigten Anträge (vgl. § 137 Abs. 3 ZPO). 5

Anders im Schiedsverfahren: Dort werden schriftliche und mündliche Äußerungen der Parteien *ipso iure* Gegenstand des Verfahrens, d.h. die 6

Parteien müssen in der mündlichen Verhandlung nicht ausdrücklich auf ihre Schriftsätze Bezug nehmen, um sie zum Gegenstand des Verfahrens zu machen.

7 Nach § 169 GVG sind Verhandlungen vor dem erkennenden staatlichen Gericht grundsätzlich **öffentlich**. In Schiedsverfahren verhandelt das Schiedsgericht jedoch **nicht-öffentlich**.

8 Das Gesetz legt den **Ort der mündlichen Verhandlung** eindeutig fest. Er richtet sich nach den Vorschriften über die örtliche Zuständigkeit (§§ 12 ff. ZPO). In der Regel hält das örtlich zuständige Gericht die mündliche Verhandlung in „seinem" Gerichtsgebäude ab. Allerdings kann das Gericht auch außerhalb des Gerichtsgebäudes mündlich verhandeln. Dies kommt insbesondere dann in Betracht, wenn das Gericht vor Ort Beweis erhebt, zum Beispiel durch Inaugenscheinnahme eines Grundstücks.

B. Voraussetzungen

Literatur: *Blessing*, The Arbitral Process. Part III: The Procedure before the Arbitral Tribunal, ICC Court Bulletin, Vol. 3 No. 2 (1992), S. 18 ff. (Chapter C); *International Bar Association*, IBA Rules on the Taking of Evidence in International Arbitration (2010); *ICC Arbitration Commission*, Report on Techniques for Controlling Time and Costs in Arbitration, 2. Aufl., 21.11.2012, Document Number: 861 E; *Meier*, Pre-hearing Conferences as a Means of Improving the Effectiveness of Arbitration, SchiedsVZ 2009, S. 152 ff.; *Wiebecke*, The Procedure leading up to the Hearing: Memorials and written statements of witnesses and experts – Summary of the typical elements and procedural steps prior to the hearing under civil law practice, SchiedsVZ 2011, S. 123 ff.

I. Parteivereinbarung geht vor

9 **Bindung des Schiedsgerichts an Parteivereinbarung.** Haben die Parteien vereinbart, dass eine mündliche Verhandlung abgehalten werden muss, ist das Schiedsgericht an diese Vereinbarung gebunden. Die Parteien können eine solche Vereinbarung bereits in der **Schiedsklausel** treffen, aber auch erst **nachträglich** (z.B. in einer der „Terms of Reference" ähnlichen Vereinbarung). Haben die Parteien eine mündliche Verhandlung obligatorisch vorgesehen, so muss nach § 28 Satz 1 eine mündliche Verhandlung **in jedem Fall** stattfinden. Dies gilt selbst dann, wenn offensichtlich ist, dass eine der Parteien nicht bereit ist, an der mündlichen Verhandlung teilzunehmen. Dies folgt daraus, dass die Parteien grundsätzlich frei sind, die Verfahrensregeln selbst zu bestimmen. Das Schiedsgericht darf dann nicht ohne weiteres von den vereinbarten Ver-

fahrensregeln abweichen, will es die spätere Aufhebung des Schiedsspruchs nicht riskieren (vgl. Art. V Abs. 1 Buchst. a Var. 2 UNÜ und § 1059 Abs. 1 Nr. 1 Var. 2 ZPO).

Haben die Parteien vereinbart, dass das Schiedsverfahren nur schriftlich geführt werden soll, darf das Schiedsgericht grundsätzlich keine mündliche Verhandlung anordnen. Auch dies folgt aus der Parteiautonomie: Die Parteien können auch auf eine mündliche Verhandlung verzichten. Allerdings mag dadurch im Einzelfall das **rechtliche Gehör** der Parteien oder einer Partei im Einzelfall beschränkt sein. Das Schiedsgericht muss prüfen, ob eine solche Beschränkung vorliegt, zum Beispiel weil eine Partei ein besonderes berechtigtes Interesse gerade an einer mündlichen Verhandlung hat (für eine Inaugenscheinnahme). Dann muss das Schiedsgericht eine mündliche Verhandlung entgegen der Parteivereinbarung anordnen. Die Parteien können zwar grundsätzlich auf ihr Recht auf rechtliches Gehör verzichten. Allerdings ist ein **Verzicht *ex ante* unzulässig**, weil er einem Verzicht auf Rechtsschutzgewährung gleichkommen kann. Die Parteien können daher nur in einer konkreten Situation auf ihr Recht auf rechtliches Gehör verzichten. Eine davon abweichende Parteivereinbarung ist unwirksam, so dass sie das Schiedsgericht nicht binden kann (vgl. *Sachs/Lörcher* in: Böckstiegel/Kröll/Nacimiento, Arbitration in Germany, § 1047 ZPO Rz. 4). 10

Muss nach der Parteivereinbarung eine mündliche Verhandlung stattfinden, genügt es nicht, wenn das Schiedsgericht im Laufe des Verfahrens *eine* mündliche Verhandlung abhält. Maßgeblich ist, dass das Schiedsgericht **nach der (letzten) mündlichen Verhandlung abschließend** den Fall entscheidet und nicht z.B. im Anschluss hieran noch weiteren Beweis erhebt. 11

Nachträgliche Änderung. Die Parteien können **nachträglich** vereinbaren, dass – entgegen der ursprünglich getroffenen Vereinbarung – keine mündliche Verhandlung stattfinden soll. Die Parteien wollen mit ihrer Schiedsvereinbarung in der Regel das Schiedsgericht nicht strenger an das Mündlichkeitsprinzip binden als ein staatliches Gericht nach § 128 ZPO gebunden wäre (BGH v. 19.5.1994 – III ZR 130/93, NJW 1994, 2155). Im nachträglichen Verzicht auf eine mündliche Verhandlung liegt aber eine **Änderung der Schiedsvereinbarung** (vgl. *Lachmann*, Handbuch für die Schiedsgerichtspraxis, Rz. 918). Der BGH geht davon aus, dass Vereinbarungen über das vom Schiedsgericht anzuwendende Verfahren nach Abschluss eines wirksamen Schiedsvertrages zwar **nicht der Schriftform** des § 1027 ZPO Abs. 1 ZPO bedürfen (BGH v. 19.5.1994 – III 12

ZR 130/93, NJW 1994, 2155). Es genügt dafür aber regelmäßig nicht, wenn nur die Prozessbevollmächtigten der Parteien auf eine mündliche Verhandlung verzichten (vgl. *Lachmann*, Handbuch für die Schiedsgerichtspraxis, Rz. 918). Die normale Verfahrensvollmacht bezieht sich in der Regel nur auf Handlungen, die im Rahmen des vereinbarten Verfahrens erfolgen, bezieht sich jedoch nicht auch auf eine Änderung der Schiedsvereinbarung (offen gelassen von BGH v. 19.5.1994 – III ZR 130/93, NJW 1994, 2155). Im Übrigen gelten die für den Abschluss der Schiedsvereinbarung anwendbaren Vorschriften.

II. Mündliche Verhandlung zwingend bei Antrag durch eine Partei

13   Haben die Parteien keine Aussage zur Durchführung einer mündlichen Verhandlung getroffen, muss das Schiedsgericht prüfen, ob eine Partei die Durchführung einer mündlichen Verhandlung beantragt hat. Ist dies der Fall, muss das Schiedsgericht die mündliche Verhandlung durchführen. Dies bedeutet aber auch, dass die Durchführung einer mündlichen Verhandlung nicht verpflichtend ist, sondern dass die Parteien darauf verzichten können. Führt das Gericht entgegen dem Antrag einer Partei keine mündliche Verhandlung durch, so begründet dies einen für eine Aufhebung des Schiedsspruchs relevanten Verfahrensverstoß (Art. V Abs. 1 lit. a UNÜ wenn die betroffene Partei den Verstoß unverzüglich nach Kenntniserlangung gerügt hat (OLG Naumburg 21.2.2002 – 10 Sch 8/01, NJW-RR 2003, 71/72).

III. Im Übrigen: Ermessen des Schiedsgerichts

14   Haben die Parteien weder die Durchführung einer mündlichen Verhandlung vereinbart noch einseitig beantragt, so steht es im Ermessen des Schiedsgerichts, ob es eine mündliche Verhandlung durchführt. Das Schiedsgericht ist dabei weitgehend in seiner Entscheidung frei, ob es eine mündliche Verhandlung durchführt oder nicht. Das Schiedsgericht kann eine mündliche Verhandlung auch **auf bestimmte Punkte beschränken** und im Übrigen das Verfahren schriftlich durchführen. Das Schiedsgericht verletzt das Recht der Parteien auf **rechtliches Gehör** nur dann, wenn es keine mündliche Verhandlung durchführt **und** wenn die Parteien auch nicht die Gelegenheit hatten, sich im Verfahren schriftlich zur Sache zu äußern (OLG Naumburg v. 21.2.2002 – 10 Sch 8/01, NJW-RR 2003, 71/72).

15   In der **Praxis** führen Schiedsgerichte allerdings in aller Regel eine mündliche Verhandlung durch. Auch wollen die Parteien selbst meist ihren

„day in court". In kleineren Rechtsstreitigkeiten oder wenn es nur um die Entscheidung einer Rechtsfrage geht, mag es sinnvoll sein, auf eine mündliche Verhandlung zu verzichten. In diesen Fällen wird das Schiedsgericht aber meist das „Ob" mit den Parteien absprechen. Auch wird eine Partei kein Interesse daran haben, eine mündliche Verhandlung durchzuführen, wenn abzusehen ist, dass die andere Partei an der Verhandlung gar nicht teilnehmen wird.

IV. „Procedural Hearing" zu Verfahrensbeginn dient effektivem Verfahrensablauf

In der Praxis ist es sinnvoll, zu Beginn des Verfahrens den Verfahrensablauf in einem sog. „**Procedural Hearing**" abzuklären. Die Parteien und das Schiedsgericht erhalten auf diese Weise rasch Klarheit darüber, nach welchen **Verfahrensregeln** und in welchen **Abschnitten** das Verfahren geführt werden wird. Häufig können in einer solchen – meist sehr kurzen – mündlichen Verhandlung zahlreiche Punkte im Vorfeld geklärt werden. Dies führt zu einem zügigeren Verfahrensablauf und sorgt für eine **Kostenreduzierung**. Insbesondere können die Parteien sich darüber, ggf. mit Hilfe des Schiedsgerichts, über die Verfahrensschritte verständigen, zum Beispiel zur Frage, ob eine Document Production stattfinden soll. Das Schiedsgericht und die Parteien sollten darauf drängen, dass möglichst früh der gesamte Streitstoff vorgetragen wird (sog. „front loaded procedure", vgl. *Sessler*, SchiedsVZ 2012, 15). Auf diese Weise werden zusätzliche Schriftsatzrunden vermieden und alle Beteiligten haben rasch Klarheit darüber, was im Einzelnen Gegenstand des Rechtsstreits sein soll.

16

Nicht vorgesehene Schriftsätze. In Schiedsverfahren kommt es häufig vor, dass eine Partei einen Schriftsatz einreicht, den das Schiedsgericht in seinem Zeitplan für das Verfahren nicht vorgesehen hat. Grundsätzlich können die Parteien in jedem Stadium des Verfahrens Schriftsätze einreichen, solange das Schiedsgericht das Verfahren noch nicht förmlich geschlossen hat oder eine Frist zum abschließenden Vortrag gesetzt hat (*Sachs/Lörcher* in: Böckstiegel/Kröll/Nacimiento, Arbitration in Germany, § 1047 ZPO Rz. 6; Stein/Jonas/*Schlosser*, § 1047 ZPO Rz. 1). Dann entsteht freilich rasch das Problem, dass die andere Partei Gelegenheit erhalten muss, zu dem neuen Schriftsatz Stellung zu nehmen. Dies kann das gesamte Verfahren **verzögern**. Insbesondere wird eine **neue mündliche Verhandlung** erforderlich, wenn der Schriftsatz neuen (und relevanten) Vortrag enthält und wenn auf eine mündliche Verhandlung nicht ohnehin verzichtet werden kann. Um dieses Problem zu vermeiden, sollte

17

das Schiedsgericht schon in einem frühen Stadium **klare Fristen** setzen und deutlich machen, dass es sich **vorbehält, verspätete/zusätzliche Schriftsätze zurückzuweisen**. Werden nach Ablauf einer solchen Frist neue Tatsachen vorgetragen, kann das Schiedsgericht ohne Verletzung einen solchen Sachvortrag zurückweisen, ohne das Rechts der Parteien auf rechtliches Gehör zu verletzen (vgl. §§ 6, 9, 10, 30 DIS-SchO).

C. Ablauf der mündlichen Verhandlung

Literatur: Wie vor Rz. 10, zusätzlich: *Schlosser*, Befugnisse und Pflichten des Schiedsgerichtsobmanns, SchiedsVZ 2003, S. 1 ff.; *Schlosser*, Verfahrensrechtliche und berufsrechtliche Zulässigkeit der Zeugenvorbereitung, SchiedsVZ 2004, S. 125 ff.; *Schürmann*, Plädieren durch die Hintertür – Pleading through the back door, ASA Bulletin, Vol. 24 No. 3 (2006), S. 433 ff.; *Stumpe*, Participation of Amici Curiae in Investment Treaty Arbitration, SchiedsVZ 2008, S. 125 ff.

I. Vorbereitung

18 **Termin.** Der Vorsitzende des Schiedsgerichts bestimmt nach Absprache mit seinen Beisitzern und mit den Parteien einen Termin für die Durchführung einer mündlichen Verhandlung. Erfahrene Schiedsrichter stimmen möglichst frühzeitig mit den Parteien den Zeitpunkt der mündlichen Verhandlung ab, um sicherzustellen, dass alle Beteiligten (Parteien, Zeugen, Schiedsrichter) verfügbar sind (vgl. *Derains/Schwartz*, A Guide to the ICC Rules of Arbitration, S. 286). Parteien mit geringer Erfahrung in Schiedsverfahren sind meist über die im Vergleich zum staatlichen Prozess lange Dauer der mündlichen Verhandlung überrascht. Es kommt durchaus vor, dass für eine mündliche Verhandlung mit Beweisaufnahme mehrere Tage benötigt werden.

19 **Verhandlungsort.** Das Schiedsgericht wird versuchen, sich mit den Parteien auf einen Ort für die mündliche Verhandlung zu einigen. Dies muss nicht notwendig der Schiedsort sein. Meist einigen sich die Verfahrensbeteiligten anhand praktischer Überlegungen auf einen Verhandlungsort (Reisezeit der Beteiligten, Vorhandensein geeigneter Räume etc.). Häufig findet die mündliche Verhandlung in einem Hotel oder Konferenzzentrum statt. Deutlich günstiger ist es, wenn eine der beteiligten Anwaltskanzleien (häufig die des Vorsitzenden Schiedsrichters) entsprechende Räume zur Verfügung stellen kann. Die DIS stellt in Köln ebenfalls gut geeignete (und günstige) Räume zur Verfügung. Zudem können z.B. im *„Frankfurt International Arbitration Center"* (FI-AC) Räume gemietet werden. Können sich die Parteien nicht einigen, muss das Schiedsgericht den Verhandlungsort einseitig festlegen. Meist

läuft dies dann darauf hinaus, den Ort des Schiedsverfahrens zu wählen. Nach manchen staatlichen Vorschriften zu Schiedsverfahren ist es sogar zwingend, dass – zumindest eine – mündliche Verhandlung am Sitz des Schiedsgerichts durchgeführt wird (z.B. nach dem Recht von Kalifornien).

Organisatorisches. Dem **Vorsitzenden** kommt die Aufgabe zu, die mündliche Verhandlung in organisatorischer Hinsicht vorzubereiten. Er muss sich um die **Räumlichkeiten** für die Verhandlung kümmern (einschließlich der sog. „break out rooms" für die Parteien, in welche diese sich zur Beratung zurückziehen können). Der Vorsitzende organisiert ggf. zudem einen **Protokollführer (court reporter)**. Da durch einen Protokollführer erhebliche Kosten entstehen, die nicht vom Vorschuss gedeckt sind, verzichten die Parteien in Schiedsverfahren mit einem kleineren Streitwert häufig auf die Hinzuziehung eines Protokollführers. Dann protokolliert der Vorsitzende nur die wesentlichen Erklärungen und Vorgänge (wie bei § 159 ff. ZPO; vgl. Rz. 24). Üblicherweise sind die **Parteien** hingegen selbst dafür verantwortlich, für **Übersetzer** zu sorgen, wenn die Parteien selbst oder ihre Zeugen bzw. Sachverständige die Verfahrenssprache nicht sprechen. Das Schiedsgericht sollte auch möglichst frühzeitig die geplante **Tagesordnung** für die mündliche Verhandlung festlegen. Die Parteien und Zeugen sollten möglichst früh den Ablauf der Verhandlung kennen, um sich entsprechend vorbereiten zu können. Bei der Vorbereitung der mündlichen Verhandlung kann sich der Vorsitzende der Dienste eines ggfs. bestellten **Sekretärs des Schiedsgerichts** bedienen. 20

Es versteht sich von selbst, dass die Parteien rechtzeitig über Termin und Ort der mündlichen Verhandlung informiert werden müssen. Die Parteien müssen sich ausreichend auf die mündliche Verhandlung **vorbereiten** können. Daher müssen sie wissen, was Gegenstand der Verhandlung sein wird. Und sie müssen Zugang zu den verfahrensgegenständlichen Unterlagen haben. Reicht eine Partei unmittelbar vor einer mündlichen Verhandlung neuen Vortrag oder neue Beweismittel ein, so können diese nicht mehr ohne weiteres Gegenstand der mündlichen Verhandlung sein. 21

Diese organisatorischen Fragen klärt das Schiedsgericht meist mit den Parteien in einer **Telefonkonferenz (pre-hearing conference call)**. Anschließend fasst das Schiedsgericht die Vereinbarung in einer **Verfahrensleitenden Verfügung** zusammen und entscheidet diejenigen Punkte, über welche die Parteien keine Einigung erzielt haben. 22

23 Vor allem wenn es sich um ein sehr komplexes Verfahren handelt, ordnen Schiedsgerichte sog. **Pre-Hearing Briefs** an. In diesen Schriftsätzen sollen die Parteien den bisherigen Sach- und Streitstand für das Schiedsgericht zur Vorbereitung der mündlichen Verhandlung zusammenfassen. Viele Schiedsgerichte fordern die Parteien auch auf, eine gemeinsame chronologische Liste mit Anlagen und der dramatis personae vorzulegen und/oder die wichtigsten Anlagen zusammenzustellen und in einem „common bundle" vorzulegen.

24 **Protokoll.** In Schiedsverfahren wird wie im staatlichen Verfahren über die mündliche Verhandlung ein Protokoll aufgenommen. Dies folgt aus § 29 und ist auch wichtig, damit die Parteien in ihren **Post-Hearing-Briefs** die Beweisaufnahme im Detail würdigen können. Dies erleichtert dem Schiedsgericht wiederum die Entscheidung des Rechtsstreits. Zugleich kann das Protokoll in einem **Aufhebungsverfahren** von Bedeutung sein. Häufig wird vor allem in „deutschen" Schiedsverfahren nur ein abgekürztes Protokoll geführt. Der Vorsitzende des Schiedsgerichts diktiert eine Zusammenfassung der jeweiligen Zeugenaussage oder der Aussage der Parteien und lässt sich diese von den Parteien bestätigen (*Lachmann*, Handbuch für die Schiedsgerichtspraxis, Rz. 817; *Sachs/Lörcher* in: Böckstiegel/Kröll/Nacimiento, Arbitration in Germany, § 1047 ZPO Rz. 8). Vor allem in kleineren Verfahren wird dies häufig so praktiziert.

25 Das Schiedsgericht muss mit Blick auf die Anerkennung und Vollstreckbarerklärung des Schiedsspruchs im Ausland berücksichtigen, dass die Praxis zusammenfassender Protokolle im Ausland zuweilen auf Kritik stößt und dann ggf. vermieden werden sollte. Auch ist das zusammenfassende Protokoll durch den Vorsitzenden häufig ungenau und gibt die Zeugenaussage sowie die einzelnen Verfahrensschritte naturgemäß nicht genau wieder. Es ist daher vorzuziehen, ein **Wortprotokoll** anfertigen zu lassen. Hierfür existieren spezielle Dienstleister, die jedes Wort in der mündlichen Verhandlung protokollieren. Die Parteien erhalten das Wortprotokoll dann einige Tage nach der mündlichen Verhandlung. Viele Dienstleister bieten auch an, dass die Parteien noch an demselben Tag (abends) das Wortprotokoll erhalten. Die Parteien können dann die nächsten Verhandlungstage oder das Schlussplädoyer bereits mit dem Protokoll vorbereiten. Zudem bieten Dienstleister sog. „**live notes**": Die Parteien sehen dann auf einem Laptop „live" das mitgeschriebene Protokoll und können mithilfe des Laptops gleich wichtige Aussagen markieren oder kommentieren. „Live notes" helfen auch, wenn man kurzfristig verifizieren möchte, ob ein Zeuge nun eine bestimmte Aussage

gemacht hat oder nicht. Solche Protokolle sind aber deutlich **aufwändiger und teurer**, erfordern sie doch mindestens zwei abwechselnd tätige Protokollführer und entsprechende technische Ausstattung.

II. Strukturierung der mündlichen Verhandlung

Das Schiedsgericht hat ein **weites Ermessen**, wie es die mündliche Verhandlung durchführt. In internationalen Schiedsverfahren werden meist die kontinentaleuropäische („civil law") und die anglo-amerikanische („common law") Rechtstradition kombiniert, und es wird ein Mittelweg zwischen beiden Systemen gesucht. Die IBA Rules on Taking of Evidence in International Arbitration zeigen deutlich, wie im Schiedsverfahrensbereich die Regeln beider Systeme kombiniert und angeglichen werden (vgl. § 27 Rz. 8). 26

Maßgeblich ist häufig, welchen **Hintergrund die Schiedsrichter** haben. Ein deutscher Rechtsanwalt wird das Verfahren meist anders führen als ein englischer Barrister. Vor allem in anglo-amerikanisch geprägten Verfahren nimmt das Schiedsgericht eine eher **passive Rolle** ein. Im Wesentlichen führen die Anwälte das Verfahren und bestimmen, welche Punkte relevant sind und damit Gegenstand des Verfahrens werden. Im deutschen Rechtsraum kommt dem Schiedsrichter eine aktivere Rolle zu. Er muss anhand der sog. **Relationstechnik** bestimmen, ob der Klägervortrag schlüssig und der Beklagtenvortrag erheblich ist. Nur wenn der Kläger bzw. der Beklagte Tatsachen vorträgt, die das jeweilige Rechtsbegehren stützen, kommt es auf diese Tatsachen an. Zudem wird der Richter nur über solche Tatsachen Beweis erheben, die zwischen den Parteien streitig und für seine Entscheidung ergebnisrelevant sind. Das Schiedsverfahren kann also unter Umständen dadurch **effektiv** geführt werden, wenn das Schiedsgericht in einem **frühen Stadium** eine **mündliche Verhandlung** abhält, in der das Schiedsgericht – mit den Parteien – Relevantes und Irrelevantes aussortiert. Das Schiedsgericht kann dabei bereits seine vorläufige Rechtsauffassung äußern und so die Parteien darauf hinweisen, welche Punkte überhaupt noch relevant sind. Die Parteien können dann entscheiden, ob sie weitere Zeit und Geld darauf verwenden, den als irrelevant eingestuften Punkt weiter aufzuklären. Zudem kann das Schiedsgericht aussortieren, welche Beweismittel (insbesondere Zeugen und Sachverständige) relevant sind und welcher Beweis daher erhoben werden muss. Eine solche frühe mündliche Verhandlung kann im weiteren Verfahrensverlauf viel Zeit und Geld sparen, wird aber nur selten durchgeführt. 27

28 Häufig spielt in tatsächlicher Hinsicht auch eine Rolle, aus welchen Ländern die Parteien kommen und wo der Schiedsort liegt. Ein Verfahren zwischen zwei deutschen Unternehmen mit Schiedsort München und bei Anwendung deutschen Rechts wird sich eher dem kontinentaleuropäischen System annähern als ein internationales Verfahren mit Schiedsort Genf und Parteien aus verschiedenen Ländern.

29 Die Schiedsrichter sind zunehmend gehalten, das Verfahren effektiv zu führen (vgl. § 24 Abs. 2). Daher werden die Schiedsrichter versuchen, alle Fragen und Beweismittel in einer mündlichen Verhandlung abzuarbeiten. Der mündlichen Verhandlung schließt sich dann nur noch eine Schriftsatzrunde an, in der die Parteien zur mündlichen Verhandlung, insbesondere zur Beweisaufnahme Stellung nehmen. Es kommt aber durchaus vor, dass das Schiedsgericht bzw. die Parteien auf einen solchen „Post-Hearing-Brief" ganz verzichten. Andere Schiedsgerichte drängen auf zwei Runden Post-Hearing-Briefs, damit jede Seite auf ggf. neue Argumente der anderen Seite nochmals erwidern kann.

30 Bei der Gestaltung der mündlichen Verhandlung muss das Schiedsgericht den Parteien gleichermaßen die Möglichkeit geben, ihren Fall zu präsentieren (Grundsatz der Gleichbehandlung und Recht auf rechtliches Gehör). Dies bedeutet in der Regel, dass die Parteien dieselbe Zeit zur Verfügung haben. Schiedsgerichte verwenden häufig eine Schachuhr, um zu ermitteln, wie viel Zeit jede Seite für sich in Anspruch genommen hat. Im Vorfeld der Verhandlung legt das Schiedsgericht zudem fest, wie viel Zeit jeder Seite für Plädoyers, Zeugenbefragungen etc. jeweils zur Verfügung steht.

III. Eröffnungsplädoyer („Opening Statement")

31 Im Schiedsverfahren haben die Parteien eine deutlich aktivere Rolle als im deutschen staatlichen Prozess. Häufig beginnt die mündliche Verhandlung daher mit einem ausführlichen **Eröffnungsplädoyer** („**Opening Statement**"). Im Eröffnungsplädoyer haben die Parteien die Möglichkeit, dem Schiedsgericht ihre Position nochmals darzulegen. Der Nutzen eines solchen Plädoyers wird unterschiedlich beurteilt. Meist wird behauptet, dass die Schiedsrichter ohnehin vorbereitet seien und die Akte im Detail kennen. Es sei daher unnötig, zusätzlich zu den Schriftsätzen noch eine mündliche Zusammenfassung zu bekommen. In der Praxis erweist sich dies jedoch – leider – als Idealvorstellung. Selten sind alle drei Schiedsrichter wirklich so gut vorbereitet, dass ein Eröffnungsplädoyer seinen Sinn verliert. Aber auch wenn die Schiedsrichter die Akte ken-

nen, ist es sinnvoll, wenn die Parteien zu Verfahrensbeginn ihre zentralen Argumente nochmals zusammenfassen. Das Verfahren läuft zu diesem Zeitpunkt bereits seit einiger Zeit, so dass sich manche Punkte erledigt haben mögen, und andere in den Vordergrund getreten sind. Vor allem in großen, dokumentenlastigen Verfahren bietet sich an, das Schiedsgericht im Eröffnungsplädoyer durch die wichtigen Anlagen zu führen (wo die Parteien kein „common bundle" haben, vgl. Rz. 23) z.B. indem ein „opening bundle" vorbereitet wird, welches aus der Akte die wichtigsten Anlagen enthält). So erleichtern die Parteien dem Schiedsgericht die Arbeit und fokussieren den Rechtsstreit auf die relevanten Punkte. Auch dies dient dem effektiven Ablauf der mündlichen Verhandlung. Die Parteien können sich im Eröffnungsplädoyer auch visueller Hilfsmittel bedienen, welche den Streitgegenstand verdeutlichen. Es ist meist viel anschaulicher, mit Bildern oder 3D-Modellen zu arbeiten, wie nur mit dem gesprochenen Wort. Immer häufiger nutzen die Parteien spezielle Software zur visuellen Unterstützung.

Nur selten führen die Schiedsrichter zu Beginn des Verfahrens in den Sach- und Streitstand ein und erläutern ihre – vorläufige – Rechtsauffassung. Schon eher, allerdings auch dann meist nur nach Aufforderung durch die Parteien, bietet das Schiedsgericht am Ende der mündlichen Verhandlung an, einen **Vergleichsvorschlag** zu unterbreiten und dabei die vorläufige Rechtsauffassung des Schiedsgerichts darzustellen. Dabei fordert § 32 die Schiedsrichter gerade auf, Vergleichsmöglichkeiten zu eruieren. Die Schiedsrichter müssen dabei berücksichtigen, dass nach manchen Rechtstraditionen (z.B. in Schweden) ein Gericht sich unter keinen Umständen zur vorläufigen Rechtseinschätzung oder zu einem Vergleichsvorschlag äußern darf, will es den Eindruck der Befangenheit verhindern. 32

Es kann aber durchaus der **Effizienz** des Verfahrens dienen, wenn ein Schiedsgericht sich bereits in einem frühen Stadium zur Rechtslage äußert: Das Schiedsgericht kann den Parteien so helfen, sich auf die entscheidungserheblichen Punkte zu konzentrieren. Die Parteien können dann entscheiden, ob sie einen Gesichtspunkt aufgeben, weil das Schiedsgericht dem Argument ohnehin nicht folgen wird oder ob sie gerade weitere Argumente zu diesem Gesichtspunkt vortragen, um das Schiedsgericht dennoch zu überzeugen. Auch ist es nicht sinnvoll, wenn das Schiedsgericht einfach alle angebotenen Zeugen hört und erst danach aussortiert, welche Aussagen relevant sind und welche nicht. Deutlich effektiver ist es, wenn das Schiedsgericht sich bereits vor der 33 mündlichen Verhandlung ein Bild von der Rechtslage macht und nur die Zeugen hört, deren Aussage für die Entscheidung relevant ist.

IV. Zeugen

34 **Im Zentrum der mündlichen Verhandlung** steht in aller Regel die Beweisaufnahme durch Zeugenbefragung.

35 Meist folgen Schiedsgerichte dabei dem **anglo-amerikanischen beeinflussten System** (vgl. auch Art. 8 der IBA Rules on Taking of Evidence in International Arbitration). Das bedeutet:

36 Die Partei, welche den Zeugen benannt hat, hat im Laufe des Verfahrens eine schriftliche Aussage des Zeugen eingereicht. Meist wird diese nach einem ausführlichen Gespräch mit dem Zeugen vom Anwalt geschrieben. Die Verantwortung für die Richtigkeit der Aussage bleibt natürlich beim Zeugen (§ 27 Rz. 24 ff.). Die andere Partei hat sodann das Recht, den Zeugen in der mündlichen Verhandlung zu befragen. Tut sie dies nicht, bleibt die schriftliche Aussage des Zeugen bestehen; ein Geständnis ist damit aber nicht automatisch verbunden. Das Schiedsgericht fragt die Parteien rechtzeitig vor der mündlichen Verhandlung, welche der von der jeweiligen Gegenpartei benannten Zeugen zur mündlichen Verhandlung erscheinen sollen. Die den Zeugen benennende Partei hat grundsätzlich nicht das Recht, den Zeugen in den Zeugenstand zu rufen, weil sie ja bereits die schriftliche Zeugenaussage eingereicht hat und darüber ohnehin nicht hinausgehen dürfte. Häufig sind Schiedsgerichte hier jedoch großzügig.

37 Diejenige Partei, die den Zeugen benannt hat, hat zunächst das Recht, dem Zeugen in der sog. „direct examination" Fragen zu stellen. Die Partei muss dabei **offene Fragen** formulieren, also Fragen, die der Zeuge nicht nur mit „ja" oder „nein" beantworten kann. Diese Fragerunde muss sich auf den Inhalt der schriftlichen Zeugenaussage beschränken, darf also nicht neue Themen in den Zeugenbeweis stellen. Dies führt dazu, dass der Zeuge in der direct examination letztlich seine schriftliche Zeugenaussage wiederholt. Dennoch ist eine solche direct examination sinnvoll, weil sie in die vom Zeugen angesprochenen Themen einführt und weil der Zeuge auf diese Weise Zeit hat, sich an das ihm ungewohnte Umfeld einer mündlichen Verhandlung zu gewöhnen.

38 Der „direct examination" folgt die sog. „cross examination" (das Kreuzverhör) durch den Anwalt der Gegenseite. Der Anwalt muss sich auch hier im Rahmen der schriftlichen Zeugenaussage bewegen. Er darf aller-

dings auch **geschlossene Fragen** stellen (leading questions), die der Zeuge nur mit „ja" oder „nein" beantworten kann.

Der Anwalt ist gut beraten, nur geschlossene Fragen zu stellen. Er verfolgt mit seiner Befragung schließlich das Ziel, dass der „gegnerische" Zeuge entweder den Sachvortrag der anderen Partei bestätigt oder dass er sich in Widersprüche verwickelt und unglaubwürdig wird. Dies gelingt dem Anwalt nur, wenn er den Zeugen mit geschlossenen Fragen kontrolliert: Entweder gibt der Zeuge die gewünschte Antwort, oder der Anwalt muss in der Lage sein, die Antwort des Zeugen – z.B. durch ein Dokument – zu widerlegen. Der Zeuge soll gerade kein Forum bekommen, in dem er einen zutage tretenden Widerspruch erklären kann. Der wird der Anwalt den Zeugen nicht nach Schlussfolgerungen fragen, sondern diese (erst) im Schlussplädoyer oder im Post-Hearing-Brief darlegen. 39

Der Cross-Examination folgt die Re-Direct-Examination. Der Anwalt, der den Zeugen benannt hat, darf mit offenen Fragen den „Schaden" der Cross-Examination reparieren versuchen. Diese Fragerunde dient dazu, Missverständnisse klarzustellen oder eine verkürzte Aussage des Zeugen zu ergänzen. Die sich anschließende Re-Cross-Examination ist auf die Themen der Re-Direct-Examination beschränkt. Je nach dem Verlauf der Befragung verzichten die Parteien aber auch durchaus auf die Re-Direct- oder Re-Cross-Examination. Gibt es keine Re-Direct-Examination entfällt zwingend auch die Re-Cross-Examination, weil sich diese stets nur auf die Re-Direct-Examination beziehen darf. 40

Das Schiedsgericht hat natürlich zu jeder Zeit das Recht, dem Zeugen Fragen zu stellen. 41

Hat das Schiedsverfahren einen engen Bezug zum deutschen Rechtsraum (oder einer anderen kontinentaleuropäischen Rechtsordnung), verfahren Schiedsgerichte gerade in kleineren Verfahren häufig nach dem System der deutschen ZPO: Danach bestimmt das Schiedsgericht, welche Zeugen für die Entscheidung relevant sind und daher gehört werden sollen. Zunächst befragt das Schiedsgericht dann den Zeugen, bevor die Parteien die Gelegenheit haben, eigene Fragen zu stellen. 42

V. Sachverständige

In der mündlichen Verhandlung treten häufig Sachverständige auf, um insbesondere bei technischen Themen dem Schiedsgericht das erforderliche Wissen zu vermitteln aber auch um Rechtsfragen zu klären. 43

44 In der Regel ist es auch hier Sache der **Parteien**, einen Sachverständigen zu beauftragen und ein Sachverständigengutachten vorzulegen (vgl. § 27 Rz. 60 ff.). Die andere Partei hat dann das Recht, den Sachverständigen zu befragen. Dabei verläuft die Befragung nach demselben System wie bei der Zeugeneinvernahme: Direct-Examination – Cross-Examination – Re-Direct-Examination – Re-Cross-Examination. Auch hier hat das Schiedsgericht das Recht, dem Sachverständigen weitere Fragen zu stellen.

45 Alternativ kann das Schiedsgericht ein sog. **Expert-Conferencing** durchführen. Dabei werden die Sachverständige für einen bestimmten Themenkomplex gemeinsam vernommen. Das Schiedsgericht (und später die Parteien) stellen ihre Fragen an alle Sachverständige gemeinsam. Dies hilft dem Schiedsgericht, die Materie zu verstehen. Die Sachverständige können die unproblematischen Punkte bestätigen und gemeinsam erläutern. Sehr rasch wird klar, wo die Sachverständigen sich uneinig sind und was die Argumente für die eine oder andere Position sind. Nachfragen kann das Schiedsgericht so viel leichter stellen, als wenn es die Sachverständige nur nacheinander und getrennt voneinander anhört.

46 Das Schiedsgericht hat aber auch das Recht, selbst **einen – gerichtlichen – Sachverständigen** zu ernennen (vgl. § 27 Rz. 65 ff.). Das Schiedsgericht muss dann in einem Beweisbeschluss festlegen, was der Sachverständige untersuchen soll.

VI. Closing Statements und Post-Hearing-Brief

47 Häufig schließt die mündliche Verhandlung mit einem **Schlussplädoyer** (**Closing Statements**). In diesem haben die Parteien die Gelegenheit, die mündliche Verhandlung, insbesondere das Ergebnis der Beweisaufnahme zusammenzufassen.

48 Schlussplädoyers sind dann hilfreich, wenn das Schiedsgericht sich nach der mündlichen Verhandlung unmittelbar zu einer ersten Beratung zurückzieht. Dann hilft das Schlussplädoyer dem Schiedsgericht, die wichtigen Punkte der mündlichen Verhandlung beurteilen zu können. In den anderen Fällen wird das Schiedsgericht eher die nach der mündlichen Verhandlung eingereichten Schriftsätze heranziehen; ein Schlussplädoyer hat dann nur einen geringen Zusatzwert, weil das Schiedsgericht einen Schriftsatz einfacher verarbeiten kann. Hier hängt aber vieles von den Vorlieben des Schiedsgerichts ab.

D. Anwesenheitsrecht der Parteien und Nichtöffentlichkeit der mündlichen Verhandlung

Die DIS-SchO enthält keine besonderen Bestimmungen dazu, wer an einer mündlichen Verhandlung teilnehmen darf. Aus allgemeinen Grundsätzen ergeben sich jedoch die folgenden Regeln: 49

Die **Parteien** haben ein **Anwesenheitsrecht** bei allen Verfahrensabschnitten. Sie dürfen an allen mündlichen Verhandlungen teilnehmen, ob eine Beweisaufnahme stattfindet oder nicht. Ordnet das Schiedsgericht eine separate Beweisaufnahme an, z.B. zur Inaugenscheinnahme einer streitgegenständlichen Sache, dürfen die Parteien an dieser – inhaltlich beschränkten – mündlichen Verhandlung teilnehmen. Dies folgte aus dem Grundsatz, dass den Parteien rechtliches Gehör zu gewähren ist. Sie müssen daher alles kennen, was zum Gegenstand des Verfahrens gemacht wird und sich dazu äußern dürfen. Der Grundsatz der Gleichbehandlung der Parteien verlangt, dass stets beiden Parteien ein Anwesenheits- und Äußerungsrecht eingeräumt wird.   50

Stört eine Partei den ordnungsgemäßen Ablauf der Verhandlung, kann sie ausnahmsweise **ausgeschlossen** werden. Das Schiedsgericht hat zwar keine hoheitlichen Ordnungsbefugnisse. Über das Hausrecht kann der Vorsitzende des Schiedsgerichts jedoch häufig entsprechende Befugnisse ausüben.   51

Die Parteien dürfen sich jederzeit von einem **Rechtsanwalt** vertreten lassen und diesen frei wählen (§ 5 Abs. 5 DIS-SchO, vgl. Art. 34 Abs. 2 Buchst. a (iv) und Art. 36 Abs. 1 Buchst. a (iv) Model Law sowie Art. V Abs. 1 Buchst. d und Art. V Abs. 2 UNÜ. Dieses Recht der Parteien folgt aus dem Anspruch auf rechtliches Gehör. Um in dem Verfahren effektiv auftreten zu können, benötigen die Parteien sachverständige rechtliche Beratung. In manchen Fällen kollidiert dieses Recht allerdings mit der ordnungsgemäßen Durchführung des Verfahrens. Das ist z.B. der Fall, wenn die Partei im Laufe des Verfahrens einen neuen oder weiteren Rechtsanwalt als Prozessbevollmächtigten bestellt, der unzulässig enge Beziehungen zu einem Schiedsrichter hat, so dass die Unabhängigkeit des Schiedsrichters nicht mehr gegeben wäre. Es stellt sich die Frage, ob das Schiedsgericht den Rechtsanwalt vom Verfahren ausschließen darf. Die Lösung kann nicht darin liegen, dass der konfligierte Schiedsrichter sein Amt niederlegen muss. So hätte es die eine Partei in der Hand, den von der anderen Partei benannten Schiedsrichter aus dem Schiedsgericht zu entfernen. Das Schiedsgericht muss daher die Kollision beider Rechte abwägen (Recht auf freie Wahl des Rechtsanwalts vs. Recht auf ord-   52 nungsgemäße Durchführung des Verfahrens). Das Schiedsgericht muss dabei berücksichtigen, dass die Integrität des Verfahrens gewahrt werden und die Effizienz des Verfahrens und Fairness gewährleistet sein müssen. Zudem muss das Schiedsgericht den Missbrauch des Rechts, seinen Rechtsbeistand frei wählen zu dürfen, verhindern (vgl. den Fall „*Hrvatska Elektroprivreda v. The Republic of Slovenia*" im Bereich der Investitionsschiedsgerichtsbarkeit).

53 Grundsätzlich dürfen **Dritte** an der Verhandlung nicht teilnehmen. Schiedsverfahren sind keine öffentlichen Verfahren. Allerdings sind **Mitarbeiter einer Konzerngesellschaft** keine „Dritte" in diesem Sinne. Sie handeln vielmehr als Vertreter der Partei und dürfen als solche an der Verhandlung teilnehmen. Häufig ist in der Praxis formal eine Tochtergesellschaft Partei des Verfahrens, jedoch wird das Verfahren für die Tochtergesellschaft von der Konzernrechtsabteilung der Muttergesellschaft geführt. Es ist daher selbstverständlich, dass hier Mitarbeiter der Konzerngesellschaft die Partei in der Verhandlung vertreten dürfen.

54 **Zeugen** dürfen grundsätzlich nicht an der Verhandlung teilnehmen. Sie sollen ihre Zeugenaussage gerade unvoreingenommen vom bisherigen Verhandlungsverlauf geben. Ein Zeuge könnte sonst seine Aussage an die Aussagen der anderen Zeugen anpassen. Unproblematisch ist es freilich, wenn der Zeuge nach seiner Vernehmung an der mündlichen Verhandlung teilnimmt. Zeugen haben das Recht, einen **Rechtsanwalt** zu Rate zu ziehen und diesen in die Verhandlung mitzubringen.

55 Im Schiedsverfahren kann anders als nach der deutschen ZPO die **Partei** (deren Vorstand oder Geschäftsführer) **selbst als Zeuge** auftreten. Der Zeuge darf dann allerdings erst nach seiner Vernehmung der Verhandlung beiwohnen. Die Partei muss sich in der Zwischenzeit durch eine andere Person vertreten lassen. Problematisch ist dies, wenn das **einzige Organ der Partei** (z.B. bei einer GmbH mit nur einem Geschäftsführer) als Zeuge auftritt. Hier kann der Zeuge nicht bis zu seiner Zeugenaussage von dem Verfahren ausgeschlossen werden, weil dies das Anwesenheitsrecht der Partei und damit deren rechtliches Gehör beschränken würde. Der Zeuge darf vielmehr der Verhandlung beiwohnen, jedoch muss das Schiedsgericht bei der Bewertung seiner Zeugenaussage berücksichtigen, dass er den bisherigen Verhandlungsverlauf aus eigener Anschauung kennt. Um hier eine Beeinflussung des Zeugen möglichst gering zu halten, sollte das Schiedsgericht den Zeugen möglichst zu Beginn des Verfahrens vernehmen.

Schiedsverfahren sind zwar in der Regel nicht öffentlich, jedoch **nur selten vertraulich**. Entgegen landläufiger Meinung folgt nicht schon aus der Schiedsvereinbarung automatisch die Vertraulichkeit des Verfahrens. In DIS-Schiedsverfahren ordnet jedoch § 43 an, dass die Schiedsrichter, die Parteien und deren Vertreter sowie die Mitarbeiter der DIS verfahrensbezogene Tatsachen vertraulich behandeln müssen. 56

E. Kosten

Für die mündliche Verhandlung fallen Kosten an, insbesondere für die Räumlichkeiten. Hier gilt der Grundsatz, dass zunächst jede Partei die eigenen Kosten trägt, z.b. Kosten für Zeugen, Sachverständige, Reisekosten. Die Schiedsrichter begleichen ihre eigenen Kosten (Reisekosten etc.) aus dem zu Verfahrensbeginn angeforderten Vorschuss. Kosten die für beide Parteien gleichermaßen anfallen, wie die Kosten für den Gerichtsreporter, für die Räumlichkeiten etc. tragen beide Parteien zunächst jeweils zur Hälfte, oder das Schiedsgericht zahlt die Kosten aus den von den Parteien zu Beginn oder während des Verfahrens eingeforderten Vorschüssen für die Verfahrenskosten. 57

Das Schiedsgericht wird im Schiedsspruch oder in einem separaten Kostenschiedsspruch am Ende des Verfahrens über die endgültige Kostenverteilung entscheiden (§ 35). 58

F. Abweichende Parteivereinbarung

Die Parteien können das Verfahren grundsätzlich frei gestalten. Allerdings können Sie auf **zentrale verfahrensrechtliche Gewährleistungen** (Justizgewährungsanspruch, rechtliches Gehör) nicht von vornherein verzichten. 59

Zudem können die Parteien das Verfahren **nicht beliebig verändern**, nachdem die Schiedsrichter bestellt sind. Die Schiedsrichter nehmen das Schiedsrichteramt in Kenntnis einer konkret vereinbarten Verfahrensordnung an, so dass die Parteien diese nicht beliebig verändern können. Dies gilt allerdings nicht für unwesentliche Anpassungen im Laufe des Verfahrens. Vereinbaren die Parteien dennoch eine wesentliche Änderung der Verfahrensvorschriften, so sind solche Änderungen zulässig. Allerdings hat der Schiedsrichter dann das Recht, den Schiedsrichtervertrag zu kündigen. 60

§ 29: Verhandlungsprotokoll

Über jede mündliche Verhandlung ist ein Protokoll aufzunehmen. Es ist von dem Vorsitzenden zu unterschreiben. Die Parteien erhalten Kopien des Protokolls.

Regelungsschwerpunkte: Die Vorschrift begründet eine Dokumentationspflicht für das Schiedsgericht. Die Art der Protokollierung ist jedoch nicht vorgeschrieben.

Kostenaspekte: Die Parteien tragen die Kosten für das Protokoll zunächst zu gleichen Teilen; das Schiedsgericht wird am Ende des Verfahrens über die endgültige Kostenaufteilung entscheiden.

Inhalt

A. Verhandlungsprotokoll 1	I. Protokollierungspflicht 6
I. Normzweck 1	II. Art der Protokollierung 8
II. Verhältnis zu §§ 1042, 1047 ZPO 3	III. Verstoß gegen Protokollierungspflicht 11
III. Vergleich mit den im staatlichen Verfahren geltenden Vorschriften 4	**C. Kosten** 12
B. Protokollierung der mündlichen Verhandlung 6	**D. Abweichende Parteivereinbarung** 13

Literatur: *Lachmann*, Handbuch der Schiedsgerichtspraxis (3. Aufl. 2007), Rz. 1601; *Schwab/Walter*, Schiedsgerichtsbarkeit (7. Aufl. 2005); *Weigand*, Practitioner's Handbook on International Arbitration (2002), S. 255 ff.

A. Verhandlungsprotokoll

I. Normzweck

1 Die Norm begründet eine Dokumentationspflicht für das Schiedsgerichtsverfahren. Es soll der Inhalt und Verlauf der mündlichen Verhandlung festgehalten werden.

2 Zum einen haben die Parteien so eine Grundlage, mit Hilfe derer sie zur mündlichen Verhandlung Stellung nehmen können. Je ausführlicher das Protokoll ist, desto einfacher lässt sich im Nachhinein nachvollziehen, was Zeugen und Sachverständige im Einzelnen gesagt haben. Zum anderen ist die Protokollierung wichtig, wenn eine Partei – angebliche – Ver-

fahrensverstöße rügt (in einem Anfechtungsverfahren oder im Verfahren über die Anerkennung und Vollstreckung des Schiedsspruchs). Auch dann lässt sich genau nachvollziehen, wie die mündliche Verhandlung ablief und ob es zu einem Verfahrensverstoß kam.

II. Verhältnis zu §§ 1042, 1047 ZPO

Eine Protokollierungspflicht ist von der ZPO für Schiedsgerichtsverfahren nicht vorgesehen (vgl. § 1047 ZPO zur mündlichen Verhandlung). § 1042 Abs. 3 ZPO gestattet es jedoch den Parteien, entsprechende Verfahrensregeln zu vereinbaren und eine Protokollierung vorzusehen. 3

III. Vergleich mit den im staatlichen Verfahren geltenden Vorschriften

Im staatlichen Verfahren verpflichtet § 159 ZPO das Gericht, ein Protokoll über die mündliche Verhandlung und die Beweisaufnahme zu erstellen. Im staatlichen Verfahren verfasst das Gericht stets eine Art **Ergebnisprotokoll**, wobei ein Katalog protokollierungspflichtiger Vorgänge existiert (§ 160 ZPO). Die Diskussionen der Parteien untereinander und mit dem Gericht werden meist gar nicht wiedergegeben. Bei Zeugenaussagen oder Aussagen von Sachverständigen fasst das Gericht die Aussage in eigenen Worten zusammen und lässt sich diese vom Zeugen bzw. Sachverständigen genehmigen. Im Schiedsverfahren werden demgegenüber häufig **Wortprotokolle** erstellt. 4

Bedeutsam ist das Protokoll im staatlichen Verfahren, weil ihm besondere **Beweiskraft** zukommt (§ 165 ZPO). Zudem gibt das Protokoll Auskunft darüber, welche Anträge gestellt wurden (wichtig wegen des Mündlichkeitsgrundsatzes), ob das Gericht einen Beschluss oder eine andere Entscheidung getroffen und verkündet hat und schließlich, ob die Parteien sonstige Prozesserklärungen abgegeben haben. 5

B. Protokollierung der mündlichen Verhandlung

I. Protokollierungspflicht

§ 29 verpflichtet das Schiedsgericht, ein Protokoll über die mündliche Verhandlung zu erstellen. Der Vorsitzende des Schiedsgerichts muss das Protokoll unterschreiben und jeder Partei eine Kopie des Protokolls zukommen lassen. 6

§ 29 lässt indes offen, was unter „mündlicher Verhandlung" zu verstehen ist, spricht aber von „allen mündlichen Verhandlungen". Daher fal- 7 len auch solche mündliche Verhandlungen darunter, bei denen es sich um bloße **„Procedural Hearings"** handelt, die also lediglich prozessuale und organisatorische Fragen betreffen. Auch in dieser Art mündlicher Verhandlung werden relevante Fragen diskutiert, welche Verfahrensrechte der Parteien unmittelbar betreffen. Entscheiden sich die Parteien dafür, die mündliche Verhandlung teilweise oder zur Gänze per **Videokonferenz oder Telefonkonferenz** (z.B. bei einem „Procedural Hearing") durchzuführen, muss das Schiedsgericht ebenfalls ein Protokoll anfertigen. Die DIS-SchO lässt den Parteien gerade die Freiheit, die genaue Form der mündlichen Verhandlung selbst festzulegen. Daher erfasst § 29 konsequenterweise auch jede Form der mündlichen Verhandlung.

II. Art der Protokollierung

8   Die Art der Protokollierung steht im **Ermessen** des Gerichts, sofern die Parteien keine konkrete Vorgehensweise vereinbart haben. Daher genügt es der Vorschrift bereits, wenn das Protokoll Angaben enthält zu Zeit, Ort, Teilnehmer und wesentlichen Verhandlungspunkten der mündlichen Verhandlung. In **internationalen Schiedsverfahren** findet aber in aller Regel eine **wörtliche Protokollierung** der gesamten mündlichen (Haupt-)Verhandlung statt.

9   Wegen Einzelheiten zur Art der Protokollierung s. Art. 25 ICC-SchO Rz. 15 f. und § 28 Rz. 24 f.

10 Das Schiedsgericht wird vorab mit den Parteien klären, welche Art von Protokoll erstellt werden soll. Meist einigen sich die Parteien – ggf. mit Hilfe des Schiedsgerichts – rasch auf eine konkrete Form des Protokolls. Um Missverständnisse zu vermeiden, sollte das Schiedsgericht dies in einer **prozessleitenden Verfügung festhalten**.

III. Verstoß gegen Protokollierungspflicht

11 § 29 regelt die Folgen nicht, wenn das Schiedsgericht gegen die Protokollierungspflicht verstößt. In der Regel werden allein durch den Verstoß gegen die Protokollierungspflicht keine grundlegenden Verfahrensrechte der Parteien verletzt (wie z.B. der Anspruch auf rechtliches Gehör). Daher handelt es sich bei § 29 um eine **organisatorische Vorschrift**, deren Verletzung sanktionslos bleibt. Dies gilt auch, weil nach § 29 auch extrem kurze Protokolle zulässig und ausreichend sind. Fehlt das Protokoll ganz, so kann hieraus keine subjektive Rechtsverletzung abgeleitet werden.

C. Kosten

Die Parteien tragen die Kosten für das Protokoll zunächst zu gleichen Teilen, oder das Schiedsgericht zahlt die Kosten aus den von den Parteien zu Beginn oder während des Verfahrens eingeforderten Vorschüssen für die Verfahrenskosten. Das Schiedsgericht wird dann im Endschiedsspruch oder in einem separaten Kostenschiedsspruch über die endgültige Kostenaufteilung entscheiden. 12

D. Abweichende Parteivereinbarung

Grundsätzlich ist eine abweichende Parteivereinbarung über die Protokollierungspflicht zulässig. Zu Beweiszwecken ist ein Verzicht auf eine Protokollierung jedoch nicht ratsam. 13

Die Parteien müssen sich insbesondere überlegen, in welchem Umfang sie ein Protokoll der mündlichen Verhandlung wünschen. Ein Wortprotokoll ist stets aufwendig und teuer. Für einen Protokollführer, der ein wörtliches Protokoll erstellt, fallen pro Tag leicht Kosten i.H.v. 1500 EUR pro Tag an. Allerdings haben die Parteien den Vorteil, dass genau festgehalten ist, was die Zeugen und Sachverständige ausgesagt haben. Unnötige Unklarheiten werden so vermieden. 14

§ 30: Säumnis einer Partei

30.1 Versäumt es der Beklagte, die Klage innerhalb der nach § 9 vorgesehenen Frist zu beantworten, so kann das Schiedsgericht das Verfahren fortsetzen, ohne die Säumnis als solche als Zugeständnis der Behauptungen des Klägers zu behandeln.

30.2 Versäumt es eine Partei, trotz ordnungsgemäßer Ladung zu einer mündlichen Verhandlung zu erscheinen oder innerhalb einer festgelegten Frist ein Schriftstück zum Beweis vorzulegen, so kann das Schiedsgericht das Verfahren fortsetzen und den Schiedsspruch nach den vorliegenden Erkenntnissen erlassen.

30.3 Wird die Säumnis nach Überzeugung des Schiedsgerichts genügend entschuldigt, bleibt sie außer Betracht. Im Übrigen können die Parteien über die Folgen der Säumnis etwas anderes vereinbaren.

Regelungsschwerpunkte: Abs. 1–2 Trotz Säumnis des Beklagten, die Klageerwiderung einzureichen sowie Säumnis der Parteien zur mündl.

Verhandlung zu erscheinen oder Beweisschriftstücke einzureichen, kann das Schiedsverfahren fortgesetzt werden. Es gilt keine Geständnisfiktion. → Rz. 21–28; **Abs. 3** Bei genügender Entschuldigung bleibt die Säumnis außer Betracht. → Rz. 19–20

Inhalt

A. Säumnis einer Partei 1	2. Säumnis gemäß Abs. 2 13
I. Normzweck 1	3. Andere Säumnistatbestände 15
II. Verhältnis zu § 1048 ZPO ... 2	V. Entschuldigung der Säumnis . 19
III. Vergleich mit den im staatlichen Verfahren geltenden Vorschriften 6	VI. Rechtsfolgen 21
IV. Tatbestandsvoraussetzungen . 7	B. Abweichende Parteivereinbarungen 29
1. Säumnis gemäß Abs. 1 11	

A. Säumnis einer Partei

Literatur: *Martinek*, Die Mitwirkungsverweigerung des Schiedsbeklagten, in: FS Ishikawa (2001), S. 269 ff.; *Quinke*, Säumnis in Schiedsverfahren, SchiedsVZ 2013, S. 129 ff.

I. Normzweck

1 § 30 stellt klar, dass die **Nichtteilnahme** einer Partei am Schiedsverfahren **keine Verzögerung** des Fortgangs des Schiedsverfahrens zur Folge hat. Das Schiedsverfahren kann dennoch fortgesetzt werden. Diese Regel wird auch nicht durch eine Bezugnahme der Parteien auf die DIS-Ergänzenden Regeln für beschleunigte Verfahren geändert.

II. Verhältnis zu § 1048 ZPO

2 § 1048 Abs. 1 ZPO nennt im Gegensatz zu § 30 DIS-SchO explizit die Säumnis des Klägers bei der Einlegung der Klage; gemeint ist die zu spät erfolgende Substantiierung der Klage, wenn lediglich der Streit anhängig gemacht wurde. Wird eine den Anforderungen von § 1046 Abs. 1 ZPO nicht genügende Klage eingereicht bzw. zu spät begründet, so wird das Schiedsverfahren nicht fortgesetzt, sondern durch Beschluss des bereits gebildeten Schiedsgerichts beendet (vgl. § 1056 Abs. 2 Nr. 1 Buchst. a ZPO). Um dem Gebot des rechtlichen Gehörs zu genügen, sollte vor einem solchen Beschluss der säumige Kläger gehört werden. Es besteht hingegen kein Widerspruch zur DIS-SchO, da das DIS-Schiedsgericht erst nach ordnungsgemäßer Klageeinreichung konstituiert wird, wobei

die DIS-Schiedsklage gemäß § 6 Abs. 1 DIS-SchO den gleichen Anforderungen genügen muss wie den in §§ 1046 Abs. 1, 1048 Abs. 1 ZPO genannten (BayOLG v. 29.9.1999 – 4 Z Sch 02/99, DIS-Rechtsprechungsdatenbank: „Die Klageschrift muss (...) einen bestimmten Antrag enthalten.").

Versäumt der Beklagte, auf die Klage rechtzeitig zu erwidern, stellt § 1048 Abs. 2 ZPO im Gegensatz zu § 30 Abs. 1 DIS-SchO – zumindest dem Wortlaut nach – die Fortsetzung des Schiedsverfahrens nicht ins Ermessen des Schiedsgerichts. Um eine Verzögerung oder gar Verhinderung des Schiedsverfahrens seitens des Beklagten zu vermeiden, ist das Schiedsgericht zur Fortsetzung in Deutschland gesetzlich angehalten. In der Praxis wirkt sich dieser redaktionelle Unterschied nicht aus, weil die DIS-SchO dem Kläger rechtliches Gehör gewährt und so die Weiterbetreibung des Verfahrens vorsieht (vgl. § 26 DIS-SchO). 3

Während § 30 Abs. 2 DIS-SchO eine „ordnungsgemäße Ladung" verlangt, wird dies in § 1048 Abs. 3 ZPO dem Wortlaut nach nicht vorausgesetzt. Gemeint ist in § 30 Abs. 2 DIS-SchO eine gemäß den Prozessregelungen ordnungsgemäße Ladung, was in der Praxis auch für § 1048 Abs. 3 ZPO gilt. 4

Sowohl die ZPO als auch die DIS-SchO sehen vor, dass bei Säumnis der Schiedsspruch „nach den vorliegenden Erkenntnissen erlassen" wird (§ 1048 Abs. 3 ZPO, § 30 Abs. 2 DIS-SchO). 5

III. Vergleich mit den im staatlichen Verfahren geltenden Vorschriften

Anders als in staatlichen Verfahren, wo bei Säumnis der Parteien gemäß §§ 330, 331 ZPO Versäumnisurteile gegen den Kläger und den Beklagten ergehen können, muss das Schiedsgericht die geltend gemachten Ansprüche nach Beweislage entscheiden. Das Schiedsgericht kann daher nicht die Behauptungen der teilnehmenden Partei als zugestanden ansehen. Die Entscheidungsgrundlage ist damit ähnlich der Entscheidung nach Lage der Akten gemäß § 251a ZPO, der zwar auch die Entscheidungsreife der Sache verlangt, jedoch nur anwendbar ist, wenn die Parteien wenigstens einmal zur Sache verhandelt haben. Ein Einspruch gegen einen in der Säumnis ergangenen Schiedsspruch ähnlich dem § 338 ZPO ist im Grundsatz nicht statthaft. 6

IV. Tatbestandsvoraussetzungen

7 **Parteien.** Bis auf seinen Abs. 1 ist § 30 auf beide Parteien anwendbar. In der Praxis ist der Fall der Weigerung oder Unterlassung, an einem Schiedsverfahren teilzunehmen, **am häufigsten** auf der **Beklagtenseite** festzustellen. So stellt § 30 Abs. 1 auf die Säumnis des Beklagten zur Klageerwiderung ab. Der Wortlaut der §§ 30 Abs. 2 und 30 Abs. 3 bezieht sich auf beide Parteien, die es versäumen können, zur mündlichen Verhandlung zu erscheinen oder Schriftstücke zum Beweis einzureichen.

8 Die Säumnis des Klägers, eine ordnungsgemäße Schiedsklage einzureichen ist nicht in § 30, sondern in § 6 Abs. 4 geregelt.

9 **Säumnisbegriff.** § 30 bezieht sich spezifisch auf unterschiedliche Säumnistatbestände. Die Säumnis knüpft nicht an ein bestimmtes Verhalten der Partei an. Insoweit kann eine Partei explizit ihre Weigerung, sich am Schiedsverfahren zu beteiligen, in einem Schreiben ausdrücken oder schlicht passiv bleiben. Die Säumnis wird ausgelöst, wenn ein bestimmtes Verhalten der Partei erwartet oder angeordnet wird, dieses jedoch ausbleibt. Demnach ist eine **Fristversäumnis** oder eine **Säumnis im Termin** zur mündlichen Verhandlung **erforderlich**. Die von § 30 zugrunde gelegten Fristen ergeben sich unmittelbar oder mittelbar aus der DIS-SchO. Sie sind üblicherweise konkret aus den anwendbaren Verfahrensvorschriften, wie z.B. dem Verfahrenskalender, einer Anordnung des Schiedsgerichts oder der lex loci arbitri zu entnehmen. Dabei ist immer eine Fristverlängerung in Betracht zu ziehen. Wegen des Grundsatzes der Gewährung des rechtlichen Gehörs (vgl. § 26) und den damit zusammenhängenden Auswirkungen auf die Anerkennung und Vollstreckung von Schiedssprüchen ist insbesondere das **Schiedsgericht gehalten, Fristen angemessen** zu setzen.

10 **Nachholen der versäumten Handlung.** Die säumige Partei kann **trotz Säumnis** jederzeit an dem Schiedsverfahren weiter **teilnehmen**. Sie hat jedoch weder ein Recht auf Verlängerung ihr bekannter, bereits abgelaufener Fristen, noch auf die Wiederholung sonstiger prozessualer Schritte.

1. Säumnis gemäß Abs. 1

11 **Säumnis der Klageerwiderung gemäß Abs. 1.** Die Frist zur Klageerwiderung wird nach § 9 im Regelfall vom Schiedsgericht nach dessen Konstituierung festgesetzt. Eine besondere Form der Klageerwiderung wie et-

wa in § 6 Abs. 1 zur Klageschrift ist nicht vorgesehen, so dass jedes, die Beklagtenposition verdeutlichende Eingehen auf die Klage hierfür genügt. Um Zweifel zu vermeiden, sollte die Klageerwiderung rechtliche und tatsächliche Ausführungen zur Klage enthalten. Dabei muss der Beklagte damit rechnen, dass die Frist zulässigerweise kürzer bemessen werden kann, wenn die Bildung des Schiedsgerichts länger gedauert hat.

§ 30 Abs. 1 ist **analog** auf die Fälle anzuwenden, in denen der Beklagte eine Widerklage gemäß § 10 erhoben hat und der Kläger **keine Widerklageerwiderung** eingereicht hat. Auch ist eine analoge Anwendung des § 30 Abs. 1 bei **multipolaren Schiedsverfahren** denkbar, bei denen mehrere Kläger bzw. mehrere Beklagte untereinander Ansprüche geltend machen (sog. „Cross-Claims") und eine Klageerwiderung einer der Kläger bzw. einer der Beklagten ausbleibt. 12

2. Säumnis gemäß Abs. 2

Säumnis, mündlich zu verhandeln gemäß Abs. 2 Alt. 1. Sie steht unter dem **Vorbehalt des § 28**, wonach von einer mündlichen Verhandlung abgesehen werden kann. Ferner muss eine **ordnungsgemäße Ladung** mit angemessener Ladungsfrist vorliegen. Es bedarf **keiner formellen, gesonderten Ladung**, wenn die mündliche Verhandlung anderweitig **terminiert wurde**. Das persönliche Erscheinen der Partei ist nicht notwendig, da sie sich durch ihren Parteienvertreter entsprechend dem auf das Schiedsverfahren anwendbaren Recht vertreten lassen kann. Das Nichtverhandeln löst keine besondere Rechtsfolge aus, denn das Schiedsverfahren wird entsprechend der Kenntnislage wie auch bei Nichterscheinen fortgesetzt. 13

Säumnis der Vorlage eines Beweisschriftstückes gemäß Abs. 2 Alt. 2. Schriftstück ist jede Übermittlung, die sich auf Papier wiedergeben lässt, so dass E-Mails o.Ä. ebenso erfasst werden. Vorbehaltlich abweichender Vereinbarungen muss das Beweisdokument nicht in Papierform übermittelt werden. Die **Vorlage** des Beweisschriftstückes muss vom Schiedsgericht **unter Fristsetzung angeordnet** gewesen sein. Das Verlangen des Beweisschriftstückes durch die Gegenpartei alleine genügt dem § 30 Abs. 2 Alt. 2 nicht. Die Säumnis tritt nicht ein, wenn das Dokument nicht eingereicht werden muss, weil das Schiedsgericht von der Vorlage absieht, auch wenn das Schriftstück der Substantiierung der jeweiligen Argumente dienlich sein kann. 14

3. Andere Säumnistatbestände

15 Jenseits der in § 30 beschriebenen Tatbestände sind andere Säumnistatbestände praxisrelevant, die im Lichte des § 30 ebenso wenig zu einer Verzögerung oder Beendigung des Schiedsverfahrens führen müssen, es sei denn, die DIS-SchO sieht dies ausdrücklich vor (ausführlich unter Rz. 29).

16 Das Schiedsgericht kann gemäß § 24 Abs. 1 für die Säumnis sonstiger Prozesshandlungen nach **freiem Ermessen** unter Beachtung der Prinzipien der Gleichheit und der Gewährung rechtlichen Gehörs diesbezüglich **Anordnungen bei Säumnis** bzw. im Vorhinein Vorkehrungen treffen. Dies schließt aber ein, dass **den Parteien bewusst** sein muss, welche **Folgen ihre Säumnis** haben wird.

17 Die Weigerung, an dem Schiedsverfahren teilzunehmen, kann darin liegen, keine beantragten Zeugen zur mündlichen Zeugenvernehmung bereitzustellen oder einen weiteren vom Schiedsgericht angeordneten Kostenvorschuss zu tragen. Die Nichteinreichung weiterer Schriftsätze kann ebenfalls als Säumnis behandelt werden (§ 30 Abs. 1 beschreibt lediglich den Fall der Säumnis der Einreichung der Klageerwiderung).

18 Für die Zeit vor Konstituierung des Schiedsgerichts sieht die DIS-SchO vor, bestimmte ausgebliebene, notwendige Prozesshandlungen durch die DIS-Geschäftsstelle vorzunehmen, insbesondere die Schiedsrichterbenennung (vgl. §§ 12 Abs. 1 und Abs. 2, 13 Abs. 2 und 14).

V. Entschuldigung der Säumnis

19 **Entschuldigung der Säumnis gemäß § 30 Abs. 3 Satz 1.** Die Säumnis bleibt dann außer Betracht, wenn sie zur **Überzeugung des Schiedsgerichts** entschuldigt wird. Nur in diesem Fall ist ein unmittelbares Nachholen der Handlung zulässig. Das Schiedsgericht muss auf der Grundlage der die Entschuldigung begründenden Tatsachen keine entgegenstehenden Zweifel hegen, was das Maß der bloßen Glaubhaftmachung überschreitet. Aufgrund des Grundsatzes der Gewährung **rechtlichen Gehörs** ist die **Möglichkeit der Entschuldigung nicht abdingbar**, wie sich aus § 30 Abs. 3 Satz 2 ergibt („im Übrigen").

20 Die Entschuldigung muss erfolgen, sobald die Möglichkeit dazu besteht. Die Säumnis darf **nicht** auf **vertretbaren** Umständen der säumigen Partei beruht haben. Nicht entschuldigt werden können daher die eigene **Nachlässigkeit** oder das **Organisationsverschulden** der säumigen Partei. So stellt die **geschäftliche Überlastung** keinen Grund dar, eine angemes-

sene Frist zu verpassen und ein Nachholen der Handlung zu bewirken. Bei **Krankheit** und entsprechender **Verhandlungsunfähigkeit** ist eine Säumnis in der Regel entschuldigt. Ebenso, wenn die säumige Partei wegen Verhandlungsunfähigkeit des ursprünglichen Parteienvertreters einen **neuen Parteivertreter** bevollmächtigen muss.

VI. Rechtsfolgen

§ 30 Abs. 1, 2 stellen grundsätzlich klar, dass das **Schiedsverfahren fortgesetzt** werden kann. Es gilt **keine Geständnisfiktion**. In der Praxis wird einer vermeintlich säumigen Partei die Gelegenheit zur Äußerung gegeben, bevor über die Rechtsfolge vom Schiedsgericht entschieden wird. Dabei klärt das Schiedsgericht die Parteien in der Regel über die **prozessualen Rechtsfolgen der Säumnis** auf (z.B., dass trotz Säumnis eine bestimmte Verfügung erlassen wird, die mündliche Verhandlung – evtl. samt Beweisaufnahme – stattfinden wird, oder der Schiedsspruch erlassen wird). Dem Schiedsgericht ist es wegen des Beratungsgeheimnisses allerdings nicht gestattet, sich zum Inhalt der bevorstehenden Entscheidung zu äußern (a.A. *Quinke*, SchiedsVZ 2013, 129 [133]). 21

Ermessen. Abs. 1, 2 räumen dem Schiedsgericht bezüglich der Fortsetzung Ermessen ein. Das Ermessen des Schiedsgerichts ist im Hinblick auf das rechtliche Gehör der Parteien so zu verstehen, dass **grundsätzlich** das Schiedsverfahren **fortgesetzt** wird, es sei denn, eine **Beendigung** oder eine Unterbrechung ist **ausnahmsweise** anzuordnen. Andernfalls könnte die säumige Partei die Rechtsdurchsetzung der gegnerischen Partei auf einfache Weise verhindern. 22

Die Fortsetzung des Schiedsverfahrens hat zur Folge, dass alle weiteren **Verfahrensschritte einzuhalten** sind: Schriftsätze sind einzureichen, Beweismittel sind vorzulegen, eine mündliche Verhandlung mit Zeugenvernehmung – falls angeordnet – ist durchzuführen. 23

Gleichbehandlung aller Parteien. Alle Parteien sind in dem Schiedsverfahren gleich zu behandeln, auch die säumige Partei. Das Schiedsgericht (und, zu Beginn des Schiedsverfahrens, die DIS-Geschäftsstelle) muss alle Parteien gleichzeitig über jegliche Anordnungen, Entscheidungen und andere Verfahrensschritte, gleich ob administrativer, prozessualer oder substantieller Art, benachrichtigen. Dabei bietet es sich an, Mitteilungen mit Empfangsbekenntnis zu versenden (z.B. Kurierservice, Einschreiben, Read-und-Delivery-Receipts bei E-Mails). 24

25 **Entscheidung des Schiedsgerichts.** Der Schiedsspruch ergeht **auf Grundlage der Akten**, die dem Schiedsgericht vorgelegt worden sind. Die Beweislast verbleibt bei der Partei, die Ansprüche geltend macht. Nur wenn das Schiedsgericht von der Richtigkeit einer Behauptung aufgrund der Beweislage überzeugt ist, kann es der Klage – sofern diese gerechtfertigt ist – stattgeben.

26 Das Schiedsgericht kann **aus der Säumnis** auch **Rückschlüsse ziehen**. Zwar gilt grundsätzlich, dass durch die Säumnis nichts als zugestanden gilt, jedoch ist es dem Schiedsgericht nicht untersagt, die Säumnis in der Fortsetzung des Verfahrens anderweitig zu verwerten. So kann aus der verweigerten Vorlage eines Beweisdokumentes im Einzelfall geschlossen werden, dass die Behauptung der Gegenseite mit diesem Schriftstück bewiesen werden kann.

27 Kommt das Schiedsgericht zu der Entscheidung, dass **das Schiedsverfahren zu beenden** ist, so ergeht in der Regel ein **Beschluss**. Mit der Beendigung des Schiedsverfahrens durch Beschluss ist auch die Schiedshängigkeit beendet und somit die Verjährungshemmung. In der Praxis kommt die Beendigung des Schiedsverfahrens durch Beschluss wegen Säumnis nach § 30 Abs. 1 und 2 **selten** vor.

28 Bei **sonstiger Säumnis** ist die Fortsetzung oder Beendigung des Schiedsverfahrens in der DIS-SchO in **speziellen Normen** bzgl. einzelner Verfahrensschritte bis zur Konstituierung des Schiedsgerichts gesondert geregelt. Die Geschäftsstelle beendet das Verfahren nach § 6 Abs. 4, wenn der Kläger nach Fristsetzung **keine ordnungsgemäße Klage** i.S.d. § 6 Abs. 1 einreicht. Hat der Kläger seinen ersten **Kostenvorschuss** nach § 7 Abs. 1 **nicht gezahlt**, beendet die Geschäftsstelle nach Fristsetzung das Verfahren nach § 7 Abs. 2. Gleiches gilt im Rahmen der Widerklage gemäß § 11 Abs. 2. Im Hinblick auf die **Bildung des Schiedsgerichts** sieht § 12 Abs. 1 vor, dass der **DIS-Ernennungsausschuss** auf Antrag des Klägers den Schiedsrichter für den Beklagten benennt, wenn Letzterer dies nach Fristsetzung unterlässt. Ähnliches gilt nach Antrag einer der Parteien gemäß § 12 Abs. 2 für die Benennung des Vorsitzenden des Schiedsgerichts, wenn die von den Parteien benannten Schiedsrichter sich auf keinen Vorsitzenden einigen. Sind mehrere Kläger oder Beklagte beteiligt, so greift der DIS-Ernennungsausschuss nach § 13 Abs. 2 ein, wenn sich die jeweiligen Beklagten nicht auf die Benennung ihres Schiedsrichters einigen können. Bei einem Einzelschiedsrichter kann nach 30 Tagen eine der Parteien den DIS-Ernennungsausschuss nach § 14 anrufen.

B. Abweichende Parteivereinbarungen

§ 30 Abs. 3 Satz 2 erlaubt es den Parteien, eine **andere Folge in Bezug auf die Säumnis** zu treffen. Es steht diesen also auch frei, als Folge der Säumnis eine Geständnisfiktion vergleichbar der Regelung des § 331 ZPO zu vereinbaren. Dies beschleunigt unter Umständen nochmals das Verfahren. Von der Möglichkeit der Entschuldigung der Säumnis können sie jedoch nicht absehen. 29

§ 31: Beendigung des Erkenntnisverfahrens

Sobald die Parteien nach Überzeugung des Schiedsgerichts ausreichend Gelegenheit zum Vorbringen hatten, kann es eine Frist setzen, nach deren Ablauf neuer Sachvortrag der Parteien zurückgewiesen werden kann.

Regelungsschwerpunkte: Die Vorschrift ermöglicht es dem Schiedsgericht, das Erkenntnisverfahren zeitlich zu begrenzen, ohne das rechtliche Gehör der Parteien zu verletzen. Sie dient damit einer effektiven Verfahrensführung.

Kostenaspekte: Das Schiedsgericht kann einer Partei zusätzliche Kosten auferlegen, wenn diese eine Verfahrensverzögerung und damit vermeidbare Kosten verursacht hat.

Inhalt

A. Beendigung des Erkenntnisverfahrens 1	B. Voraussetzungen 4
I. Normzweck 1	C. Folgen 8
II. Verhältnis zu § 1042 Abs. 3 ZPO 2	D. Kosten 10
III. Vergleich mit den im staatlichen Verfahren geltenden Vorschriften 3	E. Abweichende Parteivereinbarung 11

A. Beendigung des Erkenntnisverfahrens

Literatur: *Lachmann*, Handbuch der Schiedsgerichtspraxis (3. Aufl. 2007), Rz. 1671; *Schwab/Walter*, Schiedsgerichtsbarkeit (7. Aufl. 2005), Kap. 16 Rz. 37; *Deubner*, Das unbewältigte Gesetz – Neue Entscheidungen zur Zurückweisung verspäteten Vorbringens, NJW 1987, S. 1583 ff.

§ 31 DIS-SchO — Beendigung des Erkenntnisverfahrens

I. Normzweck

1 Die Norm dient dem Ziel der **Prozessökonomie**. Sie soll es dem Schiedsgericht zudem ermöglichen, seine Beratungen durchzuführen und zu beenden, ohne dass fortlaufend neuer, vom Schiedsgericht zu berücksichtigender Vortrag gemacht wird. Hatten die Parteien ausreichend Gelegenheit, zur Sache vorzutragen, darf das Gericht weiteren Sachvortrag der Parteien zurückweisen und so das Verfahren zu Ende bringen. Eine Verletzung rechtlichen Gehörs liegt darin dann nicht. § 31 adressiert somit das **Spannungsverhältnis zwischen rechtlichem Gehör und zügiger Verfahrensdurchführung**. Die Vorschrift erlaubt es dem Schiedsgericht, wenn den Parteien ausreichend Gelegenheit gegeben wurde, ihre Position zum Sach- und Streitstand darzulegen, eine Frist zu setzen, nach der weiterer Vortrag der Parteien vom Gericht zurückgewiesen werden kann. Nutzen die Parteien die Möglichkeit nicht, bis zum Ablauf der Frist ihre Argumente darzulegen und den Sachverhalt darzustellen, können sie danach nicht mehr argumentieren, dass sie keine ausreichende Gelegenheit hatten, ihren Fall zu präsentieren.

II. Verhältnis zu § 1042 Abs. 3 ZPO

2 Die ZPO enthält keine Regelungen zur Präklusion neuen Sachvortrags sowie für das Beenden des Erkenntnisverfahrens. Die Parteien können jedoch die Verfahrensregeln entsprechend ergänzen (§ 1042 Abs. 3 ZPO).

III. Vergleich mit den im staatlichen Verfahren geltenden Vorschriften

3 Im staatlichen Verfahren regeln §§ 296 und 296a ZPO die Voraussetzungen für eine Präklusion der Parteien. Nach § 296 Abs. 1 ZPO sind Angriffs- und Verteidigungsmittel, die nach Ablauf einer hierfür gesetzten Frist, aber noch vor Schluss der mündlichen Verhandlung vorgebracht wurden, nur zuzulassen, wenn dadurch keine Verzögerung eintritt oder die Verspätung genügend entschuldigt wird. Die Rechtsprechung legt dabei einen **absoluten Verzögerungsbegriff** zu Grunde, wonach es ausschließlich darauf ankommt, ob der Rechtsstreit bei Zulassung des verspäteten Vorbringens länger dauern würde als bei dessen Zurückweisung. Nach dem Schluss der mündlichen Verhandlung können gemäß § 296a ZPO keine neuen Angriffs- oder Verteidigungsmittel mehr vorgebracht werden.

B. Voraussetzungen

Hinsichtlich des **Zeitpunktes**, ab dem eine Beendigung des Verfahrens durch schiedsgerichtliche Fristsetzung in Betracht kommt und hinsichtlich der Länge der zu setzenden Frist gewährt die Norm dem Schiedsgericht einen weiten Beurteilungsspielraum. Beschränkt wird dieser nur durch die Grundsätze eines rechtsstaatlichen Verfahrens und insbesondere durch den Anspruch auf rechtliches Gehör (vgl. § 26 Rz. 10 ff.). Haben die Parteien einen konkreten Zeitplan vereinbart oder hat das Schiedsgericht einen konkreten Zeitplan angeordnet, braucht das Schiedsgericht § 31 nicht heranzuziehen, sondern kann mit Verweis auf diesen Zeitplan neuen Sachvortrag zurückweisen. 4

§ 31 setzt voraus, dass die Parteien bereits **ausreichend Gelegenheit zum Sachvortrag** hatten, bevor das Schiedsgericht die Ausschlussfrist setzt („**nachdem**"). § 31 kann nicht herangezogen werden, wenn es darum geht, den Parteien eine Frist zum erstmaligen Vortrag zu setzen. 5

§ 31 lässt offen, wann die Parteien ausreichend Gelegenheit zur Stellungnahme hatten. In der Regel sollte man davon ausgehen können, dass die Parteien ausreichend Gelegenheit zur Stellungnahme hatten, wenn sie sich jeweils in zwei umfassenden Schriftsatzrunden äußern konnten. Dann hatte jede Partei die Gelegenheit, ihre Position umfassend darzustellen (erster Schriftsatz) und im zweiten Schriftsatz auf die Argumente der Gegenseite zu reagieren. In einfachen Fällen mag bereits eine Schriftsatzrunde ausreichen. Kommt es zu einer Beweisaufnahme, müssen die Parteien die Möglichkeit haben, zur Beweisaufnahme Stellung nehmen zu können. 6

§ 31 stellt auf den „Sachvortrag" der Parteien ab. Dies bedeutet aber nicht, dass die Parteien zu Rechtsfragen immer vortragen könnten. Im Schiedsverfahren wird das anwendbare Recht vielmehr genauso ermittelt wie der Sachverhalt. Die Parteien können nämlich nicht wie beim staatlichen Gericht voraussetzen, dass der Richter das anwendbare Recht selbst kennt. Vielmehr kommen die Schiedsrichter häufig aus unterschiedlichen Jurisdiktionen. Unter Umständen kennt keiner der Schiedsrichter das anwendbare materielle Recht aus eigener Anschauung, so dass das Schiedsgericht das Recht erst ermitteln muss, genauso wie es z.B. einen komplexen technischen Sachverhalt aufklären muss. Zudem ist es für ein Schiedsgericht relevant, wie das anwendbare Recht in der Praxis, insbesondere durch die Gerichte, umgesetzt wird. Wenn die Parteien eine Rechtsordnung vereinbaren, erwarten sie, dass das vereinbarte Recht zwischen ihnen so gilt, wie es in der Praxis in dem jewei- 7 ligen Land angewandt wird. Daher sind Ausführungen zur Rechtslage Teil des Sachvortrags der Parteien.

C. Folgen

8   Dem Schiedsgericht wird durch die Vorschrift **Ermessen** eingeräumt, verspätetes Vorbringen zurückzuweisen, ohne dass das Schiedsgericht das rechtliche Gehör der Partei verletzt. Allerdings kann das Schiedsgericht verspätetes Vorbringen trotz Ablaufs der Frist noch zulassen (vgl. § 30 Rz. 19 ff.). Das Schiedsgericht wird dies in der Regel dann tun, wenn eine Partei die Verspätung hinreichend entschuldigen kann. In der **Praxis** wird von der Möglichkeit der Zurückweisung selten Gebrauch gemacht, weil die Schiedsgerichte jedes Risiko vermeiden wollen, dass ihr Schiedsspruch wegen der Verletzung des rechtlichen Gehörs später vom staatlichen Gericht aufgehoben wird.

9   Allerdings soll § 31 dem Schiedsgericht gerade **die Möglichkeit** geben, ohne ein Anfechtungsrisiko zu schaffen, eine Ausschlussfrist in das Verfahren einzuführen. Schiedsgerichte sollten hiervon häufiger Gebrauch machen, um eine zügige Verfahrensdurchführung zu ermöglichen. Da die Parteien ausreichende Gelegenheit hatten, ihren Fall vorzutragen, ist das Risiko einer erfolgreichen Anfechtung im Falle der Zurückweisung von Schriftsätzen nach Fristablauf gering (vgl. § 27).

D. Kosten

10 Das Schiedsgericht kann und soll bei der Kostenentscheidung berücksichtigen, ob eine Partei durch eine Verfahrensverzögerung vermeidbare Kosten verursacht hat. Ist dies der Fall, kann das Schiedsgericht dieser Partei die zusätzlichen Kosten auferlegen.

E. Abweichende Parteivereinbarung

11 Den Parteien steht es frei, bereits zu Beginn des Verfahrens eine detaillierte Fristenvereinbarung zu treffen und darin festzulegen, bis zu welchem Zeitpunkt die jeweiligen Verfahrensschritte durchzuführen sind. Die Parteien können durch eine solche Vereinbarung das Verfahren ggf. beschleunigen (z.B. indem sie die DIS-ERBV vereinbaren – s. dazu Teil 3).

12 Die Parteien können das Recht des Schiedsgerichts, verspäteten vorgebrachten Sachvortrag zurückzuweisen, nicht gänzlich ausschließen. Das Schiedsgericht muss die Möglichkeit haben, dass Verfahren abschließen

zu können, ohne die Anfechtbarkeit des Schiedsspruchs zu riskieren. Anderenfalls bestünde die Gefahr, dass eine Partei ihr Recht nicht durchsetzen kann, weil die andere Partei ständig neue Tatsachen vorträgt. Der Justizgewährleistungsanspruch verlangt aber, dass effektiver Rechtsschutz möglich ist.

§ 32: Vergleich

32.1 Das Schiedsgericht soll in jeder Lage des Verfahrens auf eine einvernehmliche Beilegung des Streits oder einzelner Streitpunkte bedacht sein.

32.2 Vergleichen sich die Parteien während des schiedsrichterlichen Verfahrens über die Streitigkeit, so beendet das Schiedsgericht das Verfahren. Auf Antrag der Parteien hält das Schiedsgericht den Vergleich in der Form eines Schiedsspruchs mit vereinbartem Wortlaut fest, sofern der Inhalt des Vergleichs nicht gegen die öffentliche Ordnung (ordre public) verstößt.

32.3 Ein Schiedsspruch mit vereinbartem Wortlaut ist gemäß § 34 zu erlassen und muss angeben, dass es sich um einen Schiedsspruch handelt. Ein solcher Schiedsspruch hat dieselbe Wirkung wie jeder andere Schiedsspruch zur Sache.

Regelungsschwerpunkte: Abs. 1 Aktive Rolle des Schiedsgerichts bei Vergleichsbemühungen. Keine Besorgnis der Befangenheit. → Rz. 1 ff.; **Abs. 2** Übereinstimmende Beendigungserklärung der Parteien erforderlich. Beendigung durch Beschluss oder Schiedsspruch mit vereinbartem Wortlaut. → Rz. 10 ff.; **Abs. 3** Haben die Parteien einen Vergleich geschlossen, kann das Schiedsgericht anstelle des Beendigungsbeschlusses einen Schiedsspruch mit vereinbartem Wortlaut erlassen. Dieser entspricht einem nach streitiger Verhandlung ergangenen Schiedsspruch in der Sache. → Rz. 20.

Kostenaspekte: Das Schiedsgericht berücksichtigt in einem Schiedsspruch mit vereinbartem Wortlaut die Kostenregelung der Parteien oder entscheidet in Ermangelung einer solchen in einem gesonderten Kostenschiedsspruch über die Kosten nach billigem Ermessen unter Berücksichtigung des bisherigen Sach- und Streitstands.

Inhalt

- A. Hinwirken auf Vergleichsschluss (Abs. 1) 1
  - I. Normzweck 1
  - II. Verhältnis zu § 1053 ZPO ... 3
  - III. Vergleich mit den im staatlichen Verfahren geltenden Vorschriften 4
  - IV. Rolle des Schiedsgerichts 7
- B. Abschluss des Vergleichs (Abs. 2) 10
  - I. Normzweck 10
  - II. Verhältnis zu § 1053 ZPO ... 11
  - III. Vergleich mit den im staatlichen Verfahren geltenden Vorschriften 12
  - IV. Inhalt und Form des Vergleichs 15
  - V. Wirkungen des Vergleichs ... 18
- C. Schiedsspruch mit vereinbartem Wortlaut 20
  - I. Antrag aller Parteien erforderlich 22
  - II. Vergleich über Streitgegenstand 23
  - III. Vergleich während des schiedsrichterlichen Verfahrens 26
  - IV. Vergleich muss mit *ordre public* vereinbar sein 28
  - V. Form und Wirkungen des Schiedsspruchs mit vereinbartem Wortlaut 29
- D. Kosten 35
- E. Abweichende Parteivereinbarung 37

A. Hinwirken auf Vergleichsschluss (Abs. 1)

Literatur: *Dendorfer,* Aktives Vergleichsmanagement – Best Practice oder Faux pas schiedsrichterlicher Tätigkeit?, SchiedsVZ 2009, S. 276 ff.; *Hunter,* Arbitration in Germany – A Common Law Perspective, SchiedsVZ 2003, S. 163 ff.

I. Normzweck

1 § 32 Abs. 1 stellt klar, dass ein Schiedsrichter in DIS-Schiedsverfahren nicht nur berechtigt, sondern auch angehalten ist, auf eine vergleichsweise Lösung hinzuwirken. Damit greift die DIS-SchO die in Deutschland ausgeprägte Praxis (schieds-)richterlich vermittelter Vergleiche auf. Vielen anderen Rechtssystemen ist diese Praxis fremd. Ein Vergleichsvorschlag durch einen (Schieds-)Richter führt in manchen Ländern sogar zur Besorgnis der Befangenheit.

2 Aus § 32 Abs. 1 folgt nicht, dass die Hauptaufgabe des Schiedsrichters die Herbeiführung eines Vergleichs wäre. Der Schiedsrichter soll Vergleichsmöglichkeiten aber erwägen und mit den Parteien erörtern, wenn er dies unter den Umständen des Einzelfalls für angebracht hält.

II. Verhältnis zu § 1053 ZPO

§ 1053 ZPO erkennt die Möglichkeit an, ein Schiedsverfahren im Vergleichswege zu beenden, trifft jedoch keine Regelung darüber, welche Rolle das Schiedsgericht dabei einnehmen soll.

III. Vergleich mit den im staatlichen Verfahren geltenden Vorschriften

Auch im staatlichen Verfahren soll das Gericht in jeder Lage des Verfahrens auf einen Vergleich hinwirken (§ 278 Abs. 1 ZPO). Zudem ist das staatliche Gericht gehalten, vor der eigentlichen mündlichen Verhandlung eine Güteverhandlung durchzuführen (§ 278 Abs. 2 ZPO).

Im staatlichen Verfahren stellt der Vergleich eine unmittelbar prozessbeendigende Handlung dar. Er hat daher einen prozessrechtlichen Teil; die auf den Vergleichsabschluss gerichteten Erklärungen der Parteien sind Prozesserklärungen. Zugleich kommt dem Vergleich materiellrechtliche Wirkung zu, da er auch inhaltlich die Streitpunkte der Parteien regelt.

Im Schiedsverfahren kommt einem Vergleich keine unmittelbare prozessbeendigende Wirkung zu. Vielmehr endet nach § 32 Abs. 2 DIS-SchO das Schiedsverfahren erst mit dem Beendigungsbeschluss durch das Schiedsgericht oder nach § 32 Abs. 3 DIS-SchO mit einem Schiedsspruch mit vereinbartem Wortlaut.

IV. Rolle des Schiedsgerichts

Da die Mitwirkung eines Schiedsrichters beim Vergleichsschluss der Parteien in manchen Ländern zu einer **Besorgnis der Befangenheit** des Schiedsrichters führt, werden Schiedsrichter regelmäßig darauf bedacht sein, ihre Rolle mit den Parteien zu besprechen. Eine ausdrückliche Zustimmung der Parteien im Hinblick auf eine Mitwirkung des Schiedsrichters bei Vergleichsbemühungen wird auch in den **IBA Guidelines on Conflicts of Interest in International Arbitration** empfohlen (General Standard 4 Buchst. d). Die Vereinbarung der DIS-SchO kann zwar als eine solche Einverständniserklärung betrachtet werden. Allerdings sind Schiedsgerichte vor allem in internationalen Schiedsverfahren auch unter der DIS-SchO eher zurückhaltend, von sich aus Vergleichsgespräche zu initiieren.

Die Erwartungshaltungen der Parteien im Hinblick darauf, ob das Schiedsverfahren möglichst durch einen Vergleich beendet werden soll und welche Rolle das Schiedsgericht hierbei spielen soll, variieren stark (*Dendorfer*, SchiedsVZ 2009, 276). Statistisch gesehen werden ca. **50 % der Schiedsverfahren** durch einen Vergleich beendet. Meist wird der Vergleich vor der ersten Verhandlung oder vor dem Haupttermin geschlossen (International Arbitration: Corporate Attitudes and Practices, Queen Mary/PwC-Study 2008, S. 7; *Dendorfer*, SchiedsVZ 2009, 277; *Horvath*, SchiedsVZ 2005, 292). Diese Tendenz trifft auch auf DIS-Schiedsverfahren zu (*Dendorfer*, SchiedsVZ 2009, 277 [Fn. 15]).

9 In der Praxis wird das Schiedsgericht – in der Regel nachdem es das Einverständnis der Parteien eingeholt hat – den Parteien eine erste Einschätzung der Stärken und Schwächen der Positionen der Parteien darlegen (*Hunter*, SchiedsVZ 2003, 163). Das Schiedsgericht kann auch eine eigene mündliche Verhandlung für Vergleichsgespräche vorsehen, um dabei als **Moderator** aufzutreten. Diese Moderatorenrolle können das gesamte Schiedsgericht, nur der Vorsitzende oder nur die parteiernannten Schiedsrichter übernehmen (*Dendorfer*, SchiedsVZ 2009, 282). Das Schiedsgericht solle aber vermeiden, **Einzelgespräche** zwischen Schiedsgericht und nur einer Partei zu führen. Dies ist kritisch im Hinblick auf die Unabhängigkeit und Unparteilichkeit der Schiedsrichter. So führt auch nach Art. 8 der IBA Rules of Ethics for International Arbitrators ein Einzelgespräch zum Ausschluss des Schiedsrichters. Auch wenn das Schiedsgericht Vergleichsverhandlungen vorantreiben darf und sogar soll, muss es im Falle des Scheiterns der Verhandlungen noch eine **unbeeinflusste Entscheidung** treffen können. Zudem wird sich eine Partei kaum offen gegenüber denjenigen Personen äußern, die den Rechtsstreit später entscheiden müssen, falls eine Einigung scheitert. Das Führen von Einzelgesprächen sollte daher Mediatoren vorbehalten werden (*Dendorfer*, SchiedsVZ 2009, 282; *Risse*, Wirtschaftsmediation, S. 241).

B. Abschluss des Vergleichs (Abs. 2)

Literatur: *Busse*, Der Schiedsvergleich als verfahrensrechtliche Falle, SchiedsVZ 2010, S. 57 ff.; *Nater-Bass*, Praktische Aspekte des Vergleichs in Schiedsgerichtsverfahren, ASA Bulletin, Vol. 20 No. 3 (2002), S. 427 ff.; *Horvath*, Schiedsgerichtsbarkeit und Mediation – Ein glückliches Paar?, SchiedsVZ 2005, S. 292 ff.

I. Normzweck

10 Nach § 32 Abs. 2 führt ein Vergleich nicht unmittelbar zur Beendigung des Schiedsverfahrens. Vielmehr muss das Schiedsgericht noch einen

Beendigungsbeschluss gemäß § 39 oder – auf Antrag der Parteien – einen **Schiedsspruch mit vereinbartem Wortlaut** erlassen.

II. Verhältnis zu § 1053 ZPO

Der Wortlaut von § 32 Abs. 2 DIS-SchO ist identisch mit § 1053 Abs. 1 ZPO.   11

III. Vergleich mit den im staatlichen Verfahren geltenden Vorschriften

Parteien eines staatlichen Gerichtsverfahrens können einen **Prozessvergleich** schließen, der auch als Vollstreckungsgrundlage dient (§ 794 Abs. 1 Nr. 1 ZPO). Der Inhalt des Vergleichs kann während einer mündlichen Verhandlung protokolliert werden oder aufgrund eines **schriftlichen Vergleichsvorschlages der Parteien an das Gericht oder des Gerichts an die Parteien** geschlossen werden, den die Parteien schriftsätzlich annehmen (§ 278 Abs. 4 ZPO). Treffen die Parteien keine Regelung zur Kostentragung, ist gesetzliche Folge die der **Kostenaufhebung** (§ 98 ZPO).   12

Die Parteien können auch einen **außergerichtlichen Vergleich** schließen. Dieser beendet das Verfahren nicht, sodass die Parteien entweder die Hauptsache **für erledigt erklären** (mit der Kostenfolge des § 91a ZPO, d.h. einer Entscheidung nach billigem Ermessen unter Berücksichtigung des bisherigen Sach- und Streitstands), oder im Vergleich vereinbaren müssen, dass der Kläger seine **Klage zurück nimmt** (mit der nachteiligen Kostenfolge des § 269 Abs. 3 Satz 2 ZPO für den Kläger).   13

Im **Schiedsverfahren** stehen den Parteien die Möglichkeiten der **Beendigung aufgrund Vereinbarung oder Klagerücknahme** (§§ 32 Abs. 2 Satz 1, 39 Abs. 2 Nr. 1, 2 DIS-SchO) oder durch **Schiedsspruch nach vereinbartem Wortlaut** (§ 32 Abs. 2 Satz 2 DIS-SchO) zur Verfügung. Allerdings führen die Parteihandlungen nicht *ipso iure* zur Verfahrensbeendigung, sondern es bedarf stets noch einer verfahrensabschließenden Handlung durch das Schiedsgericht.   14

IV. Inhalt und Form des Vergleichs

Gegenseitiges Nachgeben. Es ist streitig, ob ein gegenseitiges Nachgeben erforderlich ist. Um die Flexibilität des Schiedsverfahrens zu gewährleisten und den Parteien die Möglichkeit der Beendigung des Verfahrens auf diesem Wege mit der eines vollstreckbaren Titels nicht   15 abzuschneiden, ist nach richtiger Auffassung ein gegenseitiges Nachgeben **nicht erforderlich** (*von Schlabrendorff/Sessler*, in: Böckstiegel/Kröll/Nacimiento, Arbitration in Germany, § 1053 ZPO Rz. 8 m.w.N.; a.A. OLG München v. 26.7.2005 – 31 Wx 50/05, GmbHR 2005, 1568). Der Begriff des „Vergleichs" in der DIS-SchO muss autonom ausgelegt werden, da die DIS-SchO nicht nur auf nationale Schiedsverfahren Anwendung findet. Um Vollstreckungshindernisse – insbesondere bei Vollstreckung in Deutschland – zu vermeiden, sollten die Parteien jedoch darauf achten, ein Nachgeben beider Seiten in den Vergleich aufzunehmen. Dieses Nachgeben kann auch geringfügig sein.

16 Es ist zulässig, Gegenstände in den Vergleich einzubeziehen, die **nicht von der Schiedsvereinbarung erfasst** sind, da diese formfrei durch rügelose Einlassung erweitert werden kann (Schütze/*Theune*, § 32 Rz. 5). Auch ein an dem Schiedsverfahren **nicht beteiligter Dritter** kann dem Vergleich beitreten (hierzu auch Rz. 20 ff. Schiedsspruch mit vereinbartem Wortlaut). Allerdings kann dies dann zu einer Streitwerterhöhung führen (mit entsprechender Kostenfolge).

17 Der Vergleich wird als **materiell-rechtlicher Vertrag** geschlossen. Zusätzlich besteht die Möglichkeit, einen Schiedsspruch mit vereinbartem Wortlaut zu beantragen (s.u.).

V. Wirkungen des Vergleichs

18 **Verfahrensbeendigung durch Beschluss.** Schließen die Parteien einen Vergleich über den Streitgegenstand, führt dies noch nicht unmittelbar zur Beendigung des Schiedsverfahrens. Vielmehr müssen alle Parteien gegenüber dem Schiedsgericht erklären, dass sie einen Vergleich über den gesamten Streitgegenstand geschlossen haben und dass sie das Verfahren daher ohne streitige Entscheidung in der Sache beenden wollen. Nach § 39 Abs. 2, der die **Vereinbarung der Beendigung des Schiedsverfahrens** fordert, erlässt das Schiedsgericht sodann einen Beendigungsbeschluss. Weigert sich eine Partei, die entsprechende Erklärung abzugeben, darf das Schiedsgericht das Verfahren nicht beenden, sondern muss das Verfahren fortführen und einen Schiedsspruch auf Basis der getroffenen Vereinbarung erlassen (*Busse*, SchiedsVZ 2010, 58). Inzident prüft das Schiedsgericht dann, ob die Parteien einen wirksamen Vergleich geschlossen haben und wie sich der Vergleich auf die Rechtslage auswirkt.

19 **Endgültige Erledigung des Rechtsstreits.** Soweit die Parteien eine Regelung im Vergleich getroffen haben, beendet dieser den Rechtsstreit endgültig. Enthält der Vergleich jedoch nicht Regelungen in Bezug auf den

gesamten Streitgegenstand, sondern nur hinsichtlich eines Teils, muss das Verfahren fortgeführt werden, wenn die Parteien nichts anderes vereinbart haben (*von Schlabrendorff/Sessler*, in: Böckstiegel/Kröll/Nacimiento, Arbitration in Germany, § 1053 ZPO Rz. 13; *Busse*, SchiedsVZ 2010, 59; *Nater-Bass*, ASA Bulletin, Vol. 20 No. 3 [2002], 427). Teilweise wird versehentlich eine Regelung zur Kostentragung (DIS-Bearbeitungsgebühr, Kosten und Auslagen des Schiedsgerichts sowie Parteivertretungskosten) im Vergleich übersehen, so dass ggf. nur hierüber noch eine Entscheidung durch das Schiedsgericht zu treffen ist. Um dies zu vermeiden, sollten Kostentragungsfragen im Rahmen der Vergleichsgespräche und der Abfassung des Vergleichs immer mitberücksichtigt werden (s. Rz. 35, 36).

C. Schiedsspruch mit vereinbartem Wortlaut

Literatur: *Bredow*, Schiedsspruch mit vereinbartem Wortlaut – Form und Inhalt, SchiedsVZ 2010, S. 295 ff.; *Schroeter*, Der Schiedsspruch mit vereinbartem Wortlaut als Formäquivalent zur notariellen Beurkundung, SchiedsVZ 2006, S. 298 ff.

Anders als im staatlichen Verfahren beendet ein Vergleich das Schiedsverfahren nicht *ipso iure* (vgl. *Bredow*, SchiedsVZ 2010, 295). Vielmehr bedarf es entweder eines Beschlusses des Schiedsgerichts (§ 39 Abs. 2) oder das Schiedsgericht erlässt einen Schiedsspruch mit vereinbartem Wortlaut. Welche Option das Schiedsgericht wählt, hängt von den Parteien ab. Wollen die Parteien, dass das Schiedsgericht einen Schiedsspruch mit vereinbartem Wortlaut erlässt, müssen alle Parteien dies beantragen. 20

Das Schiedsgericht kann einen Schiedsspruch mit vereinbartem Wortlaut erlassen, wenn die Parteien sich über den Streitgegenstand oder einen Teil des Streitgegenstands verglichen haben, wenn alle Parteien einen Schiedsspruch mit vereinbartem Wortlaut beantragen und wenn der Vergleich mit dem *ordre public* vereinbar ist. (Vgl. *Bredow*, SchiedsVZ 2010, 295 f.) 21

I. Antrag aller Parteien erforderlich

Das Schiedsgericht darf einen Schiedsspruch mit vereinbartem Wortlaut nur erlassen, wenn *alle* Parteien dies beantragen. Die Parteien sollten daher im Vergleichsvertrag regeln, dass sie einen Schiedsspruch mit vereinbartem Wortlaut beantragen werden. Es bietet sich an, dass sich die 22

Parteien wechselseitig bevollmächtigen, einen solchen Antrag beim Schiedsgericht zu stellen.

II. Vergleich über Streitgegenstand

23 Das Schiedsgericht muss prüfen, ob die Parteien einen Vergleich über den Streitgegenstand oder über einen Teil des Streitgegenstands geschlossen haben. Betrifft der Vergleich nur einen Teil des Streitgegenstands, darf der Schiedsspruch mit vereinbartem Wortlaut auch nur insoweit ergehen. Das Verfahren bleibt im Übrigen anhängig.

24 Schließen die Parteien einen Vergleich unter **Widerrufsvorbehalt**, darf das Schiedsgericht keinen Schiedsspruch mit vereinbartem Wortlaut erlassen, solange ein Widerruf möglich ist. Es liegt zwar ein Vergleichsvertrag vor, doch ist dieser aufschiebend bedingt. Beantragen alle Parteien indes bereits vor Ablauf der Widerspruchsfrist einen Schiedsspruch mit vereinbartem Wortlaut, erklären sie damit zugleich, dass sie auf den Ablauf der Widerspruchsfrist verzichten.

25 **Beteiligung Dritter.** In der Praxis kommt es häufig vor, dass eine am Verfahren nicht beteiligte Person – z.B. als Garantin – in den Vergleichsvertrag einbezogen werden soll. Ein Schiedsspruch kann aber nur zwischen den **am Verfahren Beteiligten** ergehen. Beantragen alle Vertragspartner des Vergleichs einen Schiedsspruch mit vereinbartem Wortlaut, liegt hierin zugleich (konkludent) der Beitritt der bislang nicht beteiligten Person zum Verfahren sowie die Zustimmung der bisherigen Parteien zum Beitritt (vgl. *Bredow* SchiedsVZ 2010, 295 f.). Der Beitritt löst dann eine **Erhöhung der Schiedsrichterhonorare** und ggf. der DIS-Bearbeitungsgebühr aus (Nr. 11 der Anlage zu § 40 Abs. 5).

III. Vergleich während des schiedsrichterlichen Verfahrens

26 § 32 Abs. 2 verlangt, dass der Vergleich „*während des schiedsrichterlichen Verfahrens*" geschlossen wird. Es muss also ein Schiedsverfahren anhängig sein.

27 Schließen die Parteien einen Vergleich, bevor sie ein Schiedsverfahren eingeleitet haben, können sie keinen Schiedsspruch mit vereinbartem Wortlaut erhalten. Die Parteien könnten hieran ein Interesse haben, um die internationale Vollstreckbarkeit des Vergleichs zu erreichen. Jedoch fehlt es am Streit über ein Rechtsverhältnis, was unabdingbare Voraussetzung für die Durchführung eines Schiedsverfahrens ist. Gegebenenfalls empfiehlt es sich daher, den Vergleichsinhalt zunächst nur im

Rahmen eines unverbindlichen „*term sheet*" festzuhalten und den verbindlichen Abschluss davon abhängig zu machen, dass die Gegenseite nach Einleitung des Schiedsverfahrens mit dem Vergleichsschluss in der Form des § 32 Abs. 2 einverstanden ist.

IV. Vergleich muss mit *ordre public* vereinbar sein

Das Schiedsgericht darf den Schiedsspruch mit vereinbartem Wortlaut nur erlassen, wenn dieser nicht gegen den *ordre public* verstößt und einen eindeutigen Inhalt hat. Für das Schiedsgericht ist dabei zunächst der *ordre public* maßgeblich, der am Sitz des Schiedsgerichts gilt. 28

V. Form und Wirkungen des Schiedsspruchs mit vereinbartem Wortlaut

Der Schiedsspruch mit vereinbartem Wortlaut ist ein **vollwertiger Schiedsspruch**. Er hat dieselbe Wirkung wie jeder andere Schiedsspruch, der in der Sache ergeht. Der Schiedsspruch mit vereinbartem Wortlaut steht also einem rechtskräftigen Urteil gleich (§ 38). Wenn das Schiedsgericht einen Schiedsspruch mit vereinbartem Wortlaut abfasst, muss es daher wie bei anderen Schiedssprüchen die **Anforderungen des § 34** beachten. 29

Insbesondere muss der Schiedsspruch schriftlich abgefasst werden, von allen Schiedsrichtern oder von der Mehrheit der Schiedsrichter unterzeichnet werden, die Parteien und deren Verfahrensbevollmächtigten sowie die Schiedsrichter benennen, das Datum des Schiedsspruchs nennen sowie den Schiedsort bezeichnen. Es ist jedoch nicht erforderlich, den Schiedsspruch als „Schiedsspruch mit vereinbartem Wortlaut" zu bezeichnen. Es genügt die **Bezeichnung als „Schiedsspruch"**. Das Schiedsgericht sollte diese einfache Bezeichnung auch wählen, um keine unnötigen Hindernisse zu schaffen, wenn der Schiedsspruch anerkannt und vollstreckt werden soll. 30

Das Protokoll der mündlichen Verhandlung, in welches ein Vergleich aufgenommen wurde, genügt in den seltensten Fällen den formalen Anforderungen an einen Schiedsspruch. Schon um Schwierigkeiten bei der Anerkennung und Vollstreckung des Schiedsspruchs zu vermeiden, sollte das Schiedsgericht sich die Mühe machen, den Schiedsspruch in einem eigenständigen Dokument abzufassen. Die Parteien unterschreiben den Schiedsspruch mit vereinbartem Wortlaut nicht. Unterschreiben sie dennoch, ist dies in rechtlicher Sicht unbedeutend, kann aber wiederum 31 bei der Vollstreckung zu Problemen führen, weil der Charakter des Dokuments als Schiedsspruch fraglich sein kann.

32 Der Schiedsspruch mit vereinbartem Wortlaut **ersetzt die notarielle Beurkundung**. Dies ist allerdings dann nicht der Fall, wenn die Parteien mit dem Schiedsverfahren nur ein notarielles Beurkundungsverfahren umgehen wollen, z.B. um die Beurkundung einer GmbH-Satzung in einem fingierten Einzelschiedsrichterverfahren ohne Notar zu erreichen (OLG München v. 26.7.2005 – 31 Wx 50/05, GmbHR 2005, 1568). Anders als ein zur Sache ergangener Schiedsspruch, kann der Schiedsspruch mit vereinbartem Wortlaut von einem Notar für vollstreckbar erklärt werden (§ 1053 Abs. 4 ZPO).

33 Bei der Abfassung des Schiedsspruchs mit vereinbartem Wortlaut muss das Schiedsgericht darauf achten, dass der Schiedsspruch einen **vollstreckungsfähigen Inhalt** hat. In der Praxis ist dies durchaus problematisch, denkt man daran, dass die Parteien auch Vertraulichkeitsvereinbarungen, Schiedsklausel etc. in den Vergleich aufnehmen können. Das Schiedsgericht sollte daher den Parteien einen Hinweis geben, wenn problematische Konstellationen bestehen und ggf. bei der Formulierung helfen.

34 Zudem muss das Schiedsgericht sorgfältig prüfen, ob der Vergleich auch alle anhängigen Ansprüche erledigt, weil anderenfalls insoweit das Schiedsverfahren noch anhängig bliebe.

D. Kosten

35 Haben die Parteien eine abschließende Regelung über die **Kosten** getroffen, genügt der Beendigungsbeschluss des Schiedsgerichts, um das Verfahren zu beenden. Die Parteien haben in einem solchen Fall sämtliche offene Fragen in dem Vergleich erfasst, so dass für eine Entscheidung des Schiedsgerichts – auch über die Kosten – kein Raum mehr bleibt. In einen Schiedsspruch mit vereinbartem Wortlaut muss das Schiedsgericht auch die Kostenregelung der Parteien mit aufnehmen.

36 Fehlt eine Einigung der Parteien zu den Kosten, bleibt das Verfahren insoweit noch anhängig. Das Schiedsgericht muss dann in einem **Kostenschiedsspruch** entscheiden, wie die Verfahrenskosten zu verteilen sind. Die deutsche ZPO sieht in § 98 ZPO vor, dass die Kosten des abgeschlossenen Vergleichs als gegeneinander aufgehoben anzusehen sind, wenn die Parteien nichts Abweichendes geregelt haben. Allerdings lässt sich diese Vorschrift auf Schiedsverfahren nicht ohne weiteres über-

tragen. Im Schiedsverfahren führt der Vergleich nicht unmittelbar zur Verfahrensbeendigung, stellt also selbst keine Prozesshandlung dar. Er regelt vielmehr die materielle Rechtslage und führt insoweit zur Erledigung des Streitgegenstands. Das Schiedsgericht muss daher **nach billigem Ermessen** in einem gesonderten Kostenschiedsspruch, der aber im selben Dokument wie der Schiedsspruch mit vereinbartem Wortlaut enthalten sein kann, über die Kosten entscheiden und dabei den **bisherigen Sach- und Streitstand** berücksichtigen.

E. Abweichende Parteivereinbarung

Die Parteien können grundsätzlich das vom Schiedsgericht anzuwendende Verfahren vereinbaren. Allerdings gilt dies für die wesentlichen Verfahrensschritte nicht. Hierzu zählen solche zur Verfahrensbeendigung. Die Parteien können daher nicht selbst vereinbaren, wann das Schiedsverfahren enden soll. Es bleibt insoweit bei den Regelungen der DIS-SchO. Allerdings können die Parteien die Rolle des Schiedsgerichts näher bestimmen, die das Schiedsgericht mit Blick auf Vergleichsverhandlungen einnehmen soll. So können die Parteien z.B. ausschließen, dass das Schiedsgericht ohne Aufforderung der Parteien von sich aus Vergleichsgespräche anstößt. 37

§ 33: *Erlass des Schiedsspruchs*

(1) Das Schiedsgericht hat das Verfahren zügig zu führen und in angemessener Frist einen Schiedsspruch zu erlassen.

(2) Das Schiedsgericht ist bei Erlass des Schiedsspruchs an die Anträge der Parteien gebunden.

(3) Haben die Parteien nichts anderes vereinbart, ist in einem schiedsrichterlichen Verfahren mit mehr als einem Schiedsrichter jede Entscheidung des Schiedsgerichts mit Stimmenmehrheit zu treffen.

(4) Verweigert ein Schiedsrichter die Teilnahme an einer Abstimmung, können die übrigen Schiedsrichter ohne ihn entscheiden, sofern die Parteien nichts anderes vereinbart haben. Die übrigen Schiedsrichter entscheiden mit Stimmenmehrheit. Die Absicht, ohne den verweigernden Schiedsrichter über den Schiedsspruch abzustimmen, ist den Parteien vorher mitzuteilen. Bei anderen Entscheidungen sind die Parteien von der Abstimmungsverweigerung nachträglich in Kenntnis zu setzen.

Regelungsschwerpunkte: Abs. 1 enthält den Grundsatz der Verfahrensbeschleunigung. → Rz. 4–7; **Abs. 2** regelt den Entscheidungsspielraum des Schiedsgerichts. → Rz. 8–12; **Abs. 3–4** regelt die Entscheidungsfindung innerhalb des Schiedsgerichts. → Rz. 13–20

Kostenaspekte: Eine lange Verfahrensdauer ist meist mit höheren Kosten verbunden. Daher sollten alle Verfahrensbeteiligten darauf hinwirken, dass die im Verfahrenskalender festgelegten Fristen eingehalten werden.

Inhalt

A. Normzweck 1	F. Entscheidungsfindung innerhalb des Schiedsgerichts 13
B. Verhältnis zu § 1051 Abs. 1 und 2 ZPO 2	I. Entscheidung mit Stimmenmehrheit (Abs. 3) 13
C. Vergleich mit den im staatlichen Verfahren geltenden Vorschriften 3	II. Entscheidung durch ein Rumpfschiedsgericht (Abs. 4)................... 17
D. Grundsatz der Verfahrensbeschleunigung (Abs. 1) 4	G. Abweichende Parteivereinbarungen 21
E. Entscheidungsspielraum des Schiedsgerichts (Abs. 2) 8	

Veröffentlichungen der DIS-Hauptgeschäftsstelle: Der Schiedsspruch, DIS – MAT IX (2002).
Literatur: *Cremades*, The Arbitral Award, in: Newman/Hill, The Leading Arbitrators' Guide to International Arbitration (2. Aufl. 2008), S. 483 ff.; *Eberl*, As Night Follows Day, Shakespeare und die schiedsrichterliche Kompetenz gemäß Art. V 1c des UNÜ vom 10.6.1958, SchiedsVZ 2003, S. 109 ff.; *ICC Commission of Arbitration*, Techniques for Controlling Time and Costs in Arbitration, ICC Court Bulletin, Vol. 18 No. 1 (2007), S. 23 ff.; *Schütze*, Das Zustandekommen des Schiedsspruchs, SchiedsVZ 2008, S. 10 ff.; *Westermann*, Das dissenting vote im Schiedsgerichtsverfahren, SchiedsVZ 2009, S. 102 ff.

A. Normzweck

1 § 33 zielt darauf ab, dass das Schiedsgericht in einem überschaubaren Zeitrahmen (Abs. 1) unter Beachtung der Parteianträge (Abs. 2) den Rechtsstreit durch Erlass eines Schiedsspruchs beenden kann und hieran auch nicht durch eine fehlende Einstimmigkeit (Abs. 3) oder eine Verweigerung eines Schiedsrichters an einer Abstimmung gehindert wird (Abs. 4). Die tatsächliche Dauer eines Schiedsverfahrens hängt re-

gelmäßig nicht nur vom Fallmanagement des Schiedsgerichts, sondern insbesondere auch von der Komplexität des Falles sowie vom Verhalten der Parteien bzw. ihrer jeweiligen Verfahrensbevollmächtigten ab. Haben beide Parteien Interesse an einer zügigen Streitbeilegung, so können sie als Herren des Verfahrens bereits bei Abfassung der Schiedsvereinbarung wichtige Weichenstellungen treffen (vgl. Rz. 6).

B. Verhältnis zu § 1051 Abs. 1 und 2 ZPO

§ 33 Abs. 3 und 4 DIS-SchO regeln die Entscheidungsfindung innerhalb des Schiedsgerichts abschließend. Für die nahezu wortgleichen und nicht zwingenden Regelungen in § 1052 Abs. 1 und Abs. 2 ZPO bleibt daher kein Raum. 2

C. Vergleich mit den im staatlichen Verfahren geltenden Vorschriften

§ 33 Abs. 1 und § 33 Abs. 2 DIS-SchO sind Ausdruck der aus dem deutschen Zivilprozess bekannten Grundsätze der Verfahrensbeschleunigung (*Konzentrationsmaxime*) und der Bindung an die Parteianträge (*Dispositionsmaxime*). Der Grundsatz der Verfahrensbeschleunigung kommt in zahlreichen Vorschriften der ZPO zum Ausdruck. Die in der ZPO enthaltenen Prozessförderungspflichten richten sich dabei nicht nur an das Gericht (vgl. z.B. §§ 139, 272, 273, 282, 296, 358a ZPO), sondern auch an die Parteien (z.B. § 282 ZPO). Der Grundsatz der Bindung an die Parteianträge, wonach ein Gericht nicht mehr gewähren darf, als beantragt wurde (*ne ultra petita partium*), ist in § 308 Abs. 1 Satz 1 ZPO geregelt. Die mit dem Klageantrag begehrte Rechtsfolge bildet zusammen mit dem zugrunde liegenden Lebenssachverhalt (Anspruchsgrund) den Streitgegenstand, der im Laufe eines staatlichen Verfahrens nur nach Maßgabe der §§ 263, 264 ZPO geändert werden kann. 3

D. Grundsatz der Verfahrensbeschleunigung (Abs. 1)

Praktische Bedeutung. In Ermangelung einer konkreten Frist beschränkt sich die praktische Bedeutung des in § 33 Abs. 1 normierten Grundsatzes der Verfahrensbeschleunigung darauf, dass das Schiedsgericht das Schiedsverfahren so effizient wie möglich durchzuführen und zu entscheiden hat, wie ihm dies unter Ausschaltung aller vermeidbaren Verzögerungen und unter Berücksichtigung der tatsächlichen und rechtlichen Besonderheiten des Falles möglich ist. Vor dem Hintergrund der Verpflichtung, das Verfahren zügig zu führen und in angemessener Frist 4 einen Schiedsspruch zu erlassen, ist das Schiedsgericht auch gehalten, sechs Monate nach seiner vollständigen Konstituierung gegenüber der DIS-Geschäftsstelle den Verfahrensstand anzuzeigen.

5 **Fallmanagement.** Im Rahmen der stets zu beachtenden Grundsätze der Gleichbehandlung und des rechtlichen Gehörs (§ 26 Abs. 1 DIS-SchO, § 1042 Abs. 1 ZPO, Artikel 18 UNCITRAL-Modellgesetz) kann das Schiedsgericht auf zahlreiche Möglichkeiten zurückgreifen, um eine proaktive und damit zeit- und kosteneffiziente Verfahrensführung sicherzustellen. Zu denken ist insoweit etwa an eine frühzeitige Besprechung mit den Parteien zwecks Festlegung des Ablaufs und der Strukturierung des Verfahrens. Hierzu zählen auch das frühzeitige Treffen ggf. erforderlicher Entscheidungen zum anwendbaren Verfahrensrecht und zur anwendbaren Verfahrenssprache, die Gewährung von Fristverlängerungen nur in engen Ausnahmefällen, einzelfallbezogene Entscheidungen darüber, ob eine mündliche Verhandlung durchzuführen ist oder das Verfahren auf der Grundlage von Dokumenten und anderen Unterlagen durchgeführt werden kann (§ 28 DIS-SchO, § 1047 Abs. 1 Satz ZPO, Artikel 24 Abs. 1 Satz 1 UNCITRAL-Modellgesetz) sowie, zumindest in grenzüberschreitenden Verfahren, die Behandlung von beweisrechtlichen Fragen (Beibringung von Dokumenten, Zeugen und Sachverständige, Besichtigungen sowie die Durchführung von Beweisverhandlungen) in Anlehnung an die IBA-Regeln zur Beweisaufnahme in der internationalen Schiedsgerichtsbarkeit (2010).

6 Ferner kann es sich auch anbieten, die Parteien frühzeitig darauf hinzuweisen, dass Verfahrensverzögerungen durch eine der Parteien im Rahmen der Ermessensentscheidung des Schiedsgerichts über die Kosten des Schiedsverfahrens (§ 35 Abs. 1) berücksichtigt werden können. Denn die tatsächliche Dauer eines Schiedsverfahrens hängt regelmäßig nicht nur vom Verhalten der Schiedsrichter, sondern auch vom Verhalten der Parteien bzw. ihrer jeweiligen Verfahrensbevollmächtigten ab. Haben alle Parteien Interesse an einer zügigen Streitbeilegung, so können sie als Herren des Verfahrens bereits bei Abfassung der Schiedsvereinbarung wichtige Weichenstellungen treffen (Anzahl und Auswahl der Schiedsrichter, Vereinbarung der Ergänzenden Regeln für beschleunigte Verfahren der DIS in Ergänzung zur DIS-SchO etc.). Gleiches gilt für die Auswahl der Verfahrensbevollmächtigten, die über hinreichende Erfahrung mit Schiedsverfahren verfügen sollten.

7 **Rechtsfolgen bei schiedsrichterlichen Verfahrensverzögerungen.** In dem seltenen Fall, dass eine Verzögerung des Verfahrens tatsächlich auf ei-

nen Schiedsrichter zurückzuführen ist, d.h. dieser seinen Aufgaben in angemessener Frist nachweislich nicht nachkommt, sind die Möglichkeiten der Parteien, sich hiergegen zur Wehr zu setzen, beschränkt. Tritt der betroffene Schiedsrichter nicht aus eigenen Stücken zurück (ohne dass es hierbei auf das Vorliegen eines Rücktrittsgrundes ankäme, vgl. KG v. 15.3.2010 – 20 SchH 4/09, NJOZ 2010, 2127) oder können sich die Parteien nicht auf die Beendigung seines Amtes verständigen, kann nach § 19 Abs. 1 Satz 2 DIS-SchO (§ 1038 Abs. 1 Satz 2 ZPO, Art. 14 Abs. 1 Satz 2 UNCITRAL-Modellgesetz) jede Partei bei Gericht eine Entscheidung über die Beendigung des Schiedsrichteramtes beantragen. Der bloße Umstand, dass die hohe Arbeitsbelastung eines Schiedsrichters zu einer Verzögerung des Schiedsverfahrens führt, dürfte insoweit jedoch nicht ausreichend sein. Allerdings kann ein Schiedsgericht auch ohne den betroffenen Schiedsrichter Entscheidungen treffen und das Schiedsverfahren beenden, wenn dieser seine Teilnahme an einer Abstimmung verweigert und die Parteien nichts anderes vereinbart haben (§ 33 Abs. 4, vgl. Rz. 17 ff.). Die Rechtsschutzmöglichkeit nach § 19 Abs. 1 Satz 2 hat daher bei Verfahrensverzögerungen durch einen oder mehrere Schiedsrichter allenfalls eine geringe praktische Bedeutung.

E. Entscheidungsspielraum des Schiedsgerichts (Abs. 2)

Vorbemerkungen. Der in § 33 Abs. 2 enthaltene Grundsatz der strengen Antragsbindung schränkt den Entscheidungsspielraum des Schiedsgerichts dahingehend ein, dass dieses der jeweiligen Partei nicht mehr gewähren darf, als diese beantragt hat. Entsprechendes gilt für die Angaben zu den Tatsachen und Umständen, auf die die Klageansprüche gestützt werden (vgl. § 6 Abs. 2), da diese zusammen mit der mit dem Klageantrag begehrten Rechtsfolge den Streitgegenstand des Schiedsverfahrens bestimmen. 8

Ferner haben die Anträge auch maßgeblichen Einfluss auf die Frage, ob ein später erlassener und für vollstreckbar erklärter Schiedsspruch eine oder mehrere mit der Zwangsvollstreckung durchsetzbare Ansprüche ausweist. Ist dies nicht Fall, d.h. ist ein Tenor so unbestimmt oder widersprüchlich, dass auch durch Auslegung keine mit der Zwangsvollstreckung durchsetzbare bestimmte Verpflichtung festgestellt werden kann, ist der für vollstreckbar erklärte Schiedsspruch mangels vollstreckungsfähigen Inhalts für die Zwangsvollstreckung ungeeignet. Daher ist von Beginn des Verfahrens an auf eine sorgfältige Formulierung der Anträge zu achten, die 1:1 in den Tenor übernommen werden können, 9 um auf diese Weise Zweifel über den Inhalt eines Antrages bzw. die Vollstreckungsfähigkeit des Tenors von vornherein zu vermeiden. Für die Vollstreckbarerklärung eines Schiedsspruchs (die noch nicht Teil der Zwangsvollstreckung ist) kommt es hingegen auf einen vollstreckungsfähigen Inhalt des Tenors des Schiedsspruchs bzw. Teilen hiervon nach ganz überwiegender Auffassung nicht an (vgl. nur BGH v. 30.3.2006 – III ZB 78/05, NJW-RR 2006, 995 f.).

10 **Rechtsfolgen bei Verstoß gegen den Grundsatz der strengen Antragsbindung.** Geht der Tenor der Entscheidung des Schiedsgerichts über die im Schiedsverfahren gestellten Anträge hinaus (***ultra petita***), besteht die Gefahr einer (zumindest teilweisen) Aufhebung bzw. Ablehnung der Vollstreckbarerklärung des Schiedsspruchs. Das OLG Köln hat hierzu jüngst entschieden, dass ein Schiedsspruch, der über den Antrag einer der Parteien hinausgeht, an einem schwerwiegenden Verfahrensfehler leidet und somit gegen den verfahrensrechtlichen Grundsatz des ordre public i.S.v. § 1059 Abs. 2 Nr. 2 Buchst. b ZPO verstößt (OLG Köln v. 28.6.2011 – 19 Sch 11/10, SchiedsVZ 2012, 161 [165]).

11 Entsprechendes gilt, wenn das Schiedsgericht ein Rechtsbegehren unbeurteilt gelassen hat (***infra petita***), d.h. der Schiedsspruch hinter dem Beantragten zurückbleibt, ohne im Übrigen abzuweisen, *und* ein Antrag auf Ergänzung des Schiedsspruchs nach § 37 Abs. 1 (3. Spiegelstrich) zurückgewiesen wurde, oder wenn das Schiedsgericht ohne Ermächtigung nach Billigkeit (***ex aequo et bono***) entscheidet (vgl. § 23 Abs. 3 DIS-SchO, § 1051 Abs. 3 ZPO, Artikel 28 Abs. 3 UNICTRAL-Modellgesetz).

12 **Ausnahmen vom Grundsatz der strengen Antragsbindung.** Eine Ausnahme vom Grundsatz der strengen Antragsbindung gilt für die Entscheidung des Schiedsgerichts über die Kosten des Schiedsverfahrens einschließlich der den Parteien erwachsenen und zur zweckentsprechenden Rechtsverfolgung notwendigen Kosten (sog. Parteikosten). Hierüber hat das Schiedsgericht von Amts wegen zu entscheiden, sofern die Parteien nichts anderes vereinbart haben (vgl. § 35 Abs. 1: „[s]*ofern die Parteien nichts anderes vereinbart haben*, hat *das Schiedsgericht*"). Dies gilt jedoch wiederum nicht für die Verzinsung eines Kostenerstattungsanspruchs, die das Schiedsgericht (zumindest nach deutschem Rechtsverständnis) nur auf Antrag bzw. bei entsprechender Parteivereinbarung ausurteilen kann.

F. Entscheidungsfindung innerhalb des Schiedsgerichts

I. Entscheidung mit Stimmenmehrheit (Abs. 3)

§ 33 Abs. 3 DIS-SchO (§ 1052 Abs. 1 ZPO) löst das Problem unterschiedlicher tatsächlicher oder rechtlicher Würdigung innerhalb des Schiedsgerichts mit mehr als einem Schiedsrichter dahingehend, dass die (absolute) Mehrheit der Stimmen entscheidet. Die Vorschrift gilt nicht nur für den Schiedsspruch, sondern für jedwede Entscheidung des Schiedsgerichts (zur Abgrenzung des Schiedsspruchs von anderen schiedsrichterlichen Entscheidungen vgl. Rz. 20), sofern der Vorsitzende von seinen Mitschiedsrichtern nicht – wie in der Praxis üblich – ermächtigt wurde, über einzelne Verfahrensfragen allein zu entscheiden (§ 24 Abs. 4 DIS-SchO, § 1052 Abs. 3 ZPO). 13

Kann in einem Dreierschiedsgericht hinsichtlich der Entscheidung über die Höhe einer Forderung eine Stimmenmehrheit zunächst nicht erreicht werden, ist der Vorsitzende des Schiedsgerichts nicht befugt, allein eine Entscheidung zu fällen. Will er eine Pattsituation vermeiden, wird sich im Zweifel dem Votum einer seiner Mitschiedsrichter anschließen müssen, um auf diese Weise eine Stimmenmehrheit zu erreichen (vgl. auch § 196 Abs. 2 GVG). 14

Bisweilen kommt es vor, dass ein Schiedsrichter seine von der Stimmenmehrheit abweichende Auffassung in einem **Sondervotum** (sog. „dissenting opinion") erläutern möchte. Dieses ist nicht Bestandteil des Schiedsspruchs, wird den Parteien aber regelmäßig zusammen mit dem Schiedsspruch übersandt. 15

Die Zulässigkeit eines Sondervotums richtet sich nach dem jeweils anwendbaren Schiedsverfahrensrecht (*lex arbitri*). Weder die DIS-SchO noch die §§ 1025 ff. ZPO enthalten hierzu eine Regelung. Nach der wohl überwiegenden Auffassung im Schrifttum ist ein Sondervotum nach deutschem Schiedsverfahrensrecht auch ohne Zustimmung der Parteien und der übrigen Schiedsrichter zulässig. Die Gegenauffassung verweist auf das auch im Schiedsverfahren geltende Beratungsgeheimnis, das durch das Sondervotum verletzt werde und somit zur Aufhebung des Schiedsspruches nach § 1062 Abs. 2 Nr. 1 Buchst. d ZPO führen könne. Dieser Auffassung ist allerdings nicht zuzustimmen. Denn ein Sondervotum kann seinem Inhalt nach auch so gehalten werden, dass das Beratungsgeheimnis gewahrt bleibt. Die bloße Tatsache und deren Offenlegung, dass ein Schiedsrichter anderer Auffassung ist, stellt keine Verletzung des Beratungsgeheimnisses dar. 16

II. Entscheidung durch ein Rumpfschiedsgericht (Abs. 4)

17 § 33 Abs. 4 DIS-SchO (§ 1052 Abs. 2 ZPO) behandelt die Situation, dass ein Schiedsrichter die Teilnahme an einer Abstimmung über eine Entscheidung, etwa durch Nichterscheinen, Nichtabstimmung oder Stimmenthaltung, verweigert. In diesem Fall stellt sich die Frage, ob die verbleibenden Schiedsrichter befugt sind, die Entscheidung auch allein zu fällen (vgl. auch BGH v. 21.5.2008 – III ZB 14/07, SchiedsVZ 2008, 195 ff. zur Anerkennungsversagung eines ausländischen Schiedsspruchs nach Art. V Abs. 1 Buchst. d UNÜ, wenn dieser entgegen der anwendbaren Schiedsordnung nur von zwei Schiedsrichtern des Dreierschiedsgerichts gefällt wurde). Entsprechend der vorherrschenden Auffassung in der internationalen Schiedsgerichtsbarkeit lässt die DIS-SchO eine Entscheidung durch ein sog. Rumpfschiedsgericht („truncated tribunal") zu, sofern (i) die Parteien nichts anderes vereinbart haben, (ii) der verweigernde Schiedsrichter Gelegenheit hatte, an der Abstimmung teilzunehmen, mithin hieran nicht aus nachvollziehbaren Gründen (z.B. Krankheit, Terminkollision) gehindert war, (iii) zwischen den verbleibenden Schiedsrichtern eine Stimmenmehrheit zustande kam (bei zwei verbleibenden Schiedsrichtern bedeutet dies Einstimmigkeit) und (iv) die Parteien über die Abstimmung ohne den verweigernden Schiedsrichter rechtzeitig informiert wurden.

18 Die Absicht, ohne den verweigernden Schiedsrichter über den das Schiedsverfahren beendenden **Schiedsspruch** abzustimmen, muss den Parteien **vorher** mitgeteilt werden (§ 33 Abs. 4 Satz 2 DIS-SchO, § 1052 Abs. 2 Satz 2 ZPO). Auf diese Weise können die Parteien versuchen, auf den sich weigernden Schiedsrichter Einfluss zu nehmen, bzw. auf eine Ersatzbenennung hinwirken (§ 19 Abs. 2 DIS-SchO). Erfolgt keine vorherige Mitteilung an die Parteien, stellt dies einen Aufhebungsgrund dar, wenn anzunehmen ist, dass sich dies auf den Schiedsspruch ausgewirkt hat (§ 1059 Abs. 2 Nr. 1 Buchst. d ZPO), d.h. nicht ausgeschlossen werden kann, dass die Entscheidung ohne diesen Verfahrensfehler anders ausgefallen wäre (vgl. OLG Saarbrücken v. 29.10.2002 – 4 Sch 2/02, SchiedsVZ 2003, 92 [94]).

19 Bei allen **anderen Entscheidungen** des Schiedsgerichts wird hingegen eine **nachträgliche** Mitteilung an die Parteien für ausreichend erachtet (§ 33 Abs. 4 Satz 4 DIS-SchO, § 1052 Abs. 2 Satz 3 ZPO), um das mit einer Abstimmungsverweigerung verbundene Risiko einer Verzögerung des Verfahrens zu minimieren.

Die Abgrenzung zwischen einem **Schiedsspruch**, der weder in der DIS-SchO noch in den §§ 1025 ff. ZPO definiert wird, und einer **anderen Entscheidung** hat nach ganz h.A. nicht nach der vom Schiedsgericht gewählten Bezeichnung, sondern danach zu erfolgen, ob es sich um eine endgültige Entscheidung über den Rechtsstreit bzw. Teile hiervon handelt (Endschiedsspruch bzw. „endgültiger Schiedsspruch" i.S.v. § 39 Abs. 1 DIS-SchO, auch ein die eigene Zuständigkeit verneinender sog. „Prozessschiedsspruch"; Teilschiedsspruch oder Schiedsspruch mit vereinbartem Wortlaut i.S.v. § 32 Abs. 2 DIS-SchO) oder nicht. Für Entscheidungen des Schiedsgerichts zum anwendbaren Recht oder zum Anspruchsgrund (sog. „Zwischenschiedsspruch" bzw. „interim award") sowie die eigene Zuständigkeit bejahende sog. „Zwischenentscheide" nach § 1040 Abs. 3 Satz 1 ZPO findet § 33 Abs. 4 Satz 3 DIS-SchO zumindest entsprechende Anwendung (str.). Keine Schiedssprüche i.S.v. § 33 Abs. 4 Satz 3 stellen Beendigungsbeschlüsse nach § 39 Abs. 2 DIS-SchO sowie verfahrensleitende Maßnahmen („administrative decisions") bzw. verfahrensleitende Verfügungen („procedural orders") des Schiedsgerichts einschließlich der Anordnung von Sicherungsmaßnahmen und vorläufigen Maßnahmen dar.

20

G. Abweichende Parteivereinbarungen

Von § 33 Abs. 1, 3 und 4 DIS-SchO kann durch Parteivereinbarung abgewichen werden. Haben die Parteien in Abweichung von § 33 Abs. 1 DIS-SchO eine konkrete Frist für den Erlass eines Schiedsspruchs vorgesehen und bezwecken die Parteien mit dieser Frist eine Beschränkung der schiedsrichterlichen Kompetenz für den Erlass eines Schiedsspruchs (und nicht nur eine zügige Erledigung der Sache), kann ein Schiedsspruch, der nach Ablauf dieser Frist erlassen wurde, aufgehoben (§ 1059 Abs. 2 Nr. 1 Buchst. c ZPO) bzw. dessen Anerkennung versagt werden (§ 1061 Abs. 1 Satz 1 ZPO i.V.m. Artikel V Abs. 1 Buchst. c UNÜ). Angesichts dieser Zuständigkeits- und Vollstreckungsproblematik sollten Vereinbarungen spezifischer Fristen immer auch eine Verlängerungsoption enthalten, die in das Ermessen des Schiedsgerichts gestellt wird.

21

Ferner können die Parteien die Entscheidungsfindung innerhalb des Schiedsgerichts in Abweichung von § 33 Abs. 3 DIS-SchO dahingehend modifizieren, dass der Vorsitzende über die Höhe einer Forderung allein entscheidet, wenn diesbezüglich eine Stimmenmehrheit nicht zustande kommt. Die Parteien können auch vereinbaren, dass jede Entscheidung des Schiedsgerichts einstimmig zu erfolgen hat. Hiervon ist jedoch ange-

22

sichts des damit verbundenen Risikos einer Handlungsunfähigkeit des Schiedsgerichts (vgl. § 19 Abs. 1 DIS-SchO) abzuraten.

§ 34: Der Schiedsspruch

(1) Der Schiedsspruch ist schriftlich zu erlassen und durch den Schiedsrichter oder die Schiedsrichter zu unterschreiben. In schiedsrichterlichen Verfahren mit mehr als einem Schiedsrichter genügen die Unterschriften der Mehrheit aller Mitglieder des Schiedsgerichts, sofern der Grund für eine fehlende Unterschrift angegeben wird.

(2) Der Schiedsspruch hat die vollständige Bezeichnung der Parteien des schiedsrichterlichen Verfahrens, ihre Prozessbevollmächtigten sowie die Namen der Schiedsrichter, die ihn erlassen haben, zu enthalten.

(3) Der Schiedsspruch ist zu begründen, soweit die Parteien nichts anderes vereinbart haben, oder es sich um einen Schiedsspruch mit vereinbartem Wortlaut im Sinne des § 32 Abs. 2 handelt.

(4) Im Schiedsspruch sind der Tag, an dem er erlassen wurde, und der nach § 21 bestimmte Ort des schiedsrichterlichen Verfahrens anzugeben. Der Schiedsspruch gilt als an diesem Tag und diesem Ort erlassen.

Regelungsschwerpunkte: Abs. 1–4 regeln die Anforderungen an die Form des Schiedsspruchs. Insbesondere sind Schiedssprüche mit Blick auf die sich im Tenor befindlichen Entscheidungen ausreichend zu begründen. → Rz. 5–10

Inhalt

A. Normzweck 1	D. Anforderungen an die Form des Schiedsspruchs (Abs. 1–4)................ 5
B. Verhältnis zu § 1054 Abs. 1–3 ZPO.................... 3	
C. Vergleich mit den im staatlichen Verfahren geltenden Vorschriften 4	E. Abweichende Parteivereinbarungen 11

Veröffentlichungen der DIS-Hauptgeschäftsstelle: Der Schiedsspruch, DIS – MAT IX (2002).

Literatur: *Bredow*, Schiedsspruch mit vereinbartem Wortlaut – Form und Inhalt, SchiedsVZ 2010, S. 295 ff.; *Cremades*, The Arbitral Award, in: Newman/Hill, The Leading Arbitrators' Guide to International Arbitration (2. Aufl. 2008), S. 483 ff.

A. Normzweck

§ 34 beinhaltet die **Mindestanforderungen** (vgl. Art. 31 Abs. 1–3 UNCI- 1
TRAL-Modellgesetz) an die Form eines Schiedsspruchs (zur Abgrenzung
des Schiedsspruchs von anderen Entscheidungsformen, vgl. § 33 Rz. 20).
Genügt der Schiedsspruch diesen Anforderungen nicht, ist er als (noch)
nicht wirksam zu behandeln und ggf. vor Übersendung an die Parteien
(die durch die DIS und nicht durch das Schiedsgericht erfolgt, § 36)
nachzubessern.

§ 34 bezweckt zum einen, den **förmlichen Abschluss des Schiedsver-** 2
fahrens (vgl. § 39 Abs. 1) und die Authentizität des Schiedsspruchs zu
dokumentieren. Zum andern soll durch die Beachtung der Mindesterfordernisse sichergestellt werden, dass den Parteien mit Erlass des Schiedsspruchs eine rechtskräftige Entscheidung zur Verfügung steht. Anders
als ein Urteil eines staatlichen Gerichts (§§ 704, 300 ff. ZPO) stellt der
Schiedsspruch selbst jedoch noch keinen Vollstreckungstitel dar. Für die
zwangsweise Durchsetzung eines Schiedsspruchs bedarf es vielmehr
noch einer Vollstreckbarerklärung durch ein staatliches Gericht (vgl.
§§ 794 Abs. 1 Nr. 4a, 1060 ff. ZPO). Dies gilt gleichermaßen für inländische (§ 1060 ZPO) wie für ausländische Schiedssprüche (§ 1061 ZPO).

B. Verhältnis zu § 1054 Abs. 1–3 ZPO

§ 34 Abs. 1, 3 und 4 DIS-SchO sind weitgehend identisch mit den zwin- 3
genden Regelungen in § 1054 Abs. 1–3 ZPO (Art. 31 Abs. 1–3 UNCI-
TRAL-Modellgesetz). § 34 Abs. 2 DIS-SchO enthält darüber hinaus eine
im Hinblick auf ggf. erforderliche Maßnahmen der Zwangsvollstreckung sinnvolle Präzisierung hinsichtlich des Inhalts des Schiedsspruchs, die in den §§ 1025 ff. ZPO nicht enthalten ist.

C. Vergleich mit den im staatlichen Verfahren geltenden Vorschriften

Die Vorschrift findet ihr Pendant in den **§§ 313–317 ZPO**, die jedoch so- 4
wohl hinsichtlich der Form als auch des Inhalts eines Gerichtsurteils
deutlich detailliertere Regelungen enthalten.

D. Anforderungen an die Form des Schiedsspruchs (Abs. 1–4)

Schriftform (§ 34 Abs. 1). Der Schiedsspruch ist schriftlich zu erlassen. 5
Eine alleinige Verkündung des Schiedsspruchs in elektronischer Form
oder lediglich mündlich (z.B. in einer mündlichen Verhandlung) ist

nicht möglich. Die Parteien können jedoch vereinbaren, dass der Schiedsspruch den Parteien vorab per E-Mail übermittelt werden soll.

6 **Unterschrift (§ 34 Abs. 1).** Die Unterschrift ist grundsätzlich von allen Mitgliedern des Schiedsgerichts zu leisten. Unterschrieben werden muss persönlich und eigenhändig und nach ganz überwiegender Auffassung auch auf derselben Seite; eine Unterschrift durch einen Vertreter (sei es mit eigenem Namen oder mit dem Namen des vertretenen Schiedsrichters) genügt nicht (vgl. zuletzt OLG München v. 25.2.2013 – 34 Sch 12/12, SchiedsVZ 2013, 230 ff.). Besteht das Schiedsgericht aus mehr als einem Schiedsrichter, genügen ausnahmsweise die Unterschriften der Mehrheit der Mitglieder des Schiedsrichter, sofern der Grund für eine fehlende Unterschrift (z.B. aufgrund einer längeren Abwesenheit oder Krankheit oder in Folge einer Abstimmungsverweigerung i.S.v. § 33 Abs. 4) angegeben wird (§ 34 Abs. 1 Satz 2).

7 **Vollständiges Rubrum (§ 34 Abs. 2).** Nach § 34 Abs. 2 hat der Schiedsspruch die vollständige Bezeichnung der Parteien des schiedsrichterlichen Verfahrens, ihre Prozessbevollmächtigten sowie die Namen der Schiedsrichter, die ihn erlassen haben (also auch desjenigen, der ggf. keine Unterschrift geleistet hat), zu enthalten. Gerade die vollständige (und von den Parteien korrekt angegebene) Bezeichnung der Parteien ist im Hinblick auf nachfolgende Vollstreckungsmaßnahmen von hoher praktischer Relevanz. Im Einzelfall kann es sich auch anbieten, auf eine Angabe der Handelsregisternummer der Beklagtenpartei (falls vorhanden) im Schiedsspruch hinzuwirken, um im Falle späterer (ggf. auch gezielt vorgenommener) Firmenänderungen den richtigen Vollstreckungsschuldner ausfindig machen zu können.

8 **Begründung (§ 34 Abs. 3).** § 34 Abs. 3 schreibt vor, dass der Schiedsspruch zu begründen ist, soweit die Parteien nichts anderes vereinbart haben (vgl. Rz. 12), oder es sich um einen Schiedsspruch mit vereinbartem Wortlaut i.S.d. § 32 Abs. 2 handelt. Letzteres ist jährlich durchschnittlich bei ca. 30 % der DIS-Verfahren der Fall. Mit welcher Tiefe ein Schiedsspruch zu begründen ist, geht aus § 34 Abs. 3 nicht hervor. Eine Begründung sollte jedoch zumindest eine Nachvollziehbarkeit und Erläuterung einer jeden Entscheidung im Tenor des Schiedsspruchs enthalten und sich idealiter auch so mit den Argumenten der Parteien auseinandersetzen, dass – insbesondere für die unterlegene Partei – nachvollziehbar ist, warum sie mit ihrem Sach- und/oder Rechtsvortrag nicht durchgedrungen ist.

Datum des Schiedsspruchs und Schiedsort (§ 34 Abs. 4). Im Schiedsspruch ist das Datum des Schiedsspruchs (im Falle eines Dreierschiedsgerichts ist dies das Datum der letzten Unterschrift), an dem er erlassen wurde, sowie der nach § 21 von den Parteien oder dem Schiedsgericht bestimmte Schiedsort (in aller Regel ist dies nicht der Ort der Unterschrift) anzugeben. Die in § 34 Abs. 4 Satz 2 normierte Fiktion, dass der Schiedsspruch an dem angegebenen Tag und Schiedsort als erlassen gilt, dient der Rechtssicherheit. Die Fiktion, dass der Schiedsspruch als an diesem Schiedsort als erlassen gilt, legt fest, ob es sich um einen in- oder ausländischen Schiedsspruch handelt (vgl. § 1025 ZPO), welches Gericht für die Überprüfung desselben innerhalb welcher Fristen anzurufen ist (§§ 1059 Abs. 3, 1062 ZPO) und nach welchen Vorschriften diese Überprüfung zu erfolgen hat (vgl. §§ 1059–1061 ZPO). 9

Sonstige Angaben. Über die in § 34 normierten Mindestanforderungen hinaus enthält ein DIS-Schiedsspruch in aller Regel die Wiedergabe der Schiedsvereinbarung (und ggf. auch der Rechtswahlklausel), Ausführungen zum Verlauf des Schiedsverfahrens sowie zu dem der Entscheidung zugrunde liegenden Sachverhalt und den diesbezüglichen Vortrag der Parteien nebst Anträgen. Darüber hinaus hat ein Schiedsspruch im Hinblick auf spätere ggf. erforderliche Zwangsvollstreckungsmaßnahmen den Tenor der Entscheidung (Urteilsformel) anzugeben. Gleichzeitig erleichtert dies die Überprüfung eines Schiedsspruchs durch ein staatliches Gericht im Rahmen eines Vollstreckbarerklärungs- oder Aufhebungsverfahrens. Um die Zulässigkeit möglicher Einwendungen des Schuldners gegen den im Schiedsspruch festgestellten Anspruch (im Rahmen eines Vollstreckbarerklärungsverfahrens oder im Rahmen der Zwangsvollstreckung) bewerten zu können, empfiehlt es sich, auch den Tag der letzten mündlichen Verhandlung in dem Schiedsspruch festzuhalten (vgl. § 767 Abs. 2 ZPO: „[Einwendungen] *sind nur insoweit zulässig, als die Gründe auf denen sie beruhen, erst nach dem Schluss der mündlichen Verhandlung [...] entstanden sind und durch Einspruch nicht mehr geltend gemacht werden können.*"). 10

E. Abweichende Parteivereinbarungen

Abweichungen von § 34 Abs. 1, 2 und 4. Abweichende Parteivereinbarungen sind nur dann zulässig, wenn sie über die Mindesterfordernisse in § 34 Abs. 1, 2 und 4 hinausgehen. 11

Abweichungen von § 34 Abs. 3. Das in § 34 Abs. 3 normierte Begründungserfordernis können die Parteien abbedingen (Abs. 3: „[...] *soweit* 12 *die Parteien nichts anderes vereinbart haben"*). Aus einer solchen Parteivereinbarung kann in aller Regel jedoch nicht geschlossen werden, dass die Parteien auf eine gerichtliche Überprüfung des Schiedsspruchs gänzlich verzichten wollen (str.).

§ 35: Kostenentscheidung

(1) Sofern die Parteien nichts anderes vereinbart haben, hat das Schiedsgericht in dem Schiedsspruch auch darüber zu entscheiden, welche Partei die Kosten des schiedsrichterlichen Verfahrens einschließlich der den Parteien erwachsenen und zur zweckentsprechenden Rechtsverfolgung notwendigen Kosten zu tragen hat.

(2) Grundsätzlich hat die unterliegende Partei die Kosten des schiedsrichterlichen Verfahrens zu tragen. Das Schiedsgericht kann unter Berücksichtigung der Umstände des Falles, insbesondere wenn jede Partei teils obsiegt, teils unterliegt, die Kosten gegeneinander aufheben oder verhältnismäßig teilen.

(3) Soweit die Kosten des schiedsrichterlichen Verfahrens feststehen, hat das Schiedsgericht auch darüber zu entscheiden, in welcher Höhe die Parteien diese zu tragen haben. Ist die Festsetzung der Kosten unterblieben oder erst nach Beendigung des schiedsrichterlichen Verfahrens möglich, wird hierüber in einem gesonderten Schiedsspruch entschieden.

(4) Absätze 1, 2 und 3 gelten entsprechend, wenn sich das Verfahren in der Hauptsache ohne Schiedsspruch erledigt hat, sofern die Parteien sich nicht über die Kosten geeinigt haben.

Regelungsschwerpunkte: Abs. 1–3 Das Schiedsgericht hat am Ende des Verfahrens nicht nur über den Kostengrund, sondern auch über die Kostenhöhe zu entscheiden. → Rz. 6–23; **Abs. 4** Eine Kostenentscheidung hat auch dann zu ergehen, wenn das Schiedsverfahren in der Hauptsache nicht durch einen endgültigen Schiedsspruch, sondern durch einen Beschluss (z.B. infolge einer Klagerücknahme oder eines Vergleichs) beendet wird und sich die Parteien nicht über die Kosten verständigt haben. → Rz. 25–26

§ 35 DIS-SchO Kostenentscheidung

Inhalt

A. Normzweck 1	III. Parteikosten 13
B. Verhältnis zu § 1057 ZPO ... 3	IV. Sonstige Kosten 19
C. Vergleich mit den im staatlichen Verfahren geltenden Vorschriften 4	E. Verteilung der Kosten (Abs. 2) 20
	F. Verzinsung der Kosten 22
D. Gegenstand der Kostenentscheidung (Abs. 1 und Abs. 3) 6	G. Kostenentscheidung in einem gesonderten Kostenschiedsspruch (Abs. 3 und Abs. 4).... 24
I. Kosten des Schiedsgerichts .. 7	H. Abweichende Parteivereinbarungen 26
II. DIS-Bearbeitungsgebühr..... 10	

Veröffentlichungen der DIS-Hauptgeschäftsstelle: Kosten im Schiedsgerichtsverfahren, DIS – MAT X (2005).
Literatur: *Bühler*, Awarding Costs in International Commercial Arbitration, ASA Bulletin, Vol. 22 No. 2 (2004) S. 249 ff.; *Flecke/Giammarco/Keller*, Die Auswirkung der Wahl des Schiedsorts auf den Fortgang des Schiedsverfahrens in der Insolvenz, NZI 2012, S. 529 ff.; *Gerstenmaier*, Zur Verzinslichkeit von Kostenerstattungsforderungen im Schiedsverfahren, SchiedsVZ 2012, S. 1 ff.; *Hanotiau*, The Parties' Costs of Arbitration, in: ICC Institute of World Business Law, Evaluation of Damages in International Arbitration, (2006), S. 213 ff.; *Karrer*, Naives Sparen birgt Gefahren – Kostenfragen aus Sicht der Parteien und des Schiedsgerichts, SchiedsVZ 2006, S. 113 ff.; *Risse/Altenkirch*, Kostenerstattung im Schiedsverfahren: fünf Probleme aus der Praxis, SchiedsVZ 2012, S. 5 ff.; *Schwenzer*, Rechtsverfolgungskosten als Schaden?, in: Gauch/Werro/Pichonnaz, Mélanges en l'honneur de Pierre Tercier (2008), S. 417 ff.; *Sessler*, Reducing Costs in Arbitration – The Perspective of In-house Counsel, SchiedsVZ 2012, S. 15 ff.; *Thiel/Pörnbacher*, Kostenentscheidungen und Kompetenz des Schiedsgerichts – Probleme aus der Praxis, SchiedsVZ 2007, S. 295 ff.

A. Normzweck

§ 35 stellt klar, dass am Ende eines Schiedsverfahren feststehen muss, welche Partei in welcher Höhe die damit verbundenen Kosten zu tragen hat. Endet ein Schiedsverfahren mit einem endgültigen Schiedsspruch (vgl. § 39 Abs. 1), normiert die Vorschrift die Befugnis und auch die Pflicht des Schiedsgerichts (Abs. 1: „[...] hat das Schiedsgericht"), auch eine Entscheidung über die Kosten des schiedsrichterlichen Verfahrens zu treffen. 1

Eine Kostenentscheidung hat auch dann zu ergehen, wenn das Schiedsverfahren in der Hauptsache nicht durch einen endgültigen Schiedsspruch, sondern durch einen Beschluss (z.B. infolge einer Klagerück- 2 nahme oder eines Vergleichs) beendet wird (vgl. § 39 Abs. 2) und sich die Parteien nicht über die Kosten verständigt haben (Abs. 4).

B. Verhältnis zu § 1057 ZPO

3 § 35 DIS-SchO regelt die Kostenentscheidung abschließend. Für die in weiten Teilen § 35 DIS-SchO entsprechende Vorschrift des § 1057 ZPO bleibt daher kein Raum.

C. Vergleich mit den im staatlichen Verfahren geltenden Vorschriften

4 **Gemeinsamkeiten.** Die Kostenentscheidung im Schiedsverfahren regelt, wie in staatlichen Verfahren, nur, inwieweit die Parteien in ihrem Verhältnis zueinander verpflichtet sind, die Kosten des Verfahrens zu tragen. Sie gewährt keinem Dritten, auch nicht dem Schiedsgericht oder den Verfahrensbevollmächtigten, einen Anspruch gegen eine oder mehrere Parteien.

5 **Unterschiede.** Von der Kostenentscheidung im staatlichen Verfahren unterscheidet sich die Kostenentscheidung nach § 35 DIS-SchO insofern, als das Schiedsgericht nicht nur über den **Kostengrund**, sondern auch über die **Kostenhöhe** zu entscheiden hat (Abs. 3). Im staatlichen Verfahren wird der in der Kostengrundentscheidung noch unbestimmte Betrag der zu erstattenden Kosten hingegen regelmäßig erst im Kostenfestsetzungsverfahren nach §§ 103 ff. ZPO ermittelt und festgesetzt. Darüber hinaus hat das Schiedsgericht, anders als in Verfahren vor staatlichen Gerichten (vgl. § 91 Abs. 1 Satz 1 ZPO), der unterliegenden Partei nicht automatisch die Kosten des Verfahrens aufzuerlegen. Vielmehr kann es bei der Entscheidung über die Verteilung der Kosten nach seinem pflichtgemäßen Ermessen und unter Berücksichtigung der Umstände des Einzelfalls die Kosten entweder gegeneinander aufheben oder verhältnismäßig teilen (Abs. 2). Eine § 104 Abs. 1 Satz 2 ZPO entsprechende Regelung, welche die Möglichkeit der Verzinsung eines prozessualen Kostenerstattungsanspruchs vorsieht, enthält weder die DIS-SchO noch die §§ 1025 ff. ZPO. Gleichwohl können Kostenerstattungsansprüche unter bestimmten Voraussetzungen auch verzinst werden (vgl. Rz. 22).

D. Gegenstand der Kostenentscheidung (Abs. 1 und Abs. 3)

6 Gegenstand der Kostenentscheidung nach § 35 Abs. 1 und Abs. 3 sind die Kosten des Schiedsgerichts, die Verwaltungsgebühr der DIS (sog.

„DIS-Bearbeitungsgebühr"), die den Parteien erwachsenen Rechtsverfolgungskosten sowie die sonstigen im Zusammenhang mit dem Schiedsverfahren entstandenen Kosten.

I. Kosten des Schiedsgerichts

Umfang. Zu den Kosten des Schiedsgerichts zählen nach § 40 Abs. 1 Satz 1 die **Honorare** und die **Auslagen der Schiedsrichter**, jeweils zzgl. ggf. anfallender Umsatzsteuer (vgl. hierzu *Risse/Meyer-Burow*, SchiedsVZ 2009, 326 ff.; vgl. ferner *Konrad/Gurtner*, Die Umsatzsteuer im Schiedsverfahren [2009]). 7

Höhe. Die Höhe der Honorare bemisst sich dabei nach dem vom Schiedsgericht nach pflichtgemäßem Ermessen festgesetzten Streitwert des Verfahrens (§ 40 Abs. 2, Abs. 5 i.V.m. der Anlage zu § 40 Abs. 5, die Bestandteil der DIS-SchO ist, vgl. auch § 40 Rz. 5). Die Erstattungsfähigkeit der dem Schiedsgericht entstandenen Auslagen bemisst sich, soweit das Schiedsgericht mit den Parteien nichts anderes vereinbart hat, nach den von der DIS erstellten Richtlinien in der bei Verfahrensbeginn gültigen Fassung (Nr. 16 der Anlage zu § 40 Abs. 5; vgl. auch § 40 Rz. 10). 8

Tenorierung. Da das Honorar und die Auslagen des Schiedsgerichts in aller Regel von den Parteien im Wege von Vorschusszahlungen verauslagt werden (§ 25), ist die konkrete Höhe der Kosten des Schiedsgerichts nur dann im Schiedsspruch zu tenorieren, wenn eine Partei von der anderen Partei die Erstattung dieser Kosten oder zumindest eines Teils hiervon beanspruchen kann. Dies ist etwa dann der Fall, wenn die Klägerpartei obsiegt und somit einen Anspruch gegen die Beklagtenpartei auf Erstattung ihres Vorschussanteils hat. Reichen die von den Parteien geleisteten Kostenvorschüsse zur Deckung der Kosten des Schiedsgerichts nicht aus, kann das Schiedsgericht die Parteien im Schiedsspruch nicht zur Zahlung des noch offenen Betrags verurteilen (vgl. § 25 Rz. 16). Vielmehr wird das Schiedsgericht in aller Regel noch vor Erlass des Schiedsspruchs den Kostenvorschuss von den Parteien hälftig nachfordern. 9

II. DIS-Bearbeitungsgebühr

Umfang. Die DIS kann die DIS-Bearbeitungsgebühr separat für die Klage und Widerklage beanspruchen (vgl. §§ 7, 11, 40 Abs. 4, jeweils zzgl. Umsatzsteuer). 10

11 **Höhe.** Die Höhe der DIS-Bearbeitungsgebühr richtet sich, wie die Honorare der Schiedsrichter, nach dem Streitwert des Verfahrens (§ 40 Abs. 5 i.V.m. Nr. 18 der Anlage zu § 40 Abs. 5, die Bestandteil der DIS-SchO ist, vgl. auch § 40 Rz. 12 f.).

12 **Tenorierung.** Da die DIS-Bearbeitungsgebühr regelmäßig nur von einer Partei gezahlt wird (§§ 7, 11), hat die Kostenentscheidung auch den einer Partei ggf. zustehenden Anspruch auf Erstattung der jeweils verauslagten DIS-Bearbeitungsgebühr zu berücksichtigen.

III. Parteikosten

13 Über die den Parteien im Verlauf oder bei Einleitung des Schiedsverfahrens entstandenen Kosten hat das Schiedsgericht ebenfalls zu entscheiden, soweit diese *„zur zweckentsprechenden Rechtsverfolgung* [notwendig]" waren (Abs. 1). Als zur zweckentsprechenden Rechtsverfolgung (bzw. Rechtsverteidigung) notwendig und damit als erstattungsfähig angesehen werden diejenigen Maßnahmen, die eine verständige Schiedspartei bei der Führung des Rechtsstreits in dieser Lage *ex ante* als sachdienlich erachten durfte (vgl. die umfangreiche Rechtsprechung zu der in staatlichen Verfahren geltenden Vorschrift in § 91 Abs. 1 Satz 1 ZPO).

14 **Umfang und Höhe.** Zu den notwendigen Rechtsverfolgungskosten zählen die für die sachgemäße Vorbereitung und Einleitung des Schiedsverfahrens angefallenen **Kosten der anwaltlichen Vertretung**, die in einem Schiedsverfahren regelmäßig den größten Kostenfaktor bilden. Dies gilt nach mittlerweile vorherrschender Auffassung unabhängig davon, ob die anwaltliche Vergütung etwa auf Grundlage des deutschen Rechtsanwaltsvergütungsgesetzes (vgl. § 36 Nr. 1 RVG) oder nach Stundenaufwand erfolgt ist, selbst wenn sie über den gesetzlich vorgesehenen Rahmen hinausgeht (vgl. zuletzt OLG München v. 11.4.2012 – 34 Sch 21/11, SchiedsVZ 2012, 156; vgl. ferner *von Bernuth*, SchiedsVZ 2013, 212 ff.; *Risse/Altenkirch*, SchiedsVZ 2012, 5 [9 ff.]). Für einen substantiierten Vortrag der angefallenen Kosten genügt insoweit regelmäßig die Vorlage der Deckblätter der Anwaltsrechnungen, wenn diese die beteiligten Anwälte sowie deren Stundenzahl und Stundensätze benennen und in ihrer Gesamtheit die angegebene Höhe der Anwaltskosten ergeben.

15 Auch die **Kosten einer Doppelvertretung**, d.h. der Vertretung in einem Schiedsverfahren durch mehrere Anwälte unterschiedlicher Kanzleien, können zur zweckentsprechenden Rechtsverfolgung bzw. -verteidigung notwendig und somit (ggf. unter Abzug der angefallenen Koordinations-

leistungen) erstattungsfähig sein. Eine Doppelvertretung wird insbesondere in Fällen angezeigt sein, in denen verschiedene Rechtsordnungen anwendbar sind oder das anwendbare Schiedsverfahrensrecht (*lex arbitri*) und das materielle Recht divergieren.

Die Frage, ob und wenn ja, in welchem Umfang **Kosten für Syndikusanwälte**, d.h. die in einem Unternehmen mit eigener Rechtsabteilung für die sachgemäße Vorbereitung und Durchführung des Schiedsverfahrens angefallenen Kosten nach § 35 Abs. 1 erstattungsfähig sind, ist noch nicht abschließend geklärt (vgl. auch Art. 37 ICC-SchO Rz. 32). Für die generelle Erstattungsfähigkeit dieser Kosten neben den Kosten für externe Anwälte spricht, dass vor allem die Aufbereitung des Sachverhalts in vielen Fällen nicht ohne die Zuarbeit der Syndikusanwälte (und auch anderer unternehmensinterner Mitarbeiter) erfolgen kann. Ferner sollte es einem Unternehmen nicht zum Nachteil gereichen, wenn es sich dafür entscheidet, die tatsächliche und rechtliche Aufbereitung des Falles nicht vollständig an externe Anwälte zu vergeben, sondern zumindest teilweise auch durch eigene Mitarbeiter vornehmen zu lassen (vgl. u.a. ICC-Schiedsspruch 6564, ICC Court Bulletin, Vol. 4 Nr. 1 [1993]). Für die Erstattungsfähigkeit der Kosten für Syndikusanwälte kommt es in jedem Fall aber entscheidend darauf an, ob diese Kosten in der geltend gemachten Höhe auch nachweislich für das Schiedsverfahren angefallen sind. Insoweit empfiehlt es sich, von Beginn des Schiedsverfahrens an die hierfür aufgewandten Stunden zu erfassen. Werden für das Schiedsverfahren, wie häufig, keine Stundensätze des Syndikusanwalts unternehmensintern in Ansatz gebracht, können diese durch einen kalkulatorischen Stundensatz berechnet werden. Nicht abschließend geklärt ist weiterhin die Frage, ob auch **sonstige Inhouse-Kosten**, die unternehmensintern für die Vorbereitung und Durchführung des Schiedsverfahrens angefallen sind, nach § 35 erstattungsfähig sind (wie etwa der Zeit- und Kostenaufwand für die Vorbereitung und Teilnahme an mündlichen Verhandlungen einschließlich der Zeugenvernehmung von Unternehmensmitarbeitern) oder ob diese Aufwendungen allenfalls im Wege eines Schadenersatz- bzw. Aufwendungsersatzanspruchs aus Vertrag (und dann nur von dem obsiegenden Gläubiger!) geltend gemacht werden können (vgl. *Bühler*, ASA Bulletin, Vol. 22 No. 2 [2004], 249 [274] m.w.N.). Der Einwand, dass solche Kosten aufgrund der Festanstellung der Mitarbeiter unabhängig vom Schiedsverfahren angefallen sind (sog. „Sowieso"-Kosten) und somit zu den allgemeinen Geschäftskosten eines Unternehmens gehören, greift jedenfalls dann nicht durch, wenn das Unternehmen diesen Zeitaufwand nachweislich in andere Projekte hätte investieren können.

16

17 Gerade in internationalen Schiedsverfahren geben die Parteien häufig eigene Privatgutachten zu bestimmten Sachverhalts- oder Rechtsfragen in Auftrag. Die damit verbundenen **Kosten für Parteisachverständige** können ebenfalls tauglicher Gegenstand der Kostenentscheidung nach § 35 sein. Dies setzt jedoch voraus, dass das Privatgutachten gerade mit Rücksicht auf das konkrete Schiedsverfahren in Auftrag gegeben wurde und eine verständige und wirtschaftlich vernünftige Partei die Kosten auslösende Maßnahme *ex ante* als sachdienlich ansehen durfte. Dies ist insbesondere dann der Fall, wenn eine Partei ohne das Privatgutachten nicht zu einem sachgerechten Vortrag in der Lage wäre (vgl. BGH v. 24.4.2012 – VIII ZB 27/11) bzw. es um Rechtsfragen einer ausländischen Rechtsordnung geht, die mit Hilfe der externen Anwälte nicht beantwortet werden können.

18 **Vorprozessuale Parteikosten**, d.h. Kosten, die einer Partei bereits *vor* Einleitung des Schiedsverfahrens entstanden sind und noch nicht zur notwendigen Vorbereitung des Schiedsverfahrens zählen (z.B. Anwaltskosten oder In-House-Kosten für die außergerichtliche Geltendmachung von Ansprüchen oder für die Vorbereitung von Vergleichsverhandlungen sowie vorprozessual erstattete Privatgutachten), sind nicht tauglicher Gegenstand der Kostenentscheidung nach § 35. Nach wohl überwiegender Auffassung zum deutschen Recht können diese Kosten jedoch von der obsiegenden Klägerpartei (nicht jedoch von der obsiegenden Beklagtenpartei!) bei Vorliegen eines materiell-rechtlichen Kostenersatzanspruchs, etwa im Wege des Schadensersatzes, verlangt werden.

IV. Sonstige Kosten

19 Als weitere Kosten des schiedsrichterlichen Verfahrens können insbesondere Kosten für die **Protokollierung** einer oder mehrerer mündlichen Verhandlungen anfallen, die je nach Art der Protokollierung (z.B. Wortprotokoll oder zusammenfassendes Kurzprotokoll) erheblich divergieren können. Zu denken ist ferner an Kosten für die Anmietung von **Räumlichkeiten** und für die Einschaltung eines **Sekretärs des Schiedsgerichts** sowie an Kosten (Honorar und Auslagen) eines **parteibenannten** oder **vom Schiedsgericht bestellten Sachverständigen** (vgl. § 27 Abs. 2). Das Schiedsgericht wird in aller Regel in Abstimmung mit den Parteien in einer verfahrensleitenden Verfügung eine Regelung darüber treffen, dass die Parteien zumindest die für die Anfertigung eines Wortprotokolls und die Beauftragung eines Sachverständigen anfallenden Kosten zunächst hälftig tragen.

E. Verteilung der Kosten (Abs. 2)

Die Entscheidung des Schiedsgerichts, welche Partei die Kosten des schiedsrichterlichen Verfahrens zu tragen hat, hat nach pflichtgemäßem Ermessen zu erfolgen. Dieses Ermessen wird in § 35 Abs. 2 Satz 1 lediglich dahingehend eingegrenzt, dass das Schiedsgericht grundsätzlich der unterliegenden Partei die Kosten des Verfahrens auferlegen soll. 20

Das Schiedsgericht kann von diesem Grundsatz unter Berücksichtigung der besonderen Umstände des Falles abweichen und die Kosten gegeneinander aufheben oder verhältnismäßig teilen. Dies kommt etwa dann in Betracht, wenn jede Partei teils obsiegt, teils unterliegt (vgl. § 35 Abs. 2 Satz 2: *„insbesondere [...]"*), z.B. in Bezug auf eine Klage und eine Widerklage, oder wenn eine Partei zwar in der Hauptsache obsiegt, aber durch obstruktives Verhalten (z.B. als Beklagtenpartei) das Verfahren erheblich in die Länge gezogen hat. Die Kostenentscheidung kann daher im Einzelfall auch eine sanktionierende Wirkung zeitigen (vgl. § 33 Rz. 6). 21

F. Verzinsung der Kosten

Grundsatz. Zinsen auf Kosten, die einer Partei im Laufe des schiedsrichterlichen Verfahrens erwachsen und von der anderen Partei zu erstatten sind, können (jedenfalls nach deutschem Recht) nur auf Antrag (*ne ultra petita*, vgl. § 32 Abs. 2) bzw. bei entsprechender Parteivereinbarung zugesprochen werden (zur den in Betracht kommenden Zinssätzen, vgl. *Gerstenmaier*, SchiedsVZ 2012, 1 [4]). 22

Fälligkeit. Fällig wird ein prozessualer Kostenerstattungsanspruch und damit auch dessen Verzinsung regelmäßig erst mit Erlass des Schiedsspruchs bzw. der darin gesetzten Zahlungsfrist. Ein materiell-rechtlicher Kostenerstattungsanspruch und damit auch dessen Verzinsung (einschließlich der Verzinsung eines von einer der Parteien verauslagten Kostenvorschussanteils, dessen Zahlung die andere Partei verweigert hatte) kann hingegen schon vor Übersendung des Schiedsspruchs fällig werden. 23

G. Kostenentscheidung in einem gesonderten Kostenschiedsspruch (Abs. 3 und Abs. 4)

In den meisten Fällen enthält der endgültige Schiedsspruch nicht nur eine Entscheidung zum Kostengrund (§ 35 Abs. 1), sondern auch zur Kostenhöhe (§ 35 Abs. 3 Satz 1). Denn das Schiedsgericht wird die Parteien 24 vor Erlass desselben in aller Regel zur Mitteilung der ihnen jeweils entstandenen Kosten auffordern, um die Kosten des schiedsrichterlichen Verfahrens festsetzen zu können. Bei **unterbliebener Kostenfestsetzung** (§ 35 Abs. 3 Satz 2 Alt. 1) sowie bei einer im Zeitpunkt des Erlass des endgültigen Schiedsspruchs **noch nicht möglichen Kostenfestsetzung** (§ 35 Abs. 3 Satz 2 Alt. 1) bedarf es einer Ergänzung des endgültigen Schiedsspruchs, so dass die Kostenfestsetzung in einem gesonderten Kostenschiedsspruch zu erfolgen hat. Stehen die Parteikosten im Zeitpunkt des Erlass des endgültigen Schiedsspruchs nicht fest, ergibt sich jedoch aus der Kostengrundentscheidung des Schiedsgerichts von vornherein kein Kostenerstattungsanspruch für eine der Parteien (z.B. durch die Tenorierung, dass die Parteien die ihnen entstandenen Parteikosten im Zusammenhang mit dem Schiedsverfahren jeweils selbst zu tragen haben), besteht grundsätzlich kein Bedürfnis für eine gesonderte Festsetzung der Kosten des schiedsrichterlichen Verfahrens. In diesem Fall genügt nach ganz überwiegender Auffassung die Abrechnung über das Honorar und die Auslagen des Schiedsgerichts in Form einer verfahrensleitenden Verfügung. Etwas anderes gilt nur dann, wenn einer der Parteien ein Kostenerstattungsanspruch hinsichtlich des Schiedsrichterhonorars und/oder der DIS-Bearbeitungsgebühr zusteht.

25 Wird das Schiedsverfahren nicht durch einen endgültigen Schiedsspruch, sondern durch **Beschluss** beendet (vgl. § 39 Abs. 2), z.B. infolge einer Klagerücknahme oder eines Vergleichs, und haben sich die Parteien nicht über die Kosten geeinigt (und im Falle eines Vergleichs nicht den Erlass eines Schiedsspruchs mit vereinbartem Wortlaut beantragt, § 32 Abs. 2), hat das Schiedsgericht ebenfalls einen Kostenschiedsspruch zu erlassen. Dieser beinhaltet dann sowohl eine Entscheidung zum Kostengrund (Abs. 4 i.V.m. Abs. 1 und Abs. 2) als auch eine Entscheidung zur Kostenhöhe (Abs. 4 i.V.m. Abs. 3).

H. Abweichende Parteivereinbarungen

26 Den Parteien steht es frei, in ihrer Schiedsvereinbarung oder im Laufe des Schiedsverfahrens von § 35 abweichende Parteivereinbarungen zu treffen. Dies gilt gleichermaßen für den Gegenstand der Kostenentscheidung (Abs. 1), die Verteilung der Kosten (Abs. 2) sowie für die Höhe der erstattungsfähigen Kosten (Abs. 3). Entsprechende Parteivereinbarungen sind auch zu berücksichtigen, wenn sich das Verfahren in der Hauptsache ohne Schiedsspruch erledigt hat und eine Kostenentscheidung in einem gesonderten Kostenschiedsspruch gefällt werden muss (Abs. 4).

So können die Parteien beispielsweise vereinbaren, dass ein Schiedsgericht bei der Entscheidung über die Verteilung der Kosten nach § 35 Abs. 2 DIS-SchO an die Bestimmungen der ZPO (§§ 91 ff. ZPO) gebunden sein soll. Darüber hinaus können die Parteien die Regelung in § 35 Abs. 3 DIS-SchO dahingehend modifizieren, dass jede Partei ihre eigenen Kosten selbst zu tragen hat (sog. *„american rule"*) und die Kosten des Schiedsgerichts und die DIS-Bearbeitungsgebühr geteilt werden. Schließlich können die Parteien auch im Hinblick auf die Regelung in § 35 Abs. 3 DIS-SchO vereinbaren, dass die Parteikosten nur bis zur Höhe der nach dem Rechtsanwaltsvergütungsgesetzes (RVG) vorgesehenen Gebühren und Auslagen erstattungsfähig sind. 27

§ 36: Übersendung des Schiedsspruchs

(1) Das Schiedsgericht hat eine ausreichende Anzahl von Urschriften des Schiedsspruches anzufertigen. Der DIS-Geschäftsstelle ist ein Exemplar zum Verbleib sowie die notwendige Anzahl für die Übersendung an die Parteien unverzüglich zur Verfügung zu stellen.

(2) Die DIS-Geschäftsstelle übersendet den Parteien je eine Urschrift des Schiedsspruchs.

(3) Die Übersendung an die Parteien kann solange unterbleiben, bis die Kosten des schiedsrichterlichen Verfahrens an das Schiedsgericht und die DIS vollständig bezahlt worden sind.

Regelungsschwerpunkte: Die Vorschrift regelt die Voraussetzungen und Modalitäten der Übersendung des Schiedsspruchs an die Parteien. → Rz. 7–12

Mit Übersendung des Schiedsspruchs beginnen die „Rechtsmittelfristen" zu laufen und endet die schiedsrichterliche Entscheidungskompetenz sowie die verfahrensadministrierende Tätigkeit der DIS. → Rz. 13–14

Kostenaspekte: Das Nichtbefolgen eines Schiedsspruchs kann mit hohen Folgekosten, u.a. im Vollstreckbarerklärungs- sowie im Zwangsvollstreckungsverfahren verbunden sein.

§ 36 DIS-SchO — Übersendung des Schiedsspruchs

Inhalt

A. Normzweck 1	F. Modalitäten der Übersendung des Schiedsspruchs 10
B. Verhältnis zu § 1054 Abs. 4 ZPO 2	G. Wirkungen der Übersendung des Schiedsspruchs 13
C. Vergleich mit den im staatlichen Verfahren geltenden Vorschriften 3	H. Abweichende Parteivereinbarungen 15
D. Anwendungsbereich 5	
E. Voraussetzungen für die Übersendung des Schiedsspruchs 7	

Veröffentlichungen der DIS-Hauptgeschäftsstelle: Der Schiedsspruch, DIS – MAT IX (2002).

A. Normzweck

1   Die Bestimmungen in § 36 regeln das Verfahren der Übersendung des Schiedsspruchs. Die (formlose) Übersendung erfolgt durch die DIS-Geschäftsstelle und bezweckt die Bekanntgabe des Schiedsspruchs an die Parteien und damit die Möglichkeit zur Kenntnisnahme vom Inhalt der schiedsrichterlichen Entscheidung.

B. Verhältnis zu § 1054 Abs. 4 ZPO

2   Die Parallelnorm des deutschen Schiedsverfahrensrechts in § 1054 Abs. 4 ZPO hat im Rahmen eines DIS-Schiedsverfahrens keine praktische Bedeutung, d.h., sie wird durch die Vereinbarung der DIS-SchO wirksam abbedungen.

C. Vergleich mit den im staatlichen Verfahren geltenden Vorschriften

3   In staatlichen Verfahren erfolgt die (förmliche) Bekanntgabe eines Schriftstückes (nicht notwendigerweise eines Urteils) im Wege der Zustellung. In der Regel erfolgt die Zustellung von Amts wegen.

4   **Zustellungen im Inland** folgen den Regelungen der §§ 166 ff. ZPO. **Zustellungen in das EU-Ausland** richten sich nach der EG-Zustellungsverordnung (VO EG Nr. 1393/2007 des Rates vom 13.11.2007 über die Zustellung gerichtlicher und außergerichtlicher Schriftstücke in Zivil- oder Handelssachen in den Mitgliedstaaten) und **sonstige Auslands-**

zustellungen nach dem Haager Übereinkommen vom 15.11.1965 über die Zustellung gerichtlicher und außergerichtlicher Schriftstücke im Ausland in Zivil- und Handelssachen.

D. Anwendungsbereich

§ 36 gilt für **alle Arten von Schiedssprüchen** (u.a. **End-, Teil- oder Zwischenschiedsspruch**; zur Abgrenzung zwischen einem Schiedsspruch und anderen Entscheidungen des Schiedsgerichts vgl. § 33 Rz. 20). Hierunter fallen auch **Schiedssprüche mit vereinbartem Wortlaut** gemäß § 32 Abs. 2, Zwischenentscheidungen des Schiedsgerichts zum anwendbaren Recht oder zum Anspruchsgrund – sog. „**Zwischenschiedsspruch**" – sowie (zumindest in entsprechender Anwendung) die eigene Zuständigkeit bejahende sog. „**Zwischenentscheide**" i.S.v. § 1040 Abs. 3 Satz 1 ZPO (str.). 5

Über den Wortlaut hinaus findet § 36 auch auf **Beendigungsbeschlüsse des Schiedsgerichts** (§ 39 Abs. 2) sowie auf **Entscheidungen des Schiedsgerichts über die Ablehnung eines Schiedsrichters** (§ 18 Abs. 2 Satz 3) Anwendung (*Bredow/Mulder* in Böckstiegel/Kröll/Nacimiento, Arbitration in Germany, S. 782). Die Regelung gilt jedoch nicht für verfahrensleitende Maßnahmen und Verfügungen des Schiedsgerichts bzw. für die Anordnung von Sicherungsmaßnahmen oder vorläufigen Maßnahmen. Das Schiedsgericht hat jedoch die Möglichkeit, die DIS um die Übersendung solcher Entscheidungen zu bitten. 6

E. Voraussetzungen für die Übersendung des Schiedsspruchs

Übermittlung von Urschriften an die DIS-Geschäftsstelle (Abs. 1). Nach § 36 Abs. 1 Satz 2 hat das Schiedsgericht der DIS-Geschäftsstelle zunächst die notwendige Anzahl von Originalen des Schiedsspruch für die Übersendung an die Parteien zur Verfügung zu stellen. 7

Erfüllung der Formerfordernisse (§ 34). Eine Übersendung des Schiedsspruchs durch die DIS-Geschäftsstelle erfolgt erst, wenn er den Formerfordernissen des § 34 genügt (vgl. § 34 Rz. 5 ff.). Die DIS-Geschäftsstelle nimmt insoweit eine nicht formalisierte Prüfung des Schiedsspruchs vor (vgl. *Bredow/Mulder* in Böckstiegel/Kröll/Nacimiento, Arbitration in Germany, S. 783), die bisweilen auch dazu führen kann, dass das Schiedsgericht um Änderungen in der Form (Angaben zu den Parteien und Parteivertretern, Datum des Schiedsspruchs, Unterschriften) und damit um eine erneute Übermittlung des Schiedsspruchs gebeten wird. 8

9 **Vollständige Zahlung der Kosten des schiedsrichterlichen Verfahrens (Abs. 3).** Die DIS-Geschäftsstelle wird in der Regel die Übersendung des Schiedsspruchs auf entsprechenden Hinweis des Schiedsgerichts ferner davon abhängig machen, dass die Parteien (oder zumindest eine der Parteien) die Kosten des schiedsrichterlichen Verfahrens an das Schiedsgericht und die DIS vollständig bezahlt haben. Die Regelung bezieht sich zum einen auf die **DIS-Bearbeitungsgebühr**, die an sich bereits mit Einreichung der Klage bzw. Widerklage an die DIS zu zahlen ist (§§ 7 Abs. 1, 11 Abs. 1, 40 Abs. 4), sich aber infolge einer Streitwerterhöhung erhöhen kann (hiervon erfährt die DIS nicht selten erst bei der Durchsicht des Schiedsspruchs). Zum andern erfasst die Regelung die **Honorare und Auslagen der Schiedsrichter**. Nicht erfasst sind andere Kosten, die im Zusammenhang mit dem Schiedsverfahren anfallen können und Dritten (z.B. Kosten im Zusammenhang mit einer mündlichen Verhandlung) geschuldet sind.

F. Modalitäten der Übersendung des Schiedsspruchs

10 **Übersendender.** Nach § 36 Abs. 2 erfolgt die Übersendung des Schiedsspruchs durch die DIS-Geschäftsstelle (und nicht durch das Schiedsgericht, vgl. aber Rz. 15).

11 **Empfänger.** Die Übersendung des Schiedsspruchs erfolgt an die letztbekannte Adresse der jeweiligen Partei oder ihres Vertreters, so wie sie vom Empfänger oder gegebenenfalls der anderen Partei mitgeteilt worden ist (§ 5 Abs. 2). Sind die Parteien anwaltlich vertreten, erfolgt die Übersendung regelmäßig an die jeweiligen Verfahrensbevollmächtigten (§ 5 Abs. 5).

12 **Zeitpunkt und Art der Übersendung.** Die DIS-Geschäftsstelle veranlasst die Übersendung des Schiedsspruchs an beide Parteien gleichzeitig, d.h. am selben Tag. Die Übersendung erfolgt entweder durch Kurierdienst (bei direkter Übersendung an die Parteien) oder per Post nebst Vordruck eines schriftlichen Empfangsbekenntnisses (bei Übersendung an die Verfahrensbevollmächtigten), um auf diese Weise den Empfang nachweisen zu können. Ist der Aufenthalt einer Partei oder einer zur Entgegennahme berechtigten Person unbekannt, gilt der Schiedsspruch an dem Tag als empfangen, an dem dieser an der letztbekannten Adresse hätte empfangen werden können (§ 5 Abs. 3).

G. Wirkungen der Übersendung des Schiedsspruchs

Beginn von „Rechtsmittel"-Fristen. Mit Empfang des Schiedsspruchs beginnt die Frist des § 37 Abs. 2 für die Beantragung eines Berichtigungs- oder Auslegungsverfahrens zu laufen. Das Datum des Empfangs des Schiedsspruchs ist ferner für die Berechnung etwaiger Fristen für die Geltendmachung von Aufhebungsgründen im Rahmen eines Aufhebungs- oder Vollstreckbarerklärungsverfahrens (vgl. z.B. §§ 1059 Abs. 3, 1060 Abs. 2 Satz 3 ZPO) maßgeblich. 13

Abschluss des Schiedsverfahrens. Mit Übersendung des endgültigen Schiedsspruchs (vgl. § 39 Abs. 1) endet die schiedsrichterliche Entscheidungskompetenz (mit Ausnahme der Befugnis des Schiedsgerichts zur Berichtigung und Auslegung des endgültigen Schiedsspruchs nach § 37 bzw. zum Erlass eines Kostenschiedspruchs) sowie die verfahrensadministrierende Tätigkeit der DIS. 14

H. Abweichende Parteivereinbarungen

Die Parteien können in Abweichung von § 36 vereinbaren, dass die Übersendung des Schiedsspruchs durch das Schiedsgericht (und nicht durch die DIS-Geschäftsstelle) zu erfolgen hat. Dies kann sich insbesondere in Fällen anbieten, in denen sich die Parteien während des schiedsrichterlichen Verfahrens vergleichen und das Schiedsgericht einen Schiedsspruch mit vereinbartem Wortlaut erlässt. 15

§ 37: Auslegung und Berichtigung eines Schiedsspruchs

(1) Jede Partei kann beim Schiedsgericht beantragen,
 – Rechen-, Schreib- und Druckfehler oder Fehler ähnlicher Art im Schiedsspruch zu berichtigen;
 – bestimmte Teile des Schiedsspruchs auszulegen;
 – einen ergänzenden Schiedsspruch über solche Ansprüche zu erlassen, die im schiedsrichterlichen Verfahren zwar geltend gemacht, im Schiedsspruch aber nicht behandelt worden sind.

(2) Sofern die Parteien keine andere Frist vereinbart haben, ist der Antrag innerhalb von 30 Tagen nach Empfang des Schiedsspruchs beim Schiedsgericht zu stellen. Der DIS-Geschäftsstelle ist ein Exemplar zu übersenden.

(3) Das Schiedsgericht soll über die Berichtigung oder Auslegung des Schiedsspruchs innerhalb von 30 Tagen und über die Ergänzung des Schiedsspruchs innerhalb von 60 Tagen entscheiden.
(4) Eine Berichtigung des Schiedsspruchs kann das Schiedsgericht auch ohne Antrag vornehmen.
(5) §§ 33, 34 und 36 sind auf die Berichtigung oder Ergänzung des Schiedsspruchs anzuwenden.

Regelungsschwerpunkte: Die Vorschrift stellt ein Verfahren zur Verfügung, mit dem
– bestimmte formale Unrichtigkeiten im Schiedsspruch durch Berichtigung korrigiert, → Rz. 9–28
– Ungereimtheiten des Schiedsspruchs durch Auslegung geklärt → Rz. 29–32
– und im Schiedsspruch nicht behandelte Ansprüche durch Ergänzung nachträglich behandelt werden können. → Rz. 33–37

Kostenaspekte: Da den Parteien durch die Stellung eines Antrags auf Berichtigung, Auslegung bzw. Ergänzung des Schiedsspruchs mit Ausnahme ihrer eigenen Kosten keine zusätzlichen Kosten entstehen, wird die Vorschrift gelegentlich dazu missbraucht, das Verfahren weiter in die Länge zu ziehen.

Inhalt

A. Normzweck 1	III. Berichtigung durch das Schiedsgericht „von sich aus" (Abs. 4) 25
B. Verhältnis zu §§ 1058, 1059 ZPO 3	F. Auslegung des Schiedsspruchs (Abs. 1, 2. Spiegelstrich) 29
C. Vergleich mit den im staatlichen Verfahren geltenden Vorschriften 5	
D. Anwendungsbereich 8	G. Ergänzung des Schiedsspruchs (Abs. 1, 3. Spiegelstrich) 33
E. Berichtigung des Schiedsspruchs (Abs. 1, 1. Spiegelstrich) 9	H. Abweichende Parteivereinbarungen 38
I. Berichtigungsfähige Fehler . . . 9	
II. Berichtigung auf Parteiantrag (Abs. 1 und 2) 19	

Literatur: *Hauser-Morel/Nedden,* Correction and Interpretation of Arbitral Awards and Additional Awards, in: Tercier, Post Award Issues, ASA Special Series No. 38 (2012), S. 19 ff.; *Schroth,* Die „kleine Berufung" gegen Schiedsurteile im deutschen Recht, SchiedsVZ 2007, S. 291 ff.; *Schütze,* Die gerichtliche Überprüfung von Entscheidungen des Schiedsgerichts, SchiedsVZ 2009, S. 241 ff.

A. Normzweck

§ 37 stellt ein Verfahren zur Verfügung, mit dem bestimmte formale Unrichtigkeiten im Schiedsspruch durch **Berichtigung** korrigiert, Ungereimtheiten des Schiedsspruchs durch **Auslegung** geklärt sowie im Schiedsspruch nicht behandelte Ansprüchen durch **Ergänzung** nachträglich behandelt werden können. 1

Alle drei Verfahren zielen auf eine Sicherung des Bestands und der Vollstreckbarkeit des Schiedsspruchs ab. Denn in sich unstimmige, inhaltlich unklare und unvollständige inländische Schiedssprüche können im Einzelfall gemäß §§ 1059 Abs. 2 Nr. 1 Buchst. c oder d, Abs. 2 Nr. 2 Buchst. b, 1060 Abs. 2 ZPO aufgehoben werden. Ausländischen Schiedssprüchen kann nach Art. V Abs. 1 Buchst. c oder d bzw. Abs. 2 Buchst. b UNÜ (bzw. Art. IX Abs. 1 Buchst. c EuÜ; zum Verhältnis zwischen Art. V UNÜ und Art. IX Abs. 1 EuÜ vgl. Art. IX Abs. 2 EuÜ) die Anerkennung zu versagen sein. 2

B. Verhältnis zu §§ 1058, 1059 ZPO

Verhältnis zu § 1058 ZPO. § 37 DIS-SchO regelt die Berichtigung, Auslegung und Ergänzung eines Schiedsspruchs abschließend. Daher findet die weitgehend identische, aber nicht zwingende Vorschrift des § 1058 ZPO (str.; vgl. Rz. 39) in einem DIS-Schiedsverfahren mit Schiedsort in Deutschland keine Anwendung. 3

Verhältnis zu § 1059 ZPO. Die Möglichkeit zur Stellung eines Antrags auf gerichtliche Aufhebung des Schiedsspruchs nach § 1059 ZPO besteht selbständig neben § 37 DIS-SchO. Nach der *lex arbitri* kann aber die Berufung auf einen nach § 37 Abs. 1 DIS-SchO rügefähigen Mangel verwirkt sein, wenn es die jeweilige Partei versäumt hat, einen (fristgerecht) Berichtigungs-, Auslegungs- oder Ergänzungsantrag zu stellen. 4

C. Vergleich mit den im staatlichen Verfahren geltenden Vorschriften

5 § 319 Abs. 1 ZPO entspricht in weiten Teilen § 37 Abs. 1, 1. Spiegelstrich DIS-SchO und sieht ausdrücklich vor, dass das staatliches Gericht jederzeit auch von Amts wegen ein Urteil berichtigen kann.

6 §§ 320 Abs. 1, 321 Abs. 1 ZPO decken sich mit § 37 Abs. 1, 2. und 3. Spiegelstrich DIS-SchO, gehen aber teils weiter.

7 Einen § 321a ZPO entsprechenden außerordentlichen Rechtsbehelf für Verletzungen des Anspruchs auf rechtliches Gehör enthält die DIS-SchO nicht. Die Rüge der Verletzung des rechtlichen Gehörs ist im Aufhebungs- bzw. Vollstreckbarerklärungsverfahren geltend zu machen (vgl. §§ 1059 Abs. 2 Nr. 1 Buchst. b, 1060 Abs. 2 Satz 1 ZPO; § 1061 ZPO i.V.m. Art. V Abs. 1 Buchst. b bzw. Art. IX Abs. 1 Buchst. b EuÜ; zum Verhältnis zwischen Art. V UNÜ und Art. IX EuÜ vgl. Art. IX Abs. 2 EuÜ).

D. Anwendungsbereich

8 § 37 gilt für **alle Arten von Schiedssprüchen** (u.a. **End-, Teil- oder Zwischenschiedsspruch**; zur Abgrenzung zwischen einem Schiedsspruch und anderen Entscheidungen des Schiedsgerichts vgl. § 33 Rz. 20). Hierunter fallen auch **Schiedssprüche mit vereinbartem Wortlaut** gemäß § 32 Abs. 2 sowie (vorläufige) Zwischenentscheidungen des Schiedsgerichts zum anwendbaren Recht oder zum Anspruchsgrund (sog. „**Zwischenschiedsspruch**").

E. Berichtigung des Schiedsspruchs (Abs. 1, 1. Spiegelstrich)

I. Berichtigungsfähige Fehler

9 Nur **Rechen-, Schreib- und Druckfehler oder Fehler ähnlicher Art** können gemäß § 37 Abs. 1, 1. Spiegelstrich Gegenstand einer Berichtigung sein. Alle Fehler müssen **offensichtliche Unrichtigkeiten** darstellen. Dies ist der Fall, wenn sich aus tatsächlich-objektiven Anhaltspunkten (ggfs. unter Heranziehung verfahrensleitender Verfügungen oder des Protokolls über eine mündliche Verhandlung) ergibt, dass das Schiedsgericht eine Erklärung des Inhalts, wie sie im Schiedsspruch enthalten ist, nicht abgeben wollte (vgl. auch Berichtigungsschiedsspruch im DIS-Schiedsverfahren DIS-SV-B-652/06, SchiedsVZ 2008, 207 ff. [Tz. 13] unter Bezugnahme auf die Erklärungsirrtümer i.S.v. § 119 Abs. 1 Alt. 2 BGB). Eine Berichtigung kommt hingegen nicht in Betracht, wenn sie

den Inhalt und nicht nur die Formulierung der Entscheidung verändern würde. Eine inhaltlich falsche Willensbildung kann nicht über § 37 korrigiert werden. Eine unterbliebene Willensbildung des Schiedsgerichts kann mittels eines ergänzenden Schiedsspruchs nach § 37 Abs. 1, 3. Spiegelstrich korrigiert werden.

Rechenfehler. Um einen solchen handelt es sich, wenn das Schiedsgericht sich offensichtlich verrechnet hat, indem es z.b. falsch addiert, subtrahiert, dividiert oder multipliziert hat. 10

Schreibfehler meint das offensichtliche Verschreiben des Schiedsgerichts. Hierzu zählen nicht nur orthographische Fehler (z.b. „Zahlendreher"), sondern insbesondere auch semiotische Fehler, d.h. Fehler bei der Verwendung von Wörtern, Buchstaben, Zahlen und Symbolen, wie z.B. die Verwendung einer offensichtlich falschen bzw. uneinheitlichen Währungs- oder sonstigen Einheit. 11

Druckfehler sind offensichtliche Fehler bei der Verwendung von Wörtern, Buchstaben, Zahlen und Symbolen (semiotische Fehler), die bei der Ausfertigung des Schiedsspruchs entstehen und bspw. auf einen Softwarefehler (z.b. Druckertreiber) zurückzuführen sind. 12

Rechen-, Schreib- und Druckfehlern **ähnliche Fehler** sind solche, bei denen jedenfalls für den mit dem konkreten Schiedsverfahren vertrauten Leser eine offensichtliche Divergenz zwischen dem tatsächlichen und dem im Schiedsspruch zum Ausdruck gekommenen Willen hervortritt. Beispiele s. Rz. 15 f.). 13

Maßgeblicher Zeitpunkt für die Fehlerhaftigkeit eines Schiedsspruchs ist das Datum seines Erlasses (§ 34 Abs. 4; vgl. aber Rz. 15). 14

Fehlerhaftes Rubrum. Eine offensichtlich falsche Parteibezeichnung kann Anlass für eine Berichtigung sein. Hierzu zählt auch das Vergessen einer während des Schiedsverfahrens bereits mitgeteilten Änderung einer Parteibezeichnung. Eine erst nach Übersendung des Schiedsspruchs (§ 36) mitgeteilte Änderung kann hingegen nicht zu einer Berichtigung des Schiedsspruchs in unmittelbarer Anwendung von § 37 führen, da der Schiedsspruch im Zeitpunkt seines Erlasses (§ 34 Abs. 4) nicht fehlerhaft war. Sind aber alle Verfahrensbeteiligten mit einer Berichtigung einverstanden, erscheint es geboten, § 37 entsprechend anzuwenden. 15

Fehlerhafter Tenor. Ein berichtigungsfähiger fehlerhafter Tenor liegt vor, wenn das Schiedsgericht offensichtlich die Parteirollen verwechselt oder vergessen hat, einen in den Entscheidungsgründen behandelten An- 16 spruch zu tenorieren. Hat das Schiedsgericht hingegen einen Anspruch insgesamt vergessen, d.h. bleibt der Schiedsspruch hinter dem Beantragten zurück, ohne im Übrigen abzuweisen (*Infra-Petita*-Entscheidung; vgl. Rz. 34), oder geht der Tenor über die im Schiedsverfahren gestellten Anträge hinaus (*Ultra-Petita*-Entscheidung), kann dies nicht im Wege der Berichtigung korrigiert werden.

17 **Zinsen.** Häufige Flüchtigkeitsfehler kommen bei der Berechnung und Tenorierung von Zinsen vor. Um einen berichtigungsfähigen Fehler handelt es sich insbesondere dann, wenn das Schiedsgericht offensichtlich vergessen hat, einen nie streitig gewesenen, in den Anträgen zutreffenden wiedergegebenen Zinsfuß „auszubuchstabieren", oder aus Unachtsamkeit Zinsen in Prozent und nicht, wie beantragt, in Prozentpunkten über dem Basiszinssatz zugesprochen hat. Hält das Schiedsgericht hingegen einen beantragten statischen Zinssatz (z.B. § 352 Abs. 1 HGB) für unbegründet und spricht es lediglich variable Zinsen in Höhe von fünf *„Prozent"* und nicht in Höhe von fünf Prozentpunkten über dem Basiszinssatz zu, kann dies nicht im Wege der Berichtigung, sondern allenfalls im Wege der Auslegung nach § 37 Abs. 1, 2. Spiegelstrich korrigiert werden (vgl. aber Berichtigungsschiedsspruch im Schiedsverfahren DIS-SV-B-652/06, SchiedsVZ 2008, 207 [208], Tz. 15 ff., wonach der Begriff „Prozent" nach allgemeiner Meinung im Sinne von Prozentpunkten zu verstehen sei).

18 **Fehlerhafte Begründung.** Erfasst sind nur offensichtliche Fehler, die aus der textlichen Fassung der Entscheidungsgründe herrühren (z.B. Berichtigung von fehlerhaften zitierten Rechtsnormen sowie Rechtsprechungs- und Literaturfundstellen). Fehlerhafte Rechtsausführungen können hingegen nicht im Wege der Berichtigung korrigiert werden.

II. Berichtigung auf Parteiantrag (Abs. 1 und 2)

19 Binnen **30 Tagen** (§ 37 Abs. 2) nach Empfang des Schiedsspruchs (§§ 36, 5 Abs. 3 und 4) kann **jede Partei** dessen Berichtigung beantragen.

20 **Adressat** des Berichtigungsantrags ist das **Schiedsgericht** (§ 37 Abs. 2 Satz 1), wobei der DIS-Geschäftsstelle ein Exemplar des Berichtigungsantrags zu übersenden ist (§ 37 Abs. 2 Satz 2). Nach § 5 Abs. 1 Satz 3 ist der Berichtigungsantrag gleichzeitig auch der anderen Partei zu übermitteln. Die Frist ist nicht verlängerbar.

21 Aus dem Berichtigungsantrag muss präzise, d.h. auf Seite und Zeile genau hervorgehen, welche konkreten Änderungen am Schiedsspruch be-

gehrt werden. Obwohl nicht vorgeschrieben, ist es ratsam, den Antrag zu begründen, d.h. darzustellen, dass und wieso ein Rechen-, Schreib- und Druckfehler oder Fehler ähnlicher Art vorliegt.

Obwohl nicht ausdrücklich in § 37 vorgeschrieben, wird das Schiedsgericht in aller Regel der anderen Partei Gelegenheit zur **Stellungnahme** binnen einer kurzen Frist geben (vgl. § 26 Abs. 1 Satz 2). Da das Schiedsgericht über die Berichtigung des Schiedsspruchs innerhalb von 30 Tagen **entscheiden** soll, aber nicht muss (§ 37 Abs. 3), dürfte diese Frist regelmäßig eine Zwei-Wochen-Frist sein. 22

Liegt aus Sicht des Schiedsgerichts ein zu berichtigender Fehler vor, hat das Schiedsgericht hierüber in einem sog. „Berichtigungsschiedsspruch" zu entscheiden. Nach richtiger Auffassung stellt dieser keinen eigenständigen und damit separat für vollstreckbar zu erklärenden Schiedsspruch dar, sondern wird Bestandteil des ursprünglichen Schiedsspruchs (KG v. 12.8.2010 – 20 Sch 2/10, SchiedsVZ 2011, 110 [112]; *Schütze*, SchiedsVZ 2009, 241 [246] m.w.N.; a.A. OLG Frankfurt a.M. v. 17.5.2005 – 2 Sch 2/03, SchiedsVZ 2005, 311 f.). Gleichwohl muss der Berichtigungsschiedsspruch den Anforderungen von § 33 und § 34 genügen und (vorbehaltlich einer anderweitigen Parteivereinbarung) den Parteien nach § 36 durch die DIS-Geschäftsstelle übersandt werden (§ 37 Abs. 5). Handelt es sich nach Auffassung des Schiedsgericht nicht um einen zu berichtigenden Fehler, kann es (muss aber nicht) seine ablehnende Entscheidung in einem Berichtigungsschiedsspruch aussprechen (vgl. Berichtigungsschiedsspruch im Schiedsverfahren DIS-SV-B-652/06, SchiedsVZ 2008, 207 [208], Tz. 18). 23

Kosten. Durch die Stellung eines Berichtigungsantrags entstehen den Parteien keine zusätzlichen Kosten (Kosten des Schiedsgerichts und DIS-Bearbeitungsgebühr). 24

III. Berichtigung durch das Schiedsgericht „von sich aus" (Abs. 4)

Das Schiedsgericht kann auch **von sich aus**, d.h. ohne Parteiantrag, einen Schiedsspruch berichtigen (§ 37 Abs. 4). Obwohl nicht zwingend vorgeschrieben, wird es den Parteien vorab Gelegenheit zur Stellungnahme geben (s. Rz. 22). 25

Das Schiedsgericht ist dabei nach dem Wortlaut von § 37 Abs. 4 an **keine Frist** gebunden. Dies bedeutet, dass eine Berichtigung auch nach bereits erfolgter Vollstreckbarerklärung bzw. eingeleiteten Zwangsvollstreckungsmaßnahmen erfolgen kann. Es spricht daher einiges dafür, die in 26

§ 37 Abs. 2 normierte 30-Tage-Frist „als Ausdruck eines allgemeinen, in Artikel 33 Abs. 2 des UNCITRAL-Modellgesetzes zum Ausdruck kommenden Rechtsgedankens" (Berichtigungsschiedsspruch im Schiedsverfahren DIS-SV-B-652/06, SchiedsVZ 2008, 207 [208], Tz. 12) auch auf die amtswegige Berichtigung anzuwenden (so auch MüKo/*Münch*, § 1058 ZPO Rz. 6; a.A. OLG Frankfurt a.M. v. 17.5.2005 – 2 Sch 2/03, SchiedsVZ 2005, 311 [312]).

27 **Form der Entscheidung.** Oben Rz. 23.

28 **Kosten.** Siehe Rz. 24.

F. Auslegung des Schiedsspruchs (Abs. 1, 2. Spiegelstrich)

29 Die Parteien haben nach § 37 Abs. 1, 2. Spiegelstrich, die Möglichkeit, eine verbindliche **Auslegung** bestimmter Teile des Schiedsspruchs (gleich welcher Art; vgl. Rz. 8) durch das Schiedsgericht zu beantragen. Eine amtswegige Auslegung durch das Schiedsgericht kommt nicht in Betracht (Berichtigungsschiedsspruch im Schiedsverfahren DIS-SV-B-652/06, SchiedsVZ 2008, 207 [208], Tz. 16).

30 Ungeschriebene Voraussetzung ist, dass eine **Unsicherheit über den Inhalt des Schiedsspruchs** besteht. Bei Rechen-, Schreib- und Druckfehlern oder Fehlern ähnlicher Art kommt allein ein Berichtigungsverfahren (§ 37 Abs. 1, 1. Spiegelstrich) in Betracht. Das Auslegungsverfahren betrifft daher Fälle, in denen sich das Schiedsgericht so undeutlich oder widersprüchlich ausgedrückt hat, dass unklar ist, was es eigentlich sagen will.

Beispiel:
Aus einem klageabweisenden Schiedsspruch geht nicht hervor, ob die Klage als unzulässig oder als unbegründet abgewiesen wurde.

31 Das Auslegungsverfahren folgt zunächst den Regeln des Berichtigungsverfahrens (§ 37 Abs. 2 und 3; vgl. Rz. 19 ff.). Hinsichtlich der Form der Entscheidung sind ausweislich des Wortlauts von § 37 Abs. 5 die Bestimmungen in §§ 33, 34 und 36 jedoch nicht auf die Auslegung des Schiedsspruchs anzuwenden. Es bietet sich gleichwohl an, einen sog. „Auslegungsschiedsspruch" zu erlassen, der nach richtiger Auffassung keinen eigenständigen und damit separat für vollstreckbar zu erklärenden Schiedsspruch darstellt, sondern Bestandteil des ursprünglichen Schiedsspruchs wird (vgl. Rz. 22). Dem Schiedsgericht kann entweder ei-

ne Auslegungsfrage gestellt werden („Ist Ziff. 1 des Tenors so zu verstehen, dass ...") oder das für richtig gehaltene Auslegungsergebnis kann nach Art eines Feststellungstenors formuliert werden („... beantragen wir den Schiedsspruch vom ... (Az. ...) dahingehend auszulegen, dass ...").

Kosten. Durch die Stellung eines Auslegungsantrags entstehen keine zusätzlichen Kosten (vgl. Rz. 24). 32

G. Ergänzung des Schiedsspruchs (Abs. 1, 3. Spiegelstrich)

Die Parteien haben nach § 37 Abs. 1, 3. Spiegelstrich, die Möglichkeit, eine **Ergänzung** des Schiedsspruchs (gleich welcher Art; vgl. Rz. 8) durch das Schiedsgericht zu beantragen. 33

Statthaft ist ein Ergänzungsverfahren dann, wenn im Schiedsverfahren Ansprüche geltend gemacht wurden, die im Schiedsspruch nicht behandelt worden sind, d.h., der Schiedsspruch hinter dem Beantragten zurückbleibt, ohne im Übrigen abzuweisen (*Infra-Petita*-Entscheidung). Geht der Tenor hingegen über die im Schiedsverfahren gestellten Anträge hinaus (*Ultra-Petita*-Entscheidung), kann dies mangels schiedsrichterlicher Entscheidungskompetenz nicht im Wege eines ergänzenden Schiedsspruchs korrigiert werden. 34

Das Verfahren kommt nur auf **Antrag** einer Partei in Gang und folgt grundsätzlich denselben Regeln wie das Berichtigungsverfahren (vgl. Rz. 19 ff.). Eine amtswegige Ergänzung durch das Schiedsgericht kommt nicht in Betracht. Eine Besonderheit des Ergänzungsverfahren besteht aber darin, dass dem Schiedsgericht mehr Zeit für die Entscheidung über die Ergänzung des Schiedsspruchs eingeräumt wird. Es soll (muss aber nicht) innerhalb von 60 Tagen entscheiden, sodass die Frist für die Stellungnahme der anderen Partei entsprechend länger ausfallen kann. 35

Form der Entscheidung. Der ergänzende Schiedsspruch wird nicht Bestandteil des ursprünglichen Schiedsspruchs, sondern stellt einen selbständigen Schiedsspruch dar. Der ursprüngliche Schiedsspruch wandelt sich demgemäß in einen Teilschiedsspruch um (*Schroth*, SchiedsVZ 2008, 291 [293]). Daher können beide Schiedssprüche prinzipiell getrennt voneinander für vollstreckbar erklärt und zwangsweise durchgesetzt werden. Im Regelfall bietet es sich jedoch an, die Schiedssprüche in einem Vollstreckbarerklärungsverfahren zusammenzufassen. 36

37 **Kosten.** Durch die Beantragung eines ergänzenden Schiedsspruchs entstehen keine zusätzlichen Kosten (vgl. Rz. 24).

H. Abweichende Parteivereinbarungen

38 Die Parteien können in Abweichung von **§ 37 Abs. 2** eine kürzere oder auch eine längere Frist für den Antrag auf Berichtigung, Auslegung oder Ergänzung des Schiedsspruchs vereinbaren (vgl. Abs. 2: „[s]ofern die Parteien keine andere Frist vereinbart haben [...]").

39 Ob die Parteien von **Abs. 1** sowie von **Abs. 3–5** durch Vereinbarung abweichen können und bspw. die Möglichkeit zur Berichtigung, Auslegung und Ergänzung ganz oder teilweise (z.B. Ausschluss der amtswegigen Berichtigung) ausschließen können, ist zumindest in Bezug auf DIS-Schiedsverfahren mit Schiedsort in Deutschland umstritten (ablehnend etwa MüKo/*Münch*, § 1058 ZPO Rz. 3, demzufolge die Befugnis des Schiedsgerichts zur Berichtigung, Auslegung und Ergänzung vom deutschen Gesetzgeber unabdingbar vorgegeben sei).

§ 38: *Wirkung des Schiedsspruchs*

Der Schiedsspruch ist endgültig und hat unter den Parteien die Wirkung eines rechtskräftigen gerichtlichen Urteils.

Regelungsschwerpunkte: Die Vorschrift stellt klar, dass die Wirkungen des Schiedsspruchs unter den Parteien denen eines rechtskräftigen gerichtlichen Urteils entsprechen. → Rz. 1, 4–6

Kostenaspekte: Die Nichtbefolgung eines Schiedsspruchs kann mit hohen Folgekosten, u.a. im Vollstreckbarerklärungs- sowie im Zwangsvollstreckungsverfahren verbunden sein. → Rz. 7–10

Inhalt

A. Normzweck	1	I. Rechtskraftwirkung	4
B. Verhältnis zu § 1055 ZPO	2	II. Vollstreckbarkeit	7
C. Anwendungsbereich	3	E. Abweichende Parteivereinbarungen	11
D. Wirkungen des Schiedsspruchs	4		

Veröffentlichungen der DIS-Hauptgeschäftsstelle: Der Schiedsspruch, DIS – MAT IX (2002).
Literatur: *Kirby*, Finality and Arbitral Rules: Saying an Award Is Final Does Not Necessarily Make It So, Journal of International Arbitration, Vol. 29 Issue 1 (2012), S. 119 ff.; *Kremer/Weimann*, Die Aufhebbarkeit von Schiedssprüchen, insbesondere Zwischen- oder Teilschiedssprüchen über den Anspruchsgrund – Widerspruch zu Prinzipien der Prozessökonomie?, SchiedsVZ 2007, S. 238 ff.; *Schütze*, Die gerichtliche Überprüfung von Entscheidungen des Schiedsgerichts, SchiedsVZ 2009, S. 241 ff.; *Wagner*, Prozessverträge, 1998.

A. Normzweck

§ 38 behandelt die Situation nach Übersendung des Schiedsspruchs und stellt klar, dass die Wirkungen des Schiedsspruchs unter den Parteien denen eines rechtskräftigen gerichtlichen Urteils entsprechen. Die Regelung zielt daher in erster Linie auf Rechtssicherheit zwischen den Parteien des DIS-Schiedsverfahrens ab. 1

B. Verhältnis zu § 1055 ZPO

§ 38 DIS-SchO entspricht § 1055 ZPO. Diese Parallelnorm des deutschen Schiedsverfahrensrechts hat daher im Rahmen eines DIS-Schiedsverfahrens keine eigenständige Bedeutung. 2

C. Anwendungsbereich

§ 38 gilt für End-, Teil- oder Schiedssprüche mit vereinbartem Wortlaut, nicht jedoch für Zwischenschiedssprüche. Diese erwachsen nicht in materielle Rechtskraft, sondern erzeugen lediglich eine gewisse Bindungswirkung für das Schiedsgericht im weiteren Verlauf des Verfahrens (*Kremer/Weimann*, SchiedsVZ 2007, 238 [240] m.w.N.). § 38 gilt ferner nicht für die eigene Zuständigkeit bejahende sog. „Zwischenentscheide" i.S.v. § 1040 Abs. 3 Satz 1 ZPO. Diese können auf Antrag (außerhalb des Aufhebungsverfahrens nach § 1059 Abs. 1 ZPO) gerichtlich überprüft werden (§ 1040 Abs. 3 Satz 2 ZPO). Insoweit entsprechen die Wirkungen eines „Zwischenentscheids" nicht denen eines rechtskräftigen gerichtlichen Urteils. 3

D. Wirkungen des Schiedsspruchs

I. Rechtskraftwirkung

4 Aus der Gleichstellung der Wirkungen eines Schiedsspruchs mit den Wirkungen eines rechtskräftigen Urteils eines staatlichen Gerichts (vgl. §§ 322 Abs. 1, 705 ZPO) folgt, dass auch Schiedssprüche in formelle und materielle Rechtskraft erwachsen. Die Rechtskraftwirkung des Schiedsspruchs beschränkt sich dabei nicht nur auf die Parteien des Schiedsverfahrens oder ihre Rechtsnachfolger, sondern erstreckt sich auf alle (natürlichen oder juristischen) Personen, die nach dem jeweils anwendbaren Recht an die Schiedsvereinbarung gebunden sind (vgl. nur *Lachmann*, Handbuch für die Schiedsgerichtspraxis, Rz. 1784).

5 **Formelle Rechtskraft.** Schiedssprüche können wie rechtskräftige Urteile nicht mehr mit Rechtsmitteln angefochten werden. Das Aufhebungsverfahren (§ 1059 ZPO) bietet insofern nur eine eingeschränkte Kontrollmöglichkeit durch die staatlichen Gerichte, als sich die Prüfung des inländischen Schiedsspruchs auf die Einhaltung bestimmter, aus Sicht der staatlichen Rechtsordnung unabdingbare Voraussetzungen beschränkt. So kann nach § 1059 Abs. 2 ZPO ein inländischer Schiedsspruch antragsgemäß nur aufgehoben werden, wenn entweder der Antragsteller einen der in § 1059 Abs. 2 Nr. 1 Buchst. a–d ZPO genannten Aufhebungsgründe begründet geltend macht oder das Gericht von sich aus feststellt, dass der Gegenstand des Streits nach deutschem Recht nicht schiedsfähig ist (§ 1059 Abs. 2 Nr. 2 Buchst. a ZPO) oder die Anerkennung oder Vollstreckung des Schiedsspruchs zu einem Ergebnis führt, das der öffentlichen Ordnung (*ordre public*) widerspricht (§ 1059 Abs. 2 Nr. 2 Buchst. b ZPO).

6 **Materielle Rechtskraft.** Ein staatliches Gericht oder ein anderes Schiedsgericht kann nicht nochmals über einen durch Schiedsspruch bereits entschiedenen Anspruch befinden. Wenn also einem Prozess vor einem staatlichen Gericht oder einem anderen Schiedsgericht derselbe Streitgegenstand zu Grunde gelegt wird wie in einem vorangegangenen Schiedsverfahren, ist die Klage *res iudicata* und damit als unzulässig abzuweisen (OLG Karlsruhe v. 15.7.2008 – 17 U 79/07, SchiedsVZ 2008, 311 [312]; zur Geltung des zweigliedrigen Streitgegenstandsbegriffs vgl. ferner BGH v. 13.1.2009 – XI ZR 66/08, SchiedsVZ 2009, 122 [124], Tz. 16 f.).

II. Vollstreckbarkeit

Keine unmittelbare Vollstreckbarkeit des Schiedsspruchs. Anders als bei einem Gerichturteil kann in Deutschland aus einem in- oder ausländischen Schiedsspruch, der zu einer Leistung oder Unterlassung verurteilt, nicht unmittelbar vollstreckt werden. Vollstreckungstitel ist erst dessen Vollstreckbarerklärung durch ein deutsches Gericht (§§ 794 Abs. 1 Nr. 4a ZPO, 1064 Abs. 2 ZPO). Eine Vollstreckbarerklärung eines ausländischen Schiedsspruchs durch ein ausländisches Gericht stellt keinen tauglichen Vollstreckungstitel dar (sog. „Verbot der Doppelexequatur"). Dies gilt auch dann, wenn das Verfahrensrecht des Ausgangsstaates (wie z.B. in England und den USA) der sog. „doctrine of merger" folgt, d.h. der Schiedsspruch in der nachfolgenden Exequaturentscheidung eines staatlichen Gerichts vollständig aufgeht (BGH v. 2.7.2009 – IX ZR 152/06, SchiedsVZ 2009, 285 ff. m. Anm. *Plaßmeier*, SchiedsVZ 2010, 82 ff.). 7

Geltendmachung von Aufhebungs- bzw. Anerkennungsversagungsgründen im Vollstreckbarerklärungsverfahren. Der Antragsgegner kann im Rahmen eines Vollstreckbarerklärungsverfahrens eines **inländischen Schiedsspruchs** die in § 1059 Abs. 2 ZPO genannten Aufhebungsgründe geltend machen (§ 1060 ZPO). Liegt einer der in § 1059 Abs. 2 ZPO genannten Aufhebungsgründe vor, ist der Antrag auf Vollstreckbarerklärung unter Aufhebung des inländischen Schiedsspruchs abzulehnen (§ 1060 Abs. 2 Satz 1 ZPO). Bei einem Vollstreckbarerklärungsverfahren eines **ausländischen Schiedsspruchs** kann sich der Antragsgegner auf die in Art. V UNÜ (bzw. Art. IX EuÜ) genannten Anerkennungsversagungsgründe berufen (§ 1061 ZPO, zum Verhältnis zwischen Art. V UNÜ und Art. IX EuÜ vgl. Art. IX Abs. 2 EuÜ). 8

Geltendmachung von materiellen Einwendungen. Aus Gründen der Verfahrenskonzentration können im Vollstreckbarerklärungsverfahren darüber hinaus auch materielle Einwendungen gegen den in- oder ausländischen Schiedsspruch unter Berücksichtigung von § 767 Abs. 2 ZPO geltend gemacht werden (BGH v. 8.11.2007 – III ZB 95/06, NJW-RR 2008, 659 [661 f.]; BGH v. 30.9.2010 – III ZB 57/10, SchiedsVZ 2010, 330 [331], [Tz. 8]). Unterliegt der jeweilige materielle Einwand seinerseits einer gesonderten Schiedsvereinbarung, so kann das staatliche Gericht ihn im Vollstreckbarerklärungsverfahren nicht berücksichtigen (OLG München v. 22.2.2006 – 34 Sch 2/06, SchiedsVZ 2006, 165 f.). Das für die Vollstreckbarerklärung zuständige Gericht ist hierbei nicht an die Entscheidung des Schiedsgerichts über das Bestehen oder Nichtbestehen 9 einer gesonderten Schiedsvereinbarung gebunden (KG, SchiedsVZ 2011, 295 mit Anm. *Spetzler*, 287 ff.).

10 **Grundzüge der Zwangsvollstreckung aus dem für vollstreckbar erklärten Schiedsspruch.** Die Zwangsvollstreckung aus dem für vollstreckbar erklärten Schiedsspruch erfolgt unabhängig vom rechtlichen Bestand der Ansprüche. Inhalt und Umfang des Rechts auf Vollstreckung müssen jedoch bestimmt oder bestimmbar bezeichnet sein. Ein Zahlungsanspruch ist bestimmt, wenn er betragsmäßig festgelegt ist oder sich ohne weiteres errechnen lässt (BGH v. 7.12.2005 – XII ZR 94/03, NJW 2006, 695 [697]; BGH v. 30.6.1983 – V ZB 20/82, NJW 1983, 2262 m.w.N.). Wenn die Fassung des Tenors Anlass zu Zweifeln gibt, muss der wahre Sinn der Urteilsformel durch Auslegung festgestellt werden (BGH v. 4.3.1993 – IX ZB 55/92, BGHZ 122, 16 [17 f.]). Die Feststellung des Inhalts eines nicht klaren Vollstreckungstitels durch Auslegung erfolgt durch das Vollstreckungsorgan (Gerichtsvollzieher bzw. Vollstreckungsgericht). Im Rahmen der Auslegung einer Urteilsformel können dabei auch die Entscheidungsgründe des Schiedsspruchs herangezogen werden (BGH v. 4.3.1993 – IX ZB 55/92, BGHZ 122, 16 [18]; BGH v. 14.10.1999 – I ZR 117/97, BGHZ 142, 388, 391; zur Zulässigkeit der Konkretisierung eines ausländischen Titels vgl. zuletzt BGH v. 30.11.2011 – III ZB 19/11, SchiedsVZ 2012, 41 ff.). Wenn ein Tenor so unbestimmt oder widerspruchsvoll ist, dass auch durch Auslegung keine mit der Zwangsvollstreckung durchsetzbare bestimmte Verpflichtung festgestellt werden kann, ist der Titel mangels vollstreckungsfähigen Inhalts für die Zwangsvollstreckung ungeeignet.

E. Abweichende Parteivereinbarungen

11 Den Parteien steht es frei, die Bindungs- bzw. Rechtskraftwirkung des Schiedsspruchs vertraglich auszuschließen oder an bestimmte Modalitäten zu knüpfen. So können sich die Parteien beispielsweise darauf verständigen, dass der Schiedsspruch nur dann Wirkungen zeitigen soll, wenn keine der Parteien innerhalb einer bestimmten Frist eine Klage vor dem staatlichen Gericht einreicht (BGH v. 1.3.2007 – III ZB 7/06, SchiedsVZ 2007, 160 [162], Tz. 18 ff.). Die Parteien können auch erst nachträglich einem Schiedsspruch die Bindungswirkung aberkennen (*Wagner*, Prozessverträge, 1998, S. 711 ff.).

§ 39: Beendigung des schiedsrichterlichen Verfahrens

39.1 Das schiedsrichterliche Verfahren wird mit dem endgültigen Schiedsspruch, mit einem Beschluss des Schiedsgerichts nach Absatz 2 oder durch die DIS-Geschäftsstelle nach Absatz 3 beendet.

39.2 Das Schiedsgericht stellt durch Beschluss die Beendigung des schiedsrichterlichen Verfahrens fest, wenn

(1) der Kläger seine Klage zurücknimmt, es sei denn, dass der Beklagte dem widerspricht und das Schiedsgericht ein berechtigtes Interesse des Beklagten an der endgültigen Beilegung der Streitigkeit anerkennt; oder

(2) die Parteien die Beendigung des schiedsrichterlichen Verfahrens vereinbaren; oder

(3) die Parteien das schiedsrichterliche Verfahren trotz Aufforderung des Schiedsgerichts nicht weiter betreiben oder die Fortsetzung des Verfahrens aus einem anderen Grund unmöglich geworden ist.

39.3 Unterbleibt innerhalb der dafür vorgesehenen Frist die Benennung eines Schiedsrichters oder Ersatzschiedsrichters, und stellt keine Partei einen Antrag auf Benennung durch den DIS-Ernennungsausschuss, kann die DIS-Geschäftsstelle das Verfahren nach Anhörung der Parteien beenden.

Regelungsschwerpunkte: **Abs. 1** Endgültiger Schiedsspruch und Überblick über die Beendigungsmöglichkeiten des Verfahrens. → Rz. 12 ff.; **Abs. 2** Beendigung des Verfahrens durch Beschluss des Schiedsgerichts ohne endgültigen Schiedsspruch. → Rz. 16 ff.; **Abs. 3** Beendigung des Verfahrens durch die Geschäftsstelle. Geringe praktische Relevanz. → Rz. 57 ff.

Kostenaspekte: Zusätzliche Kosten entstehen nicht. → Rz. 65 ff.

Inhalt

A. Normzweck 1	I. Endgültiger Schiedsspruch und Überblick, Abs. 1 12
B. Verhältnis zu § 1056 ZPO ... 5	II. Beendigungsbeschluss, Abs. 2 16
C. Vergleich mit den im staatlichen Verfahren geltenden Vorschriften 8	1. Klagerücknahme, Abs. 2 Nr. 1 19
D. Beendigung des schiedsrichterlichen Verfahrens 12	2. Parteivereinbarung, Abs. 2 Nr. 2 37

3. Nichtbetreiben des Verfahrens durch die Parteien trotz Aufforderung, Abs. 2 Nr. 3 Var. 1 46
4. Unmöglichkeit der Fortsetzung des Verfahrens, Abs. 2 Nr. 3 Var. 2 52
5. Beendigungsverfahren der Geschäftsstelle, Abs. 3 57
III. Rechtsfolgen der Beendigung . 60
IV. Kosten 65
E. Insolvenz 67
I. Bindung des Insolvenzverwalters an die Schiedsvereinbarung 68
II. Konsequenzen der Insolvenzeröffnung für laufende Schiedsverfahren 72
III. Insolvenzeröffnung nach Erlass des Schiedsspruchs 75
IV. Konsequenzen der Insolvenzeröffnung für unterstützende Verfahren vor staatlichen Gerichten 77
F. Abweichende Parteivereinbarung 78
Anhang: Muster Klagerücknahmeschriftsatz (nach Bestellung der Einzelschiedsrichterin) 79

Literatur: *Busse*, Der Schiedsvergleich als verfahrensrechtliche Falle, SchiedsVZ 2010, S. 57 ff.; *Gerstenmaier*, Beendigung des Schiedsverfahrens durch Beschluss nach § 1056 ZPO, SchiedsVZ 2010, S. 281 ff.; *Wagner*, Die insolvente Partei im Schiedsverfahren – eine Herausforderung für alle Beteiligten, GWR 2010, S. 129 ff.

A. Normzweck

1 § 39 regelt die möglichen Beendigungstatbestände des schiedsrichterlichen Verfahrens. Da die Verfahrensbeendigung mit weitreichenden Rechtsfolgen verbunden ist, insbesondere zum Wegfall der Verjährungshemmung führt, haben die Parteien ein grundlegendes Interesse daran, genau feststellen zu können, wann und wodurch die Beendigung eingetreten ist. Diesem Interesse an **Klarheit des Beendigungszeitpunktes** dient die Regelung des § 39.

2 Die Norm unterscheidet zwischen der Beendigung durch den endgültigen Schiedsspruch (Abs. 1), durch Beschluss des Schiedsgerichtes (Abs. 2) und durch die Geschäftsstelle (Abs. 3). Normalfall der Beendigung ist der endgültige Schiedsspruch. § 39 Abs. 2 und 3 betreffen dagegen prozessuale Situationen, in denen das Ob und Wann der Beendigung nicht eindeutig erkennbar sind. In diesen Situationen ist daher erforderlich, dass das Schiedsgericht oder die DIS-Geschäftsstelle Klarheit über die Beendigung schafft.

3 Zusätzliche Klarheit entsteht dadurch, dass § 39 die Beendigungstatbestände – abgesehen von der Sonderregelung des § 7 Abs. 2 Satz 2 – **abschließend** regelt. Die Parteien können das Verfahren also nach Einleitung nicht mehr eigenständig beenden, sondern es bedarf eines

förmlichen Beendigungsaktes. So muss vor Konstituierung des Schiedsgerichtes die DIS-Geschäftsstelle das Verfahren gemäß § 39 Abs. 3 beenden, während nach Konstituierung des Schiedsgerichtes stets eine Entscheidung des Schiedsgerichts erforderlich ist, sei es durch Schiedsspruch (§ 39 Abs. 1) oder Beendigungsbeschluss (§ 39 Abs. 2). Dementsprechend ist der Schlussschiedsspruch ebenso wie der Beendigungsbeschluss gemäß § 39 Abs. 2 und 3 **konstitutiv für die Beendigung** des Verfahrens. Soweit eine Mindermeinung zu § 1056 Abs. 2 ZPO als Parallelnorm die gegenteilige Ansicht einer nicht abschließenden und nur deklaratorischen Wirkung vertritt (Musielak/*Voit*, § 1056 ZPO Rz. 1), stehen dem der Wortlaut des § 39 Abs. 1 entgegen (wie § 1056 Abs. 1 ZPO: „wird mit ... beendet") sowie das Interesse der Parteien und des Rechtsverkehrs, genau feststellen zu können, wann und wodurch die Beendigung eingetreten ist.

Die Vorschrift bildet das **Gegenstück zur Regelung über den Beginn des Verfahrens** (§ 6 Abs. 1 Satz 2). Die DIS-SchO legt damit ausdrücklich fest, wann und mit welchem Ereignis das schiedsrichterliche Verfahren beginnt und wodurch es beendet wird. 4

B. Verhältnis zu § 1056 ZPO

§ 39 DIS-SchO **entspricht inhaltlich im Wesentlichen** § 1056 ZPO mit lediglich **zwei systembedingten Unterschieden**: Zum einen ergänzt § 39 DIS-SchO die Regelung des § 1056 ZPO im Hinblick auf § 39 Abs. 3 DIS-SchO. Eine vergleichbare Regelung, wonach in gewissen Fällen die Schiedsinstitution das Verfahren beendet, enthält das deutsche Schiedsrecht naturgemäß nicht, da die §§ 1025 ff. ZPO nicht das Tätigwerden einer Schiedsinstitution vorsehen. 5

Zum anderen enthält § 39 DIS-SchO keine mit § 1056 Abs. 2 Nr. 1 Buchst. a ZPO vergleichbare Regelung, wonach eine Säumnis des Schiedsklägers bei Klageeinreichung (und -begründung gemäß § 1046 Abs. 1 ZPO) zur Verfahrensbeendigung führen kann. Da nach § 6 DIS-SchO das Schiedsverfahren durch Einreichung der Klageschrift mit Antrag und Begründung eingeleitet wird (abweichend von § 1044 Satz 1 ZPO) und § 6 Abs. 4 DIS-SchO den Fall einer eventuellen Unvollständigkeit der Klage regelt, wird § 1056 Abs. 2 Nr. 1 Buchst. a ZPO durch die Wahl der DIS-SchO zulässigerweise abbedungen. 6

Die **Klarstellung des § 1056 Abs. 3 ZPO**, wonach das Schiedsrichteramt mit Beendigung des schiedsrichterlichen Verfahrens ebenfalls beendet 7 wird (vorbehaltlich einzelner Arbeitspflichtnachwirkungen, s. Rz. 62), kann bei einem DIS-Schiedsverfahren mit Schiedsort Deutschland ergänzend herangezogen werden.

C. Vergleich mit den im staatlichen Verfahren geltenden Vorschriften

8   Die im staatlichen Verfahren geltenden Vorschriften enthalten keine Regelung, die ähnlich konkret und umfassend wie § 39 festlegt, wann und wodurch das Verfahren beendet wird. Kongruenzen gibt es daher nur zwischen Teilen des § 39 und einzelnen Vorschriften des staatlichen Verfahrens.

9   § 269 ZPO regelt parallel zu § 39 Abs. 2 Nr. 1 DIS-SchO die **Klagerücknahme**. Anders als § 269 Abs. 1 ZPO enthält § 39 Abs. 2 Nr. 1 DIS-SchO keine Anknüpfung an die mündliche Verhandlung, sondern lediglich an die Einwilligung des Schiedsbeklagten und dessen berechtigtes Interesse. Anstelle der zwingenden Kostenpflicht des Klägers gemäß § 269 Abs. 3 Satz 2 ZPO kann das Schiedsgericht nach freiem Ermessen eine Kostenentscheidung treffen.

10 Die **beiderseitige Erledigungserklärung** gemäß § 91a Abs. 1 ZPO fällt unter den Regelungsbereich des § 39 Abs. 2 Nr. 2 DIS-SchO. Das Gericht entscheidet sowohl im staatlichen Verfahren als auch im Schiedsverfahren nach freiem Ermessen über die Kosten.

11 Eine § 251a ZPO entsprechende **Entscheidung nach Lage der Akten** bei Nichtbetreiben des Verfahrens durch beide Parteien kennt die DIS-SchO nicht. Stattdessen kann das Schiedsgericht das Verfahren durch Beschluss gemäß § 39 Abs. 2 Nr. 3 DIS-SchO beenden. Eine Aktenlageentscheidung trifft das Schiedsgericht grundsätzlich nur gemäß § 30 Abs. 2 DIS-SchO bei einseitiger Säumnis.

D. Beendigung des schiedsrichterlichen Verfahrens

I. Endgültiger Schiedsspruch und Überblick, Abs. 1

12 **Normalfall der Beendigung** des schiedsrichterlichen Verfahrens ist gemäß § 39 Abs. 1 die Beendigung durch einen endgültigen Schiedsspruch. Dabei gilt als endgültiger Schiedsspruch gemäß § 39 Abs. 1 allein der rechtskräftige **Schlussschiedsspruch**. Teilschiedssprüche fallen unter den Begriff des endgültigen Schiedsspruchs nur für den durch sie abschließend entschiedenen Teil des Schiedsverfahrens und führen insofern zu einer teilweisen Beendigung des Verfahrens. Keine endgültigen Schieds-

sprüche in diesem Sinne sind: Zwischenschiedssprüche, etwa wenn das Schiedsgericht selbst noch über die Höhe des zugesprochenen Betrages entscheiden will, Vorbehaltsschiedssprüche, etwa wenn das Schiedsgericht sich vorbehält, über die Gegenforderung zu entscheiden, sowie prozessleitende Verfügungen (zu den unterschiedlichen Begriffen § 36 Rz. 5).

Auch ein Schiedsspruch mit von den Parteien vereinbartem Wortlaut gemäß § 32 Abs. 3 steht dem rechtskräftigen Schlussschiedsspruch gleich und beendet das Verfahren gemäß § 39 Abs. 1. Auf ein Anerkenntnis des Schiedsbeklagten oder einen Klageverzicht des Klägers hin (entsprechend §§ 306, 307 ZPO) hat das Schiedsgericht auf Antrag der anderen Partei einen entsprechenden Schiedsspruch zu erlassen. Selbst wenn teilweise eine besondere Form des Anerkenntnis- oder Verzichtsschiedsspruchs abgelehnt wird, kann das Schiedsgericht sich über die inhaltliche Disposition der Parteien durch das Anerkenntnis bzw. den Klageverzicht nicht hinwegsetzen. Ebenso können sich die Parteien in dieser Situation auf den Erlass eines solchen Schiedsspruches mit vereinbartem Wortlaut einigen, der ebenfalls wie jeder Schiedsspruch vollstreckbar ist. 13

Der endgültige Schlussschiedsspruch erwächst in **Rechtskraft**. Aufgrund der im Schiedsverfahren geltenden Parteiautonomie können die Parteien einen endgültigen Schiedsspruch aber einvernehmlich aufheben oder ändern (a.A. *Schwab/Walter*, Kapitel 21 Rz. 7 m.w.N.). 14

Daneben gibt § 39 Abs. 1 einen Überblick über die möglichen Beendigungstatbestände. Er regelt diese abschließend und konstitutiv (s. Rz. 3). 15

II. Beendigungsbeschluss, Abs. 2

Gemäß § 39 Abs. 2 erlässt das Schiedsgericht einen Beendigungsbeschluss („termination order") **in vier Verfahrenssituationen**: bei Klagerücknahme unter den weiteren Voraussetzungen gemäß Nr. 1; wenn die Parteien die Beendigung des Verfahrens vereinbaren (Nr. 2); wenn die Parteien das Verfahren trotz Aufforderung durch das Schiedsgericht nicht weiter betreiben (Nr. 3 Var. 1) oder wenn die Fortsetzung des Verfahrens unmöglich geworden ist (Nr. 3 Var. 2). 16

Der Beendigungsbeschluss muss **keine eingehende Begründung** enthalten, insbesondere ist es nicht notwendig, den vollständigen Sachverhalt des Falles wiederzugeben. In der Regel sollten aber zur Klarstellung für die Parteien jedenfalls der Beendigungstatbestand genannt und die Um- 17 stände kurz dargestellt werden, die nach der Überzeugung des Schiedsgerichtes zu der Beendigung des Verfahrens geführt haben.

18 Der Beendigungsbeschluss des Schiedsgerichtes ist **nach h.M. unanfechtbar**, insbesondere eine Aufhebungsklage gemäß § 1059 ZPO ist gegen ihn nicht statthaft (*Haas*, SchiedsVZ 2010, 295 zu § 1056 ZPO).

1. Klagerücknahme, Abs. 2 Nr. 1

19 Im Fall einer Klagerücknahme erlässt das Schiedsgericht einen Beendigungsbeschluss unter den weiteren Voraussetzungen des Abs. 2 Nr. 1. Der Beschluss nach Klagerücknahme führt prozessrechtlich zu einem **rückwirkenden Wegfall der Schiedshängigkeit** (entsprechend § 269 Abs. 3 Satz 1 ZPO). Materiell-rechtlich, etwa für den Beginn der Frist gemäß § 204 Abs. 2 Satz 1 BGB und damit für die Hemmung der Verjährung, hat der Beschluss nach Klagerücknahme lediglich Ex-Nunc-Wirkung.

20 **Erklärung.** Der Schiedskläger muss die Klagerücknahme gegenüber dem Schiedsgericht schriftlich oder in der mündlichen Verhandlung erklären (parallel zu § 269 Abs. 2 ZPO). Sie muss nicht ausdrücklich, sondern kann konkludent erklärt werden. Der Inhalt der Erklärung ist im Zweifel durch Auslegung gemäß §§ 133, 157 BGB zu ermitteln.

21 **Begriff.** Mit der Klagerücknahme widerruft der Kläger sein Rechtsschutzgesuch, jedoch ohne endgültig auf eine Sachentscheidung zu verzichten. Vielmehr kann er den geltend gemachten und zurückgenommenen Anspruch erneut geltend machen. Die Klagerücknahme ist daher abzugrenzen von einem Klageverzicht des Klägers (parallel zu § 306 ZPO), mit welchem der Kläger endgültig auf den prozessualen Anspruch verzichtet. Der Klageverzicht führt zum klageabweisenden Schiedsspruch, der einer erneuten Geltendmachung des prozessualen Anspruchs entgegensteht.

22 **Abzugrenzen** ist die Klagerücknahme ferner vom **Klagerücknahmeversprechen**, mit dem sich der Kläger lediglich schuldrechtlich zur Klagerücknahme verpflichtet (z.B. im Vergleich). Kommt er dieser Verpflichtung nicht nach, kann ihm der Beklagte die Einrede der prozessualen Arglist entgegenhalten. Die Klage ist dann als unzulässig abzuweisen.

23 Klagen mehrere Schiedskläger gemeinsam, kann die Klagerücknahme nur eines der Kläger lediglich dessen Klageverhältnis zu dem (oder den) Beklagten beenden.

24 Nimmt ein Kläger die Klage nur gegen einen von mehreren Beklagten zurück (**teilweise subjektive Klagerücknahme**), kann nur das Klagever-

hältnis zu diesem Beklagten durch Beschluss beendet werden. Gegen die übrigen Beklagten läuft das Verfahren weiter. Verlangt der ausgeschiedene Beklagte die Erstattung seiner Kosten, kann das Schiedsgericht eine entsprechende Kostenentscheidung vor Abschluss des Gesamtverfahrens allenfalls dann erlassen, wenn der Kläger die Kosten dieses Beklagten vollständig zu erstatten hat. Hält das Schiedsgericht dagegen eine anteilige Kostentragung im Verhältnis des Klägers zu diesem Beklagten für angemessen, kann die Kostenentscheidung erst bei Abschluss des Gesamtverfahrens ergehen, da erst dann feststeht, ob und inwieweit die Kosten des Klägers von den weiteren Beklagten und dem Kläger selbst zu tragen sind (s. § 35 Rz. 20 f.).

Nimmt der Kläger die Klage teilweise zurück hinsichtlich eines Teils von mehreren Streitgegenständen (**teilweise objektive Klagerücknahme**), kann das Schiedsgericht auch insoweit bei Vorliegen der Voraussetzungen einen Beendigungsbeschluss erlassen – auch wenn das Verfahren im Übrigen weiterläuft und die Schiedsrichter insoweit im Amt bleiben – im Hinblick auf das Interesse des Beklagten an einem diesbezüglichen Wegfall der Verjährungshemmung, der erst mit dem Beschluss eintritt. Auch die quantitative Rücknahme eines Teils eines Streitgegenstandes (**Klagereduzierung**) ist als ein Fall der teilweisen objektiven Klagerücknahme anzusehen, sodass diese nur möglich ist, wenn die Voraussetzungen des § 39 Abs. 2 Nr. 1 vorliegen. Abzugrenzen ist davon die Klageänderung, die sowohl bei einem Auswechseln des Klagegrundes ohne Veränderung des Antrags (z.B. Klage aus abgetretenem statt aus eigenem Recht) als auch bei einer qualitativen Klagebeschränkung im Wege der Antragsänderung (z.B. von Leistungs- zu Feststellungsklage, von Zahlungs- zu Schuldbefreiungsantrag) vorliegt.

Weiteres Verfahren. Das Schiedsgericht muss den Beklagten von der Rücknahmeerklärung des Klägers unterrichten und ihn auffordern, der Rücknahme innerhalb einer bestimmten Frist zuzustimmen oder zu widersprechen. In der Regel weist das Schiedsgericht dabei darauf hin, dass es von einem Einverständnis des Beklagten ausgehen wird, wenn es innerhalb der Frist nichts Gegenteiliges von ihm hört. Gibt der Beklagte dann in der vorgesehenen Frist keine Erklärung ab, so kann das Schiedsgericht dies als Einverständnis zur Klagerücknahme des Klägers werten. § 39 Abs. 2 Nr. 1 verlagert insoweit die Erklärungslast auf den Schiedsbeklagten („es sei denn, dass ...").

Erteilt der Schiedsbeklagte ausdrücklich oder durch Schweigen nach Aufforderung des Schiedsgerichtes seine **Einwilligung** zur Klagerücknahme, muss das Schiedsgericht das Verfahren beenden. Dem Gericht kommt insoweit kein Ermessen zu. Dennoch ist auch hier ein Beschluss des Schiedsgerichts notwendige Voraussetzung der Verfahrensbeendigung.

28 **Widerspricht** der Schiedsbeklagte der Klagerücknahme, entscheidet das Schiedsgericht darüber, ob es ein berechtigtes Interesse des Beklagten an der endgültigen Streitentscheidung anerkennt oder nicht. Verneint das Schiedsgericht ein solches Interesse, entscheidet es im Wege des Beendigungsbeschlusses nach § 39 Abs. 2 Nr. 1. Bejaht es dagegen ein berechtigtes Interesse, muss es das Verfahren fortsetzen und durch einen Schiedsspruch gemäß § 39 Abs. 1 beenden.

29 **Berechtigtes Interesse.** Das Schiedsgericht hat stets eine Abwägung im konkreten Einzelfall vorzunehmen, ob dem Schiedsbeklagten unter Ansehung aller relevanten Umstände ein berechtigtes Interesse zusteht. Die Entscheidung ist unabhängig davon, ob eine mündliche Verhandlung bereits stattgefunden hat (anders als § 269 Abs. 1 ZPO). Weder ist ein berechtigtes Interesse nach einer mündlichen Verhandlung stets zu bejahen, noch wäre es ohne mündliche Verhandlung immer zu verneinen. Denn weder gilt § 269 Abs. 1 ZPO im Schiedsverfahren unmittelbar, noch ist eine analoge Anwendung sinnvoll, da eine mündliche Verhandlung im Schiedsverfahren nicht zwingend ist. Im Umkehrschluss kann daher die fehlende Durchführung einer mündlichen Verhandlung das berechtigte Interesse des Beklagten nicht zwingend entfallen lassen.

30 Ein berechtigtes Interesse des Schiedsbeklagten ist ausgeschlossen, wenn der Kläger im Zusammenhang mit der Klagerücknahme auf die Gesamtheit seiner Ansprüche **verbindlich verzichtet**. Ein bloß zukünftiger Klageverzicht wird dagegen das berechtigte Interesse nicht zwingend ausschließen, da der Schiedskläger in einem solchen Fall mit seinen behaupteten Ansprüchen noch aufrechnen kann. Besteht für den Beklagten dergestalt ein fortdauerndes Prozessrisiko, kann ihm nicht zugemutet werden, dass der Streit durch den Klageverzicht des Klägers ohne Entscheidung beendet wird. Dies ist auch dann der Fall, wenn der Kläger nur deswegen die Klage zurücknehmen will, weil Äußerungen des Schiedsgerichtes ihn dazu veranlassen, an den Erfolgsaussichten seiner Klage zu zweifeln, er dieselbe Klage aber durch ein neu und anders zusammengesetztes Schiedsgericht entscheiden lassen will.

31 Dem Beklagten ist ein berechtigtes Interesse zuzusprechen, wenn die Streitentscheidung **Indizwirkung** für zukünftige Auseinandersetzungen hat. Sind etwa Leistungen aus einem weiter bestehenden Dauerschuld-

verhältnis zwischen den Parteien streitig, kann der Entscheidung des Schiedsgerichtes eine solche gewisse Präzedenzwirkung für zukünftige Leistungspflichten zukommen.

Ein berechtigtes Interesse des Beklagten wird auch angenommen, wenn die endgültige Klageabweisung zur Auflösung von **Rückstellungen** führen bzw. die weiterhin drohende Inanspruchnahme zur Bildung oder Aufrechterhaltung von Rückstellungen zwingen würde (*Gerstenmaier*, SchiedsVZ 2010, 281 [283]). 32

Kein berechtigtes Interesse des Beklagten dürfte das **bloße Kosteninteresse** begründen, weil das Schiedsgericht auch nach Verfahrensbeendigung berechtigt ist, über die Kosten zu entscheiden (§ 35 Abs. 4 i.V.m. Abs. 3 Satz 2). Das Schiedsgericht entscheidet nach freiem Ermessen über die Kostenverteilung zwischen den Beteiligten. In der Praxis ist es jedoch üblich, dass der Kläger – vergleichbar mit § 269 Abs. 3 Satz 2 ZPO – die bis dahin entstandenen Kosten des Rechtsstreits zu tragen hat. 33

Ein berechtigtes Interesse des Beklagten dürfte auch dann zu verneinen sein, wenn das Schiedsgericht auf Rüge des Beklagten Zweifel an seiner Zuständigkeit äußert, der Kläger daraufhin die Klage zurücknimmt und der Beklagte sodann der Klagerücknahme widerspricht. Denn bei **fehlender Zuständigkeit** ist das Schiedsgericht nicht in der Lage, eine Entscheidung in der Hauptsache zu treffen. Die Fortsetzung des Verfahrens kann daher nicht zu einer „endgültigen Beilegung der Streitigkeit" i.S.d. § 39 Abs. 2 Nr. 1 führen, sodass ein Beendigungsbeschuss gemäß § 39 Abs. 2 Nr. 1 ergehen kann. 34

Nimmt der Kläger die Schiedsklage dagegen **trotz Zuständigkeit** des Schiedsgerichtes zurück und gibt er dabei zu erkennen, dass er in Betracht zieht, sie später neu zu erheben und von einem anders zusammengesetzten Schiedsgericht entscheiden zu lassen, hat der Beklagte ein berechtigtes Interesse an einer Entscheidung des Schiedsgerichtes in der Sache (ggf. nach Zwischenentscheid gemäß § 1040 Abs. 3 Satz 1 ZPO). Dieses Interesse des Beklagten kann der Kläger ausräumen, indem er die Klagerücknahme mit einem **endgültigen Anspruchs- oder Klageverzicht** verbindet. Dabei muss aufgrund des Klageverzichts unmissverständlich feststehen, dass der Kläger weder vor einem Schieds- noch – falls die Zuständigkeit des Schiedsgerichtes nicht absolut zweifelsfrei feststeht – vor einem staatlichen Gericht erneut Klage erhebt. Andernfalls dürfte das berechtigte Interesse des Beklagten an einer endgültigen Entscheidung im anhängigen Schiedsverfahren fortbestehen. 35

36 An einem berechtigten Interesse des Beklagten für eine Entscheidung über eine von dem Kläger zurückgenommene Feststellungsklage wird es in der Regel fehlen, wenn der Beklagte bereits **Leistungswiderklage** dagegen erhoben hat, da er dann aufgrund seiner eigenen Klage eine Entscheidung des Gerichtes, auch über den Gegenstand der ehemaligen Feststellungsklage, erwirkt. Dieser Fall ist insoweit ein Sonderfall, als das Verfahren nicht durch einen Beendigungsbeschluss, sondern durch die Endentscheidung des Schiedsgerichtes über die Widerklage beendet wird. Bei erhobener Widerklage führt die Rücknahme der Klage nie per se auch zur Beendigung des Verfahrens hinsichtlich der Widerklage.

2. Parteivereinbarung, Abs. 2 Nr. 2

37 Ein Beendigungsbeschluss des Schiedsgerichtes gemäß § 39 Abs. 2 Nr. 2 setzt voraus, dass die Parteien die Beendigung des schiedsrichterlichen Verfahrens vereinbaren. Die Parteivereinbarung muss gegenüber dem Schiedsgericht nicht begründet werden. Das Schiedsgericht prüft nur die **formale Übereinstimmung der Parteien.** Es prüft nicht seine eigene Zuständigkeit, weil für die Beendigung des Verfahrens durch Beschluss aufgrund einer Parteivereinbarung sowie für eine mögliche Kostenentscheidung die Zuständigkeit des Schiedsgerichtes in der Hauptsache nicht notwendig ist.

38 **Form.** An die Form der Vereinbarung bestehen keine besonderen Anforderungen. Jedoch muss erkennbar sein, dass die Parteien sich tatsächlich einig geworden sind. Die Parteien müssen zumindest konkludent zum Ausdruck bringen, dass sie das schiedsrichterliche Verfahren nicht fortführen, sondern durch Beendigungsbeschluss gemäß § 39 beenden wollen. Eine ausdrückliche, schriftliche Vereinbarung über die Art und Weise der Verfahrensbeendigung ist dennoch empfehlenswert, um unbeabsichtigte Entscheidungen des Schiedsgerichtes zu vermeiden.

39 **Inhalt.** Der Inhalt der Parteivereinbarung ist – bei einem Schiedsort in Deutschland – auszulegen gemäß §§ 133, 157 BGB. Für eine Beendigung des Verfahrens gemäß § 39 Abs. 2 Nr. 2 DIS-SchO ist erforderlich, dass die Parteien sich darauf einigen, das konkret anhängige Verfahren zu beenden. Eine solche Einigung ist zu unterscheiden von der weitergehenden Vereinbarung, die Schiedsklausel in ihrer Gesamtheit aufzuheben. Eine solche Aufhebung ist actus contrarius zur Schiedsvereinbarung und enthält als solcher auch die Vereinbarung über die Beendigung anhängiger Verfahren. Die Aufhebung der Schiedsklausel führt darüber hinaus dazu, dass bei zukünftigen Streitigkeiten – jedenfalls ohne eine

neue Schiedsvereinbarung der Parteien – kein Schiedsverfahren mehr stattfinden kann. Im Zweifel werden die Parteien daher nur das in Rede stehende Verfahren beenden wollen und die Schiedsabrede in Bezug auf zukünftige – meist nicht absehbare – Verfahren fortbestehen lassen.

Die Auslegung muss anhand der konkreten Fallgestaltung im Zweifelsfall auch ergeben, ob die Parteien das Verfahren endgültig beenden oder nur vorläufig zum **Ruhen** bringen wollen. Verlangen die Parteien statt nach einer Beendigung des Schiedsverfahrens nach einer **Aussetzung**, kann das Gericht mangels unmittelbarer Anwendbarkeit der zivilprozessualen Regeln über die formale Aussetzung die Wirkungen einer Aussetzung faktisch herbeiführen, indem es das Verfahren ruhen lässt. In diesem Fall ist kein Raum für einen Beendigungsbeschluss. 40

Auszulegen ist auch ein **außergerichtlicher Vergleich** der Parteien, der keine ausdrückliche Einigung über die Beendigung des Verfahrens enthält. In der Regel wollen die Parteien mit einem Vergleich über die materiell-rechtlichen Streitpunkte das Verfahren beenden, sodass der Vergleich als Vereinbarung i.S.d. § 39 Abs. 2 Nr. 2 auszulegen ist. Allerdings ist hier Vorsicht geboten: Verweigert eine Partei nach Vergleichsschluss sowohl die Erfüllung des Vergleichs als auch die Zustimmung zum Erlass eines Schiedsspruches mit vereinbartem Wortlaut, so wird die andere Partei dem Erlass eines Beendigungsbeschlusses widersprechen und beantragen, das Verfahren fortzusetzen. Dieser ausdrückliche Widerspruch steht dann einer konkludenten Vereinbarung über die Beendigung des schiedsrichterlichen Verfahrens entgegen (*Busse*, SchiedsVZ 2010, 57 [58]). Das Verfahren ist unter Berücksichtigung der durch den Vergleich eingetretenen materiell-rechtlichen Veränderungen fortzusetzen. Diese Problematik ist dadurch vermeidbar, dass die Parteien im Vergleich den Erlass eines Schiedsspruches mit vereinbartem Wortlaut i.S.v. §§ 39 Abs. 1, 32 Abs. 2 und 3 vereinbaren, der das Verfahren gemäß § 39 Abs. 1 beendet und vollstreckbar ist. Anderenfalls kann sich der Kläger im Vergleich verpflichten, die Schiedsklage zurückzunehmen, sobald der Beklagte seine Verpflichtungen aus dem Vergleich vollständig erfüllt hat. In diesem Fall sollte allerdings gleichzeitig ausdrücklich vereinbart werden, dass das Verfahren im Fall der Nichterfüllung unter Berücksichtigung der materiell-rechtlichen Ergebnisse des Vergleichs fortgesetzt wird. 41

Weiterer Fall des § 39 Abs. 2 Nr. 2 ist die **beiderseitige Erledigungserklärung** der Parteien in Anlehnung an § 91a ZPO, etwa wenn der streitgegenständliche Anspruch während des Verfahrens erfüllt worden ist. 42

Auch hier prüft das Schiedsgericht nicht, ob und wann sich der Fall in der Hauptsache tatsächlich erledigt hat, sondern lediglich die formale Übereinstimmung der Parteien über die Beendigung. Abzugrenzen ist davon die einseitige Erledigungserklärung des Klägers, die wie im staatlichen Verfahren nur zu einer Umstellung des Verfahrensgegenstandes führt (Feststellung der Erledigung als Klageänderung), nicht jedoch zu einer Vereinbarung über die Beendigung.

43 Möglich, wenn auch sicherlich selten und nicht empfehlenswert, ist eine Einigung der Parteien auf eine **verbindliche Höchstdauer** des Verfahrens (nicht: der Schiedsvereinbarung, s. Rz. 53). Wird diese durch Zeitablauf erreicht, kann eine solche Vereinbarung ebenfalls Grundlage eines Beendigungsbeschlusses gemäß § 39 Abs. 2 Nr. 2 sein. In diesen Fällen sollte das Schiedsgericht allerdings frühzeitig darauf hinwirken, dass die Parteien die strikte zeitliche Begrenzung aufweichen, etwa in eine Soll-Bestimmung, da es zu sehr unbefriedigenden Ergebnissen führen kann, wenn sich das Verfahren wider Erwarten doch länger hinzieht und sodann nach Fristablauf nur noch ein Beendigungsbeschluss ergehen kann ohne Entscheidung in der Sache.

44 **Kostenentscheidung.** Das Schiedsgericht kann in den Beendigungsbeschluss nach § 39 Abs. 2 Nr. 2 eine Regelung zu den Kosten des Verfahrens aufnehmen; diese ist dann jedoch nicht vollstreckungsfähig. Haben sich die Parteien auch auf eine bestimmte Kostenregelung verständigt, für die sie eine vollstreckbare Kostenentscheidung des Gerichtes benötigen, ist eine Kostenregelung in Form eines vollstreckbaren Schiedsspruches mit vereinbartem Wortlaut zu empfehlen (§ 32 Abs. 2, 3). Haben die Parteien sich dagegen nicht über die Kostentragung geeinigt, kann das Schiedsgericht nach Beendigung des Verfahrens im Wege des gesonderten Kostenschiedsspruchs gemäß § 35 Abs. 4 i.V.m. § 35 Abs. 3 Satz 2 über die Kosten entscheiden.

45 **Parteivereinbarung vor Konstituierung des Schiedsgerichtes.** Einigen sich die Parteien auf eine Verfahrensbeendigung, nachdem die Schiedsklage zugestellt, aber noch bevor das Schiedsgericht konstituiert ist (etwa bevor der Vorsitzende bestellt ist), wird es im Hinblick auf Zeit und Kosten vielfach unangemessen sein, das Schiedsgericht nur zu dem Zweck zu konstituieren, den Beendigungsbeschluss und gegebenenfalls eine Kostenentscheidung zu erlassen. Doch sind Ausnahmen denkbar, etwa, wenn Bestandteil der Einigung eine Ratenzahlungsvereinbarung ist, die in die Form eines der Vollstreckbarerklärung zugänglichen Titels gegossen werden soll. Besteht nach einer dergestalt erleichterten Voll-

streckbarkeit kein Bedürfnis, erlässt die DIS-Geschäftsstelle einen Beendigungsbeschluss analog § 39 Abs. 3 bzw. Abs. 2 Nr. 2. Gleichzeitig führt sie eine Einigung der Parteien mit den Schiedsrichtern über die Kostenfolge des eingeleiteten Verfahrens herbei, indem sie die Schiedsrichter, soweit bereits benannt oder bestellt, um Mitteilung des ihnen entstandenen – in der Regel noch geringen – Aufwandes bittet sowie anschließend die Parteien um ihr Einverständnis, diesen Aufwand aus dem vom Kläger bei Klageeinreichung gezahlten Vorschuss an die Schiedsrichter auskehren zu dürfen, sofern die Parteien nichts Abweichendes vereinbaren. Sollten die Parteien untereinander eine Kostenerstattung wünschen, ist es empfehlenswert, diese bereits bei der Einigung über die Verfahrensbeendigung zu vereinbaren.

3. Nichtbetreiben des Verfahrens durch die Parteien trotz Aufforderung, Abs. 2 Nr. 3 Var. 1.

§ 39 Abs. 2 Nr. 3 Var. 1 erfasst den Fall, dass die Parteien das Verfahren trotz Aufforderung des Schiedsgerichtes nicht weiter betreiben. Dieser Fall wird von der DIS-SchO als Unterfall der Unmöglichkeit der Verfahrensfortsetzung (Var. 2: „aus einem anderen Grund unmöglich") behandelt, vergleichbar einem Fall der subjektiven Unmöglichkeit.

Begriff des Nichtbetreibens. Das Nichtbetreiben des Verfahrens gemäß § 39 Abs. 2 Nr. 3 Var. 1 erfordert eine faktische Übereinstimmung der Parteien durch Unterlassen. Eine nur einseitige, meist taktische, Verfahrensverzögerung fällt daher ebenso wenig darunter wie ein zwischen den Parteien positiv abgestimmtes Verhalten, das schon den Tatbestand des § 39 Abs. 2 Nr. 2 erfüllen würde. Zudem muss das Nichtbetreiben endgültig sein. Das nur vorläufige Ruhen des Verfahrens, etwa bei Vergleichsverhandlungen oder längerer Verhinderung einer oder mehrerer Parteien, rechtfertigt daher keinen Beendigungsbeschluss, auch nicht in extremen Fällen. Den Schiedsrichtern steht dann allenfalls die Möglichkeit offen, den Schiedsrichtervertrag – unterstellt, er richtet sich nach deutschem Recht – gemäß § 627 BGB fristlos zu kündigen (s. § 25 Rz. 10).

Häufig liegt das Nichtbetreiben des Verfahrens bereits in der Nichteinzahlung der vom Schiedsgericht angeforderten weiteren Kostenvorschüsse (§ 25). Weitere Beispiele sind das Nichterscheinen aller Parteien zur mündlichen Verhandlung sowie generelle Inaktivität.

Für den Fall, dass nicht die Parteien, sondern die **Schiedsrichter** das Verfahren nicht weiter betreiben, gilt nicht § 39 Abs. 2 Nr. 2, sondern § 19.

50 **Verfahren.** Bei einem Nichtbetreiben der Parteien muss das Schiedsgericht die Parteien zunächst unter angemessener Fristsetzung zur Fortführung auffordern, um ihnen rechtliches Gehör zu verschaffen. Dabei sollte es – schon angesichts der Endgültigkeit eines sonst zu erlassenden Beendigungsbeschlusses – auf die Rechtsfolgen des weiteren Nichtbetreibens hinweisen. In jedem Fall sollte es sich vergewissern, dass das Nichtbetreiben nicht nur vorübergehender Natur ist.

51 **Kostenentscheidung.** Erlässt das Schiedsgericht einen Beendigungsbeschluss wegen Nichtbetreibens, wird es regelmäßig Schwierigkeiten haben, über die Kosten zu entscheiden, da nicht genau zu prognostizieren ist, wie der Rechtsstreit ohne Beendigung ausgegangen wäre. Das Schiedsgericht kann entweder auf Basis der derzeitigen Sachlage entscheiden oder die Kosten hälftig verteilen.

4. Unmöglichkeit der Fortsetzung des Verfahrens, Abs. 2 Nr. 3 Var. 2

52 Auch eine objektive Unmöglichkeit der Fortsetzung des Verfahrens führt gemäß § 39 Abs. 2 Nr. 3 Var. 2 zur Beendigung des schiedsrichterlichen Verfahrens durch Beschluss des Schiedsgerichtes. Da auch bei dieser 2. Variante oftmals keine Initiative der Parteien vorausgeht, sondern das Schiedsgericht lediglich auf tatsächliche und rechtliche Umstände reagiert, sollte es sich vergewissern, dass die Fortsetzung wirklich unmöglich geworden ist, und den Parteien hierzu rechtliches Gehör gewähren.

53 Wichtigster objektiver Grund der Unmöglichkeit der Verfahrensfortsetzung ist der **Wegfall der Schiedsvereinbarung.** Diese kann insbesondere durch Anfechtung, Rücktritt, parteieinvernehmliche Aufhebung (wobei dies auch ein Grund nach § 39 Abs. 2 Nr. 2 sein kann) oder Zeitablauf ihre Gültigkeit verlieren. Das Schiedsgericht ist nicht befugt, das Verfahren weiter fortzusetzen, wenn die Schiedsvereinbarung wegfällt. Es besteht dann keine privatautonome Rechtsgrundlage mehr, die die Befugnis zum Erlass eines bindenden Schlussschiedsspruches rechtfertigen würde. Dies gilt allerdings nur, wenn zwischen den Parteien unstreitig ist, dass die Schiedsvereinbarung nicht mehr besteht. Bestreitet eine Partei den Wegfall der Schiedsvereinbarung, muss das Schiedsgericht die Klage gegebenenfalls durch Prozessschiedsspruch als unzulässig abweisen. Die zu § 1056 ZPO vertretene abweichende Ansicht (Musielak/ Voit, § 1056 ZPO Rz. 7), wonach in einem solchen Fall mangels Unterwerfung der Parteien unter die Entscheidung des Schiedsgerichtes kein Schiedsspruch ergehen kann, überzeugt nicht, da das Schiedsgericht die-

se Entscheidung im Interesse der bestreitenden Partei an Rechtsklarheit nicht durch einen Beendigungsbeschluss nach § 39 Abs. 2 Nr. 3 Var. 2 umgehen darf.

Eine Unmöglichkeit der Fortsetzung des Verfahrens kommt ferner in Betracht bei **Stimmengleichheit** im Schiedsgericht, so auch, wenn die Parteien sich in ihrer Schiedsvereinbarung darauf geeinigt haben, dass Entscheidungen im Schiedsgericht **einstimmig zu entscheiden** sind, ein Schiedsrichter sich aber endgültig weigert, der Entscheidung der anderen Schiedsrichter zuzustimmen. Umstritten ist, ob die Schiedsvereinbarung in diesem Fall undurchführbar ist gemäß § 1032 Abs. 1 ZPO mit der Folge, dass in einem Verfahren vor dem staatlichen Gericht die Schiedseinrede nicht mehr erhoben werden kann (*Gerstenmaier*, SchiedsVZ 2010, 281 [285]). 54

Auch bei **entgegenstehender Rechtskraft** eines Schiedsspruchs oder einer staatlichen Gerichtsentscheidung, sei es zur Sache oder zur Unwirksamkeit der Schiedsvereinbarung, ist die Fortsetzung des schiedsrichterlichen Verfahrens unmöglich. 55

Wird eine beteiligte **Partei mittellos**, d.h. ist sie nicht einmal in der Lage, die fälligen Schiedsrichtervergütungsvorschüsse zu zahlen, wird die Schiedsvereinbarung undurchführbar i.S.v. § 1032 Abs. 1 ZPO (BGH v. 14.9.2000 – III ZR 33/00, NJW 2000, 3720). Abzugrenzen hiervon ist der Fall der förmlichen Insolvenz einer Partei (s. Rz. 67 ff.). Der BGH hat insoweit bisher lediglich festgestellt, dass eine Klageerhebung durch die mittellose Partei vor dem staatlichen Gericht zulässig ist. Nicht beantwortet ist damit, ob und wie sich der Eintritt der Mittellosigkeit während eines laufenden Schiedsverfahrens auswirkt, ob dann insbesondere ein Beendigungsbeschluss gemäß § 39 Abs. 2 Nr. 3 Var. 2 in Betracht kommt. Wird der Schiedskläger mittellos, nachdem er sämtliche Vorschüsse bereits gezahlt hat, und ist durch die Mittellosigkeit nur der Kostenerstattungsanspruch des Beklagten im Falle seines Obsiegens gefährdet, kann allein deshalb dem Schiedskläger sein Interesse an einer Entscheidung in der Sache nicht abgesprochen werden. Schon angesichts der Möglichkeit, dass der Klage stattgegeben wird, ist die Verfahrensfortsetzung in diesem Fall nicht unmöglich. Wird dagegen der Schiedsbeklagte nach Klageerhebung mittellos, hat der Kläger die Wahl, ob er den anteiligen Vorschuss des Beklagten gemäß § 25 für diesen übernimmt, um das Verfahren in Gang zu setzen bzw. ihm Fortgang zu geben (dann in der Regel Beendigung durch Schiedsspruch), ob er diesen stattdessen vor dem staatlichen Gericht verklagt oder ob er die Schieds- 56 abrede kündigt (dann jeweils Beendigung durch Beendigungsbeschluss gemäß § 39 Abs. 2 Nr. 3 Var. 2).

5. Beendigungsverfahren der Geschäftsstelle, Abs. 3

57 Die Geschäftsstelle kann das Verfahren beenden, wenn die Benennung eines Schiedsrichters oder Ersatzschiedsrichters unterbleibt und keine Partei einen Antrag auf Ersatzernennung an den DIS-Ernennungsausschuss stellt. Da es **in der Praxis selten** vorkommen wird, dass der – nach § 12 Abs. 1 Satz 2, Abs. 2 Satz 3 – antragsberechtigte Schiedskläger keinen Antrag an den Ernennungsausschuss stellt, ist die praktische Relevanz des § 39 Abs. 3 gering.

58 Die Geschäftsstelle wird nur tätig, wenn nicht das Schiedsgericht selbst einen Beendigungsbeschluss gemäß § 39 Abs. 2 erlassen kann. § 39 Abs. 3 ist insoweit **subsidiär**. Vor Beendigung des Verfahrens hat die Geschäftsstelle die Parteien **anzuhören**.

59 Da die Geschäftsstelle nicht befugt ist, über die Kosten zu entscheiden, und das Schiedsgericht diese Entscheidung mangels Konstituierung nicht treffen kann, können die Parteien sich allenfalls außergerichtlich **über die Kostenverteilung einigen**. Die Geschäftsstelle unterstützt die Parteien bei der Einigung mit den Schiedsrichtern (s. Rz. 45).

III. Rechtsfolgen der Beendigung

60 Der endgültige Schiedsspruch und der Beendigungsbeschluss gemäß § 39 Abs. 2 und 3 beenden das Schiedsverfahren. Damit **endet die Schiedshängigkeit** und entfällt, soweit deutsches Sachrecht anwendbar ist, gemäß § 204 Abs. 2 Satz 1 BGB nach Ablauf der sechsmonatigen Nachfrist auch die Hemmung der **Verjährung**.

61 Gleichzeitig endet der durch die Annahme des Schiedsrichteramtes entstandene **Schiedsrichtervertrag**. Die Schiedsrichter sind nicht mehr im Amt. Insoweit kann die Klarstellung des § 1056 Abs. 3 ZPO, wonach das Schiedsrichteramt mit Beendigung des schiedsrichterlichen Verfahrens ebenfalls beendet wird, bei einem DIS-Schiedsverfahren mit Schiedsort Deutschland ergänzend herangezogen werden. Sollten die Parteien das Schiedsgericht nach der Beendigung des Schiedsverfahrens doch wieder mit der Sache befassen wollen, muss das Schiedsgericht daher in einem neuen Verfahren neu konstituiert werden, wobei sämtliche Kosten erneut anfallen.

In Ausnahme von dieser Regel können und müssen die Schiedsrichter gegebenenfalls noch gemäß § 35 Abs. 3 über die Kosten des Verfahrens entscheiden, ihrer Pflicht nach § 37 zur berichtigenden oder auslegenden Klarstellung bzw. Ergänzung des Schiedsspruchs nachkommen und weitere Ausfertigungen des Schiedsspruches erteilen. Ungeachtet dieser **Arbeitspflichtnachwirkungen** wird mit Beendigung des Schiedsverfahrens – wenn nichts anderes vereinbart wurde – die Schiedsrichtervergütung endfällig, da zu diesem Zeitpunkt die Arbeitsleistung der Schiedsrichter gemäß § 614 BGB vollständig erbracht ist. 62

Als weitere Ausnahme besteht das Amt der ehemaligen Schiedsrichter nach Beendigung fort bzw. lebt wieder auf, wenn ein deutsches, staatliches Gericht im Aufhebungsverfahren die Streitigkeit auf Antrag einer Partei unter Aufhebung des Schiedsspruchs gemäß § 1059 Abs. 4 ZPO an das Schiedsgericht **zurückverweist** (*Wighardt*, SchiedsVZ 2010, 252). In diesem Fall haben die Schiedsrichter trotz der ursprünglichen Beendigung des Verfahrens durch einen Schlussschiedsspruch weiterzuverhandeln und noch einmal zu entscheiden (arg. § 1056 Abs. 3 ZPO). Nach der Begründung des Gesetzgebers zu § 1059 Abs. 4 ZPO hat das Schiedsgericht dabei unter Beachtung der Gründe zu entscheiden, die für die Aufhebung des Schiedsspruches maßgeblich waren (BT-Drucks 13/5274, S. 60). Dies dient auch dem Interesse der Schiedsrichter, eine erneute Aufhebung des nunmehr ergehenden Schiedsspruchs zu vermeiden. Eine inhaltliche Bindung ergibt sich daraus jedoch nicht ohne weiteres (*Wighardt*, SchiedsVZ 2010, 252 [257]). 63

Wird der Schlussschiedsspruch im staatlichen Verfahren dagegen **ohne Verweisung aufgehoben**, muss der Kläger aufgrund der Beendigung des ursprünglichen Verfahrens erneut Schiedsklage erheben und muss das Schiedsgericht neu konstituiert werden. Die Schiedsvereinbarung lebt in diesen Fällen im Zweifel gemäß § 1059 Abs. 5 ZPO wieder auf. Dieser Weg ist allerdings versperrt, soweit die Aufhebung erfolgte, weil die Schiedsvereinbarung unwirksam ist. In diesem Fall gilt § 1059 ZPO Abs. 5 naturgemäß nicht. 64

IV. Kosten

Durch die Entscheidung des Schiedsgerichtes oder der Geschäftsstelle nach § 39 entstehen **keine zusätzlichen Kosten**. Sämtliche Tätigkeiten der Schiedsrichter, also auch die Beendigung des Verfahrens nach § 39, sind durch das Schiedsrichterhonorar abgegolten. Im Falle der Beendi- 65 gung des Verfahrens durch die Geschäftsstelle ist diese Tätigkeit von der Bearbeitungsgebühr gemäß § 40 Abs. 4 umfasst.

66 Benötigen die Parteien nach der Beendigung eine Entscheidung des Schiedsgerichtes darüber, wer die Kosten des Verfahrens trägt, muss und kann das Schiedsgericht gemäß § 35 Abs. 4 i.V.m. Abs. 3 Satz 2 einen **separaten Kostenschiedsspruch** erlassen (s. auch Rz. 44, 51, 59 zu einzelnen Beendigungstatbeständen).

E. Insolvenz

67 Die SchO enthält **keine ausdrückliche Regelung**, inwiefern sich die Insolvenz einer der beteiligten Parteien auf die Schiedsvereinbarung und das Verfahren auswirkt. Die Konsequenzen eines Insolvenzverfahrens richten sich daher nach dem jeweils anwendbaren Verfahrens- und Sachrecht. Nachfolgend wird die Rechtslage nach deutschem Recht dargestellt. Weist der Sachverhalt internationale Bezüge auf, können die Auswirkungen mitunter stark von dieser Rechtslage abweichen (s. Art. 37 ICC-SchO Rz. 50).

I. Bindung des Insolvenzverwalters an die Schiedsvereinbarung

68 Nach deutschem Recht bleibt der Insolvenzverwalter an die Schiedsvereinbarung gebunden, sodass das Insolvenzverfahren grundsätzlich den Beginn eines neuen schiedsrichterlichen Verfahrens nicht verhindert (BGH v. 19.7.2004 – II ZR 65/03, NJW 2004, 2898 [2899]).

69 **Ausnahmen.** Seit dem Urteil des BGH, nach welchem die Schiedsvereinbarung gemäß § 1032 Abs. 1 ZPO undurchführbar wird, wenn eine Partei mittellos ist, so dass sie nicht einmal mehr die Kosten des Schiedsverfahrens tragen und insbesondere den Vergütungsvorschuss für die Schiedsrichter (§ 25) nicht aufbringen kann (BGH v. 14.9.2000 – III ZR 33/00, NJW 2000, 3720), wird diskutiert, ob diese Rechtsprechung auf die insolvente Partei übertragbar ist (*Wagner*, SchiedsVZ 2003, 206). Damit würde der Weg zum staatlichen Verfahren eröffnet. Übertragen werden kann die Rechtsprechung in jedem Fall nur auf eine gleichermaßen mittellose Partei und damit nicht schon auf eine „nur" insolvente Partei, welche die Kosten des Schiedsverfahrens aus der Masse noch ohne weiteres aufbringen kann.

70 Der Bindung der Schiedsabrede unterliegen nicht die **Ansprüche aus Insolvenzanfechtung** nach den §§ 129 ff. InsO, weil diese auf der InsO beruhen und originär in der Person des Insolvenzverwalters entstehen.

Der Insolvenzverwalter kann daher die Ansprüche aus Insolvenzanfechtung grundsätzlich nicht im anhängigen Schiedsverfahren geltend machen, auch nicht einredeweise oder im Rahmen einer Widerklage (BGH v. 17.1.2008 – III ZB 11/07, SchiedsVZ 2008, 148, Rz. 17). Möglich ist die Einrede der Insolvenzanfechtung dagegen im Verfahren auf Vollstreckbarerklärung des Schiedsspruchs, mit welchem dem Absonderungsrecht des Gläubigers stattgeben wird. Denn zu den Verfahren vor dem staatlichen Gericht zählen nicht nur ordentliche Klageverfahren, sondern aus Gründen der Prozessökonomie und der Verfahrenskonzentration auch das Vollstreckbarerklärungsverfahren (BGH v. 17.1.2008 – III ZB 11/07, SchiedsVZ 2008, 148, Rz. 18). Zudem steht es den Parteien frei, über die Ansprüche aus Insolvenzanfechtung eine neue Schiedsabrede zu treffen oder die vom Insolvenzschuldner getroffene Schiedsvereinbarung einvernehmlich auf diese Ansprüche zu erweitern. Der Insolvenzverwalter benötigt in diesem Fall bei erheblichen Streitwerten die Zustimmung des Gläubigerausschusses gemäß § 160 Abs. 2 Nr. 3 InsO.

Der Bundesgerichtshof hat ferner klargestellt, dass auch die Geltendmachung des **Wahlrechts nach § 103 InsO** als selbständiges, der Verfügungsgewalt des Schuldners entzogenes Recht des Insolvenzverwalters anzusehen ist, das im Streitfall nicht der Schiedsabrede unterfällt (BGH v. 30.6.2011 – III ZB 59/10, SchiedsVZ 2011, 281, Rz. 14). Dies wird im Regelfall nur relevant, wenn der Insolvenzverwalter Nichterfüllung wählt. 71

II. Konsequenzen der Insolvenzeröffnung für laufende Schiedsverfahren

Nach deutschem Recht hat die Eröffnung des Insolvenzverfahrens **grundsätzlich keine Auswirkungen** auf laufende Schiedsverfahren. Sie führt also in der Regel nicht automatisch zu einer Beendigung eines bereits anhängigen Schiedsverfahrens oder zu dessen Unterbrechung, auch nicht gemäß oder analog § 240 ZPO (OLG Dresden v. 27.1.2005 – 11 SchH 2/04, SchiedsVZ 2005, 159 [160]). Der Insolvenzverwalter übernimmt im Verfahren die Position des Insolvenzschuldners. Ist das Schiedsgericht zu diesem Zeitpunkt bereits konstituiert, ist der Insolvenzverwalter daher grundsätzlich an die Schiedsrichterbenennung des Schuldners gebunden. Allerdings besteht zur Wahrung der Verfahrensrechte aller Beteiligten regelmäßig eine Verpflichtung des Schiedsgerichtes, das Schiedsverfahren **auszusetzen**. Damit erhält der Insolvenzverwalter die Möglichkeit, sich in das laufende Verfahren einzuarbeiten und das weitere Vorgehen vorzubereiten. Setzt das Schiedsgericht das Verfahren ohne Aussetzung fort und wird der Insolvenzverwalter da- 72 durch in seinen Rechten auf rechtliches Gehör verletzt, droht später die Aufhebung des Schiedsspruchs (§ 1059 Abs. 2 Nr. 1 Buchst. b ZPO).

73 Im Fall einer **Schiedsklage eines Insolvenzgläubigers** wegen einer Insolvenzforderung muss der Insolvenzgläubiger die streitige Forderung nach deutschem Insolvenzrecht gleichzeitig **zur Insolvenztabelle anmelden** (§§ 87, 174 InsO). Wird die angemeldete Forderung im Insolvenzverfahren bestritten, kann die bereits anhängige Schiedsklage nach deutschem Recht nicht als Leistungsklage fortgeführt werden, sondern ist der **Klageantrag umzustellen** auf Feststellung der Forderung zur Insolvenztabelle gemäß §§ 179, 180 InsO. Dieser Feststellungstenor ist schiedsfähig und kann im anhängigen, ausgesetzten Verfahren ebenso wie in einem neu eingeleiteten Schiedsverfahren verfolgt werden. Stellt der Gläubiger als Schiedskläger seinen Klageantrag trotz eines entsprechenden Hinweises des Schiedsgerichtes nicht um, muss das Schiedsgericht die Klage als unzulässig abweisen. Erlässt das Schiedsgericht bei fehlender Umstellung dennoch einen Leistungsschiedsspruch, kann dieser unter gewissen Umständen als Feststellung der Forderung zur Insolvenztabelle **auszulegen** sein, wenn insbesondere auf Grund der Entscheidungsgründe feststeht, dass die geltend gemachte Forderung nur ein Recht auf insolvenzmäßige Befriedigung verschaffen sollte und es sich dabei nicht um eine Masseforderung handelt (BGH v. 29.1.2009 – III ZB 88/07, SchiedsVZ 2009, 176, Rz. 7 f.). Ist eine derartige Auslegung des Leistungsschiedsspruchs nicht möglich, **droht die Aufhebung** des Schiedsspruches gemäß § 1059 Abs. 2 Nr. 2 Buchst. b ZPO im staatlichen Aufhebungsverfahren, weil die Entscheidung des Schiedsgerichtes gegen § 87 InsO als zwingende Vorschrift zur Gleichstellung der Insolvenzgläubiger verstößt und damit gegen den ordre public (OLG Köln v. 13.11.2007 – 9 Sch 8-9/06, SchiedsVZ 2008, 152 [154]).

74 Tritt der Insolvenzverwalter an die Stelle einer Partei, ist es Aufgabe des Schiedsgerichtes, das **Rubrum** des Schiedsverfahrens entsprechend anzupassen.

III. Insolvenzeröffnung nach Erlass des Schiedsspruchs

75 Bestreitet der Insolvenzverwalter oder ein Insolvenzgläubiger den durch einen Schiedsspruch bereits abgeurteilten Anspruch, muss er selbst den **Widerspruch gemäß § 179 Abs. 2 InsO** im Klagewege verfolgen. Dies gilt nach h.M. unabhängig davon, ob der Schiedsspruch schon für vollstreckbar erklärt wurde oder nicht (*Heidbrink/v.d. Groeben*, ZIP 2006, 265 [270]). Mit anderen Worten: Mit dem Schiedsspruch geht die Betreibens-

last auf den Bestreitenden über. Unterlässt es der Bestreitende, den Widerspruch zu verfolgen, wird der Gläubiger der bestrittenen Forderung bei der Verteilung der Masse berücksichtigt mit der Folge, dass sich der Anteil der übrigen Gläubiger verkürzt.

Der Bestreitende kann im Rahmen von § 179 Abs. 2 InsO allerdings nur die **Rechtsbehelfe** bemühen, die auch dem Schuldner selbst zur Verfügung gestanden hätten. Gegen den Schiedsspruch bleibt insoweit die Möglichkeit der Aufhebungsklage in den engen Grenzen des § 1059 ZPO. Abgesehen davon kann der Insolvenzverwalter den ausgeurteilten Anspruch im Wege der Anfechtungsklage gemäß § 129 InsO anfechten.

IV. Konsequenzen der Insolvenzeröffnung für unterstützende Verfahren vor staatlichen Gerichten

Sind zum Zeitpunkt der Eröffnung des Insolvenzverfahrens Verfahren vor einem staatlichen Gericht anhängig, etwa zur Aufhebung oder Anerkennung und Vollstreckbarerklärung des Schiedsspruchs oder sonstigen Unterstützung des Schiedsverfahrens, wird das Verfahren unter den Voraussetzungen des – insoweit ohne weiteres anwendbaren – § 240 ZPO **unterbrochen**. Nach einer Ansicht soll dies für Vollstreckbarerklärungsverfahren nur gelten, wenn es in diesem Verfahren zu einer mündlichen Verhandlung kommt (*Schwab/Walter*, Kapitel 16 Rz. 49).

F. Abweichende Parteivereinbarung

Abweichende Parteivereinbarungen sind aufgrund des abschließenden Charakters der Regelung **grundsätzlich nicht zulässig**. Insbesondere können die Parteien außerhalb des Kataloges in § 39 Abs. 2 keine neuen Beendigungsgründe, wie etwa die Beendigung des Verfahrens durch die Parteien selbst, vereinbaren (s. Rz. 3, auch zur a.A. von Musielak/*Voit*, § 1056 ZPO Rz. 1).

§ **40 DIS-SchO** — Kosten des schiedsrichterlichen Verfahrens

Anhang: Muster Klagerücknahmeschriftsatz (nach Bestellung der Einzelschiedsrichterin)

79 *per Kurier*

*Frau
Dr. Johanna Schmidt
Handelsstraße 22
12345 Berlin*

*DIS-Schiedsverfahren DIS-SV-B-123/01
A GmbH ./. B Ltd.
Klagerücknahme*

In der vorbezeichneten Sache nehmen wir namens und in Vollmacht der Klägerin die Klage vom [...] zurück.

*(Unterschrift)
Rechtsanwalt*

§ 40: Kosten des schiedsrichterlichen Verfahrens

(1) Die Schiedsrichter haben Anspruch auf Honorar und die Erstattung von Auslagen jeweils zuzüglich gesetzlicher Mehrwertsteuer. Dem Schiedsgericht gegenüber haften die Parteien gesamtschuldnerisch für die Kosten des Verfahrens, unbeschadet eines etwaigen Erstattungsanspruches einer Partei gegen die andere Partei.

(2) Das Honorar bestimmt sich nach dem Streitwert, der vom Schiedsgericht nach pflichtgemäßem Ermessen festgesetzt wird.

(3) Das Schiedsgericht kann das Honorar bei einer vorzeitigen Erledigung des Verfahrens entsprechend dem Verfahrensstand nach billigem Ermessen ermäßigen.

(4) Die DIS hat Anspruch auf eine Bearbeitungsgebühr zuzüglich gesetzlicher Mehrwertsteuer. Der DIS gegenüber haften die Parteien gesamtschuldnerisch für die Bearbeitungsgebühr, unbeschadet eines etwaigen Erstattungsanspruchs einer Partei gegen die andere Partei.

(5) Die Höhe der Honorare und Gebühren ergibt sich aus der Anlage, die Bestandteil dieser Schiedsgerichtsordnung ist.

(6) Ist in einer Klage oder Widerklage der Streitwert nicht beziffert, so steht die Bemessung einer vorläufigen Bearbeitungsgebühr und der

Vorschüsse im pflichtgemäßen Ermessen der DIS bzw. des Schiedsgerichts.

Regelungsschwerpunkte: Die Vorschrift regelt die Vergütungs- und Auslagenerstattungsansprüche der Schiedsrichter sowie den Anspruch der DIS auf Zahlung einer Bearbeitungsgebühr, für welche die Parteien jeweils gesamtschuldnerisch haften. → Rz. 4, 9, 11, 14

Die Höhe der Vergütung und der DIS-Bearbeitungsgebühr ist streitwertabhängig und bemisst nach der Anlage zu § 40 Abs. 5 DIS-SchO (sog. „Kostenordnung"). → Rz. 5 ff., 12 f., 16

Die Erstattungsfähigkeit der Auslagen orientiert sich mangels anderweitiger Vereinbarung an den DIS-Richtlinien für die Erstattung von Auslagen der Schiedsrichter. → Rz. 9, 17

Inhalt

A. Normzweck 1	G. Gesamtschuldnerische Haftung der Parteien 14
B. Verhältnis zu §§ 1025 ff. ZPO 2	H. Abweichende Parteivereinbarungen 15
C. Vergleich mit den im staatlichen Verfahren geltenden Vorschriften 3	Anlage zu § 40 Abs. 5 DIS-SchO (gültig seit 1. Januar 2005) 16
D. Vergütungsanspruch der Schiedsrichter 4	Anhang: DIS-Richtlinien für die Erstattung von Auslagen der Schiedsrichter (§ 40 Abs. 1 DIS-SchO i.V.m. Nr. 16 der Anlage zu § 40 Abs. 5 DIS-SchO, Stand: 2005) 17
E. Auslagenerstattungsanspruch der Schiedsrichter 9	
F. Anspruch der DIS auf Zahlung einer Bearbeitungsgebühr (Abs. 4) 11	

Veröffentlichungen der DIS-Hauptgeschäftsstelle: Kosten im Schiedsgerichtsverfahren, DIS – MAT X (2005).
Literatur: *Konrad/Gurtner*, Die Umsatzsteuer im Schiedsverfahren, (2008); *Risse/Meyer-Burow*, Umsatzsteuerpflicht von Schiedsrichterleistungen, SchiedsVZ 2009, S. 326 ff.; *Wolff*, Streitwertfestsetzung bei wertabhängiger Schiedsrichtervergütung – Schiedsrichter in eigener Sache?, SchiedsVZ 2006, S. 131 ff.

A. Normzweck

§ 40 ist im Zusammenhang mit §§ 7, 11, 25 und 35 zu lesen, die den Rahmen der in einem DIS-Schiedsverfahren anfallenden Kosten abbilden. § 40 regelt die Ansprüche der Schiedsrichter gegen die Parteien auf

Vergütung ihrer Honorare und Erstattung ihrer Auslagen sowie den Anspruch der DIS gegen die Parteien auf Zahlung der Bearbeitungsgebühr. Die Vorschrift bildet die Grundlage für die Anforderungen von Vorschusszahlungen an die DIS bzw. das Schiedsgericht gemäß § 7, § 11 und § 25. Welche der Parteien die Kosten des schiedsrichterlichen Verfahrens einschließlich Honorare, Auslagen und DIS-Bearbeitungsgebühr letztlich zu tragen hat, ist abhängig von der Kostenentscheidung des Schiedsgerichts nach § 35, die erst am Ende des Verfahrens ergeht.

B. Verhältnis zu §§ 1025 ff. ZPO

2 Die Vorschriften der §§ 1025 ff. ZPO haben für die Anwendung von § 40 DIS-SchO keine praktische Bedeutung. Insbesondere enthalten die §§ 1025 ff. ZPO keine Regelungen zu Vergütungs- und Auslagenerstattungsansprüchen der Schiedsrichter. Im Rahmen eines *Ad-Hoc*-Schiedsverfahrens müssen daher regelmäßig diesbezügliche Regelungen im Schiedsrichtervertrag getroffen werden.

C. Vergleich mit den im staatlichen Verfahren geltenden Vorschriften

3 Im Gegensatz zu Richtern an staatlichen Gerichten werden Schiedsrichter in einem DIS-Schiedsverfahren unmittelbar von den Parteien entlohnt. In Verfahren vor den ordentlichen Gerichten nach der ZPO (Amtsgerichte, Landgerichte, Oberlandesgerichte und Bundesgerichtshof) bestimmt sich der staatliche Kostenanspruch für die Tätigkeit der Gerichte nach dem Gerichtskostengesetz (GKG). Die Gerichtskosten bestehen nach der Legaldefinition in § 1 Satz 1 GKG aus Gebühren und Auslagen und werden nach dem Kostenverzeichnis der Anlage 1 zum GKG erhoben (§ 3 Abs. 2 GKG). Während die Gerichtskosten nach GKG linear zum Streitwert steigen, steigt die prozentuale Vergütung der Schiedsrichter in einem DIS-Schiedsverfahren mit steigendem Streitwert degressiv.

D. Vergütungsanspruch der Schiedsrichter

4 **Grundlagen.** Jedem Mitglied des Schiedsgerichts steht für seine Tätigkeit ein Anspruch auf Zahlung eines Schiedsrichterhonorars zu (§ 40 Abs. 1 Satz 1). Im Falle eines Dreierschiedsgerichts liegt das Honorar des Vorsitzenden mangels anderweitiger Vereinbarung 30 % über dem der Mitschiedsrichter (vgl. Nr. 15 der Anlage zu § 40 Abs. 5). Unterliegt die Schiedsrichterleistung der Umsatzsteuerpflicht (vgl. hierzu *Risse/Mey-*

er-Burow, SchiedsVZ 2009, 326 ff.; vgl. ferner *Konrad/Gurtner*, Die Umsatzsteuer im Schiedsverfahren, 2008), hat der jeweilige Schiedsrichter zusätzlich einen Anspruch auf Zahlung der gesetzlichen Umsatzsteuer (§ 40 Abs. 1 Satz 1). Konkretisiert wird der Vergütungsanspruch der Schiedsrichter durch § 7 Abs. 1, wonach der Kläger mit Einreichung der Klage einen Teil der Vergütung als vorläufigen Vorschuss für die Schiedsrichter an die DIS zu zahlen hat, sowie durch § 25 Abs. 1, wonach das Schiedsgericht seine Tätigkeit davon abhängig machen kann, dass die Parteien Vorschüsse auf die zu erwartenden Kosten des Schiedsgerichts zahlen.

Höhe der Vergütung. Sie bestimmt sich nach dem vom Schiedsgericht „*nach pflichtgemäßem Ermessen*" (§ 40 Abs. 2) festzusetzenden **Streitwert** i.V.m. Nr. 1–15 der Anlage zu § 40 Abs. 5 – sog. „**Kostenordnung**" –, deren aktuelle Fassung zum 1.1.2005 in Kraft getreten und Bestandteil der DIS-SchO ist. Liegen keine bezifferten Zahlungsanträge vor, werden die Schiedsrichter den Streitwert für die Berechnung des Kostenvorschusses (§ 40 Abs. 6) in aller Regel nur nach Anhörung der Parteien festsetzen. In nationalen Schiedsverfahren bietet sich insoweit eine Orientierung an den Grundsätzen der ZPO und des GKG an. In **Mehrparteienverfahren** erhöhen sich die Schiedsrichterhonorare um 20 % für jede zusätzliche Partei und maximal um 50 % (vgl. Nr. 11 der Anlage zur § 40 Abs. 5). Bei Einreichung einer **Hilfswiderklage** kann der DIS-Ernennungsausschuss auf Antrag des Schiedsgerichts und nach Anhörung der Parteien bestimmen, dass die Schiedsrichterhonorare nach den Streitwerten von Klage und Widerklage jeweils gesondert berechnet werden (vgl. Nr. 12 der Anlage zu § 40 Abs. 5). In Fällen von **besonderer rechtlicher Schwierigkeit** und/oder **tatsächlicher Komplexität** kann, insbesondere unter Berücksichtigung des Zeitaufwandes, der DIS-Ernennungsausschuss auf Antrag des Schiedsgerichts und nach Anhörung der Parteien eine angemessene Erhöhung des Schiedsrichterhonorars um bis zu 50 % bestimmen (vgl. Nr. 13 der Anlage zu § 40 Abs. 5). Wird beim Schiedsgericht die Anordnung einer **vorläufigen oder sichernden Maßnahme** nach § 20 beantragt, erhöht sich das Schiedsrichterhonorar um 30 % des Honorars zum Zeitpunkt der Antragstellung (vgl. Nr. 13 der Anlage zu § 40 Abs. 5).

Die Entscheidung des Schiedsgerichts zur Kostenhöhe (§ 35 Abs. 3 DIS-SchO) ist entsprechend dem Rechtsgedanken von § 315 Abs. 3 BGB in einem Aufhebungsverfahren nur daraufhin gerichtlich überprüfbar, ob die ihr zugrundeliegende Streitwertfestsetzung der Billigkeit entsprach (*Wolff*, SchiedsVZ 2006, 131 [137]).

7 Bei einer **vorzeitigen Erledigung** des Rechtsstreits, z.B. durch Klagerücknahme oder Vergleich, *„kann"* das Schiedsgericht das Honorar *„entsprechend dem Verfahrensstand nach billigem Ermessen"* ermäßigen (§ 40 Abs. 3). Diese Kann-Vorschrift trägt dem Umstand Rechnung, dass eine vorzeitige Erledigung unter Umständen erst zu einem sehr späten Verfahrenszeitpunkt, z.B. kurz vor Erlass des Endschiedsspruchs, eintreten kann. In der Praxis werden sich die Schiedsrichter im Rahmen dieser Ermessensentscheidung regelmäßig an dem bis zum Zeitpunkt der Erledigung bereits angefallenen Zeitaufwand orientieren.

8 Die Streitwertfestsetzung durch das Schiedsgericht stellt keinen Verstoß gegen das sog. **„Verbot des Richtens in eigener Sache"** bzw. den verfahrensrechtlichen *ordre public* (§ 1059 Abs. 2 Nr. 2 Buchst. b ZPO) dar. Zwar bestimmen die Schiedsrichter mit der Streitwertfestsetzung mittelbar die Höhe ihrer eigenen Vergütung. Die Streitwertfestsetzung führt jedoch noch nicht zu einer unmittelbaren Zahlungsverpflichtung der Parteien, sondern bildet lediglich die Grundlage für die Berechnung der Vorschussanteile (§ 25 DIS-SchO) und spätere Kostenentscheidung des Schiedsgerichts im Schiedsspruch (§ 35 DIS-SchO), in der der Schiedsrichter nicht über eigene Ansprüche, sondern über Kostenansprüche zwischen den Parteien entscheiden (vgl. *Wolff*, SchiedsVZ 2006, 131 [133, 141]).

E. Auslagenerstattungsanspruch der Schiedsrichter

9 **Grundlagen.** Zusätzlich zum Vergütungsanspruch hat jedes Mitglied des Schiedsgerichts einen Anspruch gegen die Parteien auf Erstattung seiner Auslagen, ggf. zuzüglich Umsatzsteuer (§ 40 Abs. 1 Satz 1). Konkretisiert wird dieser Erstattungsanspruch der Schiedsrichter durch § 25 Abs. 1 (vgl. Rz. 4).

10 **Erstattungsfähige Auslagen.** Soweit das Schiedsgericht mit den Parteien nichts anderes vereinbart hat, orientiert sich die Erstattungsfähigkeit der Auslagen nach den von der DIS erstellten Richtlinien in der bei Verfahrensbeginn gültigen Fassung (Nr. 16 der Anlage zu § 40 Abs. 5). Danach sind **Reisekosten**, **Tagegeld**, **Übernachtungskosten** und **sonstige durch das Schiedsverfahren veranlasste Auslagen** (z.B. Kosten für die Anmietung eines Raumes für die mündliche Verhandlung, Post- und Kurierentgelte, Telekommunikationsdienstleistungen und Kopien) erstattungsfähig.

F. Anspruch der DIS auf Zahlung einer Bearbeitungsgebühr (Abs. 4)

Grundlagen. Die DIS als administrierende Schiedsinstitution hat gegen die Parteien einen Anspruch auf Zahlung einer Bearbeitungsgebühr ggf. zzgl. Umsatzsteuer (§ 40 Abs. 4). Dieser Anspruch wird konkretisiert durch die Regelungen in § 7 Abs. 1 und § 11 Abs. 1, wonach der Kläger bzw. der Beklagte bereits mit Einreichung der Klage bzw. Widerklage die jeweils anfallende Bearbeitungsgebühr an die DIS zu zahlen hat, unbeschadet eines etwaigen von der Kostenentscheidung des Schiedsgerichts nach § 35 abhängigen Erstattungsanspruchs der Partei gegen die jeweils andere Partei. 11

Höhe der Bearbeitungsgebühr. Ist in der **Klage** der Streitwert beziffert, ergibt sich die Höhe der Bearbeitungsgebühr aus Nr. 18 der Anlage zu § 40 Abs. 5 (vgl. § 7 Rz. 6 mit Angaben zum Mindest- und Höchstbetrag). Ist in der Klage der Streitwert nicht beziffert, steht die Bemessung der (vorläufigen) Bearbeitungsgebühr im pflichtgemäßen Ermessen der DIS (§ 40 Abs. 6; vgl. hierzu auch § 7 Rz. 7). Ergeben sich aus dem Parteivortrag keinerlei Anhaltspunkte für den Streitwert der Klage, setzt die DIS regelmäßig den (vorläufigen) Streitwert auf 50 000 EUR fest. 12

Bei Einreichung einer **(Hilfs-)Widerklage** sind die Streitwerte von Klage und Widerklage für die Bemessung der Bearbeitungsgebühr zu addieren (vgl. bereits § 11 Rz. 6). Die DIS-Bearbeitungsgebühr für eine Widerklage berechnet sich nach dem erhöhten Streitwert abzüglich der für die Klage entstandenen DIS-Bearbeitungsgebühr (Nr. 18 Abs. 2 der Anlage zu § 40 Abs. 5). Der Höchstbetrag der DIS-Bearbeitungsgebühr für Klage und Widerklage beträgt 37 500 EUR (jeweils zzgl. Umsatzsteuer; vgl. Nr. 18 Abs. 3 der Anlage zu § 40 Abs. 5). Beziffert der Beklagte den Streitwert der Widerklage nicht, so steht die Bemessung der (vorläufigen) Bearbeitungsgebühr für die Widerklage wiederum im pflichtgemäßen Ermessen der DIS (§ 40 Abs. 6). Bei einem **Mehrparteienverfahren** erhöht sich die DIS-Bearbeitungsgebühr um 20 % für jede zusätzliche Partei. Die DIS-Bearbeitungsgebühr beträgt jedoch wiederum höchstens 37 500 EUR (vgl. Nr. 18 Abs. 3 der Anlage zu § 40 Abs. 5). 13

G. Gesamtschuldnerische Haftung der Parteien

Die Parteien haften für die Vergütungsansprüche und Auslagenerstattungsansprüche der Schiedsrichter (§ 40 Abs. 1 Satz 2) sowie für den Anspruch der DIS auf Zahlung der Bearbeitungsgebühr (§ 40 Abs. 4 Satz 2) gesamtschuldnerisch. Entsprechend stellen die Schiedsrichter 14 bei der Anforderung der Kostenvorschussanteile (§ 25) den Parteien üblicherweise jeweils die Hälfte ihrer jeweiligen Vergütungsansprüche sowie der voraussichtlich anfallenden Auslagen in Rechnung (vgl. § 25 Rz. 9, zu den Folgen der Nichtzahlung des Kostenvorschussanteils einer Partei vgl. § 25 Rz. 10 ff.). Hinsichtlich der Umsatzsteuerpflicht haben die Schiedsrichter für jede Partei jedoch gesondert prüfen, ob sie Umsatzsteuer abführen und entsprechend in Rechnung stellen müssen (vgl. *Risse/Meyer-Burow*, SchiedsVZ 2009, 326 [331 f.]; vgl. ferner *Konrad/Gurtner*, Die Umsatzsteuer im Schiedsverfahren).

H. Abweichende Parteivereinbarungen

15 Die Vergütungs- und Auslagenerstattungsansprüche der Schiedsrichter und den Anspruch der DIS auf Zahlung der Bearbeitungsgebühr können die Parteien vertraglich nicht abbedingen.

Anlage zu § 40 Abs. 5 DIS-SchO (gültig seit 1. Januar 2005)

16 **Nr. 1 Streitwerte bis 5000,00 Euro**

Das Honorar für den Vorsitzenden des Schiedsgerichts oder den Einzelschiedsrichter beträgt 1365,00 € und für jeden beisitzenden Schiedsrichter 1050,00 €;

Nr. 2 Streitwerte über 5000,00 Euro bis 50 000,00 Euro

Streitwert	Honorar für den Vorsitzenden des Schiedsgerichts/ Einzelschiedsrichter	Honorar für jeden beisitzenden Schiedsrichter
bis 6 000,00 €	1 560,00 €	1 200,00 €
bis 7 000,00 €	1 755,00 €	1 350,00 €
bis 8 000,00 €	1 950,00 €	1 500,00 €
bis 9 000,00 €	2 145,00 €	1 650,00 €
bis 10 000,00 €	2 340,00 €	1 800,00 €
bis 12 500,00 €	2 535,00 €	1 950,00 €
bis 15 000,00 €	2 730,00 €	2 100,00 €
bis 17 500,00 €	2 925,00 €	2 250,00 €
bis 20 000,00 €	3 120,00 €	2 400,00 €
bis 22 500,00 €	3 315,00 €	2 550,00 €
bis 25 000,00 €	3 510,00 €	2 700,00 €
bis 30 000,00 €	3 705,00 €	2 850,00 €
bis 35 000,00 €	3 900,00 €	3 000,00 €
bis 40 000,00 €	4 095,00 €	3 150,00 €
bis 45 000,00 €	4 290,00 €	3 300,00 €
bis 50 000,00 €	4 485,00 €	3 450,00 €

Das Honorar eines beisitzenden Schiedsrichters errechnet sich bei höheren Streitwerten wie folgt:

Nr. 3 **Streitwerte über 50 000,00 € bis 500 000,00 €**
3450,00 € plus 2 % des 50 000,00 € übersteigenden Betrags;

Nr. 4 **Streitwerte über 500 000,00 € bis 1 000 000,00 €**
12 450,00 € plus 1,4 % des 500 000,00 € übersteigenden Betrags;

Nr. 5 **Streitwerte über 1 000 000,00 € bis 2 000 000,00 €**
19 450,00 € plus 1 % des 1 000 000,00 € übersteigenden Betrags;

Nr. 6 **Streitwerte über 2 000 000,00 € bis 5 000 000,00 €**
29 450,00 € plus 0,5 % des 2 000 000,00 € übersteigenden Betrags;

Nr. 7 **Streitwerte über 5 000 000,00 € bis 10 000 000,00 €**
44 450,00 € plus 0,3 % des 5 000 000,00 € übersteigenden Betrags;

Nr. 8 **Streitwerte über 10 000 000,00 € bis 50 000 000,00 €**
59 450,00 € plus 0,1 % des 10 000 000,00 € übersteigenden Betrags;

Nr. 9 **Streitwerte über 50 000 000,00 € bis 100 000 000,00 €**
99 450,00 € plus 0,06 % des 50 000 000,00 € übersteigenden Betrags;

Nr. 10 **Streitwerte über 100 000 000,00 €**
129 450,00 € plus 0,05 % des 100 000 000,00 € übersteigenden Betrags;

Nr. 11 sind an einem schiedsrichterlichen Verfahren mehr als zwei Parteien beteiligt, so erhöhen sich die in dieser Gebührentabelle aufgeführten Beträge für Schiedsrichterhonorare um 20 % für jede zusätzliche Partei. Die Schiedsrichterhonorare erhöhen sich höchstens um 50 %;

Nr. 12 bei Einreichung einer Widerklage kann der DIS-Ernennungsausschuss auf Antrag des Schiedsgerichts und nach Anhörung der Parteien bestimmen, dass die Schiedsrichterhonorare gemäß Nr. 1–11 nach den Streitwerten von Klage und Widerklage jeweils gesondert berechnet werden;

Nr. 13 in Fällen von besonderer rechtlicher Schwierigkeit und/oder tatsächlicher Komplexität kann, insbesondere unter Berücksichtigung des Zeitaufwandes, der DIS-Ernennungsausschuss auf Antrag des Schiedsgerichts und nach Anhörung der Parteien eine angemessene Erhöhung des Schiedsrichterhonorars nach Nr. 1–12 um bis zu 50 % bestimmen;

Nr. 14 ist beim Schiedsgericht die Anordnung einer vorläufigen oder sichernden Maßnahme nach § 20 beantragt, so erhöht sich das Schiedsrichterhonorar um 30 % des Honorars zum Zeitpunkt der Antragstellung;

Nr. 15 das Honorar gemäß Nr. 3–14 erhöht sich für den Vorsitzenden des Schiedsgerichts und den Einzelschiedsrichter um 30 %;

Nr. 16 die Erstattung der Auslagen gemäß § 40 Abs. 1 bemisst sich nach von der DIS erstellten Richtlinien in der bei Verfahrensbeginn gültigen Fassung;

Nr. 17 der von der DIS-Geschäftsstelle bei Einreichung der Klage nach § 7 Abs. 1 beim Kläger erhobene vorläufige Vorschuss für das Schiedsgericht entspricht dem Honorar eines beisitzenden Schiedsrichters nach dieser Tabelle;

Nr. 18 die DIS-Bearbeitungsgebühr beträgt bei Streitwerten bis 50 000,00 € 2 % des Streitwerts; bei Streitwerten über 50 000,00 € bis 1 000 000,00 € beträgt sie 1000,00 € plus 1 % des 50 000,00 € übersteigenden Betrags; bei Streitwerten über 1 000 000,00 € beträgt sie 10 500,00 € plus 0,5 % des 1 000 000,00 € übersteigenden Betrags. Die DIS-Bearbeitungsgebühr beträgt mindestens 350,00 €, höchstens 25 000,00 €;

bei Einreichung einer Widerklage sind die Streitwerte von Klage und Widerklage für die Bemessung der Bearbeitungsgebühr zu addieren. Die DIS-Bearbeitungsgebühr für eine Widerklage berechnet sich nach dem erhöhten Streitwert abzüglich der für die Klage entstandenen DIS-Bearbeitungsgebühr;

die Bearbeitungsgebühr für eine Widerklage beträgt mindestens 350,00 €. Der Höchstbetrag der DIS-Bearbeitungsgebühr für Klage und Widerklage beträgt 37 500,00 €;

sind an einem schiedsrichterlichen Verfahren mehr als zwei Parteien beteiligt, so erhöht sich die in dieser Gebührentabelle aufgeführte DIS-Bearbeitungsgebühr um 20 % für jede zusätzliche Partei. Die Bearbeitungsgebühr beträgt höchstens 37 500,00 €;

Nr. 19 wird eine Schiedsklage, eine Widerklage oder ein sonstiger Schriftsatz bei der DIS in einer anderen Sprache als Deutsch, Englisch oder Französisch eingereicht, kann die DIS eine Übersetzung anfertigen lassen, deren Kosten die DIS zusätzlich zu der DIS-Bearbeitungsgebühr nach Nr. 18 erheben kann.

Anhang:
DIS-Richtlinien für die Erstattung von Auslagen der Schiedsrichter (§ 40 Abs. 1 DIS-SchO i.V.m. Nr. 16 der Anlage zu § 40 Abs. 5 DIS-SchO, Stand: 2005)

17 Soweit mit den Parteien nicht anders vereinbart, werden die Auslagen der Schiedsrichter jeweils zzgl. gesetzlicher Mehrwertsteuer wie folgt erstattet.

Reisekosten: Reisekosten werden nach Vorlage der Belege erstattet. Bei Zugfahrten wird der Fahrpreis erster Klasse erstattet, bei Flugreisen der Preis eines Tickets der Business Class.

Bei Anfahrten mit dem Pkw wird ein Kilometergeld i.H.v. 0,40 € pro gefahrenen Kilometer, höchstens aber der Preis eines Flugtickets der Business Class für die entsprechende Fahrtstrecke erstattet.

Erforderliche Taxifahrten werden nach Rechnung erstattet.

Tagegeld: Die Auslagen eines Schiedsrichters in Zusammenhang mit einer durch das Schiedsgerichtsverfahren veranlassten Sitzung werden pauschal mit 150 € pro Tag/pro Schiedsrichter erstattet.

Gegebenenfalls anfallende Übernachtungs- und Reisekosten zum Sitzungsort sind nicht im Tagegeld enthalten.

Übernachtungskosten: Wird im Rahmen einer durch das Schiedsgerichtsverfahren veranlassten Reise eine Übernachtung eines Schiedsrichters erforderlich, werden die Kosten der Übernachtung pauschal mit 200 € erstattet. Gegen Einzelbeleg kann eine Erstattung der Übernachtungskosten bis i.H.v. maximal 350 € erfolgen.

Sonstige Auslagen: Die übrigen durch das Schiedsgerichtsverfahren veranlassten Auslagen (wie insbesondere Sitzungskosten, Post- und Kurierentgelte, Telekommunikationsdienstleistungen und Kopien) werden nach Aufwand bzw. Vorlage der Belege erstattet.

§ 41: Verlust des Rügerechts

Ist einer Bestimmung dieser Schiedsgerichtsordnung oder einem weiteren vereinbarten Erfordernis des schiedsrichterlichen Verfahrens nicht entsprochen worden, so kann eine Partei, die den Mangel nicht unverzüglich rügt, diesen später nicht mehr geltend machen. Dies gilt nicht, wenn der Partei der Mangel nicht bekannt war.

Regelungsschwerpunkte: Integriert den Grundsatz der Rügepräklusion in das DIS-Schiedsverfahren.

Inhalt

A. Normzweck 1	E. Kenntnis des Verstoßes 8
B. Verhältnis zum X. Buch der ZPO und zu Art. V EuÜ 3	F. Keine unverzügliche Rüge ... 9
C. Vergleich mit den im staatlichen Verfahren geltenden Vorschriften 4	G. Rechtsfolge: Verlust des Rügerechts; Befugnisse des Schiedsgerichts 10
D. Erfasste Verstöße 5	H. Abweichende Parteivereinbarungen 11

Veröffentlichungen der Geschäftsstelle: Keine.
Literatur: *Harb/Poulton/Wittinghofer*, If All Else Fails: Putting Post-Award Remedies in Perspective, in: The European and Middle Eastern Arbitration Review 2012, S. 16 ff.; *Wagner*, Keine Präklusion des Einwandes der Nichtigkeit einer Schiedsvereinbarung wegen Missbräuchlichkeit in Verbraucherverträgen, Anm. zu EuGH, 26.10.2006, Rs. C-168/05, SchiedsVZ 2007, S. 46 ff.

A. Normzweck

1 § 41 **integriert** den vielen Rechtsordnungen bekannten Grundsatz der **prozessualen Rügepräklusion** (*"waiver"*, bzw. *"estoppel"*) in die DIS-SchO. Durch das Erfordernis, tatsächliche oder vermeintliche Verfahrensfehler **zeitnah zu rügen**, wird die **Verfahrenseffizienz** erhöht. Denn sowohl die Aufklärung der Frage, ob es sich der Rüge entsprechend bei dem beanstandeten Verhalten des Schiedsgerichts oder der Gegenpartei um einen Verfahrensfehler handelt als auch dessen etwaige Korrektur, können in aller Regel auf eine zeitnahen Rüge sehr viel rascher und sachgerechter erfolgen, als wenn die Rüge erst in einem fortgeschrittenen Verfahrensstadium oder gar in einem Anerkennungs- oder Vollstreckbarerklärungsverfahren vor dem staatlichen Gericht vorgebracht wird.

2 Indem die Vorschrift die Parteien dazu zwingt, Verfahrensfehler sofort und nicht erst dann zu rügen, wenn sich zeigt, dass diese sich im Ergebnis zu ihrem Nachteil ausgewirkt haben, trägt die Vorschrift auch dazu bei, dass die DIS-SchO nicht aus rein **taktischem Kalkül** zur Korrektur missliebiger Sachentscheidungen missbraucht wird. Mit § 41 setzt die DIS-SchO somit einen **Anreiz, sich nicht widersprüchlich zu verhalten**. Die Vorschrift dient schließlich auch der **Reduzierung der Prüfdichte staatlicher Gerichte** im Anerkennungs- und Vollstreckbarerklärungsverfahren. Das die materiell-rechtliche Rechtsanwendung durch das Schiedsgericht betreffende Verbot der révision au fond wird so prozessual komplettiert. Dies entspricht regelmäßig dem Parteiwillen, der auf eine weitestmögliche Ausschaltung staatlicher (insbesondere: nachträglicher) Interventionen in das Schiedsverfahren gerichtet ist.

B. Verhältnis zum X. Buch der ZPO und zu Art. V EuÜ

3 § 41 DIS-SchO erweitert die gemäß **§ 1040 Abs. 2 ZPO, Art. V EuÜ** bereits hinsichtlich **Zuständigkeitseinwendungen** geltenden Präklusionsregelungen auf weitere **Verfahrensverstöße**, nämlich Verletzungen der SchO sowie von weiteren Parteivereinbarungen. Die Vorschrift schränkt zudem in ihrem Anwendungsbereich zulässigerweise (aber s. bei Verbraucherbeteiligung EuGH v. 26.10.2006, Mostaza Claro, NJW 2007, 135 = SchiedsVZ 2007, 46 m. Anm. *Wagner*) das Recht ein, sich auf die Aufhebungs- bzw. Vollstreckbarerklärungsversagungsgründe aus § 1059 Abs. 2 ZPO, Art. V UNÜ, Art. IX EuÜ zu berufen.

C. Vergleich mit den im staatlichen Verfahren geltenden Vorschriften

Das staatliche Verfahrensrecht kennt eine Vielzahl von Vorschriften zur prozessualen Rügepräklusion (z.B. Art. 24 Brüssel I-VO, §§ 39, 282, 283, 296, 296a, 531 ZPO). Diese Bestimmungen überschneiden sich ihrem Regelungssinn nach aber nur eingeschränkt mit § 41 DIS-SchO. Letzterer schneidet den Parteien die Berufung auf die von ihm erfassten **Verfahrensfehler** schlechthin ab, wenn mit dem Verfahren fortgefahren wird, ohne dass die Fehler gerügt werden. Dagegen betreffen die Regelungen der ZPO stets nur bestimmte Verfahrenskonstellationen und schneiden – abgesehen von den Vorschriften über die zuständigkeitsbegründende, rügelose Einlassung – auch nicht zielgerichtet die Rüge gerade von Verfahrensfehlern, sondern jeglichen Vortrag überhaupt ab. Wegen des umfassenden Charakters von § 41 DIS-SchO ist ein Vergleich mit den in der ZPO geregelten Konstellationen, die zu einer Präklusion im staatlichen Verfahren führen können, wenig ergiebig. 4

D. Erfasste Verstöße

§ 41 erfasst grundsätzlich **alle Verstöße gegen Vorschriften der DIS-SchO oder gegen verfahrensbezogene Parteivereinbarungen.** Es kommt nicht darauf an, ob diese von einer Partei, einem oder mehreren Schiedsrichtern oder einem Organ der DIS ausgehen. Aus Satz 2 ergibt sich, dass der Verstoß der Partei **positiv bekannt** gewesen sein muss, damit die Präklusionswirkung des § 41 eintritt. 5

Verstöße gegen die Schiedsgerichtsordnung (§ 41 Var. 1) sind in jedem Verfahrensstadium denkbar, insbesondere bei der Konstituierung des Schiedsgerichts und bei der Durchführung der mündlichen Verhandlung. 6

Weitere Parteivereinbarungen (§ 41 Var. 2) betreffen bspw. den Auswahlmechanismus für Schiedsrichter oder die Einzelheiten des Verfahrensablaufs. 7

E. Kenntnis des Verstoßes

Der Verstoß muss der Partei **positiv bekannt** gewesen sein, § 41 Satz 2. Soweit aber nach der lex loci arbitri Kennenmüssen für das Eintreten der Präklusionswirkung genügt, hat es dabei sein Bewenden, da § 41 nicht bezweckt, eine laschere Präklusionsregelung als die qua Schiedsverfahrensrecht geltende zu treffen, sondern lediglich einen Mindeststandard aufstellt. 8

F. Keine unverzügliche Rüge

9   Die Partei muss, um nicht präkludiert zu werden, den Verfahrensfehler **unverzüglich**, d.h. ohne schuldhaftes Zögern rügen (vgl. § 121 Abs. 1 BGB). Schuldhaft ist ein Zögern dann, wenn es im Einzelfall vorwerfbar ist; das wird insbesondere dann der Fall sein, wenn die Partei mit dem Schiedsverfahren – bspw. durch Vornahme anderer Prozesshandlungen – fortfährt, obwohl verständigerweise zu erwarten gewesen wäre, dass zuvor oder zeitgleich der Verfahrensverstoß gerügt wird. Der von Schiedsgerichten vielfach „eingeforderte" Protokollvermerk am Ende der mündlichen Verhandlung, wonach die Führung derselben keinen Anlass zu Beanstandungen gegeben hat, steht einem solchen Fortfahren gleich. Dagegen liegt – jedenfalls bei einem deutschen Schiedsort – in der Mitwirkung an der Konstituierung des Schiedsgerichts kein schädliches Fortfahren, wenn zuvor Einwendungen gegen die Zuständigkeit erhoben wurden. Wurden solche Einwendungen erhoben und nicht „fallen gelassen", müssen sie nicht ständig im Sinne eines „ceterum censeo" wiederholt werden. Zu beachten ist ferner, dass es einer Partei nicht zum Nachteil gereichen kann, wenn ihr für die Rüge des Verfahrensverstoßes eine **Frist** entweder qua SchO (z.B. § 18 Abs. 2 Satz 1) oder aber durch das Schiedsgericht oder durch die Geschäftsstelle gesetzt ist und die Partei diese Frist voll ausnutzt. Andere Verfahrenshandlungen während solcher noch offener Fristen sind daher unschädlich, wenn die Rüge fristwahrend erfolgt.

G. Rechtsfolge: Verlust des Rügerechts; Befugnisse des Schiedsgerichts

10 Als Rechtsfolge ordnet § 41 den **Verlust des Rügerechts** an. Trotz fehlender Rüge durch die Gegenpartei kann im Einzelfall auch das **Schiedsgericht** den Verfahrensverstoß aufgreifen. So ist das Schiedsgericht trotz der grundsätzlich herrschenden Parteiautonomie nicht verpflichtet, jedes krass dilatorische, der prozessleitenden Verfügung und/oder dem Verfahrenskalender offenkundig widersprechende Prozessverhalten der Parteien hinzunehmen, nur, weil die jeweils andere Partei von einer Rüge absieht.

H. Abweichende Parteivereinbarungen

11 Die Vorschrift ist dispositiv.

§ 42: Veröffentlichung des Schiedsspruchs

Eine Veröffentlichung des Schiedsspruchs ist nur mit schriftlicher Zustimmung der Parteien und der DIS zulässig. In keinem Fall darf die Veröffentlichung die Namen der Parteien, Prozessbevollmächtigten und Schiedsrichter sowie sonstige individualisierende Angaben enthalten.

Regelungsschwerpunkte: Satz 1 Veröffentlichung von Schiedssprüchen nur mit Zustimmung der Parteien und der Geschäftsstelle – Ergänzung des Vertraulichkeitsgebotes gemäß § 43. → Rz. 1–13; **Satz 2** Anonymisierungsgarantie für den Fall der Veröffentlichung. → Rz. 2, 8

Kostenaspekte: Zusätzliche Kosten entstehen nicht. → Rz. 12

Inhalt

A. Normzweck 1	D. Veröffentlichung des Schiedsspruches 6
B. Verhältnis zu §§ 1025 ff. ZPO 4	E. Abweichende Parteivereinbarungen 14
C. Vergleich mit den im staatlichen Verfahren geltenden Vorschriften 5	

Literatur: *Duve/Keller*, Privatisierung der Justiz – bleibt die Rechtsfortbildung auf der Strecke? – Ein Beitrag zur Auflösung des Spannungsverhältnisses von Privatautonomie und Rechtsfortbildung in der Schiedsgerichtsbarkeit, SchiedsVZ 2005, S. 169 ff.; *Kühner*, Geschäftsgeheimnisse und Schiedsverfahren – neuerdings ein Gegensatz?, IHR 2003, S. 202 ff.; *Nedden/Rosenfeld*, The New UNCITRAL Transparency Rules: How the Trend towards Transparency differs in Investment and Commercial Arbitration, in: C. Müller/A. Rigozzi, New Developments in International Commercial Arbitration 2013, (2013); *Oldenstam/von Pachelbel*, Confidentiality and Arbitration – a few reflections and practical notes, SchiedsVZ 2006, S. 31 ff.; *Wittinghofer*, Emmott v. Michael Wilson & Partners Ltd: Der englische Court of Appeal meint es ernst mit der Vertraulichkeit im Schiedsverfahren – oder nicht?, SchiedsVZ 2009, S. 156 ff.

A. Normzweck

Das in § 42 Satz 1 normierte, grundsätzliche Verbot, den Schiedsspruch zu veröffentlichen, soweit nicht die Parteien und die Geschäftsstelle einer Veröffentlichung zugestimmt haben, dient dem Interesse der Parteien an der **vertraulichen Behandlung des Verfahrensgegenstandes** und 1 seines Ergebnisses. Die Norm ergänzt die Vorschrift des § 43 zur Vertraulichkeit des Schiedsverfahrens.

2   Gleichzeitig soll die in § 42 Satz 2 enthaltene **Anonymitätsgarantie** einen Anreiz für die Parteien schaffen, trotz der grundsätzlichen Vertraulichkeit des Schiedsverfahrens der Veröffentlichung des Schiedsspruches zuzustimmen. Dies dient dem Interesse der Allgemeinheit, da die Veröffentlichung möglichst vieler Schiedssprüche sowohl eine **kontinuierliche Rechtsfortbildung** ermöglicht als auch die **Vereinheitlichung und Vorhersehbarkeit** der Rechtsprechungspraxis verschiedener Schiedsgerichte fördert.

3   Mit dieser ausdrücklichen Regelung zum Verbot der Veröffentlichung von Schiedssprüchen verfolgt die DIS-SchO einen **restriktiven Ansatz**, der die Vertraulichkeit in maximaler Weise schützt.

B. Verhältnis zu §§ 1025 ff. ZPO

4   Die Vorschriften der §§ 1025 ff. ZPO enthalten **keine Regelung** zur Veröffentlichung von Schiedssprüchen. Gemäß der **herrschenden Meinung** in der deutschen schiedsrechtlichen Literatur besteht im deutschen Schiedsrecht **keine Verpflichtung der Parteien**, die Tatsache eines schiedsgerichtlichen Verfahrens oder dessen Details, wie auch den Schiedsspruch, vertraulich zu behandeln. Zugleich gibt es namhafte Stimmen, die eine umfassende Geheimhaltungspflicht der Parteien, auch in Bezug auf den Schiedsspruch, als impliziten Inhalt der Schiedsvereinbarung ansehen (s. ausführlich § 43 Rz. 6).

C. Vergleich mit den im staatlichen Verfahren geltenden Vorschriften

5   Die Veröffentlichung staatlicher Gerichtsentscheidungen wird weder in der ZPO noch im GVG geregelt. Aus dem Rechtsstaatsgebot, dem Demokratiegebot und aus dem Grundsatz der Gewaltenteilung (Art. 20 Abs. 1–3 GG) folgt jedoch eine **Pflicht der Gerichtsverwaltung zur Publikation veröffentlichungswürdiger Gerichtsentscheidungen** (BVerwG v. 26.2.1997 – 6 C 3/96, NJW 1997, 2694). Da gerichtliche Entscheidungen das Recht fortbilden, kann der Bürger nur so zuverlässig in Erfahrung bringen, welche Rechte und Pflichten er hat, sich eine Meinung zu Rechtsentwicklungen bilden und gegebenenfalls auf eine Gesetzes- oder Rechtsprechungsänderung hinwirken. Die Entscheidungen müssen bei Veröffentlichung ebenfalls **anonymisiert** werden.

D. Veröffentlichung des Schiedsspruches

§ 42 Satz 1 stellt die Veröffentlichung von Schiedssprüchen unter die Voraussetzung, dass die Parteien und die DIS dem zugestimmt haben. Damit enthält er gleichzeitig das **Verbot**, den Schiedsspruch ohne die erforderlichen Zustimmungserklärungen zu veröffentlichen. Dieses Verbot gilt **uneingeschränkt** für die Parteien, deren Prozessbevollmächtigte, die Schiedsrichter und die Geschäftsstelle (zu den Geheimhaltungspflichten von Zeugen und Sachverständigen s. § 43 Rz. 11 f.). 6

Zustimmung zur Veröffentlichung. Einigen sich die **Parteien** auf die Veröffentlichung des Schiedsspruchs, stimmt die Geschäftsstelle der Veröffentlichung in aller Regel zu. Gelegentlich geht die Initiative zur Veröffentlichung von der **Geschäftsstelle** aus. Sie bittet die Parteien um Zustimmung zur Veröffentlichung, wenn sie einen Schiedsspruch im Interesse der Rechtsfortbildung für veröffentlichungswürdig hält. Dies kann sowohl prozessuale Fragen betreffen, wie z.B. die Zuständigkeit des Schiedsgerichtes oder die Reichweite und Wirksamkeit von Schiedsklauseln, als auch materiell-rechtliche Aspekte von Schiedssprüchen. 7

Anonymisierung. Für den Fall der Veröffentlichung enthält § 42 Satz 2 ein Anonymisierungsgebot. Danach dürfen bei der Veröffentlichung grundsätzlich nicht die **Namen** der Parteien, der Prozessbevollmächtigten, der Schiedsrichter oder **sonstige individualisierende Angaben** der Öffentlichkeit mitgeteilt werden. Bei einer Veröffentlichung durch die Geschäftsstelle stellt diese sicher, dass sämtliche Angaben anonymisiert werden, die einen Rückschluss auf die Parteien oder den Gegenstand der Entscheidung zulassen würden. Entgegen dem Wortlaut des § 42 Satz 2 („*in keinem Fall*") können sich die Parteien **darauf einigen**, individualisierende Informationen zu veröffentlichen. Die Veröffentlichung der Namen der Schiedsrichter setzt zudem die Zustimmung der Schiedsrichter voraus. Auch in den Fällen einer Einigung über die Veröffentlichung individualisierender Angaben erteilt die Geschäftsstelle in aller Regel ihre Zustimmung. 8

Anordnung der Veröffentlichung. Die Veröffentlichung des Schiedsspruchs ist ferner zulässig, wenn das Schiedsgericht dies **im Schiedsspruch als spezifische Maßnahme angeordnet** hat, beispielsweise um eine falsche Darstellung in der Öffentlichkeit richtigzustellen. Die Anordnung der Veröffentlichung durch das Schiedsgericht setzt einen entsprechenden **Antrag** voraus. Bei der Antragstellung ist auf eine eventuell erforderliche Anordnung der Veröffentlichung individualisierender An- 9 gaben entgegen dem grundsätzlichen Anonymisierungsgebot des § 42 Satz 2 zu achten.

10 Nicht abschließend geklärt ist, unter welchen Voraussetzungen ein Schiedsspruch veröffentlicht werden kann in dem häufig auftretenden Fall, dass eine Partei ein **berechtigtes Interesse an der Veröffentlichung gegenüber Dritten** hat. § 42 äußert sich dazu nicht. Ist subsidiär das deutsche Schiedsrecht anwendbar, enthält zwar auch dieses hierzu keine Regelung (s. Rz. 4). Die deutsche schiedsrechtliche Literatur erkennt jedoch ein solches berechtigtes Interesse unter Umständen an, wenn die Parteien in Bezug auf Dritte einer **gegenläufigen gesetzlichen oder vertraglichen Offenbarungspflicht** unterliegen, beispielsweise gegenüber Wertpapierinstitutionen, Versicherern, Aktionären, Investoren oder Wirtschaftsprüfern (ausführlicher s. § 43 Rz. 17 f.). Für das deutsche Recht liegt bislang keine verbindliche Rechtsprechung vor, die solches statuiert oder näher konkretisiert, wie es etwa der englische Court of Appeal getan hat (*Wittinghofer*, SchiedsVZ 2009, 156). Empfehlenswert ist daher eine **Vereinbarung der Parteien** im Einzelfall.

11 Sofern die Parteien die Zustimmung zur Veröffentlichung des anonymisierten Schiedsspruchs durch die DIS-Geschäftsstelle erteilt haben, erfolgt diese auf der **DIS-Webseite** (www.dis-arb.de) und/oder in der **SchiedsVZ**. Den Parteien steht es frei, eine Veröffentlichung an anderer Stelle, etwa in anderen Fachzeitschriften, zu betreiben.

12 Durch das Tätigwerden der Geschäftsstelle entstehen **keine Kosten**, weder für die Prüfung und Erklärung der Zustimmung zur Veröffentlichung noch für die Anonymisierung und Veröffentlichung in der SchiedsVZ.

13 Nicht von § 42 erfasst ist die Veröffentlichung der **Entscheidungen staatlicher Gerichte**, etwa wenn diese im Wege des Aufhebungs- oder Vollstreckbarerklärungsverfahrens mit dem Fall befasst werden. Insoweit gelten die unter C. dargestellten Grundsätze (s. Rz. 5). Dies führt zu einer **Einschränkung der Vertraulichkeit** auch in Verfahren nach der DIS-SchO, die jedoch nicht vermeidbar ist. Eine Güterabwägung bei der Prüfung der Veröffentlichung durch das staatliche Gericht, wie sie das Schweizerische Bundesgericht nach dem schweizerischen Verfahrensrecht vorgenommen hat, haben deutsche Gerichten bislang nicht vorausgesetzt (*Lachmann*, Handbuch des Schiedsverfahrensrechts, Rz. 152).

E. Abweichende Parteivereinbarungen

Denkbar sind abweichende Vereinbarungen von § 42 Satz 1, mit welchen die Veröffentlichung des Schiedsspruchs **erschwert** wird. Nicht hierunter fällt zunächst der Ausschluss der Veröffentlichung, da die Parteien damit lediglich das ihnen zustehende Wahlrecht ausüben, der Veröffentlichung nicht zuzustimmen. Die Parteien können **zusätzliche Erfordernisse** für die Veröffentlichung vereinbaren, wie etwa eine bestimmte Frist, vor deren Ablauf der Schiedsspruch nicht veröffentlicht werden darf. Abweichend von § 42 Satz 2 können sich die Parteien darauf einigen, auch die Namen der Parteien sowie andere **individualisierende Angaben** zu veröffentlichen (s. Rz. 8). 14

§ 43: Vertraulichkeit

43.1 Die Parteien, die Schiedsrichter und die in der DIS-Geschäftsstelle mit einem schiedsrichterlichen Verfahren befassten Personen haben über die Durchführung eines schiedsrichterlichen Verfahrens, und insbesondere über die beteiligten Parteien, Zeugen, Sachverständigen und sonstige Beweismittel Verschwiegenheit gegenüber jedermann zu bewahren. Von den Beteiligten im Verfahren hinzugezogene Personen sind zur Verschwiegenheit zu verpflichten.

43.2 Der DIS ist gestattet, Informationen über schiedsrichterliche Verfahren in einer Zusammenstellung statistischer Daten zu veröffentlichen, soweit die Informationen eine Identifizierung der Beteiligten ausschließen.

Regelungsschwerpunkte: Abs. 1 Umfassende Verschwiegenheitspflicht aller Beteiligten über Existenz und Inhalt des Schiedsverfahrens. → Rz. 1–2, 4–22; **Abs. 2** Ermächtigung der Geschäftsstelle zur Veröffentlichung von Statistiken, soweit Identifizierung der Verfahrensbeteiligten ausgeschlossen. → Rz. 3, 23–24

Inhalt

A. Normzweck 1	D. Vertraulichkeitsgebot, Abs. 1. 8
B. Verhältnis zu §§ 1025 ff. ZPO.................... 5	I. Zur Verschwiegenheit verpflichteter Personenkreis (Abs. 1 Sätze 1 und 2)........ 9
C. Vergleich mit den im staatlichen Verfahren geltenden Vorschriften 7	II. Gegenstand der Verschwiegenheitspflicht 13

III. Ausnahmen von der Verschwiegenheitspflicht 16
IV. Rechtsfolgen im Fall des Verstoßes 21
E. Statistische Veröffentlichung durch die DIS, Abs. 2 23
F. Abweichende Parteivereinbarung 25

Literatur: *Kühner*, Geschäftsgeheimnisse und Schiedsverfahren – neuerdings ein Gegensatz?, IHR 2003, S. 202 ff.; *Nedden/Rosenfeld*, The New UNCITRAL Transparency Rules: How the Trend towards Transparency differs in Investment and Commercial Arbitration, in: C. Müller/A. Rigozzi, New Developments in International Commercial Arbitration 2013, (2013); *Oldenstam/von Pachelbel*, Confidentiality and Arbitration – a few reflections and practical notes, SchiedsVZ 2006, S. 31 ff.; *Wittinghofer*, Emmott v. Michael Wilson & Partners Ltd: Der englische Court of Appeal meint es ernst mit der Vertraulichkeit im Schiedsverfahren – oder nicht?, SchiedsVZ 2009, S. 156 ff.

A. Normzweck

1 Die Anordnung der **Vertraulichkeit des Schiedsverfahrens** gemäß § 43 Abs. 1 dient dem Interesse der Parteien an der **Geheimhaltung** der Existenz des Schiedsverfahrens sowie seines Inhalts. Unternehmensvertreter wie auch Privatpersonen führen die Vertraulichkeit im Schiedsverfahren immer wieder als einen der maßgeblichen **Vorteile des Schiedsverfahrens** gegenüber dem Verfahren vor staatlichen Gerichten an. Dabei geht das Vertraulichkeitsgebot des § 43 mit seiner umfassenden Verschwiegenheitspflicht über den in Schiedsverfahren allgemein anerkannten Ausschluss der Öffentlichkeit bei der mündlichen Verhandlung hinaus (s. Rz. 5, 8). § 43 soll so einen **möglichst umfassenden Schutz** der Vertraulichkeit gewährleisten.

2 Das Vertraulichkeitsgebot des § 43 wird **ergänzt durch § 42**, der die **Veröffentlichung des Schiedsspruches** nur mit Zustimmung der Parteien und der Geschäftsstelle sowie nur in anonymisierter Form erlaubt.

3 § 43 Abs. 2 dient der **Klarstellung**, dass es der Geschäftsstelle erlaubt ist, Informationen über die bei ihr anhängigen Schiedsverfahren **zu statistischen Zwecken** auszuwerten und in einer Weise zu veröffentlichen, die eine Identifizierung der Parteien ausschließt.

4 Im **internationalen Vergleich** gewährt § 43 einen besonders umfassenden Schutz der Vertraulichkeit. Kein ausdrückliches Vertraulichkeitsgebot enthalten z.B. die ICC-SchO (vgl. Art. 22 Abs. 3 ICC-SchO), die SCC-SchO (vgl. Art. 27 Abs. 3, 46 SCC-SchO), die AAA-SchO (vgl. Art. R-23, R-31.c AAA-SchO) und das UNCITRAL Model Law on Internatio-

nal Commercial Arbitration von 1985. Zur Vertraulichkeit verpflichten dagegen Art. 30 Abs. 1 LCIA-SchO und Art. 43 Schweizer SchO, dabei anders als die DIS-SchO jeweils mit ausdrücklichen Ausnahmen.

B. Verhältnis zu §§ 1025 ff. ZPO

Die ZPO enthält **keine ausdrückliche Regelung** zur Vertraulichkeit des Verfahrens. Inwieweit die Vertraulichkeit als **ungeschriebene Geheimhaltungspflicht** der Parteien aus der Schiedsabrede folgt, ist national wie international umstritten. Nach **herrschender Meinung** in der deutschen schiedsrechtlichen Literatur besteht grundsätzlich **keine Verpflichtung der Parteien**, die Tatsache eines schiedsgerichtlichen Verfahrens oder dessen Details vertraulich zu behandeln (*Lachmann*, Handbuch des Schiedsverfahrensrechts, Rz. 146 f.). Dem Vertraulichkeitsinteresse der Parteien ist nach dieser Ansicht in ausreichender Weise dadurch gedient, dass die mündliche Verhandlung nur „**parteiöffentlich**" ist, also unter **Ausschluss der Öffentlichkeit** stattfindet, und dass die **Schiedsrichter** zur Verschwiegenheit verpflichtet sind. Eine ungeschriebene Geheimhaltungspflicht wird auch in der **schwedischen, australischen und US-amerikanischen Rechtsprechung** abgelehnt (*Bulgarian Foreign Trade Bank Ltd. vs. A.I. Trade Finance Ltd.*, Supreme Court of Sweden [2000] – „*Bulbank*"-Fall; dazu *Nacimiento*, Beilage zu BB 2001, Heft 31, 7; *Esso Australia Resources Ltd. v. Sidney James Plowman*, High Court of Australia, 183 CLR 10 [1995]; *United States v Panhandle Eastern Corp. et al.*, U.S. Court of Appeals, 3rd Circuit, 118 F.R.D. 346, 350 [D. Del. 1988]; Vol. 21, 73; *Oldenstam/von Pachelbel*, SchiedsVZ 2006, 31). 5

Abweichend davon gibt es Stimmen, die eine umfassende **Geheimhaltungspflicht als impliziten Inhalt der Schiedsvereinbarung** bejahen (*Raeschke-Kessler/Berger*, Rz. 688). Diese verpflichte die Parteien, gegenüber Dritten keine Informationen über das schiedsgerichtliche Verfahren zu offenbaren. In diese Richtung gehen auch Entscheidungen **englischer Gerichte**, die jedoch gleichzeitig weitreichende Ausnahmen formulieren, nach denen Informationen beispielsweise offengelegt werden können, wenn eine gerichtliche Anordnung vorliege oder wenn es vernünftigerweise erforderlich sei, um die berechtigten Interessen einer Schiedspartei zu wahren (*Emmott vs. Michael Wilson & Partners Ltd.*, England and Wales Court of Appeal [2008]; dazu *Wittinghofer*, SchiedsVZ 2009, 156). 6

C. Vergleich mit den im staatlichen Verfahren geltenden Vorschriften

7 Im staatlichen Verfahren gilt – im Gegensatz zum Schiedsverfahren – der Grundsatz der **Öffentlichkeit der mündlichen Verhandlung** (§ 169 Satz 1 GVG), der im Zusammenhang mit den Maximen der Mündlichkeit und Unmittelbarkeit des Verfahrens der interessierten Öffentlichkeit Einblick in das Verfahren bieten soll. Dies dient der **Kontrolle staatlicher Machtausübung** sowie der Stärkung der richterlichen Unabhängigkeit und des Vertrauens der Allgemeinheit in die Judikative. Im staatlichen Verfahren kann daher nicht verhindert werden, dass Interna der Parteien sowohl der Saalöffentlichkeit als auch den Medien und damit einer unbestimmten Vielzahl von Personen bekannt werden. Dieser Nachteil des staatlichen Verfahrens lässt sich durch die Vereinbarung eines Schiedsverfahrens nach den Regeln der DIS-SchO mit ihrem Vertraulichkeitsgebot gemäß § 43 eindämmen. Allerdings sind der Vertraulichkeit auch im Schiedsverfahren Grenzen gesetzt. So können die Parteien nicht verhindern, dass im Schiedsverfahren noch vertraulich behandelte Informationen im Zuge von Aufhebungs- und Vollstreckbarerklärungsverfahren vor staatlichen Gerichten an die Öffentlichkeit gelangen (s. Rz. 20).

D. Vertraulichkeitsgebot, Abs. 1

8 Das Vertraulichkeitsgebot des § 43 Abs. 1 („confidentiality") ist **abzugrenzen** vom Grundsatz der **Parteiöffentlichkeit** („privacy"), nach welchem die mündliche Verhandlung unter Ausschluss der Öffentlichkeit stattfindet. Die Parteiöffentlichkeit wird in der DIS-SchO nicht ausdrücklich erwähnt, ist jedoch in der nationalen wie internationalen Praxis als stillschweigender Teil der Schiedsabrede anerkannt (s. Rz. 5). Das Vertraulichkeitsgebot des § 43 Abs. 1 geht über den Ausschluss der Öffentlichkeit hinaus, indem es den Beteiligten – insbesondere den Parteien – allgemein verbietet, Informationen über das Schiedsverfahren gegenüber Dritten zu offenbaren.

I. Zur Verschwiegenheit verpflichteter Personenkreis (Abs. 1 Sätze 1 und 2)

9 Unmittelbar zur Verschwiegenheit verpflichtet sind gemäß § 43 Abs. 1 Satz 1 die **Parteien** des Verfahrens, **die Schiedsrichter** und die mit dem Verfahren bei der **DIS-Geschäftsstelle betrauten Personen**. Verpflichtet

sind damit auch **Rechtsnachfolger** der Parteien, nicht jedoch die genannten Beteiligten im Verhältnis zueinander.

Die Verschwiegenheitspflicht wird durch § 43 Abs. 1 Satz 2 mittelbar erweitert auf die von den Beteiligten im Verfahren **hinzugezogenen Personen**. Für diese gilt die Verschwiegenheitspflicht nicht automatisch, wie gemäß § 43 Abs. 1 Satz 1 für die Beteiligten, da sie – anders als die Parteien und die DIS – nicht unmittelbar rechtsgeschäftlich an die DIS-SchO gebunden sind. Stattdessen haben die Beteiligten die von ihnen hinzugezogenen Personen zur Verschwiegenheit **zu verpflichten**, indem sie mit diesen eine entsprechende **Vertraulichkeitsverpflichtung vereinbaren**. Dies kann bei der Beauftragung oder nachträglich geschehen. Zu den hinzugezogenen Personen gehören vor allem die **Prozessbevollmächtigten** der Parteien (die allerdings als Berufsgeheimnisträger der Schweigepflicht unterliegen) sowie vom Schiedsgericht hinzugezogene **Assistenten, Sekretariatspersonal** und **Übersetzer**. 10

Zeugen unterliegen nicht ohne weiteres der Verschwiegenheitspflicht gemäß § 43 Abs. 1. Sie dürften auch nicht von § 43 Abs. 1 Satz 2 erfasst werden, sodass keine Pflicht der Parteien besteht, von ihnen benannte Zeugen zur Verschwiegenheit zu verpflichten. Sofern Zeugen nicht in **arbeitsrechtlicher Abhängigkeit** zu den Parteien stehen und schon aus diesem Grund zur Verschwiegenheit verpflichtet sind, kann ihnen mangels Rechtsgrundlage weder von den Parteien noch vom Schiedsgericht eine Verschwiegenheitspflicht **einseitig auferlegt** werden. Dagegen sollte es möglich sein, dass eine oder mehrere Parteien mit einem Zeugen eine eigenständige **Vertraulichkeitsvereinbarung** schließen. Dies ist nicht in jedem Fall notwendig, insbesondere wenn Zeugen den Sachverhalt nur ausschnittartig kennen und kein Interesse daran haben, ihre (Teil-)Kenntnisse zu missbrauchen. Erscheint eine Vertraulichkeitsvereinbarung dennoch sinnvoll, ist darauf zu achten, dass die Glaubwürdigkeit des Zeugen durch die Art und Weise des Zustandekommens der Vereinbarung oder durch deren Inhalt nicht beeinträchtigt wird. 11

Ebenfalls nicht von der Verpflichtung des § 43 erfasst sind **Sachverständige**. Mit ihnen wird in der Regel eine vertragliche Verschwiegenheitspflicht **im Rahmen der Beauftragung** durch die Partei oder das Schiedsgericht (welches grundsätzlich für Bestellung von Sachverständigen gemäß § 27 Abs. 2 zuständig ist) vereinbart. 12

II. Gegenstand der Verschwiegenheitspflicht

13 § 43 Abs. 1 nennt als Gegenstand der Verschwiegenheitspflicht die **Durchführung** eines Verfahrens sowie insbesondere die beteiligten **Parteien**, **Zeugen** und **Sachverständigen** und sonstige **Beweismittel**. Die Formulierung als beispielhafte Aufzählung („insbesondere") zeigt, dass § 43 Abs. 1 einen darüber hinausgehenden, umfassenden Vertraulichkeitsschutz gewährleisten soll. Geschützt ist daher nicht nur die **Existenz** des Verfahrens, sondern auch dessen **Inhalt**, **Verlauf** und **Ausgang**, ferner die Namen der **Schiedsrichter** sowie die während der Durchführung des Verfahrens offenbarten **Tatsachen und Dokumente**. Im Einzelnen sind der Verschwiegenheitspflicht vor allem unterworfen: der Inhalt und die Existenz aller Schriftsätze, verfahrensgegenständlichen Dokumente, Urkunden, Protokolle, die Korrespondenz und Kommunikation zwischen den Beteiligten des Verfahrens einschließlich der Schiedsrichter und der Geschäftsstelle, Zeugenaussagen, Vergleichsvorschläge, Zeitpunkt und Inhalt einer mündlichen Verhandlung einschließlich der Beratungen der Schiedsrichter und deren Abstimmung. Schließlich fällt unter die Verschwiegenheitspflicht der **Schiedsspruch** selbst, dessen Veröffentlichung jedoch unter den Voraussetzungen des § 42 zulässig ist.

14 Von der Vertraulichkeitsverpflichtung erfasst sind nur solche Informationen, die **nicht bereits öffentlich bekannt** sind. Beispiele hierfür sind etwa Informationen, die sich aus bereits veröffentlichten Jahresabschlüssen, Ad-hoc-Mitteilungen börsennotierter Gesellschaften oder aus der Presse ergeben. Die Partei, die sich darauf beruft, dass eine Information oder ein Dokument bereits öffentlich bekannt war, trägt die Beweislast für diesen Umstand.

15 Die von der Verschwiegenheitspflicht erfassten Informationen und Dokumente dürfen weder **mündlich** noch **schriftlich** oder **in sonstiger Weise** weitergeben werden. Die Verpflichtung gilt grundsätzlich **weltweit** und **zeitlich unbegrenzt**, also sowohl in **Vorbereitung** des schiedsrichterlichen Verfahrens als auch **während und nach dem Abschluss** des Verfahrens.

III. Ausnahmen von der Verschwiegenheitspflicht

16 § 43 enthält **keine Regelung zu möglichen Ausnahmen** von der Verschwiegenheitspflicht. Nach ihrem Wortlaut gilt die Verpflichtung des § 43 Abs. 1 absolut („*gegenüber jedermann*"). In der Praxis können jedoch gesetzliche oder behördliche Vorgaben sowie anderweitige berechtigte Interessen eine Veröffentlichung durch die Parteien erforderlich

machen. Im Wege der Auslegung ist § 43 dahingehend zu verstehen, dass in den nachfolgend dargestellten Ausnahmesituationen **berechtigte Interessen eine Veröffentlichung rechtfertigen** können. Dies wird in der deutschen schiedsrechtlichen Literatur zu § 43 im Grundsatz allgemein anerkannt. Im Detail existiert hierzu jedoch weder differenzierte Literatur noch gefestigte Rechtsprechung. Der damit verbleibenden Unsicherheit können die Parteien nur durch eine sorgfältig formulierte Parteivereinbarung über die Ausnahmen begegnen. Als Vorlage für eine kurz gefasste Regelung möglicher Ausnahmen kann Art. 43 der Schiedsordnung der Schweizerischen Handelskammern dienen.

Eine Ausnahme von der Verschwiegenheitspflicht ist anzunehmen, wenn und soweit gegenläufige **gesetzliche Offenbarungspflichten** bestehen. Beispiele sind Offenlegungspflichten gegenüber Wertpapierinstitutionen, Wirtschaftsprüfern, (potentiellen) Investoren und Versicherungen, etwa zur Veröffentlichung kursrelevanter Insiderinformationen (§ 15 WpHG), zur Erstellung und Veröffentlichung von Jahresabschlüssen (§§ 316 ff., 325 ff. HGB), sowie strafrechtliche Offenbarungspflichten (z.B. § 138 StGB). Ebenso ist eine Veröffentlichung in der Regel gerechtfertigt, soweit eine entsprechende **Anordnung oder Erlaubnis eines Gerichts** vorliegt. 17

Bei **vertraglichen Offenbarungsverpflichtungen** sowie sonstigen **berechtigten Interessen** an einer Veröffentlichung kann in Ansehung des Grundsatzes von Treu und Glauben ebenfalls eine Ausnahme zur absoluten Vertraulichkeitsverpflichtung anzunehmen sein. Dies setzt im Rahmen der erforderlichen **Interessenabwägung** voraus, dass das Interesse an der Veröffentlichung das Geheimhaltungsinteresse der anderen Partei überwiegt. Maßgeblich ist dabei insbesondere, welche Nachteile bei Nichtveröffentlichung drohen und in welchem Umfang die andere Partei durch die Veröffentlichung geschädigt werden kann. Nicht zulässig ist eine Veröffentlichung, die als Mittel für eine vorsätzliche Schädigung der anderen Partei eingesetzt wird. Eine Offenlegung wird dagegen in der Regel gerechtfertigt sein gegenüber der **Versicherung** einer Parteien aufgrund des Versicherungsvertrags, im Rahmen von **gesellschaftsrechtlichen Transaktionen** bzw. der zugehörigen Due Diligence sowie zur **Durchsetzung oder Abwehr von Ansprüchen** gegen Dritte oder von Dritten. 18

Die **Parteien** können daneben jederzeit **zustimmen**, dass Dokumente oder Informationen veröffentlicht werden, entweder einvernehmlich oder einzeln, soweit die Information ihrer Verfügungsbefugnis entstammt. Die Zustimmung kann ausdrücklich oder konkludent erklärt 19 werden. Wird die **Geschäftsstelle** von Außenstehenden um Informationen zu laufenden Verfahren gebeten, bittet sie die betroffenen Parteien um deren Zustimmung, wobei sie darauf achtet, bereits die reine Existenz des Schiedsverfahrens bis zur Zustimmung der Parteien nicht zu bestätigen. Ohne diese Zustimmung gibt sie angeforderte Informationen nicht heraus. Allerdings kann die Geschäftsstelle zur Herausgabe von Informationen oder Dokumenten gezwungen sein, wenn diese, z.B. von der Staatsanwaltschaft, aufgrund gerichtlicher Anordnung angefordert werden.

20 Berechtigt sind die Parteien ferner zur Offenlegung gegenüber den staatlichen Gerichten zum Zwecke unterstützender Verfahren, wie z.B. des **Aufhebungs- oder Vollstreckbarerklärungsverfahrens**. Dies gilt, obgleich solche Verfahren stets mit der Veröffentlichung fallspezifischer Informationen durch das staatliche Gericht verbunden sind, sei es in der mündlichen Verhandlung oder durch die Entscheidung des Gerichtes.

IV. Rechtsfolgen im Fall des Verstoßes

21 Die DIS-SchO äußert sich nicht zu den **Rechtsfolgen eines Verstoßes** gegen die Verschwiegenheitspflicht. Es ist daher auf das jeweils anwendbare materielle Recht zurückzugreifen. Der Verstoß kann einen **Schadensersatzanspruch** nach den allgemeinen schadensersatzrechtlichen Grundsätzen des anwendbaren materiellen Rechts begründen. Probleme ergeben sich in der Praxis vor allem bei der **Bezifferung des entstandenen Schadens und dem Nachweis, dass Schäden adäquat-kausale Folge eines Verstoßes sind**. Dem können die Parteien vorbeugen, indem sie bereits in der Schiedsabrede auf die Verschwiegenheitspflicht Bezug nehmen und festlegen, in welchem Ausmaß für die Verletzung der Pflicht Schadensersatz zu leisten ist. In Betracht kommt ein **pauschalierter Mindestschaden** ebenso wie eine **Vertragsstrafe**. In jedem Fall sollte es dem Geschädigten vorbehalten bleiben, darüber hinausgehende tatsächliche Schäden nachzuweisen.

22 Zu denken ist bei wesentlichen Verstößen gegen die Verschwiegenheitspflicht ferner an ein Recht der Gegenpartei zur **Kündigung der Schiedsabrede**, wiederum abhängig vom anwendbaren Recht. Um zu verhindern, dass die Gegenpartei bei einem Verstoß gegen das Vertraulichkeitsgebot durch eine solche Kündigung das gesamte Schiedsverfahren torpediert, kann diese Rechtsfolge in der Schiedsabrede ausgeschlossen werden.

E. Statistische Veröffentlichung durch die DIS, Abs. 2

§ 43 Abs. 2 stellt klar, dass es der DIS erlaubt ist, die bei ihr vorhandenen Informationen über schiedsrichterliche Verfahren zu statischen Zwecken auszuwerten und zu veröffentlichen. Dies setzt stets voraus, dass eine Identifizierung der Parteien aufgrund dieser Veröffentlichung ausgeschlossen ist. 23

Die DIS veröffentlicht die von ihr unter diesen Voraussetzungen erstellten Statistiken jährlich auf ihrer Internetseite (www.dis-arb.de) und in der SchiedsVZ. 24

F. Abweichende Parteivereinbarung

Eine abweichende Parteivereinbarung ist möglich, sowohl hinsichtlich des verpflichteten oder noch zu verpflichtenden Personenkreises (s. Rz. 9 ff.), des Gegenstandes der Vertraulichkeitspflicht (s. Rz. 13 ff.) sowie der Ausnahmen (s. Rz. 16 ff.) als auch hinsichtlich der Rechtsfolgen im Falle eines Verstoßes (s. Rz. 21 f.). 25

§ 44: Haftungsausschluss

44.1 Die Haftung des Schiedsrichters für seine Entscheidungstätigkeit ist ausgeschlossen, soweit er nicht eine vorsätzliche Pflichtverletzung begeht.

44.2 Für jede andere Handlung oder Unterlassung im Zusammenhang mit einem schiedsrichterlichen Verfahren ist eine Haftung der Schiedsrichter, der DIS, ihrer Organe und ihrer Mitarbeiter ausgeschlossen, soweit sie nicht eine vorsätzliche oder grob fahrlässige Pflichtverletzung begehen.

Regelungsschwerpunkte: Abs. 1 regelt den Ausschluss der Haftung des Schiedsrichters für seine Entscheidungstätigkeit mit Ausnahme vorsätzlich pflichtwidrigen Handelns des Schiedsrichters. → Rz. 5 ff.; **Abs. 2** regelt die Haftung des Schiedsrichters für alle Handlungen, die nicht in Verbindung mit der Entscheidungsfindung stehen. Hier ist die Haftung des Schiedsrichters nur soweit ausgeschlossen, als er nicht vorsätzlich oder grob fahrlässig eine Pflicht verletzt. → Rz. 10 f.

§ 44 DIS-SchO — Haftungsausschluss

Inhalt

A. Allgemeines 1	C. Haftungsbeschränkung im Übrigen (Abs. 2) 10
I. Normzweck 1	
II. Verhältnis zur ZPO 3	D. Haftungsbeschränkung zugunsten der vom Schiedsgericht bestellten Sachverständigen 12
III. Vergleich mit den im staatlichen Verfahren geltenden Vorschriften 4	
B. Haftungsbeschränkung für Entscheidungstätigkeit (Abs. 1) 5	E. Abweichende Parteivereinbarung 14

A. Allgemeines

Literatur: *Hildebrandt/Kaestner*, Richter- und Schiedsrichterhaftung wegen überlanger Verfahrensdauer, BauR 2010, S. 2017 ff.; *Lachmann*, Die Haftung des Schiedsrichters nach deutschem Recht, AG 1997, S. 170 ff.; *Lembcke*, Haftung des Schiedsgutachters und des Adjudikators, DS 2011, S. 96 ff.; *Prütting*, Die rechtliche Stellung des Schiedsrichters, SchiedsVZ 2011, S. 233 ff. (Schiedsrichter soll die Haftungsfreistellung des Spruchrichterprivilegs gem. § 839 Abs. 2 BGB in analoger Anwendung zuzubilligen sein, a.A. BGHZ 15, S. 12 ff., schließt Haftungsbeschränkung aus dem Schiedsvertrag); *Schwab*, Zur Haftung des vom Schiedsgericht hinzugezogenen Sachverständigen, DS 2006, S. 66 ff.

I. Normzweck

1 Regelmäßig sieht das anwendbare staatliche Schiedsverfahrensrecht (wie auch die deutsche ZPO) keine Regelung zur Haftung der Schiedsrichter vor. Einerseits werden in Schiedsverfahren auch wirtschaftlich bedeutsame Sachverhalte verhandelt, andererseits kommt der Schiedsrichterhaftung in der Praxis nur geringe Bedeutung zu.

2 § 44 Satz 1 bestimmt, dass bei Schiedsverfahren nach der DIS-SchO die Schiedsrichter nur für vorsätzliche Pflichtverletzungen haften. Dies entspricht im Wesentlichen dem sog. Spruchrichterprivileg in staatlichen Verfahren. Es dient nicht so sehr dem Schutz der Schiedsrichter und der unbefangenen Entscheidung, sondern vor allem dazu, dass mit dem Schiedsspruch der Rechtsstreit endgültig abgeschlossen ist (Schutz der Rechtskraftwirkung). Sonst könnte eine Partei über einen Haftungsprozess gegen die Schiedsrichter die zunächst verlorene materielle Rechtsfrage wieder aufwerfen und von einem zweiten Gericht überprüfen lassen, ob die Schiedsrichter den Fall richtig entschieden haben.

II. Verhältnis zur ZPO

Der Gesetzgeber hat im X. Buch der ZPO keine entsprechende Regelung zur Haftungsbeschränkung bzw. dem Haftungsausschluss des Schiedsgerichts aufgenommen. Es fänden daher ohne den § 44 DIS-SchO die allgemeinen Vorschriften Anwendung.

3

III. Vergleich mit den im staatlichen Verfahren geltenden Vorschriften

§ 839 Abs. 1 BGB begründet zum einen für den Beamten eine Haftungserweiterung gegenüber der allgemeinen deliktsrechtlichen Haftung indem er die Haftung auf reine Vermögensschäden ausdehnt. Zum anderen enthält § 839 Abs. 2 Satz 1 BGB das sog. Richterprivileg, wonach der Richter für amtspflichtwidriges Verhalten bei dem Urteil in einer Rechtssache nur dann haftet, wenn die Pflichtverletzung in einer Straftat besteht (also vorsätzlich begangen wurde). Pflichtverletzungen des Richters durch Verweigerung oder Verzögerung der Amtsausübung unterliegen gemäß Abs. 2 Satz 2 ebenfalls der Amtshaftung. Keine Richter im Sinne dieser Vorschrift sind jedoch Schiedsrichter (BGH v. 6.10.1954 – II ZR 149/53, BGHZ 15, 12 [15]). Schiedsrichter haften bei einer schuldhaften Pflichtverletzung den Parteien des Schiedsverfahren aus dem Schiedsrichtervertrag nach allgemeinen zivilrechtlichen Grundsätzen (vgl. *Lachmann*, Handbuch für die Schiedsgerichtspraxis, S. 609 ff.).

4

B. Haftungsbeschränkung für Entscheidungstätigkeit (Abs. 1)

§ 44 Abs. 1 regelt den Ausschluss der Haftung des Schiedsrichters für seine Entscheidungstätigkeit. Ausgenommen von dem Haftungsausschluss ist lediglich das vorsätzliche pflichtwidrige Handeln des Schiedsrichters. Die Entscheidungstätigkeit nach § 44 Abs. 1 umfasst sowohl die Feststellung des Sachverhaltes als auch die Anwendung des geltenden Rechts.

5

Eine solche Haftungsbeschränkung auf vorsätzliches Verhalten wird als zulässig erachtet. Die Wahrung der Unabhängigkeit des Schiedsrichters erfordert in gleichem Maße wie beim staatlichen Richter eine Haftungsprivilegierung (vgl. BGH v. 19.11.1964 – VII ZR 8/63, BGHZ 42, 313 [316], anders jedoch später BGH v. 6.10.1983 – III ZR 61/82, MDR 1984, 383. Hinzu kommt der Gedanke, dass die Rechtskraft der schiedsrichterlichen Entscheidung nur dann effektiv geschützt ist, wenn die entschiedenen Rechtsfragen nicht in einem Regressprozess wieder aufgerollt werden können. Zwar wirkt die Rechtskraft nur *inter partes*, so

6

dass ein Regressprozess gegen den Schiedsrichter die rechtskräftige Entscheidung zwischen den Parteien nicht unmittelbar beeinflussen kann. Dennoch kann die Rechtskraft ihre Funktion, Rechtsfrieden zu schaffen, nicht erfüllen, wenn letztlich derselbe Prozess unter anderen Vorzeichen weitergeführt werden könnte. Die Rechtsprechung nimmt zudem an, dass die Parteien mit den Schiedsrichtern eine stillschweigende Vereinbarung treffen, dass der Schiedsrichter haftungsrechtlich einem staatlichen Spruchrichter gleichgestellt ist (vgl. BGH v. 6.10.1954 – II ZR 149/53, BGHZ 15, 12 [15]; BGH v. 19.11.1964 – VII ZR 8/63, BGHZ 42, 313 [316]; *Glossner/Bredow/Bühler*, Rz. 265; MüKo/*Münch*, Vor § 1034 ZPO Rz. 16; *Raeschke-Kessler/Berger*, Rz. 534). Und dann wäre eine allgemeine Geschäftsbedingung wirksam, da sie nur diese Rechtsprechung aufgreift.

7 Das Haftungsprivileg greift für die „Entscheidungstätigkeit" des Schiedsrichters ein. Alle Tätigkeiten des Schiedsrichters, die im Zusammenhang mit seiner Entscheidung (dem Schiedsspruch) stehen, fallen daher unter das Haftungsprivileg. Hierzu gehören auch Verfahrensleitende Verfügungen, weil sie dazu dienen, die Entscheidung des Schiedsgerichts vorbereiten. Auch eine einstweilige Verfügung in Gestalt einer Verfahrensleitenden Verfügung dient lediglich dazu, die endgültige Entscheidung abzusichern und ist ebenfalls privilegiert. Schließlich sind alle Tätigkeiten privilegiert, die dazu dienen, die Grundlagen für die Entscheidung in der Sache zu ermitteln (Document-Production-Verfahren etc.).

8 Nicht mehr von dem Haftungsprivileg umfasst sind pflichtwidrige Verzögerungen oder eine vollständige Verweigerung der Ausübung des Schiedsrichteramtes. Allerdings lässt sich die Pflichtwidrigkeit einer Verzögerung nur schwer darlegen und beweisen. Der Schiedsrichter muss schließlich eine freie Entscheidung treffen, so dass er sich grundsätzlich die hierfür notwendige Zeit nehmen kann und muss.

9 In der Regel deckt die Berufshaftpflichtversicherung von Rechtsanwälten die Tätigkeit als Schiedsrichter mit ab.

C. Haftungsbeschränkung im Übrigen (Abs. 2)

10 Die Haftung des Schiedsrichters für alle Handlungen, die mit der Entscheidungsfindung nach § 44 Abs. 1 nicht in Verbindung stehen, ist insoweit ausgeschlossen, als mit der Handlung nicht vorsätzlich oder grob fahrlässig eine Pflicht verletzt wird. Darunter fallen insbesondere rein

organisatorische Handlungen, wie beispielsweise die Handlungen im Rahmen der Organisation der mündlichen Verhandlung.

Es mag vorkommen, dass eine Partei versucht, nicht nur beim Schiedsgericht, sondern auch bei der Schiedsinstitution Regress zu nehmen. § 44 Abs. 2 erstreckt die Haftungsprivilegien daher auch auf die DIS und ihre Organe und Mitarbeiter. Die Haftungsbeschränkung in § 44 Abs. 2 unterliegt in Deutschland mit Blick auf die Institution keiner Kontrolle durch das Recht der allgemeinen Geschäftsbedingungen (§ 305 ff. BGB). Die DIS hat die Klausel nicht „bei Vertragsschluss gestellt". Vielmehr haben die Parteien die Vereinbarung – zugunsten der DIS – geschlossen, lange bevor die DIS tätig und aus der Vereinbarung verpflichtet wird. Eine solche Klausel unterliegt keiner AGB-Kontrolle. 11

D. Haftungsbeschränkung zugunsten der vom Schiedsgericht bestellten Sachverständigen

Auf die von einem Schiedsgericht bestellten Sachverständigen findet die Haftungsprivilegierung des § 839a BGB keine Anwendung. Die vom Schiedsgericht bestellten Sachverständigen werden nicht auf hoheitlicher (öffentlich-rechtlicher) Grundlage tätig, sondern aufgrund einer privatrechtlichen Vereinbarung (vgl. MüKo/*Wagner*, § 839a BGB, 6. Aufl. 2013, Rz. 10). Die Rechtsprechung nimmt aber eine ergänzende Vertragsauslegung vor und beschränkt so die Haftung des schiedsgerichtlichen Sachverständigen auf vorsätzliche Pflichtverletzungen (vgl. BGH v. 19.11.1964 – VII ZR 8/63, NJW 1965, 298 [299]). Allein der Parteisachverständige haftet danach nach allgemeinen Regeln grundsätzlich bereits für einfach fahrlässige Pflichtverletzungen. 12

Allerdings ist der von einem Schiedsgericht beauftragte Sachverständige mit dem gerichtlichen Sachverständigen nicht vergleichbar, so dass eine grundsätzliche Privilegierung des vom Schiedsgericht beauftragten Sachverständigen nicht angebracht ist: Der vom Schiedsgericht bestellte Sachverständige kann frei entscheiden, ob und zu welchen Bedingungen er den Gutachtenauftrag annimmt. Er kann insbesondere eine Haftungsbegrenzung vereinbaren und sein Honorar entsprechend dem vertraglich übernommenen Haftungsrisiko berechnen (einschließlich der kalkulatorischen Einbeziehung der Kosten für eine Haftpflichtversicherung) (vgl. MüKo/*Wagner*, § 839a BGB, 6. Aufl. 2013, Rz. 11) 13

E. Abweichende Parteivereinbarung

14 Die Parteien können nach § 276 Abs. 3 BGB im Schiedsvertrag nicht vereinbaren, dass zugunsten der Schiedsrichter auch eine Haftung für vorsätzliche Pflichtverletzungen ausgeschlossen sein soll. Vergleichbare Einschränkungen durch staatliches Recht bestehen in den meisten Jurisdiktionen, in manchen sind die Regelungen sogar strenger. So ist es z.B. im schwedischen Recht grundsätzlich unzulässig, die Haftung auch für grobe Fahrlässigkeit auszuschließen.

15 Allerdings können die Parteien im Schiedsvertrag vereinbaren, dass die Schiedsrichter über § 44 hinaus haften. Freilich wird eine entsprechende Vereinbarung potentielle Schiedsrichter regelmäßig von der Übernahme des Falles abhalten.

DIS-Musterschiedsvereinbarung

Die Deutsche Institution für Schiedsgerichtsbarkeit e.V. (DIS) empfiehlt allen Parteien, die auf die DIS-Schiedsgerichtsordnung Bezug nehmen wollen, folgende **Schiedsklausel:**

„Alle[1] Streitigkeiten[2], die sich im Zusammenhang[3] mit diesem Vertrag[4] oder über seine Gültigkeit ergeben, werden nach der Schiedsgerichtsordnung der Deutschen Institution für Schiedsgerichtsbarkeit e.V. (DIS) unter Ausschluss des ordentlichen Rechtsweges[5] endgültig entschieden."

Folgende Punkte sind – insbesondere bei Auslandsberührung – zu beachten:[6]

- **Der Ort des Schiedsverfahrens ist ...**[7]

---

1 Die Schiedsvereinbarung sollte sich ausdrücklich auf „alle" Streitigkeiten beziehen, da es ansonsten schwierig ist, zu bestimmen, welche Streitigkeiten von der Klausel erfasst sind.

2 Eine Schiedsvereinbarung ist nur wirksam, wenn der Gegenstand des Verfahrens schiedsfähig ist; s. für das deutsche Recht § 1030 ZPO.

3 Diese Formulierung ist umfassend und hat zur Folge, dass auch nichtvertragliche Ansprüche erfasst werden, die „im Zusammenhang mit dem Vertrag" stehen.

4 Wird eine Schiedsvereinbarung als selbständige Vereinbarung (Schiedsabrede) und nicht in Form einer Klausel in einem Vertrag (Schiedsklausel) geschlossen, ist der Vertrag, auf den sich die Schiedsabrede beziehen soll, genau zu bezeichnen.

5 Wesentliches Merkmal der Schiedsgerichtsbarkeit als privater Gerichtsbarkeit ist, dass die staatliche Gerichtsbarkeit (nicht aber der einstweilige Rechtsschutz s. § 1033 ZPO bzw. § 20 DIS-SchO) ausgeschlossen ist. Zur Vermeidung von Unklarheiten empfiehlt es sich aber, dies in der Schiedsvereinbarung klarzustellen. In einigen Rechtsordnungen kann der Zusatz erforderlich sein.

6 Den unter den ersten drei Spiegelstrichen genannten Themenbereichen sollte durch entsprechende Ergänzung der Schiedsvereinbarung Rechnung getragen werden. Soweit das auf den Vertrag anwendbare materielle Recht nicht bereits an anderer Stelle des Vertrages vereinbart wurde, sollte diese Regelung in der Schiedsvereinbarung erfolgen.

7 Soweit ein Schiedsort in Deutschland vereinbart wird, gelten die §§ 1025 ff. ZPO, die Raum für weitere Vereinbarungen der Parteien zulassen. Bei der Vereinbarung eines Schiedsortes im Ausland ist das dort geltende zwingende Verfahrensrecht zu berücksichtigen. Der Ort des Schiedsverfahrens bestimmt die prozessrechtlichen Rahmenbedingungen des Verfahrens, die Zuständigkeit für eine gegebenenfalls notwendige Inanspruchnahme staatlicher Gerichte und ist in der Regel ausschlaggebend für die Methodik der Sachverhaltsermittlung und der Beweisaufnahme. Jedoch ist es nicht notwendig das Schiedsverfahren an diesem Ort durchzuführen.

- Die Anzahl der Schiedsrichter beträgt ...[1]
- Die Sprache des Schiedsverfahrens ist ...[2]
- Das anwendbare materielle Recht ist ...[3]

Regelungsschwerpunkte: Musterschiedsklausel zur Anwendung der DIS-SchO. Empfehlung der DIS hinsichtlich zusätzlicher zu vereinbarender Elemente.

Inhalt

A. Musterschiedsklausel für die DIS-SchO 1	IV. Musterschiedsklausel 7
I. Zweck................... 1	V. Empfohlene Zusatzvereinbarungen 12
II. Verhältnis zu §§ 1025 ff. ZPO 4	VI. Kosten 17
III. Vergleich mit den im staatlichen Verfahren geltenden Vorschriften 6	**B. Abweichende Parteivereinbarung** 18

A. Musterschiedsklausel für die DIS-SchO

I. Zweck

1 Grundvoraussetzung für ein Schiedsverfahren ist das Vorliegen einer wirksamen Schiedsvereinbarung. Die von der DIS empfohlene Musterschiedsklausel soll sicherstellen, dass die Durchführung eines Schiedsverfahrens jedenfalls nicht an dieser Grundvoraussetzung scheitert.

2 Es ist zu empfehlen, die Musterschiedsklausel möglichst wortgleich zu übernehmen, auch um pathologische Schiedsabreden zu verhindern.

---

1 Gemäß § 3 DIS-SchO besteht das Schiedsgericht grundsätzlich aus drei Schiedsrichtern. Die Parteien können jedoch die Entscheidung durch einen Einzelschiedsrichter vereinbaren.
2 Parteien können jedoch die Entscheidung durch einen Einzelschiedsrichter vereinbaren. Wird die Sprache von den Parteien nicht bereits in der Schiedsklausel festgelegt, entscheidet hierüber das Schiedsgericht nach seiner Konstituierung (§ 22.1 DIS-SchO). Bei fehlender Vereinbarung der Sprache wissen die Parteien bei Verfahrenseinleitung nicht, über welche Sprachqualifikation die Parteivertreter und die Schiedsrichter verfügen müssen.
3 Das für die Streitentscheidung maßgebliche materielle Recht (s. auch Fn. 6) ist von dem auf das Schiedsverfahren anzuwendenden Verfahrensrecht (s. auch Fn. 7) zu unterscheiden.

Die empfohlenen Zusatzvereinbarungen zu Schiedsort, Verfahrenssprache und Anzahl der Schiedsrichter ersparen im Streitfall deren Bestimmung durch die DIS-SchO oder das Schiedsgericht.

II. Verhältnis zu §§ 1025 ff. ZPO

Eine Musterklausel im eigentlichen Sinne stellt das X. Buch der ZPO Parteien, die sich auf die Durchführung eines Schiedsverfahrens verständigen wollen, nicht zur Verfügung.

§ 1029 ZPO enthält allerdings eine Legaldefinition, nach der die Schiedsvereinbarung „eine Vereinbarung der Parteien ist, alle oder einzelne Streitigkeiten, die zwischen ihnen in Bezug auf ein bestimmtes Rechtsverhältnis vertraglicher oder nicht-vertraglicher Art entstanden sind oder künftig entstehen, der Entscheidung durch ein Schiedsgericht zu unterwerfen." Die DIS-Musterklausel ist eine Schiedsvereinbarung im Sinne dieser Definition.

III. Vergleich mit den im staatlichen Verfahren geltenden Vorschriften

Für das staatliche Verfahren regeln §§ 38 und 40 ZPO die Voraussetzungen, unter denen Gerichtsstandsvereinbarungen zulässig sind. Allgemeine Zulässigkeitsvoraussetzungen sind insoweit das Vorliegen eines prorogationsfähigen Anspruchs, eines bestimmten Rechtsverhältnisses, eines bestimmten bzw. bestimmbaren Gerichts und das Fehlen einer ausschließlichen Zuständigkeit.

IV. Musterschiedsklausel

Wortlaut und Anwendungsbereich der Klausel. Die DIS-Musterklausel ist eine umfassende Schiedsklausel und erfasst *alle* Streitigkeiten, die sich „in Zusammenhang mit" einem bestimmten Vertrag ergeben. Bezieht sich die Schiedsvereinbarung nicht ausdrücklich auf „alle" Streitigkeiten, kann es schwierig sein zu bestimmen, welche Streitigkeiten von der Klausel erfasst sind. Es soll sichergestellt werden, dass nicht nur die Streitigkeiten, die unmittelbar „aus" dem Vertrag entstehen, der Zuständigkeit des Schiedsgerichts unterliegen, sondern darüber hinaus auch Streitigkeiten, die sich z.B. aus den Vertragsverhandlungen, der Beendigung des Vertrages oder aus unerlaubter Handlung ergeben. Streitigkeiten über den Umfang der Schiedsvereinbarung lassen sich so vermeiden.

8   Zu beachten ist ferner, dass eine Schiedsvereinbarung nur wirksam ist, wenn der Gegenstand des Verfahrens schiedsfähig ist. Für das deutsche Recht gilt insoweit § 1030 ZPO.

9   Wird eine Schiedsvereinbarung als selbständige Vereinbarung (Schiedsabrede) und nicht in Form einer Klausel in einem Vertrag (Schiedsklausel) geschlossen, ist es unerlässlich, den Vertrag, auf den sich die Schiedsabrede beziehen soll, genau zu bezeichnen.

10 Wesentliches Merkmal der Schiedsgerichtsbarkeit als privater Gerichtsbarkeit ist, dass die staatliche Gerichtsbarkeit (nicht aber der einstweilige Rechtsschutz, s. § 1033 ZPO bzw. § 20 DIS-SchO) ausgeschlossen ist. Die DIS-Musterklausel formuliert daher einen ausdrücklichen Ausschluss der Zuständigkeit staatlicher Gerichte. Dies wird von einigen nationalen Rechtsordnungen sogar unbedingt verlangt und soll schiedsgerichtlich weniger erfahrenen Parteien verdeutlichen, dass ein Schiedsgerichtsverfahren eine vollwertige Alternative – und nicht etwa vorgeschaltetes Verfahren – zum Verfahren vor den staatlichen Gerichten darstellt.

11 **Form**. Die Schiedsvereinbarung unterliegt den auf die Schiedsvereinbarung anwendbaren gesetzlichen Formvorschriften, z.B. in Deutschland § 1031 ZPO. Sie kann als Klausel in einen Vertrag (Schiedsklausel) aufgenommen oder in einem getrennten Vertrag (Schiedsabrede) geschlossen werden.

V. Empfohlene Zusatzvereinbarungen

12 Die Musterklausel enthält Empfehlungen für Ergänzungen hinsichtlich des Schiedsortes, der Verfahrenssprache, der Anzahl der Schiedsrichter oder des anwendbaren materiellen Rechts. Die Bedeutung der entsprechenden Ergänzungen für die Parteien hängt auch davon ab, ob die Schiedsgerichtsvereinbarung von zwei deutschen Parteien, die ein rein nationales Verfahren in Deutschland vereinbaren möchten, geschlossen wird, oder ob die Vertragsbeziehung eine internationale Komponente hat, z.B. aufgrund der Beteiligung ausländischer Parteien oder der Wahl eines ausländischen Schiedsortes. In diesen Fällen ist es nahezu unabdingbar, Regelungen hinsichtlich der genannten Themenbereiche zu treffen.

13 **Anzahl der Schiedsrichter**. Nach § 3 besteht das Schiedsgericht grundsätzlich aus drei Schiedsrichtern. Die Parteien können jedoch die Entscheidung durch einen Einzelschiedsrichter vereinbaren. Kriterien, die die Parteien bei der Regelung der Anzahl der Schiedsrichter anlegen können, sind z.B. die Komplexität des Falles, aber auch die Auswirkung

der Schiedsrichteranzahl auf die Kosten des Verfahrens. Ohne eine ausdrückliche Regelung besteht das Schiedsgericht aus drei Personen. Allerdings können die Parteien auch noch nach Einleitung des Verfahrens vereinbaren, die Streitigkeit einem Einzelschiedsrichter vorzulegen. Dies ist bis zum Zeitpunkt der Benennung eines Schiedsrichters durch den Beklagten möglich.

Schiedsort. Der Ort des Schiedsverfahrens bestimmt die prozessrechtlichen Rahmenbedingungen des Verfahrens, die Zuständigkeit für eine ggf. notwendige Inanspruchnahme staatlicher Gerichte und ist in der Regel ausschlaggebend für die Methodik der Sachverhaltsermittlung und der Beweisaufnahme. Jedoch ist es nicht notwendig, Verhandlungstermine auch an diesem Ort abzuhalten. Wird ein Schiedsort in Deutschland vereinbart, gelten die §§ 1025 ff. ZPO, die Raum für weitere Vereinbarungen der Parteien zulassen. Bei der Vereinbarung eines Schiedsortes im Ausland ist das dort geltende zwingende Verfahrensrecht zu berücksichtigen. 14

Verfahrenssprache. Wird die Sprache von den Parteien nicht bereits in der Schiedsklausel festgelegt oder vor Konstituierung des Schiedsgerichts eine Einigung erzielt, entscheidet hierüber das Schiedsgericht nach seiner Konstituierung (§ 22 Abs. 1). Bei fehlender Vereinbarung der Sprache wissen die Parteien bei Verfahrenseinleitung nicht, in welcher Sprache die Klageschrift abzufassen ist und über welche Sprachqualifikation die Parteivertreter und die Schiedsrichter verfügen müssen. 15

Anwendbares Recht. Soweit das auf den Vertrag anwendbare materielle Recht nicht bereits an anderer Stelle des Vertrages vereinbart wurde, sollte diese Regelung in der Schiedsvereinbarung erfolgen. 16

VI. Kosten

Sofern die Musterschiedsklausel in einen Vertrag aufgenommen wird, gelten die Kostenregelungen der DIS-SchO, wie sich aus § 40 ergibt. 17

B. Abweichende Parteivereinbarung

Abweichende Formulierungen in der Schiedsvereinbarung sind selbstverständlich möglich, erfordern aber erheblichen schiedsrechtlichen Sachverstand, weil ansonsten ein signifikantes Risiko besteht, dass pathologische Schiedsvereinbarungen geschlossen werden. Im Zweifel sind die Parteien immer besser beraten, die Musterschiedsklausel unverändert zu verwenden. 18

Teil 3
Kommentierung der DIS-ERBV

DIS-Ergänzende Regeln für beschleunigte Verfahren 08 (DIS-ERBV)[1]

Anhang zur DIS-Schiedsgerichtsordnung 1998
(gültig ab April 2008)

Vorwort und Schiedsvereinbarung zu den Ergänzenden Regeln für beschleunigte Verfahren

Die Parteien können die folgenden Ergänzenden Regeln für beschleunigte Verfahren ('Ergänzende Regeln') in Ergänzung zur DIS-SchO vereinbaren. Die DIS-SchO bleibt auf die nach den Regeln für beschleunigte Verfahren geführten Verfahren anwendbar, soweit diese Regeln keine spezielle Bestimmung enthalten.

Die Deutsche Institution für Schiedsgerichtsbarkeit e.V. empfiehlt allen Parteien, die bereits bei Abschluss der Schiedsvereinbarung auf die Ergänzenden Regeln für beschleunigte Verfahren Bezug nehmen wollen, folgenden Wortlaut:

„Alle Streitigkeiten, die sich im Zusammenhang mit dem Vertrag (… Bezeichnung des Vertrages …) oder über seine Gültigkeit ergeben, werden nach der Schiedsgerichtsordnung und den Ergänzenden Regeln für beschleunigte Verfahren der Deutschen Institution für Schiedsgerichtsbarkeit e. V. (DIS) unter Ausschluss des ordentlichen Rechtsweges endgültig entschieden."

Folgende Ergänzungen sind empfehlenswert:

Der Ort des schiedsrichterlichen Verfahrens ist …
Das anwendbare materielle Recht ist …
Die Sprache des schiedsrichterlichen Verfahrens ist …

---

[1] Abdruck mit freundlicher Genehmigung der DIS (Deutsche Institution für Schiedsgerichtsbarkeit e.V.).

Ergänzende Regeln für beschleunigte Verfahren

§ 1: *Anwendungsbereich, Verfahrensdauer*

1.1 Die Ergänzenden Regeln werden nur angewendet, wenn die Parteien in ihrer Schiedsvereinbarung auf sie Bezug genommen oder sich vor Einreichung der Klage auf ihre Anwendung geeinigt haben. Soweit die Parteien nichts anderes vereinbart haben, finden sowohl die DIS-SchO wie auch die Ergänzenden Regeln in ihrer bei Beginn des Verfahrens gültigen Fassung Anwendung.

1.2 Schiedsverfahren, die nach diesen Ergänzenden Regeln durchgeführt werden, sollen nicht länger als sechs (bei Bestellung eines Einzelschiedsrichters) bzw. neun (bei Bestellung eines Schiedsgerichts mit drei Schiedsrichtern) Monate ab Klageeingang gemäß § 1.3 dauern.

1.3 Die Klage nach diesen Ergänzenden Regeln soll bei der DIS-Hauptgeschäftsstelle in Köln eingereicht werden. Soweit die Klage bei einer anderen Geschäftsstelle eingereicht wird, beginnt der in § 1.2 genannte Zeitrahmen für das beschleunigte Verfahren mit Eingang der Klage bei der DIS-Hauptgeschäftsstelle.

1.4 Das Schiedsgericht soll sein Ermessen bei der Verfahrensgestaltung (§ 24.1 Satz 2 DIS-SchO) stets im Lichte des Beschleunigungsinteresses der Parteien, das in der Vereinbarung dieser Ergänzenden Regeln zum Ausdruck kommt, ausüben. Dies gilt insbesondere für eine etwaige Verlängerung der in diesen Ergänzenden Regeln bestimmten Fristen.

Regelungsschwerpunkte: Abs. 1 Vereinbarung der Ergänzenden Regeln erforderlich – nur *vor* Klageeinreichung möglich! → Rz. 7–10; **Abs. 2, 3** Regeldauer des Schiedsverfahrens: sechs Monate – beachte § 3 Abs. 1. → Rz. 2, 11 ff.; **Abs. 4** Beschleunigungsgedanke ist leitendes Verfahrensprinzip. → Rz. 2, 14 ff.

Inhalt

A. Normzweck 1	I. Anwendungsbereich (Abs. 1) . 7
B. Verhältnis zu §§ 1025 ff. ZPO 5	II. Verfahrensdauer (Abs. 2) 11
	III. Einreichung der Klage (Abs. 3).................... 13
C. Vergleich mit den Regeln im staatlichen Verfahren 6	IV. Beschleunigungsgedanke (Abs. 4).................... 14
D. Anwendungsbereich, Verfahrensdauer 7	E. Abweichende Parteivereinbarung 16

Literatur: *Berger*, Die ergänzenden Regeln für beschleunigte Verfahren der Deutschen Institution für Schiedsgerichtsbarkeit, SchiedsVZ 2008, S. 105 ff.; *Borris*, Streiterledigung bei (MAC-)Klauseln in Unternehmenskaufverträgen: ein Fall für „Fast-track"-Schiedsverfahren, BB 2008, S. 294 ff.; *Bredow*, Without Delay: Arbitrating in Six Months – The German Approach for Expedited Proceedings, in: Liber Amicorum Ulf Franke (2010), S. 51 ff.

A. Normzweck

Mit der Veröffentlichung der Ergänzenden Regeln für beschleunigte Verfahren („**DIS-ERBV**") im April 2008 hat die DIS auf die zunehmende Kritik an der zu lang empfundenen Dauer von Schiedsverfahren sowie auf das wachsende praktische Bedürfnis nach einem **effizienteren Schiedsverfahren** reagiert. Die DIS-ERBV eröffnen den Parteien die Möglichkeit, in geeigneten Fällen ein „**Fast-Track**"-**Schiedsverfahren** zu vereinbaren, das nicht nur beschleunigt durchgeführt werden kann, sondern damit zumeist auch **weniger kostenintensiv**. 1

Dem **Ziel der Beschleunigung des Schiedsverfahrens** dient insbesondere die Festlegung der Regelverfahrensdauer in § 1 Abs. 2 auf sechs bzw. neun Monate, je nachdem ob das Verfahren vor einem Einzelschiedsrichter (Regelfall gemäß § 3 Abs. 1) oder einem Dreierschiedsgerichts stattfindet. Zudem haben die Schiedsrichter bei allen Entscheidungen das grundsätzliche Beschleunigungsgebot des § 1 Abs. 4 als leitendes Verfahrensprinzip zu beachten. So sollen vorhandene Spielräume zur Verkürzung des Schiedsverfahrens weitestmöglich ausgenutzt werden – allerdings nicht „um jeden Preis". Vielmehr ist es Ziel der DIS-ERBV, eine **ausgewogene Balance zwischen Verfahrensbeschleunigung und Gründlichkeit der Entscheidungsfindung durch das Schiedsgericht sowie Gewährung des rechtlichen Gehörs** herzustellen (*Berger*, SchiedsVZ 2008, 105). Die weiteren Maßnahmen zur Beschleunigung des Verfahrens werden im Rahmen des jeweiligen Paragraphen der DIS-ERBV dargestellt. 2

Die Bestimmungen der DIS-ERBV **ergänzen die DIS-SchO**, ohne diese insgesamt zu ersetzen (Vorwort der DIS-ERBV und Abs. 1 Satz 2). Damit bleibt die DIS-SchO auf ein beschleunigtes Verfahren anwendbar, soweit die DIS-ERBV keine spezielle Regelung enthalten. 3

Durch die Regelung in einem gesonderten, **abgeschlossenen Anhang** zur DIS-SchO lassen die DIS-ERBV für den Nutzer leicht erkennen, wo sie von den Regelungen der DIS-SchO abweichen. Ferner wird es den Parteien so erleichtert, sich durch eine kurze Klausel (s. Rz. 7) auf die Inbezug- 4 nahme der DIS-ERBV und damit auf ein beschleunigtes Verfahren zu verständigen, selbst wenn zu diesem Zeitpunkt der Streit schon entstanden und mithin eine detaillierte Einigung über die Modalitäten eines beschleunigten Verfahren – die im Rahmen der Parteiautonomie grundsätzlich jederzeit möglich wäre – schwierig ist. Gleichzeitig werden auf diese Weise lange und im schlimmsten Fall pathologische, d.h. faktisch nicht umsetzbare Vereinbarungen der Parteien zur Beschleunigung des Verfahrens vermieden.

Zu beachten: Die Regelung der DIS-ERBV in einem separaten Anhang ermöglicht es auch den Parteien **eines „regulären"** Verfahrens nach der DIS-SchO, bestimmte Regelungen der DIS-ERBV für anwendbar zu erklären. Das Verfahren wird dadurch zwar nicht „offiziell" zu einem beschleunigten Verfahren nach den DIS-ERBV, da die DIS-ERBV vor Einreichung der Klage vereinbart werden müssen (§ 1 Abs. 1 Satz 1, s. Rz. 7). Die Parteien können aber ein ursprünglich regulär eingeleitetes Verfahren auf diesem Wege im Rahmen der Parteiautonomie beschleunigen.

B. Verhältnis zu §§ 1025 ff. ZPO

5   Die Regelungen der §§ 1025 ff. ZPO enthalten **keine besonderen Vorschriften** für beschleunigte Verfahren. Zwar gilt auch im Schiedsverfahren nach den Regeln der ZPO ein **generelles Beschleunigungsgebot.** Es **fehlt** aber an Regelungen zu **konkreten Fristen und sonstigen Maßnahmen zur Beschleunigung**, wie sie die DIS-ERBV enthalten. Aus diesem Grund dauern Schiedsverfahren nach den Vorschriften der ZPO im Regelfall auch erheblich länger als sechs bis neun Monate, sofern die Parteien nicht von sich aus bei Einleitung des Verfahrens detaillierte Vereinbarungen zur Beschleunigung des Verfahrens vereinbart haben.

C. Vergleich mit den Regeln im staatlichen Verfahren

6   Auch im staatlichen Verfahren gilt zwar aufgrund des Rechtsstaatsprinzips ein **allgemeines Beschleunigungsgebot** (BVerfG v. 20.7.2000 – 1 BvR 352/00, NJW 2001, 214). Dem dienen die gesetzlichen Regelungen zur mündlichen Verhandlung (im Regelfall nur ein Haupttermin gemäß § 272 Abs. 1 ZPO, vergleichbar mit § 5 Abs. 2 DIS-ERBV zweiter Spiegelstrich, zum schriftlichen Vorverfahren § 272 Abs. 2 ZPO) sowie zur Hinweispflicht des Gerichtes im Bezug auf erforderlichen Tatsachenvortrag, Beweisantritte und sachdienliche Anträge (§ 139 Abs. 1 Satz 2 ZPO, vergleichbar mit § 5 Abs. 3 DIS-ERBV). Jedoch **fehlen** im staatlichen Verfahrensrecht mit den DIS-ERBV vergleichbare **konkrete Fristen und Vorgaben für ein besonderes beschleunigtes Verfahren** – abgesehen

von den Regelungen in § 689 Abs. 1 Satz 2 ZPO und in der VO (EG) Nr. 861/2007, welche die Sonderfälle des Mahnverfahrens und des europäischen Verfahrens für geringfügige Forderungen betreffen. Dadurch kann die Dauer von staatlichen Verfahren stark variieren, je nach der Verfahrensführung durch den jeweiligen Richter. Es bleibt abzuwarten, inwieweit das am 3.12.2011 in Kraft getretene Gesetz zum Rechtsschutz bei überlangen Gerichtsverfahren (BGBl. I Nr. 60 vom 2.12.2011, S. 2302), das auch eine Entschädigungsmöglichkeit vorsieht, zu einer Verkürzung der Verfahrensdauer vor staatlichen Gerichten führt.

D. Anwendungsbereich, Verfahrensdauer

I. Anwendungsbereich (Abs. 1)

Die **Anwendbarkeit** der DIS-ERBV setzt gemäß § 1 Abs. 1 Satz 1 voraus, dass die Parteien deren Geltung **vor Einreichung der Klage** vereinbart haben, sei es bereits in der Schiedsklausel (s. Vorwort der DIS-ERBV) oder später in einer separaten Vereinbarung. Eine entsprechende Vereinbarung **nach Einreichung der Klage** ist **nicht mehr möglich**. Damit soll verhindert werden, dass in laufenden Verfahren Rechtsunsicherheiten entstehen im Hinblick auf die Frage, wie bereits verstrichene Zeiträume auf die Fristen nach den DIS-ERBV anzurechnen sind (*Berger*, SchiedsVZ 2008, 105). Aus § 1 Abs. 1 Satz 1 lässt sich ferner schließen, dass die DIS-ERBV **nicht automatisch** ab oder bis zu einem bestimmten Streitwert anwendbar sind, sondern allein abhängig von ihrer Vereinbarung vor Einreichung der Klage. 7

Zu beachten: Die DIS-ERBV stellen in ihrem Vorwort eine **Musterklausel** zur Verfügung, deren wörtliche Übernahme dringend zu empfehlen ist (gegebenenfalls mit dort vorgeschlagenen Ergänzungen, z.B. zu Schiedsort und anwendbarem Recht). So lassen sich Unklarheiten ebenso vermeiden wie pathologische, d.h. faktisch nicht umsetzbare Vereinbarungen, die das Verfahren verzögern und schlimmstenfalls die Durchführung insgesamt torpedieren können.

Soweit im Einzelfall für die Parteien bei Vertragsschluss und Vereinbarung der Schiedsklausel noch **nicht absehbar** ist, inwieweit sich der zukünftig entstehende Streit für eine Beilegung im beschleunigten Verfahren eignet (s. Rz. 9), ist eine jedenfalls richtungsweisende Vereinbarung in der Schiedsabrede denkbar, nach der bei Entstehung der Streitigkeit ein **Wahlrecht der Parteien** besteht, ob sie das Verfahren allein nach der DIS-SchO oder unter zusätzlicher Geltung der DIS-ERBV durchführen wollen. Solche Vorüberlegungen bei Vertragsschluss kön- 8

§ 1 DIS-ERBV — Anwendungsbereich, Verfahrensdauer

nen es den Parteien erleichtern, sich im Streitfall schnell und unkompliziert auf die DIS-ERBV zu einigen.

9 In sachlicher Hinsicht können die DIS-ERBV **uneingeschränkt** vereinbart werden, insbesondere unabhängig vom Verfahrensgegenstand und unabhängig vom Streitwert. Ob die DIS-ERBV sich **im Einzelfall als Verfahrensregeln eignen**, hängt grundsätzlich von der Komplexität der zu entscheidenden Sach- und Rechtsfragen sowie von den erforderlichen Beweismitteln ab. Je mehr nur einzelne, abgegrenzte Sach- und Rechtsfragen im Streit stehen, ohne dass (zeit-)aufwändige Sachverständigengutachten erforderlich sind, desto eher ist die Vereinbarung der DIS-ERBV sinnvoll. **Mögliche Anwendungsbereiche** der DIS-ERBV sind insbesondere Streitigkeiten im **Baugewerbe und Anlagenbau**, wo zeitnahe und klare Entscheidungen von Vorteil für die weitere Projektabwicklung sind. Denkbar ist im Fall eines (Anlagen-)Bauvertrages auch, dass die Parteien von vornherein einen (oder mehrere) Schiedsrichter wählen, die im Streitfall zur Verfügung zu stehen, um eine möglichst umgehende Streitentscheidung zu garantieren. Empfehlenswert ist die Bezugnahme auf die DIS-ERBV auch bei Streitigkeiten, die auf einem **Rücktritt vom Unternehmenskaufvertrag** nach Maßgabe einer „**Material Adverse Change**"-**Klausel (MAC-Klausel)** beruhen (*Borris*, BB 2008, 294). Darüber hinaus ist eine Streiterledigung im Wege des beschleunigten Verfahrens im Bereich des **Bank- und Kapitalmarktrechts** angeraten, zumindest wenn es sich um Streitigkeiten ohne Verbraucherbeteiligung (wie z.B. gewerbliche Kreditverträge oder Verträge über den Handel mit modernen Finanzinstrumenten) handelt (*Berger*, SchiedsVZ 2008, 105). Aufgrund des geringeren Zeit- und Kostenaufwands eines Schiedsverfahrens nach den DIS-ERBV kann dieses des Weiteren für **kleine bzw. mittelständische Unternehmen** und auch bei **geringeren Streitwerten** attraktiv sein.

10 § 1 Abs. 1 Satz 2 stellt klar, dass die DIS-SchO und die DIS-ERBV grundsätzlich in ihrer jeweils **zu Beginn des Verfahrens gültigen Fassung** Anwendung finden, wenn die Parteien nichts Abweichendes vereinbart haben (s. Rz. 17). Zudem macht § 1 Abs. 1 Satz 2 deutlich, dass die DIS-ERBV die DIS-SchO nicht ersetzen, sondern lediglich **ergänzen** (so auch Vorwort zu DIS-ERBV). Damit ist auf die DIS-SchO zurückzugreifen, soweit die DIS-ERBV keine speziellere Regelung enthalten.

II. Verfahrensdauer (Abs. 2)

Als eine der Kernvorschriften der DIS-ERBV normiert § 1 Abs. 2 die **Regeldauer** eines beschleunigten Verfahrens. Es **soll** gemäß § 1 Abs. 2 nicht länger dauern als **sechs Monate** (bei Bestellung eines Einzelschiedsrichters) bzw. **neun Monate** (bei Bestellung eines Schiedsgerichtes mit drei Schiedsrichtern). Da Streitigkeiten nach den DIS-ERBV durch einen Einzelschiedsrichter entschieden werden, wenn die Parteien nichts anderes vereinbart haben (§ 3 Abs. 1 DIS-ERBV im Gegensatz zu § 3 DIS-SchO, der im „normalen" DIS-Verfahren grundsätzlich ein Dreierschiedsgericht vorsieht), ist der **Sechs-Monatszeitrahmen der Regelfall**. Der davon abweichende Neun-Monatszeitrahmen trägt dem Umstand Rechnung, dass dieser Zeitraum ab Klageeinreichung läuft und somit die Konstituierung des Schiedsgerichtes umfasst. Naturgemäß dauert es jedoch länger, ein Dreier-Schiedsgericht zu konstituieren als einen Einzelschiedsrichter zu bestellen. Zudem kann die Entscheidungsfindung bei einem Dreierschiedsgericht wegen der erforderlichen Beratungen länger dauern als im Falle eines Einzelschiedsrichters. Der Zeitrahmen **beginnt** mit Klageeingang, wobei § 1 Abs. 3 Satz 2 klarstellt, dass nur bzw. erst der Eingang bei der DIS-Hauptgeschäftsstelle in Köln maßgeblich ist (s. Rz. 13). 11

Die Formulierung als **Soll-Vorschrift** macht deutlich, dass Überschreitungen der Regelverfahrensdauer möglich sind. Insoweit steht Abs. 2 im Zusammenhang mit den Regelungen in § 6 zu den Voraussetzungen abweichender Parteivereinbarungen bzw. Anordnungen des Schiedsgerichtes und den Konsequenzen der Nichteinhaltung des Zeitrahmens. Wegen der weiteren Einzelheiten s. § 6 Rz. 1 ff. 12

III. Einreichung der Klage (Abs. 3)

Durch § 1 Abs. 3 Satz 1 wird der Schiedskläger angehalten, seine Klage nach den DIS-ERBV unmittelbar **bei der DIS-Hauptgeschäftsstelle in Köln** und nicht bei einer der anderen Geschäftsstellen einzureichen (Postanschrift unter www.dis-arb.de), da in Köln alle DIS-Schiedsverfahren zentral verwaltet werden. Wie durch die Formulierung als **Soll-Vorschrift** deutlich wird, ist die Einreichung in Köln zwar nicht zwingend. Auch § 1 Abs. 3 Satz 2 zeigt, dass die Klage bei den Geschäftsstellen in Berlin oder München ebenso wirksam eingereicht werden kann (entsprechend § 6 Abs. 1 Satz 1 DIS-SchO, der nicht abbedungen wird, sondern weiter gilt). In diesem Fall wird die Klage aber erst zur weiteren Bearbeitung nach Köln weitergeleitet und beginnt daher die Sechs- bzw. Neun-Monatsfrist des § 1 Abs. 2 DIS-ERBV erst mit Eingang der Klage bei der Hauptgeschäftsstelle in Köln (§ 1 Abs. 3 Satz 2 DIS-ERBV). 13

IV. Beschleunigungsgedanke (Abs. 4)

14 § 1 Abs. 4 erhebt den Beschleunigungsgedanken zum leitenden **Verfahrensprinzip**. Durch § 1 Abs. 4 Satz 1 wird das Schiedsgericht verpflichtet, sein Ermessen bei der Verfahrensgestaltung (§ 24 Abs. 1 Satz 2 DIS-SchO) stets im Lichte des Beschleunigungsinteresses der Parteien auszuüben. Wie die Formulierung des § 1 Satz 1 DIS-ERBV als **Soll-Vorschrift** zeigt, kann das Schiedsgericht in Ausnahmefällen vom Grundsatz der Beschleunigung abweichen. Dies entspricht dem Sinn und Zweck der DIS-ERBV, durch die zwar eine möglichst weitreichende Beschleunigung des Verfahrens erreicht werden soll, jedoch nicht „um jeden Preis", sondern nur in ausgewogener Balance zwischen Verfahrensbeschleunigung und Gründlichkeit der Entscheidungsfindung durch das Schiedsgericht sowie der Gewährung rechtlichen Gehörs (s. Rz. 2). Die Vorschrift hat insofern vor allem **Appell- und Signalfunktion** (*Berger*, SchiedsVZ 2008, 105). Gleichzeitig wirken die DIS-ERBV einer zu weitreichenden Verlängerung der Verfahrensdauer entgegen durch die Verpflichtung des Schiedsgerichtes, Fristverlängerungen schriftlich durch Beschluss zu begründen (§ 6 Abs. 1 Satz 4), durch die Bestimmung zur Regeldauer des Verfahrens in § 1 Abs. 2 sowie die Berichtspflicht des Schiedsgerichtes im Falle der Überschreitung der Regelverfahrensdauer gemäß § 6 Abs. 2 Satz 1.

15 § 1 Abs. 4 Satz 2 stellt klar, dass das Gebot des Satzes 1 **insbesondere für Fristverlängerungen** gilt. § 1 Abs. 4 steht daher in direktem Zusammenhang mit § 6 Abs. 1. So hat das Schiedsgericht den Beschleunigungsgedanken vor allem dann zu berücksichtigen, wenn es darüber entscheidet, ob es seine Zustimmung zur Modifikation von Fristen oder anderen Bestimmungen der DIS-ERBV durch die Parteien erteilt (§ 6 Abs. 1 Satz 2) und ob es eine Frist entgegen dem Willen einer oder mehrerer Parteien aus wichtigem Grund verlängert (§ 6 Abs. 1 Satz 3).

E. Abweichende Parteivereinbarung

16 Eine Vereinbarung, mit der die Parteien die Regelverfahrensdauer des § 1 Abs. 2 verkürzen oder verlängern, ist grundsätzlich vorstellbar. § 1 Abs. 2 bestimmt einen Zeitrahmen, von dem das Verfahren, wie § 6 Abs. 2 zeigt, abweichen kann. Zu beachten ist hierbei, dass die Berichtspflichten des Schiedsgerichtes gemäß § 6 Abs. 2 an die Überschreitung des Zeitrahmens gebunden sind.

§ 1 Abs. 1 Satz 2 lässt eine abweichende Parteivereinbarung zudem ausdrücklich zu im Hinblick auf die Anwendbarkeit der jeweils **zu Beginn des Verfahrens gültigen Fassung** der DIS-SchO und der DIS-ERBV. Diese Vorschrift soll der jeweils aktuellen Fassung zur Geltung verhelfen (etwa der DIS-SchO in der Fassung von 1998 und nicht in der ersten Fassung von 1992), da diese Regelwerke durch Neufassungen optimiert, also bestehende Missstände beseitigt und die Regeln an praktische Notwendigkeiten angepasst werden. Die Vereinbarung der bei Vertragsschluss geltenden Regelwerke ist zwar denkbar, erscheint aber unter der Annahme, dass mit einer Neufassung eine Verbesserung des Regelwerks einhergeht, grundsätzlich nicht sinnvoll. 17

Von einer Parteieinbarung, mit der entgegen § 1 Abs. 1 Satz 2 statt der DIS-SchO eine **andere Schiedsordnung als Grundlage** für die DIS-ERBV herangezogen wird, kann nur entschieden abgeraten werden. Da die Regelungen der DIS-ERBV auf der DIS-SchO aufbauen und auf diese explizit Bezug nehmen (z.B. in § 1 Abs. 4 DIS-ERBV auf § 24 Abs. 1 Satz 2 DIS-SchO), müssen bei Vereinbarung einer anderweitigen Schiedsordnung Widersprüche zu den Regelungen der DIS-ERBV entstehen, die das Verfahren aller Wahrscheinlichkeit nach undurchführbar werden lassen. 18

§ 2: Kosten bei Einleitung des Verfahrens

Abweichend von § 7.1 in Verbindung mit Nr. 17 der Anlage zu § 40.5 DIS-SchO umfasst der vom Kläger bei Einreichung der Klage zu leistende Vorschuss das volle Schiedsrichterhonorar.

Regelungsschwerpunkte: Zur Vermeidung von Verzögerungen bei der Vorschusszahlung muss der Kläger mit Einreichung der Klage als Vorschuss das volle Schiedsrichterhonorar einzahlen – abweichend von § 7 DIS-SchO.

Inhalt

A. Normzweck	1	D. Kosten bei Einleitung des Verfahrens	4
B. Verhältnis zu §§ 1025 ff. ZPO	2	E. Abweichende Parteivereinbarung	6
C. Vergleich mit den Regeln im staatlichen Verfahren	3		

Literatur: s. Literatur zu § 1.

§ 2 DIS-ERBV

A. Normzweck

1 § 2 DIS-ERBV dient der **Beschleunigung schon bei Einleitung des Verfahrens.** Da das Schiedsgericht im regulären DIS-Schiedsverfahren den Fortgang des Verfahrens regelmäßig davon abhängig macht, dass Kläger- und Beklagtenseite jeweils die Hälfte der zu erwartenden Kosten des Schiedsgerichts als Vorschuss leisten (§ 25 DIS-SchO), kann der Beklagte durch die Verzögerung seiner Vorschussleistung erhebliche Zeitverluste verursachen. Indem § 2 DIS-ERBV anordnet, dass der Kläger bei Einreichung der Klage das volle Schiedsrichterhonorar vorzuschießen hat, schließt er dieses Verzögerungspotential aus.

B. Verhältnis zu §§ 1025 ff. ZPO

2 Die Vorschriften der §§ 1025 ff. ZPO enthalten **keine Regelung** zur Zahlung von Vorschüssen für das Schiedsgericht. § 2 DIS-ERBV ist insoweit ergänzende Parteivereinbarung.

C. Vergleich mit den Regeln im staatlichen Verfahren

3 Entsprechend der Regelung in § 2 DIS-ERBV wird im staatlichen Verfahren die Klage in der Regel der Beklagtenseite erst zugestellt, nachdem der Kläger den Gerichtskostenvorschuss eingezahlt hat (§ 12 Abs. 1 Satz 1 GKG).

D. Kosten bei Einleitung des Verfahrens

4 Gemäß § 2 DIS-ERBV hat der Kläger bei Einreichung der Klage nicht nur die DIS-Bearbeitungsgebühr (§ 7 Abs. 1 DIS-SchO) und das Honorar eines beisitzenden Schiedsrichters (Nr. 17 der Anlage zu § 40 Abs. 5 DIS-SchO), sondern das **volle Schiedsrichterhonorar** als Vorschuss zu leisten. Gemeint ist damit das vollständige Honorar (ohne Mehrwertsteuer) für den Einzelschiedsrichter im Regelfall des § 3 Abs. 1 DIS-ERBV bzw. für sämtliche Schiedsrichter, wenn eine Entscheidung durch drei Schiedsrichter vereinbart ist. Wenn der Kläger diese Beträge bei Klageeinreichung nicht (vollständig) gezahlt hat, fordert die DIS-Geschäftsstelle ihn zur Zahlung innerhalb einer Frist von 14 Tagen (anstelle einer Frist von 30 Tagen im „normalen" DIS-Schiedsverfahren).

5 § 25 DIS-SchO bleibt insoweit unberührt (*Bredow* in: Liber Amicorum Ulf Franke, S. 57). Der Kläger kann somit gegen den Beklagten nach Ein-

leitung des Verfahrens einen **Anspruch auf Erstattung von 50 %** des von ihm gezahlten Vorschusses geltend machen.

E. Abweichende Parteivereinbarung

Eine abweichende Parteivereinbarung, mit der § 2 abbedungen oder abgeändert wird, ist grundsätzlich denkbar. Sie widerspricht jedoch im Regelfall dem Beschleunigungsinteresse der Parteien, da die Anordnung des § 2 gerade der Gewährleistung der Beschleunigung dient (s. Rz. 1). 6

§ 3: Anzahl der Schiedsrichter, Benennung der Schiedsrichter

3.1 Abweichend von § 3 DIS-SchO wird die Streitigkeit durch einen Einzelschiedsrichter entschieden, es sei denn, die Parteien haben vor Einreichung der Klage die Entscheidung durch ein Schiedsgericht mit drei Schiedsrichtern vereinbart.

3.2 Haben sich die Parteien vor Einreichung der Klage auf die Person des Einzelschiedsrichters geeinigt, so hat der Kläger diesen in der Klage zu benennen. Anderenfalls benennt ihn der DIS-Ernennungsausschuss unverzüglich auf Antrag einer Partei. Der Antrag kann bereits in der Klage gestellt werden. Bis zum Eingang eines solchen Antrags bei der DIS-Hauptgeschäftsstelle bleibt eine gemeinsame Benennung durch die Parteien zulässig.

3.3 Haben die Parteien gemäß § 3.1 die Entscheidung durch ein Schiedsgericht mit drei Schiedsrichtern vereinbart, so gilt für den vom Kläger benannten Schiedsrichter § 6.2 (5) DIS-SchO. Abweichend von § 12.1 DIS-SchO beträgt die Frist für den Beklagten zur Benennung eines Schiedsrichters 14 Tage nach Empfang der Klage durch den Beklagten. Benennt der Beklagte den Schiedsrichter nicht innerhalb dieser Frist, wird er auf Antrag des Klägers durch den DIS-Ernennungsausschuss benannt. Die Benennung des Vorsitzenden durch die beiden Schiedsrichter erfolgt nach § 12.2 DIS-SchO, wobei die dort genannte Frist auf 14 Tage verkürzt wird.

3.4 Sofern ein von den Parteien benannter Schiedsrichter oder der Vorsitzende nicht innerhalb von sieben Tagen nach Empfang des Schreibens, in dem er zur Abgabe der Erklärung nach § 16.1 DIS-SchO aufgefordert wird, bestellt werden kann, benennt der DIS-Ernennungsausschuss auf Antrag einer Partei einen Ersatzschiedsrichter.

§ 3 DIS-ERBV   Anzahl der Schiedsrichter, Benennung der Schiedsrichter

Regelungsschwerpunkte: Abs. 1 Einzelschiedsrichter als Regelfall (abweichend von § 3 DIS-SchO). → Rz. 1–4 und 9; **Abs. 2** Sonderregelung für Benennung des Einzelschiedsrichters – Antrag auf Benennung durch Ernennungsausschuss in der Klage möglich (abweichend von § 14 DIS-SchO). → Rz. 5, 10 f.; **Abs. 3** Sonderregelung für Benennung des Dreierschiedsgerichts – Verkürzung der Benennungsfristen auf 14 Tage (abweichend von § 12 Abs. 1, 2 DIS-SchO). → Rz. 6, 12; **Abs. 4** 7-Tage-Frist für Bestellung der Schiedsrichter, sonst Antrag auf Benennung durch Ernennungsausschuss möglich (keine Regelung in DIS-SchO). → Rz. 7, 13 f.

Inhalt

A. Normzweck 1	I. Anzahl der Schiedsrichter (Abs. 1).................... 9
B. Verhältnis zu §§ 1025 ff. ZPO 3	II. Benennung der Schiedsrichter (Abs. 2–4)................. 10
C. Vergleich mit den Regeln im staatlichen Verfahren 8	E. Abweichende Parteivereinbarung 15
D. Anzahl und Benennung der Schiedsrichter 9	

A. Normzweck

1   Da die Auswahl und Bestellung der Schiedsrichter viel Zeit in Anspruch nehmen kann und ein erhebliches Potenzial für die Verzögerung des Verfahrens birgt, legen die DIS-ERBV in § 3 ein besonderes Augenmerk auf die **möglichst weitgehende Beschleunigung der Konstituierungsphase** des Verfahrens. Dem dient vor allem die Erhebung des **Einzelschiedsrichters** zum **Regelfall** gemäß § 3 Abs. 1, da es zeitlich stets weniger aufwändig ist, nur einen fachlich geeigneten Schiedsrichter zu finden, der verfügbar und bereit ist, das Schiedsrichteramt zu übernehmen, als diese Voraussetzungen für zwei parteibenannte Schiedsrichter zu erfüllen, die sich im zweiten Schritt auf einen verfügbaren Vorsitzenden einigen müssen. Zudem fällt es einem Einzelschiedsrichter leichter, in der kurzen Regelfrist des § 1 Abs. 2 zu einer Entscheidung zu gelangen, da Terminkoordinierungs- und sonstiger Abstimmungsaufwand innerhalb des Schiedsgerichtes wegfallen. Die Umkehrung des Regel-Ausnahme-Verhältnisses im Vergleich zu § 3 DIS-SchO erschien bei Erstellung der DIS-ERBV insbesondere angesichts der Erwartung vertretbar und angemessen, dass die DIS-ERBV eher in weniger komplexen Streitigkeiten vereinbart werden. Zur Beschleunigung der Konstituierungsphase soll auch die Verkürzung der Benennungsfristen auf 14 Tage in § 3 Abs. 3

Satz 2 und 4 DIS-ERBV sowie die Bestellungsfrist von sieben Tagen gemäß § 3 Abs. 4 beitragen.

Der Regelfall des Einzelschiedsrichters gemäß § 3 Abs. 1 führt ferner zu einer **Kosteneinsparung**, da mit einer Einzelrichterentscheidung im Vergleich zu einem Schiedsgericht mit drei Schiedsrichtern eine erhebliche Reduzierung der Kosten (insbesondere Honorar und Reisekosten) einhergeht. 2

B. Verhältnis zu §§ 1025 ff. ZPO

Die Konstituierung des Schiedsgerichtes ist Gegenstand der §§ 1034 f. ZPO. Diese enthalten **keine besonderen Regelungen für beschleunigte Verfahren** und ähneln inhaltlich den Regelungen der DIS-SchO. Durch § 3 DIS-ERBV werden wesentliche Teile dieser Regelungen geändert oder ergänzt. 3

Im Schiedsverfahren nach den §§ 1025 ff. ZPO entscheidet gemäß **§ 1034 Abs. 1 Satz 2 ZPO** ein Schiedsgericht mit drei Schiedsrichtern, wenn die Parteien nichts anderes vereinbart haben (wie § 3 DIS-SchO). Diese Regelung wird durch § 3 Abs. 1 DIS-ERBV zulässigerweise geändert, das Regel-Ausnahme-Verhältnis wird umgekehrt. 4

§ 3 Abs. 2 DIS-ERBV enthält zulässige Vereinbarungen zur Benennung des Einzelschiedsrichters in Abweichung und Ergänzung von **§ 1035 Abs. 3 Satz 1 ZPO** (bzw. § 14 DIS-SchO). 5

Die Verkürzung der Fristen für die Benennung der Schiedsrichter im Falle eines Dreierschiedsgerichtes auf 14 Tage durch § 3 Abs. 3 Satz 2 und 4 DIS-ERBV stellt eine Abweichung von der Regelung in **§ 1035 Abs. 3 Satz 3 ZPO** (bzw. § 12 Abs. 1, 2 DIS-SchO) dar. 6

Die Regelungen zur Bestellung der Schiedsrichter (**§§ 1035 Abs. 4 ZPO**, 17 DIS-SchO) werden im Rahmen der DIS-ERBV durch die siebentägige Frist des § 3 Abs. 4 DIS-ERBV ergänzt. 7

C. Vergleich mit den Regeln im staatlichen Verfahren

Im Gegensatz zum Schiedsverfahren stehen im staatlichen Verfahren die zuständigen Richter bereits vor Entstehung der Streitigkeit fest (**Grundsatz des gesetzlichen Richters**, Art. 101 Abs. 1 Satz 2 GG, § 16 Satz 2 GVG). Sie werden bestimmt durch die gesetzlichen Zuständigkeitsregeln sowie die Geschäftsverteilungspläne der Gerichte. 8

D. Anzahl und Benennung der Schiedsrichter

I. Anzahl der Schiedsrichter (Abs. 1)

9   § 3 Abs. 1 DIS-ERBV bestimmt, dass ein beschleunigtes Verfahren grundsätzlich durch einen **Einzelschiedsrichter** zu entscheiden ist. Die Parteien können abweichend von dem Regelfall des § 3 Abs. 1 eine Entscheidung durch ein Dreierschiedsgericht vereinbaren. Die Vorschrift kehrt damit das von § 3 DIS-SchO festgelegte Regel-Ausnahme-Verhältnis um, nach welchem ein Dreierschiedsgericht entscheidet, sofern die Parteien nichts Abweichendes vereinbart haben.

Zu beachten: Bei der **Entscheidung für oder gegen ein Dreierschiedsgericht** ist einerseits das Beschleunigungs- und Kostenreduzierungsinteresse der Parteien zu berücksichtigen, dem der Regelfall des Einzelschiedsrichters dient (s. Rz. 1 f.). Andererseits kann im Einzelfall das Interesse der Parteien an der Gründlichkeit der Entscheidungsfindung durch das Schiedsgericht für die Wahl eines Dreierschiedsgerichtes sprechen.

II. Benennung der Schiedsrichter (Abs. 2–4)

10 § 3 Abs. 2 DIS-ERBV regelt die **Benennung des Einzelschiedsrichters** in Ergänzung zu § 14 DIS-SchO. Die Parteien sind in ihrer Entscheidung über die Person des Einzelschiedsrichters grundsätzlich frei. Zum Zweck der Verfahrensbeschleunigung ist es Ziel der DIS-ERBV, dass die Parteien bereits vor Klageeinreichung eine entsprechende Einigung herbeiführen. In diesem Fall ist der Kläger gemäß § 3 Abs. 2 Satz 1 DIS-ERBV verpflichtet, den Schiedsrichter **in der Klage zu benennen**. Relevant wird dies insbesondere dann, wenn die Parteien, nachdem sie ursprünglich eine reguläre Schiedsvereinbarung geschlossen haben, erst in Ansehung der konkret entstandenen Streitigkeit (vor Klageeinreichung, § 1 Abs. 1 DIS-ERBV) ein DIS-ERBV-Verfahren vereinbaren. Zu diesem Zeitpunkt sind die Parteien oft auch in der Lage, sich auf einen für das konkrete Verfahren geeignet erscheinenden Einzelschiedsrichter zu verständigen. Denkbar ist ferner, dass sich die Parteien im Fall eines (Anlagen-)Bauvertrages von vornherein auf einen (oder mehrere) in Betracht kommende Schiedsrichter verständigen, die im Streitfall zur Verfügung zu stehen, um eine möglichst umgehende Streitentscheidung zu garantieren.

11 Erzielen die Parteien vor Klageeinreichung **keine Einigung** über die Person des Einzelschiedsrichters, wird der Einzelschiedsrichter auf Antrag einer Partei durch den DIS-Ernennungsausschuss benannt (§ 3 Abs. 2 Satz 2 DIS-ERBV). Abs. 2 Satz 3 eröffnet dem Kläger die Möglichkeit, diesen **Antrag bereits in der Klageschrift** zu stellen. Dadurch wird die

Anzahl der Schiedsrichter, Benennung der Schiedsrichter   § 3 DIS-ERBV

30-Tage-Frist des § 14 DIS-SchO zur Einigung auf die Person des Einzelschiedsrichters im beschleunigten Verfahren abbedungen. Die DIS-ERBV überlassen mit dem Antragsrecht des § 3 Abs. 2 Satz 2 DIS-ERBV den Parteien die Entscheidung für oder gegen eine Benennung durch den Ernennungsausschuss und damit für oder gegen eine Verzögerung des Verfahrens und eventuelle Überschreitung der von § 1 Abs. 3 DIS-ERBV vorgegebenen Regelverfahrensdauer. Eine **Einigung der Parteien** auf die Person des Einzelschiedsrichters ist dem entsprechend auch noch **nach Einreichung der Klageschrift möglich**, jedoch nur bis zu dem Zeitpunkt, in welchem der Antrag einer Partei auf Benennung durch den Ernennungsausschuss bei der DIS-Hauptgeschäftsstelle in Köln eingeht (§ 3 Abs. 2 Satz 4 DIS-ERBV). Im Fall einer Einigung der Parteien nach Klageeinreichung und vor Antragstellung sollten die Parteien den Kandidaten möglichst unverzüglich gegenüber der DIS-Hauptgeschäftsstelle benennen, damit das Verfahren umgehend in Gang kommen und die Regelfrist des § 1 Abs. 2 DIS-ERBV trotz der Verzögerung durch die nachträgliche Benennung eingehalten werden kann.

§ 3 **Abs. 3** DIS-ERBV regelt die Benennung eines **Dreierschiedsgerichtes** in Ergänzung zu § 12 DIS-SchO. § 3 Abs. 3 Satz 1 DIS-ERBV stellt klar, dass der Kläger auch im beschleunigten Verfahren gemäß § 6 Abs. 2 (5) verpflichtet ist, **in der Klage einen Schiedsrichter zu benennen**. Durch § 3 Abs. 3 Satz 2 DIS-ERBV wird abweichend von § 12 Abs. 1 Satz 2 DIS-SchO die **Frist für den Beklagten** zur Benennung eines Schiedsrichters von 30 Tagen **auf 14 Tage verkürzt**. Dabei bleibt der Beginn der Frist unberührt – gemäß § 3 Abs. 3 Satz 2 DIS-ERBV ab dem Empfang der Klage durch den Beklagten (entsprechend § 12 Abs. 1 Satz 2 DIS-SchO). Die Frist wird anhand von § 222 ZPO i.V.m. §§ 186 ff. BGB berechnet, wenn das deutsche Schiedsrecht subsidiär anwendbar ist. Danach wird der Tag des Zugangs nicht mitgerechnet (§ 187 Abs. 1 BGB), sondern ab dem Folgetag „gezählt" bis zum Ablauf des 14. Tages um 24 Uhr (§ 188 Abs. 1 BGB). Bei einem Zugang am Montag endet die Frist damit mit Ablauf des übernächsten Montag um 24:00 Uhr. Für den Fall, dass der Beklagte innerhalb dieser verkürzten Frist keinen Schiedsrichter benennt, stellt § 3 Abs. 3 Satz 3 DIS-ERBV klar, dass der Kläger einen **Antrag auf Benennung durch den DIS-Ernennungsausschuss** stellen kann (entsprechend § 12 Abs. 1 Satz 2 DIS-SchO).

Zu beachten: Der Kläger muss den Ablauf der 14-tägigen Frist für die Benennung durch den Beklagten nicht abwarten, sondern kann seinen Antrag auf Benennung durch den DIS-Ernennungsausschuss bereits **in der Klage** stellen. Der Antrag wird dann nach Ablauf der Frist wirksam.

§ 3 DIS-ERBV — Anzahl der Schiedsrichter, Benennung der Schiedsrichter

Gemäß § 3 Abs. 3 Satz 4 DIS-ERBV beträgt auch die **Frist für die Benennung des Vorsitzenden** durch die beiden von den Parteien benannten Schiedsrichter – abweichend von § 12 Abs. 2 Satz 3 DIS-SchO – nicht 30 Tage, sondern **nur 14 Tage** ab Bestellung (Fristberechnung wie bei § 3 Abs. 3 DIS-ERBV, s. Rz. 12).

13 § 3 Abs. 4 DIS-ERBV ergänzt § 17 DIS-SchO um eine **7-Tage-Frist**, innerhalb derer der Einzelschiedsrichter oder die drei Schiedsrichter des Dreierschiedsgerichtes jeweils nach ihrer Benennung **bestellt sein müssen**. Scheitert die Bestellung eines Schiedsrichters innerhalb dieser Frist, haben beide Parteien gemäß § 3 Abs. 4 DIS-ERBV das Recht, bei der DIS einen **Antrag auf die Benennung eines Ersatzschiedsrichters durch den DIS-Ernennungsausschuss** zu stellen. Diese Bestimmung gewährleistet, dass nicht individuelle Umstände aus der Sphäre des benannten Schiedsrichters das Verfahren unnötig verzögern. Zum Beispiel wird verhindert, dass der beschleunigte Zeitplan in Frage gestellt wird, weil ein Schiedsrichterkandidat nicht **erreichbar** ist. Zudem werden die benannten Schiedsrichter durch diese Frist angehalten, ihre **Annahmeerklärung** sowie Erklärungen zur Unabhängigkeit und Unparteilichkeit gemäß § 16 Abs. 1 DIS-SchO unverzüglich abzugeben, um die Voraussetzung für ihre fristgerechte Bestellung zu schaffen. Die DIS-Geschäftsstelle erinnert in der Regel sehr zeitnah an die Abgabe dieser Erklärungen. Die Bestellung des Schiedsrichters kann ferner daran scheitern, dass sich aus der Annahmeerklärung des Schiedsrichters Umstände ergeben, die **Zweifel an seiner Unparteilichkeit oder Unabhängigkeit oder der Erfüllung vereinbarter Voraussetzungen** wecken könnten (§ 17 Abs. 1 DIS-SchO). Die Parteien sollten daher vor der Benennung eines Schiedsrichters sicherstellen, dass dieser möglichst eine unqualifizierte Annahmeerklärung gemäß § 16 Abs. 1 DIS-SchO abgeben kann. Andernfalls hat die DIS-Geschäftsstelle gemäß § 16 Abs. 2 DIS-SchO Gelegenheit zur Stellungnahme zu geben. Wird hierdurch die 7-Tage-Frist überschritten, kann jede Partei Antrag auf Ersatzbenennung stellen. Eine entsprechende Antragstellung wird als Widerspruch i.S.d. § 17 Abs. 1 DIS-SchO gegen die Bestellung des Schiedsrichters gewertet werden müssen. Im Falle von unqualifizierten Annahmeerklärungen wird die DIS-Geschäftsstelle nur dann Gelegenheit zur Stellungnahme geben, wenn es der enge Zeitplan zulässt. Die Frist hierfür ist naturgemäß äußerst kurz.

14 Die 7-Tage-Frist des § 3 Abs. 4 DIS-ERBV **endet** sieben Tage, nachdem der jeweilige Schiedsrichter das Schreiben der DIS empfangen hat, mit welchem diese ihn auffordert, seine Annahmeerklärung gemäß § 16 Abs. 1 DIS-SchO abzugeben. Wegen der Fristberechnung s. Rz. 12.

E. Abweichende Parteivereinbarung

§ 3 Abs. 1 DIS-ERBV lässt eine Vereinbarung ausdrücklich zu, mit der 15
die Parteien abweichend vom Regelfall des Einzelschiedsrichters die
Entscheidung durch ein Dreierschiedsgericht verabreden.

Die Parteien können ferner von § 3 Abs. 3 und 4 DIS-ERBV abweichende 16
Fristen vereinbaren. Da das Schiedsgericht zu diesem Zeitpunkt noch
nicht konstituiert ist, ist für eine solche abweichende Parteivereinbarung keine Zustimmung des Schiedsgerichtes gemäß § 6 Abs. 1 Satz 2
DIS-ERBV erforderlich.

§ 4: Klage, Klageerwiderung und mündliche Verhandlung

4.1 Bis zur Konstituierung des Schiedsgerichts sind Schriftsätze der DIS-Hauptgeschäftsstelle, danach dem Schiedsgericht zuzuleiten. Schriftsätze sind stets auch an die andere Partei zu übermitteln.

4.2 Abweichend von § 9 DIS-SchO ist die Klageerwiderung innerhalb von vier Wochen nach Empfang der Klage durch den Beklagten gemäß § 8 DIS-SchO einzureichen. Soweit das Schiedsgericht nach seiner Konstituierung keine andere Bestimmung trifft, sind weitere Schriftsätze jeweils vier Wochen nach Zugang des gegnerischen Schriftsatzes einzureichen.

4.3 Die mündliche Verhandlung soll spätestens vier Wochen nach Zugang des letzten Schriftsatzes stattfinden. Der Schiedsspruch soll spätestens vier Wochen nach Abschluss der mündlichen Verhandlung erlassen werden.

4.4 Widerklage und Aufrechnung sind in Verfahren nach diesen Ergänzenden Regeln nur mit Zustimmung aller Parteien und des Schiedsgerichts zulässig.

Regelungsschwerpunkte: Abs. 1 Sonderregelung zur Übersendung von Schriftsätzen. → Rz. 8 f.; **Abs. 2 und 3** Feste 4-Wochenfrist für Klageerwiderung (abweichend von § 9 DIS-SchO) sowie für weitere Schriftsätze. → Rz. 10–13; **Abs. 3** Grundsätzliche 4-Wochenfrist für mündliche Verhandlung und Erlass des Schiedsspruchs (abweichend von § 33 Abs. 1 DIS-SchO). → Rz. 14 f.; **Abs. 4** Grundsätzliche Unzulässigkeit von Widerklage (abweichend von § 10 DIS-SchO) und Aufrechnung. → Rz. 16 f.

§ 4 DIS-ERBV — Klage, Klageerwiderung und mündliche Verhandlung

Inhalt

A. Normzweck 1
B. Verhältnis zu §§ 1025 ff. ZPO 4
C. Vergleich mit den Regeln im staatlichen Verfahren 6
D. Klage, Klageerwiderung und mündliche Verhandlung 8
 I. Übersendung von Schriftsätzen (Abs. 1) 8
 II. Schriftsatzfristen (Abs. 2) 10
 III. Zeitvorgabe für mündliche Verhandlung und Schiedsspruch (Abs. 3) 14
 IV. Widerklage und Aufrechnung (Abs. 4) 16
E. Abweichende Parteivereinbarung 18
Anhang: Schaubild über den idealen zeitlichen Ablauf eines beschleunigten Verfahrens 20

A. Normzweck

1 Durch die DIS-ERBV wird neben der Konstituierungsphase (§ 3) auch der weitere **Ablauf des Verfahrens deutlich gestrafft**, um die Beendigung des Verfahrens innerhalb der Regelverfahrensdauer des § 1 Abs. 2 zu ermöglichen. Diesem Ziel dienen vor allem die **konkreten Vorgaben für die zeitliche Planung** des weiteren Verfahrens in § 4. Sie gewährleisten, dass das Verfahren in jedem Fall ungehindert und zügig durchgeführt werden kann, auch wenn z.B. die Abstimmung eines individuellen Zeitplans gemäß § 5 Abs. 1 sich verzögert oder nicht möglich sein sollte. Als wesentliche Elemente des Zeitplans schreibt § 4 Abs. 2 **feste 4-Wochenfristen** für die Klageerwiderung und weitere Schriftsätze fest vor. Diese laufen **unabhängig von der Konstituierung des Schiedsgerichtes** ab Empfang der Klage durch den Beklagten bzw. ab Empfang des jeweils vorhergehenden gegnerischen Schriftsatzes. So schreitet das Verfahren parallel zur Konstituierung des Schiedsgerichtes voran und kann hierdurch nicht verzögert werden. Weitere Vorgaben sind die 4-Wochenfrist für die mündliche Verhandlung (ab Zugang des letzten Schriftsatzes, § 4 Abs. 3 Satz 1) und für den Schiedsspruch (nach Abschluss der mündlichen Verhandlung, § 4 Abs. 3 Satz 2).

2 Der Beschleunigung des Verfahrens dienen auch die **Anordnungen zur Übersendung der Schriftsätze** in § 4 Abs. 1, durch die unnötiger Zeitaufwand für doppelte Postwege vermieden werden soll, sowie der grundsätzliche Ausschluss von **Aufrechnung und Widerklage** in § 4 **Abs. 4**, durch den zwei prozessuale Situationen mit erheblichem Verzögerungspotential grundsätzlich vermieden werden.

Unter Berücksichtigung der Vorgaben in §§ 4 und 5 hat ein Verfahren nach den DIS-ERBV eine **Idealverfahrensdauer** von etwa 140 Tagen ab Zugang der Klage beim Schiedsbeklagten bzw. etwas über **fünf Monaten** (s. Schaubild unter Rz. 20). Dies setzt voraus, dass keine zeitlichen Verzögerungen auftreten und das Schiedsgericht parallel zum Schriftsatzaustausch der Parteien konstituiert wird. Weiter verkürzt werden kann diese Verfahrensdauer etwa dadurch, dass auf die zweite Schriftsatzrunde, also auf Replik und Duplik, verzichtet wird. In den meisten Fällen wird das Verfahren jedoch so idealtypisch nicht durchzuführen sein. Dementsprechend beträgt die Regeldauer gemäß § 1 Abs. 3 sechs bzw. neun Monate. 3

B. Verhältnis zu §§ 1025 ff. ZPO

Die §§ 1025 ff. ZPO geben für die Klageerwiderung sowie weitere Schriftsätze, für die mündliche Verhandlung und den Erlass des Schiedsspruches **keine festen Fristen** vor (§§ 1046 Abs. 1, 1047, 1052 ff. ZPO). Vielmehr steht den Parteien und dem Schiedsgericht bei der zeitlichen Gestaltung des Verfahrens freies Ermessen zu, wie auch im Rahmen der DIS-SchO. Hiervon weichen die DIS-ERBV bewusst ab, indem sie in § 4 Abs. 2 und 3 DIS-ERBV konkrete Fristen für die einzelnen Verfahrensschritte – stets unter dem Vorbehalt der abweichenden Vereinbarung (§ 6 Abs. 1 DIS-ERBV) – festlegen. 4

Da **Widerklage und Aufrechnung** im Schiedsverfahren nach den Regeln der ZPO grundsätzlich **zulässig** sind (für die Widerklage vgl. § 1046 Abs. 3 ZPO), wird das Schiedsrecht der ZPO durch die Anordnung der grundsätzlichen Unzulässigkeit in § 4 Abs. 4 DIS-ERBV insoweit geändert und § 1046 Abs. 3 ZPO abbedungen. 5

C. Vergleich mit den Regeln im staatlichen Verfahren

Das staatliche Verfahren bietet – entgegen den Regelungen in § 4 Abs. 2 und 3 DIS-ERBV – **keine Fristvorgaben** für Schriftsätze (abgesehen von einer Mindestfrist in § 276 Abs. 2 Satz 2 ZPO), mündliche Verhandlung und Erlass des Urteils, um eine Beschleunigung des Verfahrens zu gewährleisten. 6

Widerklage und Aufrechnung sind – entgegen der Anordnung des § 4 Abs. 4 DIS-ERBV – im staatlichen Verfahren grundsätzlich **zulässig** (vgl. u.a. §§ 33, 322 ZPO; lediglich im Urkundenprozess sind Widerklagen gemäß § 595 Abs. 1 ZPO schlechthin ausgeschlossen). 7

D. Klage, Klageerwiderung und mündliche Verhandlung

I. Übersendung von Schriftsätzen (Abs. 1)

8 Durch § 4 Abs. 1 Satz 1 Var. 1. werden die Parteien **verpflichtet**, ihre Schriftsätze bis zur Konstituierung des Schiedsgerichtes **an die DIS-Hauptgeschäftsstelle** zu übersenden. Diese Bestimmung gilt für den Fall, dass das Schiedsgericht bei Ablauf einer Schriftsatzfrist gemäß § 4 Abs. 2 noch nicht konstituiert ist. Durch die Regelung sollen zudem – da die beschleunigten Verfahren von der Hauptgeschäftsstelle verwaltet werden – Zeitverluste vermieden werden, die durch die Einreichung bei einer anderen Geschäftsstelle entstehen würden, wenn diese die Schriftsätze erst an die Hauptgeschäftsstelle weiterleiten müsste. § 4 **Abs. 1 Satz 1 Var. 2** stellt weiter klar, dass Schriftsätze **nach Konstituierung** des Schiedsgerichtes diesem zuzuleiten sind. Dies wird in der Praxis auch in regulären DIS-Schiedsverfahren so gehandhabt, ist jedoch in beschleunigten Verfahren umso wichtiger, um auch hier unnötigen Zeitverlust zu vermeiden, der bei einer Einreichung bei der DIS-Geschäftsstelle durch die erforderliche Weiterleitung an das Schiedsgericht entstehen würde. Zur Einreichung der Klage s. § 1 DIS-ERBV Rz. 13.

9 Zusätzlich verpflichtet § 4 **Abs. 1 Satz 2** die Parteien dazu, ihre Schriftsätze während des gesamten Verfahrens **stets auch** unmittelbar **an die andere Partei** zu übermitteln. Dies gilt zwar gemäß § 5 Abs. 1 Satz 3 DIS-SchO auch im regulären DIS-Schiedsverfahren, wird jedoch im beschleunigten Verfahren auf die Phase vor Konstituierung des Schiedsgerichtes erweitert. Dies ist notwendig, da die Schriftsatzfristen des § 4 Abs. 2 DIS-ERBV ab Zugang des vorhergehenden gegnerischen Schriftsatzes und damit unabhängig von der Konstituierung des Schiedsgerichtes zu laufen beginnen. Ferner wird verhindert, dass Schriftsatz-Abschriften zunächst an die Geschäftsstelle übersandt werden und von dort an die Gegenpartei weitergeleitet werden müssen. Angesichts der Erwähnung der Klage in der Überschrift des § 4 ist davon auszugehen, dass § 4 Abs. 1 Satz 2 **auch für die Klage** gilt. Sicherheitshalber empfiehlt es sich daher, auch die Klage direkt an die Gegenseite zu übersenden, damit diese möglichst frühzeitig von der Einleitung des Verfahrens Kenntnis erlangt. Unabhängig von der direkten Übermittlung der Klage beginnt die Klageerwiderungsfrist gemäß § 4 Abs. 2 Satz 1 aber erst, wenn der Beklagte die Klage aufgrund der Übersendung der DIS-Hauptgeschäftsstelle empfängt. Auch § 1 Abs. 3 Satz 2 bleibt von der direkten Übersendung an die Gegenseite unberührt.

II. Schriftsatzfristen (Abs. 2)

Im Gegensatz zu § 9 DIS-SchO, wonach das Schiedsgericht die Klageerwiderungsfrist nach seinem Ermessen festsetzen kann, bestimmt § 4 **Abs. 2 Satz 1** DIS-ERBV für die **Klageerwiderung** eine **Frist von vier Wochen**. Die Frist läuft ab Empfang der Klage durch den Beklagten und damit unabhängig von der – parallel stattfindenden – Konstituierung des Schiedsgerichtes. Da gerade die Konstituierungsphase mit unwägbaren Verzögerungsrisiken verbunden ist, führt dies zu einer erheblichen Beschleunigung sowie zu einer höheren Vorhersehbarkeit der Dauer des Verfahrens. Ist das Schiedsgericht bei Fristablauf noch nicht konstituiert, ist die Klageerwiderung gemäß § 4 Abs. 1 Satz 1 Var. 1 bei der DIS-Hauptgeschäftsstelle in Köln einzureichen, anderenfalls wie gewöhnlich dem Schiedsgericht zu übermitteln (§ 4 Abs. 1 Satz 1). Dabei sind Abschriften stets auch direkt an die andere Partei zu übersenden (§ 4 Abs. 1 Satz 2).

10

§ 4 **Abs. 2 Satz 2** legt **für alle weiteren Schriftsätze** eine Frist von ebenfalls **vier Wochen** fest. Diese Frist beginnt jeweils mit Zugang des gegnerischen Schriftsatzes und damit ebenfalls unabhängig von der Konstituierung des Schiedsgerichtes, was zu einer weiteren Beschleunigung des Verfahrens führt. Sie gilt **regelmäßig nur für die Replik des Klägers und die Duplik des Beklagten**, da der Austausch von Schriftsätzen nach der Klageerwiderung auf jeweils einen weiteren Schriftsatz von beiden Seiten beschränkt ist (§ 5 Abs. 2, 1. Spiegelstrich) und auch nach der mündlichen Verhandlung keine weiteren Schriftsätze mehr ausgetauscht werden (§ 5 Abs. 2, 3. Spiegelstrich).

11

Die **Berechnung** der Fristen des § 4 Abs. 2 DIS-ERBV orientiert sich an § 222 ZPO i.V.m. §§ 186 ff. BGB, wenn das deutsche Schiedsrecht subsidiär anwendbar ist. Danach wird der Tag des Zugangs nicht mitgerechnet (§ 187 Abs. 1 BGB), sondern ab dem Folgetag „gezählt" bis zum Ablauf des Tages der vierten Woche, welcher durch seine Benennung dem Tage entspricht, an dem die Klage dem Beklagten zuging (§ 188 Abs. 2, Alt. 1 BGB). Bei einem Zugang am Montag endet die Frist damit mit Ablauf des vier Wochen darauf folgenden Montags um 24 Uhr.

12

Das Schiedsgericht kann die Fristen für weitere Schriftsätze **verlängern sowie verkürzen**, wie § 4 Abs. 2 Satz 2 zeigt („*soweit ...*"). Dies gilt grundsätzlich ebenso für die Klageerwiderungsfrist des § 4 Abs. 2 Satz 1, wenn das Schiedsgericht vor deren Ablauf konstituiert ist. Eine **Fristverlängerung** ist jedoch **nur unter den zusätzlichen Voraussetzungen des § 6 Abs. 1** zulässig; s. die dortige Kommentierung.

13

III. Zeitvorgabe für mündliche Verhandlung und Schiedsspruch (Abs. 3)

14 § 4 Abs. 3 Satz 1 DIS-ERBV ergänzt § 28 DIS-SchO um eine Zeitvorgabe für **die mündliche Verhandlung**. Diese soll **spätestens vier Wochen** nach Zugang des letzten Schriftsatzes stattfinden. Da der Austausch von Schriftsätzen auf Replik des Klägers und Duplik des Beklagten beschränkt ist (§ 5 Abs. 2, 1. und 3. Spiegelstrich DIS-ERBV), läuft dieser Zeitrahmen vier Wochen nach Zugang der Duplik beim Kläger ab. Das Schiedsgericht sollte den zeitlichen Rahmen des § 4 Abs. 3 einhalten, kann jedoch **im Ausnahmefall von der Vorgabe des § 4 Abs. 3 abweichen** und die mündliche Verhandlung früher oder später festsetzen („*soll*"). Es sollte die mündliche Verhandlung jedoch angesichts des Beschleunigungsgrundsatzes gemäß § 1 Abs. 4 nicht allzu weit hinausschieben, auch um die Regelverfahrensdauer gemäß § 1 Abs. 2 einhalten zu können. Abs. 3 stellt klar, dass eine mündliche Verhandlung im beschleunigten Verfahren vorgesehen ist – zum Ausgleich für die beschränkte Möglichkeit, schriftsätzlich Stellung zu nehmen. Im Sinne der Beschleunigung soll jedoch **nur eine** mündliche Verhandlung stattfinden, in der dann auch eine etwaige Beweisaufnahme durchgeführt wird (§ 5 Abs. 2, 2. Spiegelstrich). Die **Verpflichtung des Schiedsgerichtes, ein Protokoll über die mündliche Verhandlung aufzunehmen** (§ 29 DIS-SchO), bleibt im beschleunigten Verfahren unberührt. Den Parteien steht es frei, zu vereinbaren, dass nur ein summarisches Protokoll oder gar kein Protokoll gefertigt wird.

15 Im beschleunigten Verfahren soll das Schiedsgericht den **Schiedsspruch** abweichend von § 33 Abs. 1 DIS-SchO nicht in angemessener Frist, sondern gemäß § 4 Abs. 3 Satz 2 DIS-ERBV **spätestens vier Wochen** nach Abschluss der mündlichen Verhandlung erlassen. Um dem Schiedsgericht die Einhaltung dieser Zeitvorgabe zu erleichtern, eröffnet § 7 dem Schiedsgericht die Möglichkeit, auf die Wiedergabe des Tatbestandes zu verzichten. Das Schiedsgericht kann im Ausnahmefall von der Vorgabe des § 4 Abs. 3 Satz 2 abweichen („*soll*"). Es hat dabei jedoch den Beschleunigungsgrundsatz gemäß § 1 Abs. 4 zu beachten. Verzögert das Schiedsgericht den Erlass des Schiedsspruches derart, dass die Regelverfahrensdauer des § 1 Abs. 2 nicht eingehalten werden kann, hat das Schiedsgericht gemäß § 6 Abs. 2 die DIS-Hauptgeschäftsstelle und die Parteien schriftlich über die Gründe zu informieren.

IV. Widerklage und Aufrechnung (Abs. 4)

§ 4 Abs. 4 enthält eine Regelung, nach der **Widerklage und Aufrechnung** im beschleunigten Verfahren grundsätzlich ausgeschlossen sind. Diese sind nur mit Zustimmung aller beteiligten Parteien und des Schiedsgerichts zulässig (für die Widerklage abweichend von § 10 DIS-SchO). 16

Auch wenn die DIS-ERBV keine ausdrückliche Regelung zu **Klageerweiterungen** im beschleunigten Verfahren enthalten, so spricht doch das System und der Sinn und Zweck der DIS-ERBV dafür, dass Klageerweiterungen wie Widerklage und Aufrechnung zu behandeln und daher im beschleunigten Verfahren grundsätzlich unzulässig sind. 17

E. Abweichende Parteivereinbarung

Wenngleich von sämtlichen Bestimmungen und Fristen der DIS-ERBV durch Parteivereinbarung abgewichen werden kann (§ 6 Abs. 1 Satz 1), sollte dies in der Regel vermieden werden, um die Durchführbarkeit des Verfahrens unter beschleunigten Bedingungen nicht zu gefährden. Insbesondere ist vor einer allzu ambitionierten **Verkürzung** der in § 4 Abs. 2 und 3 vorgesehenen Fristen zu warnen (zur Begründung § 6 Rz. 7). Nach Konstituierung des Schiedsgerichtes benötigen die Parteien für abweichende Vereinbarungen dessen Zustimmung gemäß § 6 Abs. 1 Satz 2. 18

Bei **Fristverlängerungen** entgegen § 4 Abs. 2 und 3 wie auch bei Zulassung von Widerklage und/oder Aufrechnung im beschleunigten Verfahren entgegen § 4 Abs. 4 ist stets darauf zu achten, dass das Verfahren dennoch dem Beschleunigungsinteresse der Parteien gerecht werden kann. Auch hier gelten die Voraussetzungen des § 6 Abs. 1 Satz 2. 19

§ 4 DIS-ERBV Klage, Klageerwiderung und mündliche Verhandlung

Anhang:

Schaubild über den idealen zeitlichen Ablauf eines beschleunigten Verfahrens

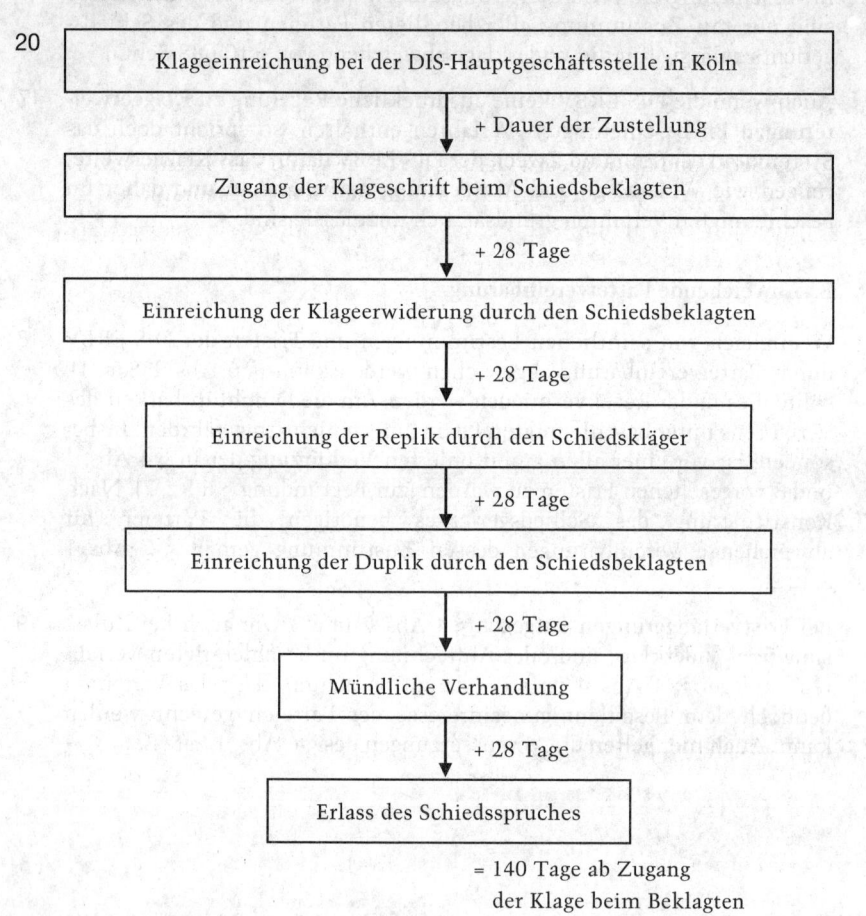

20

```
┌─────────────────────────────────────────────────────────┐
│  Klageeinreichung bei der DIS-Hauptgeschäftsstelle in Köln │
└─────────────────────────────────────────────────────────┘
                    ↓ + Dauer der Zustellung
┌─────────────────────────────────────────────────────────┐
│       Zugang der Klageschrift beim Schiedsbeklagten       │
└─────────────────────────────────────────────────────────┘
                    ↓ + 28 Tage
┌─────────────────────────────────────────────────────────┐
│  Einreichung der Klageerwiderung durch den Schiedsbeklagten │
└─────────────────────────────────────────────────────────┘
                    ↓ + 28 Tage
┌─────────────────────────────────────────────────────────┐
│       Einreichung der Replik durch den Schiedskläger      │
└─────────────────────────────────────────────────────────┘
                    ↓ + 28 Tage
┌─────────────────────────────────────────────────────────┐
│     Einreichung der Duplik durch den Schiedsbeklagten     │
└─────────────────────────────────────────────────────────┘
                    ↓ + 28 Tage
┌─────────────────────────────────────────────────────────┐
│                   Mündliche Verhandlung                   │
└─────────────────────────────────────────────────────────┘
                    ↓ + 28 Tage
┌─────────────────────────────────────────────────────────┐
│                 Erlass des Schiedsspruches                │
└─────────────────────────────────────────────────────────┘
```

= 140 Tage ab Zugang der Klage beim Beklagten

§ 5: Zeitplan, Verfahren

5.1 Zu Beginn des Verfahrens soll das Schiedsgericht in Abstimmung mit den Parteien einen Zeitplan aufstellen, der sicher stellt, dass das Schiedsverfahren innerhalb des in § 1.2 genannten Zeitrahmens beendet werden kann.

5.2 Soweit das Schiedsgericht nicht anderes bestimmt,
- ist der Austausch von Schriftsätzen auf die Klage im Sinne von § 6 DIS-SchO und die Klageerwiderung im Sinne von § 9 DIS-SchO sowie jeweils einen weiteren Schriftsatz von beiden Seiten beschränkt;
- findet nur eine mündliche Verhandlung, einschließlich einer etwaigen Beweisaufnahme, statt;
- werden nach der mündlichen Verhandlung keine weiteren Schriftsätze ausgetauscht.

5.3 Das Schiedsgericht soll bereits in einem möglichst frühen Stadium des Verfahrens, in der Regel nach jedem Austausch von Schriftsätzen, den Parteien diejenigen Punkte nennen, auf die es seiner Ansicht nach für die Entscheidung des Falles wesentlich ankommen kann.

Regelungsschwerpunkte: Abs. 1 Gebot möglichst früher Abstimmung des Zeitplans (keine Regelung in DIS-SchO). → Rz. 1–2, 9; **Abs. 2** Sonderregeln zum Ablauf des Verfahrens (abweichend von § 24 Abs. 1 Satz 2 DIS-SchO). → Rz. 3, 10–12; **Abs. 3** Gebot möglichst früher Hinweise auf relevante Punkte (ergänzend zu § 24 Abs. 2 DIS-SchO). → Rz. 4, 13

Inhalt

A. Normzweck 1	II. Ablauf des Verfahrens (Abs. 2) 10
B. Verhältnis zu §§ 1025 ff. ZPO 5	III. Möglichst frühzeitige Hinweise durch das Schiedsgericht (Abs. 3) 13
C. Vergleich mit den Regeln im staatlichen Verfahren 7	
D. Zeitplan, Verfahren......... 9	E. Abweichende Parteivereinbarung 14
I. Zeitplan (Abs. 1) 9	

A. Normzweck

Auch § 5 dient – wie § 4 – dem Ziel, neben der Konstituierungsphase (§ 3) den weiteren **Ablauf des Verfahrens deutlich zu straffen**, um die Beendigung des Verfahrens innerhalb der Regelverfahrensdauer des § 1

1

Abs. 2 zu ermöglichen. Während § 4 zu diesem Zweck vor allem konkrete Fristen festlegt, schreibt § 5 den Beteiligten **konkrete Verfahrensregeln für Planung und Ablauf** des weiteren Verfahrens vor.

2   Das Gebot des § 5 Abs. 1, wonach das Schiedsgericht mit den Parteien zu Beginn des Verfahrens einen Zeitplan abstimmen soll, soll dem Schiedsgericht und den Parteien **bewusst machen**, dass das **Zeitmanagement die zentrale Voraussetzung für die Einhaltung der geplanten Beschleunigung des Verfahrens** ist. Selbst wenn die Parteien und das Schiedsgericht mit den besten Vorsätzen für eine effiziente Durchführung in ein Verfahren starten, besteht stets die Gefahr, dass das Verfahren im weiteren Verlauf durch Fristverlängerungen und den Wunsch, zu jedem Vorbringen der Gegenseite Stellung zu nehmen, erheblich in die Länge gezogen wird. Dies kann durch die Vereinbarung eines Zeitplans verhindert werden, mit dem sowohl das Schiedsgericht als auch die Parteien zu Beginn des Verfahrens **einen zeitlichen Ablauf festlegen, an dem sie sich später festhalten lassen müssen**. Die Abstimmung eines Zeitplans ist daher auch in der regulären nationalen und internationalen Schiedsgerichtsbarkeit als effektives Mittel zur Gewährleistung eines effektiven Verfahrens anerkannt. Ein weiterer Vorteil des Zeitplans ist, dass die Parteien mit ihrem Einverständnis nochmals ihre Zustimmung zu einem beschleunigten Verfahren nach den DIS-ERBV im konkreten Streitfall bestätigen. Aufgrund dieser *„informierten Zustimmung"* (*informed consent*) der Parteien kommt eine spätere Berufung auf eine angebliche, durch die Beschleunigung bewirkte Verletzung des Grundsatzes redlicher Prozessführung von vornherein kaum in Betracht (*Berger*, SchiedsVZ 2008, 105).

3   § 5 **Abs. 2** dient der **Beseitigung erheblicher Verzögerungspotentiale** und damit der Straffung des Verfahrens, indem **wesentliche Elemente des Ablaufs festgelegt** werden. So wird der Austausch von Schriftsätzen vor der mündlichen Verhandlung, sog. pre-hearing briefs, auf zwei Schriftsatzrunden begrenzt; weitere Schriftsätze nach der mündlichen Verhandlung, sog. post-hearing briefs, werden ausgeschlossen. Eine mündliche Verhandlung ist vorgesehen, jedoch auf eine Verhandlung einschließlich einer etwaigen Beweisaufnahme begrenzt. Im Zusammenspiel mit § 4 Abs. 2 und 3 ergeben diese Vorgaben einen Zeitplan, nach dem ein beschleunigtes Verfahren **im Idealfall** innerhalb von etwa **fünf Monaten** beendet werden kann (§ 4 Rz. 3 und § 4 Rz. 20).

4   Die frühzeitige inhaltliche Lenkung durch **Hinweise des Schiedsgerichtes gemäß § 5 Abs. 3** dient dazu, die **Schriftsätze erheblich zu verkürzen**

und den Streitstoff überschaubar zu halten, da die Parteien ihren Vortrag auf die wesentlichen Punkte konzentrieren können und Ausführungen zu Unwesentlichem so weit wie möglich vermieden werden. Die Hinweispflicht des § 5 Abs. 3 trägt so zur **Effizienz** des Verfahrens und damit zur **Beschleunigung und Kostenersparnis** bei.

B. Verhältnis zu §§ 1025 ff. ZPO

Die §§ 1025 ff. ZPO enthalten **keine Regelung**, die das Schiedsgericht entsprechend § 5 **Abs. 1** DIS-ERBV zu einer frühzeitigen Abstimmung eines Zeitplans anhalten oder den Ablauf des Verfahrens entsprechend § 5 **Abs. 2** DIS-ERBV im Hinblick auf Schriftsätze und mündliche Verhandlung vorgeben. Vielmehr steht den Parteien und dem Schiedsgericht bei der Gestaltung des Verfahrens freies Ermessen zu, wie auch im Rahmen der DIS-SchO (§ 24 Abs. 1 Satz 2 DIS-SchO). Hiervon weichen die DIS-ERBV durch die Vorgaben des § 5 Abs. 1 und 2 DIS-ERBV zulässigerweise im Wege ergänzender Parteivereinbarung ab.

5

In den §§ 1025 ff. ZPO **fehlt** es ferner an einer Regelung, die das Schiedsgericht in vergleichbarer Weise wie § 5 **Abs. 3** DIS-ERBV zur frühzeitigen Erteilung von Hinweisen verpflichtet. Auch § 139 ZPO gilt nicht per se im Schiedsverfahren. Dennoch kann die Verletzung von Hinweispflichten auch im deutschen Schiedsrecht – je nach Einzelfall – eine Verletzung des Grundsatzes des rechtlichen Gehörs gemäß § 1042 Abs. 1 Satz 2 ZPO bedeuten und gegen den ordre public i.S.d. § 1059 Abs. 2 Nr. 2 Buchst. b ZPO verstoßen, wenn der betroffenen Partei dadurch Sachvortrag abgeschnitten wird (OLG München v. 14.3.2011 – 34 Sch 8/10, SchiedsVZ 2011, 159). Dies führt jedoch nicht zu einer grundsätzlichen, konkreten und möglichst frühzeitigen Hinweispflicht, wie § 5 Abs. 3 DIS-ERBV sie ergänzend enthält, noch dazu mit der zeitlichen Vorgabe, dass Hinweise in der Regel nach jeder Schriftsatzrunde zu erteilen sind.

6

C. Vergleich mit den Regeln im staatlichen Verfahren

§ 5 Abs. 1 und 2 finden im staatlichen Verfahren **keine Entsprechung**. Vielmehr liegt die **Verfahrensgestaltung weitestgehend im Ermessen des staatlichen Gerichtes**.

7

Die **Hinweispflicht des Schiedsgerichtes gemäß § 5 Abs. 3** entspricht dagegen im Wesentlichen der Pflicht des staatlichen Gerichtes gemäß § 139 ZPO. Auch das staatliche Gericht soll danach möglichst frühzeitig

8

(§ 139 Abs. 4 ZPO) darauf hinwirken, dass die Parteien sich rechtzeitig und vollständig über alle erheblichen Tatsachen erklären, Beweis antreten und sachdienliche Anträge stellen (§ 139 Abs. 1 ZPO). Allerdings konkretisiert § 5 Abs. 3 DIS-ERBV sowohl den **Inhalt der Hinweispflicht** (auf die Nennung der entscheidungsrelevanten Punkte) als auch das **Erfordernis der Frühzeitigkeit** (*„in der Regel nach jedem Austausch von Schriftsätzen"*, s. Rz. 13).

D. Zeitplan, Verfahren

I. Zeitplan (Abs. 1)

9   § 5 Abs. 1 enthält das **Gebot** an das Schiedsgericht, am Anfang des Verfahrens in Abstimmung mit den Parteien einen **Zeitplan aufzustellen**, der sicherstellt, dass die Regelverfahrensdauer des § 1 Abs. 2 eingehalten werden kann. Durch dieses Gebot wird die Aufmerksamkeit des Schiedsgerichtes und der Parteien gleich von Beginn des Verfahrens an auf die Notwendigkeit der Straffung des Verfahrens gelenkt. Zur **Abstimmung des Zeitplans** erstellt das Schiedsgericht in der Regel einen Entwurf und lässt ihn den Parteien zur Abstimmung schriftlich oder per Email zukommen. Eine – grundsätzlich mögliche – Festlegung des Zeitplans im Rahmen eines Zusammentreffens des Schiedsgerichtes mit den Parteien kommt dagegen im beschleunigten Verfahren nur in Ausnahmefällen in Betracht, da im Normalfall der Zeitaufwand für Terminabstimmung und Reiseaufwand das Verfahren zu stark verzögern würde. Die Formulierung der Bestimmung als Soll-Vorschrift zeigt, dass das Verfahren ausnahmsweise auch **ohne Abstimmung eines Zeitplans möglich** ist. Es gelten dann die Fristen des § 4 Abs. 2, soweit das Schiedsgericht keine abweichenden Fristen festlegt (s. § 4 Rz. 13).

II. Ablauf des Verfahrens (Abs. 2)

10   § 5 Abs. 2 stellt **Regeln für den Ablauf des Verfahrens** auf, die **zur Straffung des Verfahrens** beitragen. Nach § 5 Abs. 2, 1. Spiegelstrich gilt im beschleunigten Verfahren grundsätzlich eine **Beschränkung des Schriftsatzaustauschs vor der mündlichen Verhandlung** (sog. pre-hearing briefs) auf Klage (§ 6 DIS-SchO) und Klageerwiderung (§ 9 DIS-SchO) sowie jeweils einen weiteren Schriftsatz von beiden Seiten, also Replik des Klägers und Duplik des Beklagten. **Nach der mündlichen Verhandlung** werden **keine weiteren inhaltlichen Schriftsätze** (sog. post-hearing briefs) mehr ausgetauscht (§ 5 Abs. 2, 3. Spiegelstrich DIS-ERBV). Die Regelun-

gen zum Kostenschiedsspruch gemäß § 35 Abs. 3 DIS-SchO dürften dadurch unberührt bleiben.

Das Schiedsgericht kann von diesen Regeln **abweichen** (*"soweit ..."*), sollte von dieser Möglichkeit jedoch angesichts des Beschleunigungsgrundsatzes gemäß § 1 Abs. 4 DIS-ERBV zurückhaltend Gebrauch machen. 11

Zum Ausgleich für die beschränkte Möglichkeit, schriftsätzlich Stellung zu nehmen, ist im beschleunigten Verfahren **eine mündliche Verhandlung** vorgesehen. Im Sinne der Beschleunigung soll jedoch **nur eine** mündliche Verhandlung stattfinden, in der dann auch eine etwaige Beweisaufnahme durchgeführt wird (§ 5 Abs. 2, 2. Spiegelstrich). Diese mündliche Verhandlung kann gegebenenfalls mehr als einen Tag in Anspruch nehmen. Ein **Protokoll** i.S.v. § 29 DIS-SchO ist grundsätzlich zu erstellen, jedoch können die Parteien auf dieses verzichten oder ein Ergebnisprotokoll vereinbaren. 12

III. Möglichst frühzeitige Hinweise durch das Schiedsgericht (Abs. 3)

Gemäß § 5 Abs. 3 hat das Schiedsgericht die Parteien bereits in einem **möglichst frühen Stadium**, d.h. idealerweise zum ersten Mal nach Austausch von Klage und Klageerwiderung, **auf die seines Erachtens entscheidungserheblichen Punkte hinzuweisen**. Diese Pflicht besteht ferner nach jedem Austausch von Schriftsätzen, also noch einmal nach Austausch von Replik des Klägers und Duplik des Beklagten, da weitere Schriftsatzrunden nicht vorgesehen sind (§ 5 Abs. 2, 3. Spiegelstrich). Die Vorschrift des § 5 Abs. 3 ist an Art. 2 Abs. 3 der IBA Rules on the Taking of Evidence in International Arbitration angelehnt. Entscheidungsrelevant sind nicht nur anspruchsbegründende Aspekte, sondern auch solche, die die Höhe des Anspruchs betreffen. Das Schiedsgericht kann von diesem Gebot **abweichen** (*"soll"*), sollte von dieser Möglichkeit jedoch angesichts des Beschleunigungsgrundsatzes gemäß § 1 Abs. 4 zurückhaltend Gebrauch machen. 13

E. Abweichende Parteivereinbarung

Die Parteien können durch Parteivereinbarung von den Bestimmungen des § 5 abweichen, benötigen dafür jedoch nach Konstituierung des Schiedsgerichtes die Zustimmung des Schiedsgerichtes gemäß § 6 Abs. 1 Satz 2 (s. § 6 Rz. 8). 14

§ 6: Modifikationen, Nichteinhaltung des Zeitrahmens

6.1 Die in diesen Ergänzenden Regeln enthaltenen Bestimmungen und Fristen können durch Vereinbarung der Parteien modifiziert werden. Nach Konstituierung des Schiedsgerichts bedarf es hierzu der Zustimmung des Schiedsgerichts. Ohne Zustimmung aller Parteien kann das Schiedsgericht eine in den Ergänzenden Regeln genannte Frist nur aus wichtigem Grund verlängern. Die Verlängerung erfolgt durch einen schriftlich zu begründenden Beschluss, der den Parteien und der DIS-Hauptgeschäftsstelle zu übersenden ist.

6.2 Kann das Schiedsverfahren nicht innerhalb des in § 1.2 genannten Zeitrahmens beendet werden, hat das Schiedsgericht die DIS-Hauptgeschäftsstelle und die Parteien schriftlich über die Gründe zu informieren. Wird der in § 1.2 genannte Zeitrahmen überschritten, so führt dies nicht zum Wegfall der Zuständigkeit des Schiedsgerichts.

Regelungsschwerpunkte: Abs. 1 Abweichende Parteivereinbarungen und Fristverlängerungen durch das Schiedsgericht möglich. → Rz. 1 f., 7–10; **Abs. 2** Konsequenzen bei Überschreitung des Zeitrahmens gemäß § 1 Abs. 2 – Schiedsgericht bleibt zuständig. → Rz. 3–4, 12

Inhalt

A. Normzweck 1	I. Abweichende Parteivereinbarungen 7
B. Verhältnis zu §§ 1025 ff. ZPO 5	II. Fristverlängerung durch das Schiedsgericht 9
C. Vergleich mit den Regeln im staatlichen Verfahren 6	III. Nichteinhaltung der Regelverfahrensdauer (Abs. 2) 12
D. Modifikationen, Nichteinhaltung des Zeitrahmens 7	E. Abweichende Parteivereinbarung 13

A. Normzweck

1 § 6 **Abs. 1 Satz 1** dient der Klarstellung, dass die Parteien die – im Rahmen ihrer Parteiautonomie ohnehin bestehende – Möglichkeit haben, die in den DIS-ERBV enthaltenen Fristen (z.B. § 4 Abs. 2 und 3) und sonstigen Bestimmungen (z.B. zum Ablauf des Verfahrens gemäß § 5 Abs. 2) **ihrem praktischen Bedarf anzupassen**. Die Vorschrift dient damit in erster Linie der **Flexibilität** des beschleunigten Verfahrens nach Maßgabe der **Parteiautonomie**.

Um gleichzeitig die **Durchführbarkeit des Verfahrens zu gewährleisten**, 2
soll das Zustimmungserfordernis gemäß § 6 **Abs. 1 Satz 2** den oder die
Schiedsrichter vor Überraschungen durch nachträgliche abweichende
Parteivereinbarungen schützen. Da die Schiedsrichter ihr Amt auf der
Basis der DIS-ERBV übernommen und dies zur Grundlage des zustande
gekommenen Schiedsrichtervertrags gemacht haben, bestünde bei einer
allzu weitreichenden nachträglichen Verfahrensverkürzung durch die
Parteien die Gefahr, dass der eine oder andere Schiedsrichter, der sein
Amt auf der Grundlage der DIS-ERBV mit gewissen Erwartungen übernommen hat, seinen Verpflichtungen nicht mehr nachkommen kann.
Überdies dient das Zustimmungserfordernis der **Vermeidung einer übermäßigen Verfahrensverzögerung durch die Parteien**, da dem Schiedsgericht insoweit ein Mitspracherecht eingeräumt wird. Das Schiedsgericht ist dabei zum einen an den Beschleunigungsgrundsatz des § 1
Abs. 4 gebunden. Zum anderen hat es ein eigenes Interesse, darauf zu
achten, dass die Regelverfahrensdauer nicht überschritten wird, da es
anderenfalls gemäß § 6 Abs. 2 gegenüber der DIS-Hauptgeschäftsstelle
und den Parteien eine schriftliche Begründung abzugeben hat.

Zur **Vermeidung einer übermäßigen Verfahrensverlängerung durch das** 3
Schiedsgericht darf es Fristen ohne Zustimmung der Parteien nur aus
wichtigem Grund und mit schriftlich begründetem Beschluss verlängern, den es auch der DIS-Hauptgeschäftsstelle zu übersenden hat (§ 6
Abs. 1 Satz 3, 4). Diesem Zweck dient auch § 6 **Abs. 2 Satz 1**, wonach
das Schiedsgericht zudem eine schriftliche Begründung abgeben muss,
wenn Fristverlängerungen und sonstige Verzögerungen dazu führen,
dass die Regelverfahrensdauer des § 1 Abs. 2 überschritten wird. Auf diese Weise wird die Hemmschwelle für das Schiedsgericht erhöht, eine
solche Überschreitung zuzulassen, da sie mit zusätzlichem Arbeitsaufwand verbunden ist. So wird ferner der DIS-Hauptgeschäftsstelle und
den Parteien die **Kontrolle der Verfahrensdauer** ermöglicht.

§ 6 **Abs. 2 Satz 2** dient der **Klarstellung**, dass eine Überschreitung der Re- 4
gelverfahrensdauer an der Zuständigkeit des Schiedsgerichtes nichts ändert.

B. Verhältnis zu §§ 1025 ff. ZPO

Zwar können die Parteien von den Regelungen der §§ 1025 ff. ZPO auf- 5
grund ihrer Parteiautonomie grundsätzlich abweichen, jedoch enthält
die ZPO zum Ob und Wie solcher Vereinbarungen **keine besondere Re-**

gelung. § 6 DIS-ERBV ergänzt insoweit die §§ 1025 ff. ZPO ebenso wie die DIS-SchO.

C. Vergleich mit den Regeln im staatlichen Verfahren

6 Im staatlichen Verfahren haben die Parteien kaum Einfluss auf die Verfahrensgestaltung. Diese liegt vielmehr weitestgehend im Ermessen des staatlichen Gerichtes. § 6 findet im staatlichen Verfahren daher **keine Entsprechung**.

D. Modifikationen, Nichteinhaltung des Zeitrahmens

I. Abweichende Parteivereinbarungen

7 § 6 Abs. 1 Satz 1 stellt klar, dass die Parteien auch bei Vereinbarung der DIS-ERBV die – im Rahmen ihrer Parteiautonomie ohnehin bestehende – Möglichkeit haben, die in den DIS-ERBV enthaltenen Bestimmungen, namentlich die Fristen in §§ 1 Abs. 2, 3 Abs. 3 und Abs. 4, 4 Abs. 2, **ihrem praktischen Bedarf anzupassen**. Die Parteien können das Verfahren durch ihre Vereinbarung weiter verkürzen (z.B. indem sie Schriftsatzfristen gemäß § 4 Abs. 2 abkürzen) oder es verlängern (z.B. indem sie eine weitere Schriftsatzrunde entgegen § 5 Abs. 2 vereinbaren). Da ein beschleunigtes Verfahren im Idealfall bei Einhaltung sämtlicher Regeln und Fristen der DIS-ERBV fünf Monate dauert (s. § 4 Rz. 20), steht den Parteien ein gewisser Spielraum im Verhältnis zur sechs- bzw. neunmonatigen Regelverfahrensdauer gemäß § 1 Abs. 2 zur Verfügung.

Zu beachten: Vor einer allzu ambitionierten Verkürzung der vorgesehenen Fristen ist zu warnen. Da die DIS-ERBV eine erhöhte Verfügbarkeit des Schiedsrichters verlangen, kann es unmöglich werden, geeignete Schiedsrichter zu finden, wenn die Parteien einen zu straffen Zeitplan vorgeben. Sind die Schiedsrichter bereits bestellt, haben sie ihr Mandat auf der Grundlage gewisser Erwartungen und Planungen übernommen und dies zur Grundlage des Schiedsrichtervertrages gemacht (s. Rz. 2). Bei verfahrensverlängernden Maßnahmen (wie z.B. Fristverlängerungen abweichend von § 4 Abs. 2 oder Zulassung von Widerklage und Aufrechnung entgegen § 4 Abs. 4) ist stets darauf zu achten, dass das Verfahren dennoch dem Beschleunigungsinteresse der Parteien gerecht wird.

8 Ist das Schiedsgericht bereits konstituiert, benötigen die Parteien für eine von den DIS-ERBV abweichende Vereinbarung gemäß § 6 Abs. 1 Satz 2 die **Zustimmung des Schiedsgerichts**. Dieses Zustimmungserfordernis gewährleistet die Durchführbarkeit des Verfahrens und vermeidet eine übermäßige Verfahrensverkürzung bzw. -verzögerung durch Parteivereinbarungen (s. Rz. 2). Die Zustimmung des Schiedsgerichtes ist für

die Parteien am einfachsten bei der Abstimmung des Zeitplans gemäß § 5 Abs. 1 zu erreichen, da hier die Interessen aller Beteiligten im Rahmen der Planung des gesamten Verfahrens aufeinander abgestimmt werden können. Wollen die Parteien davon unabhängig, insbesondere im späteren Verlauf des Verfahrens, von den DIS-ERBV abweichende Vereinbarungen treffen, müssen sie das Schiedsgericht darüber informieren und zur Erklärung auffordern, ob es dieser Vereinbarung zustimmt. Stimmt das Schiedsgericht nicht zu, bleibt die abweichende Parteivereinbarung ohne Wirkung und die entsprechende Bestimmung der DIS-ERBV gilt weiterhin. Das Schiedsgericht hat bei der Entscheidung über seine Zustimmung zu einer **verfahrensverlängernden** Vereinbarung eine Abwägung zwischen der Parteiautonomie und dem Beschleunigungsprinzip des § 1 Abs. 4 zu treffen. Bei **verfahrensverkürzenden** Parteivereinbarungen wird die Abwägung zwischen Parteiautonomie und Durchführbarkeit des Verfahrens zugunsten der Durchführbarkeit ausfallen und das Schiedsgericht seine Zustimmung verweigern, wenn es sich anderenfalls nicht in der Lage sieht, das Verfahren sinnvoll zu führen. Dies kann z.B. der Fall sein, wenn die Parteien den Zeitraum zwischen letztem Schriftsatz und mündlicher Verhandlung so stark verkürzen wollen, dass dem Schiedsgericht zu wenig Zeit zur Vorbereitung der mündlichen Verhandlung verbleibt.

II. Fristverlängerung durch das Schiedsgericht

Das Schiedsgericht kann grundsätzlich **Fristverlängerungen** nur **mit Zustimmung der Parteien** beschließen. Dies folgt im Umkehrschluss aus § 6 Abs. 1 Satz 3. Danach benötigt das Schiedsgericht für Fristverlängerungen bei Widerspruch mindestens einer Partei einen wichtigen Grund. Dies betrifft vor allem die Fristen des § 4 Abs. 2 und konkretisiert insoweit die Voraussetzungen der dortigen Einschränkung in Satz 2 („*Soweit das Schiedsgericht nach seiner Konstituierung keine anderweitige Bestimmung trifft ...*"). Denkbar ist in der Praxis ferner – auch ohne einen entsprechenden ausdrücklichen Vorbehalt – eine Verlängerung der Klageerwiderungsfrist des § 4 Abs. 2 Satz 1, die ab Empfang der Klage läuft, wenn das Schiedsgericht vor deren Ablauf konstituiert ist. Ein denkbarer Fall ist in der Praxis ein entsprechender Fristverlängerungsantrag des Beklagten. Widerspricht der Kläger diesem Antrag, kann das Schiedsgericht die Frist gemäß § 6 Abs. 2 Satz 3 nur aus wichtigem Grund verlängern.

Ob ein **wichtiger Grund** vorliegt, kann das Schiedsgericht angesichts dieses unbestimmten Rechtsbegriffs nur im Einzelfall unter Abwägung der Interessen der Beteiligten feststellen. Dabei sind sowohl die Interessen der Parteien als auch des Schiedsgerichtes sowie der Beschleunigungsgrundsatz gemäß § 1 Abs. 4 zu berücksichtigen. Ein **wichtiger Grund** für eine Fristverlängerung kann insbesondere vorliegen bei Krankheit, Tod oder anderweitiger zwingender Verhinderung eines Parteivertreters oder eines Schiedsrichters. Im Einzelfall kann auch die tatsächliche oder rechtliche Komplexität der Streitsache eine Fristverlängerung rechtfertigen, wenn sich ergibt, dass andernfalls auch unter Berücksichtigung des Beschleunigungsinteresses der Parteien dem – auch im beschleunigten Verfahren uneingeschränkt geltenden – Anspruch auf rechtliches Gehör möglicherweise nicht Genüge getan werden kann, so dass mit einer „Augen zu und durch"-Verfahrensweise Vollstreckungshindernisse geschaffen würden.

11 Für eine Fristverlängerung i.S.d. § 6 Abs. 1 Satz 3 bedarf es gemäß Abs. 1 Satz 4 eines **schriftlich begründeten Beschlusses**. Dieser Beschluss ist den Parteien und der DIS-Hauptgeschäftsstelle zu übersenden. Wird durch die Fristverlängerung gleichzeitig die Regelverfahrensdauer überschritten, ist zudem § 6 Abs. 2 zu beachten.

III. Nichteinhaltung der Regelverfahrensdauer (Abs. 2)

12 Das Schiedsgericht hat die DIS-Hauptgeschäftsstelle und die Parteien schriftlich über die Gründe für die Überschreitung der Regelverfahrensdauer zu informieren, wenn das Verfahren nicht innerhalb der sechs bzw. neun Monate gemäß § 1 Abs. 2 abgeschlossen werden kann (§ 6 Abs. 2 Satz 1). Eine solche Zeitüberschreitung führt gemäß § 6 Abs. 2 Satz 2 ausdrücklich nicht zu einem Wegfall der Zuständigkeit des konstituierten Schiedsgerichtes. Vielmehr hat das Schiedsgericht trotz Überschreitung der in den DIS-ERBV benannten Fristen das Recht und die Pflicht, zeitnah eine Sachentscheidung zu treffen.

E. Abweichende Parteivereinbarung

13 Vor abweichenden Parteivereinbarungen ist zu warnen, da die Vorschrift ein durchdachtes System zur Gewährleistung der Beschleunigung und Durchführbarkeit bei Vereinbarungen enthält, mit denen die Parteien oder das Schiedsgericht von den sonstigen Bestimmungen der DIS-ERBV abweichen.

§ 7: Schiedsspruch

Im Schiedsspruch kann das Schiedsgericht auf die Wiedergabe eines Tatbestands verzichten, es sei denn, die Parteien haben etwas anderes vereinbart.

Regelungsschwerpunkte: Im Schiedsspruch darf der Tatbestand weggelassen werden – eine nur summarische Begründung reicht dagegen auch im beschleunigten Verfahren nicht aus.

Inhalt

A. Normzweck	1	D. Schiedsspruch	4
B. Verhältnis zu §§ 1025 ff. ZPO	2	E. Abweichende Parteivereinbarung	6
C. Vergleich mit den Regeln im staatlichen Verfahren	3		

A. Normzweck

Auch im Rahmen von § 7 soll ein Ausgleich zwischen Beschleunigung und Gründlichkeit erzielt werden: zur Beschleunigung kann das Schiedsgericht im Schiedsspruch auf **den Tatbestand verzichten**, soweit die Parteien nichts Abweichendes vereinbart haben. Im Sinne der Gründlichkeit bleibt **jedoch eine vollständige rechtliche Begründung erforderlich**. Eine reine summarische Begründung reicht nicht aus. 1

B. Verhältnis zu §§ 1025 ff. ZPO

§ 1054 ZPO regelt lediglich, dass der Schiedsspruch zu begründen ist. Der Aufbau der Begründung orientiert sich an § 313 Abs. 1 ZPO, auch wenn diese Vorschrift im Schiedsverfahren nicht unmittelbar anwendbar ist. Der Schiedsspruch enthält daher regelmäßig einen Tatbestand. § 7 DIS-ERBV ist insoweit abweichende Parteivereinbarung. 2

C. Vergleich mit den Regeln im staatlichen Verfahren

Vom grundsätzlichen Erfordernis des Tatbestandes gemäß **§ 313 ZPO** gibt es zwar Ausnahmen, z.B. gemäß §§ 313a und 313b ZPO. Diese gelten jedoch lediglich in besonderen prozessualen Situationen und nicht grundsätzlich für beschleunigte Verfahren wie § 7 DIS-ERBV. 3

D. Schiedsspruch

4 Anders als im regulären DIS-Schiedsverfahren, in welchem der Schiedsspruch gemäß § 34 Abs. 3 DIS-SchO zu begründen und dabei regelmäßig auch mit einem Tatbestand zu versehen ist, kann das Schiedsgericht im beschleunigten Verfahren den **Schiedsspruch ohne Wiedergabe des Tatbestandes** verfassen. Diese Möglichkeit soll es dem Schiedsgericht erleichtern, den Schiedsspruch innerhalb der 4-Wochenfrist gemäß § 4 Abs. 3 Satz 2 DIS-ERBV zu erlassen. Die Parteien sollten jedoch im eigenen Interesse prüfen, ob ein Schiedsspruch ohne Tatbestand im Vollstreckungsstaat ein **Vollstreckungshindernis** darstellt, und gegebenenfalls das Schiedsgericht hierüber informieren. Darüber hinaus können die Parteien eine abweichende Vereinbarung zur Erforderlichkeit eines Tatbestandes treffen (s. Rz. 6).

5 **In rechtlicher Hinsicht** ist die Entscheidung dagegen grundsätzlich stets **vollständig zu begründen**. Insoweit bleibt es beim Begründungserfordernis des § 34 Abs. 3 DIS-SchO. Eine bloß summarische Begründung reicht danach auch im beschleunigten Verfahren nicht aus. Die Parteien können jedoch abweichende Vereinbarungen zum Ausmaß der rechtlichen Begründung treffen (s. Rz. 7).

E. Abweichende Parteivereinbarung

6 Die Parteien können abweichend von § 7 vereinbaren, dass der Schiedsspruch **einen Tatbestand zu enthalten hat**. Dabei sind die Voraussetzungen des § 6 Abs. 1, vor allem Satz 2, zu beachten, sodass nach Konstituierung des Schiedsgerichtes für diese abweichende Vereinbarung die Zustimmung des Schiedsgerichtes erforderlich ist (s. § 6 Rz. 8).

7 In Betracht kommt ferner, dass die Parteien eine **nur summarische Begründung des Schiedsspruches** vereinbaren. Dabei ist jedoch stets daran zu denken, dass der Schiedsspruch die Voraussetzungen für die **Vollstreckbarkeit erfüllen muss**, sei es nach nationalem Recht oder nach dem UNÜ bzw. EuÜ.

Teil 4
Kommentierung der DIS-ERGeS

DIS-Ergänzende Regeln für gesellschaftsrechtliche Streitigkeiten 09 (ERGeS)[1]

(gültig ab 15.9.2009)

Vorwort und Schiedsvereinbarung zu den Ergänzenden Regeln für gesellschaftsrechtliche Streitigkeiten

Die Parteien können die folgenden Ergänzenden Regeln für gesellschaftsrechtliche Streitigkeiten (DIS-ERGeS) in Ergänzung zur DIS-Schiedsgerichtsordnung (DIS-SchO) vereinbaren. Die DIS-SchO bleibt auf die nach den Ergänzenden Regeln für gesellschaftsrechtliche Streitigkeiten geführten Verfahren anwendbar, soweit diese Regeln keine spezielle Bestimmung enthalten.

Die Deutsche Institution für Schiedsgerichtsbarkeit e.V. (DIS) empfiehlt allen Parteien, die auf die Ergänzenden Regeln für gesellschaftsrechtliche Streitigkeiten Bezug nehmen wollen, in den (gegebenenfalls beurkundungspflichtigen) Gesellschaftsvertrag* eine Schiedsklausel mit folgendem Wortlaut aufzunehmen:

„1. Alle Streitigkeiten zwischen Gesellschaftern oder zwischen der Gesellschaft und ihren Gesellschaftern im Zusammenhang mit diesem Gesellschaftsvertrag oder über seine Gültigkeit werden nach der Schiedsgerichtsordnung (DIS-SchO) und den Ergänzenden Regeln für gesellschaftsrechtliche Streitigkeiten (DIS-ERGeS) der Deutschen Institution für Schiedsgerichtsbarkeit e.V. (DIS) unter Ausschluss des ordentlichen Rechtswegs endgültig entschieden.

2. Die Wirkungen des Schiedsspruchs erstrecken sich auch auf die Gesellschafter, die fristgemäß als Betroffene benannt werden, unabhängig davon, ob sie von der ihnen eingeräumten Möglichkeit, dem schiedsrichterlichen Verfahren als Partei oder Nebenintervenient beizutreten, Gebrauch gemacht haben (§ 11 DIS-ERGeS). Die fristgemäß als Betroffene benannten Gesellschafter verpflichten sich, die Wirkungen eines nach Maßgabe der Bestimmungen in den DIS-ERGeS ergangenen Schiedsspruchs anzuerkennen.

---

[1] Abdruck mit freundlicher Genehmigung der DIS (Deutsche Institution für Schiedsgerichtsbarkeit e.V.).

3. Ausgeschiedene Gesellschafter bleiben an diese Schiedsvereinbarung gebunden.
4. Die Gesellschaft hat gegenüber Klagen, die gegen sie vor einem staatlichen Gericht anhängig gemacht werden und Streitigkeiten betreffen, die gemäß Ziffer 1 der Schiedsvereinbarung unterfallen, stets die Einrede der Schiedsvereinbarung zu erheben."

Folgende Ergänzungen sind empfehlenswert:
– Der Ort des schiedsrichterlichen Verfahrens ist ...
– Die Verfahrenssprache ist ...
– Die Anzahl der Schiedsrichter beträgt ...

Es empfiehlt sich ferner, an anderer Stelle im Gesellschaftsvertrag zu regeln, dass jeder Gesellschafter verpflichtet ist, der Gesellschaft eine aktuelle zustellungsfähige Anschrift oder einen Zustellungsbevollmächtigten mitzuteilen, und dass der Zugang eines an diese Adresse übersandten Schriftstücks nach Ablauf einer angemessenen Frist fingiert wird.

* Die DIS-ERGeS eignen sich insbesondere für die GmbH nach deutschem Recht. Sie eignen sich grundsätzlich auch für Personengesellschaften, für Beschlussmängelstreitigkeiten in Personengesellschaften aber in erster Linie dann, wenn im Gesellschaftsvertrag geregelt ist, dass Beschlussmängelklagen gegen die Gesellschaft zu richten sind. Schiedsklauseln in der Satzung einer börsennotierten AG werden demgegenüber wegen der aktienrechtlichen Satzungsstrenge (§ 23 Abs. 5 AktG) überwiegend als unzulässig angesehen. Ob dies auch für die „kleine" personalistisch organisierte AG gilt, ist vom Bundesgerichtshof bisher nicht entschieden.

Regelungsschwerpunkte: Musterschiedsklausel zur Anwendung der DIS-ERGeS. → Rz. 1–8; Empfehlung der DIS hinsichtlich zusätzlicher zu vereinbarender Elemente. → Rz. 9–12

Kostenaspekte: Kostenrelevanz. → Rz. 13

Inhalt

A. Musterschiedsklausel für die DIS-ERGeS 1	IV. Musterschiedsklausel 6
I. Normzweck 1	V. Empfohlene Zusatzvereinbarungen 9
II. Verhältnis zu §§ 1025 ff. ZPO 4	VI. Kosten 13
III. Vergleich mit den im staatlichen Verfahren geltenden Vorschriften 5	B. Abweichende Parteivereinbarung 14

A. Musterschiedsklausel für die DIS-ERGeS

Literatur: *Borris,* Die Schiedsfähigkeit gesellschaftsrechtlicher Streitigkeiten in der Aktiengesellschaft, NZG 2010, S. 481 ff.; *Borris,* Die „Ergänzenden Regeln für Gesellschaftsrechtliche Streitigkeiten" der DIS („DIS-ERGeS") SchiedsVZ 2009, S. 299 ff.; *von Hase,* Schiedsgerichtsbarkeit im Gesellschaftsrecht: Optimierungsspielräume für die DIS-ERGeS, BB 2011, S. 1993 ff.; *Hilbig,* Schiedsvereinbarungen über GmbH-Beschlussmängelstreitigkeiten, SchiedsVZ 2009, S. 247 ff.; *Kröll,* Die schiedsrechtliche Rechtsprechung des Jahres 2009, SchiedsVZ 2010, S. 144 ff.; *Riegger/Wilske,* Auf dem Weg zu einer allgemeinen Schiedsfähigkeit von Beschlussmängelstreitigkeiten?, ZGR 2010, S. 733 ff.; *Schwedt,* Die praktische Umsetzung der BGH-Urteil Schiedsfähigkeit I und II – Vorstellung der neuen Ergänzenden Regeln für gesellschaftsrechtliche Streitigkeiten der DIS am 2.11.2009 in Frankfurt a.M., SchiedsVZ 2010, S. 166 ff.; *Wagner,* BGH: Beschlussmängelstreitigkeiten im GmbH-Recht sind grundsätzlich schiedsfähig, GWR 2009, S. 110 ff.; *Witte/Hafner,* Schiedsfähigkeit von Beschlussmängelstreitigkeiten im Recht der GmbH am Maßstab der neuen BGH-Rechtsprechung und ihre Auswirkungen, DStR 2009, S. 2052, ff., *Goette,* Neue Entscheidung des Bundesgerichtshofes: Beschlussmängelstreitigkeiten im GmbH-Recht sind schiedsfähig, GWR 2009, S. 103 ff.

I. Normzweck

Die DIS-ERGeS und die diesbezüglich von der DIS empfohlene Musterschiedsklausel dienen der Umsetzung der Kriterien, die der BGH für die Schiedsfähigkeit von GmbH-Beschlussmängelstreitigkeiten aufgestellt hat (BGH v. 6.4.2009 – II ZR 255/08, NJW 2009, 1962 ff.): So muss die Schiedsklausel mit Zustimmung aller Gesellschafter im Gesellschaftsvertrag verankert sein. Zudem muss jeder Gesellschafter über die Einleitung und den Verlauf des schiedsrichterlichen Verfahrens unterrichtet werden und die Möglichkeit des jederzeitigen Beitritts zum Verfahren erhalten. Ferner müssen alle Gesellschafter die Gelegenheit erhalten, an der Zusammensetzung des Schiedsgerichts mitzuwirken. Schließlich ist sicherzustellen, dass alle denselben Streitgegenstand betreffenden Streitigkeiten bei demselben Schiedsgericht konzentriert sind.

Die Musterschiedsklausel erfasst alle Kriterien im vorgenannten Sinne, insbesondere durch den Verweis auf die DIS-ERGeS. Es wird empfohlen, die Musterschiedsklausel zu übernehmen, auch um pathologische Schiedsabreden zu verhindern.

Die empfohlenen Zusatzvereinbarungen zu Schiedsort, Verfahrenssprache und Anzahl der Schiedsrichter decken sich mit den in der DIS-SchO empfohlenen Zusatzvereinbarungen und ersparen im Streitfall deren Bestimmung durch das Schiedsgericht.

II. Verhältnis zu §§ 1025 ff. ZPO

4 Eine entsprechende Norm ist im X. Buch der ZPO nicht vorgesehen. Dieses hat insoweit keine eigenständige Bedeutung.

III. Vergleich mit den im staatlichen Verfahren geltenden Vorschriften

5 Im staatlichen Verfahren ist eine Vereinbarung zur Durchführung von Streitigkeiten i.S.d. DIS-ERGeS-Musterschiedsklausel nicht vorgesehen. Es gelten die gesetzlichen Bestimmungen, im Falle von Beschlussmängelstreitigkeiten §§ 241 ff. AktG analog.

IV. Musterschiedsklausel

6 **Wortlaut und Anwendungsbereich der Klausel.** Der vorgeschlagene Wortlaut in Ziffer 1 der Musterschiedsklausel ist relativ weitgefasst und erstreckt sich auf alle Streitigkeiten zwischen Gesellschaftern oder zwischen Gesellschaft und Gesellschaftern im Zusammenhang mit dem die Klausel enthaltenden Gesellschaftsvertrag oder dessen Gültgkeit. Erst im Zusammenhang mit § 2 DIS-ERGeS wird deutlich, dass vom sachlichen Anwendungsbereich der DIS-ERGeS nur Streitigkeiten erfasst sind, über die gegenüber allen Gesellschaftern und der Gesellschaft nur einheitlich entschieden werden kann. Dies verdeutlicht die mit Ziffer 2 vorgeschlagene Klausel, die den Wortlaut von § 11 DIS-ERGeS wiedergibt, und die insoweit erforderliche Wirkungserstreckung des Schiedsspruchs regelt. Durch Ziffer 3 wird sichergestellt, dass Gesellschafter auch nach ihrem Ausscheiden verpflichtet bleiben, im Streitfall dem Schiedsverfahren den Vorrang gegenüber einem Verfahren vor staatlichen Gerichten einzuräumen. Um dem Umstand vorzubeugen, dass sich die Gesellschaft im Falle einer gegen sie gerichteten Klage vor staatlichen Gerichten nicht rügelos einlässt, sondern der Schiedsvereinbarung im Streitfall zur Durchsetzung verhilft, wird sie mit der in Ziffer 4 vorgeschlagenen Klausel verpflichtet, die Einrede der Schiedsvereinbarung nach § 1032 Abs. 1 ZPO zu erheben, sodass das staatliche Verfahren als unzulässig abgewiesen wird.

7 Wie sich der Fußnote zum Vorwort entnehmen lässt, empfiehlt die DIS die DIS-ERGeS und damit die Musterschiedsklausel zwar ganz ausdrücklich für GmbH-Gesellschaftsverträge nach deutschem Recht, stellt jedoch klar, dass auch andere Gesellschaftsformen davon Gebrauch machen können. Dies ist allerdings nur sinnvoll, sofern im Ge-

sellschaftsvertrag vorgesehen ist, dass Beschlussmängelklagen gegen die Gesellschaft gerichtet werden können.

Form. Da es in der Sache um Streitigkeiten im Zusammenhang mit dem Gesellschaftsvertrag oder über dessen Gültigkeit geht, bedarf die Klausel im Falle einer GmbH auf jeden Fall dann der Beurkundung, wenn sie Bestandteil der Gesellschaftsvertrages ist (OLG München v. 10.9.2013 – 34 SchH 10/13). Ob die Schiedsvereinbarung in einer Urkunde außerhalb des Gesellschaftsvertrags auch ohne Beurkundung wirksam vereinbart werden kann (so OLG München, a.a.O.), wird selten Relevanz haben, da die Schiedsvereinbarung in der Regel im Gesellschaftsvertrag oder einer anderen der notariellen Form bedürftigen Zusatzvereinbarung (z.B. Beteiligungsvertrag, Gesellschaftervereinbarung) geregelt sein wird. Die in der Schiedsvereinbarung in Bezug genommene Schiedsgerichtsordnung bedarf jedoch in keinem Falle der Beurkundung (OLG München, a.a.O.). Bei Schiedsvereinbarungen in Gesellschaftsverträgen von Personengesellschaften, auf die die DIS-ERGeS ggf. kraft Vereinbarung Anwendung finden können (s. hierzu § 2 Rz. 7), bedarf es der notariellen Form genauso wenig, wie der Gesellschaftsvertrag als solcher. Diskutiert wird überdies das strenge Formerfordernis des § 1031 Abs. 5 ZPO bei der Gründung oder dem Erwerb einer Gesellschaft durch (Existenz-)Gründer. Dies ist jedoch mit der Rechtsprechung des BGH abzulehnen und dürfte nur dann anders sein, wenn die mit der Gründung verfolgte Tätigkeit nicht dem gewerblich-beruflichen, sondern ausschließlich dem privaten Bereich zuzuordnen ist (BGH v. 24.2.2005 – III ZB 36/04, MDR 2005, 796). 8

V. Empfohlene Zusatzvereinbarungen

Verfahrenssprache, Schiedsort, Anzahl der Schiedsrichter. Zu den insoweit den empfohlenen Zusatzvereinbarungen nach der DIS-SchO entsprechenden Verfahrenselementen s. DIS-Musterschiedsvereinbarung, Nach § 44 DIS-SchO Rz. 12. 9

Zustellungsfähige Adressen, Zugangsfiktion. Im Übrigen empfiehlt die DIS zu Recht, im Gesellschaftsvertrag auch zu regeln, dass jeder Gesellschafter verpflichtet ist, der Gesellschaft seine aktuelle zustellungsfähige Anschrift oder einen Zustellungsbevollmächtigten mitzuteilen, und dass der Zugang eines an diese Adresse übersandten Schriftstücks nach Ablauf einer angemessenen Frist fingiert wird. In diesem Zusammenhang wird empfohlen, die Zugangsfiktion davon abhängig zu machen, 10 dass diverse Zustellungsversuche erfolglos geblieben sind (vgl. *von Hase*, BB 2011, 1993 [1996] mit Formulierungsvorschlägen).

11 **Benennung durch die Gesellschaft.** Da die Gesellschaft regelmäßig diejenige ist, die die zustellungsfähigen Anschriften ihrer Gesellschafter am ehesten kennt, ist zu erwägen, ihr aufzubürden, die nach § 2 erforderliche Benennung aller Betroffenen vorzunehmen, da bei nicht vollständiger Benennung die Durchführbarkeit des Verfahrens in Frage gestellt ist (*von Hase*, BB 2011, 1993 [1996]). Im Ergebnis ist davon jedoch abzuraten, weil die beklagte Gesellschaft ansonsten mangels möglicher Sanktionierung die Handhabe über die Schiedsfähigkeit innehätte.

12 **Weitere Empfehlungen.** Darüber hinaus wird vereinzelt empfohlen, Fristen zur Benennung von Schiedsrichtern nach §§ 7 und 8 ggf. zu erweitern und eine salvatorische Anpassungsklausel aufzunehmen, die die Gesellschafter verpflichtet, unverzüglich solchen Änderungen der Schiedsvereinbarung zuzustimmen, die erforderlich werden sollten, um neuen von Rechtsprechung und Gesetzgebung entwickelten Kriterien zur Schiedsfähigkeit von Gesellschafterstreitigkeiten Rechnung zu tragen (diese und weitere Empfehlungen bei *von Hase*, BB 2011, 1993 [1996]). Angesichts der höchstrichterlichen Rechtsprechung ist dadurch jedoch nicht sichergestellt, dass eine Schiedsvereinbarung im Streitfall durchsetzbar ist. Vielmehr kommt es darauf an, dass die Schiedsvereinbarung die vom BGH geforderte Verfahrensweise sicherstellt (OLG Frankfurt v. 9.9.2010 – 26 SchH 4/10, NZG 2010, 334 [335]; OLG Bremen v. 22.6.2009 – 2 Sch 1/09, NZG 2010, 230 [231]).

VI. Kosten

13 Sofern die Musterschiedsklausel, jedenfalls aber die DIS-ERGeS in den jeweils betroffenen Gesellschaftsvertrag aufgenommen werden, gelten die Kostenregelungen der DIS-ERGeS sowie der DIS-SchO, wie sich aus § 12 DIS-ERGeS ergibt.

B. Abweichende Parteivereinbarung

14 Abweichende Regelungen sind zwar nicht anzuraten, aber selbstverständlich möglich, solange die vom BGH für die Schiedsfähigkeit von Beschlussmängelstreitigkeiten aufgestellten Voraussetzungen eingehalten werden (s. Rz. 1).

Ergänzende Regeln für gesellschaftsrechtliche Streitigkeiten

§ 1: Anwendungsbereich

1.1 Die Ergänzenden Regeln für gesellschaftsrechtliche Streitigkeiten (DIS-ERGeS) werden angewendet, wenn die Parteien in der in oder außerhalb des Gesellschaftsvertrages getroffenen Schiedsvereinbarung auf sie Bezug genommen oder sich sonst auf ihre Anwendung geeinigt haben.

1.2 Soweit die Parteien nichts anderes vereinbart haben, finden die DIS-ERGeS in ihrer bei Beginn des schiedsrichterlichen Verfahrens gültigen Fassung Anwendung.

Regelungsschwerpunkte: Abs. 1 und 2 Anwendung der DIS-ERGeS bei entsprechender Vereinbarung und in der bei Beginn des Schiedsverfahrens gültigen Fassung. → Rz. 4–6, 11, 12

Kostenaspekte: Kostenrelevanz. → Rz. 7, 13

Inhalt

A. Anwendung der DIS-ERGeS bei entsprechender Vereinbarung (Abs. 1) 1	I. Normzweck 8
I. Normzweck 1	II. Verhältnis zu §§ 1025 ff. ZPO 9
II. Verhältnis zu §§ 1025 ff. ZPO 2	III. Vergleich mit den im staatlichen Verfahren geltenden Vorschriften 10
III. Vergleich mit den im staatlichen Verfahren geltenden Vorschriften 3	IV. Tatbestand 11
IV. Tatbestand 4	V. Rechtsfolgen 12
V. Rechtsfolge 6	VI. Kosten 13
VI. Kosten 7	C. Abweichende Parteivereinbarung 14
B. Anwendung der DIS-ERGeS in der jeweils geltenden Fassung (Abs. 2) 8	

A. Anwendung der DIS-ERGeS bei entsprechender Vereinbarung (Abs. 1)

I. Normzweck

Die DIS-ERGeS müssen eindeutig vereinbart sein. Sie finden also nur Anwendung, wenn die Parteien sie durch Inbezugnahme oder in sons- 1 tiger Weise vereinbart haben. Eine Vereinbarung der DIS-SchO allein etwa genügt nicht, um auch die DIS-ERGeS zur Anwendung zu berufen. Die DIS-ERGeS treten zur DIS-SchO hinzu. Sie ersetzen diese nicht. Insofern bedarf es zusätzlich zur Vereinbarung der DIS-ERGeS auch der Einigung auf die DIS-SchO, wie es die Musterschiedsklausel vorsieht.

II. Verhältnis zu §§ 1025 ff. ZPO

2   Das X. Buch der ZPO tritt, soweit die DIS-ERGeS oder die DIS-SchO nicht abschließend sind, ergänzend hinzu. Es hält jedoch spezifisch für gesellschaftsrechtliche Streitigkeiten keine Sonderregelungen bereit, sodass die DIS-ERGeS vorrangig sind.

III. Vergleich mit den im staatlichen Verfahren geltenden Vorschriften

3   Im staatlichen Verfahren finden hinsichtlich des Hauptanwendungsfalles der DIS-ERGeS, nämlich der Beschlussmängelstreitigkeit, §§ 241 ff. AktG, für die GmbH analog, Anwendung. Diese Vorschriften gelten im Schiedsverfahren nicht. Jedoch muss ein Schiedsverfahren betreffend eine Beschlussmängelstreitigkeit in einer mit den staatlichen Gerichtsverfahren vergleichbaren Weise durchgeführt werden, was durch die DIS-ERGeS sichergestellt wird.

IV. Tatbestand

4   **Sachlicher Anwendungsbereich.** Die DIS-ERGeS finden gemäß § 1 Abs. 1 zwar auf „gesellschaftsrechtliche Streitigkeiten" ohne sachliche Einschränkung Anwendung. Die Regelung ist allerdings im Zusammenhang mit § 2 Abs. 1 zu lesen, wonach gesellschaftsrechtliche Streitigkeiten erfasst sind, über die gegenüber allen Gesellschaftern und der Gesellschaft nur einheitlich entschieden werden kann und in denen eine Partei die Wirkungen des Schiedsspruchs auf Gesellschafter oder die Gesellschaft erstrecken will, ohne sie als Betroffene des Schiedsverfahrens zu benennen (hierzu ausführlich *Borris*, SchiedsVZ 2009, 299 [305]).

5   **Vereinbarung.** Voraussetzung für die Anwendung der DIS-ERGeS ist eine entsprechende Vereinbarung der Parteien entweder durch Inbezugnahme oder in sonstiger Weise. Letzteres kann etwa dort der Fall sein, wo die Parteien die DIS-ERGeS nur sinngemäß vereinbaren, z.B. durch Vereinbarung der besonderen Regeln der DIS für Beschlussmängelstreitigkeiten. Darüber hinaus ist durch den Hinweis auf die Einigung in sonstiger Weise der Fall erfasst, dass die Parteien sich nicht bereits vor-

ab, etwa in der Satzung, sondern erst im Zeitpunkt der Entstehung des Rechtsstreits, also ad-hoc auf die Anwendbarkeit der DIS-ERGeS einigen (*Borris*, SchiedsVZ 2009, 299 [305]).

V. Rechtsfolge

Sofern die vorstehenden Voraussetzungen erfüllt sind, finden die DIS-ERGeS Anwendung. Wichtig ist, dass die DIS-ERGeS keine abschließende Schiedsordnung für gesellschaftsrechtliche Streitigkeiten enthalten, sondern die DIS-SchO nur insoweit ergänzen, als dies zur Berücksichtigung der gesellschaftsrechtlichen Besonderheiten erforderlich ist. Deshalb wird in der vorgeschlagenen Musterschiedsvereinbarung auch auf die DIS-SchO Bezug genommen. Ob die DIS-SchO auch Anwendung findet, wenn die Parteien ausdrücklich nur auf die DIS-ERGeS, nicht aber auf die DIS-SchO Bezug genommen haben, ist im Wege der Auslegung zu ermitteln. Praktisch dürfte der Fall aber kaum vorkommen, da davon auszugehen ist, dass die Praxis sich an die vorgeschlagene Musterschiedsvereinbarung hält. 6

VI. Kosten

Besondere Kostenrelevanz hat die Regelung als solche nicht. 7

B. Anwendung der DIS-ERGeS in der jeweils geltenden Fassung (Abs. 2)

I. Normzweck

Durch die Regelung, dass die DIS-ERGeS in ihrer bei Beginn des schiedsrichterlichen Verfahrens gültigen Fassung Anwendung finden, soll dem Umstand Rechnung getragen werden, dass sich zwischenzeitlich Änderungen in der gesellschaftsrechtlichen Rechtsprechung in der Frage der Schiedsfähigkeit von Beschlussmängelstreitigkeiten ergeben, die dann in die DIS-ERGeS eingearbeitet werden. Dazu könnte es beispielsweise kommen, sobald geklärt ist, ob die Schiedsrichterbenennung nach §§ 7 und 8 auf Kläger- bzw. Beklagtenseite durch bloße Mehrheitsentscheidung getroffen werden kann (vgl. *Borris*, SchiedsVZ 2009, 299 [302]). Gegenwärtig ist die allgemeine Meinung, dass die Regelungen der DIS-ERGeS jedoch vom Einstimmigkeitsprinzip aus, um die bisher in dieser Hinsicht bestehende Rechtsunsicherheit auszuschließen. 8

II. Verhältnis zu §§ 1025 ff. ZPO

9   Die Regelungen in § 1025 ff. ZPO haben neben § 1 Abs. 2 DIS-ERGeS keine eigenständige Wirkung.

III. Vergleich mit den im staatlichen Verfahren geltenden Vorschriften

10 Eine entsprechende Regelung ist im staatlichen Verfahren nicht vorgesehen. Es gelten im Falle von Beschlussmängelstreitigkeiten die §§ 241 ff. AktG analog.

IV. Tatbestand

11 Die dynamische Verweisung auf die jeweils gültige Fassung der DIS-ERGeS gilt nur, soweit die Parteien nichts anderes vereinbart haben. Hier besteht also die Möglichkeit der abweichenden Parteivereinbarung.

V. Rechtsfolgen

12 Soweit keine entgegenstehende Parteienvereinbarung vorliegt, gelten die DIS-ERGeS in der Fassung, die bei Beginn des Schiedsverfahrens gültig ist. Insoweit stimmt die Regelung mit § 1 Abs. 2 DIS-SchO überein. Für den Beginn des Schiedsverfahrens gilt der Zeitpunkt des Zugangs der Klage bei einer DIS-Geschäftsstelle (§ 6 Abs. 1 Satz 2 DIS-SchO), d.h. nicht nur in Köln, sondern auch in Berlin und München.

VI. Kosten

13 Die dynamische Verweisung ist im Zweifel die kostengünstigere Variante. Sie stellt sicher, dass die DIS-ERGeS bei Beginn des schiedsrichterlichen Verfahrens möglichst auf dem aktuellen Rechtsprechungsstand sind. Wäre dies nicht der Fall, so bestünde die Möglichkeit, dass ein Schiedsverfahren durchgeführt wird, dass am Ende angreifbar ist, was beispielsweise in einem Aufhebungsverfahren oder Vollstreckbarerklärungsverfahren zu erhöhten und überhaupt unnötigen Kosten führen kann.

C. Abweichende Parteivereinbarung

14 § 1 Abs. 2 sieht selbst vor, dass abweichende Parteivereinbarungen getroffen werden können, etwa hinsichtlich der bei Beginn des Schiedsverfahrens geltenden Fassung der Regeln. Darüber hinaus können die Par-

teien selbstverständlich zusätzliche Regelungen treffen, soweit dadurch nicht von den Mindestanforderungen abgewichen wird, die der BGH in seiner Schiedsfähigkeit II-Entscheidung (BGH v. 6.4.2009 – II ZR 255/08, NJW 2009, 1962) aufgestellt hat und die in den DIS-ERGeS umgesetzt sind.

§ 2: Einbeziehung Betroffener*

2.1 In Streitigkeiten, über die gegenüber allen Gesellschaftern und der Gesellschaft nur einheitlich entschieden werden kann, und in denen eine Partei die Wirkungen des Schiedsspruchs auf Gesellschafter oder die Gesellschaft erstrecken will, ohne dass sie als Partei des schiedsrichterlichen Verfahrens benannt sind (Betroffene), ist den Betroffenen die Möglichkeit einzuräumen, dem schiedsrichterlichen Verfahren nach Maßgabe der Bestimmungen in diesen DIS-ERGeS als Partei oder streitgenössischer Nebenintervenient im Sinne von § 69 ZPO (Nebenintervenient) beizutreten. Dies gilt entsprechend für Streitigkeiten, über die gegenüber einzelnen Gesellschaftern oder der Gesellschaft nur einheitlich entschieden werden kann.

2.2 Der Kläger hat in der Klage neben der beklagten Partei die Gesellschafter oder die Gesellschaft, auf die sich die Wirkungen des Schiedsspruchs erstrecken sollen, unter Angabe ihrer zustellungsfähigen Anschrift als Betroffene zu benennen und die DIS-Geschäftsstelle aufzufordern, die Klage auch den Betroffenen zu übersenden. In Ergänzung zu § 4 DIS-Schiedsgerichtsordnung (DIS-SchO) sind Exemplare der Klageschrift in der erforderlichen Anzahl auch zum Zweck der Übersendung an die benannten Betroffenen bei der DIS-Geschäftsstelle einzureichen.

2.3 Betroffene, die erst nach Ablauf der in diesen DIS-ERGeS vorgesehenen Fristen für die Benennung von Betroffenen als solche benannt werden, können dem schiedsrichterlichen Verfahren nach Maßgabe von § 4.3 beitreten.

* Anmerkung: In Streitigkeiten, über die gegenüber allen Gesellschaftern nur einheitlich entschieden werden kann, insbesondere solchen über die Wirksamkeit, Anfechtbarkeit oder Nichtigkeit von Gesellschafterbeschlüssen sowie von Beschlüssen eines Beirats, Aufsichtsrats oder sonstiger Gesellschaftsgremien, soweit diese im Gesellschaftsvertrag vorgesehen oder bestellt sind (Beschlussmängelstreitigkeiten), sind neben der Gesellschaft als Partei notwendig alle Gesellschafter als Betroffene in das schiedsrichterliche Verfahren einzubeziehen. Unterbleibt die Einbeziehung, ist die „Schiedsfähigkeit" solcher Streitigkeiten im Sinne der derzeitigen Rechtsprechung nicht gegeben.

§ 2 DIS-ERGeS — Einbeziehung Betroffener

Regelungsschwerpunkte: Abs. 1 regelt den sachlichen und persönlichen Anwendungsbereich der DIS-ERGeS. → Rz. 1–8; **Abs. 2 und 3** regeln Art und Zeitpunkt der Benennung von Betroffenen. → Rz. 10–16

Kostenaspekte: Kein Kostenerstattungsanspruch für Betroffene, die nicht beitreten. → Rz. 9

Inhalt

A. Sachlicher und persönlicher Anwendungsbereich (Abs. 1) . 1	I. Normzweck 10
I. Normzweck 1	II. Verhältnis zu §§ 1025 ff. ZPO 12
II. Verhältnis zu §§ 1025 ff. ZPO 3	III. Vergleich mit den im staatlichen Verfahren geltenden Vorschriften 13
III. Vergleich mit den im staatlichen Verfahren geltenden Vorschriften 4	IV. Art der Benennung.......... 14
IV. Tatbestandsmerkmale 5	V. Zeitpunkt der Benennung.... 16
V. Rechtsfolgen 8	VI. Kosten 17
VI. Kosten................... 9	
B. Art und Zeitpunkt der Benennung 10	C. Abweichende Parteivereinbarungen 18

A. Sachlicher und persönlicher Anwendungsbereich (Abs. 1)

I. Normzweck

1   Auch wenn § 2 Abs. 1 dies nicht ausdrücklich so bestimmt, gibt er den sachlichen und zugleich persönlichen Anwendungsbereich der DIS-ERGeS vor, da nur Streitigkeiten erfasst werden, über die gegenüber allen Gesellschaftern und der Gesellschaft nur einheitlich entschieden werden kann, und in denen eine Partei die Wirkungen des Schiedsspruchs auf Gesellschafter oder die Gesellschaft erstrecken will, ohne dass sie als Parteien des schiedsrichterlichen Verfahrens benannt sind. Dies sind die Fälle, in denen einzige Beklagte die Gesellschaft ist, wie dies in Beschlussmängelstreitigkeiten regelmäßig der Fall ist, weshalb auf Beklagtenseite mangels Passivlegitimation ein Beitritt nicht möglich ist. Hier bleibt nur die Rechtsstellung des streitgenössischen Nebenintervenienten. Weitere denkbare Streitigkeiten die ähnlich gestaltet sind, sind die Auflösungsklage (§ 61 GmbHG) und die Nichtigkeitsklage (§ 75 GmbHG). Nach einer umstrittenen Auffassung könnten auch Streitigkeiten über die Einziehung von Geschäftsanteilen erfasst sein, soweit die Satzung eine solche ohne entsprechenden Gesellschafterbeschluss

vorsieht (*Borris*, SchiedsVZ 2009, 299 [305]), da die Einziehung regelmäßig durch die Gesellschaft erfolgt.

Mit § 2 Satz 2 der Regelung, wonach sie entsprechend auf Streitigkeiten 2
angewandt wird, über die gegenüber einzelnen Gesellschaftern oder der Gesellschaft nur einheitlich entschieden werden kann, sind die Fälle erfasst, in denen etwa mehrere Gesellschaftergruppen bestehen, die jeweils Geschäftsanteile mit unterschiedlichen Rechten halten und sich deshalb derart voneinander abgrenzen, dass nicht notwendigerweise eine Entscheidung gegenüber allen Gesellschaftern erforderlich ist (ausführlich *Borris*, SchiedsVZ 2009, 299 [305]).

II. Verhältnis zu §§ 1025 ff. ZPO

§§ 1025 ff. ZPO haben neben der Regelung in § 2 DIS-ERGeS keine ei- 3
genständige Bedeutung.

III. Vergleich mit den im staatlichen Verfahren geltenden Vorschriften

Im staatlichen Verfahren gelten die jeweiligen in der Sache anwendbaren 4
Vorschriften, bei Beschlussmängelstreitigkeiten etwa §§ 241 ff. AktG, für die GmbH analog.

IV. Tatbestandsmerkmale

Sachlicher Anwendungsbereich. Vom sachlichen Anwendungsbereich 5
der Norm erfasst sind alle Streitigkeiten, über die gegenüber ein Gesellschafter und Gesellschaft nur einheitlich entschieden werden kann. Dies sind die Fälle, in denen einzige Beklagte die Gesellschaft sein kann, wie etwa in Beschlussmängelstreitigkeiten, weshalb auf Beklagtenseite mangels Passivlegitimation ein Beitritt nicht möglich ist.

Möglichkeit des Beitritts aller Betroffenen. Für die von § 2 Abs. 1 DIS- 6
ERBeS erfassten Gesellschafterstreitigkeiten ist es typisch, dass Beklagte einzig und allein die Gesellschaft ist. Die Gesellschafter sind selbst nicht als Partei derartiger Streitigkeiten vorgesehen. Sie sollen aber, wie im staatlichen Verfahren auch, die Möglichkeit haben, das Verfahren auf Seiten der Partei mitzugestalten, deren Position sie teilen, da der Schiedsspruch am Ende ihnen gegenüber Gültigkeit besitzt (§ 11 DIS-ERBeS). Daher können sie, als „Betroffene" definiert, entweder auf Klägerseite als weiterer Kläger oder als streitgenössischer Nebenintervenient i.S.v. § 69 ZPO auf Beklagtenseite beitreten.

7 **Erfasste Gesellschaftsformen.** Auch wenn die DIS-ERGeS vorrangig für Streitigkeiten in der GmbH geschaffen worden sind, können sie bei entsprechender Vereinbarung unter bestimmten Voraussetzungen auch auf Personengesellschaften sowie auf die personalistisch strukturierte (nicht börsennotierte) Aktiengesellschaft Anwendung finden (ausführlich *Borris*, SchiedsVZ, 2009, 299 [303]).

V. Rechtsfolgen

8 Sofern es sich also um Streitigkeiten des geschilderten Typs handelt, ist die Rechtsfolge, dass den Betroffenen die Möglichkeit einzuräumen ist, dem schiedsrichterlichen Verfahren in der geschilderten Weise beizutreten, was auch für Streitigkeiten gilt, die etwa nur einen bestimmten Gesellschafterkreis betreffen. Auf andere gesellschaftsrechtliche Streitigkeiten finden die DIS-ERGeS keine Anwendung, da hierfür kein Bedürfnis besteht, weil die DIS-SchO insoweit genügt (ausführlich hierzu *Borris*, SchiedsVZ, 2009, 299 [305]).

VI. Kosten

9 Besondere Kosten fallen aufgrund der Regelung nicht an. Freilich ist § 12 Abs. 2 zu berücksichtigen, wonach Betroffene, die nicht beitreten, keinen Kostenerstattungsanspruch haben. Auf etwaigen außergerichtlichen Kosten bleibt ein solcher Betroffener dann sitzen.

B. Art und Zeitpunkt der Benennung

I. Normzweck

10 § 2 Abs. 2 will sicherstellen, dass bereits mit der Klage sämtliche Personen benannt werden, die als Betroffene i.S.v. § 1 Abs. 2 in Betracht kommen. Dies deshalb, weil damit die 30-Tagesfrist nach §§ 3, 7 und 8 frühzeitig ausgelöst wird und dies der Beschleunigung des Verfahrens dient. Darüber hinaus erstrecken sich die Wirkungen nach § 11 nur auf benannte Betroffene. Wie die DIS selbst in der Anmerkung zu § 2 ausführt, kann eine unterbliebene Einbeziehung durch entsprechende Benennung die „Schiedsfähigkeit" der jeweiligen Streitigkeit in Frage stellen. Demnach trägt zunächst der Kläger die Verantwortung, die Personen zu benennen, die als Betroffene einzubeziehen sind, damit ein etwaiger Schiedsspruch alle Gesellschafter bindet, die von seinen Wirkungen erfasst sein sollen bzw. müssen. Bei Beschlussmängelstreitigkeiten sind jedenfalls alle Gesellschafter als Betroffene ins schiedsrichterli-

che Verfahren einzubeziehen, wie auch die DIS in der Anmerkung zu § 2 ausführt.

Durch § 2 Abs. 3 soll sichergestellt werden, dass auch noch später benannte Betroffene dem Schiedsverfahren beitreten können, allerdings nur mit den Einschränkungen von § 4 Abs. 3, also ohne nachträgliche Einflussmöglichkeiten auf die Schiedsrichterbenennung bei einem bereits konstituierten Schiedsgericht.

II. Verhältnis zu §§ 1025 ff. ZPO

§§ 1025 ff. ZPO haben neben der Regelung in § 2 DIS-ERGeS keine eigenständige Bedeutung.

III. Vergleich mit den im staatlichen Verfahren geltenden Vorschriften

Im staatlichen Verfahren gilt insbesondere § 246 Abs. 4 AktG analog, wonach keine Benennung als solche erfolgt, sondern die Bekanntgabe in den Gesellschaftsblättern genügt.

IV. Art der Benennung

Nach § 2 Abs. 2 DIS-ERGeS hat der Kläger die in Betracht zu ziehenden Personen bereits in der Klage neben der beklagten Partei unter Angabe ihrer zustellungsfähigen Anschrift zu benennen und die DIS-Geschäftsstelle aufzufordern, die Klage auch den Betroffenen zu übersenden. Insoweit agiert die DIS als zentrales Informationsorgan. Der Kläger muss darauf achten, dass er die erforderliche Anzahl an Exemplaren bei der Geschäftsstelle einreicht, um eine Benachrichtigung aller benannter Betroffener zu ermöglichen. Wenn er dies nicht tut, greifen die Regelungen in § 6 Abs. 4 DIS-SchO, wonach das Verfahren endet, wenn nach Fristsetzung durch die DIS nicht die ausreichende Anzahl an Exemplaren (oder Anlagen) bei der DIS eingegangen ist.

Darüber hinaus gelten selbstverständlich alle weiteren Erfordernisse hinsichtlich der Einreichung der Schiedsklage aus § 6 DIS-SchO (mit Ausnahme von § 6 Abs. 2 Nr. 5 DIS-SchO, da insoweit §§ 7 und 8 DIS-ERGeS vorrangig sind) und § 7 DIS-SchO, so dass also die üblichen Kostenvorschüsse vom Kläger zu leisten sind.

V. Zeitpunkt der Benennung

16 Für den Beitritt von Betroffenen, die entweder durch den Kläger oder den Beklagten benannt sind, gelten die Fristen in § 3 Abs. 1 bzw. § 3 Abs. 2 von jeweils 30 Tagen. Hinsichtlich der Beitrittsmöglichkeit von später benannten Betroffenen (§ 2 Abs. 3) ist der Zeitpunkt maßgeblich, in dem diese vorgenannten Fristen abgelaufen sind.

VI. Kosten

17 Die möglichst sorgfältige Vorbereitung der Klage und Benennung aller in Betracht zu ziehender Personen sichert nicht nur die Durchführbarkeit des Schiedsverfahrens, sondern spart unnötige Kosten, die entstehen können, falls ein Schiedsverfahren mangels Schiedsfähigkeit nicht durchgeführt werden kann und erneut eingeleitet werden muss.

C. Abweichende Parteivereinbarungen

18 Abweichende Parteivereinbarungen von § 2 DIS-SchO dürften insoweit nicht wirksam sein, als sie bestimmte Betroffene von dem Recht ausschließen, in einer der in den DIS-ERGeS genannten Formen beizutreten. Dies würde zur Schiedsunfähigkeit führen, so dass ein dennoch ergehender Schiedsspruch mit einem Aufhebungsgrund behaftet wäre. Konkretisierungen dahingehend, welche Streitigkeiten erfasst sein sollen und welche Gesellschafter durch entsprechende Entscheidungen gebunden sind, sind zulässig, bergen jedoch das Risiko der Fehlerhaftigkeit und Unvollständigkeit.

§ 3: *Übersendung der Klage und Aufforderung zum Beitritt*

3.1 Die DIS-Geschäftsstelle übersendet die Klage an die beklagte Partei sowie die benannten Betroffenen und fordert die Betroffenen auf, der DIS-Geschäftsstelle gegenüber innerhalb von 30 Tagen nach Zugang der Klage schriftlich zu erklären, ob sie dem schiedsrichterlichen Verfahren auf Kläger- oder Beklagtenseite als Partei oder Nebenintervenient beitreten. Über erfolgte Beitritte unterrichtet die DIS-Geschäftsstelle die Parteien und alle gemäß § 2.2 oder § 9.3 benannten Betroffenen.

3.2 Der Beklagte kann innerhalb von 30 Tagen nach Zugang der Klage weitere Betroffene unter Angabe ihrer zustellungsfähigen Anschrift benennen und die DIS-Geschäftsstelle auffordern, die Klage auch diesen Betroffenen zu übersenden; er hat seiner Aufforderung eine entsprechende Anzahl von Kopien der Klage beizufügen. Für die benannten weiteren Betroffenen gelten die Regelungen in § 3.1.

Regelungsschwerpunkte: Abs. 1 regelt die Zustellung der Klage und das Recht jedes darin benannten Betroffenen, sich über die Art seines Beitritts zu erklären. → Rz. 1–8; **Abs. 2** regelt das Recht des Beklagten, weitere Betroffene zu benennen und sich daraus ergebende Folgen. → Rz. 10–18

Kostenaspekte: Kein Kostenerstattungsanspruch für Betroffene, die nicht beitreten. → Rz. 9, 19

Inhalt

A. Zustellung der Klage und Erklärung jedes Betroffenen über Art des Beitritts (Abs. 1) 1	B. Benennung weiterer Betroffener durch den Beklagten (Abs. 2) 10
I. Normzweck 1	I. Normzweck 10
II. Verhältnis zu §§ 1025 ff. ZPO 3	II. Verhältnis zu §§ 1025 ff. ZPO 12
III. Vergleich mit den im staatlichen Verfahren geltenden Vorschriften 4	III. Vergleich mit den im staatlichen Verfahren geltenden Vorschriften 13
IV. Tatbestandsmerkmale (Abs. 1 Satz 1) 5	IV. Tatbestandsmerkmale 14
V. Rechtsfolgen (§ 3 Abs. 1 Sätze 1 und 2) 8	V. Rechtsfolgen (§ 3 Abs. 2 Satz 2) 18
VI. Kosten................... 9	VI. Kosten 19
	C. Abweichende Parteivereinbarungen 20

A. Zustellung der Klage und Erklärung jedes Betroffenen über Art des Beitritts (Abs. 1)

I. Normzweck

Zweck der Norm ist es sicherzustellen, dass sich benannte Betroffene dahingehend erklären, ob sie entweder beitreten, also aktiv am Schiedsverfahren mit allen Rechten und Pflichten teilnehmen wollen, oder aber das Verfahren lediglich von außen verfolgen (nach Maßgabe der § 5 und 6), wobei sich der Schiedsspruch auch auf diejenigen Betroffenen erstreckt, die fristgemäß benannt wurden, aber nicht beigetreten sind (§ 11). 1

2   Die Unterrichtung aller Parteien und der gemäß §§ 2 Abs. 2 oder 9 Abs. 3 benannten Betroffenen über den Beitritt jedes Betroffenen durch die DIS verfolgt insbesondere den Zweck, dass alle Beigetretenen voneinander wissen, damit sie nach Maßgabe der §§ 7 und 8 an der Bildung des Schiedsgerichts mitwirken können.

II. Verhältnis zu §§ 1025 ff. ZPO

3   Die §§ 1025 ff. ZPO haben neben der Regelung keine eigenständige Bedeutung.

III. Vergleich mit den im staatlichen Verfahren geltenden Vorschriften

4   Im staatlichen Verfahren gilt § 246 Abs. 4 AktG analog, wonach die Erhebung der Klage und der Termin zur mündlichen Verhandlung unverzüglich in den Gesellschaftsblättern bekanntzumachen sind (Satz 1) und die Frist zum Beitritt als Nebenintervenient ein Monat ab Bekanntmachung beträgt (Satz 2). Eine individuelle Übersendung an jeden einzelnen Gesellschafter ist nicht vorgesehen.

IV. Tatbestandsmerkmale (Abs. 1 Satz 1)

5   **Übersendung der Klage.** Voraussetzung für die Beitrittserklärung durch einen Betroffenen ist die Übersendung der Klage durch die DIS-Geschäftsstelle, verbunden mit der Aufforderung, der DIS-Geschäftsstelle gegenüber innerhalb von 30 Tagen nach Zugang der Klage schriftlich zu erklären, ob der Betroffene auf Kläger- oder Beklagtenseite beitritt.

6   **Art der Übersendung.** Die Übersendung der Klage erfolgt gemäß § 5 DIS-SchO, so dass der Nachweis des Zugangs bei jedem Betroffenen sichergestellt ist. Dies ist nicht nur deshalb wichtig, weil damit feststeht, dass der jeweils benannte Betroffene auch die Möglichkeit hat, nunmehr seinen Beitritt zu erklären, sondern auch weil dadurch die 30-Tagesfrist ausgelöst wird.

7   **30-Tagesfrist.** Die Frist von 30 Tagen wird auch in der DIS-SchO verwendet. Es sind zwar Bedenken hinsichtlich dieser vorgesehenen Frist von weniger als einem Monat geäußert worden. So sei das Abstellen auf eine Monatsfrist sicherer, um beispielsweise im Fall des § 9 DIS-ERGeS eine Verkürzung der Anfechtungsfrist bei Beschlussmängelklagen zu vermeiden (vgl. *Schwedt*, SchiedsVZ 2010, 166 [167]; s. auch *von Hase*, BB 2011, 1993 [1997] mit Hinweis auf die Verkürzung der gesetzlichen

Beitrittsfrist aus § 246 Abs. 4 Satz 2 AktG). Eine Verkürzung der Anfechtungsfrist im Rahmen von § 9 DIS-ERGeS ist indes durch die Einführung der 30-Tagesfrist nicht zu befürchten. Die Anfechtungsfrist ergibt sich aus § 246 Abs. 1 AktG, wonach die Klage innerhalb eines Monats nach der Beschlussfassung erhoben werden muss. Soweit es im Rahmen von § 9 DIS-ERGeS um einen Wettlauf von Klagen geht, ist damit kein ungewöhnlicher Zustand hergestellt. Wer zuerst klagt, bindet eben alle nachfolgenden Kläger insoweit, als dass seine Klage als Vorrangverfahren die zeitlich nachfolgenden eingeleiteten Verfahren als Nachrangverfahren sperrt (s. auch § 9 DIS-ERGeS).

V. Rechtsfolgen (§ 3 Abs. 1 Sätze 1 und 2)

Sofern ein benannter Betroffener dem schiedsrichterlichen Verfahren beitritt, hat dies die in § 4 geregelten Wirkungen. Darüber hinaus unterrichtet die DIS-Geschäftsstelle alle Beteiligten gemäß § 3 Abs. 1 Satz 2, d.h. die Parteien und alle benannten Betroffenen, über die erfolgten Beitritte, damit, wie ausgeführt, das weitere Verfahren, insbesondere die Schiedsrichterbenennung, durchgeführt werden kann. 8

VI. Kosten

Besondere Kosten sind mit der Vorschrift nicht verbunden. Freilich ist im Zusammenhang mit der Frage, ob dem Verfahren beigetreten wird oder nicht, § 12 Abs. 1 zu berücksichtigen, wonach Betroffene, die nicht beigetreten sind, keinen Anspruch auf Kostenerstattung haben. 9

B. Benennung weiterer Betroffener durch den Beklagten (Abs. 2)

I. Normzweck

Zweck der Norm ist es sicherzustellen, dass etwaige Betroffene, die der Kläger nicht benannt hat, durch eine entsprechende Benennung durch den Beklagten auf das Schiedsverfahren aufmerksam gemacht werden, so dass auch sie sich dahingehend erklären können, ob sie beitreten wollen. 10

Durch den Verweis auf § 3 Abs. 1 im zweiten Satz der Norm gilt die Frist zur Erklärung des Beitritts für die weiteren benannten Betroffenen entsprechend. Darüber hinaus ist bezweckt, dass eine Unterrichtung durch die DIS auch hinsichtlich weiterer Beitritte erfolgt. 11

II. Verhältnis zu §§ 1025 ff. ZPO

12 Die §§ 1025 ff. ZPO haben neben der Regelung keine eigenständige Bedeutung.

III. Vergleich mit den im staatlichen Verfahren geltenden Vorschriften

13 Die im staatlichen Verfahren geltenden Vorschriften haben neben der Regelung keine eigenständige Bedeutung.

IV. Tatbestandsmerkmale

14 **Voraussetzungen.** Der Beklagte muss weitere Betroffene, die der Kläger nicht benannt hat, binnen 30 Tagen seit Zugang der Klage unter Angabe zustellungsfähiger Anschriften benennen und der DIS die erforderliche Anzahl an Exemplaren für die weiteren benannten Betroffenen übersenden, § 3 Abs. 2 Satz 1.

15 **Zugang der Klage.** Mit Zugang der Klage ist der Tag gemeint, an dem der Beklagte die Klage nachweislich empfangen hat. Die DIS stellt dies bei der Übersendung der Klage durch eine Form der Zustellung sicher, die den Nachweis des Zugangs ermöglicht, etwa durch Zustellung per Kurier.

16 Zur 30-Tagesfrist s. Rz. 7.

17 **Form der Benennung.** Der Beklagte hat neben der Benennung der Betroffenen deren zustellungsfähige Anschrift mitzuteilen und die erforderliche Anzahl an Kopien der Klage zu übersenden. Die Regelung verlangt zwar nicht ausdrücklich, dass auch die entsprechend ausreichende Zahl an Kopien der Anlagen beizufügen ist. Da insoweit jedoch § 5 Abs. 1 DIS-SchO ergänzend gilt, ist davon auszugehen, dass dies der Fall ist.

V. Rechtsfolgen (§ 3 Abs. 2 Satz 2)

18 Der Verweis in § 3 Abs. 2 Satz 2 auf Abs. 1 bedeutet, dass dieselben Rechtsfolgen gelten, wie im Falle der Benennung der Betroffenen durch den Kläger: Sofern ein weiterer benannter Betroffener dem schiedsrichterlichen Verfahren beitritt, gelten die in § 4 geregelten besonderen Folgen. Darüber hinaus unterrichtet die DIS-Geschäftsstelle alle Beteiligten, d.h. die Parteien und alle benannten Betroffenen, über die erfolgten Beitritte, damit, wie vorstehend ausgeführt, das weitere Verfahren entsprechend verlaufen kann.

VI. Kosten

Besondere Kosten sind mit der Vorschrift nicht verbunden. Freilich ist im Zusammenhang mit der Frage, ob dem Verfahren beigetreten wird oder nicht, § 12 Abs. 1 zu berücksichtigen sein, wonach Betroffene, die nicht beigetreten sind, keinen Anspruch auf Kostenerstattung haben. 19

C. Abweichende Parteivereinbarungen

Abweichende Parteivereinbarungen sind kaum denkbar. Zwar ließe sich in Betracht ziehen, dass die Übersendung der Klage an die jeweiligen Betroffenen sowie die Unterrichtung aller Beteiligten über etwaig erfolgte Beitritte nicht durch die DIS, sondern eine andere vereinbarte Stelle erfolgt. Dies ist jedoch nicht zu empfehlen. Zum Einen liegt ein Vorteil der DIS-ERGeS gerade darin, dass alle Maßnahmen, die erforderlich sind, um die spätere Bindungswirkung unter allen Beteiligten herzustellen, in einer Hand konzentriert sind, die auch bei der Benennung der Schiedsrichter hilft und im weiteren Verlauf des Verfahrens als Ansprechpartner zur Verfügung steht. Zum Anderen löst die Einleitung des Verfahrens bei der DIS eine Bearbeitungsgebühr aus, die sämtliche weiteren koordinierenden Maßnahmen abdeckt, weshalb es ökonomisch wenig sinnvoll erscheint, eine weitere Institution einzuschalten. 20

§ 4: Beitritt

4.1 Treten benannte Betroffene dem schiedsrichterlichen Verfahren fristgemäß gemäß § 3 oder gemäß § 9.3 als Partei bei, werden sie mit Zugang der Erklärung bei der DIS-Geschäftsstelle Partei des schiedsrichterlichen Verfahrens mit allen Rechten und Pflichten. Treten sie als Nebenintervenient bei, stehen ihnen die Rechte eines streitgenössischen Nebenintervenienten im Sinne von § 69 ZPO zu. Mit dem Beitritt erhalten benannte Betroffene das Recht, weitere Betroffene zu benennen. Hinsichtlich der so benannten weiteren Betroffenen gelten die Regelungen in § 3.2 entsprechend.

4.2 Erklärt ein benannter Betroffener den Beitritt nicht fristgemäß, gilt dies als Verzicht auf die Teilnahme am schiedsrichterlichen Verfahren. Das Recht, dem schiedsrichterlichen Verfahren gemäß § 4.3 zu einem späteren Zeitpunkt beizutreten, bleibt unberührt.

4.3 Benannte Betroffene können dem schiedsrichterlichen Verfahren zu jeder Zeit unter der Voraussetzung beitreten, dass sie keine Einwendungen gegen die Zusammensetzung des Schiedsgerichts erheben und entweder das Verfahren in der Lage annehmen, in der es sich zur Zeit des Beitritts befindet, oder das Schiedsgericht den Beitritt nach seinem freien Ermessen zulässt. Im Übrigen gelten § 4.1 Satz 1 und 2 entsprechend.

Regelungsschwerpunkte: Abs. 1 regelt die Wirkungen des fristgemäßen Beitritts eines Betroffenen. → Rz. 1–10; **Abs. 2** regelt die Wirkungen des Nichtbeitritts eines Betroffenen. → Rz. 12–18; **Abs. 3** regelt Möglichkeit und Folgen des Beitritts eines Betroffenen zu einem späteren Zeitpunkt. → Rz. 20–26

Kostenaspekte: Kein Kostenerstattungsanspruch für Betroffene, die nicht beitreten. → Rz. 11, 19, 27

Inhalt

A. Wirkungen des fristgemäßen Beitritts eines Betroffenen (Abs. 1) 1	IV. Tatbestandsmerkmale 16
I. Normzweck 1	V. Rechtsfolgen 17
II. Verhältnis zu §§ 1025 ZPO .. 3	VI. Kosten 19
III. Vergleich mit den im staatlichen Verfahren geltenden Vorschriften 4	**C. Möglichkeit und Folgen des späteren Beitritts (Abs. 3)** 20
IV. Tatbestandsmerkmale 5	I. Normzweck 20
V. Rechtsfolgen 8	II. Verhältnis zu §§ 1025 ZPO... 21
VI. Kosten.................... 11	III. Vergleich mit den im staatlichen Verfahren geltenden Vorschriften 22
B. Wirkungen des Nichtbeitritts eines Betroffenen (Abs. 2).... 13	IV. Tatbestandsmerkmale....... 23
I. Normzweck 13	V. Rechtsfolgen 26
II. Verhältnis zu §§ 1025 ZPO .. 14	VI. Kosten 27
III. Vergleich mit den im staatlichen Verfahren geltenden Vorschriften 15	**D. Abweichende Parteienvereinbarungen** 28

A. Wirkungen des fristgemäßen Beitritts eines Betroffenen (Abs. 1)

I. Normzweck

1   Die Norm regelt die wesentlichen Folgen des Beitritts eines Betroffenen, der dem Verfahren entweder als Partei oder als Nebenintervenient beitreten kann. Der Beitritt als Partei führt dazu, dass der Betroffene alle Rechte und Pflichten einer Partei des Schiedsverfahrens hat. Tritt er als Nebenintervenient bei, so hat er die Rechte eines streitgenössischen Ne-

benintervenienten im Sinne von § 69 ZPO. Auf die Vorschrift wird verwiesen.

Zudem hat der Beitritt eines Betroffenen zur Folge, dass dieser selbst weitere Betroffene benennen kann, wofür die Regelung zur Benennung weiterer Betroffener durch den Beklagten (§ 3 Abs. 2 DIS-ERGeS) entsprechend Anwendung findet.

II. Verhältnis zu §§ 1025 ZPO

Die §§ 1025 ff. ZPO haben neben der Regelung keine eigenständige Bedeutung.

III. Vergleich mit den im staatlichen Verfahren geltenden Vorschriften

Im staatlichen Verfahren gilt § 70 ZPO, wonach der Beitritt des Nebenintervenienten durch Einreichung eines Schriftsatzes beim Prozessgericht und, wenn er mit der Einlegung eines Rechtsmittels verbunden wird, durch Einreichung eines Schriftsatzes bei dem Rechtsmittelgericht erfolgt. Im Unterschied zu § 4 bzw. § 3 DIS-ERGeS, der für die Beitrittserklärung eines Betroffenen keine besonderen inhaltlichen Voraussetzungen außer der Erklärung des Beitritts regelt, ist im staatlichen Verfahren nach § 70 Abs. 1 Satz 2 ZPO vorgesehen, dass der Schriftsatz des Nebenintervenienten nicht nur beiden Parteien zuzustellen ist, sondern auch die Parteien und den Rechtsstreit bezeichnen muss, sowie die bestimmte Angabe des Interesses, das der Nebenintervenient hat, und die Erklärung des Beitritts und dass überdies die allgemeinen Vorschriften für die vorbereitenden Schriftsätze gelten, d.h. §§ 253 ff. ZPO.

IV. Tatbestandsmerkmale

Fristgemäßer Beitritt. Voraussetzung ist in jedem Fall der fristgemäße Beitritt nach § 3 oder § 9 Abs. 3. Der Verweis auf § 9 Abs. 3 dürfte ein redaktionelles Versehen sein. Die entscheidende Norm dürfte § 9 Abs. 4 sein, wonach Kläger im Nachrangverfahren als benannte Betroffene behandelt werden, die dem Vorrangverfahren beitreten. Der fristgemäße Beitritt ist Voraussetzung sowohl für den Beitritt als Partei als auch für den Beitritt als Nebenintervenient.

Beitritt als Partei, Abs. 1 Satz 1. Tritt ein Betroffener als Partei bei, so hat er dies entsprechend zu erklären, es sei denn, er hat selbst Klage im Nachrangverfahren, also zeitlich später als das Vorrangverfahren, erhoben, fällt aber noch in den Anwendungsbereich von § 9 Abs. 4 und wird daher automatisch als Partei behandelt, es sei denn er widerspricht (s. § 9 Rz. 10 ff.).

7 **Beitritt als Nebenintervenient, Abs. 1 Satz 2.** Will der Betroffene als Nebenintervenient beitreten, so hat er dies gegenüber der DIS ebenfalls entsprechend zu erklären (§ 3 Abs. 1). Eine Möglichkeit, automatisch als Nebenintervenient behandelt zu werden, wie dies nach § 9 Abs. 4 für den Kläger möglich ist, ist für die Nebenintervention nicht vorgesehen. Sie muss daher ausdrücklich erklärt werden.

V. Rechtsfolgen

8 **Behandlung als Partei oder streitgenössischer Nebenintervenient.** Wie bereits ausgeführt, hat der Beitritt als Partei zur Folge, dass der beitretende Betroffene einer Partei gleichgestellt wird. Der Beitritt als Nebenintervenient führt zur Behandlung als streitgenössischer Nebenintervenient i.S.v. § 69 ZPO.

9 **Benennungsrecht, Abs. 1 Satz 3.** Darüber hinaus erhalten benannte Betroffene – jedoch erst mit ihrem Beitritt – das Recht, weitere Betroffene zu benennen, wofür § 3 Abs. 2 entsprechende Anwendung findet (§ 4 Abs. 1 Satz 4).

10 **Sonstige Folgen.** Darüber hinaus sind sämtliche beitretenden Betroffenen unabhängig davon, ob sie als Partei oder als Nebenintervenient beitreten, berechtigt, an der Schiedsrichterbenennung sowie im Übrigen am Schiedsverfahren in gleicher Weise mitzuwirken (s. §§ 7 und 8).

VI. Kosten

11 Der Beitritt als Partei auf Klägerseite führt dazu, dass die DIS-Geschäftsstelle aufgrund der sich dadurch ergebenden Streitwerterhöhung ihre Bearbeitungsgebühr sowie den Kostenvorschuss für das Schiedsgericht neu festsetzen und noch fehlende Beträge von den neu hinzugetretenen Klägern einfordern kann. Im Übrigen wird das Schiedsgericht nach seiner Konstituierung weitere Vorschüsse auf die zu erwartenden Kosten des Schiedsgerichts anfordern und die Fortsetzung des Verfahrens davon abhängig machen (§ 25 DIS-SchO).

12 Darüber hinaus hat der Beitritt die Wirkung, dass jeder beigetretene Betroffene im Rahmen der Kostenentscheidung nach Maßgabe der Kostenentscheidung gemäß § 35 DIS-Schiedsordnung einen Anspruch auf Kos-

tenerstattung hat, der nicht beigetretene Betroffene jedoch nicht (§ 12 Abs. 1 DIS-ERGeS).

B. Wirkungen des Nichtbeitritts eines Betroffenen (Abs. 2)

I. Normzweck

Die Norm hat den Zweck, den Ablauf des Verfahrens gerade auch hinsichtlich der Schiedsrichterbenennung effizient zu gestalten. Es sollen sich nur diejenigen aktiv beteiligen können, die dem Verfahren auch beitreten. Zudem ist unabhängig vom Beitritt sichergestellt, dass sich die Wirkungen des Schiedsspruchs nach § 11 auch auf diejenigen erstrecken, die zwar benannt sind, dem Verfahren aber entweder gar nicht oder erst zu einem späteren Zeitpunkt beitreten. 13

II. Verhältnis zu §§ 1025 ZPO

Die §§ 1025 ff. ZPO haben neben der Regelung keine eigenständige Bedeutung. 14

III. Vergleich mit den im staatlichen Verfahren geltenden Vorschriften

Im staatlichen Verfahren gilt § 62 ZPO, wonach im Falle der notwendigen Streitgenossenschaft, der für den Fall der Beschlussmängelstreitigkeiten gegeben ist, darauf abgestellt wird, ob ein Streitgenosse im Termin säumig ist. Eine besondere Regelung, die den Nichtbeitritt regelt, enthält die ZPO nicht. Insofern wird fingiert, dass die säumigen Streitgenossen durch die nicht säumigen vertreten sind. 15

IV. Tatbestandsmerkmale

Nichtbeitritt. Die Norm setzt voraus, dass ein Betroffener seinen Beitritt nicht fristgemäß erklärt, wobei davon auch Fälle erfasst sind, in denen ein Betroffener sich überhaupt nicht erklärt. Fristgemäß bedeutet innerhalb der in § 3 vorgesehenen Fristen. 16

V. Rechtsfolgen

Teilnahmeverzicht. Zunächst wird der Nichtbeitritt zum Verfahren als Verzicht auf die Teilnahme daran behandelt, § 4 Abs. 2 Satz 1. Das bedeutet, dass der Betroffene weder an der Konstituierung des Schiedsgerichts mitwirken noch sonstige Verfahrensrechte, etwa zur Teilnahme 17 an einer mündlichen Schiedsverhandlung, wahrnehmen kann. Allerdings hat er ein Recht darauf, fortlaufend nach § 5 über den Fortgang des schiedsrichterlichen Verfahrens informiert zu werden. Außerdem ist eine Erweiterung oder Änderung des Streitgegenstandes (einschließlich etwaiger Widerklagen) oder im Falle einer Beschlussmängelstreitigkeit die Erstreckung der Klage auf andere Beschlüsse nach § 6 nur mit Zustimmung aller Betroffener zulässig, d.h. auch nur mit Zustimmung der Betroffenen, die nicht beigetreten sind. Ebenso ist er von der vollständigen oder teilweisen Rücknahme der Kläger zu unterrichten, da er der beabsichtigten Klagerücknahme nach § 6, wie alle anderen Beteiligten auch, widersprechen kann.

18 **Späterer Beitritt möglich.** Ungeachtet dessen hat der nicht Beitretende gemäß § 4 Abs. 2 Satz 2 die Möglichkeit, dem Verfahren zu einem späteren Zeitpunkt nach Maßgabe und mit den Wirkungen von § 4 Abs. 3 DIS-ERGeS beizutreten (zu den Einzelheiten s. dort).

VI. Kosten

19 Die Nichterklärung oder selbst die ausdrückliche Erklärung des Nichtbeitritts löst keine Kosten auf Seiten der Institution oder des Schiedsgerichts aus. Auch die fortlaufende Unterrichtung nicht beigetretener Betroffener vom Fortgang des Verfahrens (§ 5) sowie von besonderen verfahrensgestaltenden Maßnahmen (§ 6) löst keine solchen Kosten aus. Freilich haben Betroffene, die dem schiedsrichterlichen Verfahren nicht beitreten, gemäß § 12 Abs. 1 auch keinen Kostenerstattungsanspruch im Rahmen der Kostenentscheidung.

C. Möglichkeit und Folgen des späteren Beitritts (Abs. 3)

I. Normzweck

20 Zweck der Norm ist es, jedem benannten Betroffenen zu jedem Verfahrenszeitpunkt die Möglichkeit zu geben, sich am Schiedsverfahren durch Beitritt aktiv zu beteiligen. Die Norm wahrt insoweit wesentliche Verfahrensrechte aller Betroffenen, die nur dahingehend eingeschränkt sind, dass der spätere Beitritt nicht dazu führen kann, dadurch die Zusammensetzung des Schiedsgerichts, die bereits erfolgt ist, in Frage gestellt wird und dass das Verfahren nur in der Lage angenommen werden kann, in der es sich zur Zeit des Beitritts befindet, wobei dem Schiedsgericht insoweit hinsichtlich der Zulassung des Beitritts ein Ermessensspielraum eröffnet wird. Darüber hinaus stellt die Norm durch Verweis

auf § 4 Abs. 1 Satz 1 und 2 klar, dass der spätere Beitritt auch als Partei mit allen Rechten und Pflichten bzw. als Nebenintervenient erfolgen kann

II. Verhältnis zu §§ 1025 ZPO

Die §§ 1025 ff. ZPO haben neben der Regelung keine eigenständige Bedeutung. 21

III. Vergleich mit den im staatlichen Verfahren geltenden Vorschriften

Die Regelung ist vergleichbar mit dem für die Nebenintervention vorgesehenen Regelungen in der ZPO. So ist die Nebenintervention nach § 66 Abs. 2 ZPO in jeder Lage des Rechtsstreits bis zur rechtskräftigen Entscheidung, auch in Verbindung mit der Einlegung eines Rechtsmittels, möglich, wobei der Nebenintervenient den Rechtsstreit nach § 67 ZPO in der Lage annehmen muss, in der er sich zur Zeit seines Beitritts befindet. Da im staatlichen Verfahren die Konstituierung des Gerichts bereits vorgegeben ist, sehen die Vorschriften über die Nebenintervention freilich keine Regelung vor, die darauf besonders abstellen würde. 22

IV. Tatbestandsmerkmale

Benannte Betroffene. Bei demjenigen, der auch zu einem späteren Zeitpunkt dem Verfahren beitreten will, muss es sich um einen benannten Betroffenen handeln. 23

Besondere Voraussetzungen des Beitritts. Der spätere Beitritt kann nur unter der Voraussetzung erfolgen, dass der beitretende Betroffene keine Einwendungen gegen die Zusammensetzung des Schiedsgerichts erhebt und entweder das Verfahren in der Lage annimmt, in der es sich zur Zeit des Beitritts befindet, oder das Schiedsgericht den Beitritt nach seinem freien Ermessen zulässt. Diese Einschränkungen sind im Hinblick auf eine effiziente Verfahrensgestaltung, die durch den späteren Beitritt nicht verzögert werden soll, erforderlich (näher *Borris*, SchiedsVZ 2009, 299 [306]). 24

Art des Beitritts. Hinsichtlich der Art des Beitritts gelten § 4 Abs. 1 Satz 1 und 2 entsprechend, d.h. der Beitritt ist der DIS-Geschäftsstelle gegenüber zu erklären mit dem Inhalt, ob der Betroffene als Partei oder als Nebenintervenient beitritt. 25

V. Rechtsfolgen

26 Die Rechtsfolgen entsprechen den Rechtsfolgen des fristgemäßen Beitritts mit der Maßgabe, dass das Verfahren, soweit es bereits fortgeschritten ist, in der Lage, in der es sich befindet, einschließlich eines bereits konstituierten Schiedsgerichts, angenommen werden muss. Freilich hat der später Beitretende alle Rechte einer Partei oder eines Nebenintervenienten, einen bereits benannten Schiedsrichter nach den allgemeinen Regeln mit den dort vorgesehenen Einschränkungen abzulehnen. Sofern das Schiedsgericht noch nicht konstituiert ist, kann der später beitretende Betroffene an dessen Zusammensetzung noch im Rahmen des Möglichen mitwirken. Im Übrigen gewinnt er dadurch auch den Kostenerstattungsanspruch nach Maßgabe von § 12 Abs. 1.

VI. Kosten

27 Wie bereits ausgeführt, hat der beigetretene Betroffene die Möglichkeit, seinen Kostenerstattungsanspruch im Rahmen von § 12 Abs. 1 geltend zu machen.

D. Abweichende Parteienvereinbarungen

28 Abweichende Parteivereinbarungen sind denkbar, soweit sie nicht dadurch die Schiedsfähigkeit der Streitigkeit in Frage stellen. So ist es sicherlich möglich, die Rechte eines Betroffenen unabhängig vom Zeitpunkt seines Beitritts zu erweitern. Eine Einschränkung ist jedoch unzulässig. Beides dürfte in der Praxis vermutlich kaum vorkommen.

§ 5: Fortlaufende Unterrichtung Betroffener

5.1 Das Schiedsgericht unterrichtet die benannten Betroffenen, die dem schiedsrichterlichen Verfahren nicht beigetreten sind, über den Fortgang des schiedsrichterlichen Verfahrens durch Übersendung von Kopien von Schriftsätzen der Parteien oder Nebenintervenienten sowie schiedsgerichtlichen Entscheidungen und Verfügungen an die angegebenen Anschriften der Betroffenen, soweit Betroffene auf eine solche Unterrichtung nicht ausdrücklich in schriftlicher Form verzichtet haben. Für sonstige Mitteilungen des Schiedsgerichts an die Parteien oder Nebenintervenienten gilt dies nur insoweit, als vernünftigerweise davon auszugehen ist, dass sie für die Entscheidung eines Betroffenen über den späteren Beitritt zum schiedsrichterlichen Verfahren bedeutsam sind.

5.2 Betroffene, die dem schiedsrichterlichen Verfahren nicht beigetreten sind, haben keinen Anspruch auf Teilnahme an der mündlichen Verhandlung.

Regelungsschwerpunkte: Abs. 1 und 2 regeln die Verfahrensrechte von Betroffenen, die dem Schiedsverfahren nicht beigetreten sind. → Rz. 1–6

Kostenaspekte: Kosten der Unterrichtung → Rz. 7

Inhalt

A. Verfahrensrechte von nicht beitretenden Betroffenen (Abs. 1 und 2) 1	IV. Unterrichtung Betroffener ... 4
I. Normzweck 1	V. Kein Anspruch auf Teilnahme an der mündlichen Verhandlung 6
II. Verhältnis zu §§ 1025 ff. ZPO 2	VI. Kosten 7
III. Vergleich mit den im staatlichen Verfahren geltenden Vorschriften 3	B. Abweichende Parteivereinbarungen 8

A. Verfahrensrechte von nicht beitretenden Betroffenen (Abs. 1 und 2)

I. Normzweck

Die Norm hat den Zweck, nicht beigetretene Betroffene fortlaufend vom Fortgang des Verfahrens über wesentliche Verfahrensschritte zu unterrichten, da hiervon abhängig sein kann, ob ein Betroffener nachträglich gemäß § 4 Abs. 3 zum Verfahren beitritt oder entsprechende Verfahrensrechte nach § 6 ausübt. § 5 Abs. 2 stellt insoweit nur klar, dass nicht beigetretene Betroffene keinen Anspruch auf Teilnahme an der mündlichen Verhandlung haben. **1**

II. Verhältnis zu §§ 1025 ff. ZPO

Die §§ 1025 ff. ZPO haben neben der Regelung keine eigenständige Bedeutung. **2**

III. Vergleich mit den im staatlichen Verfahren geltenden Vorschriften

Eine entsprechende Regelung gibt es im staatlichen Verfahren nicht. Dort fällt es in den Verantwortungsbereich jeder einzelnen Partei bzw. jedes einzelnen Betroffenen, sich entsprechend informiert zu halten. **3**

Anderenfalls gilt er als säumiger Streitgenosse als durch die nicht säumigen vertreten (§ 62 ZPO).

IV. Unterrichtung Betroffener

4   **Gegenstand der Unterrichtung.** Benannte Betroffene, die dem schiedsgerichtlichen Verfahren nicht beigetreten sind, werden vom Schiedsgericht über den Fortgang des schiedsrichterlichen Verfahrens sowohl durch die Übersendung von Kopien von Schriftsätzen der Parteien oder Nebenintervenienten als auch durch die Übersendung von schiedsgerichtlichen Entscheidungen und Verfügungen an die angegebenen Anschriften der Betroffenen unterrichtet. Die Informationspflicht erstreckt sich im Übrigen auf andere Mitteilungen nur, soweit davon auszugehen ist, dass sie für die Entscheidung über einen späteren Beitritt von Bedeutung sind. Diese Regelung soll Praktikabilitätsgesichtspunkten Rechnung tragen. Um Zweifel auszuschließen, wird ein Schiedsgericht jedoch ohne entsprechende sonstige Vereinbarung davon ausgehen, dass eine Mitteilung erheblich ist. Deshalb wird in der Praxis darauf hingewiesen, bereits frühzeitig eine entsprechende Regelung zu der Frage zu treffen, welche Mitteilungen erheblich sind und welche nicht (vgl. *Borris*, SchiedsVZ 2009, 299 [307]).

5   **Verzicht auf Unterrichtung.** Jeder Betroffene hat jedoch die Möglichkeit, auf eine Unterrichtung ausdrücklich und in schriftlicher Form zu verzichten.

V. Kein Anspruch auf Teilnahme an der mündlichen Verhandlung

6   Die Norm stellt klar, dass ein Anspruch auf Teilnahme an der mündlichen Verhandlungen bei Nichtbeitritt nicht besteht. Hierdurch unterscheidet sich das Schiedsverfahren deutlich vom staatlichen Verfahren, das grundsätzlich der Öffentlichkeit zugänglich ist. Da das Schiedsverfahren nach § 43 DIS-SchO vertraulich ist, was sich auch auf die mündliche Verhandlung erstreckt, ist eine Teilnahme auch nicht als „Beobachter" möglich.

VI. Kosten

7   Den nicht beigetretenen Betroffenen entstehen durch die fortlaufende Unterrichtung keine weiteren Kosten. Diese sind als Kosten des Verfahrens nach Maßgabe der Kostenentscheidung nach § 35 DIS-SchO von den Parteien zu tragen.

B. Abweichende Parteivereinbarungen

Abweichende Parteivereinbarungen sind zulässig, zumal ausdrücklich auf die Unterrichtung verzichtet werden kann. Insbesondere lassen sich Art und Umfang der Unterrichtung nicht beigetretener Betroffener insoweit vereinbaren, als diese in die Vereinbarung einbezogen sind. Soweit jedoch nur die beigetretenen Betroffenen eine entsprechende Vereinbarung treffen, die zum Nachteil der nicht beitretenden Betroffenen von der Ausgangsregelung abweicht, ist diese als Vertrag zulasten Dritter unwirksam. Etwas anderes gilt hinsichtlich § 5 Abs. 2, wonach sowohl alle Betroffenen als auch nur die Beigetretenen bestimmen können, dass sämtliche Betroffene, unabhängig ob beigetreten oder nicht, Anspruch auf Teilnahme an der mündlichen Verhandlung haben, wobei es sich dann entsprechend empfiehlt, Teilnahmerechte auf die bloße Anwesenheit zu beschränken.

8

§ 6: Erweiterung oder Änderung des Streitgegenstandes, Klagerücknahme

Eine Erweiterung oder Änderung des Streitgegenstands (einschließlich etwaiger Widerklagen), oder im Falle einer Beschlussmängelstreitigkeit die Erstreckung der Klage auf andere Beschlüsse, ist nur mit Zustimmung aller Betroffenen zulässig. Die vollständige oder teilweise Rücknahme der Klage ist ohne Zustimmung der Betroffenen zulässig, es sei denn, dass einer der Betroffenen dem innerhalb von 30 Tagen nach Unterrichtung über die beabsichtigte Klagerücknahme widerspricht und das Schiedsgericht dessen berechtigtes Interesse an der endgültigen Entscheidung der Streitigkeit anerkennt.

Regelungsschwerpunkte: Abs. 1 bis 3 regelt Zustimmungserfordernisse der Betroffenen bei Erweiterung oder Änderung des Streitgegenstandes und im Falle einer Klagerücknahme. → Rz. 1–7

Kostenaspekte: Kostenkontrolle als entscheidungsrelevantes Kriterium. → Rz. 8

Inhalt

A. Erweiterung oder Änderung des Streitgegenstands, Klagerücknahme 1	II. Verhältnis zu §§ 1025 ff. ZPO 2
I. Normzweck 1	III. Vergleich mit den im staatlichen Verfahren geltenden Vorschriften 3

IV. Tatbestandsmerkmale	4	B. Abweichende Parteivereinbarungen	9
V. Rechtsfolgen	6		
VI. Kosten	8		

A. Erweiterung oder Änderung des Streitgegenstands, Klagerücknahme

I. Normzweck

1 Zweck der Norm ist es, allen Betroffenen die Möglichkeit zu geben, über erhebliche Veränderungen des Verfahrens mitzubestimmen, die den Streitgegenstand betreffen, und von deren Vorliegen der Beitritt eines Betroffenen vom Verfahren abhängen kann. So ist davon auszugehen, dass Betroffene nur dann einem Verfahren nicht beitreten, wenn für sie alle Umstände erkennbar sind, die für ihren Beitritt erheblich sind. Ändern sich diese Umstände nachträglich, so ist diese Vermutung hinfällig, und es besteht das Erfordernis, den Betroffenen die Beteiligung am Verfahren erneut zu ermöglichen. Aus Praktikabilitätsgründen hat der Betroffene im Falle der vollständigen oder teilweisen Klagerücknahme nur ein Widerspruchsrecht.

II. Verhältnis zu §§ 1025 ff. ZPO

2 Die §§ 1025 ff. ZPO haben neben der Regelung keine eigenständige Bedeutung.

III. Vergleich mit den im staatlichen Verfahren geltenden Vorschriften

3 Eine vergleichbare Regelung ist im staatlichen Verfahren nicht vorgesehen. Im staatlichen Verfahren wird wegen § 62 ZPO die Vertretung der säumigen Streitgenossen durch die nichtsäumigen fingiert und insoweit eine Informationseinheit hergestellt.

IV. Tatbestandsmerkmale

4 **Änderungen des Streitgegenstands.** Erfasst sind sowohl die Erweiterung als auch die Änderung des Streitgegenstands sowie im Falle einer Beschlussmängelstreitigkeit die Erstreckung der Klage auf andere Beschlüsse. Widerklagen sind ebenfalls erfasst.

5 **Klagerücknahme.** Hinsichtlich der Klagerücknahme, unabhängig ob vollständig oder nur teilweise, ist eine Zustimmung der Betroffenen nicht erforderlich. Sie wird wirksam, wenn nicht einer der Betroffenen innerhalb von 30 Tagen nach Unterrichtung über die beabsichtigte Kla-

gerücknahme widerspricht und das Schiedsgericht dessen berechtigtes Interesse an der endgültigen Entscheidung der Streitigkeit anerkennt. Diese Voraussetzungen sind kumulativ. Der Widerspruch hat, auch wenn dies nicht ausdrücklich festgelegt ist, schriftlich und unter Berücksichtigung von § 5 Abs. 1 DIS-SchO zu erfolgen und zwar gegenüber dem Schiedsgericht, soweit dieses bereits konstituiert ist, anderenfalls gegenüber der DIS-Geschäftsstelle.

V. Rechtsfolgen

Ohne Zustimmung aller Betroffenen sind die geschilderten Änderungen des Streitgegenstands nicht zulässig. Es empfiehlt sich daher, bereits vor entsprechender Änderung des Streitgegenstandes etwaige Zustimmungserklärungen einzuholen. Dies ist jedoch nicht zwingend erforderlich. 6

Hingegen ist die Klagerücknahme auch ohne Zustimmung der Betroffenen zulässig, soweit nicht innerhalb der vorgesehenen Frist ein Betroffener widerspricht. Der Widerspruch ist jedoch nur dann erheblich, wenn das Schiedsgericht das berechtigte Interesse dieses Betroffenen an einer endgültigen Entscheidung der Streitigkeit anerkennt. Ein berechtigtes Interesse kann etwa darin liegen, dass die Entscheidung eine bestimmte Frage verbindlich klärt, die auch in der Zukunft für das Zusammenwirken der Gesellschafter wesentlich ist. 7

VI. Kosten

Die Regelung hat Kostenrelevanz insoweit, als sich durch die Erweiterung des Streitgegenstands der Streitwert erhöht. Soweit nicht beigetretene Betroffene in dieser Hinsicht jedoch anwaltlich vertreten sind oder ihnen sonstige Kosten entstehen, haben sie diesbezüglich keinen Erstattungsanspruch (§ 12 Abs. 1). 8

B. Abweichende Parteivereinbarungen

Die Regelung kann durch Vereinbarung aller Betroffenen abbedungen werden, jedoch nur im Rahmen der Schiedsvereinbarung und nicht nach Einleitung eines Schiedsverfahrens, es sei denn, alle Betroffenen hätten dem ausdrücklich zugestimmt. 9

§ 7: Einzelschiedsrichter

7.1 Besteht das Schiedsgericht aus einem Einzelschiedsrichter, so haben die Parteien und Nebenintervenienten den Einzelschiedsrichter innerhalb von 30 Tagen nach Zugang der Klage bei der beklagten Partei und allen Betroffenen oder im Falle des zulässigen Beitritts eines Betroffenen innerhalb von 30 Tagen nach dessen Beitritt zu benennen.

7.2 Wird die Klage von der beklagten Partei und Betroffenen zu unterschiedlichen Zeitpunkten empfangen, ist für die Fristberechnung der Empfang durch den Beklagten oder Betroffenen maßgeblich, der sie als Letzter empfangen hat. Treten Betroffene dem schiedsrichterlichen Verfahren zu unterschiedlichen Zeitpunkten bei, ist für die Fristberechnung der letzte Beitritt maßgeblich.

7.3 Können die Parteien und Nebenintervenienten sich innerhalb der Fristen gemäß § 7.1 und 7.2 nicht auf die Person des Einzelschiedsrichters verständigen, erfolgt die Benennung auf Antrag eines Klägers, einer beklagten Partei oder eines Nebenintervenienten durch den DIS-Ernennungsausschuss.

Regelungsschwerpunkte: Abs. 1 und 2 regeln Verfahren und Frist für die Benennung des Einzelschiedsrichters durch die Parteien. → Rz. 1–5; **Abs. 3** regelt das Verfahren der Ersatzbenennung durch die DIS mangels einvernehmlicher Benennung durch die Parteien. → Rz. 7–10

Kostenaspekte: Kostenkontrolle als Kriterium für die Wahl eines geeigneten Einzelschiedsrichters. → Rz. 6, 11

Inhalt

A. Verfahren und Frist für die Benennung des Einzelschiedsrichters durch die Parteien (Abs. 1 und 2) 1	B. Verfahren der Ersatzbenennung mangels Einigung der Parteien (Abs. 3) 7
I. Normzweck 1	I. Normzweck 7
II. Verhältnis zu §§ 1025 ff. ZPO 2	II. Verhältnis zu §§ 1025 ff. ZPO 8
III. Vergleich mit den im staatlichen Verfahren geltenden Vorschriften 3	III. Vergleich mit den im staatlichen Verfahren geltenden Vorschriften 9
IV. Verfahren und Frist für die Benennung 4	IV. Verfahren der Ersatzbenennung 10
V. Kosten 6	V. Kosten 11
	C. Abweichende Parteivereinbarungen 12

A. Verfahren und Frist für die Benennung des Einzelschiedsrichters durch die Parteien (Abs. 1 und 2)

I. Normzweck

Die Norm verfolgt den Zweck, die Konstituierung des Schiedsgerichts durch einen Einzelschiedsrichter sicherzustellen. Die einvernehmliche Benennung des Einzelschiedsrichters durch die Parteien ist vorrangig, § 7 Abs. 1, 2. Scheitert eine einvernehmliche Benennung, wird der Einzelschiedsrichter durch den DIS-Ernennungsausschuss benannt, § 7 Abs. 3, um die Zusammensetzung des Schiedsgerichts sicherzustellen und eine Verfahrensverzögerung zu vermeiden. 1

II. Verhältnis zu §§ 1025 ff. ZPO

Die Regelungen des X. Buches der ZPO haben neben § 7 DIS-ERGeS keine eigenständige Bedeutung. 2

III. Vergleich mit den im staatlichen Verfahren geltenden Vorschriften

Eine entsprechende Regelung ist im staatlichen Verfahren nicht vorgesehen. Hier gilt die zwingende und ausschließliche Zuständigkeit des Landgerichts, dort der Kammer für Handelssachen, soweit vorhanden (§ 246 Abs. 3 Satz 1 und 2 AktG). 3

IV. Verfahren und Frist für die Benennung

Vereinbarung eines Einzelschiedsrichters. Voraussetzung ist zunächst, dass die Parteien sich darauf geeinigt haben, dass das Schiedsgericht aus einem Einzelschiedsrichter besteht. Diese Einigung kann entweder bereits in der Schiedsklausel erfolgt sein oder aber nach Entstehung der Streitigkeit aus Kostengründen abweichend von der Schiedsvereinbarung zustande kommen. 4

Frist zur Benennung des Einzelschiedsrichters. Die Benennung des Einzelschiedsrichters erfolgt innerhalb von 30 Tagen nach Zugang der Klage bei der Beklagtenpartei und allen Betroffenen oder im Fall des zulässigen Beitritts eines Betroffenen innerhalb von 30 Tagen nach dessen Beitritt, § 7 Abs. 1 DIS-EBGeS. Der spätere Zeitpunkt ist für den Fristbeginn maßgeblich, wie § 7 Abs. 2 DIS-EBGeS ausführlich regelt. Insoweit stimmt die Regelung mit § 6 Abs. 2 Satz 5 DIS-SchO überein, wonach die Benennung des Einzelschiedsrichters auch nicht bereits in der Klage 5 enthalten sein muss, sondern zu einem späteren Zeitpunkt erfolgen kann (vgl. § 14 DIS-SchO).

V. Kosten

6 Die Kosten des Schiedsverfahrens sind im Falle eines Einzelschiedsrichters erheblich niedriger als im Falle eines Dreierschiedsgerichts. Allerdings ist darauf zu achten, dass ein Einzelschiedsrichter nicht in jedem Fall die bessere Wahl ist. Häufig und gerade bei komplexen Rechtsfragen kann gerade die Beratung im Dreiergremium eine ausgewogene und für alle Parteien rechtlich vertretbare Lösung begünstigen.

B. Verfahren der Ersatzbenennung mangels Einigung der Parteien (Abs. 3)

I. Normzweck

7 Die Norm stellt sicher, dass das Schiedsgericht auch zeitnah konstituiert werden kann, auch wenn die Parteien sich nicht über die Person des Einzelschiedsrichters einigen können.

II. Verhältnis zu §§ 1025 ff. ZPO

8 Die Regelungen des X. Buches der ZPO haben keine eigenständige Bedeutung neben der Regelung in § 8 Abs. 3 DIS-ERGeS.

III. Vergleich mit den im staatlichen Verfahren geltenden Vorschriften

9 Entsprechende Regelungen sind im staatlichen Verfahren nicht vorgesehen. Es gilt die ausschließliche Zuständigkeit des Landgerichts, dort der Kammer für Handelssachen (s. Rz. 3).

IV. Verfahren der Ersatzbenennung

10 **Voraussetzungen.** Voraussetzung für die Zuständigkeit des DIS-Ernennungsausschusses ist die fehlende Einigung innerhalb der nach §§ 7 Abs. 1 und 2 DIS-ERGeS maßgeblichen Fristen sowie ein entsprechender Antrag eines Klägers, einer beklagten Partei oder eines Nebenintervenienten. Es stellt sich die Frage, ob der Antrag auf Benennung eines Einzelschiedsrichters durch den DIS-Ernennungsausschuss bereits mit der Klage bzw. Beitrittserklärung eines Betroffenen, jedenfalls aber vor Fristablauf, gestellt werden kann. In den Fällen von §§ 12 Abs. 1 und 14

DIS-SchO wird dies von der DIS bejaht. Im Falle von § 13 Abs. 2 DIS-SchO, der die Benennung von Schiedsrichtern in Mehrparteienverfahren zum Gegenstand hat, ist ein solcher Antrag allerdings nicht vorgesehen. Von einem Antragsrecht vor Fristablauf ist jedoch auszugehen, da kein Grund dafür ersichtlich ist, es erst mit Fristablauf entstehen zu lassen. Insoweit ist der vorzeitige Antrag lediglich mit der aufschiebenden Bedingung verbunden, dass eine einvernehmliche Benennung nicht erfolgt (vgl. auch § 12 DIS-SchO Rz. 10).

V. Kosten

Durch die Ersatzbenennung entstehen keine zusätzlichen Kosten. Auch die bereits erfolgte Benennung eines Einzelschiedsrichters durch eine Seite löst keine Kosten aus, falls sich die andere Seite nicht auf diesen Einzelschiedsrichter einigt. 11

C. Abweichende Parteivereinbarungen

Die Parteien können von § 7 insoweit abweichen, als sie großzügigere Fristen für die Benennung vorsehen. Im Übrigen stellt sich die Frage, ob die Ersatzbenennung einem anderen Organ als dem DIS-Ernennungsausschuss übertragen werden kann. Auch dies ist möglich, jedoch nicht zu empfehlen, da insbesondere in den für die DIS-ERGeS maßgeblichen Streitigkeiten die Konzentration aller Zuständigkeiten bei einer Institution zum Zwecke der effizienten Verfahrenseinleitung und -führung zielführend und kostensparend ist. 12

§ 8: Schiedsgericht mit drei Schiedsrichtern

8.1 Besteht das Schiedsgericht aus drei Schiedsrichtern, so muss abweichend von § 6.2 (5) der DIS-SchO nicht schon die Klage die Benennung eines Schiedsrichters enthalten; eine gleichwohl erfolgte Benennung gilt lediglich als Vorschlag.

8.2 Innerhalb von 30 Tagen nach Zugang der Klage bei der beklagten Partei und allen Betroffenen, oder im Falle des zulässigen Beitritts eines Betroffenen innerhalb von 30 Tagen nach dessen Beitritt, haben die Parteien und Nebenintervenienten auf Kläger- und Beklagtenseite jeweils einen Schiedsrichter gegenüber der DIS-Geschäftsstelle zu benennen. § 7.2 gilt entsprechend.

8.3 Falls eine Einigung auf Kläger- oder Beklagtenseite innerhalb der Frist gemäß § 8.2 nicht erfolgt, benennt auf Antrag eines Klägers, einer beklagten Partei oder eines Nebenintervenienten der DIS-Ernennungsausschuss zwei Schiedsrichter nach Maßgabe von § 13.2 der DIS-SchO.

Regelungsschwerpunkte: Abs. 1 und 2 regeln Verfahren und Frist für die Benennung der parteibenannten Mitschiedsrichter durch die Parteien → Rz. 1–5; **Abs. 3** regelt das Verfahren der Ersatzbenennung durch die DIS mangels einvernehmlicher Benennung durch die Parteien → Rz. 7–10

Kostenaspekte: Kostenkontrolle als Kriterium für die nachträgliche Wahl eines geeigneten Einzelschiedsrichters → Rz. 6, 11

Inhalt

A. Verfahren und Frist für die Benennung des parteibenannten Mitschiedsrichters durch die Parteien (Abs. 1 und 2) ... 1	B. Verfahren der Ersatzbenennung mangels Einigung der Parteien (Abs. 3) 7
I. Normzweck 1	I. Normzweck 7
II. Verhältnis zu §§ 1025 ff. ZPO 2	II. Verhältnis zu §§ 1025 ff. ZPO 8
III. Vergleich mit den im staatlichen Verfahren geltenden Vorschriften 3	III. Vergleich mit den im staatlichen Verfahren geltenden Vorschriften 9
IV. Verfahren und Frist 4	IV. Ersatzbenennung 10
V. Kosten 6	V. Kosten 11
	C. Abweichende Parteivereinbarungen 12

A. Verfahren und Frist für die Benennung des parteibenannten Mitschiedsrichters durch die Parteien (Abs. 1 und 2)

I. Normzweck

1   Zweck der Norm ist es, zu bestimmen, wie im Fall eines Dreierschiedsgerichts das Schiedsgericht zu konstituieren ist und dass alle Betroffenen die Möglichkeit haben, daran mitzuwirken bzw. wie zu verfahren ist, wenn sie hiervon keinen Gebrauch machen.

II. Verhältnis zu §§ 1025 ff. ZPO

2   Das X. Buch der ZPO hat keine eigenständige Bedeutung neben § 8 DIS-ERGeS.

III. Vergleich mit den im staatlichen Verfahren geltenden Vorschriften

Eine entsprechende Regelung ist im staatlichen Verfahren nicht vorgesehen. Hier gilt die zwingende und ausschließliche Zuständigkeit des Landgerichts, dort der Kammer für Handelssachen. 3

IV. Verfahren und Frist

Benennung der parteibenannten Schiedsrichter. Zunächst stellt § 8 Abs. 1 klar, dass die Benennung des für die Klägerseite parteibenannten Schiedsrichters nicht bereits in der Klage erfolgen muss, anders als dies im regulären DIS-Schiedsverfahren der Fall ist. Dies hat seinen Grund darin, dass zu diesem Zeitpunkt noch nicht feststeht, welche Betroffenen auf Klägerseite dem Verfahren beitreten. Auch diese müssen an der Schiedsrichterbenennung beteiligt werden. Deshalb gilt eine gleichwohl erfolgte Benennung lediglich als Vorschlag, worauf die DIS bei Klagezustellung hinweist. 4

Zeitpunkt der Benennung. Der Zeitpunkt der Benennung der parteibenannten Schiedsrichter bestimmt sich nach § 8 Abs. 2. So ist vorgesehen, dass innerhalb von 30 Tagen nach Zugang der Klage bei der beklagten Partei und allen Betroffenen oder im Fall des zulässigen Beitritts eines Betroffenen innerhalb von 30 Tagen nach dessen Betritt die Parteien und Nebenintervenienten auf Kläger- und Beklagtenseite jeweils einen Schiedsrichter gegenüber der DIS-Geschäftsstelle zu benennen haben. Die Benennung erfolgt also gleichzeitig. Aus § 7 Abs. 2 folgt, dass es für die Fristberechnung auf den späteren der beiden in der Vorschrift genannten Zeitpunkte ankommt. 5

V. Kosten

Die Kosten im Falle eines Dreierschiedsgerichts sind höher als im Falle eines Einzelschiedsrichters. Sollten die Parteien daher beispielsweise auch im Hinblick auf den Streitwert die Entscheidung durch einen Einzelschiedsrichter für sinnvoller halten, ist es stets den Versuch wert, einen Einzelschiedsrichter vorzuschlagen, auch wenn bereits ein Dreierschiedsgericht in der Schiedsvereinbarung festgelegt ist. Häufig sind alle Beteiligten zumindest damit einverstanden, dass eine Streitigkeit durch einen Einzelschiedsrichter entschieden werden soll, auch wenn die Einigung über die entsprechende Person häufig scheitert. Dann kann jedoch auf den DIS-Ernennungsausschuss vertraut werden, der nach § 7 Abs. 3 den Einzelschiedsrichter benennt. 6

B. Verfahren der Ersatzbenennung mangels Einigung der Parteien (Abs. 3)

I. Normzweck

7 Die Regelung in § 8 Abs. 3 stellt sicher, dass in jedem Fall zeitnah das Schiedsgericht konstituiert werden kann, auch wenn die Parteien die von ihnen zu benennenden Schiedsrichter nicht fristgemäß benennen. Dies ist im Falle der Beschlussmängelstreitigkeit, die im Regelfall zu einem Mehrparteienschiedsverfahren führt, häufig der Fall, und zwar auf beiden Seiten. Deshalb bestimmt die Norm, dass der DIS-Ernennungsausschuss bereits in dem Falle, dass nur eine Seite nicht in der Lage ist, sich auf einen Schiedsrichter zu einigen, beide Schiedsrichter benennt. Eine bereits erfolgte Benennung durch die Kläger- oder Beklagtenseite wird damit gegenstandslos.

II. Verhältnis zu §§ 1025 ff. ZPO

8 Die Regelungen des X. Buches der ZPO haben keine eigenständige Bedeutung neben der Regelung in § 8 Abs. 3 DIS-ERGeS.

III. Vergleich mit den im staatlichen Verfahren geltenden Vorschriften

9 Entsprechende Regelungen sind im staatlichen Verfahren nicht vorgesehen. Es gilt die ausschließliche Zuständigkeit des Landgerichts, dort der Kammer für Handelssachen.

IV. Ersatzbenennung

10 **Voraussetzungen.** Voraussetzung für die Ersatzbenennung durch den DIS-Ernennungsausschuss ist, dass auf Kläger- und/oder Beklagtenseite innerhalb der Frist nach § 8 Abs. 2 DIS-ERGeS keine einvernehmliche Benennung erfolgt sowie ein entsprechender Antrag eines Klägers, einer beklagten Partei oder eines Nebenintervenienten gestellt wird. Benennt also auch nur eine Seite ihren jeweiligen Schiedsrichter nicht, benennt der Benennungsausschuss zwei Schiedsrichter nach Maßgabe von § 13 Abs. 2 DIS-SchO, so dass bereits erfolgte Benennungen gegenstandslos werden. Zur Frage, ob der Antrag auf Ersatzbenennung bereits vor Fristablauf gestellt werden kann, vgl. § 7 Rz. 10).

V. Kosten

Zu den Kosten eines Dreierschiedsgerichts im Verhältnis zum Einzelschiedsrichter s. Rz. 6. Die Ersatzbenennung durch den DIS-Ernennungsausschuss löst keine zusätzlichen Kosten aus, selbst dann nicht, wenn eine bereits erfolgte Schiedsrichterbenennung dadurch gegenstandslos wird. 11

C. Abweichende Parteivereinbarungen

Es ist möglich, eine großzügigere Frist zur Benennung der Schiedsrichter vorzusehen, wobei die DIS-Geschäftsstelle ohnehin Fristverlängerungen gewährt, wenn dadurch eine einvernehmliche Schiedsrichterbenennung gesichert und das Verfahren durch die Fristverlängerung nicht übermäßig verzögert wird. 12

§ 9: Zuständigkeitskonzentration bei Parallelverfahren

9.1 Im Falle der Einleitung mehrerer schiedsrichterlicher Verfahren mit einem Streitgegenstand, über den gegenüber den jeweils beteiligten Parteien und Betroffenen nur einheitlich entschieden werden kann, gelten die Regelungen in den §§ 9.2 bis 9.4.

9.2 Das zeitlich vorrangig eingeleitete schiedsrichterliche Verfahren (Vorrangverfahren) sperrt die Durchführung des zeitlich nachrangig eingeleiteten schiedsrichterlichen Verfahrens (Nachrangverfahren). Das Nachrangverfahren ist unzulässig.

9.3 Für den zeitlichen Vorrang mehrerer Klagen ist der Zeitpunkt des Eingangs der Klage bei der DIS-Geschäftsstelle maßgeblich. Für den Nachweis des tageszeitgenauen Eingangs der Klage bei der DIS-Geschäftsstelle hat die Übermittlung der Klage immer auch per Telefax oder E-Mail (auch ohne Anlagen) zu erfolgen. Im Zweifel bestimmt die DIS-Geschäftsstelle den zeitlichen Vorrang nach freiem Ermessen. Hält die DIS-Geschäftsstelle nach erstem Anschein einen Fall des § 9.1 für gegeben, so soll sie die Parteien und die benannten Betroffenen der eingeleiteten schiedsrichterlichen Verfahren entsprechend informieren.

9.4 Hat der Kläger die Klage im Nachrangverfahren innerhalb der Frist gemäß § 3.1 erhoben, in der er dem Vorrangverfahren als benannter Betroffener beitreten kann, wird die Klageerhebung wie sein Beitritt als benannter Betroffener zum Vorrangverfahren behandelt. Er wird weiterer Kläger im Vorrangverfahren, es sei denn er widerspricht innerhalb der

§ 9 DIS-ERGeS — Zuständigkeitskonzentration bei Parallelverfahren

Beitrittsfrist nach § 3.1. Er kann an der Bildung des Schiedsgerichts gemäß §§ 7 oder 8 mitwirken sowie weitere Betroffene im Vorrangverfahren gemäß § 4.1 benennen. Soweit in den §§ 7 oder 8 für den Beginn von Fristen auf den Zeitpunkt des Beitritts eines benannten Betroffenen abgestellt wird, wird für Zwecke dieses § 9.4 unterstellt, dass der Beitritt am Tage des Ablaufs der Beitrittsfrist gemäß § 3.1 erfolgt ist. Erklärt der Kläger im Nachrangverfahren bereits vor Ablauf der Beitrittsfrist gemäß § 3.1 ausdrücklich sein Einverständnis mit dem Beitritt zum Vorrangverfahren, so ist der Zeitpunkt dieser Erklärung für den Fristbeginn maßgeblich. Im Falle seines fristgemäßen Widerspruchs oder einer Klageerhebung nach Ablauf der Frist des § 3.1 wird er so behandelt als sei er nicht Partei des Vorrangverfahrens geworden. Das Nachrangverfahren bleibt ungeachtet dessen unzulässig. Sein Recht gemäß § 4.3 bleibt unberührt.

Regelungsschwerpunkte: Abs. 1 bis 4 regeln das Verfahren im Falle mehrerer schiedsrichterlicher Verfahren. → Rz. 1–14

Kostenaspekte: Kostenkontrolle durch Konzentrationswirkung. → Rz. 15

Inhalt

A. Verfahren im Falle der Einleitung mehrerer Verfahren (Abs. 1–4) 1	VI. Maßgeblicher Zeitpunkt für die Feststellung des Vorrangs (Abs. 3).................... 8
I. Normzweck............... 1	VII. Verfahren und Wirkungen der Klage im Nachrangverfahren (Abs. 4).................... 10
II. Verhältnis zu §§ 1025 ff. ZPO 4	
III. Vergleich mit den im staatlichen Verfahren geltenden Vorschriften............... 5	VIII. Kosten 15
IV. Allgemeine Verweisungsnorm (Abs. 1) 6	**B. Abweichende Parteivereinbarungen** 16
V. Grundsatz des Vorrangs des zuerst eingeleiteten Verfahrens (Abs. 2) 7	

A. Verfahren im Falle der Einleitung mehrerer Verfahren (Abs. 1–4)

I. Normzweck

1 Die Regelung verfolgt den Zweck, eine Rangordnung zwischen mehreren schiedsrichterlichen Verfahren zu sichern, die denselben Streitgegenstand betreffen und über welchen gegenüber den jeweils beteiligten Parteien und Betroffenen nur einheitlich entschieden werden kann.

Insoweit gilt die Regel, dass das zeitlich vorrangig eingeleitete schieds- 2
richterliche Verfahren, das sogenannte Vorrangverfahren, die Durchführung aller zeitlich nachrangig eingeleiteten schiedsrichterlichen Verfahren, sogenannten Nachrangverfahren, die als solche unzulässig sind, sperrt.

Darüber hinaus hat die Norm den Zweck, all diejenigen Kläger, die ein 3
Nachrangverfahren einleiten, innerhalb des Vorrangverfahrens als weiterer Kläger hinzutreten zu lassen (§ 9 Abs. 4).

II. Verhältnis zu §§ 1025 ff. ZPO

Eine entsprechende Norm ist im X. Buch der ZPO nicht vorgesehen. 4

III. Vergleich mit den im staatlichen Verfahren geltenden Vorschriften

Die Zuständigkeitskonzentration im staatlichen Verfahren wird bereits 5
dadurch sichergestellt, dass ausschließlich das Landgericht zuständig ist, in dessen Bezirk die Gesellschaft ihren Sitz hat (§ 246 Abs. 3 Satz 1 AktG). Hinsichtlich mehrere Verfahren ist bestimmt, dass diese zu gleichzeitigen Verhandlungen und Entscheidungen zu verbinden sind (§ 246 Abs. 3 Satz 6 AktG). Zwar ist es hier möglich, dass bei Anfechtungsklagen gegen denselben Beschluss sowohl bei der Kammer für Handelssachen als auch fälschlicherweise bei der Zivilkammer eingereicht werden. Letztere hat dann an die Kammer für Handelssachen zu verweisen. Diese ist nach § 246 Abs. 3 Satz 2 AktG vorrangig zuständig, soweit eine Kammer für Handelssachen bei dem Landgericht gebildet ist.

IV. Allgemeine Verweisungsnorm (Abs. 1)

§ 9 Abs. 1 dient lediglich als allgemeine Verweisungsnorm für die nach- 6
folgenden § 9 Abs. 2 bis § 9 Abs. 4 im Falle der Einleitung mehrerer schiedsrichterlicher Verfahren mit einem Streitgegenstand, über den gegenüber den jeweils beteiligten Parteien und Betroffenen nur einheitlich entschieden werden kann.

V. Grundsatz des Vorrangs des zuerst eingeleiteten Verfahrens (Abs. 2)

Der Grundsatz des Vorrangs des zeitlich zuerst eingeleiteten schieds- 7
richterlichen Verfahrens (Vorrangverfahren) gegenüber allen späteren Verfahren (Nachrangverfahren) ist notwendig, da die Zuständigkeitskonzentration, die durch das Aktiengesetz bei staatlichen Verfahren durch

die Konzentration bei einem konkreten Gericht erreicht wird, bei noch zu konstituierenden Schiedsgerichten nicht gegeben ist. Insofern bedarf es dieser ausdrücklichen Regelung. § 9 Abs. 2 Satz 2 stellt klar, dass die später eingeleiteten Verfahren unzulässig sind.

VI. Maßgeblicher Zeitpunkt für die Feststellung des Vorrangs (Abs. 3)

8 **Eingang der Klage bei der DIS.** Der zeitliche Vorrang mehrerer Klagen richtet sich gemäß § 9 Abs. 3 nach dem Zeitpunkt des Eingangs der Klage bei der DIS-Geschäftsstelle. Wichtig ist in diesem Zusammenhang, dass es mehrere DIS-Geschäftsstellen gibt, so dass es nicht auf den Eingang bei ein und demselben Standort ankommt.

9 **Nachweis des Zugangs.** Unabhängig von der Art der Übermittlung der Klage, die gemäß § 5 Abs. 1 DIS-SchO übersendet wird, ist hier ausdrücklich angeordnet, dass eine Übersendung stets zugleich per Telefax oder E-Mail zu erfolgen hat und dass Anlagen zu Schriftsätzen hierfür nicht notwendiger Weise übermittelt werden müssen. Sollten sich Zweifel hinsichtlich des genauen Zeitpunkts des Eingangs der Klage ergeben, was beispielsweise bei einer Übersendung per E-Mail durchaus denkbar ist, bestimmt die DIS-Geschäftsstelle den zeitlichen Vorrang nach freiem Ermessen. Durch die begriffliche Unterscheidung zwischen freiem Ermessen an dieser Stelle und dem pflichtgemäßen Ermessen i.S.v. § 10 ist ein unterschiedlicher Maßstab anzusetzen. In jedem Fall genügt es nach § 9 Abs. 3 Satz 4, wenn die DIS-Geschäftsstelle nach erstem Anschein einen Fall von Parallelverfahren für gegeben hält. Sie wird die Parteien und die benannten Betroffenen der eingeleiteten schiedsrichterlichen Verfahren in diesen Fällen entsprechend informieren und um Stellungnahme bitten, schon um ihr Ermessen ordnungsgemäß ausüben zu können.

VII. Verfahren und Wirkungen der Klage im Nachrangverfahren (Abs. 4)

10 Die Regelung in § 9 Abs. 4 bestimmt, welche Rolle allen weiteren Klägern zukommt, die ein schiedsrichterliches Verfahren eingeleitet haben, das als Nachrangverfahren zu behandeln ist.

11 **Klage im Nachrangverfahren innerhalb der Frist gemäß § 3 Abs. 11.** Sofern der Kläger im Nachrangverfahren seine Klage innerhalb der gemäß § 3 Abs. 1 für die Beitrittserklärung aller Betroffener zum Vorrangverfahren maßgeblichen Frist erhoben hat, wird seine Klageerhebung wie sein Beitritt als benannter Betroffener zum Vorrangverfahren behandelt. Es

ist also nicht erforderlich, dass er ausdrücklich seinen Beitritt als Betroffener zum Vorrangverfahren erklärt. Er wird sogar ohne weiteres Zutun wie ein weiterer Kläger im Vorrangverfahren behandelt, es sei denn, er widerspricht innerhalb der für das Vorrangverfahren maßgeblichen Beitrittsfrist (§ 3 Abs. 1).

Rechte des Klägers im Nachrangverfahren. Der Kläger im Nachrangverfahren hat folglich auch alle Rechte eines beigetretenen Betroffenen, d.h., dass er an der Schiedsrichterbenennung nach §§ 7 oder 8 mitwirken und weitere Betroffene im Vorrangverfahren gemäß § 4 Abs. 1 benennen kann. 12

Für die Berechnung des Fristbeginns für die Schiedsrichterbenennung nach §§ 7 oder 8 wird für den Kläger im Nachrangverfahren auf den Zeitpunkt abgestellt, in dem die Beitrittsfrist nach § 3 Abs. 1 zum Vorrangverfahren abgelaufen ist, sofern der Kläger im Nachrangverfahren nicht bereits vor Ablauf dieser Frist ausdrücklich sein Einverständnis mit dem Beitritt zum Vorrangverfahren erklärt hat. Dann ist dieser Beitrittserklärungszeitpunkt für den Fristbeginn maßgeblich. 13

§ 9 Abs. 4 Satz 6 stellt klar, dass der fristgemäße Widerspruch bzw. die verspätete Klageerhebung dazu führen, dass der Kläger nicht als Partei des Vorrangverfahrens behandelt wird. § 9 Abs. 4 Satz 7 stellt insoweit ebenfalls klar, dass das Nachrangverfahren ungeachtet dessen unzulässig bleibt. Indes hat der fristgemäß Widersprechende oder verspätet seine Klage erhebende Kläger stets das Recht, gemäß § 4 Abs. 3 zu einem späteren Zeitpunkt dem Verfahren mit den dann noch möglichen Verfahrensbeteiligungsrechten beizutreten. 14

VIII. Kosten

Besondere Kosten entstehen aufgrund der Zuständigkeitskonzentration nicht, wenngleich die DIS-Bearbeitungsgebühren für alle weiteren Verfahren anfallen (wenn diese ggf. auch seitens der DIS reduziert werden können). Im Übrigen trägt die Zuständigkeitskonzentration gerade zur Kosteneffizienz bei, denn so wird nur eine Klage verhandelt, in die sämtliche zu beteiligenden Personen als Betroffene einbezogen werden. 15

B. Abweichende Parteivereinbarungen

Abweichende Parteivereinbarungen sind nicht zu empfehlen, da die Zuständigkeitskonzentration eines der wesentlichen Kriterien ist, von denen die Schiedsfähigkeit von Beschlussmängelstreitigkeiten abhängt. 16

§ 10: Fristen

Die DIS-Geschäftsstelle kann die in diesen DIS-ERGeS vorgesehenen Fristen auf begründeten Antrag einer Partei, eines Nebenintervenienten oder eines benannten Betroffenen nach pflichtgemäßem Ermessen verlängern.

Regelungsschwerpunkte: Regelt die Möglichkeit der Fristverlängerung durch die DIS-Geschäftsstelle. → Rz. 1–6

Inhalt

A. Möglichkeit der Fristverlängerung durch die DIS 1	IV. Tatbestandsmerkmale 4
I. Normzweck 1	V. Rechtsfolgen 6
II. Verhältnis zu §§ 1025 ZPO .. 2	VI. Kosten 7
III. Vergleich mit den im staatlichen Verfahren geltenden Vorschriften 3	B. Abweichende Parteivereinbarungen 8

A. Möglichkeit der Fristverlängerung durch die DIS

I. Normzweck

1 Die Regelung hat den Zweck, die in den DIS-ERGeS vorgesehenen 30-Tages-Fristen im Bedarfsfall verlängern zu können. Dies ist insbesondere im Hinblick auf die Komplexität von Beschlussmängelstreitigkeiten nützlich und kann der „Rettung" dieser Verfahren dienlich sein.

II. Verhältnis zu §§ 1025 ZPO

2 Eine entsprechende Norm ist im X. Buch der ZPO nicht vorgesehen. Dort gelten entweder starre Fristen (vgl. § 1035 Abs. 3 ZPO) oder von den Parteien einvernehmlich festgelegte (vgl. § 1037 Abs. 3 ZPO).

III. Vergleich mit den im staatlichen Verfahren geltenden Vorschriften

3 Im staatlichen Verfahren gelten die §§ 224 ff. ZPO für die Verkürzung oder Verlängerung von Fristen. Insbesondere ist hier zu unterscheiden, ob es sich um eine sogenannte Notfrist handelt, die nicht verlängert werden kann. Im Übrigen müssen für eine Verlängerung nach § 224 Abs. 2 ZPO erhebliche Gründe glaubhaft gemacht werden.

IV. Tatbestandsmerkmale

Antrag eines Antragsberechtigten. Die Fristverlängerung wird nur auf Antrag einer Partei, eines Nebenintervenienten oder eines benannten Betroffenen verlängert. Der Antrag ist schriftlich bei der DIS einzureichen, auch wenn dies nicht ausdrücklich vorgesehen ist. Hierfür spricht sowohl § 5 Abs. 1 DIS-SchO als auch der Umstand, dass der Antrag zu begründen ist. 4

Pflichtgemäßes Ermessen. Die Entscheidung über die Fristverlängerung liegt im pflichtgemäßen Ermessen der DIS. Eine Begründung seitens der DIS erfolgt indes nicht. 5

V. Rechtsfolgen

Soweit die Kommentierungen für die Fristverlängerungsentscheidung vorliegen, wird diese getroffen. Die DIS wird Fristverlängerungsgesuchen insbesondere im Zusammenhang mit der Benennung von Schiedsrichtern dann stattgeben, wenn damit der Verfahrensablauf nicht über Gebühr verzögert wird. 6

VI. Kosten

Durch die Fristverlängerungen entstehen keine besonderen Kosten. 7

B. Abweichende Parteivereinbarungen

Abweichende Parteivereinbarungen sind denkbar, aber nicht ratsam, da es die Möglichkeit zur Fristverlängerung durch die DIS im Streitfall zu einer Rettung des Verfahrens beitragen kann. 8

§ 11: Wirkungserstreckung des Schiedsspruchs

Die Wirkungen des Schiedsspruchs erstrecken sich auf die Betroffenen, die innerhalb der in diesen DIS-ERGeS für die Benennung von Betroffenen vorgesehenen Fristen benannt wurden, unabhängig davon, ob sie von der ihnen eingeräumten Möglichkeit, dem schiedsrichterlichen Verfahren als Partei oder Nebenintervenient beizutreten, Gebrauch gemacht haben. Die fristgemäß als Betroffene benannten Gesellschafter verpflichten sich, die Wirkungen eines nach Maßgabe der Bestimmungen in den DIS-ERGeS ergangenen Schiedsspruchs anzuerkennen.

Regelungsschwerpunkte: Regelt die Erstreckung des Schiedsspruchs auf alle benannten Betroffenen. → Rz. 1–8

Kostenaspekte: Kostenentscheidung → Rz. 9

Inhalt

A. Wirkungserstreckung des Schiedsspruchs auf alle benannten Betroffenen 1
  I. Normzweck 1
  II. Verhältnis zu §§ 1025 ff. ZPO 4
  III. Vergleich mit den im staatlichen Verfahren geltenden Vorschriften 5
IV. Tatbestandsmerkmale 6
V. Rechtsfolgen 7
VI. Kosten 9
B. Abweichende Parteivereinbarungen 10

A. Wirkungserstreckung des Schiedsspruchs auf alle benannten Betroffenen

I. Normzweck

1 § 11 Satz 1 hat klarstellende Bedeutung. Der Schiedsspruch erstreckt sich auf alle Betroffenen, die fristgemäß nach dem DIS-ERGeS benannt wurden, und zwar unabhängig davon, ob sie von der Möglichkeit zum Beitritt Gebrauch gemacht haben oder nicht.

2 Die zusätzliche Regelung in § 11 Satz 2, dass sich die als Betroffene benannten Gesellschafter verpflichten, die Wirkungen eines nach Maßgabe der Bestimmungen in den DIS-ERGeS ergangenen Schiedsspruchs anzuerkennen, hat den Zweck, eine Bindungswirkung auch schon vor Durchführung eines etwaigen Anerkennungs- und Vollstreckbarerklärungsverfahrens betreffend den Schiedsspruch herzustellen.

3 Die Regelung stellt im Umkehrschluss auch klar, dass alle nicht fristgemäß benannten Betroffenen, die dem Schiedsverfahren nicht beigetreten sind, nicht von den vorgenannten Wirkungen erfasst werden. Ein dennoch ergangener Schiedsspruch ist mangels Schiedsfähigkeit unwirksam (*Borris*, SchiedsVZ 2009, 299 [309]).

II. Verhältnis zu §§ 1025 ff. ZPO

4 Die Regelungen des X. Buches der ZPO, insbesondere § 1055 ZPO, haben neben § 11 DIS-ERGeS keine eigenständige Wirkung, zumal die ZPO-Vorschrift ohnehin nur die Wirkungen des Schiedsspruchs zwi-

schen den Parteien regelt. Die Besonderheit des Verfahrens nach dem DIS-ERGeS besteht gerade darin, dass die Wirkungen sich auch auf alle sonstigen fristgemäß benannten Betroffenen erstrecken.

III. Vergleich mit den im staatlichen Verfahren geltenden Vorschriften

In staatlichen Verfahren gilt § 248 AktG, ggf. i.V.m. § 249 AktG analog. 5

IV. Tatbestandsmerkmale

Schiedsspruch. Voraussetzung für die Wirkungserstreckung auf die Betroffenen ist der Erlass eines Schiedsspruchs nach Maßgabe der §§ 33 ff. DIS-SchO. 6

V. Rechtsfolgen

Kreis der von der Wirkungserstreckung Betroffenen. Von den Wirkungen des Schiedsspruchs erfasst sind alle Betroffenen, die innerhalb der von den DIS-ERGeS vorgesehenen Frist benannt wurden, unabhängig davon, ob sie beigetreten sind oder nicht. 7

Verpflichtung der Gesellschafter zur Anerkennung. Der Schiedsspruch hat zudem die Folge, dass mit seinem Erlass die Verpflichtung der Gesellschafter in § 11 Satz 2, die bereits mit Abschluss der Schiedsvereinbarung entsteht, die Wirkungen eines nach Maßgabe der Bestimmungen der DIS-ERGeS ergangenen Schiedspurchs anzuerkennen. So wird verhindert, dass ein Anerkennungs- und Vollstreckbarerklärungsverfahren durchgeführt werden muss, bevor die Parteien tatsächlich an die Wirkungen des Schiedsspruchs gebunden werden können. 8

VI. Kosten

Der Schiedsspruch enthält zugleich die Kostenentscheidung, vgl. § 12. Nachdem die Wirkungserstreckung nur für alle rechtzeitig benannten Betroffenen gilt, ist auch im Interesse des Kostenrisikos darauf zu achten, dass all diejenigen, die von den Wirkungen des Schiedsspruchs erfasst sein sollen, auch fristgemäß als Betroffene benannt worden sind. Andernfalls besteht das Risiko, dass ein Schiedsspruch mangels Schiedsfähigkeit nicht ergehen kann und, falls er doch ergeht, unwirksam ist. Dies führt dazu, dass ein neues Verfahren durchgeführt werden muss, um das mit dem Schiedsverfahren erstrebte Ergebnis herbeizuführen. 9

B. Abweichende Parteivereinbarungen

10 Abweichende Parteienvereinbarungen sind nicht zulässig, soweit sie die Wirkungserstreckung einschränken oder erweitern wollen, denn gerade dieses Kriterium ist für die Schiedsfähigkeit der Streitigkeit wesentlich. Eine Abbedingung der Anerkennungsverpflichtung dürfte hingegen zulässig sein, in der Praxis freilich kaum vorkommen.

§ 12: Kosten

12.1 Für die Kostenentscheidung gilt § 35 DIS-SchO, wobei Betroffene, die dem schiedsrichterlichen Verfahren nicht als Partei oder Nebenintervenient beitreten, keinen Anspruch auf Kostenerstattung haben.

12.2 Für die Bemessung der Kosten gilt § 40.5 Nr. 11 DIS-SchO, wobei ein benannter Betroffener wie eine Partei behandelt wird.

Regelungsschwerpunkte: Abs. 1 und 2 Zur Kostengrundentscheidung und Höhe der Kosten. → Rz. 1–6

Kostenaspekte: Kostenkontrolle durch Anwendung der Kostenregelungen der DIS-SchO. → Rz. 1, 2

Inhalt

A. Kostengrundentscheidung und Höhe der Kosten (Abs. 1–2) 1	IV. Tatbestandsmerkmale 5
I. Normzweck 1	V. Rechtsfolgen 6
II. Verhältnis zu §§ 1025 ff. ZPO 3	B. Abweichende Parteivereinbarungen 7
III. Vergleich mit den im staatlichen Verfahren geltenden Vorschriften 4	

A. Kostengrundentscheidung und Höhe der Kosten (Abs. 1–2)

I. Normzweck

1 Zweck der Norm ist es zunächst, durch den Verweis auf § 35 DIS-SchO klarzustellen, dass das Schiedsgericht auch in den Verfahren nach dem DIS-ERGeS über die Kosten nach Maßgabe der DIS-SchO entscheidet. Betroffene, die dem schiedsrichterlichen Verfahren nicht als Partei oder Nebenintervenient beitreten, sollen keinen Anspruch auf Kostenerstat-

tung haben. Diesen sind mangels Beteiligung keine Kosten im Verfahren entstanden, die erstattungsfähig wären.

Durch den Verweis in § 12 Abs. 2 DIS-ERGeS auf § 40 Abs. 5 Nr. 11 DIS-SchO wird klargestellt, dass jeder benannte Betroffene wie eine Partei behandelt wird und sich daher, sofern an einem schiedsrichterlichen Verfahren mehr als zwei Parteien beteiligt sind, sich die in der Gebührentabelle der DIS aufgeführten Beträge für Schiedsrichterhonorare um 20 % für jede zusätzliche Partei erhöhen, wobei eine Obergrenze von maximal 50 % festgelegt wird. Auch wenn die Vorschrift nicht auf § 40 Abs. 5 Nr. 18 DIS-SchO verweist, wird dies in der Praxis der DIS hinsichtlich der Bearbeitungsgebühr unter Berücksichtigung von Sinn und Zweck der Norm so gehandhabt.

II. Verhältnis zu §§ 1025 ff. ZPO

Die Entscheidung über die Kosten erfolgt nach Maßgabe von § 12 DIS-ERGeS sowie der DIS-SchO. § 1057 ZPO hat daneben keine eigenständige Bedeutung.

III. Vergleich mit den im staatlichen Verfahren geltenden Vorschriften

Im staatlichen Verfahren gelten grundsätzlich die §§ 91 ff. ZPO. Im Falle der streitgenössischen Nebenintervention, die im Falle einer Beschlussmängelstreitigkeit für alle Betroffenen gegeben ist, die nicht Partei des Verfahrens sind, ist § 100 ZPO maßgeblich. Für alle Streitgenossen, die auf Seiten einer Partei als Partei beitreten, gilt § 101 Abs. 2 i.V.m. § 100 ZPO.

IV. Tatbestandsmerkmale

Verweis auf die DIS-SchO. Sowohl hinsichtlich der Kostengrundentscheidung als auch hinsichtlich der Höhe der Kosten verweist § 12 DIS-ErGeS auf die DIS-SchO. Die einzige Besonderheit besteht darin, dass nach § 12 Abs. 1 DIS-ErGeS nur die Betroffenen Anspruch auf Kostenerstattung haben, die dem schiedsgerichtlichen Verfahren beigetreten sind und dass ein benannter Betroffener i.S.v. § 40 Abs. 5 Nr. 11 DIS-SchO und – in der Praxis der DIS – § 40 Abs. 5 Nr. 18 DIS-SchO wie eine Partei zu behandeln ist.

V. Rechtsfolgen

6 Die Rechtsfolgen sind auf den Verweis auf die DIS-SchO sowie auf die Besonderheit des ausgeschlossenen Kostenerstattungsanspruchs des nicht beigetretenen Betroffenen und der Gleichstellung eines Betroffenen als Partei beschränkt.

B. Abweichende Parteivereinbarungen

7 **Kostengrundentscheidung.** Abweichende Parteivereinbarungen hinsichtlich der Kostengrundentscheidung sind insoweit zulässig, als die Kostentragung etwa dahingehend geregelt wird, dass die unterliegende Partei die Kosten des schiedsrichterlichen Verfahrens zu tragen hat.

8 **Höhe der Kosten.** Hinsichtlich der Höhe der Kosten ist jedoch davon auszugehen, dass die Regelung zwingend ist, da abweichende Vereinbarungen hinsichtlich der Höhe des Honorars nicht zulässig sind. § 40 Abs. 5 Nr. 11 bis 15 DIS-SchO führt abschließend auf, unter welchen Voraussetzungen sich Schiedsrichterhonorare erhöhen können.

Stichwortverzeichnis

Erstellt von RAin Petra-Andrea Block-Funken.

„Art." verweist auf Vorschriften der ICC-SchO. Die mageren Zahlen verweisen auf Randziffern.

Abtretung Art. 6 12
Ad-hoc-Schiedsverfahren Einl. 9;
  Art. 1 10
Adjukation Einl. 7
Alternative Streitbeilegung Einl. 7; Nach **Art. 41** 9
– DIS-Konfliktmanagementordnung **DIS-SchO Vor § 1** 7
amiable compositeur
– ausdrückliche Ermächtigung **Art. 21** 53
– Billigkeitsentscheidung **Art. 21** 50
– Grenzen **Art. 21** 54
– Schadensschätzung **Art. 21** 52
Anerkenntnisentscheidung Art. 2 17
Anlagen
– Anzahl der Exemplare **DIS-SchO § 4** 1 ff.
Anspruch
– Begriffsbestimmung **Art. 2** 12 ff.
Ansprüche zwischen mehreren Parteien
– abweichende Parteivereinbarungen **Art. 8** 29
– Antrag ans Sekretariat **Art. 8** 14
– erfasste Ansprüche **Art. 8** 9
– Ermessen **Art. 8** 21
– erster Schriftsatz **Art. 8** 13
– gerichtliche Kontrolle **Art. 8** 22
– Honorarerhöhung **Art. 8** 26
– ICC-Verwaltungskosten **Art. 8** 26
– jeder gegen jeden **Art. 8** 6
– Kosten **Art. 8** 25
– Kostenvorschuss **Art. 8** 27
– Mehrparteienverfahren **Art. 8** 25 ff.
– nicht erfasste Ansprüche **Art. 8** 8
– Parteikosten **Art. 8** 28
– Prima-facie-Prüfung **Art. 8** 10
– Streitwerterhöhung **Art. 8** 25
– Verfahrenseinleitung **Art. 8** 12
– Verfahrensgang nach Übergabe der Akte **Art. 8** 20
– Verfahrensgang vor Übergabe der Akte **Art. 8** 16 ff.
– Vollstreckbarkeit **Art. 8** 22
– Vorbehalte **Art. 8** 10

Anspruchshäufung
– mehrere Verträge **Art. 9** 1 ff.
– Mehrparteienverfahren **Art. 8** 1 ff.
Anspruchsvorbehalt
– Parteieinbeziehung **Art. 7** 23
Antrag auf richterliche Unterstützung DIS-SchO § 27 21
Anwaltliche Vertretung Art. 25 112;
  DIS-SchO § 26 27 f.
– Doppelvertretung **DIS-SchO § 35** 15
– Kosten **DIS-SchO § 35** 14
Anwaltsgeheimnis Art. 25 52 f.; **DIS-SchO § 27** 49 ff., 50
– Syndikusanwälte **Art. 25** 55
– Vertraulichkeitsschutz, EuGH **Art. 25** 56
Anwendbares Recht Art. 4 34; **Art. 5** 28;
  Art. 21 1 ff.; **DIS-SchO § 23** 1 ff.;
  s.a. Sachrecht, anwendbares
– Mehrvertragsverfahren **Art. 6** 133
Anwendungsbereich der ICC-SchO
– persönlich **Vor Art. 1** 3
– sachlich **Vor Art. 1** 4 ff.
– zeitlich **Vor Art. 1** 6; **Art. 6** 1 ff., 42 ff.
Anwesenheitsrecht
– mündliche Verhandlung **Art. 26** 48;
  DIS-SchO § 28 49 ff.
appointing authority Art. 1 10
Arrest *s. einstweiliger Rechtsschutz vor staatlichen Gerichten*
Attorney-Client-Privilege Art. 25 54;
  DIS-SchO § 27 49 ff.
Aufbewahrung von Akten nach Verfahrensbeendigung Art. 1 26
Aufhebung von Schiedssprüchen Einl. 6
– abweichende Parteivereinbarungen **Art. 34** 37
– Aufhebungsgründe **Art. 34** 32; **DIS-SchO § 38** 8
– inländische Schiedssprüche **Art. 34** 28 ff.
– Schiedsspruch aufgrund Einvernehmens **Art. 32** 16
– Vollstreckbarkeit **Art. 34** 28

1085

Aufrechnung
- anwendbares Recht **DIS-SchO § 10** 22
- DIS-Schiedsklage **DIS-SchO § 10** 19
- Doppelnatur **DIS-SchO § 10** 20 f.
- Hilfsaufrechnung **DIS-SchO § 11** 11
- ICC-Schiedsverfahren **Art. 5** 54 ff.
- Schiedsvereinbarung, fehlende **DIS-SchO § 10** 26
- Schiedsvereinbarung für Gegenforderung **Art. 5** 56 ff.; **DIS-SchO § 10** 24 ff.
- Schiedsvereinbarung, stillschweigende **DIS-SchO § 10** 25
- im staatlichen Verfahren der Vollstreckbarerklärung **DIS-SchO § 10** 27
- streitwerterhöhende, Kostenvorschuss **Art. 36** 37
- unzulässige nach DIS-ERBV **DIS-ERBV § 4** 1 ff., 5 ff., 16 f.

Auslagen
- andere, Festsetzung **Art. 37** 31
- Beauftragung von Hilfspersonen **Art. 36** 20
- DIS-Richtlinien **DIS-SchO § 40** 17
- DIS-Schiedsrichter **DIS-SchO § 40** 9 f.
- erstattungsfähige **DIS-SchO § 40** 10
- ICC-Schiedsrichter **Art. 36** 13, 18, **37** 22 f.
- Kostenvorschuss **DIS-SchO § 25** 1 ff.
- Vorschussberechnung **DIS-SchO § 25** 6 ff.
- Verwaltungssekretär **Vor Art. 11** 15

Auslegung
- autonome, ICC-Schiedsordnung **Vor Art. 1** 10; **Art. 41** 1 ff.
- ICC-Schiedsordnung **Vor Art. 1** 10
- Parteivereinbarung zur Verfahrensbeendigung **DIS-SchO § 39** 39 ff.
- Schaubild **Art. 35** 57
- Schiedsspruch **Art. 35** 37 ff.; **DIS-SchO § 37** 29 ff.
- spirit of the rules **Art. 41** 5 ff.
- Vorrang zwingenden nationalen Rechts **Art. 41** 7

Aussageverweigerung
- Antrag auf gerichtliche Unterstützung **Art. 25** 25

Aussetzung des Verfahrens
- Kosten **Art. 37** 25

Außergerichtlicher Vergleich
- ICC-Schiedsverfahren **Art. 32** 5

Back-to-back-Verträge Art. 6 142
Bankgarantie
- Kostenvorschuss **Art. 36** 29

Beendigungsbeschluss
- DIS-Schiedsverfahren **DIS-SchO § 39** 16 ff.
- ICC-Schiedsverfahren **Art. 32** 4; **Art. 37** 44

Beitritt (DIS-ERGeS)
- Beitrittserklärung **DIS-ERGeS § 3** 1 ff.
- Benennungsrecht **DIS-ERGeS § 4** 9
- fristgemäßer **DIS-ERGeS § 4** 5
- Kosten **DIS-ERGeS § 4** 11
- Nebenintervenient **DIS-ERGeS § 4** 7
- Nichtbeitritt eines Betroffenen **DIS-ERGeS § 4** 12 ff.
- Nichtbeitritt, Kosten **DIS-ERGeS § 4** 19
- Partei **DIS-ERGeS § 4** 5
- Rechtsfolgen **DIS-ERGeS § 4** 8
- weiterer Betroffener **DIS-ERGeS § 4** 1 ff.
- zu späterem Zeitpunkt **DIS-ERGeS § 4** 20 ff.

Benennung von Schiedsrichtern
- Begriff **Vor Art. 11** 4

Berichtigungsschiedsspruch DIS-SchO § 37 23
- Kosten **DIS-SchO § 37** 28
- Zeitpunkt und Form **DIS-SchO § 37** 27

Berichtigungsverfahren
- Anhörung **Art. 35** 26
- Auslegungsantrag **Art. 35** 37 ff.
- Berichtigung „von sich aus" **Art. 35** 24 ff.
- Berichtigungsantrag **Art. 35** 11 ff., 58
- berichtigungsfähige Fehler **Art. 35** 13 ff.
- fehlerhafte Entscheidungsgründe **Art. 35** 22
- fehlerhafte Schlussformel **Art. 35** 23
- fehlerhafter Tatbestand **Art. 35** 21
- fehlerhafter Tenor **Art. 35** 19
- fehlerhaftes Rubrum **Art. 35** 18
- Genehmigungsverfahren **Art. 35** 34
- Kosten **Art. 35** 39 ff.
- Kostenvorschuss, zusätzlicher **Art. 35** 53
- maßgeblicher Zeitpunkt **Art. 35** 17
- Missbrauch **Art. 35** 4
- auf Parteiantrag **Art. 35** 28 ff.
- Rechtsnatur des Nachtrags **Art. 35** 34
- Schaubild **Art. 35** 57
- Schiedsspruch **Art. 35** 1 ff.; **DIS-SchO § 37** 9 ff.

- Stellungnahme zu Berichtigungsantrag **Art. 35** 60
Bestätigung von Schiedsrichtern
- Begriff **Vor Art. 11** 4
Beteiligter
- Beklagter, Begriffsbestimmung **Art. 2** 9
- Kläger, Begriffsbestimmung **Art. 2** 9
Beweiserhebung
- Beweiserhebungsverbote **Art. 25** 60
- beweisrechtliche Privilegien **Art. 25** 49 ff.
- Beweisvorlage bei Vertraulichkeitsvereinbarung **Art. 25** 62; **DIS-SchO § 27** 54
Beweishilfe durch staatliche Gerichte **Einl.** 6; **Art. 25** 17; **DIS-SchO § 27** 21
Beweismittel
- Kosten **DIS-SchO § 27** 75
- Sachverständigenbeweis **Art. 25** 72 ff.; **DIS-SchO § 27** 60; *s.a. dort*
- Urkundsbeweis **Art. 25** 33 ff.; **DIS-SchO § 27** 30 ff.; *s.a. Dokumentenherausgabe*
- Zeugenbeweis **Art. 25** 18 ff.; **DIS-SchO § 27** 15 ff.; *s.a. dort*
Beweisverfahren
- abweichende Parteivereinbarungen **Art. 25** 111; **DIS-SchO § 27** 77
- Beweiserhebung, Optimierung **DIS-SchO § 27** 67
- Beweiserhebungsverbote **Art. 25** 60
- Beweismittel **Art. 25** 19 ff.; **DIS-SchO § 27** 15 ff.; *s.a. dort*
- beweisrechtliche Privilegien **DIS-SchO § 27** 47 ff.
- cross examination **DIS-SchO § 28** 38 f.
- direct examination **DIS-SchO § 28** 37
- Dokumentenherausgabe
- Dokumentenvorlage, Anordnung **Art. 25** 32 ff.
- Einwendungen gg. Beweiserhebung **DIS-SchO § 27** 46
- Entscheidung des Schiedsgerichts **DIS-SchO § 27** 12
- Expert-Conferencing **DIS-SchO § 28** 45
- Fairness und Gleichheit **DIS-SchO § 27** 53
- Kompetenzgrenzen des Schiedsgerichts **Art. 25** 17; **DIS-SchO § 27** 14
- Kosten **Art. 25** 108; **DIS-SchO § 27** 74
- Kostensanktion **DIS-SchO § 27** 76
- Parteiautonomie **DIS-SchO § 27** 6

- Re-Direct-Examination **DIS-SchO § 28** 40 ff.
- Sachverständige **Art. 25** 72 ff.; **DIS-SchO § 28** 43 ff.
- selbständiges, ICC-Schiedsverfahren **Art. 25** 90
- Unterstützung durch staatliche Gerichte **Art. 25** 17; **DIS-SchO § 27** 14
- Verfahrensablauf **Art. 25** 16
- Verfahrensregeln, Festlegung **Art. 25** 15 ff.
- Zeugenbeweis **Art. 25** 17 ff.; **DIS-SchO § 28** 34 ff.
Beweisverfahren, selbständiges
- DIS-Schiedsverfahren **DIS-SchO § 27** 73
- ICC-Schiedsverfahren **Art. 25** 90
Bifurkation Art. 2 17
- verfahrensphasenspezifische Erstattungsansprüche **Art. 37** 39
Bilaterale Investitionsschutzverträge *s. BITS*
Billigkeitsentscheidung
- amiable compositeur **Art. 21** 50 ff.
- ex aequo et bono **Art. 21** 50 ff.
- Sachrechtswahl **Art. 21** 48 ff.
BITS Einl. 15
Bürgschaft auf erstes Anfordern § 20 DIS-SchO 34

CAFTA Einl. 15
Chartered Institute of Arbitrators Protocol for E-Disclosure DIS-SchO § 27 45
CISG Art. 21 2
- Rechtsbehelfe **Art. 2** 12
Civil Law versus Common Law
- DIS-Schiedsverfahren **DIS-SchO § 27** 6 ff.
- ICC-Schiedsverfahren **Art. 25** 8 ff.
- internationale Schiedsverfahren **DIS-SchO § 27** 7
Closing Statements Art. 26 42 f.; **DIS-SchO § 28** 47 f.
Codes of Conduct Art. 25 83; **DIS-SchO § 27** 67
Comité restraint Art. 1 14
Common Hearing Bundle Art. 26 18
Common Law
Counter-Claims Art. 6 76
CPR's Protocol on Disclosure of Documents and Presentation of Witnesses in Commercial Arbitration DIS-SchO § 27 45

1087

Cross-Claims Art. 2 13
– Drittwiderklage **Art. 5** 46
– Kostenvorschüsse **Art. 36** 27
Cross Examination Art. 26 33; **DIS-SchO § 28** 38 f.

Datenschutz
– Dokumentenherausgabe **DIS-SchO § 27** 57
– Herausgabe elektronischer Dokumente **Art. 25** 65
– IBA Rules on the Taking of Evidence in International Arbitration **Art. 25** 65
designating authority Art. 1 10
Direct Examination Art. 26 32
DIS (Deutsche Institution für Schiedsgerichtsbarkeit e.V.)
– Entwicklung **DIS-SchO Vor § 1** 1
– Gebührenanspruch **DIS-SchO § 40** 11 ff.
– Hauptgeschäftsstelle Köln **DIS-SchO Vor § 1** 12
– Musterschiedsklausel zur Anwendung der DIS-ERGeS **DIS-ERGeS Vorwort** 9 ff.
– Verwaltung von Schiedsverfahren nach den UNCITRAL Arbitration Rules **DIS-SchO Vor § 1** 8
– Widerklageerhebung, Adressat **DIS-SchO § 10** 5
DIS-Bearbeitungsgebühr
– abweichende Parteivereinbarungen **DIS-SchO § 7** 15; **§ 11** 12; **§ 40** 15
– DIS-Richtlinien **DIS-SchO § 40** 17
– erhöhte Gebühr bei Widerklageerhebung **DIS-SchO § 11** 4 ff.
– Fälligkeit **DIS-SchO § 7** 5; **§ 11** 5
– Folgen der Nichtzahlung **DIS-SchO § 7** 13 f.; **§ 11** 8
– gesamtschuldnerische Haftung **DIS-SchO § 40** 14
– Grundlagen **DIS-SchO § 7** 4; **§ 11** 4 ff.; **§ 40** 11 ff.
– Hilfsaufrechnung bei Widerklage **DIS-SchO § 11** 11
– Höhe **DIS-SchO § 7** 6; **§ 11** 6; **§ 35** 11; **§ 40** 12
– Kostenentscheidung **DIS-SchO § 35** 10 ff.
– Kostentragungspflicht **DIS-SchO § 11** 4 ff.
– Streitwert als Grundlage **DIS-SchO Vor § 1** 18
– Tenorierung **DIS-SchO § 35** 12

– Übersetzungskosten **DIS-SchO § 7** 8; **§ 11** 9
– Umfang **DIS-SchO § 35** 10
– Widerklage **DIS-SchO § 40** 13
Discovery-Agent
– Beweisvorlage bei Vertraulichkeitsvereinbarung **DIS-SchO § 27** 55
DIS-ERBV
– abweichende Parteivereinbarungen **DIS-ERBV § 6** 1 ff.
– im Anlagenbau **DIS-ERBV § 1** 9
– Anwendungsbereich **DIS-ERBV § 1** 7 ff.
– Aufrechnung, Unzulässigkeit **DIS-ERBV § 4** 1 ff., 5 ff., 16 f.
– im Bank- und Kapitalmarktrecht **DIS-ERBV § 1** 9
– im Baugewerbe **DIS-ERBV § 1** 9
– Beschleunigungsgedanke **DIS-ERBV § 1** 14
– DIS-Ergänzende Regeln für beschleunigte Verfahren **DIS-SchO Vor § 1** 5
– Einzelschiedsrichterbestellung **DIS-ERBV § 3** 9 ff.
– Fristverlängerungen **DIS-ERBV § 1** 15; **§ 6** 1 ff.
– frühestmögliche Hinweise durch das Schiedsgericht **DIS-ERBV § 5** 13 ff.
– bei geringen Streitwerten **DIS-ERBV § 1** 9
– Klageeinreichung **DIS-ERBV § 1** 13
– bei kleinen Unternehmen **DIS-ERBV § 1** 9
– Kosten bei Verfahrenseinleitung **DIS-ERBV § 2** 1 ff., 4 f.
– Musterklausel, Vereinbarung **DIS-ERBV § 1** 7
– Regelverfahrensdauer, abweichende Parteivereinbarung **DIS-ERBV § 1** 16 ff.
– bei Rücktritt vom Unternehmenskaufvertrag nach MAC-Klausel **DIS-ERBV § 1** 9
– sachlicher Anwendungsbereich **DIS-ERBV § 1** 9 f.
– Schiedsrichter, Anzahl **DIS-ERBV § 3** 1 ff.
– Schiedsrichter, Benennung **DIS-ERBV § 3** 10 ff.
– Schiedsspruch, Verzicht auf Tatbestand **DIS-ERBV § 7** 1 ff.
– 7-Tage-Frist für Bestellung **DIS-ERBV § 3** 13

Stichwortverzeichnis

- Übersendung von Schriftsätzen **DIS-ERBV § 4** 1 ff., 8 f.
- vereinbarte Geltung **DIS-ERBV § 1** 7
- Verfahrensablauf **DIS-ERBV § 5** 10 ff.
- Verfahrensdauer **DIS-ERBV § 1** 11 f.
- 4-Wochenfrist für Klageerwiderung **DIS-ERBV § 4** 1 ff., 10 ff.
- Vorschusszahlung, volle **DIS-ERBV § 2** 4 f.
- Wahlrecht der Parteien **DIS-ERBV § 1** 8
- Widerklage, Unzulässigkeit **DIS-ERBV § 4** 1 ff., 5 ff., 16 f.
- Zeitplan, Verfahren **DIS-ERBV § 5** 2 ff.
- Zeitrahmen, Überschreitung **DIS-ERBV § 6** 3 f., 12

DIS-ERGeS
- abweichende Parteivereinbarungen **DIS-ERGeS § 1** 14; **DIS-ERGeS Vorwort** 14
- Änderung des Streitgegenstandes **DIS-ERGeS § 6** 4 ff.
- Beitritt
  - aller Betroffenen **DIS-ERGeS § 2** 6 ff.
  - Beitrittserklärung **DIS-ERGeS § 3** 1 ff.
  - Benennungsrecht **DIS-ERGeS § 4** 9
  - fristgemäßer **DIS-ERGeS § 4** 5
  - Kosten **DIS-ERGeS § 4** 11
  - als Nebenintervenient **DIS-ERGeS § 4** 7
  - als Partei **DIS-ERGeS § 4** 5
  - Rechtsfolgen **DIS-ERGeS § 4** 8
  - zu späterem Zeitpunkt **DIS-ERGeS § 4** 20 ff.
  - weiterer Betroffener **DIS-ERGeS § 4** 1 ff.
- Benennung aller Betroffenen **DIS-ERGeS § 2** 10 ff.
- Benennung weiterer Betroffener **DIS-ERGeS § 3** 10 ff., 17 ff.
- DIS Ergänzende Regeln für gesellschaftsrechtliche Streitigkeiten **DIS-SchO Vor § 1** 6
- Dreierschiedsgericht **DIS-ERGeS § 8** 1 ff.
- dynamische Verweisung **DIS-ERGeS § 1** 8
- eindeutige Vereinbarung **DIS-ERGeS § 1** 5
- Einzelschiedsrichter **DIS-ERGeS § 7** 1 ff.
- empfohlene Zusatzvereinbarungen **DIS-ERGeS Vorwort** 9 ff.
- erfasste Gesellschaftsformen **DIS-ERGeS § 2** 7
- Ersatzbenennung durch die DIS **DIS-ERGeS § 7** 7 ff.; **§ 8** 7 ff.
- gesellschaftsrechtliche Streitigkeiten **DIS-ERGeS § 1** 4
- Klagerücknahme **DIS-ERGeS § 6** 5
- Klagezustellung **DIS-ERGeS § 3** 1 ff.
- Kosten **DIS-ERGeS § 1** 7; **§ 2** 9, 17; **DIS-ERGeS Vorwort** 13
- Kostenerstattungsanspruch nicht Beigetretener **DIS-ERGeS § 4** 19
- Kostengrundentscheidung **DIS-ERGeS § 12** 1 ff.
- Kostenhöhe **DIS-ERGeS § 12** 1 ff.
- Musterschiedsklausel zur Anwendung der DIS-ERGeS **DIS-ERGeS Vorwort** 1 ff.
- Nichtbeitritt eines Betroffenen **DIS-ERGeS § 4** 12 ff.
- Nichtbeitritt, Kosten **DIS-ERGeS § 4** 19
- Normzweck **DIS-ERGeS § 1** 1
- Parallelverfahren, Zuständigkeitskonzentration **DIS-ERGeS § 9** 1 ff.
- persönlicher Anwendungsbereich **DIS-ERGeS § 2** 1 ff.
- Rechtsfolge der Anwendung **DIS-ERGeS § 1** 6
- sachlicher Anwendungsbereich **DIS-ERGeS § 1** 4 ff.; **§ 2** 5 ff.
- Schiedsspruch, Wirkungserstreckung **DIS-ERGeS § 11** 1 ff.
- Schiedsvereinbarung **DIS-ERGeS Vorwort**
- Übersendung der Klage **DIS-ERGeS § 3** 5
  - Art **DIS-ERGeS § 3** 6
  - Frist **DIS-ERGeS § 3** 7
- Unterrichtung betroffener, nicht Beigetretener **DIS-ERGeS § 5** 1 ff.

DIS-Ernennungsausschuss DIS-SchO Vor § 1 19
- Begründungserfordernis **DIS-SchO § 17** 9
- Ernennungsverfahren **DIS-SchO § 13** 17
- Ersatzbenennung, doppelte **DIS-SchO § 13** 16 ff.
- ex officio **DIS-SchO § 13** 18
- Schiedsrichterbenennung **DIS-SchO § 12** 15 ff.; **§ 13** 16 ff.

1089

- Schiedsrichterbestellung **DIS-SchO** § 16 6 ff.; § 17 1 ff.
- Vorsitzender Schiedsrichter, Benennung **DIS-SchO** § 12 27
- Vorsitzender Schiedsrichter, Ernennung **DIS-SchO** § 13 25

DIS-Generalsekretär
- Schiedsrichterbestellung **DIS-SchO** § 16 5; § 17 5

DIS-Geschäftsstelle
- Einreichung Klageerwiderung mit Widerklage **DIS-SchO** § 9 16
- Schiedsrichterauswahl, Anregungen **DIS-SchO** § 2 22
- Unterrichtung der Parteien **DIS-SchO** § 16 9
- Widerklage, Einreichung bei **DIS-SchO** Vor § 1 16

DIS-KMO
- DIS-Konfliktmanagementordnung **DIS-SchO** Vor § 1 7

DIS-MedO
- Mediationen **DIS-SchO** Vor § 1 7

DIS-Musterschiedsvereinbarung
- abweichende Parteivereinbarungen **DIS-SchO** Nach § 44 18
- anwendbares Recht **DIS-SchO** Nach § 44 16
- Anwendungsbereich **DIS-SchO** Nach § 44 7 ff.
- empfohlene Zusatzvereinbarungen **DIS-SchO** Nach § 44 12
- Form **DIS-SchO** Nach § 44 11
- Kosten **DIS-SchO** Nach § 44 17
- Musterschiedsklausel **DIS-SchO** Nach § 44 7 ff.
- Schiedsort **DIS-SchO** Nach § 44 14
- Schiedsrichter, Anzahl **DIS-SchO** Nach § 44 13
- Verfahrenssprache **DIS-SchO** Nach § 44 15
- Wortlaut **DIS-SchO** Nach § 44 7 ff.
- Zweck **DIS-SchO** Nach § 44 1 ff.

Dispositionsmaxime DIS-SchO § 33 3

DIS-Richtlinien
- Auslagenerstattung, Schiedsgericht **DIS-SchO** § 40 17

DIS-SchGO
- Schiedsgutachten **DIS-SchO** Vor § 1 7

DIS-Schiedsgericht
- Entscheidung mit Stimmenmehrheit **DIS-SchO** § 33 13 ff.
- Entscheidung über Schiedsrichterablehnung **DIS-SchO** § 18 20
- Entscheidungsspielraum **DIS-SchO** § 33 8 ff.
- Ersatzschiedsrichterbestellung **DIS-SchO** § 18 27
- Fristverlängerungen **DIS-ERBV** § 6 9 ff.
- frühestmögliche Hinweise **DIS-ERBV** § 5 13 ff.
- Grundsatz der strengen Antragsbindung **DIS-SchO** § 33 10 ff.
- Kollisionsregeln des EGBGB, ROM VO **DIS-SchO** § 23 9 ff.
- Konstituierung **DIS-SchO** § 16 14 ff.; § 17 14 ff.
- Folgen **DIS-SchO** § 17 17
- Frist **DIS-SchO** § 17 19
- Mehrparteienverfahren **DIS-SchO** § 13 1 ff.

DIS-Schiedsklage
- anwendbares Recht **DIS-SchO** § 6 32
- Aufrechnung **DIS-SchO** § 10 19
- Checkliste, Inhalt **DIS-SchO** § 6 53
- Einreichung **DIS-SchO** § 6 1
- vor der Einreichung **DIS-SchO** § 6 5 ff.
- Ergänzungen **DIS-SchO** § 6 10
- Klageerwiderung **DIS-SchO** § 9 1 ff.
- Klageschrift, Inhalt **DIS-SchO** § 6 7 ff.
- Klagezustellung **DIS-ERGeS** § 3 1 ff.
- Parteibezeichnungen **DIS-SchO** § 6 11
- Sachverhalt **DIS-SchO** § 6 18 f.
- Schiedshängigkeit **DIS-SchO** § 6 36
- Schiedsvereinbarung **DIS-SchO** § 6 20
- Schiedsverfahren, Angaben **DIS-SchO** § 6 30
- Streitwertangaben **DIS-SchO** § 6 26 f.
- Übersendung an Beklagten **DIS-SchO** § 8 1 ff.
- unvollständige **DIS-SchO** § 6 33 ff.
- Unzulässigkeitsrüge **DIS-SchO** § 9 5 ff.
- Verfahrenssprache **DIS-SchO** § 6 30
- Vorgaben durch DIS-SchO **DIS-SchO** § 6 24
- Vorrang alternativer Methoden der Streitbeilegung **DIS-SchO** § 6 6
- zusätzliche Angaben **DIS-SchO** § 6 23 ff.

DIS-Schiedsordnung
- abweichende Parteivereinbarungen **DIS-SchO** § 1 22
- Anwendungsbereich **DIS-SchO** § 1 1 ff.
- charakteristische Merkmale **DIS-SchO** Vor § 1 10 ff.

Stichwortverzeichnis

- DIS-Schiedsvereinbarung **DIS-SchO § 1 6**
- dynamische Verweisung **DIS-SchO § 1 16 ff.**
- dynamische Verweisung, Kosten **DIS-SchO § 1 21**
- Entwicklung **DIS-SchO Vor § 1 1**
- klare Bezugnahme in Schiedsvereinbarung **DIS-SchO § 1 7 ff.**
- Normzweck **DIS-SchO § 1 1**
- Parteiautonomie **DIS-SchO Vor § 1 11**
- Rechtsnatur **DIS-SchO § 1 2**
- sachlicher Anwendungsbereich **DIS-SchO § 1 5**
- verfügbare Sprachen **DIS-SchO Vor § 1 20**
- Vergleich mit staatlichen Verfahren **DIS-SchO § 1 4**

DIS-Schiedsrichter
- Ablehnung **DIS-SchO § 18 1 ff.**; s.a. *DIS-Schiedsrichter, Ablehnung*
- Auslagenerstattungsanspruch **DIS-SchO § 40 9 ff.**
- Benennung **DIS-ERBV § 3 10 ff.**
- Bestellung **DIS-SchO § 17 1 ff.**; s.a. *DIS-Schiedsrichter, Bestellung*
- DIS-Richtlinien für die Erstattung von Auslagen **DIS-SchO § 40 17**
- Haftung **DIS-SchO § 44 14 f.**
- Haftungsausschluss **DIS-SchO § 44 1 ff.**
- Haftungsprivileg für Entscheidungstätigkeit **DIS-SchO § 44 5 ff.**
- Haftungsprivileg im Übrigen **DIS-SchO § 44 10 f.**
- Nichtbestellung, Folgen **DIS-SchO § 17 12**
- Streitwertfestsetzung **DIS-SchO § 40 8**

DIS-Schiedsrichter, Ablehnung
- abweichende Parteivereinbarungen **DIS-SchO § 18 29**
- eigener Schiedsrichter **DIS-SchO § 18 12**
- Entscheidung über Ablehnungsantrag **DIS-SchO § 18 20**
- Ersatzschiedsrichter nach Ablehnung **DIS-SchO § 18 23**
- IBA Guidelines on the Conflict of Interest **DIS-SchO § 18 10**
- nachträgliche Abänderung vereinbarter Voraussetzungen **DIS-SchO § 18 13**
- Nichterfüllung vereinbarter Voraussetzungen **DIS-SchO § 18 9 ff.**

- Unparteilichkeit und Unabhängigkeit **DIS-SchO § 18 9 ff.**
- Verfahren **DIS-SchO § 18 14 ff.**
- Zwei-Wochen-Frist **DIS-SchO § 18 14**

DIS-Schiedsrichter, Bestellung
- abweichende Parteivereinbarungen **DIS-SchO § 17 20**
- durch DIS-Ernennungsausschuss **DIS-SchO § 17 6 ff.**
- durch DIS-Generalsekretär **DIS-SchO § 17 5**
- Folgen **DIS-SchO § 17 10 ff.**
- IBA Guidelines on the Conflict of Interest **DIS-SchO § 17 8**
- Kosten **DIS-SchO § 17 13**
- Nichtbestellung, Folgen **DIS-SchO § 17 12**
- Rechtsmittel **DIS-SchO § 17 9**
- Schiedsrichtervertrag **DIS-SchO § 17 11**
- Verfahren **DIS-SchO § 17 5 ff.**
- Voraussetzungen **DIS-SchO § 17 4 ff.**
- Widerspruch **DIS-SchO § 17 6**

DIS-Schiedsspruch
- gesellschaftsrechtliche Streitigkeiten **DIS-ERGeS § 11 9**
- summarische Begründung **DIS-ERBV § 7 5**
- Verzicht auf Tatbestand **DIS-ERBV § 7 1 ff.**
- Wirkungserstreckung **DIS-ERGeS § 11 1 ff.**

DIS-Schiedsvereinbarung DIS-ERGeS Vorwort
- DIS-Musterschiedsvereinbarung **DIS-SchO Nach § 44 1 ff.**
- klare Bezugnahme auf DIS-SchO **DIS-SchO § 1 7 ff.**
- kompatible bei Aufrechnung **DIS-SchO § 10 24 ff.**
- Praxis der DIS **DIS-SchO § 1 12**
- stillschweigender Abschluss **DIS-SchO § 10 25**
- bei Widerklage **DIS-SchO § 10 11 ff.**
- Wirksamkeit **DIS-SchO § 1 10 ff.**

DIS-Schiedsverfahren
- abweichende Parteivereinbarungen **DIS-SchO § 23 70**
- anwendbares Recht **DIS-SchO § 23 1 ff.**
- Anwendung der DIS-ERBV **DIS-ERBV § 1 1 ff.**
- Aufrechnung, Unzulässigkeit **DIS-ERBV § 4 1 ff., 5 ff., 16 f.**

1091

- Beendigung **DIS-SchO § 39** 1 ff.
- Beschleunigungsmaßnahmen **DIS-ERBV § 3** 2 ff.
- Beweisführung **DIS-SchO § 27** 4 ff.
- Dispositionsmaxime **DIS-SchO § 33** 3
- DIS-Richtlinien zur Auslagenerstattung **DIS-SchO § 40** 17
- Einleitung, Kosten **DIS-SchO § 7** 1 ff.
- einstweiliger Rechtsschutz **DIS-SchO § 20** 1 ff.
- engste Verbindung **DIS-SchO § 23** 35
- Entscheidung nach Billigkeit **DIS-SchO § 23** 39 ff.
- Erkenntnisverfahren, Beendigung **DIS-SchO § 31** 1 ff.
- Ermittlung des Inhalts **DIS-SchO § 23** 58 ff.
- Fehlentscheidung **DIS-SchO § 23** 63 ff.
- Form der Entscheidung über **DIS-SchO § 23** 52 ff.
- Fristverlängerungen **DIS-ERBV § 1** 15
- gerichtliche Kontrolle **DIS-SchO § 23** 63 ff.
- geschriebene Kollisionsnormen **DIS-SchO § 23** 36
- Handelsbräuche **DIS-SchO § 23** 46 ff.
- ILA Report **DIS-SchO § 23** 61
- iura novit curia **DIS-SchO § 23** 59
- Klageeinreichung **DIS-ERBV § 1** 13
- Klageerwiderungsfrist **DIS-ERBV § 4** 1 ff., 10 ff.
- Konzentrationsmaxime **DIS-SchO § 33** 3
- Kosten **DIS-SchO § 40** 1 ff.
- mündliche Verhandlung **DIS-SchO § 28** 1 ff.
- Musterschiedsklausel zur Anwendung der DIS-ERGeS **DIS-ERGeS Vorwort** 1 ff.
- ne ultra petita partium **DIS-SchO § 33** 3
- objektive Anknüpfung **DIS-SchO § 23** 32 ff.
- Parallelverfahren, Zuständigkeitskonzentration **DIS-ERGeS § 9** 1 ff.
- Parteiautonomie, Grenzen **DIS-SchO § 23** 25 ff.
- Recht des Staates **DIS-SchO § 23** 34
- Rechtliches Gehör **DIS-SchO § 26** 10 ff.; *s.a. dort*
- Rechtskraftwirkung **DIS-SchO § 38** 1 ff.
- Rechtswahl **DIS-SchO § 23** 12 ff.; *s.a. dort*
- Kosten **DIS-SchO § 23** 67 ff.
- Rom-Verordnungen, Relevanz **DIS-SchO § 23** 38
- Rügepräklusion **DIS-SchO § 41** 1 ff.
- Sachverhaltsermittlung **DIS-SchO § 27** 1 ff.; *s.a. dort*
- Sachverständigenbeweis **DIS-SchO § 27** 65 ff.
- Schiedshängigkeit **DIS-SchO § 6** 36
- Schiedsspruch, Erlass **DIS-SchO § 33** 1 ff.
- Streitwerttabelle **DIS-SchO § 40** 16
- Übersendung von Schriftsätzen **DIS-ERBV § 4** 1 ff., 8 f.
- ungeschriebene Kollisionsnormen **DIS-SchO § 23** 37
- Urkundsbeweis **DIS-SchO § 27** 30 ff.
- Verfahrensablauf, Beschleunigung **DIS-ERBV § 5** 10 ff.
- Verfahrensdauer **DIS-ERBV § 1** 11 f.
- Verfahrensleitung **DIS-SchO § 24** 13 ff.
- Verfahrensort **DIS-SchO § 21** 1 ff.
- Verfahrensrecht **DIS-SchO § 24** 1 ff.; *s.a. dort*
- Verfahrenssprache **DIS-SchO § 22** 1 ff.
- Vergleich **DIS-SchO § 32** 1 ff.
- Vertragsbestimmungen **DIS-SchO § 23** 46 ff.
- Vertraulichkeitsgebot **DIS-SchO § 43** 1 ff.
- Verwaltung von Schiedsverfahren nach den UNCITRAL Arbitration Rules **DIS-SchO Vor § 1** 8
- vorläufiger Vorschuss **DIS-SchO § 7** 9 ff.
- Vorrang der Parteivereinbarung **DIS-SchO § 23** 32 ff.
- Widerklage, Unzulässigkeit **DIS-ERBV § 4** 1 ff., 5 ff., 16 f.
- Zeitplan, Verfahren **DIS-ERBV § 5** 2 ff.
- Zeitrahmen, Überschreitung **DIS-ERBV § 6** 3 f., 12
- Zeugenbeweis **DIS-SchO § 27** 15 ff.

Discovery
Dokumentenakkreditiv DIS-SchO § 20 34
Dokumentenherausgabe
- Anordnung **Art. 25** 368 ff.
- Nichterfüllung **DIS-SchO § 27** 59
- Anwaltsgeheimnis **Art. 25** 50 f.
- Attorney-Client-Privilege **Art. 25** 52
- Beweiserhebungsverbote **Art. 25** 60
- beweisrechtliche Privilegien **Art. 25** 49 ff.; **DIS-SchO § 27** 47 ff.

Stichwortverzeichnis

- Civil and Common Law **Art. 25** 38
- Datenschutz **Art. 63** 63; **DIS-SchO § 27** 57
- Discovery-Agent **Art. 25** 63
- Dokumentenmanagement **Art. 25** 66
- E-Discovery **Art. 25** 46; **DIS-SchO § 27** 43 ff.
- Einwendungen **Art. 25** 48; **DIS-SchO § 27** 46
- Empfehlung **Art. 25** 71
- Entscheidungserheblichkeit **Art. 25** 42 ff.
- Fairness und Gleichheit der Parteien **Art. 25** 56
- IBA Rules on the Taking of Evidence in International Arbitration **Art. 25** 40; **DIS-SchO § 27** 37 ff.
- in internationalen Schiedsverfahren **Art. 25** 39, 60
- neutraler Berater **Art. 25** 62
- Non-Disclosure-Agreement **Art. 25** 56
- Redfern Schedule **Art. 25** 67; **DIS-SchO § 27** 58
  - (Deutsch) **Art. 25** 118
  - (Englisch) **Art. 25** 119
- Relevanz **DIS-SchO § 27** 40
- Syndikusanwälte **Art. 25** 53
- transnationale Grundsätze **Art. 25** 61
- Vertraulichkeitsgebot **Art. 3** 12; **Art. 25** 49
- Vertraulichkeitsvereinbarung **Art. 25** 62
- Voraussetzungen **Art. 25** 41 ff.; **DIS-SchO § 27** 38
- Without-Prejudice-Privilege **Art. 25** 56
- Work-Product-Doctrine **Art. 25** 55
- Zeitpunkt des Antrags **Art. 25** 45; **DIS-SchO § 27** 42
- Zeugnisverweigerungsrechte **Art. 25** 49

Dreierschiedsgericht Art. 5 26 ff.; **Art. 12** 20 ff.; **DIS-SchO Vor § 1** 13
- Ablehnungsverfahren **DIS-SchO § 18** 22
- abweichende Parteivereinbarungen **DIS-SchO § 3** 5
- Benennungsfrist **DIS-ERGeS § 8** 1 ff.
- Benennungsverfahren **DIS-ERGeS § 8** 1 ff.; **DIS-SchO § 12** 4 ff.
- DIS-Schiedsverfahren **DIS-SchO § 12** 1 ff.
- Ernennung durch Gerichtshof **Art. 12** 30

- Ernennungsausschuss **DIS-SchO § 12** 15
- Ersatzbenennung **DIS-SchO § 12** 12 ff.
- durch die DIS **DIS-ERGeS § 8** 10 ff.
- geregelter Grundfall **DIS-SchO § 3** 4
- Kosten **Art. 12** 9; **DIS-SchO § 3** 6 ff.; **§ 12** 18; **§ 13** 28
- parteibenanntes **Art. 12** 26 ff.; **DIS-SchO § 6** 22 f.
- 7-Tage-Frist für Bestellung **DIS-ERBV § 3** 13
- Verfahren nach erfolgter Benennung **Art. 12** 29
- verfahrensbeschleunigende Maßnahmen **DIS-ERBV § 3** 12
- Vorsitzendenbenennung **DIS-SchO § 12** 12 ff., 27

Drittbeteiligung
- Vergleich **DIS-SchO § 32** 16, 25

Drittwiderklage
- Cross-Claims **Art. 5** 46
- DIS-Schiedsverfahren **DIS-SchO § 10** 14 ff.
- ICC-Schiedsverfahren **Art. 5** 44 ff.

Dutco-Entscheidung/Cour de Cassation
- Schiedsgericht, Bildung **Art. 12** 38

E-Discovery
- DIS-Schiedsordnung **DIS-SchO § 27** 43 ff.
- IBA Rules on the Taking of Evidence in International Arbitration **Art. 25** 47
- im ICC-Schiedsverfahren **Art. 25** 46

Eilkompetenz
- Präsident des Gerichtshofs **Art. 1** 18

Eilschiedsrichter Art. 28 55; **Art. 29** 1 ff.
- Ablehnung **Art. 29** 43 f.
- Anordnungsbefugnis **Art. 29** 32
- Ausschluss im Schiedsverfahren **Art. 29** 41
- Entscheidungen **Art. 29** 48 ff.
- Ernennung **Art. 29** 38
- Haftungsprivileg **Art. 40** 10 ff.
- Unparteilichkeit und Unabhängigkeit **Art. 29** 40
- Unterrichtung der Parteien **Art. 29** 39

Eilschiedsrichter, Antrag
- Empfehlungen **Art. 29** 34
- Ernennung des Eilschiedsrichters **Art. 29** 38
- Ersuchen staatlicher Gerichte **Art. 29** 31

1093

- Exemplare **Art. 29** 24
- Frist **Art. 29** 30
- Inhalt **Art. 29** 25
- negative Entscheidung **Art. 29** 37
- positive Entscheidung **Art. 29** 36
- Prüfung durch Präsident des Gerichtshofs **Art. 29** 35 ff.
- Verfahrenssprache **Art. 29** 27
- Zulässigkeit **Art. 29** 29

Eilschiedsrichter, Entscheidungen
- Änderung **Art. 29** 55
- Anfechtung **Art. 29** 56
- Aufhebung **Art. 29** 55
- Beschluss **Art. 29** 49
- Form **Art. 29** 49
- Frist **Art. 29** 50
- Inhalt **Art. 29** 51
- Kostenentscheidung **Art. 29** 52
- Vollstreckung **Art. 29** 58
- Vollziehung **Art. 29** 58
- Wirkung ggü. Parteien **Art. 29** 53 f.
- Wirkung ggü. Schiedsgericht **Art. 29** 57
- zeitliche Wirkung **Art. 29** 55

Eilschiedsrichter, Verfahren
- Abdingbarkeit **Art. 29** 20
- abweichende Parteivereinbarungen **Art. 29** 62 f.
- Antrag **Art. 29** 23 ff.
- Anwendung **Art. 29** 16
- Ausschluss **Art. 29** 18
- Entscheidungen **Art. 29** 48 ff.
- Kosten **Art. 29** 59 ff.
- Kostenfestsetzung **Art. 37** 30
- Ort **Art. 29** 45
- Parteien **Art. 29** 17
- sachdienliche Verfahrensführung **Art. 29** 48
- Vereinbarung eines anderen Verfahrens **Art. 29** 21 f.
- Verfahrenskalender, Erstellung **Art. 29** 47
- zeitliche Anwendung **Art. 29** 19

Eilschiedsrichterverfahrensordnung abgedruckt bei **Art. 29**

Einbeziehung zusätzlicher Parteien s. *Partei, Einbeziehung zusätzlicher*

Eingriffsnormen Art. 21 28

Einreichungsgebühr Art. 4 40 ff.
- Parteieinbeziehung **Art. 7** 24

Einstweiliger Rechtsschutz Einl. 6; **Art. 28** 1 ff.; **DIS-SchO § 20** 1 ff.
- ICC-Eilschiedsrichterverfahren **Art. 29** 1 ff.

Einstweiliger Rechtsschutz vor staatlichen Gerichten
- abweichende Parteivereinbarungen **DIS-SchO § 20** 63 f.
- Antrag **DIS-SchO § 20** 53
- Frist des § 926 ZPO **Art. 4** 60
- Gefährdungshaftung **DIS-SchO § 20** 60
- Kosten **DIS-SchO § 20** 61 ff.
- in Deutschland **DIS-SchO § 20** 62
- Maßnahmen, zulässige **DIS-SchO § 20** 54
- Streitgegenstandsbezug **DIS-SchO § 20** 56
- Verhältnis zu schiedsgerichtlichen Anordnungen **DIS-SchO § 20** 58 ff.
- Zeitraum, zulässiger **DIS-SchO § 20** 55
- Zuständigkeit **DIS-SchO § 20** 57

Einzelschiedsrichter
- Ablehnungsverfahren **DIS-SchO § 18** 22
- abweichende Parteivereinbarungen **DIS-SchO § 14** 18
- Benennung durch die Parteien **Art. 4** 33; **Art. 12** 14 f.
- Benennungsfrist **DIS-ERGeS § 7** 1 ff.
- Benennungsverfahren **DIS-SchO § 14** 3 ff.; **DIS-ERGeS § 7** 1 ff.
- DIS-Schiedsverfahren **DIS-SchO § 14** 1 ff.
- Entscheidungsvorschlag, Muster **DIS-SchO § 14** Anh. 1, 19
- Ernennung durch Gerichtshof **Art. 12** 17 ff.
- Ersatzbenennung **DIS-SchO § 14** 11 ff.
- ICC-Schiedsverfahren **Art. 12** 1 ff., 10 ff.
- Kosten **Art. 12** 9
- Kostenersparnis **DIS-SchO § 14** 16 f.
- Kostenkontrolle **DIS-ERGeS § 7** 6
- bei Parteivereinbarung **Art. 12** 10
- 7-Tage-Frist für Bestellung **DIS-ERBV § 3** 13
- Verfahrensbeschleunigung **DIS-ERBV § 3** 9 ff.

E-Mail s. *Verfahrenskommunikation*

Endschiedsspruch
- Kostenfestsetzung **Art. 37** 34 f.
- Regelfrist s. *dort*
- Schiedsspruch aufgrund Einvernehmens **Art. 32** 4
- vorzeitige Verfahrensbeendigung **Art. 37** 42
- Zustellung **Art. 34** 16

Stichwortverzeichnis

Energy Charter Treaty Einl. 15
Entscheidungen
– ohne Begründung **Art. 1** 14
– Begründungsverbot **Art. 1** 14
– Eilkompetenz **Art. 1** 18
– ohne Rechtskraft **Art. 1** 14
– Erbfolge **Art. 6** 12
Ergänzungsverfahren
– abweichende Parteivereinbarungen **DIS-SchO § 37** 38 f.
– Kosten **DIS-SchO § 37** 37
– Schiedsspruch **DIS-SchO § 37** 33 ff.
Erledigung, vorzeitige
– Kosten **Art. 37** 48; **DIS-SchO § 40** 7
Erledigungserklärung, beiderseitige
– Verfahrensbeendigung **Art. 37** 48; **DIS-SchO § 39** 42
Ernennung von Schiedsrichtern Vor Art. 11 6
Eröffnungspladoyer Art. 26 25; **DIS-SchO § 28** 31 ff.
Ersatzschiedsrichter
– Benennung **DIS-SchO § 18** 23 ff.; s.a. Kostenvorschuss
– durch DIS-Ernennungsausschuss **DIS-SchO § 14** 11 ff.; **DIS-ERGeS § 7** 7 ff.
– nach erfolgreicher Ablehnung **DIS-SchO § 12** 23 ff.
– Bestellung **DIS-SchO § 18** 27; s.a. Kostenvorschuss
– DIS-Schiedsverfahren **DIS-SchO § 12** 12 ff.
– Einzelschiedsrichter **DIS-SchO § 14** 11 ff.
– Kosten **DIS-ERGeS § 8** 11; **DIS-SchO § 18** 28; **§ 19** 14; s.a. Konzentrationsmaxime
– Mustertext **DIS-SchO § 13** Anh. 2
– Neukonstituierung des Schiedsgerichts **DIS-SchO § 12** 27
– Schiedsrichterhonorar **DIS-SchO § 19** 14
Ersatzvorschussleistung
– Kostenersatzanspruch **DIS-SchO § 25** 13f
– Zinsen **DIS-SchO § 25** 13
EuÜ Einl. 1, 6; **Art. 2** 16, 18; **Art. 5** 10; **Art. 34** 33; **Art. 39** 3 ff., 11; **DIS-SchO § 37** 2, 7; **DIS-SchO § 38** 8; **DIS-SchO § 41** 3; **DIS-ERBV § 7** 7
Eventualwiderklage
– DIS-Schiedsverfahren **DIS-SchO § 10** 9

ex aequo et bono
– ausdrückliche Ermächtigung **Art. 21** 53
– Billigkeitsentscheidung **Art. 21** 50 ff.
– Grenzen **Art. 21** 54
– Schadensschätzung **Art. 21** 52
Exequaturentscheidung Art. 34 24, 27
Exequaturverfahren Art. 37 47
Expert Conferencing Art. 26 40; **DIS-SchO § 28** 45

fast-track-arbitration Art. 38 6
Feststellungsklagen Art. 2 12
Filing Fee s. Einreichungsgebühr
Frist
– abgeänderte **Art. 38** 1 ff.
– abweichende Parteivereinbarungen **Art. 38** 10
– Antrag auf Entscheidung durch den Gerichtshof **Art. 36** 35
– Benennungsfrist im beschleunigten Verfahren **DIS-ERBV § 3** 10 ff.
– Bestellungsfrist im beschleunigten Verfahren **DIS-ERBV § 3** 13 ff.
– Dreierschiedsgericht, Benennungsfrist **DIS-ERGeS § 8** 1 ff.
– 30-Tage-Frist für Nachbenennungen **DIS-ERGeS § 3** 14
– fast-track-arbitration **Art. 38** 6
– Fristberechnung **Art. 3** 39 ff.
– Fristverkürzung **Art. 38** 1 ff., 7
– Fristverlängerung **Art. 38** 8; **DIS-ERBV § 6** 1 ff.
– durch die DIS-Geschäftsstellen **DIS-ERGeS § 10** 1 ff.
– durch den Gerichtshof **Art. 38** 9
– Verlängerung abgekürzter **Art. 38** 10
– Klageantwort **Art. 5** 29 ff., 49 f.
– Regelfrist
– Schiedsauftrag, Unterzeichnung und Übersendung **Art. 23** 26
– Schiedsspruch **Art. 30** 1 ff.
– Schiedsort **DIS-SchO § 21** 8
– Vereinbarungen **Art. 38** 5 ff.
– 4-Wochenfrist für Klageerwiderung **DIS-ERBV § 4** 1 ff., 10 ff.
– Zahlungsfrist, vorläufiger Kostenvorschuss **Art. 36** 14
– Zeitrahmen, Überschreitung **DIS-ERBV § 6** 3 f., 12
Fristberechnung
– Feiertage **Art. 3** 43 ff.
– Fristbeginn **Art. 3** 41
– Fristende **Art. 3** 42

1095

- ICC-Schiedsverfahren **Art. 3** 40 ff.
- Ruhetage **Art. 3** 43 ff.
- Schaubilder **Art. 3** 47 f.

Fristvereinbarung Art. 38 1 ff.
- Klageantwort **Art. 5** 29 ff.
- Verkürzung **Art. 38** 7
- Verlängerung **Art. 38** 8

Gehör, rechtliches
Geldwäsche Vor Art. 1 5
Genehmigungsverfahren (ICC)
s. *Schiedsauftrag, Genehmigungsverfahren; Schiedsspruch, Genehmigungsverfahren*
Generalsekretär des Internationalen Schiedsgerichtshofs der ICC Art. 1 22 ff.
- Befugnisse **Art. 1** 25
- Bestätigung von Schiedsrichtern **Vor Art. 11** 9; **Art. 13** 20 ff.
- Festsetzung vorläufiger Kostenvorschüsse **Art. 36** 2

Genfer Europäisches Übereinkommen über die int. Handelsschiedsgerichtsbarkeit v. 21.4.1961 s. *EuÜ*
Gerichtsgebühren
- einstweiliger Rechtsschutz **DIS-SchO § 20** 46
- Vollziehungszulassung **DIS-SchO § 20** 48

Gerichtshof
- Arbeitsweise **Art. 1** 17 ff.
- Aufgaben **Art. 1** 7
- Ausschüsse **Art. 1** 19
- Befugnisse **Art. 1** 3
  - ausschließliche zur Administrierung von Schiedsverfahren nach ICC-SchO **Art. 1** 16
  - einzelne **Art. 1** 13
- Bindung an ICC-SchO **Art. 1** 15
- comité restreint **Art. 1** 14, 19
- Eilkompetenz **Art. 1** 18
- Einrichtung der Internationalen Handelskammer **Art. 1** 8
- Einrichtung von Ausschüssen **Art. 1** 9
- Entscheidung über Ablehnungsverfahren **Art. 14** 28 ff.
- Entscheidung über Unparteilichkeit und Unabhängigkeit **Art. 11** 32 ff.
- Entscheidung über Verfahrensfortsetzung **Art. 6** 108 ff.
- Entscheidungsbefugnis, fehlende **Art. 1** 10

- Entscheidungsdelegation **Art. 1** 19
- Festsetzung streitwertabhängigen Kostenvorschusses **Art. 36** 2
- Genehmigung des Schiedsspruchs aufgrund Einvernehmens **Art. 32** 15
- Genehmigung von Berichtigungen **Art. 35** 34 ff.
- Geschäftsordnungsautonomie **Art. 1** 9, 19
- Haftungsprivileg für Entscheidungstätigkeit **Art. 40** 10 ff.
- initiative Schiedsrichterersetzung **Art. 15** 16
- Plenum **Art. 1** 14
- Präsident **Art. 1** 18
- Prima-facie-Prüfung **Art. 6** 110 ff.; **Art. 8** 10; **Art. 33** 1 ff.
- Rechtsfähigkeit **Art. 1** 8
- Schiedsinstitution **Art. 1** 109
- Schiedsrichterauslagen, Festsetzung **Art. 37** 22
- Schiedsrichterhonorare, Festsetzung **Art. 37** 11 ff.
- Schiedsrichterneubesetzung **Art. 15** 33 f.
- Selbständigkeit **Art. 1** 2, 9
- Verfahrensbeendigung ohne Endschiedsspruch **Art. 37** 52
- Verfahrensverbindung **Art. 10** 7
  - auf zuerst anhängige Sache **Art. 10** 33 ff.
  - Ermessen **Art. 10** 24 f.
- vertraulicher Charakter der Tätigkeit **Art. 1** 20
- Verwaltung der Entscheidung von Streitfällen **Art. 1** 12 ff.; **Art. 6** 47 ff.
- Verweisung des Verfahrens nach Einwendung **Art. 6** 98 ff.
- Vollversammlung s. *Plenum*
- wesentliche Eigenschaften **Art. 1** 8 ff.
- Zuständigkeit **Vor Art. 11** 8

Gesamtschuld
- DIS-Bearbeitungsgebühr **DIS-SchO § 40** 14

Geschäftsordnungsautonomie Art. 1 9
Gesellschaftsrechtliche Streitigkeiten
- Änderung des Streitgegenstands **DIS-ERGeS § 6** 4 ff.
- Beitritt
  - Beitrittserklärung **DIS-ERGeS § 3** 1 ff.
  - Benennungsrecht **DIS-ERGeS § 4** 9
  - fristgemäßer **DIS-ERGeS § 4** 5

Stichwortverzeichnis

- Kosten **DIS-ErGeS § 4** 11
- Nebenintervenient **DIS-ErGeS § 4** 7
- Nichtbeitritt eines Betroffenen **DIS-ErGeS § 4** 12 ff.
- Nichtbeitritt, Kosten **DIS-ErGeS § 4** 19
- Partei **DIS-ErGeS § 4** 5
- Rechtsfolgen **DIS-ErGeS § 4** 8
- weiterer Betroffener **DIS-ErGeS § 4** 1 ff.
- zu späterem Zeitpunkt **DIS-ErGeS § 4** 20 ff.
- Benennung weiterer Betroffener **DIS-ErGeS § 4** 10 ff.
- DIS-Ergänzende Regeln für gesellschaftsrechtliche Streitigkeiten 09 **DIS-SchO Vor § 1** 6; **DIS-ErGeS**
- Dreierschiedsgericht **DIS-ErGeS § 8** 1 ff.
- Einzelschiedsrichterbenennung **DIS-ErGeS § 7** 1 ff.
- Ersatzbenennung durch die DIS **DIS-ErGeS § 7** 7 ff.
- Klagerücknahme **DIS-ErGeS § 6** 5
- Klagezustellung **DIS-ErGeS § 3** 1 ff.
- Kosten **DIS-ErGeS § 6** 8
- Kostenerstattungsanspruch nicht Beigetretener **DIS-ErGeS § 4** 19
- Kostengrundentscheidung **DIS-ErGeS § 12** 1 ff.
- Kostenhöhe **DIS-ErGeS § 12** 1 ff.
- Musterschiedsklausel zur Anwendung der DIS-ERGeS **DIS-ErGeS Vorwort** 1 ff.
- Parallelverfahren, Zuständigkeitskonzentration **DIS-ErGeS § 9** 1 ff.
- Schiedsspruch, Wirkungserstreckung **DIS-ErGeS § 11** 1 ff.
- Unterrichtung betroffener, nicht Beigetretener **DIS-ErGeS § 5** 1 ff.

Gestaltungsklagen Art. 2 12
Gruppe (ICC) Art. 13 32

Haftungsprivileg
- abweichende Parteivereinbarungen **Art. 40** 19 f.; **DIS-SchO § 44** 14 f.
- DIS-Schiedsrichter **DIS-SchO § 44** 1 ff.
- für Entscheidungstätigkeit **Art. 40** 10 ff. **DIS-SchO § 44** 5 ff.
- bei Gelegenheit **Art. 40** 15
- ICC **Art. 40** 16
- Sachverständige **Art. 40** 18; **DIS-SchO § 44** 12

- im Übrigen **DIS-SchO § 44** 10 f.
- zugunsten privilegierter Personen **Art. 40** 17

Handelsbräuche Art. 21 41 ff.; **DIS-SchO § 23** 46 ff.
Handelsvertreter Art. 6 12
Hearing s. *Mündliche Verhandlung*
Herausgabeanspruch
- Haftungsmaßstab mit Schiedshängigkeit **DIS-SchO § 6** 50

Hilfsaufrechnung
- DIS-Bearbeitungsgebühr **DIS-SchO § 11** 11
- Kostenvorschuss, Berechnung **Art. 36** 37; **DIS-SchO § 25** 6

Hinterlegung
- abweichende Parteivereinbarungen **Art. 34** 36
- ICC-Schiedssprüche **Art. 34** 17

Honorar s.a. *Kosten*
- Honorarfestsetzung **Art. 32** 8
- ICC-Schiedsrichter **Art. 37** 11 ff.
- Schiedsrichter, Erhöhung **Art. 7** 49
- Schiedsrichterersetzung **Art. 15** 23 f.
- Verfahrensverzögerung **Art. 30** 13
- Vorschuss, Berechnung **Art. 36** 12, 18; **DIS-SchO § 25** 5 f.
- vorzeitige Verfahrensbeendigung **Art. 37** 42 ff.

Hybride Schiedsklauseln Art. 1 3, 16

IBA Guidelines on the Conflict of Interest in International Arbitration Art. 11 1; **DIS-SchO § 12** 10; **DIS-SchO § 17** 8; **DIS-SchO § 18** 10

IBA Rules on the Taking of Evidence in International Arbitration Art. 25 10 ff.
- Anwendbarkeit **Art. 6** 20; **DIS-SchO § 27** 10
- beweisrechtliche Privilegien **DIS-SchO § 27** 47 ff.
- Datenschutz **Art. 25** 65; **DIS-SchO § 27** 57
- Dokumentenherausgabe **Art. 25** 40; **DIS-SchO § 27** 37 ff.
- E-Discovery **Art. 25** 47; **DIS-SchO § 27** 43 ff.
- Einwendungen gg. Beweiserhebung **DIS-SchO § 27** 46
- Fairness und Gleichheit **DIS-SchO § 27** 53
- Kostensanktion bei treuwidrigem Verhalten **Art. 25** 110
- legal impediment **Art. 25** 65

1097

- Sachverständige, Verhaltenscodizes **DIS-SchO § 27** 67
- Sachverständigenbeweis **Art. 25** 78
- Vergleich **DIS-SchO § 32** 7
- Vorbereitung von Zeugen **DIS-SchO § 27** 29
- Zeugenbefragung **DIS-SchO § 28** 34 ff.

ICC (International Chamber of Commerce)
- Haftungsbeschränkung **Art. 40** 16 ff.
- Rechtsnatur **Vor Art. 1** 5

ICC ADR-Verfahren
- Gebührenermäßigung **Art. 37** 26
- multi-tier-Klausel **Nach Art. 41** 10

ICC-Eilschiedsrichter s. *Eilschiedsrichter*

ICC-Gruppe s. *Gruppe (ICC)*

ICC-Nationalkomitee
- Begriff **Art. 13** 31
- Funktionen **Vor Art. 11** 10
- Haftungsbeschränkung **Art. 40** 16 ff.

ICC Pre-Arbitral-Referee Art. 28 56

ICC-Schiedsgericht Art. 11 1 ff.
- Aktenübergabe **Art. 16** 7 ff.
- Anordnung von Sicherungsmaßnahmen **Art. 28** 1 ff.
- Anordnung von vorläufigen Maßnahmen **Art. 28** 1 ff.
- Begriffsbestimmung **Art. 2** 3 ff.
- Bildung **Art. 11** 49 ff.; **Art. 12** 1 ff.; **Art. 16** 7 ff.
- abweichende Parteivereinbarung **Art. 12** 39 f.
- mangels Parteivereinbarung **Art. 12** 6
- Bindung
- an Parteivereinbarung **Art. 25** 101
- schiedsrichterlicher Verfügungen/Beschlüsse **Art. 22** 19 ff.
- Einwendungen gg. Zuständigkeit **Art. 6** 59 ff.
- Kosten **Art. 22** 22
- Mehrparteienschiedsverfahren **Art. 12** 34 ff.
- Nachweis der Vollmacht **Art. 17** 1 ff.
- Neutralität **Art. 22** 17
- Organisation der mündlichen Verhandlung **Art. 26** 10 ff.
- Parteivereinbarung nach Verfahrensbeginn **Art. 12** 8
- Rechtswahl für Sachentscheidung **Art. 21** 8 ff.
- Sachverhaltsermittlung **Art. 25** 5 ff.
- Schiedsrichter, Anzahl **Art. 12** 1 ff.
- Übergabe der Schiedsverfahrensakte **Art. 16** 13 ff.
- Unparteilichkeit und Unabhängigkeit **Art. 11** 1 ff.
- Unterstützungsfunktion **Art. 34** 17
- Zahlung des Kostenvorschusses **Art. 16** 10 ff.
- Zulassung neuer Ansprüche **Art. 23** 38 ff.
- Zuständigkeitsrügen **Art. 5** 14 ff.

ICC-Schiedsklage Art. 4 1 ff.
- Antrag **Art. 4** 23 ff.
- anwendbares Sachrecht **Art. 4** 34
- Counter-Claims **Art. 6** 76
- Drittwiderklage **Art. 5** 44 ff.
- Einreichung **Art. 4** 48 ff., 51 ff.
- vor der Einreichung **Art. 4** 9 f.
- Klageantwort **Art. 5** 1 ff.
- Klageschrift, Zusendung **Art. 4** 61 ff.
- notwendiger Inhalt **Art. 4** 11 ff.
- Parteibezeichnung **Art. 4** 15 ff.
- Rechtsgrund **Art. 4** 19 ff.
- Registrierungsgebühr **Art. 4** 40 ff.
- Sachverhalt **Art. 4** 19 ff.
- Schätzung des Geldwerts **Art. 4** 25
- Schiedsort **Art. 4** 36
- Schiedsvereinbarung **Art. 4** 28 ff.
- Streitwertbestimmung **Art. 4** 26
- Teilklage **Art. 4** 27
- Verfahrenssprache **Art. 4** 11 ff., 35
- Widerklage **Art. 5** 36 ff.

ICC-Schiedsordnung Art. 1 1 ff.; **Art. 41** 1 ff.
- allgemeine Bestimmungen **Art. 41** 1 ff.
- Auslegung **Vor Art. 1** 10
- Auslegung, autonome **Art. 41** 1 ff.
- charakteristische Merkmale **Vor Art. 1** 2
- Entwicklung **Vor Art. 1** 1 ff.
- Fristen **Art. 38** 1 ff.
- Gegenstand **Vor Art. 1** 7 ff.
- Generalklausel **Art. 1** 13
- Legaldefinitionen **Art. 2** 1 ff.
- Normzweck **Art. 1** 1
- persönlicher Anwendungsbereich **Vor Art. 1** 3
- räumlicher Anwendungsbereich **Vor Art. 1** 3
- Reform **Art. 1** 2 ff.; **Art. 2** 2
- sachlicher Anwendungsbereich **Vor Art. 1** 4
- Schiedsklage **Art. 4** 38 ff.
- Schiedsvereinbarung **Art. 6** 1 ff.

Stichwortverzeichnis

- Vergleich mit Vorschriften staatlicher Verfahren **Art. 1** 7
- Verhältnis zur ZPO **Art. 1** 5
- zeitlicher Anwendungsbereich **Vor Art. 1** 6

ICC-Schiedsrichter
- Bestätigung durch Generalsekretär **Art. 13** 20 ff.;
- Ernennung **Art. 13** 1 ff.
- durch Gerichtshof **Art. 13** 26 ff.
- Haftungsprivileg **Art. 40** 10 ff.
- Honorartabelle (Anhang III zur ICC-SchO): abgedruckt bei **Art. 36, Art. 37**
- Pflichten **Art. 11** 41 ff.

ICC-Schiedsspruch Art. 30 1 ff.
- Ablehnung der Genehmigung **Art. 33** 22
- abweichend Parteivereinbarungen **Art. 33** 24
- Änderungsvorgaben hinsichtlich der Form **Art. 33** 8
- Anerkennungsversagungsgründe **Art. 34** 33
- Aufhebungsgründe **Art. 34** 32
- ausländischer, Rechtsbehelf **Art. 34** 30
- Beginn von „Rechtsmittel"-Fristen **Art. 34** 15
- Begriffsbestimmung **Art. 2** 16 ff.
- Begründung **Art. 32** 14
- Begründungserfordernis, Abbedingung **Art. 31** 13
- Checkliste **Art. 33** 2, 8
- Datum und Ort **Art. 31** 11
- aufgrund Einvernehmens **Art. 32** 1 ff.
- Endschiedsspruch, Regelfrist **Art. 30** 1 ff.
- Entscheidung des Gerichtshofs **Art. 33** 19 ff.
- Entscheidungsgründe **Art. 31** 10
- Erteilung beglaubigter Abschriften **Art. 34** 13
- Genehmigung durch den Gerichtshof **Art. 33** 1 ff.; **Art. 34** 7
- Genehmigung unter Vorbehalt **Art. 33** 21
- häufige Fehlerquellen **Art. 33** 11 ff.
- Hinterlegung **Art. 34** 17
- Hinweise zum Inhalt **Art. 33** 9 f.
- inländischer, Aufhebungsverfahren **Art. 34** 28, 29 ff.
- Kosten **Art. 33** 13
- Kostenschiedsspruch **Art. 32** 8
- materiellen Einwendungen **Art. 34** 34
- Prüfung

- Ablauf **Art. 33** 16 ff.
- Gerichtshof **Art. 33** 1 ff.
- Kosten **Art. 33** 23
- Umfang **Art. 33** 7
- Rechtliches Gehör **Art. 33** 15
- Schiedsort Deutschland **Art. 31** 12 f.
- Sondervotum **Art. 31** 8
- Tenorierung **Art. 32** 14; **Art. 33** 14
- Unterzeichnung **Art. 34** 7
- Vollstreckbarkeit **Art. 34** 19 ff.; **Art. 41** 8 ff.
- vorbehaltlose Genehmigung **Art. 33** 20
- Zahlen **Art. 33** 11
- Zinsen **Art. 33** 12
- Zustellung **Art. 34** 7 ff.; s.a. Zustellung
- Zustellungsvoraussetzungen **Art. 34** 7 ff.
- zwangsweise Durchsetzung **Art. 34** 25, 35

ICC-Schiedsspruch aufgrund Einvernehmens Art. 32 1 ff.
- abweichende Parteivereinbarungen **Art. 32** 18
- Antrag aller Parteien **Art. 32** 12
- Aufhebungsverfahren **Art. 32** 16
- Begründung **Art. 32** 14
- Kosten **Art. 32** 17
- Prüfung durch den Gerichtshof **Art. 32** 15
- Tenor **Art. 32** 14
- Übergabe der Schiedsverfahrensakte **Art. 32** 7
- Vergleich **Art. 32** 9 ff.
- unter Widerrufsvorbehalt **Art. 32** 10
- Vollstreckbarerklärungsverfahren **Art. 32** 16
- Vollstreckbarkeit **Art. 34** 25
- Voraussetzungen **Art. 32** 6 ff.
- Zustellung **Art. 34** 6
- Zustimmung des Schiedsgerichts **Art. 32** 13

ICC-Schiedsspruch, Entscheidungsfindung
- Abstimmung, Verweigerung der Teilnahme **Art. 31** 9
- abweichende Parteivereinbarungen **Art. 31** 12 f.
- Begründungserfordernis **Art. 31** 10
- Grundsatz **Art. 31** 7
- innerhalb des Schiedsgerichts **Art. 31** 7 ff.
- Sondervotum **Art. 31** 8

1099

ICC-Schiedsvereinbarung Art. 4 28 ff.; Art. 6 37 ff.
- Allgemeine Geschäftsbedingungen Art. 6 9
- Einzelschiedsrichter Art. 6 23
- Form Art. 6 7
- Gegenforderung bei Aufrechnung Art. 5 56 ff.
- Heilung Art. 6 8
- Identität bei Verfahrensverbindung Art. 10 11 ff.
- Inhalt Art. 6 18
- mehrere Art. 6 122 ff.
 - in einem Verfahren Art. 9 1 ff.
- Multi-tier Streitbeilegungsvereinbarung Art. 6 20
- objektive Reichweite Art. 6 24 ff.
- Parteien Art. 6 10 ff.
- Schiedsabrede Art. 6 5
- Schiedsfähigkeit Art. 6 25 ff.
- Schiedsklausel Art. 6 5
- Schiedsverfahren nach ICC-SchO Art. 6 37 ff.
- Standardklauseln Art. 6 18
- Unternehmensübernahme Art. 6 13
- Unterwerfung unter die ICC-SchO Art. 6 1 ff., 41 ff.
- Vereinbarkeit bei Verfahrensverbindung Art. 10 21 ff.
- Verfahrensregeln Art. 6 21
- Widerklageforderung Art. 5 42 f.
- Wirkung Art. 6 1 ff.
- Zustandekommen Art. 6 17 ff.

ICC-Schiedsverfahren
- Ablauf Art. 22 1 ff.
- Abschluss durch Zustellung Art. 34 16
- allgemeine Bestimmungen Art. 41 1 ff.
- Angaben Art. 4 32 ff.
- Anspruch auf rechtliches Gehör Art. 22 18
- Aufrechnung Art. 5 51 ff.
- Beginn Art. 4 51 ff.
- Beschleunigung Art. 38 6
- Beweismittel Art. 25 18 ff.
- Counter-Claims Art. 6 76
- Cross-Claims Art. 6 76
- Drittwiderklage Art. 5 44 ff.
- Durchführung mündlicher Verhandlung Art. 25 91 ff.
- Eilschiedsrichterverfahren Art. 29 1 ff.
- Einleitung Art. 4 1 ff.
- Einwendungen gg. Zuständigkeit des Schiedsgerichts Art. 6 59 ff.
- Fortsetzung nach Einwendung Art. 6 93 ff.
- Fristberechnung Art. 3 40 ff.
 - Schaubild Art. 3 47
- gemeinsamer Vorschlag für einen Zeitplan und Verfahrensregeln Art. 25 114
- gemeinsamer Vorschlag zum Verfahrenskalender und den Verfahrensregeln Art. 25 14, 114
- Grundsatz der Kompetenz-Kompetenz Art. 6 93
- institutionelle Administrierung Art. 1 7
- Kommunikation Art. 3 10 ff.
- Kosten Art. 19 20
 - abweichende Parteibestimmungen Art. 19 21
- Kostenentscheidung Art. 37 1 ff.
- Maßnahmen zum Schutz der Vertraulichkeit Art. 22 13 ff.
- mehrere Ansprüche in einem Schiedsverfahren Art. 6 88 f.
- mündliche Verhandlung Art. 26 1 ff.
- Nichteinreichung einer Antwort Art. 6 59 ff., 74 ff.
- ökonomische Verfahrensgestaltung Art. 22 3 ff.
- Prima-Facie-Entscheidung Art. 6 101 ff.
- Procedural Hearing Art. 25 106
- Prozesskostenhilfe Art. 36 8
- Rechtsfolgen bei Einwendungen Art. 6 93 ff.
- Redfern Schedule (Deutsch) Art. 25 118
- Redfern Schedule (Englisch) Art. 25 119
- Reform Art. 1 2 ff.
- Regelungen über institutionellen Rahmen Art. 1 1 ff.
- Registrierungsgebühr für Einleitung Art. 36 2
- Rückgriff auf Parteiregelungen Art. 19 7
- Rügepräklusion Art. 39 1 ff.
- Sachbeginn Art. 16 5 ff.
- Sachverständigenbeweis Art. 25 72 ff.
- Schiedsauftrag Art. 23 1 ff.
- Schiedshängigkeit Art. 4 43 ff.
- Schiedsrichterbenennung Art. 4 33
- Schiedsvereinbarung nach ICC-SchO Art. 6 1 ff.
- Schließung Art. 27 1 ff.
- Sicherungsmaßnahmen Art. 28 1 ff.

Stichwortverzeichnis

- Teilnahmeverweigerung **Art. 6** 163 ff.
- Übergabe der Schiedsverfahrensakte **Art. 16** 1 ff.
- UNCITRAL Notes on Organizing Arbitral Proceedings **Art. 25** 13
- Urkundenbeweis **Art. 25** 32 ff.
- Verfahrensbestimmungen **Art. 19** 1 ff.
- Verfahrenskalender **Art. 24** 2 ff., 13 ff.
- Verfahrenskommunikation **Art. 3** 1 ff.
- Verfahrensmanagementkonferenz **Art. 24** 2 ff., 8 ff.
- Verfahrensregeln, Festlegung **Art. 25** 15 ff.
- vergleichsweise Beilegung **Art. 32** 1 ff.
- Verwaltung durch Gerichtshof **Art. 6** 56 ff.
- Verweisung an den Gerichtshof **Art. 6** 98 ff.
- vorläufige Maßnahmen **Art. 28** 1 ff.
- Vorleistung der Parteien **Art. 36** 1 ff.
- Vorschüsse **Art. 36** 2
- Widerklage **Art. 5** 36 ff.
- Zustellungen **Art. 3** 5 ff.

ICC-Standardklauseln
- Formulierungsvorschläge **Nach Art. 41** 1 ff.
- Kostenaspekte **Nach Art. 41** 1 ff.
- Zweck **Nach Art. 41** 1 ff.

ICC-Verfahrenskosten Art. 37 10 ff

ICC-Verwaltungskosten
- Berechnungsmethoden **Art. 37** 62
- besondere Gebührentatbestände **Art. 37** 25
- Erhöhung, Parteieinbeziehung **Art. 7** 49
- Festsetzung **Art. 32** 8; **Art. 37** 24 ff.
- Festsetzungszeitpunkt **Art. 37** 27
- Gebührenermäßigung **Art. 37** 26
- höhere **Art. 37** 54
- Kostentabellen **Art. 37** 62
- Kostenvorschuss
  - getrennte **Art. 37** 24
  - globaler **Art. 36** 18
  - vorläufiger **Art. 36** 13
- Mehrparteienverfahren **Art. 8** 26
- Ruhendstellung einvernehmlich ausgesetzten Verfahrens **Art. 37** 25
- Umsatzsteuer **Art. 37** 59
- vorgeschaltetes ICC ADR-Verfahren **Art. 37** 26

ICSID Einl. 16
Identität
- Schiedsvereinbarung bei Verfahrensverbindung **Art. 10** 11 ff.

In-Camera-Verfahren Art. 22 14
Insolvenz
- Auswirkungen **Art. 37** 50; **DIS-SchO § 39** 67 ff.
- Rubrumsanpassung **DIS-SchO § 39** 74
- Schiedsort Schweiz **Art. 37** 50
- Verfahrensbeendigung **Art. 37** 50

Insolvenzeröffnung
- nach Erlass des Schiedsspruchs **Art. 37** 50; **DIS-SchO § 39** 75 ff.
- laufendes Schiedsgerichtsverfahren **DIS-SchO § 39** 72 ff.
- unterstützende Verfahren vor staatlichen Gerichten **DIS-SchO § 39** 77

Insolvenzverwalter
- Bindung an Schiedsvereinbarung **Art. 6** 12; **DIS-SchO § 39** 68

Institution
Institutionelle Schiedsverfahren Einl. 9
Interims-Schiedsspruch Art. 2 18
Internationale Handelskammer
- Rechtsnatur **Art. 1** 8

Internationaler Schiedsgerichtshof der ICC s. *Gerichtshof*
Internationales Zentrum für die Beilegung von Investitionsstreitigkeiten s. *ICSID*
Investitionsschiedsverfahren Einl. 15 ff.; **Art. 21** 5
- Sachrechtsermittlung **Art. 21** 43
Investitionsschutzverträge
iura novit curia Art. 21 63

Joint Proposal for a Procedural Timetable and Rules Art. 25 14
Joint-Venture-Vertrag DIS-SchO § 13 2

Kartellrecht Art. 21 28
Klageänderung Art. 4 13
Klageantwort s. *Klageerwiderung*
Klageerwiderung
- Angaben zum Schiedsverfahren **Art. 5** 22 ff.
- Antrag auf Fristverlängerung **DIS-SchO § 9** 18
- Checkliste **Art. 5** 62; **Art.** 59; **DIS-SchO § 9** 20
- DIS-Schiedsverfahren **DIS-SchO § 9** 1 ff.
- Drittwiderklage **Art. 5** 44 ff.
- Einreichung **Art. 5** 29 ff.
- fehlende Schiedsfähigkeit **DIS-SchO § 9** 13
- Frist **Art. 6** 79; **DIS-SchO § 9** 15 ff

1101

- feste 4-Wochenfrist DIS-ERBV § 4 1 ff., 10 ff.
- Fristsetzung DIS-SchO § 9 1 ff., 9
- Fristüberschreitung DIS-SchO § 9 19
- Fristverlängerung Art. 5 32 ff.
- hilfsweises Einlassen DIS-SchO § 9 10 ff.
- ICC-Schiedsverfahren Art. 5 1 ff.
- Inhalt Art. 5 18 ff.; DIS-SchO § 9 14
- Nichteinreichung Art. 6 74 ff.
- rügelose Einlassung DIS-SchO § 9 12
- Säumnis DIS-SchO § 30 11 f.
- Schaubild Art. 5 63
- Stellungnahme zur Schiedsklage Art. 5 20
- Übermittlung Art. 5 35
- mit Widerklage DIS-SchO § 9 16
- zusätzliche Partei Art. 5 3
- Zuständigkeitsrügen Art. 5 7 ff., 14 ff.

Klägermehrheit
- Schiedsrichterbenennung DIS § 13 1 ff.; Art. 13 1 ff.

Klagerücknahme Vor Art. 1 9; Art. 37 44; DIS-SchO § 39 21 ff.

Klageschrift
- Angabe zu Prozessvertretern DIS-SchO § 6 12 ff.
- Antrag Art. 4 23 ff.
- anwendbares Sachrecht Art. 4 34
- Einreichung Art. 4 48 ff.; DIS-SchO § 6 40 ff.
- fehlender Zahlungsnachweis DIS-SchO § 9 8
- Inhaltsbestimmung des anwendbaren Rechts DIS-SchO § 6 7 ff.
- Korrekturfrist Art. 4 14
- Mitteilung an den Beklagten Art. 4 67
- notwendiger Inhalt Art. 4 11 ff.
- Parteibezeichnungen Art. 4 15 ff.; DIS-SchO § 6 11 ff.
- Rechtsgrund Art. 4 19 ff.
- Sachverhalt Art. 4 19 ff.
- Schiedsort Art. 4 36
- Schiedsvereinbarung Art. 4 28 ff.
- Streitwertbestimmung Art. 4 26
- Teilklage Art. 4 27
- Übersendung Art. 4 61 ff ; DIS-SchO § 6 41, § 8 1 ff., § 9 6
- Übersendung an Beklagten DIS-SchO
- Verfahrenssprache Art. 4 35; DIS-SchO § 6 7 ff.

Kollegialschiedsgericht Art. 6 23
Kollisionsnormen

Kommunikationsmittel
- Kommunikationsvereinbarung Art. 3 30
- Zulässigkeit Art. 3 26 ff.

Kompatibilität mehrerer Schiedsvereinbarungen Art. 6 126 ff.
Kompetenz-Kompetenz Art. 6 60 f., 66
Konsortium Art. 6 15
Konzentrationsmaxime
- abweichende Parteivereinbarungen DIS-SchO § 33 21 ff.
- Fallmanagement DIS-SchO § 33 5 ff.
- praktische Bedeutung DIS-SchO § 33 4
- Verfahrensverzögerungen DIS-SchO § 33 7
- Zeit- und Kosteneffizienz DIS-SchO § 33 5

Kosten
- Änderung des Streitgegenstands DIS-ERGeS § 6 8
- Auslagen der Schiedsrichter DIS-SchO § 35 7 ff.
- außergerichtliche Art. 37 5
- Berichtigungsschiedsspruch DIS-SchO § 37 24
- Berichtigungsverfahren Art. 35 39 ff.
- Beweisverfahren Art. 25 109; DIS-SchO § 27 74
- DIS-Bearbeitungsgebühr DIS-SchO § 7 4 ff.; § 35 10 ff.; s.a. dort
- DIS-Musterschiedsvereinbarung DIS-SchO Nach § 44 17
- DIS-Schiedsspruch in gesellschaftsrechtlichen Streitigkeiten DIS-ERGeS § 11 9
- DIS-Schiedsverfahren DIS-SchO § 7 1 ff.; § 40 1 ff.
- DIS-Widerklage DIS-SchO § 11 1 ff.
- Dreierschiedsgericht Art. 12 9; DIS-SchO § 13 28
- Eilschiedsrichterverfahren Art. 29 59 ff.
- Einreichungsgebühr Art. 7 24
- einstweiliger Rechtsschutz Art. 24 93 ff.; DIS-SchO § 20 46 ff.
- Einzelschiedsrichter Art. 12 9; DIS-ERGeS § 7 6; DIS-SchO § 14 16 f.
- Ergänzungsverfahren DIS-SchO § 37 37
- Ersatzschiedsrichterbestellung DIS-SchO § 18 28; DIS-ERGeS § 8 11
- flexibler Kostenvorschuss Art. 36 25 ff.
- Fristverlängerungen durch die DIS-Geschäftsstellen DIS-ERGeS § 10 7

Stichwortverzeichnis

- gerichtlicher einstweiliger Rechtsschutz **DIS-SchO § 20** 61 ff.
- ICC-Schiedsverfahren **Art. 36** 1 ff.; **Art. 37** 1 ff.
- In-house **DIS-SchO § 35** 16
- Klagerücknahme **DIS-ERGeS § 6** 8
- Kopierkostenvorschuss **DIS-SchO § 25** 7
- Kostenentscheidung **Art. 37** 1 ff.; **DIS-SchO § 35** 1 ff.
- Kostenerstattungsanspruch nicht Beigetretener **DIS-ERGeS § 4** 19
- Kostengrundentscheidung **Art. 37** 38; **DIS-ERGeS § 12** 1 ff.
- Kostenhöhe **DIS-ERGeS § 12** 1 ff.
- Kostensanktion **DIS-SchO § 27** 76
  - bei treuwidrigem Verhalten **Art. 25** 110
- Kostenverteilung **DIS-SchO § 35** 20 f.
- Kostenvorschuss **Art. 7** 50
  - globaler **Art. 36** 16 ff.
- Mehrparteienverfahren **Art. 8** 27
- Verfahrensverbindung **Art. 10** 44 f.
- vorläufiger **Art. 36** 10 ff.; **DIS-SchO § 7** 9 ff.
- Vorschusszahlung **DIS-SchO § 25** 1 ff.
- Vorschusszahlung, volle **DIS-ERBV § 2** 4
- Mehrparteienverfahren **Art. 8** 25 ff.; **DIS-SchO § 40** 5
- mündliche Verhandlung **Art. 26** 54 f.; **Art. 27** 10; **DIS-SchO § 28** 57 f.
- Musterschiedsklausel zur Anwendung der DIS-ERGeS **DIS-ERGeS Vorwort** 13
- Nichtzahlung, Folgen **DIS-SchO § 7** 13 f.
- Parteieinbeziehung **Art. 7** 48 ff.
- Parteikosten **Art. 7** 51; **DIS-SchO § 35** 13 ff.
  - vorprozessuale **DIS-SchO § 35** 18
- Privatgutachterkosten **DIS-SchO § 35** 17
- Protokollführer **Art. 26** 14; **DIS-SchO § 28** 20
- Prozesskostenhilfe **Art. 36** 8
- Prozessökonomie, Maßnahmen **Art. 22** 22
- Rechtsanwalt **DIS-SchO § 35** 14 f.
- Rechtswahl **Art. 21** 71 f.; **DIS-SchO § 23** 67 ff.
- Sachverständigenvergütung **Art. 25** 109

- Schiedsspruch **Art. 33** 13
- aufgrund Einvernehmens **Art. 32** 17
- Auslegung **DIS-SchO § 37** 32
- Prüfung **Art. 33** 23
- sonstige **DIS-SchO § 35** 19
- Streitwert als Grundlage **DIS-SchO Vor § 1** 18
- Syndikusanwälte **DIS-SchO § 35** 16, 27
- Übersetzungen **Art. 20** 16; **DIS-SchO § 6** 9; **§ 22** 16; **§ 28** 20
- Umsatzsteuer **Art. 37** 5
- Unterrichtung betroffener, nicht Beigetretener **DIS-ERGeS § 5** 7
- bei Verfahrenseinleitung **DIS-ERBV § 2** 4 f.
- Verfahrensregeln, Bestimmung **Art. 19** 20
- Verfahrensverbindung **Art. 10** 43 ff.; **DIS-SchO § 13** 73 ff.
- Vergleich **DIS-SchO § 32** 36
- Verhandlungsprotokoll **DIS-SchO § 29** 12
- Verwaltungskosten **Art. 7** 49; s.a. dort
- Verzinsung **DIS-SchO § 35** 22 ff.
- Vollziehungszulassung **Art. 24** 76; **DIS-SchO § 20** 48
- vorläufige Maßnahmen, Anordnung **Art. 24** 75 ff.
- vorzeitige Erledigung **Art. 37** 48; **DIS-SchO § 40** 7
- Widerklage **DIS-SchO § 40** 5
- Zeugenbeweis **Art. 25** 109

Kostenentscheidung
- Anhang III zur ICC-SchO (Kosten und Honorare): abgedruckt bei **Art. 36**, **Art. 37**
- abweichende Parteivereinbarungen **Art. 37** 63; **DIS-SchO § 35** 26 ff.
- Anträge nach Art. 35 ICC-SchO **Art. 37** 57
- Begrenzungen **DIS-SchO § 35** 27
- Beispiele **Art. 37** 37
- Bekanntgabe **Art. 37** 21
- Bifurkation **Art. 37** 39
- Entscheidungsanspruch **Art. 37** 38
- Entschiedsspruch **Art. 37** 34 f.
- Gegenstand **DIS-SchO § 35** 6 ff.
- durch Gerichtshof **Art. 37** 52 ff.
- in gesondertem Kostenschiedsspruch **Art. 32** 8; **DIS-SchO § 35** 24
- Grundsatz der einheitlichen Kostenentscheidung **Art. 37** 36

1103

- Kosten des Schiedsgerichts **DIS-SchO § 35** 6 ff.
- Kostenfestsetzungen **Art. 37** 38
- Kostengrundentscheidung **Art. 37** 38
- sonstige **Art. 37** 39
- Teilschiedsspruch **Art. 37** 39
- Tenorierung **DIS-SchO § 35** 9
- Verfahrensbeendigung ohne Endschiedsspruch **Art. 37** 42 ff.
- verfahrensphasenspezifische Erstattungsansprüche **Art. 37** 39
- Zahlungsbefehl **Art. 37** 38
- Zwischenschiedsspruch **Art. 37** 39

Kostenfestsetzung
- abweichende Parteivereinbarungen **Art. 37** 63
- anwaltliche Vertretung **DIS-SchO § 35** 14
- Aufwendungen der Parteien **Art. 37** 29 f.
- Auslagen **Art. 37** 6
- Auslagen, andere **Art. 37** 31
- Beauftragung von Hilfspersonen **Art. 37** 32
- Berechnungsmethoden **Art. 37** 62
- DIS-Bearbeitungsgebühr **DIS-SchO § 35** 10 ff.
- Doppelvertretung **DIS-SchO § 35** 15
- Eilschiedsrichterverfahren **Art. 37** 30
- Grundsatz der einheitlichen Kostenentscheidung **Art. 37** 7
- Kostenentscheidung **Art. 37** 34 ff.
- Kostenfestsetzungsentscheidung, Bekanntgabe **Art. 37** 21
- Kostenhöhe **DIS-SchO § 35** 8
- Kostentabellen **Art. 37** 61
- Kostenumfang **DIS-SchO § 35** 7
- Kostenverteilung **Art. 37** 7, 36; **DIS-SchO § 35** 20 f.
- Mehrparteienverfahren **Art. 37** 39
- Parteien, Einbeziehung **Art. 37** 20
- Parteikosten **DIS-SchO § 35** 13 ff.
  - vorprozessuale **Art. 37** 6; **DIS-SchO § 35** 18
- Quotelung **Art. 37** 36
- Rechtsbehelfe **Art. 37** 9
- Sachverständigenauslagen **Art. 37** 28
- Sachverständigenhonorare **Art. 37** 28
- durch Schiedsgericht **Art. 37** 56
- Schiedsrichterauslagen **Art. 37** 22 f., 40
- Schiedsrichterhonorare **Art. 37** 11 ff., 40
- Syndikusanwälte **DIS-SchO § 35** 16
- umsatzsteuerliche Fragen **Art. 37** 58 ff.
- Verfahrensfragen **Art. 37** 20 f.
- Verfahrensverzögerungen **Art. 30** 13
- Vergleich vor Übergabe der Schiedsverfahrensakte **Art. 32** 8
- Verwaltungskosten **Art. 37** 6, 24 ff., 40, 59
- vorzeitige Verfahrensbeendigung **Art. 37** 8
- Zahlungen auf die Umsatzsteuer **Art. 37** 33
- Zinsen **Art. 37** 38; **DIS-SchO § 35** 22 ff.
- zweigeteilte **Art. 37** 6

Kostenschiedsspruch
- gesonderter, Kostenentscheidung **Art. 32** 8; **DIS-SchO § 35** 24

Kostenvorschuss
- abweichende Parteivereinbarungen **Art. 36** 39; **DIS-SchO § 25** 17
- Anpassungen **Art. 36** 32
- Antrag auf Entscheidung durch den Gerichtshof **Art. 36** 35
- Aufrechnung, streitwerterhöhende **Art. 36** 37
- Aufteilung **DIS-SchO § 25** 9 ff.
- Auslagenvorschuss **DIS-SchO § 25** 1 ff.
- Bankgarantie **Art. 36** 29
- Berechnung **DIS-SchO § 25** 5 f.
- Empfehlungen **Art. 36** 31
- Erhöhungen **Art. 36** 32
- Ersatzkostenvorschussleistung **DIS-SchO § 25** 13 ff.
- flexible in Mehrparteienverfahren **Art. 36** 25 ff.
- Gesamtkostenvorschuss **Art. 36** 26
- getrennte **Art. 36** 27
- globaler **Art. 36** 16 ff. s.a. Kostenvorschuss, globaler
- Hilfsaufrechnung **Art. 36** 37; **DIS-SchO § 25** 6
- Honorarvorschuss **DIS-SchO § 25** 5
- ICC-Schiedsverfahren **Art. 36** 1 ff.
- multipolare Schiedsverfahren **Art. 36** 27
- nicht bezifferter Streitwert **DIS-SchO § 25** 5
- Nichtzahlung des Parteianteils **DIS-SchO § 25** 10 ff.
- Ratenzahlungsvereinbarung **Art. 36** 2, 30
- Registrierungsgebühr **Art. 36** 2
- Sachverständige **Art. 36** 38

Stichwortverzeichnis

- Substituierung **Art. 36** 33
- Umsatzsteuer **Art. 37** 58; **DIS-SchO § 25** 1, 8
- vorläufiger **Art. 36** 2, 10 ff.; **DIS-SchO § 7** 9 ff.
- Vorschusssäumnis **Art. 36** 34, 36
- Währung **Art. 36** 28
- Zahlungsmodalitäten **Art. 36** 28 ff.
- Zinsen **Art. 36** 31

Kostenvorschuss, globaler Art. 36 16 ff.
- Abgrenzung zu vorläufigem **Art. 36** 16
- Anpassungen **Art. 36** 19
- Anrechnungen **Art. 36** 21
- Auslagen von Hilfspersonen **Art. 36** 20
- Fälligstellung **Art. 36** 22
- Festsetzung **Art. 36** 2, 17
- getrennte für Klage und Widerklage **Art. 36** 23 f.
- Kostensicherheit **Art. 36** 20
- Schiedsrichterauslagen **Art. 36** 18
- Schiedsrichterhonorare **Art. 36** 18
- Streitwertabhängigkeit **Art. 36** 17
- Tragung zu gleichen Teilen **Art. 36** 21
- Umsatzsteuer **Art. 36** 20
- Verwaltungskosten **Art. 36** 18

Kostenvorschuss, Nichtzahlung Art. 36 33 f.
- Durchsetzung **DIS-SchO § 25** 14
- Ersatzvorschussleistung **DIS-SchO § 25** 13
- des gesamten Kostenvorschusses **DIS-SchO § 25** 16
- Kündigung aus wichtigem Grund **§ 25** 10
- Zahlungsklage vor staatlichen Gerichten **DIS-SchO § 25** 11 f.

Kostenvorschuss, vorläufiger Art. 36 10 ff. **DIS-SchO § 7** 9 ff.
- abweichende Parteivereinbarungen **DIS-SchO § 7** 15
- Anpassung **Art. 36** 32
- Anrechnung auf globalen **Art. 36** 21
- Auslagen **Art. 36** 13
- Berechnung **Art. 36** 12
- durchschnittliche Schiedsrichterkosten **Art. 36** 13
- Ermessen **Art. 36** 10
- Fälligkeit **DIS-SchO § 7** 10
- Festsetzung durch Generalsekretär **Art. 36** 2
- Folgen der Nichtzahlung **DIS-SchO § 7** 13 f.
- Grundlagen **DIS-SchO § 7** 9 ff.
- Höhe **DIS-SchO § 7** 11

- ICC-Verwaltungskosten **Art. 36** 13
- Widerklage **Art. 36** 15
- Zahlungsfrist **Art. 36** 14

Kreuzverhör Art. 26 33

Kurierentgelte
- Auslagenvorschuss **DIS-SchO § 25** 7

Live notes Art. 26 19; **DIS-SchO § 28** 24 f.

Mediation Einl. 7
- DIS-Mediationsordnung **DIS-SchO Vor § 1** 7

Mehrparteienverfahren Art. 7 Vor 1 ff.
- abweichende Parteivereinbarungen **Art. 8** 29
- anfängliches **DIS-SchO § 13** 31 ff.
- Ansprüche zwischen mehreren Parteien **Art. 8** 1 ff.; *s.a. dort*
- Antrag ans Sekretariat **Art. 8** 14
- Antrag auf Parteieinbeziehung **Art. 7** 7 ff.; *s.a. Partei, zusätzliche -Einbeziehung*
- Begriffsbestimmungen **Art. 2** 9 ff.
- besondere Tatbestandsvoraussetzungen **Art. 6** 116
- DIS-Schiedsverfahren **DIS-SchO § 13** 1 ff.
- Einleitung **DIS-SchO § 13** 26 ff.
- erfasste Ansprüche **Art. 8** 9
- Ermessen **Art. 8** 21
- Ermessensgrenzen **DIS-SchO § 13** 28
- erster Schriftsatz, Vollständigkeit **Art. 8** 13
- flexibler Kostenvorschuss **Art. 36** 25 ff.
- gerichtliche Kontrolle **Art. 8** 22 ff.
- Gleichbehandlungsgrundsatz **DIS-SchO § 13** 9, 37
- ICC-Verwaltungskosten **Art. 8** 26
- jeder gegen jeden **Art. 8** 6
- Klageantwort von einer Partei **Art. 6** 78
- Konstituierung des Schiedsgerichts **DIS-SchO § 13** 8
- Kosten **Art. 6** 162 ff.; **Art. 8** 25 ff.; **DIS-SchO § 13** 73 ff.; **§ 40** 5
- Kostenentscheidung **Art. 37** 39
- Kostenvorschuss **Art. 8** 27
- mehrere Kläger/Beklagte **Art. 12** 34 ff.
- mehrere Verträge **Art. 9** 1 ff.
- nachträgliche Einbeziehung **DIS-SchO § 13** 43 ff.
- nicht erfasste Ansprüche **Art. 8** 8
- Parteikosten **Art. 8** 28

1105

- Prima-Facie-Entscheidung Art. 6 101 ff.
- Prima-facie-Prüfung Art. 8 10
  - negative Art. 6 156 ff.
- Reform Art. 7 2; Art. 8 2
- Schaubild Art. 6 198
- Schiedsgericht, Bildung Art. 12 34 ff.
- Schiedsrichterbenennung DIS § 13 1 ff.; Art. 13 1 ff.; DIS-SchO § 13 10 ff.
- Schiedsvereinbarung, eine DIS-SchO § 13 33
- Schiedsvereinbarung, mehrere DIS-SchO § 13 34
- Streitwerterhöhung Art. 8 25
- Vereinbarkeit mehrerer Schiedsvereinbarungen Art. 6 146
- Verfahrensablauf Art. 7 7 ff.
- Verfahrenseinleitung Art. 8 12 ff.
- Verfahrensgang nach Übergabe der Akte Art. 8 20 f.
- Verfahrensgang vor Übergabe der Akte Art. 8 16 ff.
- Verfahrensverbindung DIS-SchO § 13 57 ff.
- Vollstreckbarkeit Art. 8 22 ff.
- Vorbehalte Art. 8 10 f.
- weitere Partei, Einbeziehung Art. 12 37
- Zulässigkeit DIS § 13 6; Art. 13 6; DIS-SchO § 13 26 ff., 35
- Zuständigkeit Art. 6 116 ff.; DIS-SchO § 13 39 ff.
- Zustimmungsvorbehalt DIS-SchO § 13 38, 42

Mehrvertragsverfahren
- abweichende Parteivereinbarungen Art. 9 36
- Ansprüche, Begriff Art. 9 7
- eine Schiedsvereinbarung Art. 9 13 f.
- Einführungsbegrenzung, zeitliche Art. 9 30
- Einwendungen und mehrere Schiedsvereinbarungen Art. 9 16 ff.
- Empfehlung Art. 9 29
- Form der Entscheidung durch Gerichtshof Art. 9 31
- gerichtliche Kontrolle Art. 9 32 ff.
- innerer Zusammenhang Art. 9 20 ff., 24
- keine Einwendungen Art. 9 11
- Kosten Art. 9 35
- Kriterien für die Entscheidung des Schiedsgerichts Art. 9 26 ff.

- Mindestanzahl Art. 9 5
- Parteiautonomie Art. 9 12
- Parteienidentität Art. 9 20 ff., 23
- Schaubild Art. 6 198
- Vereinbarkeit der Schiedsvereinbarungen Art. 9 17 ff.
- Verstoß gegen ICC-VO 2012 Art. 9 33
- Vertrag, Begriff Art. 9 6
- Vollstreckbarkeit des Schiedsspruchs Art. 9 32 ff.
- Voraussetzungen Art. 9 8 ff.
- Vorbehalt zugunsten Art. 23 Abs. 4 Art. 9 30
- Vorbehalt zugunsten Art. 6 Abs. 3–7 Art. 9 9 f.
- Zuständigkeit Art. 6 122 ff.

Multi-tier Streitbeilegungsvereinbarung Art. 6 20; Nach Art. 41 10

Mündliche Verhandlung Art. 25 91 ff.; Art. 26 1 ff.
- Ablauf Art. 26 10 ff.; DIS-SchO § 28 18 ff.
- abweichende Parteivereinbarungen Art. 26 56 f.; DIS-SchO § 28 59 f.
- Antrag einer Partei Art. 25 105; DIS-SchO § 28 13
- anwaltliche Vertretung DIS-SchO § 28 52
- Anwesenheitsrecht der Parteien DIS-SchO § 28 49 ff.
- Ausschlussfrist DIS-SchO § 31 8 ff.
- Beweisaufnahme Art. 26 28 ff.
- Bindung an Parteivereinbarung Art. 25 101
- DIS-Schiedsverfahren DIS-SchO § 28 1 ff.
- einstweiliger Rechtsschutz DIS-SchO § 20 28
- Ermessen des Schiedsgerichts Art. 25 106 f.; DIS-SchO § 28 14 f.
- Eröffnungspladoyer Art. 26 25 ff.; DIS-SchO § 28 31 ff.
- Expert Conferencing Art. 26 40; DIS-SchO § 28 45
- Kosten Art. 26 54 f.; Art. 27 10; DIS-SchO § 28 57 f.
- Nicht-Öffentlichkeit Art. 25 99; Art. 26 47 ff.; DIS-SchO § 28 7, 53, 105
- nicht vorgesehene Schriftsätze DIS-SchO § 28 17
- Organisation DIS-SchO § 28 20
- Procedural Hearing DIS-SchO § 28 16
- Protokollführer

Stichwortverzeichnis

- Protokollführung **Art. 26** 18; **DIS-SchO § 28** 20, **§ 29** 1 ff.
- Wortprotokoll **DIS-SchO § 28** 24 f.
- Rechtliches Gehör **Art. 25** 102; **DIS-SchO § 28** 10
- Säumnis einer Partei **Art. 26** 44 ff.
- Schließungserklärung **Art. 27** 5 ff.
- Schlusspladoyer **DIS-SchO § 28** 47 f.
- Strukturierung **DIS-SchO § 28** 26
- Tagesordnung **Art. 26** 14
- Telefonkonferenz **Art. 26** 16; **DIS-SchO § 28** 22 f.
- Termin **DIS-SchO § 28** 18
- Vergleichsvorschlag **Art. 26** 26
- Verhandlungsort **Art. 25** 100; **DIS-SchO § 28** 8, 19
- Verzicht **Art. 25** 102; **DIS-SchO § 28** 10, 12
  - nachträglicher **Art. 25** 104
- Voraussetzungen **DIS-SchO § 28** 9 ff.
- Vorbereitung **Art. 26** 14 ff.
- Zurückweisung verspäteten Vorbringens **DIS-SchO § 31** 8

Muster
- Antrag auf Verfahrensverbindung **Art. 10** 48 f.
- DIS-ERBV Musterklausel **DIS-ERBV § 1** 7
- DIS-Musterschiedsvereinbarung **DIS-SchO Nach § 44** 1 ff., 16
- Formulierungsvorschläge ICC-Standardklausel **Nach Art. 41** 1 ff.
- Gemeinsamer Vorschlag für einen Zeitplan und Verfahrensregeln **Art. 25** 114
- Joint Proposal by the Parties on Timetable and Prodedural Rules **Art. 25** 115
- Musterschiedsklausel zur Anwendung der DIS-ERGeS, empfohlene Zusatzvereinbarungen **DIS-ERGeS Vorwort** 9 ff.
- Musterschiedsklausel zur Anwendung der DIS-ERGeS, gesellschaftsrechtliche Streitigkeiten **DIS-ERGeS Vorwort** 1 ff.
- Redfern Schedule (Deutsch) **Art. 25** 118
- Redfern Schedule (Englisch) **Art. 25** 119
- Schriftliche Zeugenaussage **Art. 25** 116 f.
- Witness Statement **Art. 25** 117

Nationalkomitee
- Nationalkomiteesystem **Art. 13** 26
- Schiedsrichterernennung **Art. 13** 31 ff.
- Schiedsrichterlisten **Art. 13** 36
- Zuständigkeit **Vor Art. 11** 10

ne ultra petita partium DIS-SchO § 33 3
- abweichende Parteivereinbarungen **DIS-SchO § 33** 21 ff.
- Ausnahmen **DIS-SchO § 33** 12
- Rechtsfolgen bei Verstoß **DIS-SchO § 33** 10 ff.

Neutraler Berater
- Beweisvorlage bei Vertraulichkeitsvereinbarung **DIS-SchO § 27** 54

Neutralitätsgebot Art. 11 1 ff.; **DIS-SchO § 17** 8
- Abdingbarkeit **Art. 11** 13
- abweichende Parteivereinbarungen **DIS-SchO § 15** 13 f.
- DIS-Schiedsgericht **DIS-SchO § 15** 1 ff.
- Eilschiedsrichter **Art. 29** 40
- Entscheidung des Gerichtshofs **Art. 11** 32 ff.
- Erklärung nach Ernennung/Bestätigung **Art. 11** 31
- Erklärung vor Ernennung/Bestätigung **Art. 11** 15 ff., 21 ff.
- ICC-Schiedsgericht **Art. 11** 1 ff.
- Rügeverzicht **Art. 11** 13
- Unparteilichkeit und Unabhängigkeit **Art. 11** 1 ff.
- Verstoß **DIS-SchO § 15** 3; **§ 18** 9 ff.

New Yorker UN-Übk. über die Anerkennung und Vollstreckung ausländischer Schiedssprüche vom 10.6.1958 s. *UNÜ*

Nichtbeteiligung einer Partei am Schiedsverfahren s. *Säumnis*

Nicht-Öffentlichkeit Art. 25 99; **DIS-SchO § 28** 7, 53 ff.

Non-Disclosure-Agreement Art. 25 57

Non-Signatories
- Bindung an Schiedsvereinbarung **Art. 6** 11 ff.

Öffentlichkeit, keine Einl. 8
- bei mündlicher Verhandlung **Art. 26** 47 ff.

Offenbarungspflichten
- gesetzliche **DIS-SchO § 43** 17
- Schiedsrichter, Amtsannahme **DIS-SchO § 16** 6 ff.
- vertragliche **DIS-SchO § 43** 18

1107

Opening Statement Art. 26 25 ff.; DIS-SchO § 28 31 ff.

Parallelverfahren
- abweichende Parteivereinbarungen DIS-ERGeS § 9 16
- gesellschaftsrechtliche Streitigkeiten DIS-ERGeS § 9 1 ff.
- Kosten DIS-ERGeS § 9 15
- Kostenkontrolle DIS-ERGeS § 9 15
- Nachrangverfahren DIS-ERGeS § 9 10 ff.
- Rechte des Klägers DIS-ERGeS § 9 12 ff.

Partei
- Anspruch auf rechtliches Gehör Art. 22 18
- Antrag auf mündliche Verhandlung DIS-SchO § 28 13
- Anwesenheitsrecht DIS-SchO § 28 49 ff.
- Aufwendungen, Festsetzung Art. 37 29 f.
- Begriffsbestimmung Art. 2 9 ff. ; DIS-SchO § 6 11 ff.
- Beitrittserklärung, gesellschaftsrechtliche Streitigkeit DIS-ERGeS § 3 1 ff.
- Gesamtschuld, DIS-Bearbeitungsgebühr DIS-SchO § 40 14
- Insolvenz DIS-SchO § 39 67
- Kostenvorschussanteil, Nichtzahlung DIS-SchO § 25 10 ff.
- mehrere Art. 7 Vor 1 ff.
- Mittellosigkeit DIS-SchO § 39 56
- Nichtmitwirkung Art. 23 28 ff.
- Parteikosten DIS-SchO § 35 13 ff.
  - Parteikostenerhöhung Art. 7 51
  - vorprozessuale DIS-SchO § 35 18
- Parteirollenvergabe DIS-SchO § 6 5
- Parteistellung bei Verfahrensverbindung Art. 10 37
- Säumnis DIS-SchO § 30 1 ff.
- Schiedsrichter, Benennungsrecht DIS-SchO § 14 5
- Vorschusszahlung DIS-SchO § 25 1 ff.
- Vorsteuerabzugsberechtigung Art. 37 33
- als Zeuge Art. 25 19; DIS-SchO § 28 55
- zusätzliche Art. 2 10; s.a. *Mehrparteienverfahren; Partei, Einbeziehung zusätzlicher*
- Zustimmung zu Fristverlängerungen DIS-ERBV § 6 9 ff.

Partei, Einbeziehung zusätzlicher
- abweichende Parteivereinbarungen Art. 7 52
- Adressat Art. 7 11
- Aktenzeichen Art. 7 20
- Anspruchserhebung Art. 7 22
- Anspruchsvorbehalt Art. 7 23
- Antrag DIS-SchO § 13 47
- Antragsberechtigung Art. 7 8 ff.
- Antragsform Art. 7 19
- Antragsgegner Art. 7 10
- Antragsinhalt Art. 7 18 ff.
- Antragsmuster Art. 7 54 f.
- Antragsteller Art. 7 8 ff.
- Antragszustellung Art. 7 25 ff.
- Antwort der zusätzlichen Partei Art. 7 29 ff., 34 f.
- Begriffsbestimmungen Art. 2 9 ff.
- Besetzung des Schiedsgerichts, Muster Art. 7 54 f.
- nach Bestellung des gesamten Schiedsgerichts DIS-SchO § 13 54 f.
- DIS-Schiedsverfahren DIS-SchO § 13 43 ff.
- 30-Tage-Frist Art. 7 29 ff.
- Einbeziehungsbeschluss Art. 7 40 ff.
- Einreichungsgebühr Art. 7 24
- Einwendungen Art. 7 35, 37 ff.
- Entscheidung des Schiedsgerichts Art. 7 42 ff.
- Exemplare Art. 7 24
- Fristsetzung Art. 7 14 f.
- Geltendmachung eigener Ansprüche Art. 7 36
- gerichtliche Überprüfung Art. 7 45 ff.
- Gleichbehandlungsgrundsatz DIS-SchO § 13 53
- ICC-Verwaltungskosten Art. 7 49
- Klageantwort Art. 5 3
- Muster Art. 7 54 f.
- Kontaktdaten Art. 7 21
- Kosten Art. 7 48 ff.
- Kostenvorschuss Art. 7 50
- mehrere Verträge Art. 7 35
- Mitwirkung bei Schiedsrichterbesetzung Art. 7 31 f.
- nachträgliche DIS-SchO § 13 43 ff.
- Parteikosten Art. 7 51
- nach Schiedsrichterernennung/-bestätigung Art. 7 28
- Schiedsrichterhonorare Art. 7 49
- Schiedsvereinbarung Art. 6 12 ff.
- Schiedsvereinbarung, eine DIS-SchO § 13 50

- Streitverkündung **DIS-SchO § 13** 48
- Streitwerterhöhung **Art. 7** 48
- Unternehmensübernahme **Art. 6** 13
- Verfahrensbeginn **Art. 7** 17
- Voraussetzungen **DIS-SchO § 13** 46 ff.
- Widerklagemuster **Art. 7** 54 f.
- Zeitpunkt **DIS-SchO § 13** 52
- Zuständigkeit **DIS-SchO § 13** 49 ff.
- Zuständigkeitsentscheidung **Art. 7** 43 f.
- Zustimmungserfordernis **Art. 7** 12 f., 16; **DIS-SchO § 13** 51
- Zustimmungspflicht des Schiedsgerichts **DIS-SchO § 13** 56

Parteiautonomie Einl. 1; Vor Art. 11 3
- Grenzen **Art. 25** 111

Parteibezeichnung
- ICC-Schiedsverfahren **Art. 4** 15; **Art. 23** 10
- Klageantwort **Art. 5** 19

Parteienmehrheit
- Schiedsrichterbenennung **DIS § 13** 1 ff.; **Art. 13** 1 ff.

Parteigutachten
- in internationalen Schiedsverfahren **Art. 25** 78

Parteikosten
- Mehrparteienverfahren **Art. 8** 28
- Parteikostenerhöhung **Art. 7** 51
- Vertretungskosten **Art. 37** 29
- vorprozessuale **Art. 37** 30; **DIS-SchO § 35** 18
- Zeugencoaching **Art. 37** 30

Parteiöffentlichkeit
- Abgrenzung zu Vertraulichkeitsgebot **DIS-SchO § 43** 8

Parteisachverständiger
- Auslagenfestsetzung **Art. 37** 31
- Haftung **DIS-SchO § 44** 12
- internationale Schiedsverfahren **DIS-SchO § 35** 17

Parteivertreter
- Nachweis der Vollmacht **Art. 17** 1 ff.

Per-Diem-Pauschalen
- Schiedsrichterauslagen **Art. 37** 23

Post-Hearing Brief Art. 26 18, 42 f. **DIS-SchO § 28** 47 f.

Präklusion
- Fristversäumnis **Art. 5** 33
- Rüge der Unzuständigkeit **Art. 5** 10 ff.

Präsident
- Eilkompetenz **Art. 1** 17

Pre-Hearing Brief Art. 26 17; **DIS-SchO § 28** 22 f.

Pre-Hearing Conference Call Art. 26 16
Pre-Hearing-Meeting Art. 25 83; **DIS-SchO § 27** 67
Prima-Facie-Entscheidung
- Beschluss **Art. 9** 31
- Gerichtshof nach Verweisung **Art. 6** 101 ff.
- Mehrparteienverfahren **Art. 6** 102, 116 ff.
- Rechtsfolgen **Art. 6** 103

Privatgutachten
- internationale Schiedsverfahren **DIS-SchO § 35** 17
- Kostenerstattung **DIS-SchO § 35** 17

Privilegien, beweisrechtliche
- Anwaltsgeheimnis **Art. 25** 50 f.; **DIS-SchO § 27** 49 ff.
- anwendbares Recht **Art. 25** 58; **DIS-SchO § 27** 48 ff.
- Anwendung im Einzelfall **Art. 25** 62; **DIS-SchO § 27** 54
- Attorney-Client-Privilege **Art. 25** 52; **DIS-SchO § 27** 49 ff.
- Discovery-Agent **Art. 25** 63
- Fairness und Gleichheit **DIS-SchO § 27** 53
- IBA Rules on the Taking of Evidence in International Arbitration **Art. 25** 61; **DIS-SchO § 27** 47 ff.
- in internationalen Schiedsverfahren **Art. 25** 60
- neutraler Berater **Art. 25** 62
- Non-Disclosure-Agreement **Art. 25** 56
- Syndikusanwälte **Art. 25** 53
- transnationale Grundsätze **Art. 25** 60
- Vertraulichkeitsschutz, EuGH **Art. 25** 54
- Verzicht **Art. 25** 64; **DIS-SchO § 27** 56
- Without-Prejudice-Privilege **DIS-SchO § 27** 52
- Work-Product-Doctrine **Art. 25** 55; **DIS-SchO § 27** 51

Procedural Hearing
- zu Verfahrensbeginn **Art. 25** 106; **DIS-SchO § 28** 16

Protocol for the Use of Party-Appointed Expert Witnesses in international Arbitration DIS-SchO § 27 67

Protokollführer
- Kosten **Art. 26** 14; **DIS-SchO § 28** 20

Prozesskostenhilfe Art. 36 8
Prozesskostensicherheit
- Anordnung **Art. 37** 40

1109

Prozessökonomie
- Maßnahmen zur Förderung
  Art. 22 8 ff.

Prozessschiedsspruch
- Unzuständigkeitsrüge DIS-SchO
  § 1 14

Prozessverfügung
- Sachrechtswahl Art. 21 60

Prozessvergleich Art. 32 4

Prozessvertreter
- Anforderungen DIS-SchO § 5 14
- Angabe in DIS-Klageschrift DIS-SchO
  § 6 12 ff.
- Nachweis der Vollmacht Art. 17 1 ff.

Prozesszinsen Art. 4 57; DIS-SchO
§ 6 49

Ratenzahlung
- Kostenvorschuss Art. 36 2, 30

Rechtliches Gehör Einl. 4; Art. 22 17 ff.;
  DIS-SchO § 26 10 ff.
- Verstoß DIS-SchO § 26 24 ff.
- Zurückweisung verspäteten Vorbringens DIS-SchO § 31 8
- Zurverfügungstellung aller Schriftsätze
  DIS-SchO § 4 1 ff.

Rechtsanwalt
- Anwaltsgeheimnis DIS-SchO
  § 27 49 ff.
- Bevollmächtigter DIS-SchO § 27 78
- Doppelvertretung DIS-SchO § 35 15
- Kosten s. Rechtsanwaltsgebühren
- Parteivertretung DIS-SchO § 28 52
- Zeugenvertretung DIS-SchO
  § 28 54

Rechtsanwaltsgebühren
- einstweiliger Rechtsschutz DIS-SchO
  § 20 47
- Kostenfestsetzung Art. 37 29 f.; DIS-SchO § 35 14
- Vollziehungszulassung DIS-SchO
  § 20 49
- vorgerichtliche Art. 37 30

Rechtshängigkeit s. Schiedshängigkeit

Rechtskraft
- abweichende Parteivereinbarungen
  DIS-SchO § 38 11
- DIS-Schiedssprüche DIS-SchO
  § 38 1 ff.
- ICC-Schiedssprüche Art. 34 22

Rechtsstreit
- anwendbares Sachrecht DIS-SchO
  § 23 1 ff.
- vergleichsweise Beilegung Art. 32 1 ff.

Rechtswahl
- Auslegung Art. 21 24 f.
- DIS-Schiedsverfahren DIS-SchO
  § 23 12 ff.
- Eingriffsnormen Art. 21 28; DIS-SchO
  § 23 27 ff.
- Entscheidung nach Billigkeit DIS-SchO § 23 39 ff.
- fehlende DIS-SchO § 23 32
- Form der Entscheidung Art. 21 15;
  DIS-SchO § 23 14
- freie Art. 21 26 f.; DIS-SchO § 23 25 f.
- Grenzen Art. 21 26 ff.
- Handelsbräuche DIS-SchO § 23 46 ff.
- konkludente Art. 21 17; DIS-SchO
  § 23 16
- Kosten DIS-SchO § 23 67 ff.
- negative Art. 21 22; DIS-SchO § 23 21
- Parteiautonomie Art. 21 13 ff.; DIS-SchO § 23 12 ff.
- Grenzen DIS-SchO § 23 25 ff.
- Inhalt DIS-SchO § 23 12 ff.
- Recht des Staates DIS-SchO § 23 34
- Rechtsvorschriften, einzelne
  Art. 21 20; DIS-SchO § 23 19
- Reichweite Art. 21 23; DIS-SchO
  § 23 22 ff.
- Rom-Verordnungen DIS-SchO
  § 23 38
- Sachnormverweisung Art. 21 21; DIS-SchO § 23 20
- durch Schiedsgericht s.a. Rechtswahl
  durch Schiedsgericht
- und Schiedsort DIS-SchO § 23 15
- Schiedsort als Indiz Art. 21 16
- Trennbarkeit Art. 21 19; DIS-SchO
  § 23 18
- Vertragsbestimmungen DIS-SchO
  § 23 46 ff.
- Vorrang der Parteivereinbarung DIS-SchO § 23 33
- Wirksamkeit Art. 21 18; DIS-SchO
  § 23 17
- Zeitpunkt Art. 21 14; DIS-SchO
  § 23 13

Reconsideration
- Gerichtshof Art. 6 155

Redfern Schedule DIS-SchO § 27 58
- Dokumentenvorlageverfahren
  Art. 25 67
- Muster Art. 25 118 (deutsch);
  Art. 26 119 (englisch)

Re-Direct-Examination DIS-SchO
§ 28 40 ff.

Regelfrist (Endschiedsspruch)
– abweichende Parteivereinbarungen
  Art. 30 15
– Abweichung Art. 30 9 ff.
– Beginn Art. 30 6
– Berechnung Art. 30 6 ff., 10, 12
– Endschiedsspruch Art. 30 1 ff.
– Ermessen Art. 30 9
– Ersetzung von Schiedsrichtern
  Art. 30 14
– Umfang Art. 30 7
– Verfahrensmanagement Art. 30 8
– Verfahrensverzögerungen Art. 30 13 f.
– Verlängerung, Voraussetzungen
  Art. 30 11 f.

Regelverfahrensdauer
– abweichende Parteivereinbarungen
  DIS-ERBV § 1 16
– DIS-Ergänzende Regeln für beschleunigte Verfahren DIS-ERBV § 1 11 f.
– DIS-Schiedsverfahren DIS-ERBV
  § 1 11 ff.
– Nichteinhaltung DIS-ERBV § 6 12 ff.

Registrierungsgebühr
– Anrechnung auf Kostenvorschuss
  Art. 36 21
– Erstattung Art. 4 40
– Klageeinreichung Art. 4 40 ff.;
  Art. 36 2, 9 ff.
– Parteieinbeziehung Art. 7 24

Reisekosten Art. 25 109
– Auslagenvorschuss DIS-SchO § 25 7
– DIS-Richtlinien für die Erstattung von Auslagen DIS-SchO § 40 17
– erstattungsfähige Auslagen DIS-SchO § 40 10

Relationstechnik DIS-SchO § 28 27
Rom-Verordnungen Art. 21 6 ff., 10 ff.
Rubrum Art. 4 15 ff.; 23 10
– fehlerhaftes DIS-SchO § 37 15
– vollständiges DIS-SchO § 34 7

Rücknahme der Schiedsklage s. *Klagerücknahme*

Rüge
– abweichende Parteivereinbarungen
  DIS-SchO § 41 11
– erfasste Verstöße Art. 39 5 ff.
– Erkennbarkeit Art. 39 11
– fehlende Rüge DIS-SchO § 41 10
– Fortfahren mit dem Schiedsverfahren
  Art. 39 12
– Frist Art. 39 12
– positive Kenntnis DIS-SchO § 41 8
– Unverzüglichkeit DIS-SchO § 41 9

– Verstoß gg. die DIS-SchO **DIS-SchO**
  § 41 5 ff.
– Verstoß gg. weitere Parteivereinbarungen **DIS-SchO § 41 7**

Rügepräklusion
– abweichende Parteivereinbarungen
  Art. 39 15
– Befugnisse des Schiedsgerichts
  Art. 39 13
– DIS-Schiedsverfahren **DIS-SchO**
  § 41 10 ff.
– ICC-Schiedsverfahren Art. 5 7 ff.;
  Art. 39 1 ff.

Rules of ICC as Appointing Authority in UNCITRAL or other Ad Hoc Arbitration Proceedings Einl. 12; Art. 1 10

Rumpfschiedsgericht
– Ableben/Entfernung eines Schiedsrichters Art. 15 41 f.; DIS-SchO
  § 33 17 ff.
– Ermessensentscheidung Art. 15 43
– Schließen des Verfahrens Art. 15 40

Sachrecht, anwendbares
– abweichende Parteivereinbarungen
  Art. 21 73; DIS-SchO § 23 70
– amiable compositeur Art. 21 50 ff.
– Bedeutung Art. 21 45
– Billigkeitsentscheidung Art. 21 48 ff.;
  DIS-SchO § 23 39 ff.
– „engste Verbindung" DIS-SchO § 23 35
– Entscheidungsform Art. 21 55 ff., 60;
  DIS-SchO § 23 12 ff., 52 ff.
– Ermessen Art. 21 36; DIS-SchO
  § 23 60
– ex aequo et bono Art. 21 50 ff.
– Geeignetheit Art. 21 37
– gerichtliche Kontrolle DIS-SchO
  § 23 63 ff.
– Grenzen Art. 21 44
– Handelsbräuche Art. 21 41, 47; DIS-SchO § 23 51
– ILA Report DIS-SchO § 23 61
– Inhaltsermittlung Art. 21 62 ff.; DIS-SchO § 23 58 ff.
– Investitionsschutzverfahren Art. 21 43
– iura novit curia DIS-SchO § 23 59
– Kollisionsnormen
  – EGBGB Art. 21 10 ff.; DIS-SchO
    § 23 9 ff.
  – geschriebene Art. 21 38; DIS-SchO
    § 23 36
  – ungeschriebene Art. 21 39; DIS-SchO § 23 37

1111

- Rom-VO **Art. 21** 10 ff., 40; **DIS-SchO § 23** 9 ff., 38
- Kosten **DIS-SchO § 23** 67
- objektive Anknüpfung **Art. 21** 33 ff.; **DIS-SchO § 23** 32 ff.
- Parteiautonomie **Art. 21** 13 ff., 26 ff.
- Vorrang der Parteiabrede **Art. 21** 34; **DIS-SchO § 23** 33
- Recht des Staates **Art. 21** 35; **DIS-SchO § 23** 34
- Rechtswahl durch das Schiedsgericht **Art. 21** 3, 33 ff.
- Sachentscheidung **Art. 21** 1 ff.
- subjektive Anknüpfung **Art. 21** 13 ff., 24 ff.
- Teilschiedsspruch **DIS-SchO § 23** 56
- Vergleich mit staatlichen Gerichtsverfahren **Art. 21** 8 ff.
- Vertragsbestimmungen **Art. 21** 41, 46; **DIS-SchO § 23** 50
- Vollstreckbarkeit **DIS-SchO § 23** 63 ff.

Sachverhaltsermittlung
- abweichende Parteivereinbarungen **Art. 25** 111
- Beweismittel **Art. 25** 18 ff.
- Civil Law versus Common Law **Art. 25** 8 ff.
- eingeschränkter Untersuchungsgrundsatz **Art. 25** 6; **DIS-SchO § 27** 4 ff.
- Ermessen **Art. 25** 5 ff.
- gemeinsamer Vorschlag für einen Zeitplan und Verfahrensregeln (Muster) **Art. 25** 114
- IBA Rules on the Taking of Evidence in International Arbitration **Art. 25** 10 ff.
- Joint Proposal by the Parties on Timetable and Prodedural Rules (Muster) **Art. 25** 115
- mündliche Verhandlung **Art. 25** 91 ff.
- Redfern Schedule (Deutsch, Muster) **Art. 25** 118
- Redfern Schedule (Englisch, Muster) **Art. 25** 119
- Schriftliche Zeugenaussage (Muster) **Art. 25** 116 f.
- UNCITRAL Notes on Organizing Arbitral Proceedings **Art. 25** 13
- Verfahrensablauf **Art. 25** 16
- Verfahrensregeln, Festlegung **Art. 25** 14 ff.
- Witness Statement (Muster) **Art. 25** 117

Sachverständigenbeweis Art. 25 77 ff.
- Anordnung **DIS-SchO § 27** 66
- Ausschluss durch Parteivereinbarung **DIS-SchO § 27** 79
- Beweisverfahren, selbständiges **DIS-SchO § 27** 73
- DIS-Schiedsverfahren **DIS-SchO § 27** 65 ff.
- Expert-Conferencing **DIS-SchO § 28** 45
- Form der Entscheidung über **DIS-SchO § 27** 69
- gerichtlich bestellter **DIS-SchO § 28** 46
- IBA Rules on the Taking of Evidence in International Arbitration **Art. 25** 78
- Kosten **DIS-SchO § 27** 75
- Kostensanktion **DIS-SchO § 27** 76
- Parteiautonomie **Art. 25** 81
- parteiernannter **Art. 25** 83; **DIS-SchO § 27** 67 ff.
- schiedsgerichtsernannter **Art. 25** 85
- Verhaltenscodizes **DIS-SchO § 27** 67

Sachverständigengutachten
- Abgrenzung Schiedsgutachten **Art. 25** 77
- Arten **Art. 25** 77 ff.
- Begriff **Art. 25** 77
- Form **Art. 25** 86
- IBA Rules on the Taking of Evidence in International Arbitration **Art. 25** 84
- Parteigutachten **Art. 25** 78
- Protocol for the Use of Party-Appointed Expert Witnesses in International Arbitration **Art. 25** 84
- Protocol on Expert Teaming **Art. 25** 85

Sachverständiger Art. 26 38 ff.
- Auslagenfestsetzung **Art. 37** 28, 31
- Auswahlkriterien **Art. 25** 87; **DIS-SchO § 27** 70
- Beeidigung **Art. 25** 76
- Gutachten s.a. *Sachverständigengutachten*
- Haftung **Art. 25** 89; **DIS-SchO § 27** 73
  - Haftungsprivileg **Art. 40** 18; **DIS-SchO § 44** 12
- Honorarfestsetzung **Art. 25** 109; **Art. 37** 28
- Honorarvorschuss **Art. 36** 38; **Art. 37** 40
- ICC-Schiedsverfahren **Art. 25** 72 ff.
- parteiernannter **Art. 25** 78, 83; **DIS-SchO § 27** 67 ff.
- Privatgutachterkosten **DIS-SchO § 35** 17
- Sachverständigenlisten **Art. 25** 87

Stichwortverzeichnis

- schiedsgerichtliche Ernennung
  Art. 25 79, 85
- Schiedsrichter als **Art. 25** 88; **DIS-SchO § 27** 71
- Verhaltenskodizes **Art. 25** 83
- Verschwiegenheitspflicht **DIS-SchO § 43** 13

Säumnis Art. 2 17; **Art. 6** 58 ff., 74 ff., 163 ff.; **Art. 23** 18 ff.; **Art. 26** 44 ff.

Schiedsauftrag
- abweichende Parteivereinbarungen **Art. 23** 41
- DIS-Schiedsantrag **DIS-SchO § 6** 15 ff.
- fakultativer Inhalt **Art. 23** 21 ff.
- Formulierung **Art. 23** 23
- Frist zur Unterzeichnung und Übersendung **Art. 23** 26
- Fristverlängerung **Art. 23** 27
- Genehmigungsverfahren **Art. 23** 28 ff.
- Grenzen **Art. 23** 36 f.
- Kostenüberwachungsfunktion **Art. 23** 2
- nachträgliche Änderung **Art. 23** 42
- Nichtmitwirkung einer Partei **Art. 23** 28 ff.
- notwendiger Inhalt **Art. 23** 9 ff.
- Präklusionswirkung **Art. 23** 2, 33
- Qualitätssicherungsfunktion **Art. 23** 2
- rechtsgeschäftliche Funktion **Art. 23** 4
- rügelose Einlassung **Art. 23** 5
- Unterzeichnung **Art. 23** 5
- Verfahrensmanagementfunktion **Art. 23** 4

Schiedsbeschluss
- Bindungswirkung **Art. 22** 19 ff.

Schiedseinrede Einl. 6

Schiedsfähigkeit
- arbeitsrechtliche Streitigkeiten **Art. 6** 34
- Beschlussmängel in Gesellschaften **Art. 6** 31
- Deutschland **Art. 6** 26
- nach DIS-SchO **DIS-SchO § 1** 11
- eingeschränkte **Art. 6** 29
- bei geistigem Eigentum **Art. 6** 30
- bei insolventen Unternehmen **Art. 6** 33
- nicht vermögensrechtliche Ansprüche **Art. 6** 28
- Teilunwirksamkeit **Art. 6** 35
- bei vermögensrechtlichen Ansprüchen **Art. 6** 27
- bei Wertpapierdienstleistungen **Art. 6** 29

- im Wettbewerbsrecht **Art. 6** 32
- bei Wohnraummietsachen **Art. 6** 29

Schiedsgericht
- Aktenübergabe **Art. 16** 7 ff.
- anwendbares Sachrecht **Art. 21** 1 ff.; **DIS-SchO § 23** 1 ff.
- Auslagenvorschuss **DIS-SchO § 25** 1 ff.
- Begriffsbestimmung **Art. 2** 3 ff.
- Berichtigung „von sich aus" **Art. 35** 24 ff.
- Besetzung **Vor Art. 11** 1 ff.
- Bildung
  - abweichende Parteivereinbarung **Art. 12** 39 f.
  - Bindung an Parteivereinbarung **Art. 25** 101
  - fehlende Parteivereinbarung **Art. 12** 6
- schiedsrichterliche Verfügungen/Beschlüsse **Art. 22** 19 ff.
- Entscheidung über Einbeziehung **Art. 7** 42 ff.
- Entscheidungsbefugnis **Art. 1** 11; **DIS-SchO § 18** 20
- Entscheidungsfindung innerhalb **Art. 31** 7 ff.; **DIS-SchO § 33** 13 ff.
- Ermessens **DIS-SchO § 33** 8 ff.
- Ersatzschiedsrichterbestellung **DIS-SchO § 18** 27
- Fristverlängerungen **DIS-ERBV § 6** 9 ff.
- frühestmögliche Hinweise **DIS-ERBV § 5** 13 ff.
- Grundsatz der strengen Antragsbindung **DIS-SchO § 33** 10 ff.
- interne Korrespondenz **Art. 3** 20
- Kollegialschiedsgericht **Art. 6** 23
- Kompetenzgrenzen **Art. 25** 17
- Konstituierung **Art. 11** 49 ff.; **Art. 12** 1 ff.; **Art. 16** 7 ff.; **DIS-SchO § 13** 8; **§ 16** 1 ff.; **§ 17** 14 ff.
- Folgen **DIS-SchO § 17** 17
- Frist **DIS-SchO § 17** 19
- Mehrheitsentscheidungen **DIS-SchO § 33** 13 ff.
- Mehrparteienverfahren **Art. 12** 34 ff.; **DIS-SchO § 13** 1 ff.
- Mitteilungen, Zuleitung **Art. 3** 19 f.
- Neubesetzung **Art. 15** 25 ff., 35 ff.
- Neutralität **Art. 22** 17
- Organisation der mündlichen Verhandlung **Art. 26** 10 ff.

1113

- Parteivereinbarung nach Verfahrensbeginn **Art. 12** 8
- personelle Besetzung **Vor Art. 11** 1 ff.
- Rechtswahl für Sachentscheidung **Art. 21** 8 ff.
- Rumpfschiedsgericht **Art. 15** 39 ff.; **DIS-SchO § 33** 17 ff.
- Übergabe der Schiedsverfahrensakte **Art. 16** 13 ff.
- Unparteilichkeit und Unabhängigkeit **Art. 11** 1 ff.
- Unterstützungsfunktion **Art. 34** 17
- Verfahrenssprache **Art. 20** 13 ff.; **DIS-SchO § 22** 11 ff.
- Zulassung neuer Ansprüche **Art. 23** 38 ff.
- Zuständigkeit **Art. 5** 14 ff., 7 43 f.; **18** 6
- Zustimmung, Schiedsspruch aufgrund Einvernehmens **Art. 32** 13

Schiedsgerichtshof, Internationaler der ICC s. Gerichtshof

Schiedsgerichtsordnungen s. Schiedsverfahrensordnungen

Schiedsgutachten Einl. 7
- Abgrenzung Sachverständigengutachten **Art. 25** 77
- DIS-Schiedsgutachtenordnung **DIS-SchO Vor § 1** 7

Schiedsgutachtervereinbarung
- Schiedsvereinbarung, Abgrenzung **Art. 6** 36

Schiedshängigkeit
- DIS-Schiedsverfahren **DIS-SchO § 6** 36
- Haftungsmaßstab bei Herausgabeansprüchen **Art. 4** 58; **DIS-SchO § 6** 50
- ICC-Schiedsverfahren **Art. 4** 43 ff.
- Prozesszinsen **Art. 4** 57; **DIS-SchO § 6** 49
- Wirkung **Art. 4** 54 ff.; **DIS-SchO § 6** 47 ff.
- Zeitpunkt **Art. 4** 53; **DIS-SchO § 6** 44 ff.

Schiedsinstitution
- Gerichtshof als **Art. 1** 10
- Rechtsverhältnis der Parteien zur Einl. 13

Schiedsklage
- Antrag **Art. 4** 23 ff.
- anwendbares Sachrecht **Art. 4** 34; **DIS-SchO § 6** 32
- Aufrechnung **DIS-SchO § 10** 19
- Checkliste, Inhalt **DIS-SchO § 6** 53
- Cross-Claims **Art. 6** 76
- Drittwiderklage **Art. 5** 44 ff.
- Einreichung **Art. 4** 48 ff.; **DIS-SchO § 6** 1
- vor der Einreichung **Art. 4** 9 f.; **DIS-SchO § 6** 5 ff.
- Ergänzungen **DIS-SchO § 6** 10
- Klageschrift **Art. 4** 61 ff.; **DIS-SchO § 6** 7 ff.
- Klagezustellung **DIS-ERGeS § 3** 1 ff.
- Mangelbeseitigung **DIS-SchO § 6** 33 ff.
- notwendiger Inhalt **Art. 4** 11 ff.
- Parteibezeichnung **Art. 4** 15 ff.; **DIS-SchO § 6** 11 ff.
- Sachverhalt **Art. 4** 19 ff.; **DIS-SchO § 6** 18 f.
- Schätzung des Geldwerts **Art. 4** 25
- Schiedshängigkeit **DIS-SchO § 6** 36
- Schiedsort **Art. 4** 36; **DIS-SchO § 6** 30
- Schiedsvereinbarung **Art. 4** 28 ff.; **DIS-SchO § 6** 20
- Streitwertangaben **Art. 4** 26; **DIS-SchO § 6** 26 f.
- Teilklage **Art. 4** 27
- Übersendung **DIS-SchO § 5** 1 ff.
- unvollständige **DIS-SchO § 6** 33 ff.
- Verfahrenssprache **Art. 4** 11 ff., 15 ff., 35; **DIS-SchO § 6** 7 ff., 30
- Vorgaben durch DIS-SchO **DIS-SchO § 6** 24
- Vorrang alternativer Methoden der Streitbeilegung **DIS-SchO § 6** 6
- Widerklage **Art. 5** 36 ff.
- Zusendung **Art. 4** 61 ff.

Schiedsklausel
- hybride **Art. 1** 3, 16
- Musterschiedsklausel zur Anwendung der DIS-ERGeS **DIS-ERGeS Vorwort** 1 ff.
- Vereinbarung mündlicher Verhandlung **Art. 25** 101
- Vorrang alternativer Methoden der Streitbeilegung **DIS-SchO § 6** 6

Schiedsort
- abweichender Tagungsort **Art. 18** 14 ff.; **DIS-SchO § 21** 13 f.
- Angaben in Klageschrift **Art. 4** 36; **DIS-SchO § 6** 30
- Angaben in Klageerwiderung **Art. 5** 28
- Bedeutung **Art. 18** 5 ff.
- Bestimmung durch Schiedsgericht **DIS-SchO § 21** 12
- Deutschland **Art. 31** 12 f.; **DIS-SchO § 23** 9 ff, **§ 24** 7
- DIS-Musterschiedsvereinbarung **DIS-SchO Nach § 44** 14

Stichwortverzeichnis

- DIS-Schiedsverfahren **DIS-SchO** **§ 1** 1 ff.; **§ 21** 1 ff.
- Empfohlene Zusatzvereinbarung zur Musterschiedsklausel zur Anwendung der DIS-ERGeS **DIS-ERGeS Vorwort** 9
- Entscheidungskriterien **Art. 18** 9 ff.
- Gerichtshof **Art. 18** 13
- ICC-Schiedsverfahren **Art. 4** 36; **Art. 18** 1 ff.
- Mehrvertragsverfahren **Art. 6** 129
- nachträgliche Änderung **Art. 18** 11
- Parteivereinbarung **Art. 18** 10 ff.; **DIS-SchO § 21** 9 ff.
- und Rechtswahl **DIS-SchO § 23** 15
- Schweiz **Art. 37** 50
- zwingende Vorschriften am **Art. 1** 21; **Art. 41** 1 ff.

Schiedsspruch
- gesellschaftsrechtliche Streitigkeiten, Kosten **DIS-ERGeS § 11** 9
- summarische Begründung **DIS-ERBV § 7** 5
- Verzicht auf Tatbestand **DIS-ERBV § 7** 1 ff.
- Wirkungserstreckung **DIS-ERGeS § 11** 1 ff.

Schiedsrichter
- Ableben **Art. 15** 12
- Ablehnung **Art. 14** 1 ff.; s.a. Schiedsrichter, Ablehnungsverfahren
- Amtsannahme **DIS-SchO § 16** 1 ff.
- Anzahl **Art. 4** 32 ff.; **Art. 5** 22 ff.; **Art. 6** 130; **Art. 12** 1 ff.; **DIS-SchO § 3** 1 ff.
- Auslagenerstattungsanspruch **DIS-SchO § 40** 9 ff., **§ 40** 17
- Ausschluss bei Ernennung zum Eilschiedsrichter **Art. 29** 41
- Auswahl **DIS-SchO § 2** 1 ff.
- Benennung **Vor Art. 11** 4; **DIS-SchO § 2** 11
- Bestätigung durch Generalsekretär **Art. 13** 20 ff.; s.a. Schiedsrichter, Bestätigung
- Bestellung **DIS-SchO § 16** 1 ff.; **§ 17** 1 ff.; s.a. Schiedsrichter, Bestellung
- Eilschiedsrichter **Art. 12** 19, **Art. 29** 1 ff.; s.a. dort
- Einzelschiedsrichter **DIS-SchO § 6** 28 f.; s.a. dort
- Empfohlene Zusatzvereinbarung zur Musterschiedsklausel zur Anwendung der DIS-ERGeS **DIS-ERGeS Vorwort** 9
- Ernennung **Vor Art. 11** 6; **Art. 13** 1 ff., 26 ff.; s.a. Schiedsrichter, Ernennung
- Ersetzung **Art. 14** 31
- Haftung, abweichende Parteivereinbarungen **DIS-SchO § 44** 14 f.
- Haftungsprivileg für Entscheidungstätigkeit **Art. 40** 10 ff.; **DIS-SchO § 44** 5 ff.
- Haftungsprivileg im Übrigen **DIS-SchO § 44** 10 f.
- Honoraranspruch **Art. 15** 23 f., **Art. 7** 49, **Art. 8** 26
- Honorartabelle, Anhang III zur ICC-SchO: abgedruckt bei **Art. 36**, **Art. 37**
- als Moderator von Vergleichsgesprächen **DIS-SchO § 32** 9
- Neubestellung **Art. 15** 25 ff.
- Neutralitätsgebot **DIS-SchO § 15** 1 ff.
- Nichtbestellung **DIS-SchO § 17** 12
- Parteischiedsrichter **DIS-SchO § 6** 22 f.
- Pflichten **Art. 11** 41 ff.
- Rücktrittsgesuch **Art. 15** 14
- als Sachverständiger **Art. 25** 88
- Unparteilichkeit und Unabhängigkeit **Vor Art. 1** 2; **DIS-SchO § 12** 9 ff.; **§ 15** 1 ff.
- Verfahrensmanagementkompetenz **Art. 37** 15
- Vergütungsanspruch **DIS-SchO § 40** 4 ff.; s.a. Schiedsrichterhonorar
- Verfügbarkeit **Art. 11** 16 f., 21, 26
- Verhinderung **DIS-SchO § 13** 22; **§ 19** 1 ff.
- Vorschlag **Vor Art. 11** 5
- Weisungsfreiheit **DIS-SchO § 15** 1 ff., 11

Schiedsrichter, Ablehnung
- Ablehnungsverfahren
- abweichende Parteivereinbarungen **DIS-SchO § 18** 29
- Auffangbestimmung **Art. 14** 17
- wg. Befangenheit **DIS-SchO § 12** 9 ff.
- Begründung **Art. 14** 20
- Besorgnis der Befangenheit **DIS-SchO § 12** 9 ff.
- Darlegungslast **Art. 14** 20
- Eilschiedsrichter **Art. 29** 43 f.
- Einschränkung bei „eigenem" Schiedsrichter **DIS-SchO § 12** 12, **§ 18** 12
- Einzelschiedsrichter **DIS-SchO § 12** 22
- Empfehlung **Art. 14** 19
- erfolgreiche **Art. 14** 31; **DIS-SchO § 12** 23 ff.

1115

Stichwortverzeichnis

- Ersatzschiedsrichter **DIS-SchO § 12** 23 ff.; **§ 18** 23
- gesamtes Schiedsgericht **DIS-SchO § 12** 22
- IBA Guidelines on the Conflict of Interest **DIS-SchO § 12** 10; **§ 18** 10
- vor Konstituierung des Schiedsgerichts **DIS-SchO § 12** 2
- nachträgliche Abänderung vereinbarter Voraussetzungen **DIS-SchO § 18** 13
- Nichterfüllung vereinbarter Voraussetzungen **DIS-SchO § 12** 13; **§ 18** 9 ff.
- objektive Maßstäbe **Art. 14** 18
- Rücktritt des Schiedsrichters **DIS-SchO § 12** 26
- Schriftform **Art. 14** 19
- Verfahren **DIS-SchO § 18** 14 ff.; s.a. Schiedsrichter, Ablehnungsverfahren
- Verstoß gegen den Grundsatz der Unparteilichkeit und Unabhängigkeit **Art. 14** 13 ff.; **DIS-SchO § 12** 9 ff., **§ 18** 9 ff.

Schiedsrichter, Ablehnungsverfahren
- Ablehnungsgründe **Art. 14** 9, 13 ff.
- Antragsanforderungen **Art. 14** 10, 19 ff.
- Antragsfrist **Art. 14** 21 ff.
- Dauer **Art. 14** 32
- Entscheidung **Art. 14** 4, 28 ff.; **DIS-SchO § 12** 20 ff., **§ 18** 20
  - Entscheidungsgründe **Art. 14** 30
  - Entscheidungsgrundlage **Art. 14** 29
- Erklärungsfrist **DIS-SchO § 12** 15
- Kosten **Art. 14** 33; **DIS-SchO § 12** 28
- Missbrauch **Art. 14** 5
- parallele Geltung des § 1037 Abs. 3 ZPO **Art. 14** 7 f.
- Rechtliches Gehör **Art. 14** 12
- Stellungnahmen **Art. 14** 25 ff.; **DIS-SchO § 12** 16
- Tatbestand **DIS-SchO § 12** 9 ff.
- Verzögerungen **Art. 14** 11
- Zwei-Wochen-Frist **DIS-SchO § 17** 19; **§ 18** 14

Schiedsrichter, Amtsannahme
- Anhörung der Parteien **DIS-SchO § 16** 10 ff.
- Annahmeerklärung **DIS-SchO § 16** 5 ff.
- Kosten **DIS-SchO § 16** 13, 18
- Offenlegungspflicht **DIS-SchO § 16** 6 ff.
- Widersprechen **DIS-SchO § 16** 12

Schiedsrichter, Auswahl
- allgemeine Grundsätze **DIS-SchO § 2** 1 ff.
- Anregungen durch Geschäftsstelle **DIS-SchO § 2** 22
- Beschränkungen **DIS-SchO § 2** 12 ff.
- Eignung **DIS-SchO § 2** 18 ff.
- Einzelschiedsrichter **DIS-SchO § 2** 21
- Grundsatz der freien Auswahl und Benennung **DIS-SchO § 2** 9
- Kosten **DIS-SchO § 2** 23
- Vorsitzender **DIS-SchO § 2** 21
- zeitliche Verfügbarkeit **DIS-SchO § 2** 20

Schiedsrichter, Bestätigung
- Ablauforganisation **Art. 13** 25
- durch Generalsekretär **Art. 13** 20 ff.
- Rechtsfolgen **Art. 13** 25 ff.
- Tatbestandsvoraussetzungen **Art. 13** 24

Schiedsrichter, Bestellung
- abweichende Parteivereinbarungen **DIS-ERBV § 3** 16; **DIS-SchO § 17** 20
- Bestellungsfrist im beschleunigten Verfahren **DIS-ERBV § 3** 13 ff.
- durch DIS-Ernennungsausschuss **DIS-SchO § 16** 6 ff.
- durch DIS-Generalsekretär **DIS-SchO § 16** 5
- Einzelschiedsrichterbestellung **DIS-ERBV § 3** 9 ff.
- Ersatzschiedsrichter **DIS-SchO § 12** 23 ff.
- Folgen der Bestellung **DIS-SchO § 16** 10 f.
- Folgen der Nichtbestellung **DIS-SchO § 16** 12, **§ 17** 12
- IBA Guidelines on the Conflict of Interest **DIS-SchO § 17** 8
- Kosten **DIS-SchO § 16** 13
- 7-Tage-Frist **DIS-ERBV § 3** 13
- Offenlegungspflicht **DIS-SchO § 16** 6 ff.
- Rechtsmittel **DIS-SchO § 17** 9
- Schiedsrichtervertrag **DIS-SchO § 17** 11
- Verfahren **DIS-SchO § 16** 5
- Voraussetzungen **DIS-SchO § 16** 4
- Widerspruch **DIS-SchO § 16** 6 ff.
- vor Konstituierung **DIS-SchO § 12** 2
- Muster **DIS-SchO § 16** 18

Schiedsrichter, Neubestellung
- Ermessen des Gerichtshofs **Art. 15** 33 f.

- Ersetzungsmodalitäten **Art. 15** 33 f.
- Tatbestand **Art. 15** 33 ff.
- Wiederholung vorausgegangener Verfahrensschritte **Art. 15** 35 ff.

Schiedsrichter, Verhinderung
- aus anderen Gründen **DIS-SchO § 19** 8
- Ersatzbenennung **DIS-SchO § 19** 10 f.
- ohne Ersatzbenennung **DIS-SchO § 19** 12
- freiwilliger Rücktritt **DIS-SchO § 19** 10
- Gründe **DIS-SchO § 19** 4 ff.
- Rechtsfolgen **DIS-SchO § 19** 9
- Tod eines Schiedsrichters **DIS-SchO § 19** 7
- Verfahrensfortsetzung **DIS-SchO § 19** 1 ff.
- Weigerung **DIS-SchO § 19** 8

Schiedsrichterauslagen Art. 37 22 f.
- Festsetzung **Art. 37** 22
- globaler Kostenvorschuss **Art. 36** 18
- Kriterien, Merkblatt für das Schiedsgericht über die Durchführung des Schiedsverfahrens **Art. 37** 23
- Per-Diem-Pauschalen **Art. 37** 23
- vorläufiger Kostenvorschuss **Art. 36** 13

Schiedsrichterbenennung
- abweichende Parteivereinbarungen **DIS-SchO § 13** 13, 29; **§ 14** 18
- Benennungsfrist **DIS-SchO § 13** 15
  - im beschleunigten Verfahren **DIS-ERBV § 3** 10 ff.
- Bindungswirkung **DIS-SchO § 2** 11; **§ 12** 17
- durch DIS-Ernennungsausschuss **DIS-SchO § 12** 15 ff.; **§ 13** 16 ff.
- Einzelschiedsrichter **DIS-SchO § 14** 1 ff.
- Entscheidungsvorschlag, Muster **DIS-SchO § 14** Anh. 1, 19
- Ernennungsverfahren **DIS-SchO § 13** 19
- Ersatzbenennung **DIS-SchO § 13** Anh. 2, 12
  - doppelte **DIS-SchO § 13** 16 ff.
- Ersatzschiedsrichter **DIS-SchO § 12** 23 ff.
- ex officio **DIS-SchO § 13** 20
- fehlende **DIS-SchO § 13** 11
- Form **DIS-SchO § 12** 7; **§ 14** 7
- Frist **DIS-SchO § 12** 8; **§ 14** 8
  - nach Fristablauf **DIS-SchO § 12** 10, **§ 14** 10

- Fristverlängerung **DIS-SchO § 12** 9; **§ 14** 9
- gemeinsame **DIS-SchO § 13** 10 ff., 14 ff.
- Klageerwiderung **Art. 5** 22 ff.
- Kosten **DIS-SchO § 12** 18; **§ 13** 28; **§ 14** 16 f.
- durch mehrere Beklagte **DIS-SchO § 13** 14 ff.
- durch mehrere Kläger **DIS-SchO § 13** 10 ff.
- Mehrparteienverfahren **Art. 12** 34 ff.; **Art. 13** 1 ff.; **DIS-SchO § 13** 1 ff., 10 ff.
- Mustertext **DIS-SchO § 13** Anh. 1
- verfahrensbeschleunigende Maßnahmen **DIS-ERBV § 3** 9 ff.
- Vorsitzendenbenennung **DIS-SchO § 12** 19; **§ 13** 24 ff.

Schiedsrichterersetzung
- Ableben **Art. 15** 12
- Ablehnung, Stattgabe **Art. 15** 14
- Antrag aller Parteien **Art. 15** 15
- De-Facto-Hinderung, den Pflichten nachzukommen **Art. 15** 17
- De-Jure-Hinderung, den Pflichten nachzukommen **Art. 15** 18
- Ersetzungsmodalitäten **Art. 15** 33 f.
- Honoraranspruch **Art. 15** 23 f.
- auf Initiative des Gerichtshofs **Art. 15** 16
- mangelnde Pflichterfüllung **Art. 15** 19
- nach Rücktritt **Art. 15** 13
- Rumpfschiedsgericht **Art. 15** 39 ff.
- Stellungnahme, schriftliche **Art. 15** 20 ff.

Schiedsrichterhonorar
- Berechnungsmethoden **Art. 37** 62
- Festsetzung **vor Art. 1** 2; **Art. 37** 1, 11 ff.
- Grundlagen **DIS-SchO § 40** 1 ff.
- Höhe **DIS-SchO § 40** 5
- Mehrparteienverfahren **DIS-SchO § 40** 5
- mit MwSt. **DIS-SchO § 40** 4
- relevante Kriterien **Art. 37** 15
- Schiedsrichter, mehrere **Art. 37** 19
- Schiedsrichterersetzung **Art. 37** 19
- Streitwertbasis **DIS-SchO § 40** 5
- Ermittlung **Art. 37** 13 ff.
- Festsetzung **Art. 37** 14
- Streitwerttabelle **DIS-SchO § 40** 16
- in USD **Art. 37** 12
- Tabelle Anhang III zur ICC-SchO: abgedruckt bei **Art. 36, Art. 37**

- Umsatzsteuer **Art. 37** 5, 58
- vorzeitige Erledigung **DIS-SchO § 40** 7
- Widerklage **DIS-SchO § 40** 5
Schiedsrichtervertrag Einl. 3; **Art. 11** 42, 46 ff.
- Beendigung **DIS-SchO § 39** 61
- Entstehung **DIS-SchO § 17** 11
- Kündigung aus wichtigem Grund **DIS-SchO § 25** 10
Schiedsspruch Art. 30 1 ff.
- Abgrenzungen **DIS-SchO § 33** 20
- Ablehnung der Genehmigung **Art. 33** 22
- Abstimmung mit Teilnahmeverweigerung **Art. 31** 9
- abweichende Parteivereinbarungen **Art. 31** 12 f.; **DIS-SchO § 34** 11 f.
- Änderungsvorgaben hinsichtlich der Form **Art. 33** 8
- Anerkenntnisschiedsspruch **DIS-SchO § 39** 13
- Anerkennungsversagungsgründe **Art. 34** 33; **DIS-SchO § 38** 8
- Aufhebung s. *Aufhebung von Schiedssprüchen*
- ausländischer **DIS-SchO § 38** 8
- Rechtsbehelf **Art. 34** 30
- Auslegung **Art. 35** 3 ff.; **DIS-SchO § 37** 1 ff., 29 ff.
- Beginn von „Rechtsmittel„-Fristen **Art. 34** 15
- Begriffsbestimmung **Art. 2** 16 ff.
- Begründung **Art. 32** 14; **Art. 31** 10; **DIS-SchO § 34** 8
  - Abbedingung **Art. 31** 13
- Berichtigung **DIS-SchO § 37** 1 ff.
  - „von sich aus" **Art. 35** 24 ff.
- Berichtigungsschiedsspruch **DIS-SchO § 37** 23
- Berichtigungsverfahren **Art. 35** 1 ff., 11 ff.
- Checkliste **Art. 33** 2, 8
- Datum und Ort **Art. 31** 11; **DIS-SchO § 34** 9
- DIS-Bearbeitungsgebühr **DIS-SchO § 35** 10 ff.
- aufgrund Einvernehmens
- Endschiedsspruch **Art. 30** 1 ff.
- Entscheidung des Gerichtshofs **Art. 33** 19 ff.
- Entscheidungsfindung innerhalb des Schiedsgerichts **Art. 31** 7 ff.
- Entscheidungsgründe **Art. 31** 10
- Ergänzung **DIS-SchO § 37** 1 ff., 33 ff.
- Erlass **DIS-SchO § 33** 1 ff.
- Erteilung beglaubigter Abschriften **Art. 34** 13
- fehlerhafte Entscheidungsgründe **Art. 35** 22
- fehlerhafte Schlussformel **Art. 35** 23
- fehlerhafter Tatbestand **Art. 35** 21
- fehlerhafter Tenor **Art. 35** 19
- fehlerhaftes Rubrum **Art. 35** 18
- Form **Art. 6** 153
- Genehmigungsverfahren **Vor Art. 1** 2; **Art. 2** 17; **Art. 32** 15; **Art. 33** 1 ff.; **Art. 34** 7
- Genehmigung unter Vorbehalt **Art. 33** 21
- gerichtliche Kontrolle **DIS-SchO § 23** 63 ff.
- gesonderter, Kostenentscheidung **DIS-SchO § 35** 24
- häufige Fehlerquellen **Art. 33** 11 ff.
- Hinterlegung **Art. 34** 17
- Hinweise zum Inhalt **Art. 33** 9 f.
- Inhalt **Art. 6** 154
- inländischer **DIS-SchO § 38** 8
- inländischer, Aufhebungsverfahren **Art. 34** 29 ff.
- Insolvenzeröffnung nach Erlass **DIS-SchO § 39** 75 ff.
- Kosten **Art. 33** 13
  - Parteikosten **DIS-SchO § 35** 13 ff.
  - Prüfungskosten **Art. 33** 23
- Kostenschiedsspruch **Art. 32** 8; **DIS-SchO § 32** 36; **§ 35** 1 ff.
- materielle Einwendungen **Art. 34** 34; **DIS-SchO § 38** 8
- Mindestanforderungen **DIS-SchO § 34** 1 ff.
- Prüfung durch den Gerichtshof **Art. 33** 1 ff.
  - Prüfungsablauf **Art. 33** 16 ff.
  - Prüfungsumfang **Art. 33** 7
- Rechtliches Gehör **Art. 33** 15
- Rechtskraftwirkung **DIS-SchO § 38** 1 ff.
- Reconsideration **Art. 6** 155
- Schiedsort **DIS-SchO § 34** 9
  - Deutschland **Art. 31** 12 f.
- Schlussschiedsspruch **DIS-SchO § 39** 12
- Schriftform **DIS-SchO § 34** 5
- Sondervotum **Art. 31** 8
- sonstige Angaben **DIS-SchO § 34** 10
- Teilschiedsspruch **Art. 37** 39; **DIS-SchO § 20** 26, **§ 39** 12

Stichwortverzeichnis

- Tenor **Art. 32** 14; **Art. 33** 14
- Übersendung **DIS-SchO § 36** 1 ff.
- Unterzeichnung **Art. 34** 7; **DIS-SchO § 34** 6
- Unzuständigkeitsrüge **DIS-SchO § 1** 14
- mit vereinbartem Wortlaut **DIS-SchO § 32** 20 f., 29 ff.
- nach Vergleich **DIS-SchO § 32** 20 f.
- Veröffentlichung **DIS-SchO § 42** 1 ff.
- Verzicht auf Tatbestand **DIS-ERBV § 7** 1 ff.
- Verzichtsschiedsspruch **DIS-SchO § 39** 13
- vollständiges Rubrum **DIS-SchO § 34** 7
- Vollstreckbarerklärung **Einl.** 6; **Art. 34** 19 ff.; **Art. 41** 8 ff.; **DIS-SchO § 13** 70 ff.; **§ 23** 63 ff.; **§ 38** 7 ff.
- vorbehaltlose Genehmigung **Art. 33** 20
- Zahlen **Art. 33** 11
- Zinsen **Art. 33** 12
- Zurückverweisung **Art. 35** 43 ff.
- Zustellung **Art. 34** 7 ff.
- Zwangsvollstreckung **Art. 34** 25, 35; **DIS-SchO § 38** 10
- Zwischenschiedsspruch *s. dort*

Schiedsspruch aufgrund Einvernehmens der Parteien
- abweichende Parteivereinbarungen **Art. 32** 18
- Antrag aller Parteien **Art. 32** 12
- Aufhebungsverfahren **Art. 32** 16
- Begründung **Art. 32** 14
- Kosten **Art. 32** 17
- Prüfung durch den Gerichtshof **Art. 32** 15
- Tenor **Art. 32** 14
- Übergabe der Schiedsverfahrensakte **Art. 32** 7
- Vergleich **Art. 32** 9 ff.
  - unter Widerrufsvorbehalt **Art. 32** 10
- Vollstreckbarerklärungsverfahren **Art. 32** 16; **Art. 34** 25
- Voraussetzungen **Art. 32** 6 ff.
- Zustellung **Art. 34** 6
- Zustimmung des Schiedsgerichts **Art. 32** 13

Schiedsspruch, Berichtigung Art. 35 1 ff.; **DIS-SchO § 37** 1 ff.

Schiedsspruch mit vereinbartem Wortlaut DIS-SchO § 32 20 f., 29 ff.
- Form **DIS-SchO § 32** 30
- Kosten **DIS-SchO § 32** 36

- Rechtskraftwirkung **DIS-SchO § 38** 1 ff.
- Vergleich **DIS-SchO § 32** 29 ff.
- vollstreckungsfähiger Inhalt **DIS-SchO § 32** 33
- Wirkungen **DIS-SchO § 32** 29

Schiedsspruch, Übersendung
- Abschluss des Schiedsverfahrens **DIS-SchO § 36** 14
- Art **DIS-SchO § 36** 12
- Empfänger **DIS-SchO § 36** 11
- Formerfordernisse **DIS-SchO § 36** 8
- Fristlauf **DIS-SchO § 36** 13
- Übersendender **DIS-SchO § 36** 10
- vollständige Zahlung der Kosten **DIS-SchO § 36** 9
- Voraussetzungen **DIS-SchO § 36** 7 ff.
- Wirkungen **DIS-SchO § 36** 13
- Zeitpunkt **DIS-SchO § 36** 12

Schiedsspruch, Veröffentlichung
- Anonymisierung **DIS-SchO § 42** 8
- Anordnung **DIS-SchO § 42** 9
- berechtigtes Interesse ggü. Dritten **DIS-SchO § 42** 10
- auf DIS-Website **DIS-SchO § 42** 11
- Kosten **DIS-SchO § 42** 12
- Parteivereinbarung **DIS-SchO § 42** 10
  - abweichende **DIS-SchO § 42** 14
- Zustimmung **DIS-SchO § 42** 7

Schiedsvereinbarung Einl. 1
- Allgemeine Geschäftsbedingungen **Art. 6** 9
- anwendbares Recht **Art. 6** 6
- Bezugnahme auf DIS-SchO **DIS-SchO § 1** 7 ff.
- Bindung des Insolvenzverwalters **DIS-SchO § 39** 68
- Bindung von Nichtsignataren **Art. 6** 11 ff.
- DIS-Musterschiedsvereinbarung **DIS-SchO Nach § 44** 1 ff.
- Form **Art. 6** 7 ff.
- Gegenforderung bei Aufrechnung **Art. 5** 56 ff.
- Grundsatz der separability **Art. 6** 182 ff.
- Heilung **Art. 6** 8
- ICC-Schiedsklausel **Art. 6** 5
  - Standardklausel **Art. 6** 18
- ICC-Schiedsverfahren **Art. 4** 28 ff.; **Art. 6** 1 ff., 37 ff.
- Inhalt **Art. 6** 18
- insolvente Partei **DIS-SchO § 39** 67 ff.

1119

- Kompatibilität **Art. 6** 127 ff.; **DIS-SchO § 10** 24 ff.
- Kündigung **DIS-SchO § 43** 22
- mehrere **Art. 6** 122 ff.; **DIS-SchO § 13** 34
  - in einem Verfahren **Art. 9** 1 ff.
- mittellose Partei **DIS-SchO § 39** 56
- Multi-tier Streitbeilegungsvereinbarung **Art. 6** 20
- nachträgliche Änderung **Art. 25** 104; **DIS-SchO § 28** 12
- objektive Reichweite **Art. 6** 24 ff.
- Parteien **Art. 6** 10 ff.
- Praxis der DIS **DIS-SchO § 1** 12
- Schiedsfähigkeit **Art. 6** 25 ff.
- Schiedsgutachtervereinbarungen, Abgrenzung zu **Art. 6** 36
- stillschweigender Abschluss **DIS-SchO § 10** 25
- Unternehmensübernahme **Art. 6** 13
- Unterwerfung **Art. 6** 41 ff.
- verfahrensrechtliche Änderungen **DIS-SchO § 28** 12
- Verfahrensregeln **Art. 6** 21
- Verfahrensverbindung **Art. 10** 11 ff., 21 ff.
- Wegfall **DIS-SchO § 39** 53
- bei Widerklage **Art. 5** 42 f.; **DIS-SchO § 10** 11 ff.
- Wirksamkeit **DIS-SchO § 1** 10 ff.
- Wirkung **Art. 6** 1 ff.
- Zustandekommen **Art. 6** 17 ff.

Schiedsvereinbarungen, Vereinbarkeit mehrerer
- Anwendung derselben SchO **Art. 6** 127 ff.
- Back-to-back-Verträge **Art. 6** 142
- besonderer Zusammenhang **Art. 6** 138
- Dienst- und Werkverträge **Art. 6** 144 f.
- dieselbe wirtschaftliche Transaktion **Art. 6** 141
- Fortsetzung des Schiedsverfahrens **Art. 6** 147 ff.
- Identität der Parteien **Art. 6** 139
- Kosten **Art. 6** 162 ff.
- Mehrparteienverfahren **Art. 6** 146
- Mutter-Tochtergesellschaft **Art. 6** 143
- Rechtsfolgen **Art. 6** 147 ff.
- Unterschiedlichkeit, Relevanz **Art. 6** 128 ff.

Schiedsverfahren, internationale
- Beweiserhebungsverbote **Art. 25** 60
- Common Law **Art. 25** 9; **DIS-SchO § 27** 7

- Dokumentenvorlage **Art. 25** 39; **DIS-SchO § 27** 36
- E-Discovery **Art. 25** 46
- Parteigutachten **Art. 25** 78
  - Gutachterkosten **DIS-SchO § 35** 17
  - Protocol for the Use of Party-Appointed Expert Witnesses in international Arbitration **DIS-SchO § 27** 67
- Without-Prejudice-Privilege **DIS-SchO § 27** 52
- Wortprotokoll **DIS-SchO § 29** 8

Schiedsverfahrensordnungen
- Rechtsnatur, Geltungsgrund **Einl.** 14

Schließung des Verfahrens Art. 27 1 ff.
Schlussplädoyer DIS-SchO § 28 47 f.
Schlussschiedsspruch DIS-SchO § 39 12
Schriftform Art. 3 9; **DIS-SchO § 34** 5
- E-Mail **Art. 3** 9

Schriftsatz, Einreichung
- Anzahl der Exemplare **Art. 3** 7; **DIS-SchO § 4** 1 ff., 12 f.
- Form **Art. 3** 26 f.
- Übersendungen **DIS-SchO § 5** 1 ff.

Schuldübernahme Art. 6 12
Sekretariat des Internationalen Schiedsgerichtshofs der ICC Art. 1 14, 22 ff.; **Vor Art. 11** 7
- Hinterlegung der ICC-Schiedssprüche **Art. 34** 17
- Tatsachenermittlung zur Schiedsrichterernennung **Art. 13** 13

Sekretär des Schiedsgerichts s. Verwaltungssekretär
Separability Art. 6 115, 182 ff.
Sicherungsmaßnahmen
- angemessene Sicherheiten **Art. 28** 25 ff., 63
- Anhörung **Art. 28** 53
- Anordnung **Art. 28** 1 ff.
  - ausländische **Art. 28** 70
  - Form **Art. 28** 64 f.
  - ggü. Dritten **Art. 28** 48 ff.
  - Grenzen **Art. 28** 45 ff.
  - Vollstreckung **Art. 28** 69 ff.
  - Vollziehung **Art. 28** 69 ff.
- Antrag **Art. 28** 19 ff.
- durch Beschluss **Art. 28** 38 ff.
- Eilschiedsrichter, Abgrenzung von **Art. 28** 55
- Ermessen **Art. 28** 57 ff.
- Gefährdungshaftung **Art. 24** 73 f.
- gleichzeitiger gerichtlicher Rechtsschutz **Art. 28** 41 ff.
- ICC Pre-Arbitral Referee **Art. 28** 56

1120

Stichwortverzeichnis

- Kollegialentscheidung **Art. 28** 66f
- mündliche Verhandlung **Art. 28** 54
- Nachweis der Schiedsvereinbarung **Art. 28** 24
- Prima-Facie-Beweis **Art. 28** 32 ff.
- Rechtsfolgen **Art. 28** 42
- Rechtsnatur **Art. 28** 59 ff.
- durch Schiedsspruch **Art. 28** 38 ff.
- Streitgegenstandsbezug **Art. 28** 51 ff.
- Vollziehungszulassung, Kosten **Art. 24** 76
- Voraussetzungen **Art. 28** 17 ff.

Sondervotum Art. 31 8
Sprache s. *Verfahrenssprache*
Staatenbegriff Art. 13 8
Staatliche Gerichte
- Ersuchen um Eilrechtsschutz **Art. 29** 31
- Unterstützung bei der Sachverhaltsermittlung **Art. 25** 17
- Zahlungsklage auf Kostenvorschussanteil **DIS-SchO § 25** 11 f.

Standardklauseln
- Formulierungsvorschläge **Nach Art. 41** 1 ff.
- Kostenaspekte **Nach Art. 41** 1 ff.
- Zweck **Nach Art. 41** 1 ff.

Statistische Veröffentlichung DIS-SchO § 43 23 f.
Stimmenthaltung Art. 31 9
Streitgegenstand
- fehlende Schiedsfähigkeit **DIS-SchO § 9** 13
- Zustimmung zur Änderung **DIS-ERGeS § 6** 4 ff.
- Zustimmung zur Erweiterung **DIS-ERGeS § 6** 4 ff.

Streitverkündung Art. 2 14; **Art. 7** 2, 5
- DIS-Schiedsverfahren **DIS-SchO § 13** 48

Streitwert
- Angabe in Klageschrift **Art. 4** 25 ff.
- DIS-Bearbeitungsgebühr **DIS-SchO § 7** 6 f.
- Festsetzung **Art. 37** 13 ff.; **DIS-SchO § 6** 26 f.; **§ 40** 8
- globaler Kostenvorschuss **Art. 36** 17
- nicht bezifferter **DIS-SchO § 25** 5
- Streitwerttabelle **DIS-SchO § 40** 16

Streitwerterhöhung
- Mehrparteienverfahren **Art. 8** 25
- Parteieinbeziehung **Art. 7** 48

Substituierung Art. 36 33

Syndikusanwalt
- Kostenerstattung **DIS-SchO § 35** 16

Tabellen
- Schiedsrichterhonorare Anhang III zur ICC-SchO: abgedruckt bei **Art. 36, Art. 37**
- Streitwerttabelle **DIS-SchO § 40** 16
- Verwaltungskostenberechnung Anhang III zur ICC-SchO: abgedruckt bei **Art. 36, Art. 37**

Tagegeld
- Auslagenvorschuss **DIS-SchO § 25** 7
- DIS-Richtlinien für die Erstattung von Auslagen **DIS-SchO § Anh. 2**
- erstattungsfähige Auslagen **DIS-SchO § 40** 10

Tagungsort Art. 18 14
Teilklage
- ICC-Schiedsverfahren **Art. 4** 27

Teilnahmeverweigerung Art. 6 163 ff.
- Fristversäumnis **Art. 6** 174
- Gleichbehandlungsgrundsatz **Art. 6** 175
- Kosten bei anschließender Teilnahme **Art. 6** 181
- Nachholen verweigerter/unterlassener Handlung **Art. 6** 176
- Parteien **Art. 6** 168
- Rechtsfolgen **Art. 6** 177
- Schweigen **Art. 6** 172
- teilweise Verweigerung **Art. 6** 173
- Verfahrensfortsetzung **Art. 6** 177 ff.

Teilschiedsspruch
- Abgrenzung zu einstweiligem Rechtsschutz **Art. 20** 26
- Kostenentscheidung **Art. 37** 39; **DIS-SchO § 25** 15
- Prozesskostensicherheit **Art. 37** 40
- Rechtskraftwirkung **DIS-SchO § 38** 1 ff.
- Sachrechtswahl **Art. 21** 58 f.; **DIS-SchO § 23** 56
- Verfahrensbeendigung **Art. 37** 54; **DIS-SchO § 39** 12

Telefax
Telefonkonferenz DIS-SchO § 28 22 f.
- Vorbereitung der mündlichen Behandlung **Art. 26** 16

Telekommunikationsdienstleistungen
- Auslagenvorschuss **DIS-SchO § 25** 7

Treu und Glauben
- Unzulässigkeitsrüge **DIS-SchO § 9** 11

1121

Treuwidriges Verhalten
– Kostensanktion Art. 25 110

Übernachtungskosten
– Auslagenvorschuss DIS-SchO § 25 7
– DIS-Richtlinien für die Erstattung von Auslagen DIS-SchO § Anh. 2
– erstattungsfähige DIS-SchO § 40 10

Übersendung
– Abschluss des Schiedsverfahrens DIS-SchO § 36 14 f.
– Adressaten DIS-SchO § 5 10 ff. ; DIS-SchO § 36 11
– Art DIS-SchO 5 8 f.; § 36 12
– DIS-Klageschrift DIS-SchO § 5 1 ff.; § 6 41; § 8 1 ff.; DIS-ERGeS § 3 5 ff.
– Formerfordernisse DIS-SchO § 36 8
– Fristlauf DIS-SchO § 36 13
– Nachweis des Zugangs DIS-SchO § 9 5
– an Prozessvertreter DIS-SchO § 5 12 ff.
– Schiedsspruch DIS-SchO § 36 1 ff.
– Schriftsätze DIS-SchO § 5 1 ff.
  – Sonderregelungen DIS-ERBV § 4 1 ff.
– Übersendender DIS-SchO § 36 10
– vollständige Zahlung der Kosten DIS-SchO § 36 9
– Voraussetzungen DIS-SchO § 36 7 ff.
– Wirkungen DIS-SchO § 36 13
– Zeitpunkt DIS-SchO § 36 12
– Zugang DIS-SchO § 5 19
  – Zugangsfiktion DIS-SchO § 5 20 ff.

Übersetzung
– Anordnung durch Schiedsgericht DIS-SchO § 22 14 f.
– DIS-Bearbeitungsgebühr DIS-SchO § 7 8
– Übersetzungskosten Art. 20 16; DIS-SchO § 6 9; § 7 8; § 11 9; § 22 16; § 28 20
– Widerklage DIS-SchO § 11 9

Umsatzsteuer
– globaler Kostenvorschuss Art. 36 20
– Kostenentscheidung Art. 37 33, 58 ff.
– Schiedsrichterhonorare Art. 37 5, 58; DIS-SchO § 25 8
– Umsatzsteuervorschuss Art. 37 40
– Verwaltungskosten Art. 37 59

Unabhängigkeit von Schiedsrichtern Vor Art. 1 2; Art. 11 1 ff.; DIS-SchO § 15 1 ff.
– Abdingbarkeit Art. 11 13
– Einzelbeispiele Art. 11 11 f.

– Entscheidung des Gerichtshofs Art. 11 32 ff.
– Erklärung nach Ernennung/Bestätigung Art. 11 31
– Erklärung vor Ernennung/Bestätigung Art. 11 15 ff., 21 ff.
– IBA Guidelines on the Conflict of Interest DIS-SchO § 17 8
– Kriterien Art. 11 10
– Rügeverzicht Art. 11 13

UNCITRAL-Schiedsgerichtsordnung Einl. 12; Art. 1 10; DIS-SchO Vor § 1 8

UNCITRAL Notes on Organizing Arbitral Proceedings Art. 25 13; DIS-SchO § 27 11

UNIDROIT Principles of International Commercial Contracts Art. 21 2, 20

Unparteilichkeit Vor Art. 1 2; DIS-SchO § 15 1 ff.; *s.a. Unabhängigkeit*

Unternehmensübernahme
– Schiedsvereinbarung, Parteieinbeziehung Art. 6 13

Unterrichtungspflicht
– abweichende Parteivereinbarungen DIS-ERGeS § 5 8
– Gegenstand DIS-ERGeS § 5 4
– Kosten DIS-ERGeS § 5 7
– nicht beigetretene Betroffene DIS-ERGeS § 5 1 ff.
– Verzicht auf DIS-ERGeS § 5 5

Unterschrift
– Schiedsspruch DIS-SchO § 34 6

Untersuchungsgrundsatz
– eingeschränkter Art. 25 6; DIS-SchO § 27 4 ff.

UNÜ Einl. 1, 6; Art. 2 16, 18; Art. 3 28; Art. 5 7; Art. 6 7 f.; Art. 7 45; Art. 8 27, 29; Art. 11 2, Art. 14 3; Art. 25 101, 105; Art. 28 Rn. 5, 40, 71; Art. 31 8; Art. 34 33; Art. 35 2; Art. 39 3; DIS-SchO § 5 18; DIS-SchO § 9 5; DIS-SchO § 13 70 f.; DIS-SchO § 15 3; DIS-SchO § 18 3; DIS-SchO § 20 4, 43; DIS-SchO § 26 9, 24; DIS-SchO § 28 9, 13, 52; DIS-SchO § 33 17, 21; DIS-SchO § 37 2, 7; DIS-SchO § 38 8; DIS-SchO § 41 3; DIS-ERBV § 7 7

Unzulässigkeitsrüge
– Treu und Glauben DIS-SchO § 9 11
– Vortrag DIS-SchO § 9 5 ff.
– Zeitpunkt der Geltendmachung DIS-SchO § 9 8 f.

Stichwortverzeichnis

Unzuständigkeitsrüge
- Prozessschiedspruch **DIS-SchO § 1** 14; **§ 9** 3
Urkundsbeweis Art. 25 38 ff.
- beweisrechtliche Privilegien **DIS-SchO § 27** 47 ff.
- Datenschutz **DIS-SchO § 27** 57
- Discovery-Agent **DIS-SchO § 27** 55
- DIS-Schiedsverfahren **DIS-SchO § 27** 30 ff.
- Dokumentenvorlage **Art. 25** 33 ff.; **DIS-SchO § 27** 35; **§ 27** 37 ff.
- E-Discovery **DIS-SchO § 27** 43 ff.
- Einwendungen **DIS-SchO § 27** 46
- Herausgabeanordnung, Nichterfüllung **DIS-SchO § 27** 59
- IBA Rules on the Taking of Evidence in International Arbitration **DIS-SchO § 27** 37 ff.
- im internationalen Schiedsverfahren **DIS-SchO § 27** 36
- Kosten **DIS-SchO § 27** 75 f.
- Redfern Schedule **DIS-SchO § 27** 58
- Vertraulichkeitsvereinbarung **DIS-SchO § 27** 54
- Without-Prejudice-Privilege **DIS-SchO § 27** 52
- Work-Product-Doctrine **DIS-SchO § 27** 51

Verbindung
- Schiedsverfahren **Art. 10** 1 ff.
Verbot der Doppelexequatur Art. 34 24
Verbot des Richtens in eigener Sache DIS-SchO § 40 8
Verdienstausfall Art. 25 109
Verfahrensablauf DIS-SchO § 27 13 ff.
Verfahrensbeendigung Art. 37 42 ff.; **DIS-SchO § 31** 1 ff.; **§ 39** 1 ff.
- Auslegung **DIS-SchO § 39** 39 ff.
- Aktenaufbewahrung **Art. 1** 26
- außergerichtlicher Vergleich **DIS-SchO § 39** 41
- Beendigungstatbestände **Art. 37** 43 ff.
- Beendigungsverfahren der Geschäftsstelle **DIS-SchO § 39** 57 ff.
- beiderseitige Erledigungserklärung **DIS-SchO § 39** 42
- durch Beschluss **DIS-SchO § 32** 18; **§ 35** 25; **§ 39** 16 ff., 60
- Einigung über Verfahrenshöchstdauer **DIS-SchO § 39** 43
- endgültiger Schiedsspruch **DIS-SchO § 39** 12 ff.

- Klagerücknahme **DIS-SchO § 39** 19 ff.
- Klagerücknahmeschrift **DIS-SchO § 39** Anh. I
- Kosten **Art. 37** 42 ff.; **DIS-SchO § 39** 65 ff.
- mittellose Partei **DIS-SchO § 39** 56
- Nichtbetreiben des Verfahrens trotz Aufforderung **DIS-SchO § 39** 46 ff.
- Parteivereinbarung **DIS-SchO § 32** 18; **§ 39** 37 ff.
- Rechtsfolgen **DIS-SchO § 32** 8 ff.; **§ 39** 60 ff.
- Säumnis der vorschusspflichtigen Partei **Art. 36** 34
- Schlussschiedsspruch **DIS-SchO § 39** 12
  - ohne s.a. *Verfahrensbeendigung ohne Endschiedsspruch*
- Teilschiedsspruch **DIS-SchO § 39** 12
- Unmöglichkeit der Fortsetzung **DIS-SchO § 39** 52 ff.
- vorzeitige, Kostenverteilung **Art. 37** 8
- Wegfall der Schiedsvereinbarung **DIS-SchO § 39** 53
- Zurückverweisung **DIS-SchO § 39** 63
- Zwischenschiedsspruch **DIS-SchO § 39** 12

Verfahrensbeendigung ohne Endschiedsspruch Art. 37 42 ff.
- vor Aktenübergabe **Art. 37** 54
- atypische **Art. 37** 51
- Entscheidungen des Gerichtshofs **Art. 37** 52 ff.
- nach Ergehen eines Zwischen-/Teilschiedspruchs **Art. 37** 54; **DIS-SchO § 39** 12
- Erledigungserklärungen **Art. 37** 48; **DIS-SchO § 39** 42
- nach Erstellung des Schiedsauftrags **Art. 37** 54
- Insolvenz **Art. 37** 50
- Nichtbetreiben des Verfahrens durch den Kläger **Art. 37** 49; **DIS-SchO § 39** 46 ff.
- übereinstimmende Erklärungen **Art. 37** 46; **DIS-SchO § 32** 18; **§ 39** 37 ff.
- Verfahrensstand **Art. 37** 53
- vollständige Klagerücknahme **Art. 37** 44

Verfahrensbeschleunigung
- Aufrechnung **DIS-ERBV § 4** 1 ff., 5 ff., 16 f.

1123

- Benennungs-/Bestellungsfristen **DIS-ERBV § 3** 10 ff.
- DIS Ergänzende Regeln für beschleunigte Verfahren **DIS-SchO Vor § 1** ff.
- Einzelschiedsrichter **DIS-ERBV § 3** 1 ff.
- frühestmögliche Hinweise durch das Schiedsgericht **DIS-ERBV § 5** 13 ff.
- in Konstituierungsphase **DIS-ERBV § 3** 2 ff.
- Regeln für den Verfahrensablauf **DIS-ERBV § 5** 10 ff.
- Tatbestand, Verzicht auf **DIS-ERBV § 7** 1 ff.
- bei Übersendung von Schriftsätzen **DIS-ERBV § 4** 1 ff., 8 f.
- bei Verfahrenseinleitung **DIS-ERBV § 2** 1 ff.
- 4-Wochenfrist für Klageerwiderung **DIS-ERBV § 4** 1 ff., 10 ff.
- volle Vorschusszahlung **DIS-ERBV § 2** 4 f.
- Widerklage, Unzulässigkeit **DIS-ERBV § 4** 1 ff., 5 ff., 16 f.
- Zeitplan, Verfahren **DIS-ERBV § 5** 2 ff.
- Überschreitung **DIS-ERBV § 6** 3 f., 12

Verfahrenseffizienz
- Rügepräklusion **Art. 39** 1 ff.

Verfahrensförderungspflicht DIS-SchO § 24 13 ff.; s.a. *Verfahrensbeschleunigung*

Verfahrensfortsetzung
- Entscheidung des Schiedsgerichts **Art. 6** 151
- Gerichtshof **Art. 6** 110 ff.
- Grundsatz der separability **Art. 6** 115
- Nicht-Vertragsparteien **Art. 6** 113
- Rügen vor staatlichen Gerichten **Art. 6** 113
- Schiedsrichterverhinderung **DIS-SchO § 19** 1 ff.
- Teilnahmeverweigerung **Art. 6** 177 ff.
- Vereinbarkeit mehrerer Schiedsvereinbarungen **Art. 6** 147 f.

Verfahrenskalender Einl. 2; **Art. 24** 1 ff.
- abweichende Parteivereinbarungen **Art. 24** 18
- Änderung **Art. 24** 17
 - nachträgliche **Art. 24** 18
- Eilschiedsverfahren **Art. 29** 47
- Inhalt **Art. 24** 13 ff.
- weitere Maßnahmen **Art. 24** 17

Verfahrenskommunikation Art. 3 1 ff.
- Anforderungen **Art. 3** 3
- Anzahl einzureichender Ausfertigungen **Art. 3** 7, 15 ff.; **DIS-SchO § 4** 1 ff.
- Empfangsbestätigung **Art. 3** 28
- Kommunikationsmittel **Art. 3** 9, 26 ff.
- Kommunikationsvereinbarung **Art. 3** 30
- Merkblatt des Sekretariats **Art. 3** 5
- Mitteilungen des Schiedsgerichts **Art. 3** 19 f.
- Modalitäten **DIS-SchO § 5** 5 ff.
- zwischen den Parteien **Art. 3** 10 ff.
- vor Schiedsauftrag **Art. 3** 2
- außerhalb des Schiedsverfahrens **Art. 3** 12
- Schriftzwang **Art. 3** 9
- Sekretariat **Art. 3** 11, 14
- Übersendungen **DIS-SchO § 5** 1 ff.
- Zustellungen **Art. 3** 1 ff.

Verfahrenskosten
- DIS-Bearbeitungsgebühr **DIS-SchO § 7** 4 ff.
 - Folgen der Nichtzahlung **DIS-SchO § 7** 13 f.
- ICC-Schiedsverfahren **Art. 37** 4 ff.
 - Einzelheiten **Art. 37** 10 ff.
- Vorschusszahlung **Art. 36** 1 ff.; **DIS-SchO § 25** 1 ff.

Verfahrensleitung
- abweichende Parteivereinbarungen **DIS-SchO § 24** 23 ff.
- Kompetenzübergang **Art. 32** 7
- Verfahrensförderungspflicht **DIS-SchO § 24** 13 ff.
- durch Vorsitzenden **DIS-SchO § 24** 15 ff.

Verfahrensmanagement Art. 24 3, 9 ff., 19 ff.; **Art. 30** 8
- vergleichsweise Beilegung **Art. 32** 11

Verfahrensmanagementkonferenz Einl. 2; **Art. 24** 1 ff.
- Inhalt **Art. 24** 9
- prozessuale Maßnahmen **Art. 24** 8
- Teilnehmerkreis **Art. 24** 11
- Verfahren **Art. 24** 10
- weitere Konferenz **Art. 24** 12

Verfahrensordnungen der Schiedsinstitutionen s. *Schiedsverfahrensordnungen*

Verfahrensort
- abweichender Tagungsort **DIS-SchO § 21** 13 f.
- Bestimmung durch Schiedsgericht **DIS-SchO § 21** 12

Stichwortverzeichnis

- DIS-Schiedsverfahren **DIS-SchO § 21** 1 ff.
- Fristen **DIS-SchO § 21** 8
- internationale Zuständigkeit **DIS-SchO § 21** 5
- örtliche Zuständigkeit **DIS-SchO § 21** 5
- Parteivereinbarung **DIS-SchO § 21** 9 ff.
- Wahl des Vorsitzenden **DIS-SchO § 21** 7

Verfahrensrecht
- anwendbares **DIS-SchO § 24** 5 ff.
- Civil Law versus Common Law **DIS-SchO § 27** 6 ff.
- eingeschränkter Untersuchungsgrundsatz **DIS-SchO § 27** 4 ff.
- Gleichbehandlungsgrundsatz **DIS-SchO § 26** 6 ff.
- IBA Rules on the Taking of Evidence in International Arbitration **DIS-SchO § 27** 8
- nachträgliche Änderung in Schiedsvereinbarung **DIS-SchO § 28** 12
- Normenhierarchie **DIS-SchO § 24** 12
- Parteivereinbarungen **DIS-SchO § 24** 8 ff.
- rechtliches Gehör **DIS-SchO § 26** 10 ff.
- Sachverhaltsermittlung **DIS-SchO § 27** 1 ff.; *s. a. dort*
- des Schiedsortes **DIS-SchO § 24** 55 ff.
- Schiedsort Deutschland **DIS-SchO § 24** 7
- UNCITRAL Notes on Organizing Arbitral Proceedings **DIS-SchO § 27** 11
- Verfahrensablauf **DIS-SchO § 27** 13 ff.

Verfahrensregeln
- Entscheidung des Schiedsgerichts **Art. 25** 14
- Festlegung **Art. 25** 14 ff.
- gemeinsamer Vorschlag für einen Zeitplan und Verfahrensregeln **Art. 25** 114
- gemeinsamer Vorschlag zum Verfahrenskalender und den Verfahrensregeln **Art. 25** 14
- Joint Proposal by the Parties on Timetable and Prodedural Rules **Art. 25** 115
- UNCITRAL Notes on Organizing Arbitral Proceedings **Art. 25** 13

Verfahrenssprache Art. 4 11 ff.; **Art. 20** 1 ff.
- Angabe in Klageschrift **Art. 4** 11 ff., 35; **DIS-SchO § 6** 32
- Bestimmung durch Schiedsgericht **Art. 20** 13 ff.; **DIS-SchO § 22** 11 ff.
- DIS-Musterschiedsvereinbarung **DIS-SchO Nach § 44** 15
- DIS-Schiedsverfahren **DIS-SchO § 6** 7 ff.; **§ 22** 1 ff.
- Dolmetscher **Art. 20** 15
- Eilschiedsrichterverfahren **Art. 29** 27
- Empfehlung **Art. 20** 13
- Empfohlene Zusatzvereinbarung zur Musterschiedsklausel zur Anwendung der DIS-ERGeS **DIS-ERGeS Vorwort** 9
- freie Wahl **Art. 20** 9
- Geltungsbereich **Art. 20** 2
- Grundsatz des fairen Verfahrens **Art. 20** 14
- ICC-Schiedsverfahren **Art. 4** 11 ff., 35
- bei internen Beratungen **Art. 20** 12
- Klageantwort **Art. 5** 29
- mehrere **Art. 6** 132; **Art. 20** 11; **DIS-SchO § 22** 9
- Mehrvertragsverfahren **Art. 6** 132
- Parteivereinbarung **Art. 20** 8 ff.; **DIS-SchO § 22** 6 ff.
- prozesstaktische Erwägungen **Art. 20** 10
- Rechtliches Gehör **Art. 20** 14
- schlüssige Festlegung **Art. 20** 13
- Übersetzungen **Art. 20** 16; **DIS-SchO § 6** 9; **§ 22** 14 f.
- Waffengleichheit der Parteien **Art. 20** 14

Verfahrensverbindung
- abweichende Parteivereinbarungen **Art. 10** 47; **DIS-SchO § 13** 77
- administrative Umsetzung **Art. 10** 36
- allseitiges Einverständnis **Art. 10** 9 ff. 25
- Antrag **DIS-SchO § 13** 60
- Antragsmuster **Art. 10** 48 f.
- Auswirkung auf die Parteistellung **Art. 10** 37
- Besetzung des Schiedsgerichts **Art. 10** 26 ff.
- Bindungswirkung **Art. 10** 38
- DIS-Schiedsverfahren **DIS-SchO § 13** 57 ff.
- Empfehlung **Art. 10** 35
- Ermessen des Gerichtshofs **Art. 10** 24 f., 29 ff.
- Fallkonstellationen **Art. 10** 9 ff.
- Form der Entscheidung **Art. 10** 38; **DIS-SchO § 13** 68
- gerichtliche Kontrolle **Art. 10** 39 ff.; **DIS-SchO § 13** 69 ff.
- durch Gerichtshof **Art. 10** 7

1125

- Gleichbehandlungsgrundsatz **DIS-SchO § 13** 65
- Grundgebot der restriktiven Anwendung **Art. 10** 32
- Grundvoraussetzungen **Art. 10** 6 ff.
- Identität der Parteien **Art. 10** 15 ff.
- Identität der Rechtsbeziehungen **Art. 10** 19 ff.
- Identität der Schiedsvereinbarung **Art. 10** 11 ff.
- Kosten **Art. 10** 43 ff.; **DIS-SchO § 13** 73 ff.
- Kostenvorschuss **Art. 10** 44 f.
- Parteiantrag **Art. 10** 6
- Reform **Art. 10** 2
- Schiedsrichterbenennung **DIS-SchO § 13** 66
- Schiedsvereinbarungen
  - schriftliche **Art. 10** 9 f.
  - umfassende **DIS-SchO § 13** 62
- Schiedsverfahren **Art. 10** 1 ff.
- Verbindung auf zuerst anhängige Sache **Art. 10** 33 ff.
- Vereinbarkeit der Schiedsvereinbarungen **Art. 10** 21 ff.
- Vollstreckbarkeit der Entscheidung **Art. 10** 39 ff.
- Zeitpunkt **DIS-SchO § 13** 64
- Zuständigkeit **DIS-SchO § 13** 61 ff.
- Zustimmungserfordernis **DIS-SchO § 13** 63, 67

Verfahrensverzögerungen
- Rechtsfolgen **Art. 30** 13 ff.

Vergleich
- abweichende Parteivereinbarungen **DIS-SchO § 32** 37
- Antrag aller Parteien **DIS-SchO § 32** 22
- außergerichtlicher **Art. 32** 5; **Art. 37** 47; **DIS-SchO § 39** 41
- Bestätigung als Europäischer Vollstreckungstitel für unbestrittene Forderungen **Art. 37** 48
- Beteiligung Dritter **DIS-SchO § 32** 25
- DIS-Schiedsverfahren **DIS-SchO § 32** 1 ff.
- endgültige Erledigung des Rechtsstreits **DIS-SchO § 32** 19
- Erweiterung durch rügelose Einlassung **DIS-SchO § 32** 16
- gegenseitiges Nachgeben **DIS-SchO § 32** 15
- vor Genehmigung des Schiedsauftrags **Art. 32** 7

- IBA Rules on the Taking of Evidence in International Arbitration **DIS-SchO § 32** 7
- Inhalt und Form **DIS-SchO § 32** 15 ff.
- Kosten **DIS-SchO § 32** 35 f.
- nicht beteiligter Dritter **DIS-SchO § 32** 16
- Prozessvergleich **Art. 32** 4
- Rechtsnatur **DIS-SchO § 32** 17
- Rolle des Schiedsgerichts **DIS-SchO § 32** 7
- während schiedsrichterlichen Verfahrens **DIS-SchO § 32** 26 f.
- Schiedsspruch aufgrund Einvernehmens **Art. 32** 9 ff.
- Schiedsspruch mit vereinbartem Wortlaut **DIS-SchO § 32** 20 f., 29 ff.
- über Streitgegenstand **DIS-SchO § 32** 23
- vor Übergabe der Schiedsverfahrensakte **Art. 32** 8
- Umfang **Art. 32** 9
- Vereinbarkeit mit ordre public **DIS-SchO § 32** 28
- Vereinbarung der Beendigung des Schiedsverfahrens **DIS-SchO § 32** 18
- Verfahrensbeendigung durch Beschluss **DIS-SchO § 32** 18
- unter Widerrufsvorbehalt **Art. 32** 10; **DIS-SchO § 32** 24
- Wirkungen **DIS-SchO § 32** 18

Vergütungsanspruch s.a. *Schiedsrichterhonorar*

Verhandlung, mündliche

Verhandlungsprotokoll DIS-SchO § 29 1 ff.
- Art der Protokollierung **DIS-SchO § 29** 8 ff.
- internationale Schiedsverfahren **DIS-SchO § 29** 8
- Kosten **DIS-SchO § 29** 12
- Protokollführer **DIS-SchO § 28** 20
- Protokollierungspflicht **DIS-SchO § 29** 6
- Verstoß **DIS-SchO § 29** 11
- Wortprotokoll **DIS-SchO § 28** 24 f.

Verjährung Art. 4 54 ff.

Veröffentlichung
- Entscheidungen staatlicher Gerichte **DIS-SchO § 42** 13
- Schiedsspruch **DIS-SchO § 42** 6 ff.
- statistische **DIS-SchO § 43** 23 f.

Versäumnisentscheidung Art. 2 17

Stichwortverzeichnis

Verschwiegenheitspflicht
– Abgrenzung zu Parteiöffentlichkeit **DIS-SchO § 43** 8
– Ausnahmen **DIS-SchO § 43** 16 ff.
– DIS-Schiedsverfahren **DIS-SchO § 43** 1 ff.
– Gegenstand **DIS-SchO § 43** 13 ff.
– gesetzliche Offenbarungspflichten **DIS-SchO § 43** 17
– Personenkreis **DIS-SchO § 43** 9 ff.
– statistische Veröffentlichung **DIS-SchO § 43** 23 f.
– Verstoß **DIS-SchO § 43** 21 f.
– vertragliche Offenbarungspflichten **DIS-SchO § 43** 18
– Zustimmung zur Veröffentlichung **DIS-SchO § 43** 19
Vertrag zugunsten Dritter Art. 6 12
Vertraulichkeit Einl. 8; Art. 22 13 ff.
– der Tätigkeit des Gerichtshofs **Art. 1** 20
Vertraulichkeitsschutz
– bei Dokumentenherausgabe **Art. 25** 62
– EuGH **Art. 25** 54
– IBA Rules on the Taking of Evidence in International Arbitration **Art. 25** 49
– neutraler Berater **Art. 25** 62
Vertraulichkeitsvereinbarung Art. 25 62
– Beweisvorlage **DIS-SchO § 27** 54
– Discovery-Agent **DIS-SchO § 27** 55
– neutraler Berater **DIS-SchO § 27** 54
– mit Zeugen **DIS-SchO § 43** 11
Verwaltungskosten
– Berechnungsmethoden **Art. 37** 62
– besondere Gebührentatbestände **Art. 37** 25
– Erhöhung **Art. 7** 49; **Art. 37** 54
– Festsetzung **Art. 32** 8; **Art. 37** 24 ff.
– Gebührenermäßigung **Art. 37** 26
– bei getrennten Kostenvorschüssen **Art. 37** 24
– globaler Kostenvorschuss **Art. 36** 18
– Kostentabellen **Art. 37** 62; Anhang III zur ICC-SchO: abgedruckt bei **Art. 36, Art. 37**
– Mehrparteienverfahren **Art. 8** 26
– Ruhendstellung einvernehmlich ausgesetzten Verfahrens **Art. 37** 25
– Umsatzsteuer **Art. 37** 59
– vorgeschaltetes ICC ADR-Verfahren **Art. 37** 26
– vorläufiger Kostenvorschuss **Art. 36** 13
Verwaltungssekretäre
– Aufgabenbereich **Vor Art. 11** 11 ff.

– Auslagenerstattung **Vor Art. 11** 15
– Haftungsausschluss **Vor Art. 11** 14
– Rechtsstellung **Vor Art. 11** 14
– Vergütung **Vor Art. 11** 15
Voie directe
– anwendbares Sachrecht **DIS-SchO § 23** 37
Voie indirecte
– anwendbares Sachrecht **DIS-SchO § 23** 36
Völkergewohnheitsrecht Einl. 16
Völkerrechtliche Verträge Einl. 16
Vollmacht
– Parteivertreter, Nachweis **Art. 17** 1 ff.
Vollstreckbarerklärungsverfahren
s.a. Schiedsspruch -Vollstreckbarerklärung
– Aufhebungs- und Anerkennungsversagungsgründe **DIS-SchO § 38** 7 ff.
– ausländischer Schiedsspruch durch ausländisches Gericht **Art. 34** 27
– Einwendungen **Art. 34** 32 ff.
– Anerkennungsversagungsgründen **Art. 34** 33
– Aufhebungsgründen **Art. 34** 32
– materielle **Art. 34** 34; **DIS-SchO § 38** 9
– Offenlegungsrechte **DIS-SchO § 43** 20
– Schiedsspruch **§ 38** 7
Vollstreckbarkeit
– abweichende Parteivereinbarungen **Art. 41** 11
– Aufhebungsgründe **Art. 34** 28
– ICC-Schiedssprüche **Art. 34** 19 ff.; **Art. 41** 8 ff.
– keine unmittelbare **Art. 34** 23
– Rechtskraftwirkung **Art. 34** 22
– Verbot der Doppelexequatur **Art. 34** 24
– Verleihung durch staatliche Gerichte **Art. 34** 23
Vollstreckung
– im Ausland **DIS-SchO § 20** 4, 43
– Schiedsort **DIS-SchO § 21** 5
Vollstreckungstitel
– Schiedsspruch aufgrund Einvernehmens **Art. 32** 1 ff.
Vollziehungszulassung
– Anwaltsgebühren **DIS-SchO § 20** 49
– einstweiliger Rechtsschutz **DIS-SchO § 20** 48
– Gerichtsgebühren **DIS-SchO § 20** 48
– Kosten **DIS-SchO § 20** 48
Vorbehaltsschiedsspruch Art. 2 17

1127

Vorsitzender Schiedsrichter
– Alleinentscheidungsbefugnis **DIS-SchO § 24** 20
– Auswahlkriterien **Art. 12** 33
– Benennungsrecht der Mitschiedsrichter **DIS-SchO § 12** 22
– Benennungsverfahren **DIS-SchO § 12** 19 ff.
   – durch DIS-Ernennungsausschuss **DIS-SchO § 12** 27
   – Form **DIS-SchO § 12** 23
   – Frist **DIS-SchO § 12** 25
– Ernennung durch Gerichtshof **Art. 12** 32
– parteivereinbartes Benennungsverfahren **Art. 12** 31
– Verfahrensleitung **DIS-SchO § 24** 15 ff.
– verspätete Benennung **DIS-SchO § 12** 26
Vorsteuerabzugsberechtigung
– Kostenfestsetzungsverfahren **Art. 37** 33

Washingtoner Übk. vom 18.3.1965 Einl. 16
Weisungsfreiheit DIS-SchO § 15 1 ff.
Weltbankgruppe Einl. 16
Widerklage
– DIS-Bearbeitungsgebühr **DIS-SchO § 11** 4 ff.; **§ 40** 13
– DIS-Widerklage **DIS-SchO § 10** 1 ff.; s.a. dort
– Drittwiderklage **Art. 5** 44 ff.; **DIS-SchO § 10** 14 ff.
– Einreichung bei DIS **DIS-SchO § 10** 4 f.
– Einwendungen gg. die Zulässigkeit **Art. 5** 49; **DIS-SchO § 10** 18
– Erwiderung **DIS-SchO § 10** 17
– als Eventualwiderklage **DIS-SchO § 10** 9
– getrennter Kostenvorschuss **Art. 36** 23 f.
– Hilfsaufrechnung **DIS-SchO § 11** 11
– ICC-Schiedsverfahren **Art. 5** 36 ff.
– Inhalt **Art. 5** 39 f.; **DIS-SchO § 10** 6 ff.
– Kosten **DIS-SchO § 11** 1 ff.
– Kostenvorschuss **DIS-SchO § 25** 5
   – vorläufiger **Art. 36** 15
– Schiedsvereinbarung **Art. 5** 39 f.; **DIS-SchO § 10** 11 ff.

– in einem Schriftsatz mit Klageerwiderung **DIS-SchO § 9** 16
– Übersendung **DIS-SchO § 11** 10
– unzulässige nach DIS-ERBV **DIS-ERBV § 4** 1 ff., 5 ff., 16 f.
– Vorschusspflicht, keine **Art. 36** 8
– Zulässigkeit **Art. 5** 41 ff.; **DIS-SchO § 10** 10
Widerrufsvorbehalt
– Vergleich **Art. 32** 10
Widerspruch
– Schiedsrichterbestellung, Muster **DIS-SchO § 16** 18
Without-Prejudice-Privilege **Art. 3** 13; **Art. 25** 56; **DIS-SchO § 27** 52
Witness conferencing **Art. 25** 83; **DIS-SchO § 27** 67
Work-Product-Doctrine DIS-SchO § 27 51
– Herausgabeverweigerung von Dokumenten **Art. 25** 55
Wortprotokoll DIS-SchO § 28 24 f.

Zahlungsbefehl Art. 37 38
Zahlungsklage
– Kostenvorschussanteil, Nichtzahlung **DIS-SchO § 25** 11 f.
Zeitplan
– Muster: Gemeinsamer Vorschlag für einen Zeitplan und Verfahrensregeln **Art. 25** 114
– Muster: Joint Proposal by the Parties on Timetable and Prodedural Rules **Art. 25** 115
Zeuge
– Aufwandsentschädigung **Art. 37** 31; **DIS-SchO § 27** 29
– Coaching **Art. 25** 31; **Art. 37** 30
– Verschwiegenheitspflicht **DIS-SchO § 43** 11
– Vertraulichkeitsvereinbarung **DIS-SchO § 43** 11
– Zeugenstellung **Art. 25** 19; **DIS-SchO § 27** 23
– Zeugnispflicht **DIS-SchO § 27** 19
Zeugenaussage, schriftliche
– Entscheidung im Einzelfall **Art. 25** 29
– Erwiderungen **Art. 25** 30
– Inhalt **Art. 25** 28
– Zeitpunkt der Einreichung **Art. 25** 30

Stichwortverzeichnis

Zeugenbefragung DIS-SchO § 28 34 ff.
- Cross examination **DIS-SchO § 28** 38 f.
- Direct Examination **Art. 26** 32; **DIS-SchO § 28** 37
- Re-Direct-Examination **DIS-SchO § 28** 40 ff.

Zeugenbeweis Art. 25 18 ff.; **DIS-SchO § 27** 15 ff., 24 ff.
- Antrag auf gerichtliche Unterstützung **Art. 25** 25
- Aussageverweigerung **Art. 25** 23 ff.
- Beweisaufnahme vor staatlichem Gericht **DIS-SchO § 27** 21
- Einreichung, Zeitpunkt **DIS-SchO § 27** 28
- Kosten **Art. 25** 109; **DIS-SchO § 27** 75
- Kostensanktion **DIS-SchO § 27** 76
- Muster: Schriftliche Zeugenaussage **Art. 25** 116 f.
- Muster: Witness Statement **Art. 25** 117
- Partei als Zeuge **Art. 25** 18 f.; **DIS-SchO § 28** 55
- schriftliche Zeugenaussage **Art. 25** 27 ff.; *s.a. Zeugenaussage, schriftliche*
- Verletzung rechtlichen Gehörs **DIS-SchO § 27** 22
- Vorbereitung (written witness statements) **DIS-SchO § 27** 24 ff.
- Zeugenbefragung **DIS-SchO § 28** 34 ff.

Zeugnisverweigerungsrechte DIS-SchO § 27 20
- Dokumentenherausgabe **Art. 25** 49

Zinsen
- Ersatzvorschussleistung **DIS-SchO § 25** 13
- Fälligkeit **DIS-SchO § 35** 23
- auf Kosten **DIS-SchO § 35** 22 ff.
- Kostenentscheidung **Art. 37** 38
- Kostenvorschuss **Art. 36** 31
- Prozesszinsen **Art. 4** 57; **DIS-SchO § 6** 49

Zugangsdatum
- Erklärungsdatum **Art. 3** 33 ff.

Zugangsfiktion Art. 3 35 ff.
- Empfohlene Zusatzvereinbarung zur Musterschiedsklausel zur Anwendung der DIS-ERGeS **DIS-ERGeS Vorwort** 10

- bei Übersendungen **DIS-SchO § 5** 20 ff.
- Voraussetzungen **DIS-SchO § 5** 23 ff.

Zulässigkeit
- Widerklage **Art. 5** 41 ff.
- Zulässigkeitsrüge **Art. 5** 49

Zurückverweisung an das Schiedsgericht Art. 35 43 ff.

Zusätzliche Partei

Zusatzvereinbarungen, empfohlene
- DIS-Musterschiedsvereinbarung **DIS-SchO Nach § 44** 12

Zuständigkeit des Schiedsgerichts Art. 6 1 ff.
- Zuständigkeitsrügen **Art. 5** 7 ff.; **Art. 6** 81 ff.
- Mehrparteienverfahren **Art. 6** 83 ff.; **DIS-SchO § 13** 39 ff.
- Schiedsauftrag **Art. 23** 5

Zustellung Art. 3 5 ff., 21 ff.
- Anzahl einzureichender Ausfertigungen **Art. 3** 7, 15 ff.
- Empfohlene Zusatzvereinbarung zur Musterschiedsklausel zur Anwendung der DIS-ERGeS **DIS-ERGeS Vorwort** 10
- Klageschrift **DIS-ERGeS § 3** 1 ff.
- Parteieinbeziehungsantrag **Art. 7** 25 ff.
- Schiedsspruch *s. Zustellung, Schiedsspruch*
- Schriftsatz **Art. 3** 7
- unstrittiger Empfang **Art. 3** 33 ff.
- Zugangsdatum **Art. 3** 31 ff.
- Zugangsfiktion **Art. 3** 35 ff.

Zustellung, Schiedsspruch
- Abschluss des Schiedsverfahrens **Art. 34** 16
- Beginn von „Rechtsmittel"-Fristen **Art. 34** 15
- Erteilung beglaubigter Abschriften **Art. 34** 13
- nach Genehmigung und Unterzeichnung **Art. 34** 7
- Verzicht auf andere Formen **Art. 34** 14
- vollständige Zahlung des Kostenvorschusses **Art. 34** 8 f.
- Wirkungen **Art. 34** 14 ff.
- Zeitpunkt **Art. 34** 12
- Zustellender **Art. 34** 10
- Zustellungsempfänger **Art. 34** 11
- Zustellungsmodalitäten **Art. 34** 10 ff.

1129

Stichwortverzeichnis

– Zustellungsvoraussetzungen
  Art. 34 7 ff.
Zwangsvollstreckung
– ICC-Schiedssprüche **Art. 34** 35
– vollstreckbar erklärter Schiedsspruch
  DIS-SchO § 38 10
Zweiparteienverfahren
– mehrere Verträge **Art. 9** 1 ff.
Zwingende Vorschriften
– am Schiedsort **Art. 1** 21; **Art. 41** 1 ff.

Zwischenentscheid Art. 2 16;
  Art. 33 6
Zwischenschiedsspruch Art. 2 17 f.; **DIS-SchO § 39** 12
– Abgrenzung zu einstweiligem Rechtsschutz **DIS-SchO § 20** 27
– Genehmigung durch den Gerichtshof
  Art. 33 6
– Kostenentscheidung **Art. 37** 39
– Verfahrensbeendigung **Art. 37** 54